에듀윌과 함께 시작하면,
당신도 합격할 수 있습니다!

대학 진학 후 진로를 고민하다 1년 만에
서울시 행정직 9급, 7급에 모두 합격한 대학생

직장생활과 병행하며 7개월간 공부해
국가공무원 세무직에 당당히 합격한 51세 직장인까지

누구나 합격할 수 있습니다.
시작하겠다는 '다짐' 하나면 충분합니다.

마지막 페이지를 덮으면,

**에듀윌과 함께
공무원 합격이 시작됩니다.**

공무원 1위

70개월 베스트셀러 1위
에듀윌 공무원 교재

기초부터 확실하게 기본 이론

기본서
국어 독해

기본서
국어 문법

기본서
영어 독해(생활영어·어휘 포함)

기본서
영어 문법

기본서
한국사

기본서
행정법총론

기본서
행정학

다양한 출제 유형 대비 문제집

유형별 문제집
국어

유형별 문제집
영어 독해·생활영어

유형별 문제집
영어 문법·어휘

단원별 기출&예상 문제집
한국사

단원별 기출&예상 문제집
행정법총론

단원별 기출문제집
행정학

* YES24 수험서 자격증 공무원 베스트셀러 1위 (2017년 3월, 2018년 4월~6월, 8월, 2019년 4월, 6월~12월, 2020년 1월~12월, 2021년 1월~12월, 2022년 1월~12월, 2023년 1월~12월, 2024년 1월~7월, 9월~10월 월별 베스트, 매월 1위 교재는 다름)
* YES24 국내도서 해당분야 월별, 주별 베스트 기준

에듀윌 공무원

출제경향 파악 기출문제집

9급공무원 기출문제집
영어

9급공무원 기출문제집
한국사

9급공무원 기출문제집
행정학

9급공무원 기출문제집
행정법총론

7급 대비 PSAT 교재

실전 대비 모의고사

민간경력자
PSAT 기출문제집

기출 품은 모의고사
국어

더 많은
공무원 교재

* 교재 이미지는 변경될 수 있습니다.

eduwill

공무원 1위

1초 합격예측
모바일 성적분석표

1초 안에 '클릭' 한 번으로 성적을 확인하실 수 있습니다!

활용 GUIDE

실시간 성적분석 방법!

STEP 1: QR 코드 스캔 ▶ STEP 2: 모바일 OMR 입력 ▶ STEP 3: 자동채점 & 성적분석표 확인

STEP 1
QR 코드 스캔

- 교재의 QR 코드를 모바일로 스캔 후 에듀윌 회원 로그인
- QR 코드 하단의 바로가기 주소로도 접속 가능

STEP 2
모바일 OMR 입력

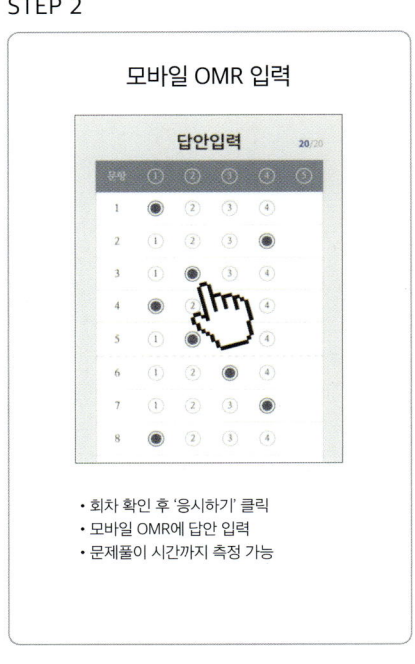

- 회차 확인 후 '응시하기' 클릭
- 모바일 OMR에 답안 입력
- 문제풀이 시간까지 측정 가능

STEP 3
자동채점 & 성적분석표 확인

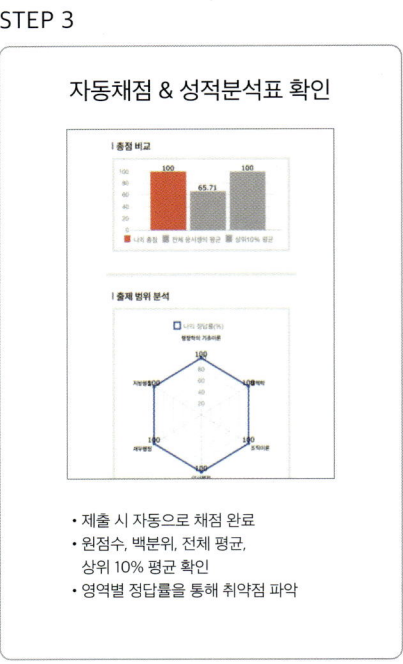

- 제출 시 자동으로 채점 완료
- 원점수, 백분위, 전체 평균, 상위 10% 평균 확인
- 영역별 정답률을 통해 취약점 파악

※ 본 서비스는 에듀윌 공무원 교재(연도별, 회차별 문항이 수록된 교재)를 구입하는 분에게 제공됨.

에듀윌 공무원

공무원, 에듀윌을 선택해야 하는 이유

합격자 수 수직 상승
2,100%

명품 강의 만족도
99%

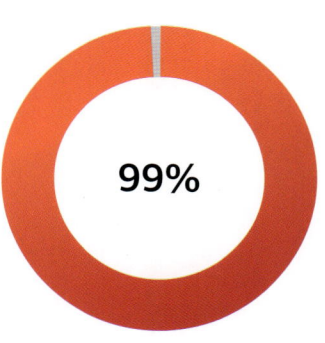

공무원

베스트셀러 1위
70개월(5년 10개월)

5년 연속 공무원 교육
1위

* 2017/2022 에듀윌 공무원 과정 최종 환급자 수 기준 * 9급공무원 대표 교수진 2023년 7월 ~ 2024년 4월 강의 만족도 평균(배영표, 헤더진, 한유진, 이광호, 김용철)
* YES24 수험서 자격증 공무원 베스트셀러 1위 (2017년 3월, 2018년 4월~6월, 8월, 2019년 4월, 6월~12월, 2020년 1월~12월, 2021년 1월~12월, 2022년 1월~12월, 2023년 1월~12월, 2024년 1월~7월, 9월~10월 월별 베스트, 매월 1위 교재는 다름)
* 2023, 2022, 2021 대한민국 브랜드만족도 7·9급공무원 교육 1위 (한경비즈니스) / 2020, 2019 한국브랜드만족지수 7·9급공무원 교육 1위 (주간동아, G밸리뉴스)

공무원 1위

1위 에듀윌만의
체계적인 합격 커리큘럼

원하는 시간과 장소에서
온라인 강의

① 업계 최초! 기억 강화 시스템 적용
② 과목별 테마특강, 기출문제 해설강의 무료 제공
③ 초보 수험생 필수 기초강의와 합격필독서 무료 제공

최고의 학습 환경과 빈틈 없는 학습 관리
직영 학원

① 현장 강의와 온라인 강의를 한번에
② 확실한 합격관리 시스템, 아케르
③ 완벽 몰입이 가능한 프리미엄 학습 공간

쉽고 빠른 합격의 첫걸음 **합격필독서 무료** 신청

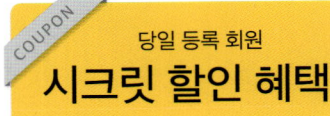 

합격전략 설명회 신청 시 **당일 등록 수강 할인권** 제공

친구 추천 이벤트

"친구 추천하고 한 달 만에
920만원 받았어요"

친구 1명 추천할 때마다 현금 10만원 제공
추천 참여 횟수 무제한 반복 가능

※ *a*o*h**** 회원의 2021년 2월 실제 리워드 금액 기준
※ 해당 이벤트는 예고 없이 변경되거나 종료될 수 있습니다.

친구 추천 이벤트
바로가기

* 2023 대한민국 브랜드만족도 7·9급공무원 교육 1위 (한경비즈니스)

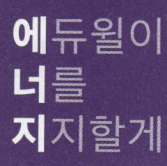

세상을 움직이려면
먼저 나 자신을 움직여야 한다.

– 소크라테스(Socrates)

설문조사에 참여하고 스타벅스 아메리카노를 받아가세요!

에듀윌 7·9급공무원 단원별 기출&예상 문제집 행정법총론을 선택한 이유는 무엇인가요?

소중한 의견을 주신 여러분들에게 더욱더 완성도 있는 교재로 보답하겠습니다.

참여 방법	좌측 QR코드 스캔 ▶ 설문조사 참여(1분만 투자하세요!)
이벤트 기간	2025년 8월 12일~2026년 7월 31일
추첨 방법	매월 1명 추첨 후 당첨자 개별 연락
경품	스타벅스 아메리카노(tall size)

2026

에듀윌 7·9급공무원
단원별 기출&예상 문제집

행정법총론

저자의 말

단원별 문제풀이는
모의고사를 건너기 위한 다리

수험생들이 기본이론 과정을 마쳤음에도 행정법의 문제를 읽지 못하겠다고 호소한다.
이는 행정법 문제의 문장구조가 특수하기 때문이다. 용어의 난해함과 판례문의 독특함이 혼재된 문제들은 상당한 수준의 독해력을 요구한다. 이러한 어려움을 해결할 수 있는 것이 단원별 문제풀이 과정이다. 본 교재는 이러한 문제의 해결을 염두하여 다음에 중점을 두었다.

첫째, 최신의 문제를 선정하였다.
행정법은 법령의 개정과 판례 변경 또는 최신 판례들의 출제 비중이 높아서 상당 기간이 지난 기출문제는 의미가 퇴색되거나 오히려 잘못된 공부를 하게 할 수 있는 우려가 있다. 이에 본 교재는 최신의 문제를 선정하였다.

둘째, 단원마다 해당 단원을 대표할 수 있는 필수문제를 선정하였다.
단원별 문제풀이의 특성상 해당 단원 문제의 중복으로 인하여 효율성이 결여될 수 있어 해당 단원에 핵심적인 필수문제들을 엄선하였다.

셋째, 단원마다 기출문제와 예상문제를 같이 풀도록 하였다.
해당 단원의 기출문제와 더불어 예상되는 문제를, 기존문제를 변형하고 새로운 판례를 넣어 해당 단원의 이론의 누수를 보완하고 실전감각을 올릴 수 있도록 하였다.

넷째, 풍성한 해설과 관련기출 옳은지문까지 수록하였다.
유사한 판례들을 비교할 수 있도록 하였으며, 보조단의 관련기출 옳은지문을 통해 비슷한 내용이 다른 시험에서 어떤 문장으로 출제되는지 알 수 있도록 하였다.

행정법의 고득점을 준비하는 수험생을 위해 당부드린다. 기본이론이 어느 정도 잡혀있어도 회차별 모의고사로 진입하기 전, 단원별 문제풀이 과정을 통해 해당 단원의 출제유형과 핵심을 문제를 통해 정리하여야 한다. 또한 단원별 문제풀이를 마친 후에 해당 단원의 기본서를 읽기를 적극적으로 권하는 바이다.

단원의 문제풀이를 마치고 기본서를 읽게 되면 해당 단원에 관하여 새로운 관점이 형성되어 있음을 알게 될 것이고 그럼으로써 해당 단원의 내용을 정리할 수 있다. 이러한 교재의 특성과 당부를 잘 이해하여 공무원에 도전하는 많은 수험생들이 본 교재를 통해 합격의 문을 통과할 수 있기를 기원한다.

편저자 김용철

출제 경향 & 학습 전략

어떻게 출제되나요?

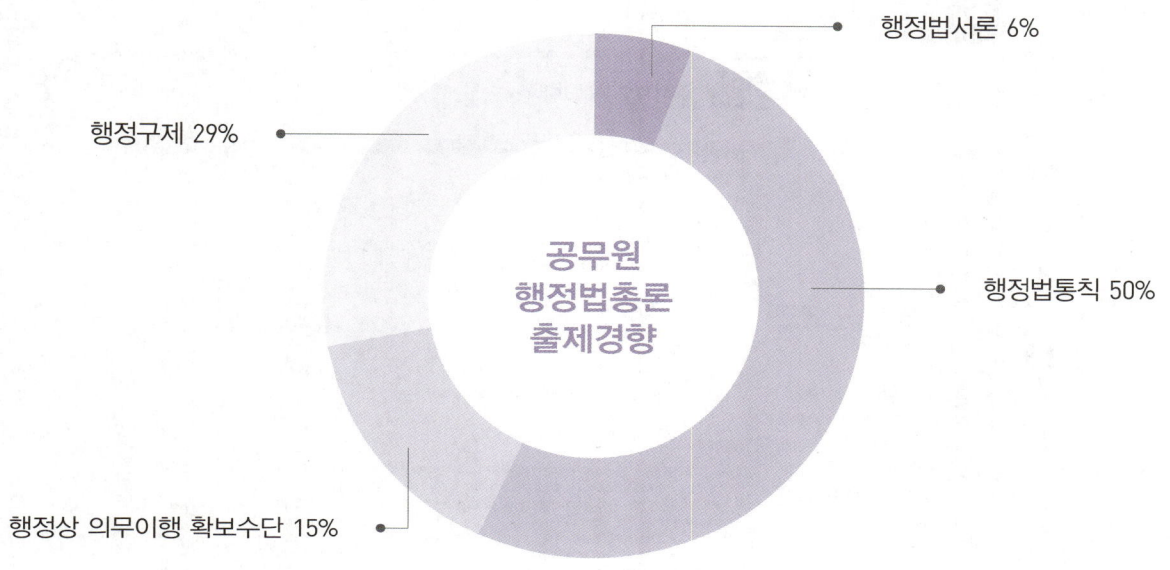

* 2025~2021 국가직/지방직 9급 기준

- 행정법서론 6%
- 행정법통칙 50%
- 행정상 의무이행 확보수단 15%
- 행정구제 29%

공무원 행정법총론 출제경향

- ✓ 각 단원의 본질적인 내용을 담고 있는 판례 및 최신 판례의 출제빈도 높음
- ✓ 문장이 길고 난해하여 초시생들은 쉽게 읽어 내지 못하는 문장이 많음
- ✓ 핵심단원에 치우쳐 출제되는 경향이 높음

어떻게 학습해야 되나요?

POINT 1 기출이 반복되어 출제된다!

행정법총론은 기출문제와 동일하거나 유사한 문장이 반복 출제되므로 기출 회독이 필수적입니다. 이 문제들은 여러 번 익혀 절대 틀리지 않도록 연습해야 합니다.

POINT 2 문장의 해독력을 높이는 훈련이 필요하다!

행정법총론은 난이도가 전반적으로 어려운 편은 아니나 문장이 길고 난해하여 문제풀이 훈련이 되지 않으면 초시생들은 쉽게 읽어 내지 못합니다. 따라서 문제풀이 과정을 충분히 반복하여 문장의 해독력을 높이는 훈련이 필요합니다.

POINT 3 핵심단원에서의 기본개념과 본질을 충분히 이해하여야 한다!

단순한 암기로는 해결할 수 없는 문장이 대부분이기에, 해당 단원의 출제빈도가 높은 몇몇 문장의 암기만으로는 한계에 부딪힐 수 있습니다. 따라서 핵심단원에서의 본질을 충분히 이해하고, 더불어 주요 판례와 관계된 법령을 정리하고 암기하여야 합니다.

에듀윌 단원별 기출&예상 문제집의
전략적 구성

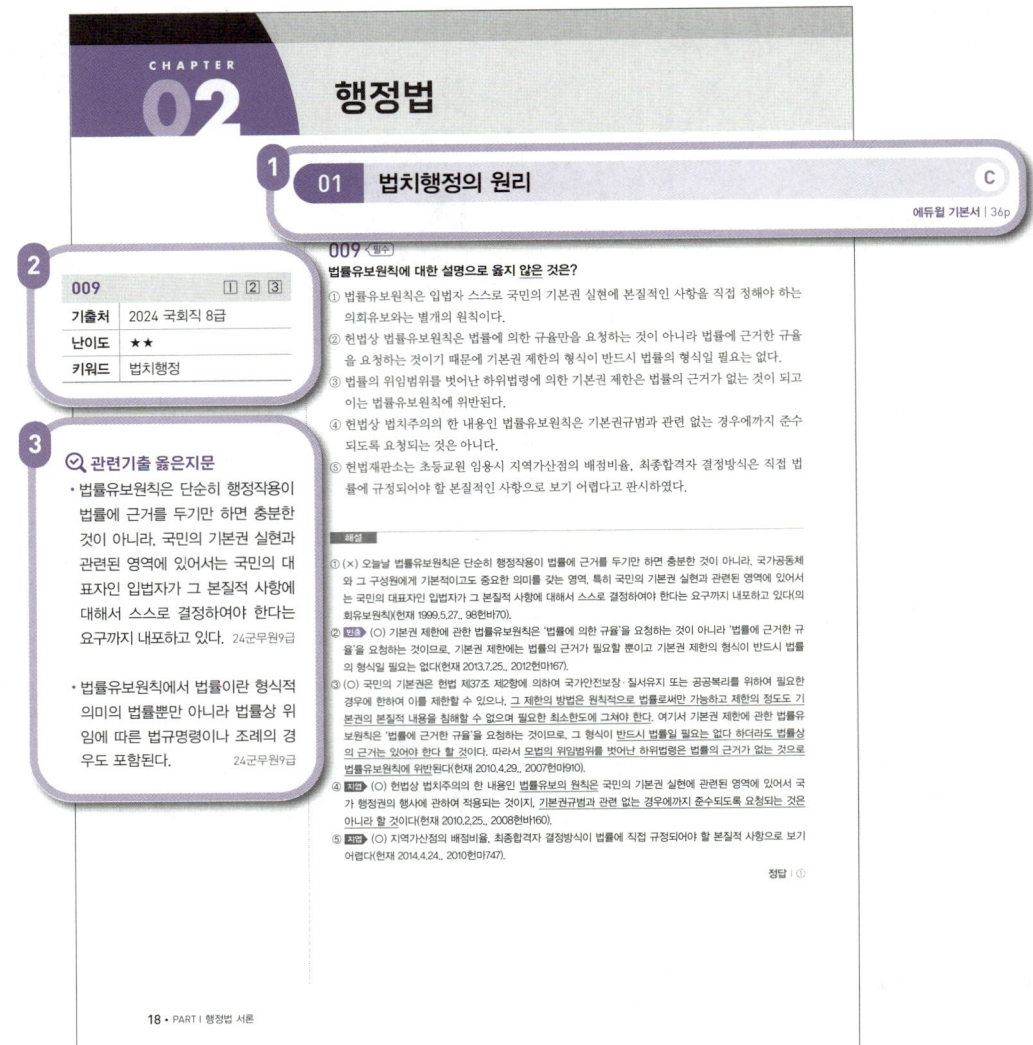

① 중요도 & 기본서 페이지 링크
절별 중요도를 통해 중요도별 전략적 학습이 가능합니다. 또한 문제 풀이 후 보충이 필요한 개념을 기본서에서 바로 찾을 수 있도록 하였습니다.

② 3회독 체크 & 문제 DATA
3회독 체크 박스로 회독 수를 체크할 수 있습니다. 기출처, 난이도, 키워드 등의 문제 DATA를 통해 문제를 객관적으로 분석하고 약점을 파악할 수 있도록 하였습니다.

③ 관련기출 옳은지문
문제와 관련된 기출 옳은지문을 보조단에 수록하여 변형 지문도 한번에 익힐 수 있도록 구성하였습니다.

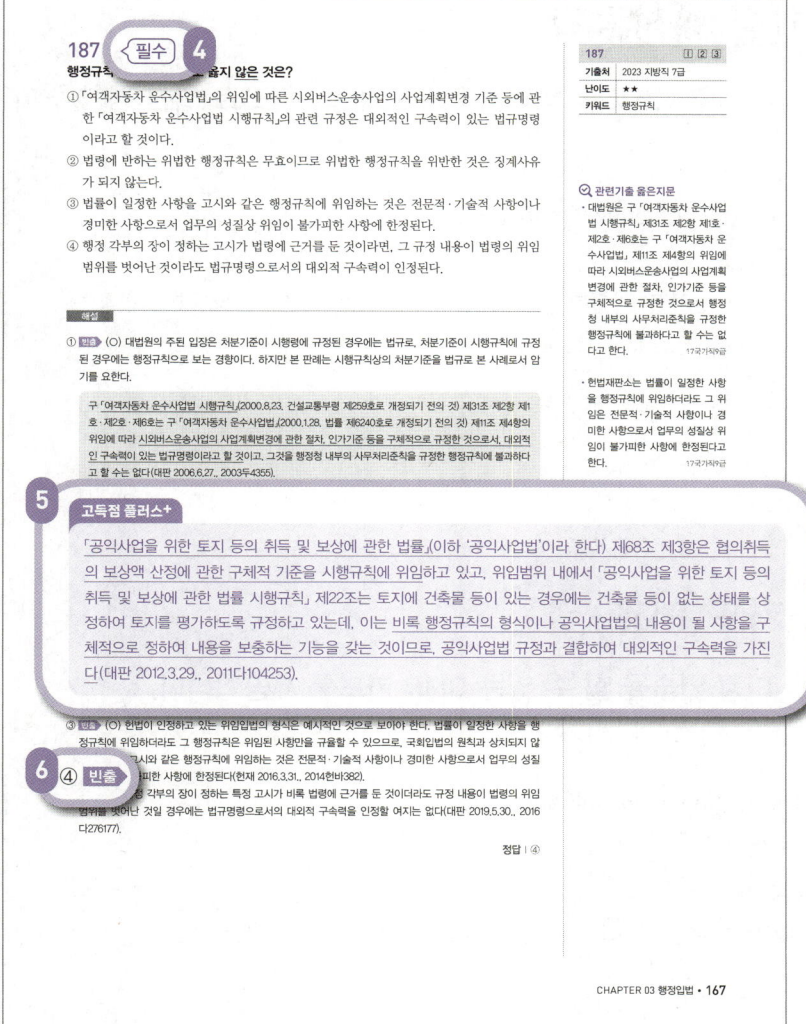

4 필수 문제 400선
시간이 부족해도 꼭 풀어봐야 할 필수 문제 400선을 선정하여 표시하였습니다.

5 고득점 플러스
문제와 관련하여 알아두면 좋을 법조문, 판례 또는 이론을 정리하여 고득점 플러스로 수록하였습니다.

6 빈출 & 지엽 & 신규 표시
빈출되는 선지 또는 판례에는 '빈출' 표시를 하여, 반복 출제되거나 향후 출제가능성이 높은 내용을 빠르게 알 수 있도록 하였습니다. 지엽적인 선지 또는 판례에는 '지엽', 신규 출제된 선지 또는 판례에는 '신규' 표시를 하였습니다.

에듀윌 단원별 기출&예상 문제집의
추가 혜택

1 최신기출 해설특강

2025 국가직 9급, 2025 지방직 9급 시험 해설특강으로 최신 경향을 파악하세요.

수강경로
① 에듀윌 도서몰(book.eduwill.net) 접속
② 동영상강의실
③ 공무원 → [최신기출 해설특강] 9급공무원 행정법총론(국가직/지방직) 또는 우측 QR코드를 통해 바로 접속

2 OMR 카드(PDF)

실전처럼 마킹 연습을 할 수 있는 OMR 카드를 제공합니다.

수강경로
① 에듀윌 도서몰(book.eduwill.net) 접속
② 도서자료실
③ 부가학습자료
④ '공무원 행정법총론' 검색 또는 우측 QR코드를 통해 바로 접속

3 3회독 플래너(PDF)

효율적으로 3회독을 할 수 있는 플래너를 제공합니다.

수강경로
① 에듀윌 도서몰(book.eduwill.net) 접속
② 도서자료실
③ 부가학습자료
④ '공무원 행정법총론' 검색 또는 우측 QR코드를 통해 바로 접속

이 책의 차례

PART I 행정법 서론	PAGE
CHAPTER 01 행정	12
CHAPTER 02 행정법	18

PART II 행정법 통칙	PAGE
CHAPTER 01 행정법 관계	74
CHAPTER 02 행정상 법률요건과 법률사실	102
CHAPTER 03 행정입법	134
CHAPTER 04 행정행위	187
CHAPTER 05 그 밖의 행정의 주요행위 형식	416
CHAPTER 06 행정기본법과 행정절차법	468
CHAPTER 07 행정정보공개와 개인정보 보호	511

PART III 행정상 의무이행 확보수단	PAGE
CHAPTER 01 행정강제	560
CHAPTER 02 행정상 즉시강제 및 행정조사	604
CHAPTER 03 행정벌	624
CHAPTER 04 새로운 실효성 확보수단	645

PART IV 행정구제	PAGE
CHAPTER 01 손해배상	656
CHAPTER 02 손실보상	692
CHAPTER 03 행정심판	718
CHAPTER 04 행정소송	744

PART

I

행정법 서론

에듀윌 공무원 행정법총론

CHAPTER 01 행정

CHAPTER 02 행정법

CHAPTER 01 행정

행정

001
기출처	2018 서울시 9급
난이도	★
키워드	행정

행정법의 대상인 행정에 대한 설명으로 가장 옳지 않은 것은?

① 행정은 적극적 미래지향적 형성작용이다.
② 국가행정과 자치행정은 행정주체를 기준으로 행정을 구분한 것이다.
③ 행정법의 대상이 되는 행정은 실질적 행정에 한한다.
④ 행정은 그 법 형식을 기준으로 하여 공법형식의 행정과 사법형식의 행정으로 구분할 수 있다.

해설

① (○) 행정은 적극적 작용으로서 공익을 추구하는 미래지향적 형성행위이다.
② (○) 국가행정, 자치행정, 위임행정은 주체를 기준으로 하는 분류이다.
③ (×) 행정법학의 대상은 원칙적으로 실질적 의미의 행정이다. 그러나 행정입법이나 행정쟁송처럼 실질적으로는 입법이나 사법인 경우에도 행정법학의 대상이 된다. 따라서 실질적 행정에 한한다는 것은 잘못된 설명이다.
④ (○) 공법형식·사법형식의 행정은 형식에 의한 행정의 분류이다.

고득점 플러스+ 행정과 사법

행정	능동적, 적극적	재량 많음	미래지향적	상하계층제 기관
사법	수동적, 소극적	재량 적음	과거분쟁 해결	상호독립체 병렬기관

정답 | ③

002
기출처	예상문제
난이도	★
키워드	행정

행정의 개념에 관한 '개념징표설'의 개념 징표에 해당하지 않는 것은?

① 행정은 행정주체에 의한 작용이다.
② 행정은 공동체에 있어서 사회형성을 담당한다.
③ 행정은 다양한 법형식에 의한다.
④ 행정은 추상적 사안에 대한 규율을 행한다.

해설

④ (×) 행정은 구체적 사안에 대한 규율이며, 추상적 사안에 대한 규율은 입법행위이다.

> **고득점 플러스+** 행정개념의 징표
> 1. 행정은 공익을 실현하는 작용이다.
> 2. 행정은 행정주체에 의한 활동작용이다.
> 3. 행정은 다양한 행위형식에 의하여 행하여진다.
> 4. 행정은 사회의 공동생활을 대상으로 하는 사회형성적 작용이다.
> 5. 행정은 개별적·구체적 사안에 대한 규율을 행한다.
> 6. 행정은 법적 구속을 받으면서도 광범위한 활동의 자유가 인정된다.
> 7. 행정은 적극적이고 미래지향적인 작용이다.

정답 | ④

003
통치행위에 관한 설명으로 옳지 않은 것은? (다툼이 있는 경우 판례에 의함)

① 통치행위는 정부에 의해 이루어지는 것이 일반적이며, 국회에 의해 이루어질 수도 있다.
② 일반사병의 이라크 파견 결정은 성격상 국방 및 외교에 관련된 고도의 정치적 결단을 요하는 문제이다.
③ 판례는 대통령의 금융실명거래 및 비밀보장에 관한 긴급재정경제명령의 발령을 통치행위로 보았다.
④ 통치행위를 포함하여 모든 국가작용은 국민의 기본권적 가치를 실현하기 위한 수단이라는 한계를 반드시 지켜야 하는 것은 아니다.

003
- 기출처: 2018 소방직 하반기
- 난이도: ★★
- 키워드: 행정

관련기출 옳은지문
- 기본권 보장의 최후 보루인 법원으로서는 사법심사권을 행사함으로써, 대통령의 긴급조치권 행사로 인하여 우리나라 헌법의 근본이념인 자유민주적 기본질서가 부정되는 사태가 발생하지 않도록 그 책무를 다하여야 한다. 17지방직9급
- 대통령의 긴급재정경제명령은 고도의 정치적 결단에 의하여 발동되는 이른바 통치행위에 속하지만 그것이 국민의 기본권 침해와 직접 관련되는 경우에는 헌법재판소의 심판대상이 된다. 15국가직9급

해설

④ (×) 통치행위를 포함하여 모든 국가작용은 국민의 기본권적 가치를 실현하기 위한 수단이라는 한계를 반드시 지켜야 하는 것이고, 헌법재판소는 헌법의 수호와 국민의 기본권 보장을 사명으로 하는 국가기관이므로 비록 고도의 정치적 결단에 의하여 행해지는 국가작용이라고 할지라도 그것이 국민의 기본권 침해와 직접 관련되는 경우에는 당연히 헌법재판소의 심판대상이 된다(헌재 1996.2.29., 93헌마186).

> **고득점 플러스+** 통치행위
>
> | 통치행위로 볼 수 있는 것 | 통치행위로 볼 수 없는 것 |
> | --- | --- |
> | • 국회의원의 자격심사·징계·제명처분(헌법 제64조 제4항) | • 대통령·국회의원선거(합성행위) |
> | • 대통령의 법률안거부권 행사 | • 한국은행총재의 임명(공법상 대리) |
> | • 대통령의 임시회 소집 요구 | • 국회공무원 징계행위(행정처분) |
> | • 의회의 자율권에 속하는 사항 | • 지방의회의원의 제명(제소 가능) |
> | • 국무총리·국무위원의 해임건의 | • 도시계획의 결정·공고(행정행위인 일반처분) |
> | • 국무총리 및 국무위원의 임명 | • 대통령령의 제정(행정입법) |
> | • 대통령의 국민투표회부권 | • 서울시장의 국제협약 체결행위 |
> | • 비상계엄선포·긴급명령 | • 헌법재판소의 위헌법률심사 |
> | • 영예수여권의 행사 | • 대법원장의 법관인사조치 |
> | • 대통령의 사면·복권행위 | • 대통령의 국회해산(학설상 인정되지만 현행법령상 부정) |
> | • 전쟁선포·강화 등 군사에 관한 사항 | • 국무총리의 부서거부행위, 국무총리의 총리령 제정행위 |
> | • 외국정부의 승인·대사의 임명 등 외교에 관한 사항 등 | • 고등검찰청장의 파면 |
> | • 대통령의 외교에 관한 행위(조약의 체결·비준) | • 계엄관련 집행행위 |

정답 | ④

004	
기출처	2023 국가직 9급
난이도	★★★
키워드	행정

🔍 관련기출 옳은지문
- 비록 서훈취소가 대통령이 국가원수로서 행하는 행위라고 하더라도 법원이 사법심사를 자제하여야 할 고도의 정치성을 띤 행위라고 볼 수는 없다. 　　　22군무원9급

004

서훈 또는 서훈취소에 대한 설명으로 옳은 것만을 모두 고르면? (다툼이 있는 경우 판례에 의함)

> ㄱ. 서훈취소는 대통령이 국가원수로서 행하는 행위이지만 통치행위는 아니다.
> ㄴ. 서훈은 서훈대상자의 특별한 공적에 의하여 수여되는 고도의 일신전속적 성격을 가지는 것이므로 유족이라고 하더라도 처분의 상대방이 될 수 없다.
> ㄷ. 건국훈장 독립장이 수여된 망인에 대한 서훈취소를 국무회의에서 의결하고 대통령이 결재함으로써 서훈취소가 결정된 후에 국가보훈처장이 망인의 유족에게 독립유공자 서훈취소결정 통보를 하였다면 서훈취소처분취소소송에서의 피고적격은 국가보훈처장에 있다.
> ㄹ. 국가보훈처장이 서훈추천 신청자에 대한 서훈추천을 거부한 것은 항고소송의 대상으로 볼 수는 없어 항고소송을 제기할 수는 없으나 행정권력의 부작위에 대한 헌법소원으로서 다툴 수 있다.

① ㄱ, ㄴ
② ㄱ, ㄹ
③ ㄱ, ㄷ, ㄹ
④ ㄴ, ㄷ, ㄹ

해설

ㄱ. (O) 기본권의 보장 및 법치주의의 이념에 비추어 보면, 비록 서훈취소가 대통령이 국가원수로서 행하는 행위라고 하더라도 법원이 사법심사를 자제하여야 할 고도의 정치성을 띤 행위라고 볼 수는 없다(대판 2015.4.23., 2012두26920).

ㄴ. (O) 서훈의 일신전속적 성격은 서훈취소의 경우에도 마찬가지이므로, 망인에게 수여된 서훈의 취소에서도 유족은 그 처분의 상대방이 되는 것이 아니다(대판 2014.9.26., 2013두2518).

ㄷ. (×) 국무회의에서 건국훈장 독립장이 수여된 망인에 대한 서훈취소를 의결하고 대통령이 결재함으로써 서훈취소가 결정된 후 국가보훈처장이 망인의 유족 甲에게 '독립유공자 서훈취소결정 통보'를 하자 甲이 국가보훈처장을 상대로 서훈취소결정의 무효확인 등의 소를 제기한 사안에서, 위 소는 피고를 잘못 지정하였다(대판 2014.9.26., 2013두2518).

ㄹ. (×) 서훈추천 신청자에 대한 거부는 행정처분에 해당하고, 헌법소원의 대상이 될 수 없다.

항고소송 대상인 처분성 여부	헌법소원 대상 여부
甲을 3·1절 계기 독립유공자 포상대상자로 추천해 줄 것을 신청하였으나, 국가보훈처장이 乙에게 독립유공자 포상을 위하여 甲의 공적을 심사하였으나 '독립운동 이후 행적이 상(철도국 서기로 근무)'이라는 사유로 포상대상에 포함되지 못하였음을 알린다는 취지의 공적심사 결과를 통지한 사안에서, 위 통지는 항고소송의 대상이 되는 행정처분에 해당한다(서울고법 2019.12.18., 2018누73067).	영전수여에 앞서 법률상 요구되는 서훈추천이 거부됨에 따라 대통령이 영전수여 신청자에 대하여 영전을 수여하지 않은 것은 그 전제가 되는 법적 절차의 미개시에 따른 것일 뿐 대통령이 공권력의 행사를 하여야 함에도 하지 않고 방치하고 있는 것이라 할 수 없다. 그러므로 대통령의 영전 미수여를 다투는 심판청구 역시 행정부작위를 다투는 헌법소원으로서 부적법하다(헌재 2005.6.30., 2004헌마859).

정답 | ①

005

다음 중 통치행위에 관한 설명으로 옳지 않은 것은? (다툼이 있는 경우 판례에 의함)

① 남북 사이의 이루어진 정상회담의 개최는 고도의 정치적 성격을 지니고 있는 행위에 해당하여 고도의 정치적 행위인 이른바 통치행위에 해당한다.
② 대통령의 긴급권의 일종인 긴급재정·경제명령은 고도의 정치적 결단에 의하여 이루어진 통치행위에 해당된다고 해도 그것이 국민의 기본권 침해와 직접 관련되는 경우에는 헌법재판소의 심판대상이 된다.
③ 남북정상회담의 개최과정에서 이루어진 대북송금행위는 통치행위에 해당하여 사법심사 대상이 될 수 없다.
④ 기본권의 보장 및 법치주의의 이념에 비추어 보면, 비록 서훈취소가 대통령이 국가원수로서 행하는 행위라고 하더라도 법원이 사법심사를 자제하여야 할 고도의 정치성을 띤 행위라고 볼 수는 없다.

005	1 2 3
기출처	예상문제
난이도	★★
키워드	행정

해설

③ 빈출 (×) 남북정상회담의 개최는 통치행위에 해당하나, 남북정상회담을 위한 대북송금행위는 통치행위가 아닙니다.

고득점 플러스+ 통치행위의 인정 여부

남북정상회담에서의 대북송금행위(부정)	남북정상회담의 개최(긍정)
남북정상회담의 개최는 고도의 정치적 성격을 지니고 있는 행위라 할 것이므로 특별한 사정이 없는 한 그 당부를 심판하는 것은 사법권의 내재적·본질적 한계를 넘어서는 것이지만 남북정상회담의 개최과정에서 북한 측에 사업권의 대가 명목으로 송금한 행위 자체는 헌법상 법치국가의 원리와 법 앞의 평등원칙 등에 비추어 볼 때 사법심사의 대상이 된다(대판 2004.3.26., 2003도7878).	남북정상회담의 개최는 고도의 정치적 성격을 지니고 있는 행위라 할 것이므로 특별한 사정이 없는 한 그 당부를 심판하는 것은 사법권의 내재적·본질적 한계를 넘어서는 것이 되어 적절하지 못하다(대판 2004.3.26., 2003도7878).

정답 | ③

006

통치행위에 관한 내용으로 옳은 것은? (다툼이 있는 경우 판례에 의함)

① 행정소송 대상에서의 개괄주의는 통치행위 긍정설의 근거가 된다.
② 외국에의 국군의 파견결정은 파견군인의 생명과 신체의 안전뿐만 아니라 국제사회에서의 우리나라의 지위와 역할, 동맹국과의 관계, 국가안보문제 등 궁극적으로 국민 내지 국익에 영향을 미치는 복잡하고도 중요한 문제로서 국내 및 국제정치관계 등 제반 상황을 고려하여 미래를 예측하고 목표를 설정하는 등 고도의 정치적 결단이 요구되는 사안이다.
③ 국민의 기본권 침해와 직접 관련되는 경우라도 그 국가작용이 통치행위라면 당연히 헌법재판소의 심판대상이 되지 않는다.
④ 대통령의 비상계엄의 선포나 확대 행위는 고도의 정치적·군사적 성격을 지니고 있는 행위라 할 것이므로, 그 계엄선포의 요건구비 여부나 선포의 당·부당을 판단할 권한이 사법부에는 없다고 할 것이고, 비상계엄의 선포나 확대가 국헌문란의 목적을 달성하기 위하여 행하여진 경우에라도 법원은 그 자체가 범죄행위에 해당하는지의 여부에 관하여 심사할 수 없다.

해설

① (×) 개괄주의와 법치주의는 통치행위의 논의의 전제(성립의 전제)이다. 그러나 통치행위를 논의하기 위한 전제일뿐이지 오히려 법치주의와 개괄주의는 부정설의 논리적 근거임을 유의하여야 한다.
② **빈출** (○) 외국에의 국군의 파견결정은 파견군인의 생명과 신체의 안전뿐만 아니라 국제사회에서의 우리나라의 지위와 역할, 동맹국과의 관계, 국가안보문제 등 궁극적으로 국민 내지 국익에 영향을 미치는 복잡하고도 중요한 문제로서 국내 및 국제정치관계 등 제반상황을 고려하여 미래를 예측하고 목표를 설정하는 등 고도의 정치적 결단이 요구되는 사안이다(헌재 2004.4.29., 2003헌마814).
③ (×) 문장이 바뀌었다. 통치행위라도 국민의 기본권 침해와 직접 관련되는 경우에는 헌법재판소의 심판대상이 된다.
④ **빈출** (×) 군인들이 군사반란과 내란을 통하여 폭력으로 정권을 장악한 것은 통치행위에 해당하지 아니하고, 따라서 그 군사반란과 내란행위는 처벌의 대상이 된다(대판 1997.4.17., 96도3376).

정답 | ②

관련기출 옳은지문

- 대통령의 긴급재정경제명령은 국가긴급권의 일종으로서 고도의 정치적 결단이나, 그것이 국민의 기본권 침해와 직접 관련되는 경우에는 당연히 헌법재판소의 심판대상이 된다.

22군무원7급

007

통치행위에 관한 설명으로 옳지 않은 것은? (다툼이 있는 경우 판례에 의함)

① 고도의 정치적 행위인 통치행위는 일반적으로 정부에 의해 이루어지는 것이지만, 국회에 의해 이루어질 수도 있다.
② 일반사병의 이라크 파견결정은 성격상 국방 및 외교에 관련된 고도의 정치적 결단을 요하는 문제이다.
③ 헌법재판소에 의하면 대통령의 금융실명거래 및 비밀보장에 관한 긴급재정·경제명령의 발령을 고도의 정치적 결단으로 보았다.
④ 통치행위를 포함하여 모든 국가작용이라도 헌법수호와 직접 관련된 국가작용이라면 헌법재판소의 심판대상이 된다.

007	① ② ③
기출처	예상문제
난이도	★★
키워드	행정

해설

④ 빈출 (×) 헌법수호가 아니라 국민의 기본권 침해와 직접 관련되는 경우에 헌법재판소의 심판대상이 된다.

> 통치행위를 포함하여 모든 국가작용은 국민의 기본권적 가치를 실현하기 위한 수단이라는 한계를 반드시 지켜야 하는 것이고, 헌법재판소는 헌법의 수호와 국민의 기본권보장을 사명으로 하는 국가기관이므로 비록 고도의 정치적 결단에 의하여 행해지는 국가작용이라고 할지라도 그것이 국민의 기본권 침해와 직접 관련되는 경우에는 당연히 헌법재판소의 심판대상이 된다(헌재 1996.2.29., 93헌마189).

정답 | ④

008

행정을 분류함에 있어 동일한 기준에 따라 분류한 것은?

① 복효적 행정 – 유도적 행정 – 국고적 행정
② 권력적 행정 – 급부적 행정 – 위임적 행정
③ 조달적 행정 – 공과적 행정 – 국고적 행정
④ 수익적 행정 – 침익적 행정 – 복효적 행정

008	① ② ③
기출처	예상문제
난이도	★
키워드	행정

해설

① (×) 복효적 행정: 효과에 의한 분류, 유도적 행정: 목적에 의한 분류, 국고적 행정: 법적 형식에 의한 분류
② (×) 권력적 행정: 수단에 의한 분류, 급부적 행정: 목적에 의한 분류, 위임적 행정: 주체에 의한 분류
③ (×) 조달적 행정: 목적에 의한 분류, 공과적 행정: 목적에 의한 분류, 국고적 행정: 법적 형식에 의한 분류
④ (○) 모두 행정의 효과에 따라 분류한 것이다.

정답 | ④

CHAPTER 02 행정법

01 법치행정의 원리

에듀윌 기본서 | 36p

009 기출처: 2024 국회직 8급 | 난이도: ★★ | 키워드: 법치행정

009 〈필수〉

법률유보원칙에 대한 설명으로 옳지 않은 것은?

① 법률유보원칙은 입법자 스스로 국민의 기본권 실현에 본질적인 사항을 직접 정해야 하는 의회유보와는 별개의 원칙이다.
② 헌법상 법률유보원칙은 법률에 의한 규율만을 요청하는 것이 아니라 법률에 근거한 규율을 요청하는 것이기 때문에 기본권 제한의 형식이 반드시 법률의 형식일 필요는 없다.
③ 법률의 위임범위를 벗어난 하위법령에 의한 기본권 제한은 법률의 근거가 없는 것이 되고 이는 법률유보원칙에 위반된다.
④ 헌법상 법치주의의 한 내용인 법률유보원칙은 기본권규범과 관련 없는 경우에까지 준수되도록 요청되는 것은 아니다.
⑤ 헌법재판소는 초등교원 임용시 지역가산점의 배점비율, 최종합격자 결정방식은 직접 법률에 규정되어야 할 본질적인 사항으로 보기 어렵다고 판시하였다.

해설

① (×) 오늘날 법률유보원칙은 단순히 행정작용이 법률에 근거를 두기만 하면 충분한 것이 아니라, 국가공동체와 그 구성원에게 기본적이고도 중요한 의미를 갖는 영역, 특히 국민의 기본권 실현과 관련된 영역에 있어서는 국민의 대표자인 입법자가 그 본질적 사항에 대해서 스스로 결정하여야 한다는 요구까지 내포하고 있다(의회유보원칙)(헌재 1999.5.27., 98헌바70).
② **빈출** (○) 기본권 제한에 관한 법률유보원칙은 '법률에 의한 규율'을 요청하는 것이 아니라 '법률에 근거한 규율'을 요청하는 것이므로, 기본권 제한에는 법률의 근거가 필요할 뿐이고 기본권 제한의 형식이 반드시 법률의 형식일 필요는 없다(헌재 2013.7.25., 2012헌마167).
③ (○) 국민의 기본권은 헌법 제37조 제2항에 의하여 국가안전보장·질서유지 또는 공공복리를 위하여 필요한 경우에 한하여 이를 제한할 수 있으나, 그 제한의 방법은 원칙적으로 법률로써만 가능하고 제한의 정도도 기본권의 본질적 내용을 침해할 수 없으며 필요한 최소한도에 그쳐야 한다. 여기서 기본권 제한에 관한 법률유보원칙은 '법률에 근거한 규율'을 요청하는 것이므로, 그 형식이 반드시 법률일 필요는 없다 하더라도 법률상의 근거는 있어야 한다 할 것이다. 따라서 모법의 위임범위를 벗어난 하위법령은 법률의 근거가 없는 것으로 법률유보원칙에 위반된다(헌재 2010.4.29., 2007헌마910).
④ **지엽** (○) 헌법상 법치주의의 한 내용인 법률유보의 원칙은 국민의 기본권 실현에 관련된 영역에 있어서 국가 행정권의 행사에 관하여 적용되는 것이지, 기본권규범과 관련 없는 경우에까지 준수되도록 요청되는 것은 아니라 할 것이다(헌재 2010.2.25., 2008헌바160).
⑤ **지엽** (○) 지역가산점의 배점비율, 최종합격자 결정방식이 법률에 직접 규정되어야 할 본질적 사항으로 보기 어렵다(헌재 2014.4.24., 2010헌마747).

정답 | ①

관련기출 옳은지문

- 법률유보원칙은 단순히 행정작용이 법률에 근거를 두기만 하면 충분한 것이 아니라, 국민의 기본권 실현과 관련된 영역에 있어서는 국민의 대표자인 입법자가 그 본질적 사항에 대해서 스스로 결정하여야 한다는 요구까지 내포하고 있다. 24군무원9급

- 법률유보원칙에서 법률이란 형식적 의미의 법률뿐만 아니라 법률상 위임에 따른 법규명령이나 조례의 경우도 포함된다. 24군무원9급

- 헌법재판소 결정에 따를 때 기본권 제한에 관한 법률유보원칙은 법률에 근거한 규율을 요청하는 것이므로 그 형식이 반드시 법률일 필요는 없더라도 법률상의 근거는 있어야 한다. 19서울시9급

010 필수

법치행정의 원리에 대한 설명으로 옳지 않은 것은?

① 규율대상이 국민의 기본권 및 기본적 의무와 관련한 중요성을 가질수록 그리고 그에 관한 공개적 토론의 필요성 또는 상충하는 이익 사이의 조정 필요성이 클수록, 그것이 국회의 법률에 의해 직접 규율될 필요성은 더 증대된다고 보아야 한다.
② 법률의 시행령은 법률에 의한 위임 없이도 법률이 규정한 개인의 권리·의무에 관한 내용을 변경·보충하거나 법률에 규정되지 아니한 새로운 내용을 규정할 수 있다.
③ 법률유보의 원칙은 '법률에 의한 규율'만을 요청하는 것이 아니라 '법률에 근거한 규율'을 요청하는 것이기 때문에 기본권의 제한에는 법률의 근거가 필요할 뿐이고 기본권 제한의 형식이 반드시 법률의 형식일 필요는 없다.
④ 행정작용은 법률에 위반되어서는 아니 되며, 국민의 권리를 제한하거나 의무를 부과하는 경우와 그 밖에 국민생활에 중요한 영향을 미치는 경우에는 법률에 근거해야 한다.

기출처: 2023 지방직 9급
난이도: ★★
키워드: 법치행정

해설

① 빈출 (○) 규율대상이 국민의 기본권 및 기본적 의무와 관련한 중요성을 가질수록 그리고 그에 관한 공개적 토론의 필요성 또는 상충하는 이익 사이의 조정 필요성이 클수록, 그것이 국회의 법률에 의해 직접 규율될 필요성은 더 증대된다(대판 2015.8.20., 2012두23808).
② (×) 일반적으로 법률의 시행령은 모법인 법률에 의하여 위임받은 사항이나, 법률이 규정한 범위 내에서 법률을 현실적으로 집행하는 데 필요한 세부적인 사항만을 규정할 수 있을 뿐, <u>법률의 위임 없이 법률이 규정한 개인의 권리·의무에 관한 내용을 변경·보충하거나 법률에서 규정하지 아니한 새로운 내용을 규정할 수 없는 것</u>이다(대판 1999.2.11., 98도2816).
③ 빈출 (○) 기본권 제한에 관한 법률유보원칙은 '법률에 의한 규율'을 요청하는 것이 아니라 '법률에 근거한 규율'을 요청하는 것이므로, 기본권 제한에는 법률의 근거가 필요할 뿐이고 기본권 제한의 형식이 반드시 법률의 형식일 필요는 없으므로(헌재 2005.5.26., 99헌마513), 법규명령, 규칙, 조례 등 실질적 의미의 법률을 통해서도 기본권 제한이 가능하다(헌재 2013.7.25., 2012헌마167).
④ 빈출 (○) 「행정기본법」 제8조

정답 | ②

011

기출처	2022 소방직
난이도	★★
키워드	법치행정

관련기출 옳은지문

- 대법원은 지방의회의원에 대하여 유급보좌인력을 두는 것은 지방의회의원의 신분·지위 및 그 처우에 관한 현행 법령상의 제도에 중대한 변경을 초래하는 것으로서, 이는 개별 지방의회의 조례로써 규정할 사항이 아니라 국회의 법률로써 규정하여야 할 입법사항이라고 한다.

17국가직9급

011 〈필수〉

법치행정의 원리에 대한 설명으로 옳지 않은 것은? (다툼이 있는 경우 판례에 의함)

① 국회가 형식적 법률로 직접 규율해야 할 필요성은 규율대상이 기본권 및 기본적 의무와 관련된 중요성을 가질수록, 그에 관한 공개적 토론의 필요성 또는 상충하는 이익 사이의 조정 필요성이 클수록 더 증대된다.

② 국가계약의 본질적인 내용은 사인간의 계약과 다를 바가 없어 법령에 특별한 규정이 있는 경우를 제외하고는 사법의 규정 내지 법원리가 그대로 적용되므로, 국가와 사인간의 계약은 국가계약법령에 따른 요건과 절차를 거치지 않더라도 유효하다.

③ 지방의회의원에 대하여 유급보좌인력을 두기 위해서는 법률의 근거가 필요하다.

④ 납세의무자에게 조세의 납부의무뿐만 아니라 스스로 과세표준과 세액을 계산하여 신고하여야 하는 의무까지 부과하는 경우에는 신고의무불이행에 따른 불이익의 내용을 법률로 정하여야 한다.

해설

② (×) 구 「국가를 당사자로 하는 계약에 관한 법률」 제11조 규정 내용과 국가가 일방당사자가 되어 체결하는 계약의 내용을 명확히 하고 국가가 사인과 계약을 체결할 때 적법한 절차에 따를 것을 담보하려는 규정의 취지 등에 비추어 보면, 국가가 사인과 계약을 체결할 때에는 국가계약법령에 따른 계약서를 따로 작성하는 등 요건과 절차를 이행하여야 할 것이고, 설령 국가와 사인 사이에 계약이 체결되었더라도 이러한 법령상 요건과 절차를 거치지 아니한 계약은 효력이 없다(대판 2015.1.15., 2013다215133).

정답 | ②

012

기출처	예상문제
난이도	★★★
키워드	법치행정

012

법치행정에 대한 설명으로 옳지 않은 것은? (다툼이 있는 경우 판례에 의함)

① "「공공기관의 운영에 관한 법률」 규정에 따른 입찰참가자격의 제한기준 등에 관하여 필요한 사항은 기획재정부령으로 정한다."는 부분은 본질적인 내용이 이미 상위법에 규정되어 있어 의회유보원칙에 위배되지 않는다.

② 오늘날 법률유보원칙은 단순히 행정작용이 법률에 근거를 두기만 하면 충분한 것이 아니라, 국가공동체와 그 구성원에게 기본적이고도 중요한 의미를 갖는 영역, 특히 국민의 기본권 실현과 관련된 영역에 있어서는 국민의 대표자인 입법자가 그 본질적 사항에 대해서 스스로 결정하여야 한다는 요구까지 내포하고 있다.

③ 군인은 복종의 의무를 가지고 있어 상관의 지시와 명령에 대하여 재판청구권을 행사하기 이전에 군인복무규율에 규정된 내부적 절차를 거쳐야 한다.

④ 주택재건축사업시행의 인가는 수익적 행정처분으로서 법령에 행정처분의 요건에 관하여 일의적으로 규정되어 있지 아니한 이상 행정청의 재량행위에 속하므로, 법령상의 제한에 근거한 것이 아니라 하더라도 공익상 필요 등에 의하여 필요한 범위 내에서 부관을 부과할 수 있다.

해설

① (O) 헌법재판소에 의하면 "「공공기관의 운영에 관한 법률」 규정에 따른 입찰참가자격의 제한기준 등에 관하여 필요한 사항은 기획재정부령으로 정한다."는 부분은 의회유보원칙에 반하지 않는다고 한다.
② (O) 헌법재판소는 TV수신료 사건에서 중요사항유보설(의회유보설)의 입장을 취하였다.
③ 지엽 (×) 군인이라 하여 재판청구를 하기 전에 반드시 군 내부에서의 사전절차를 거쳐야 하는 것은 아니라는 것이 대법원의 입장이다.

> 나아가 관련 법령의 문언과 체계에 비추어 보면, 건의 제도의 취지는 위법 또는 오류의 의심이 있는 명령을 받은 부하가 명령 이행 전에 상관에게 명령권자의 과오나 오류에 대하여 자신의 의견을 제시할 수 있도록 함으로써 명령의 적법성과 타당성을 확보하고자 하는 것일 뿐 그것이 군인의 재판청구권 행사에 앞서 반드시 거쳐야 하는 군 내 사전절차로서의 의미를 갖는다고 보기 어렵다(대판 2018.3.22., 2012두26401).

④ 빈출 (O) 주택재건축사업시행의 인가는 상대방에게 권리나 이익을 부여하는 효과를 가진 이른바 수익적 행정처분으로서 법령에 행정처분의 요건에 관하여 일의적으로 규정되어 있지 아니한 이상 행정청의 재량행위에 속하므로, 처분청으로서는 법령상의 제한에 근거한 것이 아니라 하더라도 공익상 필요 등에 의하여 필요한 범위 내에서 여러 조건(부담)을 부과할 수 있다(대판 2007.7.12., 2007두6663).

정답 | ③

013

법률유보와 법률의 위임에 대한 설명으로 옳지 않은 것은? (다툼이 있는 경우 판례에 의함)

① 자격이나 신분 등을 취득 또는 부여할 수 없거나 인가, 허가, 지정, 승인, 영업등록, 신고 수리 등을 필요로 하는 영업 또는 사업 등을 할 수 없는 사유는 법률로 정하여야 한다.
② 텔레비전방송수신료금액의 결정은 납부의무자의 범위와는 달리 수신료에 관한 본질적인 중요한 사항이 아니므로 국회가 스스로 결정할 필요는 없다.
③ 도시환경정비사업시행인가 신청시 요구되는 토지 등 소유자의 동의정족수를 정하는 것은 법률유보 내지 의회유보의 원칙이 지켜져야 할 영역이다.
④ 헌법재판소에 따르면 지방자치단체의 조례에 대한 법률의 위임은 법규명령에 대한 위임과 달리 반드시 구체적으로 범위를 정하여야 할 필요가 없고 포괄적인 것으로 족하다.
⑤ 헌법재판소에 따르면 법률이 자치적인 사항을 공법적 단체의 정관으로 정하도록 위임한 경우에는 포괄위임입법금지원칙이 적용되지 않는다.

기출처 2022 국회직 8급
난이도 ★★
키워드 법치행정

관련기출 옳은지문

• 수신료 징수업무를 한국방송공사가 직접 수행할지 제3자에게 위탁할지 여부는 국민의 기본권 제한에 관한 본질적인 사항이 아니다. 19서울시9급

• 헌법재판소는 토지 등 소유자가 도시환경정비사업을 시행하는 경우, 사업시행인가 신청시 필요한 토지 등 소유자의 동의정족수를 정하는 것은 국민의 권리와 의무의 형성에 관한 기본적이고 본질적인 사항으로 법률유보 내지 의회유보의 원칙이 지켜져야 할 영역이라고 한다. 17국가직9급

해설

① (O) 「행정기본법」 제16조 제1항
② 빈출 (×) 텔레비전방송수신료는 대다수 국민의 재산권 보장의 측면이나 한국방송공사에게 보장된 방송자유의 측면에서 국민의 기본권 실현에 관련된 영역에 속하고, 수신료금액의 결정은 납부의무자의 범위 등과 함께 수신료에 관한 본질적인 중요한 사항이므로 국회가 스스로 행하여야 하는 사항에 속하는 것임에도 불구하고 「한국방송공사법」 제36조 제1항에서 국회의 결정이나 관여를 배제한 채 한국방송공사로 하여금 수신료금액을 결정해서 문화관광부장관의 승인을 얻도록 한 것은 법률유보원칙에 위반된다(헌재 1999.5.27., 98헌바70).
③ (O) 헌재 2011.8.30., 2009헌바128
④ (O) 헌재 1995.4.20., 92헌마264
⑤ 빈출 (O) 헌재 2006.3.30., 2005헌바31

정답 | ②

014

014	1 2 3
기출처	2018 국가직 9급
난이도	★★
키워드	법치행정

행정청이 법률의 근거 규정 없이도 할 수 있는 조치로 옳은 것만을 모두 고른 것은? (다툼이 있는 경우 판례에 의함)

> ㄱ. 하자 있는 처분을 직권으로 취소하는 것
> ㄴ. 재량권이 인정되는 영역에서 재량권 행사의 기준이 되는 지침을 제정하는 것
> ㄷ. 중대한 공익상의 필요가 발생하여 처분을 철회하는 것
> ㄹ. 사정변경으로 인하여 처분에 부가되어 있는 부담의 목적을 달성할 수 없게 되어 부담의 내용을 변경하는 것

① ㄱ, ㄴ
② ㄷ, ㄹ
③ ㄱ, ㄷ, ㄹ
④ ㄱ, ㄴ, ㄷ, ㄹ

해설

ㄱ. **빈출** (O) 직권취소는 성립 당시 하자를 이유로 적법하게 시정하는 조치로서 법적 근거 없이 가능하다. 다만, 신뢰보호의 원칙과 비례의 원칙에 의한 제한이 있다.
ㄴ. (O) 재량준칙의 제정은 행정규칙의 제정으로서 법령의 근거 없이 감독청의 감독권과 처분청의 처분의 권한을 근거로 제정할 수 있다.
ㄷ. (O) 철회는 장래에 예측하지 못한 사태를 대비하고자 마련된 제도로, 법적 근거 없이 가능하다. 다만, 신뢰보호의 원칙과 비례의 원칙에 의해 제한될 수 있다.
ㄹ. **빈출** (O) 사후부관은 법령에 근거가 있는 경우 또는 법에 근거가 없어도 부담, 상대방의 동의, 처분 당시의 유보, 사정변경시 필요범위 내에서 가능하다.

정답 | ④

015

015	1 2 3
기출처	2025 지방직 9급
난이도	★★
키워드	법치행정

법치행정에 대한 설명으로 옳지 않은 것은?

① 자치조례에 대한 법률의 위임은 법규명령에 대한 법률의 위임과 같이 반드시 구체적으로 범위를 정하여야 할 필요가 없으며 포괄적인 것으로 족하다.
② 구 「여객자동차 운수사업법」 및 동법 시행령상 개인택시운송사업자의 운전면허가 취소된 때에는 그의 개인택시운송사업면허를 취소할 수 있도록 규정되어 있으므로, 개인택시운송사업자 甲이 운전면허 취소사유인 음주운전 교통사고로 사망하였다면 그 운전면허 취소처분이 없더라도 관할관청은 甲에 대한 개인택시운송사업면허를 취소할 수 있다.
③ 고도의 정치성을 띤 국가행위에 대하여는 이른바 통치행위라 하여 법원 스스로 사법심사권의 행사를 억제하여 그 심사대상에서 제외하는 영역이 있을 수 있으나, 이와 같이 통치행위의 개념을 인정하더라도 과도한 사법심사의 자제가 기본권을 보장하고 법치주의 이념을 구현하여야 할 법원의 책무를 태만히 하거나 포기하는 것이 되지 않도록 그 인정을 지극히 신중하게 하여야 한다.
④ 법률의 시행령은 모법인 법률에 의하여 위임받은 사항이나 법률이 규정한 범위 내에서 법률을 현실적으로 집행하는 데 필요한 세부적인 사항만을 규정할 수 있을 뿐, 법률에 의한 위임이 없는 한 법률이 규정한 개인의 권리·의무에 관한 내용을 변경·보충하거나 법률에 규정되지 아니한 새로운 내용을 규정할 수는 없다.

해설

① (O) 조례에 대한 법률의 위임은 법규명령에 대한 법률의 위임과 같이 반드시 구체적으로 범위를 정하여 할 필요가 없으며 포괄적으로도 가능하다고 할 것이고, 이 사건 법률조항은 일정범위의 도시계획결정에 대한 권한의 주체를 위임했다고 봄이 상당하며, 위임의 방법 내지 한계를 일탈한 것이라고 할 수 없다(헌재 2012.11.29., 2012헌바97).
② (×) 구 「여객자동차 운수사업법」(2007.7.13. 법률 제8511호로 개정되기 전의 것) 제76조 제1항 제15호, 같은 법 시행령 제29조에는 관할관청은 개인택시운송사업자의 운전면허가 취소된 때에 그의 개인택시운송사업면허를 취소할 수 있도록 규정되어 있을 뿐 그에게 운전면허 취소사유가 있다는 사유만으로 개인택시운송사업면허를 취소할 수 있도록 하는 규정은 없으므로, 관할관청으로서는 비록 개인택시운송사업자에게 운전면허 취소사유가 있다 하더라도 그로 인하여 운전면허 취소처분이 이루어지지 않은 이상 개인택시운송사업면허를 취소할 수는 없다(대판 2008.5.15., 2007두26001).
③ (O) 대판 2004.3.26., 2003도7878
④ (O) 대판 1999.2.11., 98도2816

정답 | ②

016
법치행정에 대한 내용으로 옳지 않은 것은? (다툼이 있는 경우 판례에 의함)

ㄱ. 법률우위에서 말하는 '법률'은 오늘날 모든 법을 의미하며, 형식적 의미의 법률을 포함하여 헌법 등의 성문법뿐만 아니라 행정규칙 및 불문법의 원칙도 포함한다.
ㄴ. 중학교 의무교육처럼 그 실시 여부 및 연한과 같은 교육제도 수립의 본질적 내용은 반드시 법률로 규정되어야 할 기본적 사항이라 하겠다.
ㄷ. 국가공무원인 교원의 보수에 관한 구체적인 내용(보수 체계, 보수 내용, 지급 방법 등)까지 반드시 법률의 형식으로만 정해야 하는 '기본적인 사항'이라고 보기는 어렵다.
ㄹ. 도시환경정비사업의 시행자인 토지 등 소유자가 사업시행인가를 신청하기 전의 토지 등 소유자의 동의요건은 법률로 정하여 할 필요는 없다.

① ㄱ, ㄴ
② ㄴ, ㄷ
③ ㄷ, ㄹ
④ ㄱ, ㄹ

016
기출처: 예상문제
난이도: ★★
키워드: 법치행정

🔍 관련기출 옳은지문
• 법률우위의 원칙에서 법은 형식적 법률뿐 아니라 법규명령과 관습법 등을 포함하는 넓은 의미의 법이다.
19서울시7급

해설

ㄱ. (×) 법률우위에서 말하는 '법률'은 오늘날 모든 법을 의미하며, 형식적 의미의 법률을 포함하여 헌법 등의 성문법뿐만 아니라 불문법의 원칙도 포함하지만, 행정규칙은 포함되지 않는다.
ㄴ. (O) 헌재 2001.10.25., 2001헌마113
ㄷ. 지엽 (O) 국가공무원인 교원의 보수에 관한 구체적인 내용(보수 체계, 보수 내용, 지급 방법 등)까지 반드시 법률의 형식으로만 정해야 하는 '기본적인 사항'이라고 보기는 어렵고, 이를 행정부의 하위법령에 위임하는 것은 불가피하다. 교육부장관에게 재외 한국학교 파견공무원에 대한 수당 지급과 관련하여 재량권이 인정되고, 교육부장관이 정한 위 선발계획의 수당 부분에 재량권 일탈·남용의 위법이 없다(대판 2023.10.26., 2020두50966).
ㄹ. (×) 사업시행인가 신청시 필요한 토지 등 소유자의 동의는 개발사업의 주체 및 정비구역 내 토지 등 소유자를 상대로 수용권을 행사하고 각종 행정처분을 발할 수 있는 행정주체로서의 지위를 가는 사업시행자를 지정하는 문제로서 그 동의요건을 정하는 것은 국민의 권리와 의무의 형성에 관한 기본적이고 본질적인 사항이므로 국회가 스스로 행하여야 하는 사항에 속하는 것임에도 불구하고 사업시행인가 신청에 필요한 동의정족수를 토지 등 소유자가 자치적으로 정하여 운영하는 규약에 정하도록 한 것은 법률유보원칙에 위반된다(헌재 2011.8.30., 2009헌바128).

정답 | ④

02 행정법의 법원

017 필수

기출처: 2021 지방직 9급
난이도: ★★
키워드: 행정법의 법원

행정법의 법원(法源)의 효력에 대한 설명으로 옳지 않은 것은?

① 헌법개정·법률·조약·대통령령·총리령 및 부령의 공포는 관보에 게재함으로써 한다.
②「국회법」에 따라 하는 국회의장의 법률 공포는 서울특별시에서 발행되는 둘 이상의 일간신문에 게재함으로써 한다.
③ 법령의 공포일은 해당 법령을 게재한 관보 또는 신문이 발행된 날로 한다.
④ 관보의 내용 해석 및 적용 시기 등에 대하여 종이관보가 전자관보보다 우선적 효력을 가진다.

해설

④ 지엽 (×) 종이관보와 전자관보는 동일한 효력을 갖는다.

> 「법령 등 공포에 관한 법률」제11조【공포 및 공고의 절차】④ 관보의 내용 해석 및 적용 시기 등에 대하여 종이관보와 전자관보는 동일한 효력을 가진다.
> 제12조【공포일·공고일】제11조의 법령 등의 공포일 또는 공고일은 해당 법령 등을 게재한 관보 또는 신문이 발행된 날로 한다.

정답 | ④

018

기출처: 2019 서울시 9급
난이도: ★
키워드: 행정법의 법원

행정법의 법원(法源)에 대한 설명으로 가장 옳은 것은?

① 인간다운 생활을 할 권리와 같은 헌법상의 추상적인 기본권에 관한 규정은 행정법의 법원이 되지 못한다.
② 국제법규도 행정법의 법원이므로, 사인이 제기한 취소소송에서 WTO협정과 같은 국제협정 위반을 독립된 취소사유로 주장할 수 있다.
③ 위법한 행정관행에 대해서도 신뢰보호의 원칙이 적용될 수 있다.
④ 행정의 자기구속의 원칙은 처분청이 아닌 제3자 행정청에 대해서도 적용된다.

해설

① (×) 헌법은 국가의 기본법으로서 행정법의 최고법원이다.
② (×) 사인은 회원국 정부를 상대로 국내 법원에 WTO협정 위반을 이유로 제소할 수 없다.

> WTO협정은 국가와 국가 사이의 권리·의무관계를 설정하는 국제협정으로, 그 내용 및 성질에 비추어 이와 관련한 법적 분쟁은 위 WTO 분쟁해결기구에서 해결하는 것이 원칙이고, 사인(私人)에 대하여는 위 협정의 직접 효력이 미치지 아니한다고 보아야 할 것이므로, 위 협정에 따른 회원국 정부의 반덤핑부과처분이 WTO협정 위반이라는 이유만으로 사인이 직접 국내 법원에 회원국 정부를 상대로 그 처분의 취소를 구하는 소를 제기하거나 위 협정 위반을 처분의 독립된 취소사유로 주장할 수는 없다(대판 2009.1.30., 2008두17936).

③ (○) 신뢰보호의 원칙은 선행조치인 공적 견해가 적법한 경우만 인정되는 것은 아니며, 무효가 아니라면 위법한 경우에도 적용될 수 있다.
④ (×) 행정의 자기구속의 법리는 '자기구속'의 법리로서 다른 행정기관은 무관하다.

정답 | ③

019 〈필수〉

행정법의 법원(法源)의 효력에 대한 설명으로 옳지 않은 것은? (다툼이 있는 경우 판례에 의함)

① 학교급식을 위해 국내 우수농산물을 사용하는 자에게 식재료나 구입비의 일부를 지원하는 것 등을 내용으로 하는 지방자치단체의 조례안이 '1994년 관세 및 무역에 관한 일반협정'을 위반하여 위법한 이상, 그 조례안은 효력이 없다.

② 국민의 권리 제한 또는 의무 부과와 직접 관련되는 법률, 대통령령, 총리령 및 부령은 긴급히 시행하여야 할 특별한 사유가 있는 경우를 제외하고는 공포일부터 적어도 30일이 경과한 날부터 시행되도록 하여야 한다.

③ 진정소급입법이라 하더라도 예외적으로 국민이 소급입법을 예상할 수 있었거나 신뢰보호의 요청에 우선하는 심히 중대한 공익상의 사유가 소급입법을 정당화하는 경우 등에는 허용될 수 있다.

④ 개발제한구역의 지정 및 관리에 관한 특별조치법령의 개정으로 허가나 신고 없이 개발제한구역 내 공작물 설치행위를 할 수 있게 되었다면, 그 법령의 시행 전에 이미 범하여진 위법한 설치행위에 대한 가벌성은 소멸한다.

해설

① (○) 대판 2005.9.9., 2004추10
② (○) 국민의 권리나 의무에 관한 법령은 공포 후 특별한 규정이 없는 한 30일이 경과되어야 한다(「법령 등 공포에 관한 법률」 제13조의2 참고).
③ (○) 헌재 1999.7.22., 97헌바76
④ (×) 허가나 신고 없이 개발제한구역 내 공작물 설치행위를 할 수 있도록 법령이 개정되었다고 하더라도, 그 법령의 시행 전에 이미 범하여진 위법한 설치행위에 대한 가벌성이 소멸하는 것은 아니다(대판 2007.9.6., 2007도4197).

정답 | ④

019
기출처	2020 국가직 9급
난이도	★★
키워드	행정법의 법원

관련기출 옳은지문

· 헌법에 의하여 체결·공포된 조약과 일반적으로 승인된 국제법규는 국내법과 동일한 효력을 갖는다.
11지방직9급

· 헌법에 의하여 체결·공포된 조약과 일반적으로 승인된 국제법규가 동일한 효력을 가진 국내의 법률, 명령과 충돌하는 경우에는 신법우위의 원칙 및 특별법우위의 원칙이 적용된다.
11지방직9급

020

행정법의 법원(法源)에 대한 설명으로 옳지 않은 것은?

① 재량권 행사의 준칙인 행정규칙이 그 정한 바에 따라 되풀이 시행되어 행정관행이 이루어지게 되면 평등의 원칙이나 신뢰보호의 원칙에 따라 행정기관은 그 상대방에 대한 관계에서 그 규칙에 따라야 할 자기구속을 받게 된다.

② 위법한 행정처분이 수차례에 걸쳐 반복적으로 행하여졌다 하더라도 그러한 처분이 위법한 것인 때에는 행정청에 대하여 자기구속력을 갖게 된다고 할 수 없다.

③ 구 농림수산식품부에 의하여 공표된 '2008년도 농림사업시행지침서'가 되풀이 시행되어 행정관행이 이루어졌다거나 그 공표만으로 신청인이 보호가치 있는 신뢰를 갖게 되었다고 볼 수 없다면, 이 지침에 명시되지 않은 기준을 충족하지 못하였다는 이유를 들어 신청인의 사업자 인정신청을 반려한 처분은 행정의 자기구속의 원칙에 위배되지 않는다.

④ 세무조사가 과세자료의 수집 또는 신고내용의 정확성 검증이라는 본연의 목적이 아니라 부정한 목적을 위하여 행하여졌다고 하더라도, 이러한 세무조사에 의하여 수집된 과세자료를 기초로 한 과세처분은 위법하지 않다.

해설

① (O) 대판 2009.12.24., 2009두7967

② (O) 평등의 원칙은 본질적으로 같은 것을 자의적으로 다르게 취급함을 금지하는 것이고, 위법한 행정처분이 수차례에 걸쳐 반복적으로 행하여졌다 하더라도 그러한 처분이 위법한 것인 때에는 행정청에 대하여 자기구속력을 갖게 된다고 할 수 없다(대판 2009.6.25., 2008두13132).

③ (O) 시장이 농림수산식품부에 의하여 공표된 '2008년도 농림사업시행지침서'에 명시되지 않은 '시·군별 건조저장시설 개소당 논 면적' 기준을 충족하지 못하였다는 이유로 신규 건조저장시설 사업자 인정신청을 반려한 사안에서, 위 지침이 되풀이 시행되어 행정관행이 이루어졌다거나 그 공표만으로 신청인이 보호가치 있는 신뢰를 갖게 되었다고 볼 수 없고, 쌀 시장 개방화에 대비한 경쟁력 강화 등 우월한 공익상 요청에 따라 위 지침상의 요건 외에 '시·군별 건조저장시설 개소당 논 면적 1,000ha 이상' 요건을 추가할 만한 특별한 사정을 인정할 수 있어, 그 처분이 행정의 자기구속의 원칙 및 행정규칙에 관련된 신뢰보호의 원칙에 위배되거나 재량권을 일탈·남용한 위법이 없다(대판 2009.12.24., 2009두7967).

④ (×) 세무조사가 과세자료의 수집 또는 신고내용의 정확성 검증이라는 본연의 목적이 아니라 부정한 목적을 위하여 행하여진 것이라면 이는 세무조사에 중대한 위법사유가 있는 경우에 해당하고 이러한 세무조사에 의하여 수집된 과세자료를 기초로 한 과세처분 역시 위법하다(대판 2016.12.15., 2016두47659).

정답 | ④

021

행정법의 법원(法源)에 대한 설명 중 옳은 것은? (다툼이 있는 경우 판례에 의함)

① 회원국 정부의 반덤핑부과처분이 WTO협정 위반이라는 이유로 사인은 국내 법원에 회원국 정부를 상대로 그 처분의 취소를 구하는 소를 제기하거나 위 협정 위반을 처분의 독립된 취소사유로 주장할 수 있다.
② 법원(法源)을 법의 인식근거 또는 법의 존재형식으로 본다면 헌법은 행정법의 법원이 될 수 없다.
③ 관습법은 성문법령의 흠결을 보충하는 기능으로 법률유보의 원칙에서 말하는 법률에 포함된다.
④ 행정법의 일반원칙은 다른 법원(法源)과의 관계에서 보충적 역할에 그치지 않으며 헌법적 효력을 갖기도 하여 성문법의 위헌 여부를 판단하는 기준이 될 수 있다.

해설

① **빈출** (×) WTO협정은 국가와 국가 사이의 권리·의무관계를 설정하는 국제협정으로, 그 내용 및 성질에 비추어 이와 관련한 법적 분쟁은 위 WTO 분쟁해결기구에서 해결하는 것이 원칙이고, 사인(私人)에 대하여는 위 협정의 직접 효력이 미치지 아니한다고 보아야 할 것이므로, 위 협정에 따른 회원국 정부의 반덤핑부과처분이 WTO협정 위반이라는 이유만으로 사인이 직접 국내 법원에 회원국 정부를 상대로 그 처분의 취소를 구하는 소를 제기하거나 위 협정 위반을 처분의 독립된 취소사유로 주장할 수는 없다(대판 2009.1.30., 2008두17936).
② (×) 법원(法源)은 행정법의 인식근거이자 존재형식을 의미하며, 헌법은 행정법의 최상위 법원이다.
③ (×) 법률유보의 원칙에서 말하는 법률은 국회가 제정한 법률을 의미한다. 따라서 관습법은 포함되지 않는다.
④ (○) 행정법의 일반원칙인 비례의 원칙이나 평등의 원칙 등을 위반하는 성문법은 위헌이 될 수 있다.

정답 | ④

021

기출처	예상문제
난이도	★★
키워드	행정법의 법원

관련기출 옳은지문

• 지방자치단체가 제정한 조례가 1994년 관세 및 무역에 관한 일반협정(General Agreement on Tariffs and Trade 1994)이나 정부조달에 관한 협정(Agreement on Government Procurement)에 위반되는 경우, 그 조례는 무효이다. 17국가직9급

022

다음은 행정법의 법원(法源)에 관한 甲과 乙의 대화 내용이다. 甲의 질문에 대한 乙의 답변으로 옳지 않은 것은? (다툼이 있는 경우 판례에 의함)

(가) 甲: 국제법규도 행정법의 법원이 될 수 있습니까?
　　乙: "헌법에 의해서 체결·공포된 조약과 일반적으로 승인된 국제법규는 국내법과 동일한 효력을 가진다."는 헌법규정에 의한다면, 국제법규도 국내법으로 수용된다는 것을 의미하는 것이므로 국제법규도 행정법의 법원이 됩니다.

(나) 甲: 남북 간의 체결된 남북합의서는 국제법인 조약의 효력을 갖습니까?
　　乙: 북한과의 체결된 합의서는 남북정부 사이에 맺어진 국제법인 조약입니다.

(다) 甲: 국제법이 국내에서 효력을 발하기 위해서 별도의 절차나 형식이 필요합니까?
　　乙: 네. 국제법은 국내에서 발효하기 위해서 별도의 입법조치가 필요합니다.

(라) 甲: 국제법을 위반한 하위 국내법의 효력에 대해 판례는 어떠한 입장입니까?
　　乙: 국제법을 위반한 하위 국내법은 무효입니다.

① (가), (나)
② (나), (다)
③ (다), (라)
④ (가), (라)

해설

(가) (○) 헌법의 "헌법에 의해서 체결·공포된 조약과 일반적으로 승인된 국제법규는 국내법과 동일한 효력을 가진다."는 규정에 의하여 국제법은 행정법의 법원(法源)이 된다.

(나) (×) 북한과 맺어진 합의서는 국제법인 조약의 효력을 가질 수 없다는 것이 대법원의 입장이다.

> 남북 사이의 화해와 불가침 및 교류협력에 관한 합의서는 남북관계가 '나라와 나라 사이의 관계가 아닌 통일을 지향하는 과정에서 잠정적으로 형성되는 특수관계'임을 전제로, 조국의 평화적 통일을 이룩해야 할 공동의 정치적 책무를 지는 남북한 당국이 특수관계인 남북관계에 관하여 채택한 합의문서로서, 남북한 당국이 각기 정치적인 책임을 지고 상호간에 그 성의 있는 이행을 약속한 것이기는 하나 법적 구속력이 있는 것은 아니어서 이를 국가 간의 조약 또는 이에 준하는 것으로 볼 수 없고, 따라서 국내법과 동일한 효력이 인정되는 것도 아니다(대판 1999.7.23., 98두14525).

(다) (×) 국제법은 국내법과 동일한 효력을 갖고 있어 별도의 절차나 형식 없이 국내에서 발효된다.

(라) (○) 국제법은 국내법의 법률이나 명령과 동위의 효력을 갖게 된다. 따라서 하위법이 국제법을 위반하게 되면 무효가 된다.

> 특정 지방자치단체의 초·중·고등학교에서 실시하는 학교급식을 위해 위 지방자치단체에서 생산되는 우수 농수축산물과 이를 재료로 사용하는 가공식품(이하 '우수농산물'이라고 한다)을 우선적으로 사용하도록 하고 그러한 우수농산물을 사용하는 자를 선별하여 식재료나 식재료 구입비의 일부를 지원하며 지원을 받은 학교는 지원금을 반드시 우수농산물을 구입하는 데 사용하도록 하는 것을 내용으로 하는 위 지방자치단체의 조례안이 내국민대우원칙을 규정한 '1994년 관세 및 무역에 관한 일반협정(General Agreement on Tariffs and Trade 1994)'에 위반되어 그 효력이 없다(대판 2005.9.9., 2004추10).

정답 | ②

023

행정법의 법원(法源)에 대한 설명으로 옳지 않은 것은? (다툼이 있는 경우 판례에 의함)

① 지방자치단체가 제정한 조례가 헌법에 의하여 체결·공포된 조약에 위반되는 경우 그 조례는 효력이 없다.
② 행정소송에 관하여 「행정소송법」에 특별한 규정이 없는 사항에 대하여는 「법원조직법」과 「민사소송법」 및 「민사집행법」의 규정을 준용한다.
③ 평등원칙은 일체의 차별적 대우를 부정하는 절대적 평등을 의미하는 것이 아니라 입법과 법의 적용에 있어서 합리적인 근거가 없는 차별을 배제하는 상대적 평등을 뜻한다.
④ 개정 법령이 기존의 사실 또는 법률관계를 적용대상으로 하면서 국민의 재산권과 관련하여 종전보다 불리한 법률효과를 규정하고 있는 경우, 그러한 사실 또는 법률관계가 개정 법률이 시행되기 이전에 이미 완성 또는 종결된 것이 아니라면 소급입법금지원칙에 위반된다.

[기출처] 2021 국가직 9급
[난이도] ★★
[키워드] 행정법의 법원

해설

④ 빈출 (×) 행정처분은 그 근거 법령이 개정된 경우에도 경과규정에서 달리 정함이 없는 한 처분 당시 시행되는 개정 법령과 그에 정한 기준에 의하는 것이 원칙이고, 그 개정 법령이 기존의 사실 또는 법률관계를 적용대상으로 하면서 국민의 재산권과 관련하여 종전보다 불리한 법률효과를 규정하고 있는 경우에도 그러한 사실 또는 법률관계가 개정 법령이 시행되기 이전에 이미 완성 또는 종결된 것이 아니라면 이를 헌법상 금지되는 소급입법에 의한 재산권 침해라고 할 수는 없으며, 그러한 개정 법령의 적용과 관련하여서는 개정 전 법령의 존속에 대한 국민의 신뢰가 개정 법령의 적용에 관한 공익상의 요구보다 더 보호가치가 있다고 인정되는 경우에 그러한 국민의 신뢰를 보호하기 위하여 그 적용이 제한될 수 있는 여지가 있을 따름이다(대판 2009.4.23., 2008두8918).

정답 | ④

024

행정법의 법원에 관한 설명으로 옳지 않은 것은? (다툼이 있는 경우 판례에 의함)

① 「헌법재판소법」 제47조의 헌법재판소에 의한 법률의 위헌결정은 국가기관과 지방자치단체를 기속한다는 규정에 따라 헌법재판소의 위헌결정은 법원으로서의 성격을 가진다고 보는 것이 일반적이다.
② 대법원에 의하면 '남북 사이의 화해와 불가침 및 교류협력에 관한 합의서'를 법적 구속력이 있는 조약이라고 볼 수 없다.
③ 우수 농산물을 사용하여 식재료를 만드는 자에게 식재료 구입비의 일부를 지원하는 지방자치단체의 조례안이 비록 국제법을 위반하였다고 해도 이로 인한 공익적 측면이 적지 않아 이를 두고 무효라고 할 수 없다.
④ 관습헌법도 행정법의 법원(法源)이며 성문헌법과 같은 헌법개정절차를 통해서 개정될 수 있다.

[기출처] 예상문제
[난이도] ★★
[키워드] 행정법의 법원

🔍 관련기출 옳은지문
· 헌법재판소에 의한 법률의 위헌결정은 국가기관과 지방자치단체를 기속한다는 「헌법재판소법」 제47조에 의해 법원으로서의 성격을 가진다.
12지방직9급

해설

③ 빈출 (×) 지원을 받은 학교는 지원금을 반드시 우수농산물을 구입하는 데 사용하도록 하는 것을 내용으로 하는 위 지방자치단체의 조례안이 내국민대우원칙을 규정한 '1994년 관세 및 무역에 관한 일반협정(General Agreement on Tariffs and Trade 1994)'에 위반되어 그 효력이 없다(대판 2005.9.9., 2004추10).

정답 | ③

025		1 2 3
기출처	예상문제	
난이도	★★	
키워드	행정법의 법원	

025

행정법의 법원(法源)에 대한 설명으로 옳지 않은 것은? (다툼이 있는 경우 판례에 의함)

① 대법원의 판례가 법률해석의 일반적인 기준을 제시한 경우에 유사한 사건을 재판하는 하급심법원의 법관은 판례의 견해를 존중하여 재판하여야 하는 것이나, 판례가 사안이 서로 다른 사건을 재판하는 하급심법원을 직접 기속하는 효력이 있는 것은 아니다.

② 영미법계 국가에서는 '선례구속의 원칙'이 엄격하게 적용되어 유사사건에서 상급심의 판결은 하급심을 구속한다.

③ 사회구성원들이 관행의 법적 구속력에 법적 확신을 갖지 않게 되었다거나, 사회를 지배하는 기본적 이념 등의 변화로 인하여 관습법을 적용하여야 할 시점에 있어서의 전체 법질서에 부합하지 않는다면 그러한 관습법은 법적 규범으로서의 효력이 부정된다.

④ 판례는 국세행정상 비과세의 관행을 일종의 행정선례법으로 인정하지 아니한다.

해설

④ (×) 「국세기본법」 제18조 제3항이 규정하고 있는 '일반적으로 납세자에게 받아들여진 세법의 해석 또는 국세행정의 관행'이란 비록 잘못된 해석 또는 관행이라도 특정납세자가 아닌 불특정한 일반납세자에게 정당한 것으로 이의 없이 받아들여져 납세자가 그와 같은 해석 또는 관행을 신뢰하는 것이 무리가 아니라고 인정될 정도에 이른 것을 말하고, 그와 같은 비과세관행이 성립하려면, 상당한 기간에 걸쳐 과세하지 아니한 객관적 사실이 존재할 뿐만 아니라, 과세관청 자신이 그 사항에 관하여 과세할 수 있음을 알면서도 어떤 특별한 사정 때문에 과세하지 않는다는 의사가 있어야 하므로, 위와 같은 공적 견해의 표시는 비과세의 사실상태가 장기간에 걸쳐 계속되는 경우에 그것이 그 사항에 대하여 과세의 대상으로 삼지 아니하는 뜻과 과세관청의 묵시적인 의향의 표시로 볼 수 있는 경우 등에도 이를 인정할 수 있다(대판 2009.12.24., 2008두15350).

정답 | ④

026		1 2 3
기출처	2025 소방직	
난이도	★★★	
키워드	행정법의 법원	

026

행정법의 법원(法源)에 관한 설명으로 옳지 않은 것은? (다툼이 있는 경우 판례에 의함)

① 대법원의 판례가 법률해석의 일반적인 기준을 제시한 경우에 유사한 사건을 재판하는 하급심법원의 법관은 판례의 견해를 존중하여 재판하여야 하는 것이기 때문에, 판례가 사안이 서로 다른 사건을 재판하는 하급심법원도 직접 기속하는 효력이 있다.

② 만일 법률에 따른 개인의 행위가 단지 법률이 반사적으로 부여하는 기회의 활용을 넘어서 국가에 의하여 일정 방향으로 유인된 것이라면 특별히 보호가치가 있는 신뢰이익이 인정될 수 있고, 원칙적으로 개인의 신뢰보호가 국가의 법률개정이익에 우선된다고 볼 여지가 있다.

③ 지방식품의약품안전청장이 수입 녹용 중 전지 3대를 절단 부위로부터 5cm까지의 부분을 절단하여 측정한 회분함량이 기준치를 0.5% 초과하였다는 이유로 수입 녹용 전부에 대하여 전량 폐기 또는 반송처리를 지시한 처분은 재량권의 일탈·남용에 해당하지 않는다.

④ 국가공무원이 「국가공무원법」상 정치운동의 금지 규정을 위반한 경우에 징역형과 자격정지형을 필요적으로 병과하는 「국가공무원법」 제84조 제1항이 헌법상 평등원칙, 비례원칙에 위반된다고 볼 수 없다.

해설

① 빈출 (×) 대법원의 판례가 법률해석의 일반적인 기준을 제시한 경우에 유사한 사건을 재판하는 하급심법원의 법관은 판례의 견해를 존중하여 재판하여야 하는 것이나, 판례가 사안이 서로 다른 사건을 재판하는 하급심법원을 직접 기속하는 효력이 있는 것은 아니므로, 하급심법원이 판례와 다른 견해를 취하여 재판한 경우에 상고를 제기하여 구제받을 수 있음을 별론으로 하고 「민사소송법」 제422조 제1항 제1호 소정의 재심사유인 법률에 의하여 판결법원을 구성하지 아니한 때에 해당한다고 할 수 없다(대판 1996.10.25., 96다31307).

② (○) 헌재 2002.11.28., 2002헌바45

③ (○) 대판 2006.4.14., 2004두3854

④ 지엽 (○) 국가공무원의 투표권유운동을 금지·처벌하는 「국가공무원법」 제65조 제2항 제1호, 제84조 제1항과 국가공무원의 선거운동을 금지·처벌하는 「공직선거법」 제60조 제1항 제4호, 제255조 제1항 제2호가 과잉금지원칙을 위반하여 공무원의 정치적 표현의 자유를 침해한다고 볼 수 없다. 「국가공무원법」 제65조를 위반한 경우에 징역형과 자격정지형을 필요적으로 병과하는 같은 법 제84조 제1항이 헌법상 평등원칙, 비례원칙에 위반된다고 볼 수도 없다(대판 2024.8.29., 2021도11919).

정답 | ①

03 행정법의 일반원칙

에듀윌 기본서 | 51p

027 필수

행정법의 일반원칙에 대한 판례의 입장으로 옳지 않은 것은?

① 행정청이 폐기물처리업 사업계획에 대하여 적정통보를 한 것만으로 그 사업부지 토지에 대한 국토이용계획변경신청을 승인하여 주겠다는 취지의 공적인 견해표명을 한 것으로 볼 수 없다.

② 헌법재판소의 위헌결정은 행정청이 개인에 대하여 신뢰의 대상이 되는 공적인 견해를 표명한 것이라고 할 수 있으므로 그 결정에 관련한 개인의 행위에 대하여는 신뢰보호의 원칙이 적용된다.

③ 지방자치단체장이 사업자에게 주택사업계획승인을 하면서 그 주택사업과는 아무런 관련이 없는 토지를 기부채납하도록 하는 부관을 붙인 경우, 그 부관은 부당결부금지의 원칙에 위반되어 위법하다.

④ 법령 개폐에 있어서 신뢰보호원칙의 위반 여부는 한편으로는 침해받은 신뢰이익의 보호가치, 침해의 중한 정도, 신뢰침해의 방법 등과 다른 한편으로는 새 입법을 통해 실현코자 하는 공익목적을 종합적으로 비교·형량하여 판단하여야 한다.

027	
기출처	2019 지방직 9급
난이도	★★
키워드	행정법의 일반원칙

관련기출 옳은지문

- 폐기물처리업 사업계획에 대하여 적정통보를 한 것만으로 그 사업부지토지에 대한 국토이용계획변경신청을 승인하여 주겠다는 취지의 공적인 견해표명을 한 것으로 볼 수 없다. 23국회직9급

- 지방자치단체장이 사업자에게 주택사업계획승인을 하면서 그 주택사업과는 아무런 관련이 없는 토지를 기부채납하도록 하는 부관을 주택사업계획승인에 붙인 경우, 그 부관은 부당결부금지의 원칙에 위반되어 위법하다. 25국가직9급

- 헌법재판소의 위헌결정은 행정청이 개인에 대하여 신뢰의 대상이 되는 공적인 견해를 표명한 것이라고 할 수 없으므로 그 결정에 관련한 개인의 행위에 대하여는 신뢰보호의 원칙이 적용되지 아니한다. 23국가직 7급

해설

① 빈출 (○) 대판 2005.4.28., 2004두8828

② 빈출 (×) 헌법재판소의 위헌결정은 행정청이 개인에 대하여 사인에 대한 구체적인 공적 견해를 표명한 것으로 볼 수 없다.

> 헌법재판소의 위헌결정은 행정청이 개인에 대하여 신뢰의 대상이 되는 공적인 견해를 표명한 것이라고 할 수 없으므로 그 결정에 관련한 개인의 행위에 대하여는 신뢰보호의 원칙이 적용되지 아니한다(대판 2003.6.27., 2002두6965).

③ 빈출 (○) 대판 1997.3.11., 96다49650

④ (○) 대판 2007.10.29., 2005두4649 전합

정답 | ②

028 〈필수〉

신뢰보호원칙에 대한 설명으로 옳지 않은 것만을 〈보기〉에서 모두 고르면?

| 보기 |

ㄱ. 행정청의 공적 견해표명이 있었는지를 판단할 때 행정조직상의 형식적인 권한분장에 구애될 것은 아니다.
ㄴ. 행정청의 공적 견해표명이 있다고 인정하기 위해서는 적어도 담당자의 조직상 지위와 임무, 당해 언동을 하게 된 구체적인 경위 등에 비추어 그 언동의 내용을 신뢰할 수 있는 경우이어야 한다.
ㄷ. 「행정기본법」에 따르면, 행정청은 공익 또는 제3자의 이익을 현저히 해칠 우려가 있는 경우에도 행정에 대한 국민의 정당하고 합리적인 신뢰를 보호하여야 한다.
ㄹ. 특정 사항에 관하여 신뢰보호원칙상 행정청이 그와 배치되는 조치를 할 수 없다고 할 수 있을 정도의 행정관행이 성립되었다고 하려면 상당한 기간에 걸쳐 그 사항에 관하여 동일한 처분을 하였다는 객관적 사실이 존재하는 것으로 족하다.
ㅁ. 행정청이 공적 견해를 표명할 당시의 사정이 사후에 변경된 경우에는 그 공적 견해가 더 이상 개인에게 신뢰의 대상이 된다고 보기 어려운 만큼, 특별한 사정이 없는 한 행정청이 그 견해표명에 반하는 처분을 하더라도 신뢰보호원칙에 위반된다고 할 수 없다.

① ㄱ, ㄴ
② ㄱ, ㅁ
③ ㄴ, ㄹ
④ ㄷ, ㄹ
⑤ ㄷ, ㅁ

기출정보
- **기출처**: 2023 국회직 8급
- **난이도**: ★★★
- **키워드**: 행정법의 일반원칙

관련기출 옳은지문
- 신뢰보호의 원칙이 적용되기 위해서는 행정청의 견해표명이 정당하다고 신뢰한 데에 대하여 그 개인에게 귀책사유가 없어야 하며, 이때 귀책사유의 유무는 상대방과 그로부터 신청행위를 위임받은 수임인 등 관계자 모두를 기준으로 판단하여야 한다. 〈23국회직9급〉

- 행정청이 공적 견해를 표명하였는지를 판단할 때는 담당자의 조직상 지위와 임무, 발언 등 언동을 하게 된 구체적인 경위와 그에 대한 상대방의 신뢰가능성에 비추어 실질적으로 판단하여야 한다. 〈23국회직9급〉

해설

ㄱ, ㄴ. 〈빈출〉 (○) 행정청의 공적 견해표명이 있었는지의 여부를 판단함에 있어서는, 반드시 행정조직상의 형식적인 권한분장에 구애될 것은 아니고, 담당자의 조직상의 지위와 임무, 당해 언동을 하게 된 구체적인 경위 및 그에 대한 상대방의 신뢰가능성에 비추어 실질에 의하여 판단하여야 한다(대판 2008.1.17., 2006두10931).

ㄷ. (×) 행정청은 공익 또는 제3자의 이익을 현저히 해칠 우려가 있는 경우를 제외하고는 행정에 대한 국민의 정당하고 합리적인 신뢰를 보호하여야 한다(「행정기본법」 제12조 제1항).

ㄹ. (×) 특정 사항에 관하여 신뢰보호원칙상 행정청이 그와 배치되는 조치를 할 수 없다고 할 수 있을 정도의 행정관행이 성립되었다고 하려면 상당한 기간에 걸쳐 그 사항에 관하여 동일한 처분을 하였다는 객관적 사실이 존재할 뿐만 아니라, 행정청이 그 사항에 관하여 다른 내용의 처분을 할 수 있음을 알면서도 어떤 특별한 사정 때문에 그러한 처분을 하지 않는다는 의사가 있고 이와 같은 의사가 명시적 또는 묵시적으로 표시되어야 한다. 단순히 착오로 어떠한 처분을 계속한 경우는 이에 해당되지 않고, 따라서 처분청이 추후 오류를 발견하여 합리적인 방법으로 변경하는 것은 신뢰보호원칙에 위배되지 않는다(대판 2020.7.23., 2020두33824).

ㅁ. 〈빈출〉 (○) 신뢰보호의 원칙은 행정청이 공적인 견해를 표명할 당시의 사정이 그대로 유지됨을 전제로 적용되는 것이 원칙이므로, 사후에 그와 같은 사정이 변경된 경우에는 그 공적 견해가 더 이상 개인에게 신뢰의 대상이 된다고 보기 어려운 만큼, 특별한 사정이 없는 한 행정청이 그 견해표명에 반하는 처분을 하더라도 신뢰보호의 원칙에 위반된다고 할 수 없다(대판 2020.6.25., 2018두34732).

정답 | ④

029

다음 중 행정법의 일반원칙에 대한 설명으로 옳지 않은 것은? (다툼이 있는 경우 판례에 의함)

① 행정규제의 상대방에게 침해되는 기본권을 보호할 수 있는 다른 대체수단이 존재하고 있다 하더라도 그와 같은 사유만으로 기본권의 제한이 정당화되어 비례원칙을 충족하는 것으로는 보지 않는다.
② 상급청의 지침 등의 재량준칙이 공표된 것으로 곧바로 행정의 자기구속의 원칙이 적용될 수 없고, 이의 반복적인 행정관행이 성립한 경우에 행정의 자기구속의 원칙이 적용될 수 있다.
③ 반복적으로 행해진 행정처분이 위법하더라도 행정의 자기구속의 원칙에 따라 행정청은 선행처분에 구속된다.
④ 운전면허 취소사유에 해당하는 음주운전자에 대해 경찰관의 소속 경찰서장이 사무착오로 운전면허정지처분을 한 상태에서 관할 지방경찰청장이 위반자에게 운전면허취소처분을 한 것은 선행처분에 대한 당사자의 신뢰 및 법적 안정성을 저해하는 것으로서 허용될 수 없다.

029	
기출처	예상문제
난이도	★★
키워드	행정법의 일반원칙

해설

① 지엽 (○) 행정규제의 상대방에게 침해되는 기본권을 보호할 수 있는 다른 대체수단이 존재하고 있다 하더라도 그와 같은 사유만으로 기본권의 제한이 정당화되어 비례원칙을 충족하는 것으로는 보지 않는다(대판 1994.3.9., 92누1728).
② 빈출 (○) 재량준칙이 평등이나 신뢰보호에 의하여 자기구속의 법리가 되기 위해서는 반복적으로 시행되어 일반적인 관행이 이루어져야 한다. 따라서 재량준칙의 단순공표만으로는 자기구속의 법리가 형성되지 않는다.
③ (×) 행정의 자기구속의 법리가 인정되기 위하여 1회 이상의 행정, 재량행정인 영역, 적법한 행정, 이러한 3가지 요건이 충족되어야 한다. 따라서 위법한 행정이 반복되었다면 자기구속의 법리가 인정되지 않는다.
④ (○) 운전면허 취소사유에 해당하는 음주운전을 적발한 경찰관의 소속 경찰서장이 사무착오로 위반자에게 운전면허정지처분을 한 상태에서 위반자의 주소지 관할 지방경찰청장이 위반자에게 운전면허취소처분을 한 것은 선행처분에 대한 당사자의 신뢰 및 법적 안정성을 저해하는 것으로서 허용될 수 없다(대판 2000.2.25., 99두10520).

정답 | ③

030

비례원칙에 대한 설명으로 옳지 않은 것은? (다툼이 있는 경우 판례에 의함)

① 「도로교통법」 제148조의2 제1항 제1호의 「도로교통법」 제44조 제1항을 2회 이상 위반한' 것에 구 「도로교통법」 제44조 제1항을 위반한 음주운전 전과도 포함된다고 해석하는 것은 비례원칙에 위반된다.

② 청소년유해매체물로 결정·고시된 만화인 사실을 모르고 있던 도서대여업자가 그 고시일로부터 8일 후에 그 위반사유로 금 700만 원의 과징금을 부과한 것은 재량권의 일탈·남용한 것으로 위법하다.

③ 경찰권은 사회질서유지를 위하여 묵과할 수 없는 장해 또는 장해발생의 직접적 위험을 제거하기 위하여서만 그리고 그 제거를 위하여 필요한 최소한도에 있어서만 발동할 수 있다.

④ 독서실 열람실 내 남녀별 좌석을 구분 배열하도록 하여 혼석을 금지하도록 하고, 그 위반시 교습정지처분을 할 수 있도록 한 지방자치단체의 조례는 과잉금지원칙에 반하여 독서실 운영자와 이용자의 헌법상 기본권을 침해한다.

해설

① (×) 「도로교통법」 제148조의2 제1항 제1호에서 정하고 있는 「도로교통법」 제44조 제1항을 2회 이상 위반한' 것에 개정된 「도로교통법」이 시행된 2011.12.9. 이전에 구 「도로교통법」(2011.6.8. 법률 제10790호로 개정되기 전의 것) 제44조 제1항을 위반한 음주운전 전과까지 포함되는 것으로 해석하는 것이 형벌불소급의 원칙이나 일사부재리의 원칙 또는 비례의 원칙에 위배된다고 할 수 없다(대판 2012.11.29., 2012도10269).

② **빈출** (○) 청소년유해매체물로 결정·고시된 만화인 사실을 모르고 있던 도서대여업자가 그 고시일로부터 8일 후에 그 위반사유로 금 700만 원의 과징금을 부과한 것은 재량권의 일탈·남용한 것으로 위법하다(대판 2001.7.27., 99두9490).

③ (○) 경찰작용에 대한 비례의 원칙은 「경찰관 직무집행법」에 규정되어 있다.

④ (○) 독서실에 남녀혼석을 금지하도록 규정한 지방자치단체의 조례는 비례의 원칙에 반한다는 최신 판례이다.

> 독서실 열람실 내 남녀별 좌석을 구분 배열하도록 하여 혼석을 금지하도록 하고, 그 위반시 교습정지처분을 할 수 있도록 한 「전라북도 학원의 설립·운영 및 과외교습에 관한 조례」 제11조 제1호, 위 조례 시행규칙 제15조 제1항 [별표 3]이 과잉금지원칙에 반하여 독서실 운영자와 이용자의 헌법상 기본권을 침해한다(대판 2022.1.27., 2019두59851).

정답 | ①

031

다음 설명 중 옳지 않은 것은? (다툼이 있는 경우 판례에 의함)

① 원고가 단지 1회 훈령에 위반하여 요정출입을 하다가 적발된 정도라면, 면직처분보다 가벼운 징계처분으로서도 능히 위 훈령의 목적을 달성할 수 있다고 볼 수 있는 점에서 이 사건 파면처분은 이른바 비례의 원칙에 어긋난 것으로 위법하다고 판시하였다.

② 수입 녹용 중 일정성분이 기준치를 0.5% 초과하였다는 이유로 수입 녹용 전부에 대하여 전량 폐기 또는 반송처리를 지시한 처분은 재량권을 일탈·남용한 경우에 해당한다고 판시하였다.

③ 청소년유해매체물로 결정·고시된 만화인 사실을 모르고 있던 도서대여업자가 그 고시일로부터 8일 후에 청소년에게 그 만화를 대여한 것을 사유로 그 도서대여업자에게 금 700만 원의 과징금이 부과된 경우, 그 과징금 부과처분은 재량권을 일탈·남용한 것으로서 위법하다고 판시하였다.

④ 사법시험 제2차 시험에 과락제도를 적용하고 있는 구 「사법시험령」 제15조 제2항은 비례의 원칙, 과잉금지의 원칙, 평등의 원칙에 위반되지 않는다고 판시하였다.

031	
기출처	2021 소방직
난이도	★★
키워드	행정법의 일반원칙

해설

② (×) 수입 녹용 중 전지 3대를 절단부위로부터 5cm까지의 부분을 절단하여 측정한 회분함량이 기준치를 0.5% 초과하였다는 이유로 수입 녹용 전부에 대하여 전량 폐기 또는 반송처리를 지시한 처분은 재량권을 일탈·남용한 경우에 해당하지 않는다(대판 2006.4.14., 2004두3854).

정답 | ②

032 〈필수〉

기출처 2021 국가직 9급
난이도 ★★
키워드 행정법의 일반원칙

행정법의 일반원칙에 관련된 다음의 설명 중 옳은 것은? (다툼이 있는 경우 판례에 의함)

① 국가가 국민의 생명·신체의 안전에 대한 보호의무를 다하지 않았는지 여부를 헌법재판소가 심사할 때에는 국가가 이를 보호하기 위하여 적어도 적절하고 효율적인 최소한의 보호조치를 취하였는가 하는 '과소보호 금지원칙'의 위반 여부를 기준으로 삼는다.

② 행정청이 조합설립추진위원회의 설립승인 심사에서 위법한 행정처분을 한 선례가 있는 경우에는, 행정청에 대해 자기구속력을 갖게 되어 이후에도 그러한 기준에 따라야 한다.

③ 공무원 임용신청 당시 잘못 기재된 호적상 출생연월일을 생년월일로 기재하고, 임용 후 36년 동안 이의를 제기하지 않다가, 정년을 1년 3개월 앞두고 정정된 출생연월일을 기준으로 정년연장을 요구하는 것은 신의성실의 원칙에 반한다.

④ 일반적으로 행정청이 폐기물처리업 사업계획에 대한 적정통보를 한 경우 이는 토지에 대한 형질변경신청을 허가하는 취지의 공적 견해표명까지도 포함한다.

해설

① (○) 과실범의 처벌범위를 정하는 것이 비록 입법재량의 범위에 속한다 하더라도 그것이 이 사건 법률조항과 같이 국민의 생명·신체에 대한 국가의 보호의무와 관계가 있는 때에는 국민의 생명·신체에 대한 국가의 보호가 과소(過少)하여서는 아니 되는 동시에 그 보호에 있어서 평등원칙에 반해서는 안 된다(헌재 1997.1.16., 90헌마110).

② 빈출 (×) 자기구속의 법리는 위법에서는 인정되지 않는다.

> 행정청이 조합설립추진위원회의 설립승인 심사에서 위법한 행정처분을 한 선례가 있다고 하여 그러한 기준을 따라야 할 의무가 없는 점 등에 비추어, 평등의 원칙이나 신뢰보호의 원칙 또는 자기구속의 원칙 등에 위배되고 재량권을 일탈·남용하여 자의적으로 조합설립추진위원회 승인처분을 한 것으로 볼 수 없다(대판 2009.6.25., 2008두13132).

③ (×) 지방공무원 임용신청 당시 잘못 기재된 호적상 출생연월일을 생년월일로 기재하고, 이에 근거한 공무원 인사기록카드의 생년월일 기재에 대하여 처음 임용된 때부터 약 36년 동안 전혀 이의를 제기하지 않다가, 정년을 1년 3개월 앞두고 호적상 출생연월일을 정정한 후 그 출생연월일을 기준으로 정년의 연장을 요구하는 것이 신의성실의 원칙에 반하지 않는다(대판 2009.3.26., 2008두21300).

④ 빈출 (×) 폐기물처리업 사업계획에 대하여 적정통보를 한 것만으로 그 사업부지 토지에 대한 국토이용계획변경신청을 승인하여 주겠다는 취지의 공적인 견해표명을 한 것으로 볼 수 없다(대판 2005.4.28., 2004두8828).

정답 | ①

관련기출 옳은지문

• 행정의 자기구속의 원칙을 적용함에 있어 종전 행정관행의 내용이 위법적인 경우에는 위법인 수익적 내용의 평등한 적용을 요구하는 청구권은 인정될 수 없다. 20군무원7급

• 국가가 국민의 생명·신체의 안전에 대한 보호의무를 다하지 않았는지 여부에 대한 심사는 '과소보호 금지원칙'의 위반여부를 기준으로 삼는다. 17국가직7급

033
부당결부금지의 원칙에 관한 설명으로 옳지 않은 것은? (다툼이 있는 경우 판례에 의함)

① 지방자치단체의 장이 사업자에게 주택건설사업계획승인을 하면서 이와는 아무런 관련이 없는 토지를 기부채납하도록 부관을 붙였다면 그 부관은 부당결부금지의 원칙에 위반되어 위법하지만 당연무효는 아니라는 것이 판례의 입장이다.
② 부당결부금지의 원칙은 행정기관이 행정작용을 함에 있어서 그것과 실질적 관련성이 없는 반대급부를 결부시켜서는 안 된다는 원칙을 말한다.
③ 65세대의 주택건설사업에 대한 사업계획승인시 '진입도로 설치 후 기부채납, 인근주민의 기존 통행로 폐쇄에 따른 대체 통행로 설치 후 그 부지 일부 기부채납'을 조건으로 붙인 것은 위법한 부관에 해당한다.
④ 제2종 소형면허를 가지고 음주운전을 하였음을 이유로 제1종 대형면허를 취소한 것은 부당결부로서 위법하다.

033	1 2 3
기출처	예상문제
난이도	★★
키워드	행정법의 일반원칙

해설

① 빈출 (○) 주된 처분의 내용과 실질적 관련이 없는 부관은 위법하다. 다만, 취소사유에 해당될 뿐 당연무효가 아니라는 점은 유의하여야 한다.

> 인천시장이 甲에게 주택사업계획승인을 하게 됨을 기화로 그 주택사업과 아무런 관련이 없는 이 사건 토지를 기부채납하도록 하는 부관을 주택사업계획승인에 붙인 사실은 부당결부금지원칙에 위반되어 위법하다 하겠으나, 그 부관의 하자가 중대하고 명백하여 당연무효라고 볼 수 없다(대판 1997.3.11., 96다49650).

② 빈출 (○) 부당결부금지의 원칙은 행정기관이 공권력을 행사함에 있어 반대급부와 결부가 되어 있는데, 이 반대급부와 공권력 사이에 실질적인 관련성이 있어야 한다는 원칙이다.
③ (×) 65세대의 주택건설사업에 대한 사업계획승인시 '진입도로 설치 후 기부채납, 인근주민의 기존 통행로 폐쇄에 따른 대체 통행로 설치 후 그 부지 일부 기부채납'을 조건으로 붙인 것은 위법한 부관에 해당하지 않는다(대판 1997.3.14., 96누16698).
④ (○) 제2종 소형면허를 가지고 음주운전을 하였음을 이유로 제1종 대형면허를 취소한 것은 부당결부로서 위법하다(대판 1992.9.22., 91누8289).

정답 | ③

034

기출처	예상문제
난이도	★★
키워드	행정법의 일반원칙

행정법의 일반원칙에 관한 판례의 태도로 옳지 않은 것은?

① 심야시간에 보호자와 동행하지 않은 청소년의 찜질방 출입제한규정을 위반한 찜질방 영업자에게 형벌과 행정적 제재를 부과하는 것은 비례의 원칙에 위배되지 않는다.
② 특정대기유해물질이 발생되는 배출시설을 설치허가 대상으로 규정한 구「대기환경보전법 시행령」및 계획관리지역에서 특정대기유해물질을 배출하는 시설의 설치를 금지하는 구「국토의 계획 및 이용에 관한 법률 시행령」의 부분은 헌법 제37조 제2항의 과잉금지원칙에 반하지 않는다.
③ 청원경찰의 인원감축을 위한 면직처분대상자 선정에서 학력에 따라 집단을 구분하여 같은 감원비율을 적용한 것은 합리적인 차별로서 평등의 원칙에 위반되지 않는다.
④ 건축물에 인접한 도로의 개설을 위한 도시계획사업시행허가처분은 건축물에 대한 건축허가처분과는 별개의 행정처분이므로 사업시행허가를 함에 있어 조건으로 내세운 기부채납의무를 이행하지 않았음을 이유로 한 건축물에 대한 준공거부처분은 「건축법」에 의거 없이 이루어진 것으로서 위법하다.

해설

① (O) 심야시간에 보호자와 동행하지 않은 청소년의 찜질방 출입제한규정에 위반한 찜질방 영업자에게 형벌과 행정적 제재를 부과하는 것은 비례의 원칙에 위배되지 않는다(헌재 2008.1.17., 2005헌마1215).
② **지엽** (O) 특정대기유해물질이 발생되는 배출시설을 설치허가 대상으로 규정한 구「대기환경보전법 시행령」제11조 제1항 제1호 및 계획관리지역에서 특정대기유해물질을 배출하는 시설의 설치를 금지하는 구「국토의 계획 및 이용에 관한 법률 시행령」제71조 제1항 제19호, [별표 20] 제1호 (자)목 (1) 중 [별표 19] 제2호 (자)목 (1) 부분이 헌법 제37조 제2항의 과잉금지원칙에 반하지 않는다(대판 2019.10.18., 2018두34497).
③ **빈출** (X) 청원경찰의 인원감축을 위한 면직처분대상자 선정에서 학력에 따라 집단을 구분하여 같은 감원비율을 적용한 것은 평등의 원칙에 위반된다(대판 2002.2.8., 2000두4057).
④ (O) 건축물의 건축허가(준공거부처분)와 도로기부채납의무는 별개인 것인바, 도로기부채납의무를 불이행하였음을 이유로 하는 준공거부처분은 「건축법」에 근거 없이 이루어진 부당결부로서 위법하다(대판 1992.11.27., 97누10364).

정답 | ③

035

기출처	2021 군무원 9급
난이도	★★
키워드	행정법의 일반원칙

평등원칙에 대한 설명으로 옳지 않은 것은? (다툼이 있는 경우 판례에 의함)

① 국가기관이 채용시험에서 국가유공자의 가족에게 10%의 가산점을 부여하는 규정은 평등권과 공무담임권을 침해한다.
② 평등원칙은 동일한 것 사이에서의 평등이므로 상이한 것에 대한 차별의 정도에서의 평등을 포함하지 않는다.
③ 재량준칙이 공표된 것만으로는 행정의 자기구속의 원칙이 적용될 수 없고, 재량준칙이 되풀이 시행되어 행정관행이 성립한 경우에 적용될 수 있다.
④ 행정의 자기구속의 원칙이 인정되는 경우에는 행정관행과 다른 처분은 특별한 사정이 없는 한 위법하다.

해설

② (×) 평등은 '같은 것은 같게, 다른 것은 다르게 취급'하는 것으로, 합리적인 차별을 의미(불합리한 차별금지)하며 이는 실질적·비례적·상대적 평등이라 한다. 따라서 상이한 것에 대한 차별이 평등에 부합된다.

> 「행정기본법」 제9조 【평등의 원칙】 행정청은 합리적 이유 없이 국민을 차별하여서는 아니 된다.

정답 | ②

---

036 〈필수〉

행정의 자기구속의 원칙에 대한 설명으로 옳지 않은 것은? (다툼이 있는 경우 판례에 의함)

① 헌법재판소는 평등의 원칙이나 신뢰보호의 원칙을 근거로 행정의 자기구속의 원칙을 인정하고 있다.
② 반복적으로 행해진 행정처분이 위법하더라도 행정의 자기구속의 원칙에 따라 행정청은 선행처분에 구속된다.
③ 행정의 자기구속의 원칙은 법적으로 동일한 사실관계, 즉 동종의 사안에서 적용이 문제되는 것으로 주로 재량의 통제법리와 관련된다.
④ 재량준칙이 공표된 것만으로는 행정의 자기구속의 원칙이 적용될 수 없고, 재량준칙이 되풀이 시행되어 행정관행이 성립한 경우에 행정의 자기구속의 원칙이 적용될 수 있다.

036
기출처 : 2018 국가직 9급
난이도 : ★★
키워드 : 행정법의 일반원칙

🔍 **관련기출 옳은지문**
• 재량권 행사의 준칙인 행정규칙의 공표만으로 상대방은 보호가치 있는 신뢰를 갖게 되었다고 볼 수 없다.
　　　　　　　　　　　21지방직9급

해설

① **빈출** (○) 행정규칙이 법령의 규정에 의하여 행정관청에 법령의 구체적 내용을 보충할 권한을 부여한 경우, 또는 재량권 행사의 준칙인 규칙이 그 정한 바에 따라 되풀이 시행되어 행정관행이 이룩되게 되면 평등의 원칙이나 신뢰보호의 원칙에 따라 행정기관은 그 상대방에 대한 관계에서 그 규칙에 따라야 할 자기구속을 당하게 되는 경우에는 대외적인 구속력을 가지게 된다(헌재 1990.9.3., 90헌마13).
② (×) 행정의 자기구속의 법리가 인정되기 위한 요건으로, ㉠ 1회 이상의 행정이 있어야 하고, ㉡ 재량인 행정이어야 하고, ㉢ 적법한 경우에만 인정된다. 따라서 위법한 행정이 반복되었다면 자기구속의 법리가 인정되지 않는다.
③ (○) 자기구속의 법리는 평등을 근거로 재량인 행정에서도 동종의 처분에 대해 동일한 처분을 하도록 하는 재량통제의 법리이다.
④ **빈출** (○) 자기구속의 법리는 재량준칙이 반복적으로 행하여져 관행이 이루어지게 되면 형성되는 법리이다. 단순히 지침 등의 공표만으로는 자기구속의 법리가 형성되지 않는다.

정답 | ②

037

평등과 행정의 자기구속의 원칙에 관한 설명으로 옳지 않은 것은? (다툼이 있는 경우 판례에 의함)

① 개인택시 운송사업자의 운전면허가 취소된 경우 개인택시 운송사업면허를 취소할 수 있도록 한 규정은 평등의 원칙에 위배되지 않는다.
② 대법원은 대중음식점 영업정지처분취소사건에서 행정규칙인 처분기준을 행정청이 따르지 아니하고 특정한 개인에 대해서만 처분기준을 과도하게 초과하는 처분을 한 경우 재량권의 한계를 일탈한 것으로 보지 않는다고 판시하였다.
③ 행정청이 조합설립추진위원회의 설립승인 심사에서 위법한 행정처분을 한 선례가 있다고 해도 그러한 기준을 따라야 할 의무가 없는 점 등에 비추어, 평등의 원칙이나 신뢰보호의 원칙 또는 자기구속의 원칙 등에 위배되고 재량권을 일탈·남용하여 자의적으로 조합설립추진위원회 승인처분을 한 것으로 볼 수 없다.
④ 행정의 자기구속론은 재량행정의 영역에서 국민의 권리보호를 위하여 행정의 재량권 행사에 대한 사후적 사법통제를 확대시키는 데 그 의의가 있다.

해설

① (O) 개인택시 운송사업자의 운전면허가 취소된 경우 개인택시 운송사업면허를 취소할 수 있도록 한 규정은 평등의 원칙에 위배되지 않는다(헌재 2008.5.29., 2006헌바85).
② (×) 행정의 자기구속이란 재량행위 영역에서 행정청이 상대방에 대하여 행한 행정은 제3자에게 동종사안에 있어서 행한 결정에 평등의 원칙상 구속된다는 것을 의미한다. 따라서 행정규칙인 처분기준을 특정 개인에 대하여만 과도한 처분을 한 경우 재량권의 한계를 일탈한 것이다.

> 「식품위생법 시행규칙」 제53조에 따른 [별표 15]의 행정처분기준은 행정기관 내부의 사무처리준칙을 규정한 것에 불과하기는 하지만 규칙 제53조 단서의 식품 등의 수급정책 및 국민보건에 중대한 영향을 미치는 특별한 사유가 없는 한 행정청은 당해 위반사항에 대하여 위 처분기준에 따라 행정처분을 함이 보통이라 할 것이므로, 행정청이 이러한 처분기준을 따르지 아니하고 특정한 개인에 대하여만 위 처분기준을 과도하게 초과하는 처분을 한 경우에는 재량권의 한계를 일탈하였다고 볼 만한 여지가 충분하다(대판 1993.6.29., 93누5635).

③ (O) 위법한 선례가 있다고 해도 행정청이 후행처분에서 이를 따를 의무는 없다.
④ (O) 자기구속의 법리는 재량영역이 당·부당이 아닌 위법이나 적법의 문제가 되어 사법심사 대상이 되도록 하는 기능을 가진다.

정답 | ②

038

평등의 원칙에 관한 설명으로 옳지 않은 것은?

① 대법원은 유예기간 없이 개인택시 운송사업 면허기준을 변경하고 그에 기하여 면허신청을 거부한 처분은 신뢰보호의 원칙에는 반하지 않지만 평등의 원칙에는 반한다고 판시하였다.
② 평등의 원칙은 우리 헌법이 명문으로 규정한 원칙으로서 재량권 행사의 한계원리로서 중요한 의미를 갖는다.
③ 지방의회의 조사·감사를 위해 채택된 증인의 불출석·증언거부 등에 대한 과태료를 사회적 신분에 따라 차등 부과할 것을 규정한 조례는 평등원칙에 위반되어 무효이다.
④ 대법원은 동일한 징계사유인 당직근무대기 중 화투놀이를 한 사실에 대해서 3명은 견책을 하고 1명에 대해서는 파면을 한 것은 평등의 원칙에 반하는 것이라고 판시하였다.

해설

① (×) 매년 그때의 상황에 따라 적절히 면허 숫자를 조절해야 할 필요성이 있는 개인택시 면허제도의 성격상 그 자격요건이나 우선순위의 요건을 일정한 범위 내에서 강화하고 그 요건을 변경함에 있어 유예기간을 두지 아니하였다 하더라도 그러한 점만으로는 행정청의 면허신청 접수거부처분이 신뢰보호의 원칙이나 형평의 원칙, 재량권의 남용에 해당하지 아니한다(대판 1996.7.30., 95누12897).

정답 | ①

039 〈필수〉

신뢰보호의 원칙에 대한 설명으로 옳지 않은 것은? (다툼이 있는 경우 판례에 의함)

① 관할 관청이 폐기물처리업 사업계획에 대하여 적정통보를 한 것만으로도 그 사업부지 토지에 대한 국토이용계획변경신청을 승인하여 주겠다는 취지의 공적인 견해표명을 한 것으로 볼 수 있다.
② 행정청의 확약 또는 공적인 의사표명이 있은 후에 사실적·법률적 상태가 변경되었다면, 그와 같은 확약 또는 공적인 의사표명은 행정청의 별다른 의사표시를 기다리지 않고 실효된다.
③ 행정청의 공적 견해표명이 있었는지 여부를 판단하는 데 있어 반드시 행정조직상의 형식적인 권한분장에 구애될 것은 아니고 담당자의 조직상의 지위와 임무, 당해 언동을 하게 된 구체적인 경위 및 그에 대한 상대방의 신뢰가능성에 비추어 실질에 의하여 판단하여야 한다.
④ 입법예고를 통해 법령안의 내용을 국민에게 예고한 적이 있다고 하더라도 그것이 법령으로 확정되지 아니한 이상 국가가 이해관계자들에게 그 법령안에 관련된 사항을 약속하였다고 볼 수 없으며, 이러한 사정만으로 어떠한 신뢰를 부여하였다고 볼 수도 없다.

기출처 2020 국가직 9급
난이도 ★★
키워드 행정법의 일반원칙

🔍 **관련기출 옳은지문**
• 확약이 있은 후에 사실적·법률적 상태가 변경되었다면, 그 확약은 행정청의 별다른 의사표시를 기다리지 않고 실효된다. 18국가직7급

해설

① 빈출 (×) 폐기물처리업에 대한 적정성 통보를 하였다고 해서 해당 토지에 대한 국토이용계획변경을 하겠다는 취지의 공적 견해를 표명하였다고 인정할 수는 없다.

> 폐기물관리법령에 의한 폐기물처리업 사업계획에 대한 적정통보와 국토이용관리법령에 의한 국토이용계획변경은 각기 그 제도적 취지와 결정단계에서 고려해야 할 사항들이 다르다는 이유로, 폐기물처리업 사업계획에 대하여 적정통보를 한 것만으로 그 사업부지 토지에 대한 국토이용계획변경신청을 승인하여 주겠다는 취지의 공적인 견해표명을 한 것으로 볼 수 없다(대판 2005.4.28., 2004두8828).

② 빈출 (○) 대판 1996.8.20., 95누10877
③ 빈출 (○) 대판 1997.9.12., 96누18380
④ 빈출 (○) 대판 2018.6.15., 2017다249769

정답 | ①

040

기출처	2022 국가직 9급
난이도	★★
키워드	행정법의 일반원칙

🔍 관련기출 옳은지문

• 병무청 담당부서의 담당공무원에게 공적 견해의 표명을 구하는 정식의 서면질의 등을 하지 아니한 채 총무과 민원팀장에 불과한 공무원이 민원봉사 차원에서 상담에 응하여 안내한 것을 신뢰한 경우, 신뢰보호 원칙이 적용되지 아니한다.

16국가직7급

040 〈필수〉

신뢰보호의 원칙에 대한 설명으로 옳지 않은 것은? (다툼이 있는 경우 판례에 의함)

① 건축주와 그로부터 건축설계를 위임받은 건축사가 관계 법령에서 정하고 있는 건축한계선의 제한이 있다는 사실을 간과한 채 건축설계를 하고 이를 토대로 건축물의 신축 및 증축허가를 받은 경우, 그 신축 및 증축허가가 정당하다고 신뢰한 데에는 귀책사유가 있다.

② 행정청이 상대방에게 장차 어떤 처분을 하겠다고 공적 견해표명을 하였더라도 그 후에 그 전제로 된 사실적·법률적 상태가 변경되었다면, 그와 같은 공적 견해표명은 효력을 잃게 된다.

③ 수강신청 후에 징계요건을 완화하는 학칙개정이 이루어지고 이어 시험이 실시되어 그 개정학칙에 따라 대학이 성적 불량을 이유로 학생에 대하여 징계처분을 한 경우라면 이는 이른바 부진정소급효에 관한 것으로서 특별한 사정이 없는 한 위법이라고 할 수 없다.

④ 병무청 담당부서의 담당공무원에게 공적 견해의 표명을 구하지 아니한 채 민원봉사 담당공무원이 상담에 응하여 안내한 것을 신뢰한 경우에도 신뢰보호의 원칙이 적용된다.

해설

① (○) 대판 2002.11.8., 2001두1512
② **빈출** (○) 대판 1996.8.20., 95누10877
③ **빈출** (○) 대판 1989.7.11., 87누1123
④ (×) 민원봉사 차원의 응답은 신뢰보호의 공적 견해가 될 수 없다.

> 병무청 담당부서의 담당공무원에게 공적 견해의 표명을 구하는 정식의 서면질의 등을 하지 아니한 채 총무과 민원팀장에 불과한 공무원이 민원봉사 차원에서 상담에 응하여 안내한 것을 신뢰한 경우, 신뢰보호원칙이 적용되지 아니한다(대판 2003.12.26., 2003두1875).

정답 | ④

041

기출처	예상문제
난이도	★★
키워드	행정법의 일반원칙

041

행정법의 일반원칙에 대한 설명으로 옳지 않은 것은? (다툼이 있는 경우 판례에 의함)

① 행정청은 공익 또는 제3자의 이익을 현저히 해칠 우려가 있는 경우를 제외하고는 행정에 대한 국민의 정당하고 합리적인 신뢰를 보호하여야 한다.

② 도시계획구역 내 생산녹지로 답인 토지에 대하여 종교회관 건립을 이용목적으로 하는 토지거래계약의 허가를 받으면서 담당공무원이 관련 법규상 허용된다 하여 이를 신뢰하고 건축준비를 하였으나 그 후 토지형질변경허가신청을 불허가한 것은 신뢰보호원칙에 반한다.

③ 구「관광숙박시설지원 등에 관한 특별법」의 유효기간까지 관광호텔업 사업계획 승인신청을 한 경우에는 그 유효기간이 경과한 이후에도 특별법을 적용할 수 있다는 내용의 문화관광부장관(현 문화체육관광부장관)의 지방자치단체장에 대한 회신내용을 담당공무원이 알려주었면 이는 지방자치단체장의 사인에 대한 공적인 견해표명이 있었다고 볼 수 있다.

④ 신뢰보호의 원칙은 행정청이 공적인 견해를 표명할 당시의 사정이 그대로 유지됨을 전제로 적용되는 것이 원칙이므로, 사후에 그와 같은 사정이 변경된 경우에는 그 공적 견해가 더 이상 개인에게 신뢰의 대상이 된다고 보기 어려운 만큼, 특별한 사정이 없는 한 행정청이 그 견해표명에 반하는 처분을 하더라도 신뢰보호의 원칙에 위반된다고 할 수 없다.

해설

① (○) 「행정기본법」 제12조 제1항
② (○) 대판 1997.9.12., 96누18380
③ (×) 구 「관광숙박시설지원 등에 관한 특별법」의 유효기간까지 관광호텔업 사업계획 승인신청을 한 경우에는 그 유효기간이 경과한 이후에도 특별법을 적용할 수 있다는 내용의 문화관광부장관(현 문화체육관광부장관)의 지방자치단체장에 대한 회신내용을 담당공무원이 알려주었다는 사정만으로 위 지방자치단체장의 공적인 견해표명이 있었다고 보기 어렵다(대판 2006.4.28., 2005두9644).
④ 빈출 (○) 신뢰보호의 원칙은 행정청이 공적인 견해를 표명할 당시의 사정이 그대로 유지됨을 전제로 적용되는 것이 원칙이므로, 사후에 그와 같은 사정이 변경된 경우에는 그 공적 견해가 더 이상 개인에게 신뢰의 대상이 된다고 보기 어려운 만큼, 특별한 사정이 없는 한 행정청이 그 견해표명에 반하는 처분을 하더라도 신뢰보호의 원칙에 위반된다고 할 수 없다(대판 2015.1.29., 2014두3839).

정답 | ③

042

행정상 신뢰보호원칙에 관한 설명으로 옳지 않은 것은? (다툼이 있는 경우 판례에 의함)

① 공적인 견해표명에 대해서 묵시적 견해표시가 있다고 하기 위해서는 단순한 부작위와는 달리 일정한 의사표시를 한 것으로 볼 수 있는 사정이 있어야 한다.
② 구청장의 지시에 따른 총무과 소속직원의 대체취득으로 인한 취득세 면제약속은 과세관청의 견해표명으로 볼 수 있다.
③ 보건사회부장관(현 보건복지부장관)이 의료 취약지 병원설립운영자 신청공고를 하면서 국세 및 지방세를 비과세하겠다고 발표하였고, 그 후 행정안전부장관이나 시·도지사가 도 또는 시·군에 대하여 지방세 감면 조례제정을 지시하여 그 조례에 대한 승인의 의사를 미리 표명하였다면, 보건사회부장관의 비과세의 견해표명은 공적 견해로 인정될 수 있다.
④ 무효인 처분과 관련하여서도 신뢰보호의 원칙을 적용할 수 있다고 판시하였다.

042	1 2 3
기출처	예상문제
난이도	★★
키워드	행정법의 일반원칙

해설

① (○) 공적인 견해표명에 대해서 명시적 또는 묵시적인 경우도 요건충족으로 인정하고, 묵시적 견해표시가 있다고 하기 위해서는 단순한 부작위와는 달리 일정한 의사표시를 한 것으로 볼 수 있는 사정이 있어야 한다(대판 1995.2.3., 94누11750).
② (○) 구청장의 지시에 따른 총무과 소속직원의 대체취득으로 인한 취득세 면제약속은 과세관청의 견해표명으로 볼 수 있다(대판 1995.6.16., 94누12159).
③ (○) 신뢰보호의 요건인 행정청의 공적 견해는 반드시 형식적인 권한자에 의해서 이루어져야 하는 것은 아니다. 형식적인 권한자가 행한 것이 아니라도 실질적인 지위나 임무 또는 구체적인 경위 등을 통해 공적 견해로 볼 수 있는 경우를 포함한다.

> 보건사회부장관(현 보건복지부장관)이 의료 취약지 병원설립운영자 신청공고를 하면서 국세 및 지방세를 비과세하겠다고 발표하였고, 그 후 행정안전부장관이나 시·도지사가 도 또는 시·군에 대하여 지방세 감면 조례제정을 지시하여 그 조례에 대한 승인의 의사를 미리 표명하였다면, 보건사회부장관에 의하여 이루어진 위 비과세의 견해표명은 당해 과세관청의 그것과 마찬가지로 볼 여지가 충분하다(대판 1996.1.23., 95누13746).

④ (×) 취소할 수 있는 행정행위에 대하여서는 신뢰보호를 인정하고 있지만, 하자가 중대하고 명백한 무효인 행정행위에 대하여서는 상대방이 무효인 선행조치에 대하여 정당성이나 존속성에 대한 신뢰를 가지고 있다고 보기 어려우므로 인정되고 있지 않다.

정답 | ④

043

043	
기출처	예상문제
난이도	★★★
키워드	행정법의 일반원칙

신뢰보호원칙에 대한 설명으로 옳은 것(○)과 옳지 않은 것(×)을 바르게 연결한 것은? (다툼이 있는 경우 판례에 의함)

> ㄱ. 취득세 등이 면제되는 구 「지방세법」 제288조 제2항에 정한 '기술진흥단체'인지 여부에 관한 질의에 대하여 건설교통부장관(현 국토교통부장관)과 내무부장관(현 행정안전부장관)이 비과세 의견으로 회신한 경우 공적인 견해표명에 해당한다.
> ㄴ. 건설교통부장관(현 국토교통부장관)이 도시기본계획에 대해 승인하였다면 장차 건축제한 등이 해제되어 재산권 행사상 제약을 받지 않게 되리라는 신뢰를 주었다고 볼 수 있다.
> ㄷ. 세무서장이 납세의무자의 면세사업자등록증을 검열하고, 이에 따른 사업자등록증을 교부하거나 면세사업자로서 한 부가가치세 예정신고 및 확정신고를 받은 것은 부가가치세를 과세하지 아니함을 시사하는 공적 견해를 표명한 것으로 볼 수 있다.
> ㄹ. 허위의 고등학교 졸업증명서를 제출하는 사위의 방법에 의한 하사관 지원의 하자를 이유로 하사관 임용일로부터 33년이 경과한 후에 행정청이 행한 하사관 및 준사관 임용취소처분이 적법하다.

	ㄱ	ㄴ	ㄷ	ㄹ
①	○	×	×	○
②	○	○	×	×
③	×	×	○	○
④	×	○	○	×

해설

ㄱ. (○) 취득세 등이 면제되는 구 「지방세법」 제288조 제2항에 정한 '기술진흥단체'인지 여부에 관한 질의에 대하여 건설교통부장관(현 국토교통부장관)과 내무부장관(현 행정안전부장관)이 비과세 의견으로 회신한 경우 공적인 견해표명에 해당한다(대판 2008.6.12., 2008두1115).

ㄴ. (×) 건설교통부장관(현 국토교통부장관)의 지방자치단체 도시기본계획 승인만으로는 장차 건축제한 등이 해제되어 재산권 행사상 제약을 받지 않게 되리라고 하는 신뢰를 주었다고 볼 수 없다(대판 1997.9.26., 96누10096).

ㄷ. (×) 세무서장의 면세사업자신고를 받고 이에 대해 면세사업자등록증을 교부하는 것은 면세사업자의 현황 등을 파악하기 위한 것일 뿐 과세하지 않겠다는 공적 견해가 아니라는 것이 대법원의 입장이다.

> 세무서장이 납세의무자의 면세사업자등록증을 검열하고, 이에 따른 사업자등록증을 교부하거나 면세사업자로서 한 부가가치세 예정신고 및 확정신고를 받은 행위만으로는 부가가치세를 과세하지 아니함을 시사하는 공적인 견해를 표명한 것이라 할 수 없다(대판 2000.2.11., 98두2119).

ㄹ. **지엽** (○) 허위의 고등학교 졸업증명서를 제출하는 사위의 방법에 의한 하사관 지원의 하자를 이유로 하사관 임용일로부터 33년이 경과한 후에 행정청이 행한 하사관 및 준사관 임용취소처분이 적법하다(대판 2002.2.5., 2001두5286).

정답 | ①

044 〈필수〉

「행정기본법」상 법 원칙에 대한 설명으로 옳지 않은 것은?

① 「의료법」 등 관련 법령이 정신병원 등의 개설에 관하여는 허가제로, 정신과의원 개설에 관하여 신고제로 각 규정하고 있는 것은 합리적 차별로서 평등의 원칙에 반하지 않는다.
② 재량준칙이 공표된 것만으로는 행정의 자기구속의 원칙이 적용될 수 없고, 재량준칙이 되풀이 시행되어 행정관행이 성립한 경우에 행정의 자기구속의 원칙이 적용될 수 있다.
③ 상대방에게 귀책사유가 있어 그 신뢰의 보호가치가 인정되지 않는다면 신뢰보호의 원칙이 적용되지 않는데, 이때 귀책사유의 유무는 상대방을 기준으로 판단하여야 하고, 상대방으로부터 신청행위를 위임받은 수임인 등의 귀책사유 유무는 고려하지 않는다.
④ 음주운전으로 인한 운전면허취소처분의 재량권 일탈·남용 여부를 판단할 때, 운전면허의 취소로 입게 될 당사자의 불이익보다 음주운전으로 인한 교통사고를 방지하여야 하는 일반예방적 측면이 더 강조되어야 한다.

해설

① (O) 관련 법령이 정신병원 등의 개설에 관하여는 허가제로, 정신과의원 개설에 관하여는 신고제로 각 규정하고 있는 것은 각 의료기관의 개설 목적 및 규모 등 차이를 반영한 합리적 차별로서 평등의 원칙에 반한다고 볼 수 없다(대판 2018.10.25., 2018두44302).
② 빈출 (O) 재량준칙이 공표된 것만으로는 자기구속의 원칙이 적용될 수 없고, 재량준칙이 되풀이 시행되어 행정관행이 성립된 경우 자기구속의 법리가 적용된다(대판 2009.12.24., 2009두7967).
③ 빈출 (×) 귀책사유라 함은 행정청의 견해표명의 하자가 상대방 등 관계자의 사실은폐나 기타 사위의 방법에 의한 신청행위 등 부정행위에 기인한 것이거나 그러한 부정행위가 없다고 하더라도 하자가 있음을 알았거나 중대한 과실로 알지 못한 경우 등을 의미한다고 해석함이 상당하고, 귀책사유의 유무는 상대방과 그로부터 신청행위를 위임받은 수임인 등 관계자 모두를 기준으로 판단하여야 한다(대판 2002.11.8., 2001두1512).
④ (O) 음주운전으로 인한 교통사고를 방지할 공익상의 필요는 더욱 중시되어야 하고 운전면허의 취소는 일반의 수익적 행정행위의 취소와는 달리 그 취소로 인하여 입게 될 당사자의 불이익보다는 이를 방지하여야 하는 일반예방적 측면이 더욱 강조되어야 한다(대판 2019.1.17., 2017두59949).

정답 | ③

045

신뢰보호의 원칙에 대한 설명으로 옳지 않은 것은? (다툼이 있는 경우 판례에 의함)

① 행정청이 공적인 견해에 반하는 행정처분을 함으로써 달성하려는 공익이 행정청의 공적 견해표명을 신뢰한 개인이 그 행정처분으로 인하여 입게 되는 이익의 침해를 정당화할 수 있을 정도로 강한 경우에는 그 행정처분은 위법하지 않다.

② 과세관청이 질의회신 등을 통하여 어떤 견해를 대외적으로 표명하였더라도 그것이 중요한 사실관계와 법적인 쟁점을 제대로 드러내지 아니한 채 질의한 데 따른 것이라면, 공적인 견해표명에 의하여 정당한 기대를 가지게 할 만한 신뢰가 부여된 경우로 볼 수 없다.

③ 폐기물처리업에 대하여 관할 관청의 사전 적정통보를 받고 막대한 비용을 들여 요건을 갖춘 다음 허가신청을 한 경우, 행정청이 청소업자의 난립으로 효율적인 청소업무의 수행에 지장이 있다는 이유로 불허가처분을 하였다 할지라도 신뢰보호의 원칙에 반하지 아니한다.

④ 법원이 「질서위반행위규제법」에 따라서 하는 과태료재판은 원칙적으로 행정소송에서와 같은 신뢰보호의 원칙 위반 여부가 문제되지 아니한다.

해설

③ **빈출** (×) 폐기물처리업에 대하여 사전에 관할 관청으로부터 적정통보를 받고 막대한 비용을 들여 허가요건을 갖춘 다음 허가신청을 하였음에도 다수 청소업자의 난립으로 안정적이고 효율적인 청소업무의 수행에 지장이 있다는 이유로 한 불허가처분은 신뢰보호의 원칙 및 비례의 원칙에 반하는 것으로서 재량권을 남용한 위법한 처분이다(대판 1998.5.8., 98두4061).

정답 | ③

046

행정법의 일반원칙에 대한 설명으로 옳은 것만을 모두 고르면? (다툼이 있는 경우 판례에 의함)

ㄱ. 비례의 원칙은 법치국가원리에서 당연히 파생되는 헌법상의 기본원리이다.

ㄴ. 평등의 원칙은 본질적으로 같은 것을 자의적으로 다르게 취급함을 금지하는 것이므로, 위법한 행정처분이 수차례에 걸쳐 반복적으로 행하여졌다면 행정청에 대하여 자기구속력을 갖게 된다.

ㄷ. 국가가 임용결격사유가 있는 자에 대하여 결격사유가 있는 것을 알지 못하고 공무원으로 임용하였다가 나중에 결격사유가 있음을 발견하고 그 임용행위를 취소하는 경우 신의칙이 적용된다.

ㄹ. 지방자치단체장이 사업자에게 주택사업계획승인을 하면서 그 주택사업과는 아무런 관련이 없는 토지를 기부채납하도록 하는 부관을 주택사업계획승인에 붙인 경우, 그 부관은 부당결부금지의 원칙에 위반되어 위법하다.

① ㄱ, ㄴ
② ㄱ, ㄹ
③ ㄴ, ㄷ
④ ㄷ, ㄹ

해설

ㄱ. (○) 대판 2019.7.11., 2017두38874

ㄴ. **빈출** (×) 평등의 원칙은 본질적으로 같은 것을 자의적으로 다르게 취급함을 금지하는 것이고, 위법한 행정처분이 수차례에 걸쳐 반복적으로 행하여졌다 하더라도 그러한 처분이 위법한 것인 때에는 행정청에 대하여 자기구속력을 갖게 된다고 할 수 없다(대판 2009.6.25., 2008두13132).

ㄷ. (×) 무효의 경우에는 신뢰보호의 원칙이 적용되지 않는다. 따라서 결격자의 임용은 무효이고 이에 대한 취소는 무효임을 확인하는 의미에 해당될 뿐이다.

> 국가가 공무원임용결격사유가 있는 자에 대하여 결격사유가 있는 것을 알지 못하고 공무원으로 임용하였다가 사후에 결격사유가 있는 자임을 발견하고 공무원 임용행위를 취소하는 것은 당사자에게 원래의 임용행위가 당초부터 당연무효이었음을 통지하여 확인시켜 주는 행위에 지나지 아니하는 것이므로, 그러한 의미에서 당초의 임용처분을 취소함에 있어서는 신의칙 내지 신뢰의 원칙을 적용할 수 없고 또 그러한 의미의 취소권은 시효로 소멸하는 것도 아니다(대판 1987.4.14., 86누459).

ㄹ. (○) 대판 1997.3.11., 96다49650

정답 | ②

047
신뢰보호의 원칙에 대한 설명으로 옳지 않은 것은?

① 개발사업을 시행하기 전에 사건 토지 지상에 예식장 등을 건축하는 것이 관계 법령상 가능한지 여부를 질의하여 민원 부서로부터 '저촉사항 없음'이라고 기재된 민원예비심사 결과를 통보받았다면, 이는 이후의 개발부담금 부과처분에 관하여 신뢰보호의 원칙을 적용하기 위한 공적인 견해표명을 한 것에 해당한다.

② 시의 도시계획과장과 도시계획국장이 도시계획사업의 준공과 동시에 사업부지에 편입한 토지에 대한 완충녹지 지정을 해제함과 아울러 당초의 토지소유자들에게 환매하겠다는 약속을 했음에도 이를 믿고 토지를 협의매매한 토지소유자의 완충녹지지정해제신청을 거부한 것은 신뢰보호의 원칙을 위반하거나 재량권을 일탈·남용한 위법한 처분이다.

③ 국회에서 일정한 법률안을 심의하거나 의결한 적이 있다고 하더라도 그것이 법률로 확정되지 아니한 이상 국가가 이해관계자들에게 위 법률안에 관련된 사항을 약속하였다고 볼 수 없으며, 이러한 사정만으로 어떠한 신뢰를 부여하였다고 볼 수도 없다.

④ 헌법재판소의 위헌결정은 행정청이 개인에 대하여 신뢰의 대상이 되는 공적인 견해를 표명한 것이라고 할 수 없으므로 그 결정에 관련한 개인의 행위에 대하여는 신뢰보호의 원칙이 적용되지 아니한다.

047	
기출처	2024 국가직 9급
난이도	★★
키워드	행정법의 일반원칙

해설

① (×) 「개발이익 환수에 관한 법률」에 정한 개발사업을 시행하기 전에, 행정청이 토지 지상에 예식장 등을 건축하는 것이 관계 법령상 가능한지 여부를 질의하는 민원예비심사에 대하여 관련 부서 의견으로 「개발이익 환수에 관한 법률」에 '저촉사항 없음'이라고 기재하였다고 하더라도, 이후의 개발부담금 부과처분에 관하여 신뢰보호의 원칙을 적용하기 위한 요건인, 개인에 대하여 신뢰의 대상이 되는 공적인 견해표명을 한 것이라고는 보기 어렵다(대판 2006.6.9., 2004두46).

② (○) 시의 도시계획과장과 도시계획국장이 도시계획사업의 준공과 동시에 사업부지에 편입한 토지에 대한 완충녹지 지정을 해제함과 아울러 당초의 토지소유자들에게 환매하겠다는 약속을 했음에도, 이를 믿고 토지를 협의매매한 토지소유자의 완충녹지지정해제신청을 거부한 것은, 행정상 신뢰보호의 원칙을 위반하거나 재량권을 일탈·남용한 위법한 처분이다(대판 2008.10.9., 2008두6127).

③ **빈출** (○) 국회에서 일정한 법률안을 심의하거나 의결한 적이 있다고 하더라도 그것이 법률로 확정되지 아니한 이상 국가가 이해관계자들에게 위 법률안에 관련된 사항을 약속하였다고 볼 수 없으며, 이러한 사정만으로 어떠한 신뢰를 부여하였다고 볼 수도 없다(대판 2008.5.29., 2004다33469).

④ **빈출** (○) 헌법재판소의 위헌결정은 행정청이 개인에 대하여 신뢰의 대상이 되는 공적인 견해를 표명한 것이라고 할 수 없으므로 그 결정에 관련한 개인의 행위에 대하여는 신뢰보호의 원칙이 적용되지 아니한다(대판 2003.6.27., 2002두6965).

정답 | ①

048

신뢰보호의 원칙에 대한 설명으로 옳지 않은 것은? (다툼이 있는 경우 판례에 의함)

① 「개발이익 환수에 관한 법률」에 정한 개발사업을 시행하기 전에, 행정청이 민원예비심사로서 관련 부서 의견으로 '저촉사항 없음'이라고 기재한 것은 신뢰보호의 선행조치로서 공적인 견해표명에 해당한다.
② 실제의 공원구역과 다르게 경계측량 및 표지를 설치한 십수년 후 착오를 발견하여 지형도를 수정한 조치가 신뢰보호의 원칙에 위배되거나 행정의 자기구속의 법리에 반하는 것이라 할 수 없다.
③ 법률의 개정시 구법 질서에 대한 당사자의 신뢰가 합리적이고도 정당하며, 법률의 개정으로 야기되는 당사자의 손해가 극심하여 새로운 입법으로 달성하고자 하는 공익적 목적이 당사자의 신뢰의 파괴를 정당화할 수 없다면 새로운 입법은 신뢰보호의 원칙 등에 비추어 허용될 수 없다.
④ 행정처분이 신뢰보호의 요건을 충족하는 경우라고 하더라도 행정청이 앞서 표명한 공적인 견해에 반하는 행정처분을 함으로써 달성하려는 공익이 행정청의 공적 견해표명을 신뢰한 개인이 그 행정처분으로 인하여 입게 되는 이익의 침해를 정당화할 수 있을 정도로 강한 경우에는 신뢰보호의 원칙을 들어 그 행정처분이 위법하다고 할 수 없다.

해설

① (×) 「개발이익 환수에 관한 법률」에 정한 개발사업을 시행하기 전에, 행정청이 토지 지상에 예식장 등을 건축하는 것이 관계 법령상 가능한지 여부를 질의하는 민원예비심사에 대하여 관련 부서 의견으로 「개발이익 환수에 관한 법률」에 '저촉사항 없음'이라고 기재하였다고 하더라도, 이후의 개발부담금 부과처분에 관하여 신뢰보호의 원칙을 적용하기 위한 요건인, 개인에 대하여 신뢰의 대상이 되는 공적인 견해표명을 한 것이라고는 보기 어렵다(대판 2006.6.9., 2004두46).

정답 | ①

049

행정법의 일반원칙 중 신뢰보호원칙에 관한 설명으로 옳지 않은 것은? (다툼이 있는 경우 판례에 의함)

① 신뢰보호는 공익 또는 제3자의 정당한 이익을 현저히 해칠 우려가 있는 경우를 제외하고는 새로운 해석 또는 관행에 따라 소급하여 불리하게 처리하여서는 아니 된다.
② 행정청의 선행조치로서의 공적 견해표명 여부의 판단은 반드시 행정조직상의 형식적인 권한분장에 구애될 것은 아니다.
③ 행정청이 「폐기물관리법」상의 폐기물처리업 사업계획에 대한 검토결과로 적정통보를 하였다면 그 사업부지토지에 대한 국토이용계획변경신청을 승인하여 주겠다는 취지의 공적인 견해표명을 한 것으로 볼 수 있다.
④ 신뢰를 형성한 요인인 공적 견해의 기초가 어떤 사실이나 법률관계를 토대로 이루어진 경우, 해당 사실이나 법률관계가 변경되었다면 공적 견해는 행정청의 별도 의사표시 없이 실효된다.

해설

① 빈출 (○) 행정청은 법령 등의 해석 또는 행정청의 관행이 일반적으로 국민들에게 받아들여졌을 때에는 공익 또는 제3자의 정당한 이익을 현저히 해칠 우려가 있는 경우를 제외하고는 새로운 해석 또는 관행에 따라 소급하여 불리하게 처리하여서는 아니 된다(「행정절차법」 제4조 제2항).

② 빈출 (○) 행정청의 공적 견해표명이 있었는지의 여부를 판단하는 데 있어 반드시 행정조직상의 형식적인 권한분장에 구애될 것은 아니고 담당자의 조직상의 지위와 임무, 당해 언동을 하게 된 구체적인 경우 및 그에 대한 상대방의 신뢰가능성에 비추어 실질에 의하여 판단하여야 한다(대판 1997.9.12., 96누18380).

③ 빈출 (×) 폐기물관리법령에 의한 폐기물처리업 사업계획에 대한 적정통보와 국토이용관리법령에 의한 국토이용계획변경은 각기 그 제도적 취지와 결정단계에서 고려해야 할 사항들이 다르다는 이유로, 폐기물처리업 사업계획에 대하여 적정통보를 한 것만으로 그 사업부지 토지에 대한 국토이용계획변경신청을 승인하여 주겠다는 취지의 공적인 견해표명을 한 것으로 볼 수 없다(대판 2005.4.28., 2004두8828).

④ 빈출 (○) 행정청이 상대방에게 장차 어떤 처분을 하겠다고 확약 또는 공적인 의사표명을 하였다고 하더라도, 그 자체에서 상대방으로 하여금 언제까지 처분의 발령을 신청하도록 유효기간을 두었는데도 그 기간 내에 상대방의 신청이 없었다거나 확약 또는 공적인 의사표명이 있은 후에 사실적·법률적 상태가 변경되었다면, 그와 같은 확약 또는 공적인 의사표명은 행정청의 별다른 의사표시를 기다리지 않고 실효된다(대판 1996.8.20., 95누10877).

정답 | ③

050

행정법의 일반원칙에 관한 설명으로 옳지 않은 것은? (다툼이 있는 경우 판례에 의함)

① 공무원이 단지 1회 훈령에 위반하여 요정 출입을 하였다는 사유만으로 한 파면처분은 비례원칙에 위반하여 위법하다.

② 특수면허 소지자는 승용자동차로서 구 「자동차운수사업법」 등에 규정된 사업용자동차인 택시를 운전할 수 있어 택시의 음주운전은 제1종 보통면허 및 특수면허 모두로 운전한 것이므로 두 가지 운전면허 모두를 취소할 수 있다.

③ 지방공무원 임용신청 당시 잘못 기재된 호적상 출생연월일을 생년월일로 기재하고, 이에 근거한 공무원인사기록카드의 생년월일 기재에 대하여 처음 임용된 때부터 약 36년 동안 전혀 이의를 제기하지 않다가, 정년을 1년 3개월 앞두고 호적상 출생연월일을 정정한 후 그 출생연월일을 기준으로 정년의 연장을 요구하는 것이 신의성실의 원칙에 반하지 않는다.

④ 신뢰보호의 원칙에서 행정기관의 공적인 견해표명은 명시적이어야 하고 묵시적인 경우에는 인정되지 아니한다.

050	① ② ③
기출처	예상문제
난이도	★
키워드	행정법의 일반원칙

해설

④ (×) 「국세기본법」 제18조 제3항에 규정된 비과세관행이 성립하려면, 상당한 기간에 걸쳐 과세를 하지 아니한 객관적 사실이 존재할 뿐만 아니라, 과세관청 자신이 그 사항에 관하여 과세할 수 있음을 알면서도 어떤 특별한 사정때문에 과세하지 않는다는 의사가 있어야 하며, 위와 같은 공적 견해나 의사는 명시적 또는 묵시적으로 표시되어야 하지만 묵시적 표시가 있다고 하기 위하여는 단순한 과세누락과는 달리 과세관청이 상당기간의 불과세 상태에 대하여 과세하지 않겠다는 의사표시를 한 것으로 볼 수 있는 사정이 있어야 한다(대판 1991.5.28., 90누8947).

정답 | ④

051

행정법의 일반원칙에 관한 설명으로 옳지 않은 것은? (다툼이 있는 경우 판례에 의함)

① 행정청이 위험한 건물에 대하여 개수명령으로써 행정목적을 달성할 수 있음에도 불구하고 철거명령을 발령하는 것은 비례원칙의 내용 중 필요성원칙에 반한다.
② 행정서사업무허가를 행한 뒤 20년이 다 되어 허가를 취소하였더라도, 그 취소사유를 행정청이 모르는 상태에 있다가 취소처분이 있기 직전에 알았다면, 실권의 법리가 적용되지 않고 그 취소는 정당하다.
③ 행정행위 위반이 있은 후 장기간에 걸쳐 아무런 행정조치가 없이 3년이 지난 후에 이를 이유로 운전면허를 취소하는 것은, 상대방의 귀책사유에 따른 행위로서 신뢰의 이익과 법적 안정성을 적용할 수 없어 위법한 처분이라 할 수 없다.
④ 동일한 사유에 관하여 보다 무거운 면허취소처분을 하기 위하여 이미 행하여진 가벼운 면허정지처분을 취소하는 것은 선행처분에 대한 당사자의 신뢰 및 법적 안정성을 크게 저해하는 것이 되어 허용될 수 없다.

해설

① (○) 행정목적을 달성할 수 있는 적합한 수단들 중에서 필요한 최소침해수단을 적용하지 않는 행정은 비례원칙 중 필요성을 위반한 것으로서 위법하다.
② (○) 행정청이 취소사유를 취소하기 직전에 알았다면, 이는 취소사유를 알면서 장기간 방치한 것에 해당하지 않아 실권의 법리는 적용되지 않는다.

> 행정서사업무허가를 행한 뒤 20년이 다 되어 허가를 취소하였더라도, 그 취소사유를 행정청이 모르는 상태에 있다가 취소처분이 있기 직전에 알았다면, 실권의 법리가 적용되지 않고 그 취소는 정당하다(대판 1988.4.27., 87누915).

③ (×) 원고의 행정행위 위반이 있은 후 장기간에 걸쳐 아무런 행정조치가 없이 3년이 지난 후에 이를 이유로 운전면허를 취소하는 것은, 행정청이 그간 별다른 행정조치를 하지 않은 것을 믿은 신뢰의 이익과 법적 안정성을 빼앗는 매우 가혹한 것이라 할 것이다(대판 1987.9.8., 87누373).
④ (○) 동일한 사유에 관하여 보다 무거운 면허취소처분을 하기 위하여 이미 행하여진 가벼운 면허정지처분을 취소하는 것은 선행처분에 대한 당사자의 신뢰 및 법적 안정성을 크게 저해하는 것이 되어 허용될 수 없다(대판 2000.2.25., 99두10520).

정답 | ③

052

행정법의 일반원칙에 대한 설명으로 옳지 않은 것은? (다툼이 있는 경우 판례에 의함)

① 신뢰보호원칙에 위반하는 경우 그 행정행위는 위법하며, 판례는 이 경우 취소사유로 보지 않고 무효로만 보았다.
② 행정주체가 행정작용을 함에 있어서 상대방에게 이와 실질적 관련이 없는 의무를 부과하거나 그 이행을 강제하여서는 아니 된다.
③ 「행정절차법」상 규정이 없는 경우에도 행정권 행사가 적정한 절차에 따라 행해지지 아니하면 그 행정권 행사는 적법절차의 원칙에 반한다.
④ 자기구속의 원칙이 인정되는 경우 행정관행과 다른 처분은 특별한 사정이 없는 한 위법하다.

해설

① (×) 판례는 일반적으로 신뢰보호의 원칙을 포함하여 행정법의 일반원칙을 위반하는 경우를 주로 취소사유로 보고 있다.

정답 | ①

053 〈필수〉

신뢰보호의 원칙에 대한 설명으로 옳은 것(○)과 옳지 않은 것(×)을 바르게 연결한 것은?
(다툼이 있는 경우 판례에 의함)

기출처	2021 지방직 9급
난이도	★★
키워드	행정법의 일반원칙

> (가) 행정청이 공적인 의사표명을 하였다면 이후 사실적·법률적 상태의 변경이 있더라도 행정청이 이를 취소하지 않는 한 여전히 공적인 의사표명은 유효하다.
> (나) 재량권 행사의 준칙인 행정규칙의 공표만으로 상대방은 보호가치 있는 신뢰를 갖게 되었다고 볼 수 있다.
> (다) 행정청이 공적 견해를 표명하였는지를 판단할 때는 반드시 행정조직상의 형식적인 권한분장에 구애될 것은 아니다.
> (라) 신뢰보호원칙의 위반은 「국가배상법」상의 위법 개념을 충족시킨다.

	(가)	(나)	(다)	(라)
①	×	×	○	○
②	○	○	×	○
③	○	×	○	×
④	×	○	○	×

해설

(가) 빈출 (×) 행정청의 공적 견해의 기초가 되었던 사실적·법률적 상태에 변경이 있었다면 행정청이 별도의 취소 등의 행위를 하지 않아도 공적 견해는 실효된다.

> 확약 또는 공적인 의사표명이 있은 후에 사실적·법률적 상태가 변경되었다면, 그와 같은 확약 또는 공적인 의사표명은 행정청의 별다른 의사표시를 기다리지 않고 실효된다(대판 1996.8.20., 95누10877).

(나) 빈출 (×) 재량준칙이 단순히 공표된 것만으로는 신뢰보호나 평등의 원칙이 적용될 수 없다. 1회 이상의 행정이 있어야 한다.

> 시장이 농림수산식품부(현 농림축산식품부)에 의하여 공표된 '2008년도 농림사업시행지침서'에 명시되지 않은 '시·군별 건조저장시설 개소당 논 면적' 기준을 충족하지 못하였다는 이유로 신규 건조저장시설 사업자 인정신청을 반려한 사안에서, 위 지침이 되풀이 시행되어 행정관행이 이루어졌다거나 그 공표만으로 신청인이 보호가치 있는 신뢰를 갖게 되었다고 볼 수 없다(대판 2009.12.24., 2009두7967).

(다) 빈출 (○) 신뢰보호의 공적 견해 여부를 판단하는 기준은 형식적인 권한분장에 구애되지 않고 실질적인 지위나 임무, 구체적인 경위 등에 의한다.

> 공적 견해표명이 있었는지의 여부를 판단함에 있어서는, 반드시 행정조직상의 형식적인 권한분장에 구애될 것은 아니고, 담당자의 조직상의 지위와 임무, 당해 언동을 하게 된 구체적인 경위 및 그에 대한 상대방의 신뢰가능성에 비추어 실질에 의하여 판단하여야 한다(대판 2008.1.17., 2006두10931).

(라) (○) 신뢰보호의 원칙은 조리법으로서 이를 위반하면 위법이고, 일반적으로 취소사유가 되어 국가배상의 위법을 충족하게 된다.

> 국가배상책임에 있어 공무원의 가해행위는 법령을 위반한 것이어야 하고, 법령을 위반하였다 함은 엄격한 의미의 법령 위반뿐 아니라 인권존중, 권력남용금지, 신의성실과 같이 공무원으로서 마땅히 지켜야 할 준칙이나 규범을 지키지 아니하고 위반한 경우를 포함하여 널리 그 행위가 객관적인 정당성을 결여하고 있음을 뜻하는 것이다(대판 2008.6.12., 2007다64365).

정답 | ①

054

다음에 제시된 행정법의 기본원칙에 대한 설명으로 옳지 않은 것은? (다툼이 있는 경우 판례에 의함)

> (가) 어떤 행정목적을 달성하기 위한 수단은 그 목적달성에 유효·적절하고 또한 가능한 한 최소침해를 가져오는 것이어야 하며 아울러 그 수단의 도입으로 인한 침해가 의도하는 공익을 능가하여서는 아니 된다.
> (나) 행정기관은 행정결정에 있어서 동종의 사안에 대하여 이전에 제3자에게 행한 결정과 동일한 결정을 상대방에게 하도록 스스로 구속당한다.
> (다) 개별국민이 행정기관의 어떤 언동의 정당성 또는 존속성을 신뢰한 경우 그 신뢰가 보호받을 가치가 있는 한 그러한 귀책사유 없는 신뢰는 보호되어야 한다.
> (라) 행정주체가 행정작용을 함에 있어서 상대방에게 이와 실질적인 관련이 없는 의무를 부과하거나 그 이행을 강제하여서는 아니 된다.

① 자동차를 이용하여 범죄행위를 한 경우 범죄의 경중에 상관없이 반드시 운전면허를 취소하도록 한 규정은 (가)원칙을 위반한 것이다.
② 반복적으로 행하여진 행정처분이 위법한 것일 경우 행정청은 (나)원칙에 구속되지 않는다.
③ 고속국도 관리청이 고속도로 부지와 접도구역에 송유관 매설을 허가하면서 상대방과 체결한 협약에 따라 송유관 시설을 이전하게 될 경우 그 비용을 상대방에게 부담하도록 한 부관은 (라)원칙에 반하지 않는다.
④ 선행조치의 상대방에 대한 신뢰보호의 이익과 제3자의 이익이 충돌하는 경우에는 (다)원칙이 우선한다.
⑤ 판례는 (라)원칙의 적용을 긍정하고 있다.

해설

④ (×) (다)원칙은 신뢰보호의 원칙이다. 신뢰보호의 이익과 제3자의 이익이 서로 충돌하는 경우에는 이익형량을 통해 결정하여야 한다.

「행정절차법」 제4조 【신의성실 및 신뢰보호】 ② 행정청은 법령 등의 해석 또는 행정청의 관행이 일반적으로 국민들에게 받아들여졌을 때에는 공익 또는 제3자의 정당한 이익을 현저히 해칠 우려가 있는 경우를 제외하고는 새로운 해석 또는 관행에 따라 소급하여 불리하게 처리하여서는 아니 된다.

정답 | ④

055

행정법의 일반원칙과 관련한 판례의 태도로 옳은 것은?

① 연구단지 내 녹지구역에 위험물저장시설인 주유소와 LPG충전소 중에서 주유소는 허용하면서 LPG충전소를 금지하는 시행령 규정은 LPG충전소 영업을 하려는 국민을 합리적 이유 없이 자의적으로 차별하여 결과적으로 평등원칙에 위배된다는 것이 헌법재판소의 태도이다.

② 하자 있는 처분이 국민에게 권리나 이익을 부여하는 이른바 수익적 행정행위인 때에는 취소하여야 할 공익상 필요와 취소로 인하여 당사자가 입게 될 기득권과 신뢰보호 및 법률생활 안정의 침해 등 불이익을 비교·교량한 후 공익상 필요가 당사자가 입을 불이익을 정당화할 만큼 강하지 않아도 이를 취소할 수 있다는 것이 판례의 태도이다.

③ 숙박시설 건축허가신청을 반려한 처분에 관해 학생들의 교육환경과 인근 주민들의 주거환경 보호라는 공익이 그 신청인이 잃게 되는 이익의 침해를 정당화할 수 있을 정도로 크므로, 위 반려처분은 신뢰보호의 원칙에 위배되지 않는다는 것이 판례의 태도이다.

④ 옥외집회의 사전신고의무를 규정한 구 「집회 및 시위에 관한 법률」 제6조 제1항 중 '옥외집회'에 관한 부분은 과잉금지원칙에 위배하여 집회의 자유를 침해하는 것으로 볼 수 있다는 것이 헌법재판소의 태도이다.

055	
기출처	2020 소방직
난이도	★★★
키워드	행정법의 일반원칙

해설

① **지엽** (×) LPG는 석유에 비하여 화재 및 폭발의 위험성이 훨씬 커서 주택 및 근린생활시설이 들어설 지역에 LPG충전소의 설치금지는 불가피하다 할 것이고 석유와 LPG의 위와 같은 차이를 고려하여 연구단지 내 녹지구역에 LPG충전소의 설치를 금지한 것은 위와 같은 합리적 이유에 근거한 것이므로 이 사건 시행령 규정은 평등원칙에 위배된다고 볼 수 없다(헌재 2004.7.15., 2001헌마646).

② **빈출** (×) 행정행위를 한 처분청은 그 행위에 하자가 있는 경우에는 별도의 법적 근거가 없더라도 스스로 이를 취소할 수 있고, 다만 수익적 행정처분을 취소할 때에는 이를 취소하여야 할 공익상의 필요와 그 취소로 인하여 당사자가 입게 될 기득권과 신뢰보호 및 법률생활 안정의 침해 등 불이익을 비교·교량한 후 공익상의 필요가 당사자가 입을 불이익을 정당화할 만큼 강한 경우에 한하여 취소할 수 있다(대판 2008.11.13., 2008두8628).

③ (○) 이 사건 처분에 의하여 피고가 달성하려는 학생들의 교육환경과 인근 주민들의 주거환경 보호라는 공익은 이 사건 처분으로 인하여 원고들이 입게 되는 불이익을 정당화할 만큼 강한 경우에 해당한다고 할 것이므로, 같은 취지에서 원고들의 각 숙박시설 건축허가신청을 반려한 이 사건 처분은 신뢰보호의 원칙에 위배되지 않는다(대판 2005.11.25., 2004두6822).

④ (×) 옥외집회·시위에 대한 사전신고 이후 기재사항의 보완, 금지통고 및 이의절차 등이 원활하게 진행되기 위하여 늦어도 집회가 개최되기 48시간 전까지 사전신고를 하도록 규정한 것이 지나치다고 볼 수 없다(헌재 2014.1.28., 2011헌바174).

정답 | ③

056

행정법의 일반원칙에 관한 설명으로 옳은 것은? (다툼이 있는 경우 판례에 의함)

① 주유소영업의 양도인이 등유가 섞인 휘발유를 판매한 바를 모르고 이를 양수한 석유판매업자에게 전(前) 운영자의 위법사유를 들어 사업정지기간 중 최장기간인 6월의 사업정지에 처한 처분은 비례의 원칙을 위반한 위법한 처분이다.

② 과세관청이 운송면허세를 부과할 수 있다는 점을 알고도 수출확대라는 공익상 필요에 의하여 4년 동안 한 건도 면허세를 부과하지 않은 경우에도 신뢰보호의 원칙에 기초한 비과세 관행이 성립되지 않는다.

③ 자동차운송사업자에 대하여 교통사고가 일어난 지 1년 10개월이 지난 뒤 사고택시의 운송사업면허를 취소하는 것은 신뢰보호의 원칙에 반한다.

④ 충전소 설치예정지로부터 100m 내에 있는 건물주의 동의를 얻지 못하였음에도 불구하고 이를 갖춘 양 허가신청을 하여 그 허가를 받아낸 경우에도 허가처분에 대한 상대방의 신뢰는 보호된다.

해설

① (○) 주유소영업의 양도인이 등유가 섞인 유사휘발유를 판매한 바를 모르고 양수한 석유판매업자에게 전 운영자의 위법사유를 들어 사업정지기간 중 최장기간인 6월의 사업정지에 처한 처분은 구 「석유사업법」에 의해 실효하고자 하는 공익목적의 실현보다는 원고가 입게 될 손실이 훨씬 커서 그 재량권을 일탈한 위법이 있다(대판 1992.2.25., 91누13106).

② (×) 이 사건 보세운송면허기관인 김포세관장은 자동차운송사업면허세 이외에 보세운송면허세를 부과함은 이중세부담이 된다는 것과 수출확대라는 공익목적상 보세운송의 경우에는 면허세를 부과하지 아니함이 타당하다고 해석하고 … 납세자인 국민으로서는 면허세의 과세관청이 그 점을 알고 비과세처리를 하여온 것으로 믿을 수 밖에 없으니 납세자에 대한 관계에 있어서 외관상 과세관청이 그 점을 알고 면허세를 과세하지 아니한 것과 같이 해석함이 타당한 바이니 이로써 비과세의 관행이 성립된 것으로 볼 것이다(대판 1982.11.23., 81누21).

③ (×) 교통사고가 일어난 지 1년 10개월이 지난 뒤 그 교통사고를 일으킨 택시에 대하여 운송사업면허를 취소하였더라도 … 그 운송사업면허의 취소가 행정에 대한 국민의 신뢰를 저버리고 국민의 법 생활의 안정을 해치는 것이어서 재량권의 범위를 일탈한 것이라고 보기는 어렵다(대판 1989.6.27., 88누6283).

④ (×) 충전소 설치예정지로부터 100m 내에 있는 건물주의 동의를 얻지 못하였음에도 불구하고 이를 갖춘 양 허가신청하여 그 허가를 받아낸 경우에 당사자는 처분에 의한 이익이 위법하게 취득되었음을 알아 그 취소가능성을 능히 예상하고 있었다고 보아야 할 것이므로 수익적 행정행위인 액화석유가스 충전사업허가취소처분에 위법이 없다(대판 1992.5.8., 91누13274).

정답 | ①

057

행정법의 일반원칙에 관한 설명으로 가장 옳은 것은? (다툼이 있는 경우 판례에 의함)

① 형질변경불허가처분취소청구소송에서 농지를 대지로 형질변경하여 종교시설을 건립할 것을 명시한 토지거래허가신청에 대한 허가처분은 행정청의 선행조치로 인정되어 신뢰보호원칙이 적용되었다.

② 구 재정경제부(현 기획재정부)가 보도자료를 통하여 비업무용 토지에 관한 『법인세법 시행규칙』을 개정하여 법제처의 심의를 거쳐 6월 말경 공포·시행할 예정'이라고 밝혔다면, 이를 신뢰하여 비업무용 토지를 매각한 기업의 이익은 보호되어야 한다.

③ 건축주로부터 건축설계를 위임받은 건축사가 건축한계선의 제한이 있다는 사실을 모른 채 건축설계를 하고 이를 토대로 건축물의 신축허가를 받고 건축이 상당한 정도 진행된 후에, 건축선을 위반한 부분을 철거하라는 처분은 신뢰보호원칙에 반하는 위법한 처분이다.

④ 삼청교육으로 인한 피해를 보상하겠다는 대통령의 담화발표와 이에 대한 후속조치로 국방부장관이 그 피해를 보상하겠다고 공고하고 피해신고를 받았다고 해도 피해자들인 국민에 대하여 약속이 이행될 것이라는 신뢰를 부여한 것이라 볼 수 없고 이는 신뢰보호의 공적 견해에 해당되지 않는다.

057	
기출처	예상문제
난이도	★★
키워드	행정법의 일반원칙

해설

① (○) 종교법인이 도시계획구역 내 생산녹지로 답인 토지에 대하여 종교회관 건립을 이용목적으로 하는 토지거래계약의 허가를 받으면서 담당공무원이 관련 법규상 허용된다 하여 이를 신뢰하고 건축준비를 하였으나 그 후 당해 지방자치단체장이 다른 사유를 들어 토지형질변경허가신청을 불허가한 것이 신뢰보호원칙에 반한다(대판 1997.9.12., 96누18380).

② (×) 구 재정경제부(현 기획재정부)는 보도자료를 통해 '시행규칙을 개정하여 법제처의 심의를 거쳐 6월 말경 공포·시행할 예정'이라고 밝힌 것에 불과하여, 그러한 점만으로는 개정된 시행규칙을 시기적으로 반드시 6월 말경까지 공포·시행하겠다는 내용의 공적 견해를 표명한 것으로 보기 어려울 뿐더러 기록에 따르면, 신문 등 언론매체는 재정경제부가 배포한 보도자료 중 일부 내용만을 발췌하여 보도한 사실을 알 수 있으니, 그와 같이 재정경제부의 견해가 표명된 방식이나 내용 등에 비추어 이 사건 토지가 비업무용 부동산에 해당하게 되는 불이익을 입지 않으려면, 적어도 그 양도 이전에 시행규칙의 관계 규정이 실제 공포·시행되고 있는지 여부를 확인하여야 한다고 봄이 상당하므로, 이러한 주의의무를 게을리한 원고에게 과세관청의 견해표명을 신뢰한 데 귀책사유가 없다고 볼 수 없고, 그와 같은 확인의무를 다하지 아니한 것이 과세관청의 견해표명을 신뢰한 데 대한 귀책사유의 유무와 관련이 없는 잘못이라고 볼 수는 없다(대판 2002.11.26., 2001두9103).

③ **빈출** (×) 건축주와 그로부터 건축설계를 위임받은 건축사가 상세계획지침에 의한 건축한계선의 제한이 있다는 사실을 간과한 채 건축설계를 하고 이를 토대로 건축물의 신축 및 증축허가를 받은 경우, 그 신축 및 증축허가가 정당하다고 신뢰한 데에 귀책사유가 있다(대판 2002.11.8., 2001두1512).

④ (×) 대통령의 (삼청교육대) 피해자 보상에 대한 담화와 이에 대한 장관의 피해신고접수행위는 신뢰보호의 구체적인 공적 견해에 해당한다.

> 대통령이 담화를 발표하고 이에 따라 국방부장관이 삼청교육 관련 피해자들에게 그 피해를 보상하겠다고 공고하고 피해신고까지 받은 것은, 대통령이 정부의 수반인 지위에서 피해자들인 국민에 대하여 향후 입법조치 등을 통하여 그 피해를 보상해 주겠다고 구체적 사안에 관하여 종국적으로 약속한 것에 해당한다(대판 2001.7.10., 98다38364).

정답 | ①

058 〈필수〉

행정법의 일반원칙에 관한 설명으로 가장 옳은 것은? (다툼이 있는 경우 판례에 의함)

① 「행정절차법」은 행정지도의 원칙으로 과잉금지원칙을 규정하고 있다.
② 대법원에 의하면 재량권 행사의 준칙인 규칙이 규정한 바에 따라 되풀이 시행되어 행정관행이 정착되면, 평등의 원칙이나 신뢰보호의 원칙에 따라 행정기관은 그 상대방에 대한 관계에서 그 규칙에 따라야 할 자기구속을 당하게 되고, 재량준칙은 법규로서의 대외적인 구속력을 가지게 된다고 한다.
③ 신뢰보호의 귀책사유는 선행조치의 하자가 상대방 등 관계자의 사실은폐나 기타 사위의 방법에 의한 신청행위 등 부정행위에 기인한 것을 의미하고, 그러한 부정행위가 없다면 상대방이 하자가 있음을 알았거나 중대한 과실로 알지 못한 경우 등에는 상대방 등에는 귀책사유가 없다고 할 것이다.
④ 지방의회의 감사 또는 조사를 위하여 출석요구를 받은 증인이 출석하지 않을 경우 증인의 사회적 지위에 따라 과태료의 액수에 차등을 두는 것을 내용으로 하는 조례안은 헌법에 규정된 평등의 원칙에 위배된다고 볼 수 없다.

해설

① (○) 「행정절차법」 제48조 제1항에 규정하고 있다.

> 「행정절차법」 제48조【행정지도의 원칙】 ① 행정지도는 그 목적 달성에 필요한 최소한도에 그쳐야 하며, 행정지도의 상대방의 의사에 반하여 부당하게 강요하여서는 아니 된다.

② (×) 재량준칙에 대해 대법원은 헌법재판소와 달리 직접적인 대외적 구속력을 인정하지 않았다. ❶

> 재량권 행사의 준칙인 행정규칙이 그 정한 바에 따라 되풀이 시행되어 행정관행이 이루어지게 되면 평등의 원칙이나 신뢰보호의 원칙에 따라 행정기관은 그 상대방에 대한 관계에서 그 규칙에 따라야 할 자기구속을 받게 되므로, 이러한 경우에는 특별한 사정이 없는 한 그를 위반하는 처분은 평등의 원칙이나 신뢰보호의 원칙에 위배되어 재량권을 일탈·남용한 위법한 처분이 된다(대판 2009.12.24., 2009두7967).

③ (×) 개인의 귀책사유라 함은 행정청의 견해표명의 하자가 상대방 등 관계자의 사실은폐 기타 사위의 방법에 의한 신청행위 등 부정행위에 기인한 것이거나 그러한 부정행위가 없더라도 하자가 있음을 알았거나 중대한 과실로 알지 못한 경우 등을 의미한다고 해석함이 상당하고, 귀책사유의 유무는 상대방과 그로부터 신청행위를 위임받은 수임인 등 관계자 모두를 기준으로 판단하여야 한다(대판 2008.1.17., 2006두10931).
④ (×) 조례안이 지방의회의 감사 또는 조사를 위하여 출석요구를 받은 증인이 5급 이상 공무원인지 여부, 기관(법인)의 대표나 임원인지 여부 등 증인의 사회적 신분에 따라 미리부터 과태료의 액수에 차등을 두고 있는 경우, 그와 같은 차별은 증인의 불출석이나 증언거부에 대하여 과태료를 부과하는 목적에 비추어 볼 때 그 합리성을 인정할 수 없고 지위의 높고 낮음만을 기준으로 한 부당한 차별대우라고 할 것이어서 헌법에 규정된 평등의 원칙에 위배되어 무효이다(대판 1997.2.25., 96추213).

정답 | ①

🔍 관련기출 옳은지문

- 지방의회의 조사·감사를 위해 채택된 증인의 불출석 등에 대한 과태료를 그 사회적 신분에 따라 차등 부과할 것을 규정한 조례안은 과태료를 부과하는 목적에 비추어 볼 때 그 합리성을 인정할 수 없어서 헌법에 규정된 평등의 원칙에 위배된다. 25국가직9급 변형

❶ 자기구속의 법리는 대법원과 헌법재판소 모두 인정한다.

059

행정법의 일반원칙에 대한 설명으로 옳지 않은 것은? (다툼이 있는 경우 판례에 의함)

① 법이 시행되는 날에도 종료되지 않고 계속 중인 사실에 새로운 법률을 적용하는 행위나 법률을 시행한 이후 발생한 요건사실에 대해 새로운 법률을 적용을 하는 것은 개인의 신뢰보호와 법적 안정성을 내용으로 하는 법치국가 원리에 의하여 허용되지 않는 것이 원칙이다.
② 지방자치단체의 세자녀 이상 세대 양육비 등 지원에 관한 조례안은 지방자치단체 고유의 자치사무이므로 그 제정에 있어서 반드시 법률의 개별적 위임이 따로 필요한 것은 아니다.
③ 신뢰보호의 원칙은 행정청이 공적인 견해를 표명할 당시의 사정이 그대로 유지됨을 전제로 적용되는 것이 원칙이므로, 사후에 그와 같은 사정이 변경된 경우에는 특별한 사정이 없는 한 행정청이 그 견해표명에 반하는 처분을 하더라도 신뢰보호의 원칙에 위반된다고 할 수 없다.
④ 행정청이 위법한 개발훈련과정 인정제한처분을 하여 사업주로 하여금 제때 훈련과정 인정신청을 할 수 없도록 하였음에도, 인정제한처분에 대한 취소판결 확정 후 사업주가 인정제한기간 내에 실제로 실시하였던 훈련에 관하여 비용지원신청을 한 경우에, 훈련비용지원을 거부하는 것은 신의성실의 원칙에 반하여 허용될 수 없다.

059	
기출처	예상문제
난이도	★★★
키워드	행정법의 일반원칙

해설

① 빈출 (×) 법 시행일에도 계속 중인 사안의 시작점부터 적용되는 부진정소급은 원칙적으로 허용된다.

> 소급입법은 새로운 입법으로 이미 종료된 사실관계 또는 법률관계에 작용케 하는 진정소급입법과 현재 진행 중인 사실관계 또는 법률관계에 작용케 하는 부진정소급입법으로 나눌 수 있는바, 부진정소급입법은 원칙적으로 허용되지만 소급효를 요구하는 공익상의 사유와 신뢰보호의 요청 사이의 교량과정에서 신뢰보호의 관점이 입법자의 형성권에 제한을 가하게 된다(헌재 1999.7.22., 97헌바76).

② (○) 지방자치단체의 자치사무 중 주민의 복리 증진에 관한 사무에 조례제정은 반드시 법률로부터의 개별적인 위임은 필요하지 않다는 것(포괄위임금지원칙이 적용되지 않는다)이 대법원의 입장이다.
③ 빈출 (○) 신뢰보호의 원칙은 행정청이 공적인 견해를 표명할 당시의 사정이 그대로 유지됨을 전제로 적용되는 것이 원칙이므로, 사후에 그와 같은 사정이 변경된 경우에는 그 공적 견해가 더 이상 개인에게 신뢰의 대상이 된다고 보기 어려운 만큼, 특별한 사정이 없는 한 행정청이 그 견해표명에 반하는 처분을 하더라도 신뢰보호의 원칙에 위반된다고 할 수 없다(대판 2020.6.25., 2018두34732).
④ 지엽 (○) 관할관청이 위법한 직업능력개발훈련과정 인정제한처분을 하여 사업주로 하여금 제때 훈련과정 인정신청을 할 수 없도록 하였음에도, 인정제한처분에 대한 취소판결 확정 후 사업주가 인정제한 기간 내에 실제로 실시하였던 훈련에 관하여 비용지원신청을 한 경우에, 관할 관청은 단지 해당 훈련과정에 관하여 사전에 훈련과정 인정을 받지 않았다는 이유만을 들어 훈련비용 지원을 거부할 수는 없음이 원칙이다(대판 2019.1.31., 2016두52019).

정답 | ①

060	
기출처	2024 지방직 9급
난이도	★★
키워드	행정법의 일반원칙

🔍 **관련기출 옳은지문**

• 「행정기본법」에 의하면 행정청은 권한 행사의 기회가 있음에도 불구하고 장기간 권한을 행사하지 아니하여 국민이 그 권한이 행사되지 아니할 것으로 믿을 만한 정당한 사유가 있는 경우에는, 공익 또는 제3자의 이익을 현저히 해칠 우려가 있는 경우를 제외하고는 그 권한을 행사해서는 아니 된다.

23국가직7급

060 〈필수〉

신뢰보호의 원칙에 대한 설명으로 옳지 않은 것은?

① 행정청의 공적 견해의 표명 후 그 견해표명 당시의 사정이 변경된 경우에도 행정청이 공적 견해표명에 반하는 처분을 하는 경우에는 특별한 사정이 없는 한 신뢰보호의 원칙에 위반된다.

② 신뢰보호의 원칙에서 개인의 귀책사유라 함은 행정청의 견해표명의 하자가 상대방 등 관계자의 사실은폐나 기타 사위의 방법에 의한 신청행위 등 부정행위에 기인한 것이거나 그러한 부정행위가 없더라도 하자가 있음을 알았거나 중대한 과실로 알지 못한 경우 등을 의미한다.

③ 행정청의 공적 견해표명이 있었는지 여부를 판단함에 있어서는, 반드시 행정조직상의 형식적인 권한분장에 구애될 것은 아니고, 담당자의 조직상의 지위와 임무, 당해 언동을 하게 된 구체적인 경위 및 그에 대한 상대방의 신뢰가능성에 비추어 실질에 의하여 판단하여야 한다.

④ 행정청은 권한 행사의 기회가 있음에도 불구하고 장기간 권한을 행사하지 아니하여 국민이 그 권한이 행사되지 아니할 것으로 믿을 만한 정당한 사유가 있는 경우에는 그 권한을 행사해서는 아니 되지만, 공익 또는 제3자의 이익을 현저히 해칠 우려가 있는 경우는 예외이다.

해설

① **빈출** (×) 신뢰보호의 원칙은 행정청이 공적인 견해를 표명할 당시의 사정이 그대로 유지됨을 전제로 적용되는 것이 원칙이므로, 사후에 그와 같은 사정이 변경된 경우에는 그 공적 견해가 더 이상 개인에게 신뢰의 대상이 된다고 보기 어려운 만큼, 특별한 사정이 없는 한 행정청이 그 견해표명에 반하는 처분을 하더라도 신뢰보호의 원칙에 위반된다고 할 수 없다(대판 2020.6.25., 2018두34732).

② **빈출** (○) 귀책사유라 함은 행정청의 견해표명의 하자가 상대방 등 관계자의 사실은폐나 기타 사위의 방법에 의한 신청행위 등 부정행위에 기인한 것이거나 그러한 부정행위가 없다고 하더라도 하자가 있음을 알았거나 중대한 과실로 알지 못한 경우 등을 의미한다고 해석함이 상당하고, 귀책사유의 유무는 상대방과 그로부터 신청행위를 위임받은 수임인 등 관계자 모두를 기준으로 판단하여야 한다(대판 2002.11.8., 2001두1512).

③ **빈출** (○) 행정청의 공적 견해표명이 있었는지의 여부를 판단함에 있어서는, 반드시 행정조직상의 형식적인 권한분장에 구애될 것은 아니고, 담당자의 조직상의 지위와 임무, 당해 언동을 하게 된 구체적인 경위 및 그에 대한 상대방의 신뢰가능성에 비추어 실질에 의하여 판단하여야 한다(대판 2008.1.17., 2006두10931).

④ **빈출** (○) 「행정기본법」 제12조 제2항

> 「행정기본법」 제12조 【신뢰보호의 원칙】 ① 행정청은 공익 또는 제3자의 이익을 현저히 해칠 우려가 있는 경우를 제외하고는 행정에 대한 국민의 정당하고 합리적인 신뢰를 보호하여야 한다.
> ② 행정청은 권한 행사의 기회가 있음에도 불구하고 장기간 권한을 행사하지 아니하여 국민이 그 권한이 행사되지 아니할 것으로 믿을 만한 정당한 사유가 있는 경우에는 그 권한을 행사해서는 아니 된다. 다만, 공익 또는 제3자의 이익을 현저히 해칠 우려가 있는 경우는 예외로 한다.

고득점 플러스+ 실권에 대한 대법원의 입장

실권 또는 실효의 법리는 법의 일반원리인 신의성실의 원칙에 바탕을 둔 파생원칙인 것이므로 공법관계 가운데 관리관계는 물론이고 권력관계에도 적용되어야 함을 배제할 수는 없다 하겠으나 그것은 본래 권리행사의 기회가 있음에도 불구하고 권리자가 장기간에 걸쳐 그의 권리를 행사하지 아니하였기 때문에 의무자인 상대방은 이미 그의 권리를 행사하지 아니할 것으로 믿을 만한 정당한 사유가 있게 되거나 행사하지 아니할 것으로 추인케 할 경우에 새삼스럽게 그 권리를 행사하는 것이 신의성실의 원칙에 반하는 결과가 될 때 그 권리행사를 허용하지 않는 것을 의미한다(대판 1988.4.27., 87누915).

정답 | ①

061 〈필수〉

행정법의 일반원칙에 대한 설명으로 옳은 것은? (다툼이 있는 경우 판례에 의함)

① 비례의 원칙은 행정에만 적용되는 원칙이므로 입법에서는 적용될 여지가 없다.
② 신뢰보호의 원칙이 적용되기 위한 요건인 행정권의 행사에 관하여 신뢰를 주는 선행조치가 되기 위해서는 반드시 처분청 자신의 적극적인 언동이 있어야만 한다.
③ 동일한 사항을 다르게 취급하는 것은 합리적 이유가 없는 차별이므로, 같은 정도의 비위를 저지른 자들은 비록 개전의 정이 있는지 여부에 차이가 있다고 하더라도 징계 종류의 선택과 양정에 있어 동일하게 취급받아야 한다.
④ 재량권 행사의 준칙인 행정규칙이 그 정한 바에 따라 되풀이 시행되어 행정관행이 이루어지게 되면 평등의 원칙이나 신뢰보호의 원칙에 따라 행정기관은 그 상대방에 대한 관계에서 그 규칙에 따라야 할 자기구속을 받게 된다.

061	
기출처	2020 지방직 9급
난이도	★★
키워드	행정법의 일반원칙

🔍 관련기출 옳은지문
- 같은 정도의 비위를 저지른 자들임에도 불구하고 그 직무의 특성 등에 비추어 개전의 정이 있는지 여부에 따라 징계 종류의 선택과 양정에서 다르게 취급하는 것은 평등의 원칙에 반하지 않는다.
  20군무원7급

해설

① 지엽 (×) 비례의 원칙은 모든 국가영역에 적용된다.
② (×) 처분청 자신의 공적 견해가 아니라도 실질적으로 신뢰를 형성할 수 있는 지위 등에 있으면 된다.
③ (×) 평등은 합리적 차별을 하는 것이다. 따라서 동일한 비위를 저질렀다고 해도 비위 정도 등에 따라 징계 종류는 달리 취급된다.

> 같은 정도의 비위를 저지른 자들 사이에 있어서도 그 직무의 특성 등에 비추어, 개전의 정이 있는지 여부에 따라 징계의 종류의 선택과 양정에 있어서 차별적으로 취급하는 것은, 사안의 성질에 따른 합리적 차별로서 이를 자의적 취급이라고 할 수 없는 것이어서 평등원칙 내지 형평에 반하지 아니한다(대판 1999.8.20., 99두2611).

④ 빈출 (○) 재량준칙에 대한 자기구속의 법리를 말한다(대판 2009.12.24., 2009두7967).

정답 | ④

062

신뢰보호의 원칙에 관한 설명으로 옳은 것은? (다툼이 있는 경우 판례에 의함)

①「행정절차법」은 처분의 방식으로 문서주의를 표방하고 있으므로, 행정청의 공적 견해 표명은 묵시적으로 표시되어서는 안 된다.
② 신뢰보호의 원칙은 공익 또는 제3자의 정당한 이익을 현저히 해칠 우려가 있는 경우에도 부정되어야 하는 것은 아니다.
③ 실권의 법리는 법의 일반원리인 신의성실의 원칙에 바탕을 둔 파생원칙이므로 권력관계에는 적용되지 않는다.
④ 병무청 담당부서의 담당공무원에게 공적 견해의 표명을 구하는 정식의 서면질의 등을 하지 아니한 채 총무과 민원팀장에 불과한 공무원이 민원봉사 차원에서 상담에 응하여 안내한 것을 신뢰한 경우, 신뢰보호의 원칙이 적용되지 아니한다.

062	
기출처	2023 소방직
난이도	★★
키워드	행정법의 일반원칙

해설

① (×) 행정청의 공적 견해는 명시적·묵시적으로 가능하다.
② (×) 신뢰보호는 공익이나 제3자의 정당한 이익을 현저히 해칠 우려가 있는 경우에는 제한될 수 있다(「행정절차법」 제4조 제2항, 「행정기본법」 제12조 제1항).
③ (×) 실권의 법리는 권력관계나 관리관계에 모두 적용되는 법리이다.
④ 빈출 (○) 병무청 총무과 민원팀장의 민원봉사 차원의 안내는 공적 견해표명이 아니므로, 신뢰의 원칙이 적용되지 않는다.

정답 | ④

063

기출처	2025 소방직
난이도	★★★
키워드	행정법의 일반원칙

〈보기〉의 사례에 관한 설명으로 옳은 것은? (다툼이 있는 경우에 판례에 의함)

― 보기 ―

갑(甲)이 동성(同性)인 을(乙)과 교제하다가 서로를 동반자로 삼아 함께 생활하기로 합의하고 동거하던 중 결혼식을 올린 뒤 국민건강보험공단에 건강보험 직장가입자인 을(乙)의 '사실혼 배우자'로 피부양자 자격취득 신고를 하자, 국민건강보험공단은 「국민건강보험법」 제5조 제2항 제1호의 '배우자'를 "자격관리업무지침"에 따라 '사실상 혼인관계에 있는 사람'도 인우보증서*를 제출할 것을 조건으로 피부양자에 포함하는 것으로 해석·적용하여 갑(甲)을 피부양자로 등록하였다. 그런데, 이 사실이 언론에 보도되자 국민건강보험공단은 갑(甲)을 피부양자로 등록한 것이 '착오처리'였다며 별도의 사전통지 없이 갑(甲)의 피부양자 자격을 소급하여 상실시키고 지역가입자로 갑(甲)의 자격을 변경한 후 그동안의 지역가입자로서의 건강보험료 등을 납입할 것을 고지하였다.

* 인우보증서: 가까운 관계에 있는 사람이 특정 사실에 대하여 증명하기 위해 기록하는 서류

① 국민건강보험공단은 사회보장제도인 건강보험의 보험자로서 가입자와 피부양자의 자격관리 등의 업무를 집행하는 공익법인으로서 기본권 보장의 수범자로서의 지위를 갖는다고 할 수 있으나, 공권력을 행사하는 주체로서의 지위까지 갖는 것은 아니다.

② '배우자'를 피보험자로 정한 법률 규정을 국민건강보험공단이 내부준칙에 따라 '사실혼 관계에 있는 사람'도 피부양자에 포함한 것은 위법한 해석·적용이다.

③ 국민건강보험공단이 직장가입자와 사실상 혼인관계에 있는 사람, 즉 이성(異性) 동반자와 달리 동성(同性) 동반자인 갑(甲)을 피부양자로 인정하지 않고 처분을 한 것은 헌법상 평등원칙 위반에 해당한다.

④ 갑(甲)의 피부양자 자격을 소급하여 상실시킨 처분은 「행정절차법」에 따른 사전통지 대상에 해당하므로 국민건강보험공단이 그 처분에 앞서 갑(甲)에게 그 사실을 통지하거나 의견제출 기회를 주지 않은 것은 실체적 하자로써 위법하다.

해설

① 신규 (×) 공사와 공단은 행정목적을 위해 설립된 법인으로서 국가의 행정을 간접적으로 행사하는 공공단체이다. 따라서 행정주체에 해당한다.

> 국가와 지방자치단체는 국가 발전수준에 부응하고 사회환경의 변화에 선제적으로 대응하며 지속가능한 사회보장제도를 확립하고 매년 이에 필요한 재원을 조달하여야 하고(「사회보장기본법」 제5조 제3항), 사회보장제도의 급여 수준과 비용 부담 등에서 형평성을 유지할 의무가 있다(동법 제25조 제2항). 사회보장제도인 건강보험의 보험자로서 가입자와 피부양자의 자격 관리 등의 업무를 집행하는 특수공익법인인 피고는 공권력을 행사하는 주체이자 기본권 보장의 수범자로서의 지위를 갖는다(대판 2024.7.18., 2023두36800).

② (×) 행정청이 내부준칙을 제정하여 그에 따라 장기간 일정한 방향으로 행정행위를 함으로써 행정관행이 확립된 경우, 그러한 내부준칙이나 확립된 행정관행을 통한 행정행위에 대해서도 헌법상 평등원칙이 적용된다(대판 2024.7.18., 2023두36800).

③ 신규 (○) 사실상 혼인관계 있는 사람 집단에 대하여는 국민건강보험 피부양자 자격을 인정하면서도, 동성 동반자 집단에 대해서는 피부양자 자격을 인정하지 않은 것이 합리적 이유 없이 원고에게 불이익을 주어 그를 사실상 혼인관계에 있는 사람과 차별하는 것으로 헌법상 평등원칙을 위반한다(대판 2024.7.18., 2023두36800).

④ 신규 (×) 위 처분은 국민건강보험공단의 자격변경 처리에 따라 갑(甲)의 피부양자 자격을 소급하여 박탈하는 내용을 포함하므로, 국민건강보험공단이 위 처분에 앞서 갑(甲)에게 「행정절차법」 제21조 제1항에 따라 사전통지를 하거나 의견제출의 기회를 주어야 함에도 이를 하지 않은 절차적 하자가 있다(대판 2024.7.18., 2023두36800).

정답 | ③

064

신뢰보호의 원칙에 관한 내용 중 옳은 것은? (다툼이 있는 경우 판례에 의함)

① 충전소 설치예정지로부터 100m 내에 있는 건물주의 동의를 모두 얻지 못하였음에도 불구하고 이를 갖춘 양 허가신청을 하여 그 허가를 받아낸 경우에 당사자는 처분에 의한 이익이 위법하게 취득되었음을 알아 그 취소가능성을 능히 예상하고 있었다고 보아야 할 것이므로 수익적 행정행위인 액화석유가스충전사업허가취소처분에 위법이 없다.
② 헌법재판소의 위헌결정은 신뢰보호원칙의 적용요건 중 하나인 공적 견해표명에 해당한다.
③ 행정청이 지구단위계획을 수립하면서 그 권장용도를 판매·위락·숙박시설로 결정하여 고시한 행위는 당해 지구 내에서는 언제든지 숙박시설에 대한 건축허가가 가능하다는 공적 견해를 표명한 것이다.
④ 구 문화관광부장관(현 문화체육관광부장관)이 지방자치단체장에게 한 사업승인가능성에 대한 회신은 사업 신청자인 민원인에 대한 공적 견해표명이다.

064	
기출처	예상문제
난이도	★
키워드	행정법의 일반원칙

해설

① (○) 대판 1992.5.8., 91누13274
② (×) 헌법재판소의 위헌결정은 신뢰보호원칙의 요건인 구체적인 공적 견해에 해당하지 않는다.

> 헌법재판소의 위헌결정은 행정청이 개인에 대하여 신뢰의 대상이 되는 공적인 견해를 표명한 것이라고 할 수 없으므로, 그 결정에 관련한 개인의 행위에 대하여는 신뢰보호의 원칙이 적용되지 아니한다(대판 2003.6.27., 2002두6965).

③ (×) 행정청이 지구단위계획을 수립하면서 그 권장용도를 판매·위락·숙박시설로 결정하여 고시한 행위를 당해 지구 내에서는 공익과 무관하게 언제든지 숙박시설에 대한 건축허가가 가능하리라는 공적 견해를 표명한 것이라고 평가할 수는 없다(대판 2005.11.25., 2004두6822).
④ (×) 「관광숙박시설지원 등에 관한 특별법」의 유효기간까지 관광호텔업 사업계획 승인신청을 한 경우에는 그 유효기간이 경과한 이후에도 특별법을 적용할 수 있다는 내용의 구 문화관광부장관(현 문화체육관광부장관)의 지방자치단체장에 대한 회신내용을 담당공무원이 알려주었다는 사정만으로 위 지방자치단체장의 공적인 견해표명이 있었다고 보기 어렵다(대판 2006.4.28., 2005두9644).

정답 | ①

065

행정법의 일반원칙에 대한 설명으로 옳지 않은 것만을 모두 고른 것은? (다툼이 있는 경우 판례에 의함)

> ㄱ. 법규에 명문의 근거가 없는 경우에 환경보전을 이유로 산림훼손허가를 거부하는 것은 비례원칙에 반하지 않는다.
> ㄴ. 청원경찰의 인원감축을 위하여 초등학교 졸업 이하 학력소지자 집단과 중학교 중퇴 이상 학력소지자 집단으로 나누어 각 집단별로 같은 감원비율의 인원을 선정한 것은 위법한 재량권 행사이다.
> ㄷ. 주택사업계획을 승인하면서 입주민이 이용하는 진입도로의 개설 및 확장과 이의 기부채납의무를 부담으로 부과하는 것은 부당결부금지의 원칙에 반한다.
> ㄹ. 건축설계를 위임받은 건축사가 건축한계선의 제한이 있다는 사실을 간과한 채 건축설계를 하고 이를 토대로 건축물의 신축허가를 받은 경우, 신축허가에 대한 건축주의 신뢰는 보호되어야 한다.

① ㄱ, ㄴ ② ㄴ, ㄷ ③ ㄷ, ㄹ ④ ㄱ, ㄹ

해설

ㄱ. **빈출** (○) 산림훼손허가는 법령에 근거가 없더라도 거부할 수 있다는 것이 대법원의 입장이다.

> [1] 산림훼손은 국토 및 자연의 유지와 수질 등 환경의 보전에 직접적으로 영향을 미치는 행위이므로, 법령이 규정하는 산림훼손 금지 또는 제한 지역에 해당하는 경우는 물론 금지 또는 제한 지역에 해당하지 않더라도 허가관청은 산림훼손허가신청 대상토지의 현상과 위치 및 주위의 상황 등을 고려하여 국토 및 자연의 유지와 환경의 보전 등 중대한 공익상 필요가 있다고 인정될 때에는 허가를 거부할 수 있고, 그 경우 법규에 명문의 근거가 없더라도 거부처분을 할 수 있다.
> [2] 산림의 형질변경을 수반하는 공장의 설립에 대하여 그 형질변경이 중대한 공익상의 필요에 위배됨을 이유로 공장설립승인신청을 거부한 행정청의 처분이 재량권의 일탈·남용에 해당하지 않는다(대판 2003.3.28., 2002두12113).

ㄴ. **빈출** (○) 구 행정자치부(현 행정안전부)의 지방조직 개편지침의 일환으로 청원경찰의 인원감축을 위한 면직처분대상자를 선정함에 있어서 초등학교 졸업 이하 학력소지자 집단과 중학교 중퇴 이상 학력소지자 집단으로 나누어 각 집단별로 같은 감원비율 상당의 인원을 선정한 것은 합리성과 공정성을 결여하고, 평등의 원칙에 위배하여 그 하자가 중대하다 할 것이나, 그렇게 한 이유가 시험문제 출제 수준이 중학교 학력 수준이어서 초등학교 졸업 이하 학력소지자에게 상대적으로 불리할 것이라는 판단 아래 이를 보완하기 위한 것이었으므로 그 하자가 객관적으로 명백하다고 보기는 어렵다(대판 2002.2.8., 2000두4057).

ㄷ. (×) 65세대의 공동주택을 건설하려는 사업주체(지역주택조합)에게 「주택건설촉진법」 제33조에 의한 주택건설사업계획의 승인처분을 함에 있어 그 주택단지의 진입도로 부지의 소유권을 확보하여 진입도로 등 간선시설을 설치하고 그 부지 소유권 등을 기부채납하며 그 주택건설사업 시행에 따라 폐쇄되는 인근 주민들의 기존 통행로를 대체하는 통행로를 설치하고 그 부지 일부를 기부채납하도록 조건을 붙인 경우, 「주택건설촉진법」과 같은 법 시행령 및 주택건설 기준 등에 관한 규정 등 관련 법령의 관계 규정에 의하면 그와 같은 조건을 붙였다 하여도 다른 특별한 사정이 없는 한 필요한 범위를 넘어 과중한 부담을 지우는 것으로서 형평의 원칙 등에 위배되는 위법한 부관이라 할 수 없다(대판 1997.3.14., 96누16698).

ㄹ. (×) 신뢰보호의 요건에서 귀책사유 유무의 판단은 처분의 상대방에 한정되는 것이 아니며, 위임이나 위탁이 있었다면 수임자나 수탁자의 행위도 판단대상이 된다.

> 건축주와 그로부터 건축설계를 위임받은 건축사가 상세계획지침에 의한 건축한계선의 제한이 있다는 사실을 간과한 채 건축설계를 하고 이를 토대로 건축물의 신축 및 증축허가를 받은 경우, 그 신축 및 증축허가가 정당하다고 신뢰한 데에 귀책사유가 있다(대판 2002.11.8., 2001두1512).

정답 | ③

066

신뢰보호의 원칙에 대한 설명으로 옳지 않은 것은? (다툼이 있는 경우 판례에 의함)

① 「개발이익 환수에 관한 법률」에 정한 개발사업을 시행하기 전에, 행정청이 민원예비심사에 대하여 관련 부서 의견으로 '저촉사항 없음'이라고 기재한 것은 공적인 견해표명에 해당한다.
② 행정청이 공적 견해를 표명하였는지를 판단할 때는 반드시 행정조직상의 형식적인 권한분장에 구애될 것은 아니다.
③ 행정청은 공익 또는 제3자의 이익을 현저히 해칠 우려가 있는 경우를 제외하고는 행정에 대한 국민의 정당하고 합리적인 신뢰를 보호하여야 한다.
④ 신뢰보호의 원칙이 적용되기 위한 요건 중 귀책사유의 유무는 상대방과 그로부터 신청행위를 위임받은 수임인 등 관계자 모두를 기준으로 판단하여야 한다.

066	
기출처	2021 국가직 7급
난이도	★★
키워드	행정법의 일반원칙

해설

① (×) 민원예비심사에서의 기재사항은 공적 견해로 인정할 수 없다는 것이 대법원의 입장이다.

> 「개발이익 환수에 관한 법률」에 정한 개발사업을 시행하기 전에, 행정청이 민원예비심사에 대하여 관련 부서 의견으로 '저촉사항 없음'이라고 기재하였다고 하더라도, 이후의 개발부담금 부과처분에 관하여 신뢰보호의 원칙을 적용하기 위한 요건인, 신뢰의 대상이 되는 공적인 견해표명을 한 것이라고는 보기 어렵다(대판 2006.6.9., 2004두46).

고득점 플러스+ 신뢰보호의 요건과 관련된 판례

> 일반적으로 행정상의 법률관계에 있어서 행정청의 행위에 대하여 신뢰보호의 원칙이 적용되기 위하여는, 첫째 행정청이 개인에 대하여 신뢰의 대상이 되는 공적인 견해표명을 하여야 하고, 둘째 행정청의 견해표명이 정당하다고 신뢰한 데에 대하여 그 개인에게 귀책사유가 없어야 하며, 셋째 그 개인이 그 견해표명을 신뢰하고 이에 어떠한 행위를 하였어야 하고, 넷째 행정청이 위 견해표명에 반하는 처분을 함으로써 그 견해표명을 신뢰한 개인의 이익이 침해되는 결과가 초래되어야 하며, 이러한 요건을 충족할 때에는 행정청의 처분은 신뢰보호의 원칙에 반하는 행위로서 위법하게 된다고 할 것이고, 또한 위 요건의 하나인 행정청의 공적 견해표명이 있었는지의 여부를 판단하는 데 있어 반드시 행정조직상의 형식적인 권한분장에 구애될 것은 아니고 담당자의 조직상의 지위와 임무, 당해 언동을 하게 된 구체적인 경위 및 그에 대한 상대방의 신뢰가능성에 비추어 실질에 의하여 판단하여야 한다(대판 1997.9.12., 96누18380).

정답 | ①

067 〈필수〉

신뢰보호원칙에 대한 설명으로 옳지 않은 것은? (다툼이 있는 경우 판례에 의함)

① 건축허가신청 후 건축허가기준에 관한 관계 법령 및 조례의 규정이 신청인에게 불리하게 개정된 경우, 당사자의 신뢰를 보호하기 위해 처분시가 아닌 신청시 법령에서 정한 기준에 의하여 건축허가 여부를 결정하는 것이 원칙이다.
② 「행정절차법」과 「국세기본법」에서는 법령 등의 해석 또는 행정청의 관행이 일반적으로 국민에게 받아들여졌을 때와 관련하여 신뢰보호의 원칙을 규정하고 있다.
③ 신뢰보호원칙에서 행정청의 견해표명이 정당하다고 신뢰한 데에 대한 개인의 귀책사유의 유무는 상대방뿐만 아니라 그로부터 신청행위를 위임받은 수임인 등 관계자 모두를 기준으로 판단하여야 한다.
④ 서울지방병무청 총무과 민원팀장이 국외영주권을 취득한 사람의 상담에 응하여 법령의 내용을 숙지하지 못한 채 민원봉사 차원에서 현역입영대상자가 아니라고 답변하였다면 그것이 서울지방병무청장의 공적인 견해표명이라 할 수 없다.

해설

① **빈출** (×) 허가를 신청한 시점의 법령과 처분시 법령이 법령의 개정으로 변경된 경우, 허가처분의 기준시점은 처분시 법령이다.

> 행정처분은 원칙으로 처분시의 법령에 준거하여 행하여져야 하는 것이므로 법령의 개정에 의하여 허가기준이 변경된 경우에는 그 법령에 특단의 정함이 없는 한 신청시의 법령에 의할 것이 아니고 처분시의 개정법령에 의하여 변경된 새로운 허가기준이 적용되어야 할 것임이 당연하다 할 것이다(대판 1984.5.22., 84누77).

② (○) 「행정절차법」 제4조, 「국세기본법」 제18조
③ (○) 대판 2002.11.8., 2001두1512
④ (○) 대판 2003.12.26., 2003두1875

정답 | ①

068

행정법의 일반원칙에 관한 판례 중 옳지 않은 것은? (다툼이 있는 경우 판례에 의함)

① 행정청이 상대방에게 장차 어떤 처분을 하겠다고 공적인 의사표명을 하였다고 하더라도, 후에 사실적·법률적 상태가 변경되었다면, 그와 같은 공적인 의사표명은 행정청의 별다른 의사표시를 기다리지 않고 실효된다.
② 도시계획구역 내 생산녹지로 답(畓)인 토지에 대하여 종교회관 건립을 이용목적으로 하는 토지거래계약의 허가를 받으면서 담당공무원이 관련 법규상 허용된다 하여 이를 신뢰하고 건축준비를 하였으나 그 후 다른 사유를 들어 토지형질변경허가신청을 불허가한 것은 신뢰보호원칙에 반하지 않는다.
③ 경찰관이 난동을 부리는 범인을 검거하기 위하여 가스총을 사용할 경우에는 최소한의 안전수칙을 준수함으로써 장비사용으로 인한 사고발생을 미리 막아야 할 주의의무가 있다.
④ 제1종 대형면허의 취소에는 당연히 제1종 보통면허 소지자가 운전할 수 있는 차량의 운전까지 금지하는 취지가 포함된 것이어서 제1종 대형면허로 운전할 수 있는 차량을 음주운전하거나 그 제재를 위한 음주측정의 요구를 거부한 경우에는 그와 관련된 제1종 보통면허까지 취소할 수 있다.

해설

② (×) 종교법인이 도시계획구역 내 생산녹지로 답인 토지에 대하여 종교회관 건립을 이용목적으로 하는 토지거래계약의 허가를 받으면서 담당공무원이 관련 법규상 허용된다 하여 이를 신뢰하고 건축준비를 하였으나 그 후 당해 지방자치단체장이 다른 사유를 들어 토지형질변경허가신청을 불허가한 것이 신뢰보호원칙에 반한다(대판 1997.9.12., 96누18380).

③ (○) 경찰관은 범인의 체포 또는 도주의 방지, 타인 또는 경찰관의 생명·신체에 대한 방호, 공무집행에 대한 항거의 억제를 위하여 필요한 때에는 최소한의 범위 안에서 가스총을 사용할 수 있으나, 가스총은 통상의 용법대로 사용하는 경우 사람의 생명 또는 신체에 위해를 가할 수 있는 이른바 위해성 장비로서 그 탄환은 고무마개로 막혀 있어 사람에게 근접하여 발사하는 경우에는 고무마개가 가스와 함께 발사되어 인체에 위해를 가할 가능성이 있으므로, 이를 사용하는 경찰관으로서는 인체에 대한 위해를 방지하기 위하여 상대방과 근접한 거리에서 상대방의 얼굴을 향하여 이를 발사하지 않는 등 가스총 사용시 요구되는 최소한의 안전수칙을 준수함으로써 장비 사용으로 인한 사고 발생을 미리 막아야 할 주의의무가 있다(대판 2003.3.14., 2002다57218).

④ (○) 제1종 대형면허 소지자는 제1종 보통면허 소지자가 운전할 수 있는 차량을 모두 운전할 수 있는 것으로 규정하고 있어, 제1종 대형면허의 취소에는 당연히 제1종 보통면허 소지자가 운전할 수 있는 차량의 운전까지 금지하는 취지가 포함된 것이어서 이들 차량의 운전면허는 서로 관련된 것이라고 할 것이므로, 제1종 대형면허로 운전할 수 있는 차량을 음주운전하거나 그 제재를 위한 음주측정의 요구를 거부한 경우에는 그와 관련된 제1종 보통면허까지 취소할 수 있다(대판 1997.2.28., 96누17578).

정답 | ②

04 행정법의 효력

069 필수

행정법의 효력에 대한 설명으로 옳지 않은 것은?

① 조례와 규칙은 특별한 규정이 없으면 공포한 날부터 20일이 경과함으로써 효력을 발생한다.
② 행정법령은 특별한 규정이 없는 한 시행일로부터 장래에 향하여 효력을 발생하는 것이 원칙이다.
③ 법령을 소급적용하더라도 일반국민의 이해에 직접 관계가 없는 경우에는 법령의 소급적용이 허용된다.
④ 법률불소급의 원칙은 그 법률의 효력발생 전에 완성된 요건 사실뿐만 아니라 계속 중인 사실이나 그 이후에 발생한 요건 사실에 대해서도 그 법률을 소급적용할 수 없다.

해설

④ 빈출 (×) 법률불소급의 원칙은 법 시행일 이전에 이미 완성된 사실에 새로운 법을 적용할 수 없다는 의미일 뿐이며, 법 시행일에도 종결되지 않고 진행 중인 사안이나 법 시행일 이후에 발생한 사안에 새로운 법을 적용하지 못한다는 뜻은 아니다.

> 법령불소급의 원칙은 법령의 효력발생 전에 완성된 요건 사실에 대하여 당해 법령을 적용할 수 없다는 의미일 뿐, 계속 중인 사실이나 그 이후에 발생한 요건 사실에 대한 법령적용까지를 제한하는 것은 아니다(대판 2014.4.24., 2013두26552).

정답 | ④

069
- 기출처: 2021 군무원 9급
- 난이도: ★★
- 키워드: 행정법의 효력

관련기출 옳은지문

• 법률불소급의 원칙은 그 법률의 효력발생 전에 완성된 요건사실에 대하여 그 법률을 적용할 수 없다는 의미일 뿐, 계속 중인 사실이나 그 이후에 발생한 요건사실에 대한 법률적용까지를 제한하는 것은 아니다.
25소방직

• 신뢰보호의 요청에 우선하는 심히 중대한 공익상의 사유가 소급입법을 정당화하는 경우 등에는 예외적으로 진정소급입법이 허용된다.
14국가직9급

• 개인의 신뢰보호의 요청에 우선하는 심히 중대한 공익상의 사유가 소급입법을 정당화하는 경우에는 예외적으로 진정소급입법이 허용된다.
16교육행정직

070	
기출처	2023 국회직 9급
난이도	★★★
키워드	행정법의 효력

070 필수

행정법의 효력에 대한 설명으로 옳은 것만을 〈보기〉에서 모두 고르면?

─┤ 보기 ├─
ㄱ. 「국회법」 제98조 제3항 전단에 따라 하는 국회의장의 법률 공포는 서울특별시에서 발행되는 하나 이상의 일간신문에 게재함으로써 한다.
ㄴ. 속지주의원칙에 의거하여 행정법규는 당해 지역 안에 있는 모든 자에게 적용되므로 자연인·법인·내국인뿐만 아니라 외교 특권을 가진 외국인도 국내 행정법규의 적용을 받는다.
ㄷ. 대통령령, 총리령 및 부령은 특별한 규정이 없으면 공포한 날부터 20일이 경과함으로써 효력을 발생한다.

① ㄱ ② ㄴ ③ ㄷ
④ ㄱ, ㄷ ⑤ ㄴ, ㄷ

해설

ㄱ. (×) 「국회법」 제98조 제3항 전단에 따라 하는 국회의장의 법률 공포는 서울특별시에서 발행되는 <u>둘 이상의 일간신문</u>에 게재함으로써 한다(「법령 등 공포에 관한 법률」 제11조 제2항).

고득점 플러스+
- 법률 공포
  - 대통령의 법률 공포: 관보
  - 국회의장의 법률 공포: 서울시에서 발행되는 둘 이상의 일간신문
- 조례 공포
  - 지방자치단체장의 조례 공포: 공보
  - 지방의회의장의 조례 공포: 공보 또는 게시판 또는 일간신문

ㄴ. 지엽 (×) 속지주의의 예외로서 외국원수, 외국대사, 외교사절단, UN직원, 한미행정협정에 따른 외국군대 등이 있다.

ㄷ. (○) 대통령령, 총리령 및 부령은 특별한 규정이 없으면 공포한 날부터 20일이 경과함으로써 효력을 발생한다(「법령 등 공포에 관한 법률」 제13조).

정답 | ③

071 필수

다음 중 행정법의 효력에 대한 설명으로 가장 옳지 않은 것은?

① 행정법령의 시행일을 정하지 않은 경우에는 공포한 날부터 20일이 경과함으로써 효력을 발생하는데, 이 경우 공포한 날을 첫날에 산입하지 아니하고 기간의 말일이 토요일 또는 공휴일인 때에는 그 말일의 다음 날로 기간이 만료한다.
② 법령을 소급적용하더라도 일반 국민의 이해에 직접 관계가 없는 경우, 오히려 그 이익을 증진하는 경우, 불이익이나 고통을 제거하는 경우 등의 특별한 사정이 있는 경우에 한하여 예외적으로 법령의 소급적용이 허용된다.
③ 신청에 따른 처분은 신청 후 법령이 개정된 경우라도 법령 등에 특별한 규정이 있거나 처분 당시의 법령을 적용하기 곤란한 특별한 사정이 있는 경우를 제외하고는 개정된 법령을 적용한다.
④ 법령상 허가를 받아야만 가능한 행위가 법령개정으로 허가 없이 할 수 있게 되었다 하더라도 개정의 이유가 사정의 변천에 따른 규제 범위의 합리적 조정의 필요에 따른 것이라면 개정 전 허가를 받지 않고 한 행위에 대해 개정 전 법령에 따라 처벌할 수 있다.

071	① ② ③
기출처	2022 군무원 9급
난이도	★★★
키워드	행정법의 효력

해설

① 빈출 (×) 기간의 말일이 토요일 또는 공휴일인 경우에는 그 말일로 만료된다.

「행정기본법」 제7조 【법령 등 시행일의 기간 계산】 법령 등(훈령·예규·고시·지침 등은 고시·공고 등의 방법으로 발령한 날을 말한다. 이하 이 조에서 같다)의 시행일을 정하거나 계산할 때에는 다음 각 호의 기준에 따른다.
 1. 법령 등을 공포한 날(훈령·예규·고시·지침 등은 고시·공고 등의 방법으로 발령한 날을 말한다. 이하 이 조에서 같다)부터 시행하는 경우에는 공포한 날을 시행일로 한다.
 2. 법령 등을 공포한 날부터 일정 기간이 경과한 날부터 시행하는 경우 법령 등을 공포한 날을 첫날에 산입하지 아니한다.
 3. 법령 등을 공포한 날부터 일정 기간이 경과한 날부터 시행하는 경우 그 기간의 말일이 토요일 또는 공휴일인 때에는 그 말일로 기간이 만료한다.

② 빈출 (○) 법령의 소급적용, 특히 행정법규의 소급적용은 일반적으로는 법치주의의 원리에 반하고, 개인의 권리·자유에 부당한 침해를 가하며, 법률생활의 안정을 위협하는 것이어서, 이를 인정하지 않는 것이 원칙이고(법률불소급의 원칙 또는 행정법규불소급의 원칙), 다만 법령을 소급적용하더라도 일반 국민의 이해에 직접 관계가 없는 경우, 오히려 그 이익을 증진하는 경우, 불이익이나 고통을 제거하는 경우 등의 특별한 사정이 있는 경우에 한하여 예외적으로 법령의 소급적용이 허용된다(대판 2005.5.13., 2004다8630).

③ 빈출 (○) 신청에 의한 처분은 특별한 사정이 있는 경우를 제외하고는 처분 당시의 법령에 의한다.

「행정기본법」 제14조 【법 적용의 기준】 ① 새로운 법령 등은 법령 등에 특별한 규정이 있는 경우를 제외하고는 그 법령 등의 효력 발생 전에 완성되거나 종결된 사실관계 또는 법률관계에 대해서는 적용되지 아니한다.
 ② 당사자의 신청에 따른 처분은 법령 등에 특별한 규정이 있거나 처분 당시의 법령 등을 적용하기 곤란한 특별한 사정이 있는 경우를 제외하고는 처분 당시의 법령 등에 따른다.

④ (○) 법령이 개정되기 이전의 법에 따라 행해진 위법은 법령이 개정되어 위법하지 않은 것이 되었다고 해도 개정 전의 법령에 따라 처벌이 가능하다.

이와 같이 종전에 허가를 받거나 신고를 하여야만 할 수 있던 행위의 일부를 허가나 신고 없이 할 수 있도록 법령이 개정되었다 하더라도 이는 법률 이념의 변천으로 과거에 범죄로서 처벌하던 일부 행위에 대한 처벌 자체가 부당하다는 반성적 고려에서 비롯된 것이라기보다는 사정의 변천에 따른 규제 범위의 합리적 조정의 필요에 따른 것이라고 보이므로, 위 「개발제한구역의 지정 및 관리에 관한 특별조치법」과 같은 법 시행규칙의 신설 조항들이 시행되기 전에 이미 범하여진 개발제한구역 내 비닐하우스 설치행위에 대한 가벌성이 소멸하는 것은 아니다(대판 2007.9.6., 2007도4197).

정답 | ①

072

행정법의 효력에 관한 설명 중 옳지 않은 것은?

① 국외에서 이루어진 부당한 공동행위에 관하여 「독점규제 및 공정거래에 관한 법률」은 국내시장에 영향을 미치는 경우에는 적용할 수 있다.
② 행정법령은 속지주의에 의하여 원칙적으로 외국인에게도 적용될 수 있다.
③ 행정청의 과태료처분이나 법원의 과태료 재판이 확정된 후 법률이 변경되어 그 행위가 질서위반행위에 해당하지 아니하게 된 때에도 변경된 법률에 특별한 규정이 없는 한 과태료의 징수 또는 집행을 면제할 수 없다.
④ 지방자치단체의 조례는 다른 지방자치단체의 구역 내에서도 일정한 경우 그 효력을 가질 수 있다.

해설

① (O) 「독점규제 및 공정거래에 관한 법률」(이하 '공정거래법'이라 한다) 제19조 제1항, 제21조, 제22조는 사업자가 다른 사업자와 공동으로 부당하게 경쟁을 제한하는 가격결정 등의 행위를 할 것을 합의하는 행위 등을 금지하고, 이를 위반한 사업자에 대하여 위반행위의 중지 등 시정조치를 하거나 과징금을 부과할 수 있도록 규정하고 있다. 그리고 공정거래법 제2조의2는 국외에서 이루어진 행위라도 국내시장에 영향을 미치는 경우에는 그 법을 적용하도록 규정하고 있다(대판 2014.5.16., 2012두13665).
② (O) 통치권에 관한 '속지주의 원칙'의 내용이다.
③ (X) 행정청의 과태료처분이나 법원의 과태료 재판이 확정된 후 법률이 변경되어 그 행위가 질서위반행위에 해당하지 아니하게 된 때에는 변경된 법률에 특별한 규정이 없는 한 과태료의 징수 또는 집행을 면제한다.
④ (O) 하나의 지방자치단체의 조례가 다른 지방자치단체의 구역 내에서도 그 효력을 가지는 경우도 있다(예 경기도 과천의 서울랜드에 서울시 조례가 적용되는 경우 등).

정답 | ③

073

행정법의 시간적 효력에 대한 설명으로 옳은 것은? (다툼이 있는 경우 판례에 의함)

① 법령 등을 공포한 날부터 일정 기간이 경과한 날부터 시행하는 경우 법령 등을 공포한 날을 첫날에 산입하지 아니한다.
② 법령 등을 위반한 행위 후 법령 등의 변경에 의하여 그 행위가 법령 등을 위반한 행위에 해당하지 아니하거나 제재처분 기준이 가벼워진 경우에도 해당 법령 등에 특별한 규정이 없는 경우에는 변경되기 이전의 구법을 적용한다.
③ 법령의 소급적용금지의 원칙은 부진정소급에도 적용된다.
④ 한시법은 명문으로 정해진 유효기간이 경과하더라도 당연히 그 효력이 소멸되는 것은 아니다.

해설

① **빈출** (O) 「행정기본법」상의 규정으로 일정기간이 경과한 날부터 법이 시행되는 경우에 공포한 날은 첫날에 산입하지 않는다.

> 「행정기본법」 제7조【법령 등 시행일의 기간 계산】 법령 등(훈령·예규·고시·지침 등을 포함한다. 이하 이 조에서 같다)의 시행일을 정하거나 계산할 때에는 다음 각 호의 기준에 따른다.

1. 법령 등을 공포한 날(훈령·예규·고시·지침 등은 고시·공고 등의 방법으로 발령한 날을 말한다. 이하 이 조에서 같다)부터 시행하는 경우에는 공포한 날을 시행일로 한다.
2. 법령 등을 공포한 날부터 일정 기간이 경과한 날부터 시행하는 경우 법령 등을 공포한 날을 첫날에 산입하지 아니한다.
3. 법령 등을 공포한 날부터 일정 기간이 경과한 날부터 시행하는 경우 그 기간의 말일이 토요일 또는 공휴일인 때에는 그 말일로 기간이 만료한다.

② **빈출** (×) 제재처분은 행위 당시의 법령을 따르는 것이 원칙이지만, 행위 후에 위반행위에 해당하지 않게 변경되거나 처분기준이 가벼워지게 된 경우에는 변경된 법령을 적용한다.

「행정기본법」제14조【법 적용의 기준】③ 법령 등을 위반한 행위의 성립과 이에 대한 제재처분은 법령 등에 특별한 규정이 있는 경우를 제외하고는 법령 등을 위반한 행위 당시의 법령 등에 따른다. 다만, 법령 등을 위반한 행위 후 법령 등의 변경에 의하여 그 행위가 법령 등을 위반한 행위에 해당하지 아니하거나 제재처분 기준이 가벼워진 경우로서 해당 법령 등에 특별한 규정이 없는 경우에는 변경된 법령 등을 적용한다.

③ (×) 현재 진행 중인 사실관계에 작용케 하는 부진정소급입법은 원칙적으로 허용된다(헌재 1998.11.26., 97헌바58).
④ (×) 한시법은 시기와 종기를 규정하고 있는 법으로 종기의 도래로서 당연히 효력이 소멸된다.

정답 | ①

074

법령의 효력발생에 관한 설명으로 옳지 않은 것은? (다툼이 있는 경우 판례에 의함)

① 대통령령·총리령 및 부령은 법률과 달리 특별한 규정이 없는 한 공포한 날로부터 30일이 경과함으로서 효력을 발생한다.
② 대통령령 공포문의 전문에는 국무회의의 심의를 거친 사실을 적고, 대통령이 서명한 후 대통령인을 찍고 그 공포일을 명기하여 국무총리와 관계 국무위원이 부서한다.
③ 법령의 공포시점은 관보 또는 공보가 판매소에 도달하여 누구든지 이를 구독할 수 있는 상태가 된 최초의 시점으로 보는 것이 판례의 입장이다.
④ 행정처분의 근거가 되는 개정 법령이 종결되지 않은 기존의 사실 또는 법률관계를 적용대상으로 하면서 종전보다 불리한 법률효과를 규정하고 있는 경우 헌법상 금지되는 소급입법이라 할 수 없다.

074	
기출처	예상문제
난이도	★
키워드	행정법의 효력

해설

① (×) 법률과 동일하게 대통령령 등의 경우에도 특별한 규정이 없으면 20일이 경과함으로써 효력을 발생한다.

「법령 등 공포에 관한 법률」제13조【시행일】대통령령, 총리령 및 부령은 특별한 규정이 없으면 공포한 날부터 20일이 경과함으로써 효력을 발생한다.

② (○) 대통령령 공포문의 전문에는 국무회의의 심의를 거친 사실을 적고, 대통령이 서명한 후 대통령인을 찍고 그 공포일을 명기하여 국무총리와 관계 국무위원이 부서한다(「법령 등 공포에 관한 법률」제7조).
③ (○) 행정법 전반에 효력시점에 대해 원칙적으로 도달주의를 취하고 있는데, 이에 대하여는 관보일부일영시설, 인쇄완료시설, 발송절차완료시설, 최초 구독가능시설(중앙보급도달시설), 지방분포시설이 대립하나, 통설·판례는 최초 구독가능시설을 취하고 있다(대판 1970.7.21., 70누76).
④ (○) 행정처분의 근거가 되는 개정 법령이 종결되지 않은 기존의 사실 또는 법률관계를 적용대상으로 하면서 종전보다 불리한 법률효과를 규정하고 있는 경우 헌법상 금지되는 소급입법이라 할 수 없다(대판 2011.4.14., 2009두7844).

정답 | ①

075

075	① ② ③
기출처	2024 국회직 8급
난이도	★★
키워드	행정법의 효력

🔍 관련기출 옳은지문

· 법령이 변경된 경우 신법령이 피적용자에게 유리하여 이를 적용하도록 하는 경과규정을 두는 등의 특별한 규정이 없는 한 헌법 제13조 등의 규정에 비추어 볼 때 그 변경 전에 발생한 사항에 대하여는 변경 후의 신법령이 아니라 변경 전의 구법령이 적용되어야 한다.

20군무원9급

075

법령의 개정과 신뢰보호원칙에 대한 설명으로 옳지 않은 것은?

① 법령의 개정에 있어서 구 법령의 존속에 대한 당사자의 신뢰가 합리적이고도 정당하며, 법령의 개정으로 야기되는 당사자의 손해가 극심하여 새로운 법령으로 달성하고자 하는 공익적 목적이 그러한 신뢰의 파괴를 정당화할 수 없다면, 입법자는 경과규정을 두는 등 당사자의 신뢰를 보호할 적절한 조치를 하여야 한다.

② 신뢰보호는 절대적이거나 어느 생활영역에서나 균일한 것은 아니고 개개의 사안마다 관련된 자유나 권리 등에 따라 보호의 정도와 방법이 다를 수 있으며, 새로운 법령을 통하여 실현하고자 하는 공익적 목적이 우월한 때에는 이를 고려하여 제한될 수 있다.

③ 신뢰보호원칙의 위배 여부를 판단하기 위하여는 한편으로는 침해받은 이익의 보호가치, 침해의 중한 정도, 신뢰가 손상된 정도, 신뢰침해의 방법 등과 다른 한편으로는 새 법령을 통해 실현하고자 하는 공익적 목적을 종합적으로 비교·형량하여야 한다.

④ 진정소급입법이라 하더라도 예외적으로 국민이 소급입법을 예상할 수 있었거나 신뢰보호의 요청에 우선하는 심히 중대한 공익상의 사유가 소급입법을 정당화하는 경우 등에는 허용될 수 있다.

⑤ 새로운 법령에 의한 신뢰이익의 침해는 새로운 법령이 과거의 사실 또는 법률관계에 소급적용되는 경우에 한하여 문제된다.

해설

① **빈출** (O) 법령의 개정에 있어서 구 법령의 존속에 대한 당사자의 신뢰가 합리적이고도 정당하며, 법령의 개정으로 야기되는 당사자의 손해가 극심하여 새로운 법령으로 달성하고자 하는 공익적 목적이 그러한 신뢰의 파괴를 정당화할 수 없다면, 입법자는 경과규정을 두는 등 당사자의 신뢰를 보호할 적절한 조치를 하여야 하며, 이와 같은 적절한 조치 없이 새 법령을 그대로 시행하거나 적용하는 것은 허용될 수 없는바, 이는 헌법의 기본원리인 법치주의 원리에서 도출되는 신뢰보호의 원칙에 위배되기 때문이다(대판 2006.11.16., 2003두12899).

② (O) 신뢰보호는 절대적이거나 어느 생활영역에서나 균일한 것은 아니고 개개의 사안마다 관련된 자유나 권리, 이익 등에 따라 보호의 정도와 방법이 다를 수 있으며, 새로운 법령을 통하여 실현하고자 하는 공익적 목적이 우월한 때에는 이를 고려하여 제한될 수 있다(대판 2006.11.16., 2003두12899).

③ (O) 신뢰보호원칙의 위배 여부를 판단하기 위하여는 한편으로는 침해받은 이익의 보호가치, 침해의 중한 정도, 신뢰가 손상된 정도, 신뢰침해의 방법 등과 다른 한편으로는 새 법령을 통해 실현하고자 하는 공익적 목적을 종합적으로 비교·형량하여야 한다(대판 2006.11.16., 2003두12899).

④ **빈출** (O) 진정소급입법은 개인의 신뢰보호와 법적 안정성을 내용으로 하는 법치국가원리에 의하여 특단의 사정이 없는 한 헌법적으로 허용되지 아니하는 것이 원칙이고, 다만 일반적으로 국민이 소급입법을 예상할 수 있었거나 법적 상태가 불확실하고 혼란스러워 보호할 만한 신뢰이익이 적은 경우와 소급입법에 의한 당사자의 손실이 없거나 아주 경미한 경우 그리고 신뢰보호의 요청에 우선하는 심히 중대한 공익상의 사유가 소급입법을 정당화하는 경우 등에는 예외적으로 진정소급입법이 허용된다(헌재 1999.7.22., 97헌바76, 98헌바50·51·52·54·55).

> **고득점 플러스+**
>
> 소급입법에 의한 신뢰보호의 문제는 주로 진정소급에 의한 국민의 권익이 침해되는 경우이다. 하지만 부진정소급에 의한 경우에도 신뢰보호의 문제는 발생할 수 있어, 헌법재판소는 부진정소급입법도 신뢰보호에 따라 입법형성권이 제한될 수 있다고 한다. ⇨ 부진정소급입법은 원칙적으로 허용되지만 소급효를 요구하는 공익상의 사유와 신뢰보호의 요청 사이의 교량과정에서 신뢰보호의 관점이 입법자의 형성권에 제한을 가하게 된다(헌재 1999.7.22., 97헌바76, 98헌바50·51·52·54·55).

⑤ (×) 새로운 법령에 의한 신뢰이익의 침해는 새로운 법령이 과거의 사실 또는 법률관계에 소급적용되는 경우에 한하여 문제되는 것은 아니고, 과거에 발생하였지만 완성되지 않고 진행 중인 사실 또는 법률관계 등을 새로운 법령이 규율함으로써 종전에 시행되던 법령의 존속에 대한 신뢰이익을 침해하게 되는 경우에도 신뢰보호의 원칙이 적용될 수 있다(대판 2006.11.16., 2003두12899).

정답 | ⑤

076

행정법의 효력에 관한 설명으로 옳지 않은 것은? (다툼이 있는 경우 판례에 의함)

① 일반적으로 국민이 소급입법을 예상할 수 있었거나 법적 상태가 불확실하고 혼란스러워 보호할 만한 신뢰이익이 적은 경우와 소급입법에 의한 당사자의 손실이 없거나 아주 경미한 경우, 그리고 신뢰보호요청에 우선하는 심히 중대한 공익상의 사유가 소급입법을 정당화하는 경우 등에는 예외적으로 진정소급입법이 허용된다.

② 헌법재판소가 어떤 법률조항에 헌법불합치결정을 하여 입법자가 개선입법을 하면서 헌법불합치결정을 하게 된 당해 사건 및 헌법불합치결정 당시에 구법 조항의 위헌 여부가 쟁점이 되어 법원에 계속 중인 사건에 대하여 개선입법을 소급적용하도록 하는 경과규정을 두지 않았다면 개선입법은 소급적용될 수 없다.

③ 법인세는 사업연도 종료시에 완성하고, 그때 납세의무가 성립하며 그 확정절차도 과세기간 종료 후에 이루어지므로, 사업연도 종료시의 법에 의하여 과세 여부 및 납세의무의 범위가 결정되어도 이는 소급과세라 할 수 없고, 신의성실의 원칙에 위배되는 것이라 할 수 없다.

④ 법령이 전문 개정된 경우 특별한 사정이 없는 한 종전의 법률 부칙의 경과규정도 모두 실효된다.

해설

① **빈출** (○) 일반적으로 국민이 소급입법을 예상할 수 있었거나 법적 상태가 불확실하고 혼란스러워 보호할 만한 신뢰이익이 적은 경우와 소급입법에 의한 당사자의 손실이 없거나 아주 경미한 경우, 그리고 신뢰보호요청에 우선하는 심히 중대한 공익상의 사유가 소급입법을 정당화하는 경우 등에는 예외적으로 진정소급입법이 허용된다(헌재 1999.7.22., 97헌바76).

② (×) 헌법재판소가 어떤 법률조항에 위헌성이 있음을 확인하면서 입법자에게 그 법률조항을 합헌적으로 개선하도록 하려는 취지에서 헌법불합치결정을 하였는데, 입법자가 헌법불합치결정의 취지에 따른 개선입법을 하면서 헌법불합치결정을 하게 된 당해 사건 및 헌법불합치결정 당시에 구법 조항의 위헌 여부가 쟁점이 되어 법원에 계속 중인 사건에 대하여 개선입법을 소급적용하도록 하는 경과규정을 두지 않았더라도, 이들 사건에 대해서는 법원이 헌법불합치결정의 취지나 구체적 규범통제의 실효성 보장 측면을 고려하여 예외적으로 위헌성이 제거된 개선입법을 소급적용하는 것이 타당한 경우가 있다(대판 2021.3.11., 2020두49850).

③ (○) 기간과세의 일종인 법인세는 소득기간 중에 세율의 변동이 있는 세법의 개정이 있다면 개정된 법(사업연도 종료시)에 따라 과세한다.

> 법인세는 과세기간인 사업연도 개시와 더불어 과세요건이 생성되어 사업연도 종료시에 완성하고, 그때 납세의무가 성립하며 그 확정절차도 과세기간 종료 후에 이루어지므로, 사업연도 진행 중 세법이 개정되었을 때에도 그 사업연도 종료시의 법에 의하여 과세 여부 및 납세의무의 범위가 결정되는바, 이에 따라 사업연도 개시시부터 개정법이 적용된다고 하여 이를 법적 안정성을 심히 해하는 소급과세라거나 「국세기본법」 제18조 제2항이 금하는 납세의무 성립 후의 새로운 세법에 의한 소급과세라 할 수 없고, 신의성실의 원칙에 위배되는 것이라 할 수도 없다(대판 1996.7.9., 95누13067).

④ (○) 법률의 개정시에 종전 법률 부칙의 경과규정을 개정하거나 삭제하는 명시적인 조치가 없다면 개정 법률에 다시 경과규정을 두지 않았다고 하여도 부칙의 경과규정이 당연히 실효되는 것은 아니지만, 개정 법률이 전문 개정인 경우에는 기존 법률을 폐지하고 새로운 법률을 제정하는 것과 마찬가지이어서 종전의 본칙은 물론 부칙 규정도 모두 소멸하는 것으로 보아야 할 것이므로 특별한 사정이 없는 한 종전의 법률 부칙의 경과규정도 모두 실효된다고 보아야 한다(대판 2002.7.26., 2001두11168).

정답 | ②

PART

II

행정법 통칙

에듀윌 공무원 행정법총론

CHAPTER 01	행정법 관계
CHAPTER 02	행정상 법률요건과 법률사실
CHAPTER 03	행정입법
CHAPTER 04	행정행위
CHAPTER 05	그 밖의 행정의 주요행위형식
CHAPTER 06	행정기본법과 행정절차법
CHAPTER 07	행정정보공개와 개인정보보호

CHAPTER 01 행정법 관계

01 행정법관계의 당사자

077 〈필수〉

기출처: 2017 서울시 9급
난이도: ★
키워드: 행정법관계의 당사자

행정상 법률관계의 당사자에 관한 설명으로 옳은 것은? (다툼이 있는 경우 판례에 의함)

① 국가나 지방자치단체는 행정청과는 달리 당사자소송의 당사자가 될 수 있고 국가배상책임의 주체가 될 수 있다.
② 법인격 없는 단체는 공무수탁사인이 될 수 없다.
③ 「도시 및 주거환경정비법」에 따른 주택재건축정비조합은 공법인으로서 행정주체의 지위를 가진다고 보기 어렵다.
④ 「민영교도소 등의 설치·운영에 관한 법률」상의 민영교도소는 행정보조인(행정보조자)에 해당한다.

해설

② (×) 공무수탁사인에서 사인은 자연인, 법인, 법인격이 없는 사단 등도 포함한다.
③ **빈출** (×) 「도시 및 주거환경정비법」에 따른 주택재건축정비사업조합은 관할 행정청의 감독 아래 「도시 및 주거환경정비법」상의 주택재건축사업을 시행하는 공법인(「도시 및 주거환경정비법」 제18조)으로서, 그 목적 범위 내에서 법령이 정하는 바에 따라 일정한 행정작용을 행하는 행정주체의 지위를 갖는다(대판 2009.9.17., 2007다2428 전합).
④ (×) 민영교도소는 공무수탁사인으로서 행정주체에 해당한다.

정답 | ①

078

기출처: 예상문제
난이도: ★
키워드: 행정법관계의 당사자

행정상 법률관계에서 당사자에 관한 설명으로 옳지 않은 것은? (다툼이 있는 경우 판례에 의함)

① 한국학중앙연구원, 국립의료원, 공공조합 등의 공공단체는 행정주체에 해당되어 행정객체는 될 수 없다.
② 행정소송에서 항고소송의 피고는 당사자소송과 달리 행정주체가 아닌 행정청이다.
③ 국가의 행정관청이 사법상 근로계약을 체결한 경우 그 근로계약관계의 권리·의무는 행정주체인 국가에 귀속된다.
④ 지방자치단체도 광의의 공공단체에 해당되지만, 협의의 공공단체와 달리 일정한 지역 내에서 지역주민에게 포괄적인 행정을 담당한다는 점에서 특정한 사업수행만 목적으로 하는 다른 공공단체와는 구별된다.

해설

① (×) 행정주체인 공공단체나 공무수탁사인은 행정객체가 될 수 있다.
② (○) 당사자소송에서는 피고가 국가나 공공단체 또는 권리주체가 될 수 있는 자가 되지만, 항고소송은 원칙적으로 행정청이 피고이다.
③ (○) 국가의 행정관청이 사법상 근로계약을 체결한 경우 그 근로계약관계의 권리·의무는 행정주체인 국가에 귀속된다(대판 2008.9.11., 2006다40935).
④ (○) 지방자치단체는 다른 공공단체와 달리 '일정지역 안에서 주민에 대한 포괄적 행정'을 담당한다.

정답 | ①

079

다음 중 행정주체에 대한 설명으로 옳지 않은 것은? (단, 다툼이 있는 경우 판례에 의함)

① 「도시 및 주거환경정비법」상 주택재건축정비사업조합은 공법인으로서 목적 범위 내에서 법령이 정하는 바에 따라 일정한 행정작용을 행하는 행정주체의 지위를 갖는다.
② 공무수탁사인은 수탁받은 공무를 수행하는 범위 내에서 행정주체이고, 「행정절차법」이나 「행정소송법」에서는 행정청이다.
③ 경찰과의 사법상 용역계약에 의해 주차위반차량을 견인하는 민간 사업자는 공무수탁사인이 아니다.
④ 지방자치단체는 행정주체이지 행정권 발동의 상대방인 행정객체는 될 수 없다.

079	
기출처	2017 사회복지직 9급
난이도	★★
키워드	행정법관계의 당사자

관련기출 옳은지문
· 지방자치단체는 공공단체의 하나로서 행정주체가 된다. 19(하)군무원9급
· 공무수탁사인의 위법한 행위에 대한 손해는 행정상 손해배상의 청구가 가능하다. 17군무원9급

해설

① (○) 대결 2009.11.2., 2009마596
② (○) 공무수탁사인은 행정주체이고 행정청의 지위를 갖고 있다.

> 「행정소송법」제2조【정의】② 이 법을 적용함에 있어서 행정청에는 법령에 의하여 행정권한의 위임 또는 위탁을 받은 행정기관, 공공단체 및 그 기관 또는 사인이 포함된다.
> 「행정절차법」제2조【정의】이 법에서 사용하는 용어의 뜻은 다음과 같다.
> 1. '행정청'이란 다음 각 목의 자를 말한다.
>   가. 행정에 관한 의사를 결정하여 표시하는 국가 또는 지방자치단체의 기관
>   나. 그 밖에 법령 또는 자치법규(이하 '법령 등'이라 한다)에 따라 행정권한을 가지고 있거나 위임 또는 위탁받은 공공단체 또는 그 기관이나 사인(私人)

③ (○) 주차위반차량을 견인하는 민간업체는 행정주체와 계약을 맺고 행정업무를 대행하는 행정보조인이다.
④ (×) 지방자치단체는 행정주체이며, 행정권 발동의 상대방인 행정객체가 될 수 있다. 국가만 행정객체가 될 수 없다.

정답 | ④

080

행정법관계의 당사자에 대한 설명 중 옳은 것은? (다툼이 있는 경우 판례에 의함)

① 국가가 자신의 임무를 그 스스로 수행할 것인지 아니면 그 임무의 기능을 민간부문으로 하여금 수행하게 할 것인지 하는 문제는 입법권의 문제가 아닌 행정권에 전담된다.
② 소득세원천징수의무자의 조세의 원천징수행위는 행정청의 행정처분에 해당된다.
③ 지방자치단체인 구는 특별시와 광역시의 관할 구역의 구만을 말하며, 자치구의 자치권의 범위는 법령으로 정하는 바에 따라 시·군과 다르게 할 수 있다.
④ 한국광고자율심의기구를 행정주체인 공무수탁사인으로 인정할 수 없다.

해설

① (×) 국가가 자신의 임무를 그 스스로 수행할 것인지 아니면 그 임무의 기능을 민간부문으로 하여금 수행하게 할 것인지 하는 문제 판단에 관하여는 입법자에게 광범위한 입법재량 내지 형성의 자유가 인정된다(헌재 2007.6.28., 2004헌마262).
② (×) 대법원은 소득세원천징수의무자는 공무수탁사인이 아니므로 원천징수행위도 행정처분이 아니라는 입장이다.

> 소득세원천징수의무자는 「소득세법」 제142조 및 제143조의 규정에 의하여 자동적으로 확정되는 세액을 소급자로부터 징수하여 과세관청에 납부하여야 할 의무를 부담하고 있으므로 … 그의 원천징수행위는 법령에서 규정된 징수 및 납부의무를 이행하기 위한 것에 불과한 것이지, 공권력의 행사로서의 행정처분을 한 경우에 해당하지 아니한다(대판 1990.3.22., 89누4789).

③ (○) 「지방자치법」 제2조 제2항
④ (×) 한국광고자율심의기구는 행정기관적 성격을 가진 방송위원회로부터 위탁을 받아 이 사건 텔레비전 방송광고 사전심의를 담당하고 있는바, 한국광고자율심의기구는 민간이 주도가 되어 설립된 기구이기는 하나, 그 구성에 행정권이 개입하고 있고, 행정법상 공무수탁사인으로서 그 위탁받은 업무에 관하여 국가의 지휘·감독을 받고 있으며, 방송위원회는 텔레비전 방송광고의 심의기준이 되는 방송광고 심의규정을 제정·개정할 권한을 가지고 있고, 자율심의기구의 운영비나 사무실 유지비, 인건비 등을 지급하고 있다(헌재 2008.6.26., 2005헌마506).

정답 | ③

081

공무수탁사인에 관한 설명으로 옳은 것을 모두 고른 것은?

ㄱ. 공무수탁사인은 행정주체이면서 동시에 행정청의 지위를 갖는다.
ㄴ. 경찰과의 계약을 통해 주차위반차량을 견인하는 민간 사업자도 공무수탁사인에 해당한다.
ㄷ. 중앙관서장뿐만 아니라 지방자치단체장도 자신의 사무 중 조사·검사·검정·관리 업무 등 주민의 권리·의무와 직접 관련되지 아니하는 사무를 개인에게 위탁할 수 있다.
ㄹ. 국가가 공무수탁사인의 공무수탁사무수행을 감독하는 경우 수탁사무수행의 합법성뿐만 아니라 합목적성까지도 감독할 수 있다.

① ㄱ, ㄴ
② ㄱ, ㄷ
③ ㄱ, ㄷ, ㄹ
④ ㄴ, ㄷ, ㄹ

관련기출 옳은지문
• 공무를 위탁받은 사인도 위탁범위 내에서 행정을 수행하는 경우에 행정주체가 된다. 19(하)군무원9급

해설

ㄱ. (○) 공무수탁사인은 위임기관과 공법상 위임관계에 놓이며 자신의 책임하에 자신의 명의로 행정주체와 동일하게 행정권을 행사할 수 있어 행정주체의 지위를 가짐과 동시에 행정청의 지위를 갖는다는 것이 일반적인 견해이다.

ㄴ. (×) 주차위반차량에 대한 견인업무를 대행하는 견인업자는 행정주체로서의 공무수탁사인이 아니라 행정대행인 또는 행정보조인에 해당된다.

ㄷ. 지엽 (○) 지방자치단체장도 조사 등 주민의 권리나 의무와 직접 관계되지 않은 사무를 위탁할 수 있다.

> 「지방자치법」 제117조【사무의 위임 등】③ 지방자치단체의 장은 조례나 규칙으로 정하는 바에 따라 그 권한에 속하는 사무 중 조사·검사·검정·관리업무 등 주민의 권리·의무와 직접 관련되지 아니하는 사무를 법인·단체 또는 그 기관이나 개인에게 위탁할 수 있다.

ㄹ. 지엽 (○) 국가 등의 공무수탁사인에 대한 수탁사무의 감독은 법률적합성 여부뿐만 아니라 합목적성까지 대상이 된다.

> 「행정권한의 위임 및 위탁에 관한 규정」 제6조【지휘·감독】 위임 및 위탁기관은 수임 및 수탁기관의 수임 및 수탁사무 처리에 대하여 지휘·감독하고, 그 처리가 위법하거나 부당하다고 인정될 때에는 이를 취소하거나 정지시킬 수 있다.

정답 | ③

082

행정주체가 될 수 없는 것은? (다툼이 있는 경우 판례에 의함)

ㄱ. 대한민국
ㄴ. 국방부장관
ㄷ. 경찰과 계약에 의한 주차위반차량을 견인하는 민간업자
ㄹ. 「도시 및 주거환경정비법」에 따른 주택재건축정비사업조합

① ㄱ, ㄴ
② ㄴ, ㄷ
③ ㄷ, ㄹ
④ ㄱ, ㄹ

082
기출처 예상문제
난이도 ★
키워드 행정법관계의 당사자

해설

ㄱ. (○) 대한민국은 국가로서 시원적 행정주체이다.
ㄴ. (×) 국방부장관은 행정청이지 행정주체가 아니다.
ㄷ. (×) 주차위반차량을 견인하는 민간업자는 사법상 계약에 의한 경영의 수탁관계를 맺은 자로서 견인행위는 공법상의 관계가 아니다.
ㄹ. (○) 「도시 및 주거환경정비법」에 따른 주택재건축정비사업조합은 공공조합으로서 행정주체이다.

정답 | ②

02 공법과 사법의 구별

083 〈필수〉

행정상 법률관계에 대한 설명으로 옳지 않은 것만을 〈보기〉에서 모두 고르면?

| 보기 |

ㄱ. 주한미군 한국인 직원의료보험조합 직원의 근무관계는 공법관계에 속하는 것이다.
ㄴ. 국유의 일반재산 대부료 납부고지는 사법상 이행청구에 해당하고, 이를 행정처분이라고 할 수 없다.
ㄷ. 「공익사업을 위한 토지 등의 취득 및 보상에 관한 법률」상 협의취득은 공법상 당사자소송의 대상이다.
ㄹ. 국가종합전자조달시스템인 '나라장터' 종합쇼핑몰을 통한 물품구매계약 체결시, 구매계약에 계약위반시 거래를 정지한다는 등의 '추가특수조건'을 포함시킨 후, 이 '추가특수조건'에 근거하여 조달청이 거래정지를 한 조치는 행정처분에 해당한다.

① ㄱ
② ㄱ, ㄷ
③ ㄴ, ㄷ
④ ㄴ, ㄹ
⑤ ㄴ, ㄷ, ㄹ

기출처: 2024 국회직 8급
난이도: ★★
키워드: 공사법 구분

해설

ㄱ. [지엽] (×) 주한미군 한국인 직원의료보험조합 직원의 근무관계는 사법관계에 속하는 것이므로 동조합 직원에 대한 위 조합의 징계면직처분은 항고소송의 대상이 되는 행정처분이 아니고 사법상의 법률행위라고 보아야 한다(대판 1987.12.8., 87누884).

ㄴ. [빈출] (○) 국유 잡종재산(현 국유 일반재산)을 대부하는 행위는 국가가 사경제 주체로서 상대방과 대등한 위치에서 행하는 사법상의 계약이고, 행정청이 공권력의 주체로서 상대방의 의사 여하에 불구하고 일방적으로 행하는 행정처분이라고 볼 수 없으며, 국유 잡종재산에 관한 대부료의 납부고지 역시 사법상의 이행청구에 해당하고, 이를 행정처분이라고 할 수 없다(대판 2000.2.11., 99다61675).

ㄷ. [빈출] (×) 공익사업을 위한 토지 등의 취득 및 보상에 관한 법령에 의한 협의취득은 사법상의 법률행위이므로 당사자 사이의 자유로운 의사에 따라 채무불이행책임이나 매매대금 과부족금에 대한 지급의무를 약정할 수 있다(대판 2012.2.23., 2010다91206).

ㄹ. [빈출] (○) 조달청이 계약이행내역 점검 결과 일부 제품이 계약 규격과 다르다는 이유로 물품구매계약 추가특수조건 규정에 따라 甲 회사에 대하여 6개월의 나라장터 종합쇼핑몰 거래정지조치를 한 사안에서, 위 거래정지조치는 항고소송의 대상이 되는 행정처분에 해당한다(대판 2018.11.29., 2015두52395).

정답 | ②

084 필수

다음 중 행정상 법률관계 중 공법관계에 해당되는 것은? (다툼이 있는 경우 판례에 의함)

ㄱ. 서울지하철공사 사장의 소속직원에 대한 징계
ㄴ. 조세과오납에 따른 부당이득반환청구
ㄷ. 구 예산회계법(현 「국가재정법」)에 의한 입찰보증금의 국고귀속조치
ㄹ. 부가가치세 환급세액 지급청구

① ㄱ, ㄷ
② ㄴ, ㄹ
③ ㄴ
④ ㄹ

084	① ② ③
기출처	예상문제
난이도	★★
키워드	공사법 구분

관련기출 옳은지문
• 개발부담금 부과처분이 취소된 후의 부당이득으로서의 과오납금 반환에 관한 법률관계는 사법상 법률관계이다. 20국가직7급 변형

해설

ㄱ. (사법관계) 서울특별시지하철공사의 임원과 직원의 근무관계의 성질은 「지방공기업법」의 모든 규정을 살펴보아도 공법상의 특별권력관계라고는 볼 수 없고 사법관계에 속할 뿐만 아니라, 위 지하철공사의 사장이 그 이사회의 결의를 거쳐 제정된 인사규정에 의거하여 소속직원에 대한 징계처분을 한 경우 위 사장은 「행정소송법」 제13조 제1항 본문과 제2조 제2항 소정의 행정청에 해당하지 않으므로 공권력발동주체로서 위 징계처분을 행한 것으로 볼 수 없고, 따라서 이에 대한 불복절차는 민사소송에 의할 것이지 행정소송에 의할 수는 없다(대판 1989.9.12., 89누2103).

ㄴ. 빈출 (사법관계) 조세부과처분이 당연무효임을 전제로 하여 이미 납부한 세금의 반환을 청구하는 것은 민사상의 부당이득반환청구로서 민사소송절차에 따라야 한다(대판 1995.4.28., 94다55019).

ㄷ. 빈출 (사법관계) 입찰보증금의 국고귀속조치는 국가가 사법상의 재산권의 주체로서 행위하는 것이지 공권력을 행사하는 것이거나 공권력작용과 일체성을 가진 것이 아니라 할 것이므로 이에 관한 분쟁은 행정소송이 아닌 민사소송의 대상이 될 수밖에 없다고 할 것이다(대판 1983.12.27., 81누366).

ㄹ. 빈출 (공법관계) 부가가치세 환급세액 지급청구는 부당이득반환청구권과 달리 민사소송이 아니라 당사자소송의 절차에 따라야 한다는 것이 대법원의 입장이다.

> 납세의무자에 대한 국가의 부가가치세 환급세액 지급의무에 대응하는 국가에 대한 납세의무자의 부가가치세 환급세액 지급청구는 민사소송이 아니라 「행정소송법」 제3조 제2호에 규정된 당사자소송의 절차에 따라야 한다(대판 2013.3.21., 2011다95564).

정답 | ④

085

085	① ② ③
기출처	2023 지방직 9급
난이도	★★
키워드	공사법 구분

다음 각 사례에 대한 설명으로 옳은 것만을 모두 고르면?

> ○ 행정청 甲은 국유 일반재산인 건물 1층을 5년간 대부하는 계약을 乙과 체결하면서 대부료는 1년에 1억으로 정하였고 6회에 걸쳐 분납하기로 하였다. 甲은 乙이 1년간 대부료를 납부하지 않자, 체납한 대부료를 납부할 것을 통지하였다. 「국유재산법」에 따르면 국유재산의 대부료 등이 납부기한까지 납부되지 아니한 경우에는 「국세징수법」상의 강제징수에 관한 규정을 준용하고 있다.
> ○ 행정청 甲은 국가 소유의 땅을 무단점유하여 사용하고 있는 丙에게 변상금 100만 원 부과처분을 하였다.

> ㄱ. 甲이 乙에게 대부하는 행위는 공권력의 주체로서 상대방의 의사 여하에 불구하고 일방적으로 행하는 행정처분이 아니다.
> ㄴ. 甲은 대부료를 납부하지 않은 乙을 상대로 민사소송을 제기하여 대부료 지급을 구해야 한다.
> ㄷ. 변상금 부과처분은 순전히 사경제 주체로서 행하는 사법상의 법률행위이므로, 丙은 그 처분에 대해 민사소송을 제기하여 다툴 수 있다.

① ㄱ
② ㄴ
③ ㄱ, ㄷ
④ ㄱ, ㄴ, ㄷ

해설

ㄱ. **빈출** (○) 국유 일반재산의 대부행위는 사법상 계약으로서 행정처분이 아니다.

> 산림청장이나 그로부터 권한을 위임받은 행정청이 「산림법」 등이 정하는 바에 따라 국유임야를 대부하거나 매각하는 행위는 사경제적 주체로서 상대방과 대등한 입장에서 하는 사법상 계약이지 행정청이 공권력의 주체로서 상대방의 의사 여하에 불구하고 일방적으로 행하는 행정처분이라고 볼 수 없으며 이 대부계약에 의한 대부료부조치 역시 사법상 채무이행을 구하는 것으로 보아야지 이를 행정처분이라고 할 수 없다(대판 1993.12.7., 91누11612).

ㄴ. **빈출** (×) 보기에 나와 있는 바와 같이 일반재산의 대부료 징수는 「국세징수법」상의 강제징수에 의하며, 민사소송의 대상이 될 수 없다.

> 공유 일반재산의 대부료와 연체료를 납부기한까지 내지 아니한 경우에도 「공유재산 및 물품 관리법」 제97조 제2항에 의하여 지방세 체납처분의 예에 따라 이를 징수할 수 있다. 이와 같이 공유 일반재산의 대부료의 징수에 관하여도 지방세 체납처분의 예에 따른 간이하고 경제적인 특별한 구제절차가 마련되어 있으므로, 특별한 사정이 없는 한 민사소송으로 공유 일반재산의 대부료의 지급을 구하는 것은 허용되지 아니한다(대판 2017.4.13., 2013다207941).

ㄷ. **빈출** (×) 국유재산 무단점유자에 대한 변상금 부과처분은 항고소송대상인 처분이다.

> 국유재산의 관리청이 그 무단점유자에 대하여 하는 변상금 부과처분은 순전히 사경제 주체로서 행하는 사법상의 법률행위라 할 수 없고 이는 관리청이 공권력을 가진 우월적 지위에서 행한 것으로서 행정소송의 대상이 되는 행정처분이라고 보아야 한다(대판 1988.2.23., 87누1046).

정답 | ①

086

행정법 관계에 대한 설명으로 옳은 것만을 〈보기〉에서 모두 고르면? (다툼이 있는 경우 판례에 의함)

| 보기 |

ㄱ. 「국가를 당사자로 하는 계약에 관한 법률」상 국가가 당사자가 되는 공공계약은 국가가 사경제의 주체로서 상대방과 대등한 위치에서 체결하는 사법상의 계약에 해당하여 본질적으로 사인간의 계약과 다를 바 없다.
ㄴ. 사립학교 교원의 징계는 사립학교의 공익적 성격과 「교원의 지위 향상 및 교육활동 보호를 위한 특별법」을 고려할 때 행정처분에 해당한다고 볼 수 있다.
ㄷ. 공기업이나 준정부기관의 입찰참가자격 제한은 계약에 근거할 수도 있고, 행정처분에 해당할 수도 있다.
ㄹ. 「국가를 당사자로 하는 계약에 관한 법률」상 국가기관에 의한 입찰참가자격 제한행위는 사법상 관념의 통지에 해당한다.

① ㄱ, ㄴ, ㄷ
② ㄱ, ㄷ
③ ㄴ, ㄷ, ㄹ
④ ㄴ, ㄹ

---

086 | 기출처 예상문제 | 난이도 ★★ | 키워드 공사법 구분

관련기출 옳은지문
- 「국가를 당사자로 하는 계약에 관한 법률」상 국가가 당사자가 되는 공공계약은 국가가 사경제의 주체로서 상대방과 대등한 위치에서 체결하는 사법상의 계약에 해당한다.
  21국회직8급

해설

ㄱ. 빈출 (○) 「국가를 당사자로 하는 계약에 관한 법률」에 따라 국가가 당사자가 되는 이른바 공공계약은 사경제 주체로서 상대방과 대등한 위치에서 체결하는 사법상 계약으로서 본질적인 내용은 사인간의 계약과 다를 바 없으므로, 그에 관한 법령에 특별한 정함이 있는 경우를 제외하고는 사적 자치와 계약자유의 원칙 등 사법의 원리가 그대로 적용된다(대판 2020.5.14., 2018다298409).

ㄴ. (×) 사립학교 교원의 근무관계는 사법관계에 해당하여 교원에 대한 징계는 항고소송 대상인 처분이 아니다. 다만, 징계에 대한 불복에 따른 교원소청심사위원회에 대한 소청결정은 항고소송 대상이 된다.

> 사립학교 교원에 대한 징계처분의 경우에는 학교법인 등의 징계처분은 행정처분성이 없는 것이고 그에 대한 소청심사청구에 따라 위원회가 한 결정이 행정처분이고 교원이나 학교법인 등은 그 결정에 대하여 행정소송으로 다투는 구조가 되므로, 행정소송에서의 심판대상은 학교법인 등의 원 징계처분이 아니라 위원회의 결정이 되고, 따라서 피고도 행정청인 위원회가 되는 것이며, 법원이 위원회의 결정을 취소한 판결이 확정된다고 하더라도 위원회가 다시 그 소청심사청구사건을 재심사하게 될 뿐 학교법인 등이 곧바로 위 판결의 취지에 따라 재징계 등을 하여야 할 의무를 부담하는 것은 아니다(대판 2013.7.25., 2012두12297).

ㄷ. (○) 공기업·준정부기관이 법령 또는 계약에 근거하여 선택적으로 입찰참가자격 제한조치를 할 수 있는 경우, 계약상대방에 대한 입찰참가자격 제한조치가 법령에 근거한 행정처분인지 아니면 계약에 근거한 권리행사인지는 원칙적으로 의사표시의 해석 문제이다. 이때에는 공기업·준정부기관이 계약상대방에게 통지한 문서의 내용과 해당 조치에 이르기까지의 과정을 객관적·종합적으로 고찰하여 판단하여야 한다. 그럼에도 불구하고 공기업·준정부기관이 법령에 근거를 둔 행정처분으로서의 입찰참가자격 제한조치를 한 것인지 아니면 계약에 근거한 권리행사로서의 입찰참가자격 제한조치를 한 것인지가 여전히 불분명한 경우에는, 그에 대한 불복방법 선택에 중대한 이해관계를 가지는 그 조치 상대방의 인식가능성 내지 예측가능성을 중요하게 고려하여 규범적으로 이를 확정함이 타당하다(대판 2018.10.25., 2016두33537).

ㄹ. (×) 국가기관에 의한 입찰참가자격 제한조치는 항고소송 대상인 처분이다.

정답 | ②

087

087	① ② ③
기출처	2023 국가직 9급
난이도	★★
키워드	공사법 구분

087 〈필수〉

공법관계와 사법관계의 구별에 대한 설명으로 옳지 않은 것은? (다툼이 있는 경우 판례에 의함)

① 국유재산 중 행정재산의 사용허가는 공법관계이나, 한국공항공단이 무상사용허가를 받은 행정재산에 대하여 하는 전대행위는 사법관계이다.

② 조달청장이 구 「예산회계법」(현 「국가재정법」)에 따라 계약을 체결하거나 입찰보증금 국고귀속조치를 취하는 것은 사법관계에 해당한다.

③ 국유재산의 무단점유에 대한 변상금 부과는 공법관계에 해당하나, 국유 일반재산의 대부행위는 사법관계에 해당한다.

④ 조달청장이 법령에 근거하여 입찰참가자격을 제한하는 것은 사법관계에 해당한다.

해설

① (○) 한국공항공단이 그 행정재산의 관리청으로부터 국유재산관리사무의 위임을 받거나 국유재산관리의 위탁을 받지 않은 이상, 한국공항공단이 무상사용허가를 받은 행정재산에 대하여 하는 전대행위는 통상의 사인간의 임대차와 다를 바가 없고, 그 임대차계약이 임차인의 사용승인신청과 임대인의 사용승인의 형식으로 이루어졌다고 하여 달리 볼 것은 아니다(대판 2004.1.15., 2001다12638).

② **빈출** (○) 입찰보증금의 국고귀속조치는 국가가 사법상의 재산권의 주체로서 행위하는 것이지 공권력을 행사하는 것이거나 공권력작용과 일체성을 가진 것이 아니라 할 것이므로 이에 관한 분쟁은 행정소송이 아닌 민사소송의 대상이 될 수밖에 없다고 할 것이다(대판 1983.12.27., 81누366).

③ **빈출** (○) 국유재산의 관리청이 그 무단점유자에 대하여 하는 변상금 부과처분은 순전히 사경제 주체로서 행하는 사법상의 법률행위라 할 수 없고, 이는 관리청이 공권력을 가진 우월적 지위에서 행한 것으로서 행정소송의 대상이 되는 행정처분이라고 보아야 한다(대판 1988.2.23., 87누1046·1047). / 국유 잡종재산(현 국유 일반재산)에 관한 관리처분의 권한을 위임받은 기관이 국유 잡종재산을 대부하는 행위는 국가가 사경제 주체로서 상대방과 대등한 위치에서 행하는 사법상의 계약이다(대판 2000.2.11., 99다61675).

④ **빈출** (×) 조달청장의 입찰참가자격 제한조치는 항고소송 대상인 처분이다(공법관계).

> 법리와 관련 규정의 내용 및 취지에 비추어 보면, 준정부기관으로부터 공공기관운영법 제44조 제2항에 따라 계약체결 업무를 위탁받은 조달청장은 국가계약법 제27조 제1항에 따라 입찰참가자격 제한처분을 할 수 있는 권한이 있다(대판 2017.12.28., 2017두39433).

정답 | ④

관련기출 옳은지문

• 구 「예산회계법」에 따른 입찰보증금의 국고귀속조치는 국가가 공법상의 재산권의 주체로서 행위하는 것으로 그 행위는 사법행위에 속한다. 20국가직7급 변형

• 행정주체와 사인간의 입찰계약은 사법상 계약이지만, 행정기관의 입찰참가자격제한은 항고소송의 대상이 되는 행정처분이다. 24군무원9급

• 국유재산의 관리청이 그 무단점유자에 대하여 하는 변상금 부과처분은 관리청이 공권력을 가진 우월적 지위로 행한 것으로서 행정소송의 대상이 되는 행정처분이라고 보아야 한다. 16지방직7급

088

행정상 법률관계에 관한 설명으로 옳지 않은 것은? (다툼이 있는 경우 판례에 의함)

① 국가가 사경제의 주체로서 상대방과 대등한 지위에서 체결하는 계약의 본질적인 내용은 사인간의 계약과 다를 바가 없으므로 사적 자치와 계약자유의 원칙을 비롯한 사법의 원리가 원칙적으로 적용된다.
② 국가가 수익자인 수요기관을 위하여 국민을 계약상대자로 하여 체결하는 요청조달계약에는 다른 법률에 특별한 규정이 없는 한 당연히「국가를 당사자로 하는 계약에 관한 법률」이 적용된다.
③ 요청조달계약에 적용되는「국가를 당사자로 하는 계약에 관한 법률」조항은 국가가 사경제 주체로서 국민과 대등한 관계에 있음을 전제로 한 사법관계에 대한 규정뿐만 아니라, 고권적 지위에서 국민에게 침익적 효과를 발생시키는 행정처분에 대한 규정까지 적용된다.
④ 한국자산관리공사가 국유재산 중 일반재산에 관하여 그 처분을 위임받아 매도하는 것은 행정청이 공권력의 주체라는 우월적 지위에서 행하는 공법상의 행정처분이 아니라 사경제 주체로서 행하는 사법상의 법률행위에 해당하여 헌법소원심판의 대상이 되는 공권력의 행사에 해당하지 않는다.

088	① ② ③
기출처	2023 소방직
난이도	★★★
키워드	공사법 구분

해설

① **빈출** (○) 국가가 사경제 주체로서 맺는 계약은 사법상 계약으로 사적 자치와 계약자유의 원칙이 원칙적으로 적용된다.
② (○) 구「국가를 당사자로 하는 계약에 관한 법률」(2012.12.18. 법률 제11547호로 개정되기 전의 것, 이하 '국가계약법'이라 한다) 제2조는 적용 범위에 관하여 국가가 대한민국 국민을 계약상대자로 하여 체결하는 계약 등 국가를 당사자로 하는 계약에 대하여 위 법을 적용한다고 규정하고 있고, 제3조는 국가를 당사자로 하는 계약에 관하여는 다른 법률에 특별한 규정이 있는 경우를 제외하고는 이 법에서 정하는 바에 의한다고 규정하고 있으므로, 국가가 수익자인 수요기관을 위하여 국민을 계약상대자로 하여 체결하는 요청조달계약에는 다른 법률에 특별한 규정이 없는 한 당연히 국가계약법이 적용된다(대판 2017.6.29., 2014두14389).
③ **지엽** (×) 요청조달계약에 적용되는 국가계약법 조항은 국가가 사경제 주체로서 국민과 대등한 관계에 있음을 전제로 한 사법(私法)관계에 관한 규정에 한정되고, 고권적 지위에서 국민에게 침익적 효과를 발생시키는 행정처분에 관한 규정까지 당연히 적용된다고 할 수 없다(대판 2017.6.29., 2014두14389).
④ (○) 한국자산관리공사가 국유재산 중 일반재산에 관하여 그 처분을 위임받아 매도하는 것은 행정청이 공권력의 주체라는 우월적 지위에서 행하는 공법상의 행정처분이 아니라 사경제 주체로서 행하는 사법상의 법률행위에 해당하여 헌법소원심판의 대상이 되는 공권력의 행사에 해당하지 않는다(헌재 1992.11.12., 90헌마160; 헌재 2016.6.21., 2016헌마434, 대판 1986.6.24., 86누171).

정답 | ③

089

행정법 관계에 대한 설명으로 옳지 않은 것은? (다툼이 있는 경우 판례에 의함)

① 군인연금법령상 급여를 받으려고 하는 사람이 국방부장관에게 급여지급을 청구하였으나 거부된 경우, 곧바로 국가를 상대로 한 당사자소송으로 급여의 지급을 청구할 수 있다.
② 법무사가 사무원을 채용할 때 소속 지방법무사회로부터 승인을 받아야 할 의무는 공법상 의무이다.
③ 사무처리의 긴급성으로 인하여 해양경찰의 직접적인 지휘를 받아 보조로 방제작업을 한 경우, 사인은 그 사무를 처리하며 지출한 필요비 내지 유익비의 상환을 국가에 대하여 민사소송으로 청구할 수 있다.
④ 「공익사업을 위한 토지 등의 취득 및 보상에 관한 법률」상 환매권의 존부에 관한 확인을 구하는 소송 및 환매금액의 증감을 구하는 소송은 민사소송이다.

해설

① **빈출** (×) 국방부장관 등이 하는 급여지급결정은 단순히 급여수급 대상자를 확인·결정하는 것에 그치는 것이 아니라 구체적인 급여수급액을 확인·결정하는 것까지 포함한다. 구 군인연금법령상 급여를 받으려고 하는 사람은 우선 관계 법령에 따라 국방부장관 등에게 급여지급을 청구하여 국방부장관 등이 이를 거부하거나 일부 금액만 인정하는 급여지급결정을 하는 경우 그 결정을 대상으로 항고소송을 제기하는 등으로 구체적 권리를 인정받은 다음 비로소 당사자소송으로 그 급여의 지급을 구해야 한다. 이러한 구체적인 권리가 발생하지 않은 상태에서 곧바로 국가를 상대로 한 당사자소송으로 급여의 지급을 소구하는 것은 허용되지 않는다(대판 2021.12.16., 2019두45944).

② (○) 대판 2020.4.9., 2015다34444

③ **지엽** (○) 원유 유출사고에 따른 해양오염을 방지하기 곤란할 정도로 긴급방제조치가 필요한 상황이었고, 위 방제작업은 乙 회사가 국가를 위해 처리할 수 있는 국가의 의무 영역과 이익 영역에 속하는 사무이며, 乙 회사가 방제작업을 하면서 해양경찰의 지시·통제를 받았던 점 등에 비추어 乙 회사는 국가의 사무를 처리한다는 의사로 방제작업을 한 것으로 볼 수 있으므로, 乙 회사는 사무관리에 근거하여 국가에 방제비용(지출된 필요비 내지 유익비)을 청구할 수 있다(대판 2014.12.11., 2012다15602).

④ (○) 대판 2013.2.28., 2010두22368

정답 | ①

090

공법과 사법의 관계에 대한 설명으로 옳은 것은? (다툼이 있는 경우 판례에 의함)

① 구 「한국공항공단법」에 의하여 한국공항공단이 정부로부터 무상사용허가를 받은 행정재산을 전대(轉貸)하는 행위는 미리 그 계획을 작성하여 건설교통부장관(현 국토교통부장관)에게 제출하고 승인을 얻어야 하는 등 일부 공법적 규율을 받고 있어 행정소송의 대상이 되는 행정처분이다.
② 서울특별시립무용단 단원의 위촉은 공법상 계약이라도 그 단원의 해촉은 행정청의 일방적인 행위로서 항고소송의 대상인 처분에 해당한다.
③ 지방자치단체가 사인과 체결한 자원회수시설에 대한 위탁운영협약은 사법상 계약에 해당하므로 그에 관한 다툼은 민사소송의 대상이 된다.
④ 「국가를 당사자로 하는 계약에 관한 법률」에 의한 입찰보증금의 국고귀속조치는 국가가 공권력을 행사하거나 공권력작용과 일체성을 가진 것으로서 이에 대한 분쟁은 행정소송의 대상이 된다.

090	
기출처	예상문제
난이도	★★
키워드	공사법 구분

해설

① **빈출** (×) 한국공항공단이 정부로부터 무상사용허가를 받은 행정재산을 구 「한국공항공단법」(2002.1.4. 법률 제6607호로 폐지) 제17조에서 정한 바에 따라 전대하는 경우에 미리 그 계획을 작성하여 건설교통부장관(현 국토교통부장관)에에게 제출하고 승인을 얻어야 하는 등 일부 공법적 규율을 받고 있다고 하더라도, 한국공항공단이 무상사용허가를 받은 행정재산에 대하여 하는 전대행위는 통상의 사인간의 임대차와 다를 바 없고, 그 임대차계약이 임차인의 사용승인신청과 임대인의 사용승인의 형식으로 이루어졌다고 하여 달리 볼 것은 아니다(대판 2004.1.15., 2001다12638).

② **빈출** (×) 서울특별시립무용단원의 공연 등 활동은 지방문화 및 예술을 진흥시키고자 하는 서울특별시의 공공적 업무수행의 일환으로 이루어진다고 해석될 뿐 아니라 서울특별시립무용단원이 가지는 지위가 공무원과 유사한 것이라면, 서울특별시립무용단 단원의 위촉은 공법상의 계약이라고 할 것이고, 따라서 그 단원의 해촉에 대하여는 공법상의 당사자소송으로 그 무효확인을 청구할 수 있다(대판 1995.12.22., 95누4636).

③ **빈출** (○) 이 사건 협약은 지방자치단체인 피고가 사인인 원고 등에게 이 사건 시설의 운영을 위탁하고 그 위탁운영비용을 지급하는 것을 내용으로 하는 용역계약으로서, 상호 대등한 입장에서 당사자의 합의에 따라 체결한 사법상 계약에 해당한다(대판 2017.1.25., 2015다205796 등 참조). 따라서 이 사건 협약의 해석에는 위에서 본 계약의 해석방법에 관한 일반 법리가 그대로 적용된다(대판 2019.10.17., 2018두60588).

④ **빈출** (×) 입찰보증금의 국고귀속조치는 국가가 사법상의 재산권의 주체로서 행위하는 것이지 공권력을 행사하는 것이거나 공권력작용과 일체성을 가진 것이 아니라 할 것이므로 이에 관한 분쟁은 행정소송이 아닌 민사소송의 대상이 될 수밖에 없다고 할 것이다(대판 1983.12.27., 81누366).

정답 | ③

091

행정법관계에 대한 설명으로 가장 옳은 것은? (다툼이 있는 경우 판례에 의함)

① 학교에 입학한 날에 육군 사관생도의 병적에 편입하고 준사관에 준하는 대우를 받는 특수한 신분관계에 있는 육군3사관학교의 구성원인 사관생도는 학교 입학일부터 특수한 신분관계에 놓이게 되므로 법률유보원칙은 적용되지 아니한다.
② 지방자치단체가 학교법인이 설립한 사립중학교에 의무교육대상자에 대한 교육을 위탁한 때에 그 학교법인과 해당 사립중학교에 재학 중인 학생의 재학관계는 기본적으로 공법상 계약에 따른 법률관계이다.
③ 산업단지 내의 입주변경계약 취소는 행정청인 관리권자로부터 관리업무를 위탁받은 산업단지관리공단이 입주기업체들에게 행하는 일방적인 사법상의 계약의 해제로 볼 수 있다.
④ 지방자치단체가 일반재산을 「지방자치단체를 당사자로 하는 계약에 관한 법률」에 따라 입찰이나 수의계약을 통해 매각하는 것은 사법상의 행위이다.

해설

① (×) 오늘날에는 특별권력관계에 대해서도 법률유보의 원칙이 원칙적으로 적용된다. 다만, 일반 국민에 비해 엄격하지 않다는 것이 일반적이다.

> 사관생도는 군 장교를 배출하기 위하여 국가가 모든 재정을 부담하는 특수교육기관인 육군3사관학교의 구성원으로서, 학교에 입학한 날에 육군 사관생도의 병적에 편입하고 준사관에 준하는 대우를 받는 특수한 신분관계에 있다(「육군3사관학교 설치법 시행령」 제3조). 따라서 그 존립 목적을 달성하기 위하여 필요한 한도 내에서 일반 국민보다 상대적으로 기본권이 더 제한될 수 있으나, 그러한 경우에도 법률유보원칙, 과잉금지원칙 등 기본권 제한의 헌법상 원칙들을 지켜야 한다(대판 2018.8.30., 2016두60591).

② (×) 사립학교와 재학생의 관계는 사법관계이다.

> 사법인인 학교법인과 학생의 재학관계는 사법상 계약에 따른 법률관계에 해당한다. 지방자치단체가 학교법인이 설립한 사립중학교에 의무교육대상자에 대한 교육을 위탁한 때에 그 학교법인과 해당 사립중학교에 재학 중인 학생의 재학관계도 기본적으로 마찬가지이다(대판 2018.12.28., 2016다33196).

③ **빈출** (×) 산업단지관리공단의 지위, 입주계약 및 변경계약의 효과, 입주계약 및 변경계약 체결의무와 그 의무를 불이행한 경우의 형사적 내지 행정적 제재, 입주계약해지의 절차, 해지통보에 수반되는 법적 의무 및 그 의무를 불이행한 경우의 형사적 내지 행정적 제재 등을 종합적으로 고려하면, 입주변경계약 취소는 행정청인 관리권자로부터 관리업무를 위탁받은 산업단지관리공단이 우월적 지위에서 입주기업체들에게 일정한 법률상 효과를 발생하게 하는 것으로서 항고소송의 대상이 되는 행정처분에 해당한다(대판 2017.6.15., 2014두46843).

④ (○) 일반재산은 국가나 공공단체의 사물(私物)로서 국고관계에 해당되어 이에 대한 계약은 사법상 관계이고, 수의계약의 성질은 특정인과의 계약체결로서 사법관계에 해당된다.

> 지방자치단체가 일반재산을 입찰이나 수의계약을 통해 매각하는 것은 기본적으로 사경제주체의 지위에서 하는 행위이므로 원칙적으로 사적 자치와 계약자유의 원칙이 적용된다(대판 2017.11.14., 2016다201395).

정답 | ④

091
- 기출처: 예상문제
- 난이도: ★★
- 키워드: 공사법 구분

관련기출 옳은지문
- 한국산업단지공단의 산업단지 입주자에 대한 입주계약 해지는 항고소송의 대상인 행정처분이다. 24군무원9급

092

공법관계와 사법관계에 대한 설명으로 옳은 것만을 〈보기〉에서 모두 고른 것은? (다툼이 있는 경우 판례에 의함)

┤ 보기 ├
ㄱ. 조달청이 국가종합전자조달시스템인 나라장터 종합쇼핑몰에 거래정지조치를 하는 것은 처분으로서 공법관계에 속한다.
ㄴ. 「초·중등교육법」상 사립중학교에 대한 중학교 의무교육의 위탁관계는 사법관계에 속한다.
ㄷ. 공용수용의 목적물이 불필요하게 된 경우 피수용자가 다시 수용된 토지의 소유권을 회복할 수 있도록 하는 환매권은 일종의 공권이다.
ㄹ. 사립학교교원에 대한 징계는 사법관계이나 그에 대해 교원소청심사가 제기되어 그에 대한 결정이 있으면 그 결정은 공법의 문제가 된다.

① ㄱ, ㄴ
② ㄱ, ㄷ
③ ㄱ, ㄹ
④ ㄴ, ㄹ
⑤ ㄴ, ㄷ, ㄹ

해설

ㄱ. (O) 조달청장의 나라장터 종합쇼핑몰에서의 거래정지조치는 처분으로서 공법관계이다.

> 조달청이 '규격서 내용을 허위로 기재하거나 과장하였다'는 등의 이유로 물품구매계약 추가특수조건 규정에 따라 甲 회사에 대하여 6개월간 나라장터 종합쇼핑몰에서의 거래를 정지한다고 통보한 사안에서, 위 거래정지조치는 항고소송의 대상이 되는 행정처분에 해당한다(대판 2018.11.29., 2017두34940).

ㄴ. (×) 중학교 의무교육의 위탁관계는 「초·중등교육법」 제12조 제3항·제4항 등 관련 법령에 의하여 정해지는 공법적 관계이다(대판 2015.1.29., 2012두7387).

ㄷ. (×) 환매권은 재판상이든 재판 외이든 그 기간 내에 행사하면 이로써 매매의 효력이 생기고, 위 매매는 같은 조 제1항에 적힌 환매권자와 국가 간의 사법상의 매매라 할 것이다(대판 1992.4.24., 92다4673).

ㄹ. (O) 사립학교교원의 학교법인과의 관계는 사법관계이다. 하지만 「교원의 지위 향상 및 교육활동 보호를 위한 특별법」 규정에 의해 교원소청심사위원회에 소청을 제기한 뒤 이에 대한 소청심사위원회의 결정에 대해 항고소송을 청구할 수 있다. 따라서 소청심사의 결정에 대한 불복은 항고소송 대상이고 공법관계이다.

> 사립학교교원에 대한 징계처분 등 그 의사에 반한 불리한 처분에 대하여 「교원의 지위 향상 및 교육활동 보호를 위한 특별법」 제9조, 제10조의 규정에 따라 교원징계재심위원회에 재심청구를 하고 이에 불복하여 행정소송을 제기하는 경우, 쟁송의 대상이 되는 행정처분은 학교법인의 징계처분이 아니라 재심위원회의 결정이다(대판 1994.12.9., 94누6666).

정답 | ③

03 행정법관계에서의 사인의 공권

093
다음 중 개인적 공권에 관한 설명으로 옳지 않은 것은? (다툼이 있는 경우 판례에 의함)

① 재량권이 영으로 수축하는 경우에는 무하자재량행사청구권은 행정개입청구권으로 전환되는 특성이 존재한다.
② 사회적 기본권의 성격을 가지는 연금수급권은 국가에 대하여 적극적으로 급부를 요하는 것이므로 헌법규정만으로는 이를 실현할 수 없고, 법률에 의한 형성을 필요로 한다.
③ 행정청에게 부여된 공권력 발동권한이 재량행위인 경우, 행정청의 권한행사에 이해관계가 있는 개인은 행정청에 대하여 무하자재량행사청구권을 가진다.
④ 환경부장관의 생태·자연도 등급결정으로 1등급 권역의 인근 주민들이 가지는 환경상 이익은 법률상 이익이다.

기출처: 2023 군무원 9급
난이도: ★★
키워드: 사인의 공권

관련기출 옳은지문
· 규제권한발동에 관해 행정청의 재량을 인정하는 「건축법」의 규정은 소정의 사유가 있는 경우 행정청에 건축물의 철거 등을 명할 수 있는 권한을 부여한 것일 뿐만 아니라, 행정청에 그러한 의무가 있음을 규정한 것은 아니다. 15국가직9급

해설

① (○) 재량이 0으로 수축되면 재량은 기속으로 전환되고 행정청에 해당하는 행정을 청구할 수 있는 권리가 있게 된다. 이 경우 무하자재량행사청구권은 행정개입청구권으로 전환된다.
② **빈출** (○) 국가에 대하여 적극적으로 급부를 요구하는 사회적 기본권은 헌법규정만으로는 이를 실현할 수 없고, 법률에 의한 형성을 필요로 하므로 사회보장수급권의 구체적 내용인 수급요건, 수급권자의 범위, 급여금액 등은 법률에 의하여 비로소 확정된다[헌재 2020.12.23., 2017헌가22·2019헌가8(병합), 헌재 2013.9.26., 2011헌바272].
③ (○) 재량인 행정에서 행정의 상대방이나 이해관계인은 재량의 적법한 행사를 구하는 무하자재량행사청구권이 인정된다.
④ (×) 환경부장관이 생태·자연도 1등급으로 지정되었던 지역을 2등급 또는 3등급으로 변경하는 내용의 생태·자연도 수정·보완을 고시하자, 인근 주민 甲이 생태·자연도 등급변경처분의 무효확인을 청구한 사안에서, 甲은 무효확인을 구할 원고적격이 없다(대판 2014.2.21., 2011두29052).

정답 | ④

094

개인적 공권에 대한 설명으로 옳지 않은 것은? (다툼이 있는 경우 판례에 의함)

① 한의사들이 가지는 한약조제권을 한약조제시험을 통하여 약사에게도 인정함으로써 감소하게 되는 한의사들의 영업상 이익은 법률에 의하여 보호되는 이익이라 볼 수 없다.
② 합병 이전의 회사에 대한 분식회계를 이유로 감사인 지정제외 처분과 손해배상공동기금의 추가적립의무를 명한 조치의 효력은 합병 후 존속하는 법인에게 승계될 수 있다.
③ 당사자 사이에 「석탄산업법 시행령」 제41조 제4항 제5호 소정의 재해위로금에 대한 지급청구권에 관한 부제소합의가 있는 경우 그러한 합의는 효력이 인정된다.
④ 석유판매업 허가는 소위 대물적 허가의 성질을 갖는 것이어서 양수인이 그 양수 후 허가관청으로부터 석유판매업허가를 다시 받았다 하더라도 이는 석유판매업의 양수·양도를 전제로 한 것이어서 이로써 양도인의 지위승계가 부정되는 것은 아니므로 양도인의 귀책사유는 양수인에게 그 효력이 미친다.

094	
기출처	2021 군무원 9급
난이도	★★
키워드	사인의 공권

해설

② (O) 「행정절차법」 제10조 제2항에 따라 옳은 설명이다.

> 「행정절차법」 제10조 【지위의 승계】 ② 당사자 등인 법인 등이 합병하였을 때에는 합병 후 존속하는 법인 등이나 합병 후 새로 설립된 법인 등이 당사자 등의 지위를 승계한다.

고득점 플러스+ 법인의 분할

> 신설회사 또는 존속회사가 승계하는 것은 분할하는 회사의 권리와 의무라 할 것인바, 분할하는 회사의 분할 전 법 위반행위를 이유로 과징금이 부과되기 전까지는 단순한 사실행위만 존재할 뿐 그 과징금과 관련하여 분할하는 회사에게 승계의 대상이 되는 어떠한 의무가 있다고 할 수 없고, 특별한 규정이 없는 한 신설회사에 대하여 분할하는 회사의 분할 전 법 위반행위를 이유로 과징금을 부과하는 것은 허용되지 않는다(대판 2007.11.29., 2006두18928).

③ (×) 합의하에 소권은 포기될 수 없다. 따라서 부제소특약은 무효이다.

> 당사자 사이에 「석탄산업법 시행령」 제41조 제4항 제5호 소정의 재해위로금에 대한 지급청구권에 관한 부제소합의가 있었다고 하더라도 그러한 합의는 무효라고 할 것이다(대판 1999.1.26., 98두12598).

정답 | ③

095

개인적 공권에 대한 설명으로 옳은 것은? (다툼이 있는 경우 판례에 의함)

① 장의자동차 운송사업구역에 관한 규정에 의하여 동종업자의 영업이 보호되는 결과는 사업구역제도를 통한 권리에 해당한다.

② 행정처분에 대한 '무효확인을 구할 법률상 이익'은 행정처분의 근거 법률에 의하여 보호되는 직접적이고 구체적인 이익과는 별도로 무효확인소송의 보충성이 요구되므로 행정처분의 무효를 전제로 한 이행소송 등과 같은 직접적인 구제수단이 있는지 여부를 우선 판단하여야 한다.

③ 면허나 인·허가 등의 수익적 행정처분의 근거가 되는 법률이 해당 업자들 사이의 과당경쟁으로 인한 경영의 불합리를 방지하는 것도 그 목적으로 하고 있는 경우, 다른 업자에 대한 면허나 인·허가 등의 수익적 행정처분에 대하여 인·허가 등 행정처분의 상대방이 아니라 하더라도 당해 행정처분의 취소를 구할 원고적격이 있다.

④ 개발제한구역 중 일부 취락을 개발제한구역에서 해제하는 내용의 도시관리계획변경결정에 따라 개발제한구역 해제대상에서 누락된 토지의 소유자는 권리침해를 이유로 취소를 구할 법률상 이익이 있다.

해설

① (×) 면허받은 장의자동차 운송사업구역에 위반하였음을 이유로 한 행정청의 과징금 부과처분에 의하여 동종업자의 영업이 보호되는 결과는 사업구역제도의 반사적 이익에 불과하기 때문에 그 과징금 부과처분을 취소한 재결에 대하여 처분의 상대방 아닌 제3자는 그 취소를 구할 법률상 이익이 없다(대판 1992.12.8., 91누13700).

② **빈출** (×) 행정처분의 근거 법률에 의하여 보호되는 직접적이고 구체적인 이익이 있는 경우에는 「행정소송법」 제35조에 규정된 '무효확인을 구할 법률상 이익'이 있다고 보아야 하고, 이와 별도로 무효확인소송의 보충성이 요구되는 것은 아니므로 행정처분의 무효를 전제로 한 이행소송 등과 같은 직접적인 구제수단이 있는지 여부를 따질 필요가 없다고 해석함이 상당하다(대판 2008.3.20., 2007두6342).

③ **빈출** (○) 면허나 인·허가 등의 수익적 행정처분의 근거가 되는 법률이 해당 업자들 사이의 과당경쟁으로 인한 경영의 불합리를 방지하는 것도 그 목적으로 하고 있는 경우, 다른 업자에 대한 면허나 인·허가 등의 수익적 행정처분에 대하여 미리 같은 종류의 면허나 인·허가 등의 처분을 받아 영업을 하고 있는 기존의 업자는 경업자에 대하여 이루어진 면허나 인·허가 등 행정처분의 상대방이 아니라 하더라도 당해 행정처분의 취소를 구할 원고적격이 있다(대판 2010.6.10., 2009두10512).

④ **빈출** (×) 개발제한구역 중 일부 취락을 개발제한구역에서 해제하는 내용의 도시관리계획변경결정에 대하여, 개발제한구역 해제대상에서 누락된 토지의 소유자는 위 결정의 취소를 구할 법률상 이익이 없다(대판 2008.7.10., 2007두10242).

정답 | ③

096

개인적 공권과 원고적격에 대한 설명으로 옳지 않은 것은? (다툼이 있는 경우 판례에 의함)

① 한약조제시험을 통하여 약사에게 한약조제권을 인정함으로써 한의사들의 영업상 이익이 감소되었다고 해도 이는 사실상 이익에 불과하여 한약조제권을 인정받은 약사들에 대한 합격처분의 무효확인을 구하는 한의사의 소는 부적법하다.
② 면허받은 장의자동차 운송사업구역에 위반하였음을 이유로 한 행정청의 과징금 부과처분을 취소한 재결에 대하여 처분의 상대방 아닌 제3자는 그 취소를 구할 법률상 이익이 있다.
③ 행정처분에 수익처분의 상대방은 그의 권리나 법률상 보호되는 이익이 침해되었다고 볼 수 없으므로 달리 특별한 사정이 없는 한 취소를 구할 이익이 없다.
④ 법률상 이익이란 해당 처분의 근거 법률로 보호되는 직접적이고 구체적인 이익을 가리키고, 간접적이거나 사실적·경제적 이해관계를 가지는 데 불과한 경우는 포함되지 않는다.

기출처 예상문제
난이도 ★
키워드 사인의 공권

관련기출 옳은지문

- 행정처분에 있어서 불이익처분의 상대방은 직접 개인적 이익의 침해를 받은 자로서 원고적격이 인정되지만, 수익처분의 상대방은 그의 권리나 법률상 이익이 침해되었다고 볼 수 없으므로 달리 특별한 사정이 없는 한 취소를 구할 법률상 이익이 없다. 19(상)군무원9급

해설

① (O) 한약조제시험을 통하여 약사에게 한약조제권을 인정함으로써 한의사들의 영업상 이익이 감소되었다고 하더라도 이러한 이익은 사실상의 이익에 불과하고 「약사법」이나 「의료법」 등의 법률에 의하여 보호되는 이익이라고는 볼 수 없으므로, 한의사들이 한약조제시험을 통하여 한약조제권을 인정받은 약사들에 대한 합격처분의 무효확인을 구하는 당해 소는 원고적격이 없는 자들이 제기한 소로서 부적법하다(대판 1998.3.10., 97누4289).
② (×) 면허받은 장의자동차 운송사업구역에 위반하였음을 이유로 한 행정청의 과징금 부과처분에 의하여 동종업자의 영업이 보호되는 결과는 사업구역제도의 반사적 이익에 불과하기 때문에 그 과징금 부과처분을 취소한 재결에 대하여 처분의 상대방 아닌 제3자는 그 취소를 구할 법률상 이익이 없다(대판 1992.12.8., 91누13700).
③ (O) 행정처분에 있어서 불이익처분의 상대방은 직접 개인적 이익의 침해를 받은 자로서 원고적격이 인정되지만, 수익처분의 상대방은 그의 권리나 법률상 보호되는 이익이 침해되었다고 볼 수 없으므로 달리 특별한 사정이 없는 한 취소를 구할 이익이 없다(대판 1995.8.22., 94누8129).
④ 빈출 (O) 법률상 이익이란 해당 처분의 근거 법률로 보호되는 직접적이고 구체적인 이익을 가리키고, 간접적이거나 사실적·경제적 이해관계를 가지는 데 불과한 경우는 포함되지 않는다(대판 2019.8.30., 2018두47189).

정답 | ②

097

기출처	2017 지방직 9급
난이도	★★
키워드	사인의 공권

🔍 관련기출 옳은지문

• 면허나 인·허가 등의 수익적 행정처분의 근거가 되는 법률이 해당 업자들 사이의 과당경쟁으로 인한 경영의 불합리를 방지하는 것도 그 목적으로 하고 있는 경우, 다른 업자에 대한 면허나 인·허가 등의 수익적 행정처분에 대하여 미리 같은 종류의 면허나 인·허가 등의 처분을 받아 영업을 하고 있는 기존의 업자는 당해 행정처분의 취소를 구할 원고적격이 인정될 수 있다.

21군무원9급

• 공무원연금수급권과 같은 사회보장수급권은 사회적 기본권 중의 하나로서, 이는 국가에 대하여 적극적으로 급부를 요구하는 것이므로 헌법규정만으로는 이를 실현할 수 없어 법률에 의한 형성이 필요하고, 그 구체적인 내용, 즉 수급요건, 수급권자의 범위 및 급여금액 등은 법률에 의하여 비로소 확정된다.

19(상)군무원9급

097 〈필수〉

법률상 이익에 대한 판례의 입장으로 옳은 것은?

① 사회권적 기본권의 성격을 가지는 연금수급권은 헌법에 근거한 개인적 공권이므로 헌법 규정만으로도 실현할 수 있다.

② 소극적 방어권인 헌법상의 자유권적 기본권은 법률의 규정이 없다고 하더라도 직접 공권이 성립될 수도 있다.

③ 인·허가 등 수익적 처분을 신청한 여러 사람이 상호 경쟁관계에 있다면, 그 처분이 타방에 대한 불허가 등으로 될 수밖에 없는 때에도 수익적 처분을 받지 못한 사람은 처분의 직접 상대방이 아니므로 원칙적으로 당해 수익적 처분의 취소를 구할 수 없다.

④ 「환경정책기본법」 제6조의 규정 내용 등에 비추어 국민에게 구체적인 권리를 부여한 것으로 볼 수 없더라도 환경영향평가 대상지역 밖에 거주하는 주민에게 헌법상의 환경권 또는 「환경정책기본법」에 근거하여 공유수면매립면허처분과 농지개량사업 시행인가처분의 무효확인을 구할 원고적격이 있다.

해설

① (×) 직접 헌법상의 사회권이나 청구권을 근거로 한 경우에는 인정될 수 없다.

② (○) 헌법상 기본권을 직접 근거로 하여 개인적 공권을 주장할 수 있는지 여부에 대하여 변호인접견권, 알 권리 등의 구체성을 가지고 있는 경우, 자유권, 평등권, 특히 재산권과 관련된 경우에는 가능할 수 있다고 본다.

③ 빈출 (×) 면허나 인·허가 등의 수익적 행정처분을 신청한 수인이 서로 경쟁관계에 있어서 일방에 대한 면허나 인·허가 등의 행정처분이 타방에 대한 불면허·불인가·불허가 등으로 귀결될 수밖에 없는 경우(이른바 경원관계에 있는 경우로서 동일 대상지역에 대한 공유수면매립면허나 도로점용허가 혹은 일정지역에 있어서의 영업허가 등에 관하여 거리제한규정이나 업소개수제한규정 등이 있는 경우를 그 예로 들 수 있다)에 면허나 인·허가 등의 행정처분을 받지 못한 사람 등은 비록 경업자나 경원자에 대하여 이루어진 면허나 인·허가 등 행정처분의 상대방이 아니라 하더라도 당해 행정처분의 취소를 구할 당사자적격이 있다(대판 1999.10.12., 99두6026).

④ (×) 환경영향평가 대상지역 밖에 거주하는 주민에게 헌법상의 환경권 또는 「환경정책기본법」에 근거하여 공유수면매립면허처분과 농지개량사업 시행인가처분의 무효확인을 구할 원고적격이 없다(대판 2006.3.16., 2006두330).

정답 | ②

098

행정법상 법률관계에서 개인적 공권의 설명으로 옳지 않은 것은? (다툼이 있는 경우 판례에 의함)

① 일반적으로 도로는 일반국민은 이를 자유로이 이용할 수 있는 것이기는 하나, 그렇다고 하여 그 이용관계로부터 당연히 그 도로에 관하여 특정한 권리나 법령에 의하여 보호되는 이익이 개인에게 부여되는 것은 아니므로 일반적인 시민생활에 있어 도로를 이용만 하는 사람은 그 용도폐지를 다툴 법률상의 이익이 있다고 말할 수 없다.

② 공공용물의 일반사용은 반사적 이익에 해당되어 도로의 용도폐지처분에 관하여 직접적인 이해관계를 가지는 사람이라도 그 이익의 현실적 침해를 이유로 취소를 구할 법률상의 이익이 인정될 수 없다.

③ 행정처분의 직접 상대방이 아닌 제3자라도 당해 행정처분의 취소를 구할 법률상의 이익이 있는 경우에는 원고적격이 인정된다.

④ 문화재(현 문화유산)의 지정은 문화재를 보존하여 이를 활용함으로써 국민의 문화적 향상을 도모함과 아울러 인류문화의 발전에 기여한다고 하는 목적을 위하여 행해지는 것이지, 그 이익이 일반 국민이나 인근 주민의 문화재를 향유할 구체적이고도 법률적인 이익이라고 할 수는 없다.

098	
기출처	예상문제
난이도	★★★
키워드	사인의 공권

🔍 관련기출 옳은지문

- 행정처분의 직접 상대방이 아닌 제3자라 하더라도 당해 행정처분으로 인하여 법률상 보호되는 이익을 침해당한 경우에는 취소소송을 제기하여 그 당부의 판단을 받을 자격이 있다. 21군무원9급

해설

① (O) 일반적으로 도로는 국가나 지방자치단체가 직접 공중의 통행에 제공하는 것으로서 일반국민은 이를 자유로이 이용할 수 있는 것이기는 하나, 그렇다고 하여 그 이용관계로부터 당연히 그 도로에 관하여 특정한 권리나 법령에 의하여 보호되는 이익이 개인에게 부여되는 것이라고까지는 말할 수 없으므로, 일반적인 시민생활에 있어 도로를 이용만 하는 사람은 그 용도폐지를 다툴 법률상의 이익이 있다고 말할 수 없다(대판 1992.9.22., 91누13212).

② (×) 도로의 용도폐지처분에 관하여 이러한 직접적인 이해관계를 가지는 사람이 그와 같은 이익을 현실적으로 침해당한 경우에는 그 취소를 구할 법률상의 이익이 있다(대판 1992.9.22., 91누13212).

③ (O) 행정처분의 직접 상대방이 아닌 제3자라도 당해 처분에 관하여 법률상 직접적이고 구체적인 이해관계를 가지는 경우에는 당해 처분 취소소송의 원고적격이 인정되나, 사실상 간접적이고 경제적인 이해관계를 가지는 데 불과한 경우에는 그러한 원고적격이 인정될 수 없다(대판 1997.12.12., 97누317).

④ (O) 구 문화재보호법령에 의하여 행하여지는 도지사의 도지정 문화재(현 문화유산) 지정처분은 지역주민이나 국민 일반의 문화재 향유에 대한 이익을 공익으로서 보호함에 있는 것이지, 특정 개인의 문화재 향유에 대한 이익을 직접적·구체적으로 보호함에 있는 것으로 해석되지 아니한다(대판 2001.9.28., 99두8565 참고).

정답 | ②

099

099	
기출처	예상문제
난이도	★★★
키워드	사인의 공권

배출허용기준을 초과하여 오염물질을 배출함으로써 건강권 내지 환경권을 침해받았다고 주장하는 甲은 「대기환경보전법」 제33조의 "환경부장관 또는 시·도지사는 제30조에 따른 신고를 한 후 조업 중인 배출시설에서 나오는 오염물질의 정도가 제16조나 제29조 제3항에 따른 배출허용기준을 초과한다고 인정하면 대통령령으로 정하는 바에 따라 기간을 정하여 사업자에게 그 오염물질의 정도가 배출허용기준 이하로 내려가도록 필요한 조치를 취할 것을 명할 수 있다."라는 규정에 근거하여 관계 행정청에 개선명령을 요청하려고 한다. 이러한 甲의 청구권이 성립하기 위해서는 이 법규의 해석상 어떤 해석이 가능해야 하는가?

① 개선명령을 요청하려는 내용에 관한 근거 규정이 임의규정이다.
② 「대기환경보전법」 제33조의 내용은 공익을 목적으로 규정되었다.
③ 환경오염의 정도가 심각하여 행정청의 재량권이 영(0)으로 수축되어 있다.
④ 甲이 건강하고 좋은 환경에서 생활할 수 있는 것은 「대기환경보전법」상의 규정에 의한 반사적 이익이다.

해설

① (×) 원칙적으로 재량에서는 재량이 영(0)으로 수축되지 않는 한 행정청에 행정의 개입을 청구할 수 없다.
② (×) 행정청의 의무가 사익을 보호할 목적이어야 한다.
③ (○) 환경부장관은 배출허용기준을 초과하여 오염물질을 배출하는 사업자에게 개선명령을 '명할 수 있다.'라는 규정은 재량규정이므로 甲에게는 행정권의 발동을 청구하는 권리가 원칙적으로 인정되지 않는다. 그러나 재량권이 영(0)으로 수축되어 개선명령을 행하지 않으면 안 되는 상황인 경우에는 행정청의 개선명령은 재량이 아닌 하여야 할 의무로 전환되어 甲은 개선명령을 발해줄 것을 청구할 수 있다.
④ (×) 반사적 이익에 대한 침해는 권리침해로 볼 수 없으므로 행정개입을 청구할 수 없다.

정답 | ③

100

법률상 이익 내지 공권에 관한 설명으로 옳지 <u>않은</u> 것은? (다툼이 있는 경우 판례에 의함)

① 도롱뇽은 천성산 일원에 서식하고 있는 도롱뇽목 도롱뇽과에 속하는 양서류로서 자연물인 도롱뇽 또는 그를 포함한 자연 그 자체로서는 소송을 수행할 당사자능력을 인정할 수 없다.

② 수익적 행정처분을 신청한 수인이 서로 경쟁관계에 있는 경원자에 대하여 이루어진 허가 등에 대해 처분의 상대방이 아니라 하더라도 당해 처분의 취소를 구할 당사자적격이 있으나, 그 자가 비법인 사단일 경우 그 구성원에 불과한 자는 당해 처분의 취소를 구할 당사자적격이 없다.

③ 환경영향평가 대상지역 밖의 주민은 헌법상 환경권 또는 「환경정책기본법」상 쾌적한 환경에서 생활할 권리에 근거하여 공유수면매립면허처분의 무효확인을 구할 법률상 이익이 있다.

④ 국민의 정보공개청구권은 법률상 보호되는 구체적인 권리이므로, 공공기관에 대하여 정보공개를 청구하였다가 공개거부처분을 받은 청구인은 행정소송을 통해 공개거부처분의 취소를 구할 법률상 이익이 인정되고, 그 밖에 추가로 어떤 이익이 있어야 하는 것은 아니다.

100	
기출처	예상문제
난이도	★★
키워드	사인의 공권

해설

① (O) 도롱뇽은 천성산 일원에 서식하고 있는 도롱뇽목 도롱뇽과에 속하는 양서류로서 자연물인 도롱뇽 또는 그를 포함한 자연 그 자체로서는 소송을 수행할 당사자능력을 인정할 수 없다(대결 2006.6.2., 2004마1148).

② (O) 비법인 사단이 아닌 구성원에 해당하는 자는 구체적인 이익침해가 없어 원고적격이 없다는 것이 대법원의 입장이다.

> 수익적 행정처분을 신청한 수인이 서로 경쟁관계에 있어서 일방에 대한 허가 등의 처분이 타방에 대한 불허가 등으로 귀결될 수밖에 없는 때에는 허가 등의 처분을 받지 못한 자는 비록 경원자에 대하여 이루어진 허가 등 처분의 상대방이 아니라 하더라도 당해 처분의 취소를 구할 당사자적격이 있다 할 것이나, <u>그 허가 등의 처분을 받지 못한 자가 비법인 사단일 경우 그 구성원에 불과한 자는 경원자에 대하여 이루어진 처분에 의하여 법률상 직접적이고 구체적인 이익을 침해당하였다 할 수 없으므로 당해 처분의 취소를 구할 당사자적격이 없다</u>(대판 1996.6.28., 96누3630).

③ (×) 환경영향평가 대상지역 밖에 거주하는 주민에게 헌법상의 환경권 또는 「환경정책기본법」에 근거하여 공유수면매립면허처분과 농지개량사업 시행인가처분의 무효확인을 구할 원고적격이 없다(대판 2006.3.16., 2006두330).

④ **빈출** (O) 국민의 정보공개청구권은 법률상 보호되는 구체적인 권리이므로, 공공기관에 대하여 정보공개를 청구하였다가 공개거부처분을 받은 청구인은 행정소송을 통해 공개거부처분의 취소를 구할 법률상 이익이 인정되고, 그 밖에 추가로 어떤 이익이 있어야 하는 것은 아니다(대판 2022.5.26., 2022두33439).

정답 | ③

101

개인적 공권에 대한 내용으로 옳은 것은? (다툼이 있는 경우 판례에 의함)

① 구속된 피고인 또는 피의자의 타인과의 접견권은 곧바로 헌법상의 기본권규정에 의하여 인정된다고 볼 수 없다.
② 도매시장법인 이전 및 지정취소 또는 폐쇄 지시에도 일체 소송이나 손실보상을 청구할 수 없다는 부관 중 부제소특약에 관한 부분은 사인의 국가에 대한 공권인 소권을 당사자의 합의로 포기하는 것으로서 허용될 수 없다.
③ 다수의 검사 임용신청자 중 일부만을 검사로 임용하는 결정을 함에 있어, 임용신청자들에게 전형의 결과인 임용 여부의 응답을 할 것인지는 임용권자의 편의재량사항이다.
④ 법률상 보호되는 이익이라 함은 당해 처분의 근거 법규 및 관련 법규에 의하여 보호되는 개별적·직접적·구체적 이익이 있는 경우만을 말하는 것이 아니고, 국민 일반이 공통적으로 가지는 일반적·간접적·추상적 이익이 생기는 경우를 포함한다.

해설

① (×) 구속된 피고인 또는 피의자의 타인과의 접견권은 헌법상의 기본권규정에 의하여 인정된다(대판 1992.5.8., 91누7552).
② (○) "도매시장법인 이전 및 지정취소 또는 폐쇄 지시에도 일체 소송이나 손실보상을 청구할 수 없다."라는 부관을 붙였으나, 그중 부제소특약에 관한 부분은 당사자가 임의로 처분할 수 없는 공법상의 권리관계를 대상으로 하여 사인의 국가에 대한 공권인 소권을 당사자의 합의로 포기하는 것으로서 허용될 수 없다(대판 1998.8.21., 98두8919).
③ (×) 검사의 임용에 있어서 임용권자가 임용 여부에 관하여 어떠한 내용의 응답을 할 것인지는 임용권자의 자유재량에 속하므로 일단 임용거부라는 응답을 한 이상 설사 그 응답내용이 부당하다고 하여도 사법심사의 대상으로 삼을 수 없는 것이 원칙이나, 적어도 재량권의 한계일탈이나 남용이 없는 위법하지 않은 응답을 할 의무가 임용권자에게 있다(대판 1991.2.12., 90누5825).
④ (×) 법률상 보호되는 이익이라 함은 당해 처분의 근거 법규 및 관련 법규에 의하여 보호되는 개별적·직접적·구체적 이익이 있는 경우를 말하고, 공익보호의 결과로 국민 일반이 공통적으로 가지는 일반적·간접적·추상적 이익이 생기는 경우에는 법률상 보호되는 이익이 있다고 할 수 없다(대판 2006.3.16., 2006두330 전합).

정답 | ②

102 〈필수〉

개인적 공권에 대한 설명으로 옳지 않은 것은?

① 환경영향평가 대상지역 밖의 주민이라 할지라도 공유수면매립면허처분 등으로 인하여 그 처분 전과 비교하여 수인한도를 넘는 환경피해를 받거나 받을 우려가 있는 경우에는 공유수면매립면허처분 등으로 인하여 환경상 이익에 대한 침해 또는 침해우려가 있다는 것을 입증함으로써 그 처분 등의 무효확인을 구할 원고적격을 인정받을 수 있다.
② 공무원연금수급권과 같은 사회보장수급권은 헌법규정만으로는 이를 실현할 수 없어 법률에 의한 형성이 필요하고, 그 구체적인 내용, 즉 수급요건 등은 법률에 의하여 비로소 확정된다.
③ 행정처분에 있어서 수익처분의 상대방은 그의 권리나 법률상 보호되는 이익이 침해되었다고 볼 수 없으므로 달리 특별한 사정이 없는 한 그 수익처분의 취소를 구할 이익이 없다.
④ 행정계획은 행정기관 내부의 행동지침에 불과하므로, 도시계획구역 내 토지 등을 소유하고 있는 주민은 입안권자에게 도시계획입안을 요구할 수 있는 법규상 또는 조리상의 신청권이 없다.

해설

① 빈출 (○) 환경영향평가 대상지역 밖의 주민이라 할지라도 공유수면매립면허처분 등으로 인하여 그 처분 전과 비교하여 수인한도를 넘는 환경피해를 받거나 받을 우려가 있는 경우에는, 공유수면매립면허처분 등으로 인하여 환경상 이익에 대한 침해 또는 침해우려가 있다는 것을 입증함으로써 그 처분 등의 무효확인을 구할 원고적격을 인정받을 수 있다(대판 2006.3.16., 2006두330).

② (○) 헌법 제34조 제1항은 "모든 국민은 인간다운 생활을 할 권리를 가진다."라고 규정하고, 제2항은 "국가는 사회보장·사회복지의 증진에 노력할 의무를 진다."라고 규정하고 있는바, 국민연금수급권이나 공무원연금수급권과 같은 사회보장수급권은 이 규정들로부터 도출되는 사회적 기본권의 하나이다. 이와 같은 연금수급권은 국가에 대하여 적극적으로 급부를 요구하는 것이므로 헌법규정만으로는 이를 실현할 수 없고 법률에 의한 형성을 필요로 하며, 그 구체적 내용, 즉 수급요건, 수급권자의 범위, 급여금액 등은 법률에 의하여 비로소 확정된다(헌재 2012.5.31., 2009헌마553).

③ (○) 행정처분에 있어서 불이익처분의 상대방은 직접 개인적 이익의 침해를 받은 자로서 원고적격이 인정되지만 수익처분의 상대방은 그의 권리나 법률상 보호되는 이익이 침해되었다고 볼 수 없으므로 달리 특별한 사정이 없는 한 취소를 구할 이익이 없다(대판 1995.8.22., 94누8129).

④ (×) 도시계획구역 내 토지 등을 소유하고 있는 주민으로서는 입안권자에게 도시계획입안을 요구할 수 있는 법규상 또는 조리상의 신청권이 있다고 할 것이고, 이러한 신청에 대한 거부행위는 항고소송의 대상이 되는 행정처분에 해당한다(대판 2004.4.28., 2003두1806).

정답 | ④

103

영업허가의 양도와 제재처분의 효과 및 제재사유의 승계에 관한 설명으로 가장 옳지 않은 것은? (다툼이 있는 경우 판례에 의함)

103	
기출처	2017 서울시 9급
난이도	★★
키워드	사인의 공권

① 양도인의 위법행위로 양도인에게 이미 제재처분이 내려진 경우에 영업정지 등 그 제재처분의 효력은 양수인에게 당연히 이전된다.

② 주택건설사업이 양도되었으나 그 변경승인을 받기 이전에 행정청이 양수인에 대하여 양도인에 대한 사업계획승인을 취소하였다는 사실을 통지한 경우 이러한 통지는 양수인의 법률상 지위에 변동을 일으키므로 행정처분이다.

③ 회사분할시 분할 전 회사에 대한 제재사유가 신설회사에 대하여 승계되지 않으므로 회사의 분할 전 법 위반행위를 이유로 과징금을 부과하는 것은 허용되지 않는다.

④ 양도인이 위법행위를 한 후 제재를 피하기 위하여 영업을 양도한 경우 그 제재사유의 승계에 관하여 명문의 규정이 없는 경우, 위법행위로 인한 제재사유는 항상 인적 사유이고 경찰책임 중 행위책임의 문제라는 논거는 승계부정설의 논거이다.

해설

① (○) 권리와 의무는 양도·양수에 의해 양수인에게 포괄적으로 승계된다.

② (×) 행정청이 주택건설사업의 양수인에 대하여 양도인에 대한 사업계획승인을 취소하였다는 사실을 통지한 것만으로는 양수인의 법률상 지위에 어떠한 변동을 일으키는 것은 아니므로 위 통지는 항고소송의 대상이 되는 행정처분이라고 할 수는 없다(대판 2000.9.26., 99두646).

③ (○) 특별한 규정이 없는 한 신설회사에 대하여 분할하는 회사의 분할 전 법 위반행위를 이유로 과징금을 부과하는 것은 허용되지 않는다(대판 2007.11.29., 2006두18928).

④ 지엽 (○) 승계부정설에 의하면 행위책임에 의한 위법행위는 인적 사유에 해당되어 승계될 수 없다는 입장이다.

정답 | ②

104	
기출처	예상문제
난이도	★★
키워드	사인의 공권

104
개인적 공권의 성립에 관한 내용으로 옳은 것은? (다툼이 있는 경우 판례에 의함)

① 서울특별시의 '철거민에 대한 시영아파트 특별분양개선지침'에 의한 무허가 건물 소유자의 시영아파트 특별분양신청권은 인정되지 않는다.
② 소득처분에 따른 소득의 귀속자는 법인에 대한 소득금액변동통지의 취소를 구할 법률상 이익이 있다.
③ 「석탄산업법 시행령」 제41조 제4항 제5호 소정의 재해위로금 청구권은 개인의 공권으로서 그 공익적 성격에 비추어 당사자의 합의에 의하여 이를 미리 포기할 수 있다.
④ 문화재보호구역(현 역사문화환경 보존지역) 내에 있는 토지소유자 등으로서는 보호구역의 지정해제를 요구할 수 있는 법규상 또는 조리상의 신청권이 인정될 수 없다.

해설

① (○) 서울특별시의 '철거민에 대한 시영아파트 특별분양개선지침'은 <u>서울특별시 내부에 있어서의 행정지침에 불과하고 지침 소정의 사람에게 공법상의 분양신청권이 부여되는</u> 것이 아니라 할 것이므로 서울특별시의 시영아파트에 대한 분양불허의 의사표시는 항고소송의 대상이 되는 행정처분으로 볼 수 없다(대판 1993.5.11., 93누2247).

② (×) 소득금액통지는 원천징수의무자에 대한 행정청의 행위이다. 따라서 소득의 귀속자는 취소를 구할 법률상 이익이 없다.

> 원천징수의무자에 대한 소득금액변동통지는 원천납세의무의 존부나 범위와 같은 원천납세의무자의 권리나 법률상 지위에 어떠한 영향을 준다고 할 수 없으므로 소득처분에 따른 소득의 귀속자는 법인에 대한 <u>소득금액변동통지의 취소를 구할 법률상 이익이 없다</u>(대판 2015.3.26., 2013두9267).

③ (×) 「석탄산업법 시행령」 제41조 제4항 제5호 소정의 재해위로금 청구권은 개인의 공권으로서 그 공익적 성격에 비추어 당사자의 합의에 의하여 이를 미리 포기할 수 없다(대판 1998.12.23., 97누5046).

④ (×) 문화재보호구역(현 역사문화환경 보존지역) 내에 있는 토지소유자 등으로서는 위 보호구역의 지정해제를 요구할 수 있는 법규상 또는 조리상의 신청권이 있다(대판 2004.4.27., 2003두8821).

정답 | ①

04 특별권력관계

105
특별권력관계에 대한 설명으로 옳지 않은 것은? (다툼이 있는 경우 판례에 의함)

① 구 「군인사법」 제47조의2가 군인의 복무에 관한 사항에 관한 규율 권한을 대통령령에 위임하면서 다소 개괄적으로 위임하였다고 하여 헌법 제75조의 포괄위임금지원칙에 어긋난다고 보기 어렵다.

② 금치처분을 받은 수형자에 대해 금치기간 중 운동을 절대적으로 금지하는 것은 필요 최소한도의 범위를 넘어선 것으로서 헌법 제10조의 인간의 존엄과 가치 및 제12조의 신체의 자유를 침해하는 것이다.

③ 육군3사관학교의 사관생도는 학교에 입학한 날에 육군 사관생도의 병적에 편입하고 준사관에 준하는 대우를 받는 특수한 신분관계에 있으므로, 그 존립 목적을 달성하기 위하여 필요한 한도 내에서 일반 국민보다 상대적으로 기본권이 더 제한될 수 있다.

④ 육군3사관학교의 사관생도 행정예규에 따라 사관생도의 모든 사적 생활에서까지 예외 없이 금주의무를 이행할 것을 요구하면서 경위 등을 묻지 않고 일률적으로 2회 위반시 원칙적으로 퇴학조치하도록 정한 것은 사관생도의 기본권을 지나치게 침해하는 것은 아니다.

⑤ 서울특별시 지하철공사의 임원과 직원의 근무관계의 성질은 공법상의 특별권력관계라고는 볼 수 없고 사법관계에 속하기 때문에 소속 직원에 대한 징계는 행정소송이 아니라 민사소송의 대상이 된다.

해설

① (O) 국군의 특수한 사명을 수행하기 위하여 모든 국민에게 국방의무가 부과되고, 군인의 복무 및 군인훈련은 일반사회생활과는 현저하게 다른 특수하고 전문적인 영역이어서 군사전문가인 지휘관에게 포괄적으로 일임할 필요가 있으며, 군대에 대한 통수와 지휘는 예측할 수 없는 다양한 상황에 대하여 신속하고 전문적·효과적으로 이루어져야 하므로, 「군인사법」 제47조의2가 군인의 복무에 관한 사항에 관한 규율권한을 대통령령에 위임하면서 다소 개괄적으로 위임하였다고 하여 헌법 제75조의 포괄위임금지원칙에 어긋난다고 보기 어렵다(헌재 2010.10.28., 2007헌마890).

② (O) 금치처분을 받은 수형자에 대한 절대적인 운동의 금지는 징벌의 목적을 고려하더라도 그 수단과 방법에 있어서 필요한 최소한도의 범위를 벗어난 것으로서, 수형자의 헌법 제10조의 인간의 존엄과 가치 및 신체의 안전성이 훼손당하지 아니할 자유를 포함하는 제12조의 신체의 자유를 침해하는 정도에 이르렀다고 판단된다(헌재 2004.12.16., 2002헌마478).

③ (O) 사관생도는 군 장교를 배출하기 위하여 국가가 모든 재정을 부담하는 특수교육기관인 육군3사관학교의 구성원으로서, 학교에 입학한 날에 육군 사관생도의 병적에 편입하고 준사관에 준하는 대우를 받는 특수한 신분관계에 있다(「육군3사관학교 설치법 시행령」 제3조). 따라서 그 존립 목적을 달성하기 위하여 필요한 한도 내에서 일반 국민보다 상대적으로 기본권이 더 제한될 수 있으나, 그러한 경우에도 법률유보원칙, 과잉금지원칙 등 기본권 제한의 헌법상 원칙들을 지켜야 한다(대판 2018.8.30., 2016두60591).

④ (×) 구 예규 및 예규 제12조에서 사관생도의 모든 사적 생활에서까지 예외 없이 금주의무를 이행할 것을 요구하면서 제61조에서 사관생도의 음주가 교육 및 훈련 중에 이루어졌는지 여부나 음주량, 음주 장소, 음주 행위에 이르게 된 경위 등을 묻지 않고 일률적으로 2회 위반시 원칙으로 퇴학조치하도록 정한 것은 사관학교가 금주제도를 시행하는 취지에 비추어 보더라도 사관생도의 기본권을 지나치게 침해하는 것이다(대판 2018.8.30., 2016두60591).

⑤ (O) 서울특별시 지하철공사의 임원과 직원의 근무관계의 성질은 「지방공기업법」의 모든 규정을 살펴보아도 공법상의 특별권력관계라고는 볼 수 없고 사법관계에 속할 뿐만 아니라, 위 지하철공사의 사장이 그 이사회의 결의를 거쳐 제정된 인사규정에 의거하여 소속직원에 대한 징계처분을 한 경우 위 사장은 「행정소송법」 제13조 제1항 본문과 제2조 제2항 소정의 행정청에 해당되지 않으므로 공권력발동주체로서 위 징계처분을 행한 것으로 볼 수 없고, 따라서 이에 대한 불복절차는 민사소송에 의할 것이지 행정소송에 의할 수는 없다(대판 1989.9.12., 89누2103).

정답 | ④

105
- 기출처: 2023 국회직 9급
- 난이도: ★★
- 키워드: 특별권력관계

106	
기출처	예상문제
난이도	★★★
키워드	특별권력관계

106

국립대학교에 재학 중인 학생 甲은 여러 차례 학내 시위에 가담하였다. 학내 시위로 학사일정에 차질이 생기자 학교장은 법령과 학칙에 정한 절차에 따라 시위를 주도한 학생 중 일부에 대해서는 정학처분을 하고, 甲에 대해서는 평상시 성적이 매우 저조하였다는 점을 고려하여 퇴학처분을 하였다. 이 사례에 관한 설명으로 옳은 것은? (다툼이 있는 경우 판례에 의함)

① 국립대학교의 재학관계는 특별권력관계이므로 퇴학처분은 행정쟁송법상의 처분에 해당되지 않아 甲은 퇴학처분에 대하여 행정쟁송을 제기할 수 없다.
② 특별권력관계인 국립대학교 학생에 대한 징계권의 발동이나 징계의 양정이 징계권자의 교육적 재량에 맡겨져 있어 법원은 비록 그 징계처분에 위법사유가 있어도 이를 취소할 수 있는 것은 아니다.
③ 학교장의 징계처분은 행정의 자기구속의 법리에 반하는 위법한 처분이다.
④ 교수회의 학생에 대한 무기정학처분의 징계의결에 대하여 학장이 징계의 재심을 요청하여 다시 개최된 교수회에서 표결을 거치지 아니한 채 학장이 직권으로 퇴학처분을 한 것이라면 학칙에 규정된 교수회의 심의·의결을 거치지 아니한 것이어서 위법하다.

해설

① (×) 국립교육대학 학생에 대한 퇴학처분은 행정처분에 해당한다(대판 1991.11.22., 91누2144).
② (×) 학생에 대한 징계권의 발동이나 징계의 양정이 징계권자의 교육적 재량에 맡겨져 있다 할지라도 법원이 심리한 결과 그 징계처분에 위법사유가 있다고 판단되는 경우에는 이를 취소할 수 있는 것이고, 징계처분이 교육적 재량행위라는 이유만으로 사법심사의 대상에서 당연히 제외되는 것은 아니다(대판 1991.11.22., 91누2144).
③ (×) 이전의 동일한 사안에 대한 처분이 문제에 제시되지 않아 자기구속의 법리는 판단할 수 없다.
④ (○) 국립교육대학의 학칙에 학장이 학생에 대한 징계처분을 하고자 할 때에는 교수회의 심의·의결을 먼저 거쳐야 하도록 규정되어 있는 경우, 교수회의 학생에 대한 무기정학처분의 징계의결에 대하여 학장이 징계의 재심을 요청하여 다시 개최된 교수회에서 학장이 교수회의 징계의결 내용에 대한 직권 조정권한을 위임하여 줄 것을 요청한 후 일부 교수들의 찬반토론은 거쳤으나 표결은 거치지 아니한 채 자신의 책임 아래 직권으로 위 교수회의 징계의결 내용을 변경하여 퇴학처분을 하였다면, <u>위 퇴학처분은 교수회의 심의·의결을 거침이 없이 학장이 독자적으로 행한 것에 지나지 아니하여 위법하다</u>(대판 1991.11.22., 91누2144).

정답 | ④

107
특별권력관계에 대한 설명으로 옳지 않은 것은?

① 전통적인 특별권력관계의 특징은 법률유보의 원칙이 제한되지만 사법심사는 광범위하게 인정된다는 점이다.
② 오늘날에는 종래와 달리 특별권력관계에 있는 자의 기본권을 제한하기 위해서 법률의 근거가 있어야 한다고 보고 있다.
③ 농지개량조합과 그 직원과의 관계는 사법상의 근로계약관계가 아닌 공법상의 특별권력관계이고, 그 조합의 직원에 대한 징계처분의 취소를 구하는 소송은 행정소송 사항에 속한다.
④ 교도소장의 미결수용자를 다른 수용시설로의 이송처분은 행정처분이다.

107	
기출처	예상문제
난이도	★★
키워드	특별권력관계

해설

① (×) 전통적 특별권력관계론은 특별권력관계에는 법치주의를 적용하지 않고(법률유보 배제, 포괄적 지배권 행사), 사법심사도 배제하는 관계라고 한다.
② (○) 오늘날에는 특별권력관계에서도 헌법과 법률에 의해 기본권이 제한된다.
③ (○) 헌재 2000.11.30., 99헌마190
④ (○) 미결수용 중 다른 교도소로 이송된 피고인이 그 이송처분의 취소를 구하는 행정소송을 제기할 수 있다(대결 1992.8.7., 92두30 참고).

정답 | ①

108
특별행정법관계(특별권력관계)에 대한 설명으로 옳지 않은 것은? (다툼이 있는 경우 판례에 의함)

① 국립교육대학 학생에 대한 퇴학처분은 행정처분으로서 행정소송의 대상이 된다.
② 서울특별시 지하철공사의 임·직원의 근무관계의 성질은 공법상의 특별권력관계이다.
③ 농지개량조합과 그 직원의 관계는 공법상 특별권력관계이다.
④ 사관생도는 군 장교를 배출하기 위하여 국가가 모든 재정을 부담하는 특수교육기관인 육군3사관학교의 구성원으로서, 일반 국민보다 상대적으로 기본권이 더 제한될 수 있으나, 그러한 경우에도 법률유보원칙, 과잉금지원칙 등 기본권 제한의 헌법상 원칙들을 지켜야 한다.

108	
기출처	예상문제
난이도	★★
키워드	특별권력관계

해설

① (○) 국립교육대학 학생에 대한 퇴학처분은, 학장이 학칙 위반자인 재학생에 대한 구체적 법집행으로서 국가 공권력의 하나인 징계권을 발동하여 학생으로서의 신분을 일방적으로 박탈하는 국가의 교육행정에 관한 의사를 외부에 표시한 것이므로, 행정처분임이 명백하다(대판 1991.11.22., 91누2144).
② (×) 서울특별시 지하철공사의 임원과 직원의 근무관계의 성질은 「지방공기업법」의 모든 규정을 살펴 보아도 공법상의 특별권력관계라고는 볼 수 없고 사법관계에 속한다. 따라서 이에 대한 불복절차는 민사소송에 의할 것이지 행정소송에 의할 수는 없다(대판 1989.9.12., 89누2103).
③ (○) 농지개량조합과 그 직원과의 관계는 공법상 특별권력관계이다(헌재 2000.11.30., 99헌마190).
④ (○) 대판 2018.8.30., 2016두60591

정답 | ②

CHAPTER 02 행정상 법률요건과 법률사실

01 행정법상 사건

109 필수

행정상 법률관계에 대한 설명으로 옳지 않은 것은? (다툼이 있는 경우 판례에 의함)

① 공법관계에 있어서 자연인의 주소는 주민등록지이고, 그 수는 1개소에 한한다.
② 특별한 규정이 없는 경우, 「민법」의 법률행위에 관한 규정 중 의사표시의 효력발생시기, 대리행위의 효력, 조건과 기한의 효력 등의 규정은 행정행위에도 적용된다.
③ 주민등록의 신고는 행정청에 도달하기만 하면 신고로서의 효력이 발생하는 것이 아니라 행정청이 수리한 경우에 비로소 신고의 효력이 발생한다.
④ 「건축법」상 착공신고가 반려될 경우 당사자에게 그 반려행위를 다툴 실익이 없는 것이므로 착공신고 반려행위의 처분성이 인정되지 않는다.

기출처: 2017 지방직 9급
난이도: ★★
키워드: 행정법상 사건

관련기출 옳은지문
- 자연인의 공법상 주소지는 다른 법률에 특별한 규정이 없는 한 1개소에 한정한다. 16교육행정직

해설

① (○) 「주민등록법」상 주소는 1개소이다.
② (○) 공법상의 법률행위에 대한 일반법이 없어 특별한 규정이 없으면 「민법」을 준용한다.
③ (○) 대판 2009.1.30., 2006다17850
④ 빈출 (×) 착공신고 반려행위가 이루어진 단계에서 당사자로 하여금 반려행위의 적법성을 다투어 법적 불안을 해소한 다음 건축행위에 나아가도록 함으로써 장차 있을지도 모르는 위험에서 미리 벗어날 수 있도록 길을 열어 주고, 위법한 건축물의 양산과 철거를 둘러싼 분쟁을 조기에 근본적으로 해결할 수 있게 하는 것이 법치행정의 원리에 부합한다. 그러므로 행정청의 착공신고 반려행위는 항고소송의 대상이 된다고 보는 것이 옳다(대판 2011.6.10., 2010두7321).

정답 | ④

110

행정상의 법률관계에 있어 소멸시효와 제척기간에 대한 설명으로 옳지 않은 것은?

① 공법상의 소멸시효는 법률에 특별한 규정이 없으면 「민법」의 규정이 유추적용되는데, 공법상 금전채권의 소멸시효기간을 정하는 이유는 사법관계와 마찬가지로 공법관계에서도 법률관계를 오래도록 미확정인 채로 방치하여 두는 것이 타당하지 않기 때문이다.

② 제척기간은 권리자로 하여금 권리를 신속하게 행사하도록 함으로써 그 권리를 중심으로 하는 법률관계를 조속하게 확정하려는 데에 그 제도의 취지가 있는 것으로서, 관계 법령에 따라 정당한 사유가 인정되는 등 특별한 사정이 없는 한 그 기간의 경과 자체만으로 곧 권리 소멸의 효과를 발생시킨다.

③ 제척기간은 권리관계를 조속히 확정시키기 위하여 권리의 행사에 중대한 제한을 가하는 것이므로, 모법인 법률에 의한 위임이 없는 한 시행령이 함부로 제척기간을 규정할 수는 없다고 할 것이다.

④ 제척기간에 있어서는 그 성질에 비추어 소멸시효와 같이 기간의 중단이나 정지는 있을 수 없다.

⑤ 소멸시효는 권리가 발생한 때를 기산점으로 하지만, 제척기간은 권리를 행사할 수 있는 때를 기산점으로 한다.

해설

① (○) 시효는 원래 사법상의 제도로 발달되어 왔으나 오늘날 공법에도 타당한 일반적인 법리로 파악되고 있고, 공법상의 소멸시효에 관하여 법률에 특별한 규정이 없으면 「민법」의 규정이 유추적용된다. 이렇듯 공법상 금전채권의 소멸시효기간을 정하는 이유는 공법관계에서도 법률관계를 오래도록 미확정된 채로 방치하여 두는 것이 타당하지 않다는 데 있는 것으로 이해된다(헌재 2009.5.28., 2008헌바107).

② (○) 제척기간은 권리자로 하여금 권리를 신속하게 행사하도록 함으로써 그 권리를 중심으로 하는 법률관계를 조속하게 확정하려는 데에 그 제도의 취지가 있는 것으로서, 소멸시효가 일정한 기간의 경과와 권리의 불행사라는 사정에 의하여 그 효과가 발생하는 것과는 달리 관계 법령에 따라 정당한 사유가 인정되는 등 특별한 사정이 없는 한 그 기간의 경과 자체만으로 곧 권리 소멸의 효과를 발생시킨다(대판 2021.3.18., 2018두47264).

③ (○) 일정한 권리에 관하여 법률이 규정한 존속기간을 뜻하는 제척기간은 권리관계를 조속히 확정시키기 위하여 권리의 행사에 중대한 제한을 가하는 것이어서 모법인 법률에 의한 위임이 없는 한 시행령이 함부로 제척기간을 규정할 수는 없다고 할 것이다(대판 1990.9.28., 89누2493).

④ (○) 대판 2004.7.22., 2004두2509

⑤ **지엽** (×) 소멸시효는 권리를 행사할 수 있는 때부터 기산되고, 제척기간은 권리가 발생하는 시점부터 기산된다.

> 1. 제척기간은 권리자로 하여금 당해 권리를 신속하게 행사하도록 함으로써 법률관계를 조속히 확정시키려는 데 그 제도의 취지가 있는 것으로서, 소멸시효가 일정한 기간의 경과와 권리의 불행사라는 사정에 의하여 권리 소멸의 효과를 가져오는 것과는 달리 그 기간의 경과 자체만으로 곧 권리 소멸의 효과를 가져오게 하는 것이므로 그 기간 진행의 기산점은 특별한 사정이 없는 한 원칙적으로 권리가 발생한 때이다(대판 1995.11.10., 94다22682·22699).
> 2. 국가배상청구권에 관한 3년의 단기소멸시효기간 기산에는 「민법」제766조 제1항 외에 소멸시효의 기산점에 관한 일반규정인 「민법」제166조 제1항이 적용된다. 따라서 3년의 단기소멸시효기간은 그 '손해 및 가해자를 안 날'에 더하여 그 '권리를 행사할 수 있는 때'가 도래하여야 비로소 시효가 진행한다(대판 2023.2.2., 2020다270633).

정답 | ⑤

111 〈필수〉

공법상 부당이득에 대한 설명으로 옳지 않은 것은?

① 개발부담금 부과처분이 취소된 이상 그 후의 부당이득으로서의 과오납금 반환에 관한 법률관계는 단순히 민사관계에 불과한 것이고, 행정소송 절차에 따라야 하는 관계로 볼 수 없다.

② 조세환급금은 조세채무가 처음부터 존재하지 않거나 그 후 소멸하였음에도 불구하고 국가가 법률상 원인 없이 수령하거나 보유하고 있는 부당이득에 해당하고, 환급가산금은 그 부당이득에 대한 법정이자로서의 성질을 가진다.

③ 당연무효인 변상금 부과처분에 의하여 납부한 오납금에 대한 납부자의 부당이득반환청구권은 처음부터 법률상 원인이 없이 납부된 것이므로 납부시에 발생하여 확정된다.

④ 국가는 국유재산의 무단점유자를 상대로 구 「국유재산법」에 따른 변상금 부과·징수권을 행사해야 하고, 이와 별도로 국유재산의 소유자로서 민사상 부당이득반환청구의 소를 제기할 수 없다.

해설

① (O) 대판 1995.12.22., 94다51253

② (O) 대판 2009.9.10., 2009다11808

③ (O) 「지방재정법」 제87조 제1항에 의한 변상금 부과처분이 당연무효인 경우에 이 변상금 부과처분에 의하여 납부자가 납부하거나 징수당한 오납금은 지방자치단체가 법률상 원인 없이 취득한 부당이득에 해당하고, 이러한 오납금에 대한 납부자의 부당이득반환청구권은 처음부터 법률상 원인이 없이 납부 또는 징수된 것이므로 납부 또는 징수시에 발생하여 확정되며, 그때부터 소멸시효가 진행한다(대판 2005.1.27., 2004다50143).

④ (×) 구 「국유재산법」(2009.1.30. 법률 제9401호로 전부 개정되기 전의 것, 이하 같다) 제51조 제1항·제4항·제5항에 의한 변상금 부과·징수권은 민사상 부당이득반환청구권과 법적 성질을 달리하므로, 국가는 무단점유자를 상대로 변상금 부과·징수권의 행사와 별도로 국유재산의 소유자로서 민사상 부당이득반환청구의 소를 제기할 수 있다(대판 2014.7.16., 2011다76402).

정답 | ④

112

행정상 법률요건과 법률사실에 대한 내용으로 옳은 것은? (다툼이 있는 경우 판례에 의함)

① 「국세기본법」 제28조에서 교부청구로 국세징수권의 소멸시효가 중단된다고 규정하고 있고, 「국세징수법」 등 관련 법규에서 교부청구를 한 세무서장 등이 체납자에게 교부청구한 사실을 알릴 것을 요하지 아니하므로, 체납자에게 교부청구 사실을 알리지 아니하였다고 하여도 소멸시효 중단의 효력에 영향이 없다.

② 「공공기관의 정보공개에 관한 법률」에 의하면 정보공개 여부 결정기간은 '일' 단위로 계산하고 첫날을 산입하지 않되, 공휴일과 토요일은 산입한다.

③ 「행정기본법」에 의하면 법령 등 또는 처분에서 국민의 권익을 제한하거나 의무를 부과하는 경우 권익이 제한되거나 의무가 지속되는 기간의 계산은 기간을 일, 주, 월 또는 연으로 정한 경우에는 기간의 첫날을 산입하지 않는다.

④ 법령 등 또는 처분에서 국민의 권익을 제한하거나 의무를 부과하는 경우 권익이 제한되거나 의무가 지속되는 기간의 계산은 기간의 말일이 토요일 또는 공휴일인 경우에 기간은 그 다음 날로 만료된다.

해설

① (○) 세무서장이 「국세징수법」상 교부청구를 한 경우, 체납자에게 이러한 사실을 알리지 않아도 국세징수권에 관한 소멸시효 중단의 효력에 영향이 없다.

> 「국세기본법」 제28조에서 교부청구로 국세징수권의 소멸시효가 중단된다고 규정하고 있고, 「국세징수법」 등 관련 법규에서 교부청구를 한 세무서장 등이 체납자에게 교부청구한 사실을 알릴 것을 요하지 아니하므로, 체납자에게 교부청구 사실을 알리지 아니하였다고 하여 소멸시효 중단의 효력에 영향이 없다(대판 2010.5.27., 2009다69951).

② (×) 정보공개결정기간은 '일' 단위로 계산하되 첫날은 산입하고 공휴일과 토요일은 산입하지 않는다.

> 「공공기관의 정보공개에 관한 법률」 제29조 【기간의 계산】 ① 이 법에 따른 기간의 계산은 「민법」에 따른다.
> ② 제1항에도 불구하고 다음 각 호의 기간은 '일' 단위로 계산하고 첫날을 산입하되, 공휴일과 토요일은 산입하지 아니한다.
> 1. 제11조 제1항 및 제2항에 따른 정보공개 여부 결정기간
> 2. 제18조 제1항, 제19조 제1항 및 제20조 제1항에 따른 정보공개 청구 후 경과한 기간
> 3. 제18조 제3항에 따른 이의신청 결정기간

③④ (×) 기간의 첫날을 산입하고, 공휴일이라도 그 날로 만료한다.

> 「행정기본법」 제6조 【행정에 관한 기간의 계산】 ① 행정에 관한 기간의 계산에 관하여는 이 법 또는 다른 법령 등에 특별한 규정이 있는 경우를 제외하고는 「민법」을 준용한다.
> ② 법령 등 또는 처분에서 국민의 권익을 제한하거나 의무를 부과하는 경우 권익이 제한되거나 의무가 지속되는 기간의 계산은 다음 각 호의 기준에 따른다. 다만, 다음 각 호의 기준에 따르는 것이 국민에게 불리한 경우에는 그러하지 아니하다.
> 1. 기간을 일, 주, 월 또는 연으로 정한 경우에는 기간의 첫날을 산입한다.
> 2. 기간의 말일이 토요일 또는 공휴일인 경우에도 기간은 그 날로 만료한다.

정답 | ①

113

공법상의 시효제도에 대한 설명으로 옳지 않은 것은? (다툼이 있는 경우 판례에 의함)

① 세무공무원이 「국세징수법」에 의하여 체납자의 가옥·선박·창고 기타의 장소를 수색하였으나 압류할 목적물을 찾아내지 못하여 압류를 실행하지 못한 경우에도 소멸시효 중단의 효력이 있다.
② 변상금 부과처분에 대한 취소소송이 진행 중이라도 그 부과권자로서는 위법한 처분을 스스로 취소하고 그 하자를 보완하여 다시 적법한 부과처분을 할 수도 있는 것이어서 그 권리행사에 법률상의 장애사유가 있는 경우에 해당한다고 할 수 없으므로, 그 처분에 대한 취소소송이 진행되는 동안에도 그 부과권의 소멸시효가 진행된다.
③ 국세에 대하여 그 부과징수권의 소멸시효기간 5년이 경과되기 전에 부과처분이 있었다면 이에 의하여 소멸시효의 진행은 중단되었다 할 것이지만, 그 시효중단의 효력은 후에 그 부과처분이 취소되면 상실된다.
④ 채권자가 동일한 목적을 달성하기 위하여 복수의 채권을 갖고 있는 경우, 어느 하나의 청구권을 행사하는 것이 다른 채권에 대한 소멸시효 중단의 효력이 있다고 할 수 없다.

해설

① (○) 세무공무원이 체납자의 재산을 압류하기 위해 수색을 하였으나 압류할 목적물이 없어 압류를 실행하지 못한 경우에도 시효중단의 효력이 발생한다(대판 2001.8.21., 2000다12419).
② (○) 변상금 부과처분에 대해 상대방이 취소소송을 청구하더라도 부과권의 소멸시효는 중단되지 않는다.

> 변상금 부과처분에 대한 취소소송이 진행 중이라도 그 부과권자로서는 위법한 처분을 스스로 취소하고 그 하자를 보완하여 다시 적법한 부과처분을 할 수도 있는 것이어서 그 권리행사에 법률상의 장애사유가 있는 경우에 해당한다고 할 수 없으므로, 그 처분에 대한 취소소송이 진행되는 동안에도 그 부과권의 소멸시효가 진행된다(대판 2006.2.10., 2003두5686).

③ (×) 국세에 대하여 그 부과징수권의 소멸시효기간 5년이 경과되기 전에 부과처분이 있었다면 이에 의하여 소멸시효의 진행은 중단되었다 할 것이고, 그 시효중단의 효력은 후에 그 부과처분이 취소되어도 없어지는 것은 아니다(대판 1987.1.20., 86누346).
④ (○) 채권자가 동일한 목적을 달성하기 위하여 복수의 채권을 갖고 있는 경우, 어느 하나의 청구권을 행사하는 것이 다른 채권에 대한 소멸시효 중단의 효력이 있다고 할 수 없다(대판 2002.5.10., 2000다39735).

정답 | ③

114 필수

공법상 시효에 대한 설명으로 옳지 않은 것은?

① 「관세법」상 납세자의 과오납금 또는 그 밖의 관세의 환급청구권은 그 권리를 행사할 수 있는 날부터 5년간 행사하지 아니하면 소멸시효가 완성된다.
② 판례는 공법상 부당이득반환청구권은 사권(私權)에 해당되며, 그에 관한 소송은 민사소송절차에 따라야 한다고 보고 있다.
③ 소멸시효에 대해 「국가재정법」은 국가의 국민에 대한 금전채권은 물론이고 국민의 국가에 대한 금전채권에도 적용된다.
④ 공법의 특수성으로 인해 소멸시효의 중단·정지에 관한 「민법」 규정은 적용되지 않는다.

해설

④ (×) 공법에 특별한 규정이 없으면 시효에 대한 중단이나 정지에 대해 「민법」 규정을 준용한다.

> 「민법」 제168조 【소멸시효의 중단사유】 소멸시효는 다음 각 호의 사유로 인하여 중단된다.
> 1. 청구
> 2. 압류 또는 가압류, 가처분
> 3. 승인

정답 | ④

관련기출 옳은지문

- 행정상 법률관계에 있어서 시효의 중단이나 정지에 대하여 특별한 규정이 없으면 「민법」 규정이 준용된다. 19(하)군무원9급

- 「국가재정법」상 5년의 소멸시효가 적용되는 '금전의 급부를 목적으로 하는 국가의 권리'에는 국가의 사법(私法)상 행위에서 발생한 국가에 대한 금전채무도 포함된다. 16지방직9급

115

공법상 시효제도에 관한 내용으로 옳지 않은 것은? (다툼이 있는 경우에는 판례의 의함)

① 「지방재정법」의 취지는 금전급부의 발생원인이 공법상의 것이든 사법상의 것이든 가리지 아니하고 지방자치단체의 권리는 다른 법률에 이보다 짧은 기간의 소멸시효의 규정이 있는 경우 외에는 모두 소멸시효기간을 5년으로 한다.
② 소멸시효나 제척기간이 완성된 후의 권리행사는 취소에 해당된다.
③ 소멸시효에 있어서 그 시효기간이 만료되면 권리는 당연히 소멸하지만 그 시효의 이익을 받는 자가 소송에서 소멸시효의 주장을 하지 아니하면 그 의사에 반하여 재판할 수 없다.
④ 「국유재산법」상 국유재산에 대한 취득시효가 완성되기 위해서는 그 국유재산이 취득시효기간 동안 계속하여 시효취득의 대상인 일반재산이어야 하고 행정재산이 본래의 용도에 제공되지 않는 상태에 있다고 해도 곧바로 취득시효의 대상이 되는 일반재산이 된다고 볼 수 없다.

115	
기출처	예상문제
난이도	★★
키워드	행정법상 사건

해설

① (○) 「지방재정법」 제69조의 취지는 금전급부의 발생원인이 공법상의 것이든 사법상의 것이든 가리지 아니하고 지방자치단체의 권리나 지방자치단체에 대한 권리는 다른 법률에 이보다 짧은 기간의 소멸시효의 규정이 있는 경우 외에는 모두 소멸시효기간을 5년으로 한다(대판 1995.2.28., 94다42020).
② (×) 시효나 제척기간이 경과한 후에 권리를 행사하는 것은 무효사유에 해당한다.

> 종합소득세에 대한 부과 제척기간은 5년이라고 봄이 상당하고, 그 기산일은 1996년 및 1997년 귀속 각 종합소득세의 과세표준신고기한 다음 날인 1997.6.1.과 1998.6.1.이므로 각 그로부터 5년이 경과하였음이 역수상 명백한 2003.6. 이후 이루어진 이 사건 각 부과처분은 그 제척기간이 경과한 후의 것으로서 무효라고 할 것이다(대판 2009.5.28., 2007두24364).

③ (○) 소멸시효에 있어서 그 시효기간이 만료되면 권리는 당연히 소멸하지만 그 시효의 이익을 받는 자가 소송에서 소멸시효의 주장을 하지 아니하면 그 의사에 반하여 재판할 수 없다(대판 1991.7.26., 91다5631).
④ (○) 국유재산에 대한 취득시효가 완성되기 위해서는 그 국유재산이 취득시효기간 동안 계속하여 행정재산이 아닌 시효취득의 대상이 될 수 있는 일반재산이어야 한다(대판 2010.11.25., 2010다58957).

정답 | ②

116

116	① ② ③
기출처	2017 지방직 9급
난이도	★★
키워드	행정법상 사건

116 〈필수〉

공법상 부당이득에 대한 설명으로 옳지 않은 것은? (다툼이 있는 경우 판례에 의함)

① 공법상 부당이득에 관한 일반법은 없으므로 특별한 규정이 없는 경우,「민법」상 부당이득반환의 법리가 준용된다.
② 부가가치세법령에 따른 환급세액 지급의무 등의 규정과 그 입법취지에 비추어 볼 때 부가가치세 환급세액반환은 공법상 부당이득반환으로서 민사소송의 대상이다.
③ 잘못 지급된 보상금에 해당하는 금액의 징수처분을 해야 할 공익상 필요가 당사자가 입게 될 불이익을 정당화할 만큼 강한 경우, 보상금을 받은 당사자로부터 오지급금액의 환수처분이 가능하다.
④ 공법상 부당이득반환에 대한 청구권의 행사는 개별적인 사안에 따라 행정주체도 주장할 수 있다.

🔍 **관련기출 옳은지문**
- 부가가치세 환급세액 지급청구는 당사자소송을 통해 다투어야 한다.
  16서울시7급

해설

① (○) 공법상 부당이득에 관한 일반법은 없다. 따라서「민법」상 법리를 준용한다.
② **빈출** (×) 납세의무자에 대한 국가의 부가가치세 환급세액 지급의무에 대응하는 국가에 대한 납세의무자의 부가가치세 환급세액 지급청구는 민사소송이 아니라「행정소송법」제3조 제2호에 규정된 당사자소송의 절차에 따라야 한다(대판 2013.3.21., 2011다95564).
③ (○) 대판 2014.10.27., 2012두17186
④ **빈출** (○) 부당이득은 사인도 행정주체로부터 발생할 수 있고(예 봉급의 과액수령, 무자격자의 연금수령 등), 행정주체도 사인에 대해 부당이득반환을 청구할 수 있다.

정답 | ②

117

117	① ② ③
기출처	예상문제
난이도	★★
키워드	행정법상 사건

117

공법상 부당이득에 관한 설명으로 옳지 않은 것은? (다툼이 있는 경우 판례에 의함)

① 공법상 원인으로 이루어진 부당이득에 대해서 일반적 규정은 없고 법령에 특별한 규정이 없는 한「민법」규정이 직접 또는 유추적용된다.
② 구「국유재산법」에 의한 변상금 부과·징수권은 민사상 부당이득반환청구권과 법적 성질을 달리하므로, 국가는 무단점유자를 상대로 변상금 부과·징수권의 행사를 하게 되면 별도로 민사상 부당이득반환청구의 소를 제기할 수 없다.
③ 국가에 대한 납세의무자의 부가가치세 환급세액 지급청구는 민사소송이 아니라「행정소송법」제3조 제2호에 규정된 당사자소송의 절차에 따라야 한다.
④ 변상금 부과처분이 당연무효인 경우에 이 변상금 부과처분에 의하여 납부자가 납부하거나 징수당한 오납금은 지방자치단체가 법률상 원인 없이 취득한 부당이득에 해당한다.

🔍 **관련기출 옳은지문**
- 공법상 부당이득에 대한 일반법은 없고 법령에 특별한 규정이 없는 한「민법」규정이 직접 또는 유추적용된다.
  19(상)군무원9급

해설

① **빈출** (○) 부당이득에 관한 공법상의 일반적 규정은 없다. 따라서 특별한 규정이 없으면「민법」을 준용한다. 특히 대법원은 국가와 국민 사이의 공법관계를 원인으로 한 부당이득의 경우에도 사법관계로서 민사소송에 의한다는 입장이다.
② (×) 구「국유재산법」제51조 제1항·제4항·제5항(2009.1.30. 법률 제9401호로 전부 개정되기 전의 것, 현행「국유재산법」제72조 제1항, 제73조에 해당한다)에 의한 변상금 부과·징수권은 민사상 부당이득반환청구권과 법적 성질을 달리하므로, 국가는 무단점유자를 상대로 변상금 부과·징수권의 행사와 별도로 국유재산의 소유

자로서 민사상 부당이득반환청구의 소를 제기할 수 있다(대판 2014.7.16., 2011다76402 전합 참고). 그리고 이러한 변상금 부과·징수권과 민사상 부당이득반환청구권은 동일한 금액 범위 내에서 경합하여 병존하게 되고, 민사상 부당이득반환청구권이 만족을 얻어 소멸하면 그 범위 내에서 변상금 부과·징수권도 소멸하는 관계에 있다(대판 2014.9.4., 2012두5688).
③ **빈출** (O) 국가에 대한 납세의무자의 부가가치세 환급세액 지급청구는 민사소송이 아니라 「행정소송법」 제3조 제2호에 규정된 당사자소송의 절차에 따라야 한다(대판 2013.3.21., 2011다95564).
④ (O) 변상금 부과나 과세처분 등이 무효인 경우에도 이를 납부한 경우 부당이득에 해당하지만, 취소사유인 경우에는 권한 있는 기관에 의하여 처분이 취소되기 이전에는 부당이득이 아니다.

정답 | ②

118

행정법상의 조세과오납환급소송에 관한 설명으로 옳지 않은 것은? (다툼이 있는 경우 판례에 의함)

① 과세에 의한 과오납이 부당이득이 되기 위하여는 과세처분의 하자가 중대하고 명백하여 당연무효이어야 하고, 과세처분의 하자가 단지 취소할 수 있는 정도에 불과할 때에는 취소되지 않는 한 그로 인한 조세의 납부가 부당이득이 된다고 할 수 없다.
② 처분의 취소를 구하는 취소소송에 당해 처분과 관련되는 부당이득반환소송이 관련 청구로 병합된 경우, 부당이득이 인용되기 위해서는 취소가 확정되어야 하는 것이고, 당해 병합된 소송에서 취소되어진 것으로는 인정될 수 없다.
③ 국세환급금결정이나 이 결정을 구하는 신청에 대한 환급거부결정 등은 납세의무자가 갖는 환급청구권의 존부나 범위에 구체적이고 직접적인 영향을 미치는 처분이 아니어서 항고소송의 대상이 되는 처분이라고 볼 수 없다.
④ 납세의무자에 대한 국가의 부가가치세 환급세액 지급의무는 그 납세의무자로부터 어느 과세기간에 과다하게 거래징수된 세액 상당을 국가가 실제로 납부받았는지와 관계없이 부가가치세법령의 규정에 의하여 직접 발생하는 것이다.

118	① ② ③
기출처	예상문제
난이도	★★
키워드	행정법상 사건

관련기출 옳은지문
• 조세의 과오납이 부당이득이 되기 위하여는 납세 또는 조세의 징수가 실체법적으로나 절차법적으로 전혀 법률상의 근거가 없거나 과세처분의 하자가 중대하고 명백하여 당연무효이어야 하고, 과세처분의 하자가 단지 취소할 수 있는 정도에 불과할 때에는 과세관청이 이를 스스로 취소하거나 항고소송절차에 의하여 취소되지 않는 한 그로 인한 조세의 납부가 부당이득이 된다고 할 수 없다. 19서울시7급

해설

① **빈출** (O) 처분에 대한 부당이득의 경우, 처분에 하자가 있어도 당연무효가 아닌 한 권한 있는 기관이 취소할 때까지는 공정력 등의 효력에 따라 유효성을 인정받게 되어 부당이득이 성립할 수 없다.
② **빈출** (×) 「행정소송법」 제10조는 처분의 취소를 구하는 취소소송에 당해 처분과 관련되는 부당이득반환소송을 관련 청구로 병합할 수 있다고 규정하고 있는바, 이 조항을 둔 취지에 비추어 보면, 취소소송에 병합할 수 있는 당해 처분과 관련되는 부당이득반환소송에는 당해 처분의 취소를 선결문제로 하는 부당이득반환청구가 포함되고, 이러한 부당이득반환청구가 인용되기 위해서는 그 소송절차에서 판결에 의해 당해 처분이 취소되면 충분하고 그 처분의 취소가 확정되어야 하는 것은 아니라고 보아야 한다(대판 2009.4.9., 2008두23153).
③ **빈출** (O) 국세환급금결정이나 이 결정을 구하는 신청에 대한 환급거부결정 등은 항고소송의 대상이 되는 처분이라고 볼 수 없다.
④ (O) 납세의무자에 대한 국가의 부가가치세 환급세액 지급의무는 그 납세의무자로부터 어느 과세기간에 과다하게 거래징수된 세액 상당을 국가가 실제로 납부받았는지와 관계없이 부가가치세법령의 규정에 의하여 직접 발생하는 것으로서, 그 법적 성질은 정의와 공평의 관념에서 수익자와 손실자 사이의 재산상태 조정을 위해 인정되는 부당이득반환의무가 아니라 부가가치세법령에 의하여 그 존부나 범위가 구체적으로 확정되고 조세정책적 관점에서 특별히 인정되는 공법상 의무라고 봄이 타당하다. 그렇다면 납세의무자에 대한 국가의 부가가치세 환급세액 지급의무에 대응하는 국가에 대한 납세의무자의 부가가치세 환급세액 지급청구는 민사소송이 아니라 「행정소송법」 제3조 제2호에 규정된 당사자소송의 절차에 따라야 한다(대판 2013.3.21., 2011다95564).

정답 | ②

02 사인의 공법행위

119 〈필수〉

신고에 대한 설명으로 옳은 것은? (다툼이 있는 경우 판례에 의함)

① 구 「관광진흥법」에 의한 지위승계신고를 수리하는 허가관청의 행위는 사실적인 행위에 불과하여 항고소송의 대상이 되지 않는다.
② 정보통신매체를 이용하여 학습비를 받고 불특정 다수인에게 원격 평생교육을 실시하기 위해 구 「평생교육법」에서 정한 형식적 요건을 모두 갖추어 신고한 경우, 행정청은 신고 대상이 된 교육이나 학습이 공익적 기준에 적합하지 않는다는 등의 실체적 사유를 들어 신고 수리를 거부할 수 없다.
③ 「건축법」에 의한 인·허가의제 효과를 수반하는 건축신고는 건축을 하고자 하는 자가 적법한 요건을 갖춘 신고만 하면 건축을 할 수 있고, 행정청의 수리 등 별단의 조처를 기다릴 필요가 없다.
④ 주민등록의 신고는 행정청에 도달하기만 하면 신고로서의 효력이 발생한다.

기출처: 2021 지방직 9급
난이도: ★★
키워드: 사인의 공법행위

관련기출 옳은지문
- 인·허가의제 효과를 수반하는 건축신고는 일반적인 건축신고와는 달리, 특별한 사정이 없는 한 행정청이 그 실체적 요건에 관한 심사를 한 후 수리하여야 하는 이른바 '수리를 요하는 신고'로 보는 것이 옳다. 25소방직
- 주민등록의 신고는 행정청에 도달하기만 하면 신고로서의 효력이 발생하는 것이 아니라 행정청이 수리한 경우에 비로소 신고의 효력이 발생한다. 18지방직7급

해설

① (×) 각종 지위승계신고의 수리는 준법률행위적 행정행위의 성질을 갖는다.

> 행정청이 구 「관광진흥법」 또는 구 「체육시설법」의 규정에 의하여 유원시설업자 또는 체육시설업자 지위승계신고를 수리하는 처분은 종전 유원시설업자 또는 체육시설업자의 권익을 제한하는 처분이다(대판 2012.12.13., 2011두29144).

② **빈출** (○) 수리를 필요로 하는 신고의 경우에도 원칙적으로 법이 정한 형식적 요건을 충족하면 실체적 사유를 들어 신고의 수리를 거부할 수 없다(대판 2011.7.28., 2005두11784).

③ **빈출** (×) 인·허가의제로서의 건축신고는 수리를 필요로 하는 신고이다.

> 인·허가의제 효과를 수반하는 건축신고는 일반적인 건축신고와는 달리, 특별한 사정이 없는 한 행정청이 그 실체적 요건에 관한 심사를 한 후 수리하여야 하는 이른바 '수리를 요하는 신고'로 보는 것이 옳다(대판 2011.1.20., 2010두14954 전합).

④ **빈출** (×) 주민등록신고(전입신고)는 수리필요신고에 해당한다.

> 주민등록은 단순히 주민의 거주관계를 파악하고 인구의 동태를 명확히 하는 것 외에도 주민등록에 따라 공법관계상의 여러 가지 법률상 효과가 나타나게 되는 것으로서, 주민등록의 신고는 행정청에 도달하기만 하면 신고로서의 효력이 발생하는 것이 아니라 행정청이 수리한 경우에 비로소 신고의 효력이 발생한다(대판 2009.1.30., 2006다17850).

정답 | ②

120 필수

신고에 대한 설명으로 옳지 않은 것은? (다툼이 있는 경우 판례에 의함)

① 「건축법」상 인·허가의제 효과를 수반하는 건축신고는 특별한 사정이 없는 한 행정청이 그 실체적 요건에 관한 심사를 한 후 수리하여야 하는 이른바 '수리를 요하는 신고'이다.

② 「건축법」상의 착공신고의 경우에는 신고 그 자체로서 법적 절차가 완료되어 행정청의 처분이 개입될 여지가 없으므로, 행정청의 착공신고 반려행위는 항고소송의 대상인 처분에 해당하지 않는다.

③ 주민등록의 신고는 행정청에 도달하기만 하면 신고로서의 효력이 발생하는 것이 아니라 행정청이 수리한 경우에 비로소 신고의 효력이 발생한다.

④ 행정청이 구 「식품위생법」상의 영업자지위승계신고 수리처분을 하는 경우, 행정청은 종전의 영업자에 대하여 「행정절차법」 소정의 행정절차를 실시하여야 한다.

해설

① 빈출 (O) 대판 2011.1.20., 2010두14954

② (×) 대법원에 의하면 착공신고를 포함한 건축신고에 대한 행정청의 반려(수리거부)는 항고쟁송 대상이 되는 처분이다.

> 착공신고 반려행위가 이루어진 단계에서 당사자로 하여금 반려행위의 적법성을 다투어 법적 불안을 해소한 다음 건축행위에 나아가도록 함으로써 장차 있을지도 모르는 위험에서 미리 벗어날 수 있도록 길을 열어 주고, 위법한 건축물의 양산과 철거를 둘러싼 분쟁을 조기에 근본적으로 해결할 수 있게 하는 것이 법치행정의 원리에 부합한다. 그러므로 행정청의 착공신고 반려행위는 항고소송의 대상이 된다고 보는 것이 옳다(대판 2011.6.10., 2010두7321).

③ 빈출 (O) 대판 2009.1.30., 2006다17850

④ 빈출 (O) 대판 2003.2.14., 2001두7015

정답 | ②

120

기출처	2020 국가직 9급
난이도	★★
키워드	사인의 공법행위

관련기출 옳은지문

- 행정청이 구 「식품위생법」 규정에 의하여 영업자지위승계신고를 수리하는 처분을 함에 있어서는 「행정절차법」 규정 소정의 당사자에 해당하는 종전의 영업자에 대하여 「행정절차법」 규정 소정의 행정절차를 실시하고 처분을 하여야 한다.

25소방직

121

다음 사례에 대한 설명으로 옳지 않은 것은? (다툼이 있는 경우 판례에 의함)

> 甲은 「식품위생법」 제37조 제1항에 따라 허가를 받아 식품조사처리업 영업을 하고 있던 중 乙과 영업양도계약을 체결하였다. 당해 계약은 하자 있는 계약이었음에도 불구하고, 乙은 같은 법 제39조에 따라 식품의약품안전처장에게 영업자지위승계신고를 하였다.

① 식품의약품안전처장이 乙의 신고를 수리한다면, 이는 실질에 있어서 乙에게는 적법하게 사업을 할 수 있는 권리를 설정하여 주는 행위이다.
② 식품의약품안전처장이 乙의 신고를 수리하는 경우에 甲과 乙의 영업양도계약이 무효라면 위 신고수리처분도 무효이다.
③ 식품의약품안전처장이 乙의 신고를 수리하기 전에 甲의 영업허가처분이 취소된 경우, 乙이 甲에 대한 영업허가취소처분의 취소를 구하는 소송을 제기할 법률상 이익은 없다.
④ 甲은 민사쟁송으로 양도·양수행위의 무효를 구함이 없이 막바로 식품의약품안전처장을 상대로 한 행정소송으로 위 신고수리처분의 무효확인을 구할 법률상 이익이 있다.

해설

① (○) 영업자지위승계신고의 수리는 양수인에게 적법하게 영업을 할 수 있는 법적 지위를 부여하게 된다.
② (○) 사인의 공법행위가 무효이면 이를 토대로 한 행정처분도 무효이다.
③ **빈출** (×) 양도·양수에 의한 영업자지위승계신고가 수리되지 않은 경우라도, 양도인의 위법을 이유로 허가 등이 취소된 경우, 이를 양수한 양수인은 취소소송을 청구할 법률상 이익이 인정된다.

> 채석허가가 유효하게 존속하고 있다는 것이 양수인의 명의변경신고의 전제가 된다는 의미에서 관할 행정청이 양도인에 대하여 채석허가를 취소하는 처분을 하였다면 이는 양수인의 지위에 대한 직접적 침해가 된다고 할 것이므로 양수인은 채석허가를 취소하는 처분의 취소를 구할 법률상 이익을 가진다(대판 2003.7.11., 2001두6289).

④ **빈출** (○) 대판 2005.12.23., 2005두3554

정답 | ③

122

「식품위생법」상 영업허가 및 영업승계신고에 대한 설명으로 옳은 것은? (다툼이 있는 경우 판례에 의함)

① 영업승계신고를 수리하는 행정청의 행위는 영업허가자의 변경이라는 법률효과를 발생시키는 행위이다.
② 영업신고의 수리행위는 수리필요신고로서 신고필증 교부가 필요하다.
③ 양도계약이 있은 후 신고 전에 행정청이 종전의 영업자(양도인)에 대하여 영업허가를 위법하게 취소한 경우에, 영업자의 지위를 승계한 자(양수인)는 양도인에 대한 영업허가취소처분을 다툴 원고적격을 갖지 못한다.
④ 수리대상인 사업양도·양수가 없었음에도 신고를 수리한 경우에는 먼저 민사쟁송으로 양도·양수가 무효임을 다투어야 한다.

122	① ② ③
기출처	예상문제
난이도	★★
키워드	사인의 공법행위

해설

① 빈출 (O) 영업자 지위승계신고는 수리를 요하는 신고에 해당한다. 신고 자체로서 영업허가자의 변경이라는 법률효과를 가져오는 것은 아니며, 신고의 수리를 통해서 비로소 법률효과를 가져온다.

> 「식품위생법」 제25조 제3항에 의한 영업양도에 따른 지위승계신고를 수리하는 허가관청의 행위는 단순히 양도·양수인 사이에 이미 발생한 사법상의 사업양도의 법률효과에 의하여 양수인이 그 영업을 승계하였다는 사실의 신고를 접수하는 행위에 그치는 것이 아니라, 영업허가자의 변경이라는 법률효과를 발생시키는 행위라고 할 것이다(대판 1995.2.24., 94누9146).

② (×) 신고의 수리에 신고필증 교부를 반드시 필요로 하는 것은 아니다.

> 납골당설치신고는 이른바 '수리를 요하는 신고'라 할 것이므로, 납골당설치신고가 구 「장사법」 관련 규정의 모든 요건에 맞는 신고라 하더라도 신고인은 곧바로 납골당을 설치할 수는 없고, 이에 대한 행정청의 수리처분이 있어야만 신고한 대로 납골당을 설치할 수 있다. 한편 수리란 신고를 유효한 것으로 판단하고 법령에 의하여 처리할 의사로 이를 수령하는 수동적 행위이므로 수리행위에 신고필증 교부 등 행위가 꼭 필요한 것은 아니다(대판 2011.9.8., 2009두6766).

③ 빈출 (×) 수허가자의 지위를 양수받아 명의변경신고를 할 수 있는 양수인의 지위는 단순한 반사적 이익이나 사실상의 이익이 아니라 산림법령에 의하여 보호되는 직접적이고 구체적인 이익으로서 법률상 이익이라고 할 것이고, 채석허가가 유효하게 존속하고 있다는 것이 양수인의 명의변경신고의 전제가 된다는 의미에서 관할 행정청이 양도인에 대하여 채석허가를 취소하는 처분을 하였다면 이는 양수인의 지위에 대한 직접적 침해가 된다고 할 것이므로 양수인은 채석허가를 취소하는 처분의 취소를 구할 법률상 이익을 가진다(대판 2003.7.11., 2001두6289).

④ 빈출 (×) 사업의 양도나 양수가 무효인 경우에는 양도·양수신고의 수리처분에 대해 바로 무효등확인소송이 가능하다.

> 수리대상인 사업양도·양수가 존재하지 아니하거나 무효인 때에는 수리를 하였다 하더라도 그 수리는 유효한 대상이 없는 것으로서 당연히 무효라 할 것이고, 사업의 양도행위가 무효라고 주장하는 양도자는 민사쟁송으로 양도·양수행위의 무효를 구함이 없이 막바로 허가관청을 상대로 하여 행정소송으로 위 신고수리처분의 무효확인을 구할 법률상 이익이 있다(대판 2005.12.23., 2005두3554).

정답 | ①

123 〈필수〉

사인의 공법행위에 대한 설명으로 옳지 않은 것은?

① 「체육시설의 설치·이용에 관한 법률」상의 신고체육시설업에 있어서 적법한 요건을 갖춘 신고의 경우에는 행정청의 수리처분 등 별단의 조처를 기다릴 필요 없이 그 접수시에 신고로서의 효력이 발생하는 것이므로 그 수리가 거부되었다고 하여 무신고 영업이 되는 것은 아니다.
② 허가대상 건축물의 양수인이 구 「건축법 시행규칙」에 규정되어 있는 형식적 요건을 갖추어 시장·군수 등 행정관청에 적법하게 건축주의 명의변경을 신고한 때에는 행정관청은 그 신고를 수리하여야지 실체적인 이유를 내세워 신고의 수리를 거부할 수는 없다.
③ 인허가의제 효과를 수반하는 건축신고는 일반적인 건축신고와는 달리 특별한 사정이 없는 한 행정청이 그 실체적 요건에 관한 심사를 한 후 수리하여야 하는 이른바 '수리를 요하는 신고'에 해당한다.
④ 구 「장사 등에 관한 법률」상 납골당설치신고는 수리를 요하지 않는 자기완결적 신고에 해당하므로, 형식적 요건을 갖춘 신고서가 접수기관에 도달한 때 곧바로 효력이 발생한다.

해설

① (O) 「체육시설의 설치·이용에 관한 법률」 제10조, 제11조, 제22조, 같은 법 시행규칙 제8조 및 제25조의 각 규정에 의하면, … 적법한 요건을 갖춘 신고의 경우에는 행정청의 수리처분 등 별단의 조처를 기다릴 필요 없이 그 접수시에 신고로서의 효력이 발생하는 것이므로 그 수리가 거부되었다고 하여 무신고 영업이 되는 것은 아니다(대판 1998.4.24., 97도3121).
② 빈출 (O) 허가대상 건축물의 양수인이 구 「건축법 시행규칙」에 규정되어 있는 형식적 요건을 갖추어 시장·군수 등 행정관청에 적법하게 건축주의 명의변경을 신고한 경우, 행정관청이 실체적인 이유를 내세워 신고 수리를 거부할 수 없다(대판 2014.10.15., 2014두37658).
③ 빈출 (O) 인·허가의제 효과를 수반하는 건축신고는 일반적인 건축신고와는 달리, 특별한 사정이 없는 한 행정청이 그 실체적 요건에 관한 심사를 한 후 수리하여야 하는 이른바 '수리를 요하는 신고'로 보는 것이 옳다(대판 2011.1.20., 2010두14954).
④ (×) 납골당설치신고는 이른바 '수리를 요하는 신고'라 할 것이므로, 납골당설치신고가 구 「장사법」 관련 규정의 모든 요건에 맞는 신고라 하더라도 신고인은 곧바로 납골당을 설치할 수는 없다(대판 2011.9.8., 2009두6766).

정답 | ④

관련기출 옳은지문
· 납골당설치신고가 구 「장사법」 관련 규정의 모든 요건에 맞는 신고라 하더라도 신고인은 곧바로 납골당을 설치할 수는 없고, 이에 대한 행정청의 수리처분이 있어야만 신고한 대로 납골당을 설치할 수 있다.
— 19서울시9급

124

신고에 관한 내용으로 옳지 않은 것은? (다툼이 있는 경우 판례에 의함)

① 「주민등록법」상 주민등록의 신고는 요건을 구비하여 행정청에 접수되었다고 해도 신고로서의 효력이 발생하는 것은 아니며 행정청이 수리한 경우에 비로소 신고의 효력이 발생한다.
② 납골당설치신고는 행정청의 수리처분이 있어야만 신고한 대로 납골당을 설치할 수 있다.
③ 수리란 신고를 유효한 것으로 판단하고 법령에 의하여 처리할 의사로 이를 수령하는 수동적 행위이므로 수리행위에 신고필증 교부 등 행위가 꼭 필요하다.
④ 수산제조업 신고에 있어서 담당공무원이 관계 법령에 규정되지 아니한 서류를 요구하여 신고서를 제출하지 못하였다는 사정만으로 신고가 있었던 것으로 볼 수 없다.

해설

① (O) 대판 2009.1.30., 2006다17850

② (O) 수리는 수동적인 인식행위이다.

> 납골당설치신고가 구 「장사법」 관련 규정의 모든 요건에 맞는 신고라 하더라도 신고인은 곧바로 납골당을 설치할 수는 없고, 이에 대한 행정청의 수리처분이 있어야만 신고한 대로 납골당을 설치할 수 있다(대판 2011.9.8., 2009두6766).

③ (×) 신고의 수리에 신고필증 교부를 반드시 필요로 하는 것은 아니다(대판 2011.9.8., 2009두6766).
④ (O) 대판 2002.3.12., 2000다73612

정답 | ③

125 〈필수〉

사인의 공법행위에 대한 설명으로 옳지 않은 것은? (다툼이 있는 경우 판례에 의함)

ㄱ. 행정청은 무허가 건축물을 실제 생활의 근거지로 삼아 거주해 온 사람의 주민등록 전입신고에 대해 부동산투기나 이주대책 요구 등을 방지할 목적으로 신고의 수리를 거부할 수 있다.
ㄴ. 구 「의료법 시행규칙」 제22조 제3항에 의하면 의원개설 신고서를 수리한 행정관청이 소정의 신고필증을 교부하도록 되어 있어 신고에 대해 신고필증의 교부가 없으면 개설신고의 효력이 인정될 수 없다.
ㄷ. 가설건축물 존치기간을 연장하려는 건축주 등이 법령에 규정되어 있는 제반 서류와 요건을 갖추어 행정청에 연장신고를 한 때에는 행정청은 원칙적으로 이를 수리하여 신고필증을 교부하여야 하고, 법령에서 정한 요건 이외의 사유를 들어 수리를 거부할 수는 없다.
ㄹ. 「식품위생법」에 의한 영업양도에 따른 지위승계신고를 수리하는 허가관청의 행위는 영업허가자의 변경이라는 법률효과를 발생시키는 행정처분이다.

① ㄱ, ㄹ   ② ㄱ, ㄴ   ③ ㄴ, ㄷ   ④ ㄷ, ㄹ

125	
기출처	예상문제
난이도	★★
키워드	사인의 공법행위

🔍 **관련기출 옳은지문**
• 「식품위생법」에 의한 영업양도에 따른 지위승계신고를 수리하는 허가관청의 행위는 단순히 양도·양수인 사이에 이미 발생한 사법상의 사업양도의 법률효과에 의하여 양수인이 그 영업을 승계하였다는 사실의 신고를 접수하는 행위에 그치는 것이 아니라, 영업허가자의 변경이라는 법률효과를 발생시키는 행위이다. 19지방직9급

해설

ㄱ. [빈출] (×) 무허가 건축물을 실제 생활의 근거지로 삼아 10년 이상 거주해 온 사람의 주민등록 전입신고를 거부한 사안에서, 부동산투기나 이주대책 요구 등을 방지할 목적으로 주민등록 전입신고를 거부하는 것은 「주민등록법」의 입법 목적과 취지 등에 비추어 허용될 수 없다(대판 2009.6.18., 2008두10997).
ㄴ. [빈출] (×) 수리를 요하는 신고의 경우에도 신고필증이 반드시 필요한 것은 아니다.

> 「의료법 시행규칙」 제22조 제3항에 의하면 의원개설 신고서를 수리한 행정관청이 소정의 신고필증을 교부하도록 되어 있다 하여도 이는 신고사실의 확인행위로서 신고필증을 교부하도록 규정한 것에 불과하고 그와 같은 신고필증의 교부가 없다 하여 개설신고의 효력을 부정할 수 없다 할 것이다(대판 1985.4.23., 84도2953).

ㄷ. (O) 가설건축물 존치기간을 연장하려는 건축주 등이 법령에 규정되어 있는 제반 서류와 요건을 갖추어 행정청에 연장신고를 한 때에는 행정청은 원칙적으로 이를 수리하여 신고필증을 교부하여야 하고, 법령에서 정한 요건 이외의 사유를 들어 수리를 거부할 수는 없다(대판 2018.1.25., 2015두35116).
ㄹ. [빈출] (O) 구 「식품위생법」(1997.12.13. 법률 제5453호로 개정되기 전의 것) 제25조 제1항·제3항에 의하여 영업양도에 따른 지위승계신고를 수리하는 허가관청의 행위는, 단순히 양도·양수인 사이에 이미 발생한 사법상의 사업양도의 법률효과에 의하여 양수인이 그 영업을 승계하였다는 사실의 신고를 접수하는 행위에 그치는 것이 아니라, 실질에 있어서 양도자의 사업허가를 취소함과 아울러 양수자에게 적법히 사업을 할 수 있는 권리를 설정하여 주는 행위로서 사업허가자의 변경이라는 법률효과를 발생시키는 행위라고 할 것이다(대판 2001.2.9., 2000도2050).

정답 | ②

126

각종 영업자지위승계에 대한 설명으로 옳지 않은 것은? (다툼이 있는 경우 판례에 의함)

① 영업의 양도·양수가 사실상 이루어지게 되고 승계신고 및 수리처분이 있기 전인 경우에도 양도인이 허락한 양수인의 영업 중의 법 위반행위에 대한 행정적 책임은 양수인에게 있다.
② 행정청은 사업의 양도·양수에 대한 인가나 수리가 있은 후에도 그 양도·양수 이전에 있었던 양도인의 위법을 들어 양수인에게 취소 등의 제재를 할 수 있다.
③ 영업의 양도·양수가 무효임에도 행정청이 지위승계신고를 수리한 경우에 바로 행정소송으로 신고수리처분의 무효확인을 구할 수 있다.
④ 「식품위생법」상 허가영업자의 지위승계신고를 수리하는 행정청은 수리처분을 하기 전에 「행정절차법」에 규정된 행정절차를 실시하여야 한다.

해설

① (×) 지위승계신고나 신고의 수리처분 이전의 행정적 책임은 양도인에게 귀속된다.

> 사실상 영업이 양도·양수되었지만 아직 승계신고 및 그 수리처분이 있기 이전에는 여전히 종전의 영업자인 양도인이 영업허가자이고, 양수인은 영업허가자가 되지 못한다 할 것이어서 행정제재처분의 사유가 있는지 여부 및 그 사유가 있다고 하여 행하는 행정제재처분은 영업허가자인 양도인을 기준으로 판단하여 그 양도인에 대하여 행하여야 할 것이고, 한편 양도인이 그의 의사에 따라 양수인에게 영업을 양도하면서 양수인으로 하여금 영업을 하도록 허락하였다면 그 양수인의 영업 중 발생한 위반행위에 대한 행정적인 책임은 영업허가자인 양도인에게 귀속된다고 보아야 할 것이다(대판 1995.2.24., 94누9146).

② (○) 개인택시 운송사업의 양도·양수에 대한 인가를 한 후, 그 양도·양수 이전에 있었던 양도인에 대한 운송사업면허 취소사유를 들어 양수인의 사업면허를 취소할 수 있다(대판 2010.11.11., 2009두14934).
③ (○) 사업의 양도행위가 무효라고 주장하는 양도자는 민사쟁송으로 양도·양수행위의 무효를 구함이 없이 막바로 허가관청을 상대로 하여 행정소송으로 위 신고수리처분의 무효확인을 구할 법률상 이익이 있다(대판 2005.12.23., 2005두3554).
④ (○) 영업자지위승계신고에 있어 양도인은 수리처분에 당사자에 해당하여 행정청은 수리하기 전에 양도인에게 사전통지 등의 행정절차를 준수하여야 한다.

정답 | ①

127

건축신고에 대한 설명으로 옳지 않은 것은?

① 「건축법」상 수리를 요하지 않는 건축신고에 있어서는 원칙적으로 적법한 요건을 갖춰 신고하면 행정청의 수리 등 별도의 조치를 기다릴 필요 없이 건축행위를 할 수 있다고 보아야 한다.
② 「건축법」상 건축신고가 다른 법률에서 정한 인·허가 등의 의제효과를 수반하는 경우에는 일반적인 건축신고와는 달리 특별한 사정이 없는 한 수리를 요하는 신고에 해당한다.
③ 건축신고 반려행위가 이루어진 단계에서 당사자로 하여금 반려행위의 적법성을 다투어 그 법적 불안을 해소한 다음 건축행위에 나아가도록 함으로써 장차 있을지도 모르는 위험에서 벗어날 수 있도록 길을 열어주기 위하여 건축신고 반려행위는 항고소송의 대상이 된다.
④ 인·허가의 근거 법령인 건축법령에서 절차간소화를 위하여 관련 인·허가를 의제 처리할 수 있는 근거 규정을 둔 경우, 주된 인·허가를 신청하려는 사업시행자는 반드시 관련 인·허가 의제 처리를 동시에 신청해야 한다.

해설

① 빈출 (○) 「건축법」이 건축물의 건축 또는 대수선에 관하여 원칙적으로 허가제로 규율하면서도 일정 규모 이내의 건축물에 관하여는 신고제를 채택한 것은, 건축행위에 대한 규제를 완화하여 국민의 자유의 영역을 넓히는 한편, 행정목적상 필요한 정보를 파악·관리하기 위하여 국민으로 하여금 행정청에 미리 일정한 사항을 알리도록 하는 최소한의 규제를 가하고자 하는 데 그 취지가 있다. 따라서 「건축법」 제14조 제1항의 건축신고 대상 건축물에 관하여는 원칙적으로 건축 또는 대수선을 하고자 하는 자가 적법한 요건을 갖춘 신고를 하면 행정청의 수리 등 별도의 조처를 기다릴 필요 없이 건축행위를 할 수 있다고 보아야 한다(대판 2011.1.20., 2010두14954).

② 빈출 (○) 인·허가의제 효과를 수반하는 건축신고는 일반적인 건축신고와는 달리, 특별한 사정이 없는 한 행정청이 그 실체적 요건에 관한 심사를 한 후 수리하여야 하는 이른바 '수리를 요하는 신고'로 보는 것이 옳다(대판 2011.1.20., 2010두14954).

③ 빈출 (○) 건축주 등은 신고제하에서도 건축신고가 반려될 경우 당해 건축물의 건축을 개시하면 시정명령, 이행강제금, 벌금의 대상이 되거나 당해 건축물을 사용하여 행할 행위의 허가가 거부될 우려가 있어 불안정한 지위에 놓이게 된다. 따라서 건축신고 반려행위가 이루어진 단계에서 당사자로 하여금 반려행위의 적법성을 다투어 그 법적 불안을 해소한 다음 건축행위에 나아가도록 함으로써 장차 있을지도 모르는 위험에서 미리 벗어날 수 있도록 길을 열어 주고, 위법한 건축물의 양산과 그 철거를 둘러싼 분쟁을 조기에 근본적으로 해결할 수 있게 하는 것이 법치행정의 원리에 부합한다. 그러므로 건축신고 반려행위는 항고소송의 대상이 된다고 보는 것이 옳다(대판 2010.11.18., 2008두167).

④ 빈출 (×) 사업시행자가 인허가를 신청하면서 하나의 절차 내에서 관련 인허가를 의제 처리해줄 것을 신청할 수 있다. 관련 인허가 의제 제도는 사업시행자의 이익을 위하여 만들어진 것이므로, 사업시행자가 반드시 관련 인허가 의제 처리를 신청할 의무가 있는 것은 아니다(대판 2020.7.23., 2019두31839).

정답 | ④

128 필수

사인의 공법행위로서 신고에 대한 판례의 입장으로 옳지 않은 것은?

① 「유통산업발전법」상 대규모점포의 개설등록은 이른바 '수리를 요하는 신고'로서 행정처분에 해당한다.
② 「의료법」에 따라 정신과의원을 개설하려는 자가 법령에 규정되어 있는 요건을 갖추어 개설신고를 한 경우라도 관할 시장·군수·구청장은 법령에서 정한 요건 이외의 사유를 들어 의원급 의료기관 개설신고의 수리를 거부할 수 있다.
③ 인·허가의제 효과를 수반하는 건축신고는 일반적인 건축신고와는 달리, 특별한 사정이 없는 한 행정청이 그 실체적 요건에 관한 심사를 한 후 수리하여야 하는 이른바 '수리를 요하는 신고'에 해당한다.
④ 가설건축물 존치기간을 연장하려는 건축주 등이 법령에 규정되어 있는 제반 서류와 요건을 갖추어 행정청에 연장신고를 한 경우, 행정청으로서는 법령에서 요구하고 있지도 아니한 '대지사용승낙서' 등의 서류가 제출되지 아니하였거나, 대지소유권자의 사용승낙이 없다는 등의 사유를 들어 가설건축물 존치기간 연장신고의 수리를 거부하여서는 아니 된다.

128	
기출처	2019 지방직 7급
난이도	★★★
키워드	사인의 공법행위

관련기출 옳은지문
- 「의료법」에 따라 정신과의원을 개설하려는 자가 법령에 규정되어 있는 요건을 갖추어 개설신고를 한 경우 행정청은 원칙적으로 이를 수리하여 신고필증을 교부하여야 하고, 법령에서 정한 요건 이외의 사유를 들어 의원급 의료기관 개설신고의 수리를 거부할 수는 없다. 22소방직

- 가설건축물 존치기간을 연장하려는 건축주 등이 법령에 규정되어 있는 제반 서류와 요건을 갖추어 행정청에 연장신고를 한 때에는 행정청은 원칙적으로 이를 수리하여 신고필증을 교부하여야 하고, 법령에서 정한 요건 이외의 사유를 들어 수리를 거부할 수는 없다. 22소방직

해설

② 빈출 (×) 의원의 개설신고에 대하여 법령에서 정한 요건 이외의 사유를 들어 개설신고의 수리를 거부할 수 없다.

> 신고제의 취지를 종합하면, 정신과의원을 개설하려는 자가 법령에 규정되어 있는 요건을 갖추어 개설신고를 한 때에, 행정청은 원칙적으로 이를 수리하여 신고필증을 교부하여야 하고, 법령에서 정한 요건 이외의 사유를 들어 의원급 의료기관 개설신고의 수리를 거부할 수는 없다(대판 2018.10.25., 2018두44302).

정답 | ②

129

기출처: 2021 국회직 9급
난이도: ★★
키워드: 사인의 공법행위

다음 사례에 대한 설명으로 옳지 않은 것은? (다툼이 있는 경우 판례에 의함)

○ 甲은 주택을 건축하기 위하여 관할 행정청에 「건축법」에 따라 건축신고를 하였다.
○ 甲의 건축행위는 「국토의 계획 및 이용에 관한 법률」에 따른 개발행위허가가 필요한 경우이다.
○ 「건축법」은 건축신고가 이루어진 경우 개발행위허가가 의제되는 것으로 규정하고 있다.

① 甲의 건축신고가 부적법한데도 행정청이 이를 수리하였다고 하여 신고에 어떠한 법적 효과가 발생하는 경우는 없다.
② 甲의 건축신고를 관할 행정청이 수리하지 않는 경우 그 거부행위에 대해 甲은 취소소송을 제기하여 다툴 수 있다.
③ 甲이 적법한 건축행위를 할 수 있는 시점은 적법한 신고서를 행정청에 제출한 시점이 아니고 행정청이 이를 수리한 시점이다.
④ 甲의 건축신고가 개발행위허가에 필요한 요건을 충족하지 못한 경우 행정청은 이를 이유로 甲의 건축신고수리를 거부할 수 있다.
⑤ 甲의 건축신고는 행정청이 그 실체적 요건에 관한 심사를 한 후 수리하여야 하는 이른바 '수리를 요하는 신고'에 해당한다.

해설

① (×) 甲의 건축신고는 인·허가의제로서의 건축신고이다. 수리를 필요로 하는 신고로서, 甲의 신고가 부적법하더라도 행정청의 수리가 있다면 일단 신고의 수리는 유효하며 적법한 신고의 효과가 발생하게 된다.
② (○) 수리를 요하는 신고의 수리나 수리거부는 항고소송 대상인 처분이다. 수리거부에 대해 소송을 통해 다툴 수 있다.
③ (○) 수리를 요하는 신고의 효력은 행정청이 수리를 하는 시점에 발생한다.
④⑤ (○) 대판 2011.1.20., 2010두14954

정답 | ①

관련기출 옳은지문

• 「건축법」상 건축신고 반려행위는 항고소송의 대상이 되는 행정처분에 해당한다. 19지방직9급

130

사인의 공법행위에 대한 설명으로 옳지 않은 것은? (다툼이 있는 경우 판례에 의함)

① 법령 등으로 정하는 바에 따라 행정청에 일정한 사항을 통지하여야 하는 신고로서 법률에 신고의 수리가 필요하다고 명시되어 있는 경우(행정기관의 내부 업무 처리 절차로서 수리를 규정한 경우는 제외한다)에는 행정청이 수리하여야 효력이 발생한다.

② 장기요양기관의 폐업신고와 노인의료복지시설의 폐지신고는, 행정청이 관계 법령이 규정한 요건에 맞는지를 심사한 후 수리하는 이른바 '수리를 필요로 하는 신고'에 해당하여 행정청이 그 신고를 수리하였다면, 신고서 위조 등의 사유가 있어 신고행위 자체가 효력이 없다고 해도, 그 수리행위는 유효한 것이다.

③ 「의료법」에 따라 정신과의원 개설 요건을 갖추어 개설신고를 한 경우 행정청은 원칙적으로 법령에서 정한 요건 이외의 사유를 들어 의원급 의료기관 개설신고의 수리를 거부할 수는 없다.

④ 비산먼지배출사업을 하고자 하는 사람이 구 「대기환경보전법」 등에 정한 형식적 요건을 모두 갖춘 사업신고서를 제출한 경우, 행정청은 특별한 사정이 없는 한 이를 수리하여야 하지만, 비산먼지배출사업을 하는 것 자체가 다른 법령에 의하여 허용되지 않을 때 행정청이 그 신고의 수리를 거부할 수 있다.

해설

① (O) 「행정기본법」 제34조

> **「행정기본법」 제34조 【수리 여부에 따른 신고의 효력】** 법령 등으로 정하는 바에 따라 행정청에 일정한 사항을 통지하여야 하는 신고로서 법률에 신고의 수리가 필요하다고 명시되어 있는 경우(행정기관의 내부 업무 처리 절차로서 수리를 규정한 경우는 제외한다)에는 행정청이 수리하여야 효력이 발생한다.

② (×) 장기요양기관의 폐업신고와 노인의료복지시설의 폐지신고는, 행정청이 관계 법령이 규정한 요건에 맞는지를 심사한 후 수리하는 이른바 '수리를 필요로 하는 신고'에 해당한다. 그러나 행정청이 그 신고를 수리하였다고 하더라도, 신고서 위조 등의 사유가 있어 신고행위 자체가 효력이 없다면, 그 수리행위는 유효한 대상이 없는 것으로서, 수리행위 자체에 중대·명백한 하자가 있는지를 따질 것도 없이 당연히 무효이다(대판 2018.6.12., 2018두33593).

③ (O) 정신과의원을 개설하려는 자가 법령에 규정되어 있는 요건을 갖추어 개설신고를 한 때에, 행정청은 원칙적으로 이를 수리하여 신고필증을 교부하여야 하고, 법령에서 정한 요건 이외의 사유를 들어 의원급 의료기관 개설신고의 수리를 거부할 수는 없다(대판 2018.10.25., 2018두44302).

④ (O) 비산먼지배출사업을 하고자 하는 사람이 구 「대기환경보전법」 등에 정한 형식적 요건을 모두 갖춘 사업신고서를 제출한 경우, 행정청이 취해야 할 조치 및 비산먼지배출사업을 하는 것 자체가 다른 법령에 의하여 허용되지 않을 때 행정청이 그 신고의 수리를 거부할 수 있다(대판 2008.12.24., 2007두17076).

정답 | ②

131 〈필수〉

131	① ② ③
기출처	2019 서울시 9급
난이도	★★
키워드	사인의 공법행위

관련기출 옳은지문
• 영업양도행위가 무효임에도 행정청이 승계신고를 수리하였다면 양도자는 민사쟁송이 아닌 행정소송으로 신고수리처분의 무효확인을 구할 수 있다. 22지방직9급

갑(甲)은 영업허가를 받아 영업을 하던 중 자신의 영업을 을(乙)에게 양도하고자 乙과 사업양도·양수계약을 체결하고 관련 법령에 따라 관할 행정청 A에게 지위승계신고를 하였다. 이에 대한 설명으로 가장 옳지 않은 것은?

① 甲과 乙 사이의 사업양도·양수계약이 무효이더라도 A가 지위승계신고를 수리하였다면 그 수리는 취소되기 전까지 유효하다.
② A가 지위승계신고의 수리를 거부한 경우 甲은 수리거부에 대해 취소소송으로 다툴 수 있다.
③ 甲과 乙이 사업양도·양수계약을 체결하였으나 지위승계신고 이전에 甲에 대해 영업허가가 취소되었다면, 乙은 이를 다툴 법률상 이익이 있다.
④ 甲과 乙이 관련 법령상 요건을 갖춘 적법한 신고를 하였더라도 A가 이를 수리하지 않았다면 지위승계의 효력이 발생하지 않는다.

해설

① **빈출** (×) 사업양도·양수계약이 무효이면 이에 따른 지위승계신고의 수리도 무효이다.

> 사업양도·양수에 따른 허가관청의 지위승계신고의 수리는 적법한 사업의 양도·양수가 있었음을 전제로 하는 것이므로 그 수리대상인 사업양도·양수가 존재하지 아니하거나 무효인 때에는 수리를 하였다 하더라도 그 수리는 유효한 대상이 없는 것으로서 당연히 무효라 할 것이고, 사업의 양도행위가 무효라고 주장하는 양도자는 민사쟁송으로 양도·양수행위의 무효를 구함이 없이 막바로 허가관청을 상대로 하여 행정소송으로 위 신고수리처분의 무효확인을 구할 법률상 이익이 있다(대판 2005.12.23., 2005두3554).

정답 | ①

132

132	① ② ③
기출처	예상문제
난이도	★★
키워드	사인의 공법행위

甲은「여객자동차 운수사업법」상 택시운송사업면허를 받아 사업을 운영하던 중, 자신의 운수사업을 乙에게 양도하고자 乙과 양도·양수계약을 체결하고 관련 법령에 따라 乙이 사업의 양도·양수신고를 하였다. 이와 관련한 설명으로 옳은 것은? (다툼이 있는 경우 판례에 의함)

① 甲에 대한 택시운송사업면허는 강학상 허가로서 원칙적으로 법령에 특별한 규정이 없는 한 재량행위에 해당한다.
② 사업의 양도·양수에 대한 신고를 수리하는 행위가 이루어진 이후에는 甲이 사업을 운영하던 중에 행한 법 위반을 이유로 乙에게 제재나 강제를 할 수 없다.
③ 사업양도·양수계약이 무효인 경우에도 행정청이 이에 대하여 신고를 수리하게 되면 사업양도·양수의 지위승계 효과가 발생한다.
④ 사업의 양도·양수신고가 수리된 경우, 甲은 민사쟁송으로 양도·양수행위의 무효를 구함이 없이 곧바로 항고소송으로 신고 수리의 무효확인을 구할 법률상 이익이 있다.

해설

① (×)「여객자동차 운수사업법」상의 택시운송사업면허는 강학상 특허에 해당되어 재량이다.

> 구「자동차운수사업법」에 의한 개인택시 운송사업면허는 특정인에게 특정한 권리나 이익을 부여하는 행정행위로서 법령에 특별한 규정이 없는 한 재량행위이고, 그 면허를 위하여 필요한 기준을 정하는 것도 역시 행정청의 재량에 속하는 것이므로 그 설정된 기준이 객관적이고 합리적이 아니라거나 타당하지 않다고 볼 만한 다른 특별한 사정이 없는 이상 행정청의 의사는 가능한 존중되어야 하나, 행정청이 어떤 면허신청에 대하여 이미 설정된 면허기준을 구체적으로 적용함에 있어서 그 해석상 당해 신청이 면허발급의 우선순위에 해당함이 명백함에도 불구하고

이를 제외시켜 면허거부처분을 하였다면, 특별한 사정이 없는 한, 그 거부처분은 재량권을 남용한 위법한 처분이다(대판 1997.9.26., 97누8878).

② 빈출 (×) 구 「여객자동차 운수사업법」(2007.7.13. 법률 제8511호로 개정되기 전의 것, 이하 '법'이라고 한다) 제15조 제4항에 의하면 개인택시 운송사업을 양수한 사람은 양도인의 운송사업자로서의 지위를 승계하는 것이므로, 관할 관청은 개인택시 운송사업의 양도·양수에 대한 인가를 한 후에도 그 양도·양수 이전에 있었던 양도인에 대한 운송사업면허 취소사유를 들어 양수인의 사업면허를 취소할 수 있다(대판 2010.4.8., 2009두17018).

③ (×) 신고의 수리는 무효이다(대판 2005.12.23., 2005두3554).

④ 빈출 (○) 사업양도·양수에 따른 허가관청의 지위승계신고의 수리는 적법한 사업의 양도·양수가 있었음을 전제로 하는 것이므로 그 수리대상인 사업양도·양수가 존재하지 아니하거나 무효인 때에는 수리를 하였다 하더라도 그 수리는 유효한 대상이 없는 것으로서 당연히 무효라 할 것이고, 사업의 양도행위가 무효라고 주장하는 양도자는 민사쟁송으로 양도·양수행위의 무효를 구함이 없이 막바로 허가관청을 상대로 하여 행정소송으로 위 신고 수리처분의 무효확인을 구할 법률상 이익이 있다(대판 2005.12.23., 2005두3554).

정답 | ④

133
사인의 공법행위에 대한 설명으로 옳은 것(○)과 옳지 않은 것(×)을 바르게 연결한 것은? (다툼이 있는 경우 판례에 의함)

133	1 2 3
기출처	예상문제
난이도	★
키워드	사인의 공법행위

ㄱ. 공무원에 의해 제출된 사직원은 그에 따른 의원면직처분이 있을 때까지는 철회할 수 있지만, 일단 면직처분이 있고 난 이후에는 철회할 수 없다.
ㄴ. 「민법」상 비진의 의사표시의 무효에 관한 규정은 영업재개신고와 같은 사인의 공법행위에 적용되지 않는다.
ㄷ. 「건축법」상 건축주명의변경신고는 자기완결적 신고이다.
ㄹ. 대규모점포의 개설등록은 수리를 요하지 않는 신고이다.

	ㄱ	ㄴ	ㄷ	ㄹ		ㄱ	ㄴ	ㄷ	ㄹ
①	○	×	×	○	②	×	○	○	○
③	×	×	○	×	④	○	○	×	×

해설

ㄱ. (○) 공무원이 한 사직의 의사표시는 그에 터잡은 의원면직처분이 있을 때까지는 원칙적으로 이를 철회할 수 있는 것이지만, 다만 의원면직처분이 있기 전이라도 사직의 의사표시를 철회하는 것이 신의칙에 반한다고 인정되는 특별한 사정이 있는 경우에는 그 철회는 허용되지 아니한다(대판 1993.7.27., 92누16942).

ㄴ. (○) 사인의 공법행위인 영업재개업신고에도 「민법」 제107조 제1항 단서규정은 적용될 수 없다(대판 1978.7.25., 76누276).

ㄷ. (×) 건축주명의변경신고 수리거부행위는 행정청이 허가대상건축물 양수인의 건축주명의변경신고라는 구체적인 사실에 관한 법집행으로서 그 신고를 수리하여야 할 법령상의 의무를 지고 있음에도 불구하고 그 신고의 수리를 거부함으로써, 양수인이 건축공사를 계속하기 위하여 또는 건축공사를 완료한 후 자신의 명의로 소유권보존등기를 하기 위하여 가지는 구체적인 법적 이익을 침해하는 결과가 되었다고 할 것이므로, 비록 건축허가가 대물적 허가로서 그 허가의 효과가 허가대상건축물에 대한 권리변동에 수반하여 이전된다고 하더라도, 양수인의 권리·의무에 직접 영향을 미치는 것으로서 취소소송의 대상이 되는 처분이라고 하지 않을 수 없다(대판 1992.3.31., 91누4911).

ㄹ. (×) 구 「유통산업발전법」에 따른 대규모점포의 개설등록 및 구 재래시장법에 따른 시장관리자 지정은 행정청이 실체적 요건에 관한 심사를 한 후 수리하여야 하는 이른바 '수리를 요하는 신고'로서 행정처분에 해당한다(대판 2019.9.10., 2019다208953).

정답 | ④

134	
기출처	예상문제
난이도	★★
키워드	사인의 공법행위

134

신고에 관한 설명으로 옳지 않은 것은? (다툼이 있는 경우 판례에 의함)

① 「건축법」에 따른 착공신고는 수리불요신고에 해당되어 적법한 형식요건을 구비한 신고서가 접수기관에 도달됨으로서 신고의 효력은 발생하고 이를 행정청이 반려하였다고 해도 항고소송의 대상이 될 수 없다.

② 구 「관광진흥법」에 따른 관광사업의 양도·양수에 관한 협약에 대하여 파산관재인이 해지권 등을 행사할 수 있는 경우, 위 해지권 행사 여부에 따른 양도·양수협약의 유동적 상태가 해소될 때까지 행정청은 지위승계신고의 수리를 보류하는 처분을 할 수 있다.

③ 예탁금회원제 골프장의 회원을 모집하고자 하는 자의 시·도지사 등에 대한 회원모집계획서 제출은 수리를 요하는 신고에서의 신고에 해당하며, 시·도지사 등의 검토결과 통보는 수리행위로서 행정처분에 해당한다.

④ 「수산업법」상의 어업의 신고는 행정청의 수리에 의하여 비로소 그 효과가 발생하는 수리를 요하는 신고이다.

해설

① **빈출** (×) 건축주 등으로서는 착공신고가 반려될 경우, 당해 건축물의 착공을 개시하면 시정명령, 이행강제금, 벌금의 대상이 되거나 당해 건축물을 사용하여 행할 행위의 허가가 거부될 우려가 있어 불안정한 지위에 놓이게 된다. 따라서 <u>착공신고 반려행위가 이루어진 단계에서 당사자로 하여금 반려행위의 적법성을 다투어 법적 불안을 해소한 다음 건축행위에 나아가도록 함으로써 장차 있을지도 모르는 위험에서 미리 벗어날 수 있도록 길을 열어 주고, 위법한 건축물의 양산과 철거를 둘러싼 분쟁을 조기에 근본적으로 해결할 수 있게 하는 것이 법치행정의 원리에 부합한다. 그러므로 행정청의 착공신고 반려행위는 항고소송의 대상이 된다</u>(대판 2011.6.10., 2010두7321).

② (○) 구 「관광진흥법」에 따른 관광사업의 양도·양수에 관한 협약에 대하여 파산관재인이 해지권 등을 행사할 수 있는 경우, 위 해지권 행사 여부에 따른 양도·양수협약의 유동적 상태가 해소될 때까지 위 협약에 따른 지위승계신고의 수리를 보류하는 처분을 할 수 있다(대판 2007.6.29., 2006두4097).

③ (○) 예탁금회원제 골프장의 회원을 모집하고자 하는 자의 시·도지사 등에 대한 회원모집계획서 제출은 수리를 요하는 신고에서의 신고에 해당하며, 시·도지사 등의 검토결과 통보는 수리행위로서 행정처분에 해당한다(대판 2009.2.26., 2006두16243).

④ (○) 「수산업법」제44조 소정의 어업의 신고는 행정청의 수리에 의하여 비로소 그 효과가 발생하는 이른바 '수리를 요하는 신고'라고 할 것이다(대판 2000.5.26., 99다37382).

정답 | ①

135

사인의 공법행위로서 신고에 대한 설명으로 옳지 않은 것은? (다툼이 있는 경우 판례에 의함)

① 수리를 요하지 아니한 신고에 있어서 적법한 요건을 갖춘 신고의 경우에는 행정청의 수리처분 등 별단의 조처를 기다릴 필요 없이 그 접수시에 신고로서의 효력이 발생하는 것이므로 그 수리가 거부되었다고 하여 무신고 영업이 되는 것은 아니다.

② 기본행위인 사업의 양도·양수계약이 무효인 경우, 기본행위의 무효를 구함이 없이 곧바로 영업자지위승계신고수리처분에 대한 무효확인소송을 제기할 법률상 이익이 없다.

③ 주민등록전입신고자가 30일 이상 생활의 근거로 거주할 목적 이외에 다른 이해관계에 관한 의도를 가지고 있는지 여부, 무허가 건축물의 관리, 전입신고를 수리함으로써 당해 지방자치단체에 미치는 영향 등과 같은 사유는 「주민등록법」이 아닌 다른 법률에 의하여 규율되어야 하고, 주민등록전입신고의 수리 여부를 심사하는 단계에서는 고려대상이 될 수 없다.

④ 허가대상 건축물의 양수인이 형식적 요건을 갖추어 시장·군수에게 적법하게 건축주의 명의변경을 신고한 때에는 시장·군수는 그 신고를 수리하여야지 실체적인 이유를 내세워 그 신고의 수리를 거부할 수는 없다.

⑤ 인·허가의제 효과를 수반하는 건축신고는 일반적인 건축신고와는 달리, 특별한 사정이 없는 한 행정청이 그 실체적 요건에 관한 심사를 한 후 수리하여야 하는 이른바 '수리를 요하는 신고'로 보는 것이 옳다.

해설

① (○) 대판 1998.4.24., 97도3121
② 빈출 (×) 사업의 양도행위가 무효라고 주장하는 양도자는 민사쟁송으로 양도·양수행위의 무효를 구함이 없이 막바로 허가관청을 상대로 하여 행정소송으로 위 신고수리처분의 무효확인을 구할 법률상 이익이 있다(대판 2005.12.23., 2005두3554).
③ (○) 대판 2009.6.18., 2008두10997 전합
④ (○) 대판 1992.3.31., 91누4911
⑤ (○) 대판 2011.1.20., 2010두14954 전합

정답 | ②

관련기출 옳은지문

- 허가대상 건축물의 양수인이 구 「건축법 시행규칙」에 규정되어 있는 형식적 요건을 갖추어 행정청이 적법하게 건축주의 명의변경을 신고한 경우, 행정관청은 실체적인 이유를 내세워 신고의 수리를 거부할 수는 없다. 17지방직7급

136	
기출처	2019 국회직 8급
난이도	★★
키워드	사인의 공법행위

136
사인의 공법행위로서 신고에 대한 설명으로 옳지 않은 것은? (다툼이 있는 경우 판례에 의함)

① 구 「건축법」에 의한 인·허가의제 효과를 수반하는 건축신고는 일반적인 건축신고와는 달리 특별한 사정이 없는 한 행정청이 그 형식적 요건에 관한 심사를 한 후 수리하여야 한다.

② 불특정 다수인을 대상으로 학습비를 받고 정보통신매체를 이용하여 원격평생교육을 실시하고자 하는 경우에는 누구든지 관계 법령에 따라 이를 신고하여야 하나 신고서의 기재사항에 흠결이 없고 소정의 서류가 구비된 때에는 이를 수리하여야 한다.

③ 구 「유통산업발전법」은 기존의 대규모점포의 등록된 유형 구분을 전제로 '대형마트로 등록된 대규모점포' 일체를 규제대상으로 삼고자 하는 것이 그 입법 취지이므로 대규모점포의 개설등록은 이른바 '수리를 요하는 신고'로서 행정처분에 해당한다.

④ 시장·군수·구청장은 건축신고를 받은 날부터 5일 이내에 신고수리 여부 또는 민원 처리 관련 법령에 따른 처리기간의 연장 여부를 신고인에게 통지하여야 한다.

⑤ 납골당 설치신고는 이른바 '수리를 요하는 신고'이므로 납골당 설치신고가 관련 법령 규정의 모든 요건을 충족하는 신고라 하더라도 행정청의 수리처분이 있어야만 그 신고한 대로 납골당을 설치할 수 있다.

해설

① **빈출** (×) 인·허가의제로서의 건축신고는 실체적 요건심사를 통해 수리 여부를 결정하는 신고에 해당된다.

> 「건축법」에서 인·허가의제제도를 둔 취지는 … 따라서 인·허가의제 효과를 수반하는 건축신고는 일반적인 건축신고와는 달리, 특별한 사정이 없는 한 행정청이 그 실체적 요건에 관한 심사를 한 후 수리하여야 하는 이른바 '수리를 요하는 신고'로 보는 것이 옳다(대판 2011.1.20., 2010두14954).

② (○) 정보통신매체를 이용하여 학습비를 받고 불특정 다수인에게 원격평생교육을 실시하기 위해 구 「평생교육법」 제22조 등에서 정한 형식적 요건을 모두 갖추어 신고한 경우, 행정청이 실체적 사유를 들어 신고 수리를 거부할 수 없다(대판 2011.7.28., 2005두11784).

③ (○) 대판 2015.11.19., 2015두295

④ (○) 특별자치시장·특별자치도지사 또는 시장·군수·구청장은 제1항에 따른 신고를 받은 날부터 5일 이내에 신고수리 여부 또는 민원 처리 관련 법령에 따른 처리기간의 연장 여부를 신고인에게 통지하여야 한다. 다만, 이 법 또는 다른 법령에 따라 심의, 동의, 협의, 확인 등이 필요한 경우에는 20일 이내에 통지하여야 한다(「건축법」 제14조 제3항).

⑤ (○) 대판 2011.9.8., 2009두6766

정답 | ①

137

신고의 법적 성질에 대한 설명으로 옳지 않은 것은? (다툼이 있는 경우 판례에 의함)

① 양도인이 그의 의사에 따라 양수인에게 영업을 양도하면서 양수인으로 하여금 영업을 하도록 허락하였다면 그 양수인의 영업 중 발생한 위반행위에 대한 행정적인 책임은 영업허가자인 양도인에게 귀속된다.

② 구 「유통산업발전법」에 따른 대규모점포의 개설등록 및 구 재래시장법에 따른 시장관리자 지정은 행정청이 형식적 요건만 갖추면 수리하여야 하는 이른바 '수리를 요하는 신고'로서의 처분이다.

③ 채석허가가 유효하게 존속하고 있다는 것이 양수인의 명의변경신고의 전제가 된다는 의미에서 관할 행정청이 양도인에 대하여 채석허가를 취소하는 처분을 하였다면 이는 양수인의 지위에 대한 직접적 침해가 된다고 할 것이므로 양수인은 채석허가를 취소하는 처분의 취소를 구할 법률상 이익을 가진다.

④ 「의료법」에 의하면 의원, 치과의원, 한의원 또는 조산소의 개설은 단순한 신고사항으로만 규정하고 있고 또 그 신고의 수리 여부를 심사·결정할 수 있게 하는 별다른 규정도 없어 이에 대한 신고에 행정관청으로서는 별다른 심사·결정 없이 그 신고를 당연히 수리하여야 한다.

137	
기출처	예상문제
난이도	★★
키워드	사인의 공법행위

해설

① (O) 신고 전이나 신고의 수리가 있기 전에 양수인의 영업 중의 위법행위에 대한 행정적 책임은 양도인에게 있다.

② (×) 형식적 요건이 아니라 실체적 요건에 관한 심사를 한 후 수리하여야 하는 이른바 '수리를 요하는 신고'로서 행정처분에 해당한다(대판 2019.9.10., 2019다208953).

③ (O) 채석허가가 유효하게 존속하고 있다는 것이 양수인의 명의변경신고의 전제가 된다는 의미에서 관할 행정청이 양도인에 대하여 채석허가를 취소하는 처분을 하였다면 이는 양수인의 지위에 대한 직접적 침해가 된다고 할 것이므로 양수인은 채석허가를 취소하는 처분의 취소를 구할 법률상 이익을 가진다(대판 2003.7.11., 2001두6289).

④ (O) 「의료법」 제30조 제3항에 의하면 의원, 치과의원, 한의원 또는 조산소의 개설은 단순한 신고사항으로만 규정하고 있고 또 그 신고의 수리 여부를 심사·결정할 수 있게 하는 별다른 규정도 두고 있지 아니하므로 의원의 개설신고를 받은 행정관청으로서는 별다른 심사·결정 없이 그 신고를 당연히 수리하여야 한다(대판 1985.4.23., 84도2953).

정답 | ②

138

사인의 공법행위에 대한 설명으로 옳지 않은 것은? (다툼이 있는 경우 판례에 의함)

① 시장·군수 또는 구청장이 골재선별·세척 또는 파쇄 신고에 대하여 실질적인 요건을 심사하여 신고를 수리하거나 거부할 수 있으나 이때 다른 법령에서 정한 사유는 심사의 대상으로 삼을 수 없다.

② 건축물의 양수인이 구 「건축법 시행규칙」에 규정되어 있는 형식적 요건을 갖추어 허가대상으로 규정된 건축물의 양수에 대해 행정관청에 적법하게 건축주의 명의변경을 신고한 경우, 행정관청은 실체적인 이유를 내세워 신고의 수리를 거부할 수는 없다.

③ 행정청이 종교단체 납골당설치신고를 한 교회에 납골당설치 신고사항 이행통지를 한 경우에 행정청이 이행통지를 함으로써 납골당설치신고 수리를 하였다고 보는 것이 타당하고, 이를 수리처분과 별도로 항고소송 대상이 되는 다른 처분으로 볼 수 없다.

④ 행정청이 구 「식품위생법」 규정에 의하여 영업자지위승계신고를 수리하는 처분은 종전의 영업자의 권익을 제한하는 처분이라 할 것이고 따라서 종전의 영업자는 그 처분에 대하여 직접 그 상대가 되는 자에 해당한다.

해설

① **지엽** (×) 시장·군수 또는 구청장이 골재선별·세척 또는 파쇄 신고에 대하여 실질적인 요건을 심사하여 신고를 수리하거나 거부할 수 있고, 이때 다른 법령에서 정한 사유도 심사의 대상으로 삼을 수 있다(대판 2009.6.11., 2008두18021).

② (O) 허가대상 건축물의 양수인이 구 「건축법 시행규칙」에 규정되어 있는 형식적 요건을 갖추어 시장·군수 등 행정관청에 적법하게 건축주의 명의변경을 신고한 때에는 행정관청은 그 신고를 수리하여야지 실체적인 이유를 내세워 신고의 수리를 거부할 수는 없다(대판 2014.10.15., 2014두37658).

③ (O) 파주시장이 종교단체 납골당설치신고를 한 甲 교회에, "구 「장사 등에 관한 법률」에 따라 필요한 시설을 설치하고 유골을 안전하게 보관할 수 있는 설비를 갖추어야 하며 관계 법령에 따른 허가 및 준수 사항을 이행하여야 한다."는 취지의 납골당설치 신고사항 이행통지를 한 사안에서, 파주시장이 甲 교회에 이행통지를 함으로써 납골당설치신고 수리를 하였다고 보는 것이 타당하고, 이를 수리처분과 별도로 항고소송 대상이 되는 다른 처분으로 볼 수 없다(대판 2011.9.8., 2009두6766).

④ (O) 행정청이 구 「식품위생법」 규정에 의하여 영업자지위승계신고를 수리하는 처분은 종전의 영업자의 권익을 제한하는 처분이라 할 것이고 따라서 종전의 영업자는 그 처분에 대하여 직접 그 상대가 되는 자에 해당한다고 봄이 상당하므로, 행정청으로서는 위 신고를 수리하는 처분을 함에 있어서 「행정절차법」 규정 소정의 당사자에 해당하는 종전의 영업자에 대하여 위 규정 소정의 행정절차를 실시하고 처분을 하여야 한다(대판 2003.2.14., 2001두7015).

정답 | ①

139

행정법관계에 대한 설명으로 옳지 않은 것은? (다툼이 있는 경우 판례에 의함)

① 행정에 관한 기간의 계산에 관하여는 「행정기본법」 또는 다른 법령 등에 특별한 규정이 있는 경우를 제외하고는 「민법」을 준용한다.
② 구 「산림법」에 의해 형질변경허가를 받지 아니하고 산림을 형질변경한 자가 사망한 경우, 해당 토지의 소유권을 승계한 상속인은 그 복구의무를 부담하지 않으므로, 행정청은 그 상속인에 대하여 복구명령을 할 수 없다.
③ 구 「지방재정법」에 의한 변상금 부과처분이 당연무효인 경우, 이 변상금 부과처분에 의하여 납부자가 납부한 오납금은 지방자치단체가 법률상 원인 없이 취득한 부당이득에 해당한다.
④ 주민등록의 신고는 행정청에 도달하기만 하면 신고로서의 효력이 발생하는 것이 아니라 행정청이 수리한 경우에 비로소 신고의 효력이 발생한다.

139	
기출처	2021 국가직 7급
난이도	★★
키워드	사인의 공법행위

해설

② (×) 의무의 불이행자가 사망한 경우, 이를 승계한 상속인이 의무를 부담한다.

> 산림을 무단형질변경한 자가 사망한 경우 당해 토지의 소유권 또는 점유권을 승계한 상속인은 그 복구의무를 부담한다고 봄이 상당하고, 따라서 관할 행정청은 그 상속인에 대하여 복구명령을 할 수 있다고 보아야 한다(대판 2005.8.19., 2003두9817·9824).

정답 | ②

140

사인의 공법행위에 대한 설명으로 옳지 않은 것은? (다툼이 있는 경우 판례에 의함)

① 국민이 어떤 신청을 한 경우에 그 신청의 근거가 된 조항의 해석상 행정발동에 대한 개인의 신청권을 인정하고 있다고 보이면 그 거부행위는 항고소송의 대상이 되는 처분으로 보아야 하고, 구체적으로 그 신청이 인용될 수 있는가 하는 점은 본안에서 판단하여야 할 사항이다.

② 민원사항의 신청서류에 실질적인 요건에 관한 흠이 있더라도 그것이 민원인의 단순한 착오나 일시적인 사정 등에 기한 경우에는 행정청은 보완을 요구하여야 한다.

③ 건축주 등은 건축신고가 반려될 경우 건축물의 건축을 개시하면 시정명령, 이행강제금, 벌금의 대상이 되거나 당해 건축물을 사용하여 행할 행위의 허가가 거부될 우려가 있어 불안정한 지위에 놓이게 되므로, 건축신고 반려행위는 항고소송의 대상성이 인정된다.

④ 「건축법」상의 건축신고가 다른 법률에서 정한 인가·허가 등의 의제효과를 수반하는 경우라도 특별한 사정이 없는 한 수리를 요하는 신고로 볼 수 없다.

해설

② (○) 행정청은 민원서류에 흠이 있는 경우에는 보완이 필요한 상당한 기간을 정하여 지체 없이 민원인에게 보완을 요구해야 한다(임의규정이 아닌 강행규정이다).

> 구「민원사무 처리에 관한 법률」제4조 제2항, 같은 법 시행령(2002.8.21. 대통령령 제17719호로 개정되기 전의 것) 제15조 제1항·제2항, 제16조 제1항에 의하면, 행정기관은 민원사항의 신청이 있는 때에는 다른 법령에 특별한 규정이 있는 경우를 제외하고는 그 접수를 보류하거나 거부할 수 없으며, 민원서류에 흠이 있는 경우에는 보완에 필요한 상당한 기간을 정하여 지체 없이 민원인에게 보완을 요구하고 그 기간 내에 민원서류를 보완하지 아니할 때에는 7일의 기간 내에 다시 보완을 요구할 수 있으며, 위 기간 내에 민원서류를 보완하지 아니한 때에 비로소 접수된 민원서류를 되돌려 보낼 수 있도록 규정되어 있는바, 위 규정 소정의 보완의 대상이 되는 흠은 보완이 가능한 경우이어야 함은 물론이고, 그 내용 또한 형식적·절차적인 요건이거나, 실질적인 요건에 관한 흠이 있는 경우라도 그것이 민원인의 단순한 착오나 일시적인 사정 등에 기한 경우 등이라야 한다(대판 2004.10.15., 2003두6573).

④ **빈출** (×) 인·허가의제를 수반하는 건축신고는 수리를 요하는 신고에 해당한다.

> 인·허가의제 효과를 수반하는 건축신고는 일반적인 건축신고와는 달리, 특별한 사정이 없는 한 행정청이 그 실체적 요건에 관한 심사를 한 후 수리하여야 하는 이른바 '수리를 요하는 신고'로 보는 것이 옳다(대판 2011.1.20., 2010두14954).

정답 | ④

141

사인의 공법행위로서의 신고에 대한 설명으로 옳지 않은 것은? (다툼이 있는 경우 판례에 의함)

① 「부가가치세법」상 사업자등록은 단순한 사업사실의 신고에 해당하므로, 과세관청이 직권으로 등록을 말소한 행위는 항고소송의 대상인 행정처분에 해당하지 않는다.
② 허가대상 건축물의 양수인이 건축법령에 규정되어 있는 형식적 요건을 갖추어 행정청에 적법하게 건축주 명의변경신고를 한 경우, 행정청은 실체적인 이유를 들어 신고의 수리를 거부할 수 없다.
③ 구 「체육시설의 설치·이용에 관한 법률」의 규정에 따라 체육시설의 회원을 모집하고자 하는 자의 '회원모집계획서 제출'은 수리를 요하는 신고이며, 이에 대하여 회원모집계획을 승인하는 시·도지사 등의 검토결과 통보는 수리행위로서 행정처분에 해당한다.
④ 장기요양기관의 폐업신고 자체가 효력이 없음에도 행정청이 이를 수리한 경우, 그 수리행위가 당연무효로 되는 것은 아니다.

141	
기출처	2020 국가직 7급
난이도	★★
키워드	사인의 공법행위

해설

④ (×) 사인의 공법행위가 무효인 경우 이에 따라 이루어진 행정청의 처분도 무효가 된다. 따라서 신고가 효력이 없음에도 이를 수리한 행위는 무효에 해당한다.

> 장기요양기관의 폐업신고와 노인의료복지시설의 폐지신고는, 행정청이 관계 법령이 규정한 요건에 맞는지를 심사한 후 수리하는 이른바 '수리를 필요로 하는 신고'에 해당한다. 그러나 행정청이 그 신고를 수리하였다고 하더라도, 신고서 위조 등의 사유가 있어 신고행위 자체가 효력이 없다면, 그 수리행위는 유효한 대상이 없는 것으로서, 수리행위 자체에 중대·명백한 하자가 있는지를 따질 것도 없이 당연히 무효이다(대판 2018.6.12., 2018두33593).

정답 | ④

142

영업허가의 양도와 제재처분의 효과 및 제재사유의 승계에 대한 설명으로 옳지 않은 것은?

① 「식품위생법」에 따른 영업장 면적 변경에 관한 신고의무가 이행되지 않은 영업을 양수한 자가 그 신고의무를 이행하지 않은 채 영업을 계속하는 경우, 시정명령 또는 영업정지 등 제재처분의 대상이 된다.

② 불법증차를 실행하고 유가보조금을 받은 운송사업자로부터 운송사업 영업을 양수하고 구 「화물자동차 운수사업법」에 따라 신고를 하여 운송사업자의 지위를 승계한 양수인에게, 행정청은 불법증차 차량에 관하여 지급된 유가보조금의 반환을 명할 수 있다. 다만, 그에 따른 양수인의 책임범위는 지위승계 후 유가보조금 부정수급액에 한정된다.

③ 행정청은 개인택시운송사업의 양도·양수에 대한 인가를 한 후, 그 양도·양수 이전에 있었던 양도인에 대한 운송사업면허 취소사유를 들어 양수인의 사업면허를 취소할 수 있다.

④ 분할하는 회사의 분할 전 「하도급거래 공정화에 관한 법률」 위반행위를 이유로 신설회사에 대하여 동법에 따른 시정조치를 명하는 것이 허용된다.

해설

① (○) 영업장 면적이 변경되었음에도 그에 관한 신고의무가 이행되지 않은 영업을 양수한 자도 역시 그와 같은 신고의무를 이행하지 않은 채 영업을 계속한다면 처벌대상이 된다고 보아야 한다(대판 2010.7.15., 2010도4869).

② (○) 관할 행정청은 양수인의 선의·악의를 불문하고 양수인에 대하여 불법증차 차량에 관하여 지급된 유가보조금의 반환을 명할 수 있다. 다만 그에 따른 양수인의 책임범위는 지위 승계 후 발생한 유가보조금 부정수급액에 한정되고, 지위승계 전에 발생한 유가보조금 부정수급액에 대해서까지 양수인을 상대로 반환명령을 할 수는 없다(대판 2021.7.21., 2018두49789).

③ (○) 대판 2010.4.8., 2009두17018

④ (×) 회사 분할시 특별한 규정이 없는 한 신설회사에 대하여 분할하는 회사의 분할 전 「하도급거래 공정화에 관한 법률」 위반행위를 이유로 「하도급거래 공정화에 관한 법률」 제25조 제1항에 따른 시정조치를 명하는 것은 허용되지 않는다(대판 2023.6.15., 2021두55159).

정답 | ④

143

사인의 공법행위에 대한 설명으로 옳지 않은 것은? (다툼이 있는 경우 판례에 의함)

① 여군하사관 전역지원의 의사표시가 진의 아닌 의사표시라고 하더라도 그 무효에 관한 법리를 선언한 「민법」 제107조 제1항 단서의 규정은 그 성질상 사인의 공법행위에는 적용되지 않는다 할 것이므로 그 표시된 대로 유효한 것으로 보아야 할 것이다.

② 건축불허가처분을 하면서 그 사유의 하나로 소방시설과 관련된 소방서장의 건축부동의 의견을 들고 있으나 그 보완이 가능한 경우, 보완을 요구하지 아니한 채 곧바로 건축허가신청을 거부한 것은 재량권의 범위를 벗어난 것이다.

③ 수리를 요하는 신고의 경우 행정청의 신고필증이 반드시 필요한 것은 아니다.

④ 구 「식품위생법」상의 영업자지위승계신고는 수리를 요하는 신고이고, 수리를 요하는 신고는 「행정기본법」에 규정을 두고 있어 행정청은 수리처분이 종전의 영업자의 권익을 제한하는 처분이라면, 종전의 영업자에게 「행정기본법」상의 의견청취 등의 행정절차를 실시하고 처분을 하여야 한다.

관련기출 옳은지문
- 「민법」의 비진의 의사표시에 관한 규정은 사인의 공법행위에 적용되지 않는다. 20국회직9급

해설

① (○) 대판 1994.1.11., 93누10057
② (○) 대판 2004.10.15., 2003두6573
③ (○) 일반적으로 신고필증이 교부되지만, 반드시 필요한 것은 아니라는 것이 대법원의 입장이다.
④ **빈출** (×) 수리를 요하는 신고에 대하여 「행정기본법」에 규정을 두고 있으나, 신고에 대한 수리는 행정처분에 해당하여 「행정절차법」상의 처분절차를 준수하여야 한다.

정답 | ④

144

신고에 관한 설명으로 옳지 않은 것은? (다툼이 있는 경우 판례에 의함)

① 법령 등에서 행정청에 일정한 사항을 통지함으로써 의무가 끝나는 신고를 규정하고 있는 경우, 신고가 법령 등에 규정된 형식상의 요건에 적합하면 신고서가 접수기관에 도달된 때에 신고의무가 이행된 것으로 본다.
② 「행정절차법」에서는 수리를 요하는 신고를 규정하고 있고, 「행정기본법」에서는 수리를 요하지 않는 신고를 규정하고 있다.
③ 법령 등으로 정하는 바에 따라 행정청에 일정한 사항을 통지하여야 하는 신고로서 법률에 신고의 수리가 필요하다고 명시되어 있는 경우에는 행정청이 수리하여야 효력이 발생한다.
④ 「유통산업발전법」상 대규모점포의 개설등록은 수리를 요하는 신고로서 행정처분에 해당한다.

144	
기출처	2023 소방직
난이도	★★
키워드	사인의 공법행위

해설

② (×) 「행정절차법」에는 수리를 요하지 않는 신고를, 「행정기본법」에는 수리를 요하는 신고를 규정하고 있다.

「행정기본법」	「행정절차법」
제34조 【수리 여부에 따른 신고의 효력】 법령 등으로 정하는 바에 따라 행정청에 일정한 사항을 통지하여야 하는 신고로서 법률에 신고의 수리가 필요하다고 명시되어 있는 경우 (행정기관의 내부 업무 처리 절차로서 수리를 규정한 경우는 제외한다)에는 행정청이 수리하여야 효력이 발생한다. → 수리 여부에 따른 신고의 효력	제40조 【신고】 ① 법령 등에서 행정청에 일정한 사항을 통지함으로써 의무가 끝나는 신고를 규정하고 있는 경우 신고를 관장하는 행정청은 신고에 필요한 구비서류, 접수기관, 그 밖에 법령 등에 따른 신고에 필요한 사항을 게시(인터넷 등을 통한 게시를 포함한다)하거나 이에 대한 편람을 갖추어 두고 누구나 열람할 수 있도록 하여야 한다. ② 제1항에 따른 신고가 다음 각 호의 요건을 갖춘 경우에는 신고서가 접수기관에 도달된 때에 신고의무가 이행된 것으로 본다.

④ **빈출** (○) 구 「유통산업발전법」에 따른 대규모점포의 개설등록 및 구 재래시장법에 따른 시장관리자 지정은 행정청이 실체적 요건에 관한 심사를 한 후 수리하여야 하는 이른바 '수리를 요하는 신고'로서 행정처분에 해당한다(대판 2019.9.10., 2019다208953).

정답 | ②

145

사인의 공법행위에 대한 설명으로 옳은 것은?

① 공무원에 의해 제출된 사직원은 그에 터잡은 의원면직처분이 있을 때까지 철회될 수 있고, 일단 면직처분이 있고 난 이후에도 자유로이 취소 및 철회될 수 있다.
② 시장 등의 주민등록전입신고 수리 여부에 대한 심사는 「주민등록법」의 입법 목적의 범위 내에서 제한적으로 이루어져야 하는바, 전입신고자가 30일 이상 생활의 근거로서 거주할 목적으로 거주지를 옮기는지 여부가 심사대상으로 되어야 한다.
③ 행정청은 신청에 구비서류의 미비 등 흠이 있는 경우 원칙상 형식적·절차적인 요건만을 보완 요구하여야 하므로 실질적인 요건에 관한 흠이 민원인의 단순한 착오나 일시적인 사정 등에 기인한 경우에도 보완을 요구할 수 없다.
④ 사인의 공법행위는 원칙적으로 발신주의에 따라 그 효력이 발생한다.

해설

① (×) 공무원이 한 사직 의사표시의 철회나 취소는 그에 터잡은 의원면직처분이 있을 때까지 할 수 있는 것이고, 일단 면직처분이 있고 난 이후에는 철회나 취소할 여지가 없다(대판 2001.8.24., 99두9971).

② **빈출** (○) 시장·군수 또는 구청장의 주민등록전입신고 수리 여부에 대한 심사는 「주민등록법」의 입법 목적의 범위 내에서 제한적으로 이루어져야 한다. 한편, 「주민등록법」의 입법 목적에 관한 제1조 및 주민등록 대상자에 관한 제6조의 규정을 고려해 보면, 전입신고를 받은 시장·군수 또는 구청장의 심사대상은 전입신고자가 30일 이상 생활의 근거로 거주할 목적으로 거주지를 옮기는지 여부만으로 제한된다고 보아야 한다(대판 2009.6.18., 2008두10997).

③ (×) 행정기관은 민원사항의 신청이 있는 때에는 다른 법령에 특별한 규정이 있는 경우를 제외하고는 그 접수를 보류하거나 거부할 수 없으며, 민원서류에 흠이 있는 경우에는 보완에 필요한 상당한 기간을 정하여 지체 없이 민원인에게 보완을 요구하고 그 기간 내에 민원서류를 보완하지 아니할 때에는 7일의 기간 내에 다시 보완을 요구할 수 있으며, 위 기간 내에 민원서류를 보완하지 아니한 때에 비로소 접수된 민원서류를 되돌려 보낼 수 있도록 규정되어 있는바, 위 규정 소정의 보완의 대상이 되는 흠은 보완이 가능한 경우이어야 함은 물론이고, 그 내용 또한 형식적·절차적인 요건이거나, 실질적인 요건에 관한 흠이 있는 경우라도 그것이 민원인의 단순한 착오나 일시적인 사정 등에 기한 경우 등이라야 한다(대판 2004.10.15., 2003두6573).

고득점 플러스+ 「행정절차법」과 「민원 처리에 관한 법률」

「행정절차법」	「민원 처리에 관한 법률」
제17조【처분의 신청】 ④ 행정청은 신청을 받았을 때에는 다른 법령 등에 특별한 규정이 있는 경우를 제외하고는 그 접수를 보류 또는 거부하거나 부당하게 되돌려 보내서는 아니 되며, 신청을 접수한 경우에는 신청인에게 접수증을 주어야 한다. 다만, 대통령령으로 정하는 경우에는 접수증을 주지 아니할 수 있다. ⑤ 행정청은 신청에 구비서류의 미비 등 흠이 있는 경우에는 보완에 필요한 상당한 기간을 정하여 지체 없이 신청인에게 보완을 요구하여야 한다.	**제9조【민원의 접수】** ① 행정기관의 장은 민원의 신청을 받았을 때에는 다른 법령에 특별한 규정이 있는 경우를 제외하고는 그 접수를 보류하거나 거부할 수 없으며, 접수된 민원문서를 부당하게 되돌려 보내서는 아니 된다.

④ **지엽** (×) 사인의 공법행위를 포함하여 행정법 전반에서 효력발생시기는 도달주의에 따른다. 일부 예외적으로 발신주의를 취하는 경우도 있다.

정답 | ②

146
사인의 공법행위에 대한 설명으로 옳지 않은 것은?

① 공무원이 한 사직 의사표시는 그에 터잡은 의원면직처분이 있고 난 이후라도 철회나 취소할 수 있다.
② 자기완결적 신고의 경우 적법한 요건을 갖춘 신고를 하면 신고의 대상이 되는 행위를 적법하게 할 수 있고, 별도로 행정청의 수리를 기다릴 필요가 없다.
③ 「건축법」에 의한 인·허가의제 효과를 수반하는 건축신고는 특별한 사정이 없는 한 행정청이 그 실체적 요건에 관한 심사를 한 후 수리하여야 하는, 수리를 요하는 신고에 해당한다.
④ 구 「유통산업발전법」에 따른 대규모점포의 개설등록 및 구 「재래시장 및 상점가 육성을 위한 특별법」에 따른 시장관리자 지정은 행정청이 실체적 요건에 관한 심사를 한 후 수리하여야 하는, 수리를 요하는 신고로서 행정처분에 해당한다.

146	
기출처	2023 국가직 7급
난이도	★★
키워드	사인의 공법행위

해설

① (×) 공무원이 한 사직 의사표시의 철회나 취소는 그에 터잡은 의원면직처분이 있을 때까지 할 수 있는 것이고, 일단 면직처분이 있고 난 이후에는 철회나 취소할 여지가 없다(대판 2001.8.24., 99두9971).
② (○) 자기완결적 신고는 행정청의 수리 여부와 상관없이 적법한 요건을 갖추어 접수기간에 신고서가 도달됨으로써 신고의 효력이 발생한다.
③ 빈출 (○) 인·허가의제 효과를 수반하는 건축신고는 일반적인 건축신고와는 달리, 특별한 사정이 없는 한 행정청이 그 실체적 요건에 관한 심사를 한 후 수리하여야 하는 이른바 '수리를 요하는 신고'로 보는 것이 옳다(대판 2011.1.20., 2010두14954).
④ 빈출 (○) 구 「유통산업발전법」 제8조 제1항, 제9조, 구 「유통산업발전법 시행규칙」 제5조 제1항, 구 「재래시장 및 상점가 육성을 위한 특별법」 제67조 제1항, 구 「재래시장 및 상점가 육성을 위한 특별법 시행규칙」 제14조 제1항·제2항의 내용과 체계에 비추어 보면, 구 「유통발전법」에 따른 대규모점포의 개설등록 및 구 「재래시장 및 상점가 육성을 위한 특별법」에 따른 시장관리자 지정은 행정청이 실체적 요건에 관한 심사를 한 후 수리하여야 하는 이른바 '수리를 요하는 신고'로서 행정처분에 해당한다(대판 2019.9.10., 2019다208953).

정답 | ①

CHAPTER 03 행정입법

01 법규명령

147	① ② ③
기출처	2021 지방직 9급
난이도	★★
키워드	법규명령

🔍 관련기출 옳은지문

• 법규명령의 위임의 근거가 되는 법률에 대하여 위헌결정이 선고되면 그 위임규정에 근거하여 제정된 법규명령도 원칙적으로 효력을 상실한다.
20군무원7급

• 법규명령이 법률상 위임의 근거가 없어 무효였더라도 사후에 법 개정으로 위임의 근거가 부여되면 그때부터는 유효한 법규명령이 된다.
24지방직9급

147 필수

행정입법에 대한 설명으로 옳은 것은? (다툼이 있는 경우 판례에 의함)

① 법규명령이 위임의 근거가 없어 무효였더라도 나중에 법 개정으로 위임의 근거가 부여되면, 법규명령 제정 당시로 소급하여 유효한 법규명령이 된다.
② 법률의 시행령 내용이 모법 조항의 취지에 근거하여 이를 구체화하기 위한 것인 때에는 모법에 직접 위임하는 규정을 두지 않았더라도 이를 무효라고 볼 수 없다.
③ 대통령령의 입법부작위에 대한 국가배상책임은 인정되지 않는다.
④ 법규명령의 위임근거가 되는 법률에 대하여 위헌결정이 선고되더라도 그 위임에 근거하여 제정된 법규명령은 별도의 폐지행위가 있어야 효력을 상실한다.

해설

① **빈출** (×) 근거 법이 없어 무효인 위임명령은 이후에 상위법이 마련되면 그때부터 유효인 법규명령으로서 효력을 가지게 된다. 즉, 소급하지 않는다.

> 일반적으로 법률의 위임에 의하여 효력을 갖는 법규명령의 경우, 구법에 위임의 근거가 없어 무효였더라도 사후에 법 개정으로 위임의 근거가 부여되면 그때부터는 유효한 법규명령이 되나, 반대로 구법의 위임에 의한 유효한 법규명령이 법 개정으로 위임의 근거가 없어지게 되면 <u>그때부터 무효인 법규명령</u>이 된다(대판 1995.6.30., 93추83).

② **빈출** (○) 상위법 취지에 근거하여 상위법을 구체화하는 것이라면 새로운 법규를 제정한 것이라 볼 수 없어 직접 위임의 근거가 없어도 이를 무효라고 할 수 없다(대판 2009.6.11., 2008두13637).

③ **빈출** (×) 의회입법부작위와 달리 행정입법부작위는 국가배상이 된다.

> 군법무관의 보수를 법관 및 검사의 예에 준하도록 규정하면서 그 구체적 내용을 시행령에 위임하고 있는 이상, 위 법률의 규정들은 군법무관의 보수의 내용을 법률로써 일차적으로 형성한 것이고, 위 법률들에 의해 상당한 수준의 보수청구권이 인정되는 것이므로, 위 보수청구권은 단순한 기대이익을 넘어서는 것으로서 법률의 규정에 의해 인정된 재산권의 한 내용이 되는 것으로 봄이 상당하고, 따라서 <u>행정부가 정당한 이유 없이 시행령을 제정하지 않은 것은 위 보수청구권을 침해하는 불법행위에 해당한다</u>(대판 2007.11.29., 2006다3561).

④ **빈출** (×) 위임의 근거인 상위법이 폐지되면 그에 근거하여 제정된 법규명령은 실효된다.

> 법규명령의 위임근거가 되는 법률에 대하여 위헌결정이 선고되면 그 위임에 근거하여 제정된 법규명령도 원칙적으로 효력을 상실한다(대판 2001.6.12., 2000다18547).

정답 | ②

148 필수

행정입법에 대한 판례의 입장으로 옳지 않은 것은?

① 고시가 비록 법령에 근거를 둔 것이더라도 규정 내용이 법령의 위임범위를 벗어난 것일 경우에는 법규명령으로서의 대외적 구속력을 인정할 여지는 없다.
② 법률의 위임에 따라 효력을 갖는 법규명령의 경우에 위임의 근거가 없어 무효였더라도 나중에 법 개정으로 위임의 근거가 다시 부여된 경우에는 이전부터 소급하여 유효한 법규명령이 있었던 것으로 본다.
③ 어떠한 고시가 다른 집행행위의 매개 없이 그 자체로서 직접 국민의 구체적인 권리의무나 법률관계를 규율하는 성격을 가질 때에는 행정처분에 해당한다.
④ 법률의 시행령이나 시행규칙의 내용이 모법의 입법 취지와 관련 조항 전체를 유기적·체계적으로 살펴보아 모법의 해석상 가능한 것을 명시한 것에 지나지 아니하는 때에는 모법에 이에 관하여 직접 위임하는 규정을 두지 아니하였다고 하더라도 이를 무효라고 볼 수는 없다.

해설

② 빈출 (×) 위임의 근거가 없어 무효인 법규명령은 이후에 법 개정으로 근거가 부여되면 그때부터 유효인 법규명령이 된다.

> 일반적으로 법률의 위임에 의하여 효력을 갖는 법규명령의 경우, 구법에 위임의 근거가 없어 무효였더라도 사후에 법 개정으로 위임의 근거가 부여되면 그때부터는 유효한 법규명령이 되나, 반대로 구법의 위임에 의한 유효한 법규명령이 법 개정으로 위임의 근거가 없어지게 되면 그때부터 무효인 법규명령이 되므로, 어떤 법령의 위임 근거 유무에 따른 유효 여부를 심사하려면 법 개정의 전·후에 걸쳐 모두 심사하여야만 그 법규명령의 시기에 따른 유효·무효를 판단할 수 있다(대판 1995.6.30., 93추83).

정답 | ②

148

기출처	2021 국가직 7급
난이도	★★
키워드	법규명령

관련기출 옳은지문

- 행정규칙인 고시가 법령의 수권에 의해 법령을 보충하는 사항을 정하는 경우에는 근거법령규정과 결합하여 대외적으로 구속력 있는 법규명령의 효력을 갖는다. 19서울시9급

- 위임명령이 위임 내용을 구체화하는 단계를 벗어나 새로운 입법을 한 것으로 평가할 수 있다면 이는 위임의 한계를 일탈한 것으로서 허용되지 않는다. 24지방직9급

149

기출처: 2024 국가직 9급
난이도: ★★
키워드: 법규명령

행정입법에 대한 설명으로 옳지 않은 것은?

① 정부는 권한 있는 기관에 의하여 위헌으로 결정되어 법령이 헌법에 위반되거나 법률에 위반되는 것이 명백한 경우 등 대통령령으로 정하는 경우에는 해당 법령을 개선하여야 한다.
② 헌법 제107조 제2항은 구체적 규범통제를 규정하고 있기 때문에 당사자는 구체적 사건의 심판을 위한 선결문제로서 행정입법의 위법성을 주장하여 법원에 대하여 당해 사건에 대한 적용 여부의 판단을 구할 수 있다.
③ 일반적으로 법률의 위임에 따라 효력을 갖는 법규명령의 경우에 위임의 근거가 없어 무효였다면 나중에 법 개정으로 위임의 근거가 부여되었다고 하여 그때부터 유효한 법규명령이 되는 것은 아니다.
④ 법률의 시행령은 모법인 법률에 의하여 위임받은 사항이나 법률이 규정한 범위 내에서 법률을 현실적으로 집행하는 데 필요한 세부적인 사항만을 규정할 수 있을 뿐, 법률에 의한 위임이 없는 한 법률이 규정한 개인의 권리·의무에 관한 내용을 변경·보충하거나 법률에 규정되지 아니한 새로운 내용을 규정할 수는 없다.

해설

① (O) 「행정기본법」 제39조 제1항

> 「행정기본법」 제39조 【행정법제의 개선】 ① 정부는 권한 있는 기관에 의하여 위헌으로 결정되어 법령이 헌법에 위반되거나 법률에 위반되는 것이 명백한 경우 등 대통령령으로 정하는 경우에는 해당 법령을 개선하여야 한다.

② (O) 헌법 제107조 제2항의 규정에 따르면 행정입법의 심사는 일반적인 재판절차에 의하여 구체적 규범통제의 방법에 의하도록 명시하고 있으므로, 당사자는 구체적 사건의 심판을 위한 선결문제로서 행정입법의 위법성을 주장하여 법원에 대하여 당해 사건에 대한 적용 여부의 판단을 구할 수 있을 뿐 행정입법 자체의 합법성의 심사를 목적으로 하는 독립한 신청을 제기할 수는 없다(대결 1994.4.26., 93부32).
③ **빈출** (×) 일반적으로 법률의 위임에 따라 효력을 갖는 법규명령의 경우에 위임의 근거가 없어 무효였더라도 나중에 법 개정으로 위임의 근거가 부여되면 그때부터는 유효한 법규명령으로 볼 수 있다. 그러나 법규명령이 개정된 법률에 규정된 내용을 함부로 유추·확장하는 내용의 해석규정이어서 위임의 한계를 벗어난 것으로 인정될 경우에는 법규명령은 여전히 무효이다(대판 2017.4.20., 2015두45700).
④ **빈출** (O) 일반적으로 법률의 시행령은 모법인 법률에 의하여 위임받은 사항이나, 법률이 규정한 범위 내에서 법률을 현실적으로 집행하는 데 필요한 세부적인 사항만을 규정할 수 있을 뿐, 법률의 위임 없이 법률이 규정한 개인의 권리·의무에 관한 내용을 변경·보충하거나 법률에서 규정하지 아니한 새로운 내용을 규정할 수 없다(대판 1999.2.11., 98도2816).

정답 | ③

150

기출처: 2023 지방직 9급
난이도: ★
키워드: 법규명령

행정입법의 사법적 통제에 대한 설명으로 옳지 않은 것은?

① 중앙선거관리위원회규칙은 법규명령이므로 구체적 규범통제의 대상이 될 수 있다.
② 처분적 법규명령은 무효등확인소송 또는 취소소송의 대상이 된다.
③ 대법원 이외의 각급법원도 구체적 규범통제의 방법으로 법규명령 조항에 대한 위헌·위법 판단을 할 수 있다.
④ 행정입법부작위는 부작위위법확인소송의 대상이 된다.

해설

① (O) 중앙선거관리위원회규칙도 법규명령에 해당하고 법원에 의해서 구체적 규범통제의 대상이 된다.
② (O) 조례가 집행행위의 개입 없이도 그 자체로서 직접 국민의 구체적인 권리·의무나 법적 이익에 영향을 미치는 등의 법률상 효과를 발생하는 경우 그 조례는 항고소송의 대상이 되는 행정처분에 해당한다(대판 1996.9.20., 95누8003).
③ (O) 법규명령에 대한 구체적 규범통제는 모든 법원의 관할이다. → 최종심사권은 대법원에 있다.

> **헌법 제107조** ① 법률이 헌법에 위반되는 여부가 재판의 전제가 된 경우에는 법원은 헌법재판소에 제청하여 그 심판에 의하여 재판한다.
> ② 명령·규칙 또는 처분이 헌법이나 법률에 위반되는 여부가 재판의 전제가 된 경우에는 대법원은 이를 최종적으로 심사할 권한을 가진다.

④ (×) 원칙적으로 행정입법(또는 행정입법부작위)은 항고소송의 대상이 아니다. 행정입법부작위는 항고소송인 부작위법확인소송의 대상이 될 수 없다.

> 행정소송은 구체적 사건에 대한 법률상 분쟁을 법에 의하여 해결함으로써 법적 안정을 기하자는 것이므로 부작위위법확인소송의 대상이 될 수 있는 것은 구체적 권리의무에 관한 분쟁이어야 하고 추상적인 법령에 관하여 제정의 여부 등은 그 자체로서 국민의 구체적인 권리의무에 직접적 변동을 초래하는 것이 아니어서 그 소송의 대상이 될 수 없다(대판 1992.5.8., 91누11261).

정답 | ④

---

151 필수

행정입법에 대한 설명으로 옳지 않은 것은?

① 행정규칙의 내용이 상위법령에 반하는 것이라면 법치국가원리에서 파생되는 법질서의 통일성과 모순금지원칙에 따라 그것은 법질서상 당연무효이고, 행정내부적 효력도 인정될 수 없다.
② 행정처분이 법규성이 없는 내부지침 등의 규정에 위배된다고 하더라도 그 이유만으로 처분이 위법하게 되는 것은 아니고, 또 내부지침 등에서 정한 요건에 부합한다고 하여 반드시 그 처분이 적법한 것이라고 할 수도 없다.
③ 행정관청 내부의 사무처리규정에 불과한 전결규정에 위반하여 원래의 전결권자 아닌 보조기관 등이 처분권자인 행정관청의 이름으로 행정처분을 하였다면 그 처분은 권한 없는 자에 의하여 행하여진 무효의 처분이다.
④ 행정소송에 대한 대법원판결에 의하여 명령·규칙이 헌법 또는 법률에 위반된다는 것이 확정된 경우에는 대법원은 지체 없이 그 사유를 행정안전부장관에게 통보하여야 한다.

151
- 기출처: 2025 국가직 9급
- 난이도: ★★
- 키워드: 법규명령

관련기출 옳은지문
- 「행정소송법」은 대법원 판결에 의하여 명령·규칙이 헌법 또는 법률에 위반된다는 것이 확정된 경우에는 대법원은 지체 없이 그 사유를 행정안전부장관에게 통보하여야 하고, 통보를 받은 행정안전부장관은 지체 없이 이를 관보에 게재하여야 한다고 규정하고 있다. 19(상)군무원9급

해설

① (O) 대판 2020.11.26., 2020두42262
② (O) 대판 2018.6.15., 2015두40248
③ (×) 행정관청 내부의 사무처리규정에 불과한 전결규정에 위반하여 원래의 전결권자 아닌 보조기관 등이 처분권자인 행정관청의 이름으로 행정처분을 하였다고 하더라도 그 처분이 권한 없는 자에 의하여 행하여진 무효의 처분이라고는 할 수 없다(대판 1998.2.27., 97누1105).
④ (O) 「행정소송법」 제6조 제1항

정답 | ③

152

기출처 2024 국가직 7급
난이도 ★★
키워드 법규명령

행정입법에 대한 설명으로 옳은 것은?

① 법률의 위임에 의해 유효하게 성립된 법규명령은 이후 법 개정으로 위임의 근거가 없어지더라도 법규명령의 효력에 영향이 없다.
② 행정권의 행정입법 등 법집행의무는 헌법적 의무라고 보아야 할 것이므로, 하위 행정입법의 제정 없이 상위법령의 규정만으로 집행이 이루어질 수 있는 경우라도 하위 행정입법을 하여야 할 헌법적 작위의무는 인정된다.
③ 법률조항의 위임에 따라 대통령령으로 규정한 내용이 헌법에 위반되는 경우에는 그로 인하여 모법인 해당 수권(授權) 법률조항도 위헌이 된다.
④ 법률이 행정부가 아니거나 행정부에 속하지 않는 공법적 기관의 정관에 자치입법적 사항을 위임하는 경우 헌법에서 정한 포괄적인 위임입법의 금지는 원칙적으로 적용되지 않는다.

해설

① (×) 구법의 위임에 의한 유효한 법규명령이 법 개정으로 위임의 근거가 없어지게 되면 그때부터 무효인 법규명령이 되므로, 어떤 법령의 위임 근거 유무에 따른 유효 여부를 심사하려면 법 개정의 전·후에 걸쳐 모두 심사하여야만 그 법규명령의 시기에 따른 유효·무효를 판단할 수 있다(대판 1995.6.30., 93추83).
② (×) 하위 행정입법의 제정 없이 상위법령의 규정만으로도 집행이 이루어질 수 있는 경우라면 하위 행정입법을 하여야 할 헌법적 작위의무는 인정되지 아니한다(헌재 2005.12.22., 2004헌마66).
③ (×) 위임입법의 법리는 헌법의 근본원리인 권력분립주의와 의회주의 내지 법치주의에 바탕을 두는 것이기 때문에 행정부에서 제정된 대통령령에서 규정한 내용이 정당한 것인지 여부와 위임의 적법성은 직접적인 관계가 없다. 따라서 대통령령으로 규정한 내용이 헌법에 위반될 경우라도 그 대통령령의 규정이 위헌으로 되는 것은 별론으로 하고 그로 인하여 정당하고 적법하게 입법권을 위임한 수권 법률조항까지 위헌으로 되는 것은 아니다(헌재 1997.9.25., 96헌바18, 97헌바46·47).
④ **빈출** (○) 법률이 정관에 자치법적 사항을 위임한 경우에는 헌법 제75조, 제95조가 정하는 포괄적인 위임입법의 금지는 원칙적으로 적용되지 않는다고 봄이 상당하다(헌재 2006.3.30., 2005헌바31).

정답 | ④

153

기출처 예상문제
난이도 ★★
키워드 법규명령

법규명령에 대한 설명으로 옳지 않은 것은? (다툼이 있는 경우 판례에 의함)

① 법규가 집행행위의 개입 없이도 그 자체로서 직접 국민의 권리·의무나 법적 이익에 영향을 미치는 등의 법률상 효과를 발생하는 경우 그 법규는 항고소송의 대상이 되는 행정처분에 해당하며, 이는 지방의회가 제정한 조례의 경우에도 마찬가지이다.
② 추상적인 법령에 관하여 제정의 여부 등은 그 자체로서 국민의 구체적인 권리·의무에 직접적 변동을 초래하는 것이 아니어도 그로 인한 국민의 구체적 권익침해가 있었다면 행정입법부작위는 항고소송의 대상이 될 수 있다.
③ 대통령은 내우·외환·천재·지변 또는 중대한 재정·경제상의 위기에 있어서 국가의 안전보장 또는 공공의 안녕질서를 유지하기 위하여 긴급한 조치가 필요하고 국회의 집회를 기다릴 여유가 없을 때에 한하여 최소한으로 필요한 재정·경제상의 처분을 하거나 이에 관하여 법률의 효력을 가지는 명령을 발할 수 있다.
④ 상위법령에서의 위임정도는 규율대상의 종류와 성격에 따라서는 요구되는 구체성의 정도 또한 달라질 수 있으나, 국민의 기본권을 제한하거나 침해할 소지가 있는 사항에 관한 위임에 있어서는 위와 같은 구체성 내지 명확성이 보다 엄격하게 요구된다.

해설

① (O) 대판 1996.9.20., 95누8003
② (×) 행정소송은 구체적 사건에 대한 법률상 분쟁을 법에 의하여 해결함으로써 법적 안정을 기하자는 것이므로 부작위위법확인소송의 대상이 될 수 있는 것은 구체적 권리·의무에 관한 분쟁이어야 하고 추상적인 법령에 관하여 제정의 여부 등은 그 자체로서 국민의 구체적인 권리·의무에 직접적 변동을 초래하는 것이 아니어서 그 소송의 대상이 될 수 없다(대판 1992.5.8., 91누11261).
③ (O) 헌법 제76조 제1항
④ (O) 규율대상의 종류와 성격에 따라서는 요구되는 구체성의 정도 또한 달라질 수 있으나, 국민의 기본권을 제한하거나 침해할 소지가 있는 사항에 관한 위임에 있어서는 위와 같은 구체성 내지 명확성이 보다 엄격하게 요구된다(대판 2000.10.19., 98두6265 전합).

정답 | ②

154

법규명령의 통제에 관한 설명으로 옳지 않은 것은? (다툼이 있는 경우 판례에 의함)

① 재량권 행사의 준칙인 행정규칙이 그 정한 바에 따라 되풀이 시행되어 행정관행이 성립되어 평등 등에 따라 행정기관이 그 상대방에 관계에서 그 규칙에 따라야 할 자기구속을 받게 되는 경우에는 대외적 구속력을 갖게 되어 재량권 행사의 준칙도 헌법소원 대상이 된다.
② 법원에 의해서 구체적 사건의 선결문제로서 법규명령의 특정 조항이 위헌이나 위법이라고 판단된 경우 법원은 무효라고 판결하여 해당 조항의 일반적인 효력을 소멸시켜야 한다.
③ 「행정소송법」은 대법원 판결에 의하여 명령·규칙이 헌법 또는 법률에 위반된다는 것이 확정된 경우에는 대법원은 지체 없이 그 사유를 행정안전부장관에게 통보하여야 하고, 통보를 받은 행정안전부장관은 지체 없이 이를 관보에 게재하여야 한다고 규정하고 있다.
④ 대법원에 의하면 「헌법재판소법」 제41조 제1항은 법률이 헌법에 위반되는지의 여부가 재판의 전제가 될 때만 법원이 헌법재판소에 위헌 여부의 심판을 제청할 수 있도록 규정하고 있으므로 대통령령인 「지방세법 시행령」의 위헌 여부는 헌법재판소의 제청대상이 되지 아니한다고 한다.

154	① ② ③
기출처	예상문제
난이도	★★
키워드	법규명령

해설

① (O) 헌법재판소는 재량준칙이 평등 등에 의한 자기구속의 법리에 따라 대외적 구속력이 있음을 인정하고 있고, 이에 헌법소원도 가능하다는 입장이다.
② (×) 법규명령의 조항이 위헌·위법이라고 판단된 경우, 당해 사건에 한하여 적용이 배제될 뿐이다. 법원은 법규명령 자체에 대해 위헌이나 위법판결을 할 수 없으며 판결에 의해 법규명령 자체가 소멸하지 않는다.
③ (O) 법규명령 등이 헌법 등에 위반되는 경우 대법원은 지체 없이 이를 행정안전부장관에게 통보하고 행정안전부장관은 이를 관보에 게재하여야 한다.

> 「행정소송법」 제6조【명령·규칙의 위헌판결 등 공고】① 행정소송에 대한 대법원 판결에 의하여 명령·규칙이 헌법 또는 법률에 위반된다는 것이 확정된 경우에는 대법원은 지체 없이 그 사유를 행정안전부장관에게 통보하여야 한다.

④ (O) 「헌법재판소법」 제41조 제1항은 법률이 헌법에 위반되는지의 여부가 재판의 전제가 될 때만 법원이 헌법재판소에 위헌 여부의 심판을 제청할 수 있도록 규정하고 있으므로 대통령령인 「지방세법 시행령」의 위헌 여부는 그 제청대상이 되지 아니한다(대판 1991.6.11., 90누5).

정답 | ②

155

행정입법에 대한 설명으로 옳지 않은 것은? (다툼이 있는 경우 판례에 의함)

① 헌법이 규정하고 있는 위임입법의 형식은 예시적인 것으로 보아야 한다.
② 법률의 시행령이 형사처벌에 관한 사항을 규정하면서 법률의 명시적인 위임범위를 벗어나 처벌 대상을 확장하는 경우 그 하자는 취소사유에 해당한다.
③ 법률의 위임의 근거가 없어 무효였던 법규명령이 법률의 개정으로 위임의 근거가 부여되면 그때부터 유효한 법규명령으로 볼 수 있다.
④ 법률의 위임을 받아 제정된 대통령령 형식의 제재처분기준은 대외적으로 국민이나 법원을 구속하는 힘이 있는 법규명령에 해당한다.
⑤ 시행령 규정의 위헌 내지 위법 여부가 해석상 다툼의 여지가 없을 정도로 명백하였다고 인정되지 아니하는 이상, 위헌 내지 위법한 시행령에 근거한 행정처분의 하자는 취소사유에 해당할 뿐 무효사유가 되지 아니한다.

해설

① **빈출** (○) 헌재 2016.3.31., 2014헌바382
② (×) 시행령 등의 법규명령은 (처분이 아니라서) 공정력이 없고 이에 하자가 있는 법규명령은 취소사유가 아닌 무효사유에 해당한다.

> 법률의 시행령은 모법인 법률의 위임 없이 법률이 규정한 개인의 권리·의무에 관한 내용을 변경·보충하거나 법률에서 규정하지 아니한 새로운 내용을 규정할 수 없고, 특히 법률의 시행령이 형사처벌에 관한 사항을 규정하면서 법률의 명시적인 위임범위를 벗어나 처벌의 대상을 확장하는 것은 죄형법정주의의 원칙에도 어긋나는 것이므로, 그러한 시행령은 위임입법의 한계를 벗어난 것으로서 무효이다(대판 2017.2.16., 2015도16014 전합).

③ **빈출** (○) 일반적으로 법률의 위임에 따라 효력을 갖는 법규명령의 경우에 위임의 근거가 없어 무효였더라도 나중에 법 개정으로 위임의 근거가 부여되면 그때부터는 유효한 법규명령으로 볼 수 있다(대판 2017.4.20., 2015두45700).
④ **빈출** (○) 당해 처분의 기준이 된 구「주택건설촉진법 시행령」제10조의3 제1항 [별표 1]은 구「주택건설촉진법」제7조 제2항의 위임규정에 터잡은 규정형식상 대통령령이므로 그 성질이 부령인 시행규칙이나 또는 지방자치단체의 규칙과 같이 통상적으로 행정조직 내부에 있어서의 행정명령에 지나지 않는 것이 아니라 대외적으로 국민이나 법원을 구속하는 힘이 있는 법규명령에 해당한다(대판 1997.12.26., 97누15418).

정답 | ②

156

행정입법에 대한 설명으로 옳지 않은 것은? (다툼이 있는 경우 판례에 의함)

① 법규명령에 대한 법원의 위헌·위법결정이 있다고 해도 원칙적으로 당해 사건에 한하여 그 적용이 거부된다.
② 중앙선거관리위원회가 헌법의 규칙제정권에 의하여 「공직선거 및 선거부정방지법」에서 위임된 사항을 규정한 '공직선거관리규정'은 법규명령이지만, 전국 동시지방선거를 위하여 중앙선거관리위원회가 각급 선거관리위원회에 배포한 '개표관리요령'은 업무에 종사하는 각급 선거관리위원회 직원 등에 대한 업무처리지침에 불과할 뿐이다.
③ 헌법재판소는 구 「법무사법 시행규칙」 제3조 제1항에 대한 헌법소원심판사건에서 명령·규칙에 대한 헌법재판소의 심사권을 인정하였다.
④ 대법원 판결에 의하여 법규명령이 헌법 또는 법률에 위반된다는 것이 확정된 경우에 대법원은 그 사유를 소속장관에게 통보하고 소속장관은 이를 시정하여야 한다.

156	
기출처	예상문제
난이도	★★
키워드	법규명령

해설

① (○) 법원에 의한 법규명령의 통제는 구체적 규범통제방식으로 당해 사건에만 해당 조항의 적용이 배제될 뿐이다.
② (○) 중앙선거관리위원회가 헌법 제114조 제6항 소정의 규칙제정권에 의하여 「공직선거 및 선거부정방지법」에서 위임된 사항과 각급 선거관리에 필요한 세부사항을 규정한 '공직선거관리규정'은 법규명령이지만, 전국 동시지방선거를 위하여 중앙선거관리위원회가 각급 선거관리위원회에 배포한 '개표관리요령'은 업무에 종사하는 각급 선거관리위원회 직원 등에 대한 업무처리지침 내지 사무처리준칙에 불과할 뿐, 국민이나 법원을 구속하는 효력이 없다(대판 1996.7.12., 96우16).
③ (○) 헌법 제107조 제2항이 규정한 명령·규칙에 대한 대법원의 최종심사권이란 구체적인 소송사건에서 명령·규칙의 위헌 여부가 재판의 전제가 되었을 경우 법률의 경우와는 달리 헌법재판소에 제청할 것 없이 대법원이 최종적으로 심사할 수 있다는 의미이며, 명령·규칙 그 자체에 의하여 직접 기본권이 침해되었음을 이유로 하여 헌법소원심판을 청구하는 것은 위 헌법규정과는 아무런 상관이 없는 문제이다(헌재 1990.10.15., 89헌마178).
④ (×) 행정소송에 대한 대법원 판결에 의하여 명령·규칙이 헌법 또는 법률에 위반된다는 것이 확정된 경우에는 대법원은 지체 없이 그 사유를 행정안전부장관에게 통보하여야 한다(「행정소송법」 제6조 제1항).

정답 | ④

157

다음 중 법규명령에 관한 설명으로 옳지 않은 것은? (다툼이 있는 경우 판례에 의함)

① 법규명령의 의회에 의한 통제는, 법규명령의 성립·발효에 대한 승인권 등의 직접적 통제와 의회가 법규명령의 성립이나 효력발생에 직접적으로 관여하는 것이 아닌 국정감사권 등과 같은 방법을 이용한 간접적 통제가 있다.

② 헌법이 인정하고 있는 위임입법의 형식을 열기적인 것으로 보아야 하며 헌법에 명시되지 않은 감사원규칙 등은 법규명령으로 인정할 수 없다는 것이 일반적인 입장이다.

③ 행정 각부장관이 부령으로 제정할 수 있는 범위는 법률 또는 대통령령이 위임한 사항이나 또는 법률 또는 대통령령을 실시하기 위하여 필요한 사항에 한정되므로 법률 또는 대통령령으로 규정할 사항은 부령으로 규정하였다고 하면 그 부령은 무효임을 면치 못한다.

④ 법규명령에 대한 상위법에서의 위임은 포괄적인 위임금지원칙이 적용되며 위임의 구체성 정도는 규율대상의 종류와 성격에 따라서는 달라질 수 있으나, 국민의 기본권을 제한하거나 침해할 소지가 있는 사항에 관한 위임에 있어서 구체성 내지 명확성이 보다 엄격하게 요구된다.

해설

① (○) 법규명령의 입법적 통제는 직접적 통제와 간접적 통제로 나누어진다.

직접적 통제	국회가 행정규칙의 성립요건과 효력요건에 직접 관여하는 방법
간접적 통제	국정감사권·조사권, 법령 제정, 국무위원의 해임건의, 대정부질문, 탄핵소추제도 등

② (×) 헌법에 명시된 위임입법의 형식은 예시규정으로 보는 것이 헌법재판소의 입장이며, 감사원규칙은 헌법에 명시되지 않았지만 법규명령으로 보는 것이 일반적인 입장이다.

> 헌법이 인정하고 있는 위임입법의 형식은 예시적인 것으로 보아야 할 것이고, 그것은 법률이 행정규칙에 위임하더라도 그 행정규칙은 위임된 사항만을 규율할 수 있으므로, 국회입법의 원칙과 상치되지도 않는다. 다만, 형식의 선택에 있어서 규율의 밀도와 규율영역의 특성이 개별적으로 고찰되어야 할 것이고, 그에 따라 입법자에게 상세한 규율이 불가능한 것으로 보이는 영역이라면 행정부에게 필요한 보충을 할 책임이 인정되고 극히 전문적인 식견에 좌우되는 영역에서는 행정기관에 의한 구체화의 우위가 불가피하게 있을 수 있다. 그러한 영역에서 행정규칙에 대한 위임입법이 제한적으로 인정될 수 있다(헌재 2004.10.28., 99헌바91).

③ (○) 행정 각부장관이 부령으로 제정할 수 있는 범위는 법률 또는 대통령령이 위임한 사항이나 또는 법률 또는 대통령령을 실시하기 위하여 필요한 사항에 한정되므로 법률 또는 대통령령으로 규정할 사항은 부령으로 규정하였다고 하면 그 부령은 무효임을 면치 못한다(대판 1962.1.25., 4294민상9).

④ (○) 대판 2000.10.19., 98두6265 전합

정답 | ②

158 필수

행정입법에 대한 설명으로 옳지 않은 것은? (다툼이 있는 경우 판례에 의함)

① 법령의 위임이 없음에도 법령에 규정된 처분 요건에 해당하는 사항을 부령에서 변경하여 규정한 경우에는 그 부령의 규정은 행정청 내부의 사무처리기준 등을 정한 것으로서 행정조직 내에서 적용되는 행정명령의 성격을 지닐 뿐 국민에 대한 대외적 구속력은 없다.

② 중앙행정기관의 장은 법률에서 위임한 사항이나 법률을 집행하기 위하여 필요한 사항을 규정한 훈령이나 예규가 폐지되었을 때에는 10일 이내에 이를 국회 소관 상임위원회에 제출하여야 한다.

③ 고시가 위법하게 제정된 경우라도 고시의 제정행위는 일반·추상적인 규범의 정립행위이므로 국가배상책임의 대상이 되는 직무행위에 해당한다고 볼 수 없다.

④ 시행령의 규정을 위헌 또는 위법하여 무효라고 선언한 대법원의 판결이 선고되지 아니한 상태에서는, 그 시행령 규정의 위헌 내지 위법 여부가 해석상 다툼의 여지가 없을 정도로 명백하였다고 인정되지 아니하는 이상 그 시행령에 근거한 행정처분의 하자는 취소사유에 해당할 뿐 무효사유가 되지 아니한다.

⑤ 행정입법부작위가 위헌 또는 위법이라고 하기 위해서는 행정청에게 행정입법을 하여야 할 작위의무를 전제로 하는 것이므로, 만일 하위 행정입법의 제정 없이 상위법령의 규정만으로도 집행이 이루어질 수 있는 경우라면 행정청에게 하위 행정입법을 제정하여야 할 작위의무가 인정되지 않는다.

해설

② (○) 「국회법」 제98조의2 제1항
③ (×) 「국가배상법」상의 직무에는 권력작용·비권력적 작용, 법적 행위·사실행위, 작위·부작위, 입법·행정·사법 등이 모두 포함된다. 행정입법은 국가기관의 공권력 행사에 해당되어 「국가배상법」상의 직무에 해당한다.

> 「국가배상법」이 정한 손해배상청구의 요건인 '공무원의 직무'에는 국가나 지방자치단체의 권력적 작용뿐만 아니라 비권력적 작용도 포함되지만, 단순한 사경제의 주체로서 하는 작용은 포함되지 아니한다(대판 1999.11.26., 98다47245).

정답 | ③

---

158 | 기출처 2021 국회직 8급 | 난이도 ★★★ | 키워드 법규명령

관련기출 옳은지문

- 법령의 위임이 없음에도 법령에 규정된 처분 요건에 해당하는 사항을 부령에서 변경하여 규정한 경우에는 그 부령의 규정은 행정청 내부의 사무처리기준 등을 정한 것으로서 행정조직 내에서 적용되는 행정명령의 성격을 지닌다.
  19서울시9급

- 하위 행정입법의 제정 없이 상위법령의 규정만으로도 집행이 이루어질 수 있는 경우라면 하위 행정입법을 하여야 할 헌법적 작위의무는 인정되지 아니한다.
  24군무원7급

159

행정입법에 관한 설명으로 옳지 않은 것은? (다툼이 있는 경우 판례에 의함)

① 단순한 표현·자구를 변경하는 경우 등 입법내용의 성질상 예고의 필요가 없거나 곤란하다고 판단되는 경우에는 행정입법예고를 하지 않을 수 있다.
② 「도로교통법」 제78조에 의하여 마련된 같은 법 시행규칙 제53조 제1항 [별표 16]의 운전면허행정처분기준은 그 규정의 성질과 내용으로 보아 행정청 내부의 사무처리준칙을 정한 것에 불과하여 대외적으로 법원이나 국민을 기속하는 효력은 없는 것으로 보아야 한다.
③ 법령의 위임관계는 반드시 하위법령의 개별조항에서 위임의 근거가 되는 상위법령의 해당 조항을 구체적으로 명시하고 있어야만 한다.
④ 구법의 위임에 의한 유효한 법규명령이 법 개정으로 위임의 근거가 없어지게 되면 그때부터 무효인 법규명령이 되므로, 어떤 법령의 위임 근거 유무에 따른 유효 여부를 심사하려면 법 개정의 전·후에 걸쳐 모두 심사하여야만 그 법규명령의 시기에 따른 유효·무효를 판단할 수 있다.

해설

① (○) 「행정절차법」 제41조 제1항 제4호
② (○) 「도로교통법」 제78조에 의하여 마련된 같은 법 시행규칙 제53조 제1항 [별표 16]의 운전면허행정처분기준은 그 규정의 성질과 내용으로 보아 행정청 내부의 사무처리준칙을 정한 것에 불과하여 대외적으로 법원이나 국민을 기속하는 효력은 없는 것으로 보아야 한다(대판 1995.9.26., 95누6069).
③ (×) 법령의 위임관계는 반드시 하위법령의 개별조항에서 위임의 근거가 되는 상위법령의 해당 조항을 구체적으로 명시하고 있어야만 하는 것은 아니라고 할 것이므로, 같은 법 시행규칙 제5조가 같은 법 시행령 제8조 제3항과의 위임관계를 위와 같이 명시하고 있다고 하여 같은 법 시행규칙의 다른 규정에서 같은 법 시행령 제8조 제3항의 위임에 기하여 풍속영업의 운영에 관하여 필요한 사항을 따로 정하는 것을 배제하는 취지는 아니라고 할 것이다(대판 1999.12.24., 99두5658).
④ (○) 구법의 위임에 의한 유효한 법규명령이 법 개정으로 위임의 근거가 없어지게 되면 그때부터 무효인 법규명령이 되므로, 어떤 법령의 위임 근거 유무에 따른 유효 여부를 심사하려면 법 개정의 전·후에 걸쳐 모두 심사하여야만 그 법규명령의 시기에 따른 유효·무효를 판단할 수 있다(대판 1995.6.30., 93추83).

정답 | ③

관련기출 옳은지문
· 상위법령 등의 단순한 집행을 위해 총리령을 제정하려는 경우, 행정상 입법예고를 하지 아니할 수 있다.
19국가직9급

160

법규명령에 대한 설명으로 옳지 않은 것을 모두 고른 것은? (다툼이 있는 경우 판례에 의함)

ㄱ. 집행명령의 근거 법령이 개정되는 것에 그치면 집행명령은 개정될 때까지 유효하다.
ㄴ. 집행명령은 새로운 입법사항을 정할 수 있으며, 상위법의 직접적인 근거 규정 없이도 가능하다.
ㄷ. 법률의 위임 없이 위임입법이 제정되었으나 사후에 근거 법률이 마련된 경우 그 위임입법의 효력은 근거 법률이 마련된 시점부터 유효하다.
ㄹ. 죄형법정주의와 위임입법의 한계에 따라 처벌법규는 원칙적으로 위임할 수 없으나 긴급한 필요가 있거나 미리 법률로서 자세히 정할 수 없는 부득이한 사정이 있는 경우에는 범죄구성요건의 구체적 기준과 형벌의 종류와 상한 및 폭 등에 대해 법규명령으로 위임할 수 있다.

① ㄱ, ㄹ   ② ㄱ, ㄷ   ③ ㄴ, ㄷ   ④ ㄴ, ㄹ

해설

ㄱ. (○) 집행명령은 상위법을 집행하기 위한 절차와 형식 등을 제정한 것으로 상위법의 개정에 의해 반드시 개정되는 것은 아니다.
ㄴ. (×) 집행명령은 새로운 입법사항에 대해 제정할 수 없다.
ㄷ. (○) 법률의 위임 없이 위임입법이 제정되었으나 사후에 근거 법률이 마련된 경우 그 위임입법의 효력은 근거법률이 마련된 시점부터 유효하다(대판 1994.5.24., 93누5666, 대판 1995.6.20., 93추83).
ㄹ. (×) 범죄의 구성요건과 벌칙의 상하는 위임할 수 없고, 이를 법률로 정한 뒤 세부적인 사항을 위임할 수 있다.

> 죄형법정주의와 위임입법의 한계의 요청상 처벌법규를 위임하기 위하여는 첫째, 특히 긴급한 필요가 있거나 미리 법률로써 자세히 정할 수 없는 부득이한 사정이 있는 경우에 한정되어야 하며, 둘째, 이러한 경우일지라도 법률에서 범죄의 구성요건은 처벌 대상행위가 어떠한 것일 것이라고 예측할 수 있을 정도로 구체적으로 정해야 하며, 셋째, 형벌의 종류 및 그 상한과 폭을 명백히 규정하여야 한다(헌재 1995.10.26., 93헌바62).

정답 | ④

---

161 필수

행정입법에 대한 설명으로 옳지 않은 것은? (다툼이 있는 경우 판례에 의함)

① 헌법에서 인정한 법규명령의 형식을 예시적으로 이해하는 견해에 의하면 감사원규칙은 법규명령이 아니라고 본다.
② 고시가 상위법령과 결합하여 대외적 구속력을 갖고 국민의 기본권을 침해하는 법규명령으로 기능하는 경우 헌법소원의 대상이 된다.
③ 집행명령은 상위법령의 집행을 위해 필요한 사항을 규정한 것으로 법규명령에 해당하지만 법률의 수권 없이 제정할 수 있다.
④ 상위법령을 시행하기 위하여 하위법령을 제정하거나 필요한 조치를 함에 있어서는 상당한 기간을 필요로 하며 합리적인 기간 내의 지체를 위헌적인 부작위로 볼 수 없다.

161	① ② ③
기출처	2020 국가직 7급
난이도	★★
키워드	법규명령

해설

① 빈출 (×) 헌법상의 위임입법 형식은 예시적인 것이고 따라서 감사원규칙 등은 헌법에 명시되지 않았지만 법규명령으로 인정된다는 것이 다수설과 헌법재판소의 입장이다.

> 헌법 제40조와 헌법 제75조, 제95조의 의미를 살펴보면, 국회입법에 의한 수권이 입법기관이 아닌 행정기관에게 법률 등으로 구체적인 범위를 정하여 위임한 사항에 관하여는 당해 행정기관에게 법정립의 권한을 갖게 되고, 입법자가 규율의 형식도 선택할 수도 있다 할 것이므로, 헌법이 인정하고 있는 위임입법의 형식은 예시적인 것으로 보아야 할 것이고, 그것은 법률이 행정규칙에 위임하더라도 그 행정규칙은 위임된 사항만을 규율할 수 있으므로, 국회입법의 원칙과 상치되지도 않는다(헌재 2004.10.28., 99헌바91).

② 빈출 (○) 고시 등의 행정규칙이 상위법령과 결합하여 대외적 구속력이 있는 법규명령으로 기능하는 경우 헌법소원의 대상이 될 수 있다.
③ (○) 집행명령은 상위법령을 집행하기 위한 절차 등을 제정함에 그치는 것이라서 상위법의 직접적인 근거가 없어도 헌법상의 간접적 근거로 제정할 수 있다.
④ (○) 상위법령을 시행하기 위하여 하위법령을 제정하거나 필요한 조치를 함에 있어서는 상당한 기간을 필요로 하며 합리적인 기간 내의 지체를 위헌적인 부작위로 볼 수 없다(헌재 1998.7.16., 96헌마246).

정답 | ①

관련기출 옳은지문

· 헌법이 인정하고 있는 위임입법의 형식은 예시적인 것으로 보아야 한다.
　　　　　　　　　　19서울시9급

· 집행명령의 경우 상위법령이 폐지된 것이 아니라 단순히 개정됨에 그친 경우에는 그 개정법령과 성질상 모순·저촉되지 아니하고 개정된 상위법령의 시행에 필요한 사항을 규정하고 있는 이상 그 집행명령은 개정법령의 시행을 위한 집행명령이 제정·발효될 때까지는 그 효력을 유지한다.　24국회직8급

162 (필수)

행정입법에 관한 설명으로 옳지 않은 것은? (다툼이 있는 경우 판례에 의함)

① 일반적으로 법률의 위임에 의하여 효력을 갖는 법규명령의 경우, 구법에 위임의 근거가 없어 무효였더라도 사후에 법 개정으로 위임의 근거가 부여되면 그때부터는 유효한 법규명령이 된다.

② 법령에서 행정처분의 요건 중 일부 사항을 부령으로 정할 것을 위임한 데 따라 시행규칙 등 부령에서 이를 정한 경우에 그 부령의 규정은 국민에 대해서도 구속력이 있는 법규명령에 해당한다.

③ 상급행정기관이 소속 공무원이나 하급행정기관에 대하여 세부적인 업무처리절차나 법령의 해석·적용 기준을 정해주는 행정규칙은 상위법령에 반하지 않는다고 하더라도 상위법령의 구체적 위임이 있지 않는 한, 행정조직 내부적으로도 효력을 가지지 못하고 대외적으로도 국민이나 법원을 구속하는 효력이 없다.

④ 법령보충적 행정규칙은 물론이고, 재량권 행사의 준칙이 되는 행정규칙이 그 정한 바에 따라 되풀이 시행되어 행정관행이 이루어지고 행정의 자기구속원리에 따라 대외적 구속력을 가지는 경우에는 헌법소원의 대상이 될 수 있다.

해설

① (○) 일반적으로 법률의 위임에 따라 효력을 갖는 법규명령의 경우에 위임의 근거가 없어 무효였더라도 나중에 법 개정으로 위임의 근거가 부여되면 그때부터는 유효한 법규명령으로 볼 수 있다(대판 2017.4.20., 2015두45700).

② (○) 법령에서 행정처분의 요건 중 일부 사항을 부령으로 정할 것을 위임한 데 따라 시행규칙 등 부령에서 이를 정한 경우에 그 부령의 규정은 국민에 대해서도 구속력이 있는 법규명령에 해당한다고 할 것이다(대판 2013.9.12., 2011두10584).

③ 빈출 (×) 상급행정기관이 소속 공무원이나 하급행정기관에 대하여 세부적인 업무처리절차나 법령의 해석·적용 기준을 정해주는 '행정규칙'은 상위법령의 구체적 위임이 있지 않는 한 행정조직 내부에서만 효력을 가질 뿐 대외적으로 국민이나 법원을 구속하는 효력이 없다(대판 2019.10.31., 2013두20011).

④ 빈출 (○) 헌법재판소에 의하면 재량준칙이 자기구속의 법리에 의해 대외적 구속력을 갖게 되면 헌법소원의 대상이 될 수 있다고 한다.

정답 | ③

관련기출 옳은지문

- 헌법재판소에 의하면 재량권행사의 준칙인 행정규칙이 그 정한 바에 따라 되풀이 시행되어 행정관행이 성립되어 평등 또는 신뢰보호원칙에 따라 행정기관이 그 상대방에 관계에서 그 규칙에 따라야 할 자기구속을 받게 되는 경우에는 대외적 구속력을 갖게 되어 헌법소원대상이 된다. 19(상)군무원9급

기출처 2023 소방직
난이도 ★★
키워드 법규명령

163

행정입법에 대한 설명으로 옳지 않은 것은? (다툼이 있는 경우 판례에 의함)

① 법률의 시행령이나 시행규칙의 내용이 모법의 입법 취지와 관련 조항 전체를 유기적·체계적으로 살펴보아 모법의 해석상 가능한 것을 명시한 것에 지나지 아니하거나 모법 조항의 취지에 근거하여 이를 구체화하기 위한 것인 때에도 모법의 규율 범위를 벗어난 것으로 모법에 이에 관하여 직접 위임하는 규정을 두지 아니하였다면 이는 무효에 해당된다.

② 입법부가 법률로써 행정부에게 특정한 사항을 위임했음에도 불구하고 행정부가 정당한 이유 없이 이를 이행하지 않는다면 권력분립의 원칙과 법치국가 내지 법치행정의 원칙에 위배되는 것으로서 위법함과 동시에 위헌적인 것이다.

③ 법규명령은 위임의 근거에 의해 효력을 갖는 것으로 위임의 근거가 없으면 무효지만 나중에 법 개정으로 근거가 부여되어 위임이 있게 되면 그때부터는 유효한 법규명령으로 볼 수 있다.

④ 부정행위자에 대하여 5년간 응시자격을 제한하는 「경찰공무원 임용령」 제46조 제1항은 행정청 내부의 사무처리기준을 규정한 재량준칙이 아니라 일반국민이나 법원을 구속하는 법규명령에 해당하고, 따라서 위 규정에 의한 처분은 재량행위가 아닌 기속행위라 할 것이다.

163	
기출처	예상문제
난이도	★★
키워드	법규명령

해설

① **빈출** (×) 법률의 시행령이나 시행규칙은 법률에 의한 위임이 없으면 개인의 권리·의무에 관한 내용을 변경·보충하거나 법률이 규정하지 아니한 새로운 내용을 정할 수는 없지만, 법률의 시행령이나 시행규칙의 내용이 모법의 입법 취지와 관련 조항 전체를 유기적·체계적으로 살펴보아 모법의 해석상 가능한 것을 명시한 것에 지나지 아니하거나 모법 조항의 취지에 근거하여 이를 구체화하기 위한 것인 때에는 모법의 규율 범위를 벗어난 것으로 볼 수 없으므로, 모법에 이에 관하여 직접 위임하는 규정을 두지 아니하였다고 하더라도 이를 무효라고 볼 수는 없다. 이러한 법리는 지방자치단체의 교육감이 제정하는 교육규칙과 모법인 상위법령의 관계에서도 마찬가지이다(대판 2014.8.20., 2012두19526).

② **빈출** (○) 헌법재판소는 행정입법부작위에 대해 권력분립과 법치주의에 반하여 위헌이라 한다.

> 입법부가 법률로써 행정부에게 특정한 사항을 위임했음에도 불구하고 행정부가 정당한 이유 없이 이를 이행하지 않는다면 권력분립의 원칙과 법치국가 내지 법치행정의 원칙에 위배되는 것으로서 위법함과 동시에 위헌적인 것이 되는바, 구 「군법무관임용법」(1967.3.3. 법률 제1904호로 개정되어 2000.12.26. 법률 제6291호로 전문 개정되기 전의 것) 제5조 제3항과 「군법무관임용 등에 관한 법률」(2000.12.26. 법률 제6291호로 개정된 것) 제6조가 군법무관의 보수를 법관 및 검사의 예에 준하도록 규정하면서 그 구체적 내용을 시행령에 위임하고 있는 이상, 위 법률의 규정들은 군법무관의 보수의 내용을 법률로써 일차적으로 형성한 것이고, 위 법률들에 의해 상당한 수준의 보수청구권이 인정되는 것이므로, 위 보수청구권은 단순한 기대이익을 넘어서는 것으로서 법률의 규정에 의해 인정된 재산권의 한 내용이 되는 것으로 봄이 상당하고, 따라서 행정부가 정당한 이유 없이 시행령을 제정하지 않은 것은 위 보수청구권을 침해하는 불법행위에 해당한다(대판 2007.11.29., 2006다3561).

③ (○) 일반적으로 법률의 위임에 의하여 효력을 갖는 법규명령의 경우, 구법에 위임의 근거가 없어 무효였더라도 사후에 법 개정으로 위임의 근거가 부여되면 그때부터는 유효한 법규명령이 되나, 반대로 구법의 위임에 의한 유효한 법규명령이 법 개정으로 위임의 근거가 없어지게 되면 그때부터 무효인 법규명령이 되므로, 어떤 법령의 위임 근거 유무에 따른 유효 여부를 심사하려면 법 개정의 전·후에 걸쳐 모두 심사하여야만 그 법규명령의 시기에 따른 유효·무효를 판단할 수 있다(대판 1995.6.30., 93추83).

④ (○) 부정행위자에 대하여 5년간 응시자격을 제한하는 「경찰공무원 임용령」 제46조 제1항은 행정청 내부의 사무처리기준을 규정한 재량준칙이 아니라 일반국민이나 법원을 구속하는 법규명령에 해당하고, 따라서 위 규정에 의한 처분은 재량행위가 아닌 기속행위라 할 것이다(대판 2008.5.29., 207두18321).

정답 | ①

164

국민의 권리를 제한하는 내용의 법규명령이 법률의 위임 없이 위법하게 제정되었다. 앞으로 이 법령의 적용을 받게 될 甲은 해당 법령의 집행을 통한 자신의 권리 침해를 우려하고 있다. 이에 관한 법적 설명으로 옳지 <u>않은</u> 것은?

① 해당 법령의 위법성이 중대명백한 경우에는 이 법령은 당연무효이지만, 그렇지 않은 경우 법령은 취소되기 전까지는 일단 유효한 법령이다.
② 甲은 직접 해당 법령을 소송의 대상으로 하여 항고소송으로 다툴 수 없는 것이 원칙이다.
③ 해당 법령이 구체적 규율을 내용으로 하는 이른바 처분법규인 경우에는 甲은 법령에 대하여 직접 항고소송을 제기할 수 있다.
④ 법령이 행정개입 없이 甲의 기본권을 직접 침해하고 있는 경우에는 법령에 대하여 헌법소원을 제기할 수 있다는 것이 헌법재판소의 입장이다.

해설

① (×) 법령은 하자가 있는 경우에 무효가 될 뿐, 공정력이 없어 취소될 수 없다.
② (○) 법령을 직접 소송 대상으로 삼는 항고소송제도는 없다.
③ (○) 처분법규는 발효가 되는 경우에 처분이 이루어져 상대방은 항고소송을 청구할 수 있다.
④ (○) 행정개입 없이 법규명령 그 자체만으로 국민의 기본권이 직접 침해된 경우에 헌법재판소는 그 법규명령은 헌법소원의 대상이 된다고 한다.

> 명령·규칙 그 자체에 의한 직접적인 기본권 침해 여부가 문제되었을 경우 그 방법의 효력을 직접 다투는 것을 소송물로 하여 일반법원에 구제할 수 있는 절차는 존재하지 아니하므로 다른 구제절차를 거칠 것 없이 바로 헌법소원심판을 청구할 수 있는 것이다(헌재 1990.10.15., 89헌마178).

정답 | ①

165 필수

법규명령의 한계에 대한 설명으로 옳지 <u>않은</u> 것은? (다툼이 있는 경우 판례에 의함)

① 구법에 위임의 근거가 없어 무효였던 법규명령도 사후에 법 개정으로 위임의 근거가 부여되면 그때부터는 유효한 법규명령이 된다.
② 법규명령은 국회입법의 원칙의 예외에 해당되는 것이므로 일정한 한계 안에서 허용된다.
③ 위임입법에서 요구되는 구체성과 명확성은 침해행정 영역에서 강하게 요청되고 급부행정 영역에서는 다소 완화될 수 있다.
④ 긴급한 경우 집행명령으로 새로운 법규사항을 규정할 수 있다.
⑤ 공법적 단체 등의 정관에 자치법적 사항을 위임하는 경우에는 포괄적 위임도 가능하다.

해설

① (○) 대판 2017.4.20., 2015두45700
② (○) 법규명령은 상위법상의 한계, 의회유보에 의한 한계, 처벌규정상의 한계, 재위임의 한계 등의 범위 내에서 허용된다.
③ (○) 헌재 1997.2.20., 95헌바27
④ (×) 집행명령은 상위법의 위임 없이 상위법의 집행을 위한 절차나 형식을 제정할 뿐 <u>새로운 법규적 사항은 제정할 수 없고 긴급한 경우에도 마찬가지이다.</u>
⑤ (○) 헌재 2006.3.30., 2005헌바31

정답 | ④

관련기출 옳은지문

- 법률이 공법적 단체 등의 정관에 자치법적 사항을 위임한 경우에는 「헌법」 제75조가 정하는 포괄적인 위임입법의 금지는 원칙적으로 적용되지 않는다고 봄이 상당하다.
  17서울시7급

- 위임입법의 구체성, 명확성의 요구 정도는 규율대상이 지극히 다양하거나 수시로 변화하는 성질의 것일 때에는 위임의 구체성, 명확성의 요건이 완화되어야 할 것이다.
  24군무원9급

166 〈필수〉

행정입법에 대한 설명으로 옳지 않은 것은?

① 법령의 위임이 없음에도 법령에 규정된 처분 요건에 해당하는 사항을 부령에서 변경하여 규정한 경우에는 그 부령의 규정은 행정청 내부의 사무처리기준 등을 정한 것으로서 행정조직 내에서 적용되는 행정명령의 성격을 지닐 뿐 국민에 대한 대외적 구속력은 없다.

② 법원이 법률 하위의 법규명령이 위헌·위법인지를 심사하려면 그것이 재판의 전제가 되어야 하는데, 여기에서 재판의 전제란 구체적 사건이 법원에 계속 중이어야 하고, 위헌·위법인지가 문제된 경우에는 그 법규명령의 특정 조항이 해당 소송사건의 재판에 적용되는 것이어야 하며, 그 조항이 위헌·위법인지에 따라 그 사건을 담당하는 법원이 다른 판단을 하게 되는 경우를 말한다.

③ 재량권 행사의 준칙인 행정규칙이 그 정한 바에 따라 되풀이 시행되어 행정관행이 이루어지게 되면, 평등의 원칙이나 신뢰보호의 원칙에 따라 행정기관은 그 상대방에 대한 관계에서 그 행정규칙에 따라야 할 자기구속을 받게 되고, 그러한 경우에는 대외적인 구속력을 가지게 된다.

④ 상위법령에서 세부사항 등을 시행규칙으로 정하도록 위임하였음에도 이를 고시 등 행정규칙으로 정한 경우 그 행정규칙은 대외적 구속력을 가지는 법규명령으로서 효력이 인정된다.

해설

① 빈출 (O) 법령에서 행정처분의 요건 중 일부 사항을 부령으로 정할 것을 위임한 데 따라 시행규칙 등 부령에서 이를 정한 경우에 그 부령의 규정은 국민에 대해서도 구속력이 있는 법규명령에 해당한다고 할 것이지만, 법령의 위임이 없음에도 법령에 규정된 처분 요건에 해당하는 사항을 부령에서 변경하여 규정한 경우에는 그 부령의 규정은 행정청 내부의 사무처리기준 등을 정한 것으로서 행정조직 내에서 적용되는 행정명령의 성격을 지닐 뿐 국민에 대한 대외적 구속력은 없다고 보아야 한다(대판 2013.9.12., 2011두10584).

② 빈출 (O) 법원이 법률 하위의 법규명령, 규칙, 조례, 행정규칙 등(이하 '규정'이라 한다)이 위헌·위법인지를 심사하려면 그것이 '재판의 전제'가 되어야 한다. 여기에서 '재판의 전제'란 구체적 사건이 법원에 계속 중이어야 하고, 위헌·위법인지가 문제된 경우에는 규정의 특정 조항이 해당 소송사건의 재판에 적용되는 것이어야 하며, 그 조항이 위헌·위법인지에 따라 그 사건을 담당하는 법원이 다른 판단을 하게 되는 경우를 말한다. 따라서 법원이 구체적 규범통제를 통해 위헌·위법으로 선언할 심판대상은, 해당 규정의 전부가 불가분적으로 결합되어 있어 일부를 무효로 하는 경우 나머지 부분이 유지될 수 없는 결과를 가져오는 특별한 사정이 없는 한, 원칙적으로 해당 규정 중 재판의 전제성이 인정되는 조항에 한정된다(대판 2019.6.13., 2017두33985).

③ 빈출 (O) 대판 2009.12.24., 2009두7967

④ 빈출 (×) 행정규칙이나 규정이 상위법령의 위임범위를 벗어난 경우에는 법규명령으로서 대외적 구속력을 인정할 여지는 없다. 이는 행정규칙이나 규정 '내용'이 위임범위를 벗어난 경우뿐 아니라 상위법령의 위임규정에서 특정하여 정한 권한행사의 '절차'나 '방식'에 위배되는 경우도 마찬가지이므로, 상위법령에서 세부사항 등을 시행규칙으로 정하도록 위임하였음에도 이를 고시 등 행정규칙으로 정하였다면 그 역시 대외적 구속력을 가지는 법규명령으로서 효력이 인정될 수 없다(대판 2012.7.5., 2010다72076).

정답 | ④

166
기출처: 2023 국가직 7급
난이도: ★★
키워드: 법규명령

관련기출 옳은지문

- 상위법령에서 세부사항 등을 시행규칙으로 정하도록 위임하였음에도 이를 고시 등 행정규칙으로 정하였다면 이때 고시 등 행정규칙은 대외적 구속력을 갖는 법규명령으로서 효력이 인정될 수 없다. **17서울시7급**

- 법원이 구체적 규범통제를 통해 위헌·위법으로 선언할 심판대상은, 해당 규정의 전부가 불가분적으로 결합되어 있어 일부를 무효로 하는 경우 나머지 부분이 유지될 수 없는 결과를 가져오는 특별한 사정이 없는 한, 원칙적으로 해당 규정 중 재판의 전제성이 인정되는 조항에 한정된다. **24국회직8급**

167

위임명령의 한계에 대한 설명으로 옳지 않은 것은? (다툼이 있는 경우 판례에 의함)

① 법률이 공법적 단체 등의 정관에 자치법적 사항을 위임한 경우에는 헌법 제75조가 정하는 포괄적인 위임입법의 금지는 원칙적으로 적용되지 않지만, 그 사항이 국민의 권리·의무에 관련되는 것일 경우에는 적어도 국민의 권리·의무에 관한 기본적이고 본질적인 사항은 국회가 정하여야 한다.

② 헌법에서 채택하고 있는 조세법률주의의 원칙상 과세요건과 징수절차에 관한 사항을 명령·규칙 등 하위법령에 구체적·개별적으로 위임하여 규정할 수 없다.

③ 법률에서 위임받은 사항에 관하여 대강을 정하고 그중의 특정사항을 범위를 정하여 하위법령에 다시 위임하는 경우에는 재위임이 허용된다. 이러한 법리는 조례가 「지방자치법」에 따라 주민의 권리제한 또는 의무부과에 관한 사항을 법률로부터 위임받은 후, 이를 다시 지방자치단체장이 정하는 '규칙'이나 '고시' 등에 재위임하는 경우에도 마찬가지이다.

④ 법률의 시행령이나 시행규칙의 내용이 모법 조항의 취지에 근거하여 이를 구체화하기 위한 것인 때에는 모법의 규율 범위를 벗어난 것으로 볼 수 없다. 이러한 경우에는 모법에 이에 관하여 직접 위임하는 규정을 두지 않았다고 하여도 이를 무효라고 볼 수 없다.

해설

① (O) 대판 2007.10.12., 2006두14476

② (X) 헌법 제38조, 제59조에서 채택하고 있는 조세법률주의의 원칙은 과세요건과 징수절차 등 조세권행사의 요건과 절차는 국민의 대표기관인 국회가 제정한 법률로써 규정하여야 한다는 것이나, 과세요건과 징수절차에 관한 사항을 명령·규칙 등 하위법령에 위임하여 규정하게 할 수 없는 것은 아니고, 이러한 사항을 하위법령에 위임하여 규정하게 하는 경우 구체적·개별적 위임만이 허용되며 포괄적·백지적 위임은 허용되지 아니하고(과세요건법정주의), 이러한 법률 또는 그 위임에 따른 명령·규칙의 규정은 일의적이고 명확하여야 한다(과세요건명확주의)는 것이다(대결 1994.9.30., 94부18).

③ (O) 대판 2015.1.15., 2013두14238

④ (O) 대판 2020.4.9., 2015다34444

정답 | ②

168
행정입법에 대한 설명으로 옳지 않은 것은? (다툼이 있는 경우 판례에 의함)

① 법원이 법률 하위의 법규명령, 규칙, 조례, 행정규칙 등(이하 '규정'이라 한다)이 위헌·위법인지를 심사하려면 그것이 '재판의 전제'가 되어야 하며 여기에서 '재판의 전제'란 구체적 사건이 법원에 계속 중이어야 하고, 위헌·위법인지가 문제된 경우에는 규정의 특정 조항이 해당 소송사건의 재판에 적용되는 것이어야 하며, 그 조항이 위헌·위법인지에 따라 그 사건을 담당하는 법원이 다른 판단을 하게 되는 경우를 말한다.
② 위헌·위법한 시행령에 근거한 행정처분은 그 시행령의 무효를 선언한 대법원판결이 없는 상태에서 이루어진 경우에도 그에 근거하여 이루어진 처분은 당연무효라 할 수 있다.
③ 「행정절차법」에 따르면, 예고된 법령 등의 제정·개정 또는 폐지의 안에 대하여 누구든지 의견을 제출할 수 있다.
④ 국민은 법원에 구체적 사건의 심판을 위한 선결문제로서 행정입법의 위법성을 주장하여 당해 사건에 대한 적용 여부의 판단을 구할 수 있을 뿐 행정입법 자체의 합법성의 심사를 목적으로 하는 독립한 신청을 제기할 수는 없다.

기출처	예상문제
난이도	★★★
키워드	법규명령

해설

① (○) 법원이 법률 하위의 법규명령, 규칙, 조례, 행정규칙 등(이하 '규정'이라 한다)이 위헌·위법인지를 심사하려면 그것이 '재판의 전제'가 되어야 한다. 여기에서 '재판의 전제'란 구체적 사건이 법원에 계속 중이어야 하고, 위헌·위법인지가 문제된 경우에는 규정의 특정 조항이 해당 소송사건의 재판에 적용되는 것이어야 하며, 그 조항이 위헌·위법인지에 따라 그 사건을 담당하는 법원이 다른 판단을 하게 되는 경우를 말한다. 따라서 법원이 구체적 규범통제를 통해 위헌·위법으로 선언할 심판대상은, 해당 규정의 전부가 불가분적으로 결합되어 있어 일부를 무효로 하는 경우 나머지 부분이 유지될 수 없는 결과를 가져오는 특별한 사정이 없는 한, 원칙적으로 해당 규정 중 재판의 전제성이 인정되는 조항에 한정된다(대판 2019.6.13., 2017두33985).
② (×) 시행령이 헌법이나 법률에 위반된다는 사정은 그 시행령의 규정을 위헌 또는 위법하여 무효라고 선언한 대법원의 판결이 선고되지 아니한 상태에서는 그 시행령 규정의 위헌 내지 위법 여부가 해석상 다툼의 여지가 없을 정도로 명백하였다고 인정되지 아니하는 이상 객관적으로 명백한 것이라 할 수 없으므로, 이러한 시행령에 근거한 행정처분의 하자는 취소사유에 해당할 뿐 무효사유가 되지 아니한다(대판 2007.6.14., 2004두619).
③ (○) 「행정절차법」 제44조 제1항

> 「행정절차법」 제44조 【의견제출 및 처리】 ① 누구든지 예고된 입법안에 대하여 의견을 제출할 수 있다.

④ (○) 헌법 제107조 제2항의 규정에 따르면 행정입법의 심사는 일반적인 재판절차에 의하여 구체적 규범통제의 방법에 의하도록 명시하고 있으므로, 당사자는 구체적 사건의 심판을 위한 선결문제로서 행정입법의 위법성을 주장하여 법원에 대하여 당해 사건에 대한 적용 여부의 판단을 구할 수 있을 뿐 행정입법 자체의 합법성의 심사를 목적으로 하는 독립한 신청을 제기할 수는 없다(대결 1994.4.26., 93부32).

정답 | ②

169

국민이 법규명령으로 침해를 받은 경우에 대한 구제방법으로 적절하지 않은 것은? (다툼이 있는 경우 판례에 의함)

ㄱ. 행정부가 법규명령을 제정하지 않아 침해를 받은 국민의 부작위위법확인소송
ㄴ. 행정부가 법규명령을 제정하지 않아 침해를 받은 국민의 국가배상청구
ㄷ. 대법원규칙의 형식을 취하나 「법무사법」 제4조 제2항에 의하여 위임된 위임명령으로서의 성질을 갖는 「법무사법 시행규칙」에 대한 헌법소원
ㄹ. 조례가 집행행위의 개입 없이도 그 자체로서 직접 국민의 구체적인 권리·의무나 법적 이익에 영향을 미치는 등의 법률상 효과를 발생하는 경우, 그 조례에 대한 무효등확인소송

① ㄱ
② ㄱ, ㄷ
③ ㄴ, ㄹ
④ ㄷ, ㄹ

해설

ㄱ. (×) 행정입법부작위는 부작위위법확인소송의 대상이 아니다.

> 행정소송은 구체적인 사건에 대한 법률상 분쟁을 법에 의하여 해결함으로써 법적 안정성을 기하자는 것이므로 부작위위법확인소송의 대상이 될 수 있는 것은 구체적 권리·의무에 관한 분쟁이어야 하고 추상적인 법령에 관한 제정의 여부 등은 그 자체로서 국민의 구체적인 권리·의무에 직접적인 변동을 초래하는 것이 아니어서 행정소송의 대상이 될 수 없다(대판 1992.5.8., 91누11261).

ㄴ. (○) 행정입법부작위는 국회의 입법(또는 입법부작위)과는 달리 국가배상이 가능하다.

> 입법부가 법률로써 행정부에게 특정한 사항을 위임했음에도 불구하고 행정부가 정당한 이유 없이 이를 이행하지 않는다면 권력분립의 원칙과 법치국가 내지 법치행정의 원칙에 위배되는 것으로서 위법함과 동시에 위헌적인 것이 되는바, 구 「군법무관임용법」 제5조 제3항과 「군법무관임용 등에 관한 법률」 제6조가 군법무관의 보수를 법관 및 검사의 예에 준하도록 규정하면서 그 구체적 내용을 시행령에 위임하고 있는 이상, 위 법률의 규정들은 군법무관의 보수의 내용을 법률로써 일차적으로 형성한 것이고, 위 법률들에 의해 상당한 수준의 보수청구권이 인정되는 것이므로, 위 보수청구권은 단순한 기대이익을 넘어서는 것으로서 법률의 규정에 의해 인정된 재산권의 한 내용이 되는 것으로 봄이 상당하고, 따라서 행정부가 정당한 이유 없이 시행령을 제정하지 않은 것은 위 보수청구권을 침해하는 불법행위에 해당한다(대판 2007.11.29., 2006다3561).

ㄷ. (○) 헌법재판소는 대법원규칙의 형식을 취하나 「법무사법」 제4조 제2항에 의하여 위임된 위임명령으로서의 성질을 갖는 「법무사법 시행규칙」에 대하여 헌법소원의 대상이 됨을 인정하여 동규칙 제3조 제1항이 위헌임을 결정한 바 있다(헌재 1990.10.15., 89헌마178).

ㄹ. (○) 조례가 집행행위의 개입 없이도 그 자체로서 직접 국민의 구체적인 권리·의무나 법적 이익에 영향을 미치는 등의 법률상 효과를 발생하는 경우, 그 조례는 항고소송의 대상이 되는 행정처분에 해당한다(대판 1996.9.20., 95누8003).

정답 | ①

관련기출 옳은지문

• 조례가 집행행위의 개입 없이 직접 국민의 구체적 권리의무에 영향을 미치는 등의 효과를 발생하면 그 조례는 항고소송의 대상이 된다.
  18서울시7급

170

행정입법에 대한 설명으로 옳지 않은 것은? (다툼이 있는 경우 판례에 의함)

① 총리령·부령의 제정절차는 대통령령의 경우와는 달리 국무회의 심의는 거치지 않아도 된다.
② 법령보충적 행정규칙은 물론이고 재량권 행사의 준칙이 되는 행정규칙이 행정의 자기구속원리에 따라 대외적 구속력을 가지는 경우에는 헌법소원의 대상이 될 수 있다.
③ 상위법령의 위임이 없음에도 상위법령에 규정된 처분 요건에 해당하는 사항을 부령에서 변경하여 규정한 경우 그 부령의 규정은 국민에 대한 대외적 구속력이 있다.
④ 구「특정다목적댐법」에서 댐 건설로 손실을 입으면 국가가 보상해야 하고 그 절차와 방법은 대통령령으로 제정토록 명시되어 있음에도 미제정된 경우, 법령 제정의 여부는 「행정소송법」상 부작위법확인소송의 대상이 될 수 없다.

해설

① (○) 총리령과 부령은 대통령령과 달리 국무회의 심의절차를 거치지 않는다.

② **빈출** (○) 법령보충규칙과 재량준칙(자기구속의 법리에 의함)은 대외적 구속력이 있다.

> 행정규칙이 법령의 규정에 의하여 행정관청에 법령의 구체적 내용을 보충할 권한을 부여한 경우나 재량권 행사의 준칙인 규칙이 그 정한 바에 따라 되풀이 시행되어 행정관행이 이룩되게 되면, 평등의 원칙이나 신뢰보호의 원칙에 따라 행정기관은 그 상대방에 대한 관계에서 그 규칙에 따라야 할 자기구속을 당하게 되는 경우에는 대외적인 구속력을 가지게 되는바, 이러한 경우에는 헌법소원의 대상이 될 수도 있다(헌재 2001.5.31., 99헌마413).

③ **빈출** (×) 법령에서 행정처분의 요건 중 일부 사항을 부령으로 정할 것을 위임한 데 따라 시행규칙 등 부령에서 이를 정한 경우에 그 부령의 규정은 국민에 대해서도 구속력이 있는 법규명령에 해당한다고 할 것이지만, 법령의 위임이 없음에도 법령에 규정된 처분 요건에 해당하는 사항을 부령에서 변경하여 규정한 경우에는 그 부령의 규정은 행정청 내부의 사무처리기준 등을 정한 것으로서 행정조직 내에서 적용되는 행정명령의 성격을 지닐 뿐 국민에 대한 대외적 구속력은 없다고 보아야 한다(대판 2013.9.12., 2011두1058).

④ **빈출** (○) 행정소송은 구체적 사건에 대한 법률상 분쟁을 법에 의하여 해결함으로써 법적 안정을 기하자는 것이므로 부작위법확인소송의 대상이 될 수 있는 것은 구체적 권리·의무에 관한 분쟁이어야 하고 추상적인 법령에 관하여 제정의 여부 등은 그 자체로서 국민의 구체적인 권리·의무에 직접적 변동을 초래하는 것이 아니어서 그 소송의 대상이 될 수 없다(대판 1992.5.8., 91누11261).

고득점 플러스+ 행정입법부작위의 헌법소원 대상 여부

> 우리 헌법은 국가권력의 남용으로부터 국민의 자유와 권리를 보호하려는 법치국가의 실현을 기본이념으로 하고 있고, 자유민주주의 헌법의 원리에 따라 국가의 기능을 입법·행정·사법으로 분립하여 견제와 균형을 이루게 하는 권력분립제도를 채택하고 있어, 행정과 사법은 법률에 기속되므로, 국회가 특정한 사항에 대하여 행정부에 위임하였음에도 불구하고 행정부가 정당한 이유 없이 이를 이행하지 않는다면 권력분립의 원칙과 법치국가의 원칙에 위배되는 것이다(헌재 2004.2.26., 2001헌마718).

정답 | ③

171

171	① ② ③
기출처	예상문제
난이도	★★
키워드	법규명령

행정입법에 관한 설명으로 옳은 것은? (다툼이 있는 경우 판례에 의함)

① 법규명령의 성립 등에 하자가 있어 위법한 법규명령은 무효가 된다.
② 행정 각부장관이 제정하는 부령은 총리령의 위임범위 내에서 제정되어야 한다.
③ 법규명령의 위임근거가 되는 법률에 대하여 위헌결정이 선고되면 그 위임에 근거하여 제정된 법규명령도 당해 입법안을 마련한 행정청의 폐지행위에 의해 효력을 상실한다.
④ 법규명령은 형식적인 성질에 의해 그에 따른 처분 없이 직접 국민의 권리를 제한하는 경우에도 항고소송의 대상은 될 수 없다.

해설

① (○) 법규명령에 하자가 있으면 무효에 해당할 뿐 취소에 해당하는 하자는 없다(공정력이 없기 때문이다).
② (×) 부령은 총리령의 위임범위에 의해서 제정되는 것이 아니다.
③ (×) 상위법이 위헌 등의 이유로 폐지되면 그에 따라 제정된 법규명령은 원칙적으로 효력이 소멸된다.

> 법규명령의 위임근거가 되는 법률에 대하여 위헌결정이 선고되면 그 위임에 근거하여 제정된 법규명령도 원칙적으로 효력을 상실한다(대판 2001.6.12., 2000다18547).

④ (×) 법규명령이 처분 없이 직접 국민의 권리를 제한하는 경우에는 소위 처분법규가 되어 항고소송 대상이 될 수 있다.

정답 | ①

---

172 필수

172	① ② ③
기출처	2018 국가직 9급
난이도	★★
키워드	법규명령

법규명령에 대한 설명으로 옳지 않은 것은? (다툼이 있는 경우 판례에 의함)

① 법규명령이 법률에서 위임받은 사항에 관하여 대강을 정하고 그중의 특정사항에 대하여 범위를 정하여 하위법령에 다시 위임하는 경우에는 재위임이 허용된다.
② 행정 각부의 장이 정하는 고시(告示)는 법령의 규정으로부터 구체적 사항을 정할 수 있는 권한을 위임받아 그 법령내용을 보충하는 기능을 가진 경우라도 그 형식상 대외적으로 구속력을 갖지 않는다.
③ 법규명령이 법률상 위임의 근거가 없어 무효이더라도 나중에 법률의 개정으로 위임의 근거가 부여되면 그때부터는 유효한 법규명령으로서 구속력을 갖는다.
④ 법규명령이 구체적인 집행행위 없이 직접 개인의 권리의무에 영향을 주는 경우 처분성이 인정된다.

관련기출 옳은지문
• 법률에서 위임받은 사항을 전혀 규정하지 아니하고 그대로 재위임하는 것은 허용되지 않으며 위임받은 사항에 관하여 대강을 정하고 그 중의 특정사항을 범위를 정하여 하위법령에 다시 위임하는 경우에만 재위임이 허용된다. 24군무원9급

해설

① (○) 헌재 1996.2.29., 94헌마213
② 빈출 (×) 행정 각부의 장이 정하는 고시는 법령의 규정으로부터 구체적 사항을 위임받아 상위법령을 보충하는 기능을 하는 경우, 상위법령과 결합하여 법령보충규칙으로 대외적 구속력을 인정한다.

> 일반적으로 행정 각부의 장이 정하는 고시라도 그것이 특히 법령의 규정에서 특정 행정기관에 법령내용의 구체적 사항을 정할 수 있는 권한을 부여함으로써 법령내용을 보충하는 기능을 가질 경우에는 형식과 상관없이 근거 법령 규정과 결합하여 대외적으로 구속력이 있는 법규명령으로서의 효력을 가진다(대판 2016.8.17., 2015두51132).

③ 빈출 (○) 상위법이 없어 무효인 법규명령도 이후 근거 법이 제정되면 그때부터 유효한 법규명령이 된다.

> 일반적으로 법률의 위임에 의하여 효력을 갖는 법규명령의 경우, 구법에 위임의 근거가 없어 무효였더라도 사후에 법 개정으로 위임의 근거가 부여되면 그때부터는 유효한 법규명령이 되나, 반대로 구법의 위임에 의한 유효한

법규명령이 법 개정으로 위임의 근거가 없어지게 되면 그때부터 무효인 법규명령이 되므로, 어떤 법령의 위임 근거 유무에 따른 유효 여부를 심사하려면 법 개정의 전·후에 걸쳐 모두 심사하여만 그 법규명령의 시기에 따른 유효·무효를 판단할 수 있다(대판 1995.6.30., 93추83).

④ (○) 법규명령의 내용이 구체적인 규율인 경우 소위 '처분법규'로서 처분성이 인정된다.

정답 | ②

173
위임입법에 대한 설명으로 옳은 것은? (다툼이 있는 경우 판례에 의함)

① 「군인사법」은 헌법이 대통령에게 부여한 군통수권을 실질적으로 존중한다는 차원에서 군인의 복무에 관한 사항을 규율할 권한을 대통령령에 위임한 것이라 할 수 있어, 대통령령으로 규정될 내용 및 범위에 관한 기본적인 사항을 다소 광범위하게 위임하였다 하더라도 포괄위임금지원칙에 위배된다고 볼 수 없다.
② 법률에서의 하위법규에 대한 위임은 '구체적으로 범위를 정하여'로 하여야 하는데, 이는 법률에 하위법규에 규정될 내용 등이 누구라도 하위법규에 규정될 내용의 대강을 예측할 수 있어야 함을 의미하고, 이러한 예측가능성의 유무는 당해 특정조항 하나만을 가지고 판단되어야 한다.
③ 법령의 위임이 없음에도 법령에 규정된 처분 요건에 해당하는 사항을 부령에서 변경하여 규정한 경우에 그 부령의 규정을 행정조직 내에서 적용되는 행정명령의 성격만 지닌다고 할 수 없고 국민에 대한 대외적 구속력이 인정된다.
④ 헌법 제107조 제2항의 규정에 따르면 행정입법의 심사는 일반적인 재판절차에 의하여 구체적 규범통제의 방법에 의하도록 명시하고 있으므로, 당사자는 원칙적으로 행정입법 자체의 합법성의 심사를 목적으로 하는 독립한 신청을 제기할 수 있다.

173	
기출처	예상문제
난이도	★★
키워드	법규명령

해설

① 지문 (○) 이 사건 복무규율조항이 법률유보원칙을 준수하였는지를 살펴보면, 「군인사법」 제47조의2는 헌법이 대통령에게 부여한 군통수권을 실질적으로 존중한다는 차원에서 군인의 복무에 관한 사항을 규율할 권한을 대통령령에 위임한 것이라 할 수 있고, 대통령령으로 규정될 내용 및 범위에 관한 기본적인 사항을 다소 광범위하게 위임하였다 하더라도 포괄위임금지원칙에 위배된다고 볼 수 없다(헌재 2010.10.28., 2008헌마638).
② (×) 헌법 제75조의 '구체적으로 범위를 정하여'라 함은 법률에 대통령령 등 하위법규에 규정될 내용 및 범위의 기본사항이 가능한 한 구체적이고도 명확하게 규정되어 있어서 누구라도 당해 법률 그 자체로부터 대통령령 등에 규정될 내용의 대강을 예측할 수 있어야 함을 의미하고, 이러한 예측가능성의 유무는 당해 특정조항 하나만을 가지고 판단할 것은 아니고 관련 법조항 전체를 유기적·체계적으로 종합판단하여야 하며, 각 대상 법률의 성질에 따라 구체적·개별적으로 검토하여야 하므로, 법률조항과 법률의 입법취지를 종합적으로 고찰할 때 합리적으로 그 대강이 예측될 수 있는 것이라면 위임의 한계를 일탈하지 아니한 것으로 판단된다(헌재 1997.9.25., 96헌바18, 97헌바46·47).
③ (×) 법령에서 행정처분의 요건 중 일부 사항을 부령으로 정할 것을 위임한 데 따라 시행규칙 등 부령에서 이를 정한 경우에 그 부령의 규정은 국민에 대해서도 구속력이 있는 법규명령에 해당한다고 할 것이지만, 법령의 위임이 없음에도 법령에 규정된 처분 요건에 해당하는 사항을 부령에서 변경하여 규정한 경우에는 그 부령의 규정은 행정청 내부의 사무처리기준 등을 정한 것으로서 행정조직 내에서 적용되는 행정명령의 성격을 지닐 뿐 국민에 대한 대외적 구속력은 없다고 보아야 한다(대판 2013.9.12., 2011두10584).
④ (×) 헌법 제107조 제2항의 규정에 따르면 행정입법의 심사는 일반적인 재판절차에 의하여 구체적 규범통제의 방법에 의하도록 명시하고 있으므로, 당사자는 구체적 사건의 심판을 위한 선결문제로서 행정입법의 위법성을 주장하여 법원에 대하여 당해 사건에 대한 적용 여부의 판단을 구할 수 있을 뿐 행정입법 자체의 합법성의 심사를 목적으로 하는 독립한 신청을 제기할 수는 없다(대결 1994.4.26., 93부32).

정답 | ①

174

위임입법에 대한 설명으로 옳지 않은 것은? (다툼이 있는 경우 판례에 의함)

① 법률의 시행령이나 시행규칙의 내용이 모법의 입법 취지와 관련 조항 전체를 살펴보아 모법의 해석상 가능한 것을 명시한 것이거나 모법 조항의 취지에 근거하여 이를 구체화하기 위한 것인 때에는 직접 위임하는 규정을 두지 아니하였다고 하더라도 이를 무효라고 볼 수는 없다.
② 법령의 입법안을 입법예고하는 경우에는 관보 및 법제처장이 구축·제공하는 정보시스템을 통한 공고방식에 의한다.
③ 법규명령의 내용이 확정된 법률의 위임범위 내에 있다고 인정되거나 법률이 예정하고 있는 바를 구체적으로 명확하게 한 것으로 인정되면 법규명령은 무효가 아니며 모법의 위임범위를 벗어난 것인지를 판단할 때 중요한 기준 중 하나는 예측가능성이다.
④ 헌법이 인정하고 있는 위임입법의 형식은 열기적인 것이다.

해설

① (○) 법률의 시행령이나 시행규칙의 내용이 모법의 입법 취지와 관련 조항 전체를 유기적·체계적으로 살펴보아 모법의 해석상 가능한 것을 명시한 것에 지나지 아니하거나 모법 조항의 취지에 근거하여 이를 구체화하기 위한 것인 때에는 모법의 규율 범위를 벗어난 것으로 볼 수 없으므로, 모법에 이에 관하여 직접 위임하는 규정을 두지 아니하였다고 하더라도 이를 무효라고 볼 수는 없다(대판 2020.4.9., 2015다34444).

② (○) 입법예고는 법령과 자치법규의 방식이 「행정절차법」 제42조 제1항의 규정에 따라 서로 다르다.

> 「행정절차법」 제42조【예고방법】 ① 행정청은 입법안의 취지, 주요 내용 또는 전문(全文)을 다음 각 호의 구분에 따른 방법으로 공고하여야 하며, 추가로 인터넷, 신문 또는 방송 등을 통하여 공고할 수 있다.
> 1. 법령의 입법안을 입법예고하는 경우: 관보 및 법제처장이 구축·제공하는 정보시스템을 통한 공고
> 2. 자치법규의 입법안을 입법예고하는 경우: 공보를 통한 공고
> ② 행정청은 대통령령을 입법예고하는 경우 국회 소관 상임위원회에 이를 제출하여야 한다.

③ (○) 법규명령의 내용이 위와 같이 확정된 법률의 위임범위 내에 있다고 인정되거나 법률이 예정하고 있는 바를 구체적으로 명확하게 한 것으로 인정되면 법규명령은 무효로 되지 않는다. 나아가 어느 시행령 규정이 모법의 위임범위를 벗어난 것인지를 판단할 때 중요한 기준 중 하나는 예측가능성이다. 이는 해당 시행령의 내용이 이미 모법에서 구체적으로 위임되어 있는 사항을 규정한 것으로서 누구라도 모법 자체로부터 위임된 내용의 대강을 예측할 수 있는 범위에 속한다는 것을 뜻한다. 이러한 예측가능성의 유무는 해당 조항 하나만을 가지고 판단할 것은 아니고 법률의 입법 취지 등을 고려하여 관련 법조항 전체를 유기적·체계적으로 종합하여 판단하여야 한다(대판 2021.7.29., 2020두39655).

④ (×) 국회입법에 의한 수권이 입법기관이 아닌 행정기관에게 법률 등으로 구체적인 범위를 정하여 위임한 사항에 관하여는 당해 행정기관에게 법정립의 권한을 갖게 되고, 입법자가 규율의 형식도 선택할 수도 있다 할 것이므로, 헌법이 인정하고 있는 위임입법의 형식은 예시적인 것으로 보아야 할 것이고, 그것은 법률이 행정규칙에 위임하더라도 그 행정규칙은 위임된 사항만을 규율할 수 있으므로, 국회입법의 원칙과 상치되지도 않는다(헌재 2004.10.28., 99헌바91).

정답 | ④

175

행정입법에 대한 설명으로 옳지 않은 것은? (다툼이 있는 경우 판례에 의함)

① 부령의 형식으로 정해진 제재적 행정처분의 기준은 그 규정의 성질과 내용이 행정청 내부의 사무처리준칙을 정한 것에 불과하므로 대외적으로 국민이나 법원을 구속하는 것은 아니다.
② 항정신병 치료제의 요양급여 인정기준에 관한 보건복지부 고시가 다른 집행행위의 매개 없이 그 자체로서 직접 국민의 구체적인 권리의무와 법률관계를 규율하는 성격을 가질 때에는 항고소송의 대상이 되는 행정처분에 해당한다.
③ 법률의 위임에 의하여 효력을 갖는 법규명령이 법 개정으로 위임의 근거가 없어지게 되더라도 효력을 상실하지 않는다.
④ 한국수력원자력 주식회사가 조달하는 기자재, 용역 및 정비공사, 기기수리의 공급자에 대한 관리업무절차를 규정함을 목적으로 제정·운용하고 있는 '공급자관리지침' 중 등록취소 및 그에 따른 일정 기간의 거래제한조치에 관한 규정들은 상위법령의 구체적 위임 없이 정한 것이어서 대외적 구속력이 없는 행정규칙이다.

해설

① (○) 대판 2007.9.20., 2007두6946
② (○) 대결 2003.10.9., 2003무23
③ (×) 일반적으로 법률의 위임에 의하여 효력을 갖는 법규명령의 경우, 구법에 위임의 근거가 없어 무효였더라도 사후에 법 개정으로 위임의 근거가 부여되면 그때부터는 유효한 법규명령이 되나, 반대로 구법의 위임에 의한 유효한 법규명령이 법 개정으로 위임의 근거가 없어지게 되면 그때부터 무효인 법규명령이 된다(대판 1995.6.30., 93추83).
④ (○) 대판 2020.5.28., 2017두66541

정답 | ③

175	
기출처	2022 국가직 9급
난이도	★★★
키워드	법규명령

176

행정입법에 관한 내용으로 옳지 않은 것은? (다툼이 있는 경우 판례에 의함)

① 지방자치단체가 주민의 권리제한 또는 의무부과에 관한 사항이나 벌칙에 해당하는 조례를 제정하는 경우 법률의 위임이 필요하다.
② 헌법재판소에 의하면 법령 자체에 의한 직접적인 기본권 침해 여부가 문제되었을 경우 그 법령의 효력을 직접 다투는 것을 소송물로 하여 일반법원에 구제를 구할 수 있는 절차는 존재하지 아니하므로 다른 구제절차를 거칠 것 없이 바로 헌법소원심판을 청구할 수 있다.
③ 텔레비전수상기를 소지한 자에게 방송수신료 납부의무를 부과하면서, 등록면제 또는 수신료가 감면되는 수상기의 범위에 관하여 아무런 조건 없이 단순히 대통령령에게 정하도록 한 「방송법」 규정은 포괄위임입법금지의 원칙에 위배된다.
④ 침익적 영역과 달리 급부영역은 위임의 구체성이 완화될 수 있어 분만급여의 범위·상한기준을 보건복지부장관이 정하도록 위임한 「의료보험법」 제31조 제2항의 규정은 위임입법의 한계를 벗어난 포괄적 위임에 해당하는 것으로 볼 수 없다.

해설

① (○) 주민의 권리제한 또는 의무부과에 관한 사항이나 벌칙에 해당하는 조례를 제정할 경우에는 그 조례의 성질을 묻지 아니하고 법률의 위임이 있어야 하고 그러한 위임 없이 제정된 조례는 효력이 없다(대판 2007.12.13., 2006추52).
② (○) 법령 자체에 의한 직접적인 기본권 침해 여부가 문제되었을 경우 그 법령의 효력을 직접 다투는 것을 소송물로 하여 일반법원에 구제를 구할 수 있는 절차는 존재하지 아니하므로 이 사건에서는 다른 구제절차를 거칠 것 없이 바로 헌법소원심판을 청구할 수 있는 것이다(헌재 1990.10.15., 89헌마178).
③ (×) 텔레비전수상기를 소지한 자에게 방송수신료 납부의무를 부과하면서, 등록면제 또는 수신료가 감면되는 수상기의 범위에 관하여 아무런 조건 없이 단순히 대통령령에게 정하도록 한 「방송법」 규정은 포괄위임입법금지의 원칙에 위배되지 않는다(헌재 2008.2.28., 2006헌바70).
④ (○) 분만급여의 범위·상한기준을 보건복지부장관이 정하도록 위임한 「의료보험법」 제31조 제2항의 규정은 위임입법의 한계를 벗어난 포괄적 위임에 해당하는 것으로 볼 수 없다(헌재 1997.12.24., 95헌마390).

정답 | ③

177 필수

행정입법에 대한 판례의 입장으로 옳은 것은?

① 입법부가 법률로써 행정부에게 특정한 사항을 위임했음에도 불구하고 행정부가 정당한 이유 없이 이를 이행하지 않는다면 권력분립의 원칙과 법치국가 내지 법치행정의 원칙에 위배되는 것으로서 위법함과 동시에 위헌적인 것이 된다.
② 재량준칙은 제정됨으로써 일반적으로 행정조직 내부뿐만 아니라 대외적인 구속력을 갖는다.
③ 일반적으로 법률의 위임에 의하여 효력을 갖는 법규명령의 경우, 구법에 위임의 근거가 없어 무효인 경우 사후에 법 개정으로 위임의 근거가 부여되더라도 그때부터 유효한 법규명령이 되는 것은 아니다.
④ 법률의 위임 규정 자체가 그 의미 내용을 정확하게 알 수 있는 용어를 사용하여 위임의 한계를 분명히 하고 있는데도 시행령이 위임 규정에서 사용하고 있는 용어의 의미를 넘어 그 범위를 확장하거나 축소함으로써 위임 내용을 구체화하는 단계를 벗어나 새로운 입법을 한 것으로 평가할 수 있는 경우라도 이를 위임의 한계를 일탈한 것으로 보기는 어렵다.

해설

① (○) 우리 헌법은 국가권력의 남용으로부터 국민의 자유와 권리를 보호하려는 법치국가의 실현을 기본이념으로 하고 있고, 자유민주주의 헌법의 원리에 따라 국가의 기능을 입법·행정·사법으로 분립하여 견제와 균형을 이루게 하는 권력분립제도를 채택하고 있어, 행정과 사법은 법률에 기속되므로, <u>국회가 특정한 사항에 대하여 행정부에 위임하였음에도 불구하고 행정부가 정당한 이유 없이 이를 이행하지 않는다면 권력분립의 원칙과 법치국가의 원칙에 위배되는 것이다</u>(헌재 2004.2.26., 2001헌마718).

② (×) <u>재량준칙이 제정된 것만으로는 대외적 구속력을 가질 수 없다.</u> 자기구속의 법리에 따라 평등이나 신뢰보호에 의해 대외적 구속력을 가질 수 있으나, 이는 자기구속법리의 요건에 부합됨을 전제로 한다. 즉, 1회 이상의 행정선례, 재량인 행정영역, 적법한 행정선례 등의 요건이 충족되어야 한다. 따라서 단순히 재량준칙이 제정되어 공표된 것만으로는 대외적 구속력을 가질 수 없다.

③ (×) 법률의 위임에 의하여 효력을 갖는 법규명령은 구법에 근거가 없어 무효였더라도, 이후 근거 규정이 마련되면 그때부터 유효한 법규명령이 된다.

> <u>일반적으로 법률의 위임에 의하여 효력을 갖는 법규명령의 경우, 구법에 위임의 근거가 없어 무효였더라도 사후에 법 개정으로 위임의 근거가 부여되면 그때부터는 유효한 법규명령이 되나,</u> 반대로 구법의 위임에 의한 유효한 법규명령이 법 개정으로 위임의 근거가 없어지게 되면 그때부터 무효인 법규명령이 되므로, 어떤 법령의 위임 근거 유무에 따른 유효 여부를 심사하려면 법 개정의 전·후에 걸쳐 모두 심사하여야만 그 법규명령의 시기에 따른 유효·무효를 판단할 수 있다(대판 1995.6.30., 93추83).

④ **빈출** (×) 법률의 위임 규정 자체가 그 의미 내용을 정확하게 알 수 있는 용어를 사용하여 위임의 한계를 분명히 하고 있는데도 시행령이 그 의미를 넘어 제정하였다면 이는 위임의 한계를 일탈한 것으로서 허용될 수 없다.

> 법률이 특정 사안과 관련하여 시행령에 위임을 한 경우 시행령이 위임의 한계를 준수하고 있는지를 판단할 때는 당해 법률 규정의 입법 목적과 규정 내용, 규정의 체계, 다른 규정과의 관계 등을 종합적으로 살펴야 한다. <u>법률의 위임 규정 자체가 그 의미 내용을 정확하게 알 수 있는 용어를 사용하여 위임의 한계를 분명히 하고 있는데도 시행령이 그 문언적 의미의 한계를 벗어났다든지, 위임 규정에서 사용하고 있는 용어의 의미를 넘어 그 범위를 확장하거나 축소함으로써 위임 내용을 구체화하는 단계를 벗어나 새로운 입법을 한 것으로 평가할 수 있다면, 이는 위임의 한계를 일탈한 것으로서 허용되지 않는다</u>(대판 2012.12.20., 2011두30878).

고득점 플러스+ 행정입법부작위에 대한 국가배상과 관련된 판례

> 입법부가 법률로써 행정부에게 특정한 사항을 위임했음에도 불구하고 행정부가 정당한 이유 없이 이를 이행하지 않는다면 권력분립의 원칙과 법치국가 내지 법치행정의 원칙에 위배되는 것으로서 위법함과 동시에 위헌적인 것이 되는바, 구 「군법무관임용법」 제5조 제3항과 「군법무관임용 등에 관한 법률」 제6조가 군법무관의 보수를 법관 및 검사의 예에 준하도록 규정하면서 그 구체적 내용을 시행령에 위임하고 있는 이상, 위 법률의 규정들은 군법무관의 보수의 내용을 법률로써 일차적으로 형성한 것이고, 위 법률들에 의해 상당한 수준의 보수청구권이 인정되는 것이므로, 위 보수청구권은 단순한 기대이익을 넘어서는 것으로서 법률의 규정에 의해 인정된 재산권의 한 내용이 되는 것으로 봄이 상당하고, 따라서 행정부가 정당한 이유 없이 시행령을 제정하지 않은 것은 위 보수청구권을 침해하는 불법행위에 해당한다(대판 2007.11.29., 2006다3561).

정답 | ①

178

행정입법에 대한 설명으로 옳지 않은 것은? (다툼이 있는 경우 판례에 의함)

① 법률의 시행령이 형사처벌에 관한 사항을 규정하면서 법률의 명시적인 위임범위를 벗어나 처벌의 대상을 확장하는 것은 죄형법정주의 원칙에 어긋나는 것이므로, 그러한 시행령은 위임입법의 한계를 벗어난 것으로서 무효이다.
② 다양한 사실관계를 규율하거나 사실관계가 수시로 변화될 것이 예상되는 분야에서는 다른 분야에 비하여 상대적으로 입법위임의 명확성·구체성이 완화된다.
③ 행정입법부작위에 대해서는 당사자의 신청이 있는 경우에 한하여 부작위위법확인소송의 대상이 된다.
④ 자치법적 사항을 규정한 조례에 대한 법률의 위임은 법규명령에 대한 법률의 위임과 같이 반드시 구체적으로 범위를 정하여야 할 필요가 없으며 포괄적인 것으로 족하다.

해설

① (○) 대판 1999.2.11., 98도2816 전합
② (○) 헌재 1991.2.11., 90헌가27
③ (×) 행정소송은 구체적 사건에 대한 법률상 분쟁을 법에 의하여 해결함으로써 법적 안정을 기하자는 것이므로 부작위위법확인소송의 대상이 될 수 있는 것은 구체적 권리·의무에 관한 분쟁이어야 하고 추상적인 법령에 관하여 제정의 여부 등은 그 자체로서 국민의 구체적인 권리·의무에 직접적 변동을 초래하는 것이 아니어서 그 소송의 대상이 될 수 없다(대판 1992.5.8., 91누11261).
④ (○) 헌재 1995.4.20., 92헌마264·279

정답 | ③

179

행정입법부작위에 대한 설명으로 가장 옳지 않은 것은? (단, 다툼이 있는 경우 판례에 의함)

① 현행법상 행정권의 시행명령 제정의무를 규정하는 명시적인 법률규정은 없다.
② 삼권분립의 원칙, 법치행정의 원칙을 당연한 전제로 하고 있는 우리 헌법하에서 행정권의 행정입법 등 법집행의무는 헌법적 의무라고 보아야 한다.
③ 행정입법의 부작위가 위헌·위법이라고 하기 위하여는 행정청에게 행정입법을 하여야 할 작위의무를 전제로 하는 것이나, 그 작위의무가 인정되기 위하여는 행정입법의 제정이 법률의 집행에 필수불가결한 것일 필요는 없다.
④ 부작위위법확인소송의 대상이 될 수 있는 것은 구체적 권리의무에 관한 분쟁이어야 하고, 추상적인 법령에 관하여 제정의 여부 등은 그 자체로서 국민의 구체적인 권리의무에 직접적 변동을 초래하는 것이 아니어서 행정소송의 대상이 될 수 없다.

해설

③ **빈출** (×) 행정권의 행정입법 등 법집행의무는 헌법적 의무라고 보아야 할 것이다. 그런데 이는 행정입법의 제정이 법률의 집행에 필수불가결한 경우로서 행정입법을 제정하지 아니하는 것이 곧 행정권에 의한 입법권 침해의 결과를 초래하는 경우를 말하는 것이므로, 만일 하위 행정입법의 제정 없이 상위법령의 규정만으로도 집행이 이루어질 수 있는 경우라면 하위 행정입법을 하여야 할 헌법적 작위의무는 인정되지 아니한다(헌재 2005.12.22., 2004헌마66).

정답 | ③

02 행정규칙

180 필수
행정입법에 대한 설명으로 옳지 않은 것은? (다툼이 있는 경우 판례에 의함)

① 법률의 위임 없이 명령 또는 규칙 등의 행정입법으로 과세요건 등에 관한 사항을 규정하거나 법률에 규정된 내용을 함부로 유추·확장하는 내용의 해석규정을 마련하는 것은 조세법률주의의 원칙에 위배된다.

② '2014년도 건물 및 기타물건 시가표준액 조정기준'은 「건축법」 및 지방세법령의 위임에 따른 것으로서 대외적인 구속력이 있는 법규명령으로서의 효력을 가진다.

③ 의료기관의 명칭표시판에 진료과목을 함께 표시하는 경우 그 글자의 크기를 의료기관 명칭을 표시하는 글자 크기의 2분의 1 이내로 제한하는 구 「의료법 시행규칙」의 규정은 항고소송의 대상이 되는 행정처분이다.

④ 조례가 집행행위의 개입 없이도 그 자체로서 직접 국민의 구체적인 권리·의무나 법적 이익에 영향을 미치는 등의 법률상 효과를 발생하는 경우 그 조례는 항고소송의 대상이 되는 행정처분에 해당한다.

⑤ 보건복지부 고시인 구 '약제급여·비급여목록 및 급여상한금액표'는 다른 집행행위의 매개 없이 그 자체로서 국민건강보험가입자, 국민건강보험공단, 요양기관 등의 법률관계를 직접 규율하는 성격을 가지므로 항고소송의 대상이 되는 행정처분에 해당한다.

기출처: 2022 국회직 9급
난이도: ★★★
키워드: 행정규칙

🔍 관련기출 옳은지문
- 일반적으로 법률의 위임에 따라 효력을 갖는 법규명령의 경우에 위임의 근거가 없어 무효였더라도 나중에 법 개정으로 위임의 근거가 부여되면 그때부터는 유효한 법규명령으로 볼 수 있다. 그러나 법규명령이 개정된 법률에 규정된 내용을 함부로 유추·확장하는 내용의 해석규정이어서 위임의 한계를 벗어난 것으로 인정될 경우에는 법규명령은 여전히 무효이다. 18국회직8급

해설

① (○) 조세법률주의의 원칙은 과세요건 등 국민의 납세의무에 관한 사항을 국민의 대표기관인 국회가 제정한 법률로써 규정하여야 하고, 법률을 집행하는 경우에도 이를 엄격하게 해석·적용하여야 하며, 행정편의적인 확장해석이나 유추적용을 허용하지 아니함을 뜻한다. 그러므로 법률의 위임 없이 명령 또는 규칙 등의 행정입법으로 과세요건 등에 관한 사항을 규정하거나 법률에 규정된 내용을 함부로 유추·확장하는 내용의 해석규정을 마련하는 것은 조세법률주의의 원칙에 위배된다(대판 2017.4.20., 2015두45700 전합).

② (○) '2014년도 건물 및 기타물건 시가표준액 조정기준'의 각 규정들은 일정한 유형의 위반 건축물에 대한 이행강제금의 산정기준이 되는 시가표준액에 관하여 행정자치부장관(현 행정안전부장관)으로 하여금 정하도록 한 위 「건축법」 및 지방세법령의 위임에 따른 것으로서 그 법령 규정의 내용을 보충하고 있으므로, 그 법령 규정과 결합하여 대외적인 구속력이 있는 법규명령으로서의 효력을 가지고, 그중 증·개축 건물과 대수선 건물에 관한 특례를 정한 '증·개축 건물 등에 대한 시가표준액 산출요령'의 규정들도 마찬가지라고 보아야 한다(대판 2017.5.31., 2017두30764).

③ 빈출 (×) 의료기관의 명칭표시판에 진료과목을 함께 표시하는 경우 글자 크기를 제한하고 있는 구 「의료법 시행규칙」 제31조가 그 자체로서 국민의 구체적인 권리의무나 법률관계에 직접적인 변동을 초래하지 아니하므로 항고소송의 대상이 되는 행정처분이라고 할 수 없다(대판 2007.4.12., 2005두15168).

④ 빈출 (○) 조례가 집행행위의 개입 없이도 그 자체로서 직접 국민의 구체적인 권리·의무나 법적 이익에 영향을 미치는 등의 법률상 효과를 발생하는 경우 그 조례는 항고소송의 대상이 되는 행정처분에 해당한다(대판 1996.9.20., 95누8003).

⑤ (○) 보건복지부 고시인 약제급여·비급여목록 및 급여상한금액표(보건복지부 고시 제2002-46호로 개정된 것)는 다른 집행행위의 매개 없이 그 자체로서 국민건강보험가입자, 국민건강보험공단, 요양기관 등의 법률관계를 직접 규율하는 성격을 가지므로 항고소송의 대상이 되는 행정처분에 해당한다(대판 2006.9.22., 2005두2506).

정답 | ③

181

행정입법에 대한 설명으로 옳지 않은 것은? (다툼이 있는 경우 판례에 의함)

① 자치조례에 대한 법률의 위임은 반드시 구체적으로 범위를 정하여 할 필요가 없으며 포괄적인 것으로 족하다.
② 부령 형식으로 정해진 제재적 행정처분의 기준은 법규성이 있어서 대외적으로 국민이나 법원을 기속하는 효력이 있다.
③ 고시가 법령의 수권에 의하여 법령을 보충하는 사항을 정하는 경우 위임의 한계를 벗어나지 않는 한 그 근거 법령과 결합하여 대외적으로 구속력이 있는 법규명령으로서의 효력을 가진다.
④ 법률의 시행령이 형사처벌에 관한 사항을 규정하면서 법률의 명시적인 위임범위를 벗어나 처벌의 대상을 확장하는 것은 위임입법의 한계를 벗어난 것으로 그 시행령은 무효이다.

해설

① (○) 헌재 1995.4.20., 92헌마264
② (×) 대법원에 의하면 원칙적으로 부령(시행규칙)에 규정된 처분기준(행정규칙)은 대외적 구속력이 인정될 수 없다고 한다.

> 제재적 행정처분의 기준이 부령의 형식으로 규정되어 있더라도 그것은 행정청 내부의 사무처리준칙을 규정한 것에 지나지 않아 대외적으로 국민이나 법원을 기속하는 효력이 없으므로, 당해 처분의 적법 여부는 위 처분기준만이 아니라 관계 법령의 규정 내용과 취지에 따라 판단하여야 한다(대판 2013.9.12., 2012두28865).

③ (○) 대판 2008.4.10., 2007두4841
④ (○) 대판 2017.2.16., 2015도16014 전합

정답 | ②

182

행정규칙에 대한 설명으로 가장 옳지 않은 것은? (다툼이 있는 경우 판례에 의함)

① 「검찰보존사무규칙」이 「검찰청법」 제11조에 기하여 제정된 법무부령이기는 하지만, 그 사실만으로 같은 규칙 내의 모든 규정이 법규적 효력을 가지는 것은 아니며 기록의 열람·등사의 제한을 정하고 있는 같은 규칙 제22조는 법률상의 위임근거가 없어 행정기관 내부의 사무처리준칙으로서 행정규칙에 불과하다.
② 2006년 교육공무원 보수업무 등 편람은 구 교육인적자원부(현 교육부)에서 관련 행정기관 및 그 직원을 위한 업무처리지침 내지 참고사항을 정리해 둔 것에 불과하고 법규명령의 성질을 가진 것이라고는 볼 수 없다.
③ 헌법재판소 판례에 의하면, 헌법상 위임입법의 형식은 열거적이기 때문에, 국민의 권리·의무에 관한 사항을 고시 등 행정규칙으로 정하도록 위임한 법률 조항은 위헌이다.
④ 서울특별시의 개인택시 운송사업 면허업무처리요령은 재량권 행사의 기준으로 마련된 행정청 내부의 사무처리준칙에 불과하므로 대외적으로 국민을 기속하는 법규명령의 경우와는 달리 공고 등의 방법으로 외부에 고지되어야만 효력이 발생한다고 볼 수 없다.

해설

① (○) 「검찰보존사무규칙」이 「검찰청법」 제11조에 기하여 제정된 법무부령이기는 하지만, 그 사실만으로 같은 규칙 내의 모든 규정이 법규적 효력을 가지는 것은 아니다. 기록의 열람·등사의 제한을 정하고 있는 같은 규칙

제22조는 법률상의 위임근거가 없어 행정기관 내부의 사무처리준칙으로서 행정규칙에 불과하므로, 위 규칙상의 열람·등사의 제한을 「공공기관의 정보공개에 관한 법률」 제9조 제1항 제1호의 '다른 법률 또는 법률에 의한 명령에 의하여 비공개사항으로 규정된 경우'에 해당한다고 볼 수 없다(대판 2006.5.25., 2006두3049).

② (O) 2006년 교육공무원 보수업무 등 편람(이하 '보수업무편람'이라 한다)은 구 교육인적자원부(현 교육부)에서 관련 행정기관 및 그 직원을 위한 업무처리지침 내지 참고사항을 정리해 둔 것에 불과하고 법규명령의 성질을 가진 것이라고는 볼 수 없는바, 원심이 보수업무편람의 규정은 행정청 내부의 사무처리지침 또는 사례를 해설해 놓은 것에 불과하다고 본 것은 정당하고, 거기에 상고이유에서 주장하는 바와 같은 보수업무편람의 법적 성격에 관한 법리오해 등의 잘못이 없다(대판 2010.12.9., 2010두16349).

③ (×) 헌법이 인정하고 있는 위임입법의 형식은 예시적인 것으로 보아야 할 것이고, 그것은 법률이 행정규칙에 위임하더라도 그 행정규칙은 위임된 사항만을 규율할 수 있으므로, 국회입법의 원칙과 상치되지도 않는다. 다만, 형식의 선택에 있어서 규율의 밀도와 규율영역의 특성이 개별적으로 고찰되어야 할 것이고, 그에 따라 입법자에게 상세한 규율이 불가능한 것으로 보이는 영역이라면 행정부에게 필요한 보충을 할 책임이 인정되고 극히 전문적인 식견에 좌우되는 영역에서는 행정기관에 의한 구체화의 우위가 불가피하게 있을 수 있다. 그러한 영역에서 행정규칙에 대한 위임입법이 제한적으로 인정될 수 있다(헌재 2004.10.28., 99헌바91).

④ (O) 행정규칙은 공고 등의 방법으로 고지되어야 할 필요는 없고 어떤 방식이든 수명기관에 도달되면 효력이 발생한다.

> 서울특별시 1995년 개인택시 운송사업 면허업무처리요령은 관할 관청인 서울특별시장이 1995년도 개인택시 운송사업의 면허를 위하여 재량권 행사의 기준으로 마련된 행정청 내부의 사무처리준칙에 불과하므로 대외적으로 국민을 기속하는 법규명령의 경우와는 달리 공고 등의 방법으로 외부에 고지되어야만 효력이 발생한다고 볼 수 없다(대판 1997.9.26., 97누8878).

정답 | ③

183

행정규칙에 대한 설명으로 옳지 않은 것은? (다툼이 있는 경우 판례에 의함)

① 행정규칙인 고시가 법령의 수권에 의해 법령을 보충하는 사항을 정하는 경우에는 법령보충적 고시로서 근거 법령규정과 결합하여 대외적으로 구속력 있는 법규명령의 효력을 갖는다.
② 행정규칙은 행정규칙을 제정한 행정기관에 대하여는 대내적으로 법적 구속력을 갖지 않는다.
③ 사실상의 준비행위 또는 사전안내로 볼 수 있는 국립대학의 대학입학고사 주요요강은 공권력 행사이므로 항고소송의 대상이 되는 처분이다.
④ 일반적인 행정처분절차를 정하는 행정규칙은 대외적 구속력이 없다.

183	
기출처	2021 군무원 9급
난이도	★★
키워드	행정규칙

해설

③ 빈출 (×) 국립대학교 대학입학고사 주요요강은 행정규칙의 성질이지만 헌법소원의 대상이 된다. 하지만 항고소송의 대상인 처분은 아니다.

> 국립대학인 서울대학교의 '94학년도 대학입학고사 주요요강'은 사실상의 준비행위 내지 사전안내로서 행정쟁송의 대상이 될 수 있는 행정처분이나 공권력의 행사는 될 수 없지만 그 내용이 국민의 기본권에 직접 영향을 끼치는 내용이고 앞으로 법령의 뒷받침에 의하여 그대로 실시될 것이 틀림없을 것으로 예상되어 그로 인하여 직접적으로 기본권 침해를 받게 되는 사람에게는 사실상의 규범작용으로 인한 위험성이 이미 현실적으로 발생하였다고 보아야 할 것이므로 이는 헌법소원의 대상이 되는 「헌법재판소법」 제68조 제1항 소정의 공권력의 행사에 해당된다고 할 것이며, 이 경우 헌법소원 외에 달리 구제방법이 없다(헌재 1992.10.1., 92헌마68).

정답 | ③

184	
기출처	예상문제
난이도	★★
키워드	행정규칙

184
행정입법에 대한 설명으로 옳지 않은 것은? (다툼이 있는 경우 판례에 의함)

① 법규명령이 개정된 법률에 규정된 내용을 함부로 유추·확장하는 내용의 해석규정이어서 위임의 한계를 벗어난 것으로 인정될 경우에는 법규명령은 여전히 무효이다.

② 구 「여객자동차 운수사업법」 제11조 제4항의 위임에 따라 시외버스운송사업의 사업계획변경에 관한 절차, 인가기준 등을 구체적으로 규정한 구 「여객자동차 운수사업법 시행규칙」은 대외적인 구속력이 있는 법규명령이라고 할 것이고, 그것을 행정청 내부의 사무처리준칙을 규정한 행정규칙에 불과하다고 할 수는 없다.

③ 행정입법에 대한 국민의 소송청구는 행정입법 자체의 합법성의 심사를 목적으로 하는 독립한 신청에 대해서는 제기할 수는 없다.

④ 「공공기관의 정보공개에 관한 법률」 제9조 제1항 제1호의 '법률에서 위임한 명령'은 정보의 공개에 관하여 법률의 구체적인 위임 아래 제정된 법규명령(위임명령)을 포함하여 법률의 위임규정에 의하여 제정된 대통령령, 총리령, 부령 전부를 의미한다.

해설

① (○) 법률의 위임에 따라 효력을 갖는 법규명령의 경우에 위임의 근거가 없어 무효였더라도 나중에 법 개정으로 위임의 근거가 부여되면 그때부터는 유효한 법규명령으로 볼 수 있다. 그러나 <u>법규명령이 개정된 법률에 규정된 내용을 함부로 유추·확장하는 내용의 해석규정이어서 위임의 한계를 벗어난 것으로 인정될 경우에는 법규명령은 여전히 무효이다</u>(대판 2017.4.20., 2015두45700).

② (○) 구 「여객자동차 운수사업법 시행규칙」 제31조 제2항 제1호·제2호·제6호는 구 「여객자동차 운수사업법」 제11조 제4항의 위임에 따라 시외버스운송사업의 사업계획변경에 관한 절차, 인가기준 등을 구체적으로 규정한 것으로서, 대외적인 구속력이 있는 법규명령이라고 할 것이고, 그것을 행정청 내부의 사무처리준칙을 규정한 행정규칙에 불과하다고 할 수는 없다(대판 2006.6.27., 2003두4355).

③ (○) 헌법 제107조 제2항의 규정에 따르면 행정입법의 심사는 일반적인 재판절차에 의하여 구체적 규범통제의 방법에 의하도록 명시하고 있으므로, 당사자는 구체적 사건의 심판을 위한 선결문제로서 행정입법의 위법성을 주장하여 법원에 대하여 당해 사건에 대한 적용 여부의 판단을 구할 수 있을 뿐 행정입법 자체의 합법성의 심사를 목적으로 하는 독립한 신청을 제기할 수는 없다(대결 1994.4.26., 93부32).

④ (×) 「공공기관의 정보공개에 관한 법률」 제9조 제1항 제1호는 국회규칙·대법원규칙·헌법재판소규칙·중앙선거관리위원회규칙·대통령령 및 조례로 한정한다고 규정되어 있다.

> 「공공기관의 정보공개에 관한 법률」 제9조 【비공개 대상 정보】 ① 공공기관이 보유·관리하는 정보는 공개 대상이 된다. 다만, 다음 각 호의 어느 하나에 해당하는 정보는 공개하지 아니할 수 있다.
> 1. 다른 법률 또는 법률에서 위임한 명령(국회규칙·대법원규칙·헌법재판소규칙·중앙선거관리위원회규칙·대통령령 및 조례로 한정한다)에 따라 비밀이나 비공개 사항으로 규정된 정보

정답 | ④

185

행정입법에 관한 설명으로 옳지 않은 것은? (다툼이 있는 경우 판례에 의함)

① 소득금액조정 합계표 작성요령과 같이 행정적 편의를 도모하기 위한 절차적 규정의 경우 이는 행정규칙의 성질을 가진 것으로 보아야 한다.
② 행정규칙은 원칙적으로 행정조직 내부에서 구속력을 갖을 뿐 직접적으로 대외적 구속력을 가지는 것은 아니다.
③ 고시가 상위법령의 수권에 의해 법령을 보충하는 사항을 정하는 경우에는 대외적으로 구속력 있는 법규명령의 효력을 가진다.
④ 상위법의 위임이 없더라도 지방자치단체장의 규칙으로 제정된 제재적 행정처분의 기준은 대외적으로 국민이나 법원을 구속한다.

185	
기출처	예상문제
난이도	★★
키워드	행정규칙

해설

① (O) 구 「법인세법」, 동 시행령, 동 시행규칙에 의하면, 법인은 법인세 신고시 세무조정사항을 기입한 소득금액조정합계표와 유보소득 계산서류인 적정유보초과소득조정명세서(을) 등을 신고서에 첨부하여 제출하여야 하는데, 위 소득금액 조정합계표 작성요령(당시 총리령인 시행규칙 별표 서식에 첨부)은 법률의 위임을 받은 것이기는 하나 법인세의 부과징수라는 행정적 편의를 도모하기 위한 절차적 규정으로서 단순히 행정규칙의 성질을 가지는 데 불과하여 과세관청이나 일반국민을 기속하는 것이 아니다(대판 2003.9.5., 2001두403).

②③ (O) 행정규칙은 직접적인 대외적 구속력을 가지는 것은 아니며 상위법의 위임에 따라 그를 보충하는 내용의 경우 상위법과 결합하여 대외적 구속력을 가지게 된다.

> 상급 행정기관이 하급 행정기관에 대하여 업무처리지침이나 법령의 해석적용에 관한 기준을 정하여서 발하는 이른바 행정규칙은 일반적으로 행정조직 내부에서만 효력을 가질 뿐 대외적인 구속력을 갖는 것은 아니지만, 법령의 규정이 특정 행정기관에게 그 법령내용의 구체적 사항을 정할 수 있는 권한을 부여하면서 그 권한행사의 절차나 방법을 특정하고 있지 아니한 관계로 수임행정기관이 행정규칙의 형식으로 그 법령의 내용이 될 사항을 구체적으로 정하고 있다면 그와 같은 행정규칙, 규정은 행정규칙이 갖는 일반적 효력으로서가 아니라, 행정기관에 법령의 구체적 내용을 보충할 권한을 부여한 법령규정의 효력에 의하여 그 내용을 보충하는 기능을 갖게 된다 할 것이므로 이와 같은 행정규칙, 규정은 당해 법령의 위임한계를 벗어나지 아니하는 한 그것들과 결합하여 대외적인 구속력이 있는 법규명령으로서의 효력을 갖게 된다(대판 1987.9.29., 86누484).

④ (×) 규정형식상 부령인 시행규칙 또는 지방자치단체의 규칙으로 정한 행정처분의 기준은 행정처분 등에 관한 사무처리기준과 처분절차 등 행정청 내의 사무처리준칙을 규정한 것에 불과하므로 행정조직 내부에 있어서의 행정명령의 성격을 지닐 뿐 대외적으로 국민이나 법원을 구속하는 힘이 없다(대판 1995.10.17., 94누14148 전합).

정답 | ④

186	
기출처	2020 지방직 9급
난이도	★★
키워드	행정규칙

관련기출 옳은지문

• 고시가 비록 법령에 근거를 둔 것이라고 하더라도 그 규정 내용이 법령의 위임범위를 벗어난 것일 경우에는 법규명령으로서의 대외적 구속력을 인정할 여지는 없다.

19(하)서울시7급

186 〈필수〉

대외적 구속력을 인정할 수 없는 경우만을 모두 고르면? (다툼이 있는 경우 판례에 의함)

ㄱ. 운전면허에 관한 제재적 행정처분의 기준이 「도로교통법 시행규칙」 [별표]에 규정되어 있는 경우
ㄴ. 행정 각부의 장이 정하는 특정 고시가 비록 법령에 근거를 둔 것이더라도 규정 내용이 법령의 위임범위를 벗어난 것일 경우
ㄷ. 상위법령에서 세부사항 등을 시행규칙으로 정하도록 위임하였음에도 이를 고시 등 행정규칙으로 정한 경우
ㄹ. 상위법령의 위임이 없음에도 상위법령에 규정된 처분 요건에 해당하는 사항을 하위 부령에서 변경하여 규정한 경우

① ㄱ, ㄴ
② ㄴ, ㄷ
③ ㄱ, ㄴ, ㄷ
④ ㄱ, ㄴ, ㄷ, ㄹ

해설

ㄱ. (×) 운전면허에 관한 제재적 행정처분의 기준이 「도로교통법 시행규칙」 [별표]에 규정되어 있는 경우에는 행정규칙에 해당한다.

> 「도로교통법 시행규칙」 제53조 제1항 [별표 16]의 운전면허 행정처분기준은 그 규정의 성질과 내용이 운전면허의 취소처분 등에 관한 행정청 내부의 사무처리준칙을 규정한 것에 지나지 아니하여 대외적으로 법원이나 국민을 기속하는 효력은 없다(대판 1991.1.15., 90누7630).

ㄴ. (×) 행정 각부의 장이 정하는 특정 고시가 비록 법령에 근거를 둔 것이더라도 규정 내용이 법령의 위임범위를 벗어났다면 이는 대외적 구속력을 가질 수 없다. 위임범위 내에서만 상위법과 결합하여 대외적 구속력을 갖게 된다.

> 행정 각부의 장이 정하는 고시가 비록 법령에 근거를 둔 것이라고 하더라도 그 규정 내용이 법령의 위임범위를 벗어난 것일 경우에는 법규명령으로서의 대외적 구속력을 인정할 여지는 없다(대결 2006.4.28., 2003마715).

ㄷ. 빈출 (×) 상위법령에서 세부사항 등을 시행규칙으로 정하도록 위임하였음에도 이를 고시 등 행정규칙으로 정한 경우에는 위임이 없는 경우에 해당되어 행정규칙에 해당한다.

> 상위법령에서 세부사항 등을 시행규칙으로 정하도록 위임하였음에도 이를 고시 등 행정규칙으로 정하였다면 그 역시 대외적 구속력을 가지는 법규명령으로서 효력이 인정될 수 없다(대판 2012.7.5., 2010다72076).

ㄹ. 빈출 (×) 상위법령의 위임이 없음에도 상위법령에 규정된 처분 요건에 해당하는 사항을 하위부령에서 변경하여 규정한 경우에는 행정규칙에 해당한다.

> 법령의 위임이 없음에도 법령에 규정된 처분 요건에 해당하는 사항을 부령에서 변경하여 규정한 경우에는 그 부령의 규정은 행정청 내부의 사무처리 기준 등을 정한 것으로서 행정조직 내에서 적용되는 행정명령의 성격을 지닐 뿐 국민에 대한 대외적 구속력은 없다고 보아야 한다(대판 2013.9.12., 2011두10584).

정답 | ④

187 필수

행정규칙에 대한 설명으로 옳지 않은 것은?

① 「여객자동차 운수사업법」의 위임에 따른 시외버스운송사업의 사업계획변경 기준 등에 관한 「여객자동차 운수사업법 시행규칙」의 관련 규정은 대외적인 구속력이 있는 법규명령이라고 할 것이다.

② 법령에 반하는 위법한 행정규칙은 무효이므로 위법한 행정규칙을 위반한 것은 징계사유가 되지 않는다.

③ 법률이 일정한 사항을 고시와 같은 행정규칙에 위임하는 것은 전문적·기술적 사항이나 경미한 사항으로서 업무의 성질상 위임이 불가피한 사항에 한정된다.

④ 행정 각부의 장이 정하는 고시가 법령에 근거를 둔 것이라면, 그 규정 내용이 법령의 위임 범위를 벗어난 것이라도 법규명령으로서의 대외적 구속력이 인정된다.

187	1 2 3
기출처	2023 지방직 7급
난이도	★★
키워드	행정규칙

해설

① 빈출 (O) 대법원의 주된 입장은 처분기준이 시행령에 규정된 경우에는 법규로, 처분기준이 시행규칙에 규정된 경우에는 행정규칙으로 보는 경향이다. 하지만 본 판례는 시행규칙상의 처분기준을 법규로 본 사례로서 암기를 요한다.

> 구 「여객자동차 운수사업법 시행규칙」(2000.8.23. 건설교통부령 제259호로 개정되기 전의 것) 제31조 제2항 제1호·제2호·제6호는 구 「여객자동차 운수사업법」(2000.1.28. 법률 제6240호로 개정되기 전의 것) 제11조 제4항의 위임에 따라 시외버스운송사업의 사업계획변경에 관한 절차, 인가기준 등을 구체적으로 규정한 것으로서, 대외적인 구속력이 있는 법규명령이라고 할 것이고, 그것을 행정청 내부의 사무처리준칙을 규정한 행정규칙에 불과하다고 할 수는 없다(대판 2006.6.27., 2003두4355).

고득점 플러스+

> 「공익사업을 위한 토지 등의 취득 및 보상에 관한 법률」(이하 '공익사업법'이라 한다) 제68조 제3항은 협의취득의 보상액 산정에 관한 구체적 기준을 시행규칙에 위임하고 있고, 위임범위 내에서 「공익사업을 위한 토지 등의 취득 및 보상에 관한 법률 시행규칙」 제22조는 토지에 건축물 등이 있는 경우에는 건축물 등이 없는 상태를 상정하여 토지를 평가하도록 규정하고 있는데, 이는 비록 행정규칙의 형식이나 공익사업법의 내용이 될 사항을 구체적으로 정하여 내용을 보충하는 기능을 갖는 것이므로, 공익사업법 규정과 결합하여 대외적인 구속력을 가진다(대판 2012.3.29., 2011다104253).

② (O) 이 사건 지침 제4조는 법률에 의하여 허용되는 쌍방대리 형태의 촉탁행위에 대하여 '대부업자 등'의 금전대부계약에 따른 채권·채무에 관한 경우에는 행정규칙의 형식으로 일반적으로 공증인에게 촉탁을 거절하여야 할 의무를 부과하는 것이어서 '법률우위원칙'에 위배되어 무효라고 보아야 한다. … 공무원이 상급 행정기관이나 감독권자의 직무상 명령을 위반하였다는 점을 징계사유로 삼으려면 직무상 명령이 상위법령에 반하지 않는 적법·유효한 것이어야 한다(대판 2020.11.26., 2020두42262).

③ 빈출 (O) 헌법이 인정하고 있는 위임입법의 형식은 예시적인 것으로 보아야 한다. 법률이 일정한 사항을 행정규칙에 위임하더라도 그 행정규칙은 위임된 사항만을 규율할 수 있으므로, 국회입법의 원칙과 상치되지 않는다. 다만, 고시와 같은 행정규칙에 위임하는 것은 전문적·기술적 사항이나 경미한 사항으로서 업무의 성질상 위임이 불가피한 사항에 한정된다(헌재 2016.3.31., 2014헌바382).

④ 빈출 (X) 행정 각부의 장이 정하는 특정 고시가 비록 법령에 근거를 둔 것이더라도 규정 내용이 법령의 위임 범위를 벗어난 것일 경우에는 법규명령으로서의 대외적 구속력을 인정할 여지는 없다(대판 2019.5.30., 2016다276177).

정답 | ④

관련기출 옳은지문

- 대법원은 구 「여객자동차 운수사업법 시행규칙」 제31조 제2항 제1호·제2호·제6호는 구 「여객자동차 운수사업법」 제11조 제4항의 위임에 따라 시외버스운송사업의 사업계획변경에 관한 절차, 인가기준 등을 구체적으로 규정한 것으로서 행정청 내부의 사무처리준칙을 규정한 행정규칙에 불과하다고 할 수는 없다고 한다. 17국가직9급

- 헌법재판소는 법률이 일정한 사항을 행정규칙에 위임하더라도 그 위임은 전문적·기술적 사항이나 경미한 사항으로서 업무의 성질상 위임이 불가피한 사항에 한정된다고 한다. 17국가직9급

188

다음 중 법규로서 효력이 인정될 수 있는 것을 모두 고른 것은? (다툼이 있는 경우 판례에 의함)

> ㄱ. 서울특별시 토지의 형질변경 등 행위허가 사무취급요령
> ㄴ. 「공익사업을 위한 토지 등의 취득 및 보상에 관한 법률」 제68조 제3항의 위임에 따라 협의취득의 보상액 산정에 관한 구체적 기준을 정하고 있는 「공익사업을 위한 토지 등의 취득 및 보상에 관한 법률 시행규칙」
> ㄷ. 「주택건설촉진법 시행령」 제10조의3 제1항 [별표 1]
> ㄹ. 구 「주택건설촉진법」하에서 상위법령의 위임을 받아 제정된 행정규칙의 규정이 전부 개정된 「주택법」 상위법령의 위임한계를 벗어난 경우

① ㄱ, ㄹ
② ㄱ, ㄷ
③ ㄴ, ㄷ
④ ㄴ, ㄹ

해설

ㄱ. (×) 서울특별시 토지의 형질변경 등 행위허가 사무취급요령(1994.5.6. 서울특별시예규 제586호) 제12조 제1호·제2호 … 이러한 예규는 법규로서의 효력이 없는 행정청 내부의 사무처리준칙에 불과하다(대판 1999.5.25., 98다53134).

ㄴ. (○) 「공익사업을 위한 토지 등의 취득 및 보상에 관한 법률」 제68조 제3항의 위임에 따라 협의취득의 보상액 산정에 관한 구체적 기준을 정하고 있는 「공익사업을 위한 토지 등의 취득 및 보상에 관한 법률 시행규칙」 제22조가 대외적인 구속력을 가진다(대판 2012.3.29., 2011다104253).

ㄷ. (○) 당해 처분의 기준이 된 「주택건설촉진법 시행령」 제10조의3 제1항 [별표 1]은 「주택건설촉진법」 제7조 제2항의 위임규정에 터잡은 규정형식상 대통령령이므로 그 성질이 부령인 시행규칙이나 또는 지방자치단체의 규칙과 같이 통상적으로 행정조직 내부에 있어서의 행정명령에 지나지 않는 것이 아니라 대외적으로 국민이나 법원을 구속하는 힘이 있는 법규명령에 해당한다(대판 1997.12.26., 97누15418).

ㄹ. (×) 상위법의 위임에 따라 제정된 고시 등의 행정규칙도 위임의 범위를 벗어나게 되면 대외적 구속력을 인정할 수 없다.

> 구 「주택건설촉진법」하에서 상위법령의 위임을 받아 제정된 행정규칙 규정이 전부 개정된 「주택법」 상위법령의 위임한계를 벗어남에도 그에 구애됨이 없이 법규명령으로서 대외적 구속력을 계속 가진다는 취지를 규정한 것이라고 해석할 수 없다(대판 2012.7.5., 2010다72076).

정답 | ③

189

법령보충적 행정규칙에 대한 설명으로 옳지 않은 것은?

① 헌법 제40조와 헌법 제75조, 제95조의 의미를 살펴보면, 의회가 구체적으로 범위를 정하여 위임한 사항에 관하여는 당해 행정기관이 법 정립의 권한을 갖게 되고, 입법자가 규율의 형식도 선택할 수도 있다 할 것이다.

② 법령에서 전문적·기술적 사항이나 경미한 사항으로서 업무의 성질상 위임이 불가피한 사항에 관하여 구체적으로 범위를 정하여 위임한 경우에는 고시 등으로 정할 수 있다.

③ 구 「지방공무원보수업무 등 처리지침」 [별표 1] '직종별 경력환산율표 해설'이 정한 민간근무경력의 호봉 산정에 관한 부분은 「지방공무원법」과 구 「지방공무원 보수규정」 [별표 3]의 단계적 위임에 따라 행정규칙의 형식으로 법령의 내용이 될 사항을 구체적으로 정한 것이고, 법령의 내용 및 취지에 저촉된다거나 위임 한계를 벗어났다고 보기 어렵다면, 대외적 구속력이 있는 법규명령으로서의 효력을 갖는다.

④ 법령보충적 행정규칙은 법규명령 또는 행정규칙에 해당하므로 처분성을 갖는 경우라도 항고소송의 대상이 될 수 없다.

189	
기출처	2025 지방직 9급
난이도	★★
키워드	행정규칙

해설

① (O) 헌법 제40조·제75조·제95조의 의미를 살펴보면, 국회가 입법으로 행정기관에게 구체적인 범위를 정하여 위임한 사항에 관하여는 당해 행정기관이 법 정립의 권한을 갖게 되고, 이때 입법자가 그 규율의 형식도 선택할 수 있다고 보아야 하므로, 헌법이 인정하고 있는 위임입법의 형식은 예시적인 것으로 보아야 한다(헌재 2016.3.31., 2014헌바382).

② (O) 헌법이 인정하고 있는 위임입법의 형식은 예시적인 것으로 보아야 한다. 법률이 일정한 사항을 행정규칙에 위임하더라도 그 행정규칙은 위임된 사항만을 규율할 수 있으므로, 국회입법의 원칙과 상치되지 않는다. 다만 고시와 같은 행정규칙에 위임하는 것은 전문적·기술적 사항이나 경미한 사항으로서 업무의 성질상 위임이 불가피한 사항에 한정된다(헌재 2016.3.31., 2014헌바382).

③ (O) 대판 2016.1.28., 2015두53121

④ (×) 어떠한 고시가 일반적·추상적 성격을 가질 때에는 법규명령 또는 행정규칙에 해당할 것이지만, 다른 집행행위의 매개 없이 그 자체로서 직접 국민의 구체적인 권리의무나 법률관계를 규율하는 성격을 가질 때에는 행정처분에 해당한다(대판 2006.9.22., 2005두2506).

정답 | ④

190 〈필수〉

행정규칙에 대한 설명으로 옳지 않은 것은? (다툼이 있는 경우 판례에 의함)

① 법령의 위임이 없음에도 법령에 규정된 처분 요건에 해당하는 사항을 부령에서 변경하여 규정한 경우에는 그 부령의 규정은 행정명령의 성격을 지닐 뿐 국민에 대한 대외적 구속력은 없다.

② 행정관청 내부의 사무처리규정에 불과한 전결규정에 위반하여 원래의 전결권자 아닌 보조기관 등이 처분권자인 행정관청의 이름으로 행정처분을 한 경우, 그 처분은 권한 없는 자에 의하여 행하여진 것으로 무효이다.

③ 법령의 규정이 특정 행정기관에게 법령 내용의 구체적 사항을 정할 수 있는 권한을 부여하면서 권한행사의 절차나 방법을 특정하지 아니한 경우에는 수임 행정기관은 행정규칙으로 법령 내용이 될 사항을 구체적으로 정할 수 있다.

④ 재량권 행사의 준칙인 행정규칙이 그 정한 바에 따라 되풀이 시행되어 행정관행이 형성되어 행정기관이 그 상대방에 대한 관계에서 그 행정규칙에 따라야 할 자기구속을 당하게 되는 경우에는 그 행정규칙은 헌법소원의 심판대상이 될 수도 있다.

해설

① (○) 대판 2013.9.12., 2011두10584
② (×) 전결과 같은 행정권한의 내부위임은 법령상 처분권자인 행정관청이 내부적인 사무처리의 편의를 도모하기 위하여 그의 보조기관 또는 하급 행정관청으로 하여금 그의 권한을 사실상 행사하게 하는 것으로서 법률이 위임을 허용하지 않는 경우에도 인정되는 것이므로, 설사 행정관청 내부의 사무처리규정에 불과한 전결규정에 위반하여 원래의 전결권자 아닌 보조기관 등이 처분권자인 행정관청의 이름으로 행정처분을 하였다고 하더라도 그 처분이 권한 없는 자에 의하여 행하여진 무효의 처분이라고는 할 수 없다(대판 1998.2.27., 97누1105).
③ (○) 대판 2012.7.5., 2010다72076
④ (○) 헌재 2001.5.31., 99헌마413

정답 | ②

관련기출 옳은지문
- 재량준칙이 정한 바에 따라 되풀이 시행되어 행정관행이 이루어지게 되면 행정청은 상대방에 대한 관계에서 그 규칙에 따라야 할 자기구속을 받게 된다. 17서울시사회복지9급

191

행정입법에 대한 설명 중 옳은 것은? (다툼이 있는 경우 판례에 의함)

① 법규명령 형식의 행정규칙에 관하여 대법원은 대통령령과 부령의 형식의 구분 없이 실질적인 행정규칙의 성질로 인정하고 있다.

② 보건복지부 고시인 약제급여·비급여목록 및 급여상한금액표는 법규명령으로 본다.

③ 상급 행정기관이 하급 행정기관에 대하여 업무처리지침이나 법령의 해석적용에 관한 기준을 정하여서 발하는 이른바 행정규칙은 일반적으로 양면적 구속력을 갖는다.

④ 헌법재판소에 의하면 고시가 일반·추상적 성격을 가질 때는 법규명령 또는 행정규칙에 해당하지만, 고시가 구체적인 규율의 성격을 갖는다면 항고소송의 대상인 행정처분에 해당한다고 한다.

해설

① (×) 대통령령의 형식은 법규명령으로 인정하고 있다. 반면, 총리령이나 부령의 형식의 경우에는 원칙적으로 행정규칙의 성질로 본다.
② (×) 보건복지부 고시인 약제급여·비급여목록 및 급여상한금액표는 항고소송의 대상인 처분에 해당된다(대판 2006.9.22., 2005두2506).
③ (×) 행정규칙은 원칙적으로 일면적 구속력을 가진다. 따라서 국민을 구속하지 않으며, 행정규칙을 발령한 기관도 이에 구속되지 않는다.
④ (○) 고시 또는 공고의 법적 성질은 일률적으로 판단될 것이 아니라 고시에 담겨진 내용에 따라 구체적인 경우마다 달리 결정된다고 보아야 한다. 즉, 고시가 일반·추상적 성격을 가질 때는 법규명령 또는 행정규칙에 해당하지만, 고시가 구체적인 규율의 성격을 갖는다면 행정처분에 해당한다(헌재 1998.4.30., 97헌마141).

정답 | ④

192 〈필수〉

행정입법에 대한 설명으로 옳지 않은 것은? (다툼이 있는 경우 판례에 의함)

① 조례가 집행행위의 개입 없이도 그 자체로서 직접 국민의 구체적인 권리의무나 법적 이익에 영향을 미치는 경우에는 그 조례를 직접 소송의 대상으로 하여 다툴 수 있다.
② 추상적인 법령에 관하여 제정의 여부는 그 자체로서 국민의 구체적인 권리의무에 직접적 변동을 초래하는 것이 아니어서 부작위위법확인소송의 대상이 될 수 없다.
③ 「도로교통법 시행규칙」이 정한 운전면허행정처분기준은 행정청 내부의 사무처리준칙을 규정한 것에 지나지 아니하므로 대외적으로 국민이나 법원을 기속하는 효력이 없다.
④ 제재적 행정처분의 가중사유나 전제요건에 관한 규정이 부령의 형식으로 되어 있고 그 처분에서 정한 제재기간이 경과하였다면 그 처분의 취소를 구할 법률상 이익이 없다.
⑤ 법률이 입법사항을 고시 등의 형식으로 위임하더라도 위임의 한계가 있으며, 고시 등이 위임의 한계를 벗어난 경우에는 법규명령의 효력이 인정될 수 없다.

192	① ② ③
기출처	2020 국회직 9급
난이도	★★
키워드	행정규칙

🔍 관련기출 옳은지문

• 헌법 제107조 제2항의 규정에 따르면 행정입법의 심사는 일반적인 재판절차에 의하여 구체적 규범통제의 방법에 의하도록 하고 있으므로, 원칙적으로 당사자는 구체적 사건의 심판을 위한 선결문제로서 행정입법의 위법성을 주장하여 법원에 대하여 당해 사건에 대한 적용 여부의 판단을 구할 수 있을 뿐 행정입법 자체의 합법성의 심사를 목적으로 하는 독립한 신청을 제기할 수는 없다.　　18국회직8급

해설

① (○) 대판 1996.9.20., 95누8003
② (○) 대판 1992.5.8., 91누11261
③ (○) 대판 1998.3.27., 97누20236
④ 〈빈출〉(×) 제재적 행정처분이 그 처분에서 정한 제재기간의 경과로 인하여 그 효과가 소멸되었으나, 부령인 시행규칙 또는 지방자치단체의 규칙의 형식으로 정한 처분기준에서 제재적 행정처분을 받은 것을 가중사유나 전제요건으로 삼아 장래의 제재적 행정처분을 하도록 정하고 있는 경우, 선행처분인 제재적 행정처분을 받은 상대방이 그 처분에서 정한 제재기간이 경과하였다 하더라도 그 처분의 취소를 구할 법률상 이익이 있다(대판 2006.6.22., 2003두1684 전합).
⑤ (○) 대결 2006.4.28., 2003마715

정답 | ④

193	① ② ③
기출처	2019 국가직 7급
난이도	★★
키워드	행정규칙

193 〈필수〉

행정규칙에 대한 판례의 입장으로 옳지 않은 것은?

① 재산권 등의 기본권을 제한하는 작용을 하는 법률이 구체적으로 범위를 정하여 고시와 같은 형식으로 입법위임을 할 수 있는 사항은 전문적·기술적 사항이나 경미한 사항으로서 업무의 성질상 위임이 불가피한 사항에 한정된다.
② 고시에 담긴 내용이 구체적 규율의 성격을 갖는다고 하더라도, 해당 고시를 행정처분으로 볼 수는 없으며 법령의 수권 여부에 따라 법규명령 또는 행정규칙으로 볼 수 있을 뿐이다.
③ 법령보충적 행정규칙은 법령의 수권에 의하여 인정되고, 그 수권은 포괄위임금지의 원칙상 구체적·개별적으로 한정된 사항에 대하여 행해져야 한다.
④ 행정규칙인 고시가 법령의 수권에 의해 법령을 보충하는 사항을 정하는 경우에는 법령보충적 고시로서 근거 법령규정과 결합하여 대외적으로 구속력을 가진다.

해설

① (O) 법률이 법규적 사항을 고시 등의 행정규칙 형식으로 위임하는 경우, 위임은 전문적·기술적인 사항이나 경미한 사항으로서 업무의 성질상 위임이 불가피한 사항에 한정된다는 것이 헌법재판소의 입장이다.

> 헌법이 인정하고 있는 위임입법의 형식은 예시적인 것으로 보아야 한다. 법률이 일정한 사항을 행정규칙에 위임하더라도 그 행정규칙은 위임된 사항만을 규율할 수 있으므로, 국회입법의 원칙과 상치되지 않는다. 다만, 고시와 같은 행정규칙에 위임하는 것은 전문적·기술적 사항이나 경미한 사항으로서 업무의 성질상 위임이 불가피한 사항에 한정된다(헌재 2016.3.31., 2014헌바382).

② (×) 형식이 고시로 되어 있다고 해도, 담겨진 내용이 구체적 규율의 성격을 갖는다면 처분으로 볼 수 있다.

> 어떠한 고시가 일반적·추상적 성격을 가질 때에는 법규명령 또는 행정규칙에 해당할 것이지만, 다른 집행행위의 매개 없이 그 자체로서 직접 국민의 구체적인 권리의무나 법률관계를 규율하는 성격을 가질 때에는 항고소송의 대상이 되는 행정처분에 해당한다(대판 2003.10.9., 2003무23).

③ (O) 법규적 사항을 고시 등의 행정규칙으로 위임하는 경우에도 포괄위임금지의 원칙은 적용된다.
④ (O) 법령보충규칙은 근거 법령과 결합하여 비로소 상위법의 일부가 됨으로써 대외적으로 구속력을 가진다.

> 행정규칙인 고시가 법령의 수권에 의하여 법령을 보충하는 사항을 정하는 경우에는 그 근거 법령규정과 결합하여 대외적으로 구속력이 있는 법규명령으로서의 성질과 효력을 가진다(대판 2006.4.27., 2004도1078).

정답 | ②

관련기출 옳은지문

- 재산권 등과 같은 기본권을 제한하는 작용을 하는 법률이 입법위임을 할 때에는 법규명령에 위임함이 바람직하고, 금융감독위원회의 고시와 같은 행정규칙 형식으로 입법위임을 할 때에는 적어도 「행정규제기본법」 제4조 제2항 단서에서 정한 바와 같이 법령이 전문적·기술적 사항이나 경미한 사항으로서 업무의 성질상 위임이 불가피한 사항에 한정된다. 20군무원9급

- 어떠한 고시가 일반적·추상적 성격을 가질 때에는 법규명령 또는 행정규칙에 해당할 것이지만, 다른 집행행위의 매개 없이 그 자체로서 직접 국민의 구체적인 권리의무나 법률관계를 규율하는 성격을 가질 때에는 항고소송의 대상이 되는 행정처분에 해당한다. 17서울시7급

- 상위법령의 위임에 의하여 정하여진 행정규칙은 위임한계를 벗어나지 아니하는 한 그 상위법령의 규정과 결합하여 대외적인 구속력이 있는 법규명령으로서의 효력을 갖게 된다. 20군무원9급

194	① ② ③
기출처	예상문제
난이도	★★
키워드	행정규칙

194

행정규칙에 대한 설명으로 옳지 않은 것은? (다툼이 있는 경우 판례에 의함)

① 서울특별시가 정한 개인택시 운송사업 면허지침은 재량권 행사의 기준으로 설정된 행정청의 법규명령에 해당하여 외부에 고지됨으로써 비로소 효력을 갖게 된다.
② 경찰청 내부의 행정규칙에 불과한 채증규칙은, 청구인들은 구체적인 촬영행위에 의해 비로소 기본권을 제한받는 것이고 채증규칙이 직접 기본권을 침해한다고 볼 수 없다.
③ 구 문화관광부(현 문화체육관광부) 고시인 게임제공업소의 경품취급기준은 구 「음반·비디오물 및 게임물에 관한 법률」과 결합하여 법규명령으로서 기능한다.
④ 이른바 법령보충적 행정규칙이라도 그 자체로서 직접적인 대외적 구속력을 갖는것은 아니며 상위법령과 결합하여 일체가 되는 한도 내에서 상위법령의 일부가 됨으로서 대외적 구속력을 발생되는 것일 뿐 그 행정규칙 자체는 대외적 구속력을 갖는 것은 아니라 할 것이다.

해설

① (×) 서울특별시가 정한 개인택시 운송사업 면허지침은 재량권 행사의 기준으로 설정된 행정청의 내부의 사무처리준칙에 불과하므로, 대외적으로 국민을 기속하는 법규명령의 경우와는 달리 외부에 고지되어야만 효력이 발생하는 것은 아니다(대판 1997.1.21., 95누12941).
② (○) 채증규칙은 법률의 구체적인 위임 없이 제정된 경찰청 내부의 행정규칙에 불과하고, 청구인들은 구체적인 촬영행위에 의해 비로소 기본권을 제한받게 되므로, 이 사건 채증규칙이 직접 기본권을 침해한다고 볼 수 없다(헌재 2018.8.30., 2014헌마843).
③ (○) 구 문화관광부(현 문화체육관광부) 고시인 게임제공업소의 경품취급기준은 구 「음반·비디오물 및 게임물에 관한 법률」과 결합하여 법규명령으로서 기능하고 있다(헌재 2008.11.27., 2005헌마161).
④ (○) 이른바 법령보충적 행정규칙이라도 그 자체로서 직접적인 대외적 구속력을 갖는것은 아니다. 즉, 상위법령과 결합하여 일체가 되는 한도 내에서 상위법령의 일부가 됨으로서 대외적 구속력을 발생되는 것일 뿐 그 행정규칙 자체는 대외적 구속력을 갖는 것은 아니라 할 것이다(헌재 2004.10.28., 99헌바91).

정답 | ①

관련기출 옳은지문
· 경찰청예규로 정해진 구 채증규칙은 행정규칙이지만 이에 의하여 집회·시위 참가자들은 구체적인 촬영행위에 의해 비로소 기본권을 제한받게 되는 것이고 이 채증규칙으로 인하여 직접 기본권을 침해받게 되는 것은 아니다. 　21군무원7급

195 〈필수〉
행정입법의 통제에 대한 설명으로 옳지 않은 것은? (다툼이 있는 경우 판례에 의함)

① 국무회의에 상정될 총리령안과 부령안은 법제처의 심사를 받아야 한다.
② 법령보충규칙에 해당하는 고시의 관계규정에 의하여 직접 기본권 침해를 받는다고 하여도 이에 대하여 바로 「헌법재판소법」 제68조 제1항에 의한 헌법소원심판을 청구할 수 없다.
③ 「행정절차법」에 따르면, 예고된 법령 등의 제정·개정 또는 폐지의 안에 대하여 누구든지 의견을 제출할 수 있다.
④ 행정입법부작위는 「행정소송법」상 부작위위법확인소송의 대상이 되지 않는다.

195
기출처 | 2018 지방직 7급
난이도 | ★★
키워드 | 행정규칙

해설

② 빈출 (×) 법령보충규칙은 상위법이 위임한 범위 내에서 법령을 보충하는 사항을 제정하여 상위법과 결합하여 대외적 구속력을 갖게 된다. 이러한 법규명령이 행정개입 없이 직접 기본권을 침해하는 경우에는 헌법재판소 헌법소원의 대상이 된다.

1. 법령의 직접적인 위임에 따라 위임행정기관이 그 법령을 시행하는 데 필요한 구체적 사항을 정한 것이면, 그 제정형식은 비록 법규명령이 아닌 고시, 훈령, 예규 등과 같은 행정규칙이더라도 그것이 상위법령의 위임한계를 벗어나지 아니하는 한, 상위법령과 결합하여 대외적인 구속력을 갖는 법규명령으로서 기능하게 된다고 보아야 할 것인바, 청구인이 법령과 예규의 관계규정으로 말미암아 직접 기본권 침해를 받았다면 이에 대하여 바로 헌법소원심판을 청구할 수 있다(헌재 1992.6.26., 91헌마25).
2. 「헌법재판소법」 제68조 제1항이 규정하고 있는 헌법소원심판의 대상으로서의 '공권력'이란 입법·사법·행정 등 모든 공권력을 말하는 것이므로 입법부에서 제정한 법률, 행정부에서 제정한 시행령이나 시행규칙 및 사법부에서 제정한 규칙 등은 그것들이 별도의 집행행위를 기다리지 않고 직접 기본권을 침해하는 것일 때에는 모두 헌법소원심판의 대상이 될 수 있다(헌재 1990.10.15., 89헌마178).

정답 | ②

196

행정청의 행정입법에 대하여 판례가 법규명령의 성질을 인정한 것은?

① 보건복지부장관이 고시의 형식으로 정한 '의료보험진료수가기준'
② 총리령인 구「공무원 징계양정 등에 관한 규칙」
③ 재요양의 인정요건을 정한「산업재해보상보험법 시행규칙」
④ 노동조합의 설립을 신고하려는 자가 설립신고서에 첨부하여 제출할 서류에 관한 구「노동조합 및 노동관계조정법 시행규칙」

해설

① (O) 보건복지부장관이 고시의 형식으로 정한 '의료보험진료수가기준'(1995.12.9. 보건복지부고시 제1995-55호로 개정된 것) 중 (부록 1) '수탁검사실시기관 인정 등 기준'은 요양급여 및 분만급여의 방법·절차·범위·상한기준 및 그 비용 등 법령의 내용이 되는 구체적인 사항을 보건복지부장관으로 하여금 정하도록 한「의료보험법」의 위임에 따라 이를 정한 규정으로서 법령의 위임한계를 벗어나지 아니하는 한 법령의 내용을 보충하는 기능을 하면서 그와 결합하여 대외적으로 구속력이 있는 법규명령으로서의 효력을 가진다(대판 1999.6.22., 98두17807).

정답 | ①

197

행정입법에 관한 판례의 내용으로 옳지 않은 것은? (다툼이 있는 경우 판례에 의함)

① 법규명령의 형식에 규정된 처분기준은 형식이 비록 법규명령이라도 그 내용이 사무처리준칙에 해당하여 구「주택건설촉진법 시행령」제10조의3 제1항 [별표 1]의 영업정지처분기준은 행정기관 내부의 사무처리준칙을 규정한 것이므로 행정명령의 성질을 가진다.
②「소득세법 시행령」의 위임에 따라 제정된 국세청장의 훈령인 재산제세 사무처리규정에 따른 거래지정은「소득세법 시행령」의 그 규정의 내용을 보충하는 기능을 가지면서 그와 결합하여 대외적 효력을 발생하게 된다.
③ 재산권 등과 같은 기본권을 제한하는 작용을 하는 법률이 입법위임을 할 때에는 대통령령 등 법규명령에 위임함이 바람직하고, 금융감독위원회의 고시와 같은 형식으로 입법위임을 할 때에는 적어도「행정규제기본법」에서 정한 바와 같이 법령이 전문적·기술적 사항이나 경미한 사항으로서 업무의 성질상 위임이 불가피한 사항에 한정된다.
④ 비상장주식의 양도가 현저히 유리한 조건의 거래로서 부당지원행위에 해당하는지 여부에 관하여 판단함에 있어서 공정거래위원회의 부당한 지원행위의 심사지침은 공정거래위원회 내부의 사무처리준칙에 불과하다.

해설

① (×) 당해 처분의 기준이 된 구「주택건설촉진법 시행령」제10조의3 제1항 [별표 1] 등록업자의 등록말소 및 영업정지처분에 관한 기준은「주택건설촉진법」제7조 제2항의 위임규정에 터 잡은 규정형식상 대통령령이므로 그 성질이 부령인 시행규칙이나 또는 지방자치단체의 규칙과 같이 통상적으로 행정조직 내부에 있어서의 행정명령에 지나지 않는 것이 아니라 대외적으로 국민이나 법원을 구속하는 힘이 있는 법규명령에 해당한다(대판 1997.12.26., 97누15418).

② (○) 재산제세 조사사무 처리규정이 국세청장의 훈령형식으로 되어 있다 하더라도 이에 의한 거래지정은 「소득세법 시행령」의 위임에 따라 그 규정의 내용을 보충하는 기능을 가지면서 그와 결합하여 대외적인 구속력이 있는 법규명령으로서의 효력을 갖게 된다고 보아야 하고 따라서 위 재산제세 조사사무 처리규정은 양도소득세를 실지거래가액에 의하여 과세함에 있어서 법령상의 적법한 근거가 된다(대판 1988.5.10., 87누1028).

③ (○) 재산권 등과 같은 기본권을 제한하는 작용을 하는 법률이 입법위임을 할 때에는 대통령령·총리령·부령 등 법규명령에 위임함이 바람직하고, 금융감독위원회의 고시와 같은 형식으로 입법위임을 할 때에는 적어도 「행정규제기본법」 제4조 제2항 단서에서 정한 바와 같이 법령이 전문적·기술적 사항이나 경미한 사항으로서 업무의 성질상 위임이 불가피한 사항으로 한정된다 할 것이고, 그러한 사항이라 하더라도 포괄위임금지의 원칙상 법률의 위임은 반드시 구체적·개별적으로 한정된 사항에 대하여 행하여져야 할 것이다(헌재 2004.10.28., 99헌바91).

④ (○) 「독점규제 및 공정거래에 관한 법률」 제23조 제1항 제7호는 불공정거래행위의 한 유형으로 부당지원행위를 규정하고, 같은 조 제3항의 위임에 의한 법 시행령 제36조 제1항은 [별표] 제10호에서 부당지원행위의 유형 및 기준으로 부당한 자금지원, 부당한 자산지원, 부당한 인력제공을 규정하고 있는데, 공정거래위원회의 '부당한 지원행위의 심사지침'은 상위법령의 위임이 없을 뿐 아니라 그 내용이나 성질 등에 비추어 보더라도 피고 내부의 사무처리준칙에 불과하고 대외적으로 법원이나 일반 국민을 기속하는 법규명령으로서의 성질을 가지는 것이라고는 볼 수 없다(대판 2004.4.23., 2001두6517).

정답 | ①

198

행정규칙 등에 관한 설명으로 옳은 것은? (다툼이 있는 경우 판례에 의함)

① 재산제세 조사사무 처리규정은 법규성이 인정되어 공포 또는 공표되지 않으면 그 효력이 없다.
② 구 「청소년 보호법」 제49조 제1항·제2항에 따른 같은 법 시행령 제40조 [별표 6]의 '위반행위의 종별에 따른 과징금 처분기준'은 법규명령이기는 하나 이는 확정액이 아닌 상한액이다.
③ 상위법의 수권에 의한 법령보충규칙은 그 자체로서 대외적 구속력을 갖게 된다.
④ 행정규칙이 구체적 규율의 성질로서 처분성을 갖는 경우 당사자소송의 대상이 된다.

198	
기출처	예상문제
난이도	★★
키워드	행정규칙

해설

① (×) 국세청훈령(재산제세 조사사무 처리규정=법규성 인정)은 국세청장이 위 「소득세법 시행령」 제17조 제4항 제2호에 해당할 거래를 행정규칙의 형식으로 지정한 것에 지나지 아니한 것이므로 이는 적당한 방법으로 표시 또는 통보하면 되는 것이지, 이를 공포하거나 고시하지 아니하였다는 이유만으로 그 효력을 부인할 수도 없다(대판 1990.5.22., 90누639).

② (○) 구 「청소년 보호법」 제49조 제1항·제2항에 따른 같은 법 시행령 제40조 [별표 6]의 '위반행위의 종별에 따른 과징금 처분기준'은 법규명령이기는 하나 모법의 위임규정의 내용과 취지 및 헌법상의 과잉금지의 원칙과 평등의 원칙 등에 비추어 같은 유형의 위반행위라 하더라도 그 규모나 기간·사회적 비난 정도·위반행위로 인하여 다른 법률에 의하여 처벌받은 다른 사정·행위자의 개인적 사정 및 위반행위로 얻은 불법이익의 규모 등 여러 요소를 종합적으로 고려하여 사안에 따라 적정한 과징금의 액수를 정하여야 할 것이므로 그 수액은 정액이 아니라 최고한도액이다(대판 2001.3.9., 99두5207).

③ (×) 법령보충규칙이라도 그 자체로서 대외적 구속력을 가지는 것이 아니라 상위법과 결합하여 상위법의 위임 범위 내에서 대외적 구속력을 갖게 된다.

④ (×) 법규명령의 효력을 갖는 행정규칙이 처분성을 갖는 처분법령이 되면 항고소송의 대상이다.

정답 | ②

199

행정입법에 대한 설명으로 옳지 않은 것은?

① 위임입법에 있어 구체적인 위임의 범위는 일률적으로 정할 수는 없지만, 적어도 위임명령에 규정될 내용과 범위의 기본사항이 구체적으로 규정되어 있어서 누구라도 해당 법률이나 상위법령으로부터 위임명령에 규정될 내용의 대강을 예측할 수 있어야 한다.

② 집행명령의 경우 상위법령이 폐지된 것이 아니라 단순히 개정됨에 그친 경우에는 그 개정법령과 성질상 모순·저촉되지 아니하고 개정된 상위법령의 시행에 필요한 사항을 규정하고 있는 이상 그 집행명령은 개정법령의 시행을 위한 집행명령이 제정·발효될 때까지는 그 효력을 유지한다.

③ 한국수력원자력 주식회사가 제정·운용하고 있는 '공급자관리지침' 중 등록취소 및 그에 따른 일정기간의 거래제한조치에 관한 규정들은 대외적 구속력이 있는 법규명령에 해당한다.

④ 법원이 구체적 규범통제를 통해 위헌·위법으로 선언할 심판대상은, 해당 규정의 전부가 불가분적으로 결합되어 있어 일부를 무효로 하는 경우 나머지 부분이 유지될 수 없는 결과를 가져오는 특별한 사정이 없는 한, 원칙적으로 해당 규정 중 재판의 전제성이 인정되는 조항에 한정된다.

⑤ 「농약관리법」의 위임에 따라 인축독성 시험성적서 검토기준 및 판정기준을 규정하고 있는 농촌진흥청 고시 '농약 및 원제의 등록기준' 제3조 제2항 제3호 [별표 4]는 대외적 구속력을 가지는 법령보충적 행정규칙에 해당한다.

해설

① (O) 위임명령은 법률이나 상위명령에서 구체적으로 범위를 정한 개별적인 위임이 있을 때에 가능하고, 여기에서 구체적인 위임의 범위는 규제하고자 하는 대상의 종류와 성격에 따라 달라지는 것이어서 일률적 기준을 정할 수는 없지만, 적어도 위임명령에 규정될 내용 및 범위의 기본사항이 구체적으로 규정되어 있어서 누구라도 당해 법률이나 상위법령으로부터 위임명령에 규정될 내용의 대강을 예측할 수 있어야 한다(대판 2022.4.14., 2020추5169).

② (O) 대판 1989.9.12., 88누6962

③ (×) 한국수력원자력 주식회사가 조달하는 기자재, 용역 및 정비공사, 기기수리의 공급자에 대한 관리업무절차를 규정함을 목적으로 제정·운용하고 있는 '공급자관리지침' 중 등록취소 및 그에 따른 일정 기간의 거래제한 조치에 관한 규정들은 공공기관으로서 행정청에 해당하는 한국수력원자력 주식회사가 상위법령의 구체적 위임 없이 정한 것이어서 대외적 구속력이 없는 행정규칙이다(대판 2020.5.28., 2017두66541).

④ (O) 대판 2019.6.13., 2017두33985

⑤ (O) 대판 2021.2.25., 2019두53389

정답 | ③

200
행정입법에 대한 설명으로 옳지 않은 것은? (다툼이 있는 경우 판례에 의함)

① 집행명령은 상위법령의 집행에 필요한 세칙을 정하는 범위 내에서만 가능하고 새로운 국민의 권리·의무를 정할 수 없다.
② 구「청소년 보호법 시행령」 제40조 [별표 6]의 위반행위의 종별에 따른 과징금처분기준에서 정한 과징금 수액은 정액이 아니고 최고한도액이다.
③ 집행명령은 상위법령이 개정되더라도 개정법령과 성질상 모순·저촉되지 아니하고 개정된 상위법령의 시행에 필요한 사항을 규정하고 있는 이상, 개정법령의 시행을 위한 집행명령이 제정·발효될 때까지는 여전히 그 효력을 유지한다.
④ 상위법령에서 세부사항 등을 시행규칙으로 정하도록 위임하였으나, 이를 고시 등 행정규칙으로 정하였더라도 이는 대외적 구속력을 가지는 법규명령으로서 효력이 인정된다.

해설

① (O) 집행명령은 상위법을 집행하기 위한 절차나 형식만 제정할 수 있을 뿐 새로운 입법을 할 수 없다.
② (O) 대판 2001.3.9., 99두5207
③ (O) 대판 1989.9.12., 88누6962
④ **빈출** (×) 상위법령에서 시행규칙으로 정하도록 위임한 경우, 이를 시행규칙이 아닌 고시 등으로 규정하였다면 고시는 대외적 구속력을 갖는 법규명령이라 할 수 없다.

> 행정규칙이나 규정 '내용'이 위임범위를 벗어난 경우뿐 아니라 상위법령의 위임규정에서 특정하여 정한 권한행사의 '절차'나 '방식'에 위배되는 경우도 마찬가지이므로, 상위법령에서 세부사항 등을 시행규칙으로 정하도록 위임하였음에도 이를 고시 등 행정규칙으로 정하였다면 그 역시 대외적 구속력을 가지는 법규명령으로서 효력이 인정될 수 없다(대판 2012.7.5., 2010다72076).

정답 | ④

201
행정입법에 대한 설명으로 가장 옳지 않은 것은?

① 행정청은 대통령령을 입법예고할 경우에는 국회 소관상임위원회에 이를 제출하여야 한다.
② 행정규칙이 대외적인 구속력을 가지는 경우에는 헌법소원의 대상이 된다.
③ 근거 규정이 행정규칙에 해당하는 이상, 그 근거 규정에 의거한 조치는 행정처분에 해당하지 않는다.
④ 고시가 비록 법령에 근거를 둔 것이라고 하더라도 그 규정 내용이 법령의 위임범위를 벗어난 것일 경우에는 법규명령으로서의 대외적 구속력을 인정할 여지는 없다.

해설

③ **빈출** (×) 근거 규정이 행정규칙이라도 해도, 그에 따른 행정이 국민의 권리나 의무에 직접적인 영향을 미치는 행위라면 항고소송 대상인 처분에 해당된다.

> 항고소송의 대상이 되는 행정처분이라 함은 원칙적으로 행정청의 공법상 행위로서 특정 사항에 대하여 법규에 의한 권리의 설정 또는 의무의 부담을 명하거나 기타 법률상 효과를 발생하게 하는 등으로 일반 국민의 권리의무에 직접 영향을 미치는 행위를 가리키는 것이지만, 어떠한 처분의 근거나 법적인 효과가 행정규칙에 규정되어 있다고 하더라도, 그 처분이 행정규칙의 내부적 구속력에 의하여 상대방에게 권리의 설정 또는 의무의 부담을 명하거나 기타 법적인 효과를 발생하게 하는 등으로 그 상대방의 권리의무에 직접 영향을 미치는 행위라면, 이 경우에도 항고소송의 대상이 되는 행정처분에 해당한다(대판 2002.7.26., 2001두3532).

정답 | ③

202

행정규칙에 대한 판례의 입장으로 옳은 것은?

① 구 「도로교통법 시행규칙」 제53조 제1항이 정한 [별표 16]의 운전면허행정처분기준은 사무처리기준과 처분절차 등 행정청 내부의 사무처리준칙을 규정한 것에 지나지 아니하므로 대외적 구속력이 없다.

② 구 「주택건설촉진법」 제33조의6 제6항의 위임에 의하여 구 건설교통부장관(현 국토교통부장관)의 '고시' 형식으로 되어 있는 '주택건설공사 감리비지급기준'은 이를 건설교통부령으로 정하도록 한 구 「주택법」이 시행된 이후에도 대외적인 구속력이 있는 법규명령으로서 효력을 부정할 수 없다.

③ 법령에 규정된 처분 요건에 해당하는 사항을 부령에서 변경하여 규정한 경우에는 그 부령의 규정은 법령의 위임 여부와 상관없이 국민에 대한 대외적 구속력을 갖는다.

④ 구 「식품위생법 시행규칙」 제53조가 정한 [별표 15]의 행정처분기준은 대외적 구속력이 없는 행정 내부 사무처리준칙으로서 이를 특정 개인에게만 과도하게 초과 적용한 경우에도 이를 위법이라고 할 수 없다.

해설

① (○) 「도로교통법 시행규칙」 제91조 제1항이 정한 [별표 28]의 운전면허행정처분기준은 행정기관 내부의 처리지침에 불과한 것으로서 대외적으로 국민이나 법원을 기속하는 효력이 없다. 「도로교통법 시행규칙」 [별표]상의 벌점에 관하여 각 위반 항목별로 규정된 점수가 최고한도를 규정한 것이라고 볼 만한 아무런 근거가 없으므로 [별표]상의 벌점은 확정적인 점수이다(대판 1998.3.27., 97누20236).

② (×) 구 「주택법」이 시행된 이후에는 감리비의 지급기준 등은 구 「주택법」이 규정한 바에 따라 '건설교통부령'의 형식으로 정해야 하므로, 구 건설교통부장관(현 국토교통부장관)의 '고시' 형식으로 되어 있는 종전 '감리비지급기준'은 구 「주택법」 제24조 제6항이 권한행사의 절차 및 방법을 특정하여 위임한 것에 위배되어 더 이상 대외적인 구속력이 있는 법규명령으로서 효력을 가지지 못한다(대판 2012.7.5., 2010다72076).

③ (×) 법령의 위임이 없음에도 법령에 규정된 처분 요건에 해당하는 사항을 부령에서 변경하여 규정한 경우에는 그 부령의 규정은 행정청 내부의 사무처리기준 등을 정한 것으로서 행정조직 내에서 적용되는 행정명령의 성격을 지닐 뿐 국민에 대한 대외적 구속력은 없다고 보아야 한다(대판 2013.9.12., 2011두10584).

④ (×) 대법원은 구 「식품위생법 시행규칙」 제재적 처분기준 [별표 15] 자체에 대한 법규성을 인정하는 것은 아니나, 이를 특정 개인에게 과도하게 초과 적용하는 것은 평등의 원칙에 반하여 위법하다고 한다.

> 행정청이 이러한 처분기준(구 「식품위생법 시행규칙」 제재적 처분기준 [별표 15])을 따르지 아니하고 특정 개인에 대하여만 위 처분기준을 과도하게 초과하는 처분을 한 경우에는 재량권의 한계를 일탈하였다고 볼 만한 여지가 충분하다(대판 1993.6.29., 93누5635).

정답 | ①

203

행정입법에 대한 설명으로 옳은 것은? (다툼이 있는 경우 판례에 의함)

① 처분적 조례에 대한 무효확인소송을 제기함에 있어서 피고적격이 있는 처분 등을 행한 행정청은 지방의회이다.
② 상위법령에서 세부사항 등을 시행규칙으로 정하도록 위임하였음에도 이를 고시 등 행정규칙으로 정하였다면 대외적 구속력을 가지는 법규명령으로서 효력이 인정될 수 없다.
③ 법률의 위임에 따라 효력을 갖는 법규명령이 위임의 근거가 없어 무효였더라도 나중에 법 개정으로 위임의 근거가 부여되면 당해 법규명령의 제정시에 소급하여 유효한 법규명령이 된다.
④ 의료기관의 명칭표시판에 진료과목을 함께 표시하는 경우 글자 크기를 제한하고 있는 구 「의료법 시행규칙」제31조는 그 자체로 국민의 구체적 권리의무나 법률관계에 직접적 변동을 초래하므로 항고소송의 대상이 될 수 있다.

203	
기출처	2020 지방직 7급
난이도	★★
키워드	행정규칙

해설

① **빈출** (×) 처분적 조례가 항고소송의 대상인 경우 피고는 지방자치단체의 장이다(교육이나 학예의 경우에는 시·도 교육감이 된다).

> 조례가 집행행위의 개입 없이도 그 자체로서 직접 국민의 구체적인 권리의무나 법적 이익에 영향을 미치는 등의 법률상 효과를 발생하는 경우 그 조례는 항고소송의 대상이 되는 행정처분에 해당하고, 이러한 조례에 대한 무효확인소송을 제기함에 있어서 「행정소송법」제38조 제1항, 제13조에 의하여 피고적격이 있는 처분 등을 행한 행정청은, 행정주체인 지방자치단체 또는 지방자치단체의 내부적 의결기관으로서 지방자치단체의 의사를 외부에 표시한 권한이 없는 지방의회가 아니라, 구 「지방자치법」제19조 제2항, 제92조에 의하여 지방자치단체의 집행기관으로서 조례로서의 효력을 발생시키는 공포권이 있는 지방자치단체의 장이다(대판 1996.9.20., 95누8003).

② **빈출** (○) 상위법령에서 세부사항을 시행규칙으로 정하도록 위임하였음에도 이를 고시 등 행정규칙으로 정하였다면 이는 위임 없이 제정된 행정규칙으로서 대외적 구속력을 가질 수 없다.

> 행정규칙이나 규정이 상위법령의 위임범위를 벗어난 경우에는 법규명령으로서 대외적 구속력을 인정할 여지는 없다. 이는 행정규칙이나 규정 '내용'이 위임범위를 벗어난 경우뿐 아니라 상위법령의 위임규정에서 특정하여 정한 권한행사의 '절차'나 '방식'에 위배되는 경우도 마찬가지이므로, 상위법령에서 세부사항 등을 시행규칙으로 정하도록 위임하였음에도 이를 고시 등 행정규칙으로 정하였다면 그 역시 대외적 구속력을 가지는 법규명령으로서 효력이 인정될 수 없다(대판 2012.7.5., 2010다72076).

③ **빈출** (×) 위임명령은 위임의 근거가 있어 유효였더라도 법령이 개정되어 위임의 근거가 상실되면 그때부터 무효가 되고, 위임의 근거가 없어 무효였더라도 법령이 개정되어 위임의 근거가 부여되면 그때부터 유효가 된다.

> 일반적으로 법률의 위임에 의하여 효력을 갖는 법규명령의 경우, 구법에 위임의 근거가 없어 무효였더라도 사후에 법 개정으로 위임의 근거가 부여되면 그때부터는 유효한 법규명령이 되나, 반대로 구법의 위임에 의한 유효한 법규명령이 법 개정으로 위임의 근거가 없어지게 되면 그때부터 무효인 법규명령이 되므로, 어떤 법령의 위임 근거 유무에 따른 유효 여부를 심사하려면 법 개정의 전·후에 걸쳐 모두 심사하여야만 그 법규명령의 시기에 따른 유효·무효를 판단할 수 있다(대판 1995.6.30., 93추83).

④ (×) 구 「의료법 시행규칙」제31조의 진료과목 글자 크기 제한에 대한 규정은 항고소송의 대상이 되는 처분이 아니다.

> 의료기관의 명칭표시판에 진료과목을 함께 표시하는 경우 글자 크기를 제한하고 있는 구 「의료법 시행규칙」제31조가 그 자체로서 국민의 구체적인 권리의무나 법률관계에 직접적인 변동을 초래하지 아니하므로 항고소송의 대상이 되는 행정처분이라고 할 수 없다(대판 2007.4.12., 2005두15168).

정답 | ②

204

행정입법에 관한 설명으로 가장 옳지 않은 것은? (다툼이 있는 경우 판례에 의함)

① 구 「주택건설촉진법」하에서 상위법령의 위임을 받아 제정된 행정규칙 등이 전부 개정된 「주택법」 상위법령의 위임한계를 벗어난다면 더 이상 법규명령으로서 대외적 구속력은 인정될 수 없다.

② 재산권 등의 기본권을 제한하는 작용을 하는 법률이 구체적으로 범위를 정하여 고시와 같은 형식으로 입법위임을 할 수 있는 사항은 전문적·기술적 사항이나 경미한 사항으로서 업무의 성질상 위임이 불가피한 사항에 한정된다.

③ 법령의 규정이 특정 행정기관에게 그 법령 내용의 구체적 사항을 정할 수 있는 권한을 부여하면서 그 권한행사의 절차나 방법을 특정하고 있지 아니한 관계로 수임행정기관이 행정규칙의 형식으로 그 법령의 내용이 될 사항을 구체적으로 정하고 있는 경우에는 당해 법령의 위임한계를 벗어나지 아니하는 한 그것들과 결합하여 대외적인 구속력이 있는 법규명령으로서의 효력을 갖게 된다.

④ 조례에 기초한 행정청의 구체적 처분을 기다리지 않고 조례 그 자체에 의하여 직접 개인의 권리·의무에 직접 구체적인 효과를 발생하게 된다고 해도 입법의 형식을 취하고 있어 항고소송의 대상이 되는 처분에 해당하지 않는다.

해설

① (O) 구 「주택건설촉진법」하에서 상위법령의 위임을 받아 제정된 행정규칙, 규정이 전부 개정된 「주택법」 상위법령의 위임한계를 벗어남에도 그에 구애됨이 없이 법규명령으로서 대외적 구속력을 계속 가진다는 취지를 규정한 것이라고 해석할 수 없다(대판 2012.7.5., 2010다72076).

② (O) 헌법이 인정하고 있는 위임입법의 형식은 예시적인 것으로 보아야 한다. 법률이 일정한 사항을 행정규칙에 위임하더라도 그 행정규칙은 위임된 사항만을 규율할 수 있으므로, 국회입법의 원칙과 상치되지 않는다. 다만, 고시와 같은 행정규칙에 위임하는 것은 전문적·기술적 사항이나 경미한 사항으로서 업무의 성질상 위임이 불가피한 사항에 한정된다(헌재 2016.3.31., 2014헌바382).

③ (O) 법령의 규정이 특정 행정기관에게 그 법령 내용의 구체적 사항을 정할 수 있는 권한을 부여하면서 그 권한행사의 절차나 방법을 특정하고 있지 아니한 관계로 수임행정기관이 행정규칙의 형식으로 그 법령의 내용이 될 사항을 구체적으로 정하고 있는 경우, 그러한 행정규칙, 규정은 행정조직 내부에서만 효력을 가질 뿐 대외적인 구속력을 갖지 않는 행정규칙의 일반적 효력으로서가 아니라, 행정기관에 법령의 구체적 내용을 보충할 권한을 부여한 법령규정의 효력에 의하여 그 내용을 보충하는 기능을 갖게 되고, 따라서 당해 법령의 위임한계를 벗어나지 아니하는 한 그것들과 결합하여 대외적인 구속력이 있는 법규명령으로서의 효력을 갖게 된다(대판 1998.6.9., 97누19915).

④ (×) 조례가 집행행위의 개입 없이도 그 자체로서 직접 국민의 구체적인 권리의무나 법적 이익에 영향을 미치는 등의 법률상 효과를 발생하는 경우 그 조례는 항고소송의 대상이 되는 행정처분에 해당한다(대판 1996.9.20., 95누8003).

정답 | ④

205

행정입법에 대한 설명으로 옳은 것은? (다툼이 있는 경우 판례에 의함)

① 조례가 규율하는 특정 사항에 관하여 그것을 규율하는 국가의 법령이 이미 존재하는 경우에도 국가의 법령이 반드시 그 규정에 의하여 전국에 걸쳐 일률적으로 동일한 내용을 규율하려는 취지가 아니고 각 지방자치단체가 그 지방의 실정에 맞게 별도로 규율하는 것을 용인하는 취지라고 해석되는 때에는 그 조례가 국가의 법령에 위배되는 것은 아니라고 보아야 한다.

② 구「지방공무원보수업무 등 처리지침」은「지방공무원법」과 구「지방공무원 보수규정」의 단계적 위임에 따라 행정안전부장관이 정한 행정규칙이다.

③「지방자치법」제28조,「행정규제기본법」제4조 제3항에 의하면 지방자치단체가 조례를 제정함에 있어 그 내용이 주민의 권리제한 또는 의무부과에 관한 사항이나 벌칙인 경우에도 조례의 성질상 법률의 위임이 있어야 하는 것은 아니다.

④「건축법」등의 취지를 종합해 보면 '2014년도 건물 및 기타물건 시가표준액 조정기준'은「건축법」및 지방세법령의 위임에 따른 것이라도 그 법령 규정과 결합하여 대외적인 구속력이 있는 법규명령으로서의 효력을 가진다고 볼 수 없다.

해설

① (○) 조례가 규율하는 특정 사항에 관하여 그것을 규율하는 국가의 법령이 이미 존재하는 경우에도 조례가 법령과 별도의 목적에 기하여 규율함을 의도하는 것으로서 그 적용에 의하여 법령의 규정이 의도하는 목적과 효과를 전혀 저해하는 바가 없는 때 또는 양자가 동일한 목적에서 출발한 것이라고 할지라도 <u>국가의 법령이 반드시 그 규정에 의하여 전국에 걸쳐 일률적으로 동일한 내용을 규율하려는 취지가 아니고 각 지방자치단체가 그 지방의 실정에 맞게 별도로 규율하는 것을 용인하는 취지라고 해석되는 때에는 그 조례가 국가의 법령에 위배되는 것은 아니라고 보아야 한다</u>(대판 2007.12.13., 2006추52).

② (×) 대법원은「지방공무원보수업무 등 처리지침」에 대하여 법규명령으로 보고 있다.

> 구「지방공무원보수업무 등 처리지침」(2014.8.8. 안전행정부 예규 제104호로 개정되기 전의 것, 이하 '지침'이라 한다) [별표 1] '직종별 경력환산율표 해설'이 정한 민간근무경력의 호봉 산정에 관한 부분은「지방공무원법」제45조 제1항과 구「지방공무원 보수규정」(2014.11.19. 대통령령 제25751호로 개정되기 전의 것) 제8조 제2항, 제9조의2 제2항, [별표 3]의 단계적 위임에 따라 행정자치부장관(현 행정안전부장관)이 행정규칙의 형식으로 법령의 내용이 될 사항을 구체적으로 정한 것이고, 달리 지침이 위 법령의 내용 및 취지에 저촉된다거나 위임 한계를 벗어났다고 보기 어려우므로, 지침은 상위법령과 결합하여 대외적인 구속력이 있는 법규명령으로서의 효력을 갖게 된다(대판 2016.1.28., 2015두53121).

③ (×) 구「지방자치법」제22조,「행정규제기본법」제4조 제3항에 의하면 지방자치단체가 조례를 제정함에 있어 그 내용이 주민의 권리제한 또는 의무부과에 관한 사항이나 벌칙인 경우에는 법률의 위임이 있어야 하므로, 법률의 위임 없이 주민의 권리제한 또는 의무부과에 관한 사항을 정한 조례는 효력이 없다(대판 2012.11.22., 2010두19270).

④ (×) '2014년도 건물 및 기타물건 시가표준액 조정기준'은 법규명령이라는 것이 대법원의 입장이다.

>「건축법」제80조 제1항 제2호,「지방세법」제4조 제2항,「지방세법 시행령」제4조 제1항 제1호의 내용, 형식 및 취지 등을 종합하면, '2014년도 건물 및 기타물건 시가표준액 조정기준'의 각 규정들은 일정한 유형의 위반 건축물에 대한 이행강제금의 산정기준이 되는 시가표준액에 관하여 행정자치부장관(현 행정안전부장관)으로 하여금 정하도록 한 위「건축법」및 지방세법령의 위임에 따른 것으로서 그 법령 규정의 내용을 보충하고 있으므로, <u>그 법령 규정과 결합하여 대외적인 구속력이 있는 법규명령으로서의 효력을 가지고</u>, 그중 증·개축 건물과 대수선 건물에 관한 특례를 정한 '증·개축 건물 등에 대한 시가표준액 산출요령'의 규정들도 마찬가지라고 보아야 한다(대판 2017.5.31., 2017두30764).

정답 | ①

206

행정입법에 대한 설명으로 옳지 않은 것은? (다툼이 있는 경우 판례에 의함)

① 일반적으로 시행령이 헌법이나 법률에 위반된다는 사정은 그 시행령의 규정을 위헌 또는 위법하여 무효라고 선언한 대법원의 판결이 선고되지 않은 상태에서도 그 시행령 규정의 위헌 내지 위법 여부가 객관적으로 명백하다고 할 수 있으므로, 이러한 시행령 근거한 행정처분의 하자는 무효사유에 해당한다.

② 행정규칙의 공표는 행정규칙의 성립요건이나 효력요건은 아니나, 「행정절차법」에서는 행정청은 필요한 처분기준을 당해 처분의 성질에 비추어 될 수 있는 한 구체적으로 공표하도록 하고 있다.

③ 보건복지부 고시인 구 '약제 급여·비급여 목록 및 급여 상한금액표'는 그 자체로서 국민건강보험가입자, 국민건강보험공단, 요양기관 등의 법률관계를 직접 규율하는 성격을 가지므로 항고소송의 대상이 되는 행정처분에 해당한다.

④ 국민의 구체적인 권리의무에 직접적으로 변동을 초래하지 않는 추상적인 법령의 제정 여부 등은 부작위위법확인소송의 대상이 될 수 없다.

해설

① (×) 일반적으로 시행령이 헌법이나 법률에 위반된다는 사정은 그 시행령의 규정을 위헌 또는 위법하여 무효라고 선언한 대법원의 판결이 선고되지 않은 상태에서는 그 시행령 규정의 위헌 내지 위법 여부가 객관적으로 명백하다고 할 수 없어서, 이러한 시행령에 근거한 행정처분의 하자는 당연무효사유에 해당하지 않는다.
→ 중대성은 있으나 명백성이 없어서 중대·명백설에 의해 취소사유가 된다(대판 2007.6.14., 2004두619).

② (○) 행정규칙은 법규의 성질을 갖고 있어 원칙적으로 공표를 요하지 않는다. 하지만 「행정절차법」에는 처분기준의 공표에 대한 규정을 두고 있다.

「행정절차법」 제20조【처분기준의 설정·공표】 ① 행정청은 필요한 처분기준을 해당 처분의 성질에 비추어 되도록 구체적으로 정하여 공표하여야 한다. 처분기준을 변경하는 경우에도 또한 같다.

③ (○) 대판 2006.9.22., 2005두2506
④ (○) 대판 1992.5.8., 91누11261

정답 | ①

207

행정규칙에 관한 설명으로 가장 옳지 않은 것은?

① 행정처분이 법규성이 없는 내부지침 등의 규정에 위배된다고 하더라도 그 이유만으로 처분이 위법하게 되는 것은 아니고, 또 그 내부지침 등에서 정한 요건에 부합한다고 하여 반드시 그 처분이 적법한 것이라고 할 수도 없다.
② 법령의 규정이 특정 행정기관에 그 법령 내용의 구체적 사항을 정할 수 있는 권한을 부여하면서 그 권한 행사의 절차나 방법을 특정하고 있지 아니한 관계로 수임 행정기관이 행정규칙의 형식으로 그 법령의 내용이 될 사항을 구체적으로 정하고 있다면 그와 같은 행정규칙은 행정기관에 법령의 구체적 내용을 보충할 권한을 부여한 법령 규정의 효력에 의하여 그 내용을 보충하는 기능을 갖게 된다.
③ 재량권 행사의 준칙인 행정규칙이 있으면 그에 따른 관행이 없더라도 평등의 원칙에 따라 행정기관은 상대방에 대한 관계에서 그 규칙에 따라야 할 자기구속을 받게 된다.
④ 고시가 법령의 규정을 보충하는 기능을 가지면서 그와 결합하여 대외적인 구속력이 있는 법규명령으로서의 효력을 가지는 경우에도 그 자체가 법령은 아니고 행정규칙에 지나지 않으므로 적당한 방법으로 이를 일반인 또는 관계인에게 표시 또는 통보함으로써 그 효력이 발생한다.

207	① ② ③
기출처	2019 서울시 7급
난이도	★★★
키워드	행정규칙

해설

③ **빈출** (×) 재량준칙이나 지침의 단순 공표만으로는 평등의 원칙이나 신뢰보호원칙의 적용을 주장할 수 없다. 반복적으로 되풀이되어 행정관행이 이루어지는 경우에 비로소 자기구속의 법리가 형성되는 것이다.

> 재량권 행사의 준칙인 행정규칙이 그 정한 바에 따라 되풀이 시행되어 행정관행이 이루어지게 되면 평등의 원칙이나 신뢰보호의 원칙에 따라 행정기관은 그 상대방에 대한 관계에서 그 규칙에 따라야 할 자기구속을 받게 되므로, 이러한 경우에는 특별한 사정이 없는 한 그를 위반하는 처분은 평등의 원칙이나 신뢰보호의 원칙에 위배되어 재량권을 일탈·남용한 위법한 처분이 된다(대판 2009.12.24., 2009두7967).

정답 | ③

208

행정입법에 대한 판례의 입장으로 옳지 않은 것은?

① 행정소송으로서의 부작위위법확인소송의 대상이 될 수 있는 것은 구체적 권리·의무에 관한 분쟁이어야 하고 추상적인 법령에 관한 제정의 여부 등은 그 자체로서 국민의 구체적인 권리·의무에 직접적인 변동을 초래하는 것이 아니어서 행정소송의 대상이 될 수 없다.

② 의료기관의 명칭표시판에 진료과목을 함께 표시하는 경우 진료과목의 글자 크기를 제한하고 있는 구 「의료법 시행규칙」 제31조는 그 자체로서 항고소송의 대상이 되는 행정처분이라 할 수 없다.

③ 법률의 위임에 의하여 효력을 갖는 법규명령의 경우 구법에 위임의 근거가 없어 무효였더라도 사후에 법 개정으로 위임의 근거가 부여되면 법규명령 제정 당시부터 유효한 위임명령이 된다.

④ 구 「주차장법」을 위반하였을 뿐 아니라 상위법에서 조례에 위임하지 않고 있음에도, 주차장의 일부에 부설주차장의 용도를 변경할 수 없도록 한 조례 규정은 법률유보의 원칙에 위배되어 효력이 없다.

해설

① (○) 대법원에 의하면 행정입법부작위는 항고소송 대상이 될 수 없어 부작위위법확인소송을 청구할 수 없다.

② (○) 의료기관의 명칭표시판에 진료과목을 함께 표시하는 경우 글자 크기를 제한하고 있는 구 「의료법 시행규칙」 제31조가 그 자체로서 국민의 구체적인 권리·의무나 법률관계에 직접적인 변동을 초래하지 아니하므로 항고소송의 대상이 되는 행정처분이라고 할 수 없다(대판 2007.4.12., 2005두15168).

③ (×) 일반적으로 법률의 위임에 의하여 효력을 갖는 법규명령의 경우, 구법에 위임의 근거가 없어 무효였더라도 사후에 법 개정으로 위임의 근거가 부여되면 그때부터는 유효한 법규명령이 되나, 반대로 구법의 위임에 의한 유효한 법규명령이 법 개정으로 위임의 근거가 없어지게 되면 그때부터 무효인 법규명령이 되므로, 어떤 법령의 위임 근거 유무에 따른 유효 여부를 심사하려면 법 개정의 전·후에 걸쳐 모두 심사하여야만 그 법규명령의 시기에 따른 유효·무효를 판단할 수 있다(대판 1995.6.30., 93추83).

④ (○) 이 사건 조례 규정이 부설주차장의 용도변경 제한에 관하여 정한 것은 법 제19조 제4항 및 시행령 제7조 제2항에서 위임한 '시설물의 부지 인근의 범위'와는 무관한 사항이고, 나아가 부설주차장의 용도변경 제한에 관하여는 법 제19조의4 제1항 및 시행령 제12조 제1항에서 지방자치단체의 조례에 위임하지 않고 직접 명확히 규정하고 있으므로, 이 사건 조례 규정은 법률의 위임 없이 주민의 권리제한에 관한 사항을 정한 것으로서 법률유보의 원칙에 위배되어 효력이 없다고 본 원심판단을 정당하다(대판 2012.11.22., 2010두19270).

정답 | ③

209

행정입법에 관한 내용으로 옳지 않은 것은? (다툼이 있는 경우 판례에 의함)

① 상위법에서 하위법에 일정한 사항을 위임하였다면 하위 행정입법의 제정 없이 상위법령의 규정만으로 법령의 집행이 이루어질 수 있는 경우에도 하위 행정입법을 제정하여야 할 작위의무는 인정된다.

② 법률의 법규창조력의 원칙에 의한 행정입법의 제한이 있다고 해도 상위법령에서 하위법령에 대한 위임관계는 반드시 하위법령의 개별조항에서 위임의 근거가 되는 상위법령을 구체적으로 명시하고 있어야 하는 것은 아니다.

③ 법령의 직접적인 위임에 따라 위임행정기관이 그 법령을 시행하는 데 필요한 구체적 사항을 정한 것이면, 그 제정형식은 비록 법규명령이 아닌 고시·훈령·예규 등과 같은 행정규칙이더라도 그것이 상위법령의 위임한계를 벗어나지 아니하는 한, 상위법령과 결합하여 대외적인 구속력을 갖는 법규명령으로서 기능하게 된다.

④ 상위법령의 위임에 있어 세부적인 사항에 관하여 기존의 고시규정을 시행규칙으로 정하도록 위임하였으나 이를 고시 등 행정규칙으로 정한 경우에는 대외적 구속력을 가지는 법규명령으로서의 효력을 인정할 수 없다.

해설

① (×) 만일 하위 행정입법의 제정 없이 상위법령의 규정만으로도 집행이 이루어질 수 있는 경우라면 하위 행정입법을 하여야 할 헌법적 작위의무는 인정되지 아니한다고 할 것이다(헌재 2005.12.22., 2004헌마66).

② (○) 법령의 위임관계는 반드시 하위법령의 개별조항에서 위임의 근거가 되는 상위법령의 해당 조항을 구체적으로 명시하고 있어야만 하는 것은 아니다(대판 1999.12.24., 99두5658).

③ (○) 법령의 직접적인 위임에 따라 위임행정기관이 그 법령을 시행하는 데 필요한 구체적 사항을 정한 것이면, 그 제정형식은 비록 법규명령이 아닌 고시·훈령·예규 등과 같은 행정규칙이더라도 그것이 상위법령의 위임한계를 벗어나지 아니하는 한, 상위법령과 결합하여 대외적인 구속력을 갖는 법규명령으로서 기능하게 된다고 보아야 할 것인바, 청구인이 법령과 예규의 관계규정으로 말미암아 직접 기본권 침해를 받았다면 이에 대하여 바로 헌법소원심판을 청구할 수 있다(헌재 1992.6.26., 91헌마25).

④ (○) 상위법령의 위임규정에서 특정하여 정한 권한행사의 '절차'나 '방식'에 위배되는 경우도 마찬가지이므로, 상위법령에서 세부사항 등을 시행규칙으로 정하도록 위임하였음에도 이를 고시 등 행정규칙으로 정하였다면 그 역시 대외적 구속력을 가지는 법규명령으로서 효력이 인정될 수 없다(대판 2012.7.5., 2010다72076).

정답 | ①

210

행정규칙 형식의 법규명령에 대한 설명으로 〈보기〉에서 옳은 것(○)과 옳지 않은 것(×)을 바르게 조합한 것은? (다툼이 있는 경우 판례에 의함)

| 보기 |

ㄱ. 헌법이 인정하고 있는 위임입법의 형식은 예시적인 것으로, 법률이 행정규칙에 위임하더라도 그 행정규칙은 위임된 사항만을 규율할 수 있어, 국회입법의 원칙과 상치되지도 않는다.
ㄴ. 고시와 같은 행정규칙 형식으로 입법위임을 할 때에는 적어도 「행정규제기본법」 제4조 제2항 단서에서 정한 바와 같이 법령이 전문적·기술적 사항이나 경미한 사항으로서 업무의 성질상 위임이 불가피한 사항에 한정된다.
ㄷ. 국립대학교의 대학입학고사 주요요강의 일부과목의 제2외국어 제한 규정은 공권력의 행사로서 행정쟁송의 대상이 될 수 있는 행정처분이다.
ㄹ. 상위법의 위임에 따라 제정된 「청소년 보호법 시행령」의 '위반행위의 종별에 따른 과징금 처분기준'은 법규명령에 해당되어, 그 기준에서 정한 과징금 액수는 확정액이다.

	ㄱ	ㄴ	ㄷ	ㄹ
①	○	○	○	×
②	×	○	○	○
③	○	○	×	×
④	×	×	×	○

해설

ㄱ. (○) 헌법이 인정하고 있는 위임입법의 형식은 예시적인 것으로 보아야 한다. 법률이 일정한 사항을 행정규칙에 위임하더라도 그 행정규칙은 위임된 사항만을 규율할 수 있으므로, 국회입법의 원칙과 상치되지 않는다 (헌재 2016.3.31., 2014헌바382).

ㄴ. (○) 헌법재판소에 의하면 상위법에서 법규적 사항을 고시와 같은 행정규칙으로 위임할 수 있는 것은 전문적·기술적 사항이나 경미한 사항으로서 위임이 불가피한 것으로 한정된다.

> 고시와 같은 행정규칙에 위임하는 것은 전문적·기술적 사항이나 경미한 사항으로서 업무의 성질상 위임이 불가피한 사항에 한정된다. 심판대상조항은 정비사업의 시공자 선정과정에서 공정한 경쟁이 가능하도록 하는 절차나 그에 관한 평가 및 의사결정방법 등의 세부적 내용에 관하여 국토해양부장관(현 국토교통부장관)이 정하도록 위임하고 있는바, 이는 전문적·기술적 사항이자 경미한 사항으로서 업무의 성질상 위임이 불가피한 경우에 해당한다(헌재 2016.3.31., 2014헌바382).

ㄷ. (×) 국립대학인 서울대학교의 '1994학년도 대학입학고사 주요요강'은 사실상의 준비행위 내지 사전안내로서 행정쟁송의 대상이 될 수 있는 행정처분이나 공권력의 행사는 될 수 없지만 그 내용이 국민의 기본권에 직접 영향을 끼치는 내용이고 앞으로 법령의 뒷받침에 의하여 그대로 실시될 것이 틀림없을 것으로 예상되어 그로 인하여 직접적으로 기본권 침해를 받게 되는 사람에게는 사실상의 규범작용으로 인한 위험성이 이미 현실적으로 발생하였다고 보아야 할 것이므로 이는 헌법소원의 대상이 되는 「헌법재판소법」 제68조 제1항 소정의 공권력의 행사에 해당된다고 할 것이며, 이 경우 헌법소원 외에 달리 구제방법이 없다(헌재 1992.10.1., 92헌마68).

ㄹ. (×) 구 「청소년 보호법」 제49조 제1항·제2항에 따른 같은 법 시행령 제40조 [별표 6]의 '위반행위의 종별에 따른 과징금 처분기준'은 법규명령이기는 하나 모법의 위임규정의 내용과 취지 및 헌법상의 과잉금지의 원칙과 평등의 원칙 등에 비추어 같은 유형의 위반행위라 하더라도 그 규모나 기간·사회적 비난 정도·위반행위로 인하여 다른 법률에 의하여 처벌받은 다른 사정·행위자의 개인적 사정 및 위반행위로 얻은 불법이익의 규모 등 여러 요소를 종합적으로 고려하여 사안에 따라 적정한 과징금의 액수를 정하여야 할 것이므로 그 수액은 정액이 아니라 최고한도액이다(대판 2001.3.9., 99두5207).

정답 | ③

CHAPTER 04 행정행위

01 행정행위의 의의 및 특질

211
행정행위에 대한 설명으로 옳은 것은?

① 행정행위를 '행정청이 법 아래서 구체적 사실에 대한 법집행으로서 행하는 공법행위'로 정의하면, 공법상 계약과 공법상 합동행위는 행정행위의 개념에서 제외된다.
② 강학상 허가와 특허는 의사표시를 요소로 한다는 점과 반드시 신청을 전제로 한다는 점에서 공통점이 있다.
③ 행정행위의 효력으로서 구성요건적 효력과 공정력은 이론적 근거를 법적 안정성에서 찾고 있다는 공통점이 있다.
④ 「행정소송법」상 처분의 개념과 강학상 행정행위의 개념이 다르다고 보는 견해는 처분의 개념을 강학상 행정행위의 개념보다 넓게 본다.

211	① ② ③
기출처	2017 국가직 9급
난이도	★★
키워드	행정행위의 개념

해설

① 지엽 (×) 행정행위의 개념을 행정청의 공법행위로 이해한다면, 공법상 계약이나 공법상의 합동행위도 공법적 성질에 해당되어 행정행위의 개념에 포함된다. 그러나 이는 일반적 견해는 아니다.
② (×) 허가와 특허는 의사표시를 요소로 하는 법률행위적 행정행위에 해당하지만, 허가는 신청이 없어도 가능하다.
③ (×) 구성요건적 효력의 근거는 권력분립, 권한의 상호분장에 따른 상호존중에서 찾고 있다는 점에서 공정력과 다르다.
④ (○) 행정행위의 개념에 대한 2원설에 의하면 강학상의 행정행위보다 쟁송법상의 처분을 넓게 본다. 강학상의 행정행위는 권력작용에 대한 내용인데, 쟁송법상의 처분은 권력이 아닌 사실상의 지배력(소위 형식적 행정행위라 한다)까지 포함하고 있다고 한다.

정답 | ④

212

행정행위에 대한 설명으로 옳은 것은? (다툼이 있는 경우 판례에 의함)

① 행정행위는 행정청의 공법상의 구체적 사실에 관한 법집행작용이므로 공법상 계약, 공법상 합동행위도 행정행위에 포함된다.
② 행정행위의 개념요소에서 행정청은 행정주체의 의사를 결정하는 국가나 지방자치단체의 기관을 의미하고 그 외의 기관이나 사인은 포함될 수 없다.
③ 도지사가 군수의 국토이용계획변경결정 요청을 반려한 것은 행정기관 내부의 행위에 불과할 뿐 국민의 구체적인 권리·의무에 직접적인 변동을 초래하는 것이 아니므로, 항고소송의 대상이 되는 행정처분에 해당하지 않는다.
④ 대학입시기본계획 내의 교육부의 내신성적 산정지침은 국민의 구체적인 권리·의무에 변동을 일으키는 행정처분이다.

해설

① (×) 공법상 계약이나 합동행위는 행정행위가 아니다.
② (×) 행정청은 기능적·실질적 의미의 행정청을 말하고, 공무를 위임·위탁받은 기관이나 사인도 포함된다.

> 행정청에는 처분 등을 할 수 있는 권한 있는 국가 또는 지방자치단체와 같은 행정기관뿐만 아니라 법령에 의하여 행정권한의 위임 또는 위탁을 받은 행정기관, 공공단체 및 그 기관 또는 사인이 포함되는 바, 특별한 법률에 근거를 두고 행정주체로서의 국가 또는 지방자치단체로부터 독립하여 특수한 존립목적을 부여받은 특수한 행정주체로서의 국가의 특별한 감독하에 그 존립목적인 특정한 공공사무를 행하는 공법상의 특수행정조직 등이 이에 해당한다(대판 1992.11.27., 92누3618).

③ (○) 도지사가 군수의 국토이용계획변경결정 요청을 반려한 것은 행정기관 내부의 행위에 불과할 뿐 국민의 구체적인 권리·의무에 직접적인 변동을 초래하는 것이 아니므로, 항고소송의 대상이 되는 행정처분에 해당하지 않는다(대판 2008.5.15., 2008두2583).
④ (×) 교육부장관이 내신성적 산정기준의 통일을 기하기 위해 대학입시기본계획의 내용에서 내신성적 산정기준에 관한 시행지침을 마련하여 시·도 교육감에서 통보한 것은 행정조직 내부에서 내신성적 평가에 관한 내부적 심사기준을 시달한 것에 불과하며, 그것만으로는 현실적으로 특정인의 구체적인 권리·의무에 직접적으로 변동을 초래케 하는 것은 아니라 할 것이어서 내신성적 산정지침을 항고소송의 대상이 되는 행정처분으로 볼 수 없다(대판 1994.9.10., 94두33).

정답 | ③

기출처: 예상문제
난이도: ★★
키워드: 행정행위의 개념

관련기출 옳은지문
· 교육부장관이 내신성적 산정기준의 통일을 기하기 위해 시·도 교육감에게 통보한 대학입시기본계획 내의 내신성적 산정지침은 행정처분이 아니다. 17서울시9급

213

행정행위에 관한 내용으로 옳은 것은? (다툼이 있는 경우 판례에 의함)

① 「병역법」상 신체등위판정은 행정청이라고 볼 수 없는 군의관이 하도록 되어 있으며, 그 자체만으로 바로 「병역법」상의 권리·의무가 정하여지는 것이 아니라도 항고소송 대상인 행정행위의 개념에 해당한다.

② 구 「정부투자기관 관리기본법」 제21조의 규정에 따른 경제기획원장관의 정부투자기관에 대한 예산편성지침통보는 정부투자기관의 경영합리화와 정부투자의 효율적 관리를 도모하기 위한 것으로서 그에 대한 감독작용에 해당되어 행정행위의 개념을 충족한다.

③ 시장·군수 또는 구청장의 개별토지가격결정은 관계 법령에 의한 토지초과이득세, 택지초과소유부담금 또는 개발부담금 산정의 기준이 되어 국민의 권리나 의무 또는 법률상 이익에 직접적으로 관계되는 것으로 볼 수 없어 행정행위 개념에 해당하지 않는다.

④ 상급 행정기관의 하급 행정기관에 대한 승인·동의·지시 등은 행정기관 상호간의 내부행위로서 국민의 권리·의무에 직접 영향을 미치는 것이 아니므로 항고소송의 대상이 되는 행정처분에 해당하지 않는다.

213	
기출처	예상문제
난이도	★★
키워드	행정행위의 개념

🔍 관련기출 옳은지문
- 병무청장이 병역의무 기피자의 인적사항 등을 인터넷 홈페이지에 게시하는 등의 방법으로 공개한 경우 병무청장의 공개결정은 항고소송의 대상이 되는 행정처분이다.

　　　　　　　　　　24국가직7급 변형

해설

① 빈출 (×) 군의관의 신체등위판정만으로는 권리나 의무에 직접적이고 구체적인 변동이 없어 처분이라 할 수 없다.

> 「병역법」상 신체등위판정은 행정청이라고 볼 수 없는 군의관이 하도록 되어 있으며, 그 자체만으로 바로 「병역법」상의 권리·의무가 정하여지는 것이 아니라 그에 따라 지방병무청장이 병역처분을 함으로써 비로소 병역의무의 종류가 정하여지는 것이므로 항고소송의 대상이 되는 행정처분이라 보기 어렵다(대판 1993.8.27., 93누3356).

② (×) 구 「정부투자기관 관리기본법」 제21조의 규정에 따른 경제기획원장관의 정부투자기관에 대한 예산편성지침통보는 정부투자기관의 경영합리화와 정부투자의 효율적 관리를 도모하기 위한 것으로서 그에 대한 감독작용에 해당할 뿐 그 자체만으로는 직접적으로 국민의 권리·의무가 설정·변경·박탈되거나 그 범위가 확정되는 등 기존의 권리상태에 어떤 변동을 가져오는 것이 아니므로 이를 행정소송의 대상이 되는 행정처분이라고 할 수 없다(대판 1993.9.14., 93누9163).

③ (×) 시장·군수 또는 구청장의 개별토지가격결정은 관계 법령에 의한 토지초과이득세, 택지초과소유부담금 또는 개발부담금 산정의 기준이 되어 국민의 권리나 의무 또는 법률상 이익에 직접적으로 관계되는 것으로서 「행정소송법」 제2조 제1항 제1호 소정의 행정청이 행하는 구체적 사실에 관한 법집행으로서의 공권력 행사이므로 항고소송의 대상이 되는 행정처분에 해당한다(대판 1994.2.8., 93누111).

④ (O) 항고소송의 대상이 되는 행정처분은 행정청의 공법상의 행위로서 특정 사항에 대하여 법규에 의한 권리의 설정 또는 의무의 부담을 명하거나 기타 법률상의 효과를 직접 발생케 하는 등 국민의 구체적인 권리·의무에 직접 관계가 있는 행위를 말하는바, 상급 행정기관의 하급 행정기관에 대한 승인·동의·지시 등은 행정기관 상호간의 내부행위로서 국민의 권리·의무에 직접 영향을 미치는 것이 아니므로 항고소송의 대상이 되는 행정처분에 해당한다고 볼 수 없다(대판 2008.5.15., 2008두2583).

정답 | ④

214		1 2 3
기출처	2017 사회복지직 9급	
난이도	★★	
키워드	행정행위의 개념	

🔍 **관련기출 옳은지문**
- 지방경찰청장의 횡단보도설치행위는 처분성이 인정된다. 17국가직7급 변형

214 〔필수〕

행정행위 또는 처분에 대한 기술로 옳은 것은? (단, 다툼이 있는 경우 판례에 의함)

① 상급 행정기관의 하급 행정기관에 대한 승인·동의·지시 등은 행정기관 상호간의 내부행위로서 항고소송의 대상이 되는 행정처분이라 볼 수 없다.
② 통상 고시 또는 공고에 의하여 행정처분을 하는 경우에 행정처분이 있었음을 안 날이란 행정처분의 이해관계를 갖는 자가 고시 또는 공고가 있었다는 사실을 현실적으로 안 날이 된다.
③ 지방경찰청장의 횡단보도 설치행위는 국민의 구체적인 권리의무에 직접적인 변동을 초래하지 않으므로 「행정소송법」상 처분에 해당하지 않는다.
④ 「도로법」상 도로구역의 결정·변경고시는 행정처분으로서 「행정절차법」 제21조 제1항의 사전통지나 제22조 제3항의 의견청취의 절차를 거쳐야 한다.

해설

① (○) 대판 2008.5.15., 2008두2583
② 빈출 (×) 통상 고시 또는 공고에 의하여 행정처분을 하는 경우에는 그 처분의 상대방이 불특정 다수인이고 그 처분의 효력이 불특정 다수인에게 일률적으로 적용되는 것이므로, 그 행정처분에 이해관계를 갖는 자가 고시 또는 공고가 있었다는 사실을 현실적으로 알았는지 여부에 관계없이 고시가 효력을 발생하는 날 행정처분이 있음을 알았다고 보아야 한다(대판 2007.6.14., 2004두619).
③ (×) 지방경찰청장의 횡단보도 설치행위는 「행정소송법」상 처분이다.
④ 빈출 (×) 「도로법」상 도로구역의 결정·변경고시는 행정처분으로서 「행정절차법」 제21조 제1항의 사전통지나 제22조 제3항의 의견청취의 절차를 거치지 않아도 된다(대판 2008.6.12., 2007두1767).

정답 | ①

215		1 2 3
기출처	예상문제	
난이도	★★	
키워드	행정행위의 개념	

215

행정행위에 관한 설명으로 옳지 않은 것은?

① 행정행위는 행정청이 행하는 공법상의 구체적 사실에 관한 법집행작용이라는 점에서 행정청에 의한 법의 정립작용은 행정행위가 아니다.
② 다른 행정청의 동의를 얻어야 하는 행정행위에서 다른 행정청의 동의가 행정행위의 성립에 중요한 요소인 경우에는 그 자체도 행정행위에 해당되어 건축허가신청에 대한 소방청장의 건축부동의는 행정처분에 해당한다.
③ 국민권익위원회가 시·도선거관리위원회의 위원장에게 한 조치요구는 항고소송의 대상이 되는 처분에 해당되어 행정행위의 개념요소를 충족한다.
④ 행정행위는 행정청이 우월적인 지위에서 행하는 것이지만, 상대방의 동의나 신청 등의 협력이 필요한 경우에도 역시 행정행위에 포함될 수 있다.

해설

② (×) 다른 행정청의 동의는 행정행위의 성립요건을 구성할 뿐이지 그 자체가 행정행위는 될 수 없다.

> 건축허가권자가 건축불허가처분을 하면서 그 처분사유로 건축불허가 사유뿐만 아니라 구「소방법」(2003.5.29. 법률 제6916호로 개정되기 전의 것) 제8조 제1항에 따른 소방서장의 건축부동의 사유를 들고 있다고 하여 그 건축불허가처분 외에 별개로 건축부동의처분이 존재하는 것이 아니므로, 그 건축불허가처분을 받은 사람은 그 건축불허가처분에 관한 쟁송에서「건축법」상의 건축불허가 사유뿐만 아니라 소방서장의 부동의 사유에 관하여도 다툴 수 있다(대판 2004.10.15., 2003두6573).

③ 빈출 (○) 국민권익위원회가 乙 시·도선거관리위원회 위원장에게 '甲에 대한 중징계요구를 취소하고 향후 신고로 인한 신분상 불이익처분 및 근무조건상의 차별을 하지 말 것을 요구'하는 내용의 조치요구를 한 사안에서, 국가기관인 乙에게 위 조치요구의 취소를 구하는 소를 제기할 당사자능력·원고적격 및 법률상 이익을 인정한다(대판 2013.7.25., 2011두1214).

정답 | ②

관련기출 옳은지문

• 건축허가권자가 건축불허가처분을 하면서 건축불허가 사유뿐만 아니라 구「소방법」에 따른 소방서장의 건축부동의 사유를 들고 있는 경우, 그 건축불허가처분에 관한 소송에서「건축법」상의 건축불허가 사유뿐만 아니라 소방서장의 부동의 사유에 관하여도 다툴 수 있다.

24국회직9급

02 행정행위의 종류 B

에듀윌 기본서 | 260p

216
행정행위의 분류상 서로 연결이 옳지 않은 것은? (다툼이 있는 경우 판례에 의함)
① 혼합적 허가 – 석유판매업허가
② 복효적 행정행위 – 공해공장 설치허가
③ 재량행위 –「자연공원법」상 자연공원사업 시행허가
④ 요식행위 – 행정심판의 재결

216 ① ② ③
기출처: 예상문제
난이도: ★
키워드: 행정행위의 종류

해설

① (×)「석유사업법」제12조 제3항, 제9조 제1항, 제12조 제4항 등을 종합하면 석유판매업(주유소)허가는 소위 대물적 허가의 성질을 갖는 것이어서 그 사업의 양도도 가능하고 이 경우 양수인은 양도인의 지위를 승계하게 됨에 따라 양도인의 위 허가에 따른 권리·의무가 양수인에게 이전되는 것이므로 만약 양도인에게 그 허가를 취소할 위법사유가 있다면 허가관청은 이를 이유로 양수인에게 응분의 제재조치를 취할 수 있다 할 것이고, 양도인의 귀책사유는 양수인에게 그 효력이 미친다(대판 1986.7.22., 86누203).

② (○) 공해공장 설치허가는 허가를 받은 상대방에게는 수익적 효과이지만, 인근 주민에게는 침익적 효과로서 복효적 행정행위에 해당한다.

③ (○) 자연공원사업의 시행은 국토 및 자연의 유지와 환경의 보전에 영향을 미치는 행위로서 그 공원사업 시행허가 여부는 사업장소의 현상과 위치 및 주위의 상황, 사업시행의 시기 및 주체의 적정성, 사업계획에 나타난 사업의 내용, 규모, 방법과 그것이 자연 및 환경에 미치는 영향 등을 종합적으로 고려하여 결정하여야 하는 일종의 재량행위에 속한다 할 것인바, 행정청이 공원사업시행을 허가하는 처분을 하였다 하더라도, 행정심판청구의 재결청으로서는 위와 같은 제반 사정을 종합적으로 고려하여 국토 및 자연의 유지와 환경의 보전 등 중대한 공익의 필요에 비추어 볼 때, 그 허가가 위법하거나 부당하다고 인정될 때에는 그 허가처분을 취소할 수 있음은 물론이다(대판 2001.7.27., 99두5092).

④ (○) 행정심판의 재결은 준법률행위적 행정행위인 확인으로서 요식행위이다. 법이 규정한 재결의 형식을 갖추어야 한다.

정답 | ①

217 〈필수〉

다음 사례에 대한 설명으로 옳지 않은 것은?

> 甲은 폐기물처리업을 경영하기 위하여 폐기물처리업 사업계획서를 제출하여 관할 도지사 乙로부터 사업계획 적합통보를 받았다. 그 후 甲은 폐기물처리시설의 설치가 허용되지 않는 용도지역을 허용되는 용도지역으로 변경하기 위하여 「국토의 계획 및 이용에 관한 법률」에 따라 乙에게 국토이용계획변경신청을 하였으나, 乙은 위 신청을 거부하였다.

① 만약 乙이 甲에게 사업계획 부적합통보를 하였다면 이는 항고소송의 대상이 되는 행정처분에 해당한다.
② 폐기물처리업 사업계획에 대한 적합통보와 국토이용계획변경은 각기 그 제도적 취지와 결정단계에서 고려해야 할 사항들이 다르다.
③ 乙이 폐기물처리업 사업계획에 대하여 적합통보를 한 것은 그 사업부지 토지에 대한 국토이용계획변경신청을 승인하여 주겠다는 취지의 공적인 견해표명을 한 것으로 볼 수 있다.
④ 甲이 국토이용계획변경신청의 승인을 받을 것으로 신뢰하였더라도 乙의 거부처분이 신뢰보호의 원칙에 위배된다고 할 수 없다.

해설

① **빈출** (O) 폐기물처리업 사업계획서에 대한 행정청의 적정성 통보나 부적정성 통보는 사전결정(예비결정)의 성질에 해당하고 항고소송의 대상인 처분이다.
② **빈출** (O) 폐기물관리법령에 의한 폐기물처리업 사업계획에 대한 적정통보와 국토이용관리법령에 의한 국토이용계획변경은 각기 그 제도적 취지와 결정단계에서 고려해야 할 사항들이 다르므로, 폐기물처리업 사업계획에 대하여 적정통보를 한 것만으로 그 사업부지 토지에 대한 국토이용계획변경신청을 승인하여 주겠다는 취지의 공적인 견해표명을 한 것으로 볼 수 없다(대판 2005.4.28., 2004두8828).
③ **빈출** (×) 폐기물처리업 사업계획에 대하여 적정통보를 한 것만으로 그 사업부지 토지에 대한 국토이용계획변경신청을 승인하여 주겠다는 취지의 공적인 견해표명을 한 것으로 볼 수 없다(대판 2005.4.28., 2004두8828).
④ **빈출** (O) 폐기물처리업 사업계획에 대하여 적정통보를 한 것만으로 그 사업부지 토지에 대한 국토이용계획변경신청을 승인하여 주겠다는 취지의 공적인 견해표명을 한 것으로 볼 수 없고, 그럼에도 불구하고 원고가 그 승인을 받을 것으로 신뢰하였다면 원고에게 귀책사유가 있다 할 것이므로, 이 사건 처분이 신뢰보호의 원칙에 위배된다고 할 수 없다(대판 2005.4.28., 2004두8828).

고득점 플러스+
위 ④의 판례는 국토이용계획변경신청에 대한 신뢰보호의 문제이나 아래의 판례는 폐기물처리업의 본허가에 대한 사안에 해당한다. 이에 대한 구분이 필요하다.
폐기물처리업에 대하여 관할 관청의 사전 적정통보를 받고 막대한 비용을 들여 허가요건을 갖춘 다음 허가신청을 하였음에도 청소업자의 난립으로 효율적인 청소업무의 수행에 지장이 있다는 이유로 불허가처분이 신뢰보호의 원칙에 반하여 재량권을 남용한 위법한 처분이다(대판 1998.5.8., 98두4061).

정답 | ③

기출 정보
- **기출처**: 2023 지방직 7급
- **난이도**: ★★
- **키워드**: 행정행위의 종류

관련기출 옳은지문
- 구 「폐기물관리법」 관계 법령상의 폐기물처리업허가를 받기 위한 사업계획에 대한 부적정통보는 허가신청 자체를 제한하는 등 개인의 권리 내지 법률상의 이익을 개별적이고 구체적으로 규제하고 있어 행정처분에 해당한다. **17국가직9급**
- 사업계획서 적합통보가 있는 경우 폐기물처리업의 허가단계에서는 나머지 허가요건만을 심사한다. **18국가직7급**

218

단계별 행정행위에 관한 설명으로 옳지 않은 것은? (다툼이 있는 경우 판례에 의함)

① 「폐기물관리법」상 폐기물처리사업계획의 부적정 통보는 허가신청 자체를 제한하는 등의 행정처분에 해당한다.
② 원자로 및 관계 시설의 부지 사전승인처분은 독립한 행정처분이기는 하지만 사전적 부분 건설허가처분의 성질을 갖고 있는 것이어서 나중에 건설허가처분이 있게 되면 그 건설허가처분에 흡수되어 독립된 존재가치를 상실한다.
③ 행정청이 내인가를 한 후 그 본인가신청이 있음에도 내인가를 취소함으로써 다시 본인가에 대하여 인가 여부의 처분을 한다는 사정이 보이지 않는 경우 위 내인가취소를 인가신청거부처분으로 보아야 한다.
④ 「주택건설촉진법」상의 사전결정제도에 의해 주택건설사업 승인신청을 하기에 앞서 구 「건축법」상의 사전결정을 받은 경우, 행정청이 그 「건축법」상의 사전결정에 기속되어 「주택건설촉진법」상의 주택건설사업계획을 반드시 승인하여야 한다.

218	
기출처	예상문제
난이도	★★
키워드	행정행위의 종류

해설

① (○) 「폐기물관리법」 관계 법령의 규정에 의하면 폐기물처리업의 허가를 받기 위하여는 먼저 사업계획서를 제출하여 허가권자로부터 사업계획에 대한 적정통보를 받아야 하고, 그 적정통보를 받은 자만이 일정기간 내에 시설, 장비, 기술능력, 자본금을 갖추어 허가신청을 할 수 있으므로, 결국 부적정통보는 허가신청 자체를 제한하는 등 개인의 권리 내지 법률상의 이익을 개별적이고 구체적으로 규제하고 있어 행정처분에 해당한다(대판 1998.4.28., 97누21086).

② (○) 원자로 등의 시설부지 사전승인은 후에 건설허가처분에 흡수되어 독립된 존재성을 상실하여 건설허가처분 이후에는 소익이 없다.

③ 빈출 (○) 자동차운송사업 양도·양수인가신청에 대하여 행정청이 내인가를 한 후 그 본인가신청이 있음에도 내인가를 취소함으로써 다시 본인가에 대하여 따로이 인가 여부의 처분을 한다는 사정이 보이지 않는 경우 위 내인가취소를 인가신청거부처분으로 보아야 한다(대판 1991.6.28., 90누4402).

④ (×) 구 「건축법」(1995.1.5. 법률 제4723호로 개정되기 전의 것)상의 사전결정제도만 있고 「주택건설촉진법」상의 사전결정제도는 신설되기 이전에 주택건설사업 승인신청을 하기에 앞서 구 「건축법」상의 사전결정을 받은 경우, 행정청이 그 「건축법」상의 사전결정에 기속되어 「주택건설촉진법」상의 주택건설사업계획을 반드시 승인하여야 하는 것은 아니고, 주택건설사업승인 거부처분이 구 「건축법」상의 사전결정에 배치된다는 이유만으로 위법하게 되는 것은 아니다(대판 1996.8.20., 95누10877).

정답 | ④

219		1		2		3	
기출처	2019 서울시 7급
난이도	★★
키워드	행정행위의 종류

관련기출 옳은지문
- 원자로 및 관계시설의 부지사전승인처분은 그 자체로서 독립한 행정처분이고 이의 위법성을 직접 항고소송으로 다툴 수는 있다. 17국가직9급

219 필수

단계적 행정결정에 대한 설명으로 가장 옳지 않은 것은?

① 행정청이 내인가를 한 후 이를 취소하는 행위는 별다른 사정이 없는 한 인가신청을 거부하는 처분으로 보아야 한다.
② 가행정행위인 선행처분이 후행처분으로 흡수되어 소멸하는 경우에도 선행처분의 취소를 구하는 소는 가능하다.
③ 구 「원자력법」상 원자로 및 관계 시설의 부지사전승인처분은 그 자체로서 건설부지를 확정하고 사전공사를 허용하는 법률효과를 지닌 독립한 행정처분이다.
④ 폐기물처리업 허가 전의 사업계획에 대한 부적정통보는 행정처분에 해당한다.

해설

① (O) 내인가는 확약에 해당된다. 내인가를 한 후 인가신청에 대한 내인가의 취소는 신청한 인가를 거부하는 처분이라는 것이 대법원의 입장이다.
② (×) 가행정행위인 선행처분이 후행처분에 의해 흡수되어 소멸되는 경우 소익이 없다.

> 선행처분은 이러한 종국적 처분을 예정하고 있는 일종의 잠정적 처분으로서 후행처분이 있을 경우 선행처분은 후행처분에 흡수되어 소멸한다. 따라서 위와 같은 경우에 선행처분의 취소를 구하는 소는 이미 효력을 잃은 처분의 취소를 구하는 것으로 부적법하다(대판 2015.2.12., 2013두987).

③ (O) 원자로부지사전승인은 사전결정에 해당되는 독립된 처분이다.

고득점 플러스+

> 위 ③의 원자로부지사전승인은 독립된 처분으로서 항고소송 대상이 된다. 하지만 인근주민들의 소송청구는 소송진행 중에 원자로에 대한 본허가가 있을 경우에 소익이 상실되어 소는 각하된다.
> 원자로 및 관계 시설의 부지사전승인처분은 그 자체로서 건설부지를 확정하고 사전공사를 허용하는 법률효과를 지닌 독립한 행정처분이기는 하지만, 건설허가 전에 신청자의 편의를 위하여 미리 그 건설허가의 일부 요건을 심사하여 행하는 사전적 부분 건설허가처분의 성격을 갖고 있는 것이어서 나중에 건설허가처분이 있게 되면 그 건설허가처분에 흡수되어 독립된 존재가치를 상실함으로써 그 건설허가처분만이 쟁송의 대상이 되는 것이므로, 부지사전승인처분의 취소를 구하는 소는 소의 이익을 잃게 되고, 따라서 부지사전승인처분의 위법성은 나중에 내려진 건설허가처분의 취소를 구하는 소송에서 이를 다투면 된다(대판 1998.9.4., 97누19588).

④ (O) 부적정통보는 허가신청 자체를 제한하는 등 개인의 권리 내지 법률상의 이익을 개별적이고 구체적으로 규제하고 있어 행정처분에 해당한다(대판 1998.4.28., 97누21086).

정답 | ②

220
다단계행정결정에 대한 설명으로 옳지 않은 것은? (다툼이 있는 경우 판례에 의함)

① 「공유재산 및 물품 관리법」에 근거하여 공모제안을 받아 이루어지는 민간투자사업 '우선협상대상자 선정행위'나 '우선협상대상자 지위배제행위'에서 '우선협상대상자 지위배제행위'만이 항고소송의 대상인 처분에 해당한다.

② 구 「원자력법」상 원자로 및 관계 시설의 부지사전승인처분 후 건설허가처분까지 내려진 경우, 선행처분은 후행처분에 흡수되어 건설허가처분만이 행정쟁송의 대상이 된다.

③ 공정거래위원회가 부당한 공동행위를 한 사업자에게 과징금 부과처분을 한 뒤 다시 자진신고 등을 이유로 과징금 감면처분을 한 경우, 선행처분은 후행처분에 흡수되어 소멸하므로 선행처분의 취소를 구하는 소는 부적법하다.

④ 자동차운송사업 양도·양수인가신청에 대하여 행정청이 내인가를 한 후 그 본인가신청이 있음에도 내인가를 취소한 경우, 다시 본인가에 대하여 별도로 인가 여부의 처분을 한다는 사정이 보이지 않는다면 내인가취소는 행정처분에 해당한다.

해설

① (×) 지방자치단체의 장이 공유재산법에 근거하여 기부채납 및 사용·수익허가 방식으로 민간투자사업을 추진하는 과정에서 사업시행자를 지정하기 위한 전 단계에서 공모제안을 받아 일정한 심사를 거쳐 우선협상대상자를 선정하는 행위와 이미 선정된 우선협상대상자를 그 지위에서 배제하는 행위는 민간투자사업의 세부내용에 관한 협상을 거쳐 공유재산법에 따른 공유재산의 사용·수익허가를 우선적으로 부여받을 수 있는 지위를 설정하거나 또는 이미 설정한 지위를 박탈하는 조치이므로 모두 항고소송의 대상이 되는 행정처분으로 보아야 한다(대판 2020.4.29., 2017두31064).

정답 | ①

221		1 2 3
기출처	2020 국회직 9급	
난이도	★★	
키워드	행정행위의 종류	

🔍 **관련기출 옳은지문**

· 「행정절차법」 소정의 사전통지의 대상에서 규정하는 당사자 등에는 행정청이 직권으로 또는 신청에 따라 행정절차에 참여하게 된 이해관계인이 포함된다. 　16서울시7급

· 「행정소송법」상 취소소송의 결과에 대하여 이해관계 있는 제3자는 취소소송에 참가할 수 있으나, 그 소송에 참가하지 못한 것이 자신에게 책임 있는 사유인 경우에는 그 확정판결에 대하여 재심을 청구할 수 없다. 　16서울시7급

221 〈필수〉

제3자 또는 이해관계인의 보호에 대한 설명으로 옳지 않은 것은?

① 행정청이 처분을 할 때에는 해당 처분이 행정심판의 대상이 되는 처분인지를 이해관계인에게 지체 없이 알려주어야 한다.
② 행정청은 직권으로 또는 신청에 따라 이해관계인을 행정절차에 참여하게 할 수 있다.
③ 제3자라고 하더라도 법률상 이익이 있으면 항고소송의 원고적격이 인정된다.
④ 법원은 소송의 결과에 따라 권리 또는 이익의 침해를 받을 제3자가 있는 경우 당사자 또는 제3자의 신청 또는 직권에 의하여 결정으로써 제3자를 소송에 참가시킬 수 있다.
⑤ 제3자는 자기에게 책임 없는 사유로 소송에 참가하지 못함으로써 판결의 결과에 영향을 미칠 공격 또는 방어방법을 제출하지 못한 때에는 재심을 청구할 수 있다.

해설

① (×) 행정처분시에 하는 고지는 행정청의 직권고지에 해당되고, 직권고지에는 제3자에 대한 고지규정이 없다. 「행정심판법」상 신청에 의한 고지에 해당된다.
② (○) 행정청은 직권이나 신청에 따라 이해관계인을 행정절차에 참여하게 할 수 있다.

> 「**행정절차법**」 제2조【정의】 이 법에서 사용하는 용어의 뜻은 다음과 같다.
> 4. '당사자 등'이란 다음 각 목의 자를 말한다.
>   가. 행정청의 처분에 대하여 직접 그 상대가 되는 당사자
>   나. 행정청이 직권으로 또는 신청에 따라 행정절차에 참여하게 한 이해관계인

③ (○) 대판 2007.4.12., 2004두7924
④ (○) 「행정소송법」 제16조 제1항
⑤ (○) 동법 제31조 제1항

정답 | ①

222		1 2 3
기출처	2017 서울시 9급	
난이도	★★	
키워드	행정행위의 종류	

222 〈필수〉

다음 중 단계별 행정행위에 관한 판례의 태도로서 가장 옳지 않은 것은?

① 폐기물처리업에 대하여 관할 관청의 사전 적정통보를 받고 막대한 비용을 들여 허가요건을 갖춘 다음 허가신청을 하였음에도 청소업자의 난립으로 효율적인 청소업무의 수행에 지장이 있다는 이유로 한 불허가처분이 신뢰보호의 원칙에 반하여 재량권을 남용한 위법한 처분이다.
② 폐기물처리업 사업계획에 대하여 적정통보를 한 것만으로 그 사업부지 토지에 대한 국토이용계획변경신청을 승인하여 주겠다는 취지의 공적인 견해표명을 한 것으로 볼 수 없다.
③ 행정청이 내인가를 한 다음 이를 취소하는 행위는 인가 신청을 거부하는 처분으로 보아야 한다.
④ 구 「주택건설촉진법」에 의한 주택건설사업계획 사전결정이 있는 경우 주택건설계획 승인처분은 사전결정에 기속되므로 다시 승인 여부를 결정할 수 없다.

> 해설

④ (×) 구 「건축법」(1995.1.5. 법률 제4723호로 개정되기 전의 것)상의 사전결정제도만 있고 「주택건설촉진법」상의 사전결정제도는 신설되기 이전에 주택건설사업 승인신청을 하기에 앞서 구 「건축법」상의 사전결정을 받은 경우, 행정청이 그 「건축법」상의 사전결정에 기속되어 「주택건설촉진법」상의 주택건설사업계획을 반드시 승인하여야 하는 것은 아니고, 주택건설사업승인 거부처분이 구 「건축법」상의 사전결정에 배치된다는 이유만으로 위법하게 되는 것은 아니다(대판 1996.8.20., 95누10877).

고득점 플러스+

구 「주택건설촉진법」(1999.2.8. 법률 제5914호로 삭제) 제33조 제1항의 규정에 의한 주택건설사업계획의 승인은 상대방에게 권리나 이익을 부여하는 효과를 수반하는 이른바 수익적 행정처분으로서 행정처분의 요건에 관하여 일의적으로 규정되어 있지 아니한 이상 행정청의 재량행위에 속하고, 그 전 단계인 같은 법 제32조의4 제1항의 규정에 의한 주택건설사업계획의 사전결정이 있다 하여 달리 볼 것은 아니다(대판 1999.5.25., 99두1052).

정답 | ④

223

복효적(제3자효적) 행정행위와 관련한 설명으로 옳은 것은? (다툼이 있는 경우 판례에 의함)

① 행정청이 처분을 할 때에는 처분의 상대방과 이해관계인에게 해당 처분에 대하여 행정심판을 청구할 수 있는지, 행정심판을 청구하는 경우의 심판청구절차 및 심판청구기간의 사항을 알려야 한다.
② 행정의 상대방이 아닌 제3자는 심판이나 소송을 청구한다고 해도 집행정지를 신청할 수는 없다.
③ 행정심판위원회는 필요하다고 인정할 때에는 그 심판결과에 대하여 이해관계가 있는 제3자에게 그 사건에 참가할 것을 요구할 수 있으며, 이 요구를 받은 제3자는 그 사건에 참가하여야 한다.
④ 「행정절차법」상 절차에 참가할 수 있는 당사자 등에는 행정청의 처분에 대하여 직접 그 상대가 되는 당사자와 행정청이 직권으로 또는 신청에 따라 행정절차에 참여하게 한 이해관계인을 말한다.

223	
기출처	예상문제
난이도	★★
키워드	행정행위의 종류

> 해설

① (×) 처분을 할 때에 불복고지는 처분의 상대방에게 행한다. 이해관계인에 대해서는 신청에 의한 경우에 고지한다.
② (×) 「행정심판법」과 「행정소송법」에서는 제3자가 심판이나 소송을 청구한 경우에 집행정지를 신청할 수 있는지에 대한 규정이 없다. 청구인적격과 원고적격이 인정되는 경우에 요건을 갖추어 집행정지를 신청할 수 있다.
③ (×) 심판참가 요구를 받더라도 반드시 심판에 참가하여야 하는 것은 아니다.
④ (○) 「행정절차법」 제2조 제4호

「행정절차법」 제2조 【정의】 이 법에서 사용하는 용어의 뜻은 다음과 같다.
4. '당사자 등'이란 다음 각 목의 자를 말한다.
    가. 행정청의 처분에 대하여 직접 그 상대가 되는 당사자
    나. 행정청이 직권으로 또는 신청에 따라 행정절차에 참여하게 한 이해관계인

정답 | ④

224

복효적 행정행위에서 제3자가 권익을 침해받은 경우에 관한 설명으로 옳지 않은 것은? (다툼이 있는 경우 판례에 의함)

① 행정청은 복효적 행정행위에서 제3자가 권익침해를 받는 경우에 행정의 제3자에 대한 사전통지의무가 없다.
② 제3자인 이해관계인은 행정청의 참가결정이 없어도 관계처분에 의하여 자신의 법률상 이익이 침해되는 경우에는 절차참가의 의사를 행정청에 표시하여 의견청취절차에 참가할 수 있다.
③ 절차에 참가하는 제3자와 달리 쟁송에 참가하는 제3자는 주로 행정으로부터 수익적 효과를 얻은 처분의 상대방이다.
④ 개별법에 행정심판의 재결을 거치지 아니하면 행정소송을 청구할 수 없다는 규정이 있는 경우에는 제3자의 소송청구도 행정심판의 재결과정을 거쳐야 한다.

해설

② (×) 「행정절차법」상 '당사자 등'이란 행정청의 처분에 대하여 직접 그 상대가 되는 당사자나 행정청이 직권으로 또는 신청에 따라 행정절차에 참여하게 한 이해관계인을 말한다. 따라서 제3자인 이해관계인은 행정청이 행정절차에 참여하게 하지 않는 한 행정절차에 참여할 수 없다.

정답 | ②

225

처분에 대하여 이해관계가 있는 제3자의 법적 지위에 대한 설명으로 옳은 것만을 모두 고르면?

ㄱ. 행정청이 처분을 서면으로 하는 경우 상대방과 제3자에게 행정심판을 제기할 수 있는지 여부와 제기하는 경우의 행정심판절차 및 청구기간을 직접 알려야 한다.
ㄴ. 행정소송의 결과에 따라 권리 또는 이익의 침해 우려가 있는 제3자는 당해 행정소송에 참가할 수 있으며, 이때 참가인인 제3자는 실제로 소송에 참가하여 소송행위를 하였는지 여부를 불문하고 판결의 효력을 받는다.
ㄷ. 처분을 취소하는 판결에 의하여 권리의 침해를 받은 제3자는 자기에게 책임 없는 사유로 인하여 소송에 참가하지 못함으로써 판결의 결과에 영향을 미칠 공격 또는 방어방법을 제출하지 못한 때에는 이를 이유로 확정된 종국판결에 대하여 재심의 청구를 할 수 있다.
ㄹ. 이해관계가 있는 제3자는 자신의 신청 또는 행정청의 직권에 의하여 행정절차에 참여하여 처분 전에 그 처분의 관할 행정청에 서면이나 말로 또는 정보통신망을 이용하여 의견제출을 할 수 있다.

① ㄱ, ㄴ
② ㄷ, ㄹ
③ ㄴ, ㄷ, ㄹ
④ ㄱ, ㄴ, ㄷ, ㄹ

해설

ㄱ. (×) 제3자에게는 신청이 있을 경우에 안내를 하도록 한다.

> 「행정심판법」 제58조 【행정심판의 고지】 ① 행정청이 처분을 할 때에는 처분의 상대방에게 다음 각 호의 사항을 알려야 한다.
> 1. 해당 처분에 대하여 행정심판을 청구할 수 있는지
> 2. 행정심판을 청구하는 경우의 심판청구 절차 및 심판청구기간
>
> ② 행정청은 이해관계인이 요구하면 다음 각 호의 사항을 지체 없이 알려 주어야 한다. 이 경우 서면으로 알려 줄 것을 요구받으면 서면으로 알려 주어야 한다.
> 1. 해당 처분이 행정심판의 대상이 되는 처분인지
> 2. 행정심판의 대상이 되는 경우 소관 위원회 및 심판청구기간

정답 | ③

226

제3자효 행정행위에 관한 설명으로 가장 옳지 않은 것은?

① 행정행위는 상대방에 대한 통지(도달)로서 효력이 발생하며, 행정청은 개별법에서 달리 정하지 않는 한 제3자인 이해관계인에 대한 행정행위 통지의무를 부담하지 않는다.
② 제3자인 이해관계인은 행정청이나 법원의 참가결정이 없어도 관계처분에 의하여 자신의 법률상 이익이 침해되는 한 청문이나 공청회 등 의견청취절차에 참가할 수 있다.
③ 제3자가 어떠한 방법에 의하든지 행정처분이 있었음을 안 경우에는 안 날로부터 90일 이내에 행정심판이나 행정소송을 제기하여야 한다.
④ 갑(甲)에 대한 건축허가에 의하여 법률상 이익을 침해받은 인근주민 을(乙)이 취소소송을 제기한 경우 을은 소송당사자로서 「행정소송법」 소정의 요건을 충족하는 한 그가 다투는 행정처분의 집행정지를 신청할 수 있다.

226	
기출처	2019 서울시 9급
난이도	★★
키워드	행정행위의 종류

해설

① (○) 처분은 상대방에 대한 행정행위이다. 개별법에 특별한 규정이 없는 한 제3자에 대한 통지의무는 없다.
② (×) 「행정절차법」상 '당사자 등'이란 행정청의 처분에 대하여 직접 그 상대가 되는 당사자나 행정청이 직권으로 또는 신청에 따라 행정절차에 참여하게 한 이해관계인을 말한다. 따라서 행정청이 행정절차에 참여하게 하지 않는 한 행정절차에 참여할 수 없다.
③ (○) 심판이나 소송의 제기기간은 처분을 안 날로부터 90일이고 이는 불변기간이다. 제3자의 경우에도 동일하다.
④ (○) 제3자가 소송을 청구한 경우에 제3자는 소송의 당사자로서 가구제인 집행정지를 신청할 수 있다.

정답 | ②

227 〈필수〉

재량행위와 기속행위에 대한 설명으로 옳지 않은 것은? (다툼이 있는 경우 판례에 의함)

① 「방위사업법」이 규정하고 있는 방산물질 지정 및 지정취소는 기속이라고 할 수 없다.
② 재외동포에게 「출입국관리법」 등에서 정한 재외동포체류자격 부여 제외사유가 있어 그의 국내 체류를 허용하지 않음으로써 달성하고자 하는 공익이 그로 말미암아 발생하는 불이익보다 큰 경우에는 행정청이 재외동포체류자격의 사증을 발급하지 않을 재량을 가진다.
③ 구 「도시계획법」상의 개발제한구역 내에서의 건축물 용도변경에 대한 허가는 예외적 허가로서 재량행위에 해당한다.
④ 처분의 근거 법령이 행정청에 처분의 요건과 효과 판단에 일정한 재량을 부여하였다면, 행정청이 자신에게 재량권이 없다고 오인하여 재량을 행사하지 않은 채 처분을 하였다고 해도, 이는 재량권 일탈·남용에 따른 위법이라 할 수 없다.

해설

① (○) 「방위사업법」을 종합하면, 방산물자 지정 및 지정취소는 그 규정형식 등에 비추어 볼 때, 행정청에게 재량권이 부여되어 있는 재량행위에 속하고 … 이러한 재량권의 일탈·남용 여부에 대한 심사는 사실오인, 비례·평등의 원칙 위배 등을 그 판단 대상으로 한다(대판 2010.9.9., 2010다39413).

② (○) 재외동포에게 「출입국관리법」 제11조 제1항 각호에서 정한 입국금지사유 또는 재외동포법 제5조 제2항에서 정한 재외동포체류자격 부여 제외사유(예컨대 '대한민국 남자가 병역을 기피할 목적으로 외국국적을 취득하고 대한민국 국적을 상실하여 외국인이 된 경우')가 있어 그의 국내 체류를 허용하지 않음으로써 달성하고자 하는 공익이 그로 말미암아 발생하는 불이익보다 큰 경우에는 행정청이 재외동포체류자격의 사증을 발급하지 않을 재량을 가진다(대판 2019.7.11., 2017두38874).

③ 빈출 (○) 개발제한구역 내에서의 용도변경허가는 예외적 승인(허가)으로서 재량에 해당한다.

> 도시의 무질서한 확산을 방지하고 도시주변의 자연환경을 보전하여 도시민의 건전한 생활환경을 확보하기 위하여 지정되는 개발제한구역 내에서는 구역 지정의 목적상 건축물의 건축이나 그 용도변경은 원칙적으로 금지되고, 다만 구체적인 경우에 위와 같은 구역 지정의 목적에 위배되지 아니할 경우 예외적으로 허가에 의하여 그러한 행위를 할 수 있게 되어 있음이 위와 같은 관련 규정의 체재와 문언상 분명한 한편, 이러한 건축물의 용도변경에 대한 예외적인 허가는 그 상대방에게 수익적인 것에 틀림이 없으므로, 이는 그 법률적 성질이 재량행위 내지 자유재량행위에 속하는 것이라고 할 것이고, 따라서 그 위법 여부에 대한 심사는 재량권 일탈·남용의 유무를 그 대상으로 한다(대판 2001.2.9., 98두17593).

④ (×) 처분의 근거 법령이 행정청에 처분의 요건과 효과 판단에 일정한 재량을 부여하였는데도, 행정청이 자신에게 재량권이 없다고 오인한 나머지 처분으로 달성하려는 공익과 그로써 처분상대방이 입게 되는 불이익의 내용과 정도를 전혀 비교형량하지 않은 채 처분을 하였다면, 이는 재량권 불행사로서 그 자체로 재량권 일탈·남용으로 해당 처분을 취소하여야 할 위법사유가 된다(대판 2019.7.11., 2017두38874).

정답 | ④

227
- 기출처: 예상문제
- 난이도: ★★
- 키워드: 행정행위의 종류

🔍 관련기출 옳은지문

- 개발제한구역 내에서는 구역지정의 목적상 건축물의 건축 및 공작물의 설치 등 개발행위가 원칙적으로 금지되고 예외적으로 허가에 의하여 그러한 행위를 할 수 있게 되어 있으므로 그 허가는 재량행위에 속한다.
  19서울시9급

228 필수

재량의 일탈 또는 남용에 대한 설명으로 옳지 않은 것은? (다툼이 있는 경우 판례에 의함)

① 「출입국관리법」에 따라 거짓 진술이나 사실은폐 등으로 난민인정을 결정하는 데 하자가 있음을 이유로 법무부장관이 난민인정결정을 취소한 처분은 재량권을 일탈·남용하였다고 할 수 없다.

② 「여객자동차 운수사업법」에 따른 개인택시 운송사업면허의 법적 성질은 재량행위이고 행정청이 정한 면허기준의 해석상 당해 신청이 면허발급의 우선순위에 해당함에도 불구하고 면허거부처분을 한 경우, 재량권을 남용한 위법한 처분이다.

③ 공무원의 자녀에 대하여 획일적으로 과목별 실제 취득점수에 20%의 가산점을 부여하여 합격사정을 함으로써 실제 취득점수에 의하면 충분히 합격할 수 있는 자들에 대하여 불합격처분을 하였다고 하여 재량의 일탈이나 남용이 있었다고 볼 수 없다.

④ 공정한 업무처리에 대한 사의로 두고 간 돈 30만 원이 든 봉투를 소지함으로써 피동적으로 금품을 수수하였다가 돌려 준 20여 년 근속의 경찰공무원에 대한 해임처분이 사회통념상 현저하게 타당성을 잃어 재량권의 남용에 해당한다.

해설

① (○) 구 「출입국관리법」(2012.2.10. 법률 제11298호로 개정되기 전의 것) 제76조의3 제1항 제3호의 문언·내용 등에 비추어 보면, 비록 그 규정에서 정한 사유가 있더라도, 법무부장관은 난민인정결정을 취소할 공익상의 필요와 취소로 당사자가 입을 불이익 등 여러 사정을 참작하여 취소 여부를 결정할 수 있는 재량이 있다. 그러나 그 취소처분이 사회통념상 현저하게 타당성을 잃거나 비례·평등의 원칙을 위반하였다면 재량권을 일탈·남용한 것으로서 위법하다. 다만, 구 「출입국관리법」 제76조의3 제1항 제3호는 거짓 진술이나 사실은폐 등으로 난민인정결정을 하는 데 하자가 있음을 이유로 이를 취소하는 것이므로, 당사자는 애초 난민인정결정에 관한 신뢰를 주장할 수 없음은 물론 행정청이 이를 고려하지 않았다고 하더라도 재량권을 일탈·남용하였다고 할 수 없다(대판 2017.3.15., 2013두16333).

② (○) 「여객자동차 운수사업법」에 따른 개인택시 운송사업면허의 법적 성질은 재량행위이고 행정청이 정한 면허기준의 해석상 당해 신청이 면허발급의 우선순위에 해당함에도 불구하고 면허거부처분을 한 경우, 재량권을 남용한 위법한 처분이다(대판 2002.1.22., 2001두8414).

③ (×) 대학교 총장인 피고가 해외근무자들의 자녀를 대상으로 한 「교육법 시행령」 제71조의2 제4항 소정의 특별전형에서 외교관, 공무원의 자녀에 대하여만 획일적으로 과목별 실제 취득점수에 20%의 가산점을 부여하여 합격사정을 함으로써 실제 취득점수에 의하면 충분히 합격할 수 있는 원고들에 대하여 불합격처분을 하였다면 위법하다(대판 1990.8.28., 89누8255).

④ (○) 공정한 업무처리에 대한 사의로 두고 간 돈 30만 원이 든 봉투를 소지함으로써 피동적으로 금품을 수수하였다가 돌려 준 20여년 근속의 경찰공무원에 대한 해임처분이 사회통념상 현저하게 타당성을 잃어 재량권의 남용에 해당한다(대판 1991.7.23., 90누8954).

정답 | ③

228

- 기출처: 예상문제
- 난이도: ★★
- 키워드: 행정행위의 종류

관련기출 옳은지문

- 「출입국관리법」에 따라 거짓 진술이나 사실은폐 등으로 난민인정결정을 하는 데 하자가 있음을 이유로 법무부장관이 난민인정결정을 취소한 처분은 위법하지 않다. 20국회직9급

- 대학교 총장이 해외근무자들의 자녀를 대상으로 한 특별전형에서 외교관, 공무원의 자녀에 대하여만 실제 취득점수의 20%의 가산점을 부여해 합격사정을 함으로써, 실제 취득점수에 의하면 합격할 수 있었던 응시자들에 대한 불합격처분은 재량의 일탈·남용으로 위법하다. 20국회직9급

- 공정한 업무처리에 대한 사의로 두고 간 돈 30만 원이 든 봉투를 소지함으로써 피동적으로 금품을 수수하였다가 돌려 준 20여 년 근속의 경찰공무원에 대한 해임처분은 위법하다. 20국회직9급

229	1 2 3
기출처	2023 군무원 9급
난이도	★★
키워드	행정행위의 종류

관련기출 옳은지문
- 재량행위는 부관을 붙이기 위해서 특별한 법적 근거가 있어야 하는 것은 아니다. 21국회직8급

229 〈필수〉

기속행위와 재량행위에 대한 설명으로 옳지 않은 것은? (다툼이 있는 경우 판례에 의함)

① 기속행위와 재량행위의 구분은 당해 행위의 근거가 된 법규의 체재·형식과 그 문언, 당해 행위가 속하는 행정 분야의 주된 목적과 특성, 당해 행위 자체의 개별적 성질과 유형 등을 모두 고려하여 판단하여야 한다.

② 처분의 근거 법령이 행정청에 재량을 부여하였으나 행정청이 처분으로 달성하려는 공익과 처분상대방이 입게 되는 불이익을 전혀 비교·형량하지 않은 채 처분을 하였더라도 재량권 일탈·남용으로 해당 처분을 취소해야 할 위법사유가 되지는 않는다.

③ 행정청은 처분에 재량이 없는 경우에는 법률에 근거가 있는 경우에 부관을 붙일 수 있다.

④ 재량행위의 경우 법원은 독자의 결론을 도출함이 없이 당해 행위에 재량권의 일탈·남용이 있는지 여부만을 심사한다.

해설

① (O) 행정행위가 그 재량성의 유무 및 범위와 관련하여 이른바 기속행위 내지 기속재량행위와 재량행위 내지 자유재량행위로 구분된다고 할 때, 그 구분은 당해 행위의 근거가 된 법규의 체재·형식과 그 문언, 당해 행위가 속하는 행정 분야의 주된 목적과 특성, 당해 행위 자체의 개별적 성질과 유형 등을 모두 고려하여 판단하여야 한다(대판 2001.2.9., 98두17593).

② (×) 처분의 근거 법령이 행정청에 처분의 요건과 효과 판단에 일정한 재량을 부여하였는데도, 행정청이 자신에게 재량권이 없다고 오인한 나머지 처분으로 달성하려는 공익과 그로써 처분상대방이 입게 되는 불이익의 내용과 정도를 전혀 비교·형량하지 않은 채 처분을 하였다면, 이는 재량권 불행사로서 그 자체로 재량권 일탈·남용으로 해당 처분을 취소하여야 할 위법사유가 된다(대판 2019.7.11., 2017두38874).

③ (O) 재량이 아닌 기속행위에는 법률에 근거가 있어야 부관을 붙일 수 있다. 대법원에 의하면 기속행위에 부관이 부가되는 경우에는 무효라고 한다.

「행정기본법」의 규정	대법원의 입장
행정청은 처분에 재량이 없는 경우에는 법률에 근거가 있는 경우에 부관을 붙일 수 있다(「행정기본법」 제17조 제2항).	일반적으로 기속행위나 기속적 재량행위에는 부관을 붙일 수 없고 가사 부관을 붙였다 하더라도 무효이다(대판 1995.6.13., 94다56883).

④ (O) 양자(기속과 재량)에 대한 사법심사는, 전자(기속)의 경우 그 법규에 대한 원칙적인 기속성으로 인하여 법원이 사실인정과 관련 법규의 해석·적용을 통하여 일정한 결론을 도출한 후 그 결론에 비추어 행정청이 한 판단의 적법 여부를 독자의 입장에서 판정하는 방식에 의하게 되나, 후자(재량)의 경우 행정청의 재량에 기한 공익판단의 여지를 감안하여 법원은 독자의 결론을 도출함이 없이 당해 행위에 재량권의 일탈·남용이 있는지 여부만을 심사하게 되고, 이러한 재량권의 일탈·남용 여부에 대한 심사는 사실오인, 비례·평등의 원칙 위배, 당해 행위의 목적 위반이나 동기의 부정 유무 등을 그 판단대상으로 한다(대판 2001.2.9., 98두17593).

정답 | ②

230 〈필수〉

행정행위에 관한 설명으로 옳지 않은 것은? (다툼이 있는 경우 판례에 의함)

① 공무원 임용을 위한 면접전형에서 임용신청자의 능력이나 적격성 등에 관한 판단은 면접위원의 고도의 교양과 학식, 경험에 기초한 자율적 판단에 의존하는 것으로서 자유재량에 속하고, 그와 같은 판단이 현저하게 재량권을 일탈·남용하지 않은 한 이를 위법하다고 할 수 없다.

② 현역병입영통지처분에 대한 소송을 진행하는 중에 처분에 따라 현실적으로 입영을 하였다 할지라도, 입영 이후의 법률관계에 영향을 미치고 있는 현역병입영통지처분는 취소를 구할 법률상 이익이 있다.

③ 행정청의 재량행사가 법령이나 평등원칙을 위반한 경우나 공익적 판단에 따른 합목적성을 그르친 경우에는 위법한 처분이다.

④ 특정인에게 권리나 이익을 부여하는 행정행위는 법령에 특별한 규정이 없는 한 재량행위이고, 그 면허를 위하여 필요한 기준을 정하는 것도 역시 행정청의 재량에 속하는 것이므로, 그 설정된 기준이 객관적으로 합리적이 아니라거나 타당하지 않다고 볼 만한 다른 특별한 사정이 없는 이상 행정청의 의사는 가능한 한 존중되어야 한다.

230	
기출처	예상문제
난이도	★★
키워드	행정행위의 종류

해설

① (○) 공무원 임용을 위한 면접전형에서 임용신청자의 능력이나 적격성 등에 관한 판단은 면접위원의 고도의 교양과 학식, 경험에 기초한 자율적 판단에 의존하는 것으로서 오로지 면접위원의 자유재량에 속하고, 그와 같은 판단이 현저하게 재량권을 일탈·남용하지 않은 한 이를 위법하다고 할 수 없다(대판 2008.12.24., 2008두8970).

② (○) 현역입영대상자로서는 현실적으로 입영을 하였다고 하더라도, 입영 이후의 법률관계에 영향을 미치고 있는 현역병입영통지처분 등을 한 관할지방병무청장을 상대로 위법을 주장하여 그 취소를 구할 소송상의 이익이 있다(대판 2003.12.26., 2003두1875).

③ (×) 행정청에게 부여된 재량의 범위를 일탈한 경우나 행정법의 일반원칙에 반하는 재량의 남용은 위법한 처분이다. 하지만 일탈이나 남용이 없는 범위 내에서 공익적 판단(합목적성)을 그르친 경우에는 부당에 해당될 뿐 위법한 처분은 아니다.

④ (○) 어떠한 처분이 재량이라면 그 처분의 기준도 재량에 해당한다.

> 구 「자동차운수사업법」에 의한 개인택시 운송사업면허는 특정인에게 권리나 이익을 부여하는 행정행위로서 법령에 특별한 규정이 없는 한 재량행위이고, 그 면허를 위하여 필요한 기준을 정하는 것도 역시 행정청의 재량에 속하는 것이므로, 그 설정된 기준이 객관적으로 합리적이 아니라거나 타당하지 않다고 볼 만한 다른 특별한 사정이 없는 이상 행정청의 의사는 가능한 한 존중되어야 한다(대판 1996.10.11., 96누6172).

정답 | ③

231	
기출처	2020 지방직 9급
난이도	★★
키워드	행정행위의 종류

관련기출 옳은지문

- 「국토의 계획 및 이용에 관한 법률」의 규정에 의한 토지의 형질변경허가는 그 금지요건이 불확정 개념으로 규정되어 있어 그 금지요건에 해당하는지 여부를 판단함에 있어서 행정청에게 재량권이 부여되어 있다고 할 것이므로 재량행위에 속한다. 19서울시9급

- 과징금 감경 여부는 과징금 부과관청의 재량에 속하는 것이므로, 과징금 부과관청이 이를 판단함에 있어서 재량권을 일탈·남용하여 과징금 부과처분이 위법하다고 인정될 경우, 법원으로서는 법원이 적정하다고 인정되는 부분을 초과한 부분만 취소할 수는 없다. 17지방직9급

231 〈필수〉

기속행위와 재량행위에 대한 설명으로 옳지 않은 것은? (다툼이 있는 경우 판례에 의함)

① 「국토의 계획 및 이용에 관한 법률」상 개발행위허가는 허가기준 및 금지요건이 불확정 개념으로 규정된 부분이 많아 그 요건에 해당하는지 여부는 행정청의 재량판단의 영역에 속한다.

② 기속행위와 재량행위의 구분은 당해 행위의 근거가 된 법규의 체재·형식과 그 문언, 당해 행위가 속하는 행정 분야의 주된 목적과 특성, 당해 행위 자체의 개별적 성질과 유형 등을 모두 고려하여 판단하여야 한다.

③ 처분을 할 것인지 여부와 처분의 정도에 관하여 재량이 인정되는 과징금 납부명령에 대하여 그 명령이 재량권을 일탈하였을 경우, 법원은 재량권의 범위 내에서 어느 정도가 적정한 것인지에 관하여 판단할 수 있고 그 일부를 취소할 수 있다.

④ 마을버스운송사업면허의 허용 여부는 운수행정을 통한 공익실현과 아울러 합목적성을 추구하기 위하여 보다 구체적 타당성에 적합한 기준에 의하여야 할 것이므로 행정청의 재량에 속하는 것이라고 보아야 한다.

해설

① (○) 대판 2017.10.12., 2017두48956

② (○) 대판 2001.2.9., 98두17593

③ **빈출** (×) 재량인 과징금이 법정액을 초과한 경우에 법원은 재량을 행사할 수 없어, 과징금의 적정액을 판단하지 못한다. 따라서 법원은 전체를 취소하여야 한다.

> 처분을 할 것인지 여부와 처분의 정도에 관하여 재량이 인정되는 과징금 납부명령에 대하여 그 명령이 재량권을 일탈하였을 경우, 법원으로서는 재량권의 일탈 여부만 판단할 수 있을 뿐이지 재량권의 범위 내에서 어느 정도가 적정한 것인지에 관하여는 판단할 수 없어 그 전부를 취소할 수밖에 없고, 법원이 적정하다고 인정하는 부분을 초과한 부분만 취소할 수는 없다(대판 2009.6.23., 2007두18062).

④ (○) 대판 2001.1.19., 99두3812

정답 | ③

232
행정행위에 대한 설명으로 옳지 <u>않은</u> 것을 모두 고르면? (다툼이 있는 경우 판례에 의함)

> ㄱ. 구 「대기환경보전법」의 배출시설 설치허가신청이 법에서 정한 허가제한사유에 해당하지 않는 한 원칙적으로 허가를 하여야 하지만, 환경기준의 유지가 곤란하거나 주민의 건강·재산, 동식물의 생육에 심각한 위해를 끼칠 우려가 있다고 인정되는 등에는 허가를 거부할 수 있다.
> ㄴ. 야생동·식물보호법령에 따른 환경부장관의 용도변경승인처분은 기속행위이다.
> ㄷ. 재량행위와 기속행위의 구분기준에 관한 효과재량설에 따르면 법규의 요건에 불확정 개념이 규정된 경우에는 재량으로 본다.
> ㄹ. 「주택건설촉진법」에 의한 주택건설사업계획의 승인은 상대방에게 권리나 이익을 부여하는 효과를 수반하는 이른바 수익적 행정처분으로서 법령에 행정처분의 요건에 관하여 일의적으로 규정되어 있지 아니한 이상 행정청의 재량행위에 속한다.

① ㄱ, ㄴ
② ㄱ, ㄹ
③ ㄴ, ㄷ
④ ㄷ, ㄹ

232
기출처: 예상문제
난이도: ★★
키워드: 행정행위의 종류

관련기출 옳은지문
- 야생동·식물보호법령에 따른 용도변경승인의 경우 용도변경이 불가피한 경우에만 용도변경을 할 수 있도록 제한하는 규정을 두고 있으므로 환경부장관의 용도변경승인처분은 재량행위이다.
  19(하)서울시7급 변형

해설

ㄱ. (O) 구 「대기환경보전법」 등의 문언과 그 체제·형식에 따르면 환경부장관은 배출시설 설치허가신청이 구 「대기환경보전법」 제23조 제5항에서 정한 허가기준에 부합하고 구 「대기환경보전법」 제23조 제6항, 같은 법 시행령 제12조에서 정한 허가제한사유에 해당하지 아니하는 한 원칙적으로 허가를 하여야 한다. 다만, 환경부장관은 같은 법 시행령 제12조 각 호에서 정한 사유에 준하는 사유로서 환경기준의 유지가 곤란하거나 주민의 건강·재산, 동식물의 생육에 심각한 위해를 끼칠 우려가 있다고 인정되는 등 중대한 공익상의 필요가 있을 때에는 허가를 거부할 수 있다고 보는 것이 타당하다(대판 2013.5.9., 2012두22799).

ㄴ. (×) 「야생동·식물보호법」 제16조 제3항에 의한 용도변경승인 행위 및 용도변경의 불가피성 판단에 필요한 기준을 정하는 행위의 법적 성질은 재량행위이다(대판 2011.1.27., 2010두23033).

ㄷ. (×) 효과재량설은 성질에 따라 법규의 효과에 재량을 인정하고자 하는 견해로서 수익적 성질의 경우에는 재량, 침익적(부담적) 성질의 경우에는 기속으로 본다. 요건의 불확정 개념을 재량으로 보는 견해는 요건재량설이다.

ㄹ. 빈출 (O) 대법원은 일관된 입장은 아니나 주로 수익적 성질의 처분은 재량이라는 입장이다.

> 「주택건설촉진법」 제33조에 의한 주택건설사업계획의 승인은 상대방에게 권리나 이익을 부여하는 이른바 수익적 행정처분으로서 법령에 행정처분의 요건에 관하여 일의적으로 규정되어 있지 아니한 이상 행정청의 재량행위에 속한다 할 것이고, 이러한 승인을 받으려는 주택건설사업계획이 관계 법령이 정하는 제한에 배치되는 경우는 물론이고 그러한 제한사유가 없는 경우에도 공익상 필요가 있으면 처분권자는 그 승인신청에 대하여 불허가결정을 할 수 있다(대판 2005.4.15., 2004두10883).

정답 | ③

233	
기출처	예상문제
난이도	★★
키워드	행정행위의 종류

233

기속행위와 재량행위에 대한 설명으로 옳지 않은 것은? (다툼이 있는 경우 판례에 의함)

① 「공유수면 관리 및 매립에 관한 법률」에 따른 공유수면의 점용·사용허가는 특정인에게 공유수면 이용권이라는 독점적 권리를 설정하여 주는 처분으로서 처분 여부 및 내용의 결정은 원칙적으로 행정청의 재량에 속한다.

② 학생에 대한 징계권의 발동이나 징계의 양정이 징계권자의 교육적 재량에 맡겨져 있다 할지라도 법원이 심리한 결과 그 징계처분에 위법사유가 있다고 판단되는 경우에는 이를 취소할 수 있는 것이고, 징계처분이 교육적 재량행위라는 이유만으로 사법심사의 대상에서 당연히 제외되는 것은 아니다.

③ 「국토의 계획 및 이용에 관한 법률」에 의하여 지정된 도시지역 안에서 토지의 형질변경행위를 수반하는 건축허가의 법적 성질은 재량행위에 해당한다.

④ 청원주는 청원경찰이 인원의 감축으로 과원이 되면 직권으로 면직시킬 수 있고 이는 재량행위라 할 것이므로, 면직의 기준으로 학력 집단을 나누어 각 집단별로 같은 감원비율 상당의 인원을 선정한 것은 위법이라 할 수 없다.

해설

① (○) 「공유수면 관리 및 매립에 관한 법률」에 따른 공유수면의 점용·사용허가는 특정인에게 공유수면 이용권이라는 독점적 권리를 설정하여 주는 처분으로서 처분 여부 및 내용의 결정은 원칙적으로 행정청의 재량에 속하고, 이와 같은 재량처분에 있어서는 재량권 행사의 기초가 되는 사실인정에 오류가 있거나 그에 대한 법령적용에 잘못이 없는 한 처분이 위법하다고 할 수 없다(대판 2017.4.28., 2017두30139).

② (○) 학생에 대한 징계권의 발동이나 징계의 양정이 징계권자의 교육적 재량에 맡겨져 있다 할지라도 법원이 심리한 결과 그 징계처분에 위법사유가 있다고 판단되는 경우에는 이를 취소할 수 있는 것이고, 징계처분이 교육적 재량행위라는 이유만으로 사법심사의 대상에서 당연히 제외되는 것은 아니다(대판 1991.11.22., 91누2144).

③ (○) 건축허가는 기속에 해당되지만, 건축허가를 통해 형질변경이 수반되는 경우 의제되어지는 형질변경허가는 재량에 해당되어 건축허가는 재량이 된다.

④ (×) 행정자치부(현 행정안전부)의 지방조직 개편지침의 일환으로 청원경찰의 인원감축을 위한 면직처분대상자를 선정함에 있어서 초등학교 졸업 이하 학력소지자 집단과 중학교 중퇴 이상 학력소지자 집단으로 나누어 각 집단별로 같은 감원비율 상당의 인원을 선정한 것은 합리성과 공정성을 결여하고, 평등의 원칙에 위배하여 그 하자가 중대하다(대판 2002.2.8., 2000두4057).

정답 | ④

234

기속행위와 재량행위에 대한 설명으로 옳지 않은 것은?

① 구 여객자동차 운수사업법령상 마을버스 한정면허시 확정되는 마을버스 노선을 정함에 있어서 기존 일반노선버스의 노선과의 중복 허용 정도에 대한 판단은 행정청의 재량에 속한다.

② 구 「수도권 대기환경개선에 관한 특별법」에서 정한 대기오염물질 총량관리사업장 설치의 허가는 부작위의무를 해제해 주는 행위로서 그 처분의 여부 및 내용의 결정은 기속행위에 해당한다.

③ 국유재산의 무단점유에 대한 변상금 징수의 요건은 구 「국유재산법」에 명백히 규정되어 있으므로 변상금을 징수할 것인가는 처분청의 기속행위이다.

④ 「국토의 계획 및 이용에 관한 법률」상 개발행위허가는 허가기준 및 금지요건이 불확정 개념으로 규정된 부분이 많아 그 요건에 해당하는지 여부는 행정청의 재량판단의 영역에 속한다.

234	
기출처	2025 국가직 9급
난이도	★★
키워드	행정행위의 종류

해설

① (O) 대판 2001.1.19., 99두3812

② (×) 구 수도권대기환경특별법 제14조 제1항에서 정한 대기오염물질 총량관리사업장 설치의 허가 또는 변경허가는 특정인에게 인구가 밀집되고 대기오염이 심각하다고 인정되는 수도권 대기관리권역에서 총량관리대상 오염물질을 일정량을 초과하여 배출할 수 있는 특정한 권리를 설정하여 주는 행위로서 그 처분의 여부 및 내용의 결정은 행정청의 재량에 속한다(대판 2013.5.9., 선고 2012두22799).

③ (O) 대판 2000.1.28., 97누4098

④ (O) 대판 2012.12.13., 2011두29205

정답 | ②

235 [필수]

기속행위와 재량행위에 대한 설명으로 옳은 것은?

① 재량행위에 대한 법원의 심사는 재량권의 일탈 또는 남용 및 재량권의 한계 내에서의 행정청의 판단, 즉 합목적성 내지 공익성의 판단 등을 대상으로 한다.
② 육아휴직 중 「국가공무원법」 제73조 제2항에서 정한 복직 요건인 '휴직사유가 없어진 때'에 하는 복직명령은 기속행위이므로 휴직사유가 소멸하였음을 이유로 복직을 신청하는 경우 임용권자는 지체 없이 복직명령을 하여야 한다.
③ 재외동포에 대한 사증발급은 행정청의 기속행위에 속하는 것으로서, 재외동포가 사증발급을 신청한 경우에 구 「출입국관리법 시행령」 [별표 1의2]에서 정한 재외동포체류자격의 요건을 갖추었다면 사증을 발급해야 한다.
④ 구 「주택건설촉진법」 제33조에 의한 주택건설사업계획의 승인은 인간이 본래 가지고 있는 자연적 자유의 회복을 내용으로 하는 행정청의 기속행위에 속한다.

해설

① [빈출] (×) 합목적성이나 공익성의 판단 여부는 재량에 대한 법원의 심사대상이 아니다.

> 1. 후자(재량의 사법심사)의 경우 행정청의 재량에 기한 공익판단의 여지를 감안하여 법원은 독자의 결론을 도출함이 없이 당해 행위에 재량권의 일탈·남용이 있는지 여부만을 심사하게 되고, 이러한 재량권의 일탈·남용 여부에 대한 심사는 사실오인, 비례·평등의 원칙 위배, 당해 행위의 목적 위반이나 동기의 부정 유무 등을 그 판단대상으로 한다(대판 2001.2.9., 98두17593).
> 2. 재량행위에 대한 사법심사는 행정청의 재량에 의한 공익판단의 여지를 감안하여 원칙적으로 재량권의 일탈이나 남용이 있는지 여부만을 대상으로 하고, 재량권의 일탈·남용 여부에 대한 심사는 사실오인, 비례·평등의 원칙 위반 등을 그 판단대상으로 한다(대판 2022.8.31., 2021두46971).

② [빈출] (○) 「국가공무원법」 제73조 제2항의 문언에 비추어 복직명령은 기속행위이므로 휴직사유가 소멸하였음을 이유로 신청하는 경우 임용권자는 지체 없이 복직명령을 하여야 한다(대판 2014.6.12., 2012두4852).

③ (×) 재외동포에 대한 사증발급은 행정청의 재량행위에 속하는 것으로서, 재외동포가 사증발급을 신청한 경우에 「출입국관리법 시행령」 [별표 1의2]에서 정한 재외동포체류자격의 요건을 갖추었다고 해서 무조건 사증을 발급해야 하는 것은 아니다(대판 2019.7.11., 2017두38874).

④ [빈출] (×) 「주택건설촉진법」 제33조 제1항에 의한 주택건설사업계획의 승인은 상대방에게 권리나 이익을 부여하는 효과를 수반하는 이른바 수익적 행정처분으로서 법령에 행정처분의 요건에 관하여 일의적으로 규정되어 있지 아니한 이상 행정청의 재량행위에 속한다(대판 1997.10.24., 96누12917).

정답 | ②

관련기출 옳은지문

- 재량행위에 대한 사법심사는 행정청의 재량에 기한 공익판단의 여지를 감안하여 법원이 독자의 결론을 도출함이 없이 당해 행위에 재량권의 일탈·남용이 있는지 여부를 심사한다. 18국가직7급

- 「주택법」상 주택건설사업계획의 승인은 재량행위에 해당하므로, 처분권자는 주택건설사업계획이 법령이 정하는 제한사유에 배치되지 않는 경우에도 공익상 필요가 있으면 사업계획승인신청에 대하여 불허가결정을 할 수 있다. 21국회직8급

기출처: 2023 국가직 7급
난이도: ★★
키워드: 행정행위의 종류

236 필수

판례상 재량행위에 해당하는 것만을 모두 고르면?

ㄱ. 「여객자동차 운수사업법」상 개인택시 운송사업면허
ㄴ. 구 수도권대기환경특별법상 대기오염물질 총량관리사업장 설치허가
ㄷ. 「국가공무원법」상 휴직사유 소멸을 이유로 한 신청에 대한 복직명령
ㄹ. 「출입국관리법」상 체류자격 변경허가

① ㄱ, ㄹ
② ㄴ, ㄷ
③ ㄱ, ㄴ, ㄹ
④ ㄱ, ㄴ, ㄷ, ㄹ

236	
기출처	2022 지방직 9급
난이도	★
키워드	행정행위의 종류

관련기출 옳은지문
- 「여객자동차 운수사업법」에 의한 개인택시 운송사업면허는 특정인에게 권리나 이익을 부여하는 행정행위로서 법령에 특별한 규정이 없는 한 재량행위이다. 21국가직7급

해설

ㄱ, ㄴ, ㄹ은 강학상 특허로서 재량에 해당한다.

ㄱ. (○) 「여객자동차 운수사업법」상 개인택시 운송사업면허는 재량에 해당한다.

> 구 「자동차 운수사업법」에 의한 개인택시 운송사업면허는 특정인에게 특정한 권리나 이익을 부여하는 행정행위로서 법령에 특별한 규정이 없는 한 재량행위이고, 그 면허를 위하여 필요한 기준을 정하는 것도 역시 행정청의 재량에 속하는 것이다(대판 1997.9.26., 97누8878).

ㄴ. 빈출 (○) 구 수도권대기환경특별법상 대기오염물질 총량관리사업장 설치허가는 재량에 해당한다.

> 구 수도권대기환경특별법 제14조 제1항에서 정한 대기오염물질 총량관리사업장 설치의 허가 또는 변경허가는 특정인에게 인구가 밀집되고 대기오염이 심각하다고 인정되는 수도권 대기관리권역에서 총량관리대상 오염물질을 일정량을 초과하여 배출할 수 있는 특정한 권리를 설정하여 주는 행위로서 그 처분의 여부 및 내용의 결정은 행정청의 재량에 속한다(대판 2013.5.9., 2012두22799).

ㄷ. (×) 「국가공무원법」상의 복직명령은 기속에 해당한다.

> 「국가공무원법」 제73조 제2항의 문언에 비추어 복직명령은 기속행위이므로 휴직사유가 소멸하였음을 이유로 신청하는 경우 임용권자는 지체 없이 복직명령을 하여야 한다(대판 2014.6.12., 2012두4852).

ㄹ. 빈출 (○) 「출입국관리법」상 체류자격 변경허가는 재량에 해당한다.

> 체류자격 변경허가는 신청인에게 당초의 체류자격과 다른 체류자격에 해당하는 활동을 할 수 있는 권한을 부여하는 일종의 설권적 처분의 성격을 가지므로, 허가권자는 신청인이 관계 법령에서 정한 요건을 충족하였더라도, 신청인의 적격성, 체류 목적, 공익상의 영향 등을 참작하여 허가 여부를 결정할 수 있는 재량을 가진다(대판 2016.7.14., 2015두48846).

정답 | ③

237 〈필수〉

재량행위에 대한 설명으로 옳지 않은 것은? (다툼이 있는 경우 판례에 의함)

① 약사법령에 의한 허가사항 변경허가에 있어서 소관 행정청은 그 허가신청이 위 법령의 요건에 합치하는 때에는 특별한 사정이 없는 한 이를 허가하여야 하고 공익상 필요가 없음에도 불구하고 허가를 거부할 수 없다는 의미에서 그 허가 여부는 기속재량에 속한다.

② 공유수면 점용허가는 공유수면 관리청이 공공 위해의 예방 경감과 공공 복리의 증진에 기여함에 적당하다고 인정하는 경우에 그 자유재량에 의하여 허가의 여부를 결정할 수 있다.

③ 구 「식품위생법」상 대중음식점영업허가는 특정인에게 권리나 이익을 부여하는 이른바 수익적 행정행위로서 그 허가 여부는 행정청의 재량에 속한다.

④ 토지형질변경허가는 금지요건이 불확정 개념으로 규정되어 있어 그 금지요건의 판단에 행정청의 재량이 있기 때문에 토지형질변경행위를 수반하는 건축허가는 재량행위에 속한다.

⑤ 공무원 임용을 위한 면접전형에서 임용신청자의 능력이나 적격성 등에 관한 판단은 면접위원의 고도의 교양과 학식, 경험에 기초한 자율적 판단에 의존하는 것으로서 면접위원의 재량에 속한다.

해설

① (O) 「약사법」 제26조 및 동법 시행규칙 제53조에 의한 허가사항 변경허가에 있어서 소관행정청은 그 허가신청이 위 법조의 요건에 합치하는 때에는 특별한 사정이 없는 한 이를 허가하여야 하고 공익상 필요가 없음에도 불구하고 허가를 거부할 수 없다는 의미에서 그 허가 여부는 기속재량에 속하는 것이다(대판 1985.12.10., 85누674).

② (O) 공유수면 점용허가는 공유수면 관리청이 공공 위해의 예방 경감과 공공 복리의 증진에 기여함에 적당하다고 인정하는 경우에 그 자유재량에 의하여 허가의 여부를 결정하여야 할 것이므로, 공유수면 점용허가를 필요로 하는 채광계획 인가신청에 대하여도, 공유수면 관리청이 재량적 판단에 의하여 공유수면 점용을 허가 여부를 결정할 수 있고, 그 결과 공유수면 점용을 허용하지 않기로 결정하였다면, 채광계획 인가관청은 이를 사유로 하여 채광계획을 인가하지 아니할 수 있는 것이다(대판 2002.10.11., 2001두151).

③ (X) 「식품위생법」상의 대중음식점영업허가는 강학상 허가에 해당하여 원칙적으로 기속이다.

> 「식품위생법」상 대중음식점영업허가는 성질상 일반적 금지에 대한 해제에 불과하므로 허가권자는 허가신청이 법에서 정한 요건을 구비한 때에는 허가하여야 하고 관계법규에서 정하는 제한사유 이외의 사유를 들어 허가신청을 거부할 수 없다(대판 1993.5.27., 93누2216).

④ (O) 토지의 형질변경허가는 그 금지요건이 불확정 개념으로 규정되어 있어 그 금지요건에 해당하는지 여부를 판단함에 있어서 행정청에게 재량권이 부여되어 있다고 할 것이므로, 국토계획법에 의하여 지정된 도시지역 안에서 토지의 형질변경행위를 수반하는 건축허가는 결국 재량행위에 속한다(대판 2010.2.25., 2009두19960).

⑤ (O) 공무원 임용을 위한 면접전형에 있어서 임용신청자의 능력이나 적격성 등에 관한 판단은 면접위원의 고도의 교양과 학식, 경험에 기초한 자율적 판단에 의존하는 것으로서 오로지 면접위원의 자유재량에 속하고, 그와 같은 판단이 현저하게 재량권을 일탈 내지 남용한 것이 아니라면 이를 위법하다고 할 수 없다(대판 1997.11.28., 97누11911).

정답 | ③

관련기출 옳은지문

- 토지의 형질변경행위를 수반하는 건축허가는 「건축법」에 의한 건축허가와 「국토의 계획 및 이용에 관한 법률」에 의한 개발행위허가의 성질을 아울러 갖게 되므로 재량행위에 해당한다. 19서울시9급

- 공유수면 점용허가는 특정인에게 공유수면 이용권이라는 독점적 권리를 설정하여 주는 처분으로서 그 처분의 여부 및 내용의 결정은 원칙적으로 행정청의 재량에 속한다. 21국가직7급

238

기속행위와 재량행위에 관한 설명으로 옳지 않은 것은? (다툼이 있는 경우 판례에 의함)

① 재외동포에 대한 사증발급은 행정청의 재량행위에 속하는 것으로서, 재외동포가 사증발급을 신청한 경우에「출입국관리법 시행령」[별표 1의2]에서 정한 재외동포체류자격의 요건을 갖추었다고 해서 무조건 사증을 발급해야 하는 것은 아니다.
②「행정기본법」상 행정청은 재량이 있는 처분을 할 때에는 관련 이익을 정당하게 형량하여야 하며, 그 재량권의 범위를 넘어서는 아니 된다.
③ 구「여객자동차 운수사업법」에 의한 개인택시 운송사업면허는 특정인에게 권리나 이익을 부여하는 이른바 수익적 행정행위로서 법령에 특별한 규정이 없는 한 재량행위이다.
④ 육아휴직과 관련하여「국가공무원법」제73조 제2항에 따른 복직명령은 재량행위이므로 국가공무원이 휴직의 사유가 소멸하였음을 이유로 복직을 신청하는 경우 임용권자가 지체 없이 복직명령을 하여야 하는 것은 아니다.

238	
기출처	2025 소방직
난이도	★★
키워드	행정행위의 종류

해설

① (○) 대판 2019.7.11., 2017두38874
② (○)「행정기본법」제21조
③ (○) 개인택시 운송사업면허는 특정인에게 권리나 이익을 부여하는 행정행위로서 법령에 특별한 규정이 없는 한 재량행위이고, 그 면허에 필요한 기준을 정하는 것 역시 행정청의 재량에 속하는 것이므로 그 기준이 객관적으로 보아 합리적이 아니라든가 타당하지 아니하여 재량권을 남용한 것이라고 인정되지 아니하는 이상 행정청의 의사는 가능한 한 존중되어야 한다(대판 2005.4.28., 2004두8910).
④ 빈출 (×) 육아휴직 중 그 사유가 소멸하였는지는 해당 자녀가 사망하거나 초등학교에 취학하는 등으로 양육대상에 관한 요건이 소멸한 경우뿐만 아니라 육아휴직 중인 교육공무원에게 해당 자녀를 더 이상 양육할 수 없거나, 양육을 위하여 휴직할 필요가 없는 사유가 발생하였는지 여부도 함께 고려하여야 하고,「국가공무원법」제73조 제2항의 문언에 비추어 복직명령은 기속행위이므로 휴직사유가 소멸하였음을 이유로 신청하는 경우 임용권자는 지체 없이 복직명령을 하여야 한다(대판 2014.6.12., 2012두4852).

정답 | ④

239 〈필수〉

재량행위에 대한 설명으로 옳지 않은 것은? (다툼이 있는 경우 판례에 의함)

① 귀화신청인이 구 「국적법」에서 정한 귀화요건을 갖추지 못한 경우에도 법무부장관은 귀화 허부에 관한 재량권을 행사할 수 있고, 재량권행사 결과에 따라 귀화불허처분을 할 수 있다.
② 처분을 할 것인지 여부와 처분의 정도에 관하여 재량이 인정되는 과징금 납부명령에 대하여 그 명령이 재량권을 일탈하였을 경우, 법원으로서는 재량권의 범위 내에서 어느 정도가 적정한 것인지에 관하여는 판단할 수 없다.
③ 행정청의 재량에 속하는 처분이라도 재량권의 한계를 넘거나 그 남용이 있는 때에는 법원은 이를 취소할 수 있다.
④ 「야생동·식물보호법」에 의한 용도변경승인은 특정인에게만 용도 외의 사용을 허용해주는 권리나 이익을 부여하는 이른바 수익적 행정행위로서 법령에 특별한 규정이 없는 한 재량행위이다.
⑤ 처분이 재량권을 일탈·남용하였다는 사정은 그 처분의 효력을 다투는 자가 주장·증명하여야 한다.

해설

① **빈출** (×) 귀화신청인이 구 「국적법」(2017.12.19. 법률 제15249호로 개정되기 전의 것) 제5조 각 호에서 정한 귀화요건을 갖추지 못한 경우 법무부장관은 귀화 허부에 관한 재량권을 행사할 여지 없이 귀화불허처분을 하여야 한다(대판 2018.12.13., 2016두31616).
② **빈출** (○) 처분을 할 것인지 여부와 처분의 정도에 관하여 재량이 인정되는 과징금 납부명령에 대하여 그 명령이 재량권을 일탈하였을 경우, 법원으로서는 재량권의 일탈 여부만 판단할 수 있을 뿐이지 재량권의 범위 내에서 어느 정도가 적정한 것인지에 관하여는 판단할 수 없어 그 전부를 취소할 수밖에 없고, 법원이 적정하다고 인정하는 부분을 초과한 부분만 취소할 수는 없다(대판 2009.6.23., 2007두18062).
③ **빈출** (○) 행정청의 재량에 속하는 처분이라도 재량권의 한계를 넘거나 그 남용이 있는 때에는 법원은 이를 취소할 수 있다(「행정소송법」 제27조).
④ **빈출** (○) 「야생동·식물보호법」 제16조 제3항에 의한 용도변경승인 행위 및 용도변경의 불가피성 판단에 필요한 기준을 정하는 행위의 법적 성질은 재량행위이다(대판 2011.1.27., 2010두23033).
⑤ **빈출** (○) 재량권의 일탈·남용 여부에 대한 심사는 사실오인, 비례·평등의 원칙 위배 등을 그 판단대상으로 하며, 이러한 재량권의 일탈·남용에 대하여는 그 행정행위의 효력을 다투는 사람이 증명책임을 진다(대판 1987.12.8., 87누861).

정답 | ①

240
재량과 판단여지에 관한 판례의 내용으로 가장 적절하지 않은 것은? (다툼이 있는 경우 판례에 의함)

① 환경오염 발생 우려와 같이 장래에 발생할 불확실한 상황과 파급효과에 대한 예측이 필요한 요건에 관한 허가권자의 재량적 판단은 형평이나 비례의 원칙에 뚜렷하게 배치되는 등의 사정이 없는 한 폭넓게 존중하여야 한다.
② 특정인에게 공유수면 이용권이라는 독점적 권리를 설정하여 주는 것과 같은 재량처분에 있어서는 재량권 행사의 기초가 되는 사실인정에 오류가 있거나 그에 대한 법령적용에 잘못이 없는 한 처분이 위법하다고 할 수 없다.
③ 공무원 임용을 위한 면접전형에서 임용신청자의 능력이나 적격성 등에 관한 판단은 면접위원의 고도의 교양과 학식, 경험에 기초한 자율적 판단에 의존하는 것으로서 오로지 면접위원의 자유재량에 속한다.
④ 「국토의 계획 및 이용에 관한 법률」상 개발행위허가는 허가기준 및 금지요건이 불확정 개념으로 규정된 부분이 많다고 하더라도 가능한 한 이를 엄격히 해석하여야 하므로, 그 요건에 해당하는지 여부는 행정청의 재량판단의 영역에 속한다고 할 수 없다.

240	
기출처	2024 군무원 7급
난이도	★★
키워드	행정행위의 종류

해설

① (○) '환경오염 발생 우려'와 같이 장래에 발생할 불확실한 상황과 파급효과에 대한 예측이 필요한 요건에 관한 행정청의 재량적 판단은 그 내용이 현저히 합리성을 결여하였다거나 상반되는 이익이나 가치를 대비해 볼 때 형평이나 비례의 원칙에 뚜렷하게 배치되는 등의 사정이 없는 한 폭넓게 존중하여야 한다(대판 2021.7.29., 2021두33593).
② (○) 공유수면의 점·사용허가는 특정인에게 공유수면 이용권이라는 독점적 권리를 설정하여 주는 처분으로서 그 처분의 여부 및 내용의 결정은 원칙적으로 행정청의 재량에 속한다고 할 것이고, 이와 같은 재량처분에 있어서는 그 재량권 행사의 기초가 되는 사실인정에 오류가 있거나 그에 대한 법령적용에 잘못이 없는 한 그 처분이 위법하다고 할 수 없다(대판 2004.5.28., 2002두5016).
③ (○) 공무원 임용을 위한 면접전형에서 임용신청자의 능력이나 적격성 등에 관한 판단은 면접위원의 고도의 교양과 학식, 경험에 기초한 자율적 판단에 의존하는 것으로서 오로지 면접위원의 자유재량에 속하고, 그와 같은 판단이 현저하게 재량권을 일탈·남용하지 않은 한 이를 위법하다고 할 수 없다(대판 2008.12.24., 2008두8970).
④ (×) 이러한 개발행위허가는 그 금지요건·허가기준 등이 불확정 개념으로 규정된 부분이 많아 그 요건·기준에 부합하는지의 판단에 관하여 행정청에 재량권이 부여되어 있으므로, 그 요건에 해당하는지 여부는 행정청의 재량판단 영역에 속한다(대판 2018.12.27., 2018두49796).

정답 | ④

241

기속행위와 재량행위에 대한 설명으로 옳은 것은? (다툼이 있는 경우 판례에 의함)

① 법원은 최근 기존의 입장을 변경하여 재량행위 외에 기속행위나 기속적 재량행위에도 부관을 붙일 수 있는 것으로 보고 있고, 이러한 부관이 있는 경우 특별한 사정이 없는 한 당사자는 부관의 내용을 이행하여야 할 의무를 진다.

② 건축허가를 하면서 일정 토지를 기부채납하도록 하는 내용의 허가조건을 붙였다면 원칙상 취소사유로 보아야 한다.

③ 「건축법」상 건축허가신청의 경우 심사 결과 그 신청이 법정요건에 합치하는 경우라 할지라도 소음공해, 먼지발생, 주변인 집단민원 등의 사유가 있는 경우 이를 불허가사유로 삼을 수 있고, 그러한 불허가처분이 비례원칙 등을 준수하였다면 처분 자체의 위법성은 인정될 수 없다.

④ 법이 과징금 부과처분에 대한 임의적 감경규정을 두었다면 감경 여부는 행정청의 재량에 속한다고 할 것이나, 행정청이 감경사유가 있음에도 이를 전혀 고려하지 않았거나 감경사유에 해당하지 않는다고 오인한 나머지 과징금을 감경하지 않았다면 그 과징금 부과처분은 재량을 일탈하거나 남용한 위법한 처분으로 보아야 한다.

해설

① (×) 기속에는 부관을 붙일 수 없고 만약 기속에 부관을 붙였다면 이는 무효에 해당된다는 것이 대법원의 입장이다.

> 일반적으로 기속행위나 기속적 재량행위에는 부관을 붙일 수 없고, 가사 부관을 붙였다 하더라도 무효이다(대판 1988.4.27., 87누1106).

고득점 플러스+

「행정기본법」 제17조【부관】① 행정청은 처분에 재량이 있는 경우에는 부관(조건, 기한, 부담, 철회권의 유보 등을 말한다. 이하 이 조에서 같다)을 붙일 수 있다.
② 행정청은 처분에 재량이 없는 경우에는 법률에 근거가 있는 경우에 부관을 붙일 수 있다.

② (×) 건축허가는 원칙적으로 기속이다. 법에 근거 없이 붙은 부관은 무효이다.

> 건축허가를 하면서 일정 토지를 기부채납하도록 하는 내용의 허가조건은 부관을 붙일 수 없는 기속행위 내지 기속적 재량행위인 건축허가에 붙인 부담이거나 또는 법령상 아무런 근거가 없는 부관이어서 무효이다(대판 1995.6.13., 94다56883).

③ (×) 건축허가는 기속을 원칙으로 하여 법에 규정된 제한사유나 공익에 반하는 경우가 아니면 인근주민의 민원 등을 이유로 허가를 거부할 수 없다.

> 이 사건 건축불허가처분의 사유로 삼은 것은 관계 법규에서 정하는 건축허가의 제한사유에 해당하지 아니하고, 인근 주민 내지 기존 주소지 사업자들의 반대 그 자체가 건축허가 여부를 판단함에 있어 적법한 기준이 될 수 없으며, 이 사건 주유소 건축으로 인한 기존 주유소사업자들의 영업상 손실을 공익상의 손실로 보기 어려운 점 등에 비추어 보면, 기존 주유소 사업자의 생계 위협 및 위험시설물인 주유소 설치에 따른 집단민원 발생이 이 사건 주유소의 건축허가를 제한할 만한 중대한 공익상의 필요에 해당한다고 보기 어려우므로, 이 사건 건축불허가처분은 위법하다고 판단하였다(대판 2012.11.22., 2010두22962).

④ (○) 법이 재량으로 규정한 행정을 행정청이 재량을 행사하지 않은 경우에 재량의 불행사로서 대법원에 의하면 재량의 일탈·남용으로서 위법하다고 한다.

> 실권리자명의 등기의무를 위반한 명의신탁자에 대하여 부과하는 과징금의 감경에 관한 「부동산 실권리자명의 등기에 관한 법률 시행령」 제3조의2 단서는 임의적 감경규정임이 명백하므로, 그 감경사유가 존재하더라도 과징금 부과관청이 감경사유까지 고려하고도 과징금을 감경하지 않은 채 과징금 전액을 부과하는 처분을 한 경우에는 이를

위법하다고 단정할 수는 없으나, 위 감경사유가 있음에도 이를 전혀 고려하지 않았거나 감경사유에 해당하지 않는다고 오인한 나머지 과징금을 감경하지 않았다면 그 과징금 부과처분은 재량권을 일탈·남용한 위법한 처분이라고 할 수밖에 없다(대판 2010.7.15., 2010두7031).

정답 | ④

242
기속행위와 재량행위에 대한 설명으로 옳지 <u>않은</u> 것은? (다툼이 있는 경우 판례에 의함)

① 재량행위는 요건이 충족되어도 공익과의 이익형량을 통하여 법에 정해진 효과를 부여하지 않을 수 있다.
② 기속행위의 경우 법원이 사실인정과 관련 법규의 해석·적용을 통하여 일정한 결론을 도출한 후 그 결론에 비추어 행정청이 한 판단의 적법 여부를 독자의 입장에서 판정한다.
③ 의제되는 인·허가가 재량행위인 경우에는 주된 인·허가가 기속행위인 경우에도 인·허가가 의제되는 한도 내에서 재량행위로 보아야 한다.
④ 사실의 존부에 대한 판단에도 재량권이 인정될 수 있으므로, 사실을 오인하여 재량권을 행사한 경우라도 처분이 위법한 것은 아니다.

242
기출처	2020 국가직 7급
난이도	★★
키워드	행정행위의 종류

해설

① (○) 행정청의 재량은 법이 정한 요건을 충족한 경우에도 공익 여부에 따라 처분을 하지 않을 수 있다.
② <u>빈출</u> (○) 기속에 대한 사법심사는 법원이 관련 법규의 해석을 통해 일정한 결론을 도출할 수 있으나, 재량의 경우에는 법원이 공익에 부합되는 일정한 결론을 도출할 수 없고, 재량의 일탈이나 남용 여부만을 심사할 수 있을 뿐이다.

> 행정행위가 그 재량성의 유무 및 범위와 관련하여 이른바 기속행위 내지 기속재량행위와 재량행위 내지 자유재량행위로 구분된다고 할 때, 그 구분은 당해 행위의 근거가 된 법규의 체재·형식과 그 문언, 당해 행위가 속하는 행정 분야의 주된 목적과 특성, 당해 행위 자체의 개별적 성질과 유형 등을 모두 고려하여 판단하여야 하고, 이렇게 구분되는 양자에 대한 사법심사는, 전자의 경우 그 법규에 대한 원칙적인 기속성으로 인하여 법원이 사실인정과 관련 법규의 해석·적용을 통하여 일정한 결론을 도출한 후 그 결론에 비추어 행정청이 한 판단의 적법 여부를 독자의 입장에서 판정하는 방식에 의하게 되나, 후자의 경우 행정청의 재량에 기한 공익판단의 여지를 감안하여 법원은 독자의 결론을 도출함이 없이 당해 행위에 재량권의 일탈·남용이 있는지 여부만을 심사하게 되고, 이러한 재량권의 일탈·남용 여부에 대한 심사는 사실오인, 비례·평등의 원칙 위배, 당해 행위의 목적 위반이나 동기의 부정 유무 등을 그 판단대상으로 한다(대판 2001.2.9., 98두17593).

③ <u>빈출</u> (○) 주된 인·허가가 기속인 경우에도 의제되어지는 인·허가가 재량이라면 주된 인·허가도 재량이 된다.

> 국토계획법이 정한 용도지역 안에서 토지의 형질변경행위·농지전용행위를 수반(의제)하는 건축허가는 「건축법」 제11조 제1항에 의한 건축허가와 위와 같은 개발행위허가 및 농지전용허가의 성질을 아울러 갖게 되므로 이 역시 재량행위에 해당한다(대판 2017.10.12., 2017두48956).

④ <u>빈출</u> (×) 사실의 존부에 대한 판단은 fact의 문제이지 행정청의 재량영역이 아니다. 따라서 사실을 오인하여 재량을 행사한 경우 처분은 위법하다.

> 법원의 심사결과 행정청의 재량행위가 사실오인 등에 근거한 것이라고 인정된다면 이는 재량권을 일탈·남용한 것으로서 위법하여 그 취소를 면치 못한다(대판 2001.7.27., 99두2970).

정답 | ④

243

행정행위에 대한 설명으로 옳지 않은 것은?

① 개인택시 운송사업의 양도·양수가 있고 그에 대한 인가가 있은 후 그 양도·양수 이전에 있었던 양도인에 대한 운송사업면허 취소사유(음주운전 등으로 인한 자동차운전면허의 취소)를 들어 양수인의 운송사업면허를 취소한 것은 위법하다.

② 공무원 임용을 위한 면접전형에서 임용신청자의 능력이나 적격성 등에 관한 판단은 면접위원의 고도의 교양과 학식, 경험에 기초한 자율적 판단에 의존하는 것으로서 면접위원의 자유재량에 속하고, 그와 같은 판단이 현저하게 재량권을 일탈·남용하지 않은 한 이를 위법하다고 할 수 없다.

③ 「가축분뇨의 관리 및 이용에 관한 법률」에 따른 가축분뇨 처리방법 변경허가는 허가권자의 재량행위에 해당한다.

④ 처분의 근거 법령이 행정청에 처분의 요건과 효과 판단에 관하여 일정한 재량을 부여하였는데도, 행정청이 자신에게 재량권이 없다고 오인하여 전혀 비교형량하지 않은 채 처분을 하였다면, 이는 재량권 불행사로서 그 자체로 재량권 일탈·남용에 해당한다.

해설

① (×) 개인택시 운송사업의 양도·양수가 있고 그에 대한 인가가 있은 후 그 양도·양수 이전에 있었던 양도인에 대한 운송사업면허 취소사유(음주운전 등으로 인한 자동차운전면허의 취소)를 들어 양수인의 운송사업면허를 취소한 것은 정당하다(대판 1998.6.26., 96누18960).

② (○) 공무원 임용을 위한 면접전형에서 임용신청자의 능력이나 적격성 등에 관한 판단은 면접위원의 고도의 교양과 학식, 경험에 기초한 자율적 판단에 의존하는 것으로서 오로지 면접위원의 자유재량에 속하고, 그와 같은 판단이 현저하게 재량권을 일탈·남용하지 않은 한 이를 위법하다고 할 수 없다(대판 2008.12.24., 2008두8970).

③ (○) 「가축분뇨의 관리 및 이용에 관한 법률」에 따른 가축분뇨 처리방법 변경허가가 허가권자의 재량행위에 해당한다(대판 2021.6.30., 2021두35681).

④ (○) 처분의 근거 법령이 행정청에 처분의 요건과 효과 판단에 일정한 재량을 부여하였는데도, 행정청이 자신에게 재량권이 없다고 오인한 나머지 처분으로 달성하려는 공익과 그로써 처분상대방이 입게 되는 불이익의 내용과 정도를 전혀 비교형량하지 않은 채 처분을 하였다면, 이는 재량권 불행사로서 그 자체로 재량권 일탈·남용으로 해당 처분을 취소하여야 할 위법사유가 된다(대판 2019.7.11., 2017두38874).

정답 | ①

244

행정행위에 관한 설명으로 옳지 않은 것은? (다툼이 있는 경우 판례에 의함)

① 행정행위의 부관 중 행정행위에 부수하여 그 상대방에게 일정한 의무를 부과하는 행정청의 의사표시인 부담은 그 자체만으로 행정소송의 대상이 될 수 있다.
② 현역입영대상자는 현역병입영통지처분에 따라 현실적으로 입영을 하였다 할지라도, 입영 이후의 법률관계에 영향을 미치고 있는 현역병입영통지처분을 한 관할 지방병무청장을 상대로 위법을 주장하여 그 취소를 구할 수 있다.
③ 재량행위가 법령이나 평등원칙을 위반한 경우뿐만 아니라 합목적성의 판단을 그르친 경우에도 위법한 처분으로서 행정소송의 대상이 된다.
④ 허가의 신청 후 법령의 개정으로 허가기준이 변경된 경우에는 신청할 당시의 법령이 아닌 행정행위 발령 당시의 법령을 기준으로 허가 여부를 판단하는 것이 원칙이다.

244	
기출처	2021 소방직
난이도	★★
키워드	행정행위의 종류

해설

① (O) 부관 중 부담은 그 자체로서 독립된 처분의 성질을 갖게 되어 항고소송의 대상이 된다.

> 행정행위의 부관은 행정행위의 일반적인 효력이나 효과를 제한하기 위하여 의사표시의 주된 내용에 부가되는 종된 의사표시이지 그 자체로서 직접 법적 효과를 발생하는 독립된 처분이 아니므로 현행 행정쟁송제도 아래서는 부관 그 자체만을 독립된 쟁송의 대상으로 할 수 없는 것이 원칙이나 행정행위의 부관 중에서도 행정행위에 부수하여 그 행정행위의 상대방에게 일정한 의무를 부과하는 행정청의 의사표시인 부담의 경우에는 다른 부관과는 달리 행정행위의 불가분적인 요소가 아니고 그 존속이 본체인 행정행위의 존재를 전제로 하는 것일 뿐이므로 부담 그 자체로서 행정쟁송의 대상이 될 수 있다(대판 1992.1.21., 91누1264).

② (O) 현역입영대상자로서는 현실적으로 입영을 하였다고 하더라도, 입영 이후의 법률관계에 영향을 미치고 있는 현역병입영통지처분 등을 한 관할 지방병무청장을 상대로 위법을 주장하여 그 취소를 구할 소송상의 이익이 있다(대판 2003.12.26., 2003두1875).
③ (×) 행정청에게 부여된 재량의 범위를 일탈한 경우나 행정법의 일반원칙에 반하는 재량의 남용은 위법한 처분이다. 하지만 일탈이나 남용이 없는 범위 내에서 공익적 판단(합목적성)을 그르친 경우에는 부당에 해당될 뿐 위법한 처분은 아니다.
④ 빈출 (O) 허가기준에 대한 신청시의 법령과 처분시 법령이 상이한 경우 정당한 사유 없이 심사를 지연한 경우가 아닌 한 처분시 법령에 따라 허가 여부를 판단한다.

> 허가 등의 행정처분은 원칙적으로 처분시의 법령과 허가기준에 의하여 처리되어야 하고 허가신청 당시의 기준에 따라야 하는 것은 아니며, 비록 허가신청 후 허가기준이 변경되었다 하더라도 그 허가관청이 허가신청을 수리하고도 정당한 이유 없이 그 처리를 늦추어 그 사이에 허가기준이 변경된 것이 아닌 이상 변경된 허가기준에 따라서 처분을 하여야 한다(대판 1996.8.20., 95누10877).

정답 | ③

245

행정행위에 대한 설명으로 옳지 않은 것은? (다툼이 있는 경우 판례에 의함)

① 재량에 의한 행정처분이 그 재량권의 한계를 벗어난 것이어서 위법하다는 점은 그 행정처분의 효력을 다투는 자가 이를 주장·입증하여야 하고, 처분청이 그 재량권의 행사가 정당한 것이었다는 점까지 주장·입증할 필요는 없다.

② 행정청이 제재처분 양정을 하면서 처분 상대방에게 법령에서 정한 임의적 감경사유가 있는 경우, 그 감경사유까지 고려하고도 감경하지 않은 채 개별처분기준에서 정한 상한으로 처분을 한 경우에는 재량권을 일탈·남용하였다고 보아야 한다.

③ 허가신청 후 허가기준이 변경된 경우에는 원칙적으로 처분시의 기준인 변경된 허가기준에 따라서 처분하여야 한다.

④ 학교법인의 임원이 교비회계 자금을 법인회계로 부당전출하였고, 업무 집행에 있어서 직무를 태만히 하여 학교법인이 이를 시정하기 위한 노력을 하였으나 결과적으로 대부분의 시정 요구 사항이 이행되지 아니하였던 점 등을 고려하면, 교육부장관의 임원승인취소처분은 재량권을 일탈·남용한 것으로 볼 수 없다.

해설

① **빈출** (○) 자유재량에 의한 행정처분이 그 재량권의 한계를 벗어난 것이어서 위법하다는 점은 그 행정처분의 효력을 다투는 자가 이를 주장·입증하여야 하고 처분청이 그 재량권의 행사가 정당한 것이었다는 점까지 주장·입증할 필요는 없다(대판 1987.12.8., 87누861).

② **빈출** (×) 행정청이 제재처분 양정을 하면서 공익과 사익의 형량을 전혀 하지 않았거나 이익형량의 고려대상에 마땅히 포함하여야 할 사항을 누락한 경우 또는 이익형량을 하였으나 정당성·객관성이 결여된 경우에는 제재처분은 재량권을 일탈·남용한 것이라고 보아야 한다. 처분 상대방에게 법령에서 정한 임의적 감경사유가 있는 경우에, 행정청이 감경사유까지 고려하고도 감경하지 않은 채 개별처분기준에서 정한 상한으로 처분을 한 경우에는 재량권을 일탈·남용하였다고 단정할 수는 없으나, 행정청이 감경사유를 전혀 고려하지 않았거나 감경사유에 해당하지 않는다고 오인하여 개별처분기준에서 정한 상한으로 처분을 한 경우에는 마땅히 고려대상에 포함하여야 할 사항을 누락하였거나 고려대상에 관한 사실을 오인한 경우에 해당하여 재량권을 일탈·남용한 것이라고 보아야 한다(대판 2020.6.25., 2019두52980).

③ **빈출** (○) 허가 등의 행정처분은 원칙적으로 처분시의 법령과 허가기준에 의하여 처리되어야 하고 허가신청 당시의 기준에 따라야 하는 것은 아니며, 비록 허가신청 후 허가기준이 변경되었다 하더라도 그 허가관청이 허가신청을 수리하고도 정당한 이유 없이 그 처리를 늦추어 그 사이에 허가기준이 변경된 것이 아닌 이상 변경된 허가기준에 따라서 처분을 하여야 한다(대판 1996.8.20., 95누10877).

④ (○) 학교법인의 임원취임승인취소처분에 대한 취소소송에서, 교비회계자금을 법인회계로 부당전출한 위법성의 정도와 임원들의 이에 대한 가공의 정도가 가볍지 아니하고, 학교법인이 행정청의 시정 요구에 대하여 이를 시정하기 위한 노력을 하였다고는 하나 결과적으로 대부분의 시정 요구 사항이 이행되지 아니하였던 사정 등을 참작하여, 위 취소처분이 재량권을 일탈·남용하였다고 볼 수 없다(대판 2007.7.19., 2006두19297 전합).

정답 | ②

246

행정행위에 대한 설명으로 옳지 않은 것은?

① 여객자동차운송사업의 한정면허는 특정인에게 권리나 이익을 부여하는 수익적 행정행위로서 재량행위에 해당한다.
② 난민 인정에 관한 신청을 받은 행정청은 원칙적으로 법령이 정한 난민 요건에 해당하는지를 심사하여 난민 인정 여부를 결정할 수 있을 뿐이고, 법령이 정한 난민 요건과 무관한 다른 사유만을 들어 난민 인정을 거부할 수는 없다.
③ 자동차관리사업자로 구성하는 사업자단체 설립인가는 인가권자가 가지는 지도·감독 권한의 범위 등과 아울러 설립인가에 관하여 구체적인 기준이 정하여져 있지 않은 점 등에 비추어 재량행위로 보아야 한다.
④ 공익법인의 기본재산 처분허가에 부관을 붙인 경우, 그 처분허가의 법적 성질은 명령적 행정행위인 허가에 해당하며 조건으로서 부관의 부과가 허용되지 아니한다.

246		1 2 3
기출처	2024 국가직 9급	
난이도	★★	
키워드	행정행위의 종류	

해설

① (O) 여객자동차운송사업의 한정면허는 특정인에게 권리나 이익을 부여하는 수익적 행정행위로서, 교통수요, 운송업체의 수송 및 공급능력 등에 관한 기술적·전문적 판단이 필요하고, 원활한 운송체계의 확보, 일반 공중의 교통 편의성 제고 등 운수행정을 통한 공익적 측면과 함께 관련 운송사업자들 사이의 이해관계 조정 등 사익적 측면을 고려하는 등 합목적성과 구체적 타당성을 확보하기 위한 적합한 기준에 따라야 하므로, 그 범위 내에서는 법령이 특별히 규정한 바가 없으면 행정청이 재량을 보유하고 이는 한정면허가 기간만료로 실효되어 갱신되는 경우에도 마찬가지이다. 따라서 한정면허가 신규로 발급되는 때는 물론이고 한정면허의 갱신 여부를 결정하는 때에도 관계 법규 내에서 한정면허의 기준이 충족되었는지를 판단하는 것은 관할 행정청의 재량에 속한다(대판 2020.6.11., 2020두34384).

② (O) 구 「출입국관리법」 제2조 제3호, 제76조의2 제1항·제3항·제4항, 구 「출입국관리법 시행령」 제88조의2, 「난민의 지위에 관한 협약」 제1조, 난민의 지위에 관한 의정서 제1조의 문언, 체계와 입법 취지를 종합하면, 난민 인정에 관한 신청을 받은 행정청은 원칙적으로 법령이 정한 난민 요건에 해당하는지를 심사하여 난민 인정 여부를 결정할 수 있을 뿐이고, 이와 무관한 다른 사유만을 들어 난민 인정을 거부할 수는 없다(대판 2017.12.5., 2016두42913).

③ (O) 구 「자동차관리법」상 자동차관리사업자로 구성하는 사업자단체인 조합 또는 협회설립인가 제도의 입법 취지·조합 등에 대하여 인가권자가 가지는 지도·감독 권한의 범위 등과 아울러 「자동차관리법」상 조합 등 설립인가에 관하여 구체적인 기준이 정하여져 있지 않은 점에 비추어 보면, … 사업자단체 설립의 공익적 목적에 부합하는지 등을 함께 검토하여 설립인가 여부를 결정할 재량을 가진다(대판 2015.5.29., 2013두635).

④ **빈출** (×) 「공익법인의 기본재산의 처분에 관한 공익법인의 설립·운영에 관한 법률」 제11조 제3항의 규정은 강행규정으로서 이에 위반하여 주무관청의 허가를 받지 않고 기본재산을 처분하는 것은 무효라 할 것인데, 위 처분허가에 부관을 붙인 경우 그 처분허가의 법률적 성질이 형성적 행정행위로서의 인가에 해당한다고 하여 조건으로서의 부관의 부과가 허용되지 아니한다고 볼 수는 없고, 다만 구체적인 경우에 그것이 조건, 기한, 부담, 철회권의 유보 중 어느 종류의 부관에 해당하는지는 당해 부관의 내용, 경위 기타 제반 사정을 종합하여 판단하여야 할 것이다(대판 2005.9.28., 2004다50044).

정답 | ④

03 행정행위의 내용

247 «필수»

247 | 기출처: 2025 국가직 9급 | 난이도: ★★ | 키워드: 행정행위의 내용

행정행위에 대한 설명으로 옳은 것은?

① 사실상 영업이 양도·양수되었지만 승계신고 및 그 수리처분이 있기 이전에 양도인이 양수인으로 하여금 영업을 하도록 허락하였다면 양수인의 영업 중 발생한 위반행위에 대한 행정적인 책임은 양도인에게 귀속된다.

② 산림청장이 「산림법」 등이 정하는 바에 따라 국유임야를 대부하는 행위는 사경제주체로서 하는 사법상 계약이지만, 이 대부계약에 의한 대부료 부과조치는 행정청이 공권력의 주체로서 일방적으로 행하는 행정처분이다.

③ 인가처분에 하자가 없더라도 기본행위에 하자가 있다면, 기본행위의 하자를 내세워 바로 그에 대한 행정청의 인가처분의 취소를 구할 수 있다.

④ 행정청이 행정처분을 하면서 논리적으로 당연히 수반되어야 하는 의사표시를 명시적으로 하지 않았다면, 그것이 행정청의 추단적 의사에 부합하고 상대방이 이를 알 수 있는 경우에도, 행정처분에 이와 같은 의사표시가 묵시적으로 포함되어 있다고 볼 수 없다.

해설

① (○) 양도인이 그의 의사에 따라 양수인에게 영업을 양도하면서 양수인으로 하여금 영업을 하도록 허락하였다면 그 양수인의 영업 중 발생한 위반행위에 대한 행정적인 책임은 영업허가자인 양도인에게 귀속된다고 보아야 할 것이다(대판 1995.2.24., 94누9146).

② (×) 산림청장이나 그로부터 권한을 위임받은 행정청이 「산림법」 등이 정하는 바에 따라 국유임야를 대부하거나 매각하는 행위는 사경제적 주체로서 상대방과 대등한 입장에서 하는 사법상 계약이지 행정청이 공권력의 주체로서 상대방의 의사 여하에 불구하고 일방적으로 행하는 행정처분이라고 볼 수 없으며 이 대부계약에 의한 대부료 부과조치 역시 사법상 채무이행을 구하는 것으로 보아야지 이를 행정처분이라고 할 수 없다(대판 1993.12.7., 91누11612).

③ **빈출** (×) 인가처분에 하자가 없다면 기본행위에 하자가 있다 하더라도 따로 그 기본행위의 하자를 다투는 것은 별론으로 하고 기본행위의 무효를 내세워 바로 그에 대한 행정청의 인가처분의 취소 또는 무효확인을 소구할 법률상의 이익이 있다고 할 수 없다(대판 2001.12.11., 2001두7541).

④ (×) 처분서의 문언만으로는 행정청이 어떤 처분을 하였는지 불분명한 경우에는 처분 경위와 목적, 처분 이후 상대방의 태도 등 여러 사정을 고려하여 처분서의 문언과 달리 처분의 내용을 해석할 수 있다. 특히 행정청이 행정처분을 하면서 논리적으로 당연히 수반되어야 하는 의사표시를 명시적으로 하지 않았다고 하더라도, 그것이 행정청의 추단적 의사에도 부합하고 상대방도 이를 알 수 있는 경우에는 행정처분에 위와 같은 의사표시가 묵시적으로 포함되어 있다고 볼 수 있다(대판 2020.10.29., 2017다269152).

정답 | ①

248 필수

甲은 강학상 허가에 해당하는 「식품위생법」상 영업허가를 신청하였다. 이에 대한 설명으로 옳은 것은? (다툼이 있는 경우 판례에 의함)

① 甲이 공무원인 경우 허가를 받으면 이는 「식품위생법」상의 금지를 해제할 뿐만 아니라 「국가공무원법」상의 영리업무금지까지 해제하여 주는 효과가 있다.
② 甲이 허가를 신청한 이후 관계 법령이 개정되어 허가요건을 충족하지 못하게 된 경우, 행정청이 허가신청을 수리하고도 정당한 이유 없이 그 처리를 늦추어 그 사이에 허가기준이 변경된 것이 아닌 이상 甲에게는 불허가처분을 하여야 한다.
③ 甲에게 허가가 부여된 이후 乙에게 또 다른 신규허가가 행해진 경우, 甲에게는 특별한 규정이 없더라도 乙에 대한 신규허가를 다툴 수 있는 원고적격이 인정되는 것이 원칙이다.
④ 甲에 대해 허가가 거부되었음에도 불구하고 甲이 영업을 한 경우, 당해 영업행위는 사법(私法)상 효력이 없는 것이 원칙이다.

248	
기출처	2019 지방직 9급
난이도	★★
키워드	행정행위의 내용

관련기출 옳은지문

- 건축허가신청 후 허가기준이 변경된 경우 그 허가청이 허가신청을 수리하고도 정당한 이유 없이 그 처리를 늦추어 그 사이에 허가기준이 변경된 것이 아닌 이상 변경된 허가기준에 따라서 처분을 하여야 한다. 17(하)국가직7급

해설

① (×) 허가는 해당 법상의 금지만 해제하는 효력이 있을 뿐 다른 법령상의 금지까지 해제할 수 없는 한계가 있다. 따라서 공무원이 「식품위생법」상의 허가를 받았다고 해도 「국가공무원법」상의 영리금지의무는 해제될 수 없다.
② 빈출 (○) 허가는 신청시 법령과 처분시 법령이 법령의 개정에 의하여 변경된 경우 허가의 심사기준은 변경된 법령에 따라 이루어진다. 따라서 신청시 기준에 부합되는 신청이라도 처분시 기준에 맞지 않으면 거부된다(대판 1992.12.8., 92누13813).
③ (×) 허가는 자연적 자유를 회복한 행위로서 이를 통해 얻어진 이익은 원칙적으로 반사적 이익에 해당된다. 따라서 경업관계에 있는 신규허가에 대하여 기존 업자는 쟁송을 청구할 수 없다.
④ 빈출 (×) 무허가행위는 제재나 강제대상은 되지만 사법상의 효력에는 영향이 없다.

정답 | ②

249	
기출처	2019 서울시 7급
난이도	★★
키워드	행정행위의 내용

관련기출 옳은지문

• 건축허가는 대물적 성질을 갖는 것이어서 행정청으로서는 허가를 할 때에 건축주 또는 토지소유자가 누구인지 등 인적 요소에 관하여는 형식적 심사만 한다. 　22지방직9급

249 필수

허가에 대한 설명으로 가장 옳지 않은 것은?

① 「건축법」에서 인허가의제 제도를 둔 취지는, 인허가의제사항과 관련하여 건축허가의 관할 행정청으로 창구를 단일화하고 절차를 간소화하며 비용과 시간을 절감함으로써 국민의 권익을 보호하려는 것이다.

② 건축허가는 대물적 성질을 갖는 것이어서 행정청으로서는 허가를 할 때에 건축주 또는 토지소유자가 누구인지 등 인적 요소에 관하여는 형식적 심사만 한다.

③ 허가에 붙은 기한이 그 허가된 사업의 성질상 부당하게 짧은 경우에는 이를 그 허가조건의 존속기간으로 보아야 한다.

④ 허가 등의 행정처분은 원칙적으로 허가신청시의 법령과 허가기준에 의하여 처리되어야 한다.

해설

④ 빈출 (×) 신청시 허가기준에 관한 법령과 처분시 허가기준의 법령이 상이한 경우에는 원칙적으로 처분시 기준에 따른다.

> 행정행위는 처분 당시에 시행 중인 법령과 허가기준에 의하여 하는 것이 원칙이고, 인·허가신청 후 처분 전에 관계 법령이 개정 시행된 경우 신법령 부칙에 그 시행 전에 이미 허가신청이 있는 때에는 종전의 규정에 의한다는 취지의 경과규정을 두지 아니한 이상 당연히 허가신청 당시의 법령에 의하여 허가 여부를 판단하여야 하는 것은 아니며, 소관 행정청이 허가신청을 수리하고도 정당한 이유 없이 처리를 늦추어 그 사이에 법령 및 허가기준이 변경된 것이 아닌 한 변경된 법령 및 허가기준에 따라서 한 불허가처분은 위법하다고 할 수 없다(대판 2005.7.29., 2003두3550).

고득점 플러스+ 「행정기본법」상의 법 적용 기준과 관련된 법령

「행정기본법」 제14조 【법 적용의 기준】 ① 새로운 법령 등은 법령 등에 특별한 규정이 있는 경우를 제외하고는 그 법령 등의 효력 발생 전에 완성되거나 종결된 사실관계 또는 법률관계에 대해서는 적용되지 아니한다.

② 당사자의 신청에 따른 처분은 법령 등에 특별한 규정이 있거나 처분 당시의 법령 등을 적용하기 곤란한 특별한 사정이 있는 경우를 제외하고는 처분 당시의 법령 등에 따른다.

③ 법령 등을 위반한 행위의 성립과 이에 대한 제재처분은 법령 등에 특별한 규정이 있는 경우를 제외하고는 법령 등을 위반한 행위 당시의 법령 등에 따른다. 다만, 법령 등을 위반한 행위 후 법령 등의 변경에 의하여 그 행위가 법령 등을 위반한 행위에 해당하지 아니하거나 제재처분 기준이 가벼워진 경우로서 해당 법령 등에 특별한 규정이 없는 경우에는 변경된 법령 등을 적용한다.

정답 | ④

250
다음 행정행위에 대한 설명으로 옳은 것은? (다툼이 있는 경우 판례에 의함)

> (가) 행정청의 토지거래허가
> (나) 행정청의 도로점용허가
> (다) 행정청의 건축허가

① (가), (나), (다)는 모두 강학상 허가로서 자연적 자유를 회복하는 행정행위이다.
② (가)의 경우 행정청은 토지거래가 적정한 가격으로 이루어지지 않았다면 적정한 가격을 산정하여 토지거래를 허가할 수 있다.
③ (나)의 행정행위는 요건을 충족하여 도로점용허가를 신청한 경우에도 행정청은 공익을 이유로 거부할 수 있다.
④ (다)의 경우 수익적 효과의 행정행위로서 법에 근거가 없어도 부관을 붙일 수 있음이 원칙이다.

250	
기출처	예상문제
난이도	★
키워드	행정행위의 내용

해설

① (×) (가)는 보충행위인 인가, (나)는 설권행위로서 특허, (다)는 허가에 해당한다.
② (×) 토지거래허가는 보충행위인 인가에 해당하며, 수정인가는 무효이다.
③ (○) 도로점용허가는 강학상 특허로서 법령에 특별히 규정이 없다면 재량행위이다. 공익을 이유로 행정청은 신청을 거부할 수 있다.
④ (×) 건축허가는 원칙적으로 기속행위이고 법령에 특별한 규정이 없다면 부관을 붙일 수 없다.

정답 | ③

251 필수

인허가의제에 대한 설명으로 옳지 않은 것은?

① 인허가의제의 효과는 주된 인허가의 해당 법률에 규정된 관련 인허가에 한정된다.
② 「국토의 계획 및 이용에 관한 법률」상 건축물의 건축에 관한 개발행위허가가 의제되는 건축허가신청이 국토의 계획 및 이용에 관한 법령이 정한 개발행위허가기준에 부합하지 아니하면 허가권자로서는 이를 거부할 수 있다.
③ 주택건설사업계획 승인처분에 따라 의제된 인허가 위법함을 다투고자 하는 이해관계인은 의제된 인허가의 취소를 구할 것이 아니라 주택건설사업계획 승인처분의 취소를 구하여야 한다.
④ 어떤 개발사업의 시행과 관련하여 인허가의 근거 법령에서 절차간소화를 위하여 관련 인허가를 의제 처리할 수 있는 근거 규정을 둔 경우, 사업시행자는 인허가를 신청하면서 반드시 관련 인허가의제 처리를 신청할 의무가 있는 것은 아니다.

해설

① (○) 「행정기본법」 제25조 제2항
② **빈출** (○) 국토계획법상 건축물의 건축에 관한 개발행위허가가 의제되는 건축허가신청이 국토계획법령이 정한 개발행위허가기준에 부합하지 아니하면 허가권자로서는 이를 거부할 수 있고, 이는 「건축법」 제16조 제3항에 의하여 개발행위허가의 변경이 의제되는 건축허가사항의 변경허가에서도 마찬가지이다(대판 2016.8.24., 2016두35762).
③ **빈출** (×) 주택건설사업계획 승인처분에 따라 의제된 인허가가 위법함을 다투고자 하는 이해관계인은, 주택건설사업계획 승인처분의 취소를 구할 것이 아니라 <u>의제된 인허가의 취소를 구하여야 하며</u>, 의제된 인허가는 주택건설사업계획 승인처분과 별도로 항고소송의 대상이 되는 처분에 해당한다(대판 2018.11.29., 2016두38792).
④ **빈출** (○) 어떤 인허가의 근거 법령에서 절차간소화를 위하여 관련 인허가를 의제 처리할 수 있는 근거 규정을 둔 경우에는, 사업시행자가 인허가를 신청하면서 하나의 절차 내에서 관련 인허가를 의제 처리해 줄 것을 신청할 수 있다. 관련 인허가 의제 제도는 사업시행자의 이익을 위하여 만들어진 것이므로, 사업시행자가 반드시 관련 인허가 의제 처리를 신청할 의무가 있는 것은 아니다(대판 2023.9.21., 2022두31143).

정답 | ③

252

행정행위에 대한 설명으로 옳지 않은 것은? (다툼이 있는 경우 판례에 의함)

① 개발제한구역 내의 건축물의 용도변경에 대한 예외적 허가는 그 상대방에게 제한적이므로 기속행위에 속하는 것이다.
② 농지처분의무통지는 단순한 관념의 통지에 불과하다고 볼 수 없고, 상대방인 농지소유자의 의무에 직접 관계되는 독립한 행정처분으로서 항고소송의 대상이 된다.
③ 행정청이 구「식품위생법」규정에 의하여 영업자지위승계신고를 수리하는 처분은 종전의 영업자의 권익을 제한하는 처분에 해당하므로, 행정청은 이를 처리함에 있어 종전의 영업자에 대하여 처분의 사전통지, 의견청취 등「행정절차법」상의 처분절차를 거쳐야 한다.
④ 부담은 행정청이 행정행위를 하면서 일방적으로 부가할 수도 있지만 부담을 부가하기 이전에 상대방과 협의하여 부담의 내용을 협약의 형식으로 미리 정한 다음 행정행위를 하면서 부가할 수도 있다.

252	
기출처	2021 소방직
난이도	★★
키워드	행정행위의 내용

해설

① **빈출** (×) 예외적 승인(예외적 허가)은 허가와 달리 절대적 금지를 해제하는 행위로서 행정청의 재량이 원칙이다.

> 구 도시계획법상의 개발제한구역 내에서의 건축물 용도변경에 대한 허가가 가지는 예외적인 허가로서의 성격과 그 재량행위로서의 성격에 비추어 보면, 그 용도변경의 허가는 개발제한구역에 속한다는 것 이외에 다른 공익상의 사유가 있어야만 거부할 수가 있고 그렇지 아니하면 반드시 허가를 하여야만 하는 것이 아니라 그 용도변경이 개발제한구역의 지정 목적과 그 관리에 위배되지 아니한다는 등의 사정이 특별히 인정될 경우에 한하여 그 허가가 가능한 것이고, 또 그에 관한 행정청의 판단이 사실오인, 비례·평등의 원칙 위배, 목적 위반 등에 해당하지 아니하면 이를 재량권의 일탈·남용이라고 하여 위법하다고 할 수가 없다(대판 2001.2.9., 98두17593).

② (○) 농지처분의무통지는 단순한 관념의 통지가 아니라 상대방에게 의무가 있음을 통지하는 독립된 처분이다.
③ (○) 영업자지위승계신고의 수리에서 양도인은 수리를 통해 권익이 침해되는「행정절차법」상의 '당사자'에 해당하여 행정청은 수리처분을 하기 이전에 처분의 당사자인 양도인에게 사전통지 등의 행정절차를 준수하여야 한다.
④ (○) 부관은 행정청이 일방적으로 부과할 수도, 상대방과의 협의를 통해 협약의 형식으로도 가능하다.

정답 | ①

253	① ② ③
기출처	2020 국회직 9급
난이도	★★
키워드	행정행위의 내용

관련기출 옳은지문

- 「출입국관리법」상 체류자격 변경허가는 신청인에게 당초의 체류자격과 다른 체류자격에 해당하는 활동을 할 수 있는 권한을 부여하는 일종의 설권적 처분이다.
  19서울시9급

- 기본행위인 이사선임결의가 적법·유효하고 보충행위인 승인처분 자체에만 하자가 있다면 그 승인처분의 무효확인이나 그 취소를 주장할 수 있다.
  19서울시9급

253 〈필수〉

허가, 특허, 인가에 대한 설명으로 옳지 않은 것은? (다툼이 있는 경우 판례에 의함)

① 허가를 받아야만 적법하게 할 수 있는 행위를 허가받지 않고 행한 경우에는 행정상 강제집행이나 행정벌의 대상이 되는 것은 별론으로 하고 당해 무허가행위의 사법상 효력까지 당연히 부인되는 것은 아니다.

② 「출입국관리법」상 체류자격 변경허가는 일종의 설권적 처분의 성격을 가지므로 허가권자는 신청인이 관계 법령에서 정한 요건을 충족하였더라도 신청인의 적격성, 체류 목적, 공익상의 영향 등을 참작하여 허가 여부를 결정할 수 있는 재량을 가진다.

③ 신청을 한 때와 허가를 할 때 사이에 법령의 변경이 있는 경우 행정청이 허가신청을 수리하고도 정당한 이유 없이 처리를 늦추어 그 사이에 법령 및 그 허가기준이 변경된 것이 아닌 한 새로운 법령 및 허가기준에 따른다.

④ 특허는 상대방의 신청을 요건으로 하므로 신청이 없거나 신청내용에 반하는 특허는 완전한 효력을 발생할 수 없다.

⑤ 기본행위인 이사선임결의의 효력에 다툼이 있는 경우 민사쟁송으로 이사선임결의의 무효확인을 구할 것이 아니라 그 이사선임결의에 대한 승인처분의 무효확인이나 그 취소를 구하여야 한다.

해설

① (○) 명령적 행정행위인 허가를 받아야 할 행위를 허가 없이 행한 경우에 그 행위는 제재나 강제의 대상이 될 뿐 그 행위의 효과까지 부정되지는 않는다.

② (○) 대판 2016.7.14., 2015두48846

③ (○) 대판 2006.8.25., 2004두2974

④ (○) 특허는 상대방의 출원이나 동의를 효력요건으로 하는 협력을 요하는 처분이다. 따라서 출원 없는 동의는 무효에 해당한다.

⑤ **빈출** (×) 기본행위에 하자가 있는 경우에는 기본행위에 대하여 소송을 청구하여야 하지, 기본행위의 하자를 이유로 인가에 대하여 소송을 청구할 수 없다.

> 기본행위인 임시이사들에 의한 이사선임결의의 내용 및 그 절차에 하자가 있다는 이유로 이사선임결의의 효력에 관하여 다툼이 있는 경우에는 민사쟁송으로서 그 기본행위에 해당하는 위 이사선임결의의 무효확인을 구하는 등의 방법으로 분쟁을 해결할 것이지 그 이사선임결의에 대한 보충적 행위로서 그 자체만으로는 아무런 효력이 없는 승인처분만의 무효확인이나 그 취소를 구하는 것은 특단의 사정이 없는 한 분쟁해결의 유효적절한 수단이라 할 수 없으므로, 임원취임승인처분의 무효확인이나 그 취소를 구할 법률상 이익이 없다(대판 2002.5.24., 2000두3641).

정답 | ⑤

254

행정행위에 관한 설명으로 옳지 않은 것은? (다툼이 있는 경우 판례에 의함)

① 체류자격 변경허가는 당초의 체류자격과 다른 체류자격에 해당하는 활동을 할 수 있는 권한을 부여하는 일종의 설권적 처분의 성격으로, 신청인이 관계 법령에서 정한 요건을 충족하였더라도, 신청인의 적격성, 체류 목적 등을 참작하여 허가 여부를 결정하는 재량이다.
② 유기장영업허가는 유기장영업권의 일반적 금지를 해제하는 영업의 자유회복이라 할 수 없고 영업권을 설정하는 설권행위이다.
③ 한의사 면허는 경찰금지를 해제하는 명령적 행위에 해당하고, 한약조제시험을 통하여 약사에게 한약조제권을 인정함으로써 한의사들의 영업상 이익이 감소되었다고 하더라도 이러한 이익은 사실상의 이익에 불과하다.
④ 「여객자동차 운수사업법」에 의한 개인택시 운송사업면허는 특정인에게 권리나 이익을 부여하는 행정행위로서 법령에 특별한 규정이 없는 한 재량행위이다.

254	
기출처	예상문제
난이도	★★
키워드	행정행위의 내용

해설

② (×) 유기장영업허가는 설권행위인 특허가 아니라 강학상 허가에 해당한다.

> 유기장영업허가는 유기장영업권을 설정하는 설권행위가 아니고 일반적 금지를 해제하는 영업자유의 회복이라 할 것이므로 그 영업상의 이익은 반사적 이익에 불과하고 행정행위의 본질상 금지의 해제나 그 해제를 다시 철회하는 것은 공익성과 합목적성에 따른 당해 행정청의 재량행위라 할 것이다(대판 1985.2.8., 84누369).

정답 | ②

255

255	
기출처	예상문제
난이도	★★
키워드	행정행위의 내용

🔍 관련기출 옳은지문

• 「사립학교법」상 관할관청의 임원취임승인행위는 학교법인의 임원선임행위의 법률상 효력을 완성하게 하는 법률행위로 인가에 해당한다.

17서울시7급

행정행위에 대한 설명으로 옳은 것은? (다툼이 있는 경우 판례에 의함)

① 보세구역의 설치·운영에 관한 특허와 특허기업의 사업양도허가는 강학상 특허에 해당한다.
② 「사립학교법」상 학교법인의 이사 등 임원에 대한 임원취임승인행위는 강학상 인가에 해당한다.
③ 수령을 필요로 하는 행정처분은 상대방이 그 행정행위의 내용을 현실적으로 알고 있어야 효력이 발생한다.
④ 재개발조합설립인가신청에 대하여 행정청의 조합설립인가처분이 있은 이후에 조합설립 동의에 하자가 있음을 이유로 재개발조합 설립의 효력을 부정하려면 조합설립 동의의 효력을 소의 대상으로 하여야 한다.

해설

① (×) 보세구역의 설치·운영에 관한 특허는 강학상 설권행위인 특허에 해당하나, 특허기업의 사업양도허가는 강학상 인가에 해당한다.

> 1. 공유수면매립면허는 설권행위인 특허의 성질을 갖는 것이므로 원칙적으로 행정청의 자유재량에 속하며, 일단 실효된 공유수면매립면허의 효력을 회복시키는 행위도 특단의 사정이 없는 한 새로운 면허부여와 같이 면허관청의 자유재량에 속한다(대판 1989.9.12., 88누9206).
> 2. 「관세법」제78조 소정의 보세구역의 설영특허는 보세구역의 설치·경영에 관한 권리를 설정하는 이른바 공기업의 특허로서 그 특허의 부여 여부는 행정청의 자유재량에 속하며, 특허기간이 만료된 때에 특허는 당연히 실효되는 것이어서 특허기간의 갱신은 실질적으로 권리의 설정과 같으므로 그 갱신 여부도 특허관청의 자유재량에 속한다(대판 1989.5.9., 88누4188).

② (○) 사립학교임원취임승인은 학교의 임원선임의 법률행위에 대한 보충행위로서 인가에 해당한다.
③ (×) 상대방이 처분의 내용을 알 수 있는 상태에 둠으로써 효력은 발생한다.

> 구 「문화재보호법」 제13조 제2항 소정의 중요문화재 가지정의 효력발생요건인 통지는 행정처분을 상대방에게 표시하는 것으로서 상대방이 인식할 수 있는 상태에 둠으로써 족하고, 객관적으로 보아서 행정처분으로 인식할 수 있도록 고지하면 되는 것이다(대판 2003.7.22., 2003두513).

④ **빈출** (×) 구 「도시 및 주거환경정비법」상 재개발조합설립인가신청에 대하여 행정청의 조합설립인가처분이 있은 이후에는, 조합설립 동의에 하자가 있음을 이유로 재개발조합 설립의 효력을 부정하려면 항고소송으로 조합설립인가처분의 효력을 다투어야 한다(대판 2010.1.28., 2009두4845).

정답 | ②

256

256	
기출처	2023 소방직
난이도	★★
키워드	행정행위의 내용

256 〈필수〉

「도시 및 주거환경정비법」에 관한 설명으로 옳지 않은 것은? (다툼이 있는 경우 판례에 의함)

① 조합설립인가처분은 단순히 사인들의 조합설립행위에 대한 보충행위로서의 성질을 갖는 것에 그치지 않는다.
② 사업시행계획이 무효인 경우 그에 대한 인가처분이 있다고 하더라도 사업시행계획이 유효한 것으로 될 수 없다.
③ 관리처분계획에 대하여 인가·고시가 있는 경우에 총회결의의 하자를 이유로 그 효력 유무를 다투는 확인의 소를 제기하는 것은 특별한 사정이 없는 한 허용된다.
④ 조합원 지위를 상실한 토지 등 소유자는 주택재개발사업에 대한 사업시행계획에 당연무효의 하자가 있는 경우, 사업시행계획의 무효확인 또는 취소를 구할 법률상 이익이 있다.

해설

① **빈출** (○) 조합설립인가는 설권행위에 해당한다.
② (○) 인가로서 기본적인 법률행위의 하자가 치유될 수 없다.
③ (×) 관리처분계획에 대하여 관할 행정청의 인가·고시까지 있게 되면 관리처분계획은 행정처분으로서 효력이 발생하게 되므로, 총회결의의 하자를 이유로 하여 행정처분의 효력을 다투는 항고소송의 방법으로 관리처분계획의 취소 또는 무효확인을 구하여야 하고, 그와 별도로 행정처분에 이르는 절차적 요건 중 하나에 불과한 총회결의 부분만을 따로 떼어내어 효력 유무를 다투는 확인의 소를 제기하는 것은 특별한 사정이 없는 한 허용되지 않는다(대판 2009.9.17., 2007다2428).
④ (○) 주택재개발사업에 대한 사업시행계획에 당연무효의 하자가 있는 경우, 분양신청기간 내에 분양신청을 하지 않거나 분양신청을 철회하여 구 「도시 및 주거환경정비법」 제47조 등에 의하여 조합원 지위를 상실한 토지 등 소유자에게 사업시행계획의 무효확인 또는 취소를 구할 법률상 이익이 있다(대판 2014.2.27., 2011두25173).

정답 | ③

관련기출 옳은지문

- 행정청이 구 「도시 및 주거환경정비법」 등 관련 법령에 근거하여 행하는 조합설립인가처분은 법령상 요건을 갖출 경우 「도시 및 주거환경정비법」상 주택재건축사업을 시행할 수 있는 권한을 갖는 행정주체(공법인)로서의 지위를 부여하는 일종의 설권적 처분의 성격을 갖는다. 24군무원9급

257

재건축·재개발사업에 대한 내용으로 옳지 않은 것은? (다툼이 있는 경우 판례에 의함)

① 이전고시의 효력이 발생한 이후에는 조합원 등이 해당 정비사업을 위하여 이루어진 수용재결이나 이의재결의 취소 또는 무효확인을 구할 법률상 이익이 없다.
② 「도시 및 주거환경정비법」 등 관련 법령에 의한 조합설립인가처분이 있은 후에 조합설립결의의 하자를 이유로 그 결의 부분만을 따로 떼어내어 무효등확인의 소를 제기하는 것이 허용되지 않는다.
③ 「도시 및 주거환경정비법」에 따른 이전고시는 공법상 처분이다.
④ 「도시 및 주거환경정비법」상 조합설립추진위원회 구성승인처분을 다투는 소송 계속 중 조합설립인가처분이 이루어진 경우에도 조합설립추진위원회 구성승인처분에 대하여 취소 또는 무효확인을 구할 법률상 이익이 있다.

257	
기출처	2023 군무원 9급
난이도	★★
키워드	행정행위의 내용

해설

① (○) 정비사업의 공익적·단체법적 성격과 이전고시에 따라 이미 형성된 법률관계를 유지하여 법적 안정성을 보호할 필요성이 현저한 점 등을 고려할 때, 이전고시의 효력이 발생한 이후에는 조합원 등이 해당 정비사업을 위하여 이루어진 수용재결이나 이의재결의 취소 또는 무효확인을 구할 법률상 이익이 없다(대판 2017.3.16., 2013두11536).
② (○) 조합설립결의에 하자가 있다면 그 하자를 이유로 직접 항고소송의 방법으로 조합설립인가처분의 취소 또는 무효확인을 구하여야 하고, 이와는 별도로 조합설립결의 부분만을 따로 떼어내어 그 효력 유무를 다투는 확인의 소를 제기하는 것은 원고의 권리 또는 법률상의 지위에 현존하는 불안·위험을 제거하는 데 가장 유효·적절한 수단이라 할 수 없어 특별한 사정이 없는 한 확인의 이익은 인정되지 아니한다(대판 2009.9.24., 2008다60568).
③ (○) 도시정비법상의 이전고시 또한 준공인가의 고시로 사업시행이 완료된 이후에 관리처분계획에서 정한 바에 따라 종전의 토지 또는 건축물에 대하여 정비사업으로 조성된 대지 또는 건축물의 위치 및 범위 등을 정하여 그 소유권을 분양받을 자에게 이전하고 그 가격의 차액에 상당하는 금액을 청산하거나 대지 또는 건축물을 정하지 않고 금전적으로 청산하는 공법상 처분으로서 그 법적 성격은 구 도시재개발법상의 분양처분과 본질적으로 다르지 않다(대판 2012.3.22., 2011두6400).
④ **빈출** (×) 추진위원회 구성승인처분을 다투는 소송 계속 중에 조합설립인가처분이 이루어진 경우에는, 추진위원회 구성승인처분에 위법이 존재하여 조합설립인가 신청행위가 무효라는 점 등을 들어 직접 조합설립인가처분을 다툼으로써 정비사업의 진행을 저지하여야 하고, 이와는 별도로 추진위원회 구성승인처분에 대하여 취소 또는 무효확인을 구할 법률상의 이익은 없다(대판 2013.1.31., 2011두11112·2011두11129).

정답 | ④

258

행정행위에 관한 설명으로 옳지 않은 것은? (다툼이 있는 경우 판례에 의함)

① 「사립학교법」에 따른 학교법인의 임원에 대한 감독청의 취임승인은 학교법인의 임원선임행위를 보충하여 그 법률상의 효력을 완성케 하는 보충적 행정행위이다.
② 서울특별시장 또는 도지사의 의료유사업자 자격증 갱신발급행위는 유사의료업자의 자격을 부여 내지 확인하는 것이 아니라 특정한 사실 또는 법률관계의 존부를 공적으로 증명하는 소위 공증행위에 속하는 행정행위라 할 것이다.
③ 토지거래허가는 규제지역 내의 모든 국민에게 전반적으로 토지거래의 자유를 금지하고 일정한 요건을 갖춘 경우에만 금지를 해제하여 계약체결의 자유를 회복시켜 주는 성질을 갖는다.
④ 「출입국관리법」상 체류자격 변경허가는 신청인에게 당초의 체류자격과 다른 체류자격에 해당하는 활동을 할 수 있는 권한을 부여하는 일종의 설권적 처분의 성격을 가진다.

해설

① (○) 대판 1987.8.18., 86누152
② (○) 대판 1977.5.24., 76누295
③ **빈출** (×) 토지거래허가는 강학상 보충행위인 인가에 해당한다.

> 같은 법 제21조의3 제1항 소정의 허가(토지거래허가) 규제지역 내의 모든 국민에게 전반적으로 토지거래의 자유를 금지하고 일정한 요건을 갖춘 경우에만 금지를 해제하여 계약체결의 자유를 회복시켜 주는 성질의 것이라고 보는 것은 위 법의 입법취지를 넘어선 지나친 해석이라고 할 것이고, 규제지역 내에서도 토지거래의 자유가 인정되되, 다만 위 허가를 허가 전의 유동적 무효 상태에 있는 법률행위의 효력을 완성시켜 주는 인가적 성질을 띤 것이라고 보는 것이 타당하다(대판 1991.12.24., 90다12243).

④ (○) 대판 2016.7.14., 2015두48846

정답 | ③

259

강학상 특허인 것만 〈보기〉에서 모두 고른 것은?

| 보기 |

ㄱ. 양곡가공업 허가
ㄴ. 국유재산 등의 관리청이 하는 행정재산의 사용·수익에 대한 허가
ㄷ. 구 「수도권 대기환경개선에 관한 특별법」상 대기오염물질 총량관리사업장 설치의 허가
ㄹ. 「민법」 제45조와 제46조에서의 재단법인의 정관변경 허가
ㅁ. 개발촉진지구 안에서 시행되는 지역개발사업에 관한 지정권자의 실시계획승인처분

① ㄱ, ㄷ, ㄹ ② ㄱ, ㄴ, ㄹ ③ ㄴ, ㄷ, ㅁ ④ ㄷ, ㅁ

해설

ㄱ. (허가) 양곡가공업 허가는 경찰금지를 해제하는 명령적 행위로서 피허가자에게 독점적 재산권을 취득하게 하는 것이 아니라 간접적으로 사실상의 이익을 부여하는 것에 불과하므로 어떠한 행정처분에 의하여 이미 그 허가를 받은 자의 제분업상의 이익이 감소된다고 하더라도 이는 사실상의 반사적 결과일 뿐 동인의 권리가 침해된 것은 아니므로 그 취소를 소구할 법률상 이익이 없다(대판 1981.1.27., 79누433).

ㄴ. (특허) 국유재산 등의 관리청이 하는 행정재산의 사용·수익에 대한 허가는 특정인에게 행정재산을 사용할 수 있는 권리를 설정하여 주는 강학상 특허에 해당한다(대판 2006.3.9., 2004다31074).
ㄷ. (특허) 구 「수도권 대기환경개선에 관한 특별법」 제14조 제1항에서 정한 대기오염물질 총량관리사업장 설치의 허가 또는 변경허가는 특정인에게 인구가 밀집되고 대기오염이 심각하다고 인정되는 수도권 대기관리권역에서 총량관리대상 오염물질을 일정량을 초과하여 배출할 수 있는 특정한 권리를 설정하여 주는 행위로서 그 처분의 여부 및 내용의 결정은 행정청의 재량에 속한다(대판 2013.5.9., 2012두22799).
ㄹ. (인가) 「민법」 제45조와 제46조에서 말하는 재단법인의 정관변경 '허가'는 법률상의 표현이 허가로 되어 있기는 하나, 그 성질에 있어 법률행위의 효력을 보충해 주는 것이지 일반적 금지를 해제하는 것이 아니므로, 그 법적 성격은 인가라고 보아야 한다(대판 1996.5.16., 95누4810 전합).
ㅁ. (특허) 지정권자의 실시계획승인처분은 단순히 시행자가 작성한 실시계획에 대한 보충행위로서의 성질을 가지는 것이 아니라 시행자에게 구 지역균형개발법상 지구개발사업을 시행할 수 있는 지위를 부여하는 일종의 설권적 처분의 성격을 가진 독립된 행정처분으로 보아야 한다(대판 2014.9.26., 2012두5619).

정답 | ③

260

강학상 인가에 대한 설명으로 옳지 않은 것은? (다툼이 있는 경우 판례에 의함)

① 하천공사 권리·의무양수도에 관한 허가는 기본행위인 위의 양수도행위를 보충하여 그 법률상의 효력을 완성시키는 보충행위이고 그 기본행위인 권리·의무양수도계약이 무효일 때에는 그 보충행위인 허가처분도 별도의 취소조치를 기다릴 필요없이 당연무효이다.
② 기본적 법률행위는 유효·적법하고 보충행위인 인가처분 자체에만 하자가 있다면 그 인가처분의 무효나 취소를 주장할 수 있다.
③ 기본행위인 재단법인의 정관변경 결의에 하자는 행정청의 인가로서 유효한 것이 된다.
④ 주무관청은 재단법인의 임원취임승인 신청에 대하여 그 신청을 당연히 승인하여야 하는 것은 아니다.

기출처 예상문제
난이도 ★★
키워드 행정행위의 내용

해설

① (○) 하천공사 권리·의무양수도에 관한 허가는 기본행위인 위의 양수도행위를 보충하여 그 법률상의 효력을 완성시키는 보충행위라고 할 것이니 그 기본행위인 위의 권리·의무양수도계약이 무효일 때에는 그 보충행위인 위의 허가처분도 별도의 취소조치를 기다릴 필요없이 당연무효라고 할 것이고 피고가 한 무효통지는 무효선언을 하는 방법으로 한 위 허가에 대한 일종의 취소처분이다(대판 1980.5.27., 79누196).
② 빈출 (○) 기본적인 법률행위에 하자가 있는 경우에는 기본적인 법률행위에 대하여 소송을 청구할 수 있고, 인가에 하자가 있는 경우에는 인가에 대해 소송을 청구할 수 있다.
③ (×) 인가는 기본행위인 재단법인의 정관변경에 대한 법률상의 효력을 완성시키는 보충행위로서, 그 기본이 되는 정관변경 결의에 하자가 있을 때에는 그에 대한 인가가 있었다 하여도 기본행위인 정관변경 결의가 유효한 것으로 될 수 없으므로 기본행위인 정관변경 결의가 적법 유효하고 보충행위인 인가처분 자체에만 하자가 있다면 그 인가처분의 무효나 취소를 주장할 수 있지만, 인가처분에 하자가 없다면 기본행위에 하자가 있다 하더라도 따로 그 기본행위의 하자를 다투는 것은 별론으로 하고 기본행위의 무효를 내세워 바로 그에 대한 행정청의 인가처분의 취소 또는 무효확인을 소구할 법률상의 이익이 없다(대판 1996.5.16., 95누4810).
④ (○) 임원취임을 인가 또는 거부할 것인지 여부는 주무관청의 권한에 속하는 사항이라고 할 것이고, 재단법인의 임원취임승인 신청에 대하여 주무관청이 이에 기속되어 이를 당연히 승인(인가)하여야 하는 것은 아니다(대판 2000.1.28., 98두16996).

관련기출 옳은지문

- 이전고시가 효력을 발생하게 된 이후에는 조합원 등이 관리처분계획의 취소 또는 무효확인을 구할 법률상 이익이 없다. 16국가직7급

- 재단법인의 정관변경 결의가 적법 유효하고 보충행위인 인가처분 자체에만 하자가 있다면 그 인가처분의 무효나 취소를 주장할 수 있다. 21국가직7급

정답 | ③

261

다음 사례에 대한 설명으로 옳지 않은 것은?

> 「소방시설 설치 및 관리에 관한 법률」은 "건축허가 등의 권한이 있는 행정기관은 건축허가 등을 할 때 미리 그 건축물 등의 소재지를 관할하는 소방서장의 동의를 받아야 한다."고 규정하고 있다. 甲은 건물 신축을 위해 A시 시장 乙에게 「건축법」상 건축허가신청을 하였으나, 乙은 A시 소방서장 丙의 동의 거부를 이유로 건축불허가처분을 하였다.

① 乙이 건축불허가처분을 하면서 丙의 건축부동의 의견을 듣고 있으나 丙이 건축부동의로 삼은 사유가 보완이 가능한 것인 경우, 乙이 보완을 요구하지 아니한 채 곧바로 건축허가신청을 거부한 것은 재량권의 범위를 벗어난 것이다.

② 乙의 건축불허가처분에 불복하여 甲이 제기한 취소소송에서 법원은 丙을 소송에 참가시킬 필요가 있다고 인정하는 경우 丙을 당해 소송에 참가시키는 결정을 할 수 있다.

③ 乙의 건축불허가처분에 불복하여 甲이 제기한 취소소송에서 인용판결이 확정되면 丙에게도 판결의 기속력이 발생한다.

④ 乙이 건축불허가처분을 하면서 건축불허가 사유뿐만 아니라 丙의 건축부동의 사유를 들고 있는 경우, 甲은 건축불허가처분에 관한 쟁송에서 丙의 건축부동의 사유에 관하여는 다툴 수 없다.

⑤ 甲이 위 건축불허가처분을 취소소송으로 다투고자 하는 경우 피고는 乙이 된다.

해설

① (O) 건축불허가처분을 하면서 그 사유의 하나로 소방시설과 관련된 소방서장의 건축부동의 의견을 들고 있으나 그 보완이 가능한 경우, 보완을 요구하지 아니한 채 곧바로 건축허가신청을 거부한 것은 재량권의 범위를 벗어난 것이다(대판 2004.10.15., 2003두6573).

② (O) 「행정소송법」 규정에 따라 법원은 다른 행정청의 소송참가 필요성이 있을 때에는 신청이나 직권으로 결정하여 관계 행정청을 참가시킬 수 있다.

> 「행정소송법」 제17조【행정청의 소송참가】① 법원은 다른 행정청을 소송에 참가시킬 필요가 있다고 인정할 때에는 당사자 또는 당해 행정청의 신청 또는 직권에 의하여 결정으로써 그 행정청을 소송에 참가시킬 수 있다.

③ (O) 「행정소송법」 제30조 제1항

> 「행정소송법」 제30조【취소판결 등의 기속력】① 처분 등을 취소하는 확정판결은 그 사건에 관하여 당사자인 행정청과 그 밖의 관계행정청을 기속한다.

④ **빈출** (×) 건축허가권자가 건축불허가처분을 하면서 그 처분사유로 건축불허가 사유뿐만 아니라 구 「소방법」(2003.5.29. 법률 제6916호로 개정되기 전의 것) 제8조 제1항에 따른 소방서장의 건축부동의 사유를 들고 있다고 하여 그 건축불허가처분 외에 별개로 건축부동의처분이 존재하는 것이 아니므로, 그 건축불허가처분을 받은 사람은 그 건축불허가처분에 관한 쟁송에서 「건축법」상의 건축불허가 사유뿐만 아니라 소방서장의 부동의 사유에 관하여도 다툴 수 있다(대판 2004.10.15., 2003두6573).

⑤ (O) 취소소송의 취지는 丙의 동의 거부를 이유로 한 것이지만, 소송의 대상은 건축불허가처분에 대한 것이므로 피고는 불허가처분을 행한 A시 시장 乙이 된다.

정답 | ④

262 필수

인·허가의제에 대한 설명으로 옳지 않은 것은? (다툼이 있는 경우 판례에 의함)

① 주택건설사업계획 승인권자가 구 「주택법」에 따라 도시·군관리계획 결정권자와 협의를 거쳐 관계 주택건설사업계획을 승인하면 도시·군관리계획결정이 이루어진 것으로 의제되고, 이러한 협의 절차와 별도로 「국토의 계획 및 이용에 관한 법률」 등에서 정한 도시·군관리계획입안을 위한 주민 의견청취 절차를 거칠 필요는 없다.

② 건축물의 건축이 「국토의 계획 및 이용에 관한 법률」상 개발행위에 해당할 경우 그 건축의 허가권자는 국토계획법령의 개발행위허가기준을 확인하여야 하므로, 국토계획법상 건축물의 건축에 관한 개발행위허가가 의제되는 건축허가신청이 국토계획법령이 정한 개발행위허가기준에 부합하지 아니하면 허가권자로서는 이를 거부할 수 있다.

③ 「건축법」에서 관련 인·허가의제 제도를 둔 취지는 인·허가의제사항 관련 법률에 따른 각각의 인·허가 요건에 관한 일체의 심사를 배제하려는 것이 아니다.

④ 주택건설사업계획 승인처분에 따라 의제된 인·허가가 위법함을 다투고자 하는 이해관계인은, 주택건설사업계획 승인처분의 취소를 구해야지 의제된 인·허가의 취소를 구해서는 아니 되며, 의제된 인·허가는 주택건설사업계획 승인처분과 별도로 항고소송의 대상이 되는 처분에 해당하지 않는다.

262	
기출처	2021 국가직 9급
난이도	★★★
키워드	행정행위의 내용

관련기출 옳은지문
- 주된 인·허가처분이 관계기관의 장과 협의를 거쳐 발령된 이상 의제되는 인·허가에 법령상 요구되는 주민의 의견청취 등의 절차는 거칠 필요가 없다. 16지방직7급

해설

④ 빈출 (×) 주택건설사업계획 승인처분에 따라 의제된 인·허가가 위법함을 다투고자 하는 이해관계인은, 주택건설사업계획 승인처분의 취소를 구할 것이 아니라 의제된 인·허가의 취소를 구하여야 하며, 의제된 인·허가는 주택건설사업계획 승인처분과 별도로 항고소송의 대상이 되는 처분에 해당한다(대판 2018.11.29., 2016두38792).

정답 | ④

263

행정행위의 내용 중 인가에 대한 설명으로 옳지 않은 것은? (다툼이 있는 경우 판례에 의함)

① 조합설립추진위원회의 구성을 승인하는 처분은 조합의 설립을 위한 주체에 해당하는 비법인 사단인 추진위원회를 구성하는 행위를 보충하여 그 효력을 부여하는 처분이다.
② 행정청이 「도시 및 주거환경정비법」 등 관련 법령에 의하여 행하는 조합설립인가처분의 법적 성격은 보충행위인 인가에 해당한다.
③ 구 「도시재개발법」에 근거하여 주택개량재개발조합이 작성한 하자 있는 주택개량사업관리처분계획에 대한 인가처분이 있어도 기본행위인 계획이 유효한 것으로 될 수 없다.
④ 기본행위가 유효·적법한 것이라 하여도 그 효력을 완성케 하는 보충행위인 인가에 하자가 있을 때에는 그 인가의 취소청구 또는 무효주장을 할 수 있다.

해설

① (○) 조합설립추진위원회(이하 '추진위원회'라고 한다)의 구성을 승인하는 처분은 조합의 설립을 위한 주체에 해당하는 비법인 사단인 추진위원회를 구성하는 행위를 보충하여 그 효력을 부여하는 처분이다(대판 2013.12.26., 2011두8291).
② (×) 행정청이 「도시 및 주거환경정비법」 등 관련 법령에 근거하여 행하는 조합설립인가처분은 단순히 사인들의 조합설립행위에 대한 보충행위로서의 성질을 갖는 것에 그치는 것이 아니라 법령상 요건을 갖출 경우 「도시 및 주거환경정비법」상 주택재건축사업을 시행할 수 있는 권한을 갖는 행정주체(공법인)로서의 지위를 부여하는 일종의 설권적 처분의 성격을 갖는다고 보아야 한다(대판 2009.9.24., 2008다60568).
③ (○) 구 「도시재개발법」에 근거하여 주택개량재개발조합이 작성한 하자 있는 주택개량사업관리처분계획에 대한 인가처분이 있어도 기본행위인 동계획이 유효한 것으로 될 수 없다(대판 1994.10.14., 93누22753).
④ (○) 기본행위가 적법하여도 인가에 하자가 있다면 인가에 대해 소를 청구할 수 있다.

> 기본행위가 유효·적법한 것이라 하여도 그 효력을 완성케 하는 보충행위인 인가에 하자가 있을 때에는 그 인가의 취소청구 또는 무효주장을 할 수 있다(대판 1967.2.28., 66누8, 대판 1987.8.18., 86누152).

정답 | ②

264 (필수)

인·허가의제에 대한 설명으로 옳지 않은 것은? (다툼이 있는 경우 판례에 의함)

① 인·허가의제는 행정청의 소관사항과 관련하여 권한행사의 변경을 가져오므로 법령의 근거를 필요로 한다.
② 「국토의 계획 및 이용에 관한 법률」상의 개발행위허가가 의제되는 건축허가신청이 동 법령이 정한 개발행위허가기준에 부합하지 아니하면, 행정청은 건축허가를 거부할 수 있다.
③ 주된 인·허가에 관한 사항을 규정하고 있는 법률에서 주된 인·허가가 있으면 다른 법률에 의한 인·허가를 받은 것으로 의제한다는 규정을 둔 경우, 주된 인·허가가 있으면 다른 법률에 의하여 인·허가를 받았음을 전제로 하는 그 다른 법률의 모든 규정들까지 적용되는 것은 아니다.
④ A허가에 대해 B허가가 의제되는 것으로 규정된 경우, A불허가처분을 하면서 B불허가사유를 들고 있으면 A불허가처분과 별개로 B불허가처분도 존재한다.

해설

④ 빈출 (×) 주된 인·허가의 거부사유가 의제되는 인·허가의 거부인 경우, 주된 인·허가의 거부는 항고소송 대상인 처분에 해당하지만 의제되는 인·허가의 거부는 주된 인·허가의 거부처분의 성립요소로 작용했을 뿐 독립된 처분이 될 수 없다.

> 건축불허가처분을 하면서 그 처분사유로 건축불허가 사유뿐만 아니라 형질변경불허가 사유나 농지전용불허가 사유를 들고 있다고 하여 그 건축불허가처분 외에 별개로 형질변경불허가처분이나 농지전용불허가처분이 존재하는 것이 아니므로, 그 건축불허가처분을 받은 사람은 그 건축불허가처분에 관한 쟁송에서 「건축법」상의 건축불허가 사유뿐만 아니라 같은 「도시계획법」상의 형질변경불허가 사유나 「농지법」상의 농지전용불허가 사유에 관하여도 다툴 수 있는 것이지, 그 건축불허가처분에 관한 쟁송과는 별개로 형질변경불허가처분이나 농지전용불허가처분에 관한 쟁송을 제기하여 이를 다투어야 하는 것은 아니며, 그러한 쟁송을 제기하지 아니하였어도 형질변경불허가 사유나 농지전용불허가 사유에 관하여 불가쟁력이 생기지 아니한다(대판 2001.1.16., 99두10988).

고득점 플러스+ 인·허가의제와 관련된 판례

구 「주택법」 제17조 제1항에 따르면, 주택건설사업계획 승인권자가 관계 행정청의 장과 미리 협의한 사항에 한하여 승인처분을 할 때에 인·허가 등이 의제될 뿐이고, 각 호에 열거된 모든 인·허가 등에 관하여 일괄하여 사전협의를 거칠 것을 주택건설사업계획 승인처분의 요건으로 규정하고 있지 않다. 따라서 인·허가의제 대상이 되는 처분에 어떤 하자가 있더라도, 그로써 해당 인·허가의제의 효과가 발생하지 않을 여지가 있게 될 뿐이고, 그러한 사정이 주택건설사업계획 승인처분 자체의 위법사유가 될 수는 없다. 또한 의제된 인·허가는 통상적인 인·허가와 동일한 효력을 가지므로, 적어도 '부분 인·허가의제'가 허용되는 경우에는 그 효력을 제거하기 위한 법적 수단으로 의제된 인·허가의 취소나 철회가 허용될 수 있고, 이러한 직권 취소·철회가 가능한 이상 그 의제된 인·허가에 대한 쟁송취소 역시 허용된다. 따라서 주택건설사업계획 승인처분에 따라 의제된 인·허가가 위법함을 다투고자 하는 이해관계인은, 주택건설사업계획 승인처분의 취소를 구할 것이 아니라 의제된 인·허가의 취소를 구하여야 하며, 의제된 인·허가는 주택건설사업계획 승인처분과 별도로 항고소송의 대상이 되는 처분에 해당한다(대판 2018.11.29., 2016두38792).

정답 | ④

관련기출 옳은지문

- 「국토의 계획 및 이용에 관한 법률」에 따른 토지의 형질변경허가에는 행정청의 재량권이 부여되어 있어 「건축법」상의 건축허가는 기속행위이라도, 「국토의 계획 및 이용에 관한 법률」에 따른 토지의 형질변경행위를 수반하는 건축허가는 재량행위에 속한다. 18지방직7급

- 주된 인·허가에 관한사항을 규정하고 있는 A법률에서 주된 인·허가가 있으면 B법률에 의한 인·허가를 받은 것으로 의제한다는 규정을 둔 경우, B법률에 의하여 인·허가를 받았음을 전제로 하는 B법률의 모든 규정이 적용되는 것은 아니다. 16서울시7급

265
제시된 (가)와 (나)에 대한 설명으로 옳은 것은? (다툼이 있는 경우 판례에 의함)

> (가) 일반적·상대적인 금지를 해제하여 자연적 자유를 회복하는 행정행위
> (나) 제3자들의 기본적인 법률행위를 보충하는 행정행위

> ㄱ. (가)는 명령적 행정행위로서 이를 위반한 행위는 무효에 해당한다.
> ㄴ. 토지거래허가는 (나)에 해당되는 대표적인 사례이다.
> ㄷ. (가)의 신청시 기준과 처분시 기준이 법이 개정되어 기준이 상이한 경우, 원칙적으로 처분시 기준에 따른다.
> ㄹ. 기본적 법률행위의 하자는 (나)를 통해서 치유된다.

① ㄱ, ㄴ   ② ㄴ, ㄷ   ③ ㄷ, ㄹ   ④ ㄱ, ㄹ

265
기출처: 예상문제
난이도: ★★
키워드: 행정행위의 내용

해설

ㄱ. (×) 허가는 명령적 행정행위에 해당한다. 명령적 행정행위를 위반하면 제재나 강제대상이 되지만, 사법적 효력에는 영향이 없다. 즉, 유효이다.
ㄴ. (○) (나)는 인가에 해당된다. 토지거래허가는 강학상 인가에 해당한다.
ㄷ. (○) (가)는 허가에 해당된다. 신청에 의한 처분은 원칙적으로 처분시를 기준으로 처분 여부를 판단한다.
ㄹ. (×) 기본적 법률행위의 하자는 보충행위인 인가를 통해 치유될 수 없다.

정답 | ②

266

강학상 특허에 대한 설명으로 〈보기〉에서 옳은 것(○)과 옳지 않은 것(×)을 올바르게 조합한 것은?

| 보기 |

ㄱ. 도로점용허가는 특허행위로서 상대방의 신청 또는 동의를 요하는 쌍방적 행정행위이며, 권리를 설정하여 주는 행위로서 재량행위이다.
ㄴ. 강학상 특허사용권은 행정주체에 대하여 공공용물의 배타적·독점적인 사용을 청구할 수 있는 권리로서 공법상의 채권이다.
ㄷ. 특별사용에 있어서의 점용료 부과처분은 공법상의 의무를 부과하는 공권적인 처분으로서 항고소송의 대상이 되는 행정처분에 해당한다.
ㄹ. 구 「지역균형개발 및 지방중소기업 육성에 관한 법률」 및 동법 시행령상, 개발촉진지구 안에서 시행되는 지역개발사업(이하 '지구개발사업'이라 함)에서 지정권자의 실시계획승인처분은 단순히 시행자가 작성한 실시계획에 대한 보충행위로서의 성질을 가지는 것이 아니라 시행자에게 지구개발사업을 시행할 수 있는 지위를 부여하는 일종의 설권적 처분의 성격을 가진 독립된 행정처분으로 보아야 한다.
ㅁ. 공원부지가 용도폐지되어 일반재산이 되었다고 해도 그 전에 이루어진 사용허가나 구 「공유재산 및 물품관리법」에 근거하여 공원부지에 대한 사용료를 부과할 수 있다.

	ㄱ	ㄴ	ㄷ	ㄹ	ㅁ
①	○	○	○	○	○
②	○	○	○	○	×
③	○	○	○	×	×
④	○	×	×	○	○
⑤	×	×	×	×	○

해설

ㄱ. (○) 도로점용허가는 공물에 대한 사용·수익허가인 특허(설권행위)로서 출원이나 동의를 효력요건으로 하는 쌍방적 행정처분이고 재량이다.

ㄴ. (○) 점용·사용허가에 의하여 부여되는 특별사용권은 행정주체에 대하여 공공용물의 배타적·독점적인 사용을 청구할 수 있는 권리로서 공법상의 채권에 해당한다(헌재 2013.9.26., 2012헌바16).

고득점 플러스+ 공공용물의 특허사용에 대한 대법원의 입장

하천의 점용허가권은 특허에 의한 공물사용권의 일종으로서 하천의 관리주체에 대하여 일정한 특별사용을 청구할 수 있는 채권에 지나지 아니하고 대세적 효력이 있는 물권이라고 할 수 없다(대판 1990.2.13., 89다카23022).

ㄷ. (○) 이러한 특별사용에 있어서의 점용료 부과처분은 공법상의 의무를 부과하는 공권적인 처분으로서 항고소송의 대상이 되는 행정처분에 해당한다 할 것이다(대판 2004.10.15., 2002다68485).

ㄹ. (○) 개발촉진지구 안에서 시행되는 지역개발사업(국가 또는 지방자치단체가 직접 시행하는 경우를 제외한다. 이하 '지구개발사업'이라 한다)에서 지정권자의 실시계획승인처분은 단순히 시행자가 작성한 실시계획에 대한 보충행위로서의 성질을 가지는 것이 아니라 시행자에게 구 지역균형개발법상 지구개발사업을 시행할 수 있는 지위를 부여하는 일종의 설권적 처분의 성격을 가진 독립된 행정처분으로 보아야 한다(대판 2014.9.26., 2012두5619).

ㅁ. (×) 행정재산이 용도폐지로 일반재산이 된 경우에 용도폐지되기 이전의 행정재산에 대하여 한 사용허가는 소멸되며 그 사용허가나 공유재산법 제22조를 근거로 하여 사용료를 부과할 수 없다고 해석함이 타당하다(대판 2015.2.26., 2012두6612).

고득점 플러스+ 행정재산에 대한 사용·수익허가와 이에 따른 사용료부과의 법률유보

행정재산에 대하여 사용·수익허가처분을 하였을 경우에 인정되는 사용료 부과처분과 같은 침익적 행정처분의 근거가 되는 행정법규는 엄격하게 해석·적용되어야 하므로, 일반재산에 관하여 대부계약을 체결하고 그에 기초하여 대부료를 징수하는 절차를 거치는 대신 지방자치단체의 장의 행정처분에 의하여 일방적으로 사용료를 부과할 수 있다고 해석하는 것은 행정의 법률유보원칙과 행정법관계의 명확성원칙에도 반한다(대판 2015.2.26., 2012두6612).

정답 | ②

267 필수

행정행위에 대한 설명으로 옳은 것은? (다툼이 있는 경우 판례에 의함)

① 건축물의 건축이「국토의 계획 및 이용에 관한 법률」상 개발행위에 해당할 경우 그 건축의 허가권자는 개발행위허가가 의제되는 건축허가신청이 국토계획법령이 정한 개발행위허가기준에 부합하지 아니하면 이를 거부할 수 있다.
② 주택건설사업계획 승인처분에 따라 의제된 인·허가의 위법함을 다투고자 하는 이해관계인은 의제된 인·허가의 취소를 구할 것이 아니라, 주된 처분인 주택건설사업계획 승인처분의 취소를 구하여야 한다.
③「하천법」에 의한 하천의 점용허가는 강학상 허가에 해당한다.
④「출입국관리법」상 체류자격 변경허가는 기속행위이므로 신청인이 관계 법령에서 정한 요건을 충족하면 허가권자는 신청을 받아들여 허가해야 한다.

해설

① (○) 의제되는 인허가의 불허가를 사유로 주된 인허가의 신청을 거부할 수 있다.

> 국토계획법상 건축물의 건축에 관한 개발행위허가가 의제되는 건축허가신청이 국토계획법령이 정한 개발행위허가기준에 부합하지 아니하면 허가권자로서는 이를 거부할 수 있고, 이는「건축법」제16조 제3항에 의하여 개발행위허가의 변경이 의제되는 건축허가사항의 변경허가에서도 마찬가지이다(대판 2016.8.24., 2016두35762).

② 빈출 (×) 주택건설사업계획 승인처분에 따라 의제된 인허가가 위법함을 다투고자 하는 이해관계인은, 주택건설사업계획 승인처분의 취소를 구할 것이 아니라 의제된 인허가의 취소를 구하여야 하며, 의제된 인허가는 주택건설사업계획 승인처분과 별도로 항고소송의 대상이 되는 처분에 해당한다(대판 2018.11.29., 2016두38792).
③ (×)「하천법」에 의한 하천점용허가는 공물의 사용허가로서 강학상 특허에 해당한다.
④ 빈출 (×) 체류자격 변경허가는 신청인에게 당초의 체류자격과 다른 체류자격에 해당하는 활동을 할 수 있는 권한을 부여하는 일종의 설권적 처분의 성격을 가지므로, 허가권자는 신청인이 관계법령에서 정한 요건을 충족하였더라도, 신청인의 적격성, 체류 목적, 공익상의 영향 등을 참작하여 허가 여부를 결정할 수 있는 재량을 가진다(대판 2016.7.14., 2015두48846).

정답 | ①

267

기출처	2022 소방직
난이도	★★
키워드	행정행위의 내용

관련기출 옳은지문

•「국토의 계획 및 이용에 관한 법률」상 건축물의 건축에 관한 개발행위허가가 의제되는 건축허가신청이 국토의 계획 및 이용에 관한 법령이 정한 개발행위허가기준에 부합하지 아니하면 건축허가권자는 이를 거부할 수 있다. 17(하)국가직7급

• 하천점용허가는 성질상 일반적 금지의 해제에 해당하는 허가라 할 수 없다. 18지방직9급

268	
기출처	예상문제
난이도	★★
키워드	행정행위의 내용

268

행정행위에 대한 설명으로 옳지 않은 것은? (다툼이 있는 경우 판례에 의함)

① 「사행행위 등 규제 및 처벌 특례법」에 의한 투전기 영업허가를 받은 자가 유효기간이 지나서 다시 영업허가를 신청한 경우 이는 단순히 그 유효기간을 연장하여 주는 것이라기보다는 종전의 허가와는 별도의 새로운 영업허가를 내용으로 하는 행정처분이다.
② 공원관리청의 공원사업시행허가는 재량행위에 속한다.
③ 지방경찰청장이 횡단보도를 설치하여 보행자의 통행방법 등을 규제하는 것은 행정청이 특정사항에 대하여 의무의 부담을 명하는 행위이고 이는 국민의 권리·의무에 직접 관계가 있는 행위로서 행정처분이다.
④ 공유수면의 사용허가는 특정인에게 공유수면 이용권이라는 권리를 설정하여 주는 설권적 처분으로서 원칙적으로 기속에 해당한다.

해설

① (O) 「사행행위 등 규제 및 처벌 특별법」에 의한 투전기 영업허가를 받은 자가 유효기간이 지나서 다시 영업허가를 신청한 경우 이는 단순히 그 유효기간을 연장하여 주는 것이라기보다는 종전의 허가와는 별도의 새로운 영업허가를 내용으로 하는 행정처분이라 할 것이므로 동법의 규정에 의하여 허가요건의 적합 여부를 새로이 판단하여 그 허가 여부를 결정하여야 할 것이다(대판 1993.2.10., 92두72).
② (O) 공원관리청의 공원사업시행허가는 일종의 재량행위에 속한다(대판 1998.12.8., 98두13553).
③ 빈출 (O) 지방경찰청장이 횡단보도를 설치하여 보행자의 통행방법 등을 규제하는 것은 행정청이 특정사항에 대하여 의무의 부담을 명하는 행위이고 이는 국민의 권리·의무에 직접 관계가 있는 행위로서 행정처분이라고 보아야 할 것이다(대판 2000.10.27., 98두8964).
④ 빈출 (×) 행정재산의 사용·수익허가는 강학상 특허에 해당하며, 원칙적으로 재량에 해당한다.

> 구 「공유수면관리법」에 따른 공유수면의 점·사용허가는 특정인에게 공유수면 이용권이라는 독점적 권리를 설정하여 주는 처분으로서 그 처분의 여부 및 내용의 결정은 원칙적으로 행정청의 재량에 속한다고 할 것이다(대판 2004.5.28., 2002두5016).

정답 | ④

269

행정행위의 내용을 강학상 개념으로 분류하여 하명, 허가, 특허, 인가 등으로 구분하는 경우 나머지와 다른 성질의 행정행위는? (다툼이 있는 경우 판례에 의함)

① 「식품위생법」상의 일반음식점 영업허가
② 한의사면허
③ 대기오염물질 총량관리사업장 설치의 허가 또는 변경허가
④ 주류제조면허

해설

①②④ (허가) 「식품위생법」상의 일반음식점 영업허가, 한의사면허, 주류제조면허는 허가이다.
③ (특허) 대기오염물질 총량관리사업장 설치의 허가 또는 변경허가는 특허이다.

> 구 「수도권대기환경특별법」 제14조 제1항에서 정한 대기오염물질 총량관리사업장 설치의 허가 또는 변경허가는 특정한 권리를 설정하여 주는 행위에 속한다(대판 2013.5.9., 2012두22799).

정답 | ③

269	
기출처	예상문제
난이도	★
키워드	행정행위의 내용

270 필수

행정법상 허가에 대한 설명으로 옳지 않은 것은?

① 허가는 규제에 반하는 행위에 대해 행정강제나 제재를 가하기보다는 행위의 사법상 효력을 부인함으로써 규제의 목적을 달성하는 방법이다.
② 허가란 법령에 의해 금지된 행위를 일정한 요건을 갖춘 경우에 그 금지를 해제하여 적법하게 행위할 수 있게 해준다는 의미에서 상대적 금지와 관련되는 경우이다.
③ 전통적인 의미에서 허가는 원래 개인이 누리는 자연적 자유를 공익적 차원(공공의 안녕과 질서유지)에서 금지해 두었다가 일정한 요건을 갖춘 경우 그러한 공공에 대한 위험이 없다고 판단되는 경우 그 금지를 풀어줌으로써 자연적 자유를 회복시켜 주는 행위이다.
④ 실정법상으로는 허가 이외에 면허, 인가, 인허, 승인 등의 용어가 사용되고 있기 때문에 그것이 학문상 개념인 허가에 해당하는지 검토할 필요가 있다.

해설

① 빈출 (×) 허가는 명령적 행정행위로서 자연적 자유를 규제한 이후 일정한 요건이 충족되면 해제하여 자유를 회복하는 행정행위이다. 이는 규제에 중점을 둔 행정작용으로서 이를 위반한 행위는 제재가 강제대상이 되나, 그 행위의 사법적 효과에는 영향이 없다.
②③ (○) 허가는 자연적 자유를 금지(=상대적 금지)하는 하명을 전제로 법이 정한 요건을 구비한 신청에 대하여 금지를 해제하는 행위이다(= 상대적 금지를 해제하여 자연적 자유를 회복하는 행위).
④ (○) 강학상 허가는 실정법이나 실무에서는 허가, 인가, 승인 등의 용어로 표현하고 있으나, 이는 자연적 금지에 대한 해제행위를 다른 행정작용과 구분하기 위하여 학문상으로 분류한 것이다.

정답 | ①

270	
기출처	2021 군무원 9급
난이도	★★
키워드	행정행위의 내용

271 〈필수〉

행정행위에 대한 설명으로 옳은 것만을 모두 고르면?

> ㄱ. 변상금 부과처분에 대한 취소소송이 진행 중인 경우 부과권자는 위법한 처분을 스스로 취소하고 그 하자를 보완하여 다시 적법한 부과처분을 할 수 없다.
> ㄴ. 행정청이 「도시 및 주거환경정비법」 등 관련 법령에 근거하여 행하는 조합설립인가처분은 사인들의 조합설립행위에 대한 보충행위로서의 성질을 갖는 것에 그친다.
> ㄷ. 「여객자동차 운수사업법」에 따른 개인택시 운송사업면허는 특정인에게 권리나 이익을 부여하는 재량행위이다.
> ㄹ. 귀화허가는 외국인에게 대한민국 국적을 부여함으로써 국민으로서의 법적 지위를 포괄적으로 설정하는 행위에 해당한다.

① ㄱ, ㄴ
② ㄴ, ㄷ
③ ㄷ, ㄹ
④ ㄱ, ㄷ, ㄹ

해설

ㄱ. (×) 변상금 부과처분에 대한 취소소송이 진행 중이라도 그 부과권자로서는 위법한 처분을 스스로 취소하고 그 하자를 보완하여 다시 적법한 부과처분을 할 수도 있는 것이어서 그 권리행사에 법률상의 장애사유가 있는 경우에 해당한다고 할 수 없으므로, 그 처분에 대한 취소소송이 진행되는 동안에도 그 부과권의 소멸시효가 진행된다(대판 2006.2.10., 2003두5686).

ㄴ. (×) 행정청이 「도시 및 주거환경정비법」 등 관련 법령에 근거하여 행하는 조합설립인가처분은 단순히 사인들의 조합설립행위에 대한 보충행위로서의 성질을 갖는 것에 그치는 것이 아니라 법령상 요건을 갖출 경우 「도시 및 주거환경정비법」상 주택재건축사업을 시행할 수 있는 권한을 갖는 행정주체(공법인)로서의 지위를 부여하는 일종의 설권적 처분의 성격을 갖는다고 보아야 한다(대판 2009.9.24., 2008다60568).

ㄷ. 빈출 (○) 「여객자동차 운수사업법」에 의한 개인택시 운송사업면허는 특정인에게 권리나 이익을 부여하는 행정행위로서 법령에 특별한 규정이 없는 한 재량행위이고, 그 면허를 위하여 정하여진 순위 내에서의 운전경력인정방법의 기준설정 역시 행정청의 재량에 속한다 할 것이지만, 행정청이 면허발급 여부를 심사함에 있어서 이미 설정된 면허기준의 해석상 당해 신청이 면허발급의 우선순위에 해당함이 명백함에도 이를 제외시켜 면허거부처분을 하였다면 특별한 사정이 없는 한 그 거부처분은 재량권을 남용한 위법한 처분이 된다(대판 2010.1.28., 2009두19137).

ㄹ. 빈출 (○) 귀화허가는 외국인에게 대한민국 국적을 부여함으로써 국민으로서의 법적 지위를 포괄적으로 설정하는 행위에 해당한다(대판 2010.10.28., 2010두6496).

정답 | ③

272

인·허가의제제도에 관한 다음으로 설명으로 옳은 것은? (다툼이 있는 경우 판례에 의함)

① 인·허가의제를 받으려면 주된 인·허가를 신청할 때 관련 인·허가에 필요한 서류를 함께 제출하여야 한다.
② 사업시행자가 주택건설사업계획 승인을 받음으로써 도로점용허가가 의제된 경우에 관리청이 도로점용료를 부과하지 않아 그 점용료를 납부할 의무를 부담하지 않게 되었다고 하더라도 특별한 사정이 없는 한 사업시행자는 그 점용료 상당액을 법률상 원인 없이 부당이득하였다고 할 수 있다.
③ 공유수면점용허가를 필요로 하는 채광계획인가 신청에 대하여, 공유수면관리청이 재량적 판단으로 공유수면점용을 허용하지 않기로 결정하였다고 해도 채광계획을 인가하지 아니할 수 없다.
④ 주택건설사업계획 승인처분에 따라 의제된 지구단위계획결정에 하자가 있음을 이해관계인이 다투고자 하는 경우 소송대상은 주된 처분인 주택건설사업계획 승인처분이 된다.

272
기출처	예상문제
난이도	★★★
키워드	행정행위의 내용

해설

① (O) 「행정기본법」에 의하면 관련된 인·허가에 필요한 서류를 함께 제출하여야 한다.
② (×) 주택건설사업계획 승인을 받음으로써 도로점용허가가 의제되는 경우에 당연히 점용료를 납부할 의무가 발생하는 것은 아니다.

> 「행정기본법」 제24조 【인허가의제의 기준】 ② 인허가의제를 받으려면 주된 인허가를 신청할 때 관련 인허가에 필요한 서류를 함께 제출하여야 한다. 다만, 불가피한 사유로 함께 제출할 수 없는 경우에는 주된 인허가 행정청이 별도로 정하는 기한까지 제출할 수 있다.

> 사업시행자가 주택건설사업계획 승인을 받음으로써 도로점용허가가 의제된 경우에 관리청이 도로점용료를 부과하지 않아 그 점용료를 납부할 의무를 부담하지 않게 되었다고 하더라도 특별한 사정이 없는 한 사업시행자가 그 점용료 상당액을 법률상 원인 없이 부당이득하였다고 볼 수는 없다고 할 것이다(대판 2013.6.13., 2012다87010).

③ (×) 의제되는 인·허가를 이유로 주된 인·허가를 거부할 수 있다.

> 공유수면점용허가를 필요로 하는 채광계획인가 신청에 대하여도, 공유수면관리청이 재량적 판단에 의하여 공유수면점용을 허가 여부를 결정할 수 있고, 그 결과 공유수면점용을 허용하지 않기로 결정하였다면, 채광계획 인가관청은 이를 사유로 하여 채광계획을 인가하지 아니할 수 있는 것이다(대판 2002.10.11., 2001두151).

④ (×) 의제된 인·허가는 하나의 독립된 처분이다. 따라서 이해관계인은 의제된 인·허가에 하자가 있는 경우에 의제된 인·허가를 소송대상으로 삼아야 한다.

> 주택건설사업계획 승인처분에 따라 의제된 지구단위계획결정에 하자가 있음을 이해관계인이 다투고자 하는 경우, 주된 처분(주택건설사업계획 승인처분)과 의제된 인·허가(지구단위계획결정) 중 의제된 인·허가를 항고소송의 대상으로 삼아야 한다(대판 2018.11.29., 2016두38792).

정답 | ①

273 〈필수〉

인허가의제에 대한 설명으로 옳지 않은 것은? (다툼이 있는 경우 판례에 의함)

① 주택건설사업계획 승인처분에 따라 의제된 인허가가 위법함을 다투고자 하는 이해관계인은 의제된 인허가의 취소를 구할 것이 아니라 주택건설사업계획 승인처분의 취소를 구하여야 한다.

② 주된 인허가 행정청은 주된 인허가를 하기 전에 관련 인허가에 관하여 미리 관련 인허가 행정청과 협의하여야 한다.

③ 「국토의 계획 및 이용에 관한 법률」상의 개발행위허가를 받은 것으로 의제되는 「건축법」상 건축신고가 국토의 계획 및 이용에 관한 법령이 정하는 개발행위허가기준을 갖추지 못한 경우 행정청으로서는 이를 이유로 건축신고의 수리를 거부할 수 있다.

④ 주된 인허가가 있으면 다른 법률에 의한 인허가가 있는 것으로 보는 데 그치는 것이고, 거기에서 더 나아가 다른 법률에 의하여 인허가를 받았음을 전제로 한 다른 법률의 모든 규정들까지 적용되는 것은 아니다.

⑤ 인허가의제 제도는 관련 인허가 행정청의 권한을 제한하거나 박탈하는 효과를 가진다는 점에서 법률 또는 법률의 위임에 따른 법규명령의 근거가 있어야 한다.

해설

① **빈출** (×) 의제된 인허가는 통상적인 인허가와 동일한 효력을 가지므로, 적어도 '부분 인허가의제'가 허용되는 경우에는 그 효력을 제거하기 위한 법적 수단으로 의제된 인허가의 취소나 철회가 허용될 수 있고, 이러한 직권취소·철회가 가능한 이상 그 의제된 인허가에 대한 쟁송취소 역시 허용된다. 따라서 주택건설사업계획 승인처분에 따라 의제된 인허가가 위법함을 다투고자 하는 이해관계인은, 주택건설사업계획 승인처분의 취소를 구할 것이 아니라 의제된 인허가의 취소를 구하여야 하며, 의제된 인허가는 주택건설사업계획 승인처분과 별도로 항고소송의 대상이 되는 처분에 해당한다(대판 2018.11.29., 2016두38792).

② **빈출** (○) 주된 인허가 행정청은 주된 인허가를 하기 전에 관련 인허가에 관하여 미리 관련 인허가 행정청과 협의하여야 한다(「행정기본법」 제24조 제3항).

③ (○) 국토계획법상 건축물의 건축에 관한 개발행위허가가 의제되는 건축허가신청이 국토계획법령이 정한 개발행위허가기준에 부합하지 아니하면 허가권자로서는 이를 거부할 수 있고, 이는 「건축법」 제16조 제3항에 의하여 개발행위허가의 변경이 의제되는 건축허가사항의 변경허가에서도 마찬가지이다(대판 2016.8.24., 2016두35762).

④ (○) 주된 인허가에 관한 사항을 규정하고 있는 법률에서 주된 인허가가 있으면 다른 법률에 의한 인허가를 받은 것으로 의제한다는 규정을 둔 경우, 주된 인허가가 있으면 다른 법률에 의한 인허가가 있는 것으로 보는 데 그치고, 거기에서 더 나아가 다른 법률에 의하여 인허가를 받았음을 전제로 하는 그 다른 법률의 모든 규정들까지 적용되는 것은 아니다(대판 2016.11.24., 2014두47686).

⑤ **빈출** (○) 인허가의제 제도는 관련 인허가 행정청의 권한을 제한하거나 박탈하는 효과를 가진다는 점에서 법률 또는 법률의 위임에 따른 법규명령의 근거가 있어야 한다(대판 2022.9.7., 2020두40327).

정답 | ①

274 필수

다음 중 허가에 대한 설명으로 가장 옳지 않은 것은? (단, 다툼이 있는 경우 판례에 의함)

① 개정 전 허가기준의 존속에 관한 국민의 신뢰가 개정된 허가기준의 적용에 관한 공익상의 요구보다 더 보호가치가 있다고 인정되는 경우에는 그러한 국민의 신뢰를 보호하기 위하여 개정된 허가기준의 적용을 제한할 여지가 있다.

② 법령상의 산림훼손 금지 또는 제한 지역에 해당하지 아니하더라도 중대한 공익상의 필요가 있다고 인정되는 경우, 산림훼손허가신청을 거부할 수 있다.

③ 어업에 관한 허가의 경우 그 유효기간이 경과하면 그 허가의 효력이 당연히 소멸하지만, 유효기간의 만료 후라도 재차 허가를 받게 되면 그 허가기간이 갱신되어 종전의 어업허가의 효력 또는 성질이 계속된다.

④ 요허가행위를 허가를 받지 않고 행한 경우에는 행정법상 처벌의 대상이 되지만 당해 무허가행위의 법률상 효력이 당연히 부정되는 것은 아니다.

해설

③ (×) 어업에 관한 허가 또는 신고의 경우 그 유효기간이 경과하면 그 허가나 신고의 효력이 당연히 소멸하며, 재차 허가를 받거나 신고를 하더라도 허가나 신고의 기간만 갱신되어 종전의 어업허가나 신고의 효력 또는 성질이 계속된다고 볼 수 없고 새로운 허가 내지 신고로서의 효력이 발생한다(대판 2019.4.11., 2018다284400).

정답 | ③

274	1 2 3
기출처	2022 군무원 9급
난이도	★★
키워드	행정행위의 내용

관련기출 옳은지문

• 구 산림법령이 규정하는 산림훼손 금지 또는 제한 지역에 해당하지 않더라도 환경의 보존 등 중대한 공익상 필요가 인정되는 경우, 허가관청은 법규상 명문의 근거가 없어도 산림훼손허가신청을 거부할 수 있다.
  18지방직7급

• 종전 허가의 유효기간이 지난 후에 한 허가기간연장 신청은 종전의 허가처분과는 별도의 새로운 허가를 내용으로 하는 행정처분을 구하는 것이라고 보아야 한다. 18지방직7급

275

행정행위에 대한 설명으로 옳은 것은? (다툼이 있는 경우 판례에 의함)

① 구 총포·도검·화약류 등 단속법령상 총포 등의 소지허가는 소정의 결격자에 해당되지 않는다면 허가를 하여야 하는 기속행위이다.
② 개축허가신청에 대하여 행정청이 착오로 대수선 및 용도변경허가를 하였다 하더라도 취소 등 적법한 조치 없이 그 효력을 부인할 수 없다.
③ 구 「도시계획법상」의 자연녹지지역에 장례식장 신축의 건축허가신청을 장례식장에 대한 부정적인 정서와 그로 인한 공공시설의 이용 기피 등과 같은 우려나 가능성이 있다면 허가신청을 반려한 처분은 위법하다고 할 수 없다.
④ 신청에 의한 행정처분은 원칙으로 신청시의 법령에 준거하여 이루어져야 하는 것으로 법령의 개정으로 허가기준이 변경된 경우에 그 법령에 특단의 정함이 없는 한 신청 당시의 법령을 기준으로 허가 여부를 판단하여야 한다.

해설

① (×) 총포·도검·화약류 등 단속법령상 총포 등의 소지허가를 받을 수 있는 자격요건을 정하고 있는 규정은 없으나, 관할 관청의 총포 등 소지허가가 구 「총포·도검·화약류 단속법」 제13조 제1항 소정의 결격자에 해당되지 아니하는 경우 반드시 허가를 하여야 하는 기속행위라고는 할 수 없고, 같은 법 제13조 제2항의 규정에 비추어 관할 관청에 총포 등 소지허가에 관한 재량권이 유보되어 있는 것이다(대판 1993.5.14., 92도2179).

② (○) 신청한 내용을 수정하여 허가하는 수정허가가 가능하다.

> 개축허가신청에 대하여 행정청이 착오로 대수선 및 용도변경허가를 하였다 하더라도 취소 등 적법한 조치 없이 그 효력을 부인할 수 없음은 물론 더구나 이를 다른 처분(즉, 개축허가)으로 볼 근거도 없다(대판 1985.11.26., 85누382).

③ (×) 구 「도시계획법」상의 자연녹지지역에 위치한 토지 위에 장례식장을 신축하는 내용의 건축허가신청을 한 경우, 장례식장에 대한 부정적인 정서와 그로 인한 공공시설의 이용 기피 등과 같은 막연한 우려나 가능성만으로 장례식장의 신축이 현저히 공공복리에 반한다고 볼 수 없다는 이유로 위 건축허가신청을 반려한 처분은 위법하다(대판 2004.6.24., 2002두3263).

④ (×) 신청에 따른 처분은 처분시를 기준으로 처분 여부를 판단한다.

> 행정처분은 원칙으로 처분시의 법령에 준거하여 행하여져야 하는 것이므로 법령의 개정에 의하여 허가기준이 변경된 경우에는 그 법령에 특단의 정함이 없는 한 신청시의 법령에 의할 것이 아니고 처분시의 개정법령에 의하여 변경된 새로운 허가기준이 적용되어야 할 것임이 당연하다 할 것이다(대판 1984.5.22., 84누77).

정답 | ②

276 필수

행정행위에 대한 설명으로 옳지 않은 것은?

① 여객자동차운송사업의 한정면허는 특정인에게 권리나 이익을 부여하는 수익적 행정행위로서 재량행위에 해당한다.
② 난민 인정에 관한 신청을 받은 행정청은 원칙적으로 법령이 정한 난민 요건에 해당하는지를 심사하여 난민 인정 여부를 결정할 수 있을 뿐이고, 법령이 정한 난민 요건과 무관한 다른 사유만을 들어 난민 인정을 거부할 수는 없다.
③ 자동차관리사업자로 구성하는 사업자단체 설립인가는 인가권자가 가지는 지도·감독 권한의 범위 등과 아울러 설립인가에 관하여 구체적인 기준이 정하여져 있지 않은 점 등에 비추어 재량행위로 보아야 한다.
④ 공익법인의 기본재산 처분허가에 부관을 붙인 경우, 그 처분허가의 법적 성질은 명령적 행정행위인 허가에 해당하며 조건으로서 부관의 부과가 허용되지 아니한다.

276 ① ② ③
기출처	2024 국가직 9급
난이도	★★
키워드	행정행위의 내용

🔍 관련기출 옳은지문
- 공익법인의 기본재산에 대한 감독관청의 처분허가는 그 성질상 특정 상대에 대한 처분행위의 허가가 아니고 처분의 상대가 누구이든 이에 대한 처분행위를 보충하여 유효하게 하는 행위라 할 것이므로 그 처분행위에 따른 권리의 양도가 있는 경우에도 처분이 완전히 끝날 때까지는 허가의 효력이 유효하게 존속한다.
18국회직8급

해설

① (O) 여객자동차운송사업의 한정면허는 특정인에게 권리나 이익을 부여하는 수익적 행정행위로서, 교통수요, 운송업체의 수송 및 공급능력 등에 관한 기술적·전문적 판단이 필요하고, 원활한 운송체계의 확보, 일반 공중의 교통 편의성 제고 등 운수행정을 통한 공익적 측면과 함께 관련 운송사업자들 사이의 이해관계 조정 등 사익적 측면을 고려하는 등 합목적성과 구체적 타당성을 확보하기 위한 적합한 기준에 따라야 하므로, 그 범위 내에서는 법령이 특별히 규정한 바가 없으면 행정청이 재량을 보유하고 이는 한정면허가 기간만료로 실효되어 갱신되는 경우에도 마찬가지이다. 따라서 한정면허가 신규로 발급되는 때는 물론이고 한정면허의 갱신 여부를 결정하는 때에도 관계 법규 내에서 한정면허의 기준이 충족되었는지를 판단하는 것은 관할 행정청의 재량에 속한다(대판 2020.6.11., 2020두34384).

② (O) 서울행정법원에 의하면 난민 인정은 설권행위로서 재량이라는 입장이다(확정판결). 하지만 대법원은 행정청은 원칙적으로 법이 정한 요건 여부를 심사하여 결정할 수 있을 뿐이라고 하여 주의를 요한다.

> 1. 구 「출입국관리법」 제2조 제3호, 제76조의2 제1항·제3항·제4항, 구 「출입국관리법 시행령」 제88조의2, 난민의 지위에 관한 협약 제1조, 난민의 지위에 관한 의정서 제1조의 문언, 체계와 입법 취지를 종합하면, 난민 인정에 관한 신청을 받은 행정청은 원칙적으로 법령이 정한 난민 요건에 해당하는지를 심사하여 난민 인정 여부를 결정할 수 있을 뿐이고, 이와 무관한 다른 사유만을 들어 난민 인정을 거부할 수는 없다(대판 2017.12.5., 2016두42913).
> 2. 법무부장관의 난민 인정행위를 단순히 신청자가 난민의 지위에 관한 협약 등에서 정한 난민의 요건을 갖추었는지 확인하는 의미에 그치는 것으로 볼 수는 없으며, 오히려 난민의 요건을 갖춘 외국인에게 일정한 권리를 부여하는 설권행위(設權行爲)로서 이에 관하여 법무부장관에게 일정한 재량이 부여된 것으로 보아야 한다(서울행정법원 2008.2.20., 2007구합22115).

③ 빈출 (O) 구 「자동차관리법」상 자동차관리사업자로 구성하는 사업자단체인 조합 또는 협회설립인가가 제도의 입법 취지, 조합 등에 대하여 인가권자가 가지는 지도·감독 권한의 범위 등과 아울러 「자동차관리법」상 조합 등 설립인가에 관하여 구체적인 기준이 정하여져 있지 않은 점에 비추어 보면, 사업자단체 설립의 공익적 목적에 부합하는지 등을 함께 검토하여 설립인가 여부를 결정할 재량을 가진다(대판 2015.5.29., 2013두635).

④ 빈출 (×) 공익법인의 기본재산의 처분에 관한 「공익법인의 설립·운영에 관한 법률」 제11조 제3항의 규정은 강행규정으로서 이에 위반하여 주무관청의 허가를 받지 않고 기본재산을 처분하는 것은 무효라 할 것인데, 위 처분허가에 부관을 붙인 경우 그 처분허가의 법률적 성질이 형성적 행정행위로서의 인가에 해당한다고 하여 조건으로서의 부관의 부과가 허용되지 아니한다고 볼 수는 없고, 다만 구체적인 경우에 그것이 조건, 기한, 부담, 철회권의 유보 중 어느 종류의 부관에 해당하는지는 당해 부관의 내용, 경위 기타 제반 사정을 종합하여 판단하여야 할 것이다(대판 2005.9.28., 2004다50044).

정답 | ④

277

강학상 인가에 대한 설명으로 옳은 것은? (다툼이 있는 경우 판례에 의함)

① 법규정이 없더라도 행정청은 출원의 내용을 수정하여 인가를 할 수 있다.
② 인가는 처분형식뿐만 아니라 법규형식으로도 가능하다.
③ 「사회복지사업법」에 사회복지법인의 설립이나 설립 후의 정관변경의 허가에 관한 구체적인 기준이 정하여져 있지 아니한 점 등에 비추어 보면, 사회복지법인의 정관변경을 허가할 것인지의 여부는 주무관청의 정책적 판단에 따른 재량에 맡겨져 있다고 할 것이다.
④ 인가처분의 상대방은 인가처분에 하자가 없다고 해도 기본행위에 하자가 있으면 그 기본행위의 무효를 내세워 바로 그에 대한 행정청의 인가처분의 취소 또는 무효확인을 소구할 법률상의 이익이 있다.

해설

① (×) 수정인가와 수정특허는 무효이다.
② (×) 특허는 법규형식이 가능하지만 인가는 타인간의 법률행위를 대상으로 하기 때문에 반드시 구체적 처분형식으로 행하여야 하고(일반처분은 없다) 법규인가란 있을 수 없다.
③ (○) 사회복지사업에 관한 기본적 사항을 규정하여 그 운영의 공정·적절을 기함으로써 사회복지의 증진에 이바지함을 목적으로 하는 구 「사회복지사업법」(1997.8.22. 법률 제5358호로 전문 개정되기 전의 것)의 입법 취지와 같은 법 제12조, 제25조 등의 규정에 사회복지법인의 설립이나 설립 후의 정관변경의 허가에 관한 구체적인 기준이 정하여져 있지 아니한 점 등에 비추어 보면, 사회복지법인의 정관변경을 허가할 것인지의 여부는 주무관청의 정책적 판단에 따른 재량에 맡겨져 있다고 할 것이고, 주무관청이 정관변경허가를 함에 있어서는 비례의 원칙 및 평등의 원칙에 적합하고 행정처분의 본질적 효력을 해하지 않는 한도 내에서 부관을 붙일 수 있다(대판 2002.9.24., 2000두5661).
④ (×) 기본행위의 하자를 이유로 인가에 대해 소구할 법률상 이익은 없다.

> 인가처분에 하자가 없다면 기본행위에 하자가 있다 하더라도 따로 그 기본행위의 하자를 다투는 것은 별론으로 하고 기본행위의 무효를 내세워 바로 그에 대한 행정청의 인가처분의 취소 또는 무효확인을 소구할 법률상의 이익이 없다(대판 1996.5.16., 95누4810).

정답 | ③

278 필수

허가에 대한 설명으로 옳지 않은 것은? (다툼이 있는 경우 판례에 의함)

① 국유재산관리청의 행정재산 사용·수익에 대한 허가는 사법상의 행위로서의 성격을 가진다.
② 행정청의 허가가 있어야 함에도 불구하고 허가를 받지 아니하여 처벌대상의 행위를 한 경우라도, 허가를 담당하는 공무원이 허가를 요하지 아니하는 것으로 잘못 알려주어 이를 믿었기 때문에 허가를 받지 아니한 것이라면 착오를 일으킨 데 대하여 정당한 이유가 있어 처벌할 수 없다.
③ 건설업면허의 갱신은 기존 면허의 효력이 동일성을 유지하면서 장래에 향하여 지속되는 것이고, 새로운 면허가 부여된 것이라고 볼 수는 없으므로 면허갱신에 의하여 갱신 전의 건설업자의 모든 위법사유가 치유된다고 볼 수 없다.
④ 「도로법」상의 허가와 「건축법」에서 규정하고 있는 건축허가는 그 허가권자의 허가를 받도록 한 목적, 허가의 기준, 허가 후의 감독에 있어서 같지 아니하므로 「도로법」에 의한 이 사건 허가가 있었다고 하더라도 「건축법」에 의한 허가를 다시 받아야 할 것이다.

해설

① (×) 공유재산의 관리청이 행하는 행정재산의 사용·수익에 대한 허가는 사법상의 행위가 아니라 공물에 대한 사용이나 수익허가로서 특허에 해당하는 처분이다.
② (○) 행정청의 허가가 있어야 함에도 불구하고 허가를 받지 아니하여 처벌대상의 행위를 한 경우라도 허가를 담당하는 공무원이 허가를 요하지 않는 것으로 잘못 알려주어 이를 믿었기 때문에 허가를 받지 아니한 것이라면 허가를 받지 않더라도 죄가 되지 않는 것으로 착오를 일으킨 데 대하여 정당한 이유가 있는 경우에 해당하여 처벌할 수 없다(대판 1993.9.14., 92도1560).
③ 빈출 (○) 허가의 갱신의 효력은 기존의 허가가 소멸하지 않고 기존의 허가가 동일성을 유지하며 연장되는 것이다.
④ (○) 「도로법」상의 허가와 「건축법」에서 규정하고 있는 건축허가는 그 허가권자의 허가를 받도록 한 목적, 허가의 기준, 허가 후의 감독에 있어서 같지 아니하므로 「도로법」에 의한 이 사건 허가가 있었다고 하더라도 「건축법」에 의한 허가를 다시 받아야 할 것이다(대판 1991.4.12., 91도218).

정답 | ①

관련기출 옳은지문
· 건설업면허의 갱신이 있으면 기존 면허의 효력은 동일성을 유지하면서 장래에 향하여 지속된다 할 것이고, 갱신에 의하여 갱신 전의 면허는 실효되고 새로운 면허가 부여된 것이라고 볼 수는 없으므로 면허갱신에 의하여 갱신 전의 건설업자의 모든 위법사유가 치유된다거나 일정한 시일의 경과로서 그 위법사유가 치유된다고 볼 수 없다.
11국회9급

279
행정행위의 분류에 대한 설명으로 옳은 것만을 〈보기〉에서 모두 고르면? (다툼이 있는 경우 판례에 의함)

| 보기 |
ㄱ. 행정청의 사립학교법인 임원취임승인행위는 학교법인의 임원선임행위의 법률상 효력을 완성하게 하는 보충적 법률행위로서 강학상 인가에 해당한다.
ㄴ. 개인택시 운송사업면허는 특정인에게 권리나 의무를 부여하는 것이므로 강학상 특허에 해당한다.
ㄷ. 공유수면의 점용·사용허가는 허가 상대방에게 제한을 해제하여 공유수면이용권을 부여하는 처분으로 강학상 허가에 해당한다.
ㄹ. 토지거래허가는 토지거래허가구역 내의 토지거래를 전면적으로 금지시키고 특정한 경우에 예외적으로 토지거래계약을 체결할 수 있는 자격을 부여하는 점에서 강학상 특허에 해당한다.

① ㄱ, ㄴ
② ㄱ, ㄷ
③ ㄴ, ㄷ
④ ㄴ, ㄹ
⑤ ㄷ, ㄹ

279
기출처 2022 국회직 8급
난이도 ★★
키워드 행정행위의 내용

관련기출 옳은지문
· 개인택시 운송사업면허는 특정인에게 권리나 이익을 부여하는 재량행위이다.
19소방직

해설
ㄱ. (○) 대판 1987.8.18., 86누152
ㄴ. (○) 대판 2007.2.8., 2006두13886
ㄷ. (×) 공유수면매립면허는 설권행위인 특허의 성질을 갖는 것이므로 원칙적으로 행정청의 자유재량에 속한다(대판 1989.9.12., 88누9206).
ㄹ. (×) 토지거래허가는 보충행위인 인가에 해당한다.

정답 | ①

280 〈필수〉

행정행위의 내용과 구체적 사례를 바르게 연결한 것은? (다툼이 있는 경우 판례에 의함)

ㄱ. 특정인에 대하여 새로운 권리·능력 또는 포괄적 법률관계를 설정하는 행위
ㄴ. 행정청이 타자의 법률행위를 동의로써 보충하여 그 행위의 효력을 완성시켜 주는 행위

A. 「도시 및 주거환경정비법」상 주택재건축정비사업조합의 설립인가
B. 「자동차관리법」상 사업자단체조합의 설립인가
C. 「도시 및 주거환경정비법」상 도시환경정비사업조합이 수립한 사업시행계획인가
D. 「도시 및 주거환경정비법」상 토지 등 소유자들이 조합을 따로 설립하지 않고 직접 시행하는 도시환경정비사업시행인가
E. 「출입국관리법」상 체류자격 변경허가

① ㄱ – A, D, E
② ㄴ – B, C, D
③ ㄱ – A, C, D
④ ㄴ – B, D, E

해설

ㄱ. (특허) 특정인에 대하여 새로운 권리·능력 또는 포괄적 법률관계를 설정하는 행위는 형성적 행정행위로서 설권행위인 특허에 해당한다.

ㄴ. (인가) 행정청이 타자의 법률행위를 동의로써 보충하여 그 행위의 효력을 완성시켜 주는 행위는 형성적 행정행위로서 보충행위인 인가에 해당한다.

A. [빈출] (특허) 행정청이 「도시 및 주거환경정비법」 등 관련 법령에 근거하여 행하는 조합설립인가처분은 단순히 사인들의 조합설립행위에 대한 보충행위로서의 성질을 갖는 것에 그치는 것이 아니라 법령상 요건을 갖출 경우 「도시 및 주거환경정비법」상 주택재건축사업을 시행할 수 있는 권한을 갖는 행정주체(공법인)로서의 지위를 부여하는 일종의 설권적 처분의 성격을 갖는다고 보아야 한다. 그리고 그와 같이 보는 이상 조합설립결의는 조합설립인가처분이라는 행정처분을 하는 데 필요한 요건 중 하나에 불과한 것이어서, 조합설립결의에 하자가 있다면 그 하자를 이유로 직접 항고소송의 방법으로 조합설립인가처분의 취소 또는 무효확인을 구하여야 하고, 이와는 별도로 조합설립결의 부분만을 따로 떼어내어 그 효력 유무를 다투는 확인의 소를 제기하는 것은 원고의 권리 또는 법률상의 지위에 현존하는 불안·위험을 제거하는 데 가장 유효·적절한 수단이라 할 수 없어 특별한 사정이 없는 한 확인의 이익은 인정되지 아니한다(대판 2009.9.24., 2008다60568).

B. [빈출] (인가) 구 「자동차관리법」상 자동차관리사업자로 구성하는 사업자단체인 조합 또는 협회(이하 '조합 등'이라고 한다)의 설립인가처분은 국토해양부장관(현 국토교통부장관) 또는 시·도지사(이하 '시·도지사 등'이라고 한다)가 자동차관리사업자들의 단체결성행위를 보충하여 효력을 완성시키는 처분에 해당한다. 그리고 「자동차관리법」이 자동차관리사업자로 하여금 시·도지사 등의 설립인가를 거쳐 조합 등을 설립하도록 한 취지는, 자동차관리사업자들이 공통의 이익을 추구하기 위해 단체를 구성하여 활동할 수 있는 헌법상 결사의 자유를 폭넓게 보장하는 한편, 조합 등이 수행하는 업무의 특수성을 고려하여 공익적 차원에서 최소한의 사전적 규제를 하고자 함에 있다(대판 2015.5.29., 2013두635).

C. [빈출] (인가) 구 「도시 및 주거환경정비법」에 기초하여 도시환경정비사업조합이 수립한 사업시행계획은 그것이 인가·고시를 통해 확정되면 이해관계인에 대한 구속적 행정계획으로서 독립된 행정처분에 해당하므로, 사업시행계획을 인가하는 행정청의 행위는 도시환경정비사업조합의 사업시행계획에 대한 법률상의 효력을 완성시키는 보충행위에 해당한다(대판 2010.12.9., 2010두1248).

D. [빈출] (특허) 구 「도시 및 주거환경정비법」(이하 '구 도시정비법'이라 한다) 제8조 제3항, 제28조 제1항에 의하면, 토지 등 소유자들이 그 사업을 위한 조합을 따로 설립하지 아니하고 직접 도시환경정비사업을 시행하고자 하는 경우에는 사업시행계획서에 정관 등과 그 밖에 국토해양부령이 정하는 서류를 첨부하여 시장·군수에게 제출하고 사업시행인가를 받아야 하고, 이러한 절차를 거쳐 사업시행인가를 받은 토지 등 소유자들은 관할 행

정청의 감독 아래 정비구역 안에서 구 도시정비법상의 도시환경정비사업을 시행하는 목적 범위 내에서 법령이 정하는 바에 따라 일정한 행정작용을 행하는 행정주체로서의 지위를 가진다. 그렇다면 토지 등 소유자들이 직접 시행하는 도시환경정비사업에서 토지 등 소유자에 대한 사업시행인가처분은 단순히 사업시행계획에 대한 보충행위로서의 성질을 가지는 것이 아니라 구 도시정비법상 정비사업을 시행할 수 있는 권한을 가지는 행정주체로서의 지위를 부여하는 일종의 설권적 처분의 성격을 가진다(대판 2013.6.13., 2011두19994).

E. 빈출 (특허) 「출입국관리법」 제10조, 제24조 제1항, 구 「출입국관리법 시행령」 제12조 [별표 1] 제8호, 제26호 (가)목, (라)목, 「출입국관리법 시행규칙」 제18조의2 [별표 1]의 문언, 내용 및 형식, 체계 등에 비추어 보면, 체류자격 변경허가는 신청인에게 당초의 체류자격과 다른 체류자격에 해당하는 활동을 할 수 있는 권한을 부여하는 일종의 설권적 처분의 성격을 가지므로, 허가권자는 신청인이 관계 법령에서 정한 요건을 충족하였더라도, 신청인의 적격성, 체류 목적, 공익상의 영향 등을 참작하여 허가 여부를 결정할 수 있는 재량을 가진다. 다만, 재량을 행사할 때 판단의 기초가 된 사실인정에 중대한 오류가 있는 경우 또는 비례·평등의 원칙을 위반하거나 사회통념상 현저하게 타당성을 잃는 등의 사유가 있다면 이는 재량권의 일탈·남용으로서 위법하다(대판 2016.7.14., 2015두48846).

정답 | ①

281

다음 법률행위적 행정행위 중 그 성질이 다른 것은? (다툼이 있는 경우 판례에 의함)

① 「자동차관리법」상 사업자단체인 조합의 설립에 대한 인가
② 재단법인의 임원취임승인 신청에 대한 승인
③ 「국토의 계획 및 이용에 관한 법률」상 토지거래허가
④ 구 「수도권 대기환경개선에 관한 특별법」상 대기오염물질 총량관리사업장 설치의 허가
⑤ 주택조합의 조합장 명의변경에 대한 시장, 군수 또는 자치구 구청장의 인가

281
기출처: 2021 국회직 9급
난이도: ★
키워드: 행정행위의 내용

해설

① (인가) 대판 2015.5.29., 2013두635
② (인가) 대판 2000.1.28., 98두16996
③ (인가) 토지거래허가는 강학상 인가에 해당한다.
④ (특허) 구 「수도권 대기환경개선에 관한 특별법」상 대기오염물질 총량관리사업장 설치의 허가는 특허에 해당된다.

> 구 「수도권대기환경특별법」 제14조 제1항에서 정한 대기오염물질 총량관리사업장 설치의 허가 또는 변경허가는 특정인에게 인구가 밀집되고 대기오염이 심각하다고 인정되는 수도권 대기관리권역에서 총량관리대상 오염물질을 일정량을 초과하여 배출할 수 있는 특정한 권리를 설정하여 주는 행위로서 그 처분의 여부 및 내용의 결정은 행정청의 재량에 속한다(대판 2013.5.9., 2012두22799).

⑤ (인가) 대판 1995.12.12., 95누7338

정답 | ④

282

허가의 효과에 관한 설명으로 옳은 것만을 모두 고른 것은? (다툼이 있는 경우 판례에 의함)

> ㄱ. 허가는 경찰금지를 해제하는 명령적 행위로서 피허가자에게 새로운 독점적 재산권을 취득하게 하는 법률상의 이익을 부여하는 행위이다.
> ㄴ. 원칙적으로 허가는 그 근거가 된 법령에 의한 금지를 해제할 뿐이고 타법에 의한 금지까지 해제하는 효과를 가지지 않는다.
> ㄷ. 허가의 효과는 당해 허가행정청의 관할구역 내에서만 미치는 것이 원칙이지만 허가의 성질상 관할구역이 없거나 법령의 규정이 있는 경우에는 관할구역 외에까지 그 효과가 미치게 된다.
> ㄹ. 허가를 받아 행하여야 할 행위를 허가 없이 한 경우의 사법상 행위는 무효가 되고 행정상의 강제집행이나 행정벌의 대상이 된다.

① ㄱ, ㄴ
② ㄴ, ㄷ
③ ㄱ, ㄹ
④ ㄷ, ㄹ

해설

ㄱ. (×) 양곡가공업 허가는 경찰금지를 해제하는 명령적 행위로서 피허가자에게 독점적 재산권을 취득하게 하는 것이 아니라 간접적으로 사실상의 이익을 부여하는 것에 불과하므로 어떠한 행정처분에 의하여 이미 그 허가를 받은 자의 제분업상의 이익이 감소된다고 하더라도 이는 사실상의 반사적 결과일 뿐 동인의 권리가 침해된 것은 아니므로 그 취소를 소구할 법률상 이익이 없다(대판 1981.1.27., 79누433).
ㄴ. (○) 허가는 원칙적으로 당해법상의 금지만 해제할 뿐 타법상의 금지까지 해제하는 효력은 없다.
ㄷ. (○) 허가의 효력은 허가권자의 권한범위에서 발생하나 운전면허 등과 같은 경우에는 관할구역의 제한이 없다.
ㄹ. (×) 무허가는 제재나 강제대상이 되지만, 위반한 행위의 사법상 효력에는 영향이 없다.

정답 | ②

283

법률행위적 행정행위에 대한 설명으로 옳지 않은 것은? (다툼이 있는 경우 판례에 의함)

① 강학상 허가는 자연적 자유에 대한 상대적 금지의 존재를 전제로 하기 때문에 절대적 금지사항에 대하여는 허가할 수 없다.
② 예외적 승인이나 예외적 허가의 경우에도 금지에 대한 해제행위로서 관련 법규의 표현이 불확실한 경우에는 기속행위의 성질을 가지는 것으로 본다.
③ 행정행위로서 대리란 행정청이 타 법률관계의 당사자를 대신하여 타인(제3자)이 해야 할 행위를 행정청이 대신 행하고, 그 행위의 효과는 제3자인 당사자에게 귀속시키는 행정행위를 말한다.
④ 하명의 대상은 주로 사실행위지만 법률행위가 대상이 되는 경우도 있다.

해설

① (○) 허가는 상대적 금지의 해제이고 절대적 금지에 대한 해제는 예외적 승인이다.
② (×) 예외적 승인(허가)은 절대적 금지에 대한 해제행위로서 허가와 달리 재량으로 본다. 허가는 자연적 자유에 대한 상대적 금지를 해제하는 행위로서 원칙이 기속이다.
③ (○) 대리는 행정청이 상대방이 해야 할 행위를 대신하고 행위의 효력을 상대방에게 귀속시키는 행위이다.
④ (○) 하명은 주로 사실행위(예 통행금지, 청소하명, 교통장애물제거하명)가 대상이다. 하지만 법률행위(예 무기매매금지, 양도금지 등)가 대상이 되기도 한다.

정답 | ②

284 〈필수〉

행정행위에 관한 설명으로 옳지 않은 것은? (다툼이 있는 경우 판례에 의함)

① 친일반민족행위자재산조사위원회의 국가귀속결정은 당해 재산이 친일재산에 해당한다는 사실을 확인하는 이른바 준법률행위적 행정행위의 성격을 가진다.
② 사업자등록증에 대한 검열은 납세의무자임을 확인하는 준법률행위적 행정행위로서의 확인에 해당한다.
③ 지적공부 소관청의 지목변경신청 반려행위는 국민의 권리관계에 영향을 미치는 것으로서 항고소송의 대상이 되는 행정처분에 해당한다.
④ 인감증명행위는 출원자의 현재 사용하는 인감에 대하여 구체적인 사실을 증명하는 것일 뿐이므로 무효확인을 구할 법률상 이익이 없다.

284
기출처 | 2023 소방직
난이도 | ★★
키워드 | 행정행위의 내용

관련기출 옳은지문
• 구「친일반민족행위자 재산의 국가귀속에 관한 특별법」에 정한 친일재산은 친일반민족행위자재산조사위원회가 국가귀속결정을 하여야 비로소 국가의 소유가 되는 것이 아니다. 24군무원9급

해설

① 빈출 (○) 친일재산은 친일반민족행위자재산조사위원회가 국가귀속결정을 하여야 비로소 국가의 소유로 되는 것이 아니라 특별법의 시행에 따라 그 취득·증여 등 원인행위시에 소급하여 당연히 국가의 소유로 되고, 위 위원회의 국가귀속결정은 당해 재산이 친일재산에 해당한다는 사실을 확인하는 이른바 준법률행위적 행정행위의 성격을 가진다(대판 2008.11.13., 2008두13491).
② (×) 「부가가치세법상」의 사업자등록은 과세관청으로 하여금 부가가치세의 납세의무자를 파악하고 그 과세자료를 확보케 하려는 데 입법취지가 있으므로 이는 단순한 사업사실의 신고로서 사업자가 소관세무서장에게 소정의 사업자등록신청서를 제출함으로써 성립되는 것이고 사업자등록증의 교부는 이와 같은 등록사실을 증명하는 증서의 교부행위에 불과한 것이며, 사업자등록증에 대한 검열 역시 과세관청이 등록된 사업을 계속하고 있는 사업자의 신고사실을 증명하는 사실행위에 지나지 않는다(대판 1988.3.8., 87누156).
③ 빈출 (○) 지목은 토지소유권을 제대로 행사하기 위한 전제요건으로서 토지소유자의 실체적 권리관계에 밀접하게 관련되어 있으므로 지적공부 소관청의 지목변경신청 반려행위는 국민의 권리관계에 영향을 미치는 것으로서 항고소송의 대상이 되는 행정처분에 해당한다(대판 2004.4.22., 2003두9015).
④ (○) 인감증명행위는 인감증명청이 적법한 신청이 있는 경우에 인감대장에 이미 신고된 인감을 기준으로 출원자의 현재 사용하는 인감을 증명하는 것으로서 구체적인 사실을 증명하는 것일 뿐, 나아가 출원자에게 어떠한 권리가 부여되거나 변동 또는 상실되는 효력을 발생하는 것이 아니고, 인감증명의 무효확인을 받아들인다 하더라도 이로써 이미 침해된 당사자의 권리가 회복되거나 또는 곧바로 이와 관련된 새로운 권리가 발생하는 것도 아니므로 무효확인을 구할 법률상 이익이 없어 부적법하다(대판 2001.7.10., 2000두2136).

정답 | ②

285

(가) 그룹과 (나) 그룹에 대한 설명으로 옳지 않은 것은? (다툼이 있는 경우 판례에 의함)

(가) 그룹	• 「출입국관리법」상 체류자격 변경허가 • 구 「수도권 대기환경개선에 관한 특별법」상 대기오염물질 총량관리사업장 설치의 허가
(나) 그룹	• 공익법인의 기본재산에 대한 감독관청의 처분허가 • 학교법인의 임원에 대한 감독청의 취임승인처분

① (가) 그룹에 해당되는 행정행위의 성질은 설권행위적 성질로서 원칙적으로 재량이며 부관을 붙일 수 있다.
② (나) 그룹에 해당되는 행정행위 자체에 하자가 없다면 이러한 처분이 성립되기 위한 요소인 기본적인 법률행위에 하자가 있다고 해도 (나) 그룹에 해당되는 행정행위는 소송대상이 될 수 없다.
③ 「자동차관리법」상 사업자단체조합의 설립인가와 주택재건축정비사업조합의 설립인가는 (가) 그룹에 해당되는 행정작용이다.
④ (가) 그룹과 (나) 그룹은 모두 상대방의 출원을 필요로 하는 행정작용이다.

해설

(가) 그룹은 설권행위인 특허에 해당하고, (나) 그룹은 보충행위인 인가에 해당한다.
① (○) 「출입국관리법」상 체류자격 변경허가와 구 「수도권 대기환경개선에 관한 특별법」상 대기오염물질 총량관리사업장 설치의 허가는 강학상 특허에 해당되는 설권행위이다. 특허는 재량적 성질로서 부관을 붙일 수 있음이 원칙이다.
② (○) (나) 그룹은 인가로서 보충행위이다. 인가에 하자가 없고 기본적인 법률행위에 하자가 있는 경우에 기본행위의 하자를 이유로 인가에 대하여 소송을 청구할 수 없다.
③ (×) 「자동차관리법」상 사업자단체조합의 설립인가는 보충행위인 인가에 해당되나 주택재건축정비사업조합의 설립인가는 설권행위이다.
④ (○) 특허와 인가는 모두 협력을 요하는 행정행위로서 출원(또는 동의)을 요한다.

정답 | ③

286 필수

인가에 대한 설명으로 옳지 않은 것은?

① 「자동차관리법」상 자동차관리사업자로 구성하는 사업자단체인 조합 또는 협회의 설립인가처분은 자동차관리사업자들의 단체결성행위를 보충하여 효력을 완성시키는 처분에 해당한다.
② 구 「도시 및 주거환경정비법」상 조합설립추진위원회 구성승인처분은 조합의 설립을 위한 주체인 추진위원회의 구성행위를 보충하여 그 효력을 부여하는 처분이다.
③ 주택재개발정비사업조합이 수립한 사업시행계획에 하자가 있음에도 불구하고 관할 행정청이 해당 사업시행계획에 대한 인가처분을 하였다면, 그 인가처분에는 고유한 하자가 없더라도 사업시행계획의 무효를 주장하면서 곧바로 그에 대한 인가처분의 무효확인이나 취소를 구하여야 한다.
④ 구 「도시 및 주거환경정비법」상 토지소유자들이 조합을 설립하지 아니하고 직접 도시환경정비사업을 시행하고자 하는 경우에 내려진 사업시행인가처분은 설권적 처분의 성격을 가진다.

해설

① (O) 「자동차관리법」상 자동차관리사업자로 구성하는 사업자단체인 조합 또는 협회(이하 '조합 등'이라고 한다)의 설립인가처분은 국토해양부장관(현 국토교통부장관) 또는 시·도지사(이하 '시·도지사 등'이라고 한다)가 자동차관리사업자들의 단체결성행위를 보충하여 효력을 완성시키는 처분에 해당한다(대판 2015.5.29., 2013두635).

② (O) 조합설립추진위원회(이하 '추진위원회'라고 한다) 구성승인처분은 조합의 설립을 위한 주체인 추진위원회의 구성행위를 보충하여 그 효력을 부여하는 처분이다(대판 2013.1.31., 2011두11112·2011두11129).

③ 빈출 (×) 기본적 법률행위의 하자를 이유로 인가에 대하여 소송을 청구할 수 없다.

> 관할 행정청의 사업시행계획 인가처분은 사업시행계획의 법률상 효력을 완성시키는 보충행위에 해당한다. 따라서 기본행위인 사업시행계획에는 하자가 없는데 보충행위인 인가처분에 고유한 하자가 있다면 그 인가처분의 무효확인이나 취소를 구하여야 할 것이지만, 인가처분에는 고유한 하자가 없는데 사업시행계획에 하자가 있다면 사업시행계획의 무효확인이나 취소를 구하여야 할 것이지 사업시행계획의 무효를 주장하면서 곧바로 그에 대한 인가처분의 무효확인이나 취소를 구하여서는 아니 된다(대판 2021.2.10., 2020두48031).

④ 빈출 (O) 토지 등 소유자들이 직접 시행하는 도시환경정비사업에서 토지 등 소유자에 대한 사업시행인가처분은 단순히 사업시행계획에 대한 보충행위로서의 성질을 가지는 것이 아니라 구 도시정비법상 정비사업을 시행할 수 있는 권한을 가지는 행정주체로서의 지위를 부여하는 일종의 설권적 처분의 성격을 가진다(대판 2013.6.13., 2011두19994).

정답 | ③

287 필수

행정행위에 대한 설명으로 옳은 것은?

① 행정청의 의사표시를 요소로 하는 법률행위적 행정행위 중에서 명령적 행위에는 하명, 허가, 대리가 속한다.
② 상대방에게 권리, 능력, 법적 지위, 포괄적 법률관계를 설정하는 특허는 형성적 행정행위이며 원칙적으로 기속행위이다.
③ 인가는 기본행위의 효력을 완성시켜 주는 보충적 행위이므로 기본행위가 무효인 경우에는 이에 대한 인가가 내려지더라도 그 인가는 무효이다.
④ 특정의 사실 또는 법률관계의 존재를 공적으로 증명하여 공적 증거력을 부여하는 행정행위는 확인행위로서 당선인결정, 장애등급결정, 행정심판의 재결 등이 그 예이다.

287	
기출처	2023 국가직 7급
난이도	★
키워드	행정행위의 내용

해설

① (×) 법률행위적 행정행위 중 명령적 행정행위는 하명, 허가, 면제가 해당되고, 형성적 행정행위는 설권행위(특허), 보충행위(인가), 대리행위(대리)가 해당된다.

② (×) 인위적인 권리 등을 부여하는 설권행위는 원칙적으로 재량이다.

> 이러한 도로점용의 허가는 특정인에게 일정한 내용의 공물사용권을 설정하는 설권행위로서, 공물관리자가 신청인의 적격성, 사용목적 및 공익상의 영향 등을 참작하여 허가를 할 것인지의 여부를 결정하는 재량행위이다(대판 2002.10.25., 2002두5795).

③ 빈출 (O) 인가는 다른 법률행위의 효력을 보충적으로 완성시키기 위한 보충적인 의사표시이므로 그 기본된 행위가 무효이면 인가도 무효가 된다(대판 1960.1.15., 4291행상138).

④ (×) 특정의 사실이나 법률관계의 존재를 공적으로 증명하는 행위는 공증에 해당한다. 당선인결정 등은 확인에 해당한다.

정답 | ③

288

다음 중 판례의 내용으로 옳은 것은?

① 과세관청이 사업자등록을 관리하는 과정에서 위장사업자의 사업자명의를 직권으로 실사업자의 명의로 정정하는 행위는 주체에 관한 정정기재로서 그에 의하여 사업자로서의 지위에 변동을 일으켜 항고소송의 대상이 되는 행정처분으로 볼 수 있다.
② 「도로법」에 의한 도로점용은 일반공중의 교통에 사용되는 도로에 대하여 이러한 일반사용과는 별도로 도로의 특정 부분을 유형적·고정적으로 특정한 목적을 위하여 사용하는 이른바 특별사용을 뜻하는 것이고, 이러한 도로점용의 허가는 특정인에게 일정한 내용의 공물사용권을 설정하는 설권행위이다.
③ 행정청의 재건축주택조합의 조합장 명의변경에 대한 인가처분에 하자가 없고 기본행위인 조합장 명의변경에 하자가 있는 경우에는 행정청의 인가처분의 취소나 무효확인의 소를 청구할 수 있다.
④ 주된 인·허가에 관한 사항을 규정하고 있는 법률에서 주된 인·허가가 있으면 다른 법률에 의한 인·허가를 받은 것으로 의제한다는 규정을 둔 경우에 주된 인·허가가 있으면 다른 법률에 의하여 인·허가를 받았음을 전제로 하는 그 다른 법률의 모든 규정들이 적용된다.

해설

① (×) 과세관청이 사업자등록을 관리하는 과정에서 위장사업자의 사업자명의를 직권으로 실사업자의 명의로 정정하는 행위 또한 당해 사업사실 중 주체에 관한 정정기재일 뿐 그에 의하여 사업자로서의 지위에 변동을 가져오는 것이 아니므로 항고소송의 대상이 되는 행정처분으로 볼 수 없다(대판 2011.1.27., 2008두2200).
② (○) 「도로법」 제40조 제1항에 의한 도로점용은 일반공중의 교통에 사용되는 도로에 대하여 이러한 일반사용과는 별도로 도로의 특정 부분을 유형적·고정적으로 특정한 목적을 위하여 사용하는 이른바 특별사용을 뜻하는 것이고, 이러한 도로점용의 허가는 특정인에게 일정한 내용의 공물사용권을 설정하는 설권행위로서, 공물관리자가 신청인의 적격성, 사용목적 및 공익상의 영향 등을 참작하여 허가를 할 것인지의 여부를 결정하는 재량행위이다(대판 2002.10.25., 2002두5795).
③ (×) 행정청의 재건축주택조합의 조합장 명의변경에 대한 인가의 법적 성질 및 인가처분에 하자가 없고 기본행위인 조합장 명의변경에 하자가 있는 경우, 기본행위의 하자를 내세워 바로 그에 대한 행정청의 인가처분의 취소를 구할 수 없다(대판 2005.10.14., 2005두1046).
④ (×) 주된 인·허가에 관한 사항을 규정하고 있는 법률에서 주된 인·허가가 있으면 다른 법률에 의한 인·허가를 받은 것으로 의제한다는 규정을 둔 경우, 주된 인·허가가 있으면 다른 법률에 의하여 인·허가를 받았음을 전제로 하는 그 다른 법률의 모든 규정들이 적용되지 않는다(대판 2016.11.24., 2014두47686).

정답 | ②

289 필수

인가에 대한 설명으로 옳지 않은 것은? (다툼이 있는 경우 판례에 의함)

① 공유수면매립면허의 공동명의자 사이의 면허로 인한 권리의무양도약정은 면허관청의 인가를 받지 않은 이상 법률상 아무런 효력도 발생할 수 없다.
② 재단법인의 임원취임을 인가 또는 거부할 것인지 여부는 주무관청의 권한에 속하는 사항이라고 할 것이고, 재단법인의 임원취임승인 신청에 대하여 주무관청이 이에 기속되어 이를 당연히 승인(인가)하여야 하는 것은 아니다.
③ 인가처분에 하자가 없다면 기본행위에 하자가 있다 하더라도 따로 그 기본행위의 하자를 다투는 것은 별론으로 하고 기본행위의 무효를 내세워 바로 그에 대한 행정청의 인가처분의 취소 또는 무효확인을 소구할 법률상의 이익이 없다.
④ 공익법인의 기본재산 처분에 대한 허가의 법률적 성질이 형성적 행정행위로서의 인가에 해당하므로, 그 허가에 조건으로서의 부관의 부과가 허용되지 아니한다.

해설

① (O) 공유수면매립면허에 의한 권리의무의 양도·양수에 대해 행정청이 행하는 인가는 기본적인 법률행위를 보충하여 유효한 효력을 부여하는 보충행위이다. 따라서 인가를 받지 못하면 효력이 없다.
② (O) 재단법인의 임원취임승인은 재량이다.
③ 빈출 (O) 기본행위의 하자를 이유로 인가에 쟁송을 제기할 수 없다.
④ (X) 인가는 개별적인 사안에 따라 부관의 가능성 여부가 달라진다.

> 공익법인의 기본재산의 처분에 관한 「공익법인의 설립·운영에 관한 법률」 제11조 제3항의 규정은 강행규정으로서 이에 위반하여 주무관청의 허가를 받지 않고 기본재산을 처분하는 것은 무효라 할 것인데, 위 처분허가에 부관을 붙인 경우 그 처분허가의 법률적 성질이 형성적 행정행위로서의 인가에 해당한다고 하여 조건으로서의 부관의 부과가 허용되지 아니한다고 볼 수는 없다(대판 2005.9.28., 2004다50044).

정답 | ④

---

289 | 1 2 3
기출처 | 2020 국가직 9급
난이도 | ★★
키워드 | 행정행위의 내용

관련기출 옳은지문

- 재단법인의 임원취임이 사법인인 재단법인의 정관에 근거하였다 할지라도 재단법인의 임원취임승인 신청에 대하여 주무관청이 그 신청을 당연히 승인하여야 하는 것은 아니다. 21국가직7급

- 「공유수면매립법」 등 관계법령상 공유수면매립의 면허로 인한 권리의무의 양도·양수에 있어서의 면허관청의 인가는 효력요건으로서, 면허로 인한 권리의무양도약정은 면허관청의 인가를 받지 않은 이상 법률상 아무런 효력도 발생할 수 없다. 20군무원9급

- 인가처분에 흠이 없다면 기본행위에 흠이 있다고 하더라도 따로 기본행위의 흠을 다투는 것은 별론으로 하고 기본행위의 흠을 내세워 바로 그에 대한 인가처분의 무효확인 또는 취소를 구할 수는 없다. 20군무원9급

290

준법률행위적 행정행위에 대한 설명으로 옳지 않은 것은? (다툼이 있는 경우 판례에 의함)

① 공무원연금관리공단이 법령의 개정사실과 퇴직연금 중 일부 금액의 지급정지대상자가 되었다는 사실을 통보한 것은 단지 법령에서 정한 사유의 발생으로 인한 점을 알려 주는 관념의 통지에 불과하다.

② 건축물대장은 건축물의 소유권을 제대로 행사하기 위한 전제요건으로서 건축물 소유자의 실체적 권리관계에 밀접하게 관련되어 있으므로, 이러한 건축물대장을 직권말소한 행위는 국민의 권리관계에 영향을 미치는 것으로서 항고소송의 대상이 되는 행정처분에 해당한다.

③ 행정청이 한 행위가 단지 사인간 법률관계의 존부를 공적으로 증명하는 공증행위에 불과하여 그 효력을 둘러싼 분쟁의 해결이 사법원리에 맡겨져 있거나 행위의 근거 법률에서 행정소송 이외의 다른 절차에 의하여 불복할 것을 예정하고 있는 경우에는 항고소송의 대상이 될 수 없다.

④ 「친일반민족행위자 재산의 국가귀속에 관한 특별법」에서 정한 친일반민족행위자재산조사위원회의 국가귀속결정은 준법률행위적 행정행위로서 친일재산은 위원회의 국가귀속결정이 있어야 비로소 국가의 소유로 귀속된다.

해설

① (○) 공무원연금관리공단이 법령의 개정사실과 퇴직연금 수급자가 퇴직연금 중 일부 금액의 지급정지대상자가 되었다는 사실을 통보한 것은 단지 법령에서 정한 사유의 발생으로 퇴직연금 중 일부 금액의 지급이 정지된다는 점을 알려 주는 관념의 통지에 불과하다(대판 2004.7.8., 2004두244).

② (○) 건축물대장은 건축물에 대한 공법상의 규제, 지방세의 과세대상, 손실보상가액의 산정 등 건축행정의 기초자료로서 공법상의 법률관계에 영향을 미칠 뿐만 아니라, 건축물에 관한 소유권보존등기 또는 소유권이전등기를 신청하려면 이를 등기소에 제출하여야 하는 점 등을 종합해 보면, 건축물대장은 건축물의 소유권을 제대로 행사하기 위한 전제요건으로서 건축물 소유자의 실체적 권리관계에 밀접하게 관련되어 있으므로, 이러한 건축물대장을 직권말소한 행위는 국민의 권리관계에 영향을 미치는 것으로서 항고소송의 대상이 되는 행정처분에 해당한다(대판 2010.5.27., 2008두22655).

③ (○) 이러한 행정소송 제도의 목적 및 기능 등에 비추어 볼 때, 행정청이 한 행위가 단지 사인간 법률관계의 존부를 공적으로 증명하는 공증행위에 불과하여 그 효력을 둘러싼 분쟁의 해결이 사법원리에 맡겨져 있거나 행위의 근거 법률에서 행정소송 이외의 다른 절차에 의하여 불복할 것을 예정하고 있는 경우에는 항고소송의 대상이 될 수 없다고 보는 것이 타당하다(대판 2012.6.14., 2010두19720).

④ (×) 「친일반민족행위자 재산의 국가귀속에 관한 특별법」 제3조 제1항 본문, 제9조 규정들의 취지와 내용에 비추어 보면, 같은 법 제2조 제2호에 정한 친일재산은 친일반민족행위자재산조사위원회가 국가귀속결정을 하여야 비로소 국가의 소유로 되는 것이 아니라 특별법의 시행에 따라 그 취득·증여 등 원인행위시에 소급하여 당연히 국가의 소유로 되고, 위 위원회의 국가귀속결정은 당해 재산이 친일재산에 해당한다는 사실을 확인하는 이른바 준법률행위적 행정행위의 성격을 가진다(대판 2008.11.13., 2008두13491).

정답 | ④

291
다음 중 동일한 성질의 행정작용이 바르게 연결된 것은? (다툼이 있는 경우 판례에 의함)

> ㄱ. 지역개발사업에 관한 지정권자의 실시계획승인처분 – 학교법인의 임원에 대한 감독청의 취임승인처분
> ㄴ. 공유수면매립면허 – 토지수용사업인정
> ㄷ. 토지 등 소유자들이 직접 시행하는 도시환경정비사업시행인가 – 도시환경정비사업조합이 수립한 사업시행계획인가
> ㄹ. 일반담배소매인 지정 – 기부금품모집허가

① ㄱ, ㄴ
② ㄴ, ㄹ
③ ㄱ, ㄷ
④ ㄷ, ㄹ

291	
기출처	예상문제
난이도	★★
키워드	행정행위의 내용

해설

ㄱ. (×) 특허: 지역개발사업에 관한 지정권자의 실시계획승인처분
　　인가: 학교법인의 임원에 대한 감독청의 취임승인처분
ㄴ. (○) 특허: 공유수면매립면허, 토지수용사업인정
ㄷ. (×) 특허: 토지 등 소유자들이 직접 시행하는 도시환경정비사업시행인가
　　인가: 도시환경정비사업조합이 수립한 사업시행계획인가
ㄹ. (○) 허가: 일반담배소매인 지정, 기부금품모집허가

정답 | ②

292

「도시 및 주거환경정비법」의 내용으로 옳지 않은 것은? (다툼이 있는 경우 판례에 의함)

① 행정주체인 재건축조합을 상대로 그 조합설립변경결의 또는 사업시행계획결의의 효력 등을 다투는 소송은 행정처분에 이르는 절차적 요건의 존부나 효력 유무에 관한 소송으로서 그 소송결과에 따라 행정처분의 위법 여부에 직접 영향을 미치는 공법상 법률관계에 관한 것이므로 이는 「행정소송법」상의 항고소송에 해당한다.

② 주택재개발정비사업조합의 설립인가신청에 대하여 행정청의 인가처분이 있은 이후에 조합설립결의에 하자가 있음을 이유로 조합설립의 효력을 부정하기 위해서는 항고소송으로 인가처분의 효력을 다투어야 하고, 특별한 사정이 없는 한 이와는 별도로 민사소송으로 조합설립결의에 대하여 무효확인을 구할 확인의 이익은 없다.

③ 조합설립추진위원회의 구성을 승인하는 처분은 조합의 설립을 위한 주체에 해당하는 비법인 사단인 추진위원회를 구성하는 행위를 보충하여 그 효력을 부여하는 처분이다.

④ 도시환경정비사업을 직접 시행하려는 토지 등 소유자들은 시장·군수로부터 사업시행인가를 받기 전에는 행정주체로서의 지위를 가지지 못하며 그가 작성한 사업시행계획은 인가처분의 요건 중 하나에 불과하고 항고소송의 대상이 되는 독립된 행정처분에 해당하지 아니한다고 할 것이다.

해설

① (×) 도시정비법 등 관련 법령에서 정한 요건과 절차를 갖추어 성립한 주택재건축정비사업조합(이하 '재건축조합'이라 한다)은 관할 행정청의 감독 아래 정비구역 안에서 도시정비법상의 '주택재건축사업'을 시행하는 목적 범위 내에서 법령이 정하는 바에 따라 일정한 행정작용을 행하는 행정주체로서의 지위를 갖는 것이고, 조합설립변경인가 또는 사업시행계획안에 대한 인가가 이루어지기 전에 행정주체인 재건축조합을 상대로 그 조합설립변경결의 또는 사업시행계획결의의 효력 등을 다투는 소송은 행정처분에 이르는 절차적 요건의 존부나 효력 유무에 관한 소송으로서 그 소송결과에 따라 행정처분의 위법 여부에 직접 영향을 미치는 공법상 법률관계에 관한 것이므로 이는 「행정소송법」상의 당사자소송에 해당한다(대판 2010.7.29., 2008다6328).

② (○) 조합설립결의는 조합설립인가처분이라는 행정처분을 하는 데 필요한 요건 중 하나에 불과한 것이어서, 조합설립결의에 하자가 있다면 그 하자를 이유로 직접 항고소송의 방법으로 조합설립인가처분의 취소 또는 무효확인을 구하여야 하고, 이와는 별도로 조합설립결의 부분만을 따로 떼어내어 그 효력 유무를 다투는 확인의 소를 제기하는 것은 원고의 권리 또는 법률상의 지위에 현존하는 불안·위험을 제거하는 데 가장 유효·적절한 수단이라 할 수 없어 특별한 사정이 없는 한 확인의 이익은 인정되지 아니한다(대판 2009.9.24., 2008다60568).

③ (○) 조합설립추진위원회(이하 '추진위원회'라고 한다)의 구성을 승인하는 처분은 조합의 설립을 위한 주체에 해당하는 비법인 사단인 추진위원회를 구성하는 행위를 보충하여 그 효력을 부여하는 처분인 데 반하여, 조합설립인가처분은 법령상 요건을 갖출 경우 도시정비법상 주택재개발사업을 시행할 수 있는 권한을 가지는 행정주체(공법인)로서의 지위를 부여하는 일종의 설권적 처분이므로, 양자는 그 목적과 성격을 달리한다(대판 2013.12.26., 2011두8291).

④ (○) 도시환경정비사업을 직접 시행하려는 토지 등 소유자들은 시장·군수로부터 사업시행인가를 받기 전에는 행정주체로서의 지위를 가지지 못한다. 따라서 그가 작성한 사업시행계획은 인가처분의 요건 중 하나에 불과하고 항고소송의 대상이 되는 독립된 행정처분에 해당하지 아니한다고 할 것이다(대판 2013.6.13., 2011두19994).

정답 | ①

293 〈필수〉

강학상 인가에 대한 설명으로 옳은 것만을 모두 고르면? (다툼이 있는 경우 판례에 의함)

ㄱ. 강학상 인가는 기본행위에 대한 법률상의 효력을 완성시키는 보충행위로서, 그 기본이 되는 행위에 하자가 있을 때에는 그에 대한 인가가 있었다 하여도 기본행위가 유효한 것으로 될 수 없다.

ㄴ. 「민법」상 재단법인의 정관변경에 대한 주무관청의 허가는 법률상 표현이 허가로 되어 있기는 하나, 그 성질은 법률행위의 효력을 보충해 주는 것이지 일반적 금지를 해제하는 것은 아니다.

ㄷ. 인가처분에 하자가 없더라도 기본행위에 무효사유가 있다면 기본행위의 무효를 내세워 그에 대한 행정청의 인가처분의 취소 또는 무효확인을 구할 소의 이익이 있다.

ㄹ. 「도시 및 주거환경정비법」상 관리처분계획에 대한 인가는 강학상 인가의 성격을 갖고 있으므로 관리처분계획에 대한 인가가 있더라도 관리처분계획안에 대한 총회결의에 하자가 있다면 민사소송으로 총회결의의 하자를 다투어야 한다.

① ㄱ, ㄴ
② ㄴ, ㄷ
③ ㄷ, ㄹ
④ ㄱ, ㄴ, ㄹ

---

293 | 기출처: 2020 지방직 9급 | 난이도: ★★ | 키워드: 행정행위의 내용

관련기출 옳은지문
- 인가는 당사자의 법률적 행위를 보충하여 그 법률적 효력을 완성시키는 행정주체의 보충적 의사표시로서의 법률행위적 행정행위이다. 21국가직7급

해설

ㄱ. (○) 대판 1996.5.16., 95누4810 전합
ㄴ. (○) 대판 1996.5.16., 95누4810 전합
ㄷ. **빈출** (×) 인가는 보충행위에 해당한다. 따라서 기본적인 법률행위의 하자를 이유로 인가에 대한 쟁송을 제기할 수 없다.

> 인가처분에 하자가 없다면 기본행위에 하자가 있다 하더라도 따로 그 기본행위의 하자를 다투는 것은 별론으로 하고 기본행위의 무효를 내세워 바로 그에 대한 행정청의 인가처분의 취소 또는 무효확인을 소구할 법률상의 이익이 있다고 할 수 없다(대판 2001.12.11., 2001두7541).

ㄹ. **빈출** (×) 「도시 및 주거환경정비법」상 행정주체인 주택재건축정비사업조합을 상대로 관리처분계획안에 대한 조합 총회결의의 효력 등을 다투는 소송은 행정처분에 이르는 절차적 요건의 존부나 효력 유무에 관한 소송으로서 그 소송결과에 따라 행정처분의 위법 여부에 직접 영향을 미치는 공법상 법률관계에 관한 것이므로, 이는 「행정소송법」상의 당사자소송에 해당한다(대판 2009.9.17., 2007다2428 전합).

정답 | ①

294	① ② ③
기출처	예상문제
난이도	★★
키워드	행정행위의 내용

🔍 **관련기출 옳은지문**

• 한의사 면허는 허가에 해당하고, 한약조제시험을 통해 약사에게 한약조제권을 인정함으로써 한의사들의 영업이익이 감소되었다고 하더라도 이는 법률상 이익 침해라고 할 수 없다. 　　　22군무원9급

294 〈필수〉

행정행위에 관한 설명으로 옳지 않은 것은? (다툼이 있는 경우 판례에 의함)

① 체류자격 변경허가는 당초의 체류자격과 다른 체류자격에 해당하는 활동을 할 수 있는 권한을 부여하는 일종의 설권적 처분의 성격으로, 신청인이 관계 법령에서 정한 요건을 충족하였더라도, 신청인의 적격성, 체류 목적 등을 참작하여 허가 여부를 결정하는 재량이다.

② 유기장영업허가는 유기장영업권의 일반적 금지를 해제하는 영업의 자유회복이라 할 수 없고 영업권을 설정하는 설권행위이다.

③ 한의사 면허는 경찰금지를 해제하는 명령적 행위에 해당하고, 한약조제시험을 통하여 약사에게 한약조제권을 인정함으로써 한의사들의 영업상 이익이 감소되었다고 하더라도 이러한 이익은 사실상의 이익에 불과하다.

④ 「여객자동차 운수사업법」에 의한 개인택시 운송사업면허는 특정인에게 권리나 이익을 부여하는 행정행위로서 법령에 특별한 규정이 없는 한 재량행위이다.

해설

① **빈출** (○) 체류자격 변경허가는 신청인에게 당초의 체류자격과 다른 체류자격에 해당하는 활동을 할 수 있는 권한을 부여하는 일종의 설권적 처분의 성격을 가지므로, 허가권자는 신청인이 관계 법령에서 정한 요건을 충족하였더라도, 신청인의 적격성, 체류 목적, 공익상의 영향 등을 참작하여 허가 여부를 결정할 수 있는 재량을 가진다(대판 2016.7.14., 2015두48846).

② (×) 유기장영업허가는 설권행위인 특허가 아니라 강학상 허가에 해당한다.

> 유기장영업허가는 유기장영업권을 설정하는 설권행위가 아니고 일반적 금지를 해제하는 영업자유의 회복이라 할 것이므로 그 영업상의 이익은 반사적 이익에 불과하고 행정행위의 본질상 금지의 해제나 그 해제를 다시 철회하는 것은 공익성과 합목적성에 따른 당해 행정청의 재량행위라 할 것이다(대판 1985.2.8., 84누369).

③ (○) 한의사 면허는 경찰금지를 해제하는 명령적 행위(강학상 허가)에 해당하고, 한약조제시험을 통하여 약사에게 한약조제권을 인정함으로써 한의사들의 영업상 이익이 감소되었다고 하더라도 이러한 이익은 사실상의 이익에 불과하고 「약사법」이나 「의료법」 등의 법률에 의하여 보호되는 이익이라고는 볼 수 없으므로, 한의사들이 한약조제시험을 통하여 한약조제권을 인정받은 약사들에 대한 합격처분의 무효확인을 구하는 당해 소는 원고적격이 없는 자들이 제기한 소로서 부적법하다(대판 1998.3.10., 97누4289).

④ **빈출** (○) 개인택시면허는 특정인에게 일정한 권익을 부여하는 강학상 특허로서 재량에 해당한다.

> 「여객자동차 운수사업법」에 의한 개인택시 운송사업면허는 특정인에게 권리나 이익을 부여하는 행정행위로서 법령에 특별한 규정이 없는 한 재량행위이고, 그 면허를 위하여 정하여진 순위 내에서의 운전경력인정방법의 기준 설정 역시 행정청의 재량에 속한다 할 것이다(대판 2010.1.28., 2009두19137).

정답 | ②

295

행정행위에 관한 설명으로 옳지 않은 것은? (다툼이 있는 경우 판례에 의함)

① 「석유사업법」을 종합하면 석유판매업(주유소)허가는 소위 대물적 허가의 성질을 갖는 것이어서 그 사업의 양도도 가능하고 만약 양도인에게 그 허가를 취소할 위법사유가 있다면 허가관청은 이를 이유로 양수인에게 응분의 제재조치를 취할 수 있다.
② 개인택시 운송사업면허는 법령에 특별한 규정이 없는 한 행정청에게 재량이 주어져 있어 개인택시 운송사업면허를 위하여 필요한 기준을 정하는 것도 행정청의 재량에 속한다.
③ 특허는 법규형식뿐 아니라 특정인을 대상으로 하는 개별처분 또는 불특정다수인을 대상으로 하는 일반처분의 형식으로도 가능하다.
④ 하명에 위반한 행위는 처벌이 목적이고 직접적으로 법률행위의 효과를 제한하거나 부정함을 목적으로 하는 것이 아니므로, 하명에 위반한 법률행위의 효과 그 자체는 특별한 규정이 없는 한 유효하다.

295	
기출처	예상문제
난이도	★★
키워드	행정행위의 내용

관련기출 옳은지문

- 석유판매업 등록은 대물적 허가의 성질을 가지고 있으므로, 종전 석유판매업자가 유사석유제품을 판매한 행위에 대해 승계인에게 사업정지 등 제재처분을 할 수 있다.

22군무원9급

해설

① (○) 허가의 승계는 포괄승계로서 허가의 효력뿐 아니라 각종 제재나 강제사유도 승계가 된다. 따라서 전 운영자의 위법을 이유로 새로운 운영자에게 제재나 강제를 가할 수 있다.

> 「석유사업법」 제12조 제3항, 제9조 제1항, 제12조 제4항 등을 종합하면 석유판매업(주유소)허가는 소위 대물적 허가의 성질을 갖는 것이어서 그 사업의 양도도 가능하고 이 경우 양수인은 양도인의 지위를 승계하게 됨에 따라 양도인의 위 허가에 따른 권리·의무가 양수인에게 이전되는 것이므로 만약 양도인에게 그 허가를 취소할 위법사유가 있다면 허가관청은 이를 이유로 양수인에게 응분의 제재조치를 취할 수 있다 할 것이고, 양수인이 그 양수 후 허가관청으로부터 석유판매업허가를 다시 받았다 하더라도 이는 석유판매업의 양수도를 전제로 한 것이어서 이로써 양도인의 지위승계가 부정되는 것은 아니므로 양도인의 귀책사유는 양수인에게 그 효력이 미친다(대판 1986.7.22., 86누203).

② (○) 「자동차운수사업법」에 의한 개인택시 운송사업면허는 특정인에게 권리나 이익을 부여하는 행정행위로서 법령에 특별한 규정이 없는 한 재량행위이고, 그 면허를 위하여 필요한 기준을 정하는 것도 역시 행정청의 재량에 속하는 것이므로, 그 설정된 기준이 객관적으로 합리적이 아니라거나 타당하지 않다고 볼 만한 다른 특별한 사정이 없는 이상 행정청의 의사는 가능한 한 존중되어야 한다(대판 1996.10.11., 96누6172).
③ (×) 특허는 출원이나 동의를 효력요건으로 하는 협력을 요하는 행정처분으로서 출원과 동의가 없는 불특정다수인에 대한 일반처분 형식의 특허는 인정될 수 없다.
④ (○) 하명은 명령적 행정행위로서 이에 반하는 행위는 제재나 강제대상은 되지만 원칙적으로 행위의 효력은 부정되지 않는다.

정답 | ③

296

준법률행위적 행정행위에 대한 설명으로 가장 옳지 않은 것은?

① 토지대장상의 소유자명의변경신청을 거부하는 행위는 실체적 권리관계에 영향을 미치는 사항으로 행정처분이다.
② 친일반민족행위자재산조사위원회의 친일재산 국가귀속결정은 문제된 재산이 친일재산에 해당한다는 사실을 확인하는 준법률행위적 행정행위이다.
③ 「국가공무원법」에 근거하여 정년에 달한 공무원에게 발하는 정년퇴직 발령은 정년퇴직 사실을 알리는 관념의 통지이다.
④ 「국세징수법」에 의한 가산금과 중가산금의 납부독촉에 절차상 하자가 있는 경우 그 징수처분에 대하여 취소소송에 의한 불복이 가능하다.

해설

① (×) 토지대장상의 소유자명의변경신청을 거부하는 행위는 처분이 아니다.

> 토지대장에 기재된 소유자명의가 변경된다고 하여도 이로 인하여 당해 토지에 대한 실체상의 권리관계에 변동을 가져올 수 없고 토지소유권이 지적공부의 기재만에 의하여 증명되는 것도 아니다. 따라서 소관청이 토지대장상의 소유자명의변경신청을 거부한 행위는 이를 항고소송의 대상이 되는 행정처분이라고 할 수 없다(대판 2012.1.12., 2010두12354).

고득점 플러스+ 토지대장상의 직권말소행위의 처분성

> 토지대장은 토지의 소유권을 제대로 행사하기 위한 전제요건으로서 토지소유자의 실체적 권리관계에 밀접하게 관련되어 있으므로, 이러한 토지대장을 직권으로 말소한 행위는 국민의 권리관계에 영향을 미치는 것으로서 항고소송의 대상이 되는 행정처분에 해당한다(대판 2013.10.24., 2011두13286).

정답 | ①

297
행정행위에 대한 설명으로 옳고(○), 옳지 않은 것(×)이 순서대로 바르게 된 것은? (다툼이 있는 경우 판례에 의함)

> ㄱ. 구 「체육시설의 설치·이용에 관한 법률」 등의 규정에 의하면, 체육시설의 회원을 모집하고자 하는 자는 시·도지사 등으로부터 회원모집계획서에 대한 검토결과 통보를 받은 경우, 회원모집계획서 제출은 수리를 요하는 신고에서의 신고에 해당하고, 시·도지사 등의 검토결과 통보는 수리행위로서 행정처분에 해당한다.
> ㄴ. 「관세법」의 보세구역의 설영특허는 공기업의 특허로서 행정청의 자유재량에 속하며, 특허기간의 갱신도 실질적으로 권리의 설정과 같으므로 그 갱신 여부도 특허관청의 자유재량에 속한다.
> ㄷ. 신청에 대한 처분은 정당한 사유 없이 심사를 지연시킨 경우에도 처분시 법령을 기준으로 한다. 따라서 신청시 허가기준에 부합되는 허가의 경우 개정된 법령에 따라 기준이 충족되지 않으면 거부가 가능하다.
> ㄹ. 주된 인·허가인 건축불허가처분을 하면서 그 처분사유로 의제되는 인·허가에 해당하는 형질변경불허가 사유를 들고 있다면, 그 건축불허가처분을 받은 자는 형질변경불허가처분에 관해서도 쟁송을 제기하여 다툴 수 있다.

	ㄱ	ㄴ	ㄷ	ㄹ
①	×	×	○	○
②	×	○	○	×
③	○	○	×	×
④	○	×	×	○

기출처 예상문제
난이도 ★★★
키워드 행정행위의 내용

관련기출 옳은지문
- 「관세법」상 보세구역의 설영특허는 보세구역의 설치, 경영에 관한 권리를 설정하는 이른바 공기업의 특허로서 그 특허의 부여 여부는 행정청의 자유재량에 속한다. 20군무원7급

해설

ㄱ. (○) 구 「체육시설의 설치·이용에 관한 법률」 제19조 제1항, 구 「체육시설의 설치·이용에 관한 법률 시행령」 제18조 제2항 제1호 (가)목, 제18조의2 제1항 등의 규정에 의하면, 위 법 제19조의 규정에 의하여 체육시설의 회원을 모집하고자 하는 자는 시·도지사 등으로부터 회원모집계획서에 대한 검토결과 통보를 받은 후에 회원을 모집할 수 있다고 보아야 하고, 따라서 체육시설의 회원을 모집하고자 하는 자의 시·도지사 등에 대한 회원모집계획서 제출은 수리를 요하는 신고에서의 신고에 해당하며, 시·도지사 등의 검토결과 통보는 수리행위로서 행정처분에 해당한다(대판 2009.2.26., 2006두16243).

ㄴ. (○) 「관세법」 제78조 소정의 보세구역의 설영특허는 보세구역의 설치·경영에 관한 권리를 설정하는 이른바 공기업의 특허로서 그 특허의 부여 여부는 행정청의 자유재량에 속하며, 특허기간이 만료된 때에 특허는 당연히 실효되는 것이어서 특허기간의 갱신은 실질적으로 권리의 설정과 같으므로 그 갱신 여부도 특허관청의 자유재량에 속한다(대판 1989.5.9., 88누4188).

ㄷ. (×) 신청에 대한 처분은 정당한 사유 없이 심사를 지연시킨 경우가 아니라면 처분시 법령을 기준으로 한다. 따라서 신청시 허가기준에 부합되는 허가의 경우 개정된 법령에 따라 기준이 충족되지 않으면 거부가 가능하다(대판 1992.12.8., 92누13813).

ㄹ. (×) 건축불허가처분을 하면서 그 처분사유로 건축불허가 사유뿐만 아니라 형질변경불허가 사유나 농지전용불허가 사유를 들고 있다고 하여 그 건축불허가처분 외에 별개로 형질변경불허가처분이나 농지전용불허가처분이 존재하는 것이 아니므로, 그 건축불허가처분을 받은 사람은 그 건축불허가처분에 관한 쟁송에서 「건축법」상의 건축불허가 사유뿐만 아니라 같은 도시계획법상의 형질변경불허가 사유나 「농지법」상의 농지전용불허가 사유에 관하여도 다툴 수 있다(대판 2001.1.16., 99두10988).

정답 | ③

298

행정주체의 행정작용에 대한 설명으로 옳지 않은 것은? (다툼이 있는 경우 판례에 의함)

① 건축물대장의 작성은 건축물의 소유권을 제대로 행사하기 위한 전제요건으로서 건축물 소유자의 실체적 권리관계에 밀접하게 관련되어 있으므로 건축물대장 소관청의 작성신청 반려행위는 행정처분에 해당한다.
② 사회단체등록신청에 형식상의 요건불비가 없는데 등록청이 설립목적을 달성하는 것이 바람직하다는 이유로 신청인의 등록신청을 반려하였다면 그 반려처분은 취소를 구할 소의 이익이 있다고 보아야 한다.
③ 토지대장상에 기재된 일정한 사항을 변경하는 소유자명의변경신청을 거부하는 행위는, 그것이 지목의 변경이나 정정 등과 같이 토지소유권 행사의 전제요건으로서 토지소유자의 실체적 권리관계에 영향을 미치는 사항에 관한 것이 아니어서 행정처분이라고 할 수 없다.
④ 대학교원의 임용권자가 임용기간이 만료된 조교수에 대하여 재임용을 거부하는 취지로 한 임용기간만료의 통지는 사실상의 관념의 통지로서 행정행위라 할 수 없다.

해설

① (○) 건축물대장 소관청의 작성신청 반려행위는 국민의 권리관계에 영향을 미치는 것으로서 항고소송의 대상이 되는 행정처분에 해당한다(대판 2009.2.12., 2007두17359).
② (○) 사회단체등록신청에 형식상의 요건불비가 없는데 등록청이 이미 설립목적 및 사업내용을 같이 하는 선등록단체가 있다 하여 그 단체와 제휴하거나 또는 등록 없이 자체적으로 설립목적을 달성하는 것이 바람직하다는 이유로 원고의 등록신청을 반려하였다면 그 반려처분은 … 행정소송에서 소의 이익이란 개념은 국가의 행정재판제도를 국민이 이용할 수 있는 한계를 구획하기 위하여 생겨난 것으로서 그 인정을 인색하게 하면 실질적으로는 재판의 거부와 같은 부작용을 낳게 될 것이므로 이 사건의 경우는 소의 이익이 있다고 보아야 할 것이다(대판 1989.12.26., 87누308).
③ (○) 토지대장에 기재된 일정한 사항을 변경하는 행위는, 그 소유자 명의가 변경된다고 하여도 이로 인하여 당해 토지에 대한 실체상의 권리관계에 변동을 가져올 수 없고 토지소유권이 지적공부의 기재만에 의하여 증명되는 것도 아니다(대판 1984.4.24., 82누308, 대판 2002.4.26., 2000두7612 등 참고). 따라서 소관청이 토지대장상의 소유자명의변경신청을 거부한 행위는 이를 항고소송의 대상이 되는 행정처분이라고 할 수 없다(대판 2012.1.12., 2010두12354).
④ (×) 대학교원의 임용권자가 임용기간이 만료된 조교수에 대하여 재임용을 거부하는 취지로 한 임용기간만료의 통지가 행정소송의 대상이 되는 처분에 해당한다(대판 2004.4.22., 2000두77355).

정답 | ④

299

행정행위에 대한 설명으로 옳지 않은 것은? (다툼이 있는 경우 판례에 의함)

① 개발제한구역 내의 건축물의 용도변경에 대한 예외적 허가는 그 상대방에게 제한적이므로 기속행위에 속하는 것이다.
② 농지처분의무통지는 단순한 관념의 통지에 불과하다고 볼 수 없고, 상대방인 농지소유자의 의무에 직접 관계되는 독립한 행정처분으로서 항고소송의 대상이 된다.
③ 행정청이 구「식품위생법」규정에 의하여 영업자지위승계신고를 수리하는 처분은 종전의 영업자의 권익을 제한하는 처분에 해당하므로, 행정청은 이를 처리함에 있어 종전의 영업자에 대하여 처분의 사전통지, 의견청취 등「행정절차법」상의 처분절차를 거쳐야 한다.
④ 부담은 행정청이 행정행위를 하면서 일방적으로 부가할 수도 있지만 부담을 부가하기 이전에 상대방과 협의하여 부담의 내용을 협약의 형식으로 미리 정한 다음 행정행위를 하면서 부가할 수도 있다.

299	
기출처	2021 소방직
난이도	★★
키워드	행정행위의 내용

해설

① (×) 예외적 승인은 허가와 달리 절대적 금지를 해제하는 행위로서 행정청의 재량이 원칙이다.

> 구「도시계획법」상의 개발제한구역 내에서의 건축물 용도변경에 대한 허가가 가지는 예외적인 허가로서의 성격과 그 재량행위로서의 성격에 비추어 보면, 그 용도변경의 허가는 개발제한구역에 속한다는 것 이외에 다른 공익상의 사유가 있어야만 거부할 수가 있고 그렇지 아니하면 반드시 허가를 하여야만 하는 것이 아니라 그 용도변경이 개발제한구역의 지정 목적과 그 관리에 위배되지 아니한다는 등의 사정이 특별히 인정될 경우에 한하여 그 허가가 가능한 것이고, 또 그에 관한 행정청의 판단이 사실오인, 비례·평등의 원칙 위배, 목적위반 등에 해당하지 아니하면 이를 재량권의 일탈·남용이라고 하여 위법하다고 할 수가 없다(대판 2001.2.9., 98두17593).

② (○) 농지처분의무통지는 단순한 관념의 통지가 아니라 상대방에게 의무가 있음을 통지하는 독립된 처분이다.

> 시장 등은 농지의 처분의무가 생긴 농지의 소유자에게 농림부령이 정하는 바에 의하여 처분대상농지·처분의무기간 등을 명시하여 해당 농지를 처분하여야 함을 통지하여야 하며, 위 통지에서 정한 처분의무기간 내에 처분대상 농지를 처분하지 아니한 농지의 소유자에 대하여는 6개월 이내에 당해 농지를 처분할 것을 명할 수 있는바, 시장 등 행정청은 위 제7호에 정한 사유의 유무, 즉 농지의 소유자가 위 농업경영계획서의 내용을 이행하였는지 여부 및 그 불이행에 정당한 사유가 있는지 여부를 판단하여 그 사유를 인정한 때에는 반드시 농지처분의무통지를 하여야 하는 점, 위 통지를 전제로 농지처분명령, 같은 법 제65조에 의한 이행강제금 부과 등의 일련의 절차가 진행되는 점 등을 종합하여 보면, 농지처분의무통지는 단순한 관념의 통지에 불과하다고 볼 수는 없고, 상대방인 농지소유자의 의무에 직접 관계되는 독립한 행정처분으로서 항고소송의 대상이 된다(대판 2003.11.14., 2001두8742).

③ 빈출 (○) 영업자지위승계신고의 수리에서 양도인은 수리를 통해 권익이 침해되는「행정절차법」상의 '당사자'에 해당하여 행정청은 수리처분을 하기 이전에 처분의 당사자인 양도인에게 사전통지 등의 행정절차를 준수하여야 한다.

> 행정청이 구「식품위생법」규정에 의하여 영업자지위승계신고를 수리하는 처분은 종전의 영업자의 권익을 제한하는 처분이라 할 것이고 따라서 종전의 영업자는 그 처분에 대하여 직접 그 상대가 되는 자에 해당한다고 봄이 상당하므로, 행정청으로서는 위 신고를 수리하는 처분을 함에 있어서「행정절차법」규정 소정의 당사자에 해당하는 종전의 영업자에 대하여 위 규정 소정의 행정절차를 실시하고 처분을 하여야 한다(대판 2003.2.14., 2001두7015).

④ (○) 부관은 행정청이 일방적으로 부과할 수도, 상대방과의 협의를 통해 협약의 형식으로도 가능하다.

> 수익적 행정처분에 있어서는 법령에 특별한 근거규정이 없다고 하더라도 그 부관으로서 부담을 붙일 수 있고, 그와 같은 부담은 행정청이 행정처분을 하면서 일방적으로 부가할 수도 있지만 부담을 부가하기 이전에 상대방과 협의하여 부담의 내용을 협약의 형식으로 미리 정한 다음 행정처분을 하면서 이를 부가할 수도 있다(대판 2009.2.12., 2005다65500).

정답 | ①

300

건축허가와 건축신고에 대한 설명으로 옳지 않은 것만을 모두 고르면? (다툼이 있는 경우 판례에 의함)

> ㄱ. 「건축법」제14조 제2항에 의한 인·허가의제 효과를 수반하는 건축신고에 대한 수리거부는 처분성이 인정되나, 동 규정에 의한 인·허가의제 효과를 수반하지 않는 건축신고에 대한 수리거부는 처분성이 부정된다.
> ㄴ. 「국토의 계획 및 이용에 관한 법률」에 의해 지정된 도시지역 안에서 토지의 형질변경행위를 수반하는 건축허가는 재량행위에 속한다.
> ㄷ. 건축허가권자는 중대한 공익상의 필요가 없음에도 관계 법령에서 정하는 제한사유 이외의 사유를 들어 건축허가 요건을 갖춘 자에 대한 허가를 거부할 수 있다.
> ㄹ. 건축허가는 대물적 허가에 해당하므로, 허가의 효과는 허가대상 건축물에 대한 권리변동에 수반하여 이전되고 별도의 승인처분에 의하여 이전되는 것은 아니다.

① ㄱ, ㄴ
② ㄱ, ㄷ
③ ㄴ, ㄷ
④ ㄷ, ㄹ

기출처: 2019 국가직 9급
난이도: ★★
키워드: 행정행위의 내용

해설

ㄱ. (×) 인·허가의제 효과를 수반하는 건축신고는 수리를 필요로 하는 신고이므로 수리나 수리거부는 처분이다. 반면, 건축신고는 수리를 요하지 않는 신고이므로 수리는 처분이 아니다. 그러나 수리거부는 처분이라는 것이 대법원의 입장이다.

> 건축주 등으로서는 신고제하에서도 건축신고가 반려될 경우 당해 건축물의 건축을 개시하면 시정명령, 이행강제금, 벌금의 대상이 되거나 당해 건축물을 사용하여 행할 행위의 허가가 거부될 우려가 있어 불안정한 지위에 놓이게 된다. 따라서 건축신고 반려행위가 이루어진 단계에서 당사자로 하여금 반려행위의 적법성을 다투어 그 법적 불안을 해소한 다음 건축행위에 나아가도록 함으로써 장차 있을지도 모르는 위험에서 미리 벗어날 수 있도록 길을 열어 주고, 위법한 건축물의 양산과 그 철거를 둘러싼 분쟁을 조기에 근본적으로 해결할 수 있게 하는 것이 법치행정의 원리에 부합한다. 그러므로 이 사건 건축신고 반려행위는 항고소송의 대상이 된다고 보는 것이 옳다(대판 2010.11.18., 2008두167).

ㄴ. (○) 건축허가는 기속이지만 형질변경허가가 재량이므로 의제되어지는 인·허가에 의해 건축허가도 재량이다.
ㄷ. (×) 건축허가권자는 중대한 공익상의 필요가 없는 경우에 허가를 거부할 수 없다.
ㄹ. (○) 건축허가는 대물적 허가에 해당하므로, 별도의 승인처분에 의하여 이전되는 것은 아니다.

정답 | ②

301

甲은 개발제한구역 내의 토지에 건축물을 건축하기 위하여 건축허가를 신청하였다. 이에 대한 설명으로 옳은 것(○)과 옳지 않은 것(×)을 바르게 연결한 것은? (다툼이 있는 경우 판례에 의함)

> ㄱ. 甲의 허가신청이 관련 법령의 요건을 모두 충족한 경우에는 관할 행정청은 허가를 하여야 하며, 관련 법령상 제한사유 이외의 사유를 들어 허가를 거부할 수 없다.
> ㄴ. 甲에게 허가를 하면서 일방적으로 부담을 부가할 수도 있지만, 부담을 부가하기 이전에 甲과 협의하여 부담의 내용을 협약의 형식으로 미리 정한 다음 허가를 하면서 이를 부가할 수도 있다.
> ㄷ. 甲이 허가를 신청한 이후 관계 법령이 개정되어 허가기준이 변경되었다면, 허가 여부에 대해서는 신청 당시의 법령을 적용하여야 하며 허가 당시의 법령을 적용할 수 없다.
> ㄹ. 허가가 거부되자 甲이 이에 대해 취소소송을 제기하여 승소하였고 판결이 확정되었다면, 관할 행정청은 甲에게 허가를 하여야 하며 이전 처분사유와 다른 사유를 들어 다시 허가를 거부할 수 없다.

	ㄱ	ㄴ	ㄷ	ㄹ
①	○	○	×	×
②	×	×	○	○
③	×	○	×	×
④	○	×	○	○

기출처 2019 국가직 7급
난이도 ★★
키워드 행정행위의 내용

해설

ㄱ. (×) 개발제한구역 내에서의 건축허가는 일반적인 건축허가와 달리 허가가 아닌 예외적 승인에 해당한다. 따라서 기속이 아닌 재량에 해당하여 관련 법령상의 요건을 갖춘 허가 신청의 경우에도 관련 법령상의 제한사유 이외의 공익 등을 이유로 거부할 수 있다.

ㄴ. 빈출 (○) 부관은 행정청이 일방적으로 내용을 정할 수도 있지만, 상대방과 협의를 하여 협약형식으로 내용을 정할 수도 있다.

> 수익적 행정처분에 있어서는 법령에 특별한 근거규정이 없다고 하더라도 그 부관으로서 부담을 붙일 수 있고, 그와 같은 부담은 행정청이 행정처분을 하면서 일방적으로 부가할 수도 있지만 부담을 부가하기 이전에 상대방과 협의하여 부담의 내용을 협약의 형식으로 미리 정한 다음 행정처분을 하면서 이를 부가할 수도 있다(대판 2009.2.12., 2005다65500).

ㄷ. (×) 신청시 허가기준과 처분시 허가기준이 법령의 개정으로 변경된 경우에는 행정청이 정당한 사유 없이 심사를 지연시킨 경우가 아닌 한 처분시 법령에 의한다(대판 2005.7.29., 2003두3550).

ㄹ. (×) 거부처분이 판결로서 취소되어도 행정청은 새로운 다른 사유를 들어 거부할 수 있다.

> 행정처분의 적법 여부는 그 행정처분이 행하여진 때의 법령과 사실을 기준으로 하여 판단하는 것이므로 확정판결의 당사자인 처분 행정청은 종전 처분 후에 발생한 새로운 사유를 내세워 다시 거부처분을 할 수 있고, 그러한 처분도 「행정소송법」 제30조 제2항 소정의 재처분에 해당한다(대판 2011.10.27., 2011두14401).

정답 | ③

302

다음 설명으로 옳지 않은 것은? (다툼이 있는 경우 판례에 의함)

> A: 사립학교법인 임원의 선임에 대한 승인
> B: 정비조합 정관변경에 대한 인가
> C: 공유수면사용에 대한 허가

① A 행위는 기본행위의 효력을 완성시켜 주는 형성적 행위이다.
② B 행위는 기본행위의 효력을 완성시켜 주는 보충적 행위이다.
③ C 행위는 법률관계의 존부를 확인하는 행위이다.
④ 기본행위가 무효이면 A 행위는 무효가 된다.

해설

① 빈출 (O) 사립학교법인의 임원선임 승인은 보충행위인 강학상 인가에 해당한다. 인가는 제3자의 법률행위를 완성시켜주는 형성적 행정행위의 하나이다.

> 「사립학교법」제20조 제2항에 의한 학교법인의 임원에 대한 감독청의 취임승인은 학교법인의 임원선임행위를 보충하여 그 법률상의 효력을 완성케 하는 보충적 행정행위이므로 기본행위인 학교법인의 임원선임행위가 불성립 또는 무효인 경우에는 비록 그에 대한 감독청의 취임승인이 있었다 하여도 이로써 무효인 그 선임행위가 유효한 것으로 될 수는 없는 것이다(대판 1987.8.18., 86누152).

② 빈출 (O) 조합의 정관변경허가(또는 인가)는 기본적 법률행위를 보충하는 강학상 인가에 해당한다.

> 구 「도시 및 주거환경정비법」(2012.2.1. 법률 제11293호로 개정되기 전의 것) 제20조 제3항은 조합이 정관을 변경하고자 하는 경우에는 총회를 개최하여 조합원 과반수 또는 3분의 2 이상의 동의를 얻어 시장·군수의 인가를 받도록 규정하고 있다. 여기서 시장 등의 인가는 그 대상이 되는 기본행위를 보충하여 법률상 효력을 완성시키는 행위로서 이러한 인가를 받지 못한 경우 변경된 정관은 효력이 없고, 시장 등이 변경된 정관을 인가하더라도 정관변경의 효력이 총회의 의결이 있었던 때로 소급하여 발생한다고 할 수 없다(대판 2014.7.10., 2013도11532).

③ (×) 법률관계의 존부를 확인하는 행위는 준법률행위적 행정행위로서 확인에 해당한다. '공유수면사용에 대한 허가'는 공물의 수익사용에 대한 허가로서 강학상 특허에 해당한다.

> 구 「공유수면관리법」(2002.2.4. 법률 제6656호로 개정되기 전의 것)에 따른 공유수면의 점·사용허가는 특정인에게 공유수면 이용권이라는 독점적 권리를 설정하여 주는 처분으로서 그 처분의 여부 및 내용의 결정은 원칙적으로 행정청의 재량에 속한다고 할 것이고, 이와 같은 재량처분에 있어서는 그 재량권 행사의 기초가 되는 사실인정에 오류가 있거나 그에 대한 법령적용에 잘못이 없는 한 그 처분이 위법하다고 할 수 없다(대판 2004.5.28., 2002두5016).

④ (O) 인가의 대상인 기본적 법률행위가 무효이거나 성립되지 않은 경우에 이에 대한 인가도 무효에 해당한다.

정답 | ③

303
행정행위에 관한 설명으로 가장 옳지 않은 것은?

① 주유소허가의 양수인은 양도인의 지위를 승계하므로 양도인에게 그 허가를 취소할 법적 사유가 있는 경우 이를 이유로 양수인에게 응분의 제재조치를 할 수 있다.
② 「자동차운수사업법」에 의한 개인택시 운송사업면허는 법령에 특별한 규정이 없는 한 재량행위이고, 그 면허를 위하여 필요한 기준을 정하는 것도 행정청의 재량에 속한다.
③ 특허는 주로 특정인을 대상으로 행해지나 이에 한정되지 않으며 불특정다수인에게 행해지기도 한다.
④ 재단법인의 임원취임이 재단법인의 정관에 근거한다 할지라도 이에 대해 주무관청이 당연히 인가하여야 하는 것은 아니며 인가 여부를 재량으로 결정할 수 있다.

303	① ② ③
기출처	2019 서울시 7급
난이도	★★
키워드	행정행위의 내용

해설

① (○) 허가의 승계는 포괄승계이다. 허가의 효력뿐 아니라 각종 제재나 강제사유도 승계된다. 따라서 전 운영자의 위법을 이유로 새로운 운영자에게 제재나 강제를 가할 수 있다.

> 「석유사업법」 제12조 제3항, 제9조 제1항, 제12조 제4항 등을 종합하면 석유판매업(주유소)허가는 소위 대물적 허가의 성질을 갖는 것이어서 그 사업의 양도도 가능하고 이 경우 양수인은 양도인의 지위를 승계하게 됨에 따라 양도인의 위 허가에 따른 권리의무가 양수인에게 이전되는 것이므로 만약 양도인에게 그 허가를 취소할 위법사유가 있다면 허가관청은 이를 이유로 양수인에게 응분의 제재조치를 취할 수 있다 할 것이고, 양수인이 그 양수 후 허가관청으로부터 석유판매업허가를 다시 받았다 하더라도 이는 석유판매업의 양수도를 전제로 한 것이어서 이로써 양도인의 지위승계가 부정되는 것은 아니므로 양도인의 귀책사유는 양수인에게 그 효력이 미친다(대판 1986.7.22., 86누203).

② (○) 개인택시 운송사업면허는 강학상 특허에 해당한다. 따라서 재량에 해당되고, 어떤 처분이 재량이라면 그에 대한 처분기준도 재량이다.

> 「자동차운수사업법」에 의한 개인택시 운송사업면허는 특정인에게 권리나 이익을 부여하는 행정행위로서 법령에 특별한 규정이 없는 한 재량행위이고, 그 면허를 위하여 필요한 기준을 정하는 것도 역시 행정청의 재량에 속하는 것이므로, 그 설정된 기준이 객관적으로 합리적이 아니라거나 타당하지 않다고 볼 만한 다른 특별한 사정이 없는 이상 행정청의 의사는 가능한 한 존중되어야 한다(대판 1996.10.11., 96누6172).

③ (×) 특허는 출원이나 동의를 효력요건으로 하는 협력을 요하는 행정처분이다(쌍방적 행정행위). 따라서 출원과 동의 없는 불특정다수인에 대한 일반처분 형식의 처분은 불가하다.

④ (○) 재단법인의 임원취임이 사법인인 재단법인의 정관에 근거한다 할지라도 이에 대한 행정청의 승인(인가)행위는 법인에 대한 주무관청의 감독권에 연유하는 이상 그 인가행위 또는 인가거부행위는 공법상의 행정처분으로서, 그 임원취임을 인가 또는 거부할 것인지 여부는 주무관청의 권한에 속하는 사항이라고 할 것이고, 재단법인의 임원취임승인 신청에 대하여 주무관청이 이에 기속되어 이를 당연히 승인(인가)하여야 하는 것은 아니다(대판 2000.1.28., 98두16996).

정답 | ③

304

강학상 특허가 아닌 것만을 〈보기〉에서 모두 고른 것은?

보기
ㄱ. 관할청의 구「사립학교법」에 따른 학교법인의 이사장 등 임원취임승인행위
ㄴ. 「출입국관리법」상 체류자격 변경허가
ㄷ. 구「수도권 대기환경개선에 관한 특별법」상 대기오염물질 총량관리사업장 설치의 허가
ㄹ. 지방경찰청장이 운전면허시험에 합격한 사람에게 발급하는 운전면허
ㅁ. 개발촉진지구 안에서 시행되는 지역개발사업에 관한 지정권자의 실시계획승인처분

① ㄱ, ㄷ
② ㄱ, ㄹ
③ ㄴ, ㄹ
④ ㄷ, ㅁ

해설

- ㄱ. (인가) 구「사립학교법」(2005.12.29. 법률 제7802호로 개정되기 전의 것) 제20조 제1항·제2항은 학교법인의 이사장·이사·감사 등의 임원은 이사회의 선임을 거쳐 관할청의 승인을 받아 취임하도록 규정하고 있는바, 관할청의 임원취임승인행위는 학교법인의 임원선임행위의 법률상 효력을 완성케 하는 보충적 법률행위이다(대판 2007.12.27., 2005두9651).
- ㄴ. (특허) 「출입국관리법」 제10조, 제24조 제1항, 구「출입국관리법 시행령」(2014.10.28. 대통령령 제25669호로 개정되기 전의 것) 제12조 [별표 1] 제8호, 제26호 (가)목, (라)목, 「출입국관리법 시행규칙」 제18조의2 [별표 1]의 문언, 내용 및 형식, 체계 등에 비추어 보면, 체류자격 변경허가는 신청인에게 당초의 체류자격과 다른 체류자격에 해당하는 활동을 할 수 있는 권한을 부여하는 일종의 설권적 처분의 성격을 가진다(대판 2016.7.14., 2015두48846).
- ㄷ. (특허) 구 수도권대기환경특별법 제14조 제1항에서 정한 대기오염물질 총량관리사업장 설치의 허가 또는 변경허가는 특정인에게 인구가 밀집되고 대기오염이 심각하다고 인정되는 수도권 대기관리권역에서 총량관리대상 오염물질을 일정량을 초과하여 배출할 수 있는 특정한 권리를 설정하여 주는 행위로서 그 처분의 여부 및 내용의 결정은 행정청의 재량에 속한다(대판 2013.5.9., 2012두22799).
- ㄹ. (허가)
- ㅁ. (특허) 지정권자의 실시계획승인처분은 단순히 시행자가 작성한 실시계획에 대한 보충행위로서의 성질을 가지는 것이 아니라 시행자에게 구 지역균형개발법상 지구개발사업을 시행할 수 있는 지위를 부여하는 일종의 설권적 처분의 성격을 가진 독립된 행정처분으로 보아야 한다(대판 2014.9.26., 2012두5619).

정답 | ②

305

다른 법률행위를 보충하여 그 법적 효력을 완성시키는 행위에 해당하지 않는 것만을 모두 고르면? (다툼이 있는 경우 판례에 의함)

보기
ㄱ. 사설법인묘지의 설치에 대한 행정청의 허가
ㄴ. 토지거래허가구역 내의 토지거래계약에 대한 행정청의 허가
ㄷ. 재단법인의 정관변경에 대한 행정청의 허가
ㄹ. 재건축조합이 수립하는 관리처분계획에 대한 행정청의 인가

① ㄱ
② ㄱ, ㄹ
③ ㄴ, ㄹ
④ ㄱ, ㄴ, ㄷ

해설

ㄱ. (×) 사설법인묘지에 대한 허가는 보충행위로서의 강학상 인가는 아니다.

> 위와 같은 「장사법」의 규정과 아울러, 국가 및 지방자치단체는 묘지의 증가로 인한 국토의 훼손을 방지하는 책무를 부담하고 있고, 사설묘지가 무분별하게 설치되면 환경오염 내지 공중위생상의 위해를 발생할 수 있고 국토의 효율적 이용 및 공공복리의 증진 등을 직접 저해할 수도 있는 점 등에 비추어 보면, 사설묘지 설치허가 신청대상지가 관련 법령에 명시적으로 설치제한지역으로 규정되어 있지 않더라도 관할관청이 그 신청지의 현상과 위치 및 주위의 상황 등 제반 사정을 고려하여 사설묘지의 설치를 억제함으로써 환경오염 내지 지역주민들의 보건위생상의 위해 등을 예방하거나 묘지의 증가로 인한 국토의 훼손을 방지하고 국토의 효율적 이용 및 공공복리의 증진을 도모하는 등 중대한 공익상 필요가 있다고 인정할 때에는 그 허가를 거부할 수 있다고 봄이 상당하다(대판 2008.4.10., 2007두6106).

정답 | ①

04 행정행위의 부관

에듀윌 기본서 | 318p

306 필수

행정행위의 부관에 대한 설명으로 옳지 않은 것은?

① 어업면허처분에서 면허의 유효기간을 1년으로 정하는 경우, 면허의 유효기간은 어업면허처분의 효력을 제한하기 위한 행정행위의 부관이라 할 것이고, 이러한 행정행위의 부관은 독립하여 행정소송의 대상이 될 수 없다.
② 도로점용허가기간의 점용기간은 행정행위의 본질적인 요소에 해당한다고 볼 것이어서 부관인 점용기간을 정함에 있어서 위법사유가 있다면 이로써 도로점용허가 처분 전부가 위법하게 된다.
③ 행정처분과 실제적 관련성이 없어 부관으로 붙일 수 없는 부담은 사법상 계약의 형식으로도 행정처분의 상대방에게 부과할 수 없다.
④ 사도개설허가에서 정해진 공사기간은 사도개설허가 자체의 존속기간을 정한 것이라 보아야 하므로, 공사기간 내에 사도로 준공검사를 받지 못하였다면 사도개설허가는 당연히 실효된다.

306	① ② ③
기출처	2025 국가직 9급
난이도	★★
키워드	행정행위의 부관

해설

① 빈출 (○) 어업면허처분을 함에 있어 그 면허의 유효기간을 1년으로 정한 경우, 위 면허의 유효기간은 행정청이 위 어업면허처분의 효력을 제한하기 위한 행정행위의 부관이라 할 것이고 이러한 행정행위의 부관은 독립하여 행정소송의 대상이 될 수 없는 것이므로 위 어업면허처분 중 그 면허유효기간만의 취소를 구하는 청구는 허용될 수 없다(대판 1986.8.19., 86누202).
② (○) 대판 1985.7.9., 84누604
③ 빈출 (○) 행정처분과 부관 사이에 실제적 관련성이 있다고 볼 수 없는 경우 공무원이 위와 같은 공법상의 제한을 회피할 목적으로 행정처분의 상대방과 사이에 사법상 계약을 체결하는 형식을 취하였다면 이는 법치행정의 원리에 반하는 것으로서 위법하다(대판 2009.12.10., 2007다63966).
④ (×) 사도개설허가에서 정해진 공사기간 내에 사도로 준공검사를 받지 못한 경우, 이 공사기간을 사도개설허가 자체의 존속기간(유효기간)으로 볼 수 없다는 이유로 사도개설허가가 당연히 실효되는 것은 아니다(대판 2004.11.25., 2004두7023).

정답 | ④

307	
기출처	2021 국가직 7급
난이도	★★
키워드	행정행위의 부관

🔍 관련기출 옳은지문

• 행정처분에 붙은 부담인 부관이 제소기간 도과로 확정되어 이미 불가쟁력이 생긴 경우에도 그 부담의 이행으로서 하게 된 사법상 매매 등의 법률행위의 효력을 다툴 수 있다. 　24지방직9급

• 행정청은 부관을 붙일 수 있는 처분에 당사자의 동의가 있는 경우에는 그 처분을 한 후에도 부관을 새로 붙일 수 있다. 　24국회직8급

307 〈필수〉

행정행위의 부관에 대한 설명으로 옳지 않은 것은? (다툼이 있는 경우 판례에 의함)

① 행정청은 처분에 재량이 없는 경우에는 법률에 근거가 있는 경우에 부관을 붙일 수 있다.

② 행정청은 부관을 붙일 수 있는 처분이 당사자의 동의가 있는 경우에는 그 처분을 한 후에도 부관을 새로 붙이거나 종전의 부관을 변경할 수 있다.

③ 행정처분에 붙인 부담인 부관이 무효가 되면 그 부담의 이행으로 한 사법상 법률행위도 당연히 무효가 되는 것은 아니다.

④ 행정처분에 붙인 부담인 부관이 제소기간 도과로 불가쟁력이 생긴 경우에는 그 부담의 이행으로 한 사법상 법률행위의 효력을 다툴 수 없다.

해설

④ 빈출 (×) 행정처분에 붙인 부담인 부관이 제소기간 도과로 불가쟁력이 생긴 경우에도 그 부담의 이행으로 한 사법상 법률행위는 이에 구속되지 않아 그의 효력을 다툴 수 있다.

> 행정처분에 붙은 부담인 부관이 제소기간의 도과로 확정되어 이미 불가쟁력이 생겼다면 그 하자가 중대하고 명백하여 당연무효로 보아야 할 경우 외에는 누구나 그 효력을 부인할 수 없을 것이지만, 부담의 이행으로서 하게 된 사법상 매매 등의 법률행위는 부담을 붙인 행정처분과는 어디까지나 별개의 법률행위이므로 그 부담의 불가쟁력의 문제와는 별도로 법률행위가 사회질서 위반이나 강행규정에 반되는지 여부 등을 따져보아 그 법률행위의 유효 여부를 판단하여야 한다(대판 2009.6.25., 2006다18174).

고득점 플러스+ 　사후부관에 대한 「행정기본법」 규정과 대법원의 입장

「행정기본법」 규정	대법원 판례
제17조 【부관】 ③ 행정청은 부관을 붙일 수 있는 처분이 다음 각 호의 어느 하나에 해당하는 경우에는 그 처분을 한 후에도 부관을 새로 붙이거나 종전의 부관을 변경할 수 있다. 1. 법률에 근거가 있는 경우 2. 당사자의 동의가 있는 경우 3. 사정이 변경되어 부관을 새로 붙이거나 종전의 부관을 변경하지 아니하면 해당 처분의 목적을 달성할 수 없다고 인정되는 경우	행정처분에 이미 부담이 부가되어 있는 상태에서 그 의무의 범위 또는 내용 등을 변경하는 부관의 사후변경은, 법률에 명문의 규정이 있거나 그 변경이 미리 유보되어 있는 경우 또는 상대방의 동의가 있는 경우에 한하여 허용되는 것이 원칙이지만, 사정변경으로 인하여 당초에 부담을 부가한 목적을 달성할 수 없게 된 경우에도 그 목적달성에 필요한 범위 내에서 예외적으로 허용된다(대판 1997.5.30., 97누2627).

정답 | ④

308

부관에 관한 내용으로 옳지 않은 것은? (다툼이 있는 경우 판례에 의함)

① 행정청은 처분에 재량이 없는 경우에는 법률에 근거가 있는 경우에 부관을 붙일 수 있다.
② 토지소유자가 토지형질변경행위허가에 붙인 기부채납의 부관에 따라 토지를 국가나 지방자치단체에 기부채납(증여)한 경우, 기부채납의 부관이 당연무효이거나 취소되지 아니하였다고 해도 토지소유자는 부관으로 인하여 증여계약의 중요부분에 착오가 있음을 이유로 증여계약을 취소할 수 있다.
③ 당초에 붙은 기한이 그 허가의 성질상 부당하게 짧은 경우라도 그 후 당초의 기한이 상당 기간 연장되어 연장된 기간을 포함한 존속기간 전체를 기준으로 볼 경우 더 이상 부당하게 짧은 경우에 해당하지 않게 된 때에는 행정청은 더 이상의 기간연장을 불허가할 수도 있다.
④ 행정처분의 상대방이 수익적 행정처분을 얻기 위하여 행정청과 사이에 행정처분에 부가할 부담에 관한 협약을 체결하고 행정청이 수익적 행정처분을 하면서 협약상의 의무를 부담으로 부가하였으나 부담의 전제가 된 주된 행정처분의 근거 법령이 개정됨으로써 행정청이 더 이상 부관을 붙일 수 없게 된 경우에도 곧바로 협약의 효력이 소멸하는 것은 아니다.

308	
기출처	예상문제
난이도	★★
키워드	행정행위의 부관

해설

① (O) 재량행위에는 법적 근거 없이 부관을 붙일 수 있다.

대법원 판례	「행정기본법」 규정
재량행위에 있어서는 관계 법령에 명시적인 금지규정이 없는 한 행정목적을 달성하기 위하여 조건이나 기한, 부담 등의 부관을 붙일 수 있고, 그 부관의 내용이 이행 가능하고 비례의 원칙 및 평등의 원칙에 적합하며 행정처분의 본질적 효력을 저해하지 아니하는 이상 위법하다고 할 수 없다(대판 2004.3.25., 2003두12837).	제17조 【부관】 ① 행정청은 처분에 재량이 있는 경우에는 부관(조건, 기한, 부담, 철회권의 유보 등을 말한다. 이하 이 조에서 같다)을 붙일 수 있다. ② 행정청은 처분에 재량이 없는 경우에는 법률에 근거가 있는 경우에 부관을 붙일 수 있다.

② (×) 토지소유자가 토지형질변경행위허가에 붙인 기부채납의 부관에 따라 토지를 국가나 지방자치단체에 기부채납(증여)한 경우, 기부채납의 부관이 당연무효이거나 취소되지 아니한 이상 토지소유자는 위 부관으로 인하여 증여계약의 중요부분에 착오가 있음을 이유로 증여계약을 취소할 수 없다(대판 1999.5.25., 98다53134).
③ (O) 당초에 붙은 기한을 허가 자체의 존속기간이 아니라 허가조건의 존속기간으로 보더라도 그 후 당의 기한이 상당 기간 연장되어 연장된 기간을 포함한 존속기간 전체를 기준으로 볼 경우 더 이상 허가된 사업의 성질상 부당하게 짧은 경우에 해당하지 않게 된 때에는 관계 법령의 규정에 따라 허가 여부의 재량권을 가진 행정청으로서는 그때에도 허가조건의 개정만을 고려하여야 하는 것은 아니고 재량권의 행사로서 더 이상의 기간연장을 불허가할 수도 있는 것이며, 이로써 허가의 효력은 상실된다(대판 2004.3.25., 2003두12837).
④ 빈출 (O) 행정처분의 상대방이 수익적 행정처분을 얻기 위하여 행정청과 사이에 행정처분에 부가할 부담에 관한 협약을 체결하고 행정청이 수익적 행정처분을 하면서 협약상의 의무를 부담으로 부가하였으나 부담의 전제가 된 주된 행정처분의 근거 법령이 개정됨으로써 행정청이 더 이상 부관을 붙일 수 없게 된 경우에도 곧바로 협약의 효력이 소멸하는 것은 아니다(대판 2009.2.12., 2005다65500).

정답 | ②

309 필수

행정행위의 부관에 대한 설명으로 옳은 것은? (다툼이 있는 경우 판례에 의함)

① 행정처분에 부가한 부담이 무효인 경우에는 그 부담의 이행으로 이루어진 사법상 법률행위도 무효가 된다.
② 부관의 사후변경은 종전의 부관을 변경하지 아니하면 해당 처분의 목적을 달성할 수 없는 경우가 아니라면 인정되지 않는다.
③ 행정처분과 실제적 관련성이 없어 부관을 붙일 수 없는 경우에도 사법상 계약의 형식으로 공법상 제한을 회피할 수 있다.
④ 행정재산에 대한 기한부 사용·수익허가를 받은 경우, 그 사용·수익허가의 기간에 대하여 독립하여 행정소송을 제기할 수 없다.

해설

① **빈출** (×) 부관인 부담이 무효라도 그를 이행한 사법상의 법률행위는 그에 구속되지 않아 무효가 아니라는 것이 대법원의 입장이다.

> 행정처분에 부담인 부관을 붙인 경우 부관의 무효화에 의하여 본체인 행정처분 자체의 효력에도 영향이 있게 될 수는 있지만, 그 처분을 받은 사람이 부담의 이행으로 사법상 매매 등의 법률행위를 한 경우에는 그 부관은 특별한 사정이 없는 한 법률행위를 하게 된 동기 내지 연유로 작용하였을 뿐이므로 이는 법률행위의 취소사유가 될 수 있음은 별론으로 하고 그 법률행위 자체를 당연히 무효화하는 것은 아니다(대판 2009.6.25., 2006다18174).

② (×) 「행정기본법」과 대법원에 의하면 법률의 근거나 당사자의 동의 등에 의해 사후부관(사후변경)이 가능하다.
③ (×) 행정처분과 부관 사이에 실제적 관련성이 있다고 볼 수 없는 경우 공무원이 위와 같은 공법상의 제한을 회피할 목적으로 행정처분의 상대방과 사이에 사법상 계약을 체결하는 형식을 취하였다면 이는 법치행정의 원리에 반하는 것으로서 위법하다(대판 2009.12.10., 2007다63966).
④ **빈출** (○) 행정행위의 부관은 부담인 경우를 제외하고는 독립하여 행정소송의 대상이 될 수 없는바, 이 사건 허가에서 피고가 정한 사용·수익허가의 기간은 이 사건 허가의 효력을 제한하기 위한 행정행위의 부관으로서 이러한 사용·수익허가의 기간에 대해서는 독립하여 행정소송을 제기할 수 없는 것이다(대판 2001.6.15., 99두509).

정답 | ④

관련기출 옳은지문
· 기부채납받은 행정재산에 대한 사용·수익허가에서 공유재산의 관리청이 정한 사용·수익허가의 기간은 그 허가의 효력을 제한하기 위한 행정행위의 부관으로서 이러한 사용·수익허가의 기간에 대해서는 독립하여 행정소송을 제기할 수 없다.
24국가직9급

---

310 필수

행정행위의 부관에 관한 설명으로 옳지 않은 것은? (다툼이 있는 경우 판례에 의함)

① 행정청은 처분에 재량이 없는 경우에는 법률에 근거가 있는 경우에 부관을 붙일 수 있다.
② 허가의 목적달성을 사실상 어렵게 하여 그 본질적 효력을 해하는 부관은 적법하지 않다.
③ 행정처분에 부과한 부담이 무효가 된 경우라도, 특별한 사정이 없는 한 부담의 이행으로 행한 사법상 매매 등의 법률행위 자체를 당연히 무효화하는 것은 아니다.
④ 부담의 전제가 된 주된 처분의 근거 법령이 개정됨으로써 행정청이 더 이상 부관을 붙일 수 없게 되었다면, 특별한 사정이 없는 한 그 부담의 효력은 소멸하게 된다.

해설

① 빈출 (○) 「행정기본법」 제17조 제2항
② (○) 기선선망어업의 허가를 하면서 운반선, 등선 등 부속선을 사용할 수 없도록 제한한 부관은 그 어업허가의 목적달성을 사실상 어렵게 하여 그 본질적 효력을 해하는 것일 뿐만 아니라 위 시행령의 규정에도 어긋나는 것이며, 더욱이 어업조정이나 기타 공익상 필요하다고 인정되는 사정이 없는 이상 위법한 것이다(대판 1990.4.27., 89누6808).
③ 빈출 (○) 행정처분에 부담인 부관을 붙인 경우 부관의 무효화에 의하여 본체인 행정처분 자체의 효력에도 영향이 있게 될 수는 있지만, 그 처분을 받은 사람이 부담의 이행으로 사법상 매매 등의 법률행위를 한 경우에는 그 부관은 특별한 사정이 없는 한 법률행위를 하게 된 동기 내지 연유로 작용하였을 뿐이므로 이는 법률행위의 취소사유가 될 수 있음은 별론으로 하고 그 법률행위 자체를 당연히 무효화하는 것은 아니다(대판 2009.6.25., 2006다18174).
④ 빈출 (×) 행정청이 수익적 행정처분을 하면서 부가한 부담의 위법 여부는 처분 당시 법령을 기준으로 판단하여야 하고, 부담이 처분 당시 법령을 기준으로 적법하다면 처분 후 부담의 전제가 된 주된 행정처분의 근거 법령이 개정됨으로써 행정청이 더 이상 부관을 붙일 수 없게 되었다 하더라도 곧바로 위법하게 되거나 그 효력이 소멸하게 되는 것은 아니다(대판 2009.2.12., 2005다65500).

정답 | ④

> **관련기출 옳은지문**
> • 부담이 처분 당시 법령을 기준으로 적법하다면 처분 후 부담의 전제가 된 주된 행정처분의 근거 법령이 개정됨으로써 행정청이 더 이상 부관을 붙일 수 없게 되었다 하더라도 곧바로 위법하게 되거나 그 효력이 소멸하게 되는 것은 아니다. 24지방직9급
>
> • 건축허가를 하면서 일정 토지를 기부채납하도록 한 허가조건의 효력이 무효라고 하더라도, 무효인 허가조건을 유효한 것으로 믿고 토지를 증여하였다면 이는 동기의 착오에 불과하여 그 소유권이전등기의 말소를 청구할 수는 없다. 24국회직8급

311

부관에 관한 설명으로 옳은 것은? (다툼이 있는 경우 판례에 의함)

① 시설완성을 조건으로 하는 학교법인설립인가는 장래에 성취가 불확실한 사실에 의해 행정처분의 효력이 발생할 것을 조건으로 하는 해제조건이다.
② 행정청이 행정처분을 행함에 있어 일정요건을 갖춘 특정인에게 취업할 때까지를 조건으로 지원금을 지급하기로 하였다면 불확정기한에 해당한다.
③ 행정청이 점용료의 부가를 조건으로 도로점용허가를 하였다면 이는 행정처분에 추가적으로 의무를 부가한 행위로서 혼합효에 해당하며 부관 중 부담에 해당한다.
④ 6개월 내에 공사에 착수할 것을 조건으로 하는 공유수면매립면허는 종기에 해당한다.

311	
기출처	예상문제
난이도	★★
키워드	행정행위의 부관

해설

① (×) 시설완성을 조건으로 하는 학교법인설립인가는 정지조건에 해당한다.
② (×) 특정인의 취업은 장래에 성취가 불확실한 사실로서 해제조건에 해당한다.
③ (○) 도로점용허가에 부가된 점용료의 부가는 처분의 상대방에게 수익적 효과와 부담적 효과를 동시에 부여하는 혼합효에 해당되며 부관 중 부담에 해당한다.
④ (×) 일정한 기간 내에 공사에 착수할 것을 조건으로 하는 공유수면매립면허는 해제조건이다.

정답 | ③

312

행정행위의 부관에 대한 설명으로 옳지 않은 것은? (다툼이 있는 경우 판례에 의함)

① 행정행위의 부관 중에서도 행정행위에 부수하여 그 행정행위의 상대방에게 일정한 의무를 부과하는 행정청의 의사표시인 부담의 경우에는 다른 부관과는 달리 행정행위의 불가분적인 요소가 아니고 그 존속이 본체인 행정행위의 존재를 전제로 하는 것일 뿐이므로 부담 그 자체로서 행정쟁송의 대상이 될 수 있다.

② 어업면허의 유효기간 1년은 그 면허처분에 붙인 부관이며, 이러한 부관에 대하여는 독립한 행정쟁송을 제기할 수 없다.

③ 주택사업과는 아무런 관련이 없는 토지를 기부채납하도록 한 부관은 부당결부금지원칙에 위반되어 위법하다 하겠으나 그 부관의 하자가 중대하고 명백하여 당연무효라고 볼 수는 없다.

④ 상가의 관리운영을 목적으로 막대한 공사비를 투입하여 그 시설물을 축조한 다음 이를 행정청에 기부채납하고 그 사용을 위하여 얻은 도로점용허가에 있어서는 부관인 점용기간은 행정행위의 본질적인 요소라 볼 수 없고 부관인 점용기간을 정함에 위법사유가 있다 하여 이로써 도로점용허가처분 전부가 위법하게 된다고 볼 수 없다.

해설

① **빈출** (○) 행정행위의 부관 중에서도 행정행위에 부수하여 그 행정행위의 상대방에게 일정한 의무를 부과하는 행정청의 의사표시인 부담의 경우에는 다른 부관과는 달리 행정행위의 불가분적인 요소가 아니고 그 존속이 본체인 행정행위의 존재를 전제로 하는 것일 뿐이므로 부담 그 자체로서 행정쟁송의 대상이 될 수 있다(대판 1992.1.21., 91누1264).

② (○) 부관 중 부담만이 독립된 소송대상이 되며 나머지 부관은 독립된 소송대상이 되지 못한다.

> 어업면허의 유효기간 1년은 그 면허처분에 붙인 부관이며, 이러한 부관에 대하여는 독립한 행정쟁송을 제기할 수 없다(대판 1986.8.19., 86누202).

③ (○) 수익적 행정행위에 있어서는 법령에 특별규정이 없어도 그 부관으로서 부담을 붙일 수 있으나, 그 부담은 비례원칙, 부당결부금지원칙에 위반되지 않아야 적법하다 할 것이다. <u>주택사업과는 아무런 관련이 없는 토지를 기부채납하도록 한 부관은 부당결부금지원칙에 위반되어 위법하다 하겠으나 그 부관의 하자가 중대하고 명백하여 당연무효라고 볼 수는 없다</u>(대판 1997.3.11., 96누49650).

④ (×) 상가의 관리운영을 목적으로 막대한 공사비를 투입하여 그 시설물을 축조한 다음 이를 행정청에 기부채납하고 그 사용을 위하여 얻은 <u>도로점용허가에 있어서는 부관인 점용기간은 행정행위의 본질적인 요소에 해당한다고 볼 것이어서 부관인 점용기간을 정함에 위법사유가 있다면 이로써 도로점용허가처분 전부가 위법하게 된다고 아니할 수 없다</u>(대판 1984.8.9., 83구122).

정답 | ④

313 필수

부관에 대한 설명으로 옳지 않은 것은? (다툼이 있는 경우 판례에 의함)

① 일반적으로 기속행위에 대해서는 부관을 붙일 수 없다.
② 조건인지 부담인지 불확실한 경우에는 상대방에게 유리한 부담으로 해석한다.
③ 공익법인의 기본재산의 처분에 관한 주무관청의 허가는 강학상 인가에 해당하고 이에 대한 부관의 부과는 허용되지 아니한다.
④ 법률에 명문의 규정이 있거나 미리 유보되어 있는 경우 또는 상대방의 동의가 있는 경우에 사후부담이 허용된다.
⑤ 행정청이 관리처분계획에 대한 인가처분을 할 때에는 인가 여부를 결정할 수 있을 뿐 기부채납과 같은 다른 조건을 붙일 수는 없다.

해설

① (○) 대판 1995.6.13., 94다56883
② (○) 조건과 부담의 부관 중 상대방에게 유리한 부관은 부담이다. 따라서 양자의 구분이 모호한 경우에는 상대방에게 유리한 부담으로 본다.
③ 빈출 (×) 공익법인의 기본재산의 처분에 관한 「공익법인의 설립·운영에 관한 법률」제11조 제3항의 규정은 강행규정으로서 이에 위반하여 주무관청의 허가를 받지 않고 기본재산을 처분하는 것은 무효라 할 것인데, 위 처분허가에 부관을 붙인 경우 그 처분허가의 법률적 성질이 형성적 행정행위로서의 인가에 해당한다고 하여 조건으로서의 부관의 부과가 허용되지 아니한다고 볼 수는 없다(대판 2005.9.28., 2004다50044).
④ (○) 대판 2009.11.12., 2008다98006
⑤ (○) 대판 2012.8.30., 2010두24951

정답 | ③

313

기출처	2020 국회직 9급
난이도	★★
키워드	행정행위의 부관

관련기출 옳은지문

- 공익법인의 기본재산의 처분에 관한 주무관청의 허가는 강학상 인가에 해당하고 이에 대한 부관의 부과는 허용된다. 20국회직9급

- 기속행위에 대해서는 법령상 특별한 근거가 없는 한 부관을 붙일 수 없고, 가사 부관을 붙였다고 하더라도 이는 무효이다. 19국가직9급

- 행정행위에 붙여진 부관의 성격이 조건인지 부담인지 명백하지 않은 경우에는 독립하여 취소소송의 대상이 되는 부담으로 본다. 21국회직9급

314

행정행위의 부관에 대한 설명으로 옳지 않은 것은? (다툼이 있는 경우 판례에 의함)

① 행정청은 처분에 재량이 없는 경우에는 법률에 근거가 있는 경우에 부관을 붙일 수 있다.
② 부담이 처분 당시 법령을 기준으로 적법하다면 처분 후 부담의 전제가 된 주된 처분의 근거 법령이 개정됨으로써 행정청이 더 이상 부관을 붙일 수 없게 되었다 하더라도 곧바로 그 효력이 소멸하게 되는 것은 아니다.
③ 처분과 실제적 관련성이 없어 부관으로 붙일 수 없는 부담이라도 사법상 계약의 형식으로 처분의 상대방에게 부과할 수 있다.
④ 행정재산에 대한 사용·수익허가에서 공유재산의 관리청이 정한 사용·수익허가의 기간에 대해서는 독립하여 행정소송을 제기할 수 없다.

해설

① **빈출** (○) 기속에 부관을 붙이는 경우, 무효에 해당된다는 것이 대법원의 입장이다. 또한 「행정기본법」에는 재량이 없는 경우에는 법률에 근거가 없는 한 부관을 붙일 수 없다는 규정을 두고 있다.

② **빈출** (○) 부관도 처분의 일부로서 처분 당시 부관이 적법하였다면 이후 법 개정으로 부관을 붙일 수 없게 되었다고 하여 개정된 법에 의해 적법했던 부관이 위법하게 되거나 부당결부금지원칙 등에 반하게 되는 것은 아니다(대판 2009.2.12., 2005다65500).

③ **빈출** (×) 부관이 처분과 실제적 관련이 없는 경우 부당결부금지원칙에 반하여 위법하다. 이러한 공법상의 제약을 피할 목적으로 사법상 계약을 체결할 수도 없다. 계약에서도 부당결부금지원칙은 적용된다.

> 행정처분과 부관 사이에 실제적 관련성이 있다고 볼 수 없는 경우 공무원이 위와 같은 공법상의 제한을 회피할 목적으로 행정처분의 상대방과 사이에 사법상 계약을 체결하는 형식을 취하였다면 이는 법치행정의 원리에 반하는 것으로서 위법하다(대판 2009.12.10., 2007다63966).

④ **빈출** (○) 부관 중 부담만 독립하여 쟁송을 제기할 수 있다. 행정재산의 사용·수익허가에 대한 기간은 부관 중 기한에 해당되어 독립하여 쟁송을 제기할 수 없다.

> 행정행위의 부관은 부담인 경우를 제외하고는 독립하여 행정소송의 대상이 될 수 없는바, 기부채납받은 행정재산에 대한 사용·수익허가에서 공유재산의 관리청이 정한 사용·수익허가의 기간은 그 허가의 효력을 제한하기 위한 행정행위의 부관으로서 이러한 사용·수익허가의 기간에 대해서는 독립하여 행정소송을 제기할 수 없다(대판 2001.6.15., 99두509).

정답 | ③

315
행정행위의 부관에 관한 설명 중 옳지 않은 것은? (다툼이 있는 경우 판례에 의함)

ㄱ. 공유수면매립준공인가처분을 하면서 매립지 일부에 대하여 한 국가 및 지방자치단체에의 귀속처분은 부관 중 부담에 해당하므로 독립하여 행정소송 대상이 될 수 있다.
ㄴ. 기선선망어업의 허가를 하면서 운반선, 등선 등 부속선을 사용할 수 없도록 제한한 부관은 그 어업허가의 목적 달성을 사실상 어렵게 하여 그 본질적 효력을 해하는 것이다.
ㄷ. 부관이 처분 당시 법령을 기준으로 적법하였다고 해도 처분 후 주된 행정처분의 근거 법령이 개정됨으로써 행정청이 부관을 붙일 수 없게 되었다면 이로서 부관은 위법하게 되거나 그 효력이 소멸하게 된다.
ㄹ. 음식점 영업허가를 하면서 일정기간 내에 일정한 위생설비를 설치하도록 하는 것을 내용으로 한 경우는 부담에 해당한다.

① ㄱ, ㄷ
② ㄱ, ㄴ
③ ㄴ, ㄹ
④ ㄷ, ㄹ

315
기출처: 예상문제
난이도: ★★
키워드: 행정행위의 부관

해설

ㄱ. (×) 행정행위의 부관은 부담의 경우를 제외하고는 독립하여 행정소송의 대상이 될 수 없는 것인바, 행정청이 한 공유수면매립준공인가 중 매립지 일부에 대하여 한 국가귀속처분은 매립준공인가를 함에 있어서 매립의 면허를 받은 자의 매립지에 대한 소유권취득을 규정한 구 「공유수면매립법」 제14조의 효과 일부를 배제하는 부관을 붙인 것이므로 이러한 행정행위의 부관에 대하여는 독립하여 행정소송의 대상으로 삼을 수 없다(대판 1991.12.13., 90누8503).

ㄴ. (○) 「수산업법 시행령」 제14조의4 제3항의 규정내용은 기선선망어업에는 그 어선규모의 대소를 가리지 않고 등선과 운반선을 갖출 수 있고, 또 갖추어야 하는 것이라고 해석되므로 기선선망어업의 허가를 하면서 운반선, 등선 등 부속선을 사용할 수 없도록 제한한 부관은 그 어업허가의 목적달성을 사실상 어렵게 하여 그 본질적 효력을 해하는 것일 뿐만 아니라 위 시행령의 규정에도 어긋나는 것이며, 더욱이 어업조정이나 기타 공익상 필요하다고 인정되는 사정이 없는 이상 위법한 것이다(대판 1990.4.27., 89누6808).

ㄷ. (×) 부관이 처분시를 기준으로 적법하면 이후에 법령의 개정으로 부관을 붙일 수 없게 되었다고 해서 부관의 효력이 소멸하거나 위법하게 되는 것은 아니다.

> 행정청이 수익적 행정처분을 하면서 부가한 부담의 위법 여부는 처분 당시 법령을 기준으로 판단하여야 하고, 부담이 처분 당시 법령을 기준으로 적법하다면 처분 후 부담의 전제가 된 주된 행정처분의 근거 법령이 개정됨으로써 행정청이 더 이상 부관을 붙일 수 없게 되었다 하더라도 곧바로 위법하게 되거나 그 효력이 소멸하게 되는 것은 아니다. 따라서 행정처분의 상대방이 수익적 행정처분을 얻기 위하여 행정청과 사이에 행정처분에 부가할 부담에 관한 협약을 체결하고 행정청이 수익적 행정처분을 하면서 협약상의 의무를 부담으로 부가하였으나 부담의 전제가 된 주된 행정처분의 근거 법령이 개정됨으로써 행정청이 더 이상 부관을 붙일 수 없게 된 경우에도 곧바로 협약의 효력이 소멸하는 것은 아니다(대판 2009.2.12., 2005다65500).

ㄹ. (○) 위생설비의무를 부가한 행위로서 부담에 해당한다.

정답 | ①

316

행정행위의 부관에 대한 설명으로 옳은 것은? (다툼이 있는 경우 판례에 의함)

① 허가에 붙은 기한이 부당하게 짧은 경우에는 허가기간이 만료된 이후에 상당기간이 경과하여 허가기간의 연장신청을 하였다고 해도 기존의 허가효력은 상실되지 않고 동일한 성질의 허가가 갱신된다.

② 관할 행정청이 여객자동차운송사업자에 대한 면허 발급 이후에는 운송사업자의 동의가 있었다고 해도 운송사업자가 준수할 의무를 정하고 이를 위반할 경우 감차명령을 할 수 있다는 내용의 면허 조건을 붙일 수 없으며 조건을 위반한 경우 감차명령을 할 수 있는 것은 아니다.

③ 무효인 부담이 붙은 행정행위의 상대방이 그 부담의 이행으로 사법상 법률행위를 한 경우에 그 사법상 법률행위 자체가 당연무효로 되는 것은 아니다.

④ 행정행위에 부가된 허가기간은 강학상 기한에 해당되어 그 자체로서 항고소송의 대상이 될 수 없고, 그 기간의 연장신청에 대한 행정청의 거부에 대하여도 항고소송을 청구할 수 없다.

해설

① (×) 허가에 붙은 기한이 부당하게 짧은 경우에도 허가기간의 연장신청이 없는 상태에서 허가기간이 만료하였다면 종전 허가의 효력은 실효가 되고, 그 후에 허가기간 연장신청을 하였다면 동일한 성질의 허가가 아닌 신규허가에 해당한다.

② (×) 관할 행정청은 면허 발급 이후에도 운송사업자의 동의하에 여객자동차운송사업의 질서 확립을 위하여 운송사업자가 준수할 의무를 정하고 이를 위반할 경우 감차명령을 할 수 있다는 내용의 면허 조건을 붙일 수 있고, 운송사업자가 조건을 위반하였다면 「여객자동차법」 제85조 제1항 제38호에 따라 감차명령을 할 수 있으며, 감차명령은 「행정소송법」 제2조 제1항 제1호가 정한 처분으로서 항고소송의 대상이 된다(대판 2016.11.24., 2016두45028).

③ (○) 행정처분에 부담인 부관을 붙인 경우 부관의 무효화에 의하여 본체인 행정처분 자체의 효력에도 영향이 있게 될 수는 있지만, 그 처분을 받은 사람이 부담의 이행으로 사법상 매매 등의 법률행위를 한 경우에는 그 부관은 특별한 사정이 없는 한 법률행위를 하게 된 동기 내지 연유로 작용하였을 뿐이므로 이는 법률행위의 취소사유가 될 수 있음은 별론으로 하고 그 법률행위 자체를 당연히 무효화하는 것은 아니다(대판 2009.6.25., 2006다18174).

④ (×) 행정행위에 부가된 허가기간은 그 자체로서 항고소송의 대상이 될 수 없지만, 그 기간의 연장신청의 거부는 독립된 거부처분에 해당하여 쟁송이 가능하다.

정답 | ③

317 필수

행정행위의 부관에 대한 설명으로 옳지 않은 것은? (다툼이 있는 경우 판례에 의함)

① 재량행위에 있어서는 관계 법령에 명시적인 금지규정이 없는 한 행정목적을 달성하기 위하여 조건이나 기한, 부담 등의 부관을 붙일 수 있고, 그 부관의 내용이 이행 가능하고 비례의 원칙 및 평등의 원칙에 적합하며 행정처분의 본질적 효력을 저해하지 아니하는 이상 위법하다고 할 수 없다.

② 부담은 행정청이 행정처분을 하면서 일방적으로 부가하는 것이 일반적이므로 상대방과 협의하여 협약의 형식으로 미리 정한 다음 행정처분을 하면서 이를 부가하는 경우 부담으로 볼 수 없다.

③ 부관의 사후변경은, 법률에 명문의 규정이 있거나 그 변경이 미리 유보되어 있는 경우 또는 상대방의 동의가 있는 경우에 한하여 허용되는 것이 원칙이지만, 사정변경으로 인하여 당초에 부담을 부가한 목적을 달성할 수 없게 된 경우에도 그 목적달성에 필요한 범위 내에서 예외적으로 허용된다.

④ 건축허가를 하면서 일정 토지를 기부채납하도록 하는 내용의 허가조건은 부관을 붙일 수 없는 기속행위 내지 기속적 재량행위인 건축허가에 붙인 부담이거나 또는 법령상 아무런 근거가 없는 부관이어서 무효이다.

317	
기출처	2021 군무원 9급
난이도	★★
키워드	행정행위의 부관

관련기출 옳은지문
- 부담은 행정청이 일방적 의사표시로 붙일 수 있고, 상대방의 동의를 얻거나 상대방과 협의하여 부담의 내용에 대해 협약의 형식으로 미리 정한 다음 행정처분을 하면서 이를 부가할 수도 있다. 24국회직8급

해설

② 빈출 (×) 부관은 행정청이 일방적으로 내용을 정하여 부가할 수도 있지만 상대방과의 협의를 통해 협약형식으로 부가할 수 있다.

> 수익적 행정처분에 있어서는 법령에 특별한 근거 규정이 없다고 하더라도 그 부관으로서 부담을 붙일 수 있고, 그와 같은 부담은 행정청이 행정처분을 하면서 일방적으로 부가할 수도 있지만 부담을 부가하기 이전에 상대방과 협의하여 부담의 내용을 협약의 형식으로 미리 정한 다음 행정처분을 하면서 이를 부가할 수도 있다(대판 2009.2.12., 2005다65500).

정답 | ②

318 〈필수〉

행정행위의 부관에 대한 설명으로 옳은 것만을 모두 고르면? (다툼이 있는 경우 판례에 의함)

ㄱ. 허가에 붙은 기한이 그 허가된 사업의 성질상 부당하게 짧아 그 기한을 허가조건의 존속기간으로 볼 수 있는 경우에 허가기간이 연장되기 위하여는 그 종기가 도래하기 전에 그 허가기간의 연장에 관한 신청이 있어야 한다.

ㄴ. 토지소유자가 토지형질변경행위허가에 붙은 기부채납의 부관에 따라 토지를 기부채납(증여)한 경우, 기부채납의 부관이 당연무효이거나 취소되지 않은 상태에서 그 부관으로 인하여 증여계약의 중요 부분에 착오가 있음을 이유로 증여계약을 취소할 수 없다.

ㄷ. 행정청이 수익적 행정처분을 하면서 사전에 상대방과 체결한 협약상의 의무를 부담으로 부가하였는데, 부담의 전제가 된 주된 행정처분의 근거 법령이 개정되어 부관을 붙일 수 없게 된 경우에는 곧바로 협약의 효력이 소멸한다.

ㄹ. 행정처분과 실제적 관련성이 없어 부관으로 붙일 수 없는 부담이라고 하더라도 행정처분의 상대방에게 사법상 계약의 형식으로 이를 부과할 수 있다.

① ㄱ, ㄴ
② ㄴ, ㄷ
③ ㄷ, ㄹ
④ ㄱ, ㄴ, ㄹ

해설

ㄱ. **빈출** (O) 일반적으로 행정처분에 효력기간이 정하여져 있는 경우에는 그 기간의 경과로 그 행정처분의 효력은 상실되고, 다만 허가에 붙은 기한이 그 허가된 사업의 성질상 부당하게 짧은 경우에는 이를 그 허가 자체의 존속기간이 아니라 그 허가조건의 존속기간으로 보아 그 기한이 도래함으로써 그 조건의 개정을 고려한다는 뜻으로 해석할 수는 있지만, 그와 같은 경우라 하더라도 그 허가기간이 연장되기 위하여는 그 종기가 도래하기 전에 그 허가기간의 연장에 관한 신청이 있어야 하며, 만일 그러한 연장신청이 없는 상태에서 허가기간이 만료하였다면 그 허가의 효력은 상실된다(대판 2007.10.11., 2005두12404).

ㄴ. (O) 대판 1999.5.25., 98다53134

ㄷ. **빈출** (×) 부관을 포함한 처분의 위법을 판단하는 시점은 처분 당시가 원칙이다. 따라서 처분(부관을 포함) 당시에 적법한 처분이라면 이후에 부관을 붙일 수 없도록 법이 개정되었다고 해도 위법이거나 부당결부에 해당되지 않고, 곧바로 소멸하는 것도 아니다.

> 행정처분의 상대방이 수익적 행정처분을 얻기 위하여 행정청과 사이에 행정처분에 부가할 부담에 관한 협약을 체결하고 행정청이 수익적 행정처분을 하면서 협약상의 의무를 부담으로 부가하였으나 부담의 전제가 된 주된 행정처분의 근거 법령이 개정됨으로써 행정청이 더 이상 부관을 붙일 수 없게 된 경우에도 곧바로 협약의 효력이 소멸하는 것은 아니다(대판 2009.2.12., 2005다65500).

ㄹ. **빈출** (×) 행정처분과 실제적 관련성이 없어 부관으로 붙일 수 없는 경우에는 사법상 계약의 형식으로도 이를 부과할 수 없다.

정답 | ①

319

행정행위의 부관에 대한 설명으로 옳지 않은 것은? (다툼이 있는 경우 판례에 의함)

① 행정청에 의한 행정행위의 부관은 법령이 직접 행정행위의 기한이나 부담 등을 정한 경우와는 다른 것으로 보아야 한다.
② 허가에 붙은 기한이 그 허가된 사업의 성질상 부당하게 짧은 경우에는 이를 그 허가 자체의 존속기간이 아니라 그 허가조건의 존속기간으로 보아 그 기한이 도래함으로서 그 조건의 개정을 고려한다는 뜻으로 해석하여야 한다.
③ 재량인 행정행위에 대해서 부관을 붙일 수 있는지에 대한 실정법적 근거 규정은 없으나, 대법원에 의하면 원칙적으로 재량인 행정처분에는 부관을 부가할 수 있다고 한다.
④ 부담은 주된 행정행위에 의무를 부가하는 것으로 그 자체로서 독립하여 항고소송의 대상이 될 수 있으며, 부담의 이행 여부를 불문하고 주된 행정행위의 효력이 발생한다.

해설

① (○) 법령이 직접 규정하고 있는 조건이나 기한은 법정부관으로서 행정행위의 부관과는 다른 개념으로 구분된다.
② (○) 일반적으로 행정처분에 효력기간이 정하여져 있는 경우에는 그 기간의 경과로 그 행정처분의 효력은 상실되고, 다만 허가에 붙은 기한이 그 허가된 사업의 성질상 부당하게 짧은 경우에는 이를 그 허가 자체의 존속기간이 아니라 그 허가조건의 존속기간으로 보아 그 기한이 도래함으로서 그 조건의 개정을 고려한다는 뜻으로 해석할 수는 있지만, 그와 같은 경우라 하더라도 그 허가기간이 연장되기 위해서는 그 종기가 도래하기 전에 그 허가기간의 연장에 관한 신청이 있어야 하며, 만일 그러한 연장신청이 없는 상태에서 허가기간이 만료하였다면 그 허가의 효력은 상실된다(대판 2007.10.11., 2005두12404).
③ (×) 「행정기본법」에 규정을 두고 있다.

> 「행정기본법」 제17조 【부관】 ① 행정청은 처분에 재량이 있는 경우에는 부관(조건, 기한, 부담, 철회권의 유보 등을 말한다. 이하 이 조에서 같다)을 붙일 수 있다.
> ② 행정청은 처분에 재량이 없는 경우에는 법률에 근거가 있는 경우에 부관을 붙일 수 있다.

④ (○) 부관 중 부담은 의무를 부가하는 부관으로서 독립된 처분의 성질을 가지며 부담의 이행 여부와 상관 없이 주된 행정행위의 효력이 발생한다.

정답 | ③

320

다음 중 부관에 관한 설명으로 옳지 않은 것은? (다툼이 있는 경우 판례에 의함)

① 부관과 구분되는 법정부관은 행정행위로서의 부관이 아니고, 부관의 한계가 동일하게 적용되지 않지만 상위법상의 한계는 있다.

② 토지형질변경허가처분의 부관에 따라 도시계획시설결정에 저촉되는 토지에 대한 기부채납이 있은 이후 도시계획사업이 실시되지 아니한 채 도시계획시설결정이 폐지된 경우, 그러한 사정만으로 기부채납 당시 행정청과 기부채납자 사이에 도시계획시설결정이 폐지되는 것을 해제조건으로 하는 묵시적 합의가 있었다고 보기 어렵다.

③ 하천부지 점용허가를 하면서 '점용기간 만료 또는 점용을 폐지하였을 때에는 즉시 원상복구할 것'이라는 부관을 붙인 경우, 위 부관은 하천부지에 대한 점용기간 만료시 그에 관한 개간비보상청구권을 포기하는 것을 조건으로 한 것이다.

④ 관할청으로부터 도시계획사업시행허가에 의해 20년간 사용허가를 받았다면 이는 부담으로서 독립하여 취소소송의 대상이 된다.

해설

① **지엽** (○) 법정부관은 그 자체가 법규로서 행정청의 부관이 아니므로 부관의 각종 한계나 법리는 적용되지 않는다.

> 위 '1'항의 고시에 정한 허가기준에 따라 보존음료수 제조업의 허가에 붙여진 전량수출 또는 주한외국인에 대한 판매에 한한다는 내용의 조건은 이른바 법정부관으로서 행정청의 의사에 기하여 붙여지는 본래의 의미에서의 행정행위의 부관은 아니므로, 이와 같은 법정부관에 대하여는 행정행위에 부관을 붙일 수 있는 한계에 관한 일반적인 원칙이 적용되지는 않는다(대판 1994.3.8., 92누1728).

② (○) 토지형질변경허가처분의 부관에 따라 도시계획시설결정에 저촉되는 토지에 대한 기부채납이 있었는데, 그 후 도시계획사업이 실시되지 아니한 채 도시계획시설결정이 폐지된 경우, 그러한 사정만으로 기부채납 당시 행정청과 기부채납자 사이에 도시계획시설결정이 폐지되는 것을 해제조건으로 하는 묵시적 합의가 있었다고 보기 어렵다. 이 사건 기부채납 당시 원심이 인정한 바와 같은 사정들이 있다고 하더라도, 원고와 피고는 이 사건 기부채납에 있어서 이 사건 토지에 대한 도시계획시설결정이 폐지될 가능성을 미리 예상하지 못하였던 것으로 보일 뿐, 당시 원고와 피고 사이에 이 사건 도시계획시설결정이 폐지되는 것을 해제조건으로 삼기로 하는 묵시적인 합의가 있었다고 보기는 어렵다고 할 것이다(대판 2006.9.14., 2006다30785).

③ (○) 하천부지 점용허가를 하면서 '점용기간 만료 또는 점용을 폐지하였을 때에는 즉시 원상복구할 것'이라는 부관을 붙인 사안에서, 위 부관의 의미는 하천부지에 대한 점용기간 만료시 그에 관한 개간비보상청구권을 포기하는 것을 조건으로 본다(대판 2008.7.24., 2007두25930).

④ (×) 행정행위의 부관은 부담인 경우를 제외하고는 독립하여 행정소송의 대상이 될 수 없는 바, 기부채납받은 행정재산에 대한 사용·수익허가에서 공유재산의 관리청이 정한 사용·수익허가의 기간은 그 허가의 효력을 제한하기 위한 행정행위의 부관으로서 이러한 사용·수익허가의 기간에 대해서는 독립하여 행정소송을 제기할 수 없다(대판 2001.6.15., 99두509).

정답 | ④

321 〈필수〉

부관에 대한 설명으로 옳은 것은? (다툼이 있는 경우 판례에 의함)

① 행정청은 부관을 붙일 수 있는 처분의 경우 일단 그 처분을 한 후에는 당사자의 동의가 있더라도 부관을 새로 붙일 수 없다.
② 행정청은 처분에 재량이 있는 경우에도 법률에 근거가 있어야만 부관을 붙일 수 있다.
③ 철회권의 유보는 해당 처분의 목적을 달성하기 위하여 필요한 최소한의 범위여야 한다.
④ 부담은 행정행위의 불가분적인 요소로서 부담 그 자체를 행정쟁송의 대상으로 할 수 없다.

321	① ② ③
기출처	2023 군무원 9급
난이도	★
키워드	행정행위의 부관

해설

① 빈출 (×) 당사자의 동의가 있는 경우에는 사후에 부관을 붙일 수 있다.

> 「행정기본법」 제17조 【부관】 ③ 행정청은 부관을 붙일 수 있는 처분이 다음 각 호의 어느 하나에 해당하는 경우에는 그 처분을 한 후에도 부관을 새로 붙이거나 종전의 부관을 변경할 수 있다.
> 1. 법률에 근거가 있는 경우
> 2. 당사자의 동의가 있는 경우
> 3. 사정이 변경되어 부관을 새로 붙이거나 종전의 부관을 변경하지 아니하면 해당 처분의 목적을 달성할 수 없다고 인정되는 경우

② 빈출 (×) 행정청은 처분에 재량이 없는 경우에는 법률에 근거가 있는 경우에 부관을 붙일 수 있다(「행정기본법」 제17조 제2항).

③ (○) 철회권 유보는 부관에 해당되고 철회에 대한 근거를 처분 당시에 미리 규정하는 것이다. 상대방에 대한 수익적 처분의 철회는 비례원칙에 부합되어야 하며, 처분의 목적 달성에 필요한 최소범위 내이어야 한다.

> 「행정기본법」 제17조 【부관】 ④ 부관은 다음 각 호의 요건에 적합하여야 한다.
> 1. 해당 처분의 목적에 위배되지 아니할 것
> 2. 해당 처분과 실질적인 관련이 있을 것
> 3. 해당 처분의 목적을 달성하기 위하여 필요한 최소한의 범위일 것

④ 빈출 (×) 행정행위의 부관 중에서도 행정행위에 부수하여 그 행정행위의 상대방에게 일정한 의무를 부과하는 행정청의 의사표시인 부담의 경우에는 다른 부관과는 달리 행정행위의 불가분적인 요소가 아니고 그 존속이 본체인 행정행위의 존재를 전제로 하는 것일 뿐이므로 부담 그 자체로서 행정쟁송의 대상이 될 수 있다(대판 1992.1.21., 91누1264).

정답 | ③

🔍 관련기출 옳은지문

· 재량행위에는 법령상 근거가 없더라도 그 내용이 적법하고 이행가능하며 비례의 원칙 및 평등의 원칙에 적합하고 행정처분의 본질적 효력을 해하지 아니하는 한도 내에서 부관을 붙일 수 있다. 24국회직8급

· 부담은 다른 부관과 달리 그 자체로 취소소송의 대상적격이 인정된다. 21국회직9급

· 부담은 조건과 달리 본체인 행정행위의 불가분적 요소가 아니다. 21국회직9급

322

행정행위의 부관에 대한 설명으로 옳은 것은? (다툼이 있는 경우 판례에 의함)

① 허가에 붙은 기한이 그 허가된 사업의 성질상 부당하게 짧은 경우에는 이를 그 허가 자체의 존속기간으로 보아야 한다.
② 행정행위의 부관은 부담의 경우를 제외하고는 독립하여 행정소송의 대상이 될 수 없다.
③ 재량행위에 대하여는 법령상 특별한 근거가 없는 한 부관을 붙일 수 없고 설령 부관을 붙였다 하더라도 이는 무효이다.
④ 행정처분에 이미 부담이 부가되어 있는 상태에서 그 의무의 범위 또는 내용 등을 변경하는 부관의 사후변경은 법률에 명문의 규정이 있는 경우에도 허용되지 않는다.
⑤ 부관이 행정행위의 본질적인 요소에 해당하는 경우 부관에 위법한 사유가 있다면 처분 전부가 위법하게 되는 것이 아니라 부관만 위법하게 된다.

해설

① (×) 일반적으로 행정처분에 효력기간이 정하여져 있는 경우에는 그 기간의 경과로 그 행정처분의 효력은 상실되고, 다만 허가에 붙은 기한이 그 허가된 사업의 성질상 부당하게 짧은 경우에는 이를 그 허가 자체의 존속기간이 아니라 그 허가조건의 존속기간으로 보아 그 기한이 도래함으로써 그 조건의 개정을 고려한다는 뜻으로 해석할 수 있다(대판 2007.10.11., 2005두12404).

② (○) 행정행위의 부관은 부담의 경우를 제외하고는 독립하여 행정소송의 대상이 될 수 없는 것인바, 행정청이 한 공유수면매립준공인가 중 매립지 일부에 대하여 한 국가귀속처분은 매립준공인가를 함에 있어서 매립의 면허를 받은 자의 매립지에 대한 소유권취득을 규정한 「공유수면매립법」 제14조의 효과 일부를 배제하는 부관을 붙인 것이므로 이러한 행정행위의 부관에 대하여는 독립하여 행정소송의 대상으로 삼을 수 없다(대판 1991.12.13., 90누8503).

③ (×) 재량에는 법적 근거가 없더라도 부관을 붙일 수 있다. 대법원은 특별한 규정이 없는 한 기속에 부관을 붙이는 경우에 무효라고 한다.

> 「행정기본법」 제17조【부관】① 행정청은 처분에 재량이 있는 경우에는 부관(조건, 기한, 부담, 철회권의 유보 등을 말한다. 이하 이 조에서 같다)을 붙일 수 있다.

고득점 플러스+

일반적으로 기속행위나 기속적 재량행위에는 부관을 붙일 수 없고 가사 부관을 붙였다 하더라도 무효이다(대판 1995.6.13., 94다56883).

④ 빈출 (×) 「행정기본법」 제17조 제3항에 의하면 사후부관은 법률에 명문의 규정이 있는 경우 등에 허용된다.

> 「행정기본법」 제17조【부관】③ 행정청은 부관을 붙일 수 있는 처분이 다음 각 호의 어느 하나에 해당하는 경우에는 그 처분을 한 후에도 부관을 새로 붙이거나 종전의 부관을 변경할 수 있다.
> 1. 법률에 근거가 있는 경우
> 2. 당사자의 동의가 있는 경우
> 3. 사정이 변경되어 부관을 새로 붙이거나 종전의 부관을 변경하지 아니하면 해당 처분의 목적을 달성할 수 없다고 인정되는 경우

고득점 플러스+ 사후부관에 대한 대법원의 입장

행정처분에 이미 부담이 부가되어 있는 상태에서 그 의무의 범위 또는 내용 등을 변경하는 부관의 사후변경은, 법률에 명문의 규정이 있거나 그 변경이 미리 유보되어 있는 경우 또는 상대방의 동의가 있는 경우에 한하여 허용되는 것이 원칙이지만, 사정변경으로 인하여 당초에 부담을 부가한 목적을 달성할 수 없게 된 경우에도 그 목적달성에 필요한 범위 내에서 예외적으로 허용된다(대판 1997.5.30., 97누2627).

⑤ (×) 이 사건 허가에서 그 허가기간은 행정행위의 본질적 요소에 해당한다고 볼 것이어서, 부관인 허가기간에 위법사유가 있다면 이로써 이 사건 허가 전부가 위법하게 될 것이다(대판 2001.6.15., 99두509).

정답 | ②

323 필수

甲은 아파트를 건설하고자 乙시장에게 「주택법」상 사업계획승인신청을 하였는데, 乙시장은 아파트단지 인근에 개설되는 자동차전용도로의 부지로 사용할 목적으로 甲 소유 토지의 일부를 아파트 사용검사시까지 기부채납하도록 하는 부담을 붙여 사업계획을 승인하였다. 이에 대한 설명으로 옳은 것만을 〈보기〉에서 모두 고르면? (다툼이 있는 경우 판례에 의함)

323	1 2 3
기출처	2022 국회직 8급
난이도	★★★
키워드	행정행위의 부관

보기

ㄱ. 甲이 위 부담을 불이행하였다면 乙시장은 이를 이유로 사업계획승인을 철회하거나, 위 부담상의 의무 불이행에 대해 행정대집행을 할 수 있다.
ㄴ. 甲이 위 부담을 이행하지 아니하더라도 乙시장의 사업계획승인이 당연히 효력을 상실하는 것은 아니다.
ㄷ. 乙시장은 기부채납의 내용을 甲과 사전에 협의하여 협약의 형식으로 미리 정한 다음, 사업계획승인을 하면서 위 부담을 부가할 수도 있다.
ㄹ. 만일 甲이 「건축법」상 기속행위에 해당하는 건축허가를 신청하였고, 乙시장이 건축허가를 하면서 법률의 근거 없이 기부채납 부담을 붙였다면 그 부담은 무효이다.

① ㄱ, ㄴ
② ㄱ, ㄷ
③ ㄴ, ㄹ
④ ㄱ, ㄷ, ㄹ
⑤ ㄴ, ㄷ, ㄹ

관련기출 옳은지문

• 특별한 규정이 없다면 甲에 대한 개발제한구역 내 건축허가는 재량행위로서 건축허가를 하면서 기부채납조건을 붙인 것은 위법하지 않다.
19지방직7급 변형

해설

ㄱ. (×) 사례에서 부담의 내용은 기부채납이 의무이다. 이는 대체적 작위의무가 아닌 비대체적 작위의무로서 행정대집행의 대상이 되지 않는다. 부담의 불이행에 따른 사업계획의 승인을 철회하는 것은 가능하다.
ㄴ. (○) 부담의 불이행은 제재나 강제 또는 정지나 철회의 대상이 된다. 따라서 부담의 불이행은 조건과 달리 당연히 효력이 상실되는 것은 아니다.
ㄷ. (○) 부관은 행정청이 일방적으로 부과할 수도 있고, 상대방과 협의하에 협약의 형식으로 부가할 수도 있다.
ㄹ. (○) 기속은 특별한 규정이 없는 한 부관을 붙일 수 없고 만약 부관을 붙였다면 이는 무효에 해당한다.

정답 | ⑤

324

행정행위의 부관에 대한 내용으로 옳은 것은? (단, 다툼이 있는 경우 판례에 의함)

① 허가에 붙은 기한이 부당하게 짧은 경우에 허가기간의 연장신청에 대해 행정청이 응답이 없으면 허가와 허가의 조건은 모두 상실된다.
② 부관은 주된 행정행위에 부가된 종된 규율로서 독자적인 존재를 인정할 수 없으므로 사정변경으로 인해 당초 부담을 부가한 목적을 달성할 수 없게 된 경우라도 부담의 사후변경은 허용될 수 없다.
③ 행정청이 행정행위의 부관 중 기한을 부가하는 경우에 기한의 시점이 확정되지 않은 '종신' 등으로도 부가할 수 있다.
④ 행정행위에 부가된 허가기간은 그 자체로서 항고소송의 대상이 될 수 없을 뿐만 아니라, 그 기간의 연장신청의 거부에 대하여도 항고소송을 청구할 수 없다.

해설

① (×) 허가에 붙은 기한이 부당하게 짧은 경우 신청에 대한 행정청의 응답이 없는 경우에 조건 없이 허가는 계속된다.
② (×) 사후부관은 법령에 규정이 있거나, 상대방의 동의가 있는 경우, 처분시에 미리 유보해 둔 경우, 부담의 경우, 사정변경으로 행정목적 달성이 곤란한 경우에 필요한 경우에 가능하다. 「행정기본법」에도 규정이 있다.

> 「행정기본법」 제17조【부관】③ 행정청은 부관을 붙일 수 있는 처분이 다음 각 호의 어느 하나에 해당하는 경우에는 그 처분을 한 후에도 부관을 새로 붙이거나 종전의 부관을 변경할 수 있다.
> 1. 법률에 근거가 있는 경우
> 2. 당사자의 동의가 있는 경우
> 3. 사정이 변경되어 부관을 새로 붙이거나 종전의 부관을 변경하지 아니하면 해당 처분의 목적을 달성할 수 없다고 인정되는 경우

③ (○) 기한은 확정기한과 불확정기한이 있다. 종신·퇴직하는 경우 등으로도 기한을 부가할 수 있는데, 이를 불확정기한이라고 한다.
④ (×) 행정행위에 부가된 허가기간은 그 자체로서 항고소송의 대상이 될 수 없다. 그러나 그 기간의 연장신청의 거부는 독립된 거부처분에 해당하여 쟁송이 가능하다.

정답 | ③

325

행정행위의 부관에 대한 설명으로 옳은 것(○)과 옳지 않은 것(×)을 순서대로 나열한 것은? (다툼이 있는 경우 판례에 의함)

> ㄱ. 공익법인의 기본재산의 처분에 관한 「공익법인의 설립·운영에 관한 법률」 제11조 제3항의 규정은 강행규정으로서 이에 위반하여 주무관청의 허가를 받지 않고 기본재산을 처분할 수 없고 위 처분허가에 부관을 붙인 경우 이는 무효에 해당한다.
> ㄴ. 행정행위에 부담이 부관으로 붙어있는 경우 당해 부담이 이행되지 않으면 당해 행정행위의 효력은 상실된다.
> ㄷ. 건축허가시 보차혼용통로를 조성·제공하도록 한 것은 구 「건축법」의 규정에 따른 것일 뿐이지 수익적 행정행위인 건축허가에 부가된 부관으로서 부담이라고 할 수는 없어 이를 무효라고 볼 수 없다.
> ㄹ. 「식품위생법」상의 영업허가는 기속이지만 「식품위생법」에 부관을 허용하는 규정을 두고 있어 이에 부가된 부관을 무효라 할 수 없다.

	ㄱ	ㄴ	ㄷ	ㄹ
①	○	○	×	×
②	○	×	○	×
③	×	×	○	○
④	×	○	×	○

325 기출처: 예상문제 / 난이도: ★★ / 키워드: 행정행위의 부관

해설

ㄱ. **빈출** (×) 공익법인의 기본재산의 처분에 관한 「공익법인의 설립·운영에 관한 법률」 제11조 제3항의 규정은 강행규정으로서 이에 위반하여 주무관청의 허가를 받지 않고 기본재산을 처분하는 것은 무효라 할 것인데, 위 처분허가에 부관을 붙인 경우 그 처분허가의 법률적 성질이 형성적 행정행위로서의 인가에 해당한다고 하여 조건으로서의 부관의 부과가 허용되지 아니한다고 볼 수는 없다(대판 2005.9.28., 2004다50044).

ㄴ. (×) 부담은 주된 행정행위의 효력발생이나 소멸에 대한 부관이 아니다. 부담을 불이행함을 이유로 제재나 강제 등이 될 수 있으나 당연히 주된 행정행위의 효력이 소멸하지 않는다.

ㄷ. **지엽** (○) 건축허가시 보차혼용통로를 조성·제공하도록 한 것은 "도시설계지구 안에서는 도시의 기능 및 미관의 증진을 위하여 건축물을 도시설계에 적합하게 건축하여야 한다."고 규정한 구 「건축법」(1997.12.13. 법률 제5450호로 개정되기 전의 것) 제61조 제1항의 규정에 따른 것일 뿐이지 수익적 행정행위인 건축허가에 부가된 부관으로서 부담이라고 할 수는 없으므로, 보차혼용통로를 조성·제공하도록 한 것이 기속행위나 기속재량행위에 붙은 부관이어서 무효라고 볼 것은 아니다(대판 2012.10.11., 2011두8277).

ㄹ. (○) 「식품위생법」상의 영업허가는 기속에 해당하지만 법령에 규정이 있어 부관을 부가할 수 있다.

> 「식품위생법」 제37조 【영업허가 등】 ② 식품의약품안전처장 또는 특별자치시장·특별자치도지사·시장·군수·구청장은 제1항에 따른 영업허가를 하는 때에는 필요한 조건을 붙일 수 있다.

정답 | ③

326 〈필수〉

행정행위의 부관 중 부담에 대한 설명으로 옳지 않은 것은? (다툼이 있는 경우 판례에 의함)

① 부담은 다른 부관과 달리 그 자체로 취소소송의 대상적격이 인정된다.
② 부담은 조건과 달리 본체인 행정행위의 불가분적 요소가 아니다.
③ 부담에 의하여 부과된 의무를 이행하지 않았다고 하여 본체인 행정행위 자체가 당연히 효력을 상실하는 것은 아니다.
④ 행정행위에 붙여진 부관의 성격이 조건인지 부담인지 명백하지 않은 경우에는 독립하여 취소소송의 대상이 되는 부담으로 본다.
⑤ 처분의 상대방이 부담을 이행하지 아니하더라도 처분행정청은 이를 들어 당해 처분을 철회할 수 없다.

해설

① (O) 대판 1992.1.21., 91누1264
② (O) 대판 1992.1.21., 91누1264
③ (O) 부담은 조건이나 기한과 달리 주된 행정처분의 효력을 발생시키거나 소멸시키는 부관이 아니고 주된 행정처분에 의무를 부과한 것이다. 따라서 부담을 불이행한 경우에 행정청에 의해 주된 처분이 정지되거나 취소, 철회될 수는 있으나 주된 처분의 효력이 당연소멸하는 것은 아니다.
④ 빈출 (O) 처분의 상대방에게 조건보다 부담의 부관이 유리하므로 양자의 구분이 모호한 경우에는 국민에게 유리한 부담으로 본다.
⑤ (×) 처분의 상대방이 부담을 이행하지 않는 경우에 행정청은 정지나 취소, 철회 등의 조치를 취할 수 있다.

> 부담부 행정처분에 있어서 처분의 상대방이 부담(의무)을 이행하지 아니한 경우에 처분행정청으로서는 이를 들어 당해 처분을 취소(철회)할 수 있는 것이다(대판 1989.10.24., 89누2431).

정답 | ⑤

관련기출 옳은지문
- 부담부 행정처분에 있어서 처분의 상대방이 부담을 이행하지 아니한 경우에 처분행정청으로서는 이를 들어 당해 처분을 철회할 수 있다.
  23국회직9급

327

부관에 대한 내용으로 옳지 않은 것은? (다툼이 있는 경우 판례에 의함)

① 채광계획인가는 기속재량행위에 속하는 것으로 보아야 하며, 일반적으로 기속재량행위에는 부관을 붙일 수 없고 가사 부관을 붙였다 하더라도 이는 무효이다.
② 공유재산관리청이 사인으로부터 기부채납받은 행정재산에 대한 사용·수익허가를 하면서 정한 사용·수익허가의 기간은 그 기간의 경과로서 사용과 수익을 금지하는 의무 부여 행위로 독립하여 행정소송을 제기할 수 있다.
③ 하천부지점용허가 여부는 관리청의 재량에 속하고 재량행위에 있어서는 법령상의 근거가 없어도 부관을 붙일 것인가의 여부는 당해 행정청의 재량에 속하여 하천부지점용허가의 성질의 면으로 보나 법 규정으로 보나 부관을 붙일 수 있음은 명백하다.
④ 행정처분이 발하여진 후 새로운 부담을 부가하거나 이미 부가되어 있는 부담의 범위 또는 내용 등을 변경하는 이른바 사후부담은, 법률에 명문의 규정이 있거나 그것이 미리 유보되어 있는 경우 또는 상대방의 동의가 있는 경우에 허용되는 것이 원칙이다.

해설

① (○) 채광계획인가는 기속재량행위에 속하는 것으로 보아야 하며, 일반적으로 기속재량행위에는 부관을 붙일 수 없고 가사 부관을 붙였다 하더라도 이는 무효이므로, 주무관청이 채광계획의 인가를 함에 있어 '규사광물 이외의 채취금지 및 규사의 목적 외 사용금지'를 조건으로 붙인 것은 「광업법」 등에 의하여 보호되는 광업권자의 광업권을 침해하는 내용으로서 무효이다(대판 1997.6.13., 96누12699).

② (×) 행정행위의 부관은 부담인 경우를 제외하고는 독립하여 행정소송의 대상이 될 수 없는바, 기부채납받은 행정재산에 대한 사용·수익허가에서 공유재산의 관리청이 정한 사용·수익허가의 기간은 그 허가의 효력을 제한하기 위한 행정행위의 부관으로서 이러한 사용·수익허가의 기간에 대해서는 독립하여 행정소송을 제기할 수 없다(대판 2001.6.15., 99두509).

③ (○) 하천점용허가는 부관을 붙일 수 있다는 개별법 규정이 있지만, 해당 법이 없어도 하천점용허가는 재량으로서 부관을 붙일 수 있다.

> 하천부지점용허가 여부는 관리청의 재량에 속하고 재량행위에 있어서는 법령상의 근거가 없어도 부관을 붙일 것인가의 여부는 당해 행정청의 재량에 속하며, 또한 구 「하천법」 제33조 단서가 하천의 점용허가에는 하천의 오염으로 인한 공해 기타 보건위생상 위해를 방지함에 필요한 부관을 붙이도록 규정하고 있으므로, 하천부지점용허가의 성질의 면으로 보나 법 규정으로 보나 부관을 붙일 수 있음은 명백하다(대판 2008.7.24., 2007두25930).

④ (○) 행정처분에 이미 부담이 부가되어 있는 상태에서 그 의무의 범위 또는 변경하는 부관의 사후변경은 법률에 명문규정이 있거나 그 변경이 미리 유보되어 있는 경우 또는 상대방의 동의가 있는 경우에 한하여 허용되는 것이 원칙이지만, 사정변경으로 인하여 당초에 부담을 부가한 목적을 달성할 수 없게 된 경우에도 그 목적 달성에 필요한 범위 내에서 예외적으로 허용된다(대판 1997.5.30., 97누26267).

정답 | ②

328
행정행위의 부관에 대한 설명으로 옳지 않은 것은? (다툼이 있는 경우 판례에 의함)

① 기선선망어업의 허가에 부속선을 사용할 수 없도록 한 부관을 부가한 처분에 대하여 처분의 상대방은 관할 행정청에 부관없는 처분으로의 변경신청을 한 후 행정청이 이를 불허가하는 결정을 하는 경우 해당 불허가처분에 대해 취소를 구하는 소를 청구할 수 있다.

② 철회권이 유보된 처분에 대해 행정청은 철회권 유보사유가 발생하였다고 해도 비례원칙 등의 요건이 충족되는 경우에 철회권을 행사할 수 있다.

③ 어업에 관한 허가 또는 신고의 경우에는 어업면허와 달리 유효기간 연장제도가 없어 그 유효기간이 경과하면 그 허가나 신고의 효력이 당연히 소멸하며, 재차 허가를 받거나 신고를 하더라도 새로운 허가 내지 신고로서의 효력이 발생할 뿐이다.

④ 부관은 상대방과 협의하에 협약형식으로 부가할 수 있어서 상대방이 합의하는 조건으로 소권을 포기하는 부제소의 부관을 부가할 수 있다.

328	
기출처	예상문제
난이도	★★
키워드	행정행위의 부관

해설

④ (×) 지방자치단체장이 도매시장법인의 대표이사에 대하여 위 지방자치단체장이 개설한 농수산물도매시장의 도매시장법인으로 다시 지정함에 있어서 그 지정조건으로 "지정기간 중이라도 개설자가 농수산물 유통정책의 방침에 따라 도매시장법인 이전 및 지정취소 또는 폐쇄 지시에도 일체 소송이나 손실보상을 청구할 수 없다."라는 부관을 붙였으나, 그중 부제소특약에 관한 부분은 당사자가 임의로 처분할 수 없는 공법상의 권리관계를 대상으로 하여 사인의 국가에 대한 공권인 소권을 당사자의 합의로 포기하는 것으로서 허용될 수 없다(대판 1998.8.21., 98두8919).

정답 | ④

329

행정행위의 부관에 대한 설명으로 옳지 않은 것은?

① 기부채납받은 행정재산에 대한 사용·수익허가에서 공유재산의 관리청이 정한 사용·수익허가의 기간은 그 허가의 효력을 제한하기 위한 행정행위의 부관으로서 이러한 사용·수익허가의 기간에 대해서는 독립하여 행정소송을 제기할 수 없다.

② 토지소유자가 토지형질변경행위허가에 붙은 기부채납의 부관에 따라 토지를 국가나 지방자치단체에 기부채납(증여)한 경우, 기부채납의 부관이 당연무효이거나 취소되지 아니한 이상 토지소유자는 위 부관으로 인하여 증여계약의 중요부분에 착오가 있음을 이유로 증여계약을 취소할 수 없다.

③ 행정행위의 부관인 부담에 정해진 바에 따라 당해 행정청이 아닌 다른 행정청이 그 부담상의 의무이행을 요구하는 의사표시를 하였을 경우, 이러한 행위가 당연히 항고소송의 대상이 되는 처분에 해당한다고 할 수는 없다.

④ 행정처분에 부담인 부관을 붙인 경우 부관의 무효화에 의하여 본체인 행정처분 자체의 효력에도 영향이 있게 될 수 있으며, 그 처분을 받은 사람이 부담의 이행으로 사법상 매매 등의 법률행위를 한 경우 그 법률행위 자체는 당연무효이다.

해설

① (O) 행정행위의 부관은 부담인 경우를 제외하고는 독립하여 행정소송의 대상이 될 수 없는바, 기부채납받은 행정재산에 대한 사용·수익허가에서 공유재산의 관리청이 정한 사용·수익허가의 기간은 그 허가의 효력을 제한하기 위한 행정행위의 부관으로서 이러한 사용·수익허가의 기간에 대해서는 독립하여 행정소송을 제기할 수 없다(대판 2001.6.15., 99두509).

② (O) 토지소유자가 토지형질변경행위허가에 붙은 기부채납의 부관에 따라 토지를 국가나 지방자치단체에 기부채납(증여)한 경우, 기부채납의 부관이 당연무효이거나 취소되지 아니한 이상 토지소유자는 위 부관으로 인하여 증여계약의 중요부분에 착오가 있음을 이유로 증여계약을 취소할 수 없다(대판 1999.5.25., 98다53134).

③ (O) 행정행위의 부관인 부담에 정해진 바에 따라 당해 행정청이 아닌 다른 행정청이 그 부담상의 의무이행을 요구하는 의사표시를 하였을 경우, 이러한 행위가 당연히 또는 무조건으로 「행정소송법」상 항고소송의 대상이 되는 처분에 해당한다고 할 수는 없다.

④ (×) 행정처분에 부담인 부관을 붙인 경우 부관의 무효화에 의하여 본체인 행정처분 자체의 효력에도 영향이 있게 될 수는 있지만, 그 처분을 받은 사람이 부담의 이행으로 사법상 매매 등의 법률행위를 한 경우에는 그 부관은 특별한 사정이 없는 한 법률행위를 하게 된 동기 내지 연유로 작용하였을 뿐이므로 이는 법률행위의 취소사유가 될 수 있음은 별론으로 하고 그 법률행위 자체를 당연히 무효화하는 것은 아니다(대판 2009.6.25., 2006다18174).

정답 | ④

330 필수

행정행위의 부관에 대한 설명으로 옳은 것은? (다툼이 있는 경우 판례에 의함)

① 행정처분과 부관 사이에 실제적 관련성이 있다고 볼 수 없는 경우, 공무원이 공법상의 제한을 회피할 목적으로 행정처분의 상대방과 사이에 사법상 계약을 체결하는 형식을 취하였더라도 법치행정의 원리에 반하는 것으로서 위법하다고 볼 수 없다.

② 처분 당시 법령을 기준으로 처분에 부가된 부담이 적법하였더라도, 처분 후 부담의 전제가 된 주된 행정처분의 근거 법령이 개정됨으로써 행정청이 더 이상 부관을 붙일 수 없게 되었다면 그때부터 부담의 효력은 소멸한다.

③ 부담의 이행으로서 하게 된 사법상 매매 등의 법률행위는 부담을 붙인 행정처분과는 별개의 법률행위이므로, 그 부담의 불가쟁력의 문제와는 별도로 법률행위가 사회질서 위반이나 강행규정에 위반되는지 여부 등을 따져보아 그 법률행위의 유효 여부를 판단하여야 한다.

④ 허가에 붙은 기한이 그 허가된 사업의 성질상 부당하게 짧아서 이 기한이 허가 자체의 존속기간이 아니라 허가조건의 존속기간으로 해석되는 경우에는 허가 여부의 재량권을 가진 행정청은 허가조건의 개정만을 고려할 수 있고, 그 후 당초의 기한이 상당 기간 연장되어 그 기한이 부당하게 짧은 경우에 해당하지 않게 된 때라도 더 이상의 기간 연장을 불허가할 수는 없다.

330
- 기출처: 2021 국가직 9급
- 난이도: ★★★
- 키워드: 행정행위의 부관

관련기출 옳은지문

- 부당결부금지 원칙에 위반하여 허용되지 않는 부관을 행정처분과 상대방 사이의 사법상 계약의 형식으로 체결하는 것은 허용되지 않는다. 19서울시9급

- 당초에 붙은 기한을 허가 자체의 존속기간이 아니라 허가조건의 존속기간으로 보더라도 그 후 당초의 기한이 상당 기간 연장되어 연장된 기간을 포함한 존속기간 전체를 기준으로 볼 경우 더 이상 허가된 사업의 성질상 부당하게 짧은 경우에 해당하지 않게 된 때에는 재량권의 행사로서 더 이상의 기간연장을 불허가할 수도 있다. 22군무원9급

해설

① (×) 공무원이 인·허가 등 수익적 행정처분을 하면서 상대방에게 그 처분과 관련하여 이른바 부관으로서 부담을 붙일 수 있다 하더라도, 그러한 부담은 법치주의와 사유재산 존중, 조세법률주의 등 헌법의 기본원리에 비추어 비례의 원칙이나 부당결부의 원칙에 위반되지 않아야만 적법한 것인바, 행정처분과 부관 사이에 실제적 관련성이 있다고 볼 수 없는 경우 공무원이 위와 같은 공법상의 제한을 회피할 목적으로 행정처분의 상대방과 사이에 사법상 계약을 체결하는 형식을 취하였다면 이는 법치행정의 원리에 반하는 것으로서 위법하다(대판 2009.12.10., 2007다63966).

② (×) 행정청이 수익적 행정처분을 하면서 부가한 부담의 위법 여부는 처분 당시 법령을 기준으로 판단하여야 하고, 부담이 처분 당시 법령을 기준으로 적법하다면 처분 후 부담의 전제가 된 주된 행정처분의 근거 법령이 개정됨으로써 행정청이 더 이상 부관을 붙일 수 없게 되었다 하더라도 곧바로 위법하게 되거나 그 효력이 소멸하게 되는 것은 아니다(대판 2009.2.12., 2005다65500).

③ (○) 대판 2009.6.25., 2006다18174

④ (×) 당초에 붙은 기한을 허가 자체의 존속기간이 아니라 허가조건의 존속기간으로 보더라도 그 후 당초의 기한이 상당 기간 연장되어 연장된 기간을 포함한 존속기간 전체를 기준으로 볼 경우 더 이상 허가된 사업의 성질상 부당하게 짧은 경우에 해당하지 않게 된 때에는 관계 법령의 규정에 따라 허가 여부의 재량권을 가진 행정청으로서는 그때에도 허가조건의 개정만을 고려하여야 하는 것은 아니고 재량권의 행사로서 더 이상의 기간 연장을 불허가할 수도 있는 것이며, 이로써 허가의 효력은 상실된다(대판 2004.3.25., 2003두12837).

정답 | ③

331

행정청의 행정행위 부관에 관한 설명으로 옳은 것만을 모두 고른 것은? (다툼이 있는 경우 판례에 의함)

> ㄱ. 행정처분과 실제적 관련성이 없어 부관으로 붙일 수 없는 부담은 사적 자치가 적용되는 사법상 계약의 형식으로 행정처분의 상대방에게 부과할 수 있다.
> ㄴ. 허가에 붙은 기한이 그 허가된 사업의 성질상 부당하게 짧아 이 기한을 그 허가조건의 존속기간으로 해석할 수 있지만, 기한이 상당 기간 연장되어 더 이상 허가된 사업의 성질상 부당하게 짧은 경우에 해당하지 않게 된 때에는 재량권의 행사로서 더 이상의 기간연장을 불허가하여 허가의 효력을 상실시킬 수 있다.
> ㄷ. 지방국토관리청장이 공유수면매립준공인가처분을 하면서 일부 공유수면매립지에 대해 직할시로의 귀속처분을 한 경우, 공유수면매립준공인가처분 중 매립지 일부에 대한 귀속처분만의 취소를 구하는 소송을 청구할 수 없다.
> ㄹ. 행정처분에 붙은 부담인 부관이 불가쟁력이 발생하면, 당해 부담이 당연무효가 아닌 이상 그 부담의 이행으로서 하게 된 매매 등 사법상 법률행위의 효력은 더 이상 민사소송으로 다툴 수는 없다.

① ㄱ, ㄴ
② ㄱ, ㄷ
③ ㄴ, ㄷ
④ ㄴ, ㄹ

해설

ㄱ. (×) 공무원이 인·허가 등 수익적 행정처분을 하면서 상대방에게 그 처분과 관련하여 이른바 부관으로서 부담을 붙일 수 있다 하더라도, 그러한 부담은 법치주의와 사유재산 존중, 조세법률주의 등 헌법의 기본원리에 비추어 비례의 원칙이나 부당결부의 원칙에 위반되지 않아야만 적법한 것인바, 행정처분과 부관 사이에 실제적 관련성이 있다고 볼 수 없는 경우 공무원이 위와 같은 공법상의 제한을 회피할 목적으로 행정처분의 상대방과 사이에 사법상 계약을 체결하는 형식을 취하였다면 이는 법치행정의 원리에 반하는 것으로서 위법하다(대판 2009.12.10., 2007다63966).

ㄴ. (○) 허가에 붙은 기한이 성질상 부당하게 짧은 경우에는 갱신기간으로 보아 허가의 조건을 개정해주겠다는 의미로 해석된다. 그런데 상당기간 연장되어 더 이상 짧은 기한이 아닌 경우에는 기간연장을 불허할 수 있다(대판 2004.3.25., 2003두12837).

ㄷ. (○) 지방국토관리청장이 일부 공유수면매립지에 대하여 한 국가 또는 직할시 귀속처분은 매립준공인가를 함에 있어서 매립의 면허를 받은 자의 매립지에 대한 소유권취득을 규정한 구 「공유수면매립법」 제14조의 효과 일부를 배제하는 부관을 붙인 것이고, 이러한 행정행위의 부관은 위 법리와 같이 독립하여 행정소송 대상이 될 수 있다(대판 1993.10.8., 93누2032).

ㄹ. (×) 행정처분에 부담인 부관을 붙인 경우 부관의 무효화에 의하여 본체인 행정처분 자체의 효력에도 영향이 있게 될 수는 있지만, 그 처분을 받은 사람이 부담의 이행으로 사법상 매매 등의 법률행위를 한 경우에는 그 부관은 특별한 사정이 없는 한 법률행위를 하게 된 동기 내지 연유로 작용하였을 뿐이므로 이는 법률행위의 취소사유가 될 수 있음은 별론으로 하고 그 법률행위 자체를 당연히 무효화하는 것은 아니다. 또한, 행정처분에 붙은 부담인 부관이 제소기간의 도과로 확정되어 이미 불가쟁력이 생겼다면 그 하자가 중대하고 명백하여 당연무효로 보아야 할 경우 외에는 누구나 그 효력을 부인할 수 없을 것이지만, 부담의 이행으로서 하게 된 사법상 매매 등의 법률행위는 부담을 붙인 행정처분과는 어디까지나 별개의 법률행위이므로 그 부담의 불가쟁력의 문제와는 별도로 법률행위가 사회질서 위반이나 강행규정에 위반되는지 여부 등을 따져보아 그 법률행위의 유효 여부를 판단하여야 한다(대판 2009.6.25., 2006다18174).

정답 | ③

관련기출 옳은지문
- 행정처분과의 실제적 관련성이 없어 부관으로 붙일 수 없는 부담은 사법상 계약의 형식으로도 부과할 수 없다. 18국가직7급

332

행정청은 하천점용허가를 신청한 상대방에게 하천점용허가를 하면서 일정한 점용기간을 정해주고 소정의 점용료를 납부하라는 부관을 부가하였다. 이 허가와 관련한 설명 중 옳은 것은?

① 하천점용허가는 자연적 자유의 금지를 해제하는 행정행위로서 재량에 해당되어 법에 규정이 없다고 해도 부관을 붙일 수 있다.
② 상대방은 점용료를 아직 납부하지 않았어도 허가시 정해진 날부터 점용할 수 있다.
③ 하천점용허가기간이 성질상 부당하게 짧은 경우에도 해당 기간은 허가의 존속기간으로 해석하여야 한다.
④ 하천점용료가 다른 유사한 처분과 비교하여 과다하여도 해당 부관만을 대상으로 행정소송을 제기하지 못한다.

332
기출처	예상문제
난이도	★★
키워드	행정행위의 부관

해설

① (×) 하천점용허가는 인위적인 권리 등을 부여하는 설권행위로서 재량이다. 따라서 법에 근거 규정이 없어도 부관을 붙일 수 있다. 자연적 자유의 금지를 해제하는 행정행위는 허가로서 기속에 해당한다.
② (○) 하천점용허가를 하면서 소정의 점용료를 납부하도록 한 것은 부관 중 부담에 해당되고 부담의 이행 여부와 상관없이 주된 행정행위의 효력은 발생한다.
③ (×) 처분의 성질상 부당하게 짧은 기한은 허가의 존속기간이 아니라 허가의 조건의 존속기간(= 갱신기간)으로 해석한다.
④ (×) 하천점용료를 납부하도록 한 부관은 부담으로서 독립된 소송대상이 된다.

정답 | ②

333		1 2 3
기출처	2023 국가직 9급	
난이도	★★	
키워드	행정행위의 부관	

🔍 **관련기출 옳은지문**

• 기선선망어업의 허가를 하면서 운반선, 등선 등 부속선을 사용할 수 없도록 제한한 부관은 그 어업허가의 목적달성을 사실상 어렵게 하여 그 본질적 효력을 해하는 것일 뿐만 아니라 「수산업법 시행령」의 규정에도 어긋나는 것이며, 더욱이 어업조정이나 기타 공익상 필요하다고 인정되는 사정이 없는 이상 위법한 것이다.   23국회직9급

333 〈필수〉

행정행위의 부관에 대한 설명으로 옳지 않은 것은? (다툼이 있는 경우 판례에 의함)

① 수익적 행정처분에 있어서는 법령에 특별한 근거규정이 있는 경우에만 그 부관으로서 부담을 붙일 수 있다.

② 기선선망어업의 허가를 하면서 운반선, 등선 등 부속선을 사용할 수 없도록 제한한 부관은 그 어업허가의 목적달성을 사실상 어렵게 하여 그 본질적 효력을 해하는 것이므로 위법한 것이다.

③ 부관은 면허 발급 당시에 붙이는 것뿐만 아니라 면허 발급 이후에 붙이는 것도 법률에 명문의 규정이 있거나 변경이 미리 유보되어 있는 경우 또는 상대방의 동의가 있는 경우 등에는 특별한 사정이 없는 한 허용된다.

④ 토지소유자가 토지형질변경행위허가에 붙은 기부채납의 부관에 따라 토지를 국가나 지방자치단체에 기부채납한 경우, 기부채납의 부관이 당연무효이거나 취소되지 아니한 이상 토지소유자는 위 부관으로 인하여 기부채납계약의 중요부분에 착오가 있음을 이유로 기부채납계약을 취소할 수 없다.

해설

① **빈출** (×) 수익적 행정처분에 있어서는 <u>법령에 특별한 근거 규정이 없다고 하더라도 그 부관으로서 부담을 붙일 수 있고,</u> 그와 같은 부담은 행정청이 행정처분을 하면서 일방적으로 부가할 수도 있지만 부담을 부가하기 이전에 상대방과 협의하여 부담의 내용을 협약의 형식으로 미리 정한 다음 행정처분을 하면서 이를 부가할 수도 있다(대판 2009.2.12., 2005다65500).

② (○) 기선선망어업의 허가를 하면서 운반선, 등선 등 부속선을 사용할 수 없도록 제한한 부관은 그 어업허가의 목적달성을 사실상 어렵게 하여 그 본질적 효력을 해하는 것일 뿐만 아니라 위 시행령의 규정에도 어긋나는 것이며, 더욱이 어업조정이나 기타 공익상 필요하다고 인정되는 사정이 없는 이상 위법한 것이다(대판 1990.4.27., 89누6808).

③ **빈출** (○) 부관은 면허 발급 당시에 붙이는 것뿐만 아니라 면허 발급 이후에 붙이는 것도 법률에 명문의 규정이 있거나 변경이 미리 유보되어 있는 경우 또는 상대방의 동의가 있는 경우 등에는 특별한 사정이 없는 한 허용된다(대판 2016.11.24., 2016두45028).

④ **빈출** (○) 토지소유자가 토지형질변경행위허가에 붙은 기부채납의 부관에 따라 토지를 국가나 지방자치단체에 기부채납(증여)한 경우, 기부채납의 부관이 당연무효이거나 취소되지 아니한 이상 토지소유자는 위 부관으로 인하여 증여계약의 중요부분에 착오가 있음을 이유로 증여계약을 취소할 수 없다(대판 1999.5.25., 98다53134).

정답 | ①

334 필수

행정행위의 부관에 대한 설명으로 옳지 않은 것은?

① 행정청은 처분에 재량이 없는 경우에는 법률에 근거가 있는 경우에 부관을 붙일 수 있다.
② 사도개설허가에서 정해진 공사기간은 사도개설허가 자체의 존속기간을 정한 것이라 볼 수 있으므로 공사기간 내에 사도로 준공검사를 받지 못하였다면 사도개설허가는 당연히 실효된다.
③ 행정청이 공유수면매립준공인가처분을 하면서 매립지 일부를 국가 소유로 귀속하게 한 것은 법률효과 일부를 배제하는 부관에 해당하고, 이러한 부관은 독립하여 행정소송의 대상이 될 수 없다.
④ 행정청이 수익적 행정처분에 부담을 부가하는 경우 사전에 상대방과 협의하여 부담의 내용을 협약의 형식으로 미리 정한 다음 행정처분을 하면서 이를 부가할 수도 있다.
⑤ 공익법인의 기본재산처분에 대하여 행정청이 허가하는 경우 그 성질이 형성적 행정행위로서의 인가에 해당한다고 하여 조건으로서의 부관을 붙이지 못하는 것은 아니다.

334	
기출처	2023 국회직 8급
난이도	★★
키워드	행정행위의 부관

🔍 관련기출 옳은지문
- 사도개설허가에서 정해진 공사기간은 사도개설허가 자체의 존속기간을 정한 것이라 볼 수 없고, 공사기간 내에 사도로 준공검사를 받지 못하였다 하더라도 사도개설허가는 당연히 실효되는 것은 아니다.
  25국가직9급 변형

해설

① (O) 「행정기본법」 제17조 제2항
② (×) 사도개설허가는 사도를 개설할 수 있는 권한의 부여 자체에 주안점이 있는 것이지 공사기간의 제한에 주안점이 있는 것이 아닌 점 등에 비추어 보면 이 사건 제1처분에 명시된 공사기간은 변경된 허가권자인 보조참가인에 대하여 공사기간을 준수하여 공사를 마치도록 하는 의무를 부과하는 일종의 부담에 불과한 것이지, 사도개설허가 자체의 존속기간(즉, 유효기간)을 정한 것이라 볼 수 없고, 처분의 사도개설허가에서 정해진 공사기간 내에 사도로 준공검사를 받지 못하였다 하더라도 사도개설허가가 당연히 실효되는 것은 아니다(대판 2004.11.25., 2004두7023).
③ 빈출 (O) 지방국토관리청장이 일부 공유수면매립지에 대하여 한 국가 또는 직할시 귀속처분은 매립준공인가를 함에 있어서 매립의 면허를 받은 자의 매립지에 대한 소유권취득을 규정한 공유수면매립법 제14조의 효과 일부를 배제하는 부관을 붙인 것이고, 이러한 행정행위의 부관은 위 법리와 같이 독립하여 행정소송 대상이 될 수 없다(대판 1993.10.8., 93누2032).
④ 빈출 (O) 수익적 행정처분에 있어서는 법령에 특별한 근거 규정이 없다고 하더라도 그 부관으로서 부담을 붙일 수 있고, 그와 같은 부담은 행정청이 행정처분을 하면서 일방적으로 부가할 수도 있지만 부담을 부가하기 이전에 상대방과 협의하여 부담의 내용을 협약의 형식으로 미리 정한 다음 행정처분을 하면서 이를 부가할 수도 있다(대판 2009.2.12., 2005다65500).
⑤ (O) 공익법인의 기본재산의 처분에 관한 「공익법인의 설립·운영에 관한 법률」 제11조 제3항의 규정은 강행규정으로서 이에 위반하여 주무관청의 허가를 받지 않고 기본재산을 처분하는 것은 무효라 할 것인데, 위 처분허가에 부관을 붙인 경우 그 처분허가의 법률적 성질이 형성적 행정행위로서의 인가에 해당한다고 하여 조건으로서의 부관의 부과가 허용되지 아니한다고 볼 수는 없다(대판 2005.9.28., 2004다50044).

정답 | ②

335

부관에 관한 설명으로 옳지 않은 것은? (다툼이 있는 경우 판례에 의함)

① 행정청이 종교단체에 대하여 기본재산전환인가를 함에 있어, 인가처분의 효력이 발생하여 기본재산 처분행위가 유효하게 이루어진 이후에 비로소 이행할 수 있는 인가조건을 부가하고 그 불이행시 인가를 취소할 수 있도록 하였다면, 이는 '철회권 유보'에 해당한다.

② 주택재건축사업시행의 인가는 상대방에게 권리나 이익을 부여하는 효과를 가진 이른바 수익적 행정처분으로서 법령에 행정처분의 요건에 관하여 일의적으로 규정되어 있지 아니한 이상 행정청의 재량행위에 속하므로, 처분청으로서는 법령상의 제한에 근거한 것이 아니라 하더라도 공익상 필요 등에 의하여 필요한 범위 내에서 여러 조건을 부과할 수 있다.

③ 건축허가를 하면서 일정 토지를 기부채납하도록 하는 내용의 허가조건은 부관을 붙일 수 없는 기속행위 내지 기속적 재량행위인 건축허가에 붙인 부담이거나 또는 법령상 아무런 근거가 없는 부관이어서 무효이다.

④ 영업허가를 발급하면서 법령에 근거하여 일정한 시설설치의무를 부가하는 부관으로서의 부담을 붙인 경우, 시설설치의무를 불이행한 상태에서 한 영업은 무허가영업에 해당한다.

해설

① (O) 인가처분을 함에 있어 위와 같은 철회사유를 인가조건으로 부가하면서 비록 철회권 유보라고 명시하지 아니한 채 조건불이행시 인가를 취소할 수 있다는 기재를 하였다 하더라도 위 인가조건의 전체적 의미는 인가처분에 대한 철회권을 유보한 것이라고 봄이 상당하다(대판 2003.5.30., 2003다6422).

② (O) 주택재건축사업시행의 인가는 상대방에게 권리나 이익을 부여하는 효과를 가진 이른바 수익적 행정처분으로서 법령에 행정처분의 요건에 관하여 일의적으로 규정되어 있지 아니한 이상 행정청의 재량행위에 속하므로, 처분청으로서는 법령상의 제한에 근거한 것이 아니라 하더라도 공익상 필요 등에 의하여 필요한 범위 내에서 여러 조건(부담)을 부과할 수 있다(대판 2007.7.12., 2007두6663).

③ (O) 법령에 특별한 규정이 없는 한 기속에 부관을 붙이는 것은 무효이다.

> 일반적으로 기속행위나 기속적 재량행위에는 부관을 붙일 수 없고 가사 부관을 붙였다 하더라도 무효이다(대판 1988.4.27., 87누1106).

④ (×) 부담을 이행하지 않아도 주된 행정행위의 효력이 발생한다. 따라서 부담인 시설설치의무를 이행하지 않은 경우에도 영업허가의 효력은 유효하고 무허가영업이라 할 수 없다.

정답 | ④

336

〈보기〉에서 행정행위의 부관에 관한 설명으로 옳은 것만을 고르면? (다툼이 있는 경우 판례에 의함)

| 보기 |

ㄱ. 행정행위에 붙인 부담인 부관이 무효인 경우에는 그 부담으로부터 사법상 법률행위는 구속되지 않아 그 부담의 이행으로 한 사법상 법률행위가 당연히 무효가 되는 것은 아니다.
ㄴ. 채광계획의 인가를 함에 있어 '규사광물 이외의 채취금지 및 규사의 목적 외 사용금지'를 조건을 붙인 것은 무효이다.
ㄷ. 행정행위에 붙인 부관으로서의 부담이 제소기간의 도래로 더 이상 쟁송을 제기할 수 없는 경우에도 그 부담의 이행으로 한 사법상 법률행위의 효력은 다툴 수 있다.
ㄹ. 부관의 사후변경은 법률에 명문의 규정이 있거나 그 변경이 미리 유보되어 있는 경우 또는 상대방의 동의가 있는 경우에 한하여 허용되는 것이 원칙이지만, 사정변경으로 인하여 당초에 부담을 부가한 목적을 달성할 수 없게 된 경우에도 그 목적달성에 필요한 범위 내에서 예외적으로 허용된다.

① ㄱ, ㄴ
② ㄷ, ㄹ
③ ㄱ, ㄷ, ㄹ
④ ㄱ, ㄴ, ㄷ, ㄹ

336

기출처	예상문제
난이도	★★
키워드	행정행위의 부관

해설

ㄱ. (○) 대판 2009.6.25., 2006다18174
ㄴ. **빈출** (○) 기속에 붙은 부관은 무효라는 것이 대법원이 입장이다.

> 주무관청이 광업권자의 채광계획을 불인가하는 경우에는 정당한 사유가 제시되어야 하고 자의적으로 불인가를 하여서는 아니 될 것이므로 채광계획인가는 기속재량행위에 속하는 것으로 보아야 하며, 일반적으로 기속재량행위에는 부관을 붙일 수 없고 가사 부관을 붙였다 하더라도 이는 무효이므로, 주무관청이 채광계획의 인가를 함에 있어 '규사광물 이외의 채취금지 및 규사의 목적 외 사용금지'를 조건으로 붙인 것은 「광업법」 등에 의하여 보호되는 광업권자의 광업권을 침해하는 내용으로서 무효이다(대판 1997.6.13., 96누12699).

ㄷ. **빈출** (○) 행정처분에 붙은 부담인 부관이 제소기간의 도과로 확정되어 이미 불가쟁력이 생겼다면 그 하자가 중대하고 명백하여 당연무효로 보아야 할 경우 외에는 누구나 그 효력을 부인할 수 없을 것이지만, 부담의 이행으로서 하게 된 사법상 매매 등의 법률행위는 부담을 붙인 행정처분과는 어디까지나 별개의 법률행위이므로 그 부담의 불가쟁력의 문제와는 별도로 법률행위가 사회질서 위반이나 강행규정에 위반되는지 여부 등을 따져보아 그 법률행위의 유효 여부를 판단하여야 한다(대판 2009.6.25., 2006다18174).

ㄹ. **빈출** (○) 행정처분에 이미 부담이 부가되어 있는 상태에서 그 의무의 범위 또는 변경하는 부관의 사후변경은 법률에 명문규정이 있거나 그 변경이 미리 유보되어 있는 경우 또는 상대방의 동의가 있는 경우에 한하여 허용되는 것이 원칙이지만, 사정변경으로 인하여 당초에 부담을 부가한 목적을 달성할 수 없게 된 경우에도 그 목적달성에 필요한 범위 내에서 예외적으로 허용된다(대판 1997.5.30., 97누2627).

정답 | ④

337

행정행위의 부관에 대한 설명으로 옳지 않은 것은?

① 행정처분과 부관 사이에 실제적 관련성이 있다고 볼 수 없는 경우 공무원이 위와 같은 공법상의 제한을 회피할 목적으로 행정처분의 상대방과 사이에 사법상 계약을 체결하는 형식을 취하였다면 이는 법치행정의 원리에 반하는 것으로서 위법하다.

② 처분 당시 법령을 기준으로 처분과 이에 부가된 부관이 적법하면 이후 법령이 개정되었다고 해도 개정된 법령에 따라 이미 이루어진 처분의 위법 여부가 새로이 판단되는 것은 아니어서 개정된 법령이 비록 처분에 부관을 부가할 수 없도록 되었다고 해도 부관의 효력이 당연히 소멸하는 것은 아니다.

③ 기속행위 행정처분에 부담인 부관을 붙인 경우 그 부관은 무효이므로 그 처분을 받은 사람이 그 부담의 이행으로서 하게 된 증여의 의사표시를 하게 된 동기 내지 연유로 작용하였을 뿐이어서 당연히 무효가 되는 것은 아니다.

④ 사정변경으로 인하여 당초에 부담을 부가한 목적을 달성할 수 없는 경우에 그 목적달성에 필요한 범위 내에서 부관의 사후변경은 허용될 수 있다는 실정법적 규정은 없다.

해설

① (○) 실질적인 관련이 없는 부관을 붙일 수 없어 이러한 제약을 피할 목적으로 사법상 계약을 체결하였다면 이 또한 법치행정에 반하여 위법하다.

② (○) 행정청이 수익적 행정처분을 하면서 사전에 상대방과 체결한 협약상의 의무를 부담으로 부가하였는데 부담의 전제가 된 주된 행정처분의 근거 법령이 개정되어 부관을 붙일 수 없게 된 경우에도 곧바로 협약의 효력이 소멸하는 것은 아니다(대판 2009.2.12., 2005다65500).

③ (○) 기속행위 내지 기속적 재량행위 행정처분에 부담인 부관을 붙인 경우 일반적으로 그 부관은 무효라 할 것이고 그 부관의 무효화에 의하여 본체인 행정처분 자체의 효력에도 영향이 있게 될 수는 있지만, 그러한 사유는 그 처분을 받은 사람이 그 부담의 이행으로서의 증여의 의사표시를 하게 된 동기 내지 연유로 작용하였을 뿐이므로 취소사유가 될 수 있음은 별론으로 하여도 그 의사표시 자체를 당연히 무효화하는 것은 아니다(대판 1998.12.22., 98다51305).

④ (×) 「행정기본법」에 규정을 두고 있다.

> 「행정기본법」 제17조 【부관】 ③ 행정청은 부관을 붙일 수 있는 처분이 다음 각 호의 어느 하나에 해당하는 경우에는 그 처분을 한 후에도 부관을 새로 붙이거나 종전의 부관을 변경할 수 있다.
> 1. 법률에 근거가 있는 경우
> 2. 당사자의 동의가 있는 경우
> 3. 사정이 변경되어 부관을 새로 붙이거나 종전의 부관을 변경하지 아니하면 해당 처분의 목적을 달성할 수 없다고 인정되는 경우

정답 | ④

338 필수

A 행정청은 甲에게 처분을 하면서 법령에 근거 없이 일정 토지를 기부채납하도록 하는 부담을 붙였다. 이에 대한 설명으로 옳지 않은 것은? (다툼이 있는 경우 판례에 의함)

① A 행정청이 처분 이전에 甲과 협의하여 기부채납에 관한 내용을 협약의 형식으로 미리 정한 다음에 부담을 붙이는 것도 허용된다.
② 처분이 기속행위임에도 甲이 부담의 이행으로 기부채납을 하였다면, 그 기부채납행위는 당연무효인 행위가 된다.
③ 사정변경으로 인하여 당초에 부담을 부가한 목적을 달성할 수 없게 된 경우에는 A 행정청은 甲의 동의가 없더라도 그 목적달성에 필요한 범위 내에서 부담을 변경할 수 있다.
④ 甲은 기부채납을 하도록 하는 부담에 대해서만 취소소송을 제기하여 다툴 수 있다.
⑤ 처분이 기속행위라면 甲은 기부채납 부담을 이행할 의무가 없다.

해설

② (×) 무효인 부담을 이행한 사법상의 법률행위는 무효가 아니다.

> 행정처분에 부담인 부관을 붙인 경우 부관의 무효화에 의하여 본체인 행정처분 자체의 효력에도 영향이 있게 될 수는 있지만, 그 처분을 받은 사람이 부담의 이행으로 사법상 매매 등의 법률행위를 한 경우에는 그 부관은 특별한 사정이 없는 한 법률행위를 하게 된 동기 내지 연유로 작용하였을 뿐이므로 이는 법률행위의 취소사유가 될 수 있음은 별론으로 하고 그 법률행위 자체를 당연히 무효화하는 것은 아니다(대판 2009.6.25., 2006다18174).

정답 | ②

---

338 기출처: 2021 국회직 8급 | 난이도: ★★ | 키워드: 행정행위의 부관

관련기출 옳은지문
- 사정변경으로 당초에 부담을 부가한 목적을 달성할 수 없게 된 경우에도 그 목적달성에 필요한 범위 내에서 예외적으로 부담의 사후변경이 허용된다. 19국가직9급

339	① ② ③
기출처	2019(상) 서울시 7급
난이도	★★
키워드	행정행위의 부관

🔍 관련기출 옳은지문

• 지방국토관리청장이 일부 공유수면 매립지에 대하여 한 국가 귀속처분은 매립준공인가를 함에 있어서 매립의 면허를 받은 자의 매립지에 대한 소유권취득을 규정한 구「공유수면매립법」의 법률효과를 일부 배제하는 부관을 붙인 것이다.
24지방직9급

• 부담에 의하여 부과된 의무를 이행하지 않았다고 하여 본체인 행정행위 자체가 당연히 효력을 상실하는 것은 아니다.
21국회직9급

339 〈필수〉

행정행위의 부관에 대한 설명으로 가장 옳은 것은?

① 공유수면매립준공인가처분 중 매립지 일부에 대하여 한 국가 및 지방자치단체에의 귀속처분은 독립하여 행정소송의 대상이 될 수 있다.

② 부담부 행정행위에 있어서 처분의 상대방이 부담을 이행하지 아니한 경우에 당해 부담부 행정행위는 당연히 효력을 상실하게 된다.

③ 부담 이외의 부관으로 인하여 권리를 침해당한 자는 부관부 행정행위 전체에 대해 취소소송을 제기하거나, 행정청에 부관이 없는 행정행위로 변경해 줄 것을 청구한 다음 그것이 거부된 경우 거부처분 취소소송을 제기할 수 있다.

④ 행정청이 수익적 행정처분을 하면서 부가한 부담이 처분 당시 법령을 기준으로는 적법하였지만 처분 후 부담의 전제가 된 주된 행정처분의 근거 법령이 개정됨으로써 행정청이 더 이상 부관을 붙일 수 없게 되었다면 그 부담은 위법하게 된다.

해설

① **빈출** (X) 공유수면매립면허준공인가의 처분을 하면서 매립지 일부에 대하여 국가에 귀속하도록 한 부관은 법률효과의 일부배제에 해당하여 독립된 소송대상이 될 수 없다.

② (X) 부담부 행정처분은 부관인 부담에 의하여 본체의 효력이 발생하거나 소멸하는 부관이 아니라 주된 처분의 효력을 부여하고 별도의 의무를 부과하는 성질의 부관이다. 따라서 부담을 이행하지 않았다고 해도 주된 처분의 효력이 발생하며, 부담을 불이행하였다고 당연히 처분의 효력이 소멸하지 않는다. 다만, 그를 이유로 제재나 강제, 취소나 철회 또는 후행처분을 불발령하는 사유로 작용하게 될 뿐이다.

③ **빈출** (O) 부담 이외의 부관은 독립된 처분으로 인정될 수 없어 독립하여 소송의 대상이 될 수 없고 전체 쟁송을 제기한 뒤 전체 취소를 주장하거나, 부관 없는 처분으로의 변경을 청구하여 행정청이 이를 거부하면 거부처분에 대한 소송을 청구하는 방법으로 다툴 수 있다.

④ **빈출** (X) 행정청이 수익적 행정처분을 하면서 부가한 부담의 위법 여부는 처분 당시 법령을 기준으로 판단하여야 하고, 부담이 처분 당시 법령을 기준으로 적법하다면 처분 후 부담의 전제가 된 주된 행정처분의 근거 법령이 개정됨으로써 행정청이 더 이상 부관을 붙일 수 없게 되었다 하더라도 곧바로 위법하게 되거나 그 효력이 소멸하게 되는 것은 아니다. 따라서 행정처분의 상대방이 수익적 행정처분을 얻기 위하여 행정청과 사이에 행정처분에 부가할 부담에 관한 협약을 체결하고 행정청이 수익적 행정처분을 하면서 협약상의 의무를 부담으로 부가하였으나 부담의 전제가 된 주된 행정처분의 근거 법령이 개정됨으로써 행정청이 더 이상 부관을 붙일 수 없게 된 경우에도 곧바로 협약의 효력이 소멸하는 것은 아니다(대판 2009.2.12., 2005다65500).

고득점 플러스+ 부관과 관련된 판례

「수산업법」제15조에 의하여 어업의 면허 또는 허가에 붙이는 부관은 그 성질상 허가된 어업의 본질적 효력을 해하지 않는 한도의 것이어야 하고 허가된 어업의 내용 또는 효력 등에 대하여는 행정청이 임의로 제한 또는 조건을 붙일 수 없다고 보아야 할 것이며 「수산업법 시행령」제14조의4 제3항의 규정내용은 기선선망어업에는 그 어선규모의 대소를 가리지 않고 등선과 운반선을 갖출 수 있고, 또 갖추어야 하는 것이라고 해석되므로 기선선망어업의 허가를 하면서 운반선, 등선 등 부속선을 사용할 수 없도록 제한한 부관은 그 어업허가의 목적달성을 사실상 어렵게 하여 그 본질적 효력을 해하는 것일 뿐만 아니라 위 시행령의 규정에도 어긋나는 것이며, 더욱이 어업조정이나 기타 공익상 필요하다고 인정되는 사정이 없는 이상 위법한 것이다(대판 1990.4.27., 89누6808).

정답 | ③

340 필수

다음 사례에 대한 설명으로 옳지 않은 것은?

고속국도관리청 A는 고속도로 부지와 접도구역에 송유관 매설을 허가하면서 상대방인 甲과 체결한 협약에 따라 송유관 시설을 이전하게 될 경우 그 비용을 甲이 부담하도록 하였는데, 그 후 「도로법 시행규칙」이 개정되어 접도구역에는 관리청의 허가 없이도 송유관을 매설할 수 있게 되었다.

① A의 비용부담의 행정작용은 행정행위로서의 부관이며 송유관 매설허가처분이 재량에 해당되는 경우에 원칙적으로 甲과의 협약이 없더라도 일방적으로 송유관 이전시 그 비용을 甲이 부담한다는 내용의 부관을 부가할 수 있다.
② 송유관매설허가처분을 할 당시를 기준으로 처분이 적법하였다면 개정 이후에도 위 협약에 포함된 부관은 부당결부금지의 원칙에 반하지 않는다.
③ 甲은 비용부담의 부관이 협약에 따라 이루어진 것이라서 비록 그 부관에 하자가 있다고 해도 독립하여 소송을 청구할 수는 없다.
④ 송유관시설을 이전하게 되었는데도 甲이 비용을 부담하지 않는다면 고속국도관리청 A는 甲에게 비용징수에 대한 행정강제를 할 수 있다.

해설

① 빈출 (○) 비용부담의 행정은 부관이고 해당 처분이 재량이라면 행정청은 일방적으로 부관의 내용을 정하여 부가할 수도, 상대방과 협약을 통해 부관을 부가할 수도 있다.
② 빈출 (○) 처분 당시에 처분이 적법하면 이후에 법령이 개정되었다고 해도 기존의 처분이 위법하게 되는 것은 아니다.
③ 빈출 (×) 부담은 다른 부관과 달리 독립하여 소송대상이 된다.
④ (○) 부담은 독립하여 강제나 제재의 대상이 된다.

정답 | ③

340

기출처	예상문제
난이도	★★
키워드	행정행위의 부관

관련기출 옳은지문

- 협약이 없더라도 고속국도관리청은 송유관매설허가를 하면서 일방적으로 송유관 이전시 그 비용을 甲이 부담한다는 내용의 부관을 부가할 수 있다. 17국가직9급

- 협약에 따라 송유관시설을 이전하게 될 경우 그 비용을 甲이 부담하도록 한 것은 행정행위의 부관 중 부담에 해당한다. 17국가직9급

341

다음 중 행정행위의 부관에 대한 설명으로 가장 적절하지 않은 것은? (다툼이 있는 경우 판례에 의함)

① 부담은 행정청이 행정처분을 하면서 일방적으로 부가할 수도 있지만 부담을 부가하기 이전에 상대방과 협의하여 부담의 내용을 협약의 형식으로 미리 정한 다음 행정처분을 하면서 이를 부가할 수도 있다.
② 행정청은 처분의 재량이 없는 경우에는 법률에 근거가 있는 경우에 부관을 붙일 수 있다.
③ 기한은 연월일로 표기하지 않고 '근속기간 중' 또는 '종신'과 같은 도래시기가 확정되지 않은 방식으로 표기하는 것도 가능하다.
④ 기부채납은 행정재산에 대한 사용·수익 허가에서 공유재산의 관리청이 정한 사용·수익허가의 기간은 그 허가의 효력을 제한하기 위한 행정행위의 부관으로서 이러한 사용·수익허가의 기간에 대해서는 독립하여 행정소송을 제기할 수 있다.

해설

① (○) 수익적 행정처분에 있어서는 법령에 특별한 근거규정이 없다고 하더라도 그 부관으로서 부담을 붙일 수 있고, 그와 같은 부담은 행정청이 행정처분을 하면서 일방적으로 부가할 수도 있지만 부담을 부가하기 이전에 상대방과 협의하여 부담의 내용을 협약의 형식으로 미리 정한 다음 행정처분을 하면서 이를 부가할 수도 있다(대판 2009.2.12., 2005다65500).
② (○) 「행정기본법」 제17조 제2항
③ (○) 기한은 확정기한(예 도로점용허가 + 0000년 00월 00일까지)으로 부가할 수 있지만, 불확정기한(예 사망할 때까지 연금지급 등)으로 부가할 수도 있다.
④ (×) 행정행위의 부관은 부담인 경우를 제외하고는 독립하여 행정소송의 대상이 될 수 없는바, 기부채납받은 행정재산에 대한 사용·수익허가에서 공유재산의 관리청이 정한 사용·수익허가의 기간은 그 허가의 효력을 제한하기 위한 행정행위의 부관으로서 이러한 사용·수익허가의 기간에 대해서는 독립하여 행정소송을 제기할 수 없다(대판 2001.6.15., 99두509).

정답 | ④

342

행정행위의 부관에 대한 설명으로 옳은 것은? (다툼이 있는 경우 판례에 의함)

① 부관 중에서 부담은 주된 행정행위로부터 분리될 수 있다 할지라도 부담 그 자체는 독립된 행정행위가 아니므로 주된 행정행위로부터 분리하여 쟁송의 대상이 될 수 없다.
② 기부채납받은 행정재산에 대한 사용·수익허가에서 공유재산의 관리청이 정한 사용·수익허가의 기간은 그 허가의 효력을 제한하기 위한 행정행위의 부관으로서, 이러한 사용·수익허가의 기간에 대해서는 독립하여 행정소송을 제기할 수 있다.
③ 지방국토관리청장이 일부 공유수면매립지를 국가 또는 지방자치단체에 귀속처분한 것은 법률효과의 일부를 배제하는 부관을 붙인 것이므로 이러한 행정행위의 부관은 독립하여 행정쟁송 대상이 될 수 없다.
④ 행정청이 부담을 부가하기 이전에 상대방과 협의하여 부담의 내용을 협약의 형식으로 미리 정한 경우에는 행정처분을 하면서 이를 부담으로 부가할 수 없다.

해설

① (×) 행정행위의 부관 중에서도 행정행위에 부수하여 그 행정행위의 상대방에게 일정한 의무를 부과하는 행정청의 의사표시인 부담의 경우에는 다른 부관과는 달리 행정행위의 불가분적인 요소가 아니고 그 존속이 본체인 행정행위의 존재를 전제로 하는 것일 뿐이므로 부담 그 자체로서 행정쟁송의 대상이 될 수 있다(대판 1992.1.21., 91누1264).
② (×) 행정행위의 부관은 부담인 경우를 제외하고는 독립하여 행정소송의 대상이 될 수 없는바, 기부채납받은 행정재산에 대한 사용·수익허가에서 공유재산의 관리청이 정한 사용·수익허가의 기간은 그 허가의 효력을 제한하기 위한 행정행위의 부관으로서 이러한 사용·수익허가의 기간에 대해서는 독립하여 행정소송을 제기할 수 없다(대판 2001.6.15., 99두509).
③ 빈출 (○) 대판 1993.10.8., 93누2032
④ (×) 수익적 행정처분에 있어서는 법령에 특별한 근거 규정이 없다고 하더라도 그 부관으로서 부담을 붙일 수 있고, 그와 같은 부담은 행정청이 행정처분을 하면서 일방적으로 부가할 수도 있지만 부담을 부가하기 이전에 상대방과 협의하여 부담의 내용을 협약의 형식으로 미리 정한 다음 행정처분을 하면서 이를 부가할 수도 있다(대판 2009.2.12., 2005다65500).

정답 | ③

343

「행정기본법」상 부관에 대한 설명으로 옳지 않은 것은?

① 행정청은 처분에 재량이 있는 경우에는 부관을 붙일 수 있다.
② 행정청은 처분에 재량이 없는 경우에는 법률에 근거가 있는 경우에 부관을 붙일 수 있다.
③ 부관은 해당 처분의 목적에 위배되지 아니하여야 하며, 그 처분과 실질적인 관련이 있어야 하고 또한 그 처분의 목적을 달성하기 위하여 필요한 최소한의 범위 내에서 붙여야 한다.
④ 행정청은 사정이 변경되어 종전의 부관을 변경하지 아니하면 해당 처분의 목적을 달성할 수 없다고 인정되는 경우에도 법률에 근거가 없다면 종전의 부관을 변경할 수 없다.

343	1 2 3
기출처	2023 국가직 7급
난이도	★★
키워드	행정행위의 부관

해설

④ 빈출 (×) 법률에 근거가 없어도 사정변경으로 행정목적 달성이 곤란한 경우에는 부관의 내용을 변경할 수 있다.

> 「행정기본법」 제17조 【부관】 ① 행정청은 처분에 재량이 있는 경우에는 부관(조건, 기한, 부담, 철회권의 유보 등을 말한다. 이하 이 조에서 같다)을 붙일 수 있다.
> ② 행정청은 처분에 재량이 없는 경우에는 법률에 근거가 있는 경우에 부관을 붙일 수 있다.
> ③ 행정청은 부관을 붙일 수 있는 처분이 다음 각 호의 어느 하나에 해당하는 경우에는 그 처분을 한 후에도 부관을 새로 붙이거나 종전의 부관을 변경할 수 있다.
>   1. 법률에 근거가 있는 경우
>   2. 당사자의 동의가 있는 경우
>   3. 사정이 변경되어 부관을 새로 붙이거나 종전의 부관을 변경하지 아니하면 해당 처분의 목적을 달성할 수 없다고 인정되는 경우
> ④ 부관은 다음 각 호의 요건에 적합하여야 한다.
>   1. 해당 처분의 목적에 위배되지 아니할 것
>   2. 해당 처분과 실질적인 관련이 있을 것
>   3. 해당 처분의 목적을 달성하기 위하여 필요한 최소한의 범위일 것

정답 | ④

344 〈필수〉

행정행위의 부관에 대한 설명으로 옳은 것은? (다툼이 있는 경우 판례에 의함)

① 수익적 행정처분에 있어서는 법령에 특별한 근거규정이 있는 경우에 한하여 부관을 붙일 수 있다.
② 행정처분에 붙인 부관인 부담이 무효가 되면 그 부담의 이행으로 한 사법상 법률행위도 당연히 무효가 된다.
③ 사정변경으로 인하여 당초에 부담을 부가한 목적을 달성할 수 없게 된 경우에도 부관의 사후변경은 허용되지 않는다.
④ 행정청이 종교단체에 대하여 기본재산전환인가를 하면서 인가조건을 부가하고 그 불이행시 인가를 취소할 수 있도록 한 경우, 인가조건의 의미는 철회권을 유보한 것이다.

해설

① 빈출 (×) 수익적 행정행위에 있어서는 법령에 특별한 근거 규정이 없다고 하더라도 그 부관으로서 부담을 붙일 수 있으나, 그러한 부담은 비례의 원칙·부당결부금지의 원칙에 위반되지 않아야만 적법하다(대판 1997.3.11., 96다49650).
② 빈출 (×) 행정처분에 부담인 부관을 붙인 경우 부관의 무효화에 의하여 본체인 행정처분 자체의 효력에도 영향이 있게 될 수는 있지만, 그 처분을 받은 사람이 부담의 이행으로 사법상 매매 등의 법률행위를 한 경우에는 그 부관은 특별한 사정이 없는 한 법률행위를 하게 된 동기 내지 연유로 작용하였을 뿐이므로 이는 법률행위의 취소사유가 될 수 있음은 별론으로 하고 그 법률행위 자체를 당연히 무효화하는 것은 아니다(대판 2009.6.25., 2006다18174).
③ 빈출 (×) 행정처분에 이미 부담이 부가되어 있는 상태에서 그 의무의 범위 또는 내용 등을 변경하는 부관의 사후변경은, 법률에 명문의 규정이 있거나 그 변경이 미리 유보되어 있는 경우 또는 상대방의 동의가 있는 경우에 한하여 허용되는 것이 원칙이지만, 사정변경으로 인하여 당초에 부담을 부가한 목적을 달성할 수 없게 된 경우에도 그 목적달성에 필요한 범위 내에서 예외적으로 허용된다(대판 1997.5.30., 97누2627).
④ (○) 행정청이 종교단체에 대하여 기본재산전환인가를 함에 있어 인가조건을 부가하고 그 불이행시 인가를 취소할 수 있도록 한 경우, 인가조건의 의미는 철회권을 유보한 것이다(대판 2003.5.30., 2003다6422).

정답 | ④

345

행정행위의 부관에 대한 설명으로 옳지 않은 것은? (다툼이 있는 경우 판례에 의함)

① 매립의 면허를 받은 자의 매립지에 대한 소유권취득을 규정한 법령에도 불구하고 행정청이 공유수면매립준공인가 중 매립지 일부에 대하여 한 국가귀속처분은 독립하여 행정소송의 대상으로 삼을 수 없다.
② 고시에서 정하여진 허가기준에 따라 보존음료수 제조업의 허가에 부가된 조건은 행정행위에 부관을 부가할 수 있는 한계에 관한 일반적인 원칙이 적용되지 아니한다.
③ 기속행위적 행정처분에 부담을 부가한 경우 그 부담은 무효라 할지라도 본체인 행정처분 자체의 효력에는 일반적으로 영향이 없다.
④ 행정처분에 부가한 부담이 무효인 경우에도 그 부담의 이행으로 한 사법상 법률행위가 당연히 무효가 되는 것은 아니며 행정처분에 부가한 부담이 제소기간의 도과로 불가쟁력이 생긴 경우에도 그 부담의 이행으로 한 사법상 법률행위의 효력을 다툴 수 있다.
⑤ 기부채납받은 행정재산에 대한 사용·수익허가에서 공유재산의 관리청이 정한 사용·수익허가의 기간에 대하여서는 독립하여 행정소송을 제기할 수 없다.

[344 관련기출 옳은지문]
• 행정청이 종교단체에 대하여 기본재산전환인가를 함에 있어 인가조건을 부가하고 그 불이행시 인가를 취소할 수 있도록 한 경우, 인가조건의 의미는 인가처분에 대한 철회권을 유보한 것이다. 18지방직7급

> 해설

① 빈출 (○) 공유수면매립준공인가 중 매립지 일부에 대한 국가귀속처분은 법률효과 일부배제에 해당되는 부관이라서 독립된 소송대상이 될 수 없다.

> 행정청이 한 공유수면매립준공인가 중 매립지 일부에 대하여 한 국가귀속처분은 매립준공인가를 함에 있어서 매립의 면허를 받은 자의 매립지에 대한 소유권취득을 규정한 「공유수면매립법」 제14조의 효과 일부를 배제하는 부관을 붙인 것이므로 이러한 행정행위의 부관에 대하여는 독립하여 행정소송의 대상으로 삼을 수 없다(대판 1993.10.8., 90누8503).

② 지엽 (○) 식품제조영업허가기준고시는 법규명령의 성질로서 이에 붙은 제한의 조건은 법정부관이다. 따라서 부관이 아니므로 부관의 한계가 동일하게 적용될 수 없다.

> 고시에 정한 허가기준에 따라 보존음료수제조업의 허가에 붙여진 전량수출 또는 주한외국인에 대한 판매에 한한다는 내용의 조건은 이른바 법정부관으로서 본래의 의미에서의 행정행위의 부관이 아니므로, 법정부관에 대하여는 행정행위에 부관을 붙일 수 있는 한계에 관한 일반적인 원칙이 적용되지 않는다(대판 1994.3.8., 92누1728).

③ 지엽 (×) 기속(또는 기속재량)에 부관을 붙인 처분은 무효에 해당한다. 부관이 무효인 경우 본체에 영향이 있는지에 대해 통설은 무효인 부관이 주된 행정행위의 본질적인 부분인 경우, 다시말해 부관을 붙이지 않았더라면 주된 행정행위를 하지 않았을 것이라고 판단되는 경우에는 주된 행정행위도 무효라고 본다. 따라서 부관의 무효 여부는 주된 행정행위의 효력에 상관이 없다는 주장이 있을 수 있으나, 부관이 중요한 경우에는 주된 행정행위에 영향을 줄 수 있어, 일반적으로 영향이 없다거나 일반적으로 영향을 준다는 말은 맞지 않는 문장이다. 판례도 그러한 취지의 입장이다. ❶

> 기속행위 내지 기속적 재량행위 행정처분에 부담인 부관을 붙인 경우 일반적으로 그 부관은 무효라 할 것이고 그 부관의 무효화에 의하여 본체인 행정처분 자체의 효력에도 영향이 있게 될 수는 있지만, 그러한 사유는 그 처분을 받은 사람이 그 부담의 이행으로서의 증여의 의사표시를 하게 된 동기 내지 연유로 작용하였을 뿐이므로 취소사유가 될 수 있음은 별론으로 하여도 그 의사표시 자체를 당연히 무효화하는 것은 아니다(대판 1998.12.22., 98다51305).

④ 빈출 (○) 부관이 부담이 무효인 경우, 이를 이행한 사법상의 법률행위는 이에 구속되지 않아, 부담의 무효를 이유로 사법상의 매매 등을 무효라 할 수 없다.

> 행정처분에 붙인 부담인 부관이 무효가 되면 그 부담의 이행으로 한 사법상 법률행위도 당연히 무효가 되는 것은 아니다(대판 2009.6.25., 2006다18174).

⑤ (○) 기부채납받은 행정재산에 대한 사용·수익허가에서 공유재산의 관리청이 정한 사용·수익허가의 기간은 그 허가의 효력을 제한하기 위한 행정행위의 부관으로서 이러한 사용·수익허가의 기간에 대해서는 독립하여 행정소송을 제기할 수 없다(대판 2001.6.15., 99두509).

정답 | ③

❶ 해당 문제에 정답이 없다는 주장이 있으나, 사견은 학자의 견해와 판례에 입장을 토대로 ③이 옳지 않은 문장이라 판단한다.

05 행정행위의 성립과 발효·효력

346
행정처분의 송달에 대한 설명으로 옳은 것만을 〈보기〉에서 모두 고른 것은? (다툼이 있는 경우 판례에 의함)

| 보기 |

ㄱ. 정보통신망을 이용한 송달의 경우 전자문서가 송달받을 자가 지정한 컴퓨터 등에 입력한 때에 도달된 것으로 본다.
ㄴ. 보통우편에 의한 송달과 달리 등기우편에 의한 송달은 반송 등 기타 특별한 사유가 없는 한 배달된 것으로 추정된다.
ㄷ. 실제로 거주하지 않더라도 전입신고가 되어 있는 곳에 송달한 것은 위법하지 않다.
ㄹ. 행정청은 송달하는 문서의 명칭, 송달받은 자의 성명 또는 명칭, 발송방법 및 발송 연월일을 확인할 수 있는 기록을 보존하여야 한다.
ㅁ. 수취인이 송달을 회피하는 정황이 있어 부득이 사업장에 납세고지서를 두고 왔다면 납세고지서의 송달이 이루어진 것이다.
ㅂ. 송달받을 자의 주소 등을 통상의 방법으로 확인할 수 없을 때에는 공시송달 절차에 의해 송달할 수 있다.

① ㄱ, ㄴ, ㄷ, ㄹ
② ㄱ, ㄴ, ㄹ, ㅂ
③ ㄱ, ㄷ, ㅁ, ㅂ
④ ㄴ, ㄷ, ㄹ, ㅁ
⑤ ㄴ, ㄷ, ㅁ, ㅂ

해설

ㄱ. (○)「행정절차법」제15조 제2항
ㄴ. (○) 등기우편은 반송 등이 없다면 수취인에게 배달되었다고 인정한다(대판 2007.12.27., 2007다51758).
ㄷ. (×) 수취인이나 그 가족이 주민등록지에 실제로 거주하고 있지 아니하면서 전입신고만을 해 둔 경우에는 그 사실만으로써 주민등록지 거주자에게 송달수령의 권한을 위임하였다고 보기는 어려울 뿐 아니라 수취인이 주민등록지에 실제로 거주하지 아니하는 경우에도 우편물이 수취인에게 도달하였다고 추정할 수는 없고, … 납세의무자에게 송달된 것이라고 볼 수는 없다(대판 1998.2.13., 97누8977).
ㄹ. (○)「행정절차법」제14조 제6항
ㅁ. (×) 판례에 의하면 일부러 수령을 회피한다고 하여 그 자리에 납세고지서를 두고 왔더라도 송달의 효력을 인정할 수 없다. 그러나 최근의 개정된「행정절차법」은 정당한 사유 없이 송달받기를 거부하는 때에는 그 사실을 수령확인서에 적고, 문서를 송달할 장소에 놓아둘 수 있다고 규정하고 있다.

> 수령을 회피하기 위하여 일부러 송달을 받을 장소를 비워 두어 세무공무원이 송달을 받을 자와 보충송달을 받을 자를 만나지 못하여 부득이 사업장에 납세고지서를 두고 왔다고 하더라도 이로써 신의성실의 원칙을 들어 그 납세고지서가 송달되었다고 볼 수는 없다(대판 2004.4.9., 2003두13908).

「행정절차법」제14조【송달】② 교부에 의한 송달은 수령확인서를 받고 문서를 교부함으로써 하며, 송달하는 장소에서 송달받을 자를 만나지 못한 경우에는 그 사무원·피용자(被傭者) 또는 동거인으로서 사리를 분별할 지능이 있는 사람(이하 이 조에서 '사무원등'이라 한다)에게 문서를 교부할 수 있다. 다만, 문서를 송달받을 자 또는 그 사무원등이 정당한 사유 없이 송달받기를 거부하는 때에는 그 사실을 수령확인서에 적고, 문서를 송달할 장소에 놓아둘 수 있다.

ㅂ. (○)「행정절차법」제14조 제4항

정답 | ②

346
기출처: 2020 국회직 8급
난이도: ★★
키워드: 행정행위의 성립요건과 효력

관련기출 옳은지문

• 교부에 의한 송달은 수령확인서를 받고 문서를 교부함으로써 하며, 송달하는 장소에서 송달받을 자를 만나지 못한 경우에는 그 사무원·피용자 또는 동거인으로서 사리를 분별할 지능이 있는 사람에게 문서를 교부할 수 있다. 17서울시9급

• 정보통신망을 이용한 송달은 송달받을 자가 동의하는 경우에만 할 수 있고, 이 경우 송달받을 자가 지정한 컴퓨터 등에 입력된 때에 도달된 것으로 본다. 24국회직9급

347 필수

행정행위의 효력발생요건에 관한 설명으로 옳지 않은 것은? (다툼이 있는 경우 판례에 의함)

① 내용증명우편이나 등기우편과는 달리, 보통우편의 방법으로 발송되었다는 사실만으로는 그 우편물이 상당한 기간 내에 도달하였다고 추정할 수 없고, 송달의 효력을 주장하는 측에서 증거에 의하여 이를 입증하여야 한다.
② 상대방 있는 행정처분이 상대방에게 고지되지 아니한 경우 상대방이 다른 경로를 통해 행정처분의 내용을 알게 되었다면 행정처분의 효력이 발생한다.
③ 「행정절차법」에 따르면 정보통신망을 이용한 송달은 송달받을 자가 동의하는 경우에만 한다. 이 경우 송달받을 자는 송달받을 전자우편주소 등을 지정하여야 한다.
④ 「행정절차법」상 송달받을 자의 주소 등을 통상적인 방법으로 확인할 수 없는 경우에는 송달받을 자가 알기 쉽도록 관보, 공보, 게시판, 일간신문 중 하나 이상에 공고하고 인터넷에도 공고하여야 한다.

| 해설 |

① (O) 대판 2002.7.26., 2000다25002
② 빈출 (X) 상대방 있는 행정처분은 특별한 규정이 없는 한 의사표시에 관한 일반 법리에 따라 상대방에게 고지되어야 효력이 발생하고, 상대방 있는 행정처분이 상대방에게 고지되지 아니한 경우에는 상대방이 다른 경로를 통해 행정처분의 내용을 알게 되었다고 하더라도 행정처분의 효력이 발생한다고 볼 수 없다(대판 2019.8.9., 2019두38656).
③ (O) 「행정절차법」 제14조 제3항
④ (O) 「행정절차법」 제14조 제4항

정답 | ②

347
- 기출처: 2025 소방직
- 난이도: ★★
- 키워드: 행정행위의 성립요건과 효력

🔍 관련기출 옳은지문
- 판례는 내용증명우편이나 등기우편과는 달리 보통우편의 방법으로 발송되었다는 사실만으로는 그 우편물이 상당한 기간 내에 도달하였다고 추정할 수 없고, 송달의 효력을 주장하는 측에서 증거에 의하여 이를 입증하여야 한다고 본다.

17서울시9급

---

348 필수

행정행위의 효력에 관한 설명으로 옳지 않은 것은? (다툼이 있는 경우 판례에 의함)

① 행정행위는 성립요건과 효력요건을 갖추어 발효되면 그 내용에 따라 일정한 법적 효과가 발생하고 관계 행정청 및 상대방과 관계인을 구속하는 힘을 가진다.
② 처분은 권한이 있는 기관이 취소 또는 철회하거나 기간의 경과 등으로 소멸되기 전까지는 유효한 것으로 통용된다. 다만, 무효인 처분은 처음부터 그 효력이 발생하지 아니한다.
③ 행정행위에 하자가 있다고 해도 더 이상 불복기간의 경과로서 쟁송을 제기할 수 없게 되면 행정청은 하자 있는 행정처분을 취소할 수 없다.
④ 일정한 행정행위는 행정행위가 유효하게 발해지면 행정청 스스로 직권으로 취소하거나 철회하지 못하는 경우가 있다.

| 해설 |

① (O) 행정행위가 유효하게 발효되면 처분의 실체적 내용에 구속력이 발생한다.
② 빈출 (O) 공정력에 대한 「행정기본법」 규정이다.

> 「행정기본법」 제15조 【처분의 효력】 처분은 권한이 있는 기관이 취소 또는 철회하거나 기간의 경과 등으로 소멸되기 전까지는 유효한 것으로 통용된다. 다만, 무효인 처분은 처음부터 그 효력이 발생하지 아니한다.

③ (X) 쟁송제기기간이 경과된 행정처분에 대하여 상대방이나 이해관계인은 쟁송을 제기할 수 없다. 그러나 행정청은 불가쟁력이 발생한 처분에 대하여도 직권으로 취소할 수 있다.
④ (O) 특정처분은 행정청이나 감독청도 취소하거나 철회할 수 없는 경우가 있다(불가변력).

정답 | ③

348
- 기출처: 예상문제
- 난이도: ★★
- 키워드: 행정행위의 성립요건과 효력

349 〈필수〉

행정행위에 대한 설명으로 옳은 것만을 모두 고르면? (다툼이 있는 경우 판례에 의함)

> ㄱ. 행정의사가 외부에 표시되어 행정청이 자유롭게 취소·철회할 수 없는 구속을 받게 되는 시점에 처분이 성립하고, 그 성립 여부는 행정청이 행정의사를 공식적인 방법으로 외부에 표시하였는지를 기준으로 판단해야 한다.
> ㄴ. 구 「공중위생관리법」상 공중위생영업에 대하여 영업을 정지할 위법사유가 있다면, 관할 행정청은 그 영업이 양도·양수되었다 하더라도 양수인에 대하여 영업정지처분을 할 수 있다.
> ㄷ. 「도시 및 주거환경정비법」상 주택재건축조합에 대해 조합설립 인가처분이 행하여진 후에는, 조합설립결의의 하자를 이유로 조합설립의 무효를 주장하려면 조합설립 인가처분의 취소 또는 무효확인을 구하는 소송으로 다투어야 하며, 따로 조합설립결의의 하자를 다투는 확인의 소를 제기할 수 없다.
> ㄹ. 공정거래위원회가 부당한 공동행위를 한 사업자들 중 자진신고자에 대하여 구 독점규제 및 공정거래에 관한 법령에 따라 과징금 부과처분(선행처분)을 한 뒤, 다시 자진신고자에 대한 사건을 분리하여 자진신고를 이유로 과징금 감면처분(후행처분)을 한 경우라도 선행처분의 취소를 구하는 소는 적법하다.

① ㄴ, ㄷ
② ㄱ, ㄴ, ㄷ
③ ㄱ, ㄴ, ㄹ
④ ㄱ, ㄷ, ㄹ

해설

- ㄱ. **빈출** (○) 대판 2019.7.11., 2017두38874
- ㄴ. (○) 대판 2001.6.29., 2001두1611
- ㄷ. (○) 대판 2009.9.24., 2008다60568
- ㄹ. (×) 공정거래위원회가 부당한 공동행위를 행한 사업자로서 구 「독점규제 및 공정거래에 관한 법률」 (2013.7.16. 법률 제11937호로 개정되기 전의 것) 제22조의2에서 정한 자진신고자나 조사협조자에 대하여 과징금 부과처분(이하 '선행처분'이라 한다)을 한 뒤, 「독점규제 및 공정거래에 관한 법률 시행령」 제35조 제3항에 따라 다시 자진신고자 등에 대한 사건을 분리하여 자진신고 등을 이유로 한 과징금 감면처분(이하 '후행처분'이라 한다)을 하였다면, 후행처분은 자진신고 감면까지 포함하여 처분 상대방이 실제로 납부하여야 할 최종적인 과징금액을 결정하는 종국적 처분이고, 선행처분은 이러한 종국적 처분을 예정하고 있는 일종의 잠정적 처분으로서 후행처분이 있을 경우 선행처분은 후행처분에 흡수되어 소멸한다. 따라서 위와 같은 경우에 선행처분의 취소를 구하는 소는 이미 효력을 잃은 처분의 취소를 구하는 것으로 부적법하다(대판 2015.2.12., 2013두987).

정답 | ②

350 필수

다음 사례에 대한 설명으로 옳은 것은? (다툼이 있는 경우 판례에 의함)

> ○ 2020.1.6. 인기 아이돌 가수인 甲의 노래가 수록된 음반이 청소년유해매체물로 결정 및 고시되었는데, 여성가족부장관은 이 고시를 하면서 그 효력발생 시기를 구체적으로 밝히지 않았다.
> ○ A시의 시장이 「식품위생법」 위반을 이유로 乙에 대해 영업허가를 취소하는 처분을 하고자 하나 송달이 불가능하다.

① 「행정업무의 운영 및 혁신에 관한 규정」에 따르면 여성가족부장관의 고시의 효력은 2020.1.20.부터 발생한다.
② 甲의 노래가 수록된 음반을 청소년유해매체물로 지정하는 결정 및 고시는 항고소송의 대상이 될 수 없다.
③ A시의 시장이 영업허가취소처분을 송달하려면 乙이 알기 쉽도록 관보, 공보, 게시판, 일간신문 중 하나 이상에 공고하고 인터넷에도 공고하여야 한다.
④ 乙의 영업허가취소처분이 공보에 공고된 경우, 乙이 자신에 대한 영업허가취소처분이 있음을 알고 있지 못하더라도 영업허가취소처분에 대한 취소소송을 제기하려면 공고가 효력을 발생한 날부터 90일 안에 제기해야 한다.

---

350 1 2 3
- 기출처: 2020 국가직 9급
- 난이도: ★★★
- 키워드: 행정행위의 성립요건과 효력

🔍 관련기출 옳은지문
- 통상 고시 또는 공고에 의하여 행정처분을 하는 경우에는 행정처분에 이해관계를 갖는 자가 고시 또는 공고가 있었다는 사실을 현실적으로 알았는지 여부에 관계없이 고시가 효력을 발생하는 날에 행정처분이 있음을 알았다고 보아야 한다.
  24국회직9급

해설

① (×) 「행정절차법」에 따르면 14일이 지난 후 효력이 발생한다. 하지만 「행정업무의 운영 및 혁신에 관한 규정」에 의하면 5일이 지난 때에 효력이 발생한다.

> 「행정업무의 운영 및 혁신에 관한 규정」 제6조 【문서의 성립 및 효력 발생】 ③ 제2항에도 불구하고 공고문서는 그 문서에서 효력발생 시기를 구체적으로 밝히고 있지 않으면 그 고시 또는 공고 등이 있은 날부터 5일이 경과한 때에 효력이 발생한다.

② 빈출 (×) 청소년유해매체물 결정고시는 항고소송의 대상인 처분이다.
③ 빈출 (○) 「행정절차법」 제14조 제4항

> 「행정절차법」 제14조 【송달】 ④ 다음 각 호의 어느 하나에 해당하는 경우에는 송달받을 자가 알기 쉽도록 관보, 공보, 게시판, 일간신문 중 하나 이상에 공고하고 인터넷에도 공고하여야 한다.
> 1. 송달받을 자의 주소 등을 통상적인 방법으로 확인할 수 없는 경우
> 2. 송달이 불가능한 경우

④ (×) 불특정다수인을 대상으로 하는 일반처분과 달리 특정인에 대한 공고 등의 방법에 의한 처분은 특정인인 상대방이 현실적으로 안 날이 쟁송제기의 기산점이 된다.

정답 | ③

351 〈필수〉

행정행위의 성립요건과 효력요건에 대한 설명으로 옳지 않은 것은? (다툼이 있는 경우 판례에 의함)

① 행정청의 권한은 대인적인 한계뿐 아니라 지역적 한계가 있어 행정청의 지역적 권한이 미치는 지역을 벗어나 발하는 행정행위는 위법하게 된다.
② 행정청이 처분을 할 때에는 다른 법령 등에 특별한 규정이 있는 경우를 제외하고는 문서로 하여야 하지만 당사자가 전자문서로 처분을 신청한 경우에는 전자문서로 할 수 있다.
③ 면허관청이 운전면허정지처분을 하면서 통지서에 의하여 면허정지 사실을 통지하지 아니하고 면허관청이 임의로 출석한 상대방의 편의를 위하여 말로서 면허정지 사실을 알렸다면 상대방이 알 수 있는 상태에 놓여져 운전면허정지처분의 효력은 유효하게 발하게 된다.
④ 납세고지서의 교부송달 및 우편송달에 있어서 납세자가 과세처분이 내용을 이미 알고 있는 경우에도 납세고지서의 송달이 불필요하다고 할 수 없다.

해설

① (O) 행정행위는 정당한 권한 있는 기관에 의해 자신의 지역적 권한 범위 내에서 이루어져야 한다. 지역적 권한 등을 위반하게 되면 위법하게 된다.
② (O) 「행정절차법」 제24조 제1항 제2호
③ (×) 면허관청이 운전면허정지처분을 하면서 별지 52호 서식의 통지서에 의하여 면허정지 사실을 통지하지 아니하거나 처분집행예정일 7일 전까지 이를 발송하지 아니한 경우에는 특별한 사정이 없는 한 위 관계 법령이 요구하는 절차·형식을 갖추지 아니한 조치로서 그 효력이 없고, 이와 같은 법리는 면허관청이 임의로 출석한 상대방의 편의를 위하여 구두로 면허정지사실을 알렸다고 하더라도 마찬가지이다(대판 1996.6.14., 95누17823).
④ (O) 처분의 상대방이 처분의 내용을 이미 알고 있다거나 또는 위법사실을 스스로 시인한다고 해도 처분의 송달은 필요하다.

> 납세고지서의 교부송달 및 우편송달에 있어서 반드시 납세의무자 또는 그와 일정한 관계에 있는 사람의 현실적인 수령행위를 전제로 하고 납세자가 과세처분의 내용을 이미 알고 있는 경우에도 납세고지서 송달이 필요하다(대판 2004.4.9., 2003두13908).

정답 | ③

352

행정행위의 성립과 효력요건에 대한 내용으로 옳지 않은 것은? (다툼이 있는 경우 판례에 의함)

① 비록 행정처분이 상대방에게 공식적인 방법으로 고지되지 아니한 경우에도 상대방이 다른 경로를 통해 행정처분의 내용을 알게 되었다면 행정처분의 효력이 발생한다.
② 일반적으로 행정처분이 내부적 성립요건인 주체나 내용 등의 요건을 갖추었다고 해도 이를 외부에 표시하지 않았다면 행정처분은 부존재라 할 수 있다.
③ 법무부장관이 甲의 입국을 금지하는 결정을 하고, 그 정보를 내부전산망인 '출입국관리정보시스템'에 입력하였으나, 이를 상대방에게 통보하지 않았다면 이 입국금지결정은 항고소송의 대상이 되는 '처분'에 해당하지 않는다.
④ 문서방식의 형식을 요하는 처분을 문서로 하지 않았다면 이는 형식상의 하자로서 무효에 해당한다.

352	
기출처	예상문제
난이도	★★
키워드	행정행위의 성립요건과 효력

해설

① **빈출** (×) 상대방 있는 행정처분은 특별한 규정이 없는 한 의사표시에 관한 일반법리에 따라 상대방에게 고지되어야 효력이 발생하고, 상대방 있는 행정처분이 상대방에게 고지되지 아니한 경우에는 상대방이 다른 경로를 통해 행정처분의 내용을 알게 되었다고 하더라도 행정처분의 효력이 발생한다고 볼 수 없다(대판 2019.8.9., 2019두38656).

② (○) 일반적으로 처분이 주체·내용·절차와 형식의 요건을 모두 갖추고 외부에 표시된 경우에는 처분의 존재가 인정된다. 행정의사가 외부에 표시되어 행정청이 자유롭게 취소·철회할 수 없는 구속을 받게 되는 시점에 처분이 성립하고, 그 성립 여부는 행정청이 행정의사를 공식적인 방법으로 외부에 표시하였는지를 기준으로 판단해야 한다(대판 2019.7.11., 2017두38874).

③ (○) 병무청장이 법무부장관에게 "가수 甲이 공연을 위하여 국외여행허가를 받고 출국한 후 미국 시민권을 취득함으로써 사실상 병역의무를 면탈하였으므로 재외동포 자격으로 재입국하고자 하는 경우 국내에서 취업, 가수활동 등 영리활동을 할 수 없도록 하고, 불가능할 경우 입국 자체를 금지해 달라."고 요청함에 따라 법무부장관이 甲의 입국을 금지하는 결정을 하고, 그 정보를 내부전산망인 '출입국관리정보시스템'에 입력하였으나, 甲에게는 통보하지 않은 사안에서, 위 입국금지결정은 항고소송의 대상이 되는 '처분'에 해당하지 않는다(대판 2019.7.11., 2017두38874).

④ **빈출** (○) 「행정절차법」 제24조는, 행정청이 처분을 하는 때에는 다른 법령 등에 특별한 규정이 있는 경우를 제외하고는 문서로 하여야 하고 … 이는 행정의 공정성·투명성 및 신뢰성을 확보하고 국민의 권익을 보호하기 위한 것이므로 위 규정을 위반하여 행하여진 행정청의 처분은 하자가 중대하고 명백하여 원칙적으로 무효이다(대판 2011.11.10., 2011도11109).

정답 | ①

353
사례에 대한 설명으로 옳지 않은 것은? (다툼이 있는 경우 판례에 의함)

> 병무청장이 법무부장관에게 '가수 甲이 공연을 위하여 국외여행허가를 받고 출국한 후 미국시민권을 취득함으로써 사실상 병역의무를 면탈하였으므로 재외동포 자격으로 재입국하고자 하는 경우 국내에서 취업, 가수활동 등 영리활동을 할 수 없도록 하고, 불가능할 경우 입국 자체를 금지해 달라'고 요청함에 따라 법무부장관이 甲의 입국을 금지하는 결정을 하고, 그 정보를 내부전산망인 '출입국관리정보시스템'에 입력하였으나, 甲에게는 통보하지 않았다.

① 일반적으로 처분이 주체·내용·절차와 형식의 요건을 모두 갖추고 외부에 표시된 경우에는 처분의 존재가 인정된다.
② 행정의사가 외부에 표시되어 행정청이 자유롭게 취소·철회할 수 없는 구속을 받게 되는 시점에 처분이 성립한다.
③ 그 성립 여부는 행정청이 행정의사를 공식적인 방법으로 외부에 표시하였는지를 기준으로 판단해야 한다.
④ 위 입국금지결정은 항고소송의 대상이 되는 '처분'에 해당한다.

해설

④ (×) 입국금지결정은 외부에 표시되지 않았으므로 아직 처분이라 할 수 없다.

> 법무부장관이 甲의 입국을 금지하는 결정을 하고, 그 정보를 내부전산망인 '출입국관리정보시스템'에 입력하였으나, 甲에게는 통보하지 않은 사안에서, 행정청이 행정의사를 외부에 표시하여 행정청이 자유롭게 취소·철회할 수 없는 구속을 받기 전에는 '처분'이 성립하지 않으므로 법무부장관이 위 입국금지결정을 했다고 해서 '처분'이 성립한다고 볼 수는 없고, 위 입국금지결정은 법무부장관의 의사가 공식적인 방법으로 외부에 표시된 것이 아니라 단지 그 정보를 내부전산망인 '출입국관리정보시스템'에 입력하여 관리한 것에 지나지 않으므로, 위 입국금지결정은 항고소송의 대상이 될 수 있는 '처분'에 해당하지 않는다(대판 2019.7.11., 2017두38874).

정답 | ④

354 필수

행정행위의 성립과 효력에 관한 설명으로 옳은 것은? (다툼이 있는 경우 판례에 의함)

① 일반적으로 행정행위가 주체·내용·절차와 형식의 요건을 모두 갖추고 외부에 표시된 경우에 행정행위의 존재가 인정된다.
② 행정청의 의사가 외부에 표시되어 행정청이 자유롭게 취소·철회할 수 없는 구속을 받게 되는 시점에 행정행위가 성립하는 것은 아니며, 행정행위의 성립 여부는 행정청의 의사를 공식적인 방법으로 외부에 표시하였는지 여부를 기준으로 판단해야 한다.
③ 「행정절차법」은 행정행위 상대방에 대한 송달받을 자의 주소 등을 통상적인 방법으로 확인할 수 없는 경우에 한하여, 공고의 방법에 의한 송달이 가능하도록 규정하고 있다.
④ 상대방 있는 행정처분이 상대방에게 고지되지 아니한 경우에도 상대방이 다른 경로를 통해 행정처분의 내용을 알게 된다면 그 행정처분의 효력이 발생한다.

354	① ② ③
기출처	2021 소방직
난이도	★★
키워드	행정행위의 성립요건과 효력

관련기출 옳은지문
- 상대방 있는 행정처분이 상대방에게 고지되지 아니한 경우에는 상대방이 다른 경로를 통해 행정처분의 내용을 알게 되었다고 하더라도 행정처분의 효력이 발생한다고 볼 수 없다. 24국회직9급

해설

① 빈출 (O) 일반적으로 처분이 주체·내용·절차와 형식의 요건을 모두 갖추고 외부에 표시된 경우에는 처분의 존재가 인정된다(대판 2019.7.11., 2017두38874).

고득점 플러스⁺
행정행위가 공식적 방법으로 외부에 표시되지 않으면, 처분이 존재하지 않고 소송을 청구할 수 없다는 대법원 판례가 최근 증가하고 있다(유승준 사건 등; 대판 2019.7.11., 2017두38874 참조).

② 빈출 (×) 행정의사가 외부에 표시되어 행정청이 자유롭게 취소·철회할 수 없는 구속을 받게 되는 시점에 처분이 성립하고, 그 성립 여부는 행정청이 행정의사를 공식적인 방법으로 외부에 표시하였는지를 기준으로 판단해야 한다(대판 2019.7.11., 2017두38874).
③ (×) 「행정절차법」 제14조 제4항에 의하면 송달이 불가능한 경우에도 공고의 방법으로 송달이 가능하다.
④ 빈출 (×) 상대방 있는 행정처분은 특별한 규정이 없는 한 의사표시에 관한 일반법리에 따라 상대방에게 고지되어야 효력이 발생하고, 상대방 있는 행정처분이 상대방에게 고지되지 아니한 경우에는 상대방이 다른 경로를 통해 행정처분의 내용을 알게 되었다고 하더라도 행정처분의 효력이 발생한다고 볼 수 없다(대판 2019.8.9., 2019두38656).

정답 | ①

355

다음 사례에 관한 설명으로 옳은 것은? (다툼이 있는 경우 판례에 의함)

> 관할 행정청은 2019.4.17. 「청소년 보호법」의 규정에 따라 ㉠ A 주식회사가 운영하는 인터넷 사이트를 청소년유해매체물로 결정하는 내용, ㉡ 일반 불특정 다수인을 상대방으로 하여 일률적으로 표시의무, 포장의무, 청소년에 대한 판매·대여 등의 금지의무 등 각종 의무를 발생시키는 내용, ㉢ 그 결정·고시의 효력발생일을 2019.4.24.로 정하는 내용 등을 포함한 '청소년유해매체물 결정·고시'를 하였다.

① 위 결정·고시는 항고소송의 대상이 되는 행정처분에 해당하지 않는다.
② 관할 행정청이 위 결정·고시를 함에 있어서 A 주식회사에게 이를 통지하지 않았다고 하여 결정·고시의 효력 자체가 발생하지 않는 것은 아니다.
③ A 주식회사가 위 결정을 통지받지 못하였다는 것은 취소소송의 제소기간을 준수하지 못한 것에 대한 정당한 사유가 될 수 있다.
④ 위 결정·고시에 대한 취소소송의 제소기간을 계산함에 있어서는, A 주식회사가 위 결정·고시가 있었다는 사실을 현실적으로 알았는지 여부에 관계없이 고시일인 2019.4.17.에 위 결정·고시가 있음을 알았다고 보아야 한다.

해설

① (×) 구 「청소년 보호법」(2001.5.24. 법률 제6479호로 개정되기 전의 것)에 따른 **청소년유해매체물 결정 및 고시처분**은 당해 유해매체물의 소유자 등 특정인만을 대상으로 한 행정처분이 아니라 **일반 불특정 다수인을 상대방으로 하여 일률적으로 표시의무, 포장의무, 청소년에 대한 판매·대여 등의 금지의무 등 각종 의무를 발생시키는 행정처분**이다(대판 2007.6.14., 2004두619).

② (○) 청소년유해매체물의 결정·고시는 일반처분이다. 일반처분의 경우, 이해관계인에 대한 사전통지 등은 처분의 효력요건이 아니다.

③ (×) 인터넷 웹사이트에 대하여 구 「청소년 보호법」에 따른 청소년유해매체물 결정 및 고시처분을 한 사안에서, 위 결정은 이해관계인이 고시가 있었음을 알았는지 여부에 관계없이 관보에 고시됨으로써 효력이 발생하고, 그가 위 결정을 통지받지 못하였다는 것이 제소기간을 준수하지 못한 것에 대한 정당한 사유가 될 수 없다(대판 2007.6.14., 2004두619).

④ (×) 제소기간의 기산일은 고시일인 2019년 4월 17일이 아니라 고시의 효력발생일인 2019년 4월 24일이다.

> 통상 고시 또는 공고에 의하여 행정처분을 하는 경우에는 그 처분의 상대방이 불특정 다수인이고 그 처분의 효력이 불특정 다수인에게 일률적으로 적용되는 것이므로, 그 행정처분에 이해관계를 갖는 자가 고시 또는 공고가 있었다는 사실을 현실적으로 알았는지 여부에 관계없이 고시가 효력을 발생하는 날 행정처분이 있음을 알았다고 보아야 한다(대판 2007.6.14., 2004두619).

정답 | ②

356

행정행위의 성립요건에 대한 설명으로 옳지 않은 것은?

① 송달받을 자의 주소 등을 통상적인 방법으로 확인할 수 없는 경우 또는 송달이 불가능한 경우에는 송달받을 자가 알기 쉽도록 관보, 공보, 인터넷, 게시판, 일간신문 중 하나 이상에 공고하여야 한다.

② 송달은 우편, 교부 또는 정보통신망 이용 등의 방법으로 하되, 송달받을 자의 주소·거소(居所)·영업소·사무소 또는 전자우편주소로 한다. 다만, 송달받을 자가 동의하는 경우에는 그를 만나는 장소에서 송달할 수 있다.

③ 일반적으로 처분이 주체·내용·절차와 형식의 요건을 모두 갖추고 외부에 표시된 경우에는 처분의 존재가 인정된다.

④ 행정처분은 행정청이 자유롭게 취소·철회할 수 없는 구속을 받게 되는 시점에 성립하고, 그 성립 여부는 행정청이 행정의사를 공식적인 방법으로 외부에 표시하였는지를 기준으로 판단한다.

356 | 기출처: 예상문제 | 난이도: ★★ | 키워드: 행정행위의 성립요건과 효력

해설

① (×) 인터넷은 선택사항이 아닌 필요수단이다.

> 「행정절차법」 제14조【송달】 ④ 다음 각 호의 어느 하나에 해당하는 경우에는 송달받을 자가 알기 쉽도록 관보, 공보, 게시판, 일간신문 중 하나 이상에 공고하고 인터넷에도 공고하여야 한다.
> 1. 송달받을 자의 주소 등을 통상적인 방법으로 확인할 수 없는 경우
> 2. 송달이 불가능한 경우

② (○) 「행정절차법」 제14조 제1항

③④ 빈출 (○) 일반적으로 처분이 주체·내용·절차와 형식의 요건을 모두 갖추고 외부에 표시된 경우에는 처분의 존재가 인정된다. 행정의사가 외부에 표시되어 행정청이 자유롭게 취소·철회할 수 없는 구속을 받게 되는 시점에 처분이 성립하고, 그 성립 여부는 행정청이 행정의사를 공식적인 방법으로 외부에 표시하였는지를 기준으로 판단해야 한다(대판 2019.7.11., 2017두38874).

정답 | ①

357	① ② ③
기출처	예상문제
난이도	★★
키워드	행정행위의 성립요건과 효력

🔍 관련기출 옳은지문

• 행정행위의 효력발생요건으로서의 도달은 상대방이 그 내용을 현실적으로 알 필요까지는 없고, 다만 알 수 있는 상태에 놓여짐으로써 충분하다. 　17서울시9급

• 등기에 의한 우편송달의 경우라도 수취인이 주민등록지에 실제로 거주하지 않는 경우에는 우편물의 도달사실을 처분청이 입증해야 한다. 　18국가직9급

357 〈필수〉

행정행위의 효력발생요건으로서의 통지에 대한 설명으로 옳지 않은 것은? (다툼이 있는 경우 판례에 의함)

① 소정의 중요문화재 가지정의 효력발생요건인 통지는 행정처분을 상대방에게 표시하는 것으로서 상대방이 인식할 수 있는 상태에 둠으로써 족하고, 객관적으로 보아서 행정처분으로 인식할 수 있도록 고지하면 되는 것이다.

② 정보통신망을 이용하여 전자문서로 송달하는 경우에는 송달받을 자가 지정한 컴퓨터 등에 입력된 때에 도달된 것으로 본다.

③ 구 「청소년 보호법」에 따라 정보통신윤리위원회가 특정 웹사이트를 청소년유해매체물로 결정한 것을 청소년 보호위원회가 효력발생시기를 명시하여 고시하였다고 해도 이는 상대방에 대한 불이익처분으로서 청소년 보호위원회가 웹사이트 운영자에게는 위 처분이 있었음을 통지하여야 하고 그렇지 않았다면 절차의 하자로서 그 효력이 발생하지 않는다.

④ 납세의무자가 거주하지 아니하는 주민등록상 주소지로 납세고지서를 등기우편으로 발송한 후 반송된 사실이 없는 경우에도 송달을 적법이라 할 수 없다.

해설

① (○) 처분의 효력요건인 상대방에 대한 도달은 상대방이 객관적으로 보아 알 수 있는 상태에 놓으면 되는 것이지 실질적으로 알 것을 요하는 것은 아니다.

> 구 「문화재보호법」 제13조 제2항 소정의 중요문화재 가지정의 효력발생요건인 통지는 행정처분을 상대방에게 표시하는 것으로서 상대방이 인식할 수 있는 상태에 둠으로써 족하고, 객관적으로 보아서 행정처분으로 인식할 수 있도록 고지하면 되는 것이다(대판 2003.7.22., 2003두513).

② (○) 「행정절차법」 제15조 제2항

③ **빈출** (×) 구 「청소년 보호법」(2001.5.24. 법률 제6479호로 개정되기 전의 것)에 따른 청소년유해매체물 결정 및 고시처분은 당해 유해매체물의 소유자 등 특정인만을 대상으로 한 행정처분이 아니라 일반 불특정 다수인을 상대방으로 하여 일률적으로 표시의무, 포장의무, 청소년에 대한 판매·대여 등의 금지의무 등 각종 의무를 발생시키는 행정처분으로서, 정보통신윤리위원회가 특정 인터넷 웹사이트를 청소년유해매체물로 결정하고 청소년 보호위원회가 효력발생시기를 명시하여 고시함으로써 그 명시된 시점에 효력이 발생하였다고 봄이 상당하고, 정보통신윤리위원회와 청소년 보호위원회가 위 처분이 있었음을 위 웹사이트 운영자에게 제대로 통지하지 아니하였다고 하여 그 효력 자체가 발생하지 아니한 것으로 볼 수는 없다(대판 2007.6.14., 2004두619).

④ (○) 수취인이 주민등록지에 실제로 거주하지 아니하는 경우에도 우편물이 수취인에게 도달하였다고 추정할 수는 없고, 따라서 이러한 경우에는 우편물의 도달사실을 과세관청이 입증해야 할 것이고, 수취인이나 그 가족이 주민등록지에 실제로 거주하고 있지 아니하면서 전입신고만을 해 두었고, 그 밖에 주민등록지 거주자에게 송달수령의 권한을 위임하였다고 보기 어려운 사정이 인정된다면, 등기우편으로 발송된 납세고지서가 반송된 사실이 인정되지 아니한다 하여 납세의무자에게 송달된 것이라고 볼 수는 없다(대판 1998.2.13., 97누8977).

정답 | ③

358

행정행위의 성립요건과 효력요건에 대한 설명 중 옳지 않은 것은? (다툼이 있는 경우 판례에 의함)

① 처분의 상대방의 처(妻)가 주소지에서 파면처분통지서를 수령하였다고 해도 그 아내가 이를 교도소에 수감 중인 상대방에게 전달치 아니하고 폐기해 버렸다면 아내가 통지서를 수령한 때에 상대방이 그 내용을 알 수 있는 상태에 있었다고 할 수 없다.

② 처분의 상대방의 주소지에서 아르바이트 직원이 납부고지서를 수령한 이상, 그때 처분이 있음을 알 수 있는 상태에 있었으므로 상대방은 그때 처분이 있음을 알았다고 추정함이 상당하다.

③ 등기우편의 방법으로 발송된 경우에 특별히 우편물이 반송되지 않았다면 상당기간 내에 도달하였다고 추정할 수 있다.

④ 「행정업무의 운영 및 혁신에 관한 규정」에 의한 공고문서는 그 문서에서 효력발생시기를 구체적으로 밝히고 있지 않으면 그 고시 또는 공고 등이 있은 날부터 5일이 경과한 때에 효력이 발생한다.

358	1 2 3
기출처	예상문제
난이도	★★
키워드	행정행위의 성립요건과 효력

해설

① (×) 원고의 처가 원고의 주소지에서 원고에 대한 파면처분통지서를 수령하였다면 그 처가 이를 교도소에 수감 중인 원고에게 전달치 아니하고 폐기해 버렸더라도 원고의 처가 통지서를 수령한 때에 원고가 그 내용을 알 수 있는 상태에 있었다고 할 수 있다(대판 1989.9.26., 89누4963).

② (○) 원고의 주소지에서 원고의 아르바이트 직원이 납부고지서를 수령한 이상, 원고로서는 그때 처분이 있음을 알 수 있는 상태에 있었다고 볼 수 있고, 따라서 원고는 그때 처분이 있음을 알았다고 추정함이 상당하다(대판 1999.12.28., 99두9742).

③ (○) 우편물이 등기취급의 방법으로 발송된 경우 그것이 도중에 유실되었거나 반송되었다는 등의 특별한 사정에 대한 반증이 없는 한 그 무렵 수취인에게 배달되었다고 추정할 수 있다(대판 2017.3.9., 2016두60577).

④ (○) 제2항에도 불구하고 공고문서는 그 문서에서 효력발생시기를 구체적으로 밝히고 있지 않으면 그 고시 또는 공고 등이 있은 날부터 5일이 경과한 때에 효력이 발생한다(「행정업무의 운영 및 혁신에 관한 규정」 제6조 제3항).

정답 | ①

359 〈필수〉

기출처: 2023 지방직 7급
난이도: ★★
키워드: 행정행위의 성립요건과 효력

선결문제에 대한 설명으로 옳지 <u>않은</u> 것은?

① 계고처분이 위법한 경우 행정대집행이 완료되면 그 처분의 취소를 구할 소의 이익은 없다 하더라도, 미리 그 행정처분의 취소판결이 있어야만 그 행정처분의 위법임을 이유로 한 손해배상청구를 할 수 있는 것은 아니다.

② 민사소송에서 어느 행정처분의 당연무효 여부가 선결문제로 되는 경우 행정소송 등의 절차에 의하여 그 취소나 무효확인을 받아야 한다.

③ 과세처분의 하자가 단지 취소할 수 있는 정도에 불과할 때에는 과세관청이 이를 스스로 취소하거나 항고쟁송절차에 의하여 취소되지 않는 한, 그로 인한 조세의 납부가 부당이득이 된다고 할 수 없다.

④ 소방시설 등의 설치 또는 유지·관리에 대한 명령이 행정처분으로서 하자가 있어 무효인 경우, 위 명령 위반을 이유로 행정형벌을 부과할 수 없다.

해설

① **빈출** (O) 계고처분이 위법임을 이유로 배상을 청구하는 취지가 인정될 수 있는 사건에 있어, 미리 그 행정처분의 취소판결이 있어야만 그 위법임을 이유로 피고에게 배상을 청구할 수 있는 것은 아니다(대판 1972.4.28., 72다337).

② (×) 민사소송에 있어서 어느 행정처분의 당연무효 여부가 선결문제로 되는 때에는 이를 판단하여 당연무효임을 전제로 판결할 수 있고 반드시 행정소송 등의 절차에 의하여 그 취소나 무효확인을 받아야 하는 것이 아니다(대판 2010.4.8., 2009다90092).

③ **빈출** (O) 조세의 과오납이 부당이득이 되기 위하여는 납세 또는 조세의 징수가 실체법적으로나 절차법적으로 전혀 법률상의 근거가 없거나 과세처분의 하자가 중대하고 명백하여 당연무효이어야 하고, 과세처분의 하자가 단지 취소할 수 있는 정도에 불과할 때에는 과세관청이 이를 스스로 취소하거나 항고소송절차에 의하여 취소되지 않는 한 그로 인한 조세의 납부가 부당이득이 된다고 할 수 없다(대판 1994.11.11., 94다28000).

④ **빈출** (O) 구 「소방시설 설치·유지 및 안전관리에 관한 법률」 제9조에 의한 소방시설 등의 설치 또는 유지·관리에 대한 명령을 정당한 사유 없이 위반한 자는 같은 법 제48조의2 제1호에 의하여 행정형벌에 처해지는데, 위 명령이 행정처분으로서 하자가 있어 무효인 경우에는 명령에 따른 의무 위반이 생기지 아니하므로 행정형벌을 부과할 수 없다(대판 2011.11.10., 2011도11109).

정답 | ②

🔍 관련기출 옳은지문

- 미리 행정처분에 대한 취소판결이 있어야만 그 행정처분이 위법임을 이유로 한 국가배상청구를 할 수 있는 것은 아니다. _24국회직8급_

- 과세처분의 하자가 단지 취소할 수 있는 정도에 불과할 때에는 과세관청이 이를 스스로 취소하거나 항고소송절차에 의하여 취소되지 않는 한 그로 인한 조세의 납부가 부당이득이 되지 않는다. _24국회직8급_

- 민사소송에 있어서 행정처분의 당연무효 여부가 선결문제로 되는 때에는 법원은 이를 판단하여 당연무효임을 전제로 판결할 수 있고 반드시 행정소송 등의 절차에 의하여 그 취소나 무효확인을 받아야 하는 것은 아니다. _18국회직8급_

360 필수

행정행위의 효력에 대한 설명으로 가장 옳지 않은 것은? (단, 다툼이 있는 경우 판례에 의함)

① 일반적으로 행정처분이나 행정심판 재결이 불복기간의 경과로 확정될 경우에는 그 처분의 기초가 된 사실관계나 법률적 판단이 확정되고 당사자들이나 법원이 이에 기속되어 모순되는 주장이나 판단을 할 수 없게 된다.

② 제소기간이 이미 도과하여 불가쟁력이 생긴 행정처분에 대하여는 개별 법규에서 그 변경을 요구할 신청권을 규정하고 있거나 관계 법령의 해석상 그러한 신청권이 인정될 수 있는 등 특별한 사정이 없는 한 국민에게 그 행정처분의 변경을 구할 신청권이 있다 할 수 없다.

③ 불가쟁력이 발생한 행정행위로 손해를 입은 국민은 그 위법성을 들어 국가배상청구를 할 수 있다.

④ 불가변력이라 함은 행정행위를 한 행정청이 당해 행정행위를 직권으로 취소 또는 변경할 수 없게 하는 힘으로 실질적 확정력 또는 실체적 존속력이라고도 한다.

해설

① (×) 일반적으로 행정처분이나 행정심판 재결이 불복기간의 경과로 인하여 확정될 경우 그 확정력은, 그 처분으로 인하여 법률상 이익을 침해받은 자가 당해 처분이나 재결의 효력을 더 이상 다툴 수 없다는 의미일 뿐, 더 나아가 판결에 있어서와 같은 기판력이 인정되는 것은 아니어서 그 처분의 기초가 된 사실관계나 법률적 판단이 확정되고 당사자들이나 법원이 이에 기속되어 모순되는 주장이나 판단을 할 수 없게 되는 것은 아니다(대판 2004.7.8., 2002두11288).

② (○) 제소기간이 이미 도과하여 불가쟁력이 생긴 행정처분에 대하여는 개별 법규에서 그 변경을 요구할 신청권을 규정하고 있거나 관계 법령의 해석상 그러한 신청권이 인정될 수 있는 등 특별한 사정이 없는 한 국민에게 그 행정처분의 변경을 구할 신청권이 있다 할 수 없다(대판 2007.4.26., 2005두11104).

③ 빈출 (○) 불가쟁력은 쟁송제기기간이 경과되면 더 이상 쟁송을 제기할 수 없다는 의미일 뿐 손해전보제와는 무관하다. 불가쟁력이 발생한 처분도 국가배상은 청구할 수 있다.

④ (○) 불가변력은 일정한 처분은 처분청이나 감독청이라도 처분의 하자나 새로운 사정을 이유로 처분을 취소나 철회 또는 변경할 수 없는 실질적이고 실체적인 효력이다.

정답 | ①

관련기출 옳은지문

• 일반적으로 행정처분이나 행정심판 재결이 불복기간의 경과로 확정될 경우 그 확정력은, 처분으로 법률상 이익을 침해받은 자가 당해 처분이나 재결의 효력을 더 이상 다툴 수 없다는 의미일 뿐, 판결과 같은 기판력이 인정되는 것은 아니다. 18서울시7급

• 제소기간이 이미 도과하여 불가쟁력이 생긴 행정처분에 대하여는 특별한 사정이 없는 한 국민에게 그 행정처분의 변경을 구할 신청권이 있다고 할 수는 없다. 18국회직8급

361

행정처분의 효력에 관한 설명으로 옳지 않은 것은? (다툼이 있는 경우 판례에 의함)

① 개인택시 운송사업자에게 운전면허 취소사유가 있으나 그에 따른 운전면허취소처분이 이루어지지는 않은 경우, 관할 관청이 개인택시 운송사업면허를 취소할 수 없다.
② 행정행위의 하자가 취소사유에 불과한 때에는 그 처분이 취소되지 않는 한 그 처분을 통해 발생한 이득을 법률상 원인 없는 이득이라고 말할 수 없다.
③ 영업의 금지를 명한 영업허가취소처분 자체가 나중에 행정쟁송절차에 의하여 취소되었다면 그 영업허가취소처분은 그 처분시에 소급하여 효력을 잃게 되어 그 영업허가취소처분 이후의 영업행위를 무허가영업이라고 볼 수는 없다.
④ 수용재결이 있은 후에 수용 대상 토지에 하자가 발견되었으나 기업자가 불복절차를 취하지 않음으로써 그 재결에 대하여 더 이상 다툴 수 없게 된 경우에 기업자는 민사소송절차로 토지소유자에게 부당이득의 반환을 구할 수 있다.

해설

① (○) 운전면허 취소사유가 있어도 관할 행정청에서 운전면허를 취소하지 않았다면 그를 이유로 개인택시면허를 취소할 수 없다.

> 개인택시 운송사업자에게 운전면허 취소사유가 있으나 그에 따른 운전면허취소처분이 이루어지지는 않은 경우, 관할 관청이 개인택시 운송사업면허를 취소할 수 없다(대판 2008.5.15., 2007두26001).

② (○) 조세의 과오납이 부당이득이 되기 위하여는 납세 또는 조세의 징수가 실체법적으로나 절차법적으로 전혀 법률상의 근거가 없거나 과세처분의 하자가 중대하고 명백하여 당연무효이어야 하고, 과세처분의 하자가 단지 취소할 수 있는 정도에 불과할 때에는 과세관청이 이를 스스로 취소하거나 항고소송절차에 의하여 취소되지 않는 한 그로 인한 조세의 납부가 부당이득이 된다고 할 수 없다(대판 1994.11.11., 94다28000).

③ (○) 영업의 금지를 명한 영업허가취소처분 자체가 나중에 행정쟁송절차에 의하여 취소되었다면 그 영업허가취소처분은 그 처분시에 소급하여 효력을 잃게 되며, 그 영업허가취소처분에 복종할 의무가 원래부터 없었음이 확정되었다고 봄이 타당하고, 영업허가취소처분이 장래에 향하여서만 효력을 잃게 된다고 볼 것은 아니므로 그 영업허가취소처분 이후의 영업행위를 무허가영업이라고 볼 수는 없다(대판 1993.6.25., 93도277).

④ (×) 수용재결이 있은 후에 수용 대상 토지에 숨은 하자가 발견되는 때에는 불복기간이 경과되지 아니한 경우라면 공평의 견지에서 기업자는 그 하자를 이유로 재결에 대한 이의를 거쳐 손실보상금의 감액을 내세워 행정소송을 제기할 수 있다고 보는 것이 상당하나, 이러한 불복절차를 취하지 않음으로써 그 재결에 대하여 더 이상 다툴 수 없게 된 경우에는 기업자는 그 재결이 당연무효이거나 취소되지 않는 한 재결에서 정한 손실보상금의 산정에 있어서 위 하자가 반영되지 않았다는 이유로 민사소송절차로 토지소유자에게 부당이득의 반환을 구할 수는 없다(대판 2001.1.16., 98다58511).

정답 | ④

362 필수

행정행위의 효력에 대한 설명으로 옳지 않은 것은? (다툼이 있는 경우 판례에 의함)

① 행정처분이 불복기간이 도과하여 더 이상 쟁송제기를 할 수 없게 되면 당해 처분의 기초가 된 사실관계나 법률적 판단도 확정되어 상대방은 이에 대한 모순된 주장을 할 수 없다.
② 행정청으로부터 운전면허취소처분을 받았으나 나중에 행정쟁송절차에 의해 그 행정처분 자체가 취소되었다면, 운전면허취소처분은 그 처분시에 소급하여 효력을 잃게 되고, 운전면허취소처분에 복종할 의무가 원래부터 없었음이 후에 확정된 것이고 그 면허취소처분 이후의 운전을 무면허운전이라 할 수 없다.
③ 민사소송에 있어서 행정처분의 당연무효 여부가 선결문제로 되는 때에는 법원은 이를 판단하여 당연무효임을 전제로 판결할 수 있다.
④ 처분의 상대방은 제소기간이 이미 도과하여 불가쟁력이 생긴 행정처분에 대하여는 특별한 사정이 없는 한 그 행정처분의 변경을 구할 신청권이 없다.

해설

① 빈출 (×) 쟁송제기기간의 경과로 처분이나 재결이 확정되는 경우, 처분의 위법·적법의 판단이 확정되는 것을 의미하는게 아니라 더 이상 당사자 등이 다툴 수 없다는 의미일 뿐이다.

> 행정처분이나 행정심판 재결이 불복기간의 경과로 인하여 확정될 경우 그 확정력은, 그 처분으로 인하여 법률상 이익을 침해받은 자가 당해 처분이나 재결의 효력을 더 이상 다툴 수 없다는 의미일 뿐, 더 나아가 판결에 있어서와 같은 기판력이 인정되는 것은 아니어서 그 처분의 기초가 된 사실관계나 법률적 판단이 확정되고 당사자들이나 법원이 이에 기속되어 모순되는 주장이나 판단을 할 수 없게 되는 것은 아니다(대판 2004.7.8., 2002두11288).

정답 | ①

362

기출처	예상문제
난이도	★★
키워드	행정행위의 성립요건과 효력

관련기출 옳은지문

• 처분의 효력 유무가 민사소송의 선결문제로 되어 당해 소송의 수소법원이 이를 심리·판단하는 경우 수소법원은 필요하다고 인정할 때에는 직권으로 증거조사를 할 수 있고, 당사자가 주장하지 아니한 사실에 대하여도 판단할 수 있다.

18국가직7급

363

X시의 공무원 甲은 乙이 건축한 건물이 건축허가에 위반하였다는 이유로 철거명령과 「행정대집행법」상의 절차를 거쳐 대집행을 완료하였다. 乙은 행정대집행의 처분들이 하자가 있다는 이유로 행정소송 및 손해배상소송을 제기하려고 한다. 다음 중 설명으로 가장 옳지 않은 것은? (단, 다툼이 있는 경우 판례에 의함)

① 乙이 취소소송을 제기하는 경우, 행정대집행이 이미 완료된 것이므로 소의 이익이 없어 각하판결을 받을 것이다.
② 乙이 손해배상소송을 제기하는 경우, 민사법원은 그 행정처분이 위법인지 여부는 심사할 수 없다.
③ 「행정소송법」은 처분 등의 효력 유무 또는 존재 여부가 민사소송의 선결문제로 되는 경우 당해 민사소송의 수소법원이 이를 심리·판단할 수 있는 것으로 규정하고 있다.
④ X시의 손해배상책임이 인정된다면 X시는 고의 또는 중대한 과실이 있는 甲에게 구상할 수 있다.

해설

① (○) 행정대집행이 실행되어 완료된 경우에 취소소송은 소익이 없어 각하된다.

> 대집행계고처분 취소소송의 변론종결 전에 대집행영장에 의한 통지절차를 거쳐 사실행위로서 대집행의 실행이 완료된 경우에는 행위가 위법한 것이라는 이유로 손해배상이나 원상회복 등을 청구하는 것은 별론으로 하고 처분의 취소를 구할 법률상 이익은 없다(대판 1993.6.8., 93누6164).

② (×) 손해배상사건의 선결문제는 처분의 위법 여부이고 처분의 공정력(또는 구성요건적 효력)과는 무관하여 민사법원은 처분의 위법 여부에 대하여 심사할 수 있다.
③ (○) 「행정소송법」 제11조 제1항
④ (○) 공무원의 고의나 중과실에 따른 위법에 대한 국가배상의 경우, 국가 등은 위법의 공무원에게 구상권을 행사할 수 있다.

정답 | ②

364 필수

행정행위의 공정력과 선결문제에 대한 설명으로 옳지 않은 것은? (다툼이 있는 경우 판례에 의함)

① 조세과오납에 따른 부당이득반환청구사안에서 민사법원은 사전통지 및 의견제출절차를 거치지 않은 하자를 이유로 행정행위의 효력을 부인할 수 있다.
② 위법한 행정처분으로 인해 피해를 입은 자가 제기한 국가배상청구소송에서 민사법원은 행정행위의 위법성 여부를 확인하여 배상청구를 인용할 수 있다.
③ 연령미달의 결격자가 이를 속이고 운전면허를 교부받아 운전 중 적발되어 기소된 경우 형사법원은 운전면허처분의 효력을 부인하고 무면허운전죄로 판단할 수 없다.
④ 「건축법」상 위법건축물에 내려진 시정명령을 이행하지 않아 명령위반죄로 기소된 경우 형사법원은 이를 판단할 수 있다.
⑤ 행정행위에 중대명백한 하자가 있는 경우 선결문제에도 불구하고 민사법원 및 형사법원은 제기된 청구에 대하여 판결을 내릴 수 있다.

관련기출 옳은지문

• 연령미달의 결격자인 피고인이 소외인의 이름으로 운전면허시험에 응시·합격하여 운전면허를 취득한 후 차를 운전하였다가 무면허운전죄로 기소되었더라도 무면허운전죄가 성립하지 않는다. 24국회직8급

해설

① 빈출 (×) 조세부과처분에 사전통지 등의 하자가 있는 경우에는 처분의 성립절차상의 하자로서 취소사유가 된다. 따라서 민사법원 등은 부당이득반환청구소송의 선결문제로서 처분의 효력을 부정할 수 없다.

> 1. 행정청이 침해적 행정처분을 함에 있어서 당사자에게 위와 같은 사전통지를 하거나 의견제출의 기회를 주지 아니하였다면 사전통지를 하지 않거나 의견제출의 기회를 주지 아니하여도 되는 예외적인 경우에 해당하지 아니하는 한 그 처분은 위법하여 취소를 면할 수 없다(대판 2004.5.28., 2004두1254).
> 2. 조세의 과오납이 부당이득이 되기 위하여는 납세 또는 조세의 징수가 실체법적으로나 절차법적으로 전혀 법률상의 근거가 없거나 과세처분의 하자가 중대하고 명백하여 당연무효이어야 하고, 과세처분의 하자가 단지 취소할 수 있는 정도에 불과할 때에는 과세관청이 이를 스스로 취소하거나 항고소송절차에 의하여 취소되지 않는 한 그로 인한 조세의 납부가 부당이득이 된다고 할 수 없다(대판 1994.11.11., 94다28000).

정답 | ①

365

행정행위의 효력에 대한 설명으로 옳지 않은 것은? (다툼이 있는 경우 판례에 의함)

① 사위의 방법으로 연령을 속여 발급받은 운전면허는 위법하고, 구 「도로교통법」 제65조 제3호의 허위 기타 부정한 수단으로 운전면허를 받은 경우에 해당하여 그러한 운전면허에 의한 운전행위는 무면허운전이라 할 수 있다.
② 계고처분이 위법임을 이유로 배상을 청구하는 취지가 인정될 수 있는 사건에 있어, 미리 그 행정처분의 취소판결이 있어야만 그 위법임을 이유로 피고에게 배상을 청구할 수 있는 것은 아니다.
③ 과세처분에 관한 이의신청절차에서 과세관청이 이의신청 사유가 옳다고 인정하여 과세처분을 직권으로 취소한 이상 그 후 특별한 사유 없이 이를 번복하고 종전 처분을 되풀이하는 것은 허용되지 않는다.
④ 제3자 소유의 물건을 압류한 행위는 무효에 해당되어 불가쟁력이 발생하지 않는다.

365	
기출처	예상문제
난이도	★★
키워드	행정행위의 성립요건과 효력

해설

① 빈출 (×) 사위의 방법으로 연령을 속여 발급받은 운전면허는 비록 위법하다고 하더라도, 구 「도로교통법」 제65조 제3호의 허위 기타 부정한 수단으로 운전면허를 받은 경우에 해당함에 불과하여 취소되지 않는 한 그 효력이 있는 것이라 할 것이므로 그러한 운전면허에 의한 운전행위는 무면허운전이라 할 수 없다(대판 1982.6.8., 80도2646).
② 빈출 (○) 계고처분이 위법임을 이유로 배상을 청구하는 취지가 인정될 수 있는 사건에 있어, 미리 그 행정처분의 취소판결이 있어야만 그 위법임을 이유로 피고에게 배상을 청구할 수 있는 것은 아니다(대판 1972.4.28., 72다337).
③ 빈출 (○) 과세처분에 관한 이의신청절차에서 과세관청이 이의신청 사유가 옳다고 인정하여 과세처분을 직권으로 취소한 이상 그 후 특별한 사유 없이 이를 번복하고 종전 처분을 되풀이하는 것은 허용되지 않는다(대판 2010.9.30., 2009두1020).
④ (○) 납세자가 아닌 제3자 소유 물건의 압류는 무효에 해당되고 공정력이나 불가쟁력 등의 효력이 인정되지 않는다.

> 과세관청이 납세자에 대한 체납처분으로서 제3자의 소유 물건을 압류하고 공매하더라도 그 처분으로 인하여 제3자가 소유권을 상실하는 것이 아니고, 체납처분으로서 압류의 요건을 규정하는 「국세징수법」 제24조 각 항의 규정을 보면 어느 경우에나 압류의 대상을 납세자의 재산에 국한하고 있으므로, 납세자가 아닌 제3자의 재산을 대상으로 한 압류처분은 그 처분의 내용이 법률상 실현될 수 없는 것이어서 당연무효이다(대판 2006.4.13., 2005두15151).

정답 | ①

366 〈필수〉

하자 있는 행정행위와 선결문제에 대한 설명으로 옳지 않은 것은? (다툼이 있는 경우 판례에 의함)

① 과세처분이 당연무효라고 볼 수 없는 한 과세처분에 취소할 수 있는 위법사유가 있다 하더라도 그 과세처분은 행정행위의 공정력 또는 집행력에 의하여 그것이 적법하게 취소되기 전까지는 유효하다 할 것이므로, 민사소송절차에서 그 과세처분의 효력을 부인할 수 없다.

② 처분이나 조치명령을 받은 자가 이에 위반한 경우 이로 인하여 같은 법에 정한 처벌을 하기 위하여는 그 처분이나 조치명령이 비록 적법이 아니라도 취소되지 않았다면, 그 처분이 당연무효가 아니라 하더라도 불이행죄로 처벌이 가능하다.

③ 물품을 수입하고자 하는 자가 일단 세관장에게 수입신고를 하여 그 면허를 받고 물품을 통관한 경우에는, 세관장의 수입면허가 중대하고도 명백한 하자가 있는 행정행위이어서 당연무효가 아닌 한 구 「관세법」 제181조 소정의 무면허수입죄가 성립될 수 없다.

④ 행정처분의 취소를 구하는 취소소송과 처분의 취소를 선결문제로 하는 부당이득반환청구가 병합된 경우에는 그 병합된 소송절차에서 판결에 의해 당해 처분이 취소되면 충분하고 그 처분의 취소가 확정되어야 부당이득반환청구가 인용될 수 있는 것은 아니다.

해설

① **빈출** (○) 과세처분이 당연무효라고 볼 수 없는 한 과세처분에 취소할 수 있는 위법사유가 있다 하더라도 그 과세처분은 행정행위의 공정력 또는 집행력에 의하여 그것이 적법하게 취소되기 전까지는 유효하다 할 것이므로, 민사소송절차에서 그 과세처분의 효력을 부인할 수 없다(대판 1999.8.20., 99다20179).

② (×) 행정청의 명령이나 처분의 위반을 이유로 처벌을 하기 위해서는 처분이 적법하여야 하는 것이고, 비록 처분이 무효가 아니라도 위법하다면 명령이나 처분을 위반했다는 이유의 형사처벌은 불가하다. 따라서 형사법원은 처벌에 대한 선결문제로 처분의 위법 여부를 판단할 수 있다.

> [1] 구 「도시계획법」(1991.12.14. 법률 제4427호로 개정되기 전의 것) 제92조 제4호, 제78조 제1호, 제4조 제1항 제1호의 각 규정을 종합하면 도시계획구역 안에서 허가 없이 토지의 형질을 변경한 경우 행정청은 그 토지의 형질을 변경한 자에 대하여서만 같은 법 제78조 제1항에 의하여 처분이나 원상회복 등의 조치명령을 할 수 있다고 해석되고, 토지의 형질을 변경한 자도 아닌 자에 대하여 원상복구의 시정명령이 발하여진 경우 위 원상복구의 시정명령은 위법하다 할 것이다.
>
> [2] 같은 법 제78조 제1항에 정한 처분이나 조치명령을 받은 자가 이에 위반한 경우 이로 인하여 같은 법 제92조에 정한 처벌을 하기 위하여는 그 처분이나 조치명령이 적법한 것이라야 하고, 그 처분이 당연무효가 아니라 하더라도 그것이 위법한 처분으로 인정되는 한 같은 법 제92조 위반죄가 성립될 수 없다(대판 1992.8.18., 90도1709).

③ (○) 물품을 수입하고자 하는 자가 일단 세관장에게 수입신고를 하여 그 면허를 받고 물품을 통관한 경우에는, 세관장의 수입면허가 중대하고도 명백한 하자가 있는 행정행위이어서 당연무효가 아닌 한 구 「관세법」 제181조 소정의 무면허수입죄가 성립될 수 없다(대판 1989.3.28., 89도149).

④ (○) 처분에 의한 부당이득은 처분이 취소되어야만 하지만, 취소소송과 부당이득반환청구소송이 병합된 소송의 경우에는 당해 소송에서 취소되면 부당이득이 인용된다. 즉, 취소가 확정되어야 하는 것은 아니다.

정답 | ②

관련기출 옳은지문

- 개발행위허가를 받지 않고 무단으로 토지의 형질을 변경하였다는 이유로 관할 행정청으로부터 원상복구 조치명령을 받았으나, 위 조치명령에 취소사유에 해당하는 위법이 있는 경우 이를 이행하지 않더라도 처벌할 수는 없다고 할 것이다. 24국회직8급

- 행정청이 침해적 행정처분인 시정명령을 하면서 사전통지를 하거나 의견제출 기회를 부여하지 않아 시정명령이 절차적 하자로 위법하다면, 그 시정명령을 위반한 사람에 대하여는 시정명령위반죄가 성립하지 않는다. 18국가직7급

- 취소소송에 당해 처분과 관련되는 부당이득반환청구소송이 병합되어 제기된 경우, 부당이득반환청구가 인용되기 위해서는 그 소송절차에서 판결에 의해 당해 처분이 취소되면 충분하고 그 처분의 취소가 확정되어야 하는 것은 아니다. 18국가직7급

367 필수

선결문제에 대한 판례의 입장으로 옳지 않은 것은?

① 조세부과처분이 무효임을 이유로 이미 납부한 세금의 반환을 청구하는 민사소송에서 법원은 그 조세부과처분이 무효라는 판단과 함께 세금을 반환하라는 판결을 할 수 있다.
② 영업허가취소처분으로 손해를 입은 자가 제기한 국가배상청구소송에서 법원은 영업허가취소처분에 취소사유에 해당하는 하자가 있는 경우에는 영업허가취소처분의 위법을 이유로 배상청구를 인용할 수 없다.
③ 물품을 수입하고자 하는 자가 세관장에게 수입신고를 하여 그 면허를 받고 물품을 통관한 경우에는, 세관장의 수입면허가 중대하고도 명백한 하자가 있는 행정행위이어서 당연무효가 아닌 한 「관세법」 소정의 무면허수입죄가 성립될 수 없다.
④ 영업허가취소처분 이후에 영업을 한 행위에 대하여 무허가영업으로 기소되었으나 형사법원이 판결을 내리기 전에 영업허가취소처분이 행정소송에서 취소되면 형사법원은 무허가영업행위에 대해서 무죄를 선고하여야 한다.

367

- 기출처: 2022 지방직 9급
- 난이도: ★★
- 키워드: 행정행위의 성립요건과 효력

🔍 관련기출 옳은지문
- 영업의 금지를 명한 영업허가취소처분 자체가 나중에 행정쟁송절차에 의하여 취소되었다면 그 영업허가취소처분 이후의 영업행위를 무허가영업이라고 볼 수는 없다.

22군무원7급

해설

① (O) 무효인 조세부과처분에 대해 이미 조세를 납부한 경우, 부당이득반환청구소송의 수소법원인 민사법원은 선결문제로서 처분의 무효 여부를 판단할 수 있고 이에 부당이득에 대한 반환의 판결을 할 수 있다.
② **빈출** (×) 위법한 행정대집행이 완료되면 그 처분의 무효확인 또는 취소를 구할 소의 이익은 없다 하더라도, 미리 그 행정처분의 취소판결이 있어야만, 그 행정처분의 위법임을 이유로 한 손해배상청구를 할 수 있는 것은 아니다(대판 1972.4.28., 72다337).
③ (O) 대판 1989.3.28., 89도149
④ (O) 영업의 금지를 명한 영업허가취소처분 자체가 나중에 행정쟁송절차에 의하여 취소되었다면 그 영업허가취소처분은 그 처분시에 소급하여 효력을 잃게 되며, 그 영업허가취소처분에 복종할 의무가 원래부터 없었음이 확정되었다고 봄이 타당하고, 영업허가취소처분이 장래에 향하여서만 효력을 잃게 된다고 볼 것은 아니므로 그 영업허가취소처분 이후의 영업행위를 무허가영업이라고 볼 수는 없다(대판 1993.6.25., 93도277).

정답 | ②

368

행정처분의 효력에 대한 설명으로 옳지 않은 것은?

① 과세처분에 관한 이의신청절차에서 과세관청이 이의신청 사유가 옳다고 인정하여 과세처분을 직권으로 취소한 이상 그 후 특별한 사유 없이 이를 번복하고 종전 처분을 되풀이 하는 것은 허용되지 않는다.
② 점용료 부과처분에 취소사유에 해당하는 흠이 있는 경우 도로관리청으로서는 당초 처분 자체를 취소하고 흠을 보완하여 새로운 부과처분을 하거나, 흠 있는 부분에 해당하는 점용료를 감액하는 처분을 할 수 있다.
③ 행정처분이 불복기간의 경과로 인하여 확정될 경우 그 처분의 기초가 된 사실관계나 법률적 판단이 확정되고 당사자들이나 법원이 이에 기속되어 모순되는 주장이나 판단을 할 수 없게 된다.
④ 민사소송에 있어서 어느 행정처분의 당연무효 여부가 선결문제로 되는 때에는 이를 판단하여 당연무효임을 전제로 판결할 수 있고 반드시 행정소송 등의 절차에 의하여 그 취소나 무효확인을 받아야 하는 것은 아니다.

해설

① (○) 과세처분에 관한 이의신청절차에서 과세관청이 이의신청 사유가 옳다고 인정하여 과세처분을 직권으로 취소한 이상 그 후 특별한 사유 없이 이를 번복하고 종전 처분을 되풀이하는 것은 허용되지 않는다(대판 2010. 9.30., 2009두1020).
② (○) 점용료 부과처분에 취소사유에 해당하는 흠이 있는 경우 도로관리청으로서는 당초 처분 자체를 취소하고 흠을 보완하여 새로운 부과처분을 하거나, 흠 있는 부분에 해당하는 점용료를 감액하는 처분을 할 수 있다(대판 2019.1.17., 2016두56721·56738).
③ (×) 행정처분이나 행정심판재결이 불복기간의 경과로 인하여 확정될 경우 확정력은 처분으로 인하여 법률상 이익을 침해받은 자가 처분이나 재결의 효력을 더 이상 다툴 수 없다는 의미일 뿐 판결에 있어서와 같은 기판력이 인정되는 것은 아니어서 처분의 기초가 된 사실관계나 법률적 판단이 확정되고 당사자들이나 법원이 이에 기속되어 모순되는 주장이나 판단을 할 수 없게 되는 것은 아니다(대판 1993.4.13., 92누17181).
④ (○) 민사소송에 있어서 어느 행정처분의 당연무효 여부가 선결문제로 되는 때에는 이를 판단하여 당연무효임을 전제로 판결할 수 있고 반드시 행정소송 등의 절차에 의하여 그 취소나 무효확인을 받아야 하는 것은 아니다(대판 2010.4.8., 2009다90092).

정답 | ③

369
다음 중 행정행위에 대한 설명으로 가장 옳지 않은 것은? (단, 다툼이 있는 경우 판례에 따름)

① 행정행위를 한 처분청은 그 처분 당시에 그 행정처분에 별다른 하자가 없었고 또 그 처분 후에 이를 취소할 별도의 법적 근거가 없다 하더라도 원래의 처분을 그대로 존속시킬 필요가 없게 된 사정변경이 생겼거나 또는 중대한 공익상의 필요가 발생한 경우에는 별개의 행정행위로 이를 철회하거나 변경할 수 있다.

② 일반적으로 조례가 법률 등 상위법령에 위배된다는 사정은 그 조례의 규정을 위법하여 무효라고 선언한 대법원의 판결이 선고되지 아니한 상태에서는 그 조례 규정의 위법 여부가 해석상 다툼의 여지가 없을 정도로 명백하였다고 인정되지 아니하는 이상 객관적으로 명백한 것이라 할 수 없으므로, 이러한 조례에 근거한 행정처분의 하자는 취소사유에 해당할 뿐 무효사유가 된다고 볼 수는 없다.

③ 일반적으로 행정처분이나 행정심판재결이 불복기간의 경과로 확정될 경우 그 확정력은, 처분으로 법률상 이익을 침해받은 자가 해당 처분이나 재결의 효력을 더 이상 다툴 수 없다는 의미이므로 확정판결에서와 같은 기판력이 인정된다.

④ 도로점용허가의 점용기간은 행정행위의 본질적인 요소에 해당한다고 볼 것이어서 부관인 점용기간을 정함에 있어서 위법사유가 있다면 이로써 도로점용허가처분 전부가 위법하게 된다.

해설

③ (×) 일반적으로 행정처분이나 행정심판재결이 불복기간의 경과로 인하여 확정될 경우, 그 확정력은 그 처분으로 인하여 법률상 이익을 침해받은 자가 당해 처분이나 재결의 효력을 더 이상 다툴 수 없다는 의미일 뿐, 더 나아가 판결에 있어서와 같은 기판력이 인정되는 것은 아니어서 그 처분의 기초가 된 사실관계나 법률적 판단이 확정되고 당사자들이나 법원이 이에 기속되어 모순되는 주장이나 판단을 할 수 없게 되는 것은 아니다(대판 1994.11.8., 93누21927).

정답 | ③

370

다음 중 행정행위의 구성요건적 효력(공정력)과 선결문제에 대한 설명으로 가장 옳지 않은 것은? (단, 다툼이 있는 경우 판례에 의함)

① 甲이 영업정지처분이 위법하다고 주장하면서 국가를 상대로 손해배상청구소송을 제기한 경우, 법원은 취소사유에 해당하는 것을 인정하더라도 그 처분의 취소판결이 없는 한 손해배상청구를 인용할 수 없다.
② 선결문제가 행정행위의 당연무효이면 민사법원이 직접 그 무효를 판단할 수 있다.
③ 과세대상과 납세의무자 확정이 잘못되어 당연무효인 과세에 대해서는 체납이 문제될 여지가 없으므로 조세 체납범이 문제되지 않는다.
④ 행정행위의 위법 여부가 범죄구성요건의 문제로 된 경우에는 형사법원이 행정행위의 위법성을 인정할 수 있다.

해설

① (×) 국가를 상대로 한 손해배상청구소송의 선결문제는 처분의 위법 여부이다. 민사법원은 처분의 구성요건적 효력에도 불구하고 처분의 위법 여부를 선결문제로 판단하여 국가배상 여부를 인정할 수 있다.
② (○) 무효는 공정력 등의 효력이 없어 민사법원은 처분의 무효 여부를 판단할 수 있다.
③ (○) 조세부과처분이 무효라면 조세체납에 대한 범죄는 성립될 수 없다.
④ (○) 처분의 위법 여부와 공정력은 별개의 문제로서 형사법원은 처분의 위법 여부에 대해 심사할 수 있고, 처분의 위법 여부에 따른 범죄구성요건의 판단이 가능하다.

정답 | ①

371

다음 중 행정작용에 대한 설명으로 옳지 않은 것은? (다툼이 있는 경우 판례에 의함)

① 행정행위에 인정되는 공정력은 입증책임에 영향을 주어 행정처분에 대한 행정소송에서 입증책임은 원고에게 부담된다.
② 삼청교육대 피해자들에게 피해보상을 하겠다는 대통령담화와 국방부장관의 공고에 따라 피해신고를 마친 피해신청에 대해 보상하지 않는 것은 신뢰보호의 원칙에 위배된다.
③ 처분 등의 취소소송, 무효등확인소송, 부작위위법확인의 소송의 확정판결은 제3자에게도 효력이 있다.
④ 일정한 행정행위는 흠이 있더라도 처분청이 사후에 직권으로 자유로이 취소·변경할 수 없는 불가변력이 있다.

해설

① (×) 행정행위의 공정력은 처분의 효력을 인정하는 효력이다. 따라서 처분의 위법 여부와 관련된 입증책임과는 무관하여 행정소송에서 입증책임은 「민사소송법」상의 법률요건분류설에 의한다.
② (○) 대통령의 담화와 국방부장관의 공고는 신뢰보호의 공적 견해로서 신뢰보호의 대상이 된다.

> 대통령이 담화를 발표하고 이에 따라 국방부장관이 삼청교육 관련 피해자들에게 그 피해를 보상하겠다고 공고하고 피해신고까지 받은 것은, 대통령이 정부의 수반인 지위에서 피해자들인 국민에 대하여 향후 입법조치 등을 통하여 그 피해를 보상해 주겠다고 구체적 사안에 관하여 종국적으로 약속한 것으로서, 거기에 채무의 승인이나 시효이익의 포기와 같은 사법상의 효과는 없더라도, 그 상대방은 약속이 이행될 것에 대한 강한 신뢰를 가지게 되고, 이러한 신뢰는 단순한 사실상의 기대를 넘어 법적으로 보호받아야 할 이익이라고 보아야 하므로, 국가로서는 정당한 이유 없이 이 신뢰를 깨뜨려서는 아니 되는바, 국가가 그 약속을 어기고 후속조치를 취하지 아니함으로써 위 담화 및 피해신고 공고에 따라 피해신고를 마친 피해자의 신뢰를 깨뜨린 경우, 그 신뢰의 상실에 따르는 손해를 배상할 의무가 있고, 이러한 손해에는 정신적 손해도 포함된다(대판 2001.7.10., 98다38364).

③ (○) 항고소송(취소소송 등)은 판결의 제3자효를 가진다.
④ (○) 특정 처분에 대해서는 불가변력이 발생한다.

정답 | ①

372
행정행위의 효력에 대한 설명으로 옳지 않은 것은? (다툼이 있는 경우 판례에 의함)

① 행정처분이 아무리 위법하다고 하여도 그 하자가 중대하고 명백하여 당연무효라고 보아야 할 사유가 있는 경우를 제외하고는 아무도 그 하자를 이유로 무단히 그 효과를 부정하지 못한다.
② 민사소송에 있어서 어느 행정처분의 당연무효 여부가 선결문제로 되는 때에는 이를 판단하여 당연무효임을 전제로 판결할 수 있고 반드시 행정소송 등의 절차에 의하여 그 취소나 무효확인을 받아야 하는 것은 아니다.
③ 불가쟁력이 발생한 행정행위로 손해를 입은 국민은 국가배상청구를 할 수 있다.
④ 행정행위의 불가변력은 해당 행정행위에 대해서만 인정되는 것이 아니고, 동종의 행정행위라면 그 대상을 달리하더라도 인정된다.

372	1 2 3
기출처	2021 지방직 9급
난이도	★★
키워드	행정행위의 성립요건과 효력

해설

① (○) 대판 2007.3.16., 2006다83802
② (○) 대판 2010.4.8., 2009다90092, 대판 1972.10.10., 71다2279
③ (○) 불가쟁력은 행정쟁송을 제기할 수 없는 효력일 뿐 손해배상을 청구할 수 없음을 의미하지 않는다. 불가쟁력이 발생한 처분이라도 국가배상청구는 가능하다.
④ (×) 불가변력이 인정되는 부분은 해당 행정행위에만 인정되는 것이고 동종의 행정행위라도 대상을 달리하면 인정되지 않는다.

> 국민의 권리와 이익을 옹호하고 법적 안정을 도모하기 위하여 특정한 행위에 대하여는 행정청이라 하여도 이것을 자유로이 취소, 변경 및 철회할 수 없다는 행정행위의 불가변력은 당해 행정행위에 대하여서만 인정되는 것이고, 동종의 행정행위라 하더라도 그 대상을 달리할 때에는 이를 인정할 수 없다(대판 1974.12.10., 73누129).

정답 | ④

373

행정행위에 대한 판례의 설명으로 옳은 것은?

① 행정청의 확약에 인정되는 공정력에 의해, 일단 확약이 있은 후에 사실적·법률적 상태가 변경되었다고 하여도 행정청의 별다른 의사표시 없이 확약이 실효되지 않는다.

② 불가쟁력이 발생한 처분에 대해 사정변경을 이유로 처분의 변경을 요구하였으나 행정청이 이를 거부한 경우라면, 사인의 공법행위인 신청에 대한 거부로서 이는 항고소송 대상인 처분이다.

③ 집합건물 중 일부 구분건물의 소유자인 상대방이 관할 소방서장으로부터 소방시설 불량사항에 관한 시정보완명령을 받고도 따르지 아니하였다는 내용으로 기소된 경우 담당 소방공무원이 행정처분인 위 명령을 구술로 고지한 것은 당연무효이므로 명령 위반을 이유로 행정형벌을 부과할 수 없다.

④ 국민의 권리와 이익을 옹호하고 법적 안정을 도모하기 위하여 특정한 행위에 대하여는 행정청이라 하여도 이것을 자유로이 취소·변경 및 철회할 수 없다는 행정행위의 불가변력은 당해 행정행위에 대하여서만 인정되는 것은 아니고, 그 대상이 달라도 동종의 행정행위라 하면 이를 인정할 수 있다.

해설

① (×) 확약은 행정처분이 아니라서 공정력 등의 효력이 없다. 확약은 배경이 되는 사실 등의 변동이 있게 되면 행정청의 별도의 의사가 없어도 실효된다.

> 행정청이 상대방에게 장차 어떤 처분을 하겠다고 확약 또는 공적인 의사표명을 하였다고 하더라도, 그 자체에서 상대방으로 하여금 언제까지 처분의 발령을 신청을 하도록 유효기간을 두었는데도 그 기간 내에 상대방의 신청이 없었다거나 확약 또는 공적인 의사표명이 있은 후에 사실적·법률적 상태가 변경되었다면, 그와 같은 확약 또는 공적인 의사표명은 행정청의 별다른 의사표시를 기다리지 않고 실효된다(대판 1996.8.20., 95누10877).

② (×) 불가쟁력이 발생한 처분에 대하여 법령에 특별한 규정이 있거나 또는 법령의 해석상 변경신청권이 인정되는 경우를 제외하고는 처분의 상대방은 처분의 변경신청을 할 수 있는 정당한 신청권이 없어 이에 대한 거부는 처분이라 할 수 없다.

> 제소기간이 이미 도과하여 불가쟁력이 생긴 행정처분에 대하여는 개별 법규에서 그 변경을 요구할 신청권을 규정하고 있거나 관계 법령의 해석상 그러한 신청권이 인정될 수 있는 등 특별한 사정이 없는 한 국민에게 그 행정처분의 변경을 구할 신청권이 있다 할 수 없다(대판 2007.4.26., 2005두11104).

③ (○) 집합건물 중 일부 구분건물의 소유자인 피고인이 관할 소방서장으로부터 소방시설 불량사항에 관한 시정보완명령을 받고도 따르지 아니하였다는 내용으로 기소된 사안에서, 담당 소방공무원이 행정처분인 위 명령을 구술로 고지한 것은 당연무효이므로 명령 위반을 이유로 행정형벌을 부과할 수 없다(대판 2011.11.10., 2011도11109).

④ (×) 국민의 권리와 이익을 옹호하고 법적 안정을 도모하기 위하여 특정한 행위에 대하여는 행정청이라 하여도 이것을 자유로이 취소·변경 및 철회할 수 없다는 행정행위의 불가변력은 당해 행정행위에 대하여서만 인정되는 것이고, 동종의 행정행위라 하더라도 그 대상을 달리할 때에는 이를 인정할 수 없다(대판 1974.12.10., 73누129).

정답 | ③

374

행정행위의 효력에 관한 설명으로 옳은 것은? (다툼이 있는 경우 판례에 의함)

ㄱ. 과세처분에 관한 이의신청절차에서 과세관청이 이를 인정하여 과세처분을 직권으로 취소하였다면 특별한 사유 없이 이를 번복하고 종전 처분을 되풀이하는 것은 허용되지 않는다.

ㄴ. 현행법상 행정행위의 효력인 공정력이나 해당 내용을 인정한 명시적 규정은 없으나, 취소소송의 배타적 관할 및 집행부정지원칙에 관한 규정이 공정력의 근거로 제시되기도 한다.

ㄷ. 특허심판원이 행하는 심결은 일단 행해지면 그 심결에 흠이 있다 하더라도 특허심판원 스스로 이를 취소할 수 없는 효력은 구성요건적 효력과 관련된다.

ㄹ. 물품을 수입하고자 하는 자가 일단 세관장에게 수입신고를 하여 그 면허를 받고 물품을 통관한 경우에는, 세관장의 수입면허가 중대하고도 명백한 하자가 있는 행정행위이어서 당연무효가 아닌 한 「관세법」상의 무면허수입죄가 성립될 수 없다.

① ㄱ, ㄴ
② ㄴ, ㄷ
③ ㄱ, ㄹ
④ ㄴ, ㄹ

374
- 기출처: 예상문제
- 난이도: ★★
- 키워드: 행정행위의 성립요건과 효력

해설

ㄱ. (○) 과세처분에 관한 불복절차과정에서 불복사유가 옳다고 인정하고 이에 따라 필요한 처분을 하였을 경우에는 불복제도와 이에 따른 시정방법을 인정하고 있는 법 취지에 비추어 동일 사항에 관하여 특별한 사유 없이 이를 번복하고 다시 종전의 처분을 되풀이할 수는 없다. 따라서 과세관청이 과세처분에 대한 이의신청절차에서 납세자의 이의신청 사유가 옳다고 인정하여 과세처분을 직권으로 취소하였음에도, 특별한 사유 없이 이를 번복하고 종전 처분을 되풀이하여서 한 과세처분은 위법하다(대판 2014.7.24., 2011두14227).

ㄴ. (×) 공정력의 내용에 대해 「행정기본법」에 규정하고 있다.

> 「행정기본법」 제15조 【처분의 효력】 처분은 권한이 있는 기관이 취소 또는 철회하거나 기간의 경과 등으로 소멸되기 전까지는 유효한 것으로 통용된다. 다만, 무효인 처분은 처음부터 그 효력이 발생하지 아니한다.

ㄷ. (×) 구성요건적 효력은 처분이 당연무효가 아닌 한 권한 있는 기관이 취소할 때까지 다른 국가기관이 이의 효력을 부정하지 못하고 인정하는 것을 말한다. 특허심판원의 심결에 스스로 구속되는 효력은 불가변력이다.

ㄹ. (○) 물품을 수입하고자 하는 자가 일단 세관장에게 수입신고를 하여 그 면허를 받고 물품을 통관한 경우에는, 세관장의 수입면허가 중대하고도 명백한 하자가 있는 행정행위이어서 당연무효가 아닌 한 「관세법」 제181조 소정의 무면허수입죄가 성립될 수 없다(대판 1989.3.28., 89도149).

정답 | ③

375	
기출처	2024 군무원 7급
난이도	★★
키워드	행정행위의 성립요건과 효력

375

다음은 '흠이 있는 행정처분'과 관련한 설명이다. 가장 적절하지 않은 것은? (다툼이 있는 경우 판례에 의함)

① 공무원에 대해 변명할 기회를 부여하지 아니하고 징계처분을 행하게 되면 「행정절차법」상 청문절차에 반하는 것으로 '취소의 흠'이 있는 징계처분으로 된다.

② 위헌인 법률에 근거한 처분에 대해 우리 판례는 특별한 사유가 없는 한 '무효의 흠이 있는 처분'이라기 보다는 '취소의 흠이 있는 처분'으로 보고 있다.

③ 위법하나 공정력이 있는 처분의 수범자가 그 처분에 따른 의무에 반하는 행위를 하더라도 '처분위반죄'로 처벌받지 아니한다는 것이 판례의 입장이다.

④ 과세처분으로 인한 조세채권을 강제징수하기 위한 체납처분에 이르러 해당 과세처분의 근거가 된 법률규정이 헌법재판소에 의해 위헌으로 선언되었다면, 해당 체납처분은 당연무효로 된다는 것이 판례의 입장이다.

해설

① (×) 「국가공무원법」 제13조 규정에 따라 무효에 해당하는 흠이다.

> 「국가공무원법」 제13조 【소청인의 진술권】 ① 소청심사위원회가 소청 사건을 심사할 때에는 대통령령 등으로 정하는 바에 따라 소청인 또는 제76조 제1항 후단에 따른 대리인에게 진술 기회를 주어야 한다.
> ② 제1항에 따른 진술 기회를 주지 아니한 결정은 무효로 한다.

② **빈출** (○) 일반적으로 국회에서 헌법과 법률이 정한 절차에 의하여 제정·공포된 법률이 헌법에 위반된다는 사정은 헌법재판소의 위헌결정이 있기 전에는 객관적으로 명백한 것이라고 할 수는 없으므로, 특별한 사정이 없는 한 이러한 하자는 행정처분의 취소사유에 해당할 뿐 당연무효사유는 아니다(대판 1998.4.10., 96다52359).

③ (○) 「소하천정비법」 제14조 제5항, 제17조 제5호에 의하여 행정청으로부터 시정명령을 받은 사람이 이를 위반한 경우, 그로 인하여 같은 법 제27조 제4호에 정한 처벌을 하기 위해서는 그 시정명령이 적법해야 한다. 따라서 시정명령이 당연무효가 아니더라도 위법하다고 인정되는 한 같은 법 제27조 제4호의 위반죄가 성립될 수 없고, 시정명령이 절차적 하자로 인하여 위법한 경우에도 마찬가지이다(대판 2017.9.21., 2014도12230).

④ **빈출** (○) 조세채권의 집행을 위한 체납처분의 근거규정 자체에 대하여는 따로 위헌결정이 내려진 바 없다고 하더라도, 위와 같은 위헌결정 이후에 조세채권의 집행을 위한 새로운 체납처분에 착수하거나 이를 속행하는 것은 더 이상 허용되지 않고, 나아가 이러한 위헌결정의 효력에 위배하여 이루어진 체납처분은 그 사유만으로 하자가 중대하고 객관적으로 명백하여 당연무효라고 보아야 한다(대판 2012.2.16., 2010두10907).

정답 | ①

376

행정행위의 효력에 관한 설명으로 옳지 않은 것은? (다툼이 있는 경우 판례에 의함)

① 이미 취소소송의 제기기간을 경과하여 확정력이 발생한 행정처분에는 그 근거가 되는 법률에 대한 위헌결정의 소급효가 미치지 않는다.
② 행정처분이 아무리 위법하다고 하여도 그 하자가 중대하고 명백하여 당연무효라고 보아야 할 사유가 있는 경우를 제외하고는, 행정소송 등에 의하여 적법히 취소될 때까지는 아무도 그 하자를 이유로 그 효과를 부정하지 못한다.
③ 민사소송에 있어서 어느 행정처분의 당연무효 여부가 선결문제로 되는 때에는 이를 판단하여 당연무효임을 전제로 판결할 수 있다.
④ 불가쟁력이 발생한 부담금 부과처분의 근거 법률에 대한 위헌결정이 있으면, 후행 압류처분의 취소를 구하는 소송에서 재판의 내용과 효력에 대한 법률적 의미가 달라진다.

376	
기출처	2023 소방직
난이도	★★
키워드	행정행위의 성립요건과 효력

해설

② (○) 공정력에 관한 내용이다.
③ (○) 처분의 무효 여부가 민사소송의 선결문제인 경우 민사법원은 처분의 무효 여부를 판단하여 이를 전제로 민사사건을 판결할 수 있다.
④ 지엽 (×) 불가쟁력이 발생한 부담금 부과처분의 근거 법규가 위헌인지 여부가 후행 압류처분의 취소를 구하는 당해소송에서 재판의 전제성이 없다.

> 이미 취소소송의 제기기간을 경과하여 확정력이 발생한 행정처분의 경우에는 위헌결정의 소급효가 미치지 않는다고 보아야 할 것이고, 일반적으로 법률이 헌법에 위반된다는 사정이 헌법재판소의 위헌결정이 있기 전에는 객관적으로 명백한 것이라고 할 수는 없으므로 특별한 사정이 없는 한 이러한 하자는 행정처분의 취소사유에 해당할 뿐 당연무효 사유는 아니다. … 각 부과처분에 불가쟁력이 발생하여 더 이상 다툴 수 없는 이상 각 부과처분의 하자가 각 압류처분의 효력에 아무런 영향을 미칠 수 없으므로, 각 부과처분의 근거 법률의 위헌 여부에 의하여 당해 사건인 압류처분취소의 소의 주문이 달라지거나 재판의 내용과 효력에 관한 법률적 의미가 달라지는 경우로 볼 수 없다(헌재 2004.1.29., 2002헌바73).

정답 | ④

377

행정행위의 효력에 대한 설명으로 옳지 않은 것은? (다툼이 있는 경우 판례에 의함)

① 영업허가취소처분이 나중에 행정쟁송절차에 의하여 취소되었더라도, 그 영업허가취소처분 이후의 영업행위는 무허가영업이다.
② 연령미달 결격자가 다른 사람 이름으로 교부받은 운전면허는 당연무효가 아니고 취소되지 않는 한 유효하므로 그 연령미달 결격자의 운전행위는 무면허운전에 해당하지 아니한다.
③ 구 「도시계획법」상 원상회복 등의 조치명령을 받고도 이를 따르지 않은 자에 대해 형사처벌을 하기 위해서는 적법한 조치명령이 전제되어야 하며, 이때 형사법원은 그 적법 여부를 심사할 수 있다.
④ 조세부과처분을 취소하는 행정판결이 확정된 경우 부과처분의 효력은 처분시에 소급하여 효력을 잃게 되므로 확정된 행정판결은 조세포탈에 대한 무죄를 인정할 명백한 증거에 해당한다.

해설

① (×) 영업허가취소 이후에 영업을 하였다고 해도 '영업허가의 취소'가 취소되면 소급하여 소멸하게 되어 결과적으로 무허가영업이익에 해당되지 않는다.

> 영업의 금지를 명한 영업허가취소처분 자체가 나중에 행정쟁송절차에 의하여 취소되었다면 그 영업허가취소처분은 그 처분시에 소급하여 효력을 잃게 되며, 그 영업허가취소처분에 복종할 의무가 원래부터 없었음이 확정되었다고 봄이 타당하고, 영업허가취소처분이 장래에 향하여서만 효력을 잃게 된다고 볼 것은 아니므로 그 영업허가취소처분 이후의 영업행위를 무허가영업이라고 볼 수는 없다(대판 1993.6.25., 93도277).

② 빈출 (○) 연령미달의 결격자인 피고인이 소외인의 이름으로 운전면허시험에 응시, 합격하여 교부받은 운전면허는 당연무효가 아니고 「도로교통법」 제65조 제3호의 사유에 해당함에 불과하여 취소되지 않는 한 유효하므로 피고인의 운전행위는 무면허운전에 해당하지 아니한다(대판 1982.6.8., 80도2646).

③ (○) 「도시계획법」에 정한 처분이나 조치명령을 받은 자가 이에 위반한 경우 이로 인하여 같은 법에 정한 처벌을 하기 위하여는 그 처분이나 조치명령(시정명령)이 적법한 것이라야 하고, 그 처분이 당연무효가 아니라 하더라도 그것이 위법한 처분으로 인정되는 한 같은 법 제92조 조치명령 등 위반죄가 성립될 수 없다(대판 1992.8.18., 90도1709).

④ (○) 조세의 부과처분을 취소하는 행정판결이 확정된 경우 그 부과처분의 효력은 처분시에 소급하여 잃게 되어 그에 따른 납세의무가 없으므로, 확정된 행정판결은 조세포탈에 대해 무죄로 판단하거나 원심판결이 인정한 죄보다 경한 죄를 인정할 명백한 증거에 해당한다(대판 2019.9.26., 2017도11812).

정답 | ①

06 행정행위의 하자

378
행정행위의 무효와 취소에 관한 설명 중 옳은 것은? (다툼이 있는 경우 판례에 의함)

① 단속 경찰관이 자신의 명의로 행한 운전면허정지처분은 권한 없는 자에 의하여 행하여진 점에서 취소의 처분에 해당한다.
② 무효인 행정행위에 대하여 상대방이나 이해관계인이 이에 대한 불복기간 내에 쟁송을 제기하지 않아 상당한 시간이 경과하게 되는 경우에 불가쟁력이 인정된다.
③ 원칙적으로 행정행위의 일부가 무효이면 그를 제외한 나머지 행정행위에 영향을 주게 되어 전체 무효인 행정처분이라고 보아야 한다.
④ 처분의 하자가 중대명백하여 무효인 행정행위도 취소소송의 제소요건을 갖추는 경우 취소소송의 형식으로 소제기가 가능하다.

378	① ② ③
기출처	예상문제
난이도	★★
키워드	행정행위의 하자

해설

① (×) 음주단속을 행한 경찰공무원이 소속 경찰서장의 명의가 아닌 자신의 명의로 한 면허정지처분은 무권한으로 무효에 해당한다.
② (×) 무효인 행정행위는 제소기간이 없어 불가쟁력의 효력이 없다.
③ (×) 행정행위의 일부에 하자가 있는 경우에 그 하자 있는 부분이 중요한 사항으로서 행정행위의 본질적 내용에 해당되는 경우에는 전체가 하자 있는 행정행위이지만 그렇지 않은 경우에는 나머지 부분에 영향을 주지 않는다.
④ 빈출 (O) 판례는 "과세처분의 무효선언을 구하는 의미에서 취소를 구하는 소송이라도 전심절차와 그 제소기간의 준수 등 취소소송의 제소요건을 갖추어야 한다(대판 1990.8.28., 90누1892)."라고 하여 무효확인을 구하는 소송이라 하더라도, 취소소송이 갖추어야 할 소송요건인 행정심판전치주의의 요건을 충족하여야 하고 제소기간의 준수 등을 갖추어야 한다고 보고 있다.

정답 | ④

379

379
기출처: 예상문제
난이도: ★★
키워드: 행정행위의 하자

행정행위는 그 흠의 정도에 따라 '취소할 수 있는 행정행위'와 '무효인 행정행위'로 구분할 수 있다. 이와 관련된 내용으로 옳지 않은 것은? (다툼이 있는 경우 판례에 의함)

① 취소할 수 있는 행정행위는 민사소송의 전제로 처분의 효력을 부정할 수 없으나, 무효인 행정행위는 민사소송에서 그 선결문제로서 무효를 확인받을 수 있다.
② 「행정소송법」상의 사정판결은 취소할 수 있는 행정행위에 대해서만 인정되고, 무효인 행정행위에 대해서는 인정될 수 없다.
③ 취소소송을 제기하기 위해서는 불복에 대한 제기기간의 요건을 충족해야 하지만, 무효등확인소송의 경우에는 그러한 제한이 없다.
④ 취소할 수 있는 행정행위는 집행부정지를 원칙으로 하되 집행정지가 인정될 수 있으나, 무효인 행정행위는 집행정지가 인정될 수 없다.

해설

① (○) 민사법원에서 취소인 처분이 민사사건의 선결문제가 되는 경우에는 처분의 효력을 부정할 수 없으나, 무효인 경우에는 선결문제로서 처분의 무효확인이 가능하다.
② (○) 사정판결은 취소소송에서만 인정된다.
③ (○) 취소소송에는 제기기간의 제한이 있으나 무효등확인소송에는 제기기간의 제한이 없다.
④ (×) 무효등확인소송의 경우에도 취소소송의 경우와 마찬가지로 집행부정지가 원칙이고 일정한 요건이 갖추어지면 집행정지가 가능하다.

정답 | ④

380

380
기출처: 2021 국회직 9급
난이도: ★
키워드: 행정행위의 하자

처분의 하자를 무효와 취소로 구별할 실익이 있는 경우만을 모두 고르면? (다툼이 있는 경우 판례에 의함)

ㄱ. 행정처분의 효력 유무가 선결문제인 경우 민사법원의 판단 방법
ㄴ. 선행처분 하자의 후행처분에의 승계 여부
ㄷ. 사정판결의 허용 여부
ㄹ. 국가배상소송에 있어서 공무원 직무행위의 위법성 인정 여부

① ㄴ, ㄹ
② ㄱ, ㄴ, ㄷ
③ ㄱ, ㄷ, ㄹ
④ ㄴ, ㄷ, ㄹ
⑤ ㄱ, ㄴ, ㄷ, ㄹ

해설

ㄱ. (○) 행정처분의 효력 유무가 선결문제인 경우 민사법원에서 처분의 무효 여부는 판단할 수 있으나, 취소의 경우에는 민사법원이 처분의 효력을 부정할 수 없고 유효를 전제로 민사사건을 처리하여야 한다.
ㄴ. (○) 무효는 하자승계가 이루어지나, 취소의 경우에는 선처분과 후처분이 결합되어 하나의 법효과를 목적으로 하는지 여부에 따라 승계 여부가 달라진다.
ㄷ. (○) 무효는 사정판결이 인정되지 않고 취소는 사정판결이 가능하다.
ㄹ. (×) 무효나 취소, 양자 모두 국가배상소송에 있어서 공무원 직무행위의 위법성이 인정된다.

정답 | ②

381 필수

무효와 취소의 구별실익에 관한 내용으로 옳지 않은 것은?

① 취소할 수 있는 행정행위에 대하여서만 사정재결, 사정판결이 인정된다.
② 행정심판전치주의는 무효선언을 구하는 취소소송과 무효확인소송 모두에 적용되지 않는다.
③ 무효확인판결에 간접강제가 인정되지 않는 것은 입법의 불비라는 비판이 있다.
④ 판례에 따르면, 무효선언을 구하는 취소소송은 제소기한의 제한이 인정된다고 한다.

381	① ② ③
기출처	2020 군무원 9급
난이도	★
키워드	행정행위의 하자

해설

② 빈출 (×) 필요적 행정심판전치주의는 취소소송과 부작위위법확인소송에 적용된다. 무효등확인소송에는 적용되지 않지만, 무효선언을 구하는 취소소송은 실질적인 내용이 무효확인에 있더라도 취소소송의 형식을 취하고 있는 한 취소소송의 요건을 충족하여야 한다. 따라서 무효선언적 의미의 취소소송은 제소기간이나 필요적 행정심판전치주의 등이 적용된다.

고득점 플러스+ 무효와 취소의 구별실익

구분	무효	취소
선결문제	가능	효력은 부정할 수 없으나 위법성 판단은 가능
제기요건 (제기기간이나, 예외적 행정심판전치주의)	부적용	적용
사정판결(사정재결)	부정	인정
하자의 치유·전환	전환	치유
하자의 승계	승계	선행정행위와 후행정행위가 결합하여, 하나의 법효과를 발생하면 승계 인정, 각각의 법효과이면 승계 부정
신뢰보호와 공무집행방해죄	부적용	적용
공정력	부정	인정
불가쟁력	부정	인정

정답 | ②

관련기출 옳은지문

- 무효선언을 구하는 의미에서 제기된 취소소송도 제소기간 제한 등의 소송요건을 갖추어야 한다.

12국가직9급

382

무효와 취소의 구별에 관한 설명으로 옳은 것을 모두 고르면? (다툼이 있는 경우 판례에 의함)

> ㄱ. 무효선언을 구하는 취소소송은 각하된다는 것이 일반적인 입장이다.
> ㄴ. 「행정소송법」은 무효확인소송의 경우에 집행정지를 원칙으로 하고 있다.
> ㄷ. 처분의 하자가 무효인 경우에는 후행처분에 하자가 승계되어 하자승계에 대한 논의의 실익이 없다.
> ㄹ. 취소인 처분은 하자의 치유대상이 될 수 있으나 무효인 하자는 치유대상이 아니다.

① ㄱ, ㄴ
② ㄷ, ㄹ
③ ㄱ, ㄷ
④ ㄴ, ㄹ

해설

ㄱ. **빈출** (×) 무효의 확인은 무효등확인소송 외에도 취소소송을 통해서도 가능하다.

> 행정처분의 당연무효를 선언하는 의미에서 그 취소를 청구하는 행정소송을 제기하는 경우에도 소원의 전치와 제소기간의 준수 등 취소소송의 제소요건을 갖추어야 한다(대판 1984.5.29., 84누175).

ㄴ. (×) 「행정소송법」은 취소나 무효확인의 청구를 구하는 소송에 대한 집행부정지를 원칙으로 하고 있다.
ㄷ. (○) 무효인 처분의 하자는 후행처분에 승계되어 하자승계의 논의 실익이 없다.
ㄹ. **빈출** (○) 하자의 치유는 취소인 처분에 대해서 인정되고, 무효인 처분은 하자치유의 대상이 아니다(전환의 대상이 된다).

> 징계처분이 중대하고 명백한 흠 때문에 당연무효의 것이라면 징계처분을 받은 자가 이를 용인하였다 하여 그 흠이 치료되는 것은 아니다(대판 1989.12.12., 88누8869).

정답 | ②

383

행정행위의 하자에 관한 설명으로 옳지 않은 것은? (다툼이 있는 경우 판례에 의함)

① 「병역법」상 보충역편입처분과 공익근무요원소집처분은 각각 단계적으로 별개의 법률효과를 발생하는 독립된 행정처분이 아니므로, 불가쟁력이 발생한 보충역편입처분의 위법을 이유로 공익근무요원소집처분의 효력을 다툴 수 있다.
② 행정처분의 당연무효를 선언하는 의미에서 그 취소를 구하는 행정소송을 제기하는 경우에는 전치절차와 그 제소기간의 준수 등 취소소송의 제소요건을 갖추어야 한다.
③ 선행처분인 소득금액변동통지에 하자가 존재하더라도 당연무효사유에 해당하지 않는 한 후행처분인 징수처분에 그대로 승계되지 아니한다.
④ 행정청이 구 「학교보건법」상 학교환경위생정화구역 내에서 금지행위 및 시설의 해제 여부에 관한 행정처분을 하면서 학교환경위생정화위원회의 심의를 누락한 흠이 있다면, 특별한 사정이 없는 한 이는 행정처분을 위법하게 하는 취소사유가 된다.

해설

① **빈출** (×) 두 처분(보충역편입처분, 공익근무요원소집처분)은 후자의 처분이 전자의 처분을 전제로 하는 것이기는 하나 각각 단계적으로 별개의 법률효과를 발생하는 독립된 행정처분이라고 할 것이므로, 따라서 보충역

편입처분의 기초가 되는 신체등위 판정에 잘못이 있다는 이유로 이를 다투기 위하여는 신체등위 판정을 기초로 한 보충역편입처분에 대하여 쟁송을 제기하여야 할 것이며, 그 처분을 다투지 아니하여 이미 불가쟁력이 생겨 그 효력을 다툴 수 없게 된 경우에는, 병역처분변경신청에 의하는 경우는 별론으로 하고, 보충역편입처분에 하자가 있다고 할지라도 그것이 당연무효라고 볼만한 특단의 사정이 없는 한 그 위법을 이유로 공익근무요원소집처분의 효력을 다툴 수 없다(대판 2002.12.10., 2001두5422).

② (O) 대판 1984.5.29., 84누175
③ (O) 대판 2012.1.26., 2009두14439
④ (O) 대판 2007.3.15., 2006두15806

정답 | ①

384 필수

다음 사례에 관한 설명으로 옳은 것은? (다툼이 있는 경우 판례에 의함)

○ 甲은 자신의 토지에 대한 개별공시지가결정을 통지받은 후 90일이 넘어 과세처분을 받았는데, 과세처분이 위법한 개별공시지가결정에 기초하였다는 이유로 과세처분의 취소를 구하고자 한다.
○ 甲은 토지대장에 전(田)으로 기재되어 있는 지목을 대(垈)로 변경하고자 지목변경신청을 하였다.
○ 乙은 甲의 토지가 사실은 자신 소유라고 주장하면서 토지대장상의 소유자명의변경을 신청하였으나 거부되었다.

① 甲은 과세처분이 있기 전에는 개별공시지가결정에 대해서 취소소송을 제기할 수 없다.
② 甲은 과세처분의 위법성이 인정되지 않더라도 과세처분 취소소송에서 개별공시지가결정의 위법을 독립된 위법사유로 주장할 수 있다.
③ 토지대장에 등재된 사항을 변경하는 행위는 행정사무집행의 편의와 사실증명의 자료로 삼기 위한 것이므로, 甲은 지목변경신청이 거부되더라도 이에 대하여 취소소송으로 다툴 수 없다.
④ 乙에 대한 토지대장상의 소유자명의변경신청 거부는 처분성이 인정된다.

384 | 기출처 2021 국가직 9급 | 난이도 ★★ | 키워드 행정행위의 하자

해설

① (×) 과세처분이 있기 전에 불가쟁력이 발생하지 않았다면 개별공시지가결정에 대해서 소송을 청구할 수 있다.
② (O) 대판 1994.1.25., 93누8542
③ 빈출 (×) 지목은 토지소유권을 제대로 행사하기 위한 전제요건으로서 토지소유자의 실체적 권리관계에 밀접하게 관련되어 있으므로 지적공부 소관청의 지목변경신청 반려행위는 국민의 권리관계에 영향을 미치는 것으로서 항고소송의 대상이 되는 행정처분에 해당한다(대판 2004.4.22., 2003두9015).
④ 빈출 (×) 토지대장에 기재된 일정한 사항을 변경하는 행위는, 그것이 지목의 변경이나 정정 등과 같이 토지소유권 행사의 전제요건으로서 토지소유자의 실체적 권리관계에 영향을 미치는 사항에 관한 것이 아닌 한 행정사무집행의 편의와 사실증명의 자료로 삼기 위한 것일 뿐이어서, 그 소유자 명의가 변경된다고 하여도 이로 인하여 당해 토지에 대한 실체상의 권리관계에 변동을 가져올 수 없고 토지소유권이 지적공부의 기재만에 의하여 증명되는 것도 아니다(대판 1984.4.24., 82누308, 대판 2002.4.26., 2000두7612 등 참조). 따라서 소관청이 토지대장상의 소유자명의변경신청을 거부한 행위는 이를 항고소송의 대상이 되는 행정처분이라고 할 수 없다(대판 2012.1.12., 2010두12354).

정답 | ②

385	① ② ③
기출처	2019 국회직 8급
난이도	★★★
키워드	행정행위의 하자

🔍 관련기출 옳은지문
- 「행정대집행법」상 선행처분인 계고처분의 하자는 대집행영장발부통보처분에 승계된다. 　　　18국가직9급

385 〈필수〉

행정처분의 하자에 대한 설명으로 옳은 것은? (다툼이 있는 경우 판례에 의함)

① 과세관청의 소득처분과 그에 따른 소득금액변동통지가 있는 경우 원천징수하는 소득세의 납세의무에 관하여는 이를 확정하는 소득금액변동통지에 대한 항고소송에서 다투어야 하고 소득금액변동통지가 취소사유에 불과한 경우 징수처분에 대한 항고소송에서 이를 다툴 수는 없다.

② 토지구획정리사업 시행 후 시행인가처분의 하자가 취소사유에 불과하더라도 사업 시행 후 시행인가처분의 하자를 이유로 환지청산금 부과처분의 효력을 다툴 수 있다.

③ 선행처분인 국제항공노선 운수권배분 실효처분 및 노선면허거부처분에 대하여 이미 불가쟁력이 생겨 그 효력을 다툴 수 없게 되었더라도 후행처분인 노선면허처분을 다투는 단계에서 선행처분의 하자를 다툴 수 있다.

④ 선행처분인 개별공시지가결정이 위법하여 그에 기초한 개발부담금 부과처분도 위법하게 되었지만 그 후 적법한 절차를 거쳐 공시된 개별공시지가결정이 종전의 위법한 공시지가결정과 그 내용이 동일하다면 위법한 개별공시지가결정에 기초한 개발부담금 부과처분은 적법하게 된다.

⑤ 선행처분인 계고처분이 하자가 있는 위법한 처분이라도 당연무효의 처분이 아니라면 후행처분인 대집행비용납부명령의 취소를 청구하는 소송에서 그 계고처분을 전제로 행하여진 대집행비용납부명령도 위법한 것이라는 주장을 할 수는 없다.

해설

① (○) 소득금액변동통지와 징수처분은 하자가 승계되지 않는다(대판 2012.1.26., 2009두14439).

② (×) 토지구획정리사업의 시행인가처분과 환지청산금 부과처분은 하자가 승계되지 않는다.

> 사업시행자의 자격이나 토지소유자의 동의 여부 및 특정 토지의 사업지구 편입 등에 하자가 있다고 주장하는 토지소유자 등은 시행인가 단계에서 그 하자를 다투었어야 하며, 시행인가처분에 명백하고도 중대한 하자가 있어 당연무효라고 볼 특별한 사정이 없는 한, 사업시행 후 시행인가처분의 하자를 이유로 환지청산금 부과처분의 효력을 다툴 수는 없다(대판 2004.10.14., 2002두424).

③ (×) 선행처분인 위 운수권배분 실효처분 및 노선면허거부처분에 대하여 이미 불가쟁력이 생겨 그 효력을 다툴 수 없게 된 이상 그에 위법사유가 있더라도 그것이 당연무효사유가 아닌 한 그 하자가 후행처분인 이 사건 노선면허처분에 승계된다고 할 수 없다(대판 2004.11.26., 2003두3123).

④ (×) 하자의 치유로 상대방 등에게 침해를 가하는 경우에는 치유를 허용할 수 없다. 이 사안은 개별공시지가의 하자치유를 인정하게 되면, 이미 개발부담금의 납기가 경과하여 가산금을 부과받게 되는 침해가 발생하니 치유를 인정할 수 없다는 것이 대법원의 입장이다.

> 선행처분인 개별공시지가결정이 위법하여 그에 기초한 개발부담금 부과처분도 위법하게 된 경우 그 하자의 치유를 인정하면 개발부담금 납부의무자로서는 위법한 처분에 대한 가산금 납부의무를 부담하게 되는 등 불이익이 있을 수 있으므로, 그 후 적법한 절차를 거쳐 공시된 개별공시지가결정이 종전의 위법한 공시지가결정과 그 내용이 동일하다는 사정만으로는 위법한 개별공시지가결정에 기초한 개발부담금 부과처분이 적법하게 된다고 볼 수 없다(대판 2001.6.26., 99두11592).

⑤ **빈출** (×) 후행처분인 대집행비용납부명령의 취소를 청구하는 소송에서 청구원인으로 선행처분인 계고처분이 위법한 것이기 때문에 그 계고처분을 전제로 행하여진 대집행비용납부명령도 위법한 것이라는 주장을 할 수 있다(대판 1993.11.9., 93누14271).

정답 | ①

386
행정행위에 관한 설명으로 옳지 않은 것은? (다툼이 있는 경우 판례에 의함)

① 선행 행정행위의 하자가 중대·명백하여 당연무효인 경우에는 선행 행정행위와 후행 행정행위가 각각 별개의 법효과를 가져오는 경우에도 행정행위의 하자의 승계에 대한 논의의 실익이 없다.
② 선행 직위해제처분의 위법사유는 후행 면직처분에 승계되어 선행된 직위해제처분의 위법사유가 있다면 이를 들어 후행 면직처분의 효력을 다툴 수 있다.
③ 행정청이 운전자의 음주운전을 이유로 운전면허의 효력을 장래에 향해 소멸시키는 행정청의 행위는 강학상 '철회'에 해당한다.
④ 위법한 행정행위를 한 처분청은 그 행위에 하자가 있는 경우에 별도의 법적 근거가 없더라도 스스로 취소할 수 있다.

386	
기출처	예상문제
난이도	★★
키워드	행정행위의 하자

해설

① (○) 무효인 처분은 선처분과 후처분의 법 효과와 무관하게 하자가 승계되어 하자승계를 논할 실익이 없다.
② 빈출 (×) 직위해제처분과 같은 제3항에 의한 면직처분은 후자가 전자의 처분을 전제로 한 것이기는 하나 각각 단계적으로 별개의 법률효과를 발생하는 행정처분이어서 선행 직위해제처분의 위법사유가 면직처분에는 승계되지 아니한다 할 것이므로 선행된 직위해제처분의 위법사유를 들어 면직처분의 효력을 다툴 수는 없다(대판 1984.9.11., 84누191).
③ (○) 처분의 성립 당시에 하자가 없고 새로운 사정에 의해 장래에 향해 처분의 효력을 소멸시키는 행정청의 행위는 철회에 해당한다.
④ (○) 취소는 성립 당시의 하자가 있어 이를 적법으로 시정하는 행정청의 행위로서 그 자체가 법치주의의 구현이다. 별도의 법적 근거가 없어도 된다는 것이 일반적인 입장이다.

정답 | ②

387

387	① ② ③
기출처	예상문제
난이도	★★
키워드	행정행위의 하자

행정행위의 하자에 대한 설명으로 옳은 것은? (다툼이 있는 경우 판례에 의함)

① 하자 있는 개별공시지가결정을 토대로 하여 양도소득세가 부과된 경우, 개별공시지가결정에 쟁송기간이 경과한 후에도 수인의 한도를 초과하는 의무가 상대방에게 부과되는 경우에는 양도소득세의 상대방은 개별공시지가결정에 대해 소송을 청구할 수 있다.

② 토지소유자는 토지수용위원회의 수용재결에 따른 수용보상금증액청구소송에서 선행처분으로서 그 수용대상 토지가격 산정의 기초가 된 비교표준지공시지가결정의 위법을 독립한 사유로 주장할 수 있다.

③ 선행처분인 개별공시지가결정과 후행처분인 양도소득세 부과처분(과세처분)은 서로 결합하여 하나의 법률효과를 발생시켜 하자의 승계가 인정된다.

④ 선행처분이 불가쟁력이나 구속력이 그로 인하여 불이익을 입게 되는 자에게 수인한도를 넘는 가혹함을 가져오며, 그 결과가 당사자에게 예측가능한 것이 아닌 경우에는 선행처분의 후행처분에 대한 구속력은 인정될 수 있다.

해설

① (×) 개별공시지가결정의 하자를 이유로 양도소득세 부과처분에 대해 소송을 청구하여야 한다.
② (○) 표준지공시지가결정에 위법이 있는 경우에는 그 자체를 행정소송의 대상이 되는 행정처분으로 보아 그 위법 여부를 다툴 수 있음은 물론 수용보상금의 증액을 구하는 소송에서도 선행처분으로서 그 수용대상 토지가격 산정의 기초가 된 비교표준지공시지가결정의 위법을 독립된 사유로 주장할 수 있다(대판 2008.8.21., 2007두13845).
③ (×) 개별공시지가결정과 과세처분은 각각의 별개의 법효과를 발생시키지만, 예외적으로 하자승계를 인정하였다.
④ (×) 선행처분이 불가쟁력이나 구속력이 그로 인하여 불이익을 입게 되는 자에게 수인한도를 넘는 가혹함을 가져오며, 그 결과가 당사자에게 예측가능한 것이 아닌 경우에는 국민의 재판을 받을 권리를 보장하고 있는 헌법의 이념에 비추어 선행처분의 후행처분에 대한 구속력은 인정될 수 없다(대판 1994.1.25., 93누8542).

정답 | ②

388

388	① ② ③
기출처	예상문제
난이도	★★
키워드	행정행위의 하자

불복기간이 경과한 하자 있는 개별공시지가결정으로 이루어진 양도소득세 부과처분에 대한 취소소송의 설명으로 옳은 것은? (다툼이 있는 경우 판례에 의함)

① 토지를 매도한 이후에 그 양도소득세 산정의 기초가 되는 개별공시지가결정에 대하여 한 재조사청구에 따른 조정결정을 통지받고서 더 이상 다투지 아니한 경우에 선행처분인 위법을 양도소득세 부과처분의 위법사유로 주장할 수 있다.

② 개별공시지가결정이 무효인 경우에는 하자승계의 논의 실익이 없어 양도소득세 부과처분의 취소를 주장할 수 없다.

③ 당사자의 수인한도를 넘는 불이익이 강요되는 경우에는 서로 결합하여 발생하는 법효과와 상관없이 개별공시지가결정의 위법을 양도소득세 부과처분의 위법사유로 주장할 수 있다는 것이 판례의 입장이다.

④ 개별공시지가결정과 양도소득세 부과처분은 동일목적의 처분으로 결합하여 하나의 효과를 완성하는 처분이다.

관련기출 옳은지문

• 당사자의 수인한도를 넘는 불이익이 강요되는 경우에는 개별공시지가결정의 위법을 양도소득세 부과처분의 위법사유로 주장할 수 있다는 것이 판례의 입장이다. 10국가직7급

해설

① (×) 개별공시지가결정의 하자를 이유로 양도소득세 부과처분에 쟁송을 제기할 수 있으나, 재조사청구에 따른 감액조정통지에도 불구하고 불복하지 않은 경우에는 하자의 승계를 인정하지 않는다.

> 개별토지가격결정에 대한 재조사청구에 따른 감액조정에 대하여 더 이상 불복하지 아니한 경우, 이를 기초로 한 양도소득세 부과처분 취소소송에서 다시 개별토지가격결정의 위법을 당해 과세처분의 위법사유로 주장할 수 없다(대판 1998.3.13., 96누6059).

② (×) 선행처분이 무효인 경우에는 하자의 승계는 당연히 인정된다.
③ 빈출 (○) 당해 결정은 이해관계인에게 개별적으로 고지되는 것도 아니고, 또한 관계인으로서는 이러한 개별공시지가가 자신에게 유리 또는 불리하게 적용될 것 인지도 알기 어려운 것으로서, 이러한 사정하에서 관계인이 그 쟁송기간 내에 당해 처분을 다투지 않았다고 하여 이를 기초로 한 과세처분 등 후행처분에서 그 위법을 주장할 수 없도록 하는 것은 관계인에 수인한도를 넘는 불이익을 강요하는 것이므로, 이러한 경우에는 관계인은 개별공시지가결정과 과세처분은 서로 독립하여 별개의 법률효과를 목적으로 하는 것임에도 불구하고, 개별공시지가 결정에 위법이 있는 경우에는 그 자체를 행정소송의 대상이 되는 행정처분으로 보아, 그 위법 여부를 다툴 수 있음은 물론 이를 기초로 한 과세처분 등 행정처분의 취소를 구하는 행정소송에서도 선행처분인 개별공시지가 결정의 위법을 독립된 위법사유로 주장할 수 있다(대판 1994.1.25., 93누8542, 대판 1998.3.13., 96누6059).
④ (×) 개별공시지가결정은 이를 기초로 한 과세처분 등과는 별개의 독립된 처분으로서 서로 독립하여 별개의 법률효과를 목적으로 하는 것이다(대판 1994.1.25., 93누8542).

정답 | ③

389
행정행위의 흠에 관한 설명으로 옳지 않은 것은? (다툼이 있는 경우 판례에 의함)

① 일정한 행정행위에 대하여 법령에 상대방의 신청 또는 동의를 행정행위 효력의 필요적 절차로 규정하고 있는 경우 상대방의 신청 또는 동의를 결하는 행위는 무효이다.
② 선행처분인 국제항공노선 운수권배분 실효처분 및 노선면허거부처분에 대하여 이미 불가쟁력이 생겨 그 효력을 다툴 수 없게 된 이상 그에 위법사유가 있더라도 그것이 당연무효사유가 아닌 한 그 하자가 후행처분인 노선면허처분에 승계된다고 할 수 없다.
③ 무효인 징계처분은 상대방의 용인이 있다고 하여 치유되지는 않는다.
④ 개별공시지가결정과 과세처분 사이에 있어서 하자승계를 인정하지 않는 것이 판례의 입장이다.

389	
기출처	예상문제
난이도	★★
키워드	행정행위의 하자

해설

① (○) 상대방의 협력을 필요로 하는 처분은 상대방의 신청이나 동의가 없는 경우에 무효이다.
② (○) 선행처분인 국제항공노선 운수권배분 실효처분 및 노선면허거부처분에 대하여 이미 불가쟁력이 생겨 그 효력을 다툴 수 없게 된 이상 그에 위법사유가 있더라도 그것이 당연무효사유가 아닌 한 그 하자가 후행처분인 노선면허처분에 승계된다고 할 수 없다(대판 2004.11.26., 2003두3123).
③ (○) 징계처분이 중대하고 명백한 하자 때문에 당연무효라면 비록 상대방이 이를 용인하였더라도 그 하자가 치유되는 것은 아니다(대판 1989.12.12., 88누8869).
④ (×) 개별공시지가결정과 과세처분 사이에는 각각의 별개의 법효과가 발생하나, 예외적으로 승계를 인정하였다(대판 1994.1.25., 93누8542).

정답 | ④

390 필수

행정행위의 하자에 대한 설명으로 옳은 것은? (다툼이 있는 경우 판례에 의함)

① 임용 당시 법령상 공무원임용 결격사유가 있었더라도 임용권자의 과실에 의하여 임용결격자임을 밝혀내지 못한 경우라면 그 임용행위가 당연무효가 된다고 할 수는 없다.
② 철거명령이 당연무효인 경우에는 그에 근거한 후행행위인 건축물철거 대집행계고처분도 당연무효이다.
③ 행정행위의 내용상의 하자는 치유의 대상이 될 수 있으나, 형식이나 절차상의 하자에 대해서는 치유가 인정되지 않는다.
④ 부담금 부과처분 이후에 처분의 근거 법률이 위헌결정된 경우, 그 부과처분에 불가쟁력이 발생하였고 위헌결정 전에 이미 관할 행정청이 압류처분을 하였다면, 위헌결정 이후에도 후속절차인 체납처분절차를 통하여 부담금을 강제징수할 수 있다.

해설

① 빈출 (×) 「경찰공무원법」에 규정되어 있는 경찰관임용 결격사유는 경찰관으로 임용되기 위한 절대적인 소극적 요건으로서 임용 당시 경찰관임용 결격사유가 있었다면 비록 임용권자의 과실에 의하여 임용결격자임을 밝혀내지 못하였다 하더라도 그 임용행위는 당연무효로 보아야 한다(대판 2005.7.28., 2003두469).
② (○) 대판 1999.4.27., 97누6780
③ (×) 행정행위의 하자의 치유는 내용상 하자가 아닌 주로 절차나 형식상의 하자에 대한 것이다.
④ 빈출 (×) 처분의 근거 법이 위헌결정을 받게 되면 그 처분의 집행을 위한 행정작용이나 집행을 유지하기 위한 행정작용은 위헌결정의 기속력에 위반되어 무효에 해당된다는 것이 대법원의 입장이다(대판 2002.8.23., 2001두2959).

정답 | ②

관련기출 옳은지문 (390)
- 과세처분 이후 조세 부과의 근거가 되었던 법률규정에 대하여 위헌결정이 내려진 경우, 그 위헌결정의 효력에 위배하여 이루어진 체납처분은 당연무효이다. 16국가직7급

---

391 필수

행정행위의 하자의 승계에 대한 설명으로 옳지 않은 것은?

① 2개 이상의 행정처분이 연속적 또는 단계적으로 이루어지는 경우 선행처분과 후행처분이 서로 합하여 1개의 법률효과를 완성하는 때에는 선행처분에 하자가 있으면 그 하자는 후행처분에 승계된다.
② 선행처분과 후행처분이 서로 독립하여 별개의 법률효과를 발생시키는 경우에는 선행처분에 불가쟁력이 생겨 그 효력을 다툴 수 없게 되면 수인한도를 넘는 가혹함을 가져오며 그 결과가 당사자에게 예측가능하지 않더라도 하자의 승계가 인정되지 않는다.
③ 과세관청의 선행처분인 소득금액변동통지에 하자가 존재하더라도 당연무효사유에 해당하지 않는 한 후행처분인 징수처분에 대한 항고소송에서 그 하자를 다툴 수 없다.
④ 수용보상금의 증액을 구하는 소송에서는 선행처분으로서 그 수용대상 토지 가격 산정의 기초가 된 비교표준지공시지가결정의 위법을 독립된 사유로 주장할 수 있다.

해설

② 빈출 (×) 2개 이상의 행정처분이 연속적 또는 단계적으로 이루어지는 경우 선행처분과 후행처분이 서로 합하여 1개의 법률효과를 완성하는 때에는 선행처분에 하자가 있으면 그 하자는 후행처분에 승계된다.(①) 이러한 경우에는 선행처분에 불가쟁력이 생겨 그 효력을 다툴 수 없게 되더라도 선행처분의 하자를 이유로 후행처분의 효력을 다툴 수 있다. 그러나 선행처분과 후행처분이 서로 독립하여 별개의 법률효과를 발생시키는 경우에는 선행처분에 불가쟁력이 생겨 그 효력을 다툴 수 없게 되면 선행처분의 하자가 중대하고 명백하여 선행처

관련기출 옳은지문 (391)
- 구 「부동산 가격공시 및 감정평가에 관한 법률」상 선행처분인 표준지공시지가의 결정에 하자가 있는 경우에 그 하자는 보상금 산정을 위한 수용재결에 승계된다. 18국가직9급

- 위법한 개별공시지가결정에 대하여 그 정해진 시정절차를 통하여 시정하도록 요구하지 아니하였다는 이유로 위법한 개별공시지가를 기초로 한 과세처분 등 후행 행정처분에서 개별공시지가결정의 위법을 주장할 수 없도록 하는 것은 수인한도를 넘는 불이익을 강요하는 것이다. 18서울시9급

분이 당연무효인 경우를 제외하고는 특별한 사정이 없는 한 선행처분의 하자를 이유로 후행처분의 효력을 다툴 수 없는 것이 원칙이다. 다만, 그 경우에도 선행처분의 불가쟁력이나 구속력이 그로 인하여 불이익을 입게 되는 자에게 수인한도를 넘는 가혹함을 가져오고, 그 결과가 당사자에게 예측가능한 것이 아니라면, 국민의 재판받을 권리를 보장하고 있는 헌법의 이념에 비추어 선행처분의 후행처분에 대한 구속력을 인정할 수 없다(대판 2019.1.31., 2017두40372).

③ (○) 선행처분인 소득금액변동통지에 하자가 존재하더라도 당연무효사유에 해당하지 않는 한 후행처분인 징수처분에 그대로 승계되지 아니한다. 따라서 과세관청의 소득처분과 그에 따른 소득금액변동통지가 있는 경우 원천징수하는 소득세의 납세의무에 관하여는 이를 확정하는 소득금액변동통지에 대한 항고소송에서 다투어야 하고, 소득금액변동통지가 당연무효가 아닌 한 징수처분에 대한 항고소송에서 이를 다툴 수는 없다(대판 2012.1.26., 2009두14439).

④ (○) 표준지공시지가결정이 위법한 경우에는 그 자체를 행정소송의 대상이 되는 행정처분으로 보아 그 위법 여부를 다툴 수 있음은 물론, 수용보상금의 증액을 구하는 소송에서도 선행처분으로서 그 수용대상 토지 가격 산정의 기초가 된 비교표준지공시지가결정의 위법을 독립된 사유로 주장할 수 있다(대판 2008.8.21., 2007두13845).

- 선행행위와 후행행위가 결합하여 하나의 법적 효과를 목적으로 하는 경우에는 선행행위에 무효 여부와 상관없이 하자승계가 인정된다.
  19(상)군무원9급

정답 | ②

392 필수

행정행위의 하자에 관한 설명으로 옳은 것은? (다툼이 있는 경우 판례에 의함)

① 납세고지서에 세액산출근거 등의 기재사항이 누락되었다거나 과세표준과 세액의 계산명세서가 첨부되지 않았더라도 납세고지의 하자는 납세의무자가 그 나름대로 산출근거를 알고 있다거나 사실상 이를 알고서 쟁송에 이르렀다면 치유된다.

② 행정청이 영업허가취소 등의 처분을 하려면 반드시 사전에 청문절차를 거쳐야 하고 당해 영업자가 청문을 포기한 경우가 아니한 청문절차를 거치지 않고 한 영업소폐쇄명령은 위법하며 이는 무효사유에 해당한다.

③ 계고처분의 후속절차인 대집행에 위법이 있다고 하더라도, 그와 같은 후속절차에 위법성이 있다는 점을 들어 선행절차인 계고처분이 부적법하다는 사유로 삼을 수는 없다.

④ 임면권자인 대통령이 아닌 국가정보원장이 5급 이상의 국가정보원 직원에 대하여 한 의원면직처분은 당연무효이다.

392	
기출처	예상문제
난이도	★★
키워드	행정행위의 하자

해설

① 빈출 (×) 납세고지서에 과세연도, 세목, 세액, 및 그 산출 근거, 납부기한과 납부장소 등의 명시를 요구한 「국세징수법」 제9조 등은 강행규정으로 보아야 하고, 따라서 납세고지서에 세액산출근거 등의 기재사항이 누락되었다거나 과세표준과 세액의 계산명세서가 첨부되지 않았다면 적법한 납세의 고지라고 볼 수 없으며, 위와 같은 납세고지의 하자는 납세의무자가 그 나름대로 산출근거를 알고 있다거나 사실상 이를 알고서 쟁송에 이르렀다 하더라도 치유되지 않는다(대판 2002.11.13., 2001두1543).

② (×) 행정청이 영업허가취소 등의 처분을 하려면 반드시 사전에 청문절차를 거쳐야 하고 당해 영업자가 청문을 포기한 경우가 아니한 청문절차를 거치지 않고 한 영업소폐쇄명령은 위법하며 취소사유에 해당한다(대판 1982.6.14., 83누14).

③ 빈출 (○) 계고처분의 후속절차인 대집행에 위법이 있다고 하더라도, 그와 같은 후속절차에 위법성이 있다는 점을 들어 선행절차인 계고처분이 부적법하다는 사유로 삼을 수는 없다(대판 1997.2.14., 96누15428).

④ 빈출 (×) 행정청의 공무원에 대한 의원면직처분은 공무원의 사직의사를 수리하는 소극적 행정행위에 불과하고, 당해 공무원의 사직의사를 확인하는 확인적 행정행위의 성격이 강하며 재량의 여지가 거의 없기 때문에 의원면직처분에서의 행정청의 권한유월행위를 다른 일반적인 행정행위에서의 그것과 반드시 같이 보아야 할 것은 아니다(대판 2007.7.26., 2005두15748).

정답 | ③

393

불가쟁력이 발생한 행정처분의 하자를 이유로 후행 행정처분에 대해 쟁송을 제기할 수 있는 경우로 옳은 것을 모두 고르면? (다툼이 있는 경우 판례에 의함)

> ㄱ. 상이등급결정 – 상이등급 개정 여부에 관한 결정
> ㄴ. 도로점용허가 – 점용료 부과처분
> ㄷ. 국립보건원장(현 국립보건연구원장)의 안경사 시험합격 무효처분 – 보건사회부장관(현 보건복지부장관)의 안경사면허취소처분
> ㄹ. 무효인 도시계획시설사업 시행자 지정처분 – 사업실시계획 인가처분

① ㄱ, ㄴ
② ㄱ, ㄷ
③ ㄴ, ㄹ
④ ㄷ, ㄹ

해설

ㄱ. (×) 종전 상이등급결정과 이후에 이루어진 상이등급 개정 여부에 관한 결정이 동일한 행정목적을 달성하기 위하여 단계적인 일련의 절차로 연속하여 행하여지는 것으로서, 서로 결합하여 하나의 법률효과를 발생시키는 관계에 있다고 볼 수 없다. 따라서 종전 상이등급결정에 불가쟁력이 생겨 효력을 다툴 수 없게 된 경우 종전 상이등급결정의 하자가 중대·명백하여 당연무효가 아닌 이상, 그 하자를 들어 이후에 이루어진 상이등급 개정 여부에 관한 결정의 효력을 다툴 수 없다(대판 2015.12.10., 2015두46505).

ㄴ. (×) 도로점용허가와 점용료 부과처분은 서로 독립하여 별개의 법률효과를 발생시키므로 도로점용허가에 불가쟁력이 생겨 그 효력을 다툴 수 없게 되면 도로점용허가에 흠이 존재하더라도 그것이 당연무효사유에 해당하지 않는 한 그 흠을 이유로 점용료 부과처분의 효력을 다툴 수 없다. 이러한 법리는 도로점용허가의 변경허가와 이에 따른 점용료 감액처분의 경우에도 마찬가지로 적용된다. 이 사건 변경허가는 제소기간을 도과하여 불가쟁력이 발생하였으므로, 이 사건 변경허가가 당연무효가 아닌 이상 이 사건 변경허가에 흠이 있다 하더라도 이를 이유로 하여 이 사건 각 감액처분으로 감액되고 남은 이 사건 각 처분의 효력을 다툴 수는 없다(대판 2019.1.17., 2016두56721).

ㄷ. (○) 국립보건원장(현 국립보건연구원장)이 같은 법 제7조 제2항에 의하여 안경사 국가시험의 합격을 무효로 하는 처분을 함에 따라 보건사회부장관(현 보건복지부장관)이 안경사면허를 취소하는 처분을 한 경우 합격무효처분과 면허취소처분은 동일한 행정목적을 달성하기 위하여 단계적인 일련의 절차로 연속하여 행하여지는 행정처분으로서, 안경사 국가시험에 합격한 자에게 주었던 안경사면허를 박탈한다는 하나의 법률효과를 발생시키기 위하여 서로 결합된 선행처분과 후행처분의 관계에 있다(대판 1993.2.9., 92누4567).

ㄹ. (○) 선행처분과 후행처분이 서로 독립하여 별개의 법률효과를 목적으로 하는 때에도 선행처분이 당연무효이면 선행처분의 하자를 이유로 후행처분의 효력을 다툴 수 있다. 도시계획시설사업의 시행자가 작성한 실시계획을 인가하는 처분은 도시계획시설사업 시행자에게 도시계획시설사업의 공사를 허가하고 수용권을 부여하는 처분으로서 선행처분인 도시계획시설사업 시행자 지정처분이 처분 요건을 충족하지 못하여 당연무효인 경우에는 사업시행자 지정처분이 유효함을 전제로 이루어진 후행처분인 실시계획 인가처분도 무효라고 보아야 한다(대판 2017.7.11., 2016두35120).

정답 | ④

394 필수

행정행위의 하자승계에 대한 내용으로 옳지 않은 것은? (다툼이 있는 경우 판례에 의함)

① 관계인이 그 쟁송기간 내에 개별공시지가결정처분을 다투지 않았다고 하여 이를 기초로 한 과세처분 등 후행처분에서 그 위법을 주장할 수 없도록 하는 것은 관계인에 수인한도를 넘는 불이익을 강요하는 것이므로, 개별공시지가결정과 과세처분은 서로 독립하여 별개의 법률효과를 목적으로 하는 것임에도 불구하고, 하자승계를 인정하여야 한다.

② 선행처분인 국제항공노선 운수권배분 실효처분 및 노선면허거부처분에 대하여 이미 불가쟁력이 생겨 그 효력을 다툴 수 없게 된 이상 그에 위법사유가 있더라도 그것이 당연무효사유가 아닌 한 그 하자가 후행처분인 노선면허처분에 승계된다고 할 수 없다.

③ 선행처분인 서울-춘천 간 고속도로 민간투자시설사업의 사업시행자 지정처분의 무효를 이유로 그 후행처분인 도로구역결정처분의 취소를 구하는 소송에서, 선행처분인 사업시행자 지정처분을 무효로 할 만큼 중대하고 명백한 하자가 없다.

④ 甲을 친일반민족행위자로 결정한 친일반민족행위진상규명위원회의 최종발표에 따라 甲의 유가족 乙 등에 대하여「독립유공자 예우에 관한 법률」적용배제자 결정을 한 경우 두 처분은 각각의 별개의 법효과를 목적으로 하는 처분이고 하자의 승계는 인정될 수 없다.

해설

④ 빈출 (×) 甲을 친일반민족행위자로 결정한 친일반민족행위진상규명위원회의 최종발표(선행처분)에 따라 지방보훈지청장이「독립유공자 예우에 관한 법률」적용 대상자로 보상금 등의 예우를 받던 甲의 유가족 乙 등에 대하여「독립유공자 예우에 관한 법률」적용배제자 결정(후행처분)을 한 사안에서, 선행처분의 후행처분에 대한 구속력을 인정할 수 없어 선행처분의 위법을 이유로 후행처분의 효력을 다툴 수 있다(대판 2013.3.14., 2012두6964).

정답 | ④

394

기출처	예상문제
난이도	★★
키워드	행정행위의 하자

관련기출 옳은지문

- 선행행위와 후행행위가 서로 독립하여 별개의 법률효과를 목적으로 하는 경우라도 선행행위의 불가쟁력이나 구속력이 그로 인하여 불이익을 입는 자에게 수인한도를 넘는 가혹함을 가져오고 그 결과가 예측가능한 것이 아닌 때에는 하자의 승계를 인정할 수 있다. 17지방직9급

395

기출처	2020 지방직 7급
난이도	★★
키워드	행정행위의 하자

395 필수

행정행위의 효력에 대한 설명으로 옳지 않은 것은? (다툼이 있는 경우 판례에 의함)

① 선행처분과 후행처분이 서로 독립하여 별개의 법률효과를 목적으로 하는 때에도 선행처분이 당연무효이면 선행처분의 하자를 이유로 후행처분의 효력을 다툴 수 있다.

② 도시·군계획시설결정과 실시계획인가는 서로 결합하여 도시·군계획시설사업의 실시라는 하나의 법적 효과를 완성하므로, 도시·군계획시설결정의 하자는 실시계획인가에 승계된다.

③ 도지사의 인사교류안 작성과 그에 따른 인사교류의 권고가 전혀 이루어지지 않은 상태에서, 관할구역 내 A시의 시장이 인사교류로서 소속 지방공무원인 甲에게 B시 지방공무원으로 전출을 명한 처분은 당연무효이다.

④ 물품세 과세대상이 아닌 것을 세무공무원이 직무상 과실로 과세대상으로 오인하여 과세처분을 행함으로 인하여 손해가 발생된 경우에는, 동 과세처분이 취소되지 아니하였다 하더라도, 국가는 이로 인한 손해를 배상할 책임이 있다.

관련기출 옳은지문

• 「국토의 계획 및 이용에 관한 법률」상 도시·군계획시설결정과 실시계획인가는 동일한 법률효과를 목적으로 하는 것이 아니므로 선행처분인 도시·군계획시설결정의 하자는 실시계획인가에 승계되지 않는다. 18국가직9급

• 선행처분과 후행처분이 서로 독립하여 별개의 법률효과를 목적으로 하는 경우에 선행처분이 당연무효의 하자가 있다는 이유로 후행처분의 효력을 다툴 수 있다. 18서울시9급

해설

② 빈출 (×) 도시·군계획시설결정과 실시계획인가는 각각 별개의 법적 효과를 가져오는 처분이므로 하자의 승계는 인정되지 않는다.

> 도시·군계획시설결정과 실시계획인가는 도시·군계획시설사업을 위하여 이루어지는 단계적 행정절차에서 별도의 요건과 절차에 따라 별개의 법률효과를 발생시키는 독립적인 행정처분이다. 그러므로 선행처분인 도시·군계획시설결정에 하자가 있더라도 그것이 당연무효가 아닌 한 원칙적으로 후행처분인 실시계획인가에 승계되지 않는다(대판 2017.7.18., 2016두49938).

정답 | ②

396 필수

행정행위의 하자에 대한 설명으로 옳지 않은 것은? (다툼이 있는 경우 판례에 의함)

① 이미 불가쟁력이 발생한 보충역편입처분에 하자가 있다고 하더라도 그것이 당연무효의 사유가 아닌 한 공익근무요원소집처분에 승계되는 것은 아니다.
② 건물철거명령이 당연무효가 아니고 불가쟁력이 발생하였다면 건물철거명령의 하자를 이유로 후행 대집행계고처분의 효력을 다툴 수 없다.
③ 도시계획시설사업 시행자 지정처분이 처분 요건을 충족하지 못하여 당연무효인 경우, 도시계획시설사업의 시행자가 작성한 실시계획을 인가하는 처분도 무효이다.
④ 선행처분인 공무원직위해제처분과 후행 직권면직처분 사이에는 하자의 승계가 인정된다.

[기출처] 2022 국가직 9급
[난이도] ★★
[키워드] 행정행위의 하자

관련기출 옳은지문
· 광고물에 대한 자진철거명령과 대집행영장발부통보처분 사이에는 하자의 승계가 부정된다. 16교육행정직

해설

④ **빈출** (×) 구 「경찰공무원법」에 의한 직위해제처분과 면직처분은 후자가 전자의 처분을 전제로 한 것이기는 하나 각각 단계적으로 별개의 법률효과를 발생하는 행정처분이어서 선행 직위해제처분의 위법사유가 면직처분에는 승계되지 아니한다(대판 1984.9.11., 84누191).

정답 | ④

397

다음 중 하자의 승계가 인정되는 경우는? (단, 다툼이 있는 경우 판례에 의함)

① 국제항공노선 운수권배분 실효처분 및 노선면허거부처분과 노선면허처분
② 보충역편입처분과 공익근무요원소집처분
③ 토지구획정리사업시행인가처분과 환지청산금 부과처분
④ 대집행계고처분과 비용납부명령

[기출처] 2022 군무원 7급
[난이도] ★
[키워드] 행정행위의 하자

해설

① (×) 선행처분인 국제항공노선 운수권배분 실효처분 및 노선면허거부처분에 대하여 이미 불가쟁력이 생겨 그 효력을 다툴 수 없게 된 이상 그에 위법사유가 있더라도 그것이 당연무효사유가 아닌 한 그 하자가 후행처분인 노선면허처분에 승계된다고 할 수 없다(대판 2004.11.26., 2003두3123).
② (×) 선행처분인 보충역편입처분의 효력을 다투지 아니하여 불가쟁력이 생긴 경우, 선행처분의 하자를 이유로 후행처분인 공익근무요원소집처분의 효력을 다툴 수 없다(대판 2002.12.10., 2001두5422).
③ (×) 토지구획정리사업 시행 후 시행인가처분의 하자를 이유로 환지청산금 부과처분의 효력을 다툴 수 없다(대판 2004.10.14., 2002두424).
④ (○) 대집행의 계고와 영장통지, 실행, 비용징수는 결합되어 하나의 법률효과를 가져오는 행정작용으로서 선행처분의 하자는 후행처분에 승계된다.

정답 | ④

398

행정행위의 하자 및 하자승계에 대한 설명으로 옳지 않은 것은?

① 과세처분 이후 조세 부과의 근거가 되었던 법률규정에 대하여 위헌결정이 내려진 후에 행한 그 과세처분의 집행은 당연무효이다.
② 구「부동산 가격공시 및 감정평가에 관한 법률」상 선행처분인 표준지공시지가의 결정에 하자가 있는 경우에 그 하자는 보상금 산정을 위한 수용재결에 승계된다.
③ 재건축주택조합설립인가처분 당시 동의율을 충족하지 못한 하자는 후에 추가동의서가 제출되었다는 사정만으로 치유될 수 없다.
④ 건물소유자에게 소방시설 불량사항을 시정·보완하라는 명령을 구두로 고지한 것은 「행정절차법」에 위반한 것으로 하자가 중대하나 명백하지는 않아 취소사유에 해당한다.
⑤ 취소사유인 절차적 하자가 있는 당초 과세처분에 대하여 증액경정처분이 있는 경우, 소멸한 당초 처분의 절차적 하자는 존속하는 증액경정처분에 승계되지 않는다.

해설

① **빈출** (O) 조세 부과의 근거가 되었던 법률규정이 위헌으로 선언된 경우, 비록 그에 기한 과세처분이 위헌결정 전에 이루어졌고, 과세처분에 대한 제소기간이 이미 경과하여 조세채권이 확정되었으며, 조세채권의 집행을 위한 체납처분의 근거 규정 자체에 대하여는 따로 위헌결정이 내려진 바 없다고 하더라도, 위와 같은 위헌결정 이후에 조세채권의 집행을 위한 새로운 체납처분에 착수하거나 이를 속행하는 것은 더 이상 허용되지 않고, 나아가 이러한 위헌결정의 효력에 위배하여 이루어진 체납처분은 그 사유만으로 하자가 중대하고 객관적으로 명백하여 당연무효라고 보아야 한다(대판 2012.2.16., 2010두10907 전합).

② **빈출** (O) 위법한 표준지공시지가를 기초로 한 수용재결 등 후행 행정처분에서 표준지공시지가결정의 위법을 주장할 수 없도록 하는 것은 수인한도를 넘는 불이익을 강요하는 것으로서 국민의 재산권과 재판받을 권리를 보장한 헌법의 이념에도 부합하는 것이 아니다. 따라서 표준지공시지가결정이 위법한 경우에는 그 자체를 행정소송의 대상이 되는 행정처분으로 보아 그 위법 여부를 다툴 수 있음은 물론, 수용보상금의 증액을 구하는 소송에서도 선행처분으로서 그 수용대상 토지 가격 산정의 기초가 된 비교표준지공시지가결정의 위법을 독립한 사유로 주장할 수 있다(대판 2008.8.21., 2007두13845).

③ (O) 이 사건 설립인가처분 당시 동의율을 충족하지 못한 하자는 후에 추가동의서가 제출되었다는 사정만으로 치유될 수 없다고 판단하였다. 앞서 본 법리에 비추어 기록을 살펴보면, 원심의 위와 같은 판단은 정당한 것으로 수긍할 수 있다. 거기에 상고이유의 주장과 같이 행정처분의 하자의 치유에 관한 법리를 오해하는 등의 위법이 있다고 할 수 없다(대판 2013.7.11., 2011두27544).

④ (×) 집합건물 중 일부 구분건물의 소유자인 피고인이 관할 소방서장으로부터 소방시설 불량사항에 관한 시정보완명령을 받고도 따르지 아니하였다는 내용으로 기소된 사안에서, 담당 소방공무원이 행정처분인 위 명령을 구술로 고지한 것은 「행정절차법」 제24조를 위반한 것으로 하자가 중대하고 명백하여 당연무효이다(대판 2011.11.10., 2011도11109).

⑤ (O) 증액경정처분이 있는 경우 당초 처분은 증액경정처분에 흡수되어 소멸하고, 소멸한 당초 처분의 절차적 하자는 존속하는 증액경정처분에 승계되지 아니한다(대판 2010.6.24., 2007두16493).

정답 | ④

399

甲은 재산세 부과의 근거가 되는 개별공시지가와 그 산정의 기초가 되는 표준지공시지가가 위법하게 산정되었다고 주장한다. 이에 대한 설명으로 옳은 것만을 모두 고르면? (다툼이 있는 경우 판례에 의함)

399	① ② ③
기출처	2019 국가직 7급
난이도	★★★
키워드	행정행위의 하자

ㄱ. 취소사유에 해당하는 하자가 있는 표준지공시지가결정에 대한 취소소송의 제소기간이 지난 경우, 甲은 개별토지가격결정을 다투는 소송에서 그 개별토지가격 산정의 기초가 된 표준지공시지가의 위법성을 다툴 수 있다.

ㄴ. 甲은 개별공시지가결정에 대하여 곧바로 행정소송을 제기하거나 「부동산 가격공시에 관한 법률」에 따른 이의신청과 「행정심판법」에 따른 행정심판청구 중 어느 하나만을 거쳐 행정소송을 제기할 수 있을 뿐만 아니라, 이의신청을 하여 그 결과 통지를 받은 후 다시 행정심판을 거쳐 행정소송을 제기할 수도 있다.

ㄷ. 개별공시지가 산정업무 담당공무원 등이 그 직무상 의무에 위반하여 현저하게 불합리한 개별공시지가가 결정되도록 함으로써 甲의 재산권을 침해한 경우 상당인과관계가 인정되는 범위에서 그 손해에 대하여 그 담당공무원 등이 속한 지방자치단체가 배상책임을 지게 된다.

ㄹ. 甲이 개별공시지가결정에 따라 부과된 재산세를 납부한 후 이미 납부한 재산세에 대한 부당이득반환을 구하는 민사소송을 제기한 경우, 민사법원은 재산세 부과처분에 취소사유의 하자가 있음을 이유로 재산세 부과처분의 효력을 부인하고 그 납세액의 반환을 명하는 판결을 내릴 수 있다.

① ㄱ, ㄴ ② ㄱ, ㄹ ③ ㄴ, ㄷ ④ ㄷ, ㄹ

해설

ㄱ. (×) 표준공시지가와 개별공시지가는 각각 별개의 법효과를 목적으로 하여 하자승계가 부정된다.

> 표준지로 선정된 토지의 공시지가에 대하여 불복하기 위하여는 「지가공시 및 토지 등의 평가에 관한 법률」(현 「부동산 가격공시에 관한 법률」) 제8조 제1항 소정의 이의절차를 거쳐 처분청을 상대로 공시지가결정의 취소를 구하는 행정소송을 제기하여야 하고, 그러한 절차를 밟지 아니한 채 개별토지가격결정을 다투는 소송에서 개별토지가격 산정의 기초가 된 표준지공시지가의 위법성을 다툴 수는 없다(대판 1996.5.10., 95누9808).

ㄴ. (○) 개별공시지가는 항고쟁송의 대상인 처분에 해당하므로 이의신청, 행정심판, 행정소송이 가능하다. 행정심판전치는 임의적 절차이다.

> 개별공시지가에 대하여 이의가 있는 자는 곧바로 행정소송을 제기하거나 구 「부동산 가격공시 및 감정평가에 관한 법률」에 따른 이의신청과 「행정심판법」에 따른 행정심판청구 중 어느 하나만을 거쳐 행정소송을 제기할 수 있을 뿐 아니라, 이의신청을 하여 그 결과 통지를 받은 후 다시 행정심판을 거쳐 행정소송을 제기할 수도 있다고 보아야 하고, 이 경우 행정소송의 제기기간은 그 행정심판 재결서 정본을 송달받은 날부터 기산한다(대판 2010.1.28., 2008두19987).

ㄷ. (○) 개별공시지가 산정업무 담당공무원 등이 그 직무상 의무에 위반하여 현저하게 불합리한 개별공시지가가 결정되도록 함으로써 국민 개개인의 재산권을 침해한 경우에는 그 손해에 대하여 상당인과관계 있는 범위 내에서 그 담당공무원 등이 소속된 지방자치단체가 배상책임을 지게 된다(대판 2010.7.22., 2010다13527).

ㄹ. (×) 과세처분이 당연무효라고 볼 수 없는 한 과세처분에 취소할 수 있는 위법사유가 있다 하더라도 그 과세처분은 행정행위의 공정력 또는 집행력에 의하여 그것이 적법하게 취소되기 전까지는 유효하다 할 것이므로, 민사소송절차에서 그 과세처분의 효력을 부인할 수 없다(대판 1999.8.20., 99다20179).

정답 | ③

400
행정행위의 하자에 대한 설명으로 옳지 않은 것은?

① 수익적 행정처분의 취소 제한에 관한 법리는 처분청이 수익적 행정처분을 직권으로 취소하는 경우에 적용되는 법리일 뿐 쟁송취소의 경우에는 적용되지 않는다.

② 구 「학교보건법」상 학교환경위생정화구역에서의 금지행위 및 시설의 해제 여부에 관한 행정처분을 함에 있어 학교환경위생정화위원회 심의절차를 누락하였다면, 특별한 사정이 없는 한 이는 행정처분을 위법하게 하는 취소사유가 된다.

③ 행정청이 청문서 도달기간을 어겼다면 당사자가 이에 대하여 이의하지 아니한 채 스스로 청문일에 출석하여 방어의 기회를 충분히 가졌더라도 청문서 도달기간을 준수하지 아니한 하자가 치유되는 것은 아니다.

④ 토지등급결정내용의 개별통지가 있었다고 볼 수 없어 토지등급결정이 무효라면, 토지소유자가 그 결정 이전이나 이후에 토지등급결정내용을 알았다 하더라도 개별통지의 하자가 치유되는 것은 아니다.

해설

① (○) 수익적 행정처분에 대한 취소권 등의 행사는 기득권의 침해를 정당화할 만한 중대한 공익상의 필요 또는 제3자의 이익보호의 필요가 있는 때에 한하여 허용될 수 있다는 법리는, 처분청이 수익적 행정처분을 직권으로 취소·철회하는 경우에 적용되는 법리일 뿐 쟁송취소의 경우에는 적용되지 않는다(대판 2019.10.17., 2018두104).

② (○) 행정청이 구 「학교보건법」(2005.12.7. 법률 제7700호로 개정되기 전의 것) 소정의 학교환경위생정화구역 내에서 금지행위 및 시설의 해제 여부에 관한 행정처분을 함에 있어 학교환경위생정화위원회의 심의를 거치도록 한 취지는 … 금지행위 및 시설의 해제 여부에 관한 행정처분을 하면서 절차상 위와 같은 심의를 누락한 흠이 있다면 그와 같은 흠을 가리켜 위 행정처분의 효력에 아무런 영향을 주지 않는다거나 경미한 정도에 불과하다고 볼 수는 없으므로, 특별한 사정이 없는 한 이는 행정처분을 위법하게 하는 취소사유가 된다(대판 2007.3.15., 2006두15806).

③ **빈출** (×) 행정청이 청문서 도달기간을 다소 어겼다 하더라도 영업자가 이에 대하여 이의하지 아니한 채 스스로 청문일에 출석하여 그 의견을 진술하고 변명하는 등 방어의 기회를 충분히 가졌다면 청문서 도달기간을 준수하지 아니한 하자는 치유되었다고 봄이 상당하다(대판 1992.10.23., 92누2844).

④ (○) 토지등급결정내용의 개별통지가 있다고 볼 수 없어 토지등급결정이 무효인 이상, 토지소유자가 그 결정 이전이나 이후에 토지등급결정내용을 알았다거나 또는 그 결정 이후 매년 정기 등급수정의 결과가 토지소유자 등의 열람에 공하여졌다 하더라도 개별통지의 하자가 치유되는 것은 아니다(대판 1997.5.28., 96누5308).

정답 | ③

401 〈필수〉

행정행위의 하자의 치유에 대한 설명으로 옳은 것은? (다툼이 있는 경우 판례에 의함)

① 처분에 하자가 있더라도 처분청이 처분 이후에 새로운 사유를 추가하였다면, 처분 당시의 하자는 치유된다.
② 징계처분이 중대하고 명백한 하자로 인해 당연무효의 것이라도 징계처분을 받은 원고가 이를 용인하였다면 그 하자는 치유된다.
③ 행정청이 청문서 도달기간을 다소 어겼다 하더라도 당사자가 이에 대하여 이의하지 아니한 채 스스로 청문일에 출석하여 방어의 기회를 충분히 가졌다면 청문서 도달기간을 준수하지 아니한 하자는 치유된다.
④ 토지소유자 등의 동의율을 충족하지 못했다는 주택재건축정비사업조합 설립인가처분 당시의 하자는 후에 토지소유자 등의 추가 동의서가 제출되었다면 치유된다.

해설

① (×) 행정처분의 적법 여부는 처분 당시의 사유와 사정을 기준으로 판단하여야 하고 처분청이 처분 이후에 추가한 새로운 사유를 보태어 당초 처분의 흠을 치유시킬 수는 없다(대판 1987.8.18., 87누49).
② (×) 징계처분이 중대하고 명백한 흠 때문에 당연무효의 것이라면 징계처분을 받은 자가 이를 용인하였다 하여 그 흠이 치료되는 것은 아니다(대판 1989.12.12., 88누8869).
③ (○) 대판 1992.10.23., 92누2844
④ 빈출 (×) 주택재개발정비사업조합 설립추진위원회가 주택재개발정비사업조합 설립인가처분의 취소소송에 대한 1심 판결 이후 정비구역 내 토지 등 소유자의 4분의 3을 초과하는 조합설립동의서를 새로 받았다고 하더라도, 위 설립인가처분의 하자가 치유된다고 볼 수 없다(대판 2010.8.26., 2010두2579).

정답 | ③

401
기출처	2016 지방직 9급
난이도	★★
키워드	행정행위의 하자

관련기출 옳은지문

• 행정청이 청문서의 도달기간을 다소 어겼더라도 영업자가 이에 대하여 이의하지 아니한 채 스스로 청문일에 출석하여 그 의견을 진술하고 변명하는 등 방어의 기회를 충분히 가졌다면 청문서 도달기간을 준수하지 아니한 하자는 치유되었다고 봄이 상당하다. 10경찰1차

• 징계처분이 중대하고 명백한 하자 때문에 당연무효의 것이라면 징계처분을 받은 자가 이를 용인하였다 하여 그 하자가 치유되는 것은 아니다. 19지방직9급

402 〈필수〉

행정행위의 하자에 대한 설명으로 옳은 것은? (다툼이 있는 경우 판례에 의함)

① 과세처분의 취소를 구하는 행정소송에서 선행처분인 개별공시지가결정의 위법을 독립된 위법사유로 주장할 수 있다.
② 재건축조합설립인가처분 당시 동의율을 충족하지 못한 하자는 후에 추가동의서가 제출되었다는 사정만으로도 치유된다.
③ 적법한 건축물에 대한 철거명령은 그 하자가 중대하고 명백하여 당연무효라고 할 것이지만, 그 후행행위인 건축물철거 대집행계고처분은 당연무효라고 할 수 없다.
④ 세액산출근거가 기재되지 아니한 납세고지서에 의한 부과처분은 강행법규에 위반하여 취소대상이 된다고 할 것이지만 이와 같은 하자는 납세의무자가 전심절차에서 이를 주장하지 아니하였거나, 그 후 부과된 세금을 자진납부하였다거나, 또는 조세채권의 소멸시효기간이 만료된 경우 치유된다.

해설

① **빈출** (O) 위법한 개별공시지가를 기초로 한 과세처분 등 후행 행정처분에서 개별공시지가결정의 위법을 주장할 수 없도록 하는 것은 수인한도를 넘는 불이익을 강요하는 것으로서 국민의 재산권과 재판받을 권리를 보장한 헌법의 이념에도 부합하는 것이 아니라고 할 것이므로, 개별공시지가결정에 위법이 있는 경우에는 그 자체를 행정소송의 대상이 되는 행정처분으로 보아 그 위법 여부를 다툴 수 있음은 물론 이를 기초로 한 과세처분 등 행정처분의 취소를 구하는 행정소송에서도 선행처분인 개별공시지가결정의 위법을 독립된 위법사유로 주장할 수 있다(대판 1994.1.25., 93누8542).

② **빈출** (×) 이 사건 변경인가처분은 이 사건 설립인가처분 후 추가동의서가 제출되어 동의자 수가 변경되었음을 이유로 하는 것으로서 조합원의 신규가입을 이유로 한 경미한 사항의 변경에 대한 신고를 수리하는 의미에 불과하므로 이 사건 설립인가처분이 이 사건 변경인가처분에 흡수된다고 볼 수 없고, 또한 이 사건 설립인가처분 당시 동의율을 충족하지 못한 하자는 후에 추가동의서가 제출되었다는 사정만으로 치유될 수 없다(대판 2013.7.11., 2011두27544).

③ **빈출** (×) 적법한 건축물에 대한 철거명령은 그 하자가 중대하고 명백하여 당연무효라고 할 것이고, 그 후행행위인 건축물철거 대집행계고처분 역시 당연무효라고 할 것이다(대판 1999.4.27., 97누6780).

④ (×) 세액산출근거를 흠결한 납세고지처분이 위법하다는 주장 역시 다 같이 이건 과세처분의 위법사유의 하나로서, 전심절차에서 주장하지 아니하다가 본소에서 비로소 종전의 주장에 추가하였다 하여 그것이 전혀 별개의 주장이라고 할 수 없다. 또한 납세고지서에 기재누락된 사항을 보완통지하였다 하더라도 그 통지일이 부과처분의 위법판결선고 후일 뿐 아니라 「국세징수법」 제9조 제1항의 입법취지에 비추어 과세처분에 대한 납세의무자의 불복 여부의 결정 및 불복신청에 편의를 줄 수 없게 되었다면 위 부과처분의 하자가 치유되었다고 볼 수는 없다(대판 1984.5.9., 84누116).

정답 | ①

기출처: 2023 국가직 9급
난이도: ★★
키워드: 행정행위의 하자

관련기출 옳은지문

• 「도시 및 주거환경정비법」상 주택재건축사업의 추진위원회가 조합을 설립하고자 하는 때에는 토지소유자 등이 일정 수 이상 동의하여야 하는데, 조합설립인가처분이 이러한 요건을 충족하지 못한 상태에서 이루어졌다면 그러한 처분은 위법하고, 토지소유자 등의 추가동의서가 추후에 제출되어 법정요건을 갖추었다 할지라도 설립인가처분의 위법성이 치유되는 것은 아니다.
20소방직

403

행정행위의 하자에 대한 설명으로 옳지 않은 것은? (다툼이 있는 경우 판례에 의함)

① 헌법재판소의 위헌결정의 효력은 위헌제청을 한 당해 사건과 위헌결정이 있기 전에 이와 동종의 위헌 여부에 관하여 헌법재판소에 위헌여부심판제청을 하였던 사건에 미치고 위헌제청신청을 하지 아니하였다면 당해 법률 또는 법률의 조항이 재판의 전제가 되어 법원에 계속 중인 사건이라도 그 효력이 미칠 수 없다.

② 위헌결정의 소급효가 인정된다고 해서 위헌인 법률에 근거한 행정처분이 당연무효가 된다고는 할 수 없고, 이미 취소소송의 제기기간을 경과하여 불가쟁력이 발생한 행정처분에는 위헌결정의 소급효가 미치지 않는다.

③ 선행행위와 후행행위가 서로 독립하여 각각 별개의 법률효과를 목적으로 하는 때에는 원칙적으로 선행행위의 하자를 이유로 후행행위의 효력을 다툴 수 없다.

④ 구청장이 서울특별시 조례에 의한 적법한 위임 없이 택시운전자격정지처분을 한 경우, 그 하자가 비록 중대하다고 할지라도 객관적으로 명백하다고 할 수는 없으므로 당연무효 사유가 아니다.

해설

① (×) 헌법재판소의 위헌결정의 효력은 위헌제청을 한 당해 사건, 위헌결정이 있기 전에 이와 동종의 위헌 여부에 관하여 헌법재판소에 위헌여부심판제청을 하였거나 법원에 위헌여부심판제청신청을 한 경우만이 아니라 따로 위헌제청신청은 하지 아니하였지만 당해 법률 또는 법률의 조항이 재판의 전제가 되어 법원에 계속 중인 사건과 위헌결정 이후에 위와 같은 이유로 제소된 일반 사건에도 미친다(대판 2003.7.24., 2001다48781).

정답 | ①

403	
기출처	예상문제
난이도	★★
키워드	행정행위의 하자

404 〈필수〉

행정행위 하자의 치유에 대한 설명으로 옳지 않은 것은?

① 주택재건축정비사업조합 설립인가처분 당시 토지소유자 등의 동의율을 충족하지 못한 하자는 소제기 이후에 추가동의서가 제출되어 동의율을 충족한다면 치유된다.

② 흠이 있는 행정행위의 치유는 행정행위의 성질이나 법치주의 관점에서 볼 때 원칙적으로 허용될 수 없는 것이고, 예외적으로 이를 허용하는 때에도 국민의 권리나 이익을 침해하지 않는 범위에서 구체적 사정에 따라 합목적적으로 인정하여야 할 것이다.

③ 행정청이 청문서 도달기간을 다소 어겼다 하더라도 처분 상대방이 방어의 기회를 충분히 가졌다면 청문서 도달기간을 준수하지 아니한 하자는 치유되었다고 봄이 상당하다.

④ 징계처분이 중대하고 명백한 흠 때문에 당연무효의 것이라면 징계처분을 받은 자가 이를 용인하였다 하여 그 흠이 치유되는 것은 아니다.

해설

① (×) 설립인가처분 후 추가동의서가 제출되어 동의자 수가 변경되었음을 이유로 하는 것으로서 조합원의 신규가입을 이유로 한 경미한 사항의 변경에 대한 신고를 수리하는 의미에 불과하므로 이 사건 설립인가처분이 이 사건 변경인가처분에 흡수된다고 볼 수 없고, 또한 이 사건 설립인가처분 당시 동의율을 충족하지 못한 하자는 후에 추가동의서가 제출되었다는 사정만으로 치유될 수 없다(대판 2013.7.11., 2011두27544).

② (○) 대판 2010.8.26., 2010두2579
③ (○) 대판 1992.10.23., 92누2844
④ (○) 대판 1989.12.12., 88누8869

정답 | ①

404	
기출처	2025 지방직 9급
난이도	★★
키워드	행정행위의 하자

관련기출 옳은지문

- 흠의 치유는 원칙적으로 허용될 수 없는 것이지만 행정행위의 무용한 반복을 피함으로써 행정 경제를 도모하기 위해서 허용될 수 있으며 다른 국민의 권리나 이익을 침해하지 않는 범위 내에서 인정된다. 10경찰

- 하자 있는 행정행위의 치유는 행정행위의 성질이나 법치주의의 관점에서 볼 때 원칙적으로 허용될 수 없는 것이고, 예외적으로 행정행위의 무용한 반복을 피하고 당사자의 법적 안정성을 위해 이를 허용하는 때에도 국민의 권리나 이익을 침해하지 않는 범위에서 구체적 사정에 따라 합목적적으로 인정하여야 한다. 18서울시7급

405	① ② ③
기출처	예상문제
난이도	★★
키워드	행정행위의 하자

🔍 관련기출 옳은지문

• 면허의 취소처분에는 그 근거가 되는 법령이나 취소권 유보의 부관 등을 명시하여야 함은 물론 처분을 받은 자가 어떠한 위반사실에 대하여 당해 처분이 있었는지를 알 수 있을 정도로 사실을 적시할 것을 요하며, 이와 같은 취소처분의 근거와 위반사실의 적시를 빠뜨린 하자는 피처분자가 처분 당시 그 취지를 알고 있었거나 그 후 알게 되었다 하여도 그 하자는 치유될 수 없다.

20지방직7급 변형

405 〈필수〉

하자 있는 행정행위의 치유에 관한 설명으로 옳지 않은 것은? (다툼이 있는 경우 판례에 의함)

① 납세고지서에 세액산출근거를 전혀 명기하지 아니하였다면 설사 과세관청이 사전에 납세의무회사의 직원을 불러 과세의 근거와 세액산출근거 등을 사실상 알려준 바 있다 하더라도 이로써 그 하자가 치유될 수는 없다.

② 행정청이 청문서의 도달기간을 다소 어겼더라도 영업자가 이에 대하여 이의하지 아니한 채 스스로 청문일에 출석하여 그 의견을 진술하고 방어의 기회를 충분히 가졌다면 청문서 도달기간의 하자는 치유되었다고 보아야 한다.

③ 과세처분에 대한 전심절차가 모두 끝나고 상고심의 계류 중에 세액산출근거의 통지가 있었다면 비록 과세처분 당시에 세액산출근거가 누락된 하자가 있다고 해도 이로써 위 과세처분의 하자는 치유되었다고는 볼 수 있다.

④ 토지등급결정 내용의 개별통지가 없어 토지등급결정이 무효라면 토지소유자가 그 결정 이전이나 이후에 토지등급결정 내용을 알았다거나 또는 그 결정 이후 매년 정기등급수정의 결과가 토지소유자 등의 열람에 공하여졌다 하여 개별통지의 하자가 치유되는 것은 아니다.

해설

① (O) 납세고지서에 세액산출근거를 전혀 명기하지 아니하였다면 설사 과세관청이 사전에 납세의무회사의 직원을 불러 과세의 근거와 세액산출근거 등을 사실상 알려준 바 있다 하더라도 이로써 그 하자가 치유될 수는 없다(대판 1988.2.9., 83누404).

② **빈출** (O) 가령 행정청이 청문서 도달기간을 다소 어겼다 하더라도 영업자가 이에 대하여 이의하지 아니한 채 스스로 청문일에 출석하여 그 의견을 진술하고 변명하는 등 방어의 기회를 충분히 가졌다면 청문서 도달기간을 준수하지 아니한 하자는 치유되었다고 봄이 상당하다(대판 1992.10.23., 92누2844).

③ (×) 치유는 불복신청에 편의를 제공할 수 있는 시점(쟁송제기 이전) 내에 허용된다.

> 세액산출근거가 누락된 납세고지서에 의한 과세처분의 하자의 치유를 허용하려면 늦어도 과세처분에 대한 불복 여부의 결정 및 불복신청에 편의를 줄 수 있는 상당한 기간 내에 하여야 한다고 할 것이므로 위 과세처분에 대한 전심절차가 모두 끝나고 상고심의 계류 중에 세액산출근거의 통지가 있었다고 하여 이로써 위 과세처분의 하자가 치유되었다고는 볼 수 없다(대판1984.4.10., 83누393).

④ **빈출** (O) 무효는 치유대상이 되지 않는다.

> 개별통지는 색달동542 토지를 제외한 나머지 토지에 대하여는 토지등급결정 내용의 통지를 한 것으로 볼 수 없어 그 나머지 토지들에 대한 토지등급결정은 효력을 발생할 수 없는 무효의 처분이다. 토지등급결정 내용의 개별통지가 있다고 볼 수 없어 토지등급결정이 무효인 이상, 토지소유자가 그 결정 이전이나 이후에 토지등급결정 내용을 알았다거나 또는 그 결정 이후 매년 정기 등급수정의 결과가 토지소유자 등의 열람에 공하여졌다 하더라도 개별통지의 하자가 치유되는 것은 아니다(대판 1997.5.28., 96누5308).

정답 | ③

406 필수

행정행위의 하자에 대한 설명으로 옳은 것은? (다툼이 있는 경우 판례에 의함)

① 하자 있는 처분의 위법성을 판단하는 기준시점은 원칙적으로 처분 당시가 기준이나 이후에 처분에 관련된 법이 개정되어 국민에게 유리하게 변경된 경우에는 개정된 법에 의해서 처분의 하자 여부는 달라지게 되고 이에 하자의 치유는 개정법에 의해 좌우될 수 있다.
② 행정행위의 성질이나 법치주의의 관점에서 볼 때 하자 있는 행정행위의 치유는 원칙적으로 허용될 수 있고 이를 허용하는 경우에 국민의 권리와 이익을 침해하지 않는 범위에서 구체적 사정에 따라 합목적적으로 가려야 한다.
③ 납세고지서에 세액산출근거를 전혀 명기하지 아니하였다고 해도 과세관청이 사전에 납세의무회사의 직원을 불러 과세의 근거와 세액산출근거 등을 사실상 알려준 바 있다면 이로써 그 하자가 치유될 수는 있다.
④ 「도시 및 주거환경정비법」상 조합을 설립하고자 하는 경우에 토지소유자 등의 일정 수 이상 동의요건을 충족하지 못한 상태에서 이루어졌다면 토지소유자 등의 추가동의서가 추후에 제출되어 법정요건을 갖추었다 할지라도 설립인가처분의 위법성이 치유되는 것은 아니다.

406	1 2 3
기출처	예상문제
난이도	★★★
키워드	행정행위의 하자

🔍 관련기출 옳은지문

- 법치주의 원칙을 강조할 경우 행정행위의 하자의 치유는 원칙적으로 허용될 수 없지만 예외적으로 행정의 무용한 반복을 피하고 당사자의 법적 안정성을 위해 허용될 수 있다. 19서울시7급

- 행정소송에서 행정처분의 위법 여부는 행정처분이 있을 때의 법령과 사실상태를 기준으로 하여 판단하여야 하고 처분 후 법령의 개폐나 사실상태의 변동이 있다 하여 그러한 법령의 개폐나 사실상태의 변동에 의하여 처분의 위법성이 치유될 수 없다. 20소방직

해설

① 빈출 (×) 처분의 위법성 여부는 처분시를 기준으로 판단한다. 처분시 이후의 사실이나 법령의 개폐에 의해 처분의 위법성 여부는 영향을 받지 않는다.

> 행정소송에서 행정처분의 위법 여부는 행정처분이 있을 때의 법령과 사실상태를 기준으로 하여 판단하여야 하고, 처분 후 법령의 개폐나 사실상태의 변동에 의하여 영향을 받지는 않는다고 할 것이고, 하자 있는 행정행위의 치유는 행정행위의 성질이나 법치주의의 관점에서 볼 때 원칙적으로 허용될 수 없는 것이고, 예외적으로 행정행위의 무용한 반복을 피하고 당사자의 법적 안정성을 위해 이를 허용하는 때에도 국민의 권리나 이익을 침해하지 않는 범위에서 구체적 사정에 따라 합목적적으로 인정하여야 한다(대판 2002.7.9., 2001두10684).

② (×) 행정행위의 성질이나 법치주의의 관점에서 볼 때 하자 있는 행정행위의 치유는 원칙적으로 허용될 수 없는 것일 뿐만 아니라, 이를 허용하는 경우에도 국민의 권리와 이익을 침해하지 않는 범위에서 구체적 사정에 따라 합목적적으로 가려야 한다고 할 것이다(대판 1983.7.26., 82누420).

③ (×) 납세고지서에 세액산출근거를 전혀 명기하지 아니하였다면 설사 과세관청이 사전에 납세의무회사의 직원을 불러 과세의 근거와 세액산출근거 등을 사실상 알려준 바 있다 하더라도 이로써 그 하자가 치유될 수는 없다(대판 1988.2.9., 83누404).

④ (○) 대법원에 의하면 사후에 인가요건인 동의 정족수를 보완하였다고 해도 치유를 인정할 수 없다고 한다.

> 이 사건 변경인가처분은 이 사건 설립인가처분 후 추가동의서가 제출되어 동의자 수가 변경되었음을 이유로 하는 것으로서 조합원의 신규가입을 이유로 한 경미한 사항의 변경에 대한 신고를 수리하는 의미에 불과하므로 이 사건 설립인가처분이 이 사건 변경인가처분에 흡수된다고 볼 수 없고, 또한 이 사건 설립인가처분 당시 동의율을 충족하지 못한 하자는 후에 추가동의서가 제출되었다는 사정만으로 치유될 수 없다(대판 2013.7.11., 2011두27544).

정답 | ④

407 〈필수〉

행정행위의 하자에 대한 설명으로 옳지 않은 것은?

① 수익적 행정처분의 취소 제한에 관한 법리는 처분청이 수익적 행정처분을 직권으로 취소하는 경우에 적용되는 법리일 뿐 쟁송취소의 경우에는 적용되지 않는다.

② 구 「학교보건법」상 학교환경위생정화구역에서의 금지행위 및 시설의 해제 여부에 관한 행정처분을 함에 있어 학교환경위생정화위원회 심의절차를 누락하였다면, 특별한 사정이 없는 한 이는 행정처분을 위법하게 하는 취소사유가 된다.

③ 행정청이 청문서 도달기간을 어겼다면 당사자가 이에 대하여 이의하지 아니한 채 스스로 청문일에 출석하여 방어의 기회를 충분히 가졌더라도 청문서 도달기간을 준수하지 아니한 하자가 치유되는 것은 아니다.

④ 토지등급결정내용의 개별통지가 있었다고 볼 수 없어 토지등급결정이 무효라면, 토지소유자가 그 결정 이전이나 이후에 토지등급결정내용을 알았다 하더라도 개별통지의 하자가 치유되는 것은 아니다.

해설

① (○) 수익적 행정처분에 대한 취소권 등의 행사는 기득권의 침해를 정당화할 만한 중대한 공익상의 필요 또는 제3자의 이익보호의 필요가 있는 때에 한하여 허용될 수 있다는 법리는, 처분청이 수익적 행정처분을 직권으로 취소·철회하는 경우에 적용되는 법리일 뿐 쟁송취소의 경우에는 적용되지 않는다(대판 2019.10.17., 2018두104).

② (○) 행정청이 구 「학교보건법」(2005.12.7. 법률 제7700호로 개정되기 전의 것) 소정의 학교환경위생정화구역 내에서 금지행위 및 시설의 해제 여부에 관한 행정처분을 함에 있어 학교환경위생정화위원회의 심의를 거치도록 한 취지는 … 금지행위 및 시설의 해제 여부에 관한 행정처분을 하면서 절차상 위와 같은 심의를 누락한 흠이 있다면 그와 같은 흠을 가리켜 위 행정처분의 효력에 아무런 영향을 주지 않는다거나 경미한 정도에 불과하다고 볼 수는 없으므로, 특별한 사정이 없는 한 이는 행정처분을 위법하게 하는 취소사유가 된다(대판 2007.3.15., 2006두15806).

③ 빈출 (×) 행정청이 청문서 도달기간을 다소 어겼다 하더라도 영업자가 이에 대하여 이의하지 아니한 채 스스로 청문일에 출석하여 그 의견을 진술하고 변명하는 등 방어의 기회를 충분히 가졌다면 청문서 도달기간을 준수하지 아니한 하자는 치유되었다고 봄이 상당하다(대판 1992.10.23., 92누2844).

④ 빈출 (○) 무효는 하자의 치유대상이 아니다. 판례의 구체적 사실관계 등을 모른다고 해도 무효인 하자는 치유가 되지 않음을 통해 문제를 해결하도록 한다.

> 토지등급결정내용의 개별통지가 있었다고 볼 수 없어 토지등급결정이 무효인 이상, 토지소유자가 그 결정 이전이나 이후에 토지등급결정내용을 알았다거나 또는 그 결정 이후 매년 정기 등급수정의 결과가 토지소유자 등의 열람에 공하여졌다 하더라도 개별통지의 하자가 치유되는 것은 아니다(대판 1997.5.28., 96누5308).

정답 | ③

408

행정행위의 하자에 대한 설명으로 옳지 않은 것은? (다툼이 있는 경우 판례에 의함)

① 행정청이 「식품위생법」상의 청문절차를 이행함에 있어 청문서 도달기간을 다소 어겼지만 영업자가 이의하지 아니한 채 청문일에 출석하여 의견을 진술하고 변명하는 등 방어의 기회를 충분히 가졌다면 청문서 도달기간을 준수하지 아니한 하자는 치유되었다고 본다.
② 행정처분을 한 처분청은 그 처분의 성립에 하자가 있는 경우 이를 취소할 별도의 법적 근거가 없다고 하더라도 직권으로 이를 취소할 수 있다.
③ 행정처분에 있어 여러 개의 처분사유 중 일부가 적법하지 않으면 다른 처분사유로써 그 처분의 정당성이 인정된다고 하더라도, 그 처분은 위법하게 된다.
④ 계고처분의 후속절차인 대집행에 위법이 있다고 하더라도 그와 같은 후속절차에 위법성이 있다는 점을 들어 선행절차인 계고처분이 부적법하다는 사유로 삼을 수는 없다.

기출처	2020 국가직 9급
난이도	★★
키워드	행정행위의 하자

해설

① (○) 대판 1992.10.23., 92누2844
② (○) 행정청은 취소사유가 있으면 별도의 법적 근거 없이 취소할 수 있다. 다만, 신뢰보호나 비례원칙의 제한을 받는다.
③ (×) 여러 처분사유에 관하여 하나의 제재처분을 하였을 때 그중 일부가 인정되지 않는다고 하더라도 나머지 처분사유들만으로도 처분의 정당성이 인정되는 경우에는 그 처분을 위법하다고 보아 취소하여서는 아니 된다(대판 2020.5.14., 2019두63515).
④ (○) 대판 1997.2.14., 96누15428

정답 | ③

409 〈필수〉

행정행위의 하자에 대한 내용으로 옳은 것(○)과 옳지 않은 것(×)이 순서대로 바르게 된 것은? (다툼이 있는 경우 판례에 의함)

> ㄱ. 처분의 하자가 주체나 내용에 해당되는 경우에 하자의 치유는 쟁송을 제기한 이후에도 가능하다.
> ㄴ. 적법한 건축물에 대한 철거명령은 그 하자가 중대하고 명백하여 당연무효라고 할 것이고, 그 후행행위인 건축물철거 대집행계고처분 역시 당연무효라고 할 것이다.
> ㄷ. 행정행위의 하자는 치유가 인정되는 경우 치유가 이루어지는 시점부터 적법하고 유효한 처분으로 인정된다.
> ㄹ. 2개 이상의 행정처분이 연속적 또는 단계적으로 이루어지는 경우 선행처분과 후행처분이 서로 합하여 1개의 법률효과를 완성하는 때에는 선행처분에 불가쟁력이 생겨 그 효력을 다툴 수 없게 되더라도 선행처분의 하자를 이유로 후행처분의 효력을 다툴 수 있다.

	ㄱ	ㄴ	ㄷ	ㄹ
①	○	○	×	×
②	×	○	×	○
③	○	×	○	×
④	×	×	○	○

해설

ㄱ. (×) 치유의 대상이 되는 하자는 절차상 하자(형식의 하자 포함)뿐만 아니라 실체상의 하자도 포함하지만 하자의 치유가 주로 인정되는 것은 절차와 형식의 하자의 경우이다. 내용상의 하자에 대해서는 치유를 인정하지 않는다(대판 1991.5.28., 90누1359).

ㄴ. **빈출** (○) 적법한 건축물에 대한 철거명령은 그 하자가 중대하고 명백하여 당연무효라고 할 것이고, 그 후행행위인 건축물철거 대집행계고처분 역시 당연무효라고 할 것이다(대판 1999.4.27., 97누6780).

ㄷ. (×) 치유의 효과는 소급한다. 처분 당시부터 적법하고 유효한 처분으로 인정된다.

ㄹ. **빈출** (○) 2개 이상의 행정처분이 연속적 또는 단계적으로 이루어지는 경우 선행처분과 후행처분이 서로 합하여 1개의 법률효과를 완성하는 때에는 선행처분에 하자가 있으면 그 하자는 후행처분에 승계된다. 이러한 경우에는 선행처분에 불가쟁력이 생겨 그 효력을 다툴 수 없게 되더라도 선행처분의 하자를 이유로 후행처분의 효력을 다툴 수 있다. 그러나 선행처분과 후행처분이 서로 독립하여 별개의 법률효과를 발생시키는 경우에는 선행처분에 불가쟁력이 생겨 그 효력을 다툴 수 없게 되면 선행처분의 하자가 중대하고 명백하여 선행처분이 당연무효인 경우를 제외하고는 특별한 사정이 없는 한 선행처분의 하자를 이유로 후행처분의 효력을 다툴 수 없는 것이 원칙이다(대판 2019.1.31., 2017두40372).

정답 | ②

관련기출 옳은지문

- 적법한 건축물에 대한 철거명령은 그 하자가 중대하고 명백하여 당연무효이고 그 후행행위인 건축물 철거 대집행계고처분 역시 당연무효이다. 19서울시7급

기출처: 예상문제
난이도: ★★
키워드: 행정행위의 하자

410

행정행위의 하자에 대한 설명으로 옳지 않은 것은? (다툼이 있는 경우 판례에 의함)

① 국토계획법상 사업시행자 지정요건을 위반하여 사업시행자 지정처분을 한 경우, 그 지정처분 하자를 중대·명백한 하자로 볼 수 있다.
② 행정청이 청문서 도달기간을 다소 어겼다 하더라도 처분의 상대방이 이에 이의하지 않고 청문일에 출석하여 그 의견을 진술하고 변명하는 등을 하였다면 청문서 도달기간의 하자는 치유되었다고 봄이 상당하다.
③ 여러 처분사유에 관하여 하나의 제재처분을 하였을 때 그중 일부가 인정되지 않으면 나머지 처분사유들에 의해서 처분의 정당성이 인정되는 경우에도 그 처분은 위법하여 취소사유가 된다.
④ 도시계획사업의 실시계획인가 고시의 위법을 이유로 수용재결처분의 취소를 구할 수 없다.

해설

③ (×) 여러 처분사유에 관하여 하나의 제재처분을 하였을 때 그중 일부가 인정되지 않는다고 하더라도 나머지 처분사유들만으로도 처분의 정당성이 인정되는 경우에는 그 처분을 위법하다고 보아 취소하여서는 아니 된다 (대판 2020.5.14., 2019두63515).

정답 | ③

410	
기출처	예상문제
난이도	★★
키워드	행정행위의 하자

411

다음 중 행정행위의 하자에 대한 설명으로 가장 적절하지 않은 것은? (다툼이 있는 경우 판례에 의함)

① 사법심사에 있어서 행정행위의 하자 유무에 대한 판단자료는 원칙적으로 행정행위의 발급시에 제출된 것에 한정된다.
② 행정행위의 부존재와 무효는 행정쟁송법상 구별된다.
③ 법률에 근거하여 행정처분이 발하여진 후에 헌법재판소가 그 행정처분의 근거가 된 법률을 위헌으로 결정하였다면 결과적으로 행정처분은 법률의 근거가 없이 행하여진 것과 마찬가지가 되어 당연무효라고 할 것이다.
④ 사업시행자가 토지소유자와 협의를 거치지 아니한 채 토지의 수용을 위한 재결을 신청하였다는 하자는 절차상 위법으로서 이의재결의 취소를 구할 수 있는 사유가 될지언정 당연무효의 사유라고 할 수는 없다.

해설

① **지엽** (○) 사법심사에 있어서 하자 유무에 대한 판단자료도 '원칙적으로' 행정행위의 발급시에 제출된 것에 한정된다. 하지만 다음 판례에 유의하여야 한다.

> 항고소송에 있어서 행정처분의 위법 여부를 판단하는 기준시점에 대하여 판결시가 아니라 처분시라고 하는 의미는 행정처분이 있을 때의 법령과 사실상태를 기준으로 하여 위법 여부를 판단할 것이며 처분 후 법령의 개폐나 사실상태의 변동에 영향을 받지 않는다는 뜻이고 처분 당시 존재하였던 자료나 행정청에 제출되었던 자료만으로 위법 여부를 판단한다는 의미는 아니므로, 처분 당시의 사실상태 등에 대한 입증은 사실심 변론종결 당시까지 할 수 있고, 법원은 행정처분 당시 행정청이 알고 있었던 자료뿐만 아니라 사실심 변론종결 당시까지 제출된 모든 자료를 종합하여 처분 당시 존재하였던 객관적 사실을 확정하고 그 사실에 기초하여 처분의 위법 여부를 판단할 수 있다(대판 1993.5.27., 92누19033).

② (○) 「행정심판법」과 「행정소송법」은 무효등확인심판과 무효등확인소송에 있어서, '처분의 효력 유무 또는 존재 여부를'이라고 규정하여 무효와 부존재를 구분하고 있다.

> 「행정심판법」 제5조 【행정심판의 종류】 행정심판의 종류는 다음 각 호와 같다.
> 　2. 무효등확인심판: 행정청의 처분의 효력 유무 또는 존재 여부를 확인하는 행정심판
> 「행정소송법」 제4조 【항고소송】 항고소송은 다음과 같이 구분한다.
> 　2. 무효등확인소송: 행정청의 처분 등의 효력 유무 또는 존재 여부를 확인하는 소송

③ **빈출** (×) 법률에 근거하여 행정처분이 발하여진 후에 헌법재판소가 그 행정처분의 근거가 된 법률을 위헌으로 결정하였다면 결과적으로 행정처분은 법률의 근거가 없이 행하여진 것과 마찬가지가 되어 하자가 있는 것이 되나, 하자 있는 행정처분이 당연무효가 되기 위하여는 그 하자가 중대할 뿐만 아니라 명백한 것이어야 하는데, 일반적으로 법률이 헌법에 위반된다는 사정이 헌법재판소의 위헌결정이 있기 전에는 객관적으로 명백한 것이라고 할 수는 없으므로 헌법재판소의 위헌결정 전에 행정처분의 근거되는 당해 법률이 헌법에 위반된다는 사유는 특별한 사정이 없는 한 그 행정처분의 취소소송의 전제가 될 수 있을 뿐 당연무효사유는 아니라고 봄이 상당하다(대판 1994.10.28., 92누9463).
④ (○) 기업자(현 사업시행자)가 토지소유자와 협의를 거치지 아니한 채 피고에게 토지의 수용을 위한 재결을 신청하였다는 등의 하자들 역시 절차상 위법으로서 피고가 한 이의재결의 취소를 구할 수 있는 사유가 될지언정 당연무효의 사유라고 할 수는 없다(대판 1993.8.13., 93누2148).

정답 | ③

412 필수

위헌·위법인 법령에 근거한 행정처분의 효력에 대한 설명으로 옳은 것은? (다툼이 있는 경우 판례에 의함)

① 헌법재판소의 위헌결정 전에 행정처분의 근거되는 당해 법률이 헌법에 위반된다는 사유는 특별한 사정이 없는 한 그 행정처분의 취소소송의 전제가 될 뿐 아니라 당연무효사유라고 봄이 상당하다.

② 행정처분의 목적달성을 위하여서는 후행 행정처분이 필요한데 후행 행정처분은 아직 이루어지지 않아 그 행정처분을 무효로 하더라도 법적 안정성을 크게 해치지 않는 반면에 그 하자가 중대하여 그 구제가 필요한 경우에 대하여서는 쟁송기간 경과 후에라도 무효확인을 구할 수 있다.

③ 처분이 근거법의 위헌결정 전에 확정되었다면 위헌법률에 기한 행정처분의 집행이나 집행력을 유지하기 위한 행위는 위헌결정의 기속력에 위반되지 않는다.

④ 구청장이 위법한 서울특별시 조례에 의해 적법한 위임 없이 택시운전자격정지처분을 하였다면 그 하자가 중대하고 객관적으로 명백하여 당연무효사유에 해당한다.

412	
기출처	예상문제
난이도	★★
키워드	행정행위의 하자

🔍 **관련기출 옳은지문**
- 대법원은 처분이 있은 후에 근거법률이 위헌으로 결정된 경우, 그 처분의 집행이나 집행력을 유지하기 위한 행위는 위헌결정의 기속력에 위반되어 허용되지 않는다고 보았다.
12국가직7급

해설

① 빈출 (×) 처분의 근거법이 처분 후에 헌법재판소에 의해 위헌결정을 받게 되어도 해당 처분은 하자의 중대성은 있으나 명백성이 없어 취소사유에 해당한다.

> 일반적으로 법률이 헌법에 위반된다는 사정이 헌법재판소의 위헌결정이 있기 전에는 객관적으로 명백한 것이라고 할 수는 없으므로 헌법재판소의 위헌결정 전에 행정처분의 근거되는 당해 법률이 헌법에 위반된다는 사유는 특별한 사정이 없는 한 그 행정처분의 취소소송의 전제가 될 수 있을 뿐 당연무효사유는 아니라고 봄이 상당하다(대판 1994.10.28., 92누9463).

② 빈출 (○) 행정처분(자체의 효력이 쟁송기간 경과 후에도 존속 중인 경우, 특히 그 처분이 위헌법률에 근거하여 내려진 것이고 그 행정처분)의 목적달성을 위하여서는 후행 행정처분이 필요한데 후행 행정처분은 아직 이루어지지 않은 경우와 같이 그 행정처분을 무효로 하더라도 법적 안정성을 크게 해치지 않는 반면에 그 하자가 중대하여 그 구제가 필요한 경우에 대하여서는 그 예외를 인정하여 이를 당연무효사유로 보아서 쟁송기간 경과 후에라도 무효확인을 구할 수 있는 것이라고 봐야 할 것이다(헌재 1994.6.30., 92헌바23).

③ (×) 같은 법 전부에 대한 위헌결정으로 위 제30조 규정 역시 그 날로부터 효력을 상실하게 되었고, 나아가 위헌법률에 기한 행정처분의 집행이나 집행력을 유지하기 위한 행위는 위헌결정의 기속력에 위반되어 허용되지 않는다(대판 2002.8.23., 2001두2959).

④ (×) 구청장이 서울특별시 조례에 의한 적법한 위임 없이 택시운전자격정지처분을 한 경우, 그 하자가 비록 중대하다고 할지라도 객관적으로 명백하다고 할 수는 없으므로 당연무효사유가 아니다(대판 2002.12.10., 2001두4566).

정답 | ②

413

행정처분이 있은 후 근거 법률이 위헌결정된 경우에 관한 판례의 태도로 옳지 않은 것은?

① 처분이 있은 후에 근거 법률이 위헌으로 결정된 경우, 그 처분은 특별한 사정이 없는 한 명백한 하자라고 볼 수 없어 원칙적으로 취소할 수 있는 행위에 그친다.
② 처분이 있은 후에 근거 법률이 위헌으로 결정된 경우, 그 처분의 집행이나 집행력을 유지하기 위한 행위는 위헌결정의 기속력에 위반되어 허용되지 않는다.
③ 처분이 있은 후에 근거 법률이 위헌으로 결정된 경우, 그 처분은 법률의 근거가 없이 행하여진 것과 마찬가지의 하자가 인정되므로 불가쟁력이 발생하였다 하더라도 위헌결정의 소급효가 미친다.
④ 처분의 근거 법이 위헌결정을 받았다고 해도 일정한 경우에는 해당 처분은 무효가 될 수 있다는 주장이 있다.

해설

① (○) 법률에 근거하여 행정처분이 발하여진 후에 헌법재판소에 의해 그 법률이 위헌으로 되었다면 결과적으로 그 행정처분은 법률의 근거가 없이 행하여진 것과 마찬가지가 되어 하자가 있는 것이 되나, 그 하자가 중대하기는 하나 헌법재판소의 위헌결정이 있기 전에는 객관적으로 명백한 것이라고 할 수는 없으므로, 헌법재판소의 위헌결정 전에 행정처분의 근거가 되는 당해 법률이 헌법에 위반된다는 사유는 특별한 사정이 없는 한, 그 행정처분의 취소소송의 전제가 될 수 있을 뿐 당연무효사유는 아니라고 봄이 상당하다(대판 2000.6.9., 2000다16329).

② **빈출** (○) 위헌법률에 기한 행정처분의 집행이나 집행력을 유지하기 위한 행위는 위헌결정의 기속력에 위반되어 허용되지 않는다고 보아야 할 것인데, 그 규정 이외에는 체납부담금을 강제로 징수할 수 있는 다른 법률적 근거가 없으므로, 그 위헌결정 이전에 이미 부담금 부과처분과 압류처분 및 이에 기한 압류등기가 이루어지고 위의 각 처분이 확정되었다고 하여도, 위헌결정 이후에는 별도의 행정처분인 매각처분, 분배처분 등 후속 체납처분절차를 진행할 수 없는 것은 물론이고, 특별한 사정이 없는 한 기존의 압류등기나 교부청구만으로는 다른 사람에 의하여 개시된 경매절차에서 배당을 받을 수도 없다(대판 2002.8.23., 2001두2959).

③ **빈출** (×) 처분의 근거 법에 위헌결정이 있게 되면 처분은 원칙적으로 취소에 해당되어 이미 불가쟁력이 발생한 처분이라면 위헌결정의 효력이 소급하지 않는다.

> 위헌결정의 효력은 그 결정 이후에 당해 법률이 재판의 전제가 되었음을 이유로 법원에 제소된 일반사건에도 미치므로, 당해 법률에 근거하여 행정처분이 발하여진 후에 헌법재판소가 그 행정처분의 근거가 된 법률을 위헌으로 결정하였다면 결과적으로 행정처분은 법률의 근거가 없이 행하여진 것과 마찬가지가 되어 하자가 있는 것이 되나, 이미 취소소송의 제기기간을 경과하여 확정력이 발생한 행정처분의 경우에는 위헌결정의 소급효가 미치지 않는다고 보아야 할 것이다(대판 2002.11.8., 2001두3181).

④ (○) 헌법재판소는 처분의 근거 법에 위헌결정이 있었으나, 처분의 효력이 존속 중이고 행정목적을 달성하기 위하여 후행처분이 필요하나 후행처분이 발령되지 않은 경우, 국민의 권익구제필요성이 크고, 처분을 무효로 해도 행정청의 안정성이 해쳐지지 않는다면 무효로 볼 수 있다는 입장이다.

정답 | ③

414 〈필수〉

처분의 효력에 대한 설명으로 옳지 않은 것은? (다툼이 있는 경우 판례에 의함)

① 하자의 치유는 성립 당시에 적법한 요건을 갖추지 못한 흠 있는 행정행위를 그대로 존속시키면서 사후에 그 흠의 원인이 된 적법 요건을 보완하는 경우를 말하지만 흠 있는 부분에 해당하는 점용료를 감액하는 처분은 당초 처분 자체를 일부 취소하는 변경처분에 해당하고, 그 실질은 종래의 위법한 부분을 제거하는 것으로서 흠의 치유와는 차이가 있다.

② 근거 법률의 위헌결정 이전에 이미 부담금 부과처분과 압류처분 및 이에 기한 압류등기가 이루어지고 각 처분이 확정된 경우에 다른 사람에 의해서 이루어진 경매절차라면 기존의 압류등기나 교부청구로도 배당을 받을 수 있다.

③ 유료직업 소개사업의 허가갱신은 허가취득자에게 종전의 지위를 계속 유지시키는 효과를 갖는 것에 불과하고 갱신 후에는 갱신 전의 법위반사항을 불문에 붙이는 효과를 발생하는 것이 아니므로 일단 갱신이 있은 후에도 갱신 전의 법위반사실을 근거로 허가를 취소할 수 있다.

④ 행정처분에 대하여 그 행정처분의 근거가 된 법률이 위헌이라는 이유로 무효확인청구의 소가 제기된 경우, 원칙적으로 법원으로서는 그 법률이 위헌인지 여부에 대하여는 판단할 필요 없이 그 무효확인청구를 기각하여야 한다.

414	
기출처	예상문제
난이도	★★
키워드	행정행위의 하자

🔍 관련기출 옳은지문
- 어느 행정처분에 대하여 그 행정처분의 근거가 된 법률이 위헌이라는 이유로 무효확인청구의 소가 제기된 경우, 다른 특별한 사정이 없는 한 법원으로서는 그 법률이 위헌인지 여부에 대하여는 판단할 필요 없이 그 무효확인청구를 기각하여야 한다. 18지방직9급

해설

① (O) 대법원에 의하면 치유는 처분을 존속하면서 하자를 보완하는 행위이고 행정청의 일부취소는 종래 처분의 일부를 제거하는 행위로서 양자는 다르다고 한다.

> 흠의 치유는 성립 당시에 적법한 요건을 갖추지 못한 흠 있는 행정행위를 그대로 존속시키면서 사후에 그 흠의 원인이 된 적법 요건을 보완하는 경우를 말한다. 그런데 앞서 본 바와 같은 흠 있는 부분에 해당하는 점용료를 감액하는 처분은 당초 처분 자체를 일부 취소하는 변경처분에 해당하고, 그 실질은 종래의 위법한 부분을 제거하는 것으로서 흠의 치유와는 차이가 있다(대판 2019.1.17., 2016두56721·56738).

② (×) 근거법이 위헌결정을 받게 되면 그 처분은 취소에 해당하나 해당 처분을 집행하거나 유지하기 위한 작용은 무효이다. 따라서 부과처분을 집행하기 위한 압류는 무효이다. 또한 근거법의 위헌결정은 필요적 압류해제 사유에 해당한다.

③ (O) 대판 1982.7.27., 81누174

④ 빈출 (O) 어느 행정처분에 대하여 그 행정처분의 근거가 된 법률이 위헌이라는 이유로 무효확인청구의 소가 제기된 경우에는 다른 특별한 사정이 없는 한 법원으로서는 그 법률이 위헌인지 여부에 대하여는 판단할 필요 없이 그 무효확인청구를 기각하여야 한다(대판 1994.10.28., 92누9463).

정답 | ②

415 〈필수〉

위헌결정된 법령 및 처분에 대한 설명으로 옳은 것만을 〈보기〉에서 모두 고른 것은? (다툼이 있는 경우 판례에 의함)

| 보기 |

ㄱ. 위헌결정 이전에 이미 부담금 부과처분과 압류처분 및 이에 기한 압류등기가 이루어지고 각 처분이 확정되었다고 하여도, 특별한 사정이 없는 한 기존의 압류등기나 교부청구만으로는 다른 사람에 의하여 개시된 경매절차에서 배당을 받을 수 없다.

ㄴ. 처분이 있은 날로부터 1년이 도과한 처분으로서 당연무효에 해당하는 하자가 없는 경우, 그 처분의 근거 법령이 위헌결정되었다면 원칙적으로 소급효가 미친다.

ㄷ. 위헌결정은 원칙적으로 장래효를 가지나, 예외적으로 당해 사건, 동종사건, 병행사건에 효력을 미치며, 위헌결정 이후 제소된 일반사건에서도 소급효의 부인이 정의와 형평에 반하는 경우에는 소급효가 인정된다.

ㄹ. 법률의 위헌 여부가 명백하지 않은 상태라도 이후 해당 법률에 위헌이 선언되었다면 위헌판결의 기속력에 의해 그 법률에 근거한 행정처분의 하자는 무효사유이다.

① ㄱ, ㄴ
② ㄱ, ㄷ
③ ㄴ, ㄷ
④ ㄱ, ㄴ, ㄷ
⑤ ㄴ, ㄷ, ㄹ

해설

ㄱ. **빈출** (O) 처분의 근거 법이 위헌결정을 받게 되면 헌법재판소 위헌결정의 기속력에 따라 처분의 집행을 위한 작용 등은 허용될 수 없다. 따라서 이전에 압류했던 사안들은 위헌결정에 의해 해제되어야 하며, 다른 사람에 의해 이루어진 경매라도 이를 배당받을 수 없다(대판 2002.7.12., 2002두3317).

ㄴ. (×) 불가쟁력이 발생한 처분의 근거 법이 위헌결정이 있더라도 해당 처분은 무효사유가 아닌 취소사유에 해당하여 헌법재판소 위헌결정의 소급효가 미치지 않는다.

> 위헌인 법률에 근거한 행정처분이 당연무효인지의 여부는 위헌결정의 소급효와는 별개의 문제로서, 위헌결정의 소급효가 인정된다고 하여 위헌인 법률에 근거한 행정처분이 당연무효가 된다고는 할 수 없고, 오히려 이미 취소소송의 제기기간을 경과하여 확정력이 발생한 행정처분에는 위헌결정의 소급효가 미치지 않는다고 보아야 한다(대판 1994.10.28., 92누9463).

ㄷ. (O) 헌법재판소 위헌결정의 효력은 원칙적으로 장래효이다. 또한 위헌결정의 효력은 위헌제청을 한 당해 사건은 물론 위헌제청을 하지 않았지만 당해 법률을 전제로 재판이 진행 중인 사건에 미침이 원칙이다. 하지만 헌법재판소는 예외적으로 위헌결정 이후에 제소된 일반사건도 정의와 형평에 반하는 경우에는 소급효를 예외적으로 인정할 수 있다고 한다(헌재 2013.6.27., 2010헌마535).

ㄹ. **빈출** (×) 처분의 근거 법이 헌법재판소에 의해 위헌결정이 있게 되면, 해당 처분은 중대한 하자에 해당하지만 명백한 하자로 볼 수 없어 취소사유에 해당함이 원칙이다.

> 법률에 근거하여 행정처분이 발하여진 후에 헌법재판소가 그 행정처분의 근거가 된 법률을 위헌으로 결정하였다면 결과적으로 행정처분은 법률의 근거가 없이 행하여진 것과 마찬가지가 되어 하자가 있는 것이 되나, 하자 있는 행정처분이 당연무효가 되기 위하여는 그 하자가 중대할 뿐만 아니라 명백한 것이어야 하는데, 일반적으로 법률이 헌법에 위반된다는 사정이 헌법재판소의 위헌결정이 있기 전에는 객관적으로 명백한 것이라고 할 수는 없으므로 헌법재판소의 위헌결정 전에 행정처분의 근거되는 당해 법률이 헌법에 위반된다는 사유는 특별한 사정이 없는 한 그 행정처분의 취소소송의 전제가 될 수 있을 뿐 당연무효사유는 아니라고 봄이 상당하다(대판 1994.10.28., 92누9463).

정답 | ②

416 〈필수〉

다음 사례에 대한 설명으로 옳지 않은 것은? (다툼이 있는 경우 판례에 의함)

> A시 시장은 「학교용지 확보 등에 관한 특례법」 관계 조항에 따라 공동주택을 분양받은 甲, 乙, 丙, 丁 등에게 각각 다른 시기에 학교용지 부담금을 부과하였다. 이후 해당 조항에 대하여 법원의 위헌법률심판제청에 따라 헌법재판소가 위헌결정을 하였다(단, 甲, 乙, 丙, 丁은 모두 위헌법률심판제청신청을 하지 않은 것으로 가정함).

① 甲이 부담금을 납부하였고 부담금 부과처분에 불가쟁력이 발생한 상태라면, 해당 조항이 위헌으로 결정되더라도 이미 납부한 부담금을 반환받을 수 없다.

② 乙은 부담금을 납부한 후 부담금 부과처분에 대해 행정소송을 제기하였고 현재 소가 계속 중인 경우에도, 乙이 위헌법률심판제청신청을 하지 않았으므로 乙에게 위헌결정의 소급효는 미치지 않는다.

③ 丙이 부담금 부과처분에 대한 행정심판청구를 하여 기각재결서를 송달받았으나, 재결서 송달일로부터 90일 이내에 취소소송을 제기하였다면 丙의 청구는 인용될 수 있다.

④ 부담금 부과처분에 대한 제소기간이 경과하여 丁의 부담금 납부의무가 확정되었고 위헌결정 전에 丁의 재산에 대한 압류가 이루어진 상태라도, 丁에 대해 부담금 징수를 위한 체납처분을 속행할 수는 없다.

기출처: 2022 국가직 9급
난이도: ★★★
키워드: 행정행위의 하자

관련기출 옳은지문
- 취소소송의 제소기간을 경과하여 확정력이 발생한 행정처분에는 위헌결정의 소급효가 미치지 않는다.
  15지방직9급

해설

① **빈출** (O) 부과처분에 이미 불가쟁력이 발생하였다면 처분의 근거 법이 위헌결정을 받았다고 해도 위헌결정의 효력이 소급하여 영향을 미치지 못한다.

② (×) 위헌제청을 하지 않았더라도 당해 조항을 전제로 법원에서 소송이 진행 중인 사건에 위헌결정의 효력이 미치게 된다.

> 헌법재판소의 위헌결정의 효력은, 그 위헌결정의 기초인 위헌제청이 된 이른바 '당해 사건' 또는 동종의 위헌제청신청이 있었던 이른바 '동종사건'은 물론이고, 따로 위헌제청신청을 하지 아니하였지만 당해 법률 또는 법률조항이 재판의 전제가 되어 위헌결정 당시 법원에 계속 중인 이른바 '병행사건'에도 미치는 것이므로, 구 「개발이익환수에 관한 법률」(1995.12.29. 법률 제5108호로 개정된 것) 제10조 제3항 단서에 관한 헌법재판소의 위헌결정 당시 개발부담금 부과처분을 다투는 소송이 법원에 계속 중인 경우, 납부의무자는 위 위헌결정에 따라 그 사실심 변론종결시까지 실제매입가액을 입증하여 이를 인정받을 수 있다 할 것이고, 위헌결정 이후에 비로소 이에 관한 주장을 시작하였다 하여 달리 볼 것은 아니다(대판 2002.12.24., 2001두6111).

③ (O) 행정심판을 청구한 경우에 제소기간은 재결서 정본을 송달받은 날이 기준이 된다. 재결서 송달일로부터 90일 이내라면 소송을 통해 구제가 가능하다.

④ (O) 처분의 근거 법에 대한 위헌결정이 있었다면 헌재의 위헌결정의 기속력에 의해 해당 처분을 집행하거나 집행을 유지하는 행위는 무효가 된다. 조세채권을 집행할 수 없다.

정답 | ②

417

기출처: 2025 소방직
난이도: ★★
키워드: 행정행위의 하자

행정행위의 직권취소와 철회에 관한 설명으로 옳지 않은 것은? (다툼이 있는 경우 판례에 의함)

① 수익적 행정처분의 하자가 당사자의 사실은폐나 기타 사위의 방법에 의한 신청행위에 기인한 것이라면 당사자는 처분에 의한 이익이 위법하게 취득되었음을 알아 취소가능성도 예상하고 있었다 할 것이므로, 행정청이 당사자의 신뢰이익을 고려하지 아니하였더라도 재량권의 남용이 되지 아니한다.

② 「행정기본법」은 행정청이 당사자의 신뢰를 보호할 가치가 있는 등 정당한 사유가 있는 경우 위법 또는 부당한 처분의 전부나 일부를 소급하여 취소하여야 한다고 규정하고 있다.

③ 행정행위를 한 처분청은 그 처분 당시에 그 행정처분에 별다른 하자가 없었고 또 그 처분 후에 이를 취소할 별도의 법적 근거가 없다 하더라도 원래의 처분을 그대로 존속시킬 필요가 없게 된 사정변경이 생겼거나 또는 중대한 공익상의 필요가 발생한 경우에는 별개의 행정행위로 이를 철회하거나 변경할 수 있다.

④ 행정청이 여러 종류의 자동차운전면허를 취득한 자에 대하여 그 운전면허를 취소하는 경우, 취소사유가 특정 면허에 관한 것이 아니고 다른 면허와 공통된 것일 경우에는 여러 면허를 전부 취소할 수도 있다.

해설

① (○) 대판 2020.2.27., 2019두39611
② (×) '소급하여' 취소하는 것이 아니라, '장래를 향하여' 취소할 수 있다.

> 「행정기본법」 제18조 【위법 또는 부당한 처분의 취소】 ① 행정청은 위법 또는 부당한 처분의 전부나 일부를 소급하여 취소할 수 있다. 다만, 당사자의 신뢰를 보호할 가치가 있는 등 정당한 사유가 있는 경우에는 장래를 향하여 취소할 수 있다.

③ (○) 대판 1995.2.28., 94누7713
④ (○) 대판 2000.9.26., 2000두5425

정답 | ②

418 필수

기출처: 2025 국가직 9급
난이도: ★★
키워드: 행정행위의 하자

행정행위의 취소에 대한 설명으로 옳지 않은 것은?

① 도로관리청이 도로점용허가 중 특별사용의 필요가 없는 부분을 소급적으로 직권취소하였더라도, 도로관리청은 이미 징수한 점용료 중 취소된 부분의 점용면적에 해당하는 점용료를 반환하여야 하는 것은 아니다.

② 과세관청이 조세부과처분을 취소하면 그 부과처분으로 인한 법률효과는 일단 소멸하는 것이므로, 그 후 다시 동일한 과세대상에 대하여 조세부과처분을 하여도 이미 소멸한 법률효과가 다시 회복되는 것은 아니다.

③ 수익적 행정처분에 대한 취소권의 행사는 기득권의 침해를 정당화할 만한 중대한 공익상의 필요 또는 제3자의 이익보호의 필요가 있는 때에 한하여 허용될 수 있다는 법리는 쟁송취소의 경우에는 적용되지 않는다.

④ 행정청이 의료법인의 이사에 대한 이사취임승인취소처분(제1처분)을 직권으로 취소(제2처분)한 경우, 제1처분과 제2처분 사이에 법원에 의하여 선임결정된 임시이사들의 지위는 해임결정이 없더라도 당연히 소멸한다.

관련기출 옳은지문

· 행정청이 의료법인의 이사에 대한 이사취임승인취소처분(제1처분)을 직권으로 취소(제2처분)한 경우, 제1처분과 제2처분 사이에 법원에 의하여 선임결정된 임시이사들의 지위는 당연히 소멸된다. 23지방직7급

해설

① (×) 도로관리청이 도로점용허가 중 특별사용의 필요가 없는 부분을 소급적으로 직권취소하였다면, 도로관리청은 이미 징수한 점용료 중 취소된 부분의 점용면적에 해당하는 점용료를 반환하여야 한다(대판 2019.1.17., 2016두56721·56738).

② **빈출** (○) 과세관청이 부과처분을 취소하면 그 부과처분으로 인한 법률효과는 일단 소멸하는 것이므로, 그 후 다시 동일한 과세대상에 대하여 부과처분을 하여도 이미 소멸한 법률효과가 다시 회복되는 것은 아니고 새로운 부과처분에 근거한 법률효과가 생길 뿐이며, 그 새로운 부과처분의 내용이 실질에 있어서는 당초의 부과처분의 감액경정처분에 불과한 것이었다 하여 달리 해석할 것이 아니다(대판 1996.9.24., 96다204).

③ **빈출** (○) 수익적 행정처분에 대한 취소권 등의 행사는 기득권의 침해를 정당화할 만한 중대한 공익상의 필요 또는 제3자의 이익보호의 필요가 있는 때에 한하여 허용될 수 있다는 법리는, 처분청이 수익적 행정처분을 직권으로 취소·철회하는 경우에 적용되는 법리일 뿐 쟁송취소의 경우에는 적용되지 않는다(대판 2019.10.17., 2018두104).

④ (○) 행정처분이 취소되면 그 소급효에 의하여 처음부터 그 처분이 없었던 것과 같은 효과를 발생하게 되는바, 행정청이 의료법인의 이사에 대한 이사취임승인취소처분(제1처분)을 직권으로 취소(제2처분)한 경우에는 그로 인하여 이사가 소급하여 이사로서의 지위를 회복하게 되고, 그 결과 위 제1처분과 제2처분 사이에 법원에 의하여 선임결정된 임시이사들의 지위는 법원의 해임결정이 없더라도 당연히 소멸된다(대판 1997.1.21., 96누3401).

정답 | ①

419

행정행위의 하자에 관한 설명으로 옳지 않은 것은? (다툼이 있는 경우 판례에 의함)

① 행정처분의 대상이 되는 법률관계나 사실관계가 있는 것으로 오인할 만한 객관적인 사정이 있고 사실관계를 정확히 조사하여야만 그 대상이 되는지 여부가 밝혀질 수 있는 경우에는 비록 그 하자가 중대하더라도 명백하지 않아 무효로 볼 수 없다.
② 조례 제정권의 범위를 벗어나 국가사무를 대상으로 한 무효인 조례의 규정에 근거하여 지방자치단체의 장이 행정처분을 한 경우 그 행정처분은 하자가 중대하나, 명백하지는 아니하므로 당연무효에 해당하지 아니한다.
③ 보충역편입처분에 하자가 있다고 할지라도 그것이 중대하고 명백하지 않는 한, 그 하자를 이유로 공익근무요원소집처분의 효력을 다툴 수 없다.
④ 부동산에 관한 취득세를 신고하였으나 부동산매매계약이 해제됨에 따라 소유권 취득의 요건을 갖추지 못한 경우에는 그 하자가 중대하지만 외관상 명백하지 않아 무효는 아니며 취소할 수 있는 데 그친다.

419	
기출처	2021 소방직
난이도	★★
키워드	행정행위의 하자

해설

④ (×) 부동산매매계약이 해제되어 소유권의 취득요건이 구비되지 못한 경우에 취득세 신고는 무효에 해당하는 하자에 해당한다.

> 취득세 신고행위는 납세의무자와 과세관청 사이에 이루어지는 것으로서 취득세 신고행위의 존재를 신뢰하는 제3자의 보호가 특별히 문제되지 않아 그 신고행위를 당연무효로 보더라도 법적 안정성이 크게 저해되지 않는 반면, 과세요건 등에 관한 중대한 하자가 있고 그 법적 구제수단이 국세에 비하여 상대적으로 미비함에도 위법한 결과를 시정하지 않고 납세의무자에게 그 신고행위로 인한 불이익을 감수시키는 것이 과세행정의 안정과 그 원활한 운영의 요청을 참작하더라도 납세의무자의 권익구제 등의 측면에서 현저하게 부당하다고 볼 만한 특별한 사정이 있는 때에는 예외적으로 이와 같은 하자 있는 신고행위가 당연무효라고 함이 타당하다(대판 2009.2.12., 2008두11716).

정답 | ④

420 〈필수〉

행정처분의 무효에 대한 설명으로 옳지 않은 것은?

① 「행정기본법」은 행정처분이 무효가 되기 위해서는 그 하자가 법규의 중요한 부분을 위반한 중대한 것으로서 객관적으로 명백한 것이어야 한다고 규정하고 있다.

② 일반적으로 시행령이 헌법이나 법률에 위반된다는 사정은 그 시행령 규정을 위헌 또는 위법하여 무효라고 선언한 대법원의 판결이 선고되지 아니한 상태에서는 그 시행령 규정의 위헌 내지 위법 여부가 해석상 다툼의 여지가 없을 정도로 명백하였다고 인정되지 아니하는 이상 객관적으로 명백한 것이라 할 수 없으므로, 이러한 시행령에 근거한 행정처분의 하자는 취소사유에 해당할 뿐 무효사유가 된다고 볼 수는 없다.

③ 행정처분의 무효확인을 구하는 소에는 원고가 그 처분의 취소를 구하지 아니한다고 밝히지 아니한 이상 그 처분이 당연무효가 아니라면 그 취소를 구하는 취지도 포함되어 있는 것으로 보아야 하고, 그와 같은 경우에 취소청구를 인용하려면 먼저 취소를 구하는 항고소송으로서의 제소요건을 구비하여야 한다.

④ 국토계획법령이 정한 도시계획시설사업의 대상토지의 소유와 동의요건을 갖추지 못하였는데도 행정청이 사업시행자로 지정하였다면, 이는 국토계획법령이 정한 법규의 중요한 부분을 위반한 것으로서 특별한 사정이 없는 한 그 하자가 중대하다고 보아야 한다.

⑤ 선행처분인 도시계획시설사업 시행자 지정처분이 처분 요건을 충족하지 못하여 당연무효인 경우에는 사업 시행자 지정처분이 유효함을 전제로 이루어진 후행처분인 실시계획 인가처분도 무효라고 보아야 한다.

해설

① **지엽** (×) 「행정기본법」에는 취소와 철회에 대한 규정은 있으나 무효에 대해 규정하고 있지 않다.

②③ (○) 대판 2018.10.25., 2015두38856

④ (○) 국토계획법령이 정한 도시계획시설사업의 대상 토지의 소유와 동의 요건을 갖추지 못하였는데도 사업시행자로 지정하였다면, 이는 국토계획법령이 정한 법규의 중요한 부분을 위반한 것으로서 특별한 사정이 없는 한 그 하자가 중대하다고 보아야 한다(대판 2017.7.11., 2016두35144).

⑤ (○) 도시계획시설사업의 시행자가 작성한 실시계획을 인가하는 처분은 도시계획시설사업 시행자에게 도시계획시설사업의 공사를 허가하고 수용권을 부여하는 처분으로서 선행처분인 도시계획시설사업 시행자 지정처분이 처분 요건을 충족하지 못하여 당연무효인 경우에는 사업 시행자 지정처분이 유효함을 전제로 이루어진 후행처분인 실시계획 인가처분도 무효라고 보아야 한다(대판 2017.7.11., 2016두35120).

정답 | ①

관련기출 옳은지문

- 국토계획법령이 정한 도시계획시설사업의 대상토지의 소유와 동의요건을 갖추지 못하였음에도 도시계획시설사업의 사업시행자 지정처분을 한 경우에는 무효이다. 22소방직

421

무효인 행정행위에 대한 설명으로 옳은 것은? (다툼이 있는 경우 판례에 의함)

① 무효인 행정행위에 대해서 무효선언을 구하는 의미의 취소소송을 제기하는 경우 취소소송의 제소요건을 구비하여야 한다.
② 행정행위의 무효사유를 판단하는 기준으로서의 명백성은 행정행위의 법적 안정성 확보를 통하여 행정의 원활한 수행을 도모하는 한편, 그 행정행위를 유효한 것으로 믿은 제3자나 공공의 신뢰를 보호하여야 할 필요가 있는 경우에 보충적으로 요구된다.
③ 무효인 행정행위에 대해서 사정판결을 할 수 있다.
④ 거부처분에 대한 무효확인판결에는 간접강제가 인정된다.

421	
기출처	2020 국가직 7급
난이도	★★
키워드	행정행위의 하자

해설

① **빈출** (○) 무효선언적 의미에서의 취소소송은 취소소송을 청구하여 무효확인을 구하는 것으로서 취소소송의 형식으로 청구한 이상 취소소송의 청구요건을 적법하게 갖추어야 한다. 무효에 해당된다고 해도 취소소송의 요건을 갖추지 못한 경우라면 각하된다.

> 행정처분의 당연무효를 선언하는 의미에서 그 취소를 청구하는 행정소송을 제기한 경우에도 전심절차와 제소기간의 준수 등 취소소송의 제소요건을 갖추어야 한다(대판 1990.12.26., 90누6279).

② (×) 다수설과 판례는 무효사유를 판단하는 기준으로서 중대명백설의 입장을 취하고 있다. 제시된 내용은 명백성보충요건설에 대한 내용이다.

> 행정처분에 존재하는 하자가 중대하다고 하더라도 외형상 객관적으로 명백하지 않다면 그 처분을 당연무효라고 할 수 없다(대판 1997.5.9., 95다46722).

고득점 플러스+ 명백성보충설과 관련된 판례

> 행정처분의 집행이 이미 종료되었고 그것이 번복될 경우 법적 안정성을 크게 해치게 되는 경우에는 후에 행정처분의 근거가 된 법규가 헌법재판소에서 위헌으로 선고된다고 하더라도 그 행정처분이 당연무효가 되지는 않음이 원칙이라고 할 것이나, 행정처분(자체의 효력이 쟁송기간 경과 후에도 존속 중인 경우, 특히 그 처분이 위헌법률에 근거하여 내려진 것이고 행정처분)의 목적달성을 위하여서는 후행 행정처분이 필요한데 후행 행정처분은 아직 이루어지지 않은 경우와 같이 그 행정처분을 무효로 하더라도 법적 안정성을 크게 해치지 않는 반면에 그 하자가 중대하여 그 구제가 필요한 경우에 대하여서는 그 예외를 인정하여 이를 당연무효사유로 보아서 쟁송기간 경과 후에라도 무효확인을 구할 수 있는 것이라고 봐야 할 것이다(헌재 1994.6.30., 92헌바23).

③ (×) 무효인 행정행위는 사정판결의 대상이 아니다.

> 당연무효의 행정처분을 소송목적물로 하는 행정소송에서는 존치시킬 효력이 있는 행정행위가 없기 때문에 「행정소송법」 제28조 소정의 사정판결을 할 수 없다(대판 1996.3.22., 95누5509).

④ **빈출** (×) 무효확인판결은 간접강제가 인정되지 않는다.

> 「행정소송법」 제38조 제1항이 무효확인판결에 관하여 취소판결에 관한 규정을 준용함에 있어서 같은 법 제30조 제2항을 준용한다고 규정하면서도 같은 법 제34조는 이를 준용한다는 규정을 두지 않고 있으므로, 행정처분에 대하여 무효확인판결이 내려진 경우에는 그 행정처분이 거부처분인 경우에도 행정청에 판결의 취지에 따른 재처분 의무가 인정될 뿐 그에 대하여 간접강제까지 허용되는 것은 아니라고 할 것이다(대결 1998.12.24., 98무37).

정답 | ①

422

행정처분의 위법성에 대한 설명으로 옳지 않은 것은? (다툼이 있는 경우 판례에 의함)

① 행정청이 행정처분을 하면서 상대방에게 불복절차에 관한 고지의무를 이행하지 않았다면 이는 절차적 하자로서 그 행정처분은 위법하게 된다.
② 행정처분이 나중에 항고소송에서 위법하다고 판단되어 취소되더라도 그러한 사실만으로 바로 행정처분이 공무원의 고의나 과실로 인한 불법행위를 구성한다고 할 수 없다.
③ 절차상의 하자를 이유로 행정처분을 취소하는 판결이 선고되어 확정된 경우, 그 확정판결의 기속력은 취소사유로 된 절차의 위법에 한하여 미치는 것이므로 행정청은 적법한 절차를 갖추어 동일한 내용의 처분을 다시 할 수 있다.
④ 권한 없는 행정청이 한 위법한 행정처분을 취소할 수 있는 권한은 그 행정처분을 한 처분청에게 속하는 것이고, 그 행정처분을 할 수 있는 적법한 권한을 가지는 행정청에게 그 취소권이 귀속되는 것은 아니다.

해설

① 빈출 (×) 고지는 처분의 불복에 관한 안내제도로서 국민에 대한 일종의 배려조치이다. 이에 하자가 있다고 해도 처분이 위법하게 되는 것은 아니며 처분에 영향을 주지 않는다.

> 고지절차에 관한 규정은 행정처분의 상대방이 그 처분에 대한 행정심판의 절차를 밟는 데 있어 편의를 제공하려는 데 있으며 처분청이 위 규정에 따른 고지의무를 이행하지 아니하였다고 하더라도 경우에 따라서는 행정심판의 제기기간이 연장될 수 있는 것에 그치고 이로 인하여 심판의 대상이 되는 행정처분에 어떤 하자가 수반된다고 할 수 없다(대판 1987.11.24., 87누529).

② (O) 대판 2021.6.30., 2017다249219
③ (O) 대판 1985.5.28., 84누408
④ (O) 대판 1984.10.10., 84누463

정답 | ①

423

행정행위의 하자에 대한 내용으로 옳지 않은 것만을 모두 고른 것은? (다툼이 있는 경우 판례에 의함)

ㄱ. 개별 법률에 규정된 청문을 요하는 행정처분의 경우에서 필요한 청문절차를 결여한 하자는 무효사유에 해당한다.
ㄴ. 기본행위인 법률행위가 취소에 해당되는 경우에도 보충행위로서의 행정청의 인가 행위가 있다면 그 기본행위는 유효인 것으로 치유된다.
ㄷ. 상당한 의무이행기간을 부여하지 아니한 대집행계고처분 후에 대집행영장으로써 대집행의 시기를 늦춘 경우에도 그 계고처분의 하자는 치유되지 않는다.
ㄹ. 과세처분시 납세고지서에 과세표준, 세율, 세액의 산출근거 등이 누락된 경우의 하자는 과세처분이 있은 지 4년이 지나서 취소소송이 제기된 때에 보정된 납세고지서를 송달하였다는 사실이나 오랜기간(4년)의 경과로서 과세처분의 하자가 치유되었다고 볼 수는 없다.

① ㄱ, ㄴ   ② ㄱ, ㄷ   ③ ㄴ, ㄷ   ④ ㄱ, ㄴ, ㄷ

해설

ㄱ. 빈출 (×) 개별법상의 청문을 결여한 처분은 위법하나 취소사유에 해당한다.

> 허가영업에 대한 취소처분 또는 신고영업에 대한 폐쇄명령을 하기 위하여서는 「식품위생법」에 의거하여 반드시 사전에 청문절차를 거쳐야 하므로 상대방이 청문을 포기한 경우가 아닌 한 청문절차를 거치지 아니하고 한 영업소 폐쇄명령은 위법하여 취소사유에 해당한다(대판 1983.6.14., 83누14).

ㄴ. (×) 경상남도지사의 인가가 전제가 되는 자동차등록이라 하여 절대로 취소될 수 없는 성질의 것이 아니고 기본행위가 취소되면 보충행위로서의 행정청의 인가행위가 있다 하여 그 기본행위가 유효인 것으로 될 수 없는 것이다(대판 1975.6.24., 75다625).

ㄷ. (○) 「행정대집행법」 제3조 제1항은 행정청이 의무자에게 대집행영장으로써 대집행할 시기 등을 통지하기 위하여는 그 전제로서 대집행계고처분을 함에 있어서 의무이행을 할 수 있는 상당한 기간을 부여할 것을 요구하고 있으므로, 행정청인 피고가 의무이행기한이 1988.5.24.까지로 된 이 사건 대집행계고서를 5.19. 원고에게 발송하여 원고가 그 이행종기인 5.24. 이를 수령하였다면, 설사 피고가 대집행영장으로써 대집행의 시기를 1988.5.27 15:00로 늦추었더라도 위 대집행계고처분은 상당한 이행기한을 정하여 한 것이 아니어서 대집행의 적법절차에 위배한 것으로 위법한 처분이라고 할 것이다(대판 1990.9.14., 90누2048).

ㄹ. (○) 과세처분시 납세고지서에 과세표준, 세율, 세액의 산출근거 등이 누락된 경우에는 늦어도 과세처분에 대한 불복여부의 결정 및 불복신청에 편의를 줄 수 있는 상당기간 내에 보정행위를 하여야 그 하자가 치유된다 할 것이므로 과세처분이 있은 지 4년이 지나서 취소소송이 제기된 때에 보정된 납세고지서를 송달하였다는 사실이나 오랜기간(4년)의 경과로서 과세처분의 하자가 치유되었다고 볼 수는 없다(대판 1983.7.26., 82누420).

정답 | ①

424
행정행위의 하자에 대한 설명 중 옳지 않은 것은? (다툼이 있는 경우 판례에 의함)

① 조세체납자가 아닌 제3자의 소유물건을 압류하고 공매하더라도 법률상 실현불가능한 것이므로 당연무효이다.
② 과세처분이 조세부과처분의 근거 법령에 대한 위헌결정 전에 이루어졌고 과세처분의 제소기간이 경과하여 조세채권이 확정되었더라도 그 위헌결정 이후 조세채권의 새로운 체납처분에 착수하거나 이를 속행하는 것은 허용되지 않는다.
③ 난민 인정 거부처분의 취소를 구하는 취소소송이 진행 되는 중에 그 거부처분을 한 후 국적국의 정치적 상황이 변화하였다면 처분의 적법 여부가 달라지게 되어 법원은 변경된 상황에 맞게 판단을 하여야 한다.
④ 행정청은 처분에 오기(誤記), 오산(誤算) 또는 그 밖에 이에 준하는 명백한 잘못이 있을 때에는 직권으로 또는 신청에 따라 지체 없이 정정하고 그 사실을 당사자에게 통지하여야 한다.

424 | 1 2 3
기출처 | 예상문제
난이도 | ★
키워드 | 행정행위의 하자

해설

① (○) 대판 1993.4.27., 92누12117
② (○) 위헌결정 이후에 해당 처분을 집행하는 작용(또는 유지하거나 속행하는 작용)은 헌법재판소 위헌결정 기속력에 반하여 무효이다.
③ (×) 행정소송에서 행정처분의 위법 여부는 행정처분이 행하여졌을 때의 법령과 사실상태를 기준으로 하여 판단하여야 하고, 처분 후 법령의 개폐나 사실상태의 변동에 의하여 영향을 받지는 않으므로, 난민 인정 거부처분의 취소를 구하는 취소소송에서도 그 거부처분을 한 후 국적국의 정치적 상황이 변화하였다고 하여 처분의 적법 여부가 달라지는 것은 아니다(대판 2008.7.24., 2007두3930).
④ (○) 행정청은 처분에 오기(誤記), 오산(誤算) 또는 그 밖에 이에 준하는 명백한 잘못이 있을 때에는 직권으로 또는 신청에 따라 지체 없이 정정하고 그 사실을 당사자에게 통지하여야 한다(「행정절차법」 제25조).

정답 | ③

425	① ② ③
기출처	예상문제
난이도	★★
키워드	행정행위의 하자

425 〈필수〉

다음 중 무효인 하자에 해당하는 것을 모두 고른 것은? (다툼이 있는 경우 판례에 의함)

> ㄱ. 「행정절차법」 제21조 제1항과 제4항, 제22조 제1항 내지 제4항에 의하면 행정청이 침해적 행정처분을 함에 있어서 당사자에게 「행정절차법」상의 사전통지를 하지 않거나 의견제출의 기회를 주지 아니한 경우
> ㄴ. 환지처분이 확정되어 효력을 발생한 후 환지절차를 새로이 밟지 아니하고 한 환지변경처분의 효력
> ㄷ. 행정청이 사전에 교통영향평가를 거치지 아니한 채 '건축허가 전까지 교통영향평가 심의필증을 교부받을 것'을 부관으로 붙여서 한 '실시계획변경 승인 및 공사시행변경 인가처분'
> ㄹ. 부동산을 양도한 사실이 없음에도 부과된 양도소득세 부과처분

① ㄱ, ㄴ
② ㄷ, ㄹ
③ ㄴ, ㄹ
④ ㄱ, ㄷ

관련기출 옳은지문

• 「행정절차법」상 청문절차를 거쳐야 하는 처분임에도 청문절차를 결여한 처분은 취소사유에 해당한다.
17지방직7급

• 행정청이 사전에 교통영향평가를 거치지 아니한 채 '건축허가 전까지 교통영향평가 심의필증을 교부받을 것'을 부관으로 붙여서 한 '실시계획변경 승인 및 공사시행변경 인가처분'은 그 하자가 중대하고 객관적으로 명백한 당연무효라 볼 수 없다.
19지방직9급

• 권한 없는 행정기관이 한 당연무효인 행정처분을 취소할 수 있는 권한은 당해 행정처분을 한 처분청에게 속하고, 당해 행정처분을 할 수 있는 적법한 권한을 가지는 행정청에게 그 취소권이 귀속되는 것이 아니다.
19지방직9급

해설

ㄱ. (취소사유) 「행정절차법」 제21조 제1항과 제4항, 제22조 제1항 내지 제4항에 의하면 행정청이 침해적 행정처분을 함에 있어서 당사자에게 「행정절차법」상의 사전통지를 하지 않거나 의견제출의 기회를 주지 아니한 경우는 당해 처분의 성질상 의견청취가 현저히 곤란하거나 명백히 불필요하다고 인정될 만한 상당한 이유가 있는 경우 등 예외적인 경우에 해당하지 아니하는 한 그 처분은 위법하여 취소를 면할 수 없다(대판 2000.11.14., 99두5870).

ㄴ. (무효사유) 환지처분이 일단 확정되어 효력을 발생한 후에는 이를 소급하여 시정하는 뜻의 환지변경처분이란 있을 수 없고, 그러한 환지변경의 필요가 있을 때에는 환지절차를 새로이 밟아야 하며 이를 밟지 아니하고 한 환지변경처분은 위법하다 할 것인바, 그와 같은 위법은 환지절차의 본질을 해한 것으로서 그 흠은 중대하고 명백하여 행정처분의 무효사유에 해당한다(대판 1992.11.10., 91누8227).

ㄷ. (무효 아님) 행정청이 사전에 교통영향평가를 거치지 아니한 채 '건축허가 전까지 교통영향평가 심의필증을 교부받을 것'을 부관으로 붙여서 한 '실시계획변경 승인 및 공사시행변경 인가처분'에 중대하고 명백한 흠이 있다고 할 수 없어 이를 무효로 보기 어렵다(대판 2010.2.25., 2009두102).

ㄹ. (무효사유) 부동산을 양도한 사실이 없음에도 세무당국이 부동산을 양도한 것으로 오인하여 양도소득세를 부과하였다면 그 부과처분은 착오에 의한 행정처분으로서 그 표시된 내용에 중대하고 명백한 하자가 있어 당연무효이다(대판 1983.8.23., 83누179).

정답 | ③

426 필수

행정행위의 하자에 대한 설명으로 옳은 것은? (다툼이 있는 경우 판례에 의함)

① 5급 이상의 국가정보원 직원에 대한 의원면직처분이 임면권자인 대통령이 아닌 국가정보원장에 의해 행해진 것은 하자가 중대한 것이고 객관적으로 명백하여 당연무효에 해당한다.
② 단속 경찰관이 자신의 명의로 운전면허행정처분통지서를 작성·교부하여 행한 운전면허정지처분은 비록 그 처분의 내용·사유·근거 등이 기재된 서면을 교부하는 방식으로 행하여졌다고 하더라도 권한 없는 자에 의하여 행하여진 점에서 취소의 처분에 해당한다.
③ 「경찰공무원법」에 규정되어 있는 경찰관 임용 결격사유가 있었다면 비록 임용권자의 과실에 의하여 임용결격자임을 밝혀내지 못하였다 하더라도 그 임용행위는 당연무효로 보아야 한다.
④ 후행 도시계획의 결정을 하는 행정청이 선행 도시계획의 결정·변경 등에 관한 권한을 가지고 있지 아니한 경우에 선행 도시계획과 양립할 수 없는 내용이 포함된 후행 도시계획결정의 효력을 당연무효라 할 수 없다.

426	
기출처	예상문제
난이도	★★
키워드	행정행위의 하자

관련기출 옳은지문
• 무권한의 행위는 원칙적으로 무효라고 할 것이나, 5급 이상의 국가정보원 직원에 대해 임면권자인 대통령이 아닌 국가정보원장이 행한 의원면직처분은 당연무효에 해당하지 않는다. 18지방직9급

해설

① 빈출 (×) 대법원은 의원면직처분이 무권한자에 의해 이루어진 경우라도 의원면직처분의 성질상 당연무효라고 볼 수 없다는 입장이다.

> 5급 이상의 국가정보원직원에 대한 의원면직처분이 임면권자인 대통령이 아닌 국가정보원장에 의해 행해진 것으로 위법하고, 나아가 국가정보원직원의 명예퇴직원 내지 사직서 제출이 직위해제 후 1년여에 걸친 국가정보원장 측의 종용에 의한 것이었다는 사정을 감안한다 하더라도 그러한 하자가 중대한 것이라고 볼 수는 없으므로, 대통령의 내부결재가 있었는지에 관계없이 당연무효는 아니다(대판 2007.7.26., 2005두15748).

② (×) 경찰관이 자신의 명의로 운전면허행정처분통지서를 작성·교부하여 행한 운전면허정지처분은 비록 그 처분의 내용·사유·근거 등이 기재된 서면을 교부하는 방식으로 행하여졌다고 하더라도 권한 없는 자에 의하여 행하여진 점에서 무효의 처분에 해당한다(대판 1997.5.16., 97누2313).
③ (O) 「경찰공무원법」에 규정되어 있는 경찰관 임용 결격사유는 경찰관으로 임용되기 위한 절대적인 소극적 요건으로서 임용 당시 경찰관 임용 결격사유가 있었다면 비록 임용권자의 과실에 의하여 임용결격자임을 밝혀내지 못하였다 하더라도 그 임용행위는 당연무효로 보아야 한다(대판 2005.7.28., 2003두469).
④ 빈출 (×) 후행 도시계획의 결정을 하는 행정청이 선행 도시계획의 결정·변경 등에 관한 권한을 가지고 있지 아니한 경우에는 선행 도시계획과 서로 양립할 수 없는 내용이 포함된 후행 도시계획결정을 하는 것이 아무런 권한 없이 선행 도시계획결정을 폐지하고, 양립할 수 없는 새로운 내용이 포함된 후행 도시계획결정을 하는 것으로서 선행 도시계획결정의 폐지 부분은 권한 없는 자에 의하여 정해진 것으로서 무효이다(대판 2000.9.8., 99두11257).

정답 | ③

427 〈필수〉

다음 중 행정처분의 소멸에 관한 설명으로 가장 옳지 않은 것은? (단, 다툼이 있는 경우 판례에 의함)

① 취소심판을 제기한 경우 관할 행정심판위원회에서 취소재결하는 것은 직권취소에 해당한다.
② 도시계획시설사업의 사업자 지정을 한 관할청은 도시계획시설사업의 시행자 지정에 하자가 있는 경우, 별도의 법적 근거가 없더라도 스스로 이를 취소할 수 있다.
③ 종전 행정처분에 하자가 있음을 전제로 직권으로 이를 취소하는 행정처분의 경우 하자나 취소해야 할 필요성에 관한 증명책임은 기존이익과 권리를 침해하는 처분을 한 행정청에 있다.
④ 지방병무청장은 군의관의 신체등위판정이 금품수수에 따라 위법 또는 부당하게 이루어졌다고 인정하는 경우, 그 신체등위판정을 기초로 자신이 한 병역처분을 직권으로 취소할 수 있다.

해설

① (×) 행정심판을 통해 재결로서 이루어지는 취소는 쟁송취소에 해당한다.

정답 | ①

428

행정행위의 하자에 대한 설명으로 옳지 않은 것은? (다툼이 있는 경우 판례에 의함)

① 행정처분을 한 행정청은 그 처분의 성립에 하자가 있는 경우 이를 취소할 별도의 법적 근거가 없다 하더라도 직권으로 취소할 수 있다.
② 지방병무청장이 재신체검사 등을 거쳐 종전의 현역병입영대상편입처분을 보충역편입처분으로 변경한 후에 제소기간의 경과 등으로 보충역편입처분에 형식적 존속력이 생겼다면, 보충역편입처분에 하자가 있다는 이유로 이를 직권으로 취소하더라도 종전의 현역병입영대상편입처분의 효력은 회복되지 않는다.
③ 조세부과처분과 압류 등의 체납처분은 별개의 행정처분으로서 독립성을 가지므로 조세부과처분에 하자가 있더라도 그 부과처분이 취소되지 아니하는 한 그에 근거한 체납처분은 위법이라고 할 수 없으나, 그 부과처분에 중대하고도 명백한 하자가 있어 무효인 경우에는 그 부과처분의 집행을 위한 체납처분도 무효이다.
④ 민사소송에 있어서 어느 행정처분의 당연무효 여부가 선결문제로 되는 때에는 당해 수소법원이 이를 판단하여 당연무효임을 전제로 판결할 수 있고, 반드시 행정소송 등의 절차에 의하여 무효확인을 받아야 하는 것은 아니다.
⑤ 적법한 건축물에 대한 철거명령의 하자가 중대하고 명백하여 당연무효라 하더라도, 그 후행행위인 건축물철거 대집행계고처분이 당연무효인 것은 아니다.

해설

① (○) 직권취소는 처분청이 처분 당시의 하자를 시정하는 행위로서 그 자체로서 법치주의의 구현이다. 따라서 별도의 법적 근거를 요하지 않는다.
② (○) 대판 2002.5.28., 2001두9653
③ (○) 대판 1988.6.28., 87누1009
④ (○) 대판 2010.4.8., 2009다90092

⑤ 빈출 (×) 적법한 건축물에 대한 철거명령은 무효이며, 이에 따른 대집행의 계고도 무효이다.

> 적법한 건축물에 대한 철거명령은 그 하자가 중대하고 명백하여 당연무효라고 할 것이고, 그 후행행위인 건축물 철거 대집행계고처분 역시 당연무효라고 할 것이다(대판 1999.4.27., 97누6780).

정답 | ⑤

429
다음 사례에 관한 설명으로 옳은 것만을 모두 고른 것은? (다툼이 있는 경우 판례에 의함)

429	① ② ③
기출처	2021 국가직 7급
난이도	★★★
키워드	행정행위의 하자

> 甲은 1991.10.10. A 행정청의 공무원으로 신규임용되어 근무하였는데, 2007.12.5. A 행정청의 자체 조사 결과 위 신규임용 당시 甲은 범죄행위로 징역 3년형을 선고받고 집행이 종료된 지 5년을 지나지 아니한 자였음이 밝혀져, 임용 당시 시행되던 「국가공무원법」상 공무원임용 결격사유에 해당함을 이유로 A 행정청은 2008.1.25. 甲에 대한 임용을 취소하였다.

> ㄱ. 甲에 대한 신규 임용행위의 하자는 취소사유에 해당한다.
> ㄴ. 甲에 대한 임용행위는 신뢰보호원칙에 따라 보호된다.
> ㄷ. 甲은 공무원으로 신규임용되어 임용이 취소될 때까지 사실상 근무를 하였더라도 「공무원연금법」에 의한 퇴직급여를 청구할 수 없다.
> ㄹ. 甲이 신규임용되어 임용이 취소될 때까지 공무원으로서 한 행위는 당연무효라고 할 수 없다.

① ㄷ   ② ㄷ, ㄹ   ③ ㄱ, ㄴ, ㄹ   ④ ㄱ, ㄴ, ㄷ, ㄹ

해설

ㄱ. 빈출 (×) 결격자의 임용행위는 무효에 해당한다.

> 임용 당시 공무원 임용결격사유가 있었다면, 비록 국가의 과실에 의하여 임용결격자임을 밝혀내지 못하였다 하더라도 임용행위는 당연무효로 보아야 하고, 당연무효인 임용행위에 의하여 공무원의 신분을 취득한다거나 근로고용관계가 성립할 수는 없다(대판 2017.5.11., 2012다200486).

ㄴ. (×) 무효는 신뢰보호 대상이 아니다.

> 국가가 공무원임용 결격사유가 있는 자에 대하여 결격사유가 있는 것을 알지 못하고 공무원으로 임용하였다가 사후에 결격사유가 있는 자임을 발견하고 공무원 임용행위를 취소하는 것은 당사자에게 원래의 임용행위가 당초부터 당연무효이었음을 통지하여 확인시켜 주는 행위에 지나지 아니하는 것이므로, 그러한 의미에서 당초의 임용처분을 취소함에 있어서는 신의칙 내지 신뢰의 원칙을 적용할 수 없고 또 그러한 의미의 취소권은 시효로 소멸하는 것도 아니다(대판 1987.4.14., 86누459).

ㄷ. 빈출 (○) 사안의 공무원 甲은 사실상 공무원으로서 공무원의 신분은 무효이고, 사실상 공무원으로 근무했던 기간은 재직기간에 포함되지 않으며 퇴직급여 등을 청구할 수 없다.

> 임용결격자가 공무원으로 임용되어 사실상 근무하여 왔다 하더라도 적법한 공무원으로서의 신분을 취득하지 못한 자로서는 「공무원연금법」이나 「근로자퇴직급여 보장법」에서 정한 퇴직급여를 청구할 수 없다. 나아가 이와 같은 법리는 임용결격사유로 인하여 임용행위가 당연무효인 경우뿐만 아니라 임용행위의 하자로 임용행위가 취소되어 소급적으로 지위를 상실한 경우에도 마찬가지로 적용된다(대판 2017.5.11., 2012다200486).

ㄹ. (○) 사실상 공무원의 행위는 무효가 아닌 유효로 인정된다(하자의 개별화, 다양화이론 – 사실상 공무원).

정답 | ②

430

행정행위에 대한 설명으로 옳지 않은 것은? (다툼이 있는 경우 판례에 의함)

① 행정행위의 성립요건인 주체, 내용, 절차, 형식을 위반한 처분은 하자 있는 처분으로서 이 중 하나의 하자가 있다고 해도 해당 처분은 위법이고 무효에 해당한다.
② 신청에 대한 행정청의 거부가 적법하게 취소나 철회되지 않은 상태에서 행정청이 사유를 추가하여 거부처분을 반복한다면 반복된 후행 거부처분은 존재하지 않는 신청에 대한 거부로서 무효에 해당한다.
③ 마을버스 운수업자가 유류사용량을 사실과 다르게 부풀려 유가보조금을 과다 지급받은 데 대하여 부정수급기간 동안 지급된 유가보조금 전액을 회수하는 내용의 처분은 '정상적으로 지급받은 보조금'까지 반환하도록 명할 수 있는 것으로 위법하다.
④ 과세관청이 과세예고 통지 후 과세전적부심사 청구나 그에 대한 결정이 있기 전에 과세처분을 하였다면 이는 절차상 하자가 중대·명백하여 과세처분이 무효인 경우에 해당한다.

해설

① (×) 행정처분의 성립요건인 주체, 내용, 절차, 형식의 하자가 있는 경우에 하자 있는 처분이고 위법한 처분이지만, 하자의 정도에 따라 무효 또는 취소의 사유가 된다.

정답 | ①

431

행정행위의 하자에 대한 설명으로 옳은 것은? (다툼이 있는 경우 판례에 의함)

① 「국방·군사시설 사업에 관한 법률」 및 구 「산림법」에서 보전임지를 다른 용도로 이용하기 위한 사업에 대하여 승인 등 처분을 하기 전에 미리 산림청장과 협의를 하라는 규정을 위반하고 협의를 거치지 아니한 승인처분은 당연무효가 되는 하자에 해당한다.
② 재외국민의 주민등록신고요건 및 거주용여권 무효확인서를 첨부하지 아니하였음을 이유로 최고, 공고의 절차를 거치지 않고 한 주민등록말소처분은 무효사유에 해당한다.
③ 법률이 위헌으로 헌법재판소에 의해 확정된 경우, 위헌결정 전에 이루어진 법률관계에 기한 후속처분은 위헌적 법률관계가 새롭게 형성되는 경우라도 당연무효라 볼 수는 없다.
④ 「민법」상 비진의 의사표시의 무효에 관한 규정이 사인의 공법행위에는 적용되지 않으므로 그 사직원의 내용이 비록 진의가 아닌 경우라도 이를 받아들인 의원면직처분을 당연무효라 볼 수는 없다.

해설

① (×) 「국방·군사시설 사업에 관한 법률」 및 구 「산림법」에서 보전임지를 다른 용도로 이용하기 위한 사업에 대하여 승인 등 처분을 하기 전에 미리 산림청장과 협의를 하라고 규정한 의미 및 이러한 협의를 거치지 아니한 승인처분이 당연무효가 되는 하자에 해당하는 것은 아니다(대판 2006.6.30., 2005두14363).
② (×) 법령상의 규정된 절차를 거치지 않은 처분은 주로 취소사유에 해당된다.

> 재외국민이 관할 행정청에게 여행증명서의 무효확인서를 제출, 주민등록신고를 하여 주민등록이 되었는데, 관할 행정청이 주민등록신고시 거주용여권의 무효확인서를 첨부하지 아니하고 여행용여권의 무효확인서를 첨부하는 위법이 있었다고 하여 주민등록을 말소하는 처분을 한 경우 이 처분이 「주민등록법」 제17조의2에 규정한 최고, 공고의 절차를 거치지 아니하였다 하더라도 그러한 하자는 중대하고 명백한 것이라고 할 수 없어 처분의 당연무효 사유에 해당하는 것이라고는 할 수 없다(대판 1994.8.26., 94누3223).

③ (×) 처분의 근거 법이 헌법재판소로부터 위헌결정이 있은 후 해당 처분을 유지하고자 하는 행정작용이나 집행하고자 하는 행정작용은 헌법재판소 위헌결정의 기속력에 반하여 무효에 해당한다.

조세 부과의 근거가 되었던 법률규정이 위헌으로 선언된 경우, 비록 그에 기한 과세처분이 위헌결정 전에 이루어졌고, 과세처분에 대한 제소기간이 이미 경과하여 조세채권이 확정되었으며, 조세채권의 집행을 위한 체납처분의 근거 규정 자체에 대하여는 따로 위헌결정이 내려진 바 없다고 하더라도, 위와 같은 위헌결정 이후에 조세채권의 집행을 위한 새로운 체납처분에 착수하거나 이를 속행하는 것은 더 이상 허용되지 않고, 나아가 이러한 위헌결정의 효력에 위배하여 이루어진 체납처분은 그 사유만으로 하자가 중대하고 객관적으로 명백하여 당연무효라고 보아야 한다(대판 2012.2.16., 2010두10907).

④ (○) 「민법」상 비진의 의사표시의 무효규정은 공법에는 적용되지 않아 표시된대로 유효처리된다.

이른바 1980년의 공직자숙정계획의 일환으로 일괄사표의 제출과 선별수리의 형식으로 공무원에 대한 의원면직처분이 이루어진 경우, 사직원 제출행위가 강압에 의하여 의사결정의 자유를 박탈당한 상태에서 이루어진 것이라고 할 수 없고 「민법」상 비진의 의사표시의 무효에 관한 규정은 사인의 공법행위에 적용되지 않는다는 등의 이유로 그 의원면직처분을 당연무효라고 할 수 없다(대판 2001.8.24., 99두9971).

정답 | ④

432

행정행위에 대한 설명으로 옳지 않은 것은? (다툼이 있는 경우 판례에 의함)

① 원고가 처분에 대한 취소소송을 청구한 뒤 소송 중에 처분의 하자가 중대명백함을 주장하면서 이에 관한 확인을 요청하는 경우, 법원은 무효에 해당되는 하자라고 판단되는 경우에 해당 소송이 비록 제소기간을 준수하지 않았다고 해도 무효를 선언하는 판결을 하여야 한다.
② 민사소송에 있어서 어느 행정처분의 당연무효 여부가 선결문제로 되는 때에는 이를 판단하여 당연무효임을 전제로 판단할 수 있고, 반드시 행정소송 등의 절차에 의하여 그 취소나 무효확인을 받아야 하는 것은 아니다.
③ 「행정절차법」상의 처분방식인 문서형식을 위반한 처분은 무효인 하자에 해당한다.
④ 관할 소방서장으로부터 소방시설 불량사항에 관한 시정보완명령을 받고도 따르지 아니하였다는 내용으로 기소된 경우에 담당 소방공무원이 행정처분인 명령을 구술로 고지하였다면 이는 당연무효이므로 시정명령 위반을 이유로 행정형벌을 부과할 수 없다.

432
기출처: 예상문제
난이도: ★★
키워드: 행정행위의 하자

해설

① 빈출 (×) 취소소송을 통해 무효를 선언하는 이른바 무효선언적 의미의 취소소송은 취소소송으로 청구되었으므로 취소소송의 제소요건을 구비하여야 한다.

행정처분의 당연무효를 선언하는 의미에서 그 취소를 청구하는 행정소송을 제기하는 경우에도 소원의 전치와 제소기간의 준수 등 취소소송의 제소요건을 갖추어야 한다(대판 1984.5.29., 84누175).

② (○) 민사소송에 있어서 어느 행정처분의 당연무효 여부가 선결문제로 되는 때에는 이를 판단하여 당연무효임을 전제로 판단할 수 있고, 반드시 행정소송 등의 절차에 의하여 그 취소나 무효확인을 받아야 하는 것은 아니다(대판 1993.7.10., 70다1439).

③ 빈출 (○) 대법원은 「행정절차법」상의 처분방식을 위반한 처분은 무효라는 입장이다.

행정절차에 관한 일반법인 「행정절차법」은 제24조 제1항에서 "행정청이 처분을 할 때에는 다른 법령 등에 특별한 규정이 있는 경우를 제외하고는 문서로 하여야 하며, 전자문서로 하는 경우에는 당사자 등의 동의가 있어야 한다. 다만, 신속히 처리할 필요가 있거나 사안이 경미한 경우에는 말 또는 그 밖의 방법으로 할 수 있다."라고 정하고 있다. 이 규정은 처분내용의 명확성을 확보하고 처분의 존부에 관한 다툼을 방지하여 처분상대방의 권익을 보호하기 위한 것이므로, 이를 위반한 처분은 하자가 중대·명백하여 무효이다(대판 2019.7.11., 2017두38874).

④ (○) 대판 2011.11.10., 2011도11109

정답 | ①

433

행정행위의 하자에 대한 설명으로 옳지 않은 것은? (다툼이 있는 경우 판례에 의함)

① 법률관계나 사실관계에 대하여 그 법률의 규정을 적용할 수 없다는 법리가 명백히 밝혀지지 아니하여 그 해석에 다툼의 여지가 있어 행정관청이 이를 잘못 해석하여 행정처분을 하였더라도 이는 그 처분 요건사실을 오인한 것에 불과하여 그 하자가 명백하다고 할 수 없다.

② 일반적으로 법률이 헌법에 위반된다는 사정이 헌법재판소의 위헌결정이 있기 전에는 객관적으로 그 처분의 하자를 명백한 것이라고는 할 수 없다.

③ 행정청이 부동산을 양도한 사실이 없음에도 이를 양도한 것으로 오인한 양도소득세 부과처분은 행정청의 착오에 의한 행정처분으로서 취소할 수 있는 행정행위에 해당한다.

④ 임용결격자가 공무원으로 임용되어 사실상 근무하여 왔다고 하더라도 「공무원연금법」 소정의 퇴직급여 등을 청구할 수 없고, 사실상 공무원으로 계속 근무하여 왔다고 하더라도 당연퇴직 후의 사실상의 근무기간은 「공무원연금법」상의 재직기간에 합산될 수 없다.

해설

③ (×) 부동산을 양도한 사실이 없음에도 세무당국이 부동산을 양도한 것으로 오인하여 양도소득세를 부과하였다면 그 부과처분은 착오에 의한 행정처분으로서 그 표시된 내용에 중대하고 명백한 하자가 있어 당연무효이다(대판 1983.8.23., 83누179).

정답 | ③

기출처: 예상문제
난이도: ★★
키워드: 행정행위의 하자

434

행정행위의 하자에 대한 판례의 입장으로 옳은 것은?

① 상급 지방자치단체장이 하급 지방자치단체장에게 기간을 정하여 그 시정을 명하였음에도 이를 이행하지 아니하자 구「지방자치법」제157조 제1항에 따라 승진처분을 취소한 것은 적법하고, 그 취소권 행사에 재량권 일탈·남용의 위법이 있다고 할 수 없다.

②「국민연금법」상 장애연금 지급을 위한 장애등급결정을 하는 경우에는 장애연금지급을 결정할 당시의 법령을 적용하는 것이며 장애연금 지급청구권을 취득할 당시에 의하는 것은 아니다.

③ 구 폐기물처리시설 설치촉진 및 주변지역 지원 등에 관한 법령상 입지선정위원회는 일정 수 이상의 주민대표 등을 참여시키도록 하고 있음에도 불구하고 입지선정위원회를 임의로 구성하여 의결한 경우 이에 따른 폐기물처리시설 입지결정처분의 하자는 취소사유에 해당한다.

④ 취소소송에 의한 행정처분 취소의 경우에도 수익적 행정처분의 취소·철회 제한에 관한 법리가 적용된다.

434	
기출처	예상문제
난이도	★★★
키워드	행정행위의 하자

해설

① (○) 상급 지방자치단체장이 하급 지방자치단체장에게 기간을 정하여 그 시정을 명하였음에도 이를 이행하지 아니하자 구「지방자치법」제157조 제1항에 따라 위 승진처분을 취소한 것은 적법하고, 그 취소권 행사에 재량권 일탈·남용의 위법이 있다고 할 수 없다(대판 2007.3.22., 2005추62).

② (×) 장애등급결정은 신체의 장애가 발생하여 지급사유가 발생하는 시점이 기준시점이 된다.

> 구「국민연금법」(2011.12.31. 법률 제11143호로 개정되기 전의 것) 제49조 제2호, 제54조 제1항, 제67조 제1항·제5항, 구「국민연금법 시행령」(2011.12.8. 대통령령 제23359호로 개정되기 전의 것) 제46조, [별표 2] 등의 규정 내용 및 취지에 비추어 보면, 「국민연금법」상 장애연금은 국민연금 가입 중에 생긴 질병이나 부상으로 완치된 후에도 신체상 또는 정신상의 장애가 있는 자에 대하여 그 장애가 계속되는 동안 장애 정도에 따라 지급되는 것으로서, 치료종결 후에도 신체 등에 장애가 있을 때 지급사유가 발생하고 그때 가입자는 장애연금 지급청구권을 취득한다. 따라서 장애연금 지급을 위한 장애등급결정은 장애연금 지급청구권을 취득할 당시, 즉 치료종결 후 신체 등에 장애가 있게 된 당시의 법령에 따르는 것이 원칙이다. 나아가 이러한 법리는 기존의 장애등급이 변경되어 장애연금액을 변경하여 지급하는 경우에도 마찬가지이므로, 장애등급변경결정 역시 변경사유 발생 당시, 즉 장애등급을 다시 평가하는 기준일인 '질병이나 부상이 완치되는 날'의 법령에 따르는 것이 원칙이다(대판 2014.10.15., 2012두15135).

③ (×) 구「폐기물처리시설 설치 촉진 및 주변지역 지원 등에 관한 법률」에서 정한 입지선정위원회가 군수와 주민대표가 선정·추천한 전문가를 포함시키지 않은 채 임의로 구성되어 의결한 경우 폐기물처리시설 입지결정처분의 하자는 중대하고 명백하므로 무효사유에 해당한다(대판 2007.4.12., 2006두20150).

④ (×) 수익적 행정처분에 대한 취소권 등의 행사는 기득권의 침해를 정당화할 만한 중대한 공익상의 필요 또는 제3자의 이익보호의 필요가 있는 때에 한하여 허용될 수 있다는 법리는, 처분청이 수익적 행정처분을 직권으로 취소·철회하는 경우에 적용되는 법리일 뿐 쟁송취소의 경우에는 적용되지 않는다(대판 2019.10.17., 2018두104).

정답 | ①

435	① ② ③
기출처	예상문제
난이도	★★
키워드	행정행위의 하자

🔍 **관련기출 옳은지문**
- 과세관청은 과세처분의 취소를 다시 취소함으로써 이미 효력을 상실한 과세처분을 소생시킬 수 없다.
  21지방직9급

435 〈필수〉

행정행위의 취소에 대한 설명으로 옳은 것은? (다툼이 있는 경우 판례에 의함)

① 당사자가 처분의 위법성을 알고 있었거나 중대한 과실로 알지 못한 경우의 당사자에게 권리나 이익을 부여하는 처분을 취소하려는 경우에는 취소로 인하여 당사자가 입게 될 불이익을 취소로 달성되는 공익과 비교·형량(衡量)하여야 한다.

② 「국세기본법」상 과세 부과의 취소에 위법사유가 있다면 당연무효가 아닌 한 일단 유효하게 성립하여 부과처분을 확정적으로 상실시키는 것이므로, 과세관청은 부과의 취소를 다시 취소함으로써 원부과처분을 소생시킬 수 있다.

③ 운전면허 취소사유에 해당하는 음주운전자를 경찰서장이 사무착오로 운전면허정지처분을 한 상태에서 관할 지방경찰청장이 위반자에게 운전면허취소처분을 한 것은 선행처분에 대한 당사자의 신뢰 및 법적 안정성을 저해하는 것으로서 허용될 수 없다.

④ 도로점용료 부과처분에 취소사유에 해당하는 흠이 있는 경우에는 이미 점용료 부과처분에 대한 취소소송이 제기된 이후에 도로관리청이 당초 처분 자체를 취소하고 흠을 보완하여 새로운 부과처분을 하거나 흠 있는 부분에 해당하는 점용료를 감액하는 처분을 할 수 없다.

해설

① (×) 처분의 당사자가 처분의 하자를 알고 있다거나 중대한 과실로 처분의 하자를 알지 못하는 경우에는 수익적 처분을 취소하는 경우에도 형량을 하지 않아도 신뢰보호 위반이라 할 수 없다.

> 「행정기본법」 제18조 【위법 또는 부당한 처분의 취소】 ② 행정청은 제1항에 따라 당사자에게 권리나 이익을 부여하는 처분을 취소하려는 경우에는 취소로 인하여 당사자가 입게 될 불이익을 취소로 달성되는 공익과 비교·형량(衡量)하여야 한다. 다만, 다음 각 호의 어느 하나에 해당하는 경우에는 그러하지 아니하다.
> 1. 거짓이나 그 밖의 부정한 방법으로 처분을 받은 경우
> 2. 당사자가 처분의 위법성을 알고 있었거나 중대한 과실로 알지 못한 경우

② (×) 「국세기본법」상 부과의 취소에 위법사유가 있다고 하더라도 당연무효가 아닌 한 일단 유효하게 성립하여 부과처분을 확정적으로 상실시키는 것이므로, 과세관청은 부과의 취소를 다시 취소함으로써 원부과처분을 소생시킬 수는 없고 납세의무자에게 종전의 과세대상에 대한 납부의무를 지우려면 다시 법률에서 정한 부과절차에 좇아 동일한 내용의 새로운 처분을 하는 수밖에 없다(대판 1995.3.10., 94누7027).

③ (○) 운전면허 취소사유에 해당하는 음주운전을 적발한 경찰관의 소속 경찰서장이 사무착오로 위반자에게 운전면허정지처분을 한 상태에서 위반자의 주소지 관할 지방경찰청장이 위반자에게 운전면허취소처분을 한 것은 선행처분에 대한 당사자의 신뢰 및 법적 안정성을 저해하는 것으로서 허용될 수 없다(대판 2000.2.25., 99두10520).

④ (×) 행정청은 행정소송이 계속되고 있는 때에도 직권으로 그 처분을 변경할 수 있고, 「행정소송법」 제22조 제1항은 이를 전제로 처분변경으로 인한 소의 변경에 관하여 규정하고 있다. 점용료 부과처분에 취소사유에 해당하는 흠이 있는 경우 도로관리청으로서는 당초 처분 자체를 취소하고 흠을 보완하여 새로운 부과처분을 하거나, 흠 있는 부분에 해당하는 점용료를 감액하는 처분을 할 수 있다(대판 2019.1.17., 2016두56721).

정답 | ③

436 필수

행정행위의 직권취소에 대한 설명으로 옳은 것은? (다툼이 있는 경우 판례에 의함)

① 법률에서 직권취소에 대한 근거를 두고 있는 경우에는 이해관계인이 처분청에 대하여 위법을 이유로 행정행위의 취소를 요구할 신청권을 갖는다고 보아야 한다.
② 행정행위를 한 행정청은 그 행정행위에 하자가 있는 경우에는 원칙적으로 별도의 법적 근거가 없더라도 스스로 그 행정행위를 직권으로 취소할 수 있다.
③ 직권취소는 행정행위의 성립상의 하자를 이유로 하는 것이므로, 개별법에 특별한 규정이 없는 한 「행정절차법」에 따른 절차규정이 적용되지 않는다.
④ 행정행위의 위법 여부에 대하여 취소소송이 이미 진행 중인 경우 처분청은 위법을 이유로 그 행정행위를 직권취소할 수 없다.

436	
기출처	2019 국가직 7급
난이도	★★
키워드	행정행위의 하자

🔍 관련기출 옳은지문
• 수익적 행정행위의 철회는 특별한 다른 규정이 없는 한 「행정절차법」상의 절차에 따라 행해져야 한다.
21지방직9급

해설

① 빈출 (×) 행정처분을 한 처분청에게 직권취소를 할 수 있는 사정이 있다는 이유로 이해관계인이 처분청에 대하여 해당 처분의 직권취소를 요구할 수는 없다는 것이 대법원의 입장이다.

> 직권취소를 할 수 있다는 사정만으로 이해관계인에게 처분청에 대하여 그 취소를 요구할 신청권이 부여된 것으로 볼 수는 없으므로, 처분청이 위와 같이 법규상 또는 조리상의 신청권이 없이 한 이해관계인의 복구준공통보 등의 취소신청을 거부하더라도, 그 거부행위는 항고소송의 대상이 되는 처분에 해당하지 않는다(대판 2006.6.30., 2004두701).

② 빈출 (○) (직권)취소는 성립 당시의 위법 부당한 하자를 적법으로 시정하는 행위로서 법치주의의 구현이다. 따라서 법치주의를 구현함에 있어 별도의 법적 근거가 필요한지가 문제가 되는데, 일반적인 입장과 대법원은 별도의 법적 근거가 없어도 된다고 한다.

> 행정행위를 한 처분청은 그 행위에 하자가 있는 경우에는 별도의 법적 근거가 없더라도 스스로 이를 취소할 수 있고, 다만 수익적 행정처분을 취소할 때에는 이를 취소하여야 할 공익상의 필요와 취소로 인하여 당사자가 입게 될 기득권과 신뢰보호 및 법률생활 안정의 침해 등 불이익을 비교·교량한 후 공익상의 필요가 당사자가 입을 불이익을 정당화할 만큼 강한 경우에 한하여 취소할 수 있다(대판 2014.11.27., 2013두16111).

③ (×) 쟁송취소의 대상과 달리 직권취소의 대상은 주로 수익적 처분이므로 행정청이 이를 직권으로 취소하게 되면 처분의 상대방에게는 침익적 효과가 발생한다. 따라서 직권취소를 하기 전에 원칙적으로 사전통지, 의견청취 등 「행정절차법」상의 처분절차를 준수하여야 한다.

④ (×) 취소소송이 진행 중이라도 처분청은 직권취소를 할 수 있다.

> 소멸시효는 객관적으로 권리가 발생하여 그 권리를 행사할 수 있는 때로부터 진행하고 그 권리를 행사할 수 없는 동안만은 진행하지 아니하는데, 여기서 권리를 행사할 수 없는 경우라 함은 그 권리행사에 법률상의 장애사유가 있는 경우를 말하는데, 변상금 부과처분에 대한 취소소송이 진행 중이라도 그 부과권자로서는 위법한 처분을 스스로 취소하고 그 하자를 보완하여 다시 적법한 부과처분을 할 수도 있는 것이어서 그 권리행사에 법률상의 장애사유가 있는 경우에 해당한다고 할 수 없으므로, 그 처분에 대한 취소소송이 진행되는 동안에도 그 부과권의 소멸시효가 진행된다(대판 2006.2.10., 2003두5686).

정답 | ②

437

행정처분의 취소와 철회에 관한 설명으로 옳지 않은 것은? (다툼이 있는 경우 판례에 의함)

① 행정청은 부당한 처분의 전부나 일부를 소급하여 취소할 수 있다.
② 행정청은 인허가 등을 취소하는 처분을 할 때는 원칙적으로 청문을 하여야 한다.
③ 행정청은 당사자에게 권리나 이익을 부여하는 처분을 취소하려는 경우, 당사자가 중대한 과실로 처분의 위법성을 알지 못하면 취소로 인하여 입게 될 불이익을 취소로 달성되는 공익과 비교·형량하여야 한다.
④ 행정청은 중대한 공익을 위하여 필요한 경우 적법한 처분의 전부 또는 일부를 장래를 향하여 철회할 수 있다.

해설

① (○) 「행정기본법」 제18조 제1항
② (○) 「행정절차법」 제22조 제1항 제3호 가목
③ 빈출 (×) 당사자의 중대한 과실로 위법을 알지 못한 경우에는 공익과 비교·형량을 하지 않는다.

> 「행정기본법」 제18조【위법 또는 부당한 처분의 취소】② 행정청은 제1항에 따라 당사자에게 권리나 이익을 부여하는 처분을 취소하려는 경우에는 취소로 인하여 당사자가 입게 될 불이익을 취소로 달성되는 공익과 비교·형량(衡量)하여야 한다. 다만, 다음 각 호의 어느 하나에 해당하는 경우에는 그러하지 아니하다.
> 1. 거짓이나 그 밖의 부정한 방법으로 처분을 받은 경우
> 2. 당사자가 처분의 위법성을 알고 있었거나 중대한 과실로 알지 못한 경우

④ (○) 「행정기본법」 제19조 제1항 제3호

정답 | ③

438

행정행위의 직권취소에 대한 설명으로 옳지 않은 것은? (다툼이 있는 경우 판례에 의함)

① 개별토지에 대한 가격결정은 행정처분에 해당하여 원래 행정처분을 한 처분청은 그 행위에 하자가 있는 경우에는 원칙적으로 별도의 법적 근거가 없다면 스스로 이를 직권으로 취소할 수 없다.
② 산업기능요원이 실질적으로 지정업체의 해당 분야에 종사하지 않은 사실을 의무종사기간이 경과한 후에 발견한 경우, 복무만료처분 및 산업기능요원편입처분을 취소하고 현역병입영처분을 할 수 있다.
③ 감사기관과 수사기관에서 비위 조사나 수사 중임을 사유로 한 명예전역 선발취소결정은 아직 명예전역이나 전역을 하지 않은 상태에 있는 명예전역 대상자를 처분대상으로 하는 것이다.
④ 변상금 부과처분에 대한 취소소송이 진행 중이라도 그 부과권자로서는 위법한 처분을 스스로 취소하고 그 하자를 보완하여 다시 적법한 부과처분을 할 수 있다.

해설

① 빈출 (×) 수익적 행정행위의 직권취소에는 법적 근거가 없어도 가능하다. 다만, 비례원칙이나 신뢰보호원칙 등의 한계는 있다.

> 개별토지에 대한 가격결정도 행정처분에 해당하며, 원래 행정처분을 한 처분청은 그 행위에 하자가 있는 경우에는 원칙적으로 별도의 법적 근거가 없더라도 스스로 이를 직권으로 취소할 수 있다(대판 1995.9.15., 95누6311).

② (○) 산업기능요원편입처분은 의무종사기간이 경과한 후에도 취소할 수 있다.

> 관할 지방병무청장은 현역병입영 대상자가 산업기능요원으로 편입되어 지정업체의 해당 분야에 종사하지 아니한 때에는 지정업체의 장의 지시 등에 의하여 부득이하게 해당 분야에 종사하지 아니한 경우를 제외하고, <u>그 의무종사기간의 경과 여부를 불문하고 현역병입영 대상자가 36세가 되기 전까지는 복무만료처분 및 산업기능요원편입처분을 각 취소하고 현역병입영처분을 할 수 있다</u>(대판 2008.8.21., 2008두5414).

정답 | ①

439 〈필수〉

행정행위의 취소에 대한 설명으로 옳지 않은 것은? (다툼이 있는 경우 판례에 의함)

① 「산업재해보상보험법」상 각종 보험급여 등의 지급결정이 적법한지를 판단하는 기준과 그를 전제로 하여 이미 지급된 보험급여액에 해당하는 금액을 징수하는 처분이 적법한지를 판단하는 기준이 동일하지 않아, 지급결정이 적법하게 취소되었다고 하여 그에 기한 징수처분도 반드시 적법하다고 판단하여야 하는 것은 아니다.

② 현역입영대상편입처분을 취소 또는 철회하는 효력을 갖는 보충역편입처분은 비록 하자가 있다고 해도 당연무효가 아닌 한 이의 취소를 인정하지 않는다.

③ 행정청으로부터 자동차 운전면허취소처분을 받았으나 나중에 그 행정처분 자체가 행정쟁송절차에 의하여 취소되었다고 해도 위 운전면허취소처분은 공정력에 의하여 취소시까지는 무단히 효력을 부정할 수 없어 운전면허취소 후의 운전행위는 무면허운전에 해당한다.

④ 외형상 하나의 행정처분이라 하더라도 가분성이 있거나 그 처분대상의 일부가 특정될 수 있다면 그 일부만의 취소도 가능하고 그 일부의 취소는 당해 취소부분에 관하여 효력이 생긴다.

439	1 2 3
기출처	예상문제
난이도	★★
키워드	행정행위의 하자

🔍 관련기출 옳은지문

- 「국민연금법」상 연금지급결정을 취소하는 처분과 그 처분에 기초하여 잘못 지급된 급여액에 해당하는 금액을 환수하는 처분이 적법한지를 판단하는 경우 비교·교량할 각 사정이 상이하므로, 연금지급결정을 취소하는 처분이 적법하다 하여 환수처분도 적법하다고 판단하여야 하는 것은 아니다. 19국가직7급

- 외형상 하나의 행정처분이라 하더라도 가분성이 있거나 그 처분대상의 일부가 특정될 수 있다면 그 일부만의 취소도 가능하고 그 일부의 취소는 당해 취소부분에 관하여 효력이 생긴다. 18국회직8급

- 현역병입영대상편입처분을 보충역편입처분으로 변경한 경우, 보충역편입처분에 불가쟁력이 발생한 이후 보충역편입처분이 하자를 이유로 직권취소되었다 하여 종전의 현역병입영대상편입처분의 효력은 되살아나지 않는다. 14지방직9급

해설

① (○) 행정처분이 적법하게 취소되었다고 해서 그 처분에 따라 지급된 금액의 징수가 반드시 적법하다고 판단할 수 없다.

> 「산업재해보상보험법」상 각종 보험급여 등의 지급결정이 적법한지를 판단하는 기준과 그 처분이 잘못되었음을 전제로 하여 이미 지급된 보험급여액에 해당하는 금액을 징수하는 처분이 적법한지를 판단하는 기준이 동일하다고 할 수는 없으므로, <u>지급결정이 적법하게 취소되었다고 하여 그에 기한 징수처분도 반드시 적법하다고 판단하여야 하는 것은 아니다</u>(대판 2017.6.29., 2014두39012).

② (○) 현역입영대상편입처분을 취소 또는 철회하는 효력을 갖는 보충역편입처분의 취소를 인정하지 않는다(대판 2002.5.28., 2001두9653).

③ 빈출 (×) 피고인이 행정청으로부터 자동차 운전면허취소처분을 받았으나 나중에 그 행정처분 자체가 행정쟁송절차에 의하여 취소되었다면, 위 운전면허취소처분은 그 처분시에 소급하여 효력을 잃게 되고, 피고인은 위 운전면허취소처분에 복종할 의무가 원래부터 없었음이 후에 확정되었다고 봄이 타당할 것이고, 행정행위에 공정력의 효력이 인정된다고 하여 행정소송에 의하여 적법하게 취소된 운전면허취소처분이 단지 장래에 향하여서만 효력을 잃게 된다고 볼 수는 없다(대판 1999.2.5., 98도4239).

④ (○) 외형상 하나의 행정처분이라고 하더라도 가분성이 있거나 그 처분대상의 일부가 특정될 수 있다면 그 일부만의 취소가 가능하다(대판 2000.2.11., 99두7210).

정답 | ③

440 〈필수〉

행정절차의 하자와 이의 취소에 대한 설명으로 옳지 않은 것은? (다툼이 있는 경우 판례에 의함)

① 행정처분을 한 처분청에게 직권취소를 할 수 있다는 사정만으로 이해관계인에게 처분청에 대하여 그 취소를 요구할 신청권이 부여된 것으로 볼 수는 없다.

② 행정청이 사전환경성검토협의를 거쳐야 할 대상사업에 법의 해석을 잘못하여 세부용도 지역이 지정되지 않은 개발사업 부지에 대하여 사전환경성검토협의 결정에 관한 절차를 생략한 채 승인 등의 처분을 하였다면 중대한 하자이고 객관적으로 명백하여 당연무효이다.

③ 행정청이 환경영향평가를 거쳐야 할 대상사업에 환경영향평가 절차를 거쳤더라도 그 내용이 부실한 경우, 그 부실의 정도가 환경영향평가를 하지 아니한 것과 같은 정도가 아니라면 당해 승인 등 처분이 위법하게 되는 것은 아니다.

④ 과세처분에 관한 불복절차에서 그 불복사유가 옳다고 인정하고 이에 따라 필요한 처분을 하였을 경우에는 불복제도와 이에 따른 시정방법을 인정하고 있는 법령의 취지에 비추어 동일 사항에 관하여 특별한 사유 없이 이를 번복하고 다시 종전의 처분을 되풀이할 수는 없다.

해설

① **빈출** (○) 원래 행정처분을 한 처분청은 그 처분에 하자가 있는 경우에는 원칙적으로 별도의 법적 근거가 없더라도 스스로 이를 직권으로 취소할 수 있지만, 그와 같이 직권취소를 할 수 있다는 사정만으로 이해관계인에게 처분청에 대하여 그 취소를 요구할 신청권이 부여된 것으로 볼 수는 없으므로, 처분청이 위와 같이 법규상 또는 조리상의 신청권이 없이 한 이해관계인의 복구준공통보 등의 취소신청을 거부하더라도, 그 거부행위는 항고소송의 대상이 되는 처분에 해당하지 않는다(대판 2006.6.30., 2004두701).

② (×) 행정청이 사전환경성검토협의를 거쳐야 할 대상사업에 관하여 법의 해석을 잘못한 나머지 세부용도 지역이 지정되지 않은 개발사업 부지에 대하여 사전환경성검토협의를 할 여부를 결정하는 절차를 생략한 채 승인 등의 처분을 한 사안에서, 그 하자가 객관적으로 명백하다고 할 수 없다(대판 2009.9.24., 2009두2825).

③ (○) 대법원은 환경영향평가 대상지역에서 영향평가를 받지 않고 처분을 하였다면 그 처분은 무효에 해당하지만 영향평가의 내용이 다소 부실한 것은 위법이 아니라고 한다.

> 환경영향평가법령에서 정한 환경영향평가를 거쳐야 할 대상사업에 대하여 그러한 환경영향평가를 거치지 아니하였음에도 승인 등 처분을 하였다면 그 처분은 위법하다 할 것이나, 그러한 절차를 거쳤다면, 비록 그 환경영향평가의 내용이 다소 부실하다 하더라도, 그 부실의 정도가 환경영향평가제도를 둔 입법 취지를 달성할 수 없을 정도이어서 환경영향평가를 하지 아니한 것과 다를 바 없는 정도의 것이 아닌 이상, 그 부실은 당해 승인 등 처분에 재량권 일탈·남용의 위법이 있는지 여부를 판단하는 하나의 요소로 됨에 그칠 뿐, 그 부실로 인하여 당연히 당해 승인 등 처분이 위법하게 되는 것이 아니다(대판 2006.3.16., 2006두330 전합).

④ **빈출** (○) 과세처분에 관한 불복절차에서 그 불복사유가 옳다고 인정하고 이에 따라 필요한 처분을 하였을 경우에는 불복제도와 이에 따른 시정방법을 인정하고 있는 위 법 규정의 취지에 비추어 동일 사항에 관하여 특별한 사유 없이 이를 번복하고 다시 종전의 처분을 되풀이할 수는 없다(대판 2019.1.31., 2017두75873).

정답 | ②

관련기출 옳은지문

- 「환경영향평가법」상 환경영향평가를 거쳐야 할 대상사업에 대하여 환경영향평가를 거치지 않고 해당 사업에 승인처분을 하였다면 그 하자는 중대·명백한 것으로 그 행정처분은 당연무효이다. 17서울시7급

441
하자의 승계에 대한 설명으로 옳지 않은 것은?

① 도시·군계획시설결정과 실시계획인가는 별도의 요건과 절차에 따라 별개의 법률효과를 발생시키는 독립적인 행정처분이므로 선행처분인 도시·군계획시설결정에 하자가 있더라도 그것이 당연무효가 아닌 한 원칙적으로 후행처분인 실시계획인가에 승계되지 않는다.
② 「공인중개사법」 위반으로 업무정지처분을 받고 그 업무정지기간 중 중개업무를 하였다는 이유로 중개사무소 개설등록 취소처분을 받은 경우, 양 처분은 그 내용과 효과를 달리하는 독립된 행정처분으로서 서로 결합하여 1개의 법률효과를 완성하는 때에 해당한다고 볼 수 없다.
③ 수용보상금의 증액을 구하는 소송에서는 선행처분으로서 그 수용대상 토지 가격 산정의 기초가 된 비교표준지공시지가결정의 위법을 독립된 사유로 주장할 수 없다.
④ 보충역편입처분과 공익근무요원소집처분은 각각 단계적으로 별개의 법률효과를 발생하는 독립된 행정처분이다.

[기출처] 2024 국가직 7급
[난이도] ★★
[키워드] 행정행위의 하자

해설

① (○) 도시·군계획시설결정과 실시계획인가는 도시·군계획시설사업을 위하여 이루어지는 단계적 행정절차에서 별도의 요건과 절차에 따라 별개의 법률효과를 발생시키는 독립적인 행정처분이다. 그러므로 선행처분인 도시·군계획시설결정에 하자가 있더라도 그것이 당연무효가 아닌 한 원칙적으로 후행처분인 실시계획인가에 승계되지 않는다(대판 2017.7.18., 2016두49938).

② **지엽** (○) 이 사건 선행처분인 업무정지처분은 일정 기간 중개업무를 하지 못하도록 하는 처분인 반면, 후행처분인 이 사건 처분은 위와 같은 업무정지처분에 따른 업무정지기간 중에 중개업무를 하였다는 별개의 처분사유를 근거로 중개사무소의 개설등록을 취소하는 처분이다. 비록 이 사건 처분이 업무정지처분을 전제로 하지만, 양 처분은 그 내용과 효과를 달리하는 독립된 행정처분으로서, 서로 결합하여 1개의 법률효과를 완성하는 때에 해당한다고 볼 수 없다(대판 2019.1.31., 2017두40372).

③ **빈출** (×) 표준지공시지가결정이 위법한 경우에는 그 자체를 행정소송의 대상이 되는 행정처분으로 보아 그 위법 여부를 다툴 수 있음은 물론, 수용보상금의 증액을 구하는 소송에서도 선행처분으로서 그 수용대상 토지 가격 산정의 기초가 된 비교표준지공시지가결정의 위법을 독립한 사유로 주장할 수 있다(대판 2008.8.21., 2007두13845).

④ (○) 「병역법」상 보충역편입처분과 공익근무요원소집처분이 각각 단계적으로 별개의 법률효과를 발생하는 독립된 행정처분이고 선행처분인 보충역편입처분의 효력을 다투지 아니하여 불가쟁력이 생긴 경우, 선행처분의 하자를 이유로 후행처분인 공익근무요원소집처분의 효력을 다툴 수 없다(대판 2002.12.10., 2001두5422).

정답 | ③

442

행정행위의 하자에 대한 설명으로 옳은 것은?

① 과세처분의 취소를 구하는 행정소송에서 선행처분인 개별공시지가결정의 위법을 독립된 위법사유로 주장할 수 있다.
② 재건축조합설립인가처분 당시 동의율을 충족하지 못한 하자는 후에 추가동의서가 제출되었다는 사정만으로도 치유된다.
③ 적법한 건축물에 대한 철거명령은 그 하자가 중대하고 명백하여 당연무효라고 할 것이지만, 그 후행행위인 건축물철거 대집행계고처분은 당연무효라고 할 수 없다.
④ 세액산출근거가 기재되지 아니한 납세고지서에 의한 부과처분은 강행법규에 위반하여 취소대상이 된다고 할 것이지만 이와 같은 하자는 납세의무자가 전심절차에서 이를 주장하지 아니하였거나, 그 후 부과된 세금을 자진납부하였다거나, 또는 조세채권의 소멸시효기간이 만료된 경우 치유된다.

해설

① (○) 위법한 개별공시지가를 기초로 한 과세처분 등 후행 행정처분에서 개별공시지가결정의 위법을 주장할 수 없도록 하는 것은 수인한도를 넘는 불이익을 강요하는 것으로서 국민의 재산권과 재판받을 권리를 보장한 헌법의 이념에도 부합하는 것이 아니라고 할 것이므로, 개별공시지가결정에 위법이 있는 경우에는 그 자체를 행정소송의 대상이 되는 행정처분으로 보아 그 위법 여부를 다툴 수 있음은 물론 이를 기초로 한 과세처분 등 행정처분의 취소를 구하는 행정소송에서도 선행처분인 개별공시지가결정의 위법을 독립된 위법사유로 주장할 수 있다(대판 1994.1.25., 93누8542).
② (×) 흠이 있는 행정행위의 치유는 행정행위의 성질이나 법치주의 관점에서 볼 때 원칙적으로 허용될 수 없는 것이고, 예외적으로 행정행위의 무용한 반복을 피하고 당사자의 법적 안정성을 위해 이를 허용하는 때에도 국민의 권리나 이익을 침해하지 아니하는 범위에서 구체적 사정에 따라 합목적적으로 인정하여야 할 것이다. … 이 사건 설립인가처분이 이 사건 변경인가처분에 흡수된다고 볼 수 없고, 또한 이 사건 설립인가처분 당시 동의율을 충족하지 못한 하자는 후에 추가동의서가 제출되었다는 사정만으로 치유될 수 없다(대판 2013.7.11., 2011두27544).
③ (×) 적법한 건축물에 대한 철거명령은 그 하자가 중대하고 명백하여 당연무효라고 할 것이고, 그 후행행위인 건축물철거 대집행계고처분 역시 당연무효라고 할 것이다(대판 1999.4.27., 97누6780).
④ (×) 세액산출근거를 흠결한 납세고지처분이 위법하다는 주장 역시 다같이 이건 과세처분의 위법사유의 하나로서, 전심절차에서 주장하지 아니하다가 본소에서 비로소 종전의 주장에 추가하였다 하여 그것이 전혀 별개의 주장이라고 할 수 없다. 또한 납세고지서에 기재누락된 사항을 보완통지하였다 하더라도 그 통지일이 부과처분의 위법판결선고 후일 뿐 아니라「국세징수법」제9조 제1항의 입법취지에 비추어 과세처분에 대한 납세의무자의 불복 여부의 결정 및 불복신청에 편의를 줄 수 없게 되었다면 위 부과처분의 하자가 치유되었다고 볼 수는 없다(대판 1984.5.9., 84누116).

정답 | ①

443
행정행위의 하자에 관한 설명으로 옳지 않은 것은? (다툼이 있는 경우에는 판례에 의함)

① 행정행위의 하자가 중대하고 명백하여 무효에 해당하면, 그 행정행위에는 공정력, 불가쟁력 등이 인정될 수 없다.
② 위헌결정 이후에 조세채권의 집행을 위한 새로운 체납처분에 착수하거나 이를 속행하는 것은 인정될 수 없을 뿐 아니라 위헌결정의 효력에 반하여 행해진 체납처분은 중대하고 객관적으로 명백하여 당연무효이다.
③ 선행행위가 무효인 경우에는 후행행위도 당연히 무효이므로, 적법한 건축물에 대한 철거명령은 당연무효이고, 그 후행행위인 건축물철거 대집행계고처분 역시 당연무효이다.
④ 행정처분의 무용한 반복을 피하고 당사자의 법적 안정성을 보호하기 위하여 하자의 치유는 넓게 인정된다.

443	
기출처	예상문제
난이도	★★
키워드	행정행위의 하자

해설

① (O) 무효인 행정행위에는 행정행위의 각종 효력(공정력, 불가쟁력, 불가변력, 구속력 등)이 인정되지 않는다.
② (O) 이미 처분의 근거법이 위헌결정을 받았음에도 행정청의 이에 근거한 처분은 중대하고 명백한 하자로서 당연무효에 해당한다.

> 조세 부과의 근거가 되었던 법률규정이 위헌으로 선언된 경우, 비록 그에 기한 과세처분이 위헌결정 전에 이루어졌고, 과세처분에 대한 제소기간이 이미 경과하여 조세채권이 확정되었으며, 조세채권의 집행을 위한 체납처분의 근거규정 자체에 대하여는 따로 위헌결정이 내려진 바 없다고 하더라도, 위와 같은 위헌결정 이후에 조세채권의 집행을 위한 새로운 체납처분에 착수하거나 이를 속행하는 것은 더 이상 허용되지 않고, 나아가 이러한 위헌결정의 효력에 위배하여 이루어진 체납처분은 그 사유만으로 하자가 중대하고 객관적으로 명백하여 당연무효라고 보아야 한다(대판 2012.2.16., 2010두10907).

③ (O) 무효인 선행처분을 전제로 이루어진 후행처분은 무효이다.

> 적법한 건축물에 대한 철거명령은 그 하자가 중대하고 명백하여 당연무효라고 할 것이고, 그 후행행위인 건축물철거 대집행계고처분 역시 당연무효라고 할 것이다(대판 1999.4.27., 97누6780).

④ (×) 대법원은 행정행위의 성질이나 법치주의의 관점에서 원칙적으로 하자의 치유를 부정하고 있다.

> 하자 있는 행정행위에 있어서 하자의 치유는 행정행위의 성질이나 법치주의의 관점에서 원칙적으로 허용될 수 없고, 행정행위의 무용한 반복을 피하고 당사자의 법적 안정성을 보호하기 위하여 국민의 권익을 침해하지 아니하는 범위 내에서 예외적으로만 허용된다(대판 2001.6.26., 99두11592).

정답 | ④

444

다음 사례에 대한 설명으로 옳지 않은 것만을 모두 고르면?

> 세무서장 A가 甲에게 과세처분을 하였는데, 그 후 과세처분의 근거가 되었던 법률규정은 헌법재판소에 의해 위헌으로 선언되었다. 그러나 그 과세처분에 대한 제소기간은 이미 경과하여 확정되었고, A는 甲 명의의 예금에 대한 압류처분을 하였다. 한편, 과세처분의 집행을 위한 위 압류처분의 근거규정 자체는 따로 위헌결정이 내려진 바 없다.

> ㄱ. 甲에 대한 과세처분과 압류처분은 별개의 행정처분이므로 선행처분인 과세처분이 당연무효가 아닌 이상 압류처분을 다툴 수 있는 방법은 존재하지 않는다.
> ㄴ. 압류처분은 과세처분 근거 규정이 직접 적용되지 않고 압류처분 관련 규정이 적용될 뿐이므로, 과세처분 근거 규정에 대한 위헌결정의 기속력은 압류처분과는 무관하다.
> ㄷ. 과세처분 이후 조세부과의 근거가 되었던 법률규정에 대하여 위헌결정이 내려진 경우, 과세처분이 당연무효가 아니더라도 위헌결정 이후에 과세처분의 집행을 위한 압류처분을 하는 것은 더 이상 허용되지 않는다.

① ㄱ
② ㄱ, ㄴ
③ ㄱ, ㄷ
④ ㄴ, ㄷ

해설

ㄱ. (×) ㄴ. (×) ㄷ. (○) 헌법재판소에 의해 과세처분의 근거 법이 위헌결정을 받게 되면, 그를 집행하기 위한 압류는 위헌결정의 기속력에 의해 해제하여야 한다. ❶

> 조세부과의 근거가 되었던 법률규정이 위헌으로 선언된 경우, 비록 그에 기한 과세처분이 위헌결정 전에 이루어졌고, 과세처분에 대한 제소기간이 이미 경과하여 조세채권이 확정되었으며, 조세채권의 집행을 위한 체납처분의 근거 규정 자체에 대하여는 따로 위헌결정이 내려진 바 없다고 하더라도, 위와 같은 위헌결정 이후에 조세채권의 집행을 위한 새로운 체납처분에 착수하거나 이를 속행하는 것은 더 이상 허용되지 않고, 나아가 이러한 위헌결정의 효력에 위배하여 이루어진 체납처분은 그 사유만으로 하자가 중대하고 객관적으로 명백하여 당연무효라고 보아야 한다(대판 2012.2.16., 2010두10907).

정답 | ②

❶ ㄱ의 제시글에서 하자의 승계와 관련된 내용이 주어져 있으나, 이와 상관없이 압류처분은 헌법재판소의 위헌결정의 기속력 위반으로 무효에 해당하여 구제를 받을 수 있다.

445 필수

행정행위의 직권취소에 대한 설명으로 옳지 않은 것은? (다툼이 있는 경우 판례에 의함)

① 행정처분에 취소의 하자가 있는 경우에 그 처분의 쟁송기간이 도과하여 처분이 확정된 후에도 처분청은 당해 행정행위의 위법을 이유로 직권취소할 수 있다.
② 행정청은 위법 또는 부당한 처분의 전부나 일부를 소급하여 취소할 수 있으나, 당사자의 신뢰를 보호할 가치가 있는 등 정당한 사유가 있는 경우에는 장래를 향하여 취소할 수 있다.
③ 거짓이나 그 밖의 부정한 방법으로 처분을 받은 경우에는 당사자에게 권리나 이익을 부여하는 처분을 취소하려는 경우라도 취소로 인하여 당사자가 입게 될 불이익을 취소로 달성되는 공익과 비교·형량(衡量)하여야 하는 것은 아니다.
④ 행정청에 의한 직권취소는 성립 당시의 위법이나 부당을 이유로 하여 「행정절차법」상 처분의 절차가 적용되지 않는다.

445	
기출처	예상문제
난이도	★★
키워드	행정행위의 하자

관련기출 옳은지문
- 행정청은 당사자의 신뢰를 보호할 가치가 있는 등 정당한 사유가 있는 경우에는 위법 또는 부당한 처분의 전부나 일부를 장래를 향하여 취소할 수 있다. 23지방직7급

해설

① (O) 불가쟁력은 일정기간이 경과되면 행정의 상대방이나 이해관계인이 더 이상 불복할 수 없음을 의미할 뿐 행정기관과 무관하다. 따라서 행정기관은 하자 있는 행정처분에 대해서 불가쟁력과 상관없이 직권취소가 가능하다.
② (O) 「행정기본법」 제18조 제1항
③ (O) 「행정기본법」 제18조 제2항 제1호 규정에 의해 형량 없이 취소할 수 있다.
④ (✕) 행정청에 의한 직권취소는 취소되어지는 처분과 별도의 행정청에 의한 행정처분으로서 「행정절차법」상의 처분절차를 준수하여 사전통지나 의견청취 등의 절차를 준수하여야 한다.

정답 | ④

446

행정행위의 취소와 철회에 대한 판례의 입장으로 옳지 않은 것은?

① 행정처분을 한 처분청은 그 처분에 하자가 있는 경우에는 원칙적으로 별도의 법적 근거가 없더라도 스스로 이를 직권으로 취소할 수 있고, 이러한 경우 이해관계인에게는 처분청에 대하여 그 취소를 요구할 신청권이 부여된 것으로 볼 수 있다.

② 변상금 부과처분에 대한 취소소송이 진행 중이라도 그 부과권자는 위법한 처분을 스스로 취소하고 그 하자를 보완하여 다시 적법한 부과처분을 할 수도 있다.

③ 행정행위를 한 처분청은 사정변경이 생겼거나 또는 중대한 공익상의 필요가 발생한 경우에는 그 효력을 상실케 하는 별개의 행정행위로 이를 철회할 수 있다고 할 것이나, 기득권을 침해하는 경우에는 기득권의 침해를 정당화할 만한 중대한 공익상의 필요 또는 제3자의 이익보호의 필요가 있는 때에 한하여 상대방이 받는 불이익과 비교·교량하여 철회하여야 한다.

④ 행정청이 의료법인의 이사에 대한 이사취임승인취소처분을 직권으로 취소하면 이사의 지위가 소급하여 회복된다.

해설

① (×) 행정청에게 직권취소의 사유가 있다는 사정만으로 이해관계인에게 직권취소신청권이 부여된 것은 아니다.

> 산림법령에는 채석허가처분을 한 처분청이 산림을 복구한 자에 대하여 복구설계서승인 및 복구준공통보를 한 경우 그 취소신청과 관련하여 아무런 규정을 두고 있지 않고, 원래 행정처분을 한 처분청은 그 처분에 하자가 있는 경우에는 원칙적으로 별도의 법적 근거가 없더라도 스스로 이를 직권으로 취소할 수 있지만, 그와 같이 <u>직권취소를 할 수 있다는 사정만으로 이해관계인에게 처분청에 대하여 그 취소를 요구할 신청권이 부여된 것으로 볼 수는 없으므로</u>, 처분청이 위와 같이 법규상 또는 조리상의 신청권이 없이 한 이해관계인의 복구준공통보 등의 취소신청을 거부하더라도, 그 거부행위는 항고소송의 대상이 되는 처분에 해당하지 않는다(대판 2006.6.30., 2004두701).

② (○) 변상금 부과처분에 대한 취소소송이 진행 중이라도 그 부과권자로서는 위법한 처분을 스스로 취소하고 그 하자를 보완하여 다시 적법한 부과처분을 할 수도 있는 것이어서 그 권리행사에 법률상의 장애사유가 있는 경우에 해당한다고 할 수 없으므로, 그 처분에 대한 취소소송이 진행되는 동안에도 그 부과권의 소멸시효가 진행된다(대판 2006.2.10., 2003두5686).

③ (○) <u>행정행위를 한 처분청은 그 행위에 하자가 있는 경우에는 별도의 법적 근거가 없더라도 스스로 이를 취소할 수 있고</u>, 다만 수익적 행정처분을 취소할 때에는 이를 취소하여야 할 공익상의 필요와 취소로 인하여 당사자가 입게 될 기득권과 신뢰보호 및 법률생활 안정의 침해 등 불이익을 비교·교량한 후 공익상의 필요가 당사자가 입을 불이익을 정당화할 만큼 강한 경우에 한하여 취소할 수 있으며, 나아가 수익적 행정처분의 하자가 당사자의 사실은폐나 기타 사위의 방법에 의한 신청행위에 기인한 것이라면 당사자는 처분에 의한 이익이 위법하게 취득되었음을 알아 취소가능성도 예상하고 있었다 할 것이므로, 그 자신이 처분에 관한 신뢰이익을 원용할 수 없음은 물론 행정청이 이를 고려하지 아니하였더라도 재량권의 남용이 되지 아니한다. 한편 당사자의 사실은폐나 기타 사위의 방법에 의한 신청행위가 있었는지 여부는 행정청의 상대방과 그로부터 신청행위를 위임받은 수임인 등 관계자 모두를 기준으로 판단하여야 한다(대판 2014.11.27., 2013두16111).

④ (○) 행정처분이 취소되면 그 소급효에 의하여 처음부터 그 처분이 없었던 것과 같은 효과를 발생하게 되는바, <u>행정청이 의료법인의 이사에 대한 (하자 있는) 이사취임승인취소처분을 직권으로 취소한 경우에는 그로 인하여 이사가 소급하여 이사로서의 지위를 회복하게 되고</u>, 그 결과 위 제1차 처분과 제2차 처분 사이에 법원에 의하여 선임결정된 임시이사들의 지위는 법원의 해임결정이 없더라도 당연히 소멸된다(대판 1997.1.21., 96누3401).

정답 | ①

447

행정행위에 대한 설명으로 옳은 것은?

① 직권취소는 행정행위가 위법한 경우뿐만 아니라, 부당한 경우에도 소급하여 취소할 수 있다.
② 직권취소도 원행정행위와 별개의 행정행위이므로 조세부과처분을 취소한 후, 취소에 하자가 있다고 하여 이를 취소하면 원부과처분을 소생시킬 수 있다.
③ 구 「자동차관리법」상 자동차관리사업자로 구성하는 사업자단체인 조합 또는 협회 설립인가처분은 강학상 특허에 해당한다.
④ 효력기간이 정해져 있는 제재적 행정처분의 효력이 발생한 후에 별도의 처분으로 효력기간의 시기와 종기를 다시 정했다면, 당초의 제재처분은 실효되고 새로운 처분이 있는 것으로 본다.
⑤ 종전 처분이 주요 부분을 실질적으로 변경하는 내용의 새로운 처분으로 대체되었다면, 종전 처분의 효력은 소급하여 소멸한다.

해설

① (○) 「행정기본법」 제18조 제1항
② (×) 「국세기본법」 제26조 제1호는 부과의 취소를 국세납부의무 소멸사유의 하나로 들고 있으나, 그 부과의 취소에 하자가 있는 경우의 부과의 취소의 취소에 대하여는 법률이 명문으로 그 취소요건이나 그에 대한 불복절차에 대하여 따로 규정을 둔 바도 없으므로, 설사 부과의 취소에 위법사유가 있다고 하더라도 당연무효가 아닌 한 일단 유효하게 성립하여 부과처분을 확정적으로 상실시키는 것이므로, 과세관청은 부과의 취소를 다시 취소함으로써 원부과처분을 소생시킬 수는 없고 납세의무자에게 종전의 과세대상에 대한 납부의무를 지우려면 다시 법률에서 정한 부과절차에 좇아 동일한 내용의 새로운 처분을 하는 수밖에 없다(대판 1995.3.10., 94누7027).
③ (×) 「자동차관리법」상 자동차관리사업자로 구성하는 사업자단체인 조합 또는 협회(이하 '조합 등'이라고 한다)의 설립인가처분은 국토해양부장관(현 국토교통부장관) 또는 시·도지사(이하 '시·도지사 등'이라고 한다)가 자동차관리사업자들의 단체결성행위를 보충하여 효력을 완성시키는 처분에 해당한다(대판 2015.5.29., 2013두635).
④ (×) 효력기간이 정해져 있는 제재적 행정처분의 효력이 발생한 이후에도 행정청은 특별한 사정이 없는 한 상대방에 대한 별도의 처분으로써 효력기간의 시기와 종기를 다시 정할 수 있다. 이는 당초의 제재적 행정처분이 유효함을 전제로 그 구체적인 집행시기만을 변경하는 후속 변경처분이다(대판 2022.2.11., 2021두40720).
⑤ (×) 종전 처분의 효력은 소급하여 상실하는 것이 아니라 그때부터 상실한다.

> 기존의 행정처분을 변경하는 내용의 행정처분이 뒤따르는 경우, 후속처분이 종전 처분을 완전히 대체하는 것이거나 주요 부분을 실질적으로 변경하는 내용인 경우에는 특별한 사정이 없는 한 종전 처분은 효력을 상실하고 후속처분만이 항고소송의 대상이 되지만, 후속처분의 내용이 종전 처분의 유효를 전제로 내용 중 일부만을 추가·철회·변경하는 것이고 추가·철회·변경된 부분이 내용과 성질상 나머지 부분과 불가분적인 것이 아닌 경우에는, 후속처분에도 불구하고 종전 처분이 여전히 항고소송의 대상이 된다(대판 2015.11.19., 2015두295).

정답 | ①

07 행정행위의 철회·실효

448 〈필수〉

행정행위의 취소와 철회에 대한 설명으로 옳지 않은 것은? (다툼이 있는 경우 판례에 의함)

① 한 사람이 여러 종류의 자동차운전면허를 취득하는 경우뿐 아니라 이를 취소함에 있어서도 서로 별개의 것으로 취급하는 것이 원칙이다.
② 당사자가 처분의 위법성을 중대한 과실로 알지 못한 경우에는 행정청은 당사자에게 이익을 부여하는 처분의 취소로 인하여 당사자가 입게 될 불이익을 취소로 달성되는 공익과 비교·형량하지 않아도 된다.
③ 행정청은 정당한 사유가 있는 경우에는 처분을 장래를 향하여 취소할 수 있다.
④ 처분청은 행정처분에 하자가 있는 경우에는 별도의 법적 근거가 있어야만 스스로 이를 취소할 수 있다.

기출처: 2023 군무원 9급
난이도: ★★
키워드: 행정행위의 철회와 실효

관련기출 옳은지문
· 행정처분을 한 처분청은 그 처분의 성립에 하자가 있는 경우 이를 취소할 별도의 법적 근거가 없다고 하더라도 직권으로 이를 취소할 수 있다. 18서울시7급

해설

① (O) 한 사람이 여러 종류의 자동차 운전면허를 취득하는 경우뿐 아니라 이를 취소 또는 정지함에 있어서도 서로 별개의 것으로 취급하는 것이 원칙이고, 여러 종류의 면허를 서로 별개의 것으로 취급할 수 없다거나 각 면허의 개별적인 취소 또는 정지를 분리하여 집행할 수 없는 것은 아니다(대판 1995.11.16., 95누8850).

②③ 빈출 (O) 「행정기본법」 제18조

> **「행정기본법」 제18조【위법 또는 부당한 처분의 취소】** ① 행정청은 위법 또는 부당한 처분의 전부나 일부를 소급하여 취소할 수 있다. 다만, 당사자의 신뢰를 보호할 가치가 있는 등 정당한 사유가 있는 경우에는 장래를 향하여 취소할 수 있다.
> ② 행정청은 제1항에 따라 당사자에게 권리나 이익을 부여하는 처분을 취소하려는 경우에는 취소로 인하여 당사자가 입게 될 불이익을 취소로 달성되는 공익과 비교·형량(衡量)하여야 한다. 다만, 다음 각 호의 어느 하나에 해당하는 경우에는 그러하지 아니하다.
> 1. 거짓이나 그 밖의 부정한 방법으로 처분을 받은 경우
> 2. 당사자가 처분의 위법성을 알고 있었거나 중대한 과실로 알지 못한 경우

④ (×) 원래 행정처분을 한 처분청은 그 처분에 하자가 있는 경우에는 원칙적으로 별도의 법적 근거가 없더라도 스스로 이를 직권으로 취소할 수 있다(대판 2006.6.30., 2004두701).

정답 | ④

449

다음 중 행정행위의 철회에 대한 설명으로 가장 옳지 않은 것은? (단, 다툼이 있는 경우 판례에 의함)

① 부담부 행정처분에 있어서 처분의 상대방이 부담을 이행하지 아니한 경우에 처분행정청으로서는 이를 들어 당해 처분을 철회할 수 있다.
② 외형상 하나의 행정처분이라 하더라도 가분성이 있거나 그 처분대상의 일부가 특정될 수 있다면 그 일부만의 취소도 가능하고 그 일부의 취소는 당해 취소부분에 관하여 효력이 생긴다.
③ 행정행위의 철회는 적법요건을 구비하여 완전히 효력을 발하고 있는 행정행위를 사후적으로 효력을 장래에 향해 소멸시키는 별개의 행정처분이다.
④ 처분 후에 원래의 처분을 그대로 존속시킬수 없게 된 사정변경이 생긴 경우 처분청은 처분을 철회할 수 있다고 할 것이므로, 이 경우 처분의 상대방에게 그 철회·변경을 요구할 권리는 당연히 인정된다고 할 것이다.

해설

④ 빈출 (×) 도시계획법령이 토지형질변경행위허가의 변경신청 및 변경허가에 관하여 아무런 규정을 두지 않고 있을 뿐 아니라, 처분청이 처분 후에 원래의 처분을 그대로 존속시킬 필요가 없게 된 사정변경이 생겼거나 중대한 공익상의 필요가 발생한 경우에는 별도의 법적 근거가 없어도 별개의 행정행위로 이를 철회·변경할 수 있지만 이는 그러한 철회·변경의 권한을 처분청에게 부여하는 데 그치는 것일 뿐 상대방 등에게 그 철회·변경을 요구할 신청권까지를 부여하는 것은 아니라 할 것이므로, 이와 같이 법규상 또는 조리상의 신청권이 없이 한 국민들의 토지형질변경행위 변경허가신청을 반려한 당해 반려처분은 항고소송의 대상이 되는 처분에 해당되지 않는다(대판 1997.9.12., 96누6219).

정답 | ④

449

기출처	2022 군무원 9급
난이도	★★
키워드	행정행위의 철회와 실효

관련기출 옳은지문

- 행정청이 여러 종류의 자동차운전면허를 취득한 자에 대해 그 운전면허를 취소하는 경우, 취소사유가 특정면허에 관한 것이 아니고 다른 면허와 공통된 것이거나 운전면허를 받은 사람에 관한 것일 경우에는 여러 면허를 전부 취소할 수 있다.
  18지방직9급

- 행정행위를 한 처분청은 그 처분 당시에 그 행정처분에 별다른 하자가 없었고 또 그 처분 후에 이를 철회 또는 변경할 별도의 법적 근거가 없다 하더라도 원래의 처분을 그대로 존속시킬 필요가 없게 된 사정변경이 생겼거나 또는 중대한 공익상의 필요가 발생한 경우에는 별개의 행정행위로 이를 철회하거나 변경할 수 있다.
  18서울시7급

450 〈필수〉

행정행위의 취소와 철회에 대한 설명으로 옳지 않은 것은? (다툼이 있는 경우 판례에 의함)

① 「행정기본법」은 직권취소나 철회의 일반적 근거규정을 두고 있고, 직권취소나 철회는 개별법률의 근거가 없어도 가능하다.
② 행정행위의 철회사유는 행정행위가 성립되기 이전에 발생한 것으로서 행정행위의 효력을 존속시킬 수 없는 사유를 말한다.
③ 수익적 처분이 상대방의 허위 기타 부정한 방법으로 인하여 행하여졌다면 상대방은 그 처분이 그와 같은 사유로 인하여 취소될 것임을 예상할 수 있으므로, 이러한 경우까지 상대방의 신뢰를 보호하여야 하는 것은 아니다.
④ 수익적 행정처분을 직권취소할 때에는 이를 취소하여야 할 중대한 공익상 필요와 취소로 인하여 처분상대방이 입게 될 기득권과 법적 안정성에 대한 침해 정도 등 불이익을 비교·교량한 후 공익상 필요가 처분상대방이 입을 불이익을 정당화할 만큼 강한 경우에 한하여 취소할 수 있다.

해설

① (○) 직권취소나 철회는 법적 근거 없이도 가능하다.

> 「행정기본법」 제18조 【위법 또는 부당한 처분의 취소】 ① 행정청은 위법 또는 부당한 처분의 전부나 일부를 소급하여 취소할 수 있다. 다만, 당사자의 신뢰를 보호할 가치가 있는 등 정당한 사유가 있는 경우에는 장래를 향하여 취소할 수 있다.
> 제19조 【적법한 처분의 철회】 ① 행정청은 적법한 처분이 다음 각 호의 어느 하나에 해당하는 경우에는 그 처분의 전부 또는 일부를 장래를 향하여 철회할 수 있다.
> 1. 법률에서 정한 철회사유에 해당하게 된 경우
> 2. 법령 등의 변경이나 사정변경으로 처분을 더 이상 존속시킬 필요가 없게 된 경우
> 3. 중대한 공익을 위하여 필요한 경우

② (×) 행정행위의 '취소'는 일단 유효하게 성립한 행정행위를 그 행위에 위법한 하자가 있음을 이유로 소급하여 효력을 소멸시키는 별도의 행정처분을 의미함이 원칙이다. 반면, 행정행위의 '철회'는 적법요건을 구비하여 완전히 효력을 발하고 있는 행정행위를 사후적으로 효력의 전부 또는 일부를 장래에 향해 소멸시키는 별개의 행정처분이다. 그리고 행정행위의 '취소사유'는 원칙적으로 행정행위의 성립 당시에 존재하였던 하자를 말하고, '철회사유'는 행정행위가 성립된 이후에 새로이 발생한 것으로서 행정행위의 효력을 존속시킬 수 없는 사유를 말한다(대판 2018.6.28., 2015두58195).

③ (○) 상대방의 신뢰를 보호하기 위하여 수익적 처분의 취소에는 일정한 제한이 따르는 것이나, 수익적 처분이 상대방의 허위 기타 부정한 방법으로 인하여 행하여졌다면 상대방은 그 처분이 그와 같은 사유로 인하여 취소될 것임을 예상할 수 없었다고 할 수 없으므로, 이러한 경우에까지 상대방의 신뢰를 보호하여야 하는 것은 아니라고 할 것이다(대판 1995.1.20., 94누6529).

④ (○) 행정행위를 한 처분청은 그 행위에 흠이 있는 경우 별도의 법적 근거가 없더라도 스스로 이를 취소할 수 있고, 다만 수익적 행정처분을 취소할 때에는 이를 취소하여야 할 공익상의 필요와 그 취소로 인하여 당사자가 입게 될 기득권과 신뢰보호 및 법률생활 안정의 침해 등 불이익을 비교·교량한 후 공익상의 필요가 당사자가 입을 불이익을 정당화할 만큼 강한 경우에 한하여 취소할 수 있다(대판 2010.11.11., 2009두14934).

정답 | ②

451

행정작용에 대한 내용으로 옳지 않은 것은? (다툼이 있는 경우 판례에 의함)

① 행정청이 행한 공사중지명령의 상대방은 그 명령 이후에 그 원인사유가 소멸하였음을 들어 행정청에게 공사중지명령의 철회를 요구할 수 있는 조리상의 신청권이 있다.
② 수익적 행정처분에 대한 취소권 등의 행사는 기득권의 침해를 정당화할 만한 중대한 공익상의 필요 또는 제3자의 이익보호의 필요가 있는 때에 한하여 허용될 수 있다는 법리는, 처분청이 수익적 행정처분을 직권으로 취소·철회하는 경우뿐 아니라 쟁송취소의 경우에도 적용된다.
③ 행정소송을 진행하는 중이라도 하자 있는 행정처분에 대하여 행정청은 직권으로 취소할 수 있고, 이는 하자의 치유와는 차이가 있다.
④ 명예전역 선발취소결정은 특별한 사정이 없는 한 아직 명예전역이나 전역을 하지 않은 상태에 있는 명예전역 대상자가 그 처분대상임을 전제한다고 봄이 타당하다.

해설

① (○) 행정청이 행한 공사중지명령의 상대방은 그 명령 이후에 그 원인사유가 소멸하였음을 들어 행정청에게 공사중지명령의 철회를 요구할 수 있는 조리상의 신청권이 있다 할 것이고, 행정청이 상대방의 신청에 대하여 아무런 적극적 또는 소극적 처분을 하지 않고 있는 이상 행정청의 부작위는 그 자체로 위법하다고 할 것이고, 구체적으로 그 신청이 인용될 수 있는지 여부는 소극적 처분에 대한 항고소송의 본안에서 판단하여야 할 사항이라고 할 것이다(대판 2005.4.14., 2003두7590).
② (×) 수익적 행정처분에 대한 취소권 등의 행사는 기득권의 침해를 정당화할 만한 중대한 공익상의 필요 또는 제3자의 이익보호의 필요가 있는 때에 한하여 허용될 수 있다는 법리는, 처분청이 수익적 행정처분을 직권으로 취소·철회하는 경우에 적용되는 법리일 뿐 쟁송취소의 경우에는 적용되지 않는다(대판 2019.10.17., 2018두104).
③ (○) 행정청은 행정소송이 계속되고 있는 때에도 직권으로 그 처분을 변경할 수 있고, 「행정소송법」제22조 제1항은 이를 전제로 처분변경으로 인한 소의 변경에 관하여 규정하고 있다. 점용료 부과처분에 취소사유에 해당하는 흠이 있는 경우 도로관리청으로서는 당초 처분 자체를 취소하고 흠을 보완하여 새로운 부과처분을 하거나, 흠 있는 부분에 해당하는 점용료를 감액하는 처분을 할 수 있다. 한편 흠 있는 행정행위의 치유는 원칙적으로 허용되지 않을 뿐 아니라, 흠의 치유는 성립 당시에 적법한 요건을 갖추지 못한 흠 있는 행정행위를 그대로 존속시키면서 사후에 그 흠의 원인이 된 적법 요건을 보완하는 경우를 말한다. 그런데 앞서 본 바와 같은 흠 있는 부분에 해당하는 점용료를 감액하는 처분은 당초 처분 자체를 일부 취소하는 변경처분에 해당하고, 그 실질은 종래의 위법한 부분을 제거하는 것으로서 흠의 치유와는 차이가 있다(대판 2019.1.17., 2016두56721).
④ (○) 관련 법령과 훈령의 문언, 체계와 취지 등을 종합하면, 감사기관과 수사기관에서 비위 조사나 수사 중임을 사유로 한 명예전역 선발취소결정은 특별한 사정이 없는 한 아직 명예전역이나 전역을 하지 않은 상태에 있는 명예전역 대상자가 그 처분대상임을 전제한다고 봄이 타당하다(대판 2019.5.30., 2016두49808).

정답 | ②

452

다음의 판례 내용 중 옳은 것은?

① 과세처분의 취소를 구하였으나 재판과정에서 그 과세처분이 무효로 밝혀졌다고 하여도 그 과세처분은 처음부터 무효이고 무효선언으로서의 취소판결이 확정됨으로써 비로소 무효로 되는 것이므로 판결시부터 그 반환청구권의 소멸시효가 진행한다.

② 철회는 성립 당시의 적법하게 성립된 행정처분을 새로운 사유를 이유로 성립 당시로 소급하여 효력을 소멸시키는 행위이다.

③ 선행처분을 실질적으로 변경하는 내용으로 후행처분을 한 경우에 선행처분은 특별한 사정이 없는 한 효력을 상실하지만, 후행처분이 선행처분의 내용 중 일부만을 소폭 변경하는 정도에 불과한 경우에는 선행처분은 소멸하지 않고 후행처분에 의하여 변경되지 아니한 범위 내에서는 그대로 존속한다.

④ 수익적 처분을 취소 또는 철회하는 경우에는 비록 취소 등의 사유가 있더라도 취소권 등의 행사는 기득권의 침해를 정당화할 만한 중대한 공익상의 필요 또는 제3자의 이익보호의 필요가 있는 경우와 또한 법적 근거가 있는 때에 한하여 상대방이 받는 불이익과 비교·형량하여 결정하여야 한다.

해설

① (×) 과세처분의 취소를 구하였으나 재판과정에서 그 과세처분이 무효로 밝혀졌다고 하여도 그 과세처분은 처음부터 무효이고 무효선언으로서의 취소판결이 확정됨으로써 비로소 무효로 되는 것은 아니므로 오납시부터 그 반환청구권의 소멸시효가 진행한다(대판 1992.3.31., 91다32053 전합).

② (×) 철회는 장래를 향해 효력을 소멸시키는 행위이다.

③ (○) 선행처분의 주요 부분을 실질적으로 변경하는 내용으로 후행처분을 한 경우에 선행처분은 특별한 사정이 없는 한 효력을 상실하지만, 후행처분이 선행처분의 내용 중 일부만을 소폭 변경하는 정도에 불과한 경우에는 선행처분은 소멸하는 것이 아니라 후행처분에 의하여 변경되지 아니한 범위 내에서는 그대로 존속한다(대판 2020.4.9., 2019두49953).

④ **빈출** (×) 취소나 철회는 법적 근거가 없어도 가능하다. 다만, 신뢰보호와 비례원칙에 따른 제한이 있다.

> 수익적 처분을 취소 또는 철회하는 경우에는 이미 부여된 국민의 기득권을 침해하는 것이 되므로, 비록 취소 등의 사유가 있더라도 취소권 등의 행사는 기득권의 침해를 정당화할 만한 중대한 공익상의 필요 또는 제3자의 이익보호의 필요가 있는 때에 한하여 상대방이 받는 불이익과 비교·형량하여 결정하여야 하고, 그 처분으로 인하여 공익상의 필요보다 상대방이 받게 되는 불이익 등이 막대한 경우에는 재량권의 한계를 일탈한 것으로서 허용되지 않는다(대판 2020.4.29., 2017두31064).

정답 | ③

453 필수

행정행위의 취소와 철회에 대한 설명으로 옳지 않은 것은?

① 행정청이 의료법인의 이사에 대한 이사취임승인취소처분(제1처분)을 직권으로 취소(제2처분)한 경우, 제1처분과 제2처분 사이에 법원에 의하여 선임결정된 임시이사들의 지위는 법원의 해임결정이 있어야 소멸된다.
② 행정행위를 한 처분청은 비록 그 처분 당시에 별다른 하자가 없었고, 또 그 처분 후에 이를 철회할 별도의 법적 근거가 없다 하더라도 원래의 처분을 존속시킬 필요가 없게 된 사정변경이 생겼거나 또는 중대한 공익상의 필요가 발생한 경우에는 그 효력을 상실케 하는 별개의 행정행위로 이를 철회할 수 있다.
③ 조세부과처분이 취소되면 그 조세부과처분은 확정적으로 효력이 상실되므로 나중에 취소처분이 취소되어도 원조세부과처분의 효력이 회복되지 않는다.
④ 행정청은 당사자의 신뢰를 보호할 가치가 있는 등 정당한 사유가 있는 경우에는 위법 또는 부당한 처분의 전부나 일부를 장래를 향하여 취소할 수 있다.

기출처 2023 지방직 7급
난이도 ★★
키워드 행정행위의 철회와 실효

🔍 관련기출 옳은지문

• 행정청이 의료법인의 이사에 대한 이사취임승인취소처분(제1처분)을 직권으로 취소(제2처분)한 경우, 제1처분과 제2처분 사이에 법원에 의하여 선임결정된 임시이사들의 지위는 해임결정이 없더라도 당연히 소멸된다. _25국가직9급_

• 행정청은 위법 또는 부당한 처분의 전부나 일부를 소급하여 취소할 수 있다. 다만, 당사자의 신뢰를 보호할 가치가 있는 등 정당한 사유가 있는 경우에는 장래를 향하여 취소할 수 있다. _24국가직9급_

해설

① (×) 행정처분이 취소되면 그 소급효에 의하여 처음부터 그 처분이 없었던 것과 같은 효과를 발생하게 되는바, 행정청이 의료법인의 이사에 대한 이사취임승인취소처분(제1처분)을 직권으로 취소(제2처분)한 경우에는 그로 인하여 이사가 소급하여 이사로서의 지위를 회복하게 되고, 그 결과 위 제1처분과 제2처분 사이에 법원에 의하여 선임결정된 임시이사들의 지위는 법원의 해임결정이 없더라도 당연히 소멸된다(대판 1997.1.21., 96누3401).

② (○) 행정행위를 한 처분청은 비록 그 처분 당시에 별다른 하자가 없었고, 또 그 처분 후에 이를 취소할 별도의 법적 근거가 없다 하더라도 원래의 처분을 존속시킬 필요가 없게 된 사정변경이 생겼거나 또는 중대한 공익상의 필요가 발생한 경우에는 그 효력을 상실케 하는 별개의 행정행위로 이를 취소(강학상 철회)할 수 있다(대판 1995.2.28., 94누7713).

③ 빈출 (○) 설사 부과의 취소에 위법사유가 있다고 하더라도 당연무효가 아닌 한 일단 유효하게 성립하여 부과처분을 확정적으로 상실시키는 것이므로, 과세관청은 부과의 취소를 다시 취소함으로써 원부과처분을 소생시킬 수는 없고 납세의무자에게 종전의 과세대상에 대한 납부의무를 지우려면 다시 법률에서 정한 부과절차에 좇아 동일한 내용의 새로운 처분을 하는 수밖에 없다(대판 1995.3.10., 94누7027).

④ (○) 「행정기본법」 제18조 제1항

> 「행정기본법」 제18조 【위법 또는 부당한 처분의 취소】 ① 행정청은 위법 또는 부당한 처분의 전부나 일부를 소급하여 취소할 수 있다. 다만, 당사자의 신뢰를 보호할 가치가 있는 등 정당한 사유가 있는 경우에는 장래를 향하여 취소할 수 있다.

정답 | ①

454

행정행위의 철회에 대한 설명으로 옳은 것만을 모두 고르면? (다툼이 있는 경우 판례에 의함)

> ㄱ. 철회는 적법요건을 구비하여 완전히 효력을 발하고 있는 행정행위를 사후적으로 그 행위의 효력의 전부 또는 일부를 장래에 향해 소멸시키는 행위로서 철회되어지는 처분과 별개의 독립된 처분이다.
> ㄴ. 하자 없는 건축허가는 사정의 변경으로 건축허가의 존속이 공익에 적합하지 않게 되었다고 해도 이를 철회할 수 없다.
> ㄷ. 도시계획법령이 토지형질변경행위허가의 변경신청 및 변경허가에 관하여 아무런 규정을 두지 않는다면 처분청이 중대한 공익상의 필요가 발생한 경우 등에는 별도의 법적 근거가 없어도 이를 철회·변경할 수 있지만 상대방 등에게 그 철회·변경을 요구할 신청권까지를 부여하는 것은 아니다.
> ㄹ. 행정청이 평가인증이 이루어진 이후에 새로이 발생한 사유를 들어 구 「영유아보육법」 제30조 제5항에 따라 평가인증을 취소하는 처분은 강학상 취소에 해당한다.

① ㄱ, ㄴ
② ㄱ, ㄷ
③ ㄴ, ㄷ
④ ㄱ, ㄴ, ㄷ

해설

ㄱ. (O) 행정행위의 취소는 일단 유효하게 성립한 행정행위를 그 행위에 위법 또는 부당한 하자가 있음을 이유로 소급하여 그 효력을 소멸시키는 별도의 행정처분이고, 행정행위의 철회는 적법요건을 구비하여 완전히 효력을 발하고 있는 행정행위를 사후적으로 그 행위의 효력의 전부 또는 일부를 장래에 향해 소멸시키는 행정처분이므로, 행정행위의 취소사유는 행정행위의 성립 당시에 존재하였던 하자를 말하고, 철회사유는 행정행위가 성립된 이후에 새로이 발생한 것으로서 행정행위의 효력을 존속시킬 수 없는 사유를 말한다(대판 2006.5.11., 2003다37969).

ㄴ. (×) 하자 없는 건축허가도 사정의 변경으로 건축허가의 존속이 공익에 적합하지 않게 되었을 때에는 이를 철회할 수 있다(대판 1964.11.10., 64누33).

ㄷ. (O) 도시계획법령이 토지형질변경행위허가의 변경신청 및 변경허가에 관하여 아무런 규정을 두지 않고 있을 뿐 아니라, 처분청이 처분 후에 원래의 처분을 그대로 존속시킬 필요가 없게 된 사정변경이 생겼거나 중대한 공익상의 필요가 발생한 경우에는 별도의 법적 근거가 없어도 별개의 행정행위로 이를 철회·변경할 수 있지만 이는 그러한 철회변경의 권한을 처분청에게 부여하는 데 그치는 것일 뿐 상대방 등에게 그 철회·변경을 요구할 신청권까지를 부여하는 것은 아니라 할 것이므로, 이와 같이 법규상 또는 조리상의 신청권이 없이 한 국민들의 토지형질변경행위 변경허가신청을 반려한 당해 반려처분은 항고소송의 대상이 되는 처분에 해당되지 않는다(대판 1997.9.12., 96누6219).

ㄹ. (×) 처분의 성립 당시에 하자가 아닌 처분 이후의 사유를 들어 처분의 효력을 장래에 향해 소멸시키는 행위는 강학상 철회에 해당한다.

> 구 「영유아보육법」 제30조 제5항 제3호에 따른 평가인증의 취소는 평가인증 당시에 존재하였던 하자가 아니라 그 이후에 새로이 발생한 사유로 평가인증의 효력을 소멸시키는 경우에 해당하므로, 법적 성격은 평가인증의 '철회'에 해당한다(대판 2018.6.28., 2015두58195).

정답 | ②

455

「식품위생법」 관련 규정에 따라 A 구청장으로부터 적법하게 유흥접객업 영업허가를 받아 영업을 하던 甲은 영업장의 일부가 학교환경위생정화구역으로 설정되어 A 구청장으로부터 영업허가취소처분을 받게 되었다. 이에 대한 설명으로 옳지 <u>않은</u> 것은? (다툼이 있는 경우 판례에 의함)

① A 구청장의 甲에 대한 영업허가 취소는 적법하게 이루어지는 처분이라도 甲이 받게 될 침해와 공익상의 형량을 통해 행해져야 한다.
② A 구청장의 영업허가의 취소는 강학상 철회에 해당되고 A 구청장은 허가권자로서 甲의 영업에 대한 철회권을 가지고 있다.
③ A 구청장은 영업허가를 철회함에 있어 상대방인 甲이 영업허가의 철회사유를 명확히 알고 있는 경우에는 사전통지나 이유제시 등을 생략할 수 있다.
④ 甲에 대한 영업허가를 철회하는 것은 甲에 대해 권익을 제한하는 행위에 해당하나 법에 근거가 없더라도 A 구청장은 철회를 할 수 있다.

455	① ② ③
기출처	예상문제
난이도	★★
키워드	행정행위의 철회와 실효

해설

① (○) 적법하게 이루어지는 철회의 경우에도 중대공익상의 형량과정을 통해 이루어져야 한다.
② (○) 영업허가의 취소는 적법하게 성립된 허가를 새로운 사정을 이유로 소멸시키는 행위로서 강학상 철회에 해당되고 구청장은 처분청으로서 철회권을 가지고 있다.
③ (×) 상대방이 이유를 알고 있다고 해도 수익적 처분을 철회하는 경우에는 상대방에게 사전통지와 의견을 진술할 수 있는 기회를 부여하여야 하고 처분시에는 이유를 제시하여야 한다.
④ (○) 철회는 법적 근거가 없더라도 가능하다.

> 행정행위를 한 처분청은 비록 그 처분 당시에 별다른 하자가 없었고, <u>또 처분 후에 이를 취소할 별도의 법적 근거가 없다 하더라도</u> 원래의 처분을 존속시킬 필요가 없게 된 사정변경이 생겼거나 또는 중대한 공익상의 필요가 발생한 경우에는 그 효력을 상실케 하는 별개의 행정행위로 이를 취소할 수 있다(대판 1995.5.26., 94누8266).

정답 | ③

456

행정행위의 철회에 관한 설명으로 옳지 않은 것은? (다툼이 있는 경우 판례에 의함)

① 행정행위를 중대공익 등을 이유로 철회하는 경우에는 별도의 법적 근거가 없어도 처분 당시로 소급하여 효력을 소멸시킬 수 있다.
② 수익적 행정행위의 철회의 경우에 「행정절차법」상의 사전통지나 의견청취 절차를 거쳐야 한다.
③ 건축주가 토지소유자로부터 토지사용승낙서를 받아 토지 위에 건축물을 건축하는 대물적 성질의 건축허가를 받았다가 착공에 앞서 건축주의 귀책사유로 해당 토지를 사용할 권리를 상실한 경우, 토지소유자가 건축허가의 철회를 신청할 수 있다.
④ 수익적 행정행위를 철회하는 경우에는 기득권의 침해를 정당화할 만한 중대한 공익상의 필요 또는 제3자의 이익을 보호할 필요가 있고, 이를 상대방이 받는 불이익과 비교·교량하여 볼 때 공익상의 필요 등이 상대방이 입을 불이익을 정당화할 만큼 강한 경우에 한하여 허용될 수 있다.

해설

① **빈출** (×) 철회는 장래효가 원칙이며, 별도의 규정이 없으면 소급하지 아니한다.

> 행정청이 평가인증이 이루어진 이후에 새로이 발생한 사유를 들어 「영유아보육법」 제30조 제5항에 따라 평가인증을 철회하는 처분을 하면서도, 평가인증의 효력을 과거로 소급하여 상실시키기 위해서는, 특별한 사정이 없는 한 「영유아보육법」 제30조 제5항과는 별도의 법적 근거가 필요하다(대판 2018.6.28., 2015두58195).

정답 | ①

457
다음 사례에 대한 설명으로 옳지 않은 것은? (다툼이 있는 경우 판례에 의함)

> 건축주 甲은 토지소유자 乙과 매매계약을 체결하고 乙로부터 토지사용승낙서를 받아 乙의 토지 위에 건축물을 건축하는 건축허가를 관할 행정청인 A시장으로부터 받았다. 매매계약서에 의하면 甲이 잔금을 기일 내에 지급하지 못하면 즉시 매매계약이 해제될 수 있고 이 경우 토지사용승낙서는 효력을 잃으며 甲은 건축허가를 포기·철회하기로 甲과 乙이 약정하였다. 乙은 甲이 잔금을 기일 내에 지급하지 않자 甲과의 매매계약을 해제하였다.

① 착공에 앞서 甲의 귀책사유로 해당 토지를 사용할 권리를 상실한 경우, 乙은 A시장에 대하여 건축허가의 철회를 신청할 수 있다.
② 건축허가는 대물적 성질을 갖는 것이어서 행정청으로서는 그 허가를 할 때에 건축주 또는 토지소유자가 누구인지 등 인적 요소에 관하여는 형식적 심사만 한다.
③ A시장은 건축허가 당시 별다른 하자가 없었고 철회의 법적 근거가 없으므로 건축허가를 철회할 수 없다.
④ 철회권의 행사는 기득권의 침해를 정당화할 만한 중대한 공익상의 필요 또는 제3자의 이익을 보호할 필요가 있고, 공익상의 필요 등이 상대방이 입을 불이익을 정당화할 만큼 강한 경우에 한해 허용될 수 있다.

해설

① (O) 대판 2017.3.15., 2014두41190
②④ (O) 대판 2017.3.15., 2014두41190
③ (×) 철회는 별도의 법적 근거가 없어도 가능하다.

> 행정행위를 한 처분청은 비록 그 처분 당시에 별다른 하자가 없었고, 또 그 처분 후에 이를 철회할 별도의 법적 근거가 없다 하더라도 원래의 처분을 존속시킬 필요가 없게 된 사정변경이 생겼거나 또는 중대한 공익상의 필요가 발생한 경우에는 그 효력을 상실케 하는 별개의 행정행위로 이를 철회할 수 있다(대판 2004.11.26., 2003두10251).

정답 | ③

458 〈필수〉

행정처분의 취소·철회에 대한 설명으로 옳지 않은 것은?

① 행정청은 당사자의 신뢰를 보호할 가치가 있는 등 정당한 사유가 있는 경우에는 장래를 향하여 위법 또는 부당한 처분의 전부나 일부를 취소할 수 있다.
② 처분의 상대방이 처분의 위법성을 알고 있었거나 중대한 과실로 알지 못한 경우에는 행정청이 처분의 상대방에게 권리나 이익을 부여하는 처분을 취소하는 경우에도 취소로 인하여 처분의 상대방이 입게 될 불이익과 취소로 달성되는 공익을 비교·형량하지 않아도 된다.
③ 행정청은 처분을 철회하려는 경우에는 철회로 인하여 처분의 상대방이 입게 될 불이익과 철회로 달성되는 공익을 비교·형량하여야 한다.
④ 수익적 행정처분에 대한 취소권 등의 행사는 기득권의 침해를 정당화할 만한 중대한 공익상의 필요 또는 제3자의 이익 보호의 필요가 있는 때에 한하여 허용될 수 있다는 법리는 처분청이 수익적 행정처분을 직권으로 취소·철회하는 경우에 적용되는 법리일 뿐 쟁송취소의 경우에는 적용되지 않는다.
⑤ 처분청은 행정처분에 하자가 있는 경우라도 취소에 관한 별도의 법적 근거가 없으면 해당 행정처분을 스스로 취소할 수 없다.

기출정보
- 기출처: 2023 국회직 8급
- 난이도: ★★★
- 키워드: 행정행위의 철회와 실효

관련기출 옳은지문
- 수익적 행정처분을 취소 또는 철회하는 경우에는 이미 부여된 그 국민의 기득권을 침해하는 것이 되므로 그 처분으로 인하여 공익상의 필요보다 상대방이 받게 되는 불이익 등이 막대한 경우에는 재량권의 한계를 일탈한 것으로서 그 자체가 위법하다. 〈16서울시7급〉

해설

① (○) 「행정기본법」 제18조 제1항
② (○) 동법 제18조 제2항 제2호
③ 〈빈출〉 (○) 행정청은 처분을 철회하려는 경우에는 철회로 인하여 당사자가 입게 될 불이익을 철회로 달성되는 공익과 비교·형량하여야 한다(동법 제19조 제2항).

> 수익적 행정처분을 취소 또는 철회하는 경우에는 이미 부여된 그 국민의 기득권을 침해하는 것이 되므로, 비록 취소 등의 사유가 있다고 하더라도 그 취소권 등의 행사는 기득권의 침해를 정당화할 만한 중대한 공익상의 필요 또는 제3자의 이익보호의 필요가 있는 때에 한하여 상대방이 받는 불이익과 비교·교량하여 결정하여야 하고, 그 처분으로 인하여 공익상의 필요보다 상대방이 받게 되는 불이익 등이 막대한 경우에는 재량권의 한계를 일탈한 것으로서 그 자체가 위법하다(대판 2004.11.26., 2003두10251·10268).

④ 〈빈출〉 (○) 수익적 행정처분에 대한 취소권 등의 행사는 기득권의 침해를 정당화할 만한 중대한 공익상의 필요 또는 제3자의 이익보호의 필요가 있는 때에 한하여 허용될 수 있다는 법리는, 처분청이 수익적 행정처분을 직권으로 취소·철회하는 경우에 적용되는 법리일 뿐 쟁송취소의 경우에는 적용되지 않는다(대판 2019.10.17., 2018두104).

⑤ 〈빈출〉 (×) 행정행위를 한 처분청은 그 행위에 하자가 있는 경우에 별도의 법적 근거가 없더라도 스스로 이를 취소할 수 있는 것이며, 다만 그 행위가 국민에게 권리나 이익을 부여하는 이른바 수익적 행정행위인 때에는 그 행위를 취소하여야 할 공익상 필요와 그 취소로 인하여 당사자가 입을 기득권과 신뢰보호 및 법률생활 안정의 침해 등 불이익을 비교·교량한 후 공익상 필요가 당사자의 기득권 침해 등 불이익을 정당화할 수 있을 만큼 강한 경우에 한하여 취소할 수 있다(대판 1986.2.25., 85누664).

고득점 플러스+ 철회에 있어서의 법적 근거

> 행정행위를 한 처분청은 비록 그 처분 당시에 별다른 하자가 없었고, 또 그 처분 후에 이를 철회할 별도의 법적 근거가 없다 하더라도 원래의 처분을 존속시킬 필요가 없게 된 사정변경이 생겼거나 또는 중대한 공익상의 필요가 발생한 경우에는 그 효력을 상실케 하는 별개의 행정행위로 이를 철회할 수 있다고 할 것이다(대판 2004.11.26., 2003두10251·10268).

정답 | ⑤

459 필수

행정행위의 결효에 대한 설명으로 옳지 않은 것은? (다툼이 있는 경우 판례에 의함)

① 여러 처분사유에 관하여 하나의 제재처분을 하였을 때 그중 일부가 인정되지 않는다고 하더라도 나머지 처분사유들만으로도 처분의 정당성이 인정되는 경우에는 그 처분을 위법하다고 볼 수 없다.

② 국유재산 무단점유자에게 부과한 변상금 부과처분에 대한 취소소송이 진행 중이라도 행정청은 위법한 처분을 스스로 취소하고 그 하자를 보완하여 다시 적법한 부과처분을 할 수도 있다.

③ 「산업재해보상보험법」상 각종 보험급여 등의 지급결정이 적법한지를 판단하는 기준과 그 처분이 잘못되었음을 전제로 하여 이미 지급된 보험급여액에 해당하는 금액을 징수하는 처분이 적법한지를 판단하는 기준이 동일하므로, 지급결정이 적법하게 취소되었다면 그에 기한 징수처분도 반드시 적법하다고 판단하여야 한다.

④ 직권취소를 할 수 있다는 사정만으로 이해관계인에게 처분청에 대하여 그 취소를 요구할 신청권이 부여된 것으로 볼 수는 없다.

459	
기출처	예상문제
난이도	★★
키워드	행정행위의 철회와 실효

관련기출 옳은지문

- 「산업재해보상보험법」상 각종 보험급여 등의 지급결정을 변경 또는 취소하는 처분과 처분에 터 잡아 잘못 지급된 보험급여액에 해당하는 금액을 징수하는 처분이 적법한지를 판단하는 경우, 지급결정을 변경 또는 취소하는 처분이 적법하다 하여 그에 터 잡은 징수처분도 적법하다고 판단해야 하는 것은 아니다.
  19지방직9급 변형

해설

① (○) 여러 처분사유에 관하여 하나의 제재처분을 하였을 때 그중 일부가 인정되지 않는다고 하더라도 나머지 처분사유들만으로도 처분의 정당성이 인정되는 경우에는 그 처분을 위법하다고 보아 취소하여서는 아니 된다(대판 2020.5.14., 2019두63515).

② (○) 변상금 부과처분에 대한 취소소송이 진행 중이라도 그 부과권자로서는 위법한 처분을 스스로 취소하고 그 하자를 보완하여 다시 적법한 부과처분을 할 수도 있는 것이어서 그 권리행사에 법률상의 장애사유가 있는 경우에 해당한다고 할 수 없으므로, 그 처분에 대한 취소소송이 진행되는 동안에도 그 부과권의 소멸시효가 진행된다(대판 2006.2.10., 2003두5686).

③ (×) 「산업재해보상보험법」상 각종 보험급여 등의 지급결정이 적법한지를 판단하는 기준과 그 처분이 잘못되었음을 전제로 하여 이미 지급된 보험급여액에 해당하는 금액을 징수하는 처분이 적법한지를 판단하는 기준이 동일하다고 할 수는 없으므로, 지급결정이 적법하게 취소되었다고 하여 그에 기한 징수처분도 반드시 적법하다고 판단하여야 하는 것은 아니다(대판 2017.6.29., 2014두39012).

④ (○) 직권취소를 할 수 있다는 사정만으로 이해관계인에게 처분청에 대하여 그 취소를 요구할 신청권이 부여된 것으로 볼 수는 없으므로, 처분청이 위와 같이 법규상 또는 조리상의 신청권이 없이 한 이해관계인의 복구준공통보 등의 취소신청을 거부하더라도, 그 거부행위는 항고소송의 대상이 되는 처분에 해당하지 않는다(대판 2006.6.30., 2004두701).

정답 | ③

460

행정행위의 결효(缺效) 중 철회에 해당하는 것을 모두 고른 것은? (다툼이 있는 경우 판례에 의함)

> ㄱ. 전자오락실 영업허가를 받은 자가 영업을 자진 폐업한 경우
> ㄴ. 부담부 행정처분에 있어서 처분의 상대방이 부담(의무)을 이행하지 아니한 경우
> ㄷ. 행정청이 종교단체에 대하여 기본재산전환인가를 함에 있어 인가조건을 부가하고 그 불이행시 인가를 취소할 수 있도록 한 경우, 인가조건에 따른 취소사유가 발생한 경우
> ㄹ. 구「환경영향평가법」상 환경영향평가를 실시하여야 할 사업에 대하여 환경영향평가를 거치지 아니하였음에도 승인 등 처분을 한 경우

① ㄱ, ㄴ
② ㄴ, ㄷ
③ ㄷ, ㄹ
④ ㄱ, ㄹ

해설

ㄱ. (실효) 대물적 처분에 해당하는 허가업을 자진폐업하고 시설을 철거하였다면 이는 실효사유에 해당한다.

> 구「유기장법」(1981.4.13. 법률 제3441호로 개정되기 전의 것)상 유기장의 영업허가는 대물적 허가로서 영업장소의 소재지와 유기시설 등이 영업허가의 요소를 이루는 것이므로, 영업장소에 설치되어 있던 유기시설이 모두 철거되어 허가를 받은 영업상의 기능을 더 이상 수행할 수 없게 된 경우에는, 이미 당초의 영업허가는 허가의 대상이 멸실된 경우와 마찬가지로 그 효력이 당연히 소멸되는 것이고, 또 유기장의 영업허가는 신청에 의하여 행하여지는 처분으로서 허가를 받은 자가 영업을 폐업할 경우에는 그 효력이 당연히 소멸되는 것이니, 이와 같은 경우 허가행정청의 허가취소처분은 허가가 실효되었음을 확인하는 것에 지나지 않는다고 보아야 할 것이므로, 유기장의 영업허가를 받은 자가 영업장소를 명도하고 유기시설을 모두 철거하여 매각함으로써 유기장업을 폐업하였다면 영업허가취소처분의 취소를 청구할 소의 이익이 없는 것이라고 볼 수 있다(대판 1990.7.13., 90누2284).

ㄴ. (철회) 부담부 행정처분에 있어서 처분의 상대방이 부담(의무)을 이행하지 아니한 경우에 처분행정청으로서는 이를 들어 당해 처분을 취소(철회)할 수 있는 것이므로 이 사건에서 원고가 소정기간 내에 공사를 완료하지 못했다 하더라도 이로 말미암아 긴급한 위난이 예상되거나 긴급한 사정이 없는 한 허가받은 자의 이익을 번복하는 처분은 할 수 없다는 소론은 받아들일 수 없고, 또 도시계획법이나 기타 법령에 의하더라도 이 사건 허가처분을 취소함에 있어 소론과 같은 절차를 요구하고 있는 규정은 없으므로 피고가 이 사건 취소처분을 함에 있어 그와 같은 절차를 밟지 않았다 하여 잘못이라 할 수도 없다(대판 1989.10.24., 89누2431).

ㄷ. (철회) 행정청이 종교단체에 대하여 기본재산전환인가를 함에 있어 인가조건을 부가하고 그 불이행시 인가를 취소할 수 있도록 한 경우, 인가조건의 의미는 철회권을 유보한 것이다(대판 2003.5.30., 2003다6422).

ㄹ. (무효) 구「환경영향평가법」상 환경영향평가를 실시하여야 할 사업에 대하여 환경영향평가를 거치지 아니하였음에도 승인 등 처분을 한 경우, 그 처분의 하자가 행정처분의 당연무효사유에 해당한다(대판 2006.6.30., 2005두14363).

정답 | ②

461 필수

다음 사례 상황에 대한 설명으로 옳은 것은? (다툼이 있는 경우 판례에 의함)

> 甲은 「식품위생법」상 유흥주점 영업허가를 받아 영업을 하던 중 경기부진을 이유로 2015.8.3. 자진폐업하고 관련 법령에 따라 폐업신고를 하였다. 이에 관할 시장은 자진폐업을 이유로 2015.9.10. 甲에 대한 위 영업허가를 취소하는 처분을 하였으나 이를 甲에게 통지하지 아니하였다. 이후 甲은 경기가 활성화되자 유흥주점 영업을 재개하려고 관할 시장에 2016.2.3. 재개업신고를 하였으나, 영업허가가 이미 취소되었다는 회신을 받았다. 허가취소 사실을 비로소 알게 된 甲은 2016.3.10.에 위 2015.9.10.자 영업허가 취소처분의 취소를 구하는 소송을 제기하였다.

① 甲에 대한 유흥주점 영업허가의 효력은 2015.9.10.자 영업허가 취소처분에 의해서 소멸된다.
② 위 2015.9.10.자 영업허가 취소처분은 甲에게 통지되지 않아 효력이 발생하지 아니하였으므로 甲의 영업허가는 여전히 유효하다.
③ 甲이 2015.9.10.자 영업허가 취소처분에 대하여 제기한 위 취소소송은 부적법한 소송으로서 각하된다.
④ 甲에 대한 유흥주점 영업허가는 2016.2.3. 행한 甲의 재개업신고를 통하여 다시 효력을 회복한다.

461				
기출처	2016 국가직 9급
난이도	★★★
키워드	행정행위의 철회와 실효

해설

① (×) 취소처분은 실효되었음을 확인하는 의미이다.
② (×) 당연실효되었으므로 영업허가의 효력은 없다.
③ (○) 제시문의 내용은 실효사유에 해당한다. 그런데 행정청은 이를 이유로 허가를 취소하였으나 이는 실효되었음을 확인하는 의미에 해당할 뿐이라서 영업허가취소처분에 대한 소송은 각하된다.

> 청량음료제조업허가는 신청에 의한 처분이고, 신청에 의한 허가처분을 받은 원고가 그 영업을 폐업한 경우에는 그 영업허가는 당연실효되고, 허가행정청의 허가취소처분은 허가의 실효됨을 확인하는 것에 불과하므로 원고는 그 허가 취소처분의 취소를 구할 소의 이익이 없다(대판 1981.7.14., 80누593).

④ (×) 영업재개신고로서 다시 효력이 발생할 수 없다. 재허가를 받아야 한다.

정답 | ③

462 필수

행정행위의 직권취소 및 철회에 대한 설명으로 옳지 않은 것은?

① 처분에 대하여 행정심판이나 행정소송이 제기되어 쟁송이 진행되고 있는 도중에는 행정청은 스스로 대상 처분을 취소할 수 없다.
② 행정청은 사정변경으로 적법한 처분을 더 이상 존속시킬 필요가 없게 된 경우 그 처분의 전부 또는 일부를 장래를 향하여 철회할 수 있다.
③ 제소기간의 경과 등으로 처분에 불가쟁력이 발생하였다 하여도 행정청은 실권의 법리에 해당하지 않는다면 직권으로 처분을 취소할 수 있다.
④ 행정청은 위법 또는 부당한 처분의 전부나 일부를 소급하여 취소할 수 있다. 다만, 당사자의 신뢰를 보호할 가치가 있는 등 정당한 사유가 있는 경우에는 장래를 향하여 취소할 수 있다.

해설

① **빈출** (×) 행정청은 행정소송이 계속되고 있는 때에도 직권으로 그 처분을 변경할 수 있고, 「행정소송법」 제22조 제1항은 이를 전제로 처분변경으로 인한 소의 변경에 관하여 규정하고 있다. 점용료 부과처분에 취소사유에 해당하는 흠이 있는 경우 도로관리청으로서는 당초 처분 자체를 취소하고 흠을 보완하여 새로운 부과처분을 하거나, 흠 있는 부분에 해당하는 점용료를 감액하는 처분을 할 수 있다(대판 2019.1.17., 2016두56721).

> 변상금 부과처분에 대한 취소소송이 진행 중이라도 그 부과권자로서는 위법한 처분을 스스로 취소하고 그 하자를 보완하여 다시 적법한 부과처분을 할 수도 있는 것이어서 그 권리행사에 법률상의 장애사유가 있는 경우에 해당한다고 할 수 없으므로, 그 처분에 대한 취소소송이 진행되는 동안에도 그 부과권의 소멸시효가 진행된다(대판 2006.2.10., 2003두5686).

② **빈출** (○) 「행정기본법」 제19조 제1항 제2호

> 「행정기본법」 제19조 【적법한 처분의 철회】 ① 행정청은 적법한 처분이 다음 각 호의 어느 하나에 해당하는 경우에는 그 처분의 전부 또는 일부를 장래를 향하여 철회할 수 있다.
> 1. 법률에서 정한 철회사유에 해당하게 된 경우
> 2. 법령 등의 변경이나 사정변경으로 처분을 더 이상 존속시킬 필요가 없게 된 경우
> 3. 중대한 공익을 위하여 필요한 경우

③ (○) 불가쟁력은 처분의 상대방 등이 쟁송기간이 경과하면 더 이상 심판이나 소송을 통해 다툴 수 없다는 의미일 뿐이므로, 불가쟁력이 발생한 처분이라도 실권의 법리에 의해 직권취소가 제한되는 경우가 아닌 한 행정청은 직권으로 처분을 취소할 수 있다.

④ (○) 동법 제18조 제1항

> 「행정기본법」 제18조 【위법 또는 부당한 처분의 취소】 ① 행정청은 위법 또는 부당한 처분의 전부나 일부를 소급하여 취소할 수 있다. 다만, 당사자의 신뢰를 보호할 가치가 있는 등 정당한 사유가 있는 경우에는 장래를 향하여 취소할 수 있다.

정답 | ①

관련기출 옳은지문

- 위법한 처분에 대해 불가쟁력이 발생한 이후에도 불가변력이 발생하지 않은 이상, 당해 처분은 처분의 위법성을 이유로 직권취소될 수 있다.

14지방직9급

463

甲은 「영유아보육법」에 따라 보건복지부장관의 평가인증을 받아 어린이집을 설치·운영하고 있다. 甲은 어린이집을 운영하면서 부정한 방법으로 보조금을 교부받아 사용하였고, 보건복지부장관은 이를 근거로 관련 법령에 따라 평가인증을 취소하였다. 이에 대한 설명으로 옳은 것은? (다툼이 있는 경우 판례에 의함)

① 평가인증의 취소는 강학상 철회에 해당하며, 행정청이 평가인증취소처분을 하면서 별도의 법적 근거 없이도 평가인증의 효력을 취소사유 발생일로 소급하여 상실시킬 수 있다.
② 평가인증의 취소는 강학상 취소에 해당하며, 행정청이 평가인증취소처분을 하면서 별도의 법적 근거 없이는 평가인증의 효력을 취소사유 발생일로 소급하여 상실시킬 수 없다.
③ 평가인증의 취소는 강학상 철회에 해당하며, 행정청이 평가인증취소처분을 하면서 별도의 법적 근거 없이는 평가인증의 효력을 취소사유 발생일로 소급하여 상실시킬 수 없다.
④ 평가인증의 취소는 강학상 취소에 해당하며, 행정청이 평가인증취소처분을 하면서 별도의 법적 근거 없이도 평가인증의 효력을 취소사유 발생일로 소급하여 상실시킬 수 있다.

463	
기출처	2019 국가직 9급
난이도	★★
키워드	행정행위의 철회와 실효

관련기출 옳은지문
- 구 「영유아보육법」상 어린이집 평가인증의 취소는 철회에 해당하므로, 평가인증의 효력을 과거로 소급하여 상실시키기 위해서는 특별한 사정이 없는 한 별도의 법적 근거가 필요하다. 22소방직

해설

①②④ (×) 강학상 철회에 해당되고 별도의 법적 근거 없이 평가인증의 효력을 소급하여 상실시킬 수 없다.
③ (○) 철회는 장래효가 원칙이다. 따라서 별도의 법적 근거 없이는 소급하여 효력을 소멸시킬 수 없다.

> 「영유아보육법」 제30조 제5항 제3호에 따른 평가인증 취소의 법적 성격(= 평가인증의 철회) 및 행정청이 평가인증이 이루어진 이후에 새로이 발생한 사유를 들어 「영유아보육법」 제30조 제5항에 따라 평가인증을 철회하는 처분을 하면서, 별도의 법적 근거 없이 평가인증의 효력을 과거로 소급하여 상실시킬 수 없다(대판 2018.6.28., 2015두58195).

정답 | ③

464

행정행위에 관한 설명으로 옳은 것은? (다툼이 있는 경우 판례에 의함)

① 처분청이 당초의 운전면허취소처분을 신뢰보호의 원칙과 형평의 원칙에 반하는 너무 무거운 처분으로 보아 이를 철회하고 새로이 일정기간의 운전면허정지처분을 하였다면, 당초의 처분인 운전면허취소처분은 철회로 인하여 그 효력이 상실되어 더 이상 존재하지 않는 것이고 그 후의 운전면허정지처분만이 남아 있게 된다.

② 국유임야대부와 이에 따른 대부료 부과조치는 항고소송의 대상이 되는 처분에 해당한다.

③ 행정청이 공무원에 대하여 새로운 직위해제사유에 기한 직위해제처분을 하여도 그 이전에 한 직위해제처분이 묵시적으로 철회되었다고 볼 수 없고, 기존의 직위해제처분의 취소를 구하는 소송은 여전히 그 소의 이익이 있다.

④ 민원사무를 처리하는 행정기관이 민원 1회방문 처리제를 시행하는 절차의 일환으로 민원사항의 심의·조정 등을 위한 민원조정위원회를 개최하면서 민원인에게 회의일정 등을 사전에 통지하지 않은 경우, 민원사항에 대한 행정기관의 장의 거부처분은 취소사유에 해당한다.

해설

① (O) 처분청이 당초의 운전면허취소처분을 신뢰보호의 원칙과 형평의 원칙에 반하는 너무 무거운 처분으로 보아 이를 철회하고 새로이 265일간의 운전면허정지처분을 하였다면, 당초의 처분인 운전면허취소처분은 철회로 인하여 그 효력이 상실되어 더 이상 존재하지 않는 것이고 그 후의 운전면허정지처분만이 남아 있는 것이라 할 것이며, 한편 존재하지 않는 행정처분을 대상으로 한 취소소송은 소의 이익이 없어 부적법하다(대판 1997.9.26., 96누1931).

② (×) 「국유재산법」 제31조, 제32조 제3항, 「산림법」 제75조 제1항의 규정 등에 의하여 국유 잡종재산(현 국유 일반재산)에 관한 관리처분의 권한을 위임받은 기관이 국유 잡종재산을 대부하는 행위는 국가가 사경제 주체로서 상대방과 대등한 위치에서 행하는 사법상의 계약이고, 행정청이 공권력의 주체로서 상대방의 의사 여하에 불구하고 일방적으로 행하는 행정처분이라고 볼 수 없으며, 국유 잡종재산에 관한 대부료의 납부고지 역시 사법상의 이행청구에 해당하고, 이를 행정처분이라고 할 수 없다(대판 2000.2.11., 99다61675).

③ (×) 직위해제처분 이후에 새로운 직위해제처분을 하였다면 기존의 직위해제처분은 묵시적으로 철회한 것이다.

> 행정청이 공무원에 대하여 새로운 직위해제사유에 기한 직위해제처분을 한 경우 그 이전에 한 직위해제처분은 이를 묵시적으로 철회하였다고 봄이 상당하고, 그렇다면 직위해제처분 무효확인 및 정직처분 취소소송 중 이미 철회되어 그 효력이 상실된 직위해제처분의 취소를 구하는 부분은 존재하지 않는 행정처분을 대상으로 한 것으로서, 그 소의 이익이 없다(대판 1996.10.15., 95누8119).

④ **지엽** (×) 민원사무를 처리하는 행정기관이 민원 1회방문 처리제를 시행하는 절차의 일환으로 민원사항의 심의·조정 등을 위한 민원조정위원회를 개최하면서 민원인에게 회의일정 등을 사전에 통지하지 아니하였다 하더라도, 이러한 사정만으로 곧바로 민원사항에 대한 행정기관의 장의 거부처분에 취소사유에 이를 정도의 흠이 존재한다고 보기는 어렵다(대판 2015.8.27., 2013두1560).

정답 | ①

465

행정행위의 하자와 철회 및 실효에 관한 설명으로 옳지 않은 것은? (다툼이 있는 경우 판례에 의함)

① 종전의 결혼예식장영업을 자진 폐업한 이상 건물 중 일부에 대하여 다시 예식장영업허가 신청을 하였다 하더라도 소멸한 종전의 영업허가권이 당연히 되살아난다고 할 수는 없다.

② 권한 없는 행정기관이 한 당연무효인 행정처분을 취소할 수 있는 권한은 당해 행정처분을 할 수 있는 적법한 권한을 가지는 행정청에게 그 취소권이 귀속되는 것이고 당해 행정처분을 한 처분청에게 속하는 것은 아니다.

③ 공유수면점용허가기간 중에 그 허가를 취소하는 처분이 있었다고 하여도 그 취소처분에 대한 법원의 집행정지결정으로 허가기간이 진행되어 허가기간이 경과하였다면 이로써 그 허가처분은 실효된 것이다.

④ 조세의 부과처분과 압류 등의 체납처분은 별개의 행정처분으로서 부과처분에 하자가 있더라도 그 부과처분에 의한 체납처분은 위법이라고 할 수는 없지만, 체납처분은 부과처분의 집행을 위한 절차에 불과하므로 그 부과처분에 중대하고도 명백한 하자가 있어 무효인 경우에는 그 부과처분의 집행을 위한 체납처분도 무효이다.

해설

② (×) 권한 없는 행정기관이 한 당연무효인 행정처분을 취소할 수 있는 권한은 당해 행정처분을 한 처분청에게 속하고, 당해 행정처분을 할 수 있는 적법한 권한을 가지는 행정청에게 그 취소권이 귀속되는 것이 아니다(대판 1984.10.10., 84누463).

정답 | ②

466

행정행위의 철회와 취소에 관한 내용으로 옳은 것(○)과 옳지 않은 것(×)을 순서대로 바르게 연결한 것은? (다툼이 있는 경우 판례에 의함)

> ㄱ. 쟁송취소는 처분의 상대방에게 귀책사유가 없는 경우에도 소급효가 인정된다.
> ㄴ. 과세관청이 과세처분에 대한 이의신청절차에서 납세자의 이의신청사유가 옳다고 인정하여 과세처분을 직권으로 취소한 경우, 납세자가 허위의 자료를 제출하는 등 부정한 방법에 기초하여 직권취소되었다는 등의 특별한 사유가 없는데도 이를 번복하고 종전과 동일한 과세처분을 하는 것은 위법하다.
> ㄷ. 연금 지급결정을 취소하는 처분과 그에 따라 잘못 지급된 급여액을 환수하는 처분이 적법한지에 관한 형량의 각 사정이 다르더라도, 연금 지급결정을 취소하는 처분이 적법하다면 환수처분도 적법하다고 판단하여야 한다.
> ㄹ. 운전면허 취소사유에 해당하는 음주운전을 적발한 경찰관의 소속 경찰서장이 사무착오로 위반자에게 운전면허정지처분을 하였다면 감독기관인 관할 지방경찰청장은 이를 적법하게 시정하여야 할 의무가 있고 이에 위반자에게 운전면허취소처분을 할 수 있다.

	ㄱ	ㄴ	ㄷ	ㄹ
①	×	×	○	○
②	×	○	×	○
③	○	×	○	×
④	○	○	×	×

해설

- ㄱ. (○) 쟁송취소는 부담적(침익적) 처분이 대상이다. 따라서 상대방의 귀책 여부와 상관없이 소급효가 인정된다.
- ㄴ. **빈출** (○) 과세관청이 과세처분에 대한 이의신청절차에서 납세자의 이의신청사유가 옳다고 인정하여 과세처분을 직권으로 취소한 경우, 납세자가 허위의 자료를 제출하는 등 부정한 방법에 기초하여 직권취소되었다는 등의 특별한 사유가 없는데도 이를 번복하고 종전과 동일한 과세처분을 하는 것은 위법하다(대판 2017.3.9., 2016두56790).
- ㄷ. (×) 다만 이처럼 연금 지급결정을 취소하는 처분과 그 처분에 기초하여 잘못 지급된 급여액에 해당하는 금액을 환수하는 처분이 적법한지를 판단하는 경우 비교·교량할 각 사정이 동일하다고는 할 수 없으므로, 연금 지급결정을 취소하는 처분이 적법하다고 하여 환수처분도 반드시 적법하다고 판단하여야 하는 것은 아니다(대판 2017.3.30., 2015두43971).
- ㄹ. (×) 후행의 무거운 처분을 위해 선행의 가벼운 처분을 취소하는 것은 신뢰보호에 반하여 위법하다.

> 운전면허 취소사유에 해당하는 음주운전을 적발한 경찰관의 소속 경찰서장이 사무착오로 위반자에게 운전면허정지처분을 한 상태에서 위반자의 주소지 관할 지방경찰청장이 위반자에게 운전면허취소처분을 한 것은 선행처분에 대한 당사자의 신뢰 및 법적 안정성을 저해하는 것으로서 허용될 수 없다(대판 2000.2.25., 99두10520).

정답 | ④

467 〈필수〉

수익적 행정행위의 철회에 대한 설명으로 옳은 것은? (다툼이 있는 경우 판례에 의함)

① 수익적 행정행위에 대한 취소권 등의 행사는 기득권의 침해를 정당화할 만한 중대한 공익상의 필요 또는 제3자의 이익을 보호할 필요가 있고, 이를 상대방이 받는 불이익과 비교·교량하여 볼 때 공익상의 필요 등이 상대방이 입을 불이익을 정당화할 만큼 강한 경우에 한하여 허용될 수 있다.

② 행정행위를 한 처분청은 비록 처분 당시에 별다른 하자가 없었고, 처분 후에 이를 철회할 별도의 법적 근거가 없더라도 원래의 처분을 존속시킬 필요가 없게 된 중대한 공익상 필요가 발생한 경우에도 그 효력을 상실케 하는 별개의 행정행위로 이를 철회할 수 없다.

③ 수익적 행정행위를 취소 또는 철회하거나 중지시키는 경우에는 이미 부여된 국민의 기득권을 침해하는 것이 되므로, 비록 취소 등의 사유가 있다고 하더라도 허용되지 않는다.

④ 행정행위를 한 처분청은 비록 처분 당시에 별다른 하자가 없었고, 처분 후에 이를 철회할 별도의 법적 근거가 없더라도 원래의 처분을 존속시킬 필요가 없게 된 사정변경이 생겼다는 이유만으로 그 효력을 상실케 하는 별개의 행정행위로 이를 철회하는 것은 허용되지 않는다.

467	
기출처	2021 군무원 9급
난이도	★★
키워드	행정행위의 철회와 실효

관련기출 옳은지문

• 행정행위를 한 처분청은 사정변경이 생겼거나 또는 중대한 공익상의 필요가 발생한 경우에는 그 효력을 상실케 하는 별개의 행정행위로 이를 철회할 수 있다고 할 것이나, 기득권을 침해하는 경우에는 기득권의 침해를 정당화할 만한 중대한 공익상의 필요 또는 제3자의 이익보호의 필요가 있는 때에 한하여 상대방이 받는 불이익과 비교·교량하여 철회하여야 한다. 17국가직9급

해설

① **빈출** (○) 수익적 처분의 취소나 철회는 상대방의 신뢰보호나 비례원칙에 제한을 받는다. 그러나 상대방의 신뢰를 능가하는 중대한 공익 등의 사유가 있는 경우에 한하여 취소나 철회가 가능하다.

> 수익적 행정행위를 취소 또는 철회하거나 중지시키는 경우에는 이미 부여된 국민의 기득권을 침해하는 것이 되므로, 비록 취소 등의 사유가 있다고 하더라도 그 취소권 등의 행사는 기득권의 침해를 정당화할 만한 중대한 공익상의 필요 또는 제3자의 이익을 보호할 필요가 있고, 이를 상대방이 받는 불이익과 비교·교량하여 볼 때 공익상의 필요 등이 상대방이 입을 불이익을 정당화할 만큼 강한 경우에 한하여 허용될 수 있다(대판 2017.3.15., 2014두41190).

②④ (×) 별도의 법적 근거가 없다 하더라도 중대한 공익이나 원래의 처분을 존속시킬 필요가 없게 된 사정변경이 생긴 경우에는 철회사유가 된다.

> 행정행위를 한 처분청은 비록 그 처분 당시에 별다른 하자가 없었고, 또 그 처분 후에 이를 철회할 별도의 법적 근거가 없다 하더라도 원래의 처분을 존속시킬 필요가 없게 된 사정변경이 생겼거나 또는 중대한 공익상의 필요가 발생한 경우에는 그 효력을 상실케 하는 별개의 행정행위로 이를 철회할 수 있다(대판 2004.11.26., 2003두10251,10268).

③ (×) 수익적 처분의 취소나 철회는 제한이 있기는 하나 불가능한 것은 아니다.

정답 | ①

CHAPTER 05 그 밖의 행정의 주요행위형식

01 행정법상의 확약

에듀윌 기본서 | 436p

468	① ② ③
기출처	2023 국가직 7급
난이도	★★
키워드	확약

🔍 관련기출 옳은지문
· 어업권면허에 선행하는 우선순위결정은 강학상 확약에 불과하고 행정처분은 아니므로, 우선순위결정에 공정력이나 불가쟁력과 같은 효력은 인정되지 아니한다. 10경찰

468 〈필수〉
확약에 대한 설명으로 옳지 않은 것은?

① 「행정절차법」상 법령 등에서 당사자가 신청할 수 있는 처분을 규정하고 있는 경우 행정청은 당사자의 신청에 따라 장래에 어떤 처분을 하거나 하지 아니할 것을 내용으로 하는 확약을 할 수 있으며, 문서 또는 말에 의한 확약도 가능하다.

② 「행정절차법」상 행정청은 확약을 한 후에 확약의 내용을 이행할 수 없을 정도로 법령 등이나 사정이 변경된 경우에는 확약에 기속되지 아니하며, 그 확약을 이행할 수 없는 경우에는 지체 없이 당사자에게 그 사실을 통지하여야 한다.

③ 행정청이 상대방에게 장차 어떤 처분을 하겠다고 확약을 하였더라도, 그 자체에서 상대방으로 하여금 언제까지 처분의 발령을 신청하도록 유효기간을 두었는데도 그 기간 내에 상대방의 신청이 없었다면, 그 확약은 행정청의 별다른 의사표시를 기다리지 않고 실효된다.

④ 어업권면허에 선행하는 우선순위결정은 행정청이 우선권자로 결정된 자의 신청이 있으면 어업권면허처분을 하겠다는 것을 약속하는 행위로서 강학상 확약에 불과하고 행정처분은 아니다.

해설

① (×) 확약은 문서로 하여야 한다.

> 「행정절차법」 제40조의2 【확약】 ① 법령 등에서 당사자가 신청할 수 있는 처분을 규정하고 있는 경우 행정청은 당사자의 신청에 따라 장래에 어떤 처분을 하거나 하지 아니할 것을 내용으로 하는 의사표시(이하 '확약'이라 한다)를 할 수 있다.
> ② 확약은 문서로 하여야 한다.
> ③ 행정청은 다른 행정청과의 협의 등의 절차를 거쳐야 하는 처분에 대하여 확약을 하려는 경우에는 확약을 하기 전에 그 절차를 거쳐야 한다.
> ④ 행정청은 다음 각 호의 어느 하나에 해당하는 경우에는 확약에 기속되지 아니한다.
> 1. 확약을 한 후에 확약의 내용을 이행할 수 없을 정도로 법령 등이나 사정이 변경된 경우
> 2. 확약이 위법한 경우
> ⑤ 행정청은 확약이 제4항 각 호의 어느 하나에 해당하여 확약을 이행할 수 없는 경우에는 지체 없이 당사자에게 그 사실을 통지하여야 한다.

② (○) 「행정절차법」 제40조의2 제4항·제5항

③ 빈출 (○) 행정청이 상대방에게 장차 어떤 처분을 하겠다고 확약 또는 공적인 의사표명을 하였다고 하더라도, 그 자체에서 상대방으로 하여금 언제까지 처분의 발령을 신청을 하도록 유효기간을 두었는데도 그 기간 내에 상대방의 신청이 없었다거나 확약 또는 공적인 의사표명이 있은 후에 사실적·법률적 상태가 변경되었다면, 그와 같은 확약 또는 공적인 의사표명은 행정청의 별다른 의사표시를 기다리지 않고 실효된다(대판 1996.8.20., 95누10877).

④ (○) 어업권면허에 선행하는 우선순위결정은 행정청이 우선권자로 결정된 자의 신청이 있으면 어업권면허처분을 하겠다는 것을 약속하는 행위로서 강학상 확약에 불과하고 행정처분은 아니므로, 우선순위결정에 공정

력이나 불가쟁력과 같은 효력은 인정되지 아니하며, 따라서 우선순위결정이 잘못되었다는 이유로 종전의 어업권면허처분이 취소되면 행정청은 종전의 우선순위결정을 무시하고 다시 우선순위를 결정한 다음 새로운 우선순위결정에 기하여 새로운 어업권면허를 할 수 있다(대판 1995.1.20., 94누6529).

> **고득점 플러스+**
>
> 확약은 항고소송의 대상이 아니지만 확약이 있고 난 후, 확약된 처분에 대한 행정청의 확약의 취소는 신청한 처분의 거부처분에 해당한다는 것이 대법원의 입장이다.
> 자동차운송사업양도양수계약에 기한 양도양수인가신청에 대하여 피고 시장이 내인가를 한 후 위 내인가에 기한 본인가신청이 있었으나 자동차운송사업 양도양수인가신청서가 합의에 의한 정당한 신청서라고 할 수 없다는 이유로 위 내인가를 취소한 경우, 위 내인가의 법적 성질이 행정행위의 일종으로 볼 수 있든 아니든 그것이 행정청의 상대방에 대한 의사표시임이 분명하고, 피고가 위 내인가를 취소함으로써 다시 본인가에 대하여 따로이 인가 여부의 처분을 한다는 사정이 보이지 않는다면 위 내인가취소를 인가신청을 거부하는 처분으로 보아야 할 것이다(대판 1991.6.28., 90누4402).

정답 | ①

469 필수

확약에 관한 설명으로 옳지 않은 것은? (다툼이 있는 경우 판례에 의함)

① 확약에 관해 「행정절차법」에 규정을 두고 있다.
② 법령 등에서 당사자가 신청할 수 있는 처분을 규정하고 있는 경우 행정청은 당사자의 신청에 따라 장래에 어떤 처분을 하거나 하지 아니할 것을 내용으로 하는 의사표시를 할 수 있다.
③ 확약이 있은 후에 사실적·법률적 상태가 변경되었다면, 그와 같은 확약은 행정청의 별다른 의사표시를 기다리지 않고 실효된다.
④ 어업권면허에 선행하는 우선순위결정은 일단 하자가 있다고 해도 당연무효가 아닌 한 권한 있는 기관에 의해 취소될 때까지는 유효로서 추정된다.

469 ① ② ③
기출처 | 예상문제
난이도 | ★★
키워드 | 확약

관련기출 옳은지문
· 확약이 있은 후에 사실적·법률적 상태가 변경이 있더라도 행정청이 이를 철회한다는 의사표시를 기다리지 않고 실효된다. 10경찰 변형

해설

① (○) 확약에 대한 일반적 규정은 종래 없었으나 최근 「행정절차법」이 개정되었다. 확약에 대하여 「행정절차법」에 규정을 두고 있다(「행정절차법」 제40조의2).
② (○) 동법 제40조의2 제1항
③ 빈출 (○) 행정청이 상대방에게 장차 어떤 처분을 하겠다고 확약 또는 공적인 의사표명을 하였다고 하더라도, 그 자체에서 상대방으로 하여금 언제까지 처분의 발령을 신청하도록 유효기간을 두었는데도 그 기간 내에 상대방의 신청이 없었다거나 확약 또는 공적인 의사표명이 있은 후에 사실적·법률적 상태가 변경되었다면, 그와 같은 확약 또는 공적인 의사표명은 행정청의 별다른 의사표시를 기다리지 않고 실효된다(대판 1996.8.20., 95누10877).
④ (×) 대법원에 의하면 어업권우선순위결정은 확약으로서 처분이 아니므로 공정력 등의 효력은 인정될 수 없다.

> 어업권면허에 선행하는 우선순위결정은 행정청이 우선권자로 결정된 자의 신청이 있으면 어업권면허처분을 하겠다는 것을 약속하는 행위로서 강학상 확약에 불과하고 행정처분은 아니므로, 우선순위결정에 공정력이나 불가쟁력과 같은 효력은 인정되지 아니하며, 따라서 우선순위결정이 잘못되었다는 이유로 종전의 어업권면허처분이 취소되면 행정청은 종전의 우선순위결정을 무시하고 다시 우선순위를 결정한 다음 새로운 우선순위결정에 기하여 새로운 어업권면허를 할 수 있다(대판 1995.1.20., 94누6529).

정답 | ④

470 〈필수〉

확약에 대한 설명으로 가장 옳지 않은 것은?

① 확약이 위법한 경우에는 행정청은 이에 구속되지 않는다.
② 확약을 한 후에 확약의 내용을 이행할 수 없을 정도로 법령 등이나 사정이 변경된 경우에 행정청은 이에 구속되지 아니하여 실효되고 이에 확약을 이행할 수 없는 경우에도 당사자에게 그 사실을 통지할 의무는 없다.
③ 확약은 문서형식으로 행하여야 한다.
④ 행정청은 다른 행정청과의 협의 등의 절차를 거쳐야 하는 처분에 대하여 확약을 하려는 경우에는 확약을 하기 전에 그 절차를 거쳐야 한다.

해설

① (○) 「행정절차법」 제40조의2 제4항 제2호
② (×) 확약을 이행할 수 없는 경우에는 지체 없이 당사자에게 그 사실을 통지하여야 한다.

> 「행정절차법」 제40조의2 【확약】 ④ 행정청은 다음 각 호의 어느 하나에 해당하는 경우에는 확약에 기속되지 아니한다.
> 1. 확약을 한 후에 확약의 내용을 이행할 수 없을 정도로 법령 등이나 사정이 변경된 경우
> 2. 확약이 위법한 경우
> ⑤ 행정청은 확약이 제4항 각 호의 어느 하나에 해당하여 확약을 이행할 수 없는 경우에는 지체 없이 당사자에게 그 사실을 통지하여야 한다.

③ (○) 동조 제2항
④ (○) 동조 제3항

정답 | ②

관련기출 옳은지문
- 확약을 행한 행정청은 확약의 내용인 행위를 하여야 할 자기구속적 의무를 지며, 상대방은 행정청에 그 이행을 청구할 권리를 갖게 된다.
  16서울시9급

471

행정청의 확약에 대한 설명으로 옳은 것은? (다툼이 있는 경우 판례에 의함)

① 행정청의 확약은 위법하더라도 중대명백한 하자가 있어 당연무효가 아닌 한 취소되기 전까지는 유효한 것으로 통용된다.
② 재량행위에 대해 상대방에게 확약을 하려면 확약에 대한 법적 근거가 있어야 한다.
③ 행정청이 상대방에게 확약을 한 후에 사실적·법률적 상태가 변경되었다면 확약은 행정청의 별다른 의사표시가 없더라도 실효된다.
④ 행정청의 확약에 대해 법률상 이익이 있는 제3자는 확약에 대해 취소소송으로 다툴 수 있다.

해설

① (×) 대법원에 의하면 확약은 행정처분이 아니라서 공정력 등의 효력이 인정되지 않는다.
② (×) 확약은 법적 근거 없이 행정청의 처분권한으로부터 도출되어 가능하다(본처분권포함설).
③ (○) 확약의 실효에 대한 내용이다. 확약의 배경이 된 사실상태나 법적 상태의 변경이 있었고, 행정청이 이를 미리 예측하지 못하였다면 행정청의 별다른 의사표시 없이 실효된다.
④ (×) 확약은 행정처분이 아니다.

정답 | ③

472

자동화된 행정결정에 대한 설명으로 옳지 않은 것은?

① 자동화된 행정결정의 예로는 컴퓨터를 통한 중·고등학생의 학교배정, 신호등에 의한 교통신호 등이 있다.
② 「행정기본법」상 자동적 처분은 항고소송의 대상이 된다.
③ 「행정기본법」상 자동적 처분을 할 수 있는 '완전히 자동화된 시스템'에는 '인공지능 기술을 적용한 시스템'이 포함되지 않는다.
④ 「행정기본법」은 재량행위에 대해서 자동적 처분을 허용하지 않고 있다.

해설

① (O) 자동화된 행정결정으로는 교통신호등이나 중·고등학교의 학생배정, 공용주차장의 주차료부과 및 징수 등이 해당된다.
② (O) 자동화된 작용도 항고소송의 처분의 개념을 충족한다.
③ (×) 행정청은 법률로 정하는 바에 따라 완전히 자동화된 시스템(인공지능 기술을 적용한 시스템을 포함한다)으로 처분을 할 수 있다. 다만, 처분에 재량이 있는 경우는 그러하지 아니하다(「행정기본법」 제20조).
④ (O) 동법 제20조 단서

정답 | ③

472

기출처	2023 지방직 9급
난이도	★
키워드	확약

관련기출 옳은지문
- 전산처리에 의한 객관식 시험의 채점과 합격자 결정은 행정의 자동화 작용이다. 19(상)군무원9급

02 공법상 계약

473 〈필수〉
공법상 계약에 해당하는 것만을 〈보기〉에서 모두 고르면? (다툼이 있는 경우 판례에 의함)

기출처 2022 국회직 8급
난이도 ★
키워드 공법상 계약

| 보기 |
ㄱ. 「사회기반시설에 대한 민간투자법」에 따라 지방자치단체와 유한회사 간 체결한 터널 민간투자사업 실시협약
ㄴ. 구 「중소기업 기술혁신 촉진법」상의 중소기업 정보화지원사업에 따른 지원금 출연을 위하여 중소기업청장이 민간 주식회사와 체결하는 협약
ㄷ. 도시계획사업의 시행자가 그 사업에 필요한 토지를 협의취득하는 행위
ㄹ. 국유 일반재산의 대부행위

① ㄱ, ㄴ
② ㄱ, ㄷ
③ ㄴ, ㄷ
④ ㄴ, ㄹ
⑤ ㄷ, ㄹ

관련기출 옳은지문

• 중소기업 정보화지원사업에 따른 지원금 출연을 위하여 중소기업청장이 체결하는 협약은 공법상 계약에 해당한다. 24국회직8급

• 「공익사업을 위한 토지 등의 취득 및 보상에 관한 법률」상 협의취득계약은 공법상 계약이 아니라 사법상 매매계약에 해당한다. 17지방직7급

해설

ㄱ. **지엽** (○) 판례의 취지가 공법상의 계약으로 보고 있다.

> 甲 광역자치단체가 乙 유한회사와 '관계 법령 등의 변경으로 사업의 수익성에 중대한 영향을 미치는 경우 협약당사자간의 협의를 통해 통행료를 조정하고, 통행료 조정사유가 발생하였으나 실제로 통행료 조정이 이루어지지 못한 경우 보조금을 증감할 수 있다.'는 내용의 터널 민간투자사업 실시협약을 체결하였는데, 2002년에 「법인세법」이 개정되어 법인세율이 인하되자 甲 자치단체가 법인세율 인하 효과를 반영하여 산정한 재정지원금액을 지급한 사안에서, 「법인세법」 개정에 따른 법인세율 인하가 실시협약에서 정한 '관계 법령 등의 변경'에 해당하고 '사업의 수익성에 중대한 영향을 미치는 경우'에 해당한다(대판 2019.1.31., 2017두46455).

ㄴ. **빈출** (○) 중소기업기술정보진흥원장이 甲 주식회사와 중소기업 정보화지원사업 지원대상인 사업의 지원에 관한 협약을 체결하였는데, 협약이 甲 회사에 책임이 있는 사업실패로 해지되었다는 이유로 협약에서 정한 대로 지급받은 정부지원금을 반환할 것을 통보한 사안에서, 중소기업 정보화지원사업에 따른 지원금 출연을 위하여 중소기업청장이 체결하는 협약은 공법상 대등한 당사자 사이의 의사표시의 합치로 성립하는 공법상 계약에 해당하는 점, … 이를 행정청이 우월한 지위에서 행하는 공권력의 행사로서 행정처분에 해당한다고 볼 수는 없다(대판 2015.8.27., 2015두41449).

ㄷ. **빈출** (×) 도시계획사업의 시행자가 그 사업에 필요한 토지를 협의취득하는 행위는 사경제주체로서 행하는 사법상의 법률행위에 지나지 않으며 공권력의 주체로서 우월한 지위에서 행하는 공법상의 행정처분이 아니므로 행정소송의 대상이 되지 않는다(대판 1992.10.27., 91누3871).

ㄹ. **빈출** (×) 「국유재산법」 제31조, 제32조 제3항, 「산림법」 제75조 제1항의 규정 등에 의하여 국유 잡종재산(현 국유 일반재산)에 관한 관리처분의 권한을 위임받은 기관이 국유 잡종재산을 대부하는 행위는 국가가 사경제주체로서 상대방과 대등한 위치에서 행하는 사법상의 계약이고, 행정청이 공권력의 주체로서 상대방의 의사 여하에 불구하고 일방적으로 행하는 행정처분이라고 볼 수 없으며, 국유 잡종재산에 관한 대부료의 납부고지 역시 사법상의 이행청구에 해당하고, 이를 행정처분이라고 할 수 없다(대판 2000.2.11., 99다61675).

정답 | ①

474 필수

공법상 계약에 대한 설명으로 옳은 것은? (다툼이 있는 경우 판례에 의함)

① 지방자치단체가 일방 당사자가 되는 이른바 '공공계약'이 사법상 계약에 해당하는 경우에도 법령에 특별한 규정이 없다면 사적 자치와 계약자유의 원칙 등 사법의 원리가 그대로 적용되지 않는다.
② 국립의료원 부설주차장 위탁관리용역운영계약은 공법상 계약에 해당한다.
③ 공법상 계약이더라도 한쪽 당사자가 다른 당사자를 상대로 계약의 이행을 청구하는 소송은 민사소송으로 제기하여야 한다.
④ 지방자치단체가 A 주식회사를 자원회수시설과 부대시설의 운영·유지관리 등을 위탁할 민간 사업자로 선정하고 A 주식회사와 체결한 위 시설에 관한 위·수탁 운영 협약은 사법상 계약에 해당한다.

474	
기출처	2022 지방직 9급
난이도	★★
키워드	공법상 계약

관련기출 옳은지문
- 「지방자치단체를 당사자로 하는 계약에 관한 법률」에 따라, 지방자치단체가 당사자가 되는 이른바 공공계약은 본질적인 내용이 사인간의 계약과 다를 바가 없다. 17국가직7급

해설

① 빈출 (×) 지방자치단체가 일방 당사자가 되는 이른바 '공공계약'이 사경제의 주체로서 상대방과 대등한 위치에서 체결하는 사법상 계약에 해당하는 경우 그에 관한 법령에 특별한 정함이 있는 경우를 제외하고는 사적 자치와 계약자유의 원칙 등 사법의 원리가 그대로 적용된다(대판 2018.2.13., 2014두11328).

② 빈출 (×) 국립의료원 부설주차장에 관한 이 사건 위탁관리용역운영계약의 … 실질은 행정재산인 위 부설주차장에 대한 「국유재산법」 제24조 제1항에 의한 사용·수익 허가로서 이루어진 것임을 알 수 있으므로, 이는 위 국립의료원이 원고의 신청에 의하여 공권력을 가진 우월적 지위에서 행한 행정처분으로서 특정인에게 행정재산을 사용할 수 있는 권리를 설정하여 주는 강학상 특허에 해당한다 할 것이고 순전히 사경제주체로서 원고와 대등한 위치에서 행한 사법상의 계약으로 보기 어렵다고 할 것이다(대판 2006.3.9., 2004다31074).

③ (×) 공법상 계약이란 공법적 효과의 발생을 목적으로 하여 대등한 당사자 사이의 의사표시의 합치로 성립하는 공법행위를 말한다. 공법상 계약의 한쪽 당사자가 다른 당사자를 상대로 효력을 다투거나 이행을 청구하는 소송은 공법상의 법률관계에 관한 분쟁이므로 … 특별한 사정이 없는 한 공법상 당사자소송으로 제기하여야 한다(대판 2021.2.4., 2019다277133).

④ 빈출 (○) 甲 지방자치단체가 乙 주식회사 등 4개 회사로 구성된 공동수급체를 자원회수시설과 부대시설의 운영·유지관리 등을 위탁할 민간 사업자로 선정하고 乙 회사 등의 공동수급체와 위 시설에 관한 위·수탁 운영 협약을 체결하였는데, … 위 협약은 甲 지방자치단체가 사인인 乙 회사 등에 위 시설의 운영을 위탁하고 그 위탁운영비용을 지급하는 것을 내용으로 하는 용역계약으로서 상호 대등한 입장에서 당사자의 합의에 따라 체결한 사법상 계약에 해당한다(대판 2019.10.17., 2018두60588).

정답 | ④

475 〈필수〉

공법상 계약에 대한 설명으로 옳은 것만을 모두 고른 것은? (다툼이 있는 경우 판례에 의함)

ㄱ. 「근로기준법」 등의 입법 취지 등을 비추어 보면 지방계약직 공무원에 대하여 채용 당시의 계약에 특별한 약정이 없는 한 「지방공무원법」, 「지방공무원 징계 및 소청 규정」에서 정한 징계절차에 의하지 않고서는 보수를 삭감할 수 없다.

ㄴ. A 광역시립합창단원으로서 위촉기간이 만료되는 자들의 재위촉 신청에 대하여 A 광역시문화예술회관장이 실기와 근무성적에 대한 평정을 실시하여 재위촉을 하지 아니한 것은 항고소송의 대상이 되는 불합격처분이다.

ㄷ. 구 「산업집적활성화 및 공장설립에 관한 법률」에 따른 입주변경계약 취소는 산업단지관리공단이 우월적 지위에서 입주기업체들에게 일정한 법률상 효과를 발생하게 하는 것이 아니며 항고소송의 대상이 되는 행정처분에 해당하지 않는다.

ㄹ. 한국환경산업기술원장이 환경기술개발사업 협약을 체결한 甲 주식회사 등에게 연차평가 실시 결과 절대평가 60점 미만으로 평가되었다는 이유로 연구개발 중단조치 및 연구비 집행중지조치를 한 사안에서, 연구개발 중단조치 및 연구비 집행중지조치는 항고소송의 대상이 되는 행정처분에 해당한다.

① ㄱ, ㄴ　② ㄴ, ㄷ　③ ㄷ, ㄹ　④ ㄱ, ㄹ

해설

ㄱ. (○) 지방계약직 공무원도 「지방공무원법」, 「지방공무원 징계 및 소청 규정」에서 정한 징계절차에 의하지 않고서는 보수삭감 등의 징계를 할 수 없다.

> 「근로기준법」 등의 입법 취지, 「지방공무원법」과 「지방공무원 징계 및 소청 규정」의 여러 규정에 비추어 볼 때, 채용계약상 특별한 약정이 없는 한, 지방계약직 공무원에 대하여 「지방공무원법」, 「지방공무원 징계 및 소청 규정」에 정한 징계절차에 의하지 않고서는 보수를 삭감할 수 없다고 봄이 상당하다(대판 2008.6.12., 2006두16328).

ㄴ. (×) 시립합창단원에 대한 위촉은 지방전문직 공무원에 대한 공법상 계약이다.

> 광주광역시문화예술회관장의 단원 위촉은 광주광역시문화예술회관장이 행정청으로서 공권력을 행사하여 행하는 행정처분이 아니라 공법상의 근무관계의 설정을 목적으로 하여 광주광역시와 단원이 되고자 하는 자 사이에 대등한 지위에서 의사가 합치되어 성립하는 공법상 근로계약에 해당한다고 보아야 할 것이므로, 광주광역시립합창단원으로서 위촉기간이 만료되는 자들의 재위촉 신청에 대하여 광주광역시문화예술회관장이 실기와 근무성적에 대한 평정을 실시하여 재위촉을 하지 아니한 것을 항고소송의 대상이 되는 불합격처분이라고 할 수는 없다(대판 2001.12.11., 2001두7794).

ㄷ. **빈출** (×) 계약상의 규정이 있다고 해도 법령상의 규정에 따라 공권력성이 인정되고, 처분의 개념요소를 충족하면 처분이 될 수 있다. 다음의 판례를 통해서도 추정할 수 있다.

> 구 「산업집적활성화 및 공장설립에 관한 법률」 규정들에서 알 수 있는 산업단지관리공단의 지위, 입주계약 및 변경계약의 효과, 입주계약 및 변경계약 체결 의무와 그 의무를 불이행한 경우의 형사적 내지 행정적 제재, 입주계약해지의 절차, 해지통보에 수반되는 법적 의무 및 그 의무를 불이행한 경우의 형사적 내지 행정적 제재 등을 종합적으로 고려하면, 입주변경계약 취소는 행정청인 관리권자로부터 관리업무를 위탁받은 산업단지관리공단이 우월적 지위에서 입주기업체들에게 일정한 법률상 효과를 발생하게 하는 것으로서 항고소송의 대상이 되는 행정처분에 해당한다(대판 2017.6.15., 2014두46843).

ㄹ. (○) 한국환경산업기술원장이 환경기술개발사업 협약을 체결한 甲 주식회사 등에게 연차평가 실시 결과 절대평가 60점 미만으로 평가되었다는 이유로 연구개발 중단조치 및 연구비 집행중지조치를 한 사안에서, 각 조치는 甲 회사 등의 권리·의무에 직접적인 영향을 미치는 행위로서 항고소송의 대상이 되는 행정처분에 해당한다(대판 2015.12.24., 2015두264).

정답 | ④

475
- 기출처: 예상문제
- 난이도: ★★
- 키워드: 공법상 계약

🔍 관련기출 옳은지문
- 지방계약직 공무원에 대하여 채용계약상 특별한 약정이 없는 한 「지방공무원법」, 「지방공무원 징계 및 소청 규정」에서 정한 징계절차에 의하지 않고서는 보수를 삭감할 수 없다. 20 국회직 8급

476

공법상 계약에 대한 설명으로 옳지 않은 것은? (다툼이 있는 경우 판례에 의함)

① 행정주체가 일방적으로 공법상 계약의 해지를 하고자 하는 경우에 해지의 의사표시는 항고쟁송 대상인 처분은 아니라도 특별한 규정이 없는 한 「행정절차법」에 의하여 납득할 수준의 근거와 이유를 제시하여야 한다.
② 구 「산업집적활성화 및 공장설립에 관한 법률」에 따른 산업단지입주계약의 해지통보는 행정청인 관리권자로부터 관리업무를 위탁받은 한국산업단지공단이 우월적 지위에서 법률상 효과를 발생하게 하는 것으로서 항고소송의 대상이 되는 행정처분에 해당한다.
③ 구 「공공용지의 취득 및 손실보상에 관한 특례법」에 따른 토지 등의 협의취득은 공공사업에 필요한 토지 등을 그 소유자와의 협의에 의하여 취득하는 것으로서 공공기관이 사경제주체로서 행하는 사법상 매매 내지 사법상 계약의 실질을 가진다.
④ 중소기업 정보화지원사업에 따른 지원금 출연을 위하여 중소기업청장이 체결하는 협약은 공법상 대등한 당사자 사이의 의사표시의 합치로 성립하는 공법상 계약에 해당한다.

476	
기출처	예상문제
난이도	★★
키워드	공법상 계약

해설

① (×) 공법상 계약을 해지하는 행위는 항고소송 대상인 처분이 아니다. 계약을 해제하는 비권력적 작용이라서 「행정절차법」상의 처분절차를 준수하지 않아도 되며, 이유제시도 불요하다.

> 계약직 공무원에 관한 현행 법령의 규정에 비추어 볼 때, 계약직 공무원 채용계약해지의 의사표시는 일반공무원에 대한 징계처분과는 달라서 항고소송의 대상이 되는 처분 등의 성격을 가진 것으로 인정되지 아니하고, 일정한 사유가 있을 때에 국가 또는 지방자치단체가 채용계약 관계의 한쪽 당사자로서 대등한 지위에서 행하는 의사표시로 취급되는 것으로 이해되므로, 이를 징계해고 등에서와 같이 그 징계사유에 한하여 효력 유무를 판단하여야 하거나, 행정처분과 같이 「행정절차법」에 의하여 근거와 이유를 제시하여야 하는 것은 아니다(대판 2002.11.26., 2002두5948).

정답 | ①

477 〈필수〉

공법상 계약에 대한 설명으로 옳지 않은 것은? (다툼이 있는 경우 판례에 의함)

① 행정청이 자신과 상대방 사이의 법률관계를 일방적인 의사표시로 종료시켰다고 하더라도 곧바로 그 의사표시가 행정청으로서 공권력을 행사하여 행하는 행정처분이라고 단정할 수는 없고, 관계 법령이 상대방의 법률관계에 관하여 구체적으로 어떻게 규정하고 있는지에 따라 개별적으로 판단하여야 한다.

② 채용계약상 특별한 약정이 없는 한, 지방계약직 공무원에 대하여 「지방공무원법」, 「지방공무원 징계 및 소청 규정」에 정한 징계절차에 의하지 않고서는 보수를 삭감할 수 없다.

③ 중소기업 정보화지원사업에 대한 지원금출연협약의 해지 및 환수통보는 공법상 계약에 따른 의사표시가 아니라 행정청이 우월한 지위에서 행하는 공권력의 행사로서 행정처분이다.

④ 계약직 공무원 채용계약해지는 국가 또는 지방자치단체가 대등한 지위에서 행하는 의사표시로서 처분이 아니므로 「행정절차법」에 의하여 근거와 이유를 제시하여야 하는 것은 아니다.

해설

③ **빈출** (×) 중소기업기술정보진흥원장이 甲 주식회사와 중소기업 정보화지원사업 지원대상인 사업의 지원에 관한 협약을 체결하였는데, 협약이 甲 회사에 책임이 있는 사업실패로 해지되었다는 이유로 협약에서 정한 대로 지급받은 정부지원금을 반환할 것을 통보한 사안에서, 협약의 해지 및 그에 따른 환수통보는 행정청이 우월한 지위에서 행하는 공권력의 행사로서 행정처분에 해당한다고 볼 수 없다(대판 2015.8.27., 2015두41449).

정답 | ③

기출처: 2021 국가직 9급
난이도: ★★
키워드: 공법상 계약

🔍 관련기출 옳은지문

- 공법상 계약의 해지 및 그에 따른 환수통보에 있어서 행정청이 일방적인 의사표시로 자신과 상대방 사이의 법률관계를 종료시킨 경우, 이를 행정청이 우월한 지위에서 행하는 공권력의 행사로서 행정처분에 해당한다고 단정할 수 없다. 24군무원9급

- 공법상 근무관계의 형성을 목적으로 하는 채용계약의 체결 과정에서 행정청의 일방적인 의사표시로 계약이 성립하지 아니한 경우, 관계 법령이 상대방의 법률관계에 관하여 구체적으로 어떻게 규정하고 있는지에 따라 의사표시가 항고소송의 대상이 되는 처분에 해당하는지 아니면 공법상 계약관계의 일방 당사자로서 대등한 지위에서 행하는 의사표시인지를 개별적으로 판단하여야 한다. 19국가직7급

- 「행정절차법」은 공법상 계약의 체결 절차에 대해서는 규율하고 있지 않다. 19서울시7급

478 〈필수〉

공법상 계약에 대한 설명으로 옳은 것은? (다툼이 있는 경우 판례에 의함)

① 지방자치단체가 사인과 체결한 자원회수시설에 대한 위탁운영협약은 사법상 계약에 해당하므로 그에 관한 다툼은 민사소송의 대상이 된다.
② 구 「사회간접자본시설에 대한 민간투자법」에 근거한 서울-춘천간 고속도로 민간투자시설사업의 사업시행자 지정은 공법상 계약에 해당한다.
③ 과학기술기본법령상 사업 협약의 해지 통보는 대등 당사자의 지위에서 형성된 공법상 계약을 계약당사자의 지위에서 종료시키는 의사표시에 해당한다.
④ A 광역시립합창단원으로서 위촉기간이 만료되는 자들의 재위촉 신청에 대하여 A 광역시 문화예술회관장이 실기와 근무성적에 대한 평정을 실시하여 재위촉을 하지 아니한 것은 항고소송의 대상이 되는 불합격처분에 해당한다.

478	
기출처	2020 지방직 7급
난이도	★★
키워드	공법상 계약

🔍 관련기출 옳은지문
- 재단법인 한국연구재단이 A 대학교 총장에게 연구개발비의 부당집행을 이유로 과학기술기본법령에 따라 '두뇌한국(BK)21 사업' 협약의 해지를 통보한 것은 항고소송 대상인 처분이다. 19 국가직 7급

해설

① 빈출 (○) 지방자치단체와 사인간의 자원회수시설에 대한 위탁운영협약은 사법상 계약으로서 민사소송의 대상이 된다.

> 이 사건 협약(자원회수시설에 대한 위탁운영협약)은 지방자치단체인 피고가 사인인 원고 등에게 이 사건 시설의 운영을 위탁하고 그 위탁운영비용을 지급하는 것을 내용으로 하는 용역계약으로서, 상호 대등한 입장에서 당사자의 합의에 따라 체결한 사법상 계약에 해당한다. 따라서 이 사건 협약의 해석에는 아래에서 보는 계약의 해석 방법에 관한 일반 법리가 그대로 적용된다(대판 2019.10.17., 2018두60588).

② (×) 선행처분인 서울-춘천간 고속도로 민간투자시설사업의 사업시행자 지정처분의 무효를 이유로 그 후행처분인 도로구역결정처분의 취소를 구하는 소송에서, 선행처분인 사업시행자 지정처분을 무효로 할 만큼 중대하고 명백한 하자가 없다(대판 2009.4.23., 2007두13159).

③ 빈출 (×) 과학기술기본법령상 사업 협약의 해지 통보는 단순히 대등 당사자의 지위에서 형성된 공법상 계약을 계약당사자의 지위에서 종료시키는 의사표시에 불과한 것이 아니라 행정청이 우월적 지위에서 연구개발비의 회수 및 관련자에 대한 국가연구개발사업 참여제한 등의 법률상 효과를 발생시키는 행정처분에 해당한다(대판 2014.12.11., 2012두28704).

고득점 플러스+

BK21사업 협약 해지, 연구팀장에 대한 국가연구개발사업 참여제한 - 처분 긍정	총장에 대한 연구팀장의 대학 자체의 징계 요구 - 처분 부정
재단법인 한국연구재단이 甲 대학교 총장에게 연구개발비의 부당집행을 이유로 '해양생물유래 고부가식품·향장·한약 기초소재 개발 인력양성사업에 대한 2단계 두뇌한국(BK)21 사업' 협약을 해지하고 연구팀장 乙에 대한 국가연구개발사업의 3년간 참여제한 등을 명하는 통보를 하자 乙이 통보 취소를 청구한 사안에서, 乙은 위 협약 해지 통보의 효력을 다툴 법률상 이익이 있다(대판 2014.12.11., 2012두28704).	재단법인 한국연구재단이 甲 대학교 총장에게 연구개발비의 부당집행을 이유로 '해양생물유래 고부가식품·향장·한약 기초소재 개발 인력양성사업에 대한 2단계 두뇌한국(BK)21사업' 협약을 해지하고 연구팀장 乙에 대한 대학 자체 징계 요구 등을 통보한 사안에서, 乙에 대한 대학 자체 징계 요구는 항고소송의 대상이 되는 행정처분에 해당하지 않는다(대판 2014.12.11., 2012두28704).

④ (×) 광주광역시문화예술회관장의 단원 위촉은 광주광역시문화예술회관장이 행정청으로서 공권력을 행사하여 행하는 행정처분이 아니라 공법상의 근무관계의 설정을 목적으로 하여 광주광역시와 단원이 되고자 하는 자 사이에 대등한 지위에서 의사가 합치되어 성립하는 공법상 근로계약에 해당한다고 보아야 할 것이므로, 광주광역시립합창단원으로서 위촉기간이 만료되는 자들의 재위촉 신청에 대하여 광주광역시문화예술회관장이 실기와 근무성적에 대한 평정을 실시하여 재위촉을 하지 아니한 것을 항고소송의 대상이 되는 불합격처분이라고 할 수는 없다(대판 2001.12.11., 2001두7794).

정답 | ①

479 〈필수〉

공법상 계약에 대한 설명으로 옳은 것만을 모두 고르면?

ㄱ. 행정청은 법령 등을 위반하지 아니하는 범위에서 행정목적을 달성하기 위하여 필요한 경우에는 공법상 법률관계에 관한 계약을 체결할 수 있고, 이 경우 계약의 목적 및 내용을 명확하게 적은 계약서를 작성하여야 한다.

ㄴ. 계약직 공무원 채용계약해지의 의사표시를 하는 경우 징계해고 등에서와 같이 그 징계사유에 한하여 효력 유무를 판단하여야 하거나, 행정처분과 같이 「행정절차법」에 의하여 근거와 이유를 제시하여야 한다.

ㄷ. 공익사업을 위한 토지 등의 취득 및 보상에 관한 법령에 의한 협의취득은 사법상의 법률행위이지만 당사자 사이의 자유로운 의사에 따라 채무불이행책임이나 매매대금 과부족금에 대한 지급의무를 약정할 수 있는 것은 아니다.

ㄹ. 「지방자치단체를 당사자로 하는 계약에 관한 법률」에 따라 지방자치단체가 일방 당사자가 되는 이른바 공공계약이 사경제의 주체로서 상대방과 대등한 위치에서 체결하는 사법상의 계약에 해당하는 경우 그에 관한 법령에 특별한 정함이 있는 경우를 제외하고는 사적 자치와 계약자유의 원칙 등 사법의 원리가 그대로 적용된다.

① ㄱ, ㄴ
② ㄱ, ㄹ
③ ㄱ, ㄷ, ㄹ
④ ㄴ, ㄷ, ㄹ

해설

ㄱ. **빈출** (○) 「행정기본법」 제27조 제1항

> 「행정기본법」 제27조【공법상 계약의 체결】① 행정청은 법령 등을 위반하지 아니하는 범위에서 행정목적을 달성하기 위하여 필요한 경우에는 공법상 법률관계에 관한 계약(이하 '공법상 계약'이라 한다)을 체결할 수 있다. 이 경우 계약의 목적 및 내용을 명확하게 적은 계약서를 작성하여야 한다.

ㄴ. (×) 계약직 공무원에 관한 현행 법령의 규정에 비추어 볼 때, 계약직 공무원 채용계약해지의 의사표시는 일반공무원에 대한 징계처분과는 달라서 항고소송의 대상이 되는 처분 등의 성격을 가진 것으로 인정되지 아니하고, 일정한 사유가 있을 때에 국가 또는 지방자치단체가 채용계약 관계의 한쪽 당사자로서 대등한 지위에서 행하는 의사표시로 취급되는 것으로 이해되므로, 이를 징계해고 등에서와 같이 그 징계사유에 한하여 효력 유무를 판단하여야 하거나, 행정처분과 같이 「행정절차법」에 의하여 근거와 이유를 제시하여야 하는 것은 아니다(대판 2002.11.26., 2002두5948).

ㄷ. (×) 공익사업을 위한 토지 등의 취득 및 보상에 관한 법령(이하 '공익사업법령'이라고 한다)에 의한 협의취득은 사법상의 법률행위이므로 당사자 사이의 자유로운 의사에 따라 채무불이행책임이나 매매대금 과부족금에 대한 지급의무를 약정할 수 있다(대판 2012.2.23., 2010다91206).

ㄹ. (○) 지방자치단체가 일방 당사자가 되는 이른바 '공공계약'이 사경제의 주체로서 상대방과 대등한 위치에서 체결하는 사법상 계약에 해당하는 경우 그에 관한 법령에 특별한 정함이 있는 경우를 제외하고는 사적 자치와 계약자유의 원칙 등 사법의 원리가 그대로 적용된다(대판 2018.2.13., 2014두11328).

정답 | ②

480 필수

〈보기〉의 공법상 계약에 관한 설명으로 옳은 것을 모두 고르면? (다툼이 있는 경우 판례에 의함)

| 보기 |
| ㄱ. 공공기관의 어떤 제재조치가 계약에 따른 제재조치에 해당하려면 일정한 사유가 있을 때 그러한 제재조치를 할 수 있다는 점을 공공기관과 그 거래상대방이 미리 구체적으로 약정하였어야 한다.
| ㄴ. 행정청이 자신과 상대방 사이의 법률관계를 일방적인 의사표시로 종료시켰다고 하더라도 곧바로 의사표시가 행정처분이라고 단정할 수는 없고, 관계 법령이 상대방의 법률관계에 관하여 구체적으로 어떻게 규정하고 있는지에 따라 개별적으로 판단하여야 한다.
| ㄷ. 지방자치단체가 사인에게 시설의 운영을 위탁하고 그 위탁운영비용을 지급하는 것을 내용으로 하는 용역계약은 상호 대등한 입장에서 당사자의 합의에 따라 체결한 공법상 계약에 해당한다.
| ㄹ. 공법상 계약에 관해서는 「행정절차법」에 규정을 두고 있다.

① ㄱ, ㄴ
② ㄱ, ㄹ
③ ㄴ, ㄷ
④ ㄷ, ㄹ

---

480 | 기출처: 예상문제 | 난이도: ★★★ | 키워드: 공법상 계약

관련기출 옳은지문
- 공기업·준정부기관이 입찰을 거쳐 계약을 체결한 상대방에 대해 「공공기관의 운영에 관한 법률」 등에 따라 계약조건 위반을 이유로 입찰참가자격제한처분을 하기 위해서는 입찰공고와 계약서에 미리 계약조건과 그 계약조건을 위반할 경우 입찰참가자격제한을 받을 수 있다는 사실을 모두 명시해야 한다.
  24국회직8급

해설

ㄱ. (O) 계약에 따른 제재조치는 법령에 근거한 공권력의 행사로서의 제재처분과는 법적 성질을 달리한다. 그러나 공공기관의 어떤 제재조치가 계약에 따른 제재조치에 해당하려면 일정한 사유가 있을때 그러한 제재조치를 할 수 있다는 점을 공공기관과 그 거래상대방이 미리 구체적으로 약정하였어야 한다. 공공기관이 여러 거래업체들과의 계약에 적용하기 위하여 거래업체가 일정한 계약상 의무를 위반하는 경우 장래 일정 기간의 거래제한 등의 제재조치를 할 수 있다는 내용을 계약특수조건 등의 일정한 형식으로 미리 마련하였다고 하더라도, 「약관의 규제에 관한 법률」 제3조에서 정한 바와 같이 계약상대방에게 그 중요 내용을 미리 설명하여 계약내용으로 편입하는 절차를 거치지 않았다면 계약의 내용으로 주장할 수 없다(대판 2020.5.28., 2017두66541).

ㄴ. (O) 행정청이 자신과 상대방 사이의 법률관계를 일방적인 의사표시로 종료시켰다고 하더라도 곧바로 의사표시가 행정청으로서 공권력을 행사하여 행하는 행정처분이라고 단정할 수는 없고, 관계 법령이 상대방의 법률관계에 관하여 구체적으로 어떻게 규정하고 있는지에 따라 의사표시가 항고소송의 대상이 되는 행정처분에 해당하는지 아니면 공법상 계약관계의 일방 당사자로서 대등한 지위에서 행하는 의사표시인지를 개별적으로 판단하여야 한다(대판 2015.8.27., 2015두41449).

ㄷ. (×) 이 사건 협약은 지방자치단체인 피고가 사인인 원고 등에게 이 사건 시설의 운영을 위탁하고 그 위탁운영비용을 지급하는 것을 내용으로 하는 용역계약으로서, 상호 대등한 입장에서 당사자의 합의에 따라 체결한 사법상 계약에 해당한다(대판 2017.1.25., 2015다205796).

ㄹ. (×) 「행정기본법」에 규정된 내용과 「행정절차법」에 규정된 내용을 반드시 구분하여야 한다. 공법상 계약에 관하여서는 「행정기본법」에 규정을 두고 있다.

> **「행정기본법」 제27조 【공법상 계약의 체결】** ① 행정청은 법령 등을 위반하지 아니하는 범위에서 행정목적을 달성하기 위하여 필요한 경우에는 공법상 법률관계에 관한 계약(이하 '공법상 계약'이라 한다)을 체결할 수 있다. 이 경우 계약의 목적 및 내용을 명확하게 적은 계약서를 작성하여야 한다.
> ② 행정청은 공법상 계약의 상대방을 선정하고 계약 내용을 정할 때 공법상 계약의 공공성과 제3자의 이해관계를 고려하여야 한다.

정답 | ①

481		1 2 3
기출처	2022 국가직 9급	
난이도	★★	
키워드	공법상 계약	

🔍 관련기출 옳은지문

• 「국가를 당사자로 하는 계약에 관한 법률」에 따라 국가가 당사자가 되는 이른바 공공계약은 그에 관한 법령에 특별한 정함이 없는 한 사법상 계약에 해당한다. 23지방직7급

481 〈필수〉

행정작용에 대한 설명으로 옳은 것은? (다툼이 있는 경우 판례에 의함)

① 구체적인 계획을 입안함에 있어 지침이 되거나 특정 사업의 기본방향을 제시하는 내용의 행정계획은 항고소송의 대상인 행정처분에 해당하지 않는다.
② 공법상 계약이 법령 위반 등의 내용상 하자가 있는 경우에도 그 하자가 중대명백한 것이 아니면 취소할 수 있는 하자에 불과하고 이에 대한 다툼은 당사자소송에 의하여야 한다.
③ 지도, 권고, 조언 등의 행정지도는 법령의 근거를 요하고 항고소송의 대상이 된다.
④ 「국가를 당사자로 하는 계약에 관한 법률」에 따라 국가가 당사자가 되는 이른바 공공계약에 관한 법적 분쟁은 원칙적으로 행정법원의 관할 사항이다.

해설

① (○) 구체적인 계획입안의 지침이 되거나 기본방향을 제시하는 내용의 행정계획은 국민의 권리나 의무에 직접적인 변동을 일으키는 처분으로 보기 어렵다.
② (×) 공법상 계약은 취소소송 대상인 처분이 아니다. 공정력이 없으며 내용상의 하자가 있다면 무효사유가 되고 당사자소송으로 분쟁을 해결한다.
③ (×) 행정지도는 비권력적 사실행위로서 법률의 근거를 요하지 않는다.
④ (×) 「국가를 당사자로 하는 계약에 관한 법률」에 따라 국가가 당사자가 되는 이른바 공공계약은 사경제 주체로서 상대방과 대등한 위치에서 체결하는 사법상 계약으로서 본질적인 내용은 사인간의 계약과 다를 바가 없으므로, 그에 관한 법령에 특별한 정함이 있는 경우를 제외하고는 사적 자치와 계약자유의 원칙 등 사법의 원리가 그대로 적용된다(대판 2020.5.14., 2018다298409).

정답 | ①

482		1 2 3
기출처	예상문제	
난이도	★★	
키워드	공법상 계약	

482

공법상 계약에 관한 설명으로 옳지 않은 것은? (다툼이 있는 경우 판례에 의함)

① 지방자치단체가 일방 당사자가 되는 이른바 '공공계약'이 사경제의 주체로서의 사법상 계약에 해당하는 경우 법령에 특별한 정함이 있는 경우가 아니면 사적 자치와 계약자유의 원칙 등 사법의 원리가 그대로 적용된다.
② 전문직공무원인 공중보건의사의 채용계약해지가 관할 도지사의 일방적인 의사표시에 의해 그 신분을 박탈하는 불이익이 발생하였다고 해도 이는 공법상의 계약해지에 해당될 뿐이며 항고소송의 대상인 행정처분이 아니다.
③ 지방자치단체의 장이 「공유재산 및 물품 관리법」에 근거하여 기부채납 및 사용·수익허가 방식으로 민간투자사업을 추진하는 과정에서 사업시행자를 지정하기 위해 우선협상대상자를 선정하는 행위와 이미 선정된 우선협상대상자를 그 지위에서 배제하는 행위는 모두 항고소송의 대상이 되는 행정처분으로 보아야 한다.
④ 「행정절차법」상 공법상 계약의 체결은 서면이나 구두의 방법으로 가능하다.

해설

④ (×) 공법상 계약은 문서형식으로 하여야 한다.

> 「행정기본법」제27조【공법상 계약의 체결】① 행정청은 법령 등을 위반하지 아니하는 범위에서 행정목적을 달성하기 위하여 필요한 경우에는 공법상 법률관계에 관한 계약(이하 '공법상 계약'이라 한다)을 체결할 수 있다. 이 경우 계약의 목적 및 내용을 명확하게 적은 계약서를 작성하여야 한다.

정답 | ④

483

공법상 계약에 대한 설명으로 옳지 않은 것은? (다툼이 있는 경우 판례에 의함)

① 여객자동차운송사업면허를 한 이후에는 상대방의 동의나 계약에 의해 이후 새로운 처분을 할 수 있다는 부관을 붙이는 것은 허용될 수 없다.
② 「지방재정법」에 의하여 준용되는 「국가를 당사자로 하는 계약에 관한 법률」에 따라 지방자치단체가 당사자가 되는 이른바 공공계약은 사경제의 주체로서 상대방과 대등한 위치에서 체결하는 사법(私法)상의 계약으로서 그 본질적인 내용은 사인간의 계약과 다를 바가 없다.
③ 공법상 계약의 무효확인을 구하는 당사자소송은 확인소송이므로 확인의 이익(즉시확정의 이익)이 요구된다.
④ 지방자치단체가 사경제의 주체로서 사인과 사법상의 계약을 체결함에 있어서 「국가를 당사자로 하는 계약에 관한 법률」 제7조, 제11조에 따라 계약서를 따로 작성하는 등 그 요건과 절차를 이행해야 할 것이고, 법령상의 요건과 절차를 거치지 않은 계약 또는 예약은 그 효력이 없다.

483	
기출처	예상문제
난이도	★★
키워드	공법상 계약

해설

① (×) 관할 행정청은 면허 발급 이후에도 운송사업자의 동의하에 여객자동차운송사업의 질서 확립을 위하여 운송사업자가 준수할 의무를 정하고 이를 위반할 경우 감차명령을 할 수 있다는 내용의 면허 조건을 붙일 수 있고, 운송사업자가 조건을 위반하였다면 「여객자동차법」 제85조 제1항 제38호에 따라 감차명령을 할 수 있으며, 감차명령은 「행정소송법」 제2조 제1항 제1호가 정한 처분으로서 항고소송의 대상이 된다(대판 2016.11.24., 2016두45028).

② (○) 지방자치단체가 맺는 공공계약은 본질적으로 사인간의 계약과 다르지 않다는 것이 대법원의 입장이다.

> 「지방재정법」에 의하여 준용되는 「국가를 당사자로 하는 계약에 관한 법률」에 따라 지방자치단체가 당사자가 되는 이른바 공공계약은 사경제의 주체로서 상대방과 대등한 위치에서 체결하는 사법(私法)상의 계약으로서 그 본질적인 내용은 사인간의 계약과 다를 바가 없다(대결 2006.6.19., 2006마117).

③ (○) 당사자소송에서 계약의 무효확인을 구하는 소송은 즉시확정의 이익을 요하며, 이행청구 등을 통한 직접적인 구제방법이 있을 때에는 무효확인을 구할 법률상 이익은 없다.

> 공법상 계약의 무효확인을 구하는 당사자소송은 확인소송이므로 확인의 이익(즉시확정의 이익)이 요구된다. 이 사건과 같이 이미 채용기간이 만료되어 소송 결과에 의해 법률상 그 직위가 회복되지 않는 이상 채용계약해지의 의사표시의 무효확인만으로는 당해 소송에서 추구하는 권리구제의 기능이 있다고 할 수 없고, 침해된 급료지급청구권이나 사실상의 명예를 회복하는 수단은 바로 급료의 지급을 구하거나 명예훼손을 전제로 한 손해배상을 구하는 등의 이행청구소송으로 직접적인 권리구제방법이 있는 이상 무효확인소송은 적절한 권리구제수단이라 할 수 없어 확인소송의 또 다른 소송요건을 구비하지 못하고 있다 할 것이며, 위와 같이 직접적인 권리구제의 방법이 있는 이상 무효확인소송을 허용하지 않는다고 해서 당사자의 권리구제를 봉쇄하는 것도 아니다(대판 2008.6.12., 2006두16328).

④ (○) 지방자치단체가 사경제의 주체로서 사인과 사법상의 계약을 체결함에 있어서 설사 지방자치단체와 사인 간에 사법상 계약 또는 예약이 체결되었다 하더라도 「국가를 당사자로 하는 계약에 관한 법률」 제7조, 제11조에 따라 계약서를 따로 작성하는 등 그 요건과 절차를 이행해야 할 것이고, 법령상의 요건과 절차를 거치지 않은 계약 또는 예약은 그 효력이 없다(대판 2001.5.15., 2001다14023).

정답 | ①

484

행정작용에 대한 설명으로 옳은 것은? (다툼이 있는 경우 판례에 의함)

① 기부채납받은 공유재산을 무상으로 기부자에게 사용을 허용하는 행위는 사경제주체로서 상대방과 대등한 입장에서 하는 사법상 행위라 할 수 없고 행정청이 공권력의 주체로서 행하는 공법상 행위로 보아야 한다.
② 지방자치단체의 장이 「공유재산 및 물품 관리법」에 근거하여 기부채납 및 사용·수익 허가 방식으로 민간투자사업을 추진하는 과정에서 이미 선정된 우선협상대상자를 그 지위에서 배제하는 행위는 항고소송의 대상이 되는 행정처분에 해당한다.
③ 「과학기술기본법」 등에 의한 사업 협약의 해지 통보는 단순히 대등 당사자의 지위에서 형성된 공법상 계약을 계약당사자의 지위에서 종료시키는 의사표시에 불과할 뿐이고 이를 항고소송 대상인 처분으로 볼 수 없다.
④ 광역시립합창단원으로서 위촉기간이 만료되는 자들의 재위촉 신청에 대하여 광역시문화예술회관장이 실기와 근무성적에 대한 평정을 실시하여 재위촉을 하지 아니한 것은 일종의 거부처분으로서 항고소송의 대상이 되는 불합격처분이다.

해설

① (×) 기부채납받은 일반재산을 기부자에게 무상사용하도록 하는 행위는 사법관계에서의 사법상 행위이며, 사용기간 연장을 거부하는 행위도 사법상 행위이다.

고득점 플러스+

기부채납받은 재산을 공물(행정재산)로 지정하고 이에 대한 무상사용허가를 하는 행위는 공법관계로서 처분에 해당한다(강학상 특허).

기부채납받은 공유재산의 무상사용 – 사법관계	기부채납받은 행정재산의 사용·수익허가 – 공법관계(처분)
기부채납받은 공유재산을 무상으로 기부자에게 사용을 허용하는 행위는 사경제주체로서 상대방과 대등한 입장에서 하는 사법상 행위이지 행정청이 공권력의 주체로서 행하는 공법상 행위라고 할 수 없으므로, 기부자가 기부채납한 부동산을 일정기간 무상사용한 후에 한 사용허가기간 연장신청을 거부한 행정청의 행위도 단순한 사법상의 행위일 뿐 행정처분 기타 공법상 법률관계에 있어서의 행위는 아니다(대판 1994.1.25., 93누7365).	구 「지방재정법」 제75조의 규정에 따라 기부채납받은 행정재산에 대한 공유재산관리청의 사용·수익허가의 법적 성질은 행정처분이다(대판 2001.6.15., 99두509).

② (○) 지방자치단체의 장이 「공유재산 및 물품 관리법」에 근거하여 기부채납 및 사용·수익허가 방식으로 민간투자사업을 추진하는 과정에서 사업시행자를 지정하기 위한 전 단계에서 공모제안을 받아 일정한 심사를 거쳐 우선협상대상자를 선정하는 행위와 이미 선정된 우선협상대상자를 그 지위에서 배제하는 행위는 민간투자사업의 세부내용에 관한 협상을 거쳐 「공유재산 및 물품 관리법」에 따른 공유재산의 사용·수익허가를 우선적으로 부여받을 수 있는 지위를 설정하거나 또는 이미 설정한 지위를 박탈하는 조치이므로 모두 항고소송의 대상이 되는 행정처분으로 보아야 한다(대판 2020.4.29., 2017두31064).

③ 빈출 (×) 과학기술기본법령상 사업 협약의 해지 통보는 단순히 대등 당사자의 지위에서 형성된 공법상 계약을 계약당사자의 지위에서 종료시키는 의사표시에 불과한 것이 아니라 행정청이 우월적 지위에서 연구개발비의 회수 및 관련자에 대한 국가연구개발사업 참여제한 등의 법률상 효과를 발생시키는 행정처분에 해당한다(대판 2014.12.11., 2012두28704).

④ (×) 광주광역시립합창단원으로서 위촉기간이 만료되는 자들의 재위촉 신청에 대하여 광주광역시문화예술회관장이 실기와 근무성적에 대한 평정을 실시하여 재위촉을 하지 아니한 것을 항고소송의 대상이 되는 불합격처분이라고 할 수는 없다(대판 2001.12.11., 2001두7794).

정답 | ②

485
공법상 계약에 대한 설명으로 옳은 것만을 〈보기〉에서 모두 고르면?

| 보기 |

ㄱ. 지방자치단체를 당사자로 하는 계약에 관하여는 그 계약의 성질이 사법상 계약인지 공법상 계약인지와 상관없이 원칙적으로 「지방자치단체를 당사자로 하는 계약에 관한 법률」의 규율이 적용된다고 보아야 한다.
ㄴ. 중소기업 정보화지원사업에 따른 지원금 출연을 위하여 중소기업청장이 체결하는 협약은 공법상 대등한 당사자 사이의 의사표시의 합치로 성립하는 공법상 계약에 해당한다.
ㄷ. 지방자치단체가 일방 당사자가 되는 이른바 '공공계약'이 사경제의 주체로서 상대방과 대등한 위치에서 체결하는 사법상 계약에 해당하는 경우 그에 관한 법령에 특별한 정함이 있는경우를 제외하고는 사적 자치와 계약자유의 원칙 등 사법의 원리가 그대로 적용된다.
ㄹ. 행정청은 법령 등을 위반하지 아니하는 범위에서 공법상 계약을 체결할 수 있으며, 이 경우 계약의 목적 및 내용을 명확하게 적은 계약서를 작성하여야 한다.

① ㄱ, ㄴ, ㄷ
② ㄱ, ㄴ, ㄹ
③ ㄱ, ㄷ, ㄹ
④ ㄴ, ㄷ, ㄹ
⑤ ㄱ, ㄴ, ㄷ, ㄹ

485 | 기출처: 2023 국회직 8급 | 난이도: ★★ | 키워드: 공법상 계약

해설

ㄱ. (○) 다른 법률에 특별한 규정이 있는 경우이거나 또는 지방계약법의 개별 규정의 규율내용이 매매, 도급 등과 같은 특정한 유형·내용의 계약을 규율대상으로 하고 있는 경우가 아닌 한, 지방자치단체를 당사자로 하는 계약에 관하여는 그 계약의 성질이 공법상 계약인지 사법상 계약인지와 상관없이 원칙적으로 지방계약법의 규율이 적용된다고 보아야 한다(대판 2020.12.10., 2019다234617).

ㄴ. 빈출 (○) 중소기업 정보화지원사업에 따른 지원금 출연을 위하여 중소기업청장이 체결하는 협약은 공법상 대등한 당사자 사이의 의사표시의 합치로 성립하는 공법상 계약에 해당하는 점 등을 종합하면, 협약의 해지 및 그에 따른 환수통보는 공법상 계약에 따라 행정청이 대등한 당사자의 지위에서 하는 의사표시로 보아야 하고, 이를 행정청이 우월한 지위에서 행하는 공권력의 행사로서 행정처분에 해당한다고 볼 수는 없다(대판 2015.8.27., 2015두41449).

ㄷ. (○) 지방자치단체가 일방 당사자가 되는 이른바 '공공계약'이 사경제의 주체로서 상대방과 대등한 위치에서 체결하는 사법상 계약에 해당하는 경우 그에 관한 법령에 특별한 정함이 있는 경우를 제외하고는 사적 자치와 계약자유의 원칙 등 사법의 원리가 그대로 적용된다(대판 2018.2.13., 2014두11328).

ㄹ. (○) 행정청은 법령 등을 위반하지 아니하는 범위에서 행정목적을 달성하기 위하여 필요한 경우에는 공법상 법률관계에 관한 계약(이하 '공법상 계약'이라 한다)을 체결할 수 있다. 이 경우 계약의 목적 및 내용을 명확하게 적은 계약서를 작성하여야 한다(「행정기본법」 제27조 제1항).

정답 | ⑤

486

행정상 계약에 관한 설명으로 옳지 않은 것은? (다툼이 있는 경우 판례에 의함)

① 행정청은 법령 등을 위반하지 아니하는 범위에서 행정목적을 달성하기 위하여 필요한 경우에는 공법상 법률관계에 대한 계약을 체결할 수 있다.
② 국가가 당사자가 되는 이른바 공공계약은 사경제 주체로서 상대방과 대등한 위치에서 체결하는 사법상 계약이다.
③ 국가와 사인 사이에 계약이 체결되었다면 법령에 따라 작성해야 하는 계약서가 따로 작성되지 않았다고 하더라도 효력이 있다.
④ 「공공기관의 운영에 관한 법률」에 따른 입찰참가자격제한조치는 행정처분에 해당한다.

해설

③ (×) 공법상 계약은 '계약서'에 의하도록 「행정기본법」에 규정하고 있다.

> 「행정기본법」 제27조 【공법상 계약의 체결】 ① 행정청은 법령 등을 위반하지 아니하는 범위에서 행정목적을 달성하기 위하여 필요한 경우에는 공법상 법률관계에 관한 계약(이하 '공법상 계약'이라 한다)을 체결할 수 있다(①). 이 경우 계약의 목적 및 내용을 명확하게 적은 계약서를 작성하여야 한다.

> 지방자치단체가 사경제의 주체로서 사인과 사법상의 계약을 체결(②)함에 있어서는 위 법령에 따른 계약서를 따로 작성하는 등 그 요건과 절차를 이행하여야 할 것이고, 설사 지방자치단체와 사인간에 사법상의 계약 또는 예약이 체결되었다 하더라도 위 법령상의 요건과 절차를 거치지 아니한 계약 또는 예약은 그 효력이 없다(대판 2004.1.27., 2003다14812).

④ (○) 대판 2020.5.28., 2017두66541

정답 | ③

487

행정계약에 대한 판례의 입장으로 옳지 않은 것은?

① 지방전문직 공무원의 채용계약에서 채용기간이 만료한 경우 채용계약을 갱신하거나 채용기간을 연장할 것인지 여부는 기속에 해당되어 특별히 법령이 정한 요건에 부합되지 않는 사정이 없는 한 지방자치단체장은 계약연장을 거부할 수 없다.
② 구 「중소기업 기술혁신 촉진법」상 중소기업 정보화지원사업에 따른 중소기업기술정보진흥원장의 중소기업 정보화지원사업에 관한 협약이 계약상대방의 협약불이행으로 인해 협약을 해지하고 이에 지급받은 정부지원금을 환수하도록 통보하는 행위는 행정처분에 해당하지 않는다.
③ 구 「지방공무원법」 제73조의3과 「지방공무원 징계 및 소청규정」 제13조 제4항에 의하여 지방계약직 공무원에게도 「지방공무원법」 제69조 제1항 각 호의 징계사유가 있는 때에는 징계처분을 할 수 있다.
④ 서울특별시립무용단 단원의 위촉은 공법상의 계약이라고 할 것이고, 따라서 그 단원의 해촉에 대하여는 공법상의 당사자소송으로 그 무효확인을 청구할 수 있다.

해설

① (×) 지방전문직 공무원의 채용계약에서 채용기간이 만료한 경우 채용계약을 갱신하거나 채용기간을 연장할 것인지 여부는 지방자치단체장의 재량이다(대판 1993.9.14., 92누4611).

정답 | ①

488

행정의 주요형식에 관한 내용으로 옳지 않은 것은? (다툼이 있는 경우 판례에 의함)

① 행정관청이 토지거래계약신고에 관하여 공시된 기준지가를 기준으로 매매가격을 신고하도록 위법한 행정지도를 하여 왔고 또한 이러한 것이 관행화되었더라도 위법한 관행에 따라 허위신고행위에 이르렀다고 하여 그 범법행위가 사회상규에 위배되지 않는 정당한 행위라고는 볼 수 없다.

② 세무당국이 특정 회사에 대하여 주류거래를 일정기간 중지하여 줄 것을 요청한 행위는 권고 내지 협조를 요청하는 권고적 성격의 행위로서 행정처분이라고 볼 수 없는 것이므로 항고소송의 대상이 될 수 없다.

③ 수형자의 서신을 교도소장이 검열하는 행위는 이른바 권력적 사실행위로서 행정심판이나 행정소송의 대상이 되는 행정처분으로 볼 수 있다.

④ 서울특별시립무용단원의 활동은 지방문화를 진흥시키고자 하는 서울특별시의 공공적 업무수행의 일환으로 이루어질 뿐 아니라, 단원으로 위촉되기 위하여는 일정한 능력요건과 자격요건을 요하고, 계속적인 재위촉이 사실상 보장되며, 「공무원연금법」에 따른 연금을 지급받고 있는 점을 종합하면 무용단원을 채용하는 행위는 강학상 특허로서 행정행위에 해당한다.

488	
기출처	예상문제
난이도	★★
키워드	공법상 계약

해설

① **빈출** (O) 행정관청이 토지거래계약신고에 관하여 공시된 기준지가를 기준으로 매매가격을 신고하도록 행정지도하여 왔고 그 기준가격 이상으로 매매가격을 신고한 경우에는 거래신고서를 접수하지 않고 반려하는 것이 관행화되어 있다 하더라도 이는 법에 어긋나는 관행이라 할 것이므로 그와 같은 위법한 관행에 따라 허위신고행위에 이르렀다고 하여 그 범법행위가 사회상규에 위배되지 않는 정당한 행위라고는 볼 수 없다(대판 1992.4.24., 91도1609).

② (O) 세무당국이 소외 회사에 대하여 원고와의 주류거래를 일정기간 중지하여 줄 것을 요청한 행위는 권고 내지 협조를 요청하는 권고적 성격의 행위로서 소외 회사나 원고의 법률상의 지위에 직접적인 법률상의 변동을 가져오는 행정처분이라고 볼 수 없는 것이므로 항고소송의 대상이 될 수 없다(대판 1980.10.27., 80누395).

③ (O) 수형자의 서신을 교도소장이 검열하는 행위는 이른바 권력적 사실행위로서 행정심판이나 행정소송의 대상이 되는 행정처분으로 볼 수 있으나, 위 검열행위가 이미 완료되어 행정심판이나 행정소송을 제기하더라도 소의 이익이 부정될 수 밖에 없으므로 헌법소원심판을 청구하는 외에 다른 효과적인 구제방법이 있다고 보기 어렵기 때문에 보충성의 원칙에 대한 예외에 해당한다(헌재 1998.8.27., 96헌마398).

④ (✕) 서울특별시립무용단원의 공연 등 활동은 지방문화 및 예술을 진흥시키고자 하는 서울특별시의 공공적 업무수행의 일환으로 이루어진다고 해석될 뿐 아니라, 단원으로 위촉되기 위하여는 일정한 능력요건과 자격요건을 요하고, 계속적인 재위촉이 사실상 보장되며, 「공무원연금법」에 따른 연금을 지급받고, 단원의 복무규율이 정해져 있으며, 정년제가 인정되고, 일정한 해촉사유가 있는 경우에만 해촉되는 등 서울특별시립무용단원이 가지는 지위가 공무원과 유사한 것이라면, 서울특별시립무용단 단원의 위촉은 공법상의 계약이라고 할 것이고, 따라서 그 단원의 해촉에 대하여는 공법상의 당사자소송으로 그 무효확인을 청구할 수 있다(대판 1995.12.22., 95누4636).

정답 | ④

489	① ② ③
기출처	2021 지방직 9급
난이도	★
키워드	공법상 계약

🔍 관련기출 옳은지문

• 공중보건의사 채용계약해지의 의사표시에 대하여는 대등한 당사자간의 소송형식인 공법상의 당사자소송으로 그 의사표시의 무효확인을 청구할 수 있는 것이지 이를 항고소송의 대상이 되는 행정처분이라는 전제하에서 그 취소를 구하는 항고소송을 제기할 수는 없다.
24군무9급

489 〈필수〉

공법상 계약에 대한 설명으로 옳지 않은 것은? (다툼이 있는 경우 판례에 의함)

① 공중보건의사 채용계약해지의 의사표시에 대하여는 공법상의 당사자소송으로 그 의사표시의 무효확인을 청구할 수 있다.
② 공법상 계약에는 법률우위의 원칙이 적용된다.
③ 계약직 공무원 채용계약해지의 의사표시는 항고소송의 대상이 되는 처분 등의 성격을 가진 것으로 행정처분과 같이 「행정절차법」에 의하여 근거와 이유를 제시하여야 한다.
④ 행정청은 공법상 계약의 상대방을 선정하고 계약 내용을 정할 때 공법상 계약의 공공성과 제3자의 이해관계를 고려하여야 한다.

해설

③ **빈출** (×) 계약직 공무원의 채용계약해지 의사표시는 계약의 해지에 해당되며 항고쟁송 대상인 처분이 아니다. 또한 「행정절차법」(공법상 계약 규정이 없음)상 이유제시 등의 의무는 없다.

> 계약직 공무원에 관한 현행 법령의 규정에 비추어 볼 때, 계약직 공무원 채용계약해지의 의사표시는 일반공무원에 대한 징계처분과는 달라서 항고소송의 대상이 되는 처분 등의 성격을 가진 것으로 인정되지 아니하고, 일정한 사유가 있을 때에 국가 또는 지방자치단체가 채용계약 관계의 한쪽 당사자로서 대등한 지위에서 행하는 의사표시로 취급되는 것으로 이해되므로, 이를 징계해고 등에서와 같이 그 징계사유에 한하여 효력 유무를 판단하여야 하거나, 행정처분과 같이 「행정절차법」에 의하여 근거와 이유를 제시하여야 하는 것은 아니다(대판 2002.11.26., 2002두5948).

정답 | ③

490	① ② ③
기출처	2021 국회직 8급
난이도	★★★
키워드	공법상 계약

🔍 관련기출 옳은지문

• 공법상 채용계약에 대한 해지의 의사표시는 공무원에 대한 징계처분과 달라서 「행정절차법」에 의하여 그 근거와 이유를 제시하여야 하는 것은 아니다.
17국가직7급

490 〈필수〉

행정작용의 성질에 대한 설명으로 옳은 것은? (다툼이 있는 경우 판례에 의함)

① 지방자치단체의 장이 「공유재산 및 물품 관리법」에 근거하여 기부채납 및 사용·수익 허가 방식으로 민간투자사업을 추진하는 과정에서 이미 선정된 우선협상대상자를 그 지위에서 배제하는 행위는 항고소송의 대상이 되는 행정처분에 해당한다.
② 지방자치단체가 일반재산인 부동산을 무상으로 기부자에게 사용을 허용하는 행위는 사경제주체로서 상대방과 대등한 입장에서 하는 사법상 행위이지만 기부자가 그 부동산을 일정기간 무상사용한 후에 한 사용허가기간 연장신청을 지방자치단체가 거부한 경우, 당해 거부행위는 단순한 사법상의 행위가 아니라 행정처분에 해당한다.
③ 전문직 공무원인 공중보건의사의 채용계약해지의 경우 관할 도지사의 일방적인 의사표시에 의하여 그 신분을 박탈하는 불이익처분이므로 당해 채용계약은 공법상 계약이 아니라 항고소송의 대상이 되는 처분의 성질을 가진다.
④ 「과학기술기본법」 및 하위법령상 사업 협약의 해지 통보는 단순히 대등 당사자의 지위에서 형성된 공법상 계약을 계약당사자의 지위에서 종료시키는 의사표시에 불과하다.
⑤ 계약직 공무원 채용계약해지의 의사표시는 일정한 사유가 있을 때에 국가 또는 지방자치단체가 채용계약 관계의 한쪽 당사자로서 대등한 지위에서 행하는 의사표시로 볼 수 없으므로, 「행정절차법」에 의하여 근거와 이유를 제시하여야 한다.

해설

① (○) 대판 2020.4.29., 2017두31064
② (×) 기부채납받은 일반재산을 기부자에게 무상사용하도록 하는 행위는 사법관계에서의 사법상 행위이며, 사용기간 연장을 거부하는 행위도 사법상 행위이다.

고득점 플러스+

기부채납받은 재산을 공물(행정재산)로 지정하고 이에 대한 무상사용허가를 하는 행위는 공법관계로서 처분에 해당한다(강학상 특허).

기부채납받은 공유재산 무상사용 – 사법관계	기부채납받은 행정재산 사용·수익허가 – 공법관계(처분)
기부채납받은 공유재산을 무상으로 기부자에게 사용을 허용하는 행위는 사경제주체로서 상대방과 대등한 입장에서 하는 사법상 행위이지 행정청이 공권력의 주체로서 행하는 공법상 행위라고 할 수 없으므로, 기부자가 기부채납한 부동산을 일정기간 무상사용한 후에 한 사용허가기간 연장신청을 거부한 행정청의 행위도 단순한 사법상의 행위일 뿐 행정처분 기타 공법상 법률관계에 있어서의 행위는 아니다(대판 1994.1.25., 93누7365).	구「지방재정법」제75조의 규정에 따라 기부채납받은 행정재산에 대한 공유재산 관리청의 사용·수익허가의 법적 성질은 행정처분이다(대판 2001.6.15., 99두509).

③ (×) 공중보건의사 채용계약해지의 의사표시에 대하여는 대등한 당사자간의 소송형식인 공법상의 당사자소송으로 그 의사표시의 무효확인을 청구할 수 있는 것이지, 이를 항고소송의 대상이 되는 행정처분이라는 전제하에서 그 취소를 구하는 항고소송을 제기할 수는 없다(대판 1996.5.31., 95누10617).
④ (×) 과학기술기본법령상 사업 협약의 해지 통보는 단순히 대등 당사자의 지위에서 형성된 공법상 계약을 계약당사자의 지위에서 종료시키는 의사표시에 불과한 것이 아니라 행정청이 우월적 지위에서 연구개발비의 회수 및 관련자에 대한 국가연구개발사업 참여제한 등의 법률상 효과를 발생시키는 행정처분에 해당한다(대판 2014.12.11., 2012두28704).
⑤ 빈출 (×) 「행정절차법」에는 공법상 계약에 대한 규정이 없다. 행정주체가 계약해지를 하는 경우 「행정절차법」상 이유제시의무는 없다.

정답 | ①

491

공법상 계약에 대한 설명으로 옳은 것은? (다툼이 있는 경우 판례에 의함)

① 공법상 계약에 관한 분쟁은 「행정심판법」 대상이 된다.
② 공법상 계약에 대한 당사자소송에서의 무효확인을 구하는 소송은 즉시확정의 이익을 요하지 않는다.
③ 공법상 계약은 행정주체와 사인간에만 체결 가능하며, 행정주체 상호간에는 공법상 계약이 성립할 수 없다.
④ 공법상의 계약은 행정주체의 우월성으로부터 기인하는 권력적 작용의 특징들인 공정력 등의 효력은 인정될 수 없다.

491	
기출처	예상문제
난이도	★★
키워드	공법상 계약

해설

① 지엽 (×) 「행정심판법」의 대상은 항고소송 대상인 처분이다. 공법상 계약과 관련된 분쟁은 행정심판 대상이 되지 않는다.
② (×) 항고소송에서 무효등확인소송은 즉시확정의 이익을 요하지 않으나 당사자소송에서 무효확인소송은 즉시확정의 이익을 요한다(대판 2008.6.12., 2006두16328).
③ (×) 공법상 계약은 행정주체와 사인간의 경우뿐만 아니라 행정주체와 행정주체 사이(예 도로 관리협정 등)에도 가능하다.
④ (○) 공법상 계약은 행정청의 권력적 활동이 아니라 비권력적 작용으로서, 권력적 작용에 인정되는 공정력 등은 인정될 수 없다.

정답 | ④

492

공법상 계약에 관한 설명으로 옳지 않은 것은? (다툼이 있는 경우 판례에 의함)

① 시립무용단원의 채용계약과 공중보건의사 채용계약은 지방전문직 공무원에 대한 채용계약이고 이는 공법상 계약에 해당한다.
② 공법상 계약은 계약의 상대방의 청약이나 승낙에 의해 성립되는 것이고, 법규의 근거 없이 체결할 수 있으나, 계약서에 의해서 이루어져야 함을 「행정절차법」에 규정하고 있다.
③ 준정부기관으로부터 공공기관운영법 제44조 제2항에 따라 계약 체결 업무를 위탁받은 조달청장은 국가계약법에 따라 입찰참가자격 제한처분을 할 수 있는 권한이 주어져 있다.
④ 공기업·준정부기관이 법령 또는 계약에 근거하여 선택적으로 입찰참가자격 제한조치를 할 수 있는 경우, 계약상대방에 대한 입찰참가자격 제한조치가 법령에 근거한 행정처분인지 아니면 계약에 근거한 권리행사인지는 원칙적으로 의사표시의 해석 문제이다.

해설

② (×) 공법상 계약은 비권력적 작용이고 상대방의 청약이나 승낙에 의해 성립되는 것으로 법률의 근거가 없어도 체결할 수 있지만, 「행정기본법」에 일반적 규정을 두고 있다.

정답 | ②

493

행정작용에 대한 설명으로 옳은 것(○)과 옳지 않은 것(×)의 순서가 바르게 연결된 것은? (다툼이 있는 경우 판례에 의함)

> ㄱ. 공법상 계약에서 계약당사자의 일방은 행정주체이어야 하며, 행정주체에는 공무를 수탁받은 사인도 포함된다.
> ㄴ. 국립의료원 부설주차장에 관한 위탁관리용역운영계약은 공법상 계약에 해당한다.
> ㄷ. 「국유재산법」상 일반재산의 대부는 행정처분이 아니며 그 계약은 사법상 계약이다.
> ㄹ. 공법상 계약은 공법적 효과 발생을 목적으로 복수당사자 사이의 동일방향의 의사표시를 합치하는 것을 말한다.

	ㄱ	ㄴ	ㄷ	ㄹ
①	○	○	×	×
②	○	×	○	×
③	×	○	×	○
④	×	×	×	○

해설

ㄱ. (○) 공법상 계약은 행정주체와 행정주체, 행정주체와 사인간에 이루어지는 계약이다. 계약의 일방당사자는 행정주체이고 공무수탁사인도 포함된다.
ㄴ. (×) 국립의료원 부설주차장에 관한 이 사건 위탁관리용역운영계약에 대하여 관리청이 순전히 사경제주체로서 행한 사법상 계약임을 전제로, 가산금에 관한 별도의 약정이 없는 이상 원고에게 가산금을 지급할 의무가 없다고 주장하여 그 부존재의 확인을 구한다는 것이다. 그러나 기록에 의하면, 위 운영계약의 실질은 행정재산인 위 부설주차장에 대한 「국유재산법」 제24조 제1항에 의한 사용·수익 허가로서 이루어진 것임을 알 수 있으므로, 이는 위 국립의료원이 원고의 신청에 의하여 공권력을 가진 우월적 지위에서 행한 행정처분으로서 특정인에게 행정재산을 사용할 수 있는 권리를 설정하여 주는 강학상 특허에 해당한다(대판 2006.3.9., 2004다31074).

ㄷ. (○) 국유 일반재산의 대부계약 등은 사법관계이다.
ㄹ. 지엽 (×) 계약은 반대방향의 의사표시 합치이며 동일한 방향의 의사표시를 합치하는 행위는 합동행위에 해당한다.

정답 | ②

494 필수
국가나 지방자치단체 등 공공단체가 체결하는 계약에 대한 설명으로 옳은 것은? (다툼이 있는 경우 판례에 의함)

① 「국가를 당사자로 하는 계약에 관한 법률」에 따른 입찰절차에서의 낙찰자의 결정은 이로써 바로 계약이 성립된다고 볼 수는 없지만 낙찰자는 지방자치단체에 대하여 계약을 체결하여 줄 것을 청구할 수 있는 권리를 갖게 되어 항고소송 대상인 처분이 된다.
② 국가나 공기업이 체결하는 계약의 본질적인 내용은 행정주체가 맺는 계약으로 사인간의 계약과 달라 법령에 특정한 규정이 있는 경우에 한하여 사법의 규정이 적용된다.
③ 지방자치단체의 장이 민간투자사업을 추진하는 과정에서 사업시행자를 지정하기 전 단계로 우선협상대상자를 선정하는 행위는 공유재산법에 따른 공유재산의 사용·수익허가를 우선적으로 부여받을 수 있는 지위를 설정하는 행정처분으로 보아야 한다.
④ 국가나 지방자치단체가 사인과 계약을 체결할 때에는 「국가를 당사자로 하는 계약에 관한 법률」 등에 따른 계약서를 따로 작성하는 등의 그 요건과 절차를 이행할 의무는 없다.

494	
기출처	예상문제
난이도	★★★
키워드	공법상 계약

관련기출 옳은지문
• 국가가 사인과 계약을 체결할 때에는 「국가를 당사자로 하는 계약에 관한 법률」에 따른 계약서를 따로 작성하는 등 그 요건과 절차를 이행하여야 한다. 19서울시9급

해설

① (×) 「국가를 당사자로 하는 계약에 관한 법률」에 따른 입찰절차에서의 낙찰자의 결정은 … 이 경우 낙찰자의 결정으로 바로 계약이 성립된다고 볼 수는 없어 낙찰자는 지방자치단체에 대하여 계약을 체결하여 줄 것을 청구할 수 있는 권리를 갖는 데 그치고, 이러한 점에서 위 법률에 따른 낙찰자결정의 법적 성질은 입찰과 낙찰행위가 있은 후에 더 나아가 본계약을 따로 체결한다는 취지로서 계약의 편무예약에 해당한다(대판 2006.6.29., 2005다41603).
② (×) 국가나 공기업이 체결하는 계약은 본질적으로 사법상 계약에 해당한다.

> 국가를 당사자로 하는 계약이나 「공공기관의 운영에 관한 법률」의 적용 대상인 공기업이 일방 당사자가 되는 계약(이하 편의상 '공공계약'이라 한다)은 국가 또는 공기업(이하 '국가 등'이라 한다)이 사경제의 주체로서 상대방과 대등한 지위에서 체결하는 사법상의 계약으로서 본질적인 내용은 사인간의 계약과 다를 바가 없으므로, 법령에 특별한 정함이 있는 경우를 제외하고는 서로 대등한 입장에서 당사자의 합의에 따라 계약을 체결하여야 하고 당사자는 계약의 내용을 신의성실의 원칙에 따라 이행하여야 하는 등[구 「국가를 당사자로 하는 계약에 관한 법률」 (2012.12.18. 법률 제11547호로 개정되기 전의 것, 이하 '국가계약법'이라 한다) 제5조 제1항] 사적 자치와 계약자유의 원칙을 비롯한 사법의 원리가 원칙적으로 적용된다(대판 2017.12.21., 2012다74076).

③ (○) 지방자치단체의 장이 공유재산법에 근거하여 기부채납 및 사용·수익허가 방식으로 민간투자사업을 추진하는 과정에서 사업시행자를 지정하기 위한 전 단계에서 공모제안을 받아 일정한 심사를 거쳐 우선협상대상자를 선정하는 행위와 이미 선정된 우선협상대상자를 그 지위에서 배제하는 행위는 민간투자사업의 세부내용에 관한 협상을 거쳐 공유재산법에 따른 공유재산의 사용·수익허가를 우선적으로 부여받을 수 있는 지위를 설정하거나 또는 이미 설정한 지위를 박탈하는 조치이므로 모두 항고소송의 대상이 되는 행정처분으로 보아야 한다(대판 2020.4.29., 2017두31064).
④ (×) 구 「지방재정법」(2005.8.4. 법률 제7663호로 전문 개정되기 전의 것) 제63조가 준용하는 「국가를 당사자로 하는 계약에 관한 법률」 제11조는 지방자치단체가 당사자로서 계약을 체결하고자 할 때에는 계약서를 작성하여야 하고 그 경우 담당공무원과 계약당사자가 계약서에 기명날인 또는 서명함으로써 계약이 확정된다(대판 2006.6.29., 2005다41603).

정답 | ③

495

공법상 계약에 대한 설명으로 옳은 것은?

① 甲 주식회사가 국책사업인 '한국형 헬기 개발사업'에 개발주관사업자 중 하나로 참여하여 국가 산하 중앙행정기관인 방위사업청과 체결한 '한국형 헬기 민군겸용 핵심구성품 개발협약'의 법률관계는 공법관계에 해당한다.
② 구「예산회계법」상 입찰보증금의 국고귀속조치는 국가가 공권력을 행사하는 것이므로 이에 관한 분쟁은 행정소송의 대상이 된다.
③ 과학기술기본법령상 국가연구개발사업 협약의 해지 통보는 단순히 대등 당사자의 지위에서 형성된 공법상 계약을 계약당사자의 지위에서 종료시키는 의사표시에 불과하다.
④ 국립의료원 부설주차장에 관한 위탁관리용역운영계약은 관리청인 국립의료원이 순전히 사경제주체로서 행한 사법상 계약이다.

해설

① (O) 국책사업인 '한국형 헬기 개발사업(Korean Helicopter Program)'에 개발주관사업자 중 하나로 참여하여 국가 산하 중앙행정기관인 방위사업청과 '한국형 헬기 민군겸용 핵심구성품 개발협약' … 위 협약의 법률관계는 공법관계에 해당하므로 이에 관한 분쟁은 행정소송으로 제기하여야 한다(대판 2017.11.9., 2015다215526).
② **빈출** (×) 입찰보증금의 국고귀속조치는 국가가 사법상의 재산권의 주체로서 행위하는 것이지 공권력을 행사하는 것이거나 공권력작용과 일체성을 가진 것이 아니라 할 것이므로 이에 관한 분쟁은 행정소송이 아닌 민사소송의 대상이 될 수밖에 없다고 할 것이다(대판 1983.12.27., 81누366).
③ **빈출** (×) 과학기술기본법령상 사업 협약의 해지 통보는 단순히 대등 당사자의 지위에서 형성된 공법상 계약을 계약당사자의 지위에서 종료시키는 의사표시에 불과한 것이 아니라 행정청이 우월적 지위에서 연구개발비의 회수 및 관련자에 대한 국가연구개발사업 참여제한 등의 법률상 효과를 발생시키는 행정처분에 해당한다(대판 2014.12.11., 2012두28704).
④ **빈출** (×) 국립의료원 부설주차장에 관한 이 사건 위탁관리용역운영계약 … 이는 위 국립의료원이 원고의 신청에 의하여 공권력을 가진 우월적 지위에서 행한 행정처분으로서 특정인에게 행정재산을 사용할 수 있는 권리를 설정하여 주는 강학상 특허에 해당한다(대판 2006.3.9., 2004다31074).

정답 | ①

496

공법상 계약에 관한 설명으로 옳은 것은? (다툼이 있는 경우 판례에 의함)

① 중소기업기술정보진흥원장이 갑(甲) 주식회사와 중소기업 정보화지원사업 지원대상인 사업의 지원에 관하여 체결한 협약을 갑(甲) 주식회사에 책임이 있는 사유로 해지하는 경우 그 협약의 해지 및 그에 따른 환수통보는 공법상 계약에 따라 행정청이 대등한 당사자의 지위에서 하는 의사표시로 보아야 한다.
② 공익사업을 위한 토지 등의 취득 및 보상에 관한 법령에 의한 협의취득은 공법상 계약에 해당한다.
③「행정절차법」은 공법상 계약에 관한 규정을 두고 있다.
④ 국립의료원 부설주차장에 관한 위탁관리용역운영계약의 실질은 공법상 계약에 해당한다.

> **해설**

① 빈출 (○) 중소기업기술정보진흥원장이 甲 주식회사와 중소기업 정보화지원사업 지원대상인 사업의 지원에 관한 협약을 체결하였는데, 협약이 甲 회사에 책임이 있는 사업실패로 해지되었다는 이유로 협약에서 정한 대로 지급받은 정부지원금을 반환할 것을 통보한 사안에서, 협약의 해지 및 그에 따른 환수통보는 행정청이 우월한 지위에서 행하는 공권력의 행사로서 행정처분에 해당한다고 볼 수 없다(대판 2015.8.27., 2015두41449).
② 빈출 (×) 「공익사업을 위한 토지 등의 취득 및 보상에 관한 법률」(이하 '공익사업법'이라고 한다)에 의한 보상합의는 공공기관이 사경제주체로서 행하는 사법상 계약의 실질을 가지는 것으로서, 당사자간의 합의로 같은 법 소정의 손실보상의 기준에 의하지 아니한 손실보상금을 정할 수 있으며, 이와 같이 같은 법이 정하는 기준에 따르지 아니하고 손실보상액에 관한 합의를 하였다고 하더라도 그 합의가 착오 등을 이유로 적법하게 취소되지 않는 한 유효하다(대판 2013.8.22., 2012다3517).
③ 빈출 (×) 「행정절차법」에는 공법상 계약에 대한 규정이 없다. 「행정기본법」에 규정되어 있다.
④ 빈출 (×) 국립의료원 부설주차장에 관한 이 사건 위탁관리용역운영계약에 대하여 … 이는 위 국립의료원이 원고의 신청에 의하여 공권력을 가진 우월적 지위에서 행한 행정처분으로서 특정인에게 행정재산을 사용할 수 있는 권리를 설정하여 주는 강학상 특허에 해당한다 할 것이고 순전히 사경제주체로서 원고와 대등한 위치에서 행한 사법상의 계약으로 보기 어렵다고 할 것이다(대판 2006.3.9., 2004다31074).

정답 | ①

497 필수

「행정기본법」상 공법상 계약에 대한 설명으로 옳지 않은 것은? (다툼이 있는 경우 판례에 의함)

① 행정청은 법령 등을 위반하지 아니하는 범위에서 행정목적을 달성하기 위하여 필요한 경우에는 공법상 계약을 체결할 수 있다.
② 국립의료원 부설주차장에 관한 위탁관리용역운영계약은 공법상 계약에 해당한다.
③ 행정청은 공법상 계약의 상대방을 선정하고 계약 내용을 정할 때 공법상 계약의 공공성과 제3자의 이해관계를 고려하여야 한다.
④ 공법상 계약의 한쪽 당사자는 행정청이며, 사인의 급부와 행정청의 급부가 부당하게 결부되어서는 아니 된다.
⑤ 행정청은 공법상 계약을 체결할 경우 계약의 목적 및 내용을 정확하게 적은 계약서로 작성하여야 한다.

497	
기출처	2023 국회직 9급
난이도	★★
키워드	공법상 계약

관련기출 옳은지문
· 행정청은 법령 등을 위반하지 아니하는 범위에서 행정목적을 달성하기 위하여 필요한 경우에는 공법상 법률관계에 관한 계약을 체결할 수 있다. 23지방직7급

> **해설**

①③⑤ (○) 「행정기본법」 제27조 제1항·제2항

> 「행정기본법」 제27조【공법상 계약의 체결】① 행정청은 법령 등을 위반하지 아니하는 범위에서 행정목적을 달성하기 위하여 필요한 경우에는 공법상 법률관계에 관한 계약(이하 '공법상 계약'이라 한다)을 체결할 수 있다. 이 경우 계약의 목적 및 내용을 명확하게 적은 계약서를 작성하여야 한다.
> ② 행정청은 공법상 계약의 상대방을 선정하고 계약 내용을 정할 때 공법상 계약의 공공성과 제3자의 이해관계를 고려하여야 한다.

② 빈출 (×) 국립의료원 부설주차장에 관한 이 사건 위탁관리용역운영계약에 대하여 … 위 운영계약의 실질은 행정재산인 위 부설주차장에 대한 「국유재산법」 제24조 제1항에 의한 사용·수익 허가로서 이루어진 것임을 알 수 있으므로, 이는 위 국립의료원이 원고의 신청에 의하여 공권력을 가진 우월적 지위에서 행한 행정처분으로서 특정인에게 행정재산을 사용할 수 있는 권리를 설정하여 주는 강학상 특허에 해당한다 할 것이고 순전히 사경제주체로서 원고와 대등한 위치에서 행한 사법상의 계약으로 보기 어렵다(대판 2006.3.9., 2004다31074).
④ (○) 공법상 계약에 있어서도 법률우위가 적용이 되어, 성문법령뿐만 아니라 조리 등의 법의 일반원칙을 위반할 수 없다.

정답 | ②

498	
기출처	2020 국회직 9급
난이도	★★
키워드	공법상 계약

498

행정상 계약에 대한 설명으로 옳은 것은? (다툼이 있는 경우 판례에 의함)

① 「산업집적활성화 및 공장설립에 관한 법률」상의 입주계약의 해지는 행정처분에 해당하지 않는다.
② 음식물류 폐기물의 수집·운반 업무를 대행을 위탁하고 그에 대한 대행료를 지급하는 것을 내용으로 하는 지방자치단체와 사인간의 계약은 민사소송의 대상이다.
③ 「행정절차법」은 공법상 계약에 관하여 규정하고 있다.
④ 「공익사업을 위한 토지 등의 취득 및 보상에 관한 법률」상의 협의취득의 법적 성질은 공법상 계약에 해당한다.
⑤ 중소기업기술정보진흥원장이 중소기업 정보화지원사업 지원대상인 사업의 지원에 관하여 체결한 협약의 해지는 행정처분에 해당한다.

해설

① **빈출** (×) 산업단지관리공단이 구 「산업집적활성화 및 공장설립에 관한 법률」 제38조 제2항에 따른 변경계약의 취소는 항고소송의 대상이 되는 행정처분에 해당한다(대판 2017.6.15., 2014두46843).
② (○) 이 사건 최초계약과 변경계약은 피고가 원고들에게 음식물류 폐기물의 수집·운반, 가로 청소, 재활용품의 수집·운반 업무의 대행을 위탁하고 그에 대한 대행료를 지급하는 것을 내용으로 하는 용역계약으로서 이 사건 변경계약에 따른 대행료 정산의무의 존부는 민사 법률관계에 해당하므로 이를 소송물로 다투는 소송은 민사소송에 해당하는 것으로 보아야 한다(대판 2018.2.13., 2014두11328).
③ (×) 「행정절차법」에는 공법상 계약이 규정되어 있지 않다. 「행정기본법」에 규정이 있다.
④ **빈출** (×) 「공공용지의 취득 및 손실보상에 관한 특례법」에 의하여 공공용지를 협의취득한 사업시행자가 그 양도인과 사이에 체결한 매매계약은 공공기관이 사경제주체로서 행한 사법상 매매이다(대판 1999.11.26., 98다47245).
⑤ (×) 중소기업기술정보진흥원장이 甲 주식회사와 중소기업 정보화지원사업 지원대상인 사업의 지원에 관한 협약을 체결하였는데, 협약이 甲 회사에 책임이 있는 사업실패로 해지되었다는 이유로 협약에서 정한 대로 지급받은 정부지원금을 반환할 것을 통보한 사안에서 … 협약의 해지 및 그에 따른 환수통보는 공법상 계약에 따라 행정청이 대등한 당사자의 지위에서 하는 의사표시로 보아야 하고, 이를 행정청이 우월한 지위에서 행하는 공권력의 행사로서 행정처분에 해당한다고 볼 수는 없다(대판 2015.8.27., 2015두41449).

정답 | ②

03 행정지도

499 [필수]

행정지도에 대한 설명으로 옳지 않은 것은? (다툼이 있는 경우 판례에 의함)

① 행정지도가 단순한 행정지도로서의 한계를 넘어 규제적·구속적 성격을 상당히 강하게 갖는 것이라면 헌법소원의 대상이 되는 공권력의 행사로 볼 수 있다.
② 행정관청이 「국토이용관리법」 소정의 토지거래계약신고에 관하여 공시된 기준시가를 기준으로 매매가격을 신고하도록 행정지도를 하여 그에 따라 피고인이 허위신고를 한 것이라면 그 범법행위는 정당화된다.
③ 구 「남녀차별금지 및 구제에 관한 법률」상 국가인권위원회의 성희롱결정과 이에 따른 시정조치의 권고는 성희롱 행위자로 결정된 자의 인격권에 영향을 미침과 동시에 공공기관의 장 또는 사용자에게 일정한 법률상의 의무를 부담시키는 것이므로 국가인권위원회의 성희롱결정 및 시정조치권고는 행정소송의 대상이 되는 행정처분에 해당한다.
④ 적법한 행정지도로 인정되기 위해서는 우선 그 목적이 적법한 것으로 인정될 수 있어야 할 것이므로, 행정청이 행한 주식매각의 종용이 정당한 법률적 근거 없이 자의적으로 주주에게 제재를 가하는 것이라면 행정지도의 영역을 벗어난 것이라고 보아야 할 것이다.

499	
기출처	2020 군무원 9급
난이도	★★
키워드	행정지도

해설

② [빈출] (×) 위법한 행정지도를 이행한 사인의 위법한 행위는 위법성이 조각되지 않는다. 행정지도는 비권력적 사실행위로서 강제력이 없는 행정작용이다. 따라서 지도의 상대방이 이를 따라 이행한 행위는 자의에 의한 행위로 해석되며 사인의 행위는 위법성이 조각되지 않는다.

> 행정관청이 「국토이용관리법」 소정의 토지거래계약신고에 관하여 공시된 기준시가를 기준으로 매매가격을 신고하도록 행정지도를 하여 그에 따라 허위신고를 한 것이라 하더라도 이와 같은 행정지도는 법에 어긋나는 것으로서 그와 같은 행정지도나 관행에 따라 허위신고행위에 이르렀다고 하여도 이것만 가지고서는 그 범법행위가 정당화될 수 없다(대판 1994.6.14., 93도3247).

고득점 플러스+ 지도의 형식으로 처분성이 인정된 판례

1. 공정거래위원회의 '표준약관 사용권장행위'는 그 통지를 받은 해당 사업자 등에게 표준약관과 다른 약관을 사용할 경우 표준약관과 다르게 정한 주요내용을 고객이 알기 쉽게 표시하여야 할 의무를 부과하고, 그 불이행에 대해서는 과태료에 처하도록 되어 있으므로, 이는 사업자 등의 권리·의무에 직접 영향을 미치는 행정처분으로서 항고소송의 대상이 된다(대판 2010.10.14., 2008두23184).
2. 행정기관인 방송통신심의위원회의 시정요구는 정보통신서비스제공자 등에게 조치결과 통지의무를 부과하고 있고, 정보통신서비스제공자 등이 이에 따르지 않는 경우 방송통신위원회의 해당 정보의 취급거부·정지 또는 제한명령이라는 법적 조치가 예정되어 있으며, 행정기관인 방송통신심의위원회가 표현의 자유를 제한하게 되는 결과의 발생을 의도하거나 또는 적어도 예상하였다 할 것이므로, 이는 단순한 행정지도로서의 한계를 넘어 규제적·구속적 성격을 갖는 것으로서 헌법소원 또는 항고소송의 대상이 되는 공권력의 행사라고 봄이 상당하다(헌재 2012.2.23., 2011헌가13).

정답 | ②

500	① ② ③
기출처	2024 국회직 8급
난이도	★★
키워드	행정지도

🔍 **관련기출 옳은지문**
- 행정지도는 그 목적 달성에 필요한 최소한도에 그쳐야 하며, 행정지도의 상대방의 의사에 반하여 부당하게 강요하여서는 아니 된다.

19서울시9급

500 〈필수〉

행정지도에 대한 설명으로 옳은 것만을 〈보기〉에서 모두 고르면?

| 보기 |

ㄱ. 행정지도가 강제성을 띠지 않은 비권력적 작용으로서 행정지도의 한계를 일탈하지 아니하였다면, 그로 인하여 상대방에게 어떤 손해가 발생하였다 하더라도 행정기관은 그에 대한 손해배상책임이 없다.
ㄴ. 행정작용의 법적 성격이 행정지도의 일종이지만, 그에 따르지 않을 경우 일정한 불이익조치를 예정하고 있어 사실상 상대방에게 그에 따를 의무를 부과하는 것과 다를 바 없는 경우라면 헌법소원의 대상이 되는 공권력의 행사라고 볼 수 있다.
ㄷ. 위법한 행정지도에 따라 사인의 신고행위가 허위신고행위에 이르렀다면 원칙적으로 그 사인의 행위는 위법성이 조각된다.
ㄹ. 「행정절차법」상 행정지도는 문서뿐만 아니라, 말로써 하는 것도 허용된다.
ㅁ. 행정지도는 사실행위에 불과하여 법적 구속력을 가지지 아니하므로 「행정절차법」상의 비례원칙이 적용되지 아니한다.

① ㄱ, ㄷ
② ㄴ, ㄹ
③ ㄱ, ㄴ, ㄹ
④ ㄴ, ㄷ, ㅁ
⑤ ㄷ, ㄹ, ㅁ

해설

ㄱ. **빈출** (○) 행정지도가 강제성을 띠지 않은 비권력적 작용으로서 행정지도의 한계를 일탈하지 아니하였다면, 그로 인하여 상대방에게 어떤 손해가 발생하였다 하더라도 행정기관은 그에 대한 손해배상책임이 없다(대판 2008.9.25., 2006다18228).

ㄴ. **빈출** (○) 교육인적자원부장관(현 교육부장관)의 대학총장들에 대한 이 사건 학칙시정요구는 「고등교육법」 제6조 제2항, 동법 시행령 제4조 제3항에 따른 것으로서 그 법적 성격은 대학총장의 임의적인 협력을 통하여 사실상의 효과를 발생시키는 행정지도의 일종이지만, 그에 따르지 않을 경우 일정한 불이익조치를 예정하고 있어 사실상 상대방에게 그에 따를 의무를 부과하는 것과 다를 바 없으므로 단순한 행정지도로서의 한계를 넘어 규제적·구속적 성격을 상당히 강하게 갖는 것으로서 헌법소원의 대상이 되는 공권력의 행사라고 볼 수 있다(헌재 2003.6.26., 2002헌마337).

ㄷ. (×) 행정관청이 「국토이용관리법」 소정의 토지거래계약신고에 관하여 공시된 기준시가를 기준으로 매매가격을 신고하도록 행정지도를 하여 그에 따라 허위신고를 한 것이라 하더라도 이와 같은 행정지도는 법에 어긋나는 것으로서 그와 같은 행정지도나 관행에 따라 허위신고행위에 이르렀다고 하여도 이것만 가지고서는 그 범법행위가 정당화될 수 없다(대판 1994.6.14., 93도3247).

ㄹ. (○) 「행정절차법」 제49조 제2항

> 「행정절차법」 제49조【행정지도의 방식】② 행정지도가 말로 이루어지는 경우에 상대방이 제1항의 사항을 적은 서면의 교부를 요구하면 그 행정지도를 하는 자는 직무 수행에 특별한 지장이 없으면 이를 교부하여야 한다.

ㅁ. (×) 행정지도는 비권력적 사실행위로서 법적 구속력은 가지지 않지만, 사실상의 구속력을 가지고 있어 「행정절차법」에 행정지도원칙으로 과잉금지의 원칙과 임의성의 원칙 등을 규정하고 있다.

> 「행정절차법」 제48조【행정지도의 원칙】① 행정지도는 그 목적 달성에 필요한 최소한도에 그쳐야 하며, 행정지도의 상대방의 의사에 반하여 부당하게 강요하여서는 아니 된다.

정답 | ③

501 〈필수〉

행정지도에 대한 설명 중 옳은 것을 모두 고르면?

ㄱ. 행정지도는 그 목적 달성에 필요한 최소한도에 그쳐야 하며, 행정지도의 상대방의 의사에 반하여 부당하게 강요하여서는 아니 된다.
ㄴ. 행정지도는 비권력적 작용이므로 「국가배상법」이 정한 배상청구의 요건인 공무원의 직무에 포함되지 않는다.
ㄷ. 행정지도의 상대방은 해당 행정지도의 방식·내용 등에 관하여 행정기관에 의견제출을 할 수 있다.

① ㄱ
② ㄱ, ㄴ
③ ㄱ, ㄷ
④ ㄱ, ㄴ, ㄷ

501	
기출처	예상문제
난이도	★
키워드	행정지도

해설

ㄱ. (○) 과잉금지의 원칙과 임의성의 원칙을 말한다.

> 「행정절차법」 제48조 【행정지도의 원칙】 ① 행정지도는 그 목적 달성에 필요한 최소한도에 그쳐야 하며, 행정지도의 상대방의 의사에 반하여 부당하게 강요하여서는 아니 된다.
> ② 행정기관은 행정지도의 상대방이 행정지도에 따르지 아니하였다는 것을 이유로 불이익한 조치를 하여서는 아니 된다.

ㄴ. (×) 행정지도는 비권력적 사실행위로서 「국가배상법」상의 직무에 해당한다. 다만, 지도의 임의성으로 피해와 지도 사이에 인과관계를 입증하기 어려워 주로 국가배상이 곤란할 뿐이다.

ㄷ. (○) 행정지도의 방식과 내용 등에 대하여 의견제출을 할 수 있다.

> 「행정절차법」 제50조 【의견제출】 행정지도의 상대방은 해당 행정지도의 방식·내용 등에 관하여 행정기관에 의견제출을 할 수 있다.

정답 | ③

502	
기출처	예상문제
난이도	★★
키워드	행정지도

502

행정지도에 관한 설명 중 옳은 것은? (다툼이 있는 경우 판례에 의함)

① 행정지도는 비권력적 사실행위로서 항고소송 대상인 처분이 아니므로 이를 따르지 않았다는 이유로 한 불이익한 처분은 항고소송 대상이 되지 않는다.

② 재단법인 한국연구재단이 甲 대학교 총장에게 연구개발비의 부당집행을 이유로 '해양생물유래 고부가식품·향장·한약 기초소재 개발 인력양성사업에 대한 2단계 두뇌한국(BK)21사업' 협약을 해지하고 연구팀장 乙에 대한 대학 자체 징계를 요구한 것은 항고소송의 대상이 되는 행정처분에 해당하지 않는다.

③ 구청장이 도시재개발구역 내의 건물소유자에게 건물의 자진철거를 요청하면서 '지장물 철거촉구'라는 제목으로 공문을 보냈다고 해도 이는 행정소송의 대상이 되는 처분이다.

④ 행정지도는 비권력적 사실행위로서 법률유보에 관하여, 작용법적 근거나 조직법적 근거는 불요하다.

해설

① (×) 행정지도를 따르지 않았다는 것을 이유로 「행정절차법」 규정에 의하여 불이익한 조치를 할 수 없다(제48조 제2항). 지도를 따르지 아니한 이유의 불이익한 처분은 위법한 처분이고 항고쟁송 대상이다.

② (○) 대판 2014.12.11., 2012두28704

③ (×) 구청장이 도시재개발구역 내의 건물소유자 甲에게 건물의 자진철거를 요청하는 내용의 공문을 보냈다고 하더라도 그 공문의 제목이 지장물 철거촉구로 되어 있어서 철거명령이 아님이 분명하고, 행위의 주체면에서 구청장은 재개발구역 내 지장물의 철거를 요구할 아무런 법적 근거가 없으며, 상대방이 입게 될 불이익 내지 법적 불안도 존재하지 않는다고 볼 것이므로 이를 행정소송의 대상이 되는 처분이라고 볼 수 없다(대판 1999.9.12., 88누8883).

④ (×) 비권력적 사실행위인 행정지도는 조직법적 근거는 필요하지만, 일반적으로 작용법적 근거(법률유보)는 불요한 것으로 본다.

정답 | ②

503

행정지도에 대한 설명으로 옳지 않은 것은? (다툼이 있는 경우 판례에 의함)

① 행정지도를 하는 자는 그 상대방에게 그 행정지도의 취지 및 내용과 신분을 밝혀야 한다.
② 행정지도는 말로 이루어질 수 있다.
③ 행정기관은 행정지도의 상대방이 행정지도에 따르지 아니할 경우 그에 상응하는 불이익 조치를 할 수 있다.
④ 행정지도의 상대방은 해당 행정지도의 방식에 관하여 행정기관에 의견제출을 할 수 있다.

해설

①②④ 빈출 (○) 「행정절차법」 제49조, 제50조

> 「행정절차법」 제49조 【행정지도의 방식】 ① 행정지도를 하는 자는 그 상대방에게 그 행정지도의 취지 및 내용과 신분을 밝혀야 한다.
> ② 행정지도가 말로 이루어지는 경우에 상대방이 제1항의 사항을 적은 서면의 교부를 요구하면 그 행정지도를 하는 자는 직무 수행에 특별한 지장이 없으면 이를 교부하여야 한다.
> 제50조 【의견제출】 행정지도의 상대방은 해당 행정지도의 방식·내용 등에 관하여 행정기관에 의견제출을 할 수 있다.

③ 빈출 (×) 행정기관은 행정지도의 상대방이 행정지도에 따르지 아니하였다는 것을 이유로 불이익한 조치를 하여서는 아니 된다(동법 제48조 제2항).

정답 | ③

기출처: 2023 군무원 9급
난이도: ★
키워드: 행정지도

504 〈필수〉

감염병의 확산방지를 위해 A구의 보건행정담당 공무원은 관내 대중이 주로 밀집하는 업소의 업주에 대해 위생지도를 실시하고 있다. 이에 관한 설명으로 옳지 않은 것은?

① 이러한 위생지도를 위해 보건담당 공무원은 「행정절차법」에 규정된 사전통지와 의견청취의 절차를 준수하여야 한다.
② 위생지도를 따르지 아니한 업주들이 있다고 하여 지도를 따르지 않은 사유만으로 당해 업주에게 영업정지 등의 불이익한 조치를 할 수 없다.
③ 이러한 위생지도는 구속력을 갖지 않는 행정에 속하지만, 필요한 최소한도에 그쳐야 한다.
④ 이러한 행정작용은 특별한 형식을 요하지 않아 문서가 아닌 말로서도 할 수 있다.

해설

① (×) 행정지도는 비권력적 사실행위로서 처분이 아니며 「행정절차법」상의 처분절차인 사전통지나 의견청취의 절차를 준수할 필요는 없다.
② (○) 행정지도를 따르지 않았다는 이유로 불이익조치를 취할 수 없다.
③ (○) 행정지도는 필요한 최소한도에 그쳐야 한다.
④ (○) 행정지도는 특별한 형식이 없으나 지도의 상대방이 문서를 요청하면 직무수행에 특별한 지장이 없는 한 문서를 교부하여야 한다.

정답 | ①

기출처: 예상문제
난이도: ★
키워드: 행정지도

505

행정지도에 대한 설명으로 옳지 않은 것은? (다툼이 있는 경우 판례에 의함)

① 행정지도는 의무를 부과하거나 권익을 제한하는 것이 아니므로 「행정절차법」의 적용을 받지 않는다.
② 단순한 행정지도의 한계를 넘어 규제적·구속적 성격을 상당히 강하게 갖는 경우에는 헌법소원의 대상이 되는 공권력의 행사라고 볼 수 있다.
③ 행정청이 위법 건축물에 대한 시정명령을 하고 나서 위반자가 이를 이행하지 아니하여 전기·전화의 공급자에게 그 위법 건축물에 대한 전기·전화의 공급을 하지 말아 줄 것을 요청한 행위는 권고적 성격의 행위에 불과한 것으로서 항고소송의 대상이 되는 행정처분이라고 볼 수 없다.
④ 행정관청이 토지거래계약신고에 관하여 공시된 기준지가를 기준으로 매매가격을 신고하도록 행정지도하여 왔고 그 기준 가격 이상으로 매매가격을 신고한 경우에는 거래신고서를 접수하지 않고 반려하는 것이 관행화되어 있더라도 그와 같은 위법한 관행에 따라 허위신고행위에 이르렀다고 하여 그 범법행위가 사회상규에 위배되지 않는 정당한 행위라고 볼 수 없다.
⑤ 행정지도가 강제성을 띠지 않은 비권력적 작용으로서 행정지도의 한계를 일탈하지 않았다면 그로 인하여 상대방에게 어떤 손해가 발생하였다 하더라도 그에 대한 손해배상책임이 없다.

해설

① (×) 「행정절차법」 제6장(제48조~제51조)은 행정지도의 원칙 등에 대해 규정하고 있다. 따라서 행정청의 행정지도는 「행정절차법」을 준수하여야 한다.
② (○) 교육인적자원부장관(현 교육부장관)의 대학총장들에 대한 이 사건 학칙시정요구는 그에 따르지 않을 경우 일정한 불이익조치를 예정하고 있어 사실상 상대방에게 그에 따를 의무를 부과하는 것과 다를 바 없으므로 단순한 행정지도로서의 한계를 넘어 규제적·구속적 성격을 상당히 강하게 갖는 것으로서 헌법소원의 대상이 되는 공권력의 행사라고 볼 수 있다(헌재 2003.6.26., 2002헌마337, 2003헌마7·8).
③ (○) 「건축법」 제69조 제2항·제3항의 규정에 비추어 보면, 행정청이 위법 건축물에 대한 시정명령을 하고 나서 위반자가 이를 이행하지 아니하여 전기·전화의 공급자에게 그 위법 건축물에 대한 전기·전화공급을 하지 말아 줄 것을 요청한 행위는 권고적 성격의 행위에 불과한 것으로서 전기·전화공급자나 특정인의 법률상 지위에 직접적인 변동을 가져오는 것은 아니므로 이를 항고소송의 대상이 되는 행정처분이라고 볼 수 없다(대판 1996.3.22., 96누433).
④ (○) 토지의 매매대금을 허위로 신고하고 계약을 체결하였다면 이는 계약예정금액에 대하여 허위의 신고를 하고 토지 등의 거래계약을 체결한 것으로서 구 국토이용관리법(1993.8.5. 법률 제4572호로 개정되기 전의 것) 제33조 제4호에 해당한다고 할 것이고, 행정관청이 국토이용관리법 소정의 토지거래계약신고에 관하여 공시된 기준시가를 기준으로 매매가격을 신고하도록 행정지도를 하여 그에 따라 허위신고를 한 것이라 하더라도 이와 같은 행정지도는 법에 어긋나는 것으로서 그와 같은 행정지도나 관행에 따라 허위신고행위에 이르렀다고 하여도 이것만 가지고서는 그 범법행위가 정당화될 수 없다(대판 1994.6.14., 93도3247).
⑤ (○) 행정지도가 강제성을 띠지 않은 비권력적 작용으로서 행정지도의 한계를 일탈하지 아니하였다면, 그로 인하여 상대방에게 어떤 손해가 발생하였다 하더라도 행정기관은 그에 대한 손해배상책임이 없다(대판 2008.9.25., 2006다18228).

정답 | ①

506 필수

행정지도에 대한 설명으로 옳지 않은 것은? (다툼이 있는 경우 판례에 의함)

① 행정지도가 강제성을 띠지 않은 비권력적 작용으로서 행정지도의 한계를 일탈하지 아니하였더라도 그로 인하여 상대방에게 어떤 손해가 발생하였다면 행정기관은 그에 대한 손해배상책임이 있다.
② 행정지도의 상대방은 당해 행정지도의 방식·내용 등에 관하여 행정기관에 의견을 제출할 수 있다.
③ 행정청이 위법건축물에 대한 시정명령을 하고 나서 위반자가 이를 이행하지 아니하여 전기·전화의 공급자에게 그 위법건축물에 대한 전기·전화공급을 하지 말아 줄 것을 요청한 행위는 권고적 성격의 행위에 불과한 것으로서 항고소송 대상인 처분이라 할 수 없다.
④ 교육인적자원부장관(현 교육부장관)의 대학총장들에 대한 학칙시정 요구는 행정지도에 해당하므로 규제적·구속적 성격을 강하게 가지고 있어 헌법소원의 대상이 되는 공권력의 행사라고 볼 수 있다.

506	
기출처	예상문제
난이도	★★
키워드	행정지도

관련기출 옳은지문
- 교육인적자원부장관(현 교육부장관)의 대학총장들에 대한 학칙시정요구는 법령에 따른 것으로 행정지도의 일종이지만, 단순한 행정지도로서의 한계를 넘어 헌법소원의 대상이 되는 공권력의 행사라고 볼 수 있다. 19국가직9급

해설

① (×) 행정지도가 강제성을 띠지 않은 비권력적 작용으로서 행정지도의 한계를 일탈하지 아니하였다면, 그로 인하여 상대방에게 어떤 손해가 발생하였다 하더라도 행정기관은 그에 대한 손해배상책임이 없다(대판 2008.9.25., 2006다18228).

정답 | ①

507	① ② ③
기출처	2021 군무원 9급
난이도	★★
키워드	행정지도

🔍 관련기출 옳은지문

- 위법건축물에 대한 단전 및 전화통화 단절조치 요청행위는 처분성이 부인된다. 13지방직9급

- 「국가배상법」이 정한 배상청구의 요건인 '공무원의 직무'에는 권력적 작용만이 아니라 행정지도와 같은 비권력적 작용도 포함된다. 17국가직9급

507 〈필수〉

행정지도에 대한 설명으로 옳지 않은 것은?

① 행정지도가 그의 한계를 일탈하지 아니하였다면, 그로 인하여 상대방에게 어떤 손해가 발생하였다 하더라도 행정기관은 그에 대한 손해배상책임이 없다.

② 위법한 건축물에 대한 단전 및 전화통화 단절조치 요청행위는 처분성이 인정되는 행정지도이다.

③ 상대방이 행정지도에 따르지 아니하였다는 것을 직접적인 이유로 하는 불이익한 조치는 위법한 행위가 된다.

④ 「국가배상법」이 정한 배상청구의 요건인 공무원의 직무에는 행정지도도 포함된다.

해설

① **빈출** (O) 행정지도가 한계를 일탈하지 않은 경우라면 비록 상대방에게 피해가 발생하였다고 하더라도 인과관계가 인정되지 않기 때문에 손해배상책임이 없다.

> 행정지도가 강제성을 띠지 않은 비권력적 작용으로서 행정지도의 한계를 일탈하지 아니하였다면, 그로 인하여 상대방에게 어떤 손해가 발생하였다 하더라도 행정기관은 그에 대한 손해배상책임이 없다(대판 2008.9.25., 2006다18228).

② (×) 단전 등의 요청행위는 처분이 아닌 행정지도이다.

> 「건축법」의 규정에 비추어 보면, 행정청이 위법 건축물에 대한 시정명령을 하고 나서 위반자가 이를 이행하지 아니하여 전기·전화의 공급자에게 그 위법 건축물에 대한 전기·전화공급을 하지 말아 줄 것을 요청한 행위는 권고적 성격의 행위에 불과한 것으로서 전기·전화공급자나 특정인의 법률상 지위에 직접적인 변동을 가져오는 것은 아니므로 이를 항고소송의 대상이 되는 행정처분이라고 볼 수 없다(대판 1996.3.22., 96누433).

③ (O) 「행정절차법」 규정상 행정지도를 따르지 아니한 이유로 불이익처분을 할 수 없으며 이는 위법이다.

④ **빈출** (O) 행정지도는 비권력적 사실행위이며 「국가배상법」상의 직무에 포함된다. 다만, 배상이 실제 가능한지는 국가배상의 다른 요건충족 여부에 따라 좌우되나, 일반적으로 지도의 임의성으로 인하여 지도와 피해 사이의 인과관계입증이 어렵기 때문에 사실상 제한된다.

정답 | ②

508 필수

행정지도에 대한 내용으로 옳지 않은 것은?

① 행정기관은 상대방이 행정지도에 따르지 아니하였다는 이유로 불이익조치를 하여서는 아니 된다.
② 행정절차에 소요되는 비용은 원칙적으로 행정청이 부담하도록 규정되어 있다.
③ 행정지도의 상대방은 해당 행정지도의 방식·내용 등에 관하여 행정기관에 의견을 제출할 수 없다.
④ 행정지도는 그 목적 달성에 필요한 최소한도에 그쳐야 한다.

508	① ② ③
기출처	2020 소방직
난이도	★
키워드	행정지도

해설

② (○) 행정절차에 드는 비용은 행정청이 부담한다. 다만, 당사자 등이 자기를 위하여 스스로 지출한 비용은 그러하지 아니하다(동법 제54조).
③ (×) 행정지도의 상대방은 해당 행정지도의 방식·내용 등에 관하여 행정기관에 의견제출을 할 수 있다(「행정절차법」 제50조).

정답 | ③

509

행정지도에 관한 설명으로 옳은 것은? (다툼이 있는 경우 판례에 의함)

① 행정청이 행정지도의 형식으로 지장물의 자진이전을 요구한 경우에 상대방이 이를 이행하지 않으면 행정대집행의 대상이 된다.
② 행정지도는 관련된 국민의 권리나 의무에 직접적 또는 간접적으로 영향을 미치는 행위로 직무수행에 특별한 지장이 없는 한 서면의 방식으로 행하여야 하며, 이를 위반한 경우에는 무효가 된다.
③ '표준약관 사용권장행위'는 그 통지를 받은 해당 사업자 등에게 표준약관과 다른 약관을 사용할 경우 표준약관과 다르게 정한 주요내용을 고객이 알기 쉽게 표시하여야 할 의무를 부과하는 권장행위로서 항고소송 대상인 처분이라 할 수 없다.
④ 행정청의 위법한 행정지도를 이행한 사인의 행위가 결과적으로 위법으로 판단되는 경우에 행정지도를 따라 행한 행위라고 해도 이는 위법이 조각될 수 없다.

509	① ② ③
기출처	예상문제
난이도	★★
키워드	행정지도

해설

① (×) 행정청이 토지구획정리사업의 환지예정지를 지정하고 그 사업에 편입되는 건축물 등 지장물의 소유자 또는 임차인에게 지장물의 자진이전을 요구한 후 이에 응하지 않자 지장물의 이전에 대한 대집행을 계고하고 다시 대집행영장을 통지한 사안에서, 위 계고처분 등은 「행정대집행법」 제2조에 따라 명령된 지장물 이전의무가 없음에도 그러한 의무의 불이행을 사유로 행하여진 것으로 위법하다(대판 2010.6.24., 2010두1231).
② (×) 행정지도는 특별한 형식을 요하지 않는다.
③ (×) 표준약관 사용권장행위는 '권장'이라는 형식으로 되어 있으나 항고소송 대상인 처분에 해당한다. '표준약관 사용권장행위'는 그 통지를 받은 해당 사업자 등에게 표준약관과 다른 약관을 사용할 경우 표준약관과 다르게 정한 주요내용을 고객이 알기 쉽게 표시하여야 할 의무를 부과하고, 그 불이행에 대해서는 과태료에 처하도록 되어 있으므로, 이는 사업자 등의 권리·의무에 직접 영향을 미치는 행정처분으로서 항고소송의 대상이 된다(대판 2010.10.14., 2008두23184).
④ (○) 위법한 행정지도에 따라 행한 사인의 행위는, 법령에 명시적으로 정함이 없는 한, 위법성이 조각된다고 할 수 없다(대판 1992.4.24., 91도1609).

정답 | ④

510

행정지도에 관한 설명으로 옳지 않은 것은? (다툼이 있는 경우 판례에 의함)

① 「행정절차법」은 행정지도에 대해 비례원칙을 준수할 것을 규정하고 있다.
② 「행정절차법」상 행정기관은 행정지도의 상대방이 행정지도에 따르지 아니하였다는 것을 이유로 불이익한 조치를 하여서는 아니 된다.
③ 「행정절차법」상 행정지도가 말로 이루어지는 경우에 상대방이 행정지도의 취지, 내용, 신분 사항을 적은 서면의 교부를 요구하면 그 행정지도를 하는 자는 직무 수행에 특별한 지장이 없으면 이를 교부하여야 한다.
④ 「국가배상법」이 정한 배상청구의 요건인 '공무원의 직무'에는 행정지도와 같은 비권력적 작용은 포함되지 않는다.

해설

① (○) 행정지도는 그 목적 달성에 필요한 최소한도에 그쳐야 하며, 행정지도의 상대방의 의사에 반하여 부당하게 강요하여서는 아니 된다(「행정절차법」 제48조 제1항).
② (○) 동법 제48조 제2항
③ (○) 동법 제49조 제2항
④ **빈출** (×) 「국가배상법」상의 배상요건으로서 공무원의 직무에는 권력작용·비권력적 작용이 포함되며 사경제 주체로서의 국고작용이 배제된다. 행정지도는 비권력적 사실행위로서 「국가배상법」상의 직무에 해당한다.

정답 | ④

기출처: 2025 소방직
난이도: ★★
키워드: 행정지도

🔍 관련기출 옳은지문

- 행정지도가 말로 이루어지는 경우에 상대방이 행정지도의 취지 및 내용, 행정지도를 하는 자의 신분에 관한 사항을 적은 서면의 교부를 요구하면 그 행정지도를 하는 자는 직무 수행에 특별한 지장이 없으면 이를 교부하여야 한다. 17국가직9급

511 필수

행정지도에 대한 설명으로 옳지 않은 것은?

① 행정기관은 행정지도의 상대방이 행정지도에 따르지 아니하였다는 것을 이유로 불이익한 조치를 하여서는 아니 된다.
② 행정기관이 같은 행정목적을 실현하기 위하여 많은 상대방에게 행정지도를 하려는 경우에는 특별한 사정이 없으면 행정지도에 공통적인 내용이 되는 사항을 공표하여야 한다.
③ 위법한 행정지도에 따라 행한 사인의 행위는 위법성이 조각되어 범법행위가 되지 않는다.
④ 행정지도가 강제성을 띠지 않은 비권력적 작용으로서 행정지도의 한계를 일탈하지 아니하였다면, 그로 인하여 상대방에게 손해가 발생하였다 하더라도 행정기관은 손해배상책임이 없다.

511	
기출처	2023 지방직 9급
난이도	★★
키워드	행정지도

해설

① (○) 「행정절차법」 제48조 제2항
② (○) 동법 제51조
③ 빈출 (×) 행정지도는 원칙적으로 강제성이 없어 위법한 행정지도에 의한 사인의 위법한 행위는 자신의 의사에 따른 행위로서 위법성이 조각되지 않는다.

> 행정관청이 「국토이용관리법」 소정의 토지거래계약신고에 관하여 공시된 기준시가를 기준으로 매매가격을 신고하도록 행정지도를 하여 그에 따라 허위신고를 한 것이라 하더라도 이와 같은 행정지도는 법에 어긋나는 것으로서 그와 같은 행정지도나 관행에 따라 허위신고행위에 이르렀다고 하여도 이것만 가지고서는 그 범법행위가 정당화될 수 없다(대판 1994.6.14., 93도3247).

④ 빈출 (○) 행정지도가 강제성을 띠지 않은 비권력적 작용으로서 행정지도의 한계를 일탈하지 아니하였다면, 그로 인하여 상대방에게 어떤 손해가 발생하였다 하더라도 행정기관은 그에 대한 손해배상책임이 없다(대판 2008.9.25., 2006다18228).

정답 | ③

04 행정계획

512

「국토의 계획 및 이용에 관한 법률」에 대한 설명으로 옳은 것만을 〈보기〉에서 모두 고르면? (다툼이 있는 경우 판례에 의함)

| 보기 |
ㄱ. 도시계획시설결정의 대상면적이 도시기본계획에서 예정했던 것보다 증가하였다 하여 그 도시계획시설결정이 위법한 것은 아니다.
ㄴ. 지구단위계획구역의 지정 및 변경과 지구단위계획의 수립 및 변경에 관한 사항에 대해서는 주민이 입안을 제안할 수 있으므로, 이 경우에 도시계획구역 내 토지 등을 소유하고 있는 주민은 입안권자에게 입안을 요구할 수 있는 법규상 또는 조리상의 신청권이 있다.
ㄷ. 지구단위계획을 수립하면서 그 권장용도를 판매·위락·숙박시설로 결정하여 고시한 행위를 당해 지구 내에서는 공익과 무관하게 언제든지 숙박시설에 대한 건축허가를 받을 수 있을 것이라는 공적 견해를 표명한 것이라고 평가할 수는 없다.
ㄹ. 행정주체가 행정계획을 입안·결정하는 데에는 비록 광범위한 계획재량을 갖고 있지만 비례의 원칙에 어긋나게 된 경우에는 재량권을 일탈·남용한 위법한 처분이 된다.
ㅁ. 도시·군계획시설부지 소유자의 매수청구에 대한 관할 행정청의 매수 거부결정은 항고소송의 대상인 처분에 해당한다.

① ㄱ, ㄷ, ㅁ
② ㄴ, ㄹ, ㅁ
③ ㄱ, ㄴ, ㄷ, ㄹ
④ ㄴ, ㄷ, ㄹ, ㅁ
⑤ ㄱ, ㄴ, ㄷ, ㄹ, ㅁ

해설

ㄱ. (O) 도시기본계획이라는 것은 도시의 장기적 개발방향과 미래상을 제시하는 도시계획입안의 지침이 되는 장기적·종합적인 개발계획으로서 직접적인 구속력은 없는 것이므로, 도시계획시설결정 대상면적이 도시기본계획에서 예정했던 것보다 증가하였다 하여 그것이 도시기본계획의 범위를 벗어나 위법한 것은 아니다(대판 1998.11.27., 96누13927).

ㄴ. (O) 도시계획구역 내 토지 등을 소유하고 있는 주민으로서는 입안권자에게 도시계획입안을 요구할 수 있는 법규상 또는 조리상의 신청권이 있다고 할 것이고, 이러한 신청에 대한 거부행위는 항고소송의 대상이 되는 행정처분에 해당한다(대판 2004.4.28., 2003두1806).

ㄷ. (O) 대판 2005.11.25., 2004두6822

ㄹ. (O) 행정주체가 택지개발 예정지구 지정처분과 같은 행정계획을 입안·결정하는 데에는 비록 광범위한 계획재량을 갖고 있지만 행정계획에 관련된 자들의 이익을 공익과 사익 사이에서는 물론, 공익 상호간과 사익 상호간에도 정당하게 비교·교량하여야 하고 그 비교·교량은 비례의 원칙에 적합하도록 하여야 하는 것이므로, 만약 이익형량을 전혀 하지 아니하였거나 이익형량의 고려대상에 포함시켜야 할 중요한 사항을 누락한 경우 또는 이익형량을 하기는 하였으나 그것이 비례의 원칙에 어긋나게 된 경우에는 그 행정계획은 재량권을 일탈·남용한 위법한 처분이다(대판 1997.9.26., 96누10096).

ㅁ. (O) 매수신청에 대한 거부를 처분이라고 직접 판시한 경우는 없으나 다수의 판례에서 매수신청이 정당한 신청권임을 전제로 한 경우가 적지 않다.

구 「도시계획법」(2002.2.4. 법률 제6655호 「국토의 계획 및 이용에 관한 법률」 부칙 제2조로 폐지)은 … 도시계획시설부지의 매수청구권, 도시계획시설결정의 실효에 관한 규정과 아울러 도시계획 입안권자인 특별시장·광역시장·시장 또는 군수로 하여금 5년마다 관할 도시계획구역 안의 도시계획에 대하여 그 타당성 여부를 전반적으로 재검토하여 정비하여야 할 의무를 지우고, … 헌법상 개인의 재산권 보장의 취지에 비추어 보면, 도시계획구역 내

토지 등을 소유하고 있는 주민으로서는 입안권자에게 도시계획입안을 요구할 수 있는 법규상 또는 조리상의 신청권이 있다고 할 것이고, 이러한 신청에 대한 거부행위는 항고소송의 대상이 되는 행정처분에 해당한다(대판 2004.4.28., 2003두1806).

정답 | ⑤

513
행정계획에 대한 설명으로 옳은 것만을 모두 고르면?

> ㄱ. 구 「도시 및 주거환경정비법」에 따른 주택재건축정비사업조합이 수립한 사업시행계획은 인가·고시를 통해 확정되면 구속적 행정계획으로서 행정처분에 해당한다.
> ㄴ. 환지계획은 환지예정지 지정이나 환지처분의 근거가 되고 그 자체가 직접 토지소유자 등의 법률상의 지위를 변동시키거나 다른 고유한 법률효과를 수반하는 것이어서 항고소송의 대상이 되는 처분에 해당한다.
> ㄷ. 비구속적 행정계획안이나 지침이라도 국민의 기본권에 직접적으로 영향을 끼치고, 앞으로 법령의 뒷받침에 의하여 그대로 실시될 것이 틀림 없을 것으로 예상될 수 있을 때에는, 공권력행위로서 예외적으로 헌법소원의 대상이 될 수 있다.

① ㄱ, ㄴ
② ㄱ, ㄷ
③ ㄴ, ㄷ
④ ㄱ, ㄴ, ㄷ

기출처 2025 국가직 9급
난이도 ★★
키워드 행정계획

해설

ㄱ. **빈출** (○) 재건축정비사업조합이 이러한 행정주체의 지위에서 위 법에 기초하여 수립한 사업시행계획은 인가·고시를 통해 확정되면 이해관계인에 대한 구속적 행정계획으로서 독립된 행정처분에 해당한다(대결 2009.11.2., 2009마596).

ㄴ. (×) 구 「토지구획정리사업법」 제57조, 제62조 등의 규정상 환지예정지 지정이나 환지처분은 그에 의하여 직접 토지소유자 등의 권리의무가 변동되므로 이를 항고소송의 대상이 되는 처분이라고 볼 수 있으나, 환지계획은 위와 같은 환지예정지 지정이나 환지처분의 근거가 될 뿐 그 자체가 직접 토지소유자 등의 법률상의 지위를 변동시키거나 또는 환지예정지 지정이나 환지처분과는 다른 고유한 법률효과를 수반하는 것이 아니어서 이를 항고소송의 대상이 되는 처분에 해당한다고 할 수가 없다(대판 1999.8.20., 97누6889).

ㄷ. **빈출** (○) 비구속적 행정계획안이나 행정지침이라도 국민의 기본권에 직접적으로 영향을 끼치고, 앞으로 법령의 뒷받침에 의하여 그대로 실시될 것이 틀림없을 것으로 예상될 수 있을 때에는, 공권력행위로서 예외적으로 헌법소원의 대상이 된다(헌재 2021.2.9., 2021헌마20).

정답 | ②

514

기출처: 2024 국가직 9급
난이도: ★★
키워드: 행정계획

관련기출 옳은지문

- 행정주체가 행정계획을 입안·결정하는 데에는 일반적으로 광범위한 계획재량이 인정된다. 19서울시7급

- 행정계획과 관련하여 이익형량을 하였으나 정당성과 객관성이 결여된 경우에는 그 행정계획결정은 형량에 하자가 있어 위법하게 된다. 21군무원9급

514

행정계획에 대한 설명으로 옳지 않은 것은?

① 행정청은 구체적인 행정계획을 입안·결정할 때 비교적 광범위한 형성의 재량을 가진다.

② 행정청이 행정계획을 입안·결정할 때 이익형량을 하였으나 정당성과 객관성이 결여된 경우에는 그 행정계획결정은 위법하게 될 수 있다.

③ 도시계획의 결정·변경 등에 관한 권한을 가진 행정청은 이미 도시계획이 결정·고시된 지역에 대하여도 다른 내용의 도시계획을 결정·고시할 수 있고, 이때에 후행 도시계획에 선행 도시계획과 서로 양립할 수 없는 내용이 포함되어 있다면, 특별한 사정이 없는 한 선행 도시계획은 후행 도시계획과 같은 내용으로 변경된다.

④ 도시기본계획은 도시의 장기적 개발방향과 미래상을 제시하는 도시계획입안의 지침이 되는 장기적·종합적인 개발계획으로서 직접적인 구속력이 있으므로, 도시계획시설결정 대상면적이 도시기본계획에서 예정했던 것보다 증가할 경우 도시기본계획의 범위를 벗어나 위법하다.

해설

①② **빈출** (○) 행정청은 구체적인 행정계획을 입안·결정할 때 비교적 광범위한 형성의 재량을 가진다. 다만, 행정청의 이러한 형성의 재량이 무제한적이라고 할 수는 없고, 행정계획에서는 그에 관련되는 자들의 이익을 공익과 사익 사이에서는 물론이고 공익 사이에서나 사익 사이에서도 정당하게 비교·교량하여야 한다는 제한이 있으므로, 행정청이 행정계획을 입안·결정할 때 이익형량을 전혀 행하지 아니하거나 이익형량의 고려대상에 마땅히 포함시켜야 할 사항을 누락한 경우 또는 이익형량을 하였으나 정당성과 객관성이 결여된 경우에는 그 행정계획결정은 이익형량에 하자가 있어 위법하게 될 수 있다(대판 2021.7.29., 2021두33593).

③ **빈출** (○) 도시계획의 결정·변경 등에 관한 권한을 가진 행정청은 이미 도시계획이 결정·고시된 지역에 대하여도 다른 내용의 도시계획을 결정·고시할 수 있고, 이 때에 후행 도시계획에 선행 도시계획과 서로 양립할 수 없는 내용이 포함되어 있다면, 특별한 사정이 없는 한 선행 도시계획은 후행 도시계획과 같은 내용으로 변경되는 것이다(대판 2000.9.8., 99두11257).

④ **빈출** (×) 도시기본계획이라는 것은 도시의 장기적 개발방향과 미래상을 제시하는 도시계획입안의 지침이 되는 장기적·종합적인 개발계획으로서 직접적인 구속력은 없는 것이므로, 도시계획시설결정 대상면적이 도시기본계획에서 예정했던 것보다 증가하였다 하여 그것이 도시기본계획의 범위를 벗어나 위법한 것은 아니다(대판 1998.11.27., 96누13927).

정답 | ④

515
행정계획에 관한 판례의 내용으로 가장 옳지 않은 것은?

① 관계 법령에는 추상적인 행정목표와 절차만이 규정되어 있을 뿐 행정계획의 내용에 관하여는 별다른 규정을 두고 있지 아니하므로 행정주체는 구체적인 행정계획을 입안·결정함에 있어서 비교적 광범위한 형성의 자유를 가진다.
② 행정주체가 가지는 이와 같은 형성의 자유는 무제한적인 것이 아니라 그 행정계획에 관련되는 자들의 이익을 공익과 사익 사이에서는 물론이고 공익 상호간과 사익 상호간에도 정당하게 비교·교량하여야 한다는 제한이 있다.
③ 판례에 따르면, 행정계획에 있어서 형량의 부존재, 형량의 누락, 평가의 과오 및 형량의 불비례 등 형량의 하자별로 위법의 판단기준을 달리하여 개별화하여 판단하고 있다.
④ 이미 고시된 실시계획에 포함된 상세계획으로 관리되는 토지 위의 건물의 용도를 상세계획승인권자의 변경승인 없이 임의로 판매시설에서 상세계획에 반하는 일반목욕장으로 변경한 사안에서, 그 영업신고를 수리하지 않고 영업소를 폐쇄한 처분은 적법하다고 한 판례가 있다.

515	① ② ③
기출처	2022 군무원 9급
난이도	★★
키워드	행정계획

관련기출 옳은지문
- 행정주체가 행정계획을 입안·결정함에 있어서 행정계획에 관련되는 자들의 이익을 공익과 사익 사이에서는 물론이고 공익 상호간과 사익 상호간에도 정당하게 비교교량하여야 한다. 18국가직7급

해설

③ (×) 행정계획에서의 형량의 하자인 형량의 해태, 형량의 흠결, 오형량은 모두 동일하게 위법이 되며 하자별로 판단기준을 달리하지 않는다.

> 행정주체가 행정계획을 입안·결정함에 있어서 이익형량을 전혀 행하지 아니하거나 이익형량의 고려 대상에 마땅히 포함시켜야 할 사항을 누락한 경우 또는 이익형량을 하였으나 정당성과 객관성이 결여된 경우에는 그 행정계획결정은 형량에 하자가 있어 위법하게 된다(대판 2007.4.12., 2005두1893).

정답 | ③

516

행정계획에 대한 설명으로 옳지 않은 것은?

① 이미 고시된 실시계획에 포함된 상세계획으로 관리되는 토지 위의 건물의 용도를 상세계획 승인권자의 변경승인 없이 임의로 판매시설에서 상세계획에 반하는 일반목욕장으로 변경한 경우, 행정청이 그 영업신고를 수리하지 않고 영업소를 폐쇄한 처분은 적법하다.

② 구 건설교통부장관이 구역지정의 실효성이 적은 7개 중소도시권은 개발제한구역을 해제하고 구역지정이 필요한 7개 대도시권은 개발제한구역을 부분조정하는 등의 내용을 담은 '개발제한구역제도개선방안'을 발표한 것은 헌법소원의 대상이 되는 공권력의 행사에 해당되지 아니한다.

③ 구「도시계획법」상 도시계획은 도시기본계획에 부합되어야 한다고 규정되어 있으므로, 서울특별시 도시기본계획에 포함되어 있지 않은 원지동 추모공원의 설치를 내용으로 하는 서울특별시장의 도시계획시설결정은 위법하다.

④ 자연환경 보호 등을 목적으로 하는 도시관리계획결정은 식생이 양호한 수림의 훼손 등과 같이 장래 발생할 불확실한 상황과 파급효과에 대한 예측 등을 반영한 행정청의 재량적 판단으로서, 그 내용이 현저히 합리성을 결여하거나 형평이나 비례의 원칙에 뚜렷하게 반하는 등의 사정이 없는 한 폭넓게 존중하여야 한다.

해설

① (○) 대판 2008.3.27., 2006두3742,3759
② (○) 헌재 2000.6.1., 99헌마538·543·544·545·546·549(병합)
③ (×) 「도시계획법」 제19조 제1항 및 이 사건 도시계획시설결정 당시의 서울특별시 도시계획조례 제3조 제3항에서는, 도시계획은 도시기본계획에 부합되어야 한다고 규정되어 있으나, 도시기본계획이라는 것은 도시의 장기적 개발방향과 미래상을 제시하는 도시계획 입안의 지침이 되는 장기적·종합적인 개발계획으로서 직접적인 구속력은 없는 것이므로(대판 1998.11.27., 96누13927 판결 참조), 이 사건 추모공원의 조성계획이 서울특별시 도시기본계획에 포함되어 있지 아니하다는 이유만으로는 이 사건 도시계획시설결정이 위법하다 할 수는 없다(대판 2007.4.12., 2005두1893).
④ (○) 대판 2023.12.28., 2023두39946

정답 | ③

517

행정계획에 대한 설명으로 옳지 않은 것은? (다툼이 있는 경우 판례에 의함)

① 행정청은 구체적인 행정계획의 입안·결정에 관하여 광범위한 형성의 재량을 가진다.
② 행정청이 행정계획을 입안·결정할 때 이익형량을 전혀 행하지 아니하였다면, 그 행정계획결정은 재량권을 일탈·남용한 것으로 위법하다.
③ 구 도시계획법 및 지방자치단체의 도시계획조례상 규정된 도시기본계획은 장기적·종합적인 개발계획으로서 행정청에 대한 직접적 구속력을 가지지 않는다.
④ 개발제한구역으로 지정되어 있는 부지에 묘지공원과 화장장 시설들을 설치하기로 하는 도시계획시설결정은 위법하다.

해설

④ 지엽 (×) 개발제한구역은 도시의 무질서한 확산을 방지하고 도시 주변의 자연환경을 보전하여 도시민의 건전한 생활환경을 확보하기 위하여 도시의 개발을 제한할 필요에 의하여 지정되는 것이어서 원칙적으로 개발제한구역에서의 개발행위는 제한되는 것이기는 하지만 위와 같은 개발제한구역의 지정목적에 위배되지 않는다면 허용될 수 있는 것인바, 도시계획시설인 묘지공원과 화장장 시설의 설치가 위와 같은 개발제한구역의 지정목적에 위배된다고 보이지 아니하므로, 시장이 이미 개발제한구역으로 지정되어 있는 부지에 묘지공원과 화장장 시설들을 설치하기로 하는 내용의 도시계획시설결정을 하였다 하더라도 이를 두고 위법하다고 할 수 없다(대판 2007.4.12., 2005두1893).

정답 | ④

517 1 2 3
기출처: 2022 소방직
난이도: ★
키워드: 행정계획

관련기출 옳은지문
- 행정청은 행정청이 수립하는 계획 중 국민의 권리·의무에 직접 영향을 미치는 계획을 수립하거나 변경·폐지할 때에는 관련된 여러 이익을 정당하게 형량하여야 한다. 24국회직9급

518

행정계획에 대한 설명으로 옳지 않은 것은? (다툼이 있는 경우 판례에 의함)

① 국토교통부장관이 법령의 범위 내에서 행한 개발제한구역지정처분은 재량적 성질을 가진다.
② 행정주체가 행정계획을 입안·결정함에 있어서 형량의 부존재, 형량의 누락, 평가의 과오와 형량의 불비례가 있는 경우에는 그 행정계획결정은 위법하게 된다.
③ 행정계획이 위법하더라도 사정판결이 내려지면 행정계획이 취소되지 않을 수 있다.
④ 통상 행정계획변경청구권은 무하자재량행사청구권의 성질을 갖는다.
⑤ 산업단지개발계획상 산업단지 안의 토지소유자로서 산업단지개발계획에 적합한 시설을 설치하여 입주하려는 자가 산업단지개발계획의 변경을 요청하는 경우에 행정계획변경신청권이 인정되지 아니한다.

해설

① (○) 대판 1997.6.24., 96누1313
② 빈출 (○) 대판 2006.9.8., 2003두5426
③ (○) 도시계획결정에 대한 취소소송에서 이미 진행된 기성사실로 사정판결이 있게 되면 비록 처분은 위법하지만 공공복리 등의 이유로 취소되지 않는다.
④ (○) 재량이 부여된 행정처분에 행정청은 재량을 하자 없이 행사하여야 할 의무가 있다는 점에서 상대방 등은 무하자재량행사청구권을 갖는다.
⑤ (×) 산업단지개발계획상 산업단지 안의 토지소유자로서 산업단지개발계획에 적합한 시설을 설치하여 입주하려는 자는 산업단지지정권자 또는 그로부터 권한을 위임받은 기관에 대하여 산업단지개발계획의 변경을 요청할 수 있는 법규상 또는 조리상 신청권이 있다(대판 2017.8.29., 2016두44186).

정답 | ⑤

518 1 2 3
기출처: 2020 국회직 9급
난이도: ★★
키워드: 행정계획

관련기출 옳은지문
- 산업단지개발계획상 산업단지 안의 토지소유자로서 산업단지개발계획에 적합한 시설을 설치하여 입주하려는 자는 산업단지개발계획의 변경을 요청할 수 있는 법규상 또는 조리상 신청권이 있다. 24국회직9급

519
행정계획에 관한 설명으로 옳지 않은 것은? (다툼이 있는 경우 판례에 의함)

① 행정청은 이미 도시계획이 결정·고시된 지역에 대하여도 다른 도시계획을 결정·고시할 수 있고, 이때에 후행 도시계획에 선행 도시계획과 서로 양립할 수 없는 내용이 포함되어 있다면, 특별한 사정이 없는 한 선행 도시계획은 후행 도시계획과 같은 내용으로 적법하게 변경되었다고 할 것이다.

② 구 건설부장관이 구 「주택건설촉진법」에 따라 관계기관의 장과의 협의를 거쳐 사업계획승인을 하였다면 의제되어지는 허가·인가·결정·승인 등이 있는 것으로 볼 것이고, 그 절차와 별도로 의제되는 인허가를 위한 중앙도시계획위원회의 의결이나 주민의 의견청취 등 절차를 거칠 필요는 없다.

③ 행정청은 행정청이 수립하는 계획 중 국민의 권리·의무에 직접 영향을 미치는 계획을 수립하거나 변경·폐지할 때에는 관련된 여러 이익을 정당하게 형량하여야 한다.

④ 도시관리계획결정·고시와 그 도면에 특정 토지가 도시관리계획에 포함되지 않았음이 명백한데도 도시관리계획을 집행하기 위한 후속 계획이나 처분에서 그 토지가 도시관리계획에 포함된 것처럼 표시되어 있는 경우, 표시된 부분의 효력은 취소사유에 해당한다.

해설

④ **지엽** (×) 도시관리계획결정·고시와 그 도면에 특정 토지가 도시관리계획에 포함되지 않았음이 명백한데도 도시관리계획을 집행하기 위한 후속 계획이나 처분에서 그 토지가 도시관리계획에 포함된 것처럼 표시되어 있는 경우가 있다. 이것은 실질적으로 도시관리계획결정을 변경하는 것에 해당하여 구 「국토의 계획 및 이용에 관한 법률」(2009.2.6. 법률 제9442호로 개정되기 전의 것) 제30조 제5항에서 정한 도시관리계획 변경절차를 거치지 않는 한 당연무효이다(대판 2019.7.11., 2018두47783).

정답 | ④

520
행정계획에 대한 설명으로 옳지 않은 것은? (다툼이 있는 경우 판례에 의함)

① 행정주체가 행정계획을 입안·결정함에 있어서 이익형량을 전혀 행하지 아니하거나 이익형량의 고려대상에 마땅히 포함시켜야 할 사항을 누락한 경우 또는 이익형량을 하였으나 정당성·객관성이 결여된 경우에는 그 행정계획결정은 위법한 것으로 보아야 한다.

② 도시기본계획은 도시의 기본적인 공간구조와 장기발전방향을 제시하는 종합계획으로서 그 계획에는 토지이용계획, 환경계획, 공원녹지계획 등 장래의 도시개발의 일반적인 방향이 제시되지만, 그 계획은 도시계획입안의 지침이 되는 것에 불과하여 일반 국민에 대한 직접적인 구속력은 없다.

③ 후행 도시계획의 결정을 하는 행정청이 선행 도시계획의 결정·변경 등에 관한 권한을 가지고 있지 아니한 경우에 선행 도시계획과 양립할 수 없는 내용이 포함된 후행 도시계획결정에 의해 선행 도시계획은 적법하게 철회·변경되어진다.

④ 일정한 행정처분을 구하는 신청을 할 수 있는 정당한 법률상 지위에 있는 자의 국토이용계획변경신청을 거부하는 것이 실질적으로 당해 행정처분 자체를 거부하는 결과가 되는 경우에는 구 「국토이용관리법」상 주민이 국토이용계획의 변경에 대하여 신청을 할 수 있다는 규정이 없더라도 그 신청인에게 국토이용계획변경을 신청할 권리가 인정된다.

해설

③ 빈출 (×) 도시계획의 결정·변경 등에 관한 권한을 가진 행정청은 이미 도시계획이 결정·고시된 지역에 대하여도 다른 내용의 도시계획을 결정·고시할 수 있고, 이 때에 후행 도시계획에 선행 도시계획과 서로 양립할 수 없는 내용이 포함되어 있다면, 특별한 사정이 없는 한 선행 도시계획은 후행 도시계획과 같은 내용으로 변경되는 것이나, 후행 도시계획의 결정을 하는 행정청이 선행 도시계획의 결정·변경 등에 관한 권한을 가지고 있지 아니한 경우에 선행 도시계획과 서로 양립할 수 없는 내용이 포함된 후행 도시계획결정을 하는 것은 아무런 권한 없이 선행 도시계획결정을 폐지하고, 양립할 수 없는 새로운 내용이 포함된 후행 도시계획결정을 하는 것으로서, 선행 도시계획결정의 폐지 부분은 권한 없는 자에 의하여 행해진 것으로서 무효이고, 같은 대상지역에 대하여 선행 도시계획결정이 적법하게 폐지되지 아니한 상태에서 그 위에 다시 한 후행 도시계획결정 역시 위법하고, 그 하자는 중대하고도 명백하여 다른 특별한 사정이 없는 한 무효라고 보아야 한다(대판 2000.9.8., 99두11257).

정답 | ③

521
행정계획에 대한 설명으로 옳은 것은? (다툼이 있는 경우 판례에 의함)

① 「도시 및 주거환경정비법」에 기초하여 주택재건축정비사업조합이 수립한 사업시행계획은 인가·고시를 통해 확정되었다고 해도 구속력이 있는 행정계획이라 할 수 없어 독립된 행정처분에 해당하지 아니한다.
② 행정주체가 구체적인 행정계획을 입안·결정할 때 가지는 형성의 자유의 한계에 관한 법리는 주민의 입안 제안 또는 변경신청을 받아들여 도시관리계획결정을 하거나 도시계획시설을 변경할 것인지를 결정할 때에도 동일하게 적용된다.
③ 장기미집행 도시계획시설결정의 실효제도는 도시계획시설부지로 하여금 도시계획시설결정으로 인한 사회적 제약으로부터 벗어나게 하는 것으로서 결과적으로 개인의 재산권이 보다 보호되는 측면이 있는 것으로 헌법상 재산권으로부터 당연히 도출되는 권리이다.
④ 도시계획의 수립에 있어서 도시계획법 제16조의2 소정의 공청회를 열지 아니하고 「공공용지의 취득 및 손실보상에 관한 특례법」 제8조 소정의 이주대책을 수립하지 아니하였다면 이는 절차상의 위법으로서 무효사유에 해당한다고 할 것이다.

521	① ② ③
기출처	예상문제
난이도	★★
키워드	행정계획

해설

① (×) 사업시행계획은 행정청의 인가에 의해 구속력이 있는 행정계획으로서 행정처분이 된다.

> 재건축정비사업조합이 이러한 행정주체의 지위에서 위 법에 기초하여 수립한 사업시행계획은 인가·고시를 통해 확정되면 이해관계인에 대한 구속적 행정계획으로서 독립된 행정처분에 해당한다(대결 2009.11.2., 2009마596).

② (○) 행정주체가 구체적인 행정계획을 입안·결정할 때 가지는 형성의 자유의 한계에 관한 법리가 주민의 입안 제안 또는 변경신청을 받아들여 도시관리계획결정을 하거나 도시계획시설을 변경할 것인지를 결정할 때에도 동일하게 적용된다(대판 2012.1.12., 2010두5806).
③ 빈출 (×) 장기미집행 도시계획시설결정의 실효제도는 도시계획시설부지로 하여금 도시계획시설결정으로 인한 사회적 제약으로부터 벗어나게 하는 것으로서 결과적으로 개인의 재산권이 보다 보호되는 측면이 있는 것은 사실이나, 이와 같은 보호는 입법자가 새로운 제도를 마련함에 따라 얻게 되는 법률에 기한 권리일 뿐 헌법상 재산권으로부터 당연히 도출되는 권리는 아니다(헌재2005.9.29., 2002헌바84).
④ (×) 도시계획의 수립에 있어서 도시계획법 제16조의2 소정의 공청회를 열지 아니하고 「공공용지의 취득 및 손실보상에 관한 특례법」 제8조 소정의 이주대책을 수립하지 아니하였더라도 이는 절차상의 위법으로서 취소사유에 불과하고 그 하자가 도시계획결정 또는 도시계획사업시행인가를 무효라고 할 수 있을 정도로 중대하고 명백하다고는 할 수 없으므로 이러한 위법을 선행처분인 도시계획결정이나 사업시행인가 단계에서 다투지 아니하였다면 그 쟁송기간이 이미 도과한 후인 수용재결단계에 있어서는 도시계획수립 행위의 위와 같은 위법을 들어 재결처분의 취소를 구할 수는 없다고 할 것이다(대판 1990.1.23., 87누947).

정답 | ②

522

행정계획에 대한 설명으로 옳지 않은 것은? (다툼이 있는 경우 판례에 의함)

① 「도시 및 주거환경정비법」상 토지 등 소유자들이 조합을 따로 설립하지 않고 직접 시행하는 도시환경정비사업에서 토지 등 소유자들이 사업시행인가를 받기 전에 작성한 사업시행계획은 항고소송의 대상이 되는 독립된 행정처분에 해당한다.
② 「행정절차법」에서는 행정계획의 수립·확정에 관한 일반적 규정을 두고 있다.
③ 행정주체는 구체적 행정계획을 입안·결정함에 있어서 그 계획에 관련된 사람들의 이익을 공익과 사익간은 물론이고 공익 상호간과 사익 상호간에도 비교·교량하여야 한다.
④ 행정계획의 폐지·변경으로 손해가 발생한 국민에게는 국가배상청구권이 인정될 수 있다.
⑤ 비구속적 행정계획안이나 행정지침이라도 국민의 기본권에 직접적으로 영향을 끼치면 예외적으로 헌법소원의 대상이 될 수 있다.

해설

① (×) 도시환경정비사업을 직접 시행하려는 토지 등 소유자들은 시장·군수로부터 사업시행인가를 받기 전에는 행정주체로서의 지위를 가지지 못한다. 따라서 그가 작성한 사업시행계획은 인가처분의 요건 중 하나에 불과하고 항고소송의 대상이 되는 독립된 행정처분에 해당하지 아니한다고 할 것이다(대판 2013.6.13., 2011두19994).

② (○) 「행정절차법」에는 행정계획에 대한 일반적 규정을 두고 있다.

> 「행정절차법」제40조의4【행정계획】 행정청은 행정청이 수립하는 계획 중 국민의 권리·의무에 직접 영향을 미치는 계획을 수립하거나 변경·폐지할 때에는 관련된 여러 이익을 정당하게 형량하여야 한다.

③ (○) 행정계획을 결정함에 있어서 각종 이익간의 형량이 필요하다.
④ (○) 행정계획도 「국가배상법」상의 직무에 해당되어 계획의 폐지에 따른 손해가 국가배상요건이 충족되는 경우에 국가배상이 가능하다.
⑤ (○) 헌재 2000.6.1., 99헌마538

정답 | ①

523

행정계획에 대한 설명으로 옳지 않은 것은?

① 후행 도시계획결정을 하는 행정청이 선행 도시계획의 결정·변경 등에 관한 권한을 가지고 있지 아니한 경우 선행 도시계획과 양립할 수 없는 내용이 포함된 후행 도시계획결정은 다른 특별한 사정이 없는 한 무효이다.
② 「도시 및 주거환경정비법」에 따라 인가·고시된 관리처분계획은 구속적 행정계획으로서 처분성이 인정된다.
③ 도시계획시설의 지정으로 말미암아 당해 토지의 이용가능성이 배제되거나 또는 토지소유자가 토지를 종래 허용된 용도대로도 사용할 수 없기 때문에 이로 인하여 현저한 재산적 손실이 발생하는 경우에는, 원칙적으로 국가나 지방자치단체는 이에 대한 보상을 해야 한다.
④ 도시계획시설결정의 장기미집행으로 인해 재산권이 침해된 경우, 도시계획시설결정의 실효를 주장할 수 있고, 이는 헌법상 재산권으로부터 당연히 직접 도출되는 권리이다.

523	
기출처	2024 지방직 9급
난이도	★★
키워드	행정계획

관련기출 옳은지문

- 선행 도시계획의 결정·변경 등의 권한이 없는 행정청이 행한 선행 도시계획과 양립할 수 없는 새로운 내용의 후행 도시계획결정은 무효이다. 16지방직9급

- 「도시재개발법」에 의한 재개발조합의 관리처분계획은 토지 등의 소유자에게 구체적이고 결정적인 영향을 미치는 것으로서 조합이 행한 처분에 해당한다. 19서울시7급

해설

① **빈출** (○) 도시계획의 결정·변경 등에 관한 권한을 가진 행정청은 이미 도시계획이 결정·고시된 지역에 대하여도 다른 내용의 도시계획을 결정·고시할 수 있고, 이 때에 후행 도시계획에 선행 도시계획과 서로 양립할 수 없는 내용이 포함되어 있다면, 특별한 사정이 없는 한 선행 도시계획은 후행 도시계획과 같은 내용으로 변경되는 것이나, 후행 도시계획의 결정을 하는 행정청이 선행 도시계획의 결정·변경 등에 관한 권한을 가지고 있지 아니한 경우에 선행 도시계획과 서로 양립할 수 없는 내용이 포함된 후행 도시계획결정을 하는 것은 아무런 권한 없이 선행 도시계획결정을 폐지하고, 양립할 수 없는 새로운 내용이 포함된 후행 도시계획결정을 하는 것으로서, 선행 도시계획결정의 폐지 부분은 권한 없는 자에 의하여 행해진 것으로서 무효이고, 같은 대상지역에 대하여 선행 도시계획결정이 적법하게 폐지되지 아니한 상태에서 그 위에 다시 한 후행 도시계획결정 역시 위법하고, 그 하자는 중대하고도 명백하여 다른 특별한 사정이 없는 한 무효라고 보아야 한다(대판 2000.9.8., 99두11257).

② **빈출** (○) 「도시 및 주거환경정비법」(이하 '도시정비법'이라고 한다)에 따른 주택재건축정비사업조합(이하 '재건축조합'이라고 한다)이 … 행정주체의 지위에서 「도시정비법」 제48조에 따라 수립하는 관리처분계획은 정비사업의 시행 결과 조성되는 대지 또는 건축물의 권리귀속에 관한 사항과 조합원의 비용 분담에 관한 사항 등을 정함으로써 조합원의 재산상 권리·의무 등에 구체적이고 직접적인 영향을 미치게 되므로, 이는 구속적 행정계획으로서 재건축조합이 행하는 독립된 행정처분에 해당한다(대판 2009.10.29., 2008다97737).

③ (○) 도시계획시설의 지정으로 말미암아 당해 토지의 이용가능성이 배제되거나 또는 토지소유자가 토지를 종래 허용된 용도대로도 사용할 수 없기 때문에 이로 말미암아 현저한 재산적 손실이 발생하는 경우에는, 원칙적으로 사회적 제약의 범위를 넘는 수용적 효과를 인정하여 국가나 지방자치단체는 이에 대한 보상을 해야 한다(헌재 1999.10.21., 97헌바26).

④ **빈출** (×) 장기미집행 도시계획시설결정의 실효제도는 도시계획시설부지로 하여금 도시계획시설결정으로 인한 사회적 제약으로부터 벗어나게 하는 것으로서 결과적으로 개인의 재산권이 보다 보호되는 측면이 있는 것은 사실이나, 이와 같은 보호는 입법자가 새로운 제도를 마련함에 따라 얻게 되는 법률에 기한 권리일 뿐 헌법상 재산권으로부터 당연히 도출되는 권리는 아니다[헌재 2005.9.29., 2002헌바84·89, 2003헌마678·943(병합)].

정답 | ④

524

행정계획에 관한 설명으로 가장 옳지 않은 것은? (다툼이 있는 경우 판례에 의함)

① 행정청의 비구속적 행정계획안이나 행정지침이라도 국민의 기본권에 직접적으로 영향을 주고, 장래에 법령의 뒷받침에 의하여 그대로 실시될 것이 틀림없다면, 이는 공권력 행위로서 헌법소원의 대상이 될 수 있다.

② 「도시 및 주거환경정비법」상 주택재건축정비사업조합의 관리처분계획은 토지 등의 소유자에게 구체적이고 결정적인 영향을 미치는 것으로서 항고소송 대상인 처분에 해당한다.

③ 도시계획구역 내 토지 등을 소유하고 있는 주민으로서는 입안권자에게 도시계획입안을 요구할 수 있는 법규상 또는 조리상의 신청권이 있다고 할 것이고, 이러한 신청에 대한 거부행위는 항고소송의 대상이 되는 행정처분에 해당한다.

④ 2012년도와 2013년도 대학교육역량강화사업 기본계획은 대학교육역량강화 지원사업을 추진하기 위한 국가의 기본방침으로서 대학의 구성원인 청구인들의 법적 지위나 권리·의무에 영향도 미치는 행위로서 헌법소원의 대상이 되는 공권력 행사에 해당한다.

해설

① 빈출 (○) 행정계획 중 비구속적 행정계획도 헌법소원 대상이 되는 경우가 있다. '비구속적'이라는 용어에 현혹되어서는 아니 된다.

> 비구속적 행정계획안이나 행정지침이라도 국민의 기본권에 직접적으로 영향을 끼치고, 앞으로 법령의 뒷받침에 의하여 그대로 실시될 것이 틀림없을 것으로 예상될 수 있을 때에는, 공권력행위로서 예외적으로 헌법소원의 대상이 될 수 있다(헌재 2000.6.1., 99헌마538).

④ (×) 2012년도와 2013년도 대학교육역량강화사업 기본계획은 대학교육역량강화 지원사업을 추진하기 위한 국가의 기본방침을 밝히고 국가가 제시한 일정 요건을 충족하여 높은 점수를 획득한 대학에 대하여 지원금을 배분하는 것을 내용으로 하는 행정계획일 뿐, 위 계획에 따를 의무를 부과하는 것은 아니다. 총장직선제를 개선하지 않을 경우 지원금을 받지 못하게 될 가능성이 있어 대학들이 이 계획에 구속될 여지가 있다 하더라도, 이는 사실상의 구속에 불과하고 이에 따를지 여부는 전적으로 대학의 자율에 맡겨져 있다. 더구나 총장직선제를 개선하려면 학칙이 변경되어야 하므로, 계획 자체만으로는 대학의 구성원인 청구인들의 법적 지위나 권리·의무에 어떠한 영향도 미친다고 보기 어렵다. 따라서 2012년도와 2013년도 계획 부분은 헌법소원의 대상이 되는 공권력 행사에 해당하지 아니한다(헌재 2016.10.27., 2013헌마576).

정답 | ④

525

행정계획에 관한 설명으로 옳지 않은 것은? (다툼이 있는 경우 판례에 의함)

① 국립대학인 서울대학교의 '1994학년도 대학입학고사 주요요강'은 행정계획으로서 사실상의 준비행위 내지 사전안내로서 행정쟁송의 대상인 행정처분이나 공권력의 행사는 될 수 없어 헌법소원의 대상이 되는 공권력행사에 해당되지 않는다.

② 국가가 국토이용계획과 관련한 기관위임사무의 처리에 관하여 지방자치단체의 장을 상대로 취소소송을 제기할 수 없다.

③ 개발제한구역지정처분은 도시정책상의 전문적·기술적 판단에 기초하여 행하는 일종의 행정계획으로서 그 입안·결정에 관하여 광범위한 형성의 자유를 가지는 계획재량처분이다.

④ 구 국토해양부(현 국토교통부) 등의 '4대강 살리기 마스터플랜'은 행정기관 내부에서 사업의 기본방향을 제시하는 계획일 뿐 국민의 권리·의무에 직접 영향을 미치는 것이 아니어서, 행정처분에 해당하지 않는다.

해설

① (×) 국립대학인 서울대학교의 '1994학년도 대학입학고사 주요요강'은 사실상의 준비행위 내지 사전안내로서 행정쟁송의 대상이 될 수 있는 행정처분이나 공권력의 행사는 될 수 없지만 그 내용이 국민의 기본권에 직접 영향을 끼치는 내용이고 앞으로 법령의 뒷받침에 의하여 그대로 실시될 것이 틀림없을 것으로, 이는 헌법소원의 대상이 되는 「헌법재판소법」 제68조 제1항 소정의 공권력의 행사에 해당된다고 할 것이며, 이 경우 헌법소원 외에 달리 구제방법이 없다(헌재 1992.10.1., 92헌마68·76).
② (○) 국가가 국토이용계획과 관련한 지방자치단체의 장의 기관위임사무의 처리에 관하여 지방자치단체의 장을 상대로 취소소송을 제기하는 것은 허용되지 않는다(대판 2007.9.20., 2005두6935).
③ (○) 개발제한구역지정처분은 건설부장관(현 국토교통부장관)이 법령의 범위 내에서 도시의 무질서한 확산 방지 등을 목적으로 도시정책상의 전문적·기술적 판단에 기초하여 행하는 일종의 행정계획으로서 그 입안·결정에 관하여 광범위한 형성의 자유를 가지는 계획재량처분이다(대판 1997.6.24., 96누1313).
④ (○) 국토해양부(현 국토교통부장관), 환경부, 문화체육관광부, 농림수산식품부(현 농림축산식품부)가 합동으로 2009.6.8. 발표한 '4대강 살리기 마스터플랜' 등은 행정기관 내부에서 사업의 기본방향을 제시하는 계획일 뿐 국민의 권리·의무에 직접 영향을 미치는 것이 아니어서, 행정처분에 해당하지 않는다(대결 2011.4.21., 2010무111).

정답 | ①

526
행정계획과 관련된 내용으로 옳지 않은 것은? (다툼이 있는 경우 판례에 의함)

① 주로 장기적 성질을 갖는 행정계획은 예측하지 못한 변수에 의해 새로운 사정이 발생하면 원칙적으로 이해관계 있는 주민에게 그 계획의 변경을 청구할 수 있는 권리를 인정한다.
② 구 「농어촌도로정비법」에 의한 농어촌도로기본계획은 군수가 시도·군도 이상의 도로를 기간으로 관할구역 안의 도로에 대한 장기개발방향의 지침을 정하기 위하여 구 내무부장관의 승인을 받아 고시하는 계획으로서 이는 항고소송의 대상이 되는 행정처분에 해당한다고 할 수 없다.
③ 문화재보호구역(현 역사문화환경 보존지역) 내 토지소유자의 문화재보호구역(현 역사문화환경 보존지역) 지정해제 신청에 대한 행정청의 거부행위는 항고소송의 대상이 되는 행정처분에 해당한다.
④ 도시계획사업의 시행으로 인한 토지수용에 의하여 이미 토지에 대한 소유권을 상실한 청구인은 도시계획결정과 토지의 수용이 법률에 위반되어 당연무효라고 볼만한 특별한 사정이 보이지 않는 이상 도시계획결정의 취소를 청구할 법률상의 이익이 없다.

526	
기출처	예상문제
난이도	★★
키워드	행정계획

관련기출 옳은지문
- 구 「국토이용관리법」상의 국토이용계획은 그 계획이 일단 확정된 후에 어떤 사정의 변동이 있다고 하여 지역주민이나 일반 이해관계인에게 일일이 그 계획의 변경을 신청할 권리를 인정하여 줄 수 없다. 20지방직9급
- 문화재보호구역 내에 토지를 소유하고 있는 자가 문화재보호구역의 지정해제를 요구하였으나 거부된 경우, 그 거부행위는 행정처분에 해당한다. 18지방직7급

해설

① (×) 국민의 신청에 대한 행정청의 거부가 행정처분이 되기 위하여는 국민이 그 신청에 따른 행정행위를 요구할 수 있는 법규상 또는 조리상의 권리가 있어야 할 것인 바, 도시계획법상 주민이 도시계획 및 그 변경에 대하여 어떤 신청을 할 수 있다는 규정이 없을 뿐만 아니라 도시계획과 같이 장기성·종합성이 요구되는 행정계획에 있어서는 그 계획이 일단 확정된 후에 어떤 사정의 변경이 있다 하여 지역주민에게 일일이 그 계획의 변경을 청구할 권리를 인정해 줄 수도 없는 이치이므로 도시계획시설인 공원조성계획 취소신청을 거부한 행위는 항고소송의 대상이 되는 행정처분이라고 볼 수 없다(대판 1989.10.24., 89누725).

정답 | ①

527	
기출처	2021 국가직 9급
난이도	★★
키워드	행정계획

527

행정계획에 대한 설명으로 옳지 않은 것은? (다툼이 있는 경우 판례에 의함)

① 구 「도시계획법」상 도시기본계획은 도시의 기본적인 공간구조와 장기발전방향을 제시하는 종합계획으로서 도시계획입안의 지침이 되므로 일반 국민에 대한 직접적인 구속력은 없다.

② 장래 일정한 기간 내에 관계 법령이 규정하는 시설 등을 갖추어 일정한 행정처분을 구하는 신청을 할 수 있는 법률상 지위에 있는 자의 국토이용계획변경신청을 거부하는 것이 실질적으로 당해 행정처분 자체를 거부하는 결과가 되는 경우라도, 구 「국토이용관리법」상 주민이 국토이용계획의 변경에 대하여 신청을 할 수 있다는 규정이 없으므로 그 신청인에게 국토이용계획변경을 신청할 권리가 인정된다고 볼 수 없다.

③ 구속력 없는 행정계획안이나 행정지침이라도 국민의 기본권에 직접적으로 영향을 끼치고 법령의 뒷받침에 의하여 그대로 실시될 것이 틀림없을 것으로 예상되는 때에는 예외적으로 헌법소원의 대상이 된다.

④ 도시계획의 결정·변경 등에 대한 권한 행정청은 이미 도시계획이 결정·고시된 지역에 대하여도 다른 내용의 도시계획을 결정·고시할 수 있고, 이 때에 후행 도시계획에 선행 도시계획과 양립할 수 없는 내용이 포함되어 있다면 특별한 사정이 없는 한 선행 도시계획은 후행 도시계획과 같은 내용으로 변경된다.

해설

① (○) 대판 2002.10.11., 2000두8226
② **빈출** (×) 장래 일정한 기간 내에 관계 법령이 규정하는 시설 등을 갖추어 일정한 행정처분을 구하는 신청을 할 수 있는 법률상 지위에 있는 자의 국토이용계획변경신청을 거부하는 것이 실질적으로 당해 행정처분 자체를 거부하는 결과가 되는 경우에는 예외적으로 그 신청인에게 국토이용계획변경을 신청할 권리가 인정된다고 봄이 상당하므로, 이러한 신청에 대한 거부행위는 항고소송의 대상이 되는 행정처분에 해당한다(대판 2003.9.23., 2001두10936).
③ (○) 헌재 2000.6.1., 99헌마538
④ (○) 대판 2000.9.8., 99두11257

정답 | ②

관련기출 옳은지문

- 구 「도시계획법」상 도시기본계획은 도시계획입안의 지침이 되는 것으로서 일반 국민에 대한 직접적 구속력이 없다. 16지방직9급

- 일정한 기간 내에 요건을 갖추어 일정한 행정처분을 신청할 수 있는 법률상 지위에 있는 자에 대해 국토이용계획변경신청을 거부하는 것이 실질적으로 당해 행정처분 자체를 거부하는 결과가 되는 경우에는 그 신청인은 계획변경을 신청할 권리가 있다. 19서울시7급

- 비구속적 행정계획안이나 행정지침이라도 국민의 기본권에 직접적으로 영향을 끼치고, 앞으로 법령의 뒷받침에 의하여 그대로 실시될 것이 틀림없을 것으로 예상될 수 있을 때에는, 공권력행위로서 예외적으로 헌법소원의 대상이 될 수 있다. 23국회직9급

528

행정계획에 대한 설명으로 옳지 않은 것은? (다툼이 있는 경우 판례에 의함)

① 산업단지개발계획상 산업단지 안의 토지소유자로서 산업단지개발계획에 적합한 시설을 설치하여 입주하려는 자에게 산업단지지정권자 또는 그로부터 권한을 위임받은 기관에 대하여 산업단지개발계획의 변경을 요청할 수 있는 법규상 또는 조리상 신청권이 있다.
② 도시계획시설결정과 토지의 수용이 위법하더라도 당연무효가 아닌 경우에, 일단 도시계획시설사업의 시행에 착수한 뒤에는 이해관계인에게는 그 도시계획결정 자체의 취소를 청구할 법률상 이익이 없다.
③ 「택지개발촉진법」상 택지개발사업 시행자의 택지공급방법결정행위는 택지를 분양받으려는 자의 권리나 의무에 구체적인 변동을 일으키는 항고소송의 대상이 되는 행정처분이다.
④ 도시계획안의 공고 및 공람절차에 하자가 있는 도시계획결정은 위법하다.

---

528 ① ② ③
기출처 | 예상문제
난이도 | ★★
키워드 | 행정계획

관련기출 옳은지문
- 구 「도시계획법」상 도시계획안의 공고 및 공람절차에 하자가 있는 행정청의 도시계획결정은 위법하다.
  21군무원7급

해설

① **빈출** (○) 산업단지개발계획상 산업단지 안의 토지소유자로서 산업단지개발계획에 적합한 시설을 설치하여 입주하려는 자는 산업단지지정권자 또는 그로부터 권한을 위임받은 기관에 대하여 산업단지개발계획의 변경을 요청할 수 있는 법규상 또는 조리상 신청권이 있고, 이러한 신청에 대한 거부행위는 항고소송의 대상이 되는 행정처분에 해당한다고 보아야 한다(대판 2017.8.29., 2016두44186).

② (○) 도시계획사업의 시행으로 인한 토지수용에 의하여 이미 이 사건 토지에 대한 소유권을 상실한 청구인은 도시계획결정과 토지의 수용이 법률에 위반되어 당연무효라고 볼만한 특별한 사정이 보이지 않는 이상 이 사건 토지에 대한 도시계획결정의 취소를 청구할 법률상의 이익을 흠결하여 당해 소송은 적법한 것이 될 수 없고 나아가 우리 재판소의 위헌결정에 의하여, 사업이 시행되지 아니한 토지의 소유자에게 취소청구권이나 해제청구권을 부여하는 새로운 입법이 이루어진다고 하더라도, 이미 도시계획시설사업이 시행되어 토지수용까지 이루어진 경우에는 이러한 규정들이 적용될 수 없는 것이므로 심판대상조항들의 위헌 여부는 재판의 전제가 되지 않는다(헌재2002.5.30., 2000헌바58).

③ (×) 「택지개발촉진법」 제18조, 제20조의 규정에 따라 택지개발사업 시행자가 건설부장관(현 국토교통부장관)으로부터 승인을 받아 택지의 공급방법을 결정하였더라도 그 공급방법의 결정은 내부적인 행정계획에 불과하여 그것만으로 택지공급희망자의 권리나 법률상 이익에 개별적이고 구체적인 영향을 미치는 것은 아니므로, 택지개발사업 시행자가 그 공급방법을 결정하여 통보한 것은 분양계약을 위한 사전 준비절차로서의 사실행위에 불과하고 항고소송의 대상이 되는 행정처분으로 볼 수 없다(대판 1993.7.13., 93누36).

④ (○) 도시계획법 제16조의2 제2항과 같은 법 시행령 제14조의2 제6항 내지 제8항의 규정을 종합하여 보면 도시계획의 입안에 있어 해당 도시계획안의 내용을 공고 및 공람하게 한 것은 다수 이해관계자의 이익을 합리적으로 조정하여 국민의 권리자유에 대한 부당한 침해를 방지하고 행정의 민주화와 신뢰를 확보하기 위하여 국민의 의사를 그 과정에 반영시키는 데 있는 것이므로 이러한 공고 및 공람절차에 하자가 있는 도시계획결정은 위법하다(대판 2000.3.23., 98두2768).

정답 | ③

529

행정계획에 대한 설명으로 옳지 않은 것은? (다툼이 있는 경우 판례에 의함)

① 행정주체가 구체적인 행정계획을 입안·결정할 때 가지는 형성의 자유의 한계에 관한 법리는 주민의 입안 제안 또는 변경신청을 받아들여 도시관리계획결정을 하거나 도시계획시설을 변경할 것인지를 결정할 때에도 동일하게 적용된다.
② 「도시 및 주거환경정비법」에 기초하여 주택재건축정비사업조합이 수립한 사업시행계획은 인가·고시를 통해 확정되어도 이해관계인에 대한 직접적인 구속력이 없는 행정계획으로서 독립된 행정처분에 해당하지 아니한다.
③ 장래 일정한 기간 내에 관계 법령이 규정하는 시설 등을 갖추어 일정한 행정처분을 구하는 신청을 할 수 있는 법률상 지위에 있는 자의 국토이용계획변경신청을 거부하는 것이 실질적으로 당해 행정처분 자체를 거부하는 결과가 되는 경우에는 예외적으로 그 신청인에게 국토이용계획변경을 신청할 권리가 인정된다.
④ 장기미집행 도시계획시설결정의 실효제도에 의해 개인의 재산권이 보호되는 것은 입법자가 새로운 제도를 마련함에 따라 얻게 되는 법률에 기한 권리일 뿐 헌법상 재산권으로부터 당연히 도출되는 권리는 아니다.

해설

① (○) 대판 2012.1.12., 2010두5806
② (×) 사업시행계획은 행정청의 인가에 의해 구속력이 있는 행정계획으로서 행정처분에 해당된다.

> 재건축정비사업조합이 이러한 행정주체의 지위에서 위 법에 기초하여 수립한 사업시행계획은 인가·고시를 통해 확정되면 이해관계인에 대한 구속적 행정계획으로서 독립된 행정처분에 해당한다(대결 2009.11.2., 2009마596).

③ (○) 대판 2003.9.23., 2001두10936
④ (○) 헌재 2005.9.29., 2002헌바84

정답 | ②

530

행정계획에 관한 설명으로 옳지 않은 것은? (다툼이 있는 경우 판례에 의함)

① 구 도시계획법령에 따르면 도시계획의 입안에 있어 해당 도시계획안의 내용을 공고 및 공람하여야 하는데, 이러한 공고 및 공람 절차에 하자가 있으면 도시계획결정은 위법하다.
② 국토해양부(현 국토교통부), 환경부, 문화체육관광부, 농림수산식품부(현 농림축산식품부)가 합동으로 2009.6.8. 발표한 '4대강 살리기 마스터플랜'은 행정기관 내부에서 사업의 기본방향을 제시하는 것일 뿐, 국민의 권리·의무에 직접 영향을 미치는 것은 아니라고 할 것이어서 행정처분에 해당하지 아니한다.
③ 재건축정비사업조합의 사업시행계획은 행정주체의 지위에서 수립한 구속적 행정계획으로서 인가·고시를 통해 확정되면 독립된 행정처분에 해당한다.
④ 구 「환경정책기본법」 제25조의2에 따라 사전환경성검토를 거쳐야 하는 행정계획이나 개발사업에 대하여 사전환경성검토를 거친 경우, 그 부실의 정도가 사전환경성검토 제도를 둔 입법 취지를 달성할 수 없을 정도가 아니더라도 그 부실로 인하여 행정계획은 위법하게 된다.

해설

① (○) 도시계획결정은 행정처분이고 공고 등의 절차를 준수하지 않았다면 위법하다.
② (○) 대판 2015.12.10., 2011두32515
③ (○) 대결 2009.11.2., 2009마596
④ (×) 사전환경성검토의 내용이 다소 부실하다 하더라도 그 부실의 정도가 사전환경성검토 제도를 둔 입법 취지를 달성할 수 없을 정도이어서 사전환경성검토를 하지 아니한 것과 다를 바 없는 정도의 것이 아닌 이상, 그 부실은 당해 처분에 재량권 일탈·남용의 위법이 있는지 여부를 판단하는 하나의 요소로 됨에 그칠 뿐, 그 부실로 인하여 당연히 당해 처분이 위법하게 되는 것은 아니라고 할 것이다(대판 2014.7.24., 2012두4616).

정답 | ④

> **관련기출 옳은지문**
> • 도시계획의 입안에 있어 해당 도시계획안의 내용을 공고 및 공람하게 한 것은 다수 이해관계자의 이익을 합리적으로 조정하여 국민의 권리자유에 대한 부당한 침해를 방지하고 행정의 민주화와 신뢰를 확보하기 위하여 국민의 의사를 그 과정에 반영시키는 데 있는 것이므로 이러한 공고 및 공람 절차에 하자가 있는 도시계획결정은 위법하다.
> 24국회직9급

531

다음 중 행정계획에 관한 판례의 내용으로 가장 적절하지 않은 것은?

① 어떠한 경우라도 토지의 사적 이용권이 배제된 상태에서 토지소유자로 하여금 10년 이상을 아무런 보상 없이 수인하도록 하는 것은 공익 실현의 관점에서도 정당화될 수 없는 과도한 제한으로서 헌법상의 재산권보장에 위배된다고 보아야 한다.
② 비구속적 행정계획안이나 행정지침이라도 국민의 기본권에 직접적으로 영향을 끼치고, 앞으로 법령의 뒷받침에 의하여 그대로 실시될 것이 틀림없을 것으로 예상될 수 있을 때에는, 공권력행위로서 예외적으로 헌법소원의 대상이 될 수 있다.
③ 장기미집행 도시계획시설결정의 실효제도는 도시계획시설부지로 하여금 도시계획시설결정으로 인한 사회적 제약으로부터 벗어나게 하는 것으로서 이와 같은 보호제도는 헌법상 재산권으로부터 당연히 도출되는 권리이다.
④ 도시계획시설의 지정으로 말미암아 당해 토지의 이용가능성이 배제되거나 또는 토지소유자가 토지를 종래 허용된 용도대로도 사용할 수 없기 때문에 이로 말미암아 현저한 재산적 손실이 발생하는 경우에는, 원칙적으로 사회적 제약의 범위를 넘는 수용적 효과를 인정하여 국가나 지방자치단체는 이에 대한 보상을 해야 한다.

기출처 2024 군무원 7급
난이도 ★★
키워드 행정계획

해설

① 지엽 (○) 헌재 1999.10.21., 97헌바26
② (○) 헌재 2000.6.1., 99헌마538·543·544·545·546·549
③ 빈출 (×) 장기미집행 도시계획시설결정의 실효제도는 도시계획시설부지로 하여금 도시계획시설결정으로 인한 사회적 제약으로부터 벗어나게 하는 것으로서 결과적으로 개인의 재산권이 보다 보호되는 측면이 있는 것은 사실이나, 이와 같은 보호는 입법자가 새로운 제도를 마련함에 따라 얻게 되는 법률에 기한 권리일 뿐 헌법상 재산권으로부터 당연히 도출되는 권리는 아니다(대판 2005.9.29., 2002헌바84·89, 2003헌마678·943).
④ (○) 헌재 1999.10.21., 97헌바26

정답 | ③

CHAPTER 06 행정기본법과 행정절차법

01 행정기본법

에듀윌 기본서 | 492p

532	① ② ③
기출처	2022 국회직 8급
난이도	★★
키워드	행정기본법

532 필수

「행정기본법」상 행정에 관한 기간의 계산과 법령 등 시행일의 기간 계산에 대한 설명으로 옳지 않은 것은? (다툼이 있는 경우 판례에 의함)

① 행정에 관한 기간의 계산에 관하여는 「행정기본법」 또는 다른 법령 등에 특별한 규정이 있는 경우를 제외하고는 「민법」을 준용한다.
② 처분에서 의무를 부과하는 경우, 의무가 지속되는 기간의 계산은 기간을 일, 주, 월 또는 연으로 정한 경우에는 기간의 첫날을 산입하는 것이 원칙이나 국민에게 불리한 경우에는 이를 적용하지 아니한다.
③ 법령 등에서 국민의 권익을 제한하는 경우, 권익이 제한되는 기간의 계산에 있어 기간의 말일이 토요일 또는 공휴일인 경우에는 기간은 그 익일로 만료한다.
④ 법령 등을 공포한 날부터 시행하는 경우에는 공포한 날을 시행일로 한다.
⑤ 법령 등을 공포한 날부터 일정 기간이 경과한 날부터 시행하는 경우 법령 등을 공포한 날을 첫날에 산입하지 아니한다.

해설

①②④⑤ 빈출 (○) 「행정기본법」 제6조, 제7조

> 「행정기본법」 제6조 【행정에 관한 기간의 계산】 ① 행정에 관한 기간의 계산에 관하여는 이 법 또는 다른 법령 등에 특별한 규정이 있는 경우를 제외하고는 「민법」을 준용한다.
> ② 법령 등 또는 처분에서 국민의 권익을 제한하거나 의무를 부과하는 경우 권익이 제한되거나 의무가 지속되는 기간의 계산은 다음 각 호의 기준에 따른다. 다만, 다음 각 호의 기준에 따르는 것이 국민에게 불리한 경우에는 그러하지 아니하다.
> 1. 기간을 일, 주, 월 또는 연으로 정한 경우에는 기간의 첫날을 산입한다.
> 2. 기간의 말일이 토요일 또는 공휴일인 경우에도 기간은 그 날로 만료한다.
>
> 제7조 【법령 등 시행일의 기간 계산】 법령 등(훈령·예규·고시·지침 등을 포함한다. 이하 이 조에서 같다)의 시행일을 정하거나 계산할 때에는 다음 각 호의 기준에 따른다.
> 1. 법령 등을 공포한 날(훈령·예규·고시·지침 등은 고시·공고 등의 방법으로 발령한 날을 말한다. 이하 이 조에서 같다)부터 시행하는 경우에는 공포한 날을 시행일로 한다.
> 2. 법령 등을 공포한 날부터 일정 기간이 경과한 날부터 시행하는 경우 법령 등을 공포한 날을 첫날에 산입하지 아니한다.
> 3. 법령 등을 공포한 날부터 일정 기간이 경과한 날부터 시행하는 경우 그 기간의 말일이 토요일 또는 공휴일인 때에는 그 말일로 기간이 만료한다.

③ (×) 기간의 말일이 토요일 또는 공휴일인 경우에 그날로 만료한다.

정답 | ③

533 필수
다음의 「행정기본법」의 내용으로 옳은 것은?

ㄱ. 새로운 법령 등은 법령 등에 특별한 규정이 있는 경우를 제외하고는 그 법령 등의 효력발생 전에 완성되거나 종결된 사실관계 또는 법률관계에 대해서는 적용되지 아니한다.
ㄴ. 처분은 권한이 있는 기관이 취소 또는 철회하거나 기간의 경과 등으로 소멸되기 전까지는 유효한 것으로 통용된다. 다만, 무효인 처분은 처음부터 그 효력이 발생하지 아니한다.
ㄷ. 법령 등을 위반한 행위의 성립과 이에 대한 제재처분은 법령 등에 특별한 규정이 있는 경우를 제외하고는 원칙적으로 법령 등을 위반한 행위의 처분 당시의 법령 등에 따른다.
ㄹ. 행정청은 법률로 정하는 바에 따라 재량인 처분에 대해서 완전히 자동화된 시스템(인공지능 기술을 적용한 시스템을 포함한다)으로 처분을 할 수 있다.

① ㄴ, ㄷ
② ㄴ, ㄹ
③ ㄷ, ㄹ
④ ㄱ, ㄴ

533	
기출처	예상문제
난이도	★★
키워드	행정기본법

관련기출 옳은지문
- 법령 등을 위반한 행위의 성립과 이에 대한 제재처분은 법령 등에 특별한 규정이 있는 경우를 제외하고는 법령 등을 위반한 행위 당시의 법령 등에 따른다. 24군무원7급

해설

ㄱ. (○) 「행정기본법」 제14조
ㄴ. (○) 공정력에 대한 내용으로 「행정기본법」 제15조의 규정이다.
ㄷ. (×) 법령 등을 위반한 행위의 성립과 이에 대한 제재처분은 법령 등에 특별한 규정이 있는 경우를 제외하고는 원칙적으로 법령 등을 위반한 행위의 처분 당시가 아닌 행위시 법령을 따른다.
ㄹ. (×) 재량인 처분은 자동화된 시스템을 통해서 처분할 수 없다.

「행정기본법」 제20조 【자동적 처분】 행정청은 법률로 정하는 바에 따라 완전히 자동화된 시스템(인공지능 기술을 적용한 시스템을 포함한다)으로 처분을 할 수 있다. 다만, 처분에 재량이 있는 경우는 그러하지 아니하다.

정답 | ④

534

「행정기본법」에 대한 설명으로 옳지 않은 것은?

① 행정작용은 법률에 위반되어서는 아니 되며, 국민의 권리를 제한하거나 의무를 부과하는 경우와 그 밖에 국민생활에 중요한 영향을 미치는 경우에는 법률에 근거하여야 한다.
② 행정청은 권한 행사의 기회가 있음에도 불구하고 장기간 권한을 행사하지 아니하여 국민이 그 권한이 행사되지 아니할 것으로 믿을 만한 정당한 사유가 있는 경우에는 그 권한을 행사해서는 아니 된다. 다만, 공익 또는 제3자의 이익을 현저히 해칠 우려가 있는 경우는 예외로 한다.
③ 즉시강제는 다른 수단으로는 행정목적을 달성할 수 없는 경우에만 허용되며, 이 경우에도 최소한으로만 실시하여야 한다.
④ 행정청은 법률로 정하는 바에 따라 처분에 재량이 있는 경우에도 완전히 자동화된 시스템으로 처분을 할 수 있다.

해설

④ (×) 행정청은 법률로 정하는 바에 따라 완전히 자동화된 시스템(인공지능 기술을 적용한 시스템을 포함한다)으로 처분을 할 수 있다. 다만, 처분에 재량이 있는 경우는 그러하지 아니하다(「행정기본법」 제20조).

정답 | ④

535

「행정기본법」에 대한 설명으로 옳은 것을 모두 고르면?

ㄱ. 행정청은 권한 행사의 기회가 있음에도 불구하고 장기간 권한을 행사하지 아니하여 국민이 그 권한이 행사되지 아니할 것으로 믿을 만한 정당한 사유가 있는 경우에는 공익 여부와 무관하게 그 권한을 행사해서는 아니 된다.

ㄴ. 새로운 법령 등은 법령 등에 특별한 규정이 있는 경우를 제외하고는 그 법령 등의 효력발생 전에 완성되거나 종결된 사실관계 또는 법률관계에 대해서는 적용되지 아니한다.

ㄷ. 자격이나 신분 등을 취득 또는 부여할 수 없거나 인가, 허가, 지정, 승인, 영업등록, 신고 수리 등을 필요로 하는 영업 또는 사업 등을 할 수 없는 사유의 결격사유는 법률 또는 명령으로 정한다.

ㄹ. 당사자의 동의가 있는 경우에는 행정청은 부관을 붙일 수 있는 처분인 경우 그 처분을 한 후에도 부관을 새로 붙이거나 종전의 부관을 변경할 수 있다.

① ㄱ, ㄴ
② ㄴ, ㄹ
③ ㄱ, ㄷ
④ ㄷ, ㄹ

해설

ㄱ. (×) 행정청은 권한 행사의 기회가 있음에도 불구하고 장기간 권한을 행사하지 아니하여 국민이 그 권한이 행사되지 아니할 것으로 믿을 만한 정당한 사유가 있는 경우에는 그 권한을 행사해서는 아니 된다. 다만, 공익 또는 제3자의 이익을 현저히 해칠 우려가 있는 경우는 예외로 한다(「행정기본법」 제12조 제2항).

ㄴ. (○) 동법 제14조 제1항

ㄷ. (×) 결격사유는 법률유보가 적용되는 경우이다. 따라서 법률로 정하여야 하며 명령으로 정하는 규정은 없다.

> 「행정기본법」 제16조 【결격사유】 ① 자격이나 신분 등을 취득 또는 부여할 수 없거나 인가, 허가, 지정, 승인, 영업등록, 신고 수리 등(이하 '인허가'라 한다)을 필요로 하는 영업 또는 사업 등을 할 수 없는 사유(이하 이 조에서 '결격사유'라 한다)는 법률로 정한다.

ㄹ. (○) 사후부관에 관한 「행정기본법」 규정이다.

> 「행정기본법」 제17조 【부관】 ③ 행정청은 부관을 붙일 수 있는 처분이 다음 각 호의 어느 하나에 해당하는 경우에는 그 처분을 한 후에도 부관을 새로 붙이거나 종전의 부관을 변경할 수 있다.
> 1. 법률에 근거가 있는 경우
> 2. 당사자의 동의가 있는 경우
> 3. 사정이 변경되어 부관을 새로 붙이거나 종전의 부관을 변경하지 아니하면 해당 처분의 목적을 달성할 수 없다고 인정되는 경우

정답 | ②

536	
기출처	2021 군무원 9급
난이도	★
키워드	행정기본법

관련기출 옳은지문
• 행정청은 처분에 재량이 있는 경우에는 조건을 붙일 수 있는데, 그러한 조건은 해당 처분과 실질적인 관련성이 있어야 한다. 24군무원7급

536 〈필수〉
「행정기본법」에 대한 설명으로 옳은 것만을 모두 고른 것은?

> ㄱ. 행정은 공공의 이익을 위하여 적극적으로 추진되어야 한다.
> ㄴ. 행정작용은 법률에 위반되어서는 아니 되며, 국민의 권리를 제한하거나 의무를 부과하는 경우와 그 밖에 국민생활에 중요한 영향을 미치는 경우에는 법률에 근거하여야 한다.
> ㄷ. 행정청은 합리적 이유 없이 국민을 차별하여서는 아니 된다.
> ㄹ. 행정청은 행정작용을 할 때 상대방에게 해당 행정작용과 실질적인 관련이 없는 의무를 부과해서는 아니 된다.
> ㅁ. 행정청은 처분에 재량이 있는 경우에는 부관(조건, 기한, 부담, 철회권의 유보 등을 말한다)을 붙일 수 있다.

① ㄱ, ㄴ, ㄷ
② ㄱ, ㄴ, ㄷ, ㄹ
③ ㄱ, ㄴ, ㄷ, ㄹ, ㅁ
④ ㄴ, ㄷ, ㄹ, ㅁ

해설

ㄱ. (O) 「행정기본법」 제4조 제1항

> 「행정기본법」 제4조 【행정의 적극적 추진】 ① 행정은 공공의 이익을 위하여 적극적으로 추진되어야 한다.

ㄴ. (O) 동법 제8조

> 「행정기본법」 제8조 【법치행정의 원리】 행정작용은 법률에 위반되어서는 아니 되며, 국민의 권리를 제한하거나 의무를 부과하는 경우와 그 밖에 국민생활에 중요한 영향을 미치는 경우에는 법률에 근거하여야 한다.

ㄷ. (O) 동법 제9조

> 「행정기본법」 제9조 【평등의 원칙】 행정청은 합리적 이유 없이 국민을 차별하여서는 아니 된다.

ㄹ. (O) 동법 제13조

> 「행정기본법」 제13조 【부당결부금지의 원칙】 행정청은 행정작용을 할 때 상대방에게 해당 행정작용과 실질적인 관련이 없는 의무를 부과해서는 아니 된다.

ㅁ. **빈출** (O) 동법 제17조 제1항

> 「행정기본법」 제17조 【부관】 ① 행정청은 처분에 재량이 있는 경우에는 부관(조건, 기한, 부담, 철회권의 유보 등을 말한다. 이하 이 조에서 같다)을 붙일 수 있다.

정답 | ③

537 〈필수〉

「행정기본법」의 내용에 대한 설명으로 가장 옳지 <u>않은</u> 것은?

① 법령 등의 변경이나 사정변경으로 처분을 더 이상 존속시킬 필요가 없게 된 경우에는 행정청은 적법한 처분이라도 그 처분의 전부 또는 일부를 장래를 향하여 철회할 수 있다.
② 제재처분의 근거가 되는 법률에는 제재처분의 주체, 사유, 유형 및 하한을 명확하게 규정하여야 한다.
③ 법률에서 인허가의 의제에 관한 규정을 두고 있는 경우 주된 인허가 행정청은 주된 인허가를 하기 전에 관련 인허가에 관하여 미리 관련 인허가 행정청과 협의하여야 한다.
④ 행정청은 법령 등을 위반하지 아니하는 범위에서 행정목적을 달성하기 위하여 필요한 경우에는 공법상 법률관계에 관한 계약을 체결할 수 있다. 이 경우 계약의 목적 및 내용을 명확하게 적은 계약서를 작성하여야 한다.

537	① ② ③
기출처	예상문제
난이도	★★
키워드	행정기본법

관련기출 옳은지문
- 제재처분의 근거가 되는 법률에는 제재처분의 주체, 사유, 유형 및 상한을 명확하게 규정하여야 한다.
  24군무원7급

해설

① (○) 「행정기본법」 제19조 제1항
② (×) 하한이 아니라 상한을 규정하여야 한다.

> 「행정기본법」 제22조【제재처분의 기준】① 제재처분의 근거가 되는 법률에는 제재처분의 주체, 사유, 유형 및 상한을 명확하게 규정하여야 한다. 이 경우 제재처분의 유형 및 상한을 정할 때에는 해당 위반행위의 특수성 및 유사한 위반행위와의 형평성 등을 종합적으로 고려하여야 한다.

③ (○) 동법 제24조 제3항
④ (○) 동법 제27조 제1항

정답 | ②

538

「행정기본법」상 기간의 계산에 대한 설명으로 옳지 않은 것은?

① 행정에 관한 기간의 계산에 관하여는 「행정기본법」 또는 다른 법령 등에 특별한 규정이 있는 경우를 제외하고는 「민법」을 준용한다.
② 법령 등을 공포한 날부터 일정 기간이 경과한 날부터 시행하는 경우 그 기간의 말일이 토요일 또는 공휴일인 때에는 그 말일로 기간이 만료한다.
③ 법령 등을 공포한 날부터 일정 기간이 경과한 날부터 시행하는 경우 법령 등을 공포한 날을 첫날에 산입한다.
④ 법령 등 또는 처분에서 국민의 권익을 제한하거나 의무를 부과하는 경우 권익이 제한되거나 의무가 지속되는 기간을 계산할 때에 기간을 일, 주, 월 또는 연으로 정한 경우에는 기간의 첫날을 산입한다. 다만, 그러한 기준을 따르는 것이 국민에게 불리한 경우에는 그러하지 아니하다.

해설

① (○) 「행정기본법」 제6조 제1항
② (○) ③ (×) 빈출 일정 기간이 경과한 날부터 시행하는 법령은 공포한 날을 첫날에 산입하지 않는다.

> 「행정기본법」 제7조 【법령 등 시행일의 기간 계산】 법령 등(훈령·예규·고시·지침 등을 포함한다. 이하 이 조에서 같다)의 시행일을 정하거나 계산할 때에는 다음 각 호의 기준에 따른다.
> 1. 법령 등을 공포한 날(훈령·예규·고시·지침 등은 고시·공고 등의 방법으로 발령한 날을 말한다. 이하 이 조에서 같다)부터 시행하는 경우에는 공포한 날을 시행일로 한다.
> 2. 법령 등을 공포한 날부터 일정 기간이 경과한 날부터 시행하는 경우 법령 등을 공포한 날을 첫날에 산입하지 아니한다.
> 3. 법령 등을 공포한 날부터 일정 기간이 경과한 날부터 시행하는 경우 그 기간의 말일이 토요일 또는 공휴일인 때에는 그 말일로 기간이 만료한다.

④ 빈출 (○) 동법 제6조 제2항 제1호

> 「행정기본법」 제6조 【행정에 관한 기간의 계산】 ① 행정에 관한 기간의 계산에 관하여는 이 법 또는 다른 법령 등에 특별한 규정이 있는 경우를 제외하고는 「민법」을 준용한다.
> ② 법령 등 또는 처분에서 국민의 권익을 제한하거나 의무를 부과하는 경우 권익이 제한되거나 의무가 지속되는 기간의 계산은 다음 각 호의 기준에 따른다. 다만, 다음 각 호의 기준에 따르는 것이 국민에게 불리한 경우에는 그러하지 아니하다.
> 1. 기간을 일, 주, 월 또는 연으로 정한 경우에는 기간의 첫날을 산입한다.
> 2. 기간의 말일이 토요일 또는 공휴일인 경우에도 기간은 그 날로 만료한다.

정답 | ③

539

「행정기본법」의 내용으로 옳지 않은 것은?

① 행정청의 처분에 이의가 있는 당사자는 처분을 받은 날부터 30일 이내에 해당 행정청에 이의신청을 할 수 있다.
② 처분의 근거가 된 사실관계 또는 법률관계가 추후에 당사자에게 유리하게 바뀐 경우 당사자는 처분이 행정심판, 행정소송 및 그 밖의 쟁송을 통하여 다툴 수 없게 된 경우에는 법원의 확정판결이 있는 경우를 포함하여 해당 처분을 한 행정청에 처분을 취소·철회하거나 변경하여 줄 것을 신청할 수 있다.
③ 누구든지 법령 등의 내용에 의문이 있으면 법령을 소관하는 중앙행정기관의 장과 자치법규를 소관하는 지방자치단체의 장에게 법령해석을 요청할 수 있다.
④ 법령 등을 위반한 행위의 성립과 이에 대한 제재처분은 법령 등에 특별한 규정이 있는 경우를 제외하고는 원칙적으로 법령 등을 위반한 행위 당시의 법령 등에 따른다.

해설

① (O) 「행정기본법」 제36조 제1항
② (×) 처분의 재심사 요청은 법원의 확정판결이 있는 경우는 제외한다(동법 제37조 제1항).
③ (O) 동법 제40조 제1항
④ (O) 동법 제14조 제3항

정답 | ②

540

「행정기본법」의 내용으로 옳지 않은 것은?

① 행정에 대한 기간의 계산에 관하여는 「민법」 또는 다른 법령 등에 특별한 규정이 있는 경우를 제외하고는 「행정기본법」에 따른다.
② 당사자의 신청에 따른 처분은 법령 등에 특별한 규정이 있거나 처분 당시의 법령 등을 적용하기 곤란한 특별한 사정이 있는 경우를 제외하고는 처분 당시의 법령 등에 따른다.
③ 국가와 지방자치단체는 소속 공무원이 공공의 이익을 위하여 적극적으로 직무를 수행할 수 있도록 제반 여건을 조성하고, 이와 관련된 시책 및 조치를 추진하여야 한다.
④ 행정청은 공법상 계약의 상대방을 선정하고 계약 내용을 정할 때 공법상 계약의 공공성과 제3자의 이해관계를 고려하여야 한다.

해설

① 빈출 (×) 행정에 대한 기간의 계산에 관하여는 「행정기본법」 또는 다른 법령 등에 특별한 규정이 있는 경우를 제외하고는 「민법」에 따른다.

> 「행정기본법」 제6조 【행정에 관한 기간의 계산】 ① 행정에 관한 기간의 계산에 관하여는 이 법 또는 다른 법령 등에 특별한 규정이 있는 경우를 제외하고는 「민법」을 준용한다.

② (O) 동법 제14조 제2항
③ (O) 동법 제4조 제2항
④ (O) 동법 제27조 제2항

정답 | ①

541 〈필수〉

「행정기본법」상 옳은 것(○)과 옳지 않은 것(×)을 순서대로 나열한 것은?

ㄱ. 당사자의 신청에 따른 처분은 법령 등에 특별한 규정이 있거나 처분 당시의 법령 등을 적용하기 곤란한 특별한 사정이 있는 경우를 제외하고는 처분 당시의 법령 등에 따른다.
ㄴ. 다른 법령에 인허가의제에 관한 규정이 있는 경우에 주된 인허가 행정청은 주된 인허가를 하고 난 후 지체 없이 관련 인허가에 관하여 관련 인허가 행정청과 협의하여야 한다.
ㄷ. 행정청은 법령 등의 위반행위가 종료된 날부터 5년이 지나면 해당 위반행위에 대하여 인허가의 정지·취소·철회, 등록 말소, 영업소 폐쇄와 정지를 갈음하는 과징금 부과를 할 수 없다.
ㄹ. 과징금은 분할하여 납부하는 것을 원칙으로 한다.

	ㄱ	ㄴ	ㄷ	ㄹ
①	○	○	×	×
②	×	×	○	○
③	○	×	○	×
④	×	○	×	○

해설

ㄱ. (○) 「행정기본법」 제14조 제2항
ㄴ. (×) 동법 제24조 제3항

> 「행정기본법」 제24조【인허가의제의 기준】 ③ 주된 인허가 행정청은 주된 인허가를 하기 전에 관련 인허가에 관하여 미리 관련 인허가 행정청과 협의하여야 한다.

ㄷ. (○) 동법 제23조 제1항
ㄹ. (×) 과징금은 한꺼번에 납부하는 것을 원칙으로 한다(동법 제29조).

정답 | ③

542

「행정기본법」상 처분의 재심사에 대한 설명으로 옳지 않은 것은?

① 처분에 관한 법원의 확정판결이 있는 경우, 그러한 처분은 재심사의 대상에서 제외된다.
② 처분으로 법률상 이익이 침해된 제3자는 해당 처분에 대해 재심사를 청구할 수 있다.
③ 공무원 인사 관계 법령에 따른 징계 등 처분에 관한 사항은 재심사의 대상에서 제외된다.
④ 처분의 재심사 결과 중 처분을 유지하는 결과에 대해서는 행정소송을 통하여 불복할 수 없다.

> **해설**

① (○) ② (×) 처분의 당사자가 신청할 수 있을 뿐, 제3자의 재심사 청구규정은 없다.

> 「행정기본법」 제37조 【처분의 재심사】 ① 당사자는 처분(제재처분 및 행정상 강제는 제외한다. 이하 이 조에서 같다)이 행정심판, 행정소송 및 그 밖의 쟁송을 통하여 다툴 수 없게 된 경우(법원의 확정판결이 있는 경우는 제외한다)라도 다음 각 호의 어느 하나에 해당하는 경우에는 해당 처분을 한 행정청에 처분을 취소·철회하거나 변경하여 줄 것을 신청할 수 있다.
> 1. 처분의 근거가 된 사실관계 또는 법률관계가 추후에 당사자에게 유리하게 바뀐 경우
> 2. 당사자에게 유리한 결정을 가져다주었을 새로운 증거가 있는 경우
> 3. 「민사소송법」 제451조에 따른 재심사유에 준하는 사유가 발생한 경우 등 대통령령으로 정하는 경우

③ (○) 동법 제37조 제8항

> 「행정기본법」 제37조 【처분의 재심사】 ⑧ 다음 각 호의 어느 하나에 해당하는 사항에 관하여는 이 조를 적용하지 아니한다.
> 1. 공무원 인사 관계 법령에 따른 징계 등 처분에 관한 사항
> 2. 「노동위원회법」 제2조의2에 따라 노동위원회의 의결을 거쳐 행하는 사항
> 3. 형사, 행형 및 보안처분 관계 법령에 따라 행하는 사항
> 4. 외국인의 출입국·난민인정·귀화·국적회복에 관한 사항
> 5. 과태료 부과 및 징수에 관한 사항
> 6. 개별 법률에서 그 적용을 배제하고 있는 경우

④ (○) 동법 제37조 제5항

> 「행정기본법」 제37조 【처분의 재심사】 ⑤ 제4항에 따른 처분의 재심사 결과 중 처분을 유지하는 결과에 대해서는 행정심판, 행정소송 및 그 밖의 쟁송수단을 통하여 불복할 수 없다.

정답 | ②

543

「행정기본법」의 내용으로 옳지 않은 것은?

① 대통령령의 위임을 받아 중앙행정기관의 장이 정한 훈령·예규 및 고시 등 행정규칙은 '법령'에 포함되지 않는다.
② 법령 등을 공포한 날부터 일정 기간이 경과한 날부터 시행하는 경우 법령 등을 공포한 날을 첫날에 산입하지 아니한다.
③ 법령 등 또는 처분에서 국민의 권익을 제한하거나 의무를 부과하는 경우 권익이 제한되거나 의무가 지속되는 기간의 계산은 기간을 일, 주, 월 또는 연으로 정한 경우에는 기간의 첫날을 산입하지만 국민에게 불리한 경우에는 그러하지 아니하다.
④ 행정에 관한 나이는 다른 법령 등에 특별한 규정이 있는 경우를 제외하고는 출생일을 산입하여 만(滿) 나이로 계산하고, 연수(年數)로 표시한다. 다만, 1세에 이르지 아니한 경우에는 월수(月數)로 표시할 수 있다.

543	
기출처	2025 소방직
난이도	★★
키워드	행정기본법

> **해설**

① (×) 「행정기본법」 제2조 제1호에서 '법령 등'에 법률 및 대통령령, 부령 등의 위임을 받아 중앙행정기관의 장이 정한 훈령·예규 및 고시 등 행정규칙을 포함시키고 있다.
② (○) 동법 제7조 제2호
③ (○) 동법 제6조 제2항 제1호
④ (○) 동법 제7조의2

정답 | ①

544

기출처	2024 군무원 7급
난이도	★★
키워드	행정기본법

자가용으로 출퇴근하던 갑(甲)은 「도로교통법」을 위반하였다는 이유로 20일의 면허정지처분과 아울러 10만원의 과태료처분을 받았으나, 별도의 이의제기 없이 각각의 처분에 따르고자 한다. 위 처분에 의한 면허정지기간의 만료일과 과태료 납부의 만료일은 모두 해당 연도의 △△월 15일(토요일)로 되어 있다. 참고로, 16일(일요일)이 법정 공휴일에 속하는 관계로 그 다음 날인 17일(월요일)은 대체공휴일로 되었다. 사정이 이와 같을 때 「행정기본법」과의 관계에서 가장 적절한 것은?

① 갑(甲)의 운전정지기간의 만료일과 과태료 납부의 만료일은 모두 해당 연도의 △△월 15일(토요일)로 된다.
② 갑(甲)의 운전정지기간의 만료일과 과태료 납부의 만료일은 모두 해당 연도의 △△월 18일(화요일)로 된다.
③ 갑(甲)의 운전정지기간의 만료일은 해당 연도의 △△월 15일(토요일)로 되고, 과태료 납부의 만료일은 해당 연도의 △△월 18일(화요일)로 된다.
④ 갑(甲)의 운전정지기간의 만료일은 해당 연도의 △△월 18일(화요일)로 되고, 과태료 납부의 만료일은 해당 연도의 △△월 15일(토요일)로 된다.

해설

③ **빈출** (○) 갑(甲)의 운전정지기간의 만료일은 해당 연도의 △△월 15일(토요일)로 되고, 과태료 납부의 만료일은 해당 연도의 △△월 18일(화요일)로 된다.

1. 면허정지 만료일: 「행정기본법」은 "법령 등 또는 처분에서 국민의 권익을 제한하거나 의무를 부과하는 경우 권익이 제한되거나 의무가 지속되는 기간의 계산은 기간의 말일이 토요일 또는 공휴일인 경우에도 기간은 그 날로 만료한다."고 규정하고 있다. 따라서 면허정지 만료일은 15일(토요일)에 해당한다.
2. 과태료 납부 만료일: "법령 등 또는 처분에서 국민의 권익을 제한하거나 의무를 부과하는 경우 권익이 제한되거나 의무가 지속되는 기간의 계산은 기간의 말일이 토요일 또는 공휴일인 경우에도 기간은 그 날로 만료한다."고 규정하고 있으나 "국민에게 불리한 경우에는 그러하지 아니하다."는 규정에 따라 「민법」을 준용하게 된다.
따라서 「민법」에 따라 말일이 공휴일인 경우에는 익일로 만료되어 과태료는 18일(화요일)이 된다.

> 「행정기본법」 제6조 【행정에 관한 기간의 계산】 ① 행정에 관한 기간의 계산에 관하여는 이 법 또는 다른 법령 등에 특별한 규정이 있는 경우를 제외하고는 「민법」을 준용한다.
> ② 법령 등 또는 처분에서 국민의 권익을 제한하거나 의무를 부과하는 경우 권익이 제한되거나 의무가 지속되는 기간의 계산은 다음 각 호의 기준에 따른다. 다만, 다음 각 호의 기준에 따르는 것이 국민에게 불리한 경우에는 그러하지 아니하다.
> 1. 기간을 일, 주, 월 또는 연으로 정한 경우에는 기간의 첫날을 산입한다.
> 2. 기간의 말일이 토요일 또는 공휴일인 경우에도 기간은 그 날로 만료한다.
>
> 「민법」 제161조 【공휴일 등과 기간의 만료점】 기간의 말일이 토요일 또는 공휴일에 해당한 때에는 기간은 그 익일로 만료한다.

정답 | ③

02 행정절차법

545
행정절차에 대한 설명으로 옳은 것은? (다툼이 있는 경우 판례에 의함)

① 「국가공무원법」상 직위해제처분은 공무원의 인사상 불이익을 주는 처분이므로 「행정절차법」상 사전통지 및 의견청취절차를 거쳐야 한다.
② 처분 당시 당사자가 어떠한 근거와 이유로 처분이 이루어진 것인지를 충분히 알 수 있어서 그에 불복하여 행정구제절차로 나아가는 데에 별다른 지장이 없었던 것으로 인정되는 경우에도 처분서에 처분의 근거와 이유가 구체적으로 명시되어 있지 않았다면 그 처분은 위법하다.
③ 세액산출근거가 기재되지 아니한 납세고지서에 의한 부과처분은 그 후 부과된 세금을 자진납부하였다거나 또는 조세채권의 소멸시효기간이 만료되었다 하여 하자가 치유되는 것이라고는 할 수 없다.
④ 당사자 등은 청문조서의 내용을 열람·확인할 수 있을 뿐, 그 청문조서에 이의가 있더라도 정정을 요구할 수는 없다.

545
- 기출처: 2021 지방직 9급
- 난이도: ★★
- 키워드: 행정절차법

관련기출 옳은지문
- 「국가공무원법」상 직위해제처분은 당해 행정작용의 성질상 행정절차를 거치기 곤란하거나 불필요하다고 인정되는 사항에 해당하므로, 처분의 사전통지 및 의견청취 등에 관한 「행정절차법」의 규정이 별도로 적용되지 않는다. 23국회직9급

- 허가의 취소처분에는 그 근거가 되는 법령과 처분을 받은 자가 어떠한 위반사실에 대하여 당해 처분이 있었는지를 알 수 있을 정도의 사실의 적시를 요한다고 할 것이고 이러한 사실의 적시를 흠결한 하자는 그 처분 후 적시되어도 이에 의하여 치유될 수는 없다. 24국회직9급

- 공무원직위해제처분에 대해서는 사전통지 및 의견청취 등에 관한 「행정절차법」 규정이 적용되지 않는다. 20국회직9급

해설

① 빈출 (×) 공무원의 직위해제처분은 「행정절차법」의 적용이 배제된다.

> 「국가공무원법」상 직위해제처분은 구 「행정절차법」 제3조 제2항 제9호, 구 「행정절차법 시행령」 제2조 제3호에 의하여 당해 행정작용의 성질상 행정절차를 거치기 곤란하거나 불필요하다고 인정되는 사항 또는 행정절차에 준하는 절차를 거친 사항에 해당하므로, 처분의 사전통지 및 의견청취 등에 관한 「행정절차법」의 규정이 별도로 적용되지 않는다(대판 2014.5.16., 2012두26180).

② 빈출 (×) 처분의 내용이 구체적으로 명시되지 않았다고 해도 이에 대한 이유가 충분하여 불복절차로 나아가는 데 지장이 없다면 위법이라 할 수 없다.

> 「행정절차법」 제23조 제1항은 행정청이 처분을 하는 때에는 당사자에게 그 근거와 이유를 제시하도록 규정하고 있고, 이는 행정청의 자의적 결정을 배제하고 당사자로 하여금 행정구제절차에서 적절히 대처할 수 있도록 하는 데 그 취지가 있다. 따라서 처분 당시 당사자가 어떠한 근거와 이유로 처분이 이루어진 것인지를 충분히 알 수 있어서 그에 불복하여 행정구제절차로 나아가는 데에 별다른 지장이 없었던 것으로 인정되는 경우에는 처분서에 처분의 근거와 이유가 구체적으로 명시되어 있지 않았다고 하더라도 그로 말미암아 그 처분이 위법한 것으로 된다고 할 수는 없다(대판 2013.11.14., 2011두18571).

③ (○) 이유제시의 하자는 상대방이 처분의 이유를 나름 알았다거나 처분의 내용을 이행하였다고 치유될 수 없다(대판 1985.4.9., 84누431).

④ (×) 청문조서의 내용에 대한 정정요구권이 「행정절차법」에 규정되어 있다.

> 「행정절차법」 제34조【청문조서】② 당사자 등은 청문조서의 내용을 열람·확인할 수 있으며, 이의가 있을 때에는 그 정정을 요구할 수 있다.

정답 | ③

546

다음 중 「행정절차법」이 적용되는 것을 모두 고르면? (다툼이 있는 경우 판례에 의함)

ㄱ. 감사원이 감사위원회의의 결정을 거쳐 행하는 사항
ㄴ. 공무원 시보임용처분의 취소에 따른 정규공무원 임용취소
ㄷ. 재외동포 사증발급거부처분
ㄹ. 지방의회의 의결을 거치거나 동의 또는 승인을 얻어 행하는 사항
ㅁ. 산업기능요원 편입취소처분

① ㄱ, ㄴ, ㅁ
② ㄴ, ㄷ, ㄹ
③ ㄱ, ㄴ, ㄹ
④ ㄴ, ㄷ, ㅁ

기출처: 예상문제
난이도: ★
키워드: 행정절차법

관련기출 옳은지문
- 감사원이 감사위원회의의 결정을 거쳐 행하는 사항은 「행정절차법」이 적용되지 않는다. 〔24군무원7급〕

해설

ㄱㄹ. (×) 「행정절차법」 제3조 제2항 제1호·제5호

ㄴ. (○) 정규공무원으로 임용된 사람에게 시보임용처분 당시 「지방공무원법」 제31조 제4호에 정한 공무원임용 결격사유가 있어 시보임용처분을 취소하고 그에 따라 정규임용처분을 취소한 사안에서, 정규임용처분을 취소하는 처분은 성질상 행정절차를 거치는 것이 불필요하여 「행정절차법」의 적용이 배제되는 경우에 해당하지 않으므로, 그 처분을 하면서 사전통지를 하거나 의견제출의 기회를 부여하지 않은 것은 위법하다(대판 2009.1.30., 2008두16155).

ㄷ. **빈출** (○) 외국인 사증발급사건(유승준사건)은 쟁점이 많고 혼동스러운 내용이 많아 정확한 정리가 필요하다.

> 외국인의 사증발급 신청에 대한 거부처분은 당사자에게 의무를 부과하거나 적극적으로 권익을 제한하는 처분이 아니므로, 「행정절차법」 제21조 제1항에서 정한 '처분의 사전통지'와 제22조 제3항에서 정한 '의견제출 기회 부여'의 대상은 아니다. 그러나 사증발급 신청에 대한 거부처분이 성질상 「행정절차법」 제24조(처분방식)에서 정한 '처분서 작성·교부'를 할 필요가 없거나 곤란하다고 일률적으로 단정하기 어렵다. 또한 출입국관리법령에 사증발급 거부처분서 작성에 관한 규정을 따로 두고 있지 않으므로, 외국인의 사증발급 신청에 대한 거부처분을 하면서 「행정절차법」 제24조(처분방식)에 정한 절차를 따르지 않고 '행정절차에 준하는 절차'로 대체할 수도 없다(대판 2019.7.11., 2017두38874).

ㅁ. (○) 산업기능요원에 대하여 한 산업기능요원 편입취소처분이 「행정절차법」의 적용이 배제되는 사항인 「행정절차법」 제3조 제2항 제9호, 같은 법 시행령 제2조 제1호에서 규정하는 「병역법」에 의한 소집에 관한 사항'에는 해당하지 아니하므로, 「행정절차법」상의 '처분의 사전통지'와 '의견제출 기회의 부여' 등의 절차를 거쳐야 한다(대판 2002.9.6., 2002두554).

정답 | ④

547

행정절차에 대한 설명으로 옳은 것은? (다툼이 있는 경우에는 판례에 의함)

① 「도로법」상 도로구역을 변경할 경우, 이를 고시하고 그 도면을 일반인이 열람할 수 있도록 하고 있는바, 도로구역을 변경한 처분은 「행정절차법」상 사전통지나 의견청취의 대상이 되는 처분이 아니다.
② 「군인사법」에 따라 당해 직무를 수행할 능력이 없다고 인정하여 장교를 보직해임하는 경우, 처분의 근거와 이유제시 등에 관하여 「행정절차법」의 규정이 적용된다.
③ 특별한 사정이 없는 한, 신청에 대한 거부처분은 사전통지 및 의견제출의 대상이 된다.
④ 「식품위생법」상의 영업자지위승계신고를 수리하는 경우, 영업시설을 인수하여 영업자의 지위를 승계한 자에 대하여 사전통지를 하고, 그에게 의견제출의 기회를 주어야 한다.

547	
기출처	2021 국가직 7급
난이도	★★
키워드	행정절차법

관련기출 옳은지문
- 고시의 방법으로 불특정 다수인을 상대로 의무를 부과하거나 권익을 제한하는 처분에 있어서까지 그 상대방에게 의견제출의 기회를 주어야 한다고 해석할 것은 아니다. *24국회직9급*

- 신청에 대한 거부처분은 특별한 사정이 없는 한 직접 당사자의 권익을 제한하는 것은 아니어서 처분의 사전통지대상이 된다고 할 수 없다. *24국회직9급*

- 「식품위생법」상의 영업자지위승계신고를 수리하는 경우에는 종전의 영업자에 대하여 「행정절차법」상 사전통지를 하고 의견제출의 기회를 주어야 한다. *20국회직9급*

해설

① **빈출** (○) 도로구역변경고시는 일반처분으로 이미 일반인이 열람할 수 있는 기회를 부여하였던 바, 「행정절차법」상의 사전통지 등의 대상이 아니다.

> 「행정절차법」 제2조 제4호가 「행정절차법」의 당사자를 행정청의 처분에 대하여 직접 그 상대가 되는 당사자로 규정하고, 「도로법」 제25조 제3항이 도로구역을 결정하거나 변경할 경우 이를 고시에 의하도록 하면서, 그 도면을 일반인이 열람할 수 있도록 한 점 등을 종합하여 보면, 도로구역을 변경한 이 사건 처분은 「행정절차법」 제21조 제1항의 사전통지나 제22조 제3항의 의견청취의 대상이 되는 처분은 아니라고 할 것이다(대판 2008.6.12., 2007두1767).

② (×) 「군인사법」상의 장교의 보직해임처분은 「행정절차법」이 적용되지 않는다.

> 구 「군인사법」상 보직해임처분은 구 「행정절차법」 제3조 제2항 제9호, 구 「행정절차법 시행령」 제2조 제3호에 따라 처분의 근거와 이유제시 등에 관한 구 「행정절차법」의 규정이 적용되지 않는다(대판 2014.10.15., 2012두5756).

고득점 플러스+ 보직해임처분과 관련된 판례

> 「국가공무원법」상 직위해제처분은 구 「행정절차법」(2012.10.22. 법률 제11498호로 개정되기 전의 것) 제3조 제2항 제9호, 구 「행정절차법 시행령」(2011.12.21. 대통령령 제23383호로 개정되기 전의 것) 제2조 제3호에 의하여 당해 행정작용의 성질상 행정절차를 거치기 곤란하거나 불필요하다고 인정되는 사항 또는 행정절차에 준하는 절차를 거친 사항에 해당하므로, 처분의 사전통지 및 의견청취 등에 관한 「행정절차법」의 규정이 별도로 적용되지 않는다(대판 2014.5.16., 2012두26180).

③ **빈출** (×) 거부처분은 사전통지 대상이 아니다.

> 신청에 따른 처분이 이루어지지 아니한 경우에는 아직 당사자에게 권익이 부과되지 아니하였으므로 특별한 사정이 없는 한 신청에 대한 거부처분이라고 하더라도 직접 당사자의 권익을 제한하는 것은 아니어서 신청에 대한 거부처분을 여기에서 말하는 '당사자의 권익을 제한하는 처분'에 해당한다고 할 수 없는 것이어서 처분의 사전통지 대상이 된다고 할 수 없다(대판 2003.11.28., 2003두674).

④ **빈출** (×) 영업자지위승계신고의 수리처분에서 처분의 당사자는 양도인이다. 수리행위가 양도인의 권익침해에 해당되는 경우에 사전통지 등의 행정절차를 준수하여야 한다.

> 행정청이 구 「식품위생법」 규정에 의하여 영업자지위승계신고를 수리하는 처분은 종전의 영업자의 권익을 제한하는 처분이라 할 것이고 따라서 종전의 영업자는 그 처분에 대하여 직접 그 상대가 되는 자에 해당한다고 봄이 상당하므로, 행정청으로서는 위 신고를 수리하는 처분을 함에 있어서 「행정절차법」 규정 소정의 당사자에 해당하는 종전의 영업자에 대하여 위 규정 소정의 행정절차를 실시하고 처분을 하여야 한다(대판 2003.2.14., 2001두7015).

정답 | ①

548

행정절차에 대한 설명으로 옳지 않은 것은? (다툼이 있는 경우 판례에 의함)

① 계약직 공무원 채용계약해지의 의사표시는 「행정절차법」에 의하여 근거와 이유를 제시하여야 하는 것은 아니다.
② 교육부장관이 부적격사유가 없는 후보자들 사이에서 어떤 후보자를 상대적으로 더욱 적합하다고 판단하여 국립대학교의 총장으로 임용제청을 하였다면, 그러한 임용제청행위 자체로서 이유제시의무를 다한 것이다.
③ 「국가공무원법」상 직위해제처분에는 처분의 사전통지 및 의견청취 등에 관한 「행정절차법」의 규정이 적용된다.
④ 과세처분시 납세고지서에 법으로 규정한 과세표준 등의 기재가 누락되면 그 과세처분 자체가 위법한 처분이 되어 취소의 대상이 된다.

해설

① (○) 대판 2002.11.26., 2002두5948
② (○) 대판 2018.6.15., 2016두57564
③ 빈출 (×) 「국가공무원법」상의 직위해제처분은 사전통지 등에 관한 「행정절차법」의 규정이 적용되지 않는다.

> 「국가공무원법」상 직위해제처분은 … 당해 행정작용의 성질상 행정절차를 거치기 곤란하거나 불필요하다고 인정되는 사항 또는 행정절차에 준하는 절차를 거친 사항에 해당하므로, 처분의 사전통지 및 의견청취 등에 관한 「행정절차법」의 규정이 별도로 적용되지 않는다(대판 2014.5.16., 2012두26180).

④ (○) 대판 1983.7.26., 82누420

정답 | ③

549

「행정절차법」상 내용에 대한 설명으로 옳지 않은 것은?

① 「행정절차법」상 행정청의 확약은 문서형식으로 하여야 한다.
② 행정청은 위반사실 등의 공표를 하기 전에 당사자가 공표와 관련된 의무의 이행, 원상회복, 손해배상 등의 조치를 마친 경우에는 위반사실 등의 공표를 하지 아니할 수 있다.
③ 행정청이 수립하는 계획 중 국민의 권리·의무에 직접 영향을 미치는 계획을 수립하거나 변경·폐지할 때에는 행정청은 이와 관련된 여러 이익을 정당하게 형량하여야 한다.
④ 「행정절차법」상 행정청은 공법상 계약을 체결하는 과정에서 공법상 계약의 상대방을 선정하고 계약 내용을 정할 때 공법상 계약의 공공성과 제3자의 이해관계를 고려하여야 한다고 규정하고 있다.

해설

① (○) 「행정절차법」 제40조의2 제2항
② (○) 동법 제40조의3 제7항
③ (○) 동법 제40조의4
④ (×) 문제는 「행정절차법」에 대한 것이나 공법상 계약은 「행정기본법」 제27조에 규정되어 있다.

정답 | ④

550
다음에 제시된 〈보기〉에 관한 내용으로 옳지 <u>않은</u> 것은? (다툼이 있는 경우 판례에 의함)

| 보기 |

관할 시장이 甲에게 구 「폐기물관리법」 제48조 제1호에 따라 토지에 장기보관 중인 폐기물을 처리할 것을 명령하는 1차·2차 조치명령을 각각 하였고, 甲이 위 각 조치명령을 불이행하였다고 하여 구 「폐기물관리법」 위반죄로 유죄판결이 각각 선고·확정되었는데, 이후 관할 시장은 폐기물 방치 실태를 확인하고 별도의 사전통지와 의견청취절차를 밟지 않은 채 甲에게 폐기물 처리에 관한 3차 조치명령을 하였다.

① '법원의 재판 또는 준사법적 절차를 거치는 행정기관의 결정 등에 따라 처분의 전제가 되는 사실이 객관적으로 증명되어 처분에 따른 의견청취가 불필요하다고 인정되는 경우'라도 처분의 전제가 되는 '일부' 사실만 증명된 경우이거나 의견청취에 따라 행정청의 처분 여부나 처분 수위가 달라질 수 있는 경우라면 의견청취를 하여야 한다.

② 위와 관련하여 행정청이 상대방과의 협약을 체결하여 청문을 배제하도록 하는 조항을 두었다면 사전통지나 의견청취를 하지 않은 것은 위법이라 할 수 없다.

③ 행정청이 침해적 행정처분을 하면서 당사자에게 「행정절차법」상의 사전통지를 하거나 의견제출의 기회를 주지 않았다면, 사전통지를 하지 않거나 의견제출의 기회를 주지 않아도 되는 예외적인 경우에 해당하지 않는 한, 그 처분은 위법하여 취소를 면할 수 없다.

④ 국가를 상대로 하는 행정처분을 할 때에도 해당 내용이 의무를 부과하거나 권익을 제한하는 경우에 해당한다면 사전통지, 의견청취, 이유제시와 관련한 「행정절차법」이 그대로 적용된다.

해설

① 지엽 (○) 「행정절차법」 제21조, 제22조, 「행정절차법 시행령」 제13조의 내용을 「행정절차법」의 입법 목적과 의견청취제도의 취지에 비추어 종합적·체계적으로 해석하면, 「행정절차법 시행령」 제13조 제2호에서 정한 '법원의 재판 또는 준사법적 절차를 거치는 행정기관의 결정 등에 따라 처분의 전제가 되는 사실이 객관적으로 증명되어 처분에 따른 의견청취가 불필요하다고 인정되는 경우'는 법원의 재판 등에 따라 처분의 전제가 되는 사실이 객관적으로 증명되면 행정청이 반드시 일정한 처분을 해야 하는 경우 등 의견청취가 행정청의 처분 여부나 그 수위 결정에 영향을 미치지 못하는 경우를 의미한다고 보아야 한다. <u>처분의 전제가 되는 '일부' 사실만 증명된 경우이거나 의견청취에 따라 행정청의 처분 여부나 처분 수위가 달라질 수 있는 경우라면 위 예외사유에 해당하지 않는다</u>(대판 2020.7.23., 2017두66602).

② (×) 행정청이 당사자와 사이에 도시계획사업의 시행과 관련한 협약을 체결하면서 관계 법령 및 「행정절차법」에 규정된 청문의 실시 등 의견청취절차를 배제하는 조항을 두었다고 하더라도, 이러한 협약이 체결되었다고 하여 청문의 실시에 관한 규정의 적용이 배제된다거나 청문을 실시하지 않아도 되는 예외적인 경우에 해당한다고 할 수 없다(대판 2004.7.8., 2002두8350).

③ (○) 대판 2020.7.23., 2017두66602

④ (○) 「행정절차법」 제2조 제4호에 의하면, '당사자 등'이란 행정청의 처분에 대하여 직접 그 상대가 되는 당사자와 행정청이 직권 또는 신청에 의하여 행정절차에 참여하게 한 이해관계인을 의미하는데, 같은 법 제9조에서는 자연인, 법인, 법인 아닌 사단 또는 재단 외에 '다른 법령 등에 따라 권리·의무의 주체가 될 수 있는 자' 역시 '당사자 등'이 될 수 있다고 규정하고 있을 뿐, 국가를 '당사자 등'에서 제외하지 않고 있다. 또한 「행정절차법」 제3조 제2항에서 「행정절차법」이 적용되지 않는 사항을 열거하고 있는데, '국가를 상대로 하는 행정행위'는 그 예외사유에 해당하지 않는다(대판 2023.9.21., 2023두39724).

정답 | ②

---

550 기출처: 예상문제 / 난이도: ★★ / 키워드: 행정절차법

관련기출 옳은지문
- 국가에 대해 행정처분을 할 때에도 사전통지, 의견청취, 이유제시와 관련한 「행정절차법」이 그대로 적용된다고 보아야 한다. 24국회직9급

551

기출처 2022 국가직 9급
난이도 ★★
키워드 행정절차법

551

「행정절차법」상 처분의 사전통지 및 의견제출절차에 대한 설명으로 옳지 않은 것은? (다툼이 있는 경우 판례에 의함)

① 법령 등에서 요구된 자격이 없거나 없어지게 되면 반드시 일정한 처분을 하여야 하는 경우에 그 자격이 없거나 없어지게 된 사실이 법원의 재판에 의하여 객관적으로 증명된 경우에는 사전통지를 생략할 수 있다.
② 행정청의 처분으로 의무가 부과되거나 권익이 제한되는 경우라도 당사자가 의견진술의 기회를 포기한다는 뜻을 명백히 표시한 경우에는 의견청취를 생략할 수 있다.
③ 별정직 공무원인 대통령기록관장에 대한 직권면직처분에는 처분의 사전통지 및 의견청취 등에 관한 「행정절차법」 규정이 적용되지 않는다.
④ 대통령이 한국방송공사 사장을 해임하면서 사전통지절차를 거치지 않은 경우에는 그 해임처분은 위법하다.

해설

③ **빈출** (×) 공무원 인사 관계 법령에 의한 처분에 관한 사항이라 하더라도 전부에 대하여 「행정절차법」의 적용이 배제되는 것이 아니라, 성질상 행정절차를 거치기 곤란하거나 불필요하다고 인정되는 처분이나 행정절차에 준하는 절차를 거치도록 하고 있는 처분의 경우에만 「행정절차법」의 적용이 배제되는 것으로 보아야 하고, 이러한 법리는 '공무원 인사 관계 법령에 의한 처분'에 해당하는 별정직 공무원에 대한 직권면직처분의 경우에도 마찬가지로 적용된다(대판 2013.1.16., 2011두30687).

정답 | ③

552

기출처 2022 국회직 8급
난이도 ★★
키워드 행정절차법

🔍 **관련기출 옳은지문**
· 행정청은 처분 후 1년 이내에 청문·공청회 또는 의견제출을 위하여 당사자 등이 요청하는 경우에 제출받은 서류나 그 밖의 물건을 반환하여야 한다. 23국회직9급

552

「행정절차법」의 내용으로 옳지 않은 것은? (다툼이 있는 경우 판례에 의함)

① 행정청은 처분 후 2년 이내에 당사자 등이 요청하는 경우에는 청문·공청회 또는 의견제출을 위하여 제출받은 서류나 그 밖의 물건을 반환하여야 한다.
② 송달이 불가능하여 관보, 공보 등에 공고한 경우에는 다른 법령 등에 특별한 규정이 있는 경우를 제외하고는 공고일부터 14일이 지난 때에 그 효력이 발생한다. 다만, 긴급히 시행하여야 할 특별한 사유가 있어 효력발생시기를 달리 정하여 공고한 경우에는 그에 따른다.
③ 행정청은 긴급히 처분을 할 필요가 있는 경우 당사자에게 처분의 근거와 이유를 제시하지 않아도 되지만, 처분 후 당사자가 요청하는 경우에는 그 근거와 이유를 제시하여야 한다.
④ 처분에 관한 권리 또는 이익을 사실상 양수한 자는 행정청의 승인을 받아 당사자 등의 지위를 승계할 수 있다.
⑤ 정보통신망을 이용한 송달은 송달받을 자가 동의하는 경우에만 한다.

해설

① 지엽 (×) 2년이 아니고 1년 이내이다.

> 「행정절차법」 제22조 【의견청취】 ⑥ 행정청은 처분 후 1년 이내에 당사자 등이 요청하는 경우에는 청문·공청회 또는 의견제출을 위하여 제출받은 서류나 그 밖의 물건을 반환하여야 한다.

② (○) 「행정절차법」 제15조 제3항
③ (○) 동법 제23조 제1항·제2항
④ (○) 동법 제10조 제4항
⑤ (○) 동법 제14조 제3항

정답 | ①

553

「행정절차법」상 송달에 대한 설명으로 옳지 않은 것은?

① 행정청은 필요한 처분기준을 해당 처분의 성질에 비추어 되도록 구체적으로 정하여 공표하여야 하며, 그 대상은 침익적 처분이나 수익적 처분을 불문한다.
② 「행정절차법」에 처분의 효력발생을 원칙적으로 도달주의로 규정하고 있다.
③ 정보통신망을 이용한 송달은 송달받을 자가 동의하는 경우와 통상적인 방법으로 주소 등을 확인할 수 없는 경우에 한다.
④ 송달이 불가능한 경우에는 송달받을 자가 알기 쉽도록 관보, 공보, 게시판, 일간신문 중 하나 이상에 공고하고 인터넷에도 공고하여야 한다. 이 경우에 민감정보 및 고유식별정보 등 송달받을 자의 개인정보를 「개인정보 보호법」에 따라 보호하여야 한다.

553 | | | | | |
기출처 | 예상문제
난이도 | ★
키워드 | 행정절차법

해설

① (○) 「행정절차법」에는 처분기준의 설정공표에 대해 수익적 처분과 침익적 처분을 특정하고 있지 않다. 따라서 수익적 처분이든 침익적 처분이든 처분기준의 설정공표가 필요하다.
② (○) 동법 제15조 제1항
③ (×) 정보통신망을 통한 송달은 송달받을 자가 동의하는 경우에만 한다. 통상적인 방법으로 주소 등을 확인할 수 없는 경우에는 고시나 공고의 방법에 의한다.

> 「행정절차법」 제14조 【송달】 ③ 정보통신망을 이용한 송달은 송달받을 자가 동의하는 경우에만 한다. 이 경우 송달받을 자는 송달받을 전자우편주소 등을 지정하여야 한다.

④ (○) 동법 제14조 제4항·제5항

정답 | ③

554

「행정절차법」에 대한 설명으로 옳지 않은 것은?

① 구 「군인사법」상 보직해임처분은 「행정절차법」에 의하여 당해 행정작용의 성질상 행정절차를 거치기 곤란하거나 불필요하다고 인정되는 사항 또는 행정절차에 준하는 절차를 거친 사항에 해당한다고 할 수 없으므로, 처분의 근거와 이유제시 등에 관한 구 「행정절차법」의 규정이 적용되지 아니한다고 할 수 없다.

② 행정처분의 상대방에 대한 청문통지서가 반송되었다거나, 행정처분의 상대방이 청문일시에 불출석하였다는 이유로 청문을 실시하지 아니하고 한 침해적 행정처분은 위법하다.

③ 신청인이 신청에 앞서 행정청의 허가업무 담당자에게 신청서의 내용에 대한 검토를 요청한 것만으로는 다른 특별한 사정이 없는 한 명시적이고 확정적인 신청의 의사표시가 있었다고 하기 어렵다.

④ 천재지변이나 그 밖에 당사자 등에게 책임이 없는 사유로 기간 및 기한을 지킬 수 없는 경우에는 그 사유가 끝나는 날까지 기간의 진행이 정지된다.

해설

① (×) 구 「군인사법」상 보직해임처분은 구 「행정절차법」 제3조 제2항 제9호, 같은 법 시행령 제2조 제3호에 의하여 당해 행정작용의 성질상 행정절차를 거치기 곤란하거나 불필요하다고 인정되는 사항 또는 행정절차에 준하는 절차를 거친 사항에 해당하므로, 처분의 근거와 이유제시 등에 관한 구 「행정절차법」의 규정이 별도로 적용되지 아니한다고 봄이 상당하다(대판 2014.10.15., 2012두5756).

정답 | ①

관련기출 옳은지문
• 청문 주재자는 당사자 등의 전부 또는 일부가 정당한 사유 없이 청문기일에 출석하지 아니하거나 의견서를 제출하지 아니한 경우에는 이들에게 다시 의견진술 및 증거제출의 기회를 주지 아니하고 청문을 마칠 수 있다. 24군무원9급

555

「행정절차법」상 처분의 사전통지의무에 대한 설명으로 옳지 않은 것은? (다툼이 있는 경우 판례에 의함)

① 당사자에게 의무를 부과하거나 권익을 제한하는 처분이 그 대상이다.
② 공무원의 직위해제처분에 대하여 「행정절차법」상 사전통지의무 규정이 적용된다.
③ 처분의 당사자가 아닌 제3자의 권익을 제한하더라도 그 자에게 처분의 사전통지를 할 의무는 없다.
④ 처분하려는 원인이 되는 사실과 처분의 내용 및 법적 근거에 대해 당사자가 의견을 제출할 수 있다는 뜻과 의견을 제출하지 아니하는 경우의 처리방법도 사전통지의 대상이다.
⑤ 특별한 사정이 없는 한 신청에 대한 거부처분은 사전통지의 대상이 아니다.

해설

① (○) 「행정절차법」 제21조 제1항
② **빈출** (×) 「국가공무원법」상 직위해제처분은 구 「행정절차법」 제3조 제2항 제9호, 동법 시행령 제2조 제3호에 의하여 당해 행정작용의 성질상 행정절차를 거치기 곤란하거나 불필요하다고 인정되는 사항 또는 행정절차에 준하는 절차를 거친 사항에 해당하므로, 처분의 사전통지 및 의견청취 등에 관한 「행정절차법」의 규정이 별도로 적용되지 아니한다고 봄이 상당하다(대판 2014.5.16., 2012두26180).
③ (○) 복효적 행정행위에서 제3자가 권익침해를 받는다고 해도 「행정절차법」 규정에 따라 당사자에게 의무를 부과하거나 권익을 제한하는 처분이 아니라면 사전통지 대상이 아니다.
④ (○) 동법 제21조 제1항 제4호
⑤ (○) 대판 2003.11.28., 2003두674

정답 | ②

556
행정절차에 대한 설명으로 옳지 않은 것은?

① 청문은 당사자가 공개를 신청하거나 청문 주재자가 필요하다고 인정하는 경우 공개할 수 있다. 다만, 공익 또는 제3자의 정당한 이익을 현저히 해칠 우려가 있는 경우에는 공개하여서는 아니 된다.

② 일반적으로 당사자가 근거 규정 등을 명시하여 신청하는 인·허가 등을 거부하는 처분을 함에 있어 당사자가 그 근거를 알 수 있을 정도로 상당한 이유를 제시한 경우에는 당해 처분의 근거 및 이유를 구체적 조항 및 내용까지 명시하지 않았더라도 그로 말미암아 그 처분이 위법한 것이 된다고 할 수 없다.

③ 공무원 인사관계 법령에 따른 처분에 관하여는 「행정절차법」 적용을 배제하고 있으므로, 군인사법령에 의하여 진급예정자명단에 포함된 자에 대하여 의견제출의 기회를 부여하지 아니하고 진급선발취소처분을 한 것이 절차상 하자가 있어 위법하다고 할 수 없다.

④ 과세의 절차 내지 형식에 위법이 있어 과세처분을 취소하는 판결이 확정되었을 때는 그 확정판결의 기판력은 거기에 적시된 절차 내지 형식의 위법사유에 한하여 미치는 것이므로 과세관청은 그 위법사유를 보완하여 다시 새로운 과세처분을 할 수 있다.

556	
기출처	2024 국가직 9급
난이도	★★
키워드	행정절차법

관련기출 옳은지문

· 판례는 당사자가 신청하는 허가 등을 거부하는 처분을 하면서 당사자가 그 근거를 알 수 있을 정도로 이유를 제시한 경우에는 처분의 근거와 이유를 구체적으로 명시하지 않았더라도 그로 인해 처분이 위법하게 되는 것은 아니라고 보았다.
20군무원7급

해설

① (○) 「행정절차법」 제30조

> 「행정절차법」 제30조【청문의 공개】청문은 당사자가 공개를 신청하거나 청문 주재자가 필요하다고 인정하는 경우 공개할 수 있다. 다만, 공익 또는 제3자의 정당한 이익을 현저히 해칠 우려가 있는 경우에는 공개하여서는 아니 된다.

② **빈출** (○) 일반적으로 당사자가 근거 규정 등을 명시하여 신청하는 인·허가 등을 거부하는 처분을 함에 있어 당사자가 그 근거를 알 수 있을 정도로 상당한 이유를 제시한 경우에는 당해 처분의 근거 및 이유를 구체적 조항 및 내용까지 명시하지 않았더라도 그로 말미암아 그 처분이 위법한 것이 된다고 할 수 없다(대판 2002.5.17., 2000두8912).

③ (×) 행정과정에 대한 국민의 참여와 행정의 공정성, 투명성 및 신뢰성을 확보하고 국민의 권익을 보호함을 목적으로 하는 「행정절차법」의 입법목적과 「행정절차법」 제3조 제2항 제9호의 규정 내용 등에 비추어 보면, 공무원 인사관계 법령에 의한 처분에 관한 사항 전부에 대하여 「행정절차법」의 적용이 배제되는 것이 아니라 성질상 행정절차를 거치기 곤란하거나 불필요하다고 인정되는 처분이나 행정절차에 준하는 절차를 거치도록 하고 있는 처분의 경우에만 「행정절차법」의 적용이 배제된다. 군인사법령에 의하여 진급예정자명단에 포함된 자에 대하여 의견제출의 기회를 부여하지 아니한 채 진급선발을 취소하는 처분을 한 것이 절차상 하자가 있어 위법하다(대판 2007.9.21., 2006두20631).

④ (○) 절차나 형식 위반에 따른 인용판결은 판결의 기속력에도 불구하고, 절차나 형식을 보완하여 재처분이 가능하다.

> 과세의 절차 내지 형식에 위법이 있어 과세처분을 취소하는 판결이 확정되었을 때는 그 확정판결의 기판력은 거기에 적시된 절차 내지 형식의 위법사유에 한하여 미치는 것이므로 과세관청은 그 위법사유를 보완하여 다시 새로운 과세처분을 할 수 있고 그 새로운 과세처분은 확정판결에 의하여 취소된 종전의 과세처분과는 별개의 처분이라 할 것이어서 확정판결의 기판력에 저촉되는 것이 아니다(대판 1987.2.10., 86누91).

정답 | ③

557

「행정절차법」상 행정절차에 대한 설명으로 옳지 않은 것은? (다툼이 있는 경우 판례에 의함)

① 행정청이 정당한 처리기간 내에 처리하지 아니한 때에는 신청인은 해당 행정청 또는 그 감독행정청에 대하여 신속한 처리를 요청할 수 있다.
② 처분에 대한 취소소송에서 행정청이 처분절차를 준수하였는지는 소송의 본안에서 판단할 요소이지, 소송요건 심사단계에서의 문제가 아니다.
③ 난민인정 거부처분과 관련하여서는 「출입국관리법」상의 이유제시규정이 「행정절차법」상의 이유제시규정에 대한 특별규정이어서 「행정절차법」상의 이유제시규정은 적용되지 않는다.
④ 행정청이 「행정절차법」 제20조 제1항의 처분기준 사전공표의무를 위반하여 미리 공표하지 아니한 기준을 적용하여 처분을 하였다면, 그러한 사정만으로 곧바로 해당 처분에 취소사유에 이를 정도의 흠이 존재한다고 볼 수 있다.

해설

① (O) 「행정절차법」 제19조 제4항
② (O) 처분절차의 준수 여부는 처분의 성립요건의 하나로서 처분의 위법 여부를 판단하는 기준이 된다. 따라서 소송의 청구요건이 아닌 위·적법의 본안문제이다.

> 어떠한 처분에 법령상 근거가 있는지, 「행정절차법」에서 정한 처분절차를 준수하였는지는 본안에서 당해 처분이 적법한가를 판단하는 단계에서 고려할 요소이지, 소송요건 심사단계에서 고려할 요소가 아니다(대판 2020.1.16., 2019다264700).

③ 빈출 (O) 난민인정 거부처분과 관련하여서는 「출입국관리법」상의 이유제시규정이 「행정절차법」상의 이유제시규정에 대한 특별규정이어서 「행정절차법」상의 이유제시규정은 적용되지 않는다(헌재 2009.1.13., 2008헌바161).
④ (×) 행정청이 「행정절차법」 제20조 제1항의 처분기준 사전공표의무를 위반하여 미리 공표하지 아니한 기준을 적용하여 처분을 하였다고 하더라도, 그러한 사정만으로 곧바로 해당 처분에 취소사유에 이를 정도의 흠이 존재한다고 볼 수는 없다. 다만, 해당 처분에 적용한 기준이 상위법령의 규정이나 신뢰보호의 원칙 등과 같은 법의 일반원칙을 위반하였거나 객관적으로 합리성이 없다고 볼 수 있는 구체적인 사정이 있다면 해당 처분은 위법하다고 평가할 수 있다(대판 2020.12.24., 2018두45633).

정답 | ④

558

「행정절차법」에 대한 설명으로 옳지 않은 것은? (다툼이 있는 경우 판례에 의함)

① 「행정절차법 시행령」에 '학교·연수원 등에서 교육·훈련의 목적을 달성하기 위하여 학생·연수생들을 대상으로 하는 사항'을 「행정절차법」이 적용되지 않는 경우로 규정하고 있더라도 생도의 퇴학처분과 같이 신분을 박탈하는 징계처분은 여기에 해당한다고 할 수 없다.
② 외국인의 출입국에 관한 사항은 「행정절차법」이 적용되지 않으므로, 대한민국과 밀접한 관련을 가지고 있는 외국국적을 가진 교민이라도 행정청은 사증거부처분에 대해서 「행정절차법」의 처분의 방식을 준수할 필요는 없다.
③ 「병역법」상의 산업기능요원의 편입취소처분에 대해서는 처분의 사전통지, 의견진술에 기회를 부여하는 「행정절차법」이 적용되어야 한다.
④ 「행정절차법 시행령」 제2조 제6호는 「독점규제 및 공정거래에 관한 법률」(이하 '공정거래법'이라 한다)에 대하여 「행정절차법」의 적용이 배제되도록 규정하고 있으나 그 취지는 공정거래법의 적용을 받는 당사자에게 「행정절차법」이 정한 것보다 더 약한 절차적 보장을 하려는 것이 아니라, 오히려 그 의결절차상 인정되는 절차적 보장의 정도가 일반 행정절차와 비교하여 더 강화되어 있기 때문이다.

558	
기출처	예상문제
난이도	★★★
키워드	행정절차법

관련기출 옳은지문
• 「독점규제 및 공정거래에 관한 법률」 규정에 의한 처분의 상대방에게 부여된 절차적 권리의 범위와 한계를 확정하려면 「행정절차법」이 당사자에게 부여한 절차적 권리의 범위와 한계 수준을 고려하여야 한다.
20국회직8급

해설

① (O) 「행정절차법 시행령」 제2조 제8호는 '학교·연수원 등에서 교육·훈련의 목적을 달성하기 위하여 학생·연수생들을 대상으로 하는 사항'을 「행정절차법」의 적용이 제외되는 경우로 규정하고 있으나, 이는 교육과정과 내용의 구체적 결정, 과제의 부과, 성적의 평가, 공식적 징계에 이르지 아니한 질책·훈계 등과 같이 교육·훈련의 목적을 직접 달성하기 위하여 행하는 사항을 말하는 것으로 보아야 하고, 생도에 대한 퇴학처분과 같이 신분을 박탈하는 징계처분은 여기에 해당한다고 볼 수 없다(대판 2018.3.13., 2016두33339).
② (×) 거부처분은 「행정절차법」상의 처분절차인 사전통지를 거칠 필요는 없다. 그러나 처분의 방식은 처분 성립요건 중 형식의 문제로서 「행정절차법」상 규정에 따라야 한다(대판 2019.7.11., 2017두38874 참고).
③ (O) 산업기능요원 편입취소처분은 「병역법」에 의한 소집에 관한 처분이 아니므로 행정절차를 배제할 수 없다.

> 지방병무청장이 「병역법」 제41조 제1항 제1호, 제40조 제2호의 규정에 따라 산업기능요원에 대하여 한 산업기능요원 편입취소처분은, 행정처분을 할 경우 '처분의 사전통지'와 '의견제출 기회의 부여'를 규정한 「행정절차법」 제21조 제1항, 제22조 제3항에서 말하는 '당사자의 권익을 제한하는 처분'에 해당하는 한편, 「행정절차법」의 적용이 배제되는 사항인 「행정절차법」 제3조 제2항 제9호, 같은 법 시행령 제2조 제1호에서 규정하는 "「병역법」에 의한 소집에 관한 사항'에는 해당하지 아니하므로, 「행정절차법」상의 '처분의 사전통지'와 '의견제출 기회의 부여' 등의 절차를 거쳐야 한다(대판 2002.9.6., 2002두554).

④ (O) 「행정절차법」 제3조, 「행정절차법 시행령」 제2조 제6호는 「독점규제 및 공정거래에 관한 법률」(이하 '공정거래법'이라 한다)에 대하여 「행정절차법」의 적용이 배제되도록 규정하고 있다. 그 취지는 공정거래법의 적용을 받는 당사자에게 「행정절차법」이 정한 것보다 더 약한 절차적 보장을 하려는 것이 아니라, 오히려 그 의결절차상 인정되는 절차적 보장의 정도가 일반 행정절차와 비교하여 더 강화되어 있기 때문이다. 공정거래위원회에 강학상 '준사법기관'으로서의 성격이 부여되어 있다는 전제하에 공정거래위원회의 의결을 다투는 소를 서울고등법원의 전속관할로 정하고 있는 취지 역시 같은 전제로 볼 수 있다. 공정거래법 제52조의2가 당사자에게 단순한 열람·복사 '요청권'이 아닌 열람·복사 '요구권'을 부여한 취지 역시 이와 마찬가지이다. 이처럼 공정거래법 규정에 의한 처분의 상대방에게 부여된 절차적 권리의 범위와 한계를 확정하려면 「행정절차법」이 당사자에게 부여한 절차적 권리의 범위와 한계 수준을 고려하여야 한다. 나아가 '당사자'에게 보장된 절차적 권리는 단순한 '이해관계인'이 보유하는 절차적 권리와 같을 수는 없다(대판 2018.12.27., 2015두44028).

정답 | ②

559	
기출처	2023 지방직 9급
난이도	★★
키워드	행정절차법

관련기출 옳은지문
- 행정청이 처분기준 사전공표 의무를 위반하여 미리 공표하지 아니한 기준을 적용하여 처분을 하였다고 하더라도, 그러한 사정만으로 곧바로 해당 처분에 취소사유에 이를 정도의 흠이 존재한다고 볼 수는 없다. 23국가직7급

559
「행정절차법」에 대한 설명으로 옳지 않은 것은?

① 처분기준을 공표하는 것이 해당 처분의 성질상 현저히 곤란하거나 공공의 안전 또는 복리를 현저히 해치는 것으로 인정될 만한 상당한 이유가 있는 경우에는 처분기준을 공표하지 아니할 수 있다.
② 행정처분의 상대방에 대한 청문통지서가 반송되었거나 행정처분의 상대방이 청문일시에 불출석하였다는 이유만으로 행정청이 관계 법령상 그 실시가 요구되는 청문을 실시하지 아니하고 한 침해적 행정처분은 위법하다.
③ 「행정절차법」상 사전통지 및 의견제출에 대한 권리를 부여하고 있는 '당사자 등'에는 불이익처분의 직접 상대방인 당사자와 행정청이 직권으로 또는 신청에 따라 행정절차에 참여하게 한 이해관계인, 그 밖에 제3자가 포함된다.
④ 행정청이 처분을 하면서 당사자가 그 근거를 알 수 있을 정도로 이유를 제시한 경우에는 처분의 근거와 이유를 구체적으로 명시하지 않았더라도 그로 말미암아 그 처분이 위법하다고 볼 수는 없다.

해설

① (O) 「행정절차법」 제20조 제3항
② 빈출 (O) 행정처분의 상대방에 대한 청문통지서가 반송되었다거나, 행정처분의 상대방이 청문일시에 불출석하였다는 이유로 청문을 실시하지 아니하고 한 침해적 행정처분은 위법하다(대판 2001.4.13., 2000두3337).
③ (×) 「행정절차법」상 당사자 등에는 '그 밖에 제3자'가 포함되지 않는다.

> 「행정절차법」 제2조 【정의】 이 법에서 사용하는 용어의 뜻은 다음과 같다.
> 4. '당사자 등'이란 다음 각 목의 자를 말한다.
>   가. 행정청의 처분에 대하여 직접 그 상대가 되는 당사자
>   나. 행정청이 직권으로 또는 신청에 따라 행정절차에 참여하게 한 이해관계인

④ (O) 일반적으로 당사자가 근거 규정 등을 명시하여 신청하는 인·허가 등을 거부하는 처분을 함에 있어 당사자가 그 근거를 알 수 있을 정도로 상당한 이유를 제시한 경우에는 당해 처분의 근거 및 이유를 구체적 조항 및 내용까지 명시하지 않았더라도 그로 말미암아 그 처분이 위법한 것이 된다고 할 수 없다(대판 2002.5.17., 2000두8912).

정답 | ③

560
행정절차법령상 처분의 신청에 대한 설명으로 옳지 않은 것은? (다툼이 있는 경우 판례에 의함)

① 행정청은 신청인의 편의를 위하여 다른 행정청에 신청을 접수하게 할 수 있다.
② 행정청은 신청에 구비서류의 미비 등 흠이 있는 경우 접수를 거부하여야 한다.
③ 행정청은 처리기간이 '즉시'로 되어 있는 신청의 경우에는 접수증을 주지 아니할 수 있다.
④ 행정청은 다수의 행정청이 관여하는 처분을 구하는 신청을 접수한 경우에는 관계 행정청과의 신속한 협조를 통하여 그 처분이 지연되지 아니하도록 하여야 한다.

560	① ② ③
기출처	2023 국가직 9급
난이도	★
키워드	행정절차법

해설

① (○) 「행정절차법」 제17조 제7항 전단
② (×) 행정청은 신청에 구비서류의 미비 등 흠이 있는 경우에는 보완에 필요한 상당한 기간을 정하여 지체 없이 신청인에게 보완을 요구하여야 한다(동법 제17조 제5항).

> **고득점 플러스+**
> 「민원 처리에 관한 법률」 제9조 【민원의 접수】 ① 행정기관의 장은 민원의 신청을 받았을 때에는 다른 법령에 특별한 규정이 있는 경우를 제외하고는 그 접수를 보류하거나 거부할 수 없으며, 접수된 민원문서를 부당하게 되돌려 보내서는 아니 된다.

③ (○) 동법 제17조 제4항, 동법 시행령 제9조

> 「행정절차법」 제17조 【처분의 신청】 ④ 행정청은 신청을 받았을 때에는 다른 법령 등에 특별한 규정이 있는 경우를 제외하고는 그 접수를 보류 또는 거부하거나 부당하게 되돌려 보내서는 아니 되며, 신청을 접수한 경우에는 신청인에게 접수증을 주어야 한다. 다만, 대통령령으로 정하는 경우에는 접수증을 주지 아니할 수 있다.
> 「행정절차법 시행령」 제9조 【접수증】 법 제17조 제4항 단서에서 '대통령령이 정하는 경우'라 함은 다음 각 호의 1에 해당하는 신청의 경우를 말한다.
> 1. 구술·우편 또는 정보통신망에 의한 신청
> 2. 처리기간이 '즉시'로 되어 있는 신청
> 3. 접수증에 갈음하는 문서를 주는 신청

④ (○) 동법 제18조

정답 | ②

561

「행정절차법」에서 규정하고 있는 처분절차에 대한 설명으로 옳은 것만을 모두 고르면? (다툼이 있는 경우 판례에 의함)

> ㄱ. 「행정기본법」제24조에 따른 인허가의제의 경우 관련 인허가 행정청은 관련 인허가의 처분기준을 주된 인허가 행정청에 제출하여야 하고, 주된 인허가 행정청은 제출받은 관련 인허가의 처분기준을 통합하여 공표하여야 한다.
> ㄴ. 법인이나 조합 등의 설립허가의 취소처분은 처분의 당사자가 청문을 신청하지 않아도 청문을 실시한다.
> ㄷ. 하천점용허가신청을 행정청이 일정한 사유로 거부하는 경우에 신청에 대한 거부처분은 당사자의 권익을 제한하는 것으로서 처분의 사전통지 대상이 된다고 할 수 있다.
> ㄹ. 묘지공원과 화장장의 후보지를 선정하는 과정에서 추모공원건립추진협의회가 후보지 주민들의 의견을 청취하기 위하여 그 명의로 개최한 공청회는 「행정절차법」에서 정한 절차를 준수하여야 한다.

① ㄱ, ㄹ
② ㄴ, ㄷ
③ ㄱ, ㄴ
④ ㄷ, ㄹ

해설

ㄱ. (○) 「행정절차법」제20조 제2항
ㄴ. (○) 동법 제22조 제1항
ㄷ. **빈출** (×) 거부처분은 당사자에게 권익을 부여하지 않는 행위일 뿐 권익을 제한하는 행위는 아니다.

> 신청에 따른 처분이 이루어지지 아니한 경우에는 아직 당사자에게 권익이 부과되지 아니하였으므로 특별한 사정이 없는 한 신청에 대한 거부처분이라고 하더라도 직접 당사자의 권익을 제한하는 것은 아니어서 신청에 대한 거부처분을 여기에서 말하는 '당사자의 권익을 제한하는 처분'에 해당한다고 할 수 없는 것이어서 처분의 사전통지 대상이 된다고 할 수 없다(대판 2003.11.28., 2003두674).

ㄹ. (×) 묘지공원과 화장장의 후보지를 선정하는 과정에서 서울특별시, 비영리법인, 일반 기업 등이 공동발족한 협의체인 추모공원건립추진협의회가 후보지 주민들의 의견을 청취하기 위하여 그 명의로 개최한 공청회는 행정청이 도시계획시설결정을 하면서 개최한 공청회가 아니므로, 위 공청회의 개최에 관하여 「행정절차법」에서 정한 절차를 준수하여야 하는 것은 아니다(대판 2007.4.12., 2005두1893).

정답 | ③

562
행정절차에 대한 설명으로 옳지 않은 것은? (다툼이 있는 경우 판례에 의함)

① 당사자가 근거 규정 등을 명시하여 신청하는 인·허가 등을 거부하는 처분을 함에 있어 당사자가 그 근거를 알 수 있을 정도로 상당한 이유를 제시한 경우에는 당해 처분의 근거 및 이유를 구체적 조항 및 내용까지 명시하지 않았더라도 그로 말미암아 그 처분이 위법한 것이 된다고 할 수 없다.
② 환경영향평가절차를 거쳤다면, 환경영향평가의 내용이 다소 부실하다 하더라도, 그 부실의 정도가 환경영향평가를 하지 아니한 것과 다를 바 없는 정도의 것이 아니라면 당연히 당해 승인 등 처분이 위법하게 되는 것은 아니다.
③ 행정청이 당사자와 도시계획사업의 시행과 관련한 협약을 체결하면서 관계 법령 및 「행정절차법」에 규정된 청문의 실시 등 의견청취절차를 배제하는 조항을 두었다고 하더라도, 청문의 실시에 관한 규정의 적용을 배제할 수 있다고 볼 만한 법령상의 규정이 없는 한, 청문의 실시에 관한 규정의 적용이 배제된다거나 청문을 실시하지 않아도 되는 예외적인 경우에 해당한다고 할 수 없다.
④ 「국가공무원법」상 직위해제처분을 할 경우 처분의 사전통지 및 의견청취 등에 관한 「행정절차법」의 규정이 적용된다.

해설

① (○) 「행정절차법」 제23조 제1항은 행정청은 처분을 하는 때에는 당사자에게 그 근거와 이유를 제시하여야 한다고 규정하고 있는바, 일반적으로 당사자가 근거 규정 등을 명시하여 신청하는 인·허가 등을 거부하는 처분을 함에 있어 당사자가 그 근거를 알 수 있을 정도로 상당한 이유를 제시한 경우에는 당해 처분의 근거 및 이유를 구체적 조항 및 내용까지 명시하지 않았더라도 그로 말미암아 그 처분이 위법한 것이 된다고 할 수 없다(대판 2002.5.17., 2000두8912).
② (○) 환경영향평가법령에서 정한 환경영향평가를 거쳐야 할 대상사업에 대하여 그러한 환경영향평가를 거치지 아니하였음에도 승인 등 처분을 하였다면 그 처분은 위법하다 할 것이나, 그러한 절차를 거쳤다면, 비록 그 환경영향평가의 내용이 다소 부실하다 하더라도, 그 부실의 정도가 환경영향평가제도를 둔 입법 취지를 달성할 수 없을 정도이어서 환경영향평가를 하지 아니한 것과 다를 바 없는 정도의 것이 아닌 이상, 그 부실은 당해 승인 등 처분에 재량권 일탈·남용의 위법이 있는지 여부를 판단하는 하나의 요소로 됨에 그칠 뿐, 그 부실로 인하여 당연히 당해 승인 등 처분이 위법하게 되는 것이 아니다(대판 2006.3.16., 2006두330).
③ 빈출 (○) 행정청이 당사자와 사이에 도시계획사업의 시행과 관련한 협약을 체결하면서 관계 법령 및 「행정절차법」에 규정된 청문의 실시 등 의견청취절차를 배제하는 조항을 두었다고 하더라도 … 위와 같은 협약의 체결로 청문의 실시에 관한 규정의 적용을 배제할 수 있다고 볼 만한 법령상의 규정이 없는 한, 이러한 협약이 체결되었다고 하여 청문의 실시에 관한 규정의 적용이 배제된다거나 청문을 실시하지 않아도 되는 예외적인 경우에 해당한다고 할 수 없다(대판 2004.7.8., 2002두8350).
④ 빈출 (×) 공무원의 직위해제처분에 대해서 「행정절차법」을 준수하지 않아도 된다는 것이 대법원의 입장이다.

> 「국가공무원법」상 직위해제처분은 구 「행정절차법」 제3조 제2항 제9호, 동법 시행령 제2조 제3호에 의하여 당해 행정작용의 성질상 행정절차를 거치기 곤란하거나 불필요하다고 인정되는 사항 또는 행정절차에 준하는 절차를 거친 사항에 해당하므로, 처분의 사전통지 및 의견청취 등에 관한 「행정절차법」의 규정이 별도로 적용되지 아니한다고 봄이 상당하다(대판 2014.5.16., 2012두26180).

정답 | ④

563

「행정절차법」상 행정절차에 대한 설명으로 옳지 않은 것은? (다툼이 있는 경우 판례에 의함)

① 행정청이 처분절차를 준수하였는지는 취소소송의 본안에서 고려할 요소이지, 소송요건 심사단계에서 고려할 요소가 아니다.
② 신청인이 신청에 앞서 행정청의 허가업무 담당자에게 한 신청서의 내용에 대한 검토요청은 다른 특별한 사정이 없는 한 명시적이고 확정적인 신청의 의사표시로 보기 어렵다.
③ 「병역법」에 따라 지방병무청장이 산업기능요원에 대하여 산업기능요원 편입취소처분을 할 때에는 「행정절차법」에 따라 처분의 사전통지를 하고 의견제출의 기회를 부여하여야 한다.
④ 행정청은 행정처분의 상대방에 대한 청문통지서가 반송되었거나, 행정처분의 상대방이 청문일시에 불출석하였다는 이유로 청문절차를 생략하고 침해적 행정처분을 할 수 있다.

해설

④ 빈출 (×) 청문서가 반송되었다는 등의 이유로 청문을 생략한 침해적 행정처분은 위법하다.

> 행정처분의 상대방에 대한 청문통지서가 반송되었다거나, 행정처분의 상대방이 청문일시에 불출석하였다는 이유로 청문을 실시하지 아니하고 한 침해적 행정처분은 위법하다(대판 2001.4.13., 2000두3337).

정답 | ④

564

행정절차에 관한 설명으로 옳지 않은 것은? (다툼이 있는 경우 판례에 의함)

① 고시의 방법으로 불특정 다수인을 상대로 의무를 부과하거나 권익을 제한하는 처분의 경우도 그 상대방에게 의견제출의 기회를 주어야 한다.
② 정보통신망을 이용하여 전자문서로 송달하는 경우에는 송달받을 자가 지정한 컴퓨터 등에 입력된 때에 도달된 것으로 본다.
③ 과세처분에 대한 전심절차가 모두 끝나고 상고심의 계류 중에 세액산출근거의 통지가 있었다고 하여 이로써 과세처분의 하자가 치유되었다고는 볼 수 없다.
④ 행정청이 허가를 거부하는 처분을 함에 있어 당사자가 그 근거를 알 수 있을 정도로 상당한 이유를 제시하였다면, 구체적 조항 및 내용까지 명시하지 않았더라도 그로 말미암아 그 처분이 위법하게 되지는 않는다.

해설

① 빈출 (×) '고시'의 방법으로 불특정 다수인을 상대로 의무를 부과하거나 권익을 제한하는 처분은 성질상 의견제출의 기회를 주어야 하는 상대방을 특정할 수 없으므로, 이와 같은 처분에 있어서까지 구 「행정절차법」 제22조 제3항에 의하여 그 상대방에게 의견제출의 기회를 주어야 한다고 해석할 것은 아니다(대판 2014.10.27., 2012두7745).
② (○) 「행정절차법」 제15조 제2항
③ (○) 세액산출근거가 누락된 납세고지서에 의한 과세처분의 하자의 치유를 허용하려면 늦어도 과세처분에 대한 불복 여부의 결정 및 불복신청에 편의를 줄 수 있는 상당한 기간 내에 하여야 한다고 할 것이므로 위 과세처분에 대한 전심절차가 모두 끝나고 상고심의 계류 중에 세액산출근거의 통지가 있었다고 하여 이로써 위 과세처분의 하자가 치유되었다고는 볼 수 없다(대판 1984.4.10., 83누393).

④ (○) 「행정절차법」 제23조 제1항은 행정청은 처분을 하는 때에는 당사자에게 그 근거와 이유를 제시하여야 한다고 규정하고 있는바, 일반적으로 당사자가 근거 규정 등을 명시하여 신청하는 인·허가 등을 거부하는 처분을 함에 있어 당사자가 그 근거를 알 수 있을 정도로 상당한 이유를 제시한 경우에는 당해 처분의 근거 및 이유를 구체적 조항 및 내용까지 명시하지 않았더라도 그로 말미암아 그 처분이 위법한 것이 된다고 할 수 없다 (대판 2002.5.17., 2000두8912).

정답 | ①

565

행정절차에 대한 설명으로 옳지 않은 것은?

① 「행정절차법」상 행정청은 처분을 할 때에 단순·반복적인 처분 또는 경미한 처분으로서 당사자가 그 이유를 명백히 알 수 있는 경우에는 처분 후 당사자가 요청하더라도 당사자에게 그 근거와 이유를 제시하지 않아도 된다.
② 육군3사관학교의 사관생도에 대한 징계절차에서 징계심의대상자가 대리인으로 선임한 변호사가 징계위원회 심의에 출석하여 진술하려고 하였음에도, 징계권자나 그 소속 직원이 변호사가 징계위원회의 심의에 출석하는 것을 막은 후 내린 징계위원회의 징계의결에 따른 징계처분은 특별한 사정이 없는 한 위법하여 원칙적으로 취소되어야 한다.
③ 공무원 인사관계 법령에 의한 처분에 관한 사항 전부에 대하여 「행정절차법」의 적용이 배제되는 것이 아니라 성질상 행정절차를 거치기 곤란하거나 불필요하다고 인정되는 처분이나 행정절차에 준하는 절차를 거치도록 하고 있는 처분의 경우에만 「행정절차법」의 적용이 배제된다.
④ 군인사법령에 의하여 진급예정자명단에 포함된 자에 대하여 「행정절차법」상 의견제출의 기회를 부여하지 아니한 채 진급선발을 취소한 처분은 위법하다.

565

기출처	2024 지방직 9급
난이도	★★
키워드	행정절차법

해설

① **빈출** (×) 단순·반복적인 처분 또는 경미한 처분으로서 당사자가 그 이유를 명백히 알 수 있는 경우와 긴급히 처분을 할 필요가 있는 경우에는 이유제시를 생략할 수 있으나, 처분 후 당사자가 요청하는 경우에는 그 근거와 이유를 제시하여야 한다.

> 「행정절차법」 제23조 【처분의 이유 제시】 ① 행정청은 처분을 할 때에는 다음 각 호의 어느 하나에 해당하는 경우를 제외하고는 당사자에게 그 근거와 이유를 제시하여야 한다.
> 1. 신청 내용을 모두 그대로 인정하는 처분인 경우
> 2. 단순·반복적인 처분 또는 경미한 처분으로서 당사자가 그 이유를 명백히 알 수 있는 경우
> 3. 긴급히 처분을 할 필요가 있는 경우
> ② 행정청은 제1항 제2호 및 제3호의 경우에 처분 후 당사자가 요청하는 경우에는 그 근거와 이유를 제시하여야 한다.

② (○) 육군3사관학교의 사관생도에 대한 징계절차에서 징계심의대상자가 대리인으로 선임한 변호사가 징계위원회 심의에 출석하여 진술하려고 하였음에도, 징계권자나 그 소속 직원이 변호사가 징계위원회의 심의에 출석하는 것을 막았다면 징계위원회 심의·의결의 절차적 정당성이 상실되어 그 징계의결에 따른 징계처분은 위법하여 원칙적으로 취소되어야 한다(대판 2018.3.13., 2016두33339).
③ **빈출** (○) 공무원 인사관계 법령에 의한 처분에 관한 사항이라 하더라도 전부에 대하여 「행정절차법」의 적용이 배제되는 것이 아니라, 성질상 행정절차를 거치기 곤란하거나 불필요하다고 인정되는 처분이나 행정절차에 준하는 절차를 거치도록 하고 있는 처분의 경우에만 「행정절차법」의 적용이 배제되는 것으로 보아야 하고, 이러한 법리는 '공무원 인사관계 법령에 의한 처분'에 해당하는 별정직 공무원에 대한 직권면직처분의 경우에도 마찬가지로 적용된다(대판 2013.1.16., 2011두30687).
④ (○) 군인사법령에 의하여 진급예정자명단에 포함된 자에 대하여 의견제출의 기회를 부여하지 아니한 채 진급선발을 취소하는 처분을 한 것이 절차상 하자가 있어 위법하다(대판 2007.9.21., 2006두20631).

정답 | ①

566

처분에 관한 행정절차에 관한 설명 중 옳지 않은 것은? (다툼이 있는 경우 판례에 의함)

① 당사자 등은 공표된 처분기준이 명확하지 아니한 경우 해당 행정청에 그 해석 또는 설명을 요청할 수 있다. 이 경우 해당 행정청은 특별한 사정이 없으면 그 요청에 따라야 한다.
② 국민생활에 큰 영향을 미치는 처분으로서 대통령령으로 정하는 처분에 대하여 대통령령으로 정하는 수 이상의 당사자 등이 공청회 개최를 요구하는 경우에는 공청회를 개최한다.
③ 도로구역변경결정은 「행정절차법」 제21조 제1항의 사전통지나 제22조 제3항의 의견청취의 대상이 되는 처분이 아니다.
④ 공무원에 대한 수사과정 및 징계과정에서 자신의 비위행위에 대한 해명기회를 가졌다면 처분이 「행정절차법」 제21조 제4항 제3호, 제22조 제4항에 따라 공무원에게 사전통지를 하지 않거나 의견제출의 기회를 주지 아니하여도 되는 예외적인 경우에 해당한다고 할 수 있다.

해설

④ (×) 원고가 수사과정 및 징계과정에서 자신의 비위행위에 대한 해명기회를 가졌다는 사정만으로 이 사건 처분이 「행정절차법」 제21조 제4항 제3호, 제22조 제4항에 따라 원고에게 사전통지를 하지 않거나 의견제출의 기회를 주지 아니하여도 되는 예외적인 경우에 해당한다고 할 수 없으므로, 피고가 이 사건 처분을 함에 있어 원고에게 의견제출의 기회를 부여하지 아니한 이상, 이 사건 처분은 절차상 하자가 있어 위법하다고 할 것이다(대판 2007.9.21., 2006두20631).

정답 | ④

관련기출 옳은지문
- 「도로법」에 따른 도로구역의 변경은 고시와 열람의 절차를 거치므로 「행정절차법」상 사전통지나 의견청취의 대상이 되지 않는다.
  20국회직9급

567

행정절차에 대한 설명으로 옳지 않은 것은? (다툼이 있는 경우 판례에 의함)

① 행정청은 처분에 오기(誤記), 오산(誤算) 또는 그 밖에 이에 준하는 명백한 잘못이 있을 때에는 직권으로 또는 신청에 따라 지체 없이 정정하고 그 사실을 당사자에게 통지하여야 한다.
② 행정청은 당사자 등이 제출한 의견을 반영하지 아니하고 처분을 한 경우 당사자 등이 처분이 있음을 안 날부터 90일 이내에 그 이유의 설명을 요청하면 서면으로 그 이유를 알려야 한다.
③ 행정청이 청문절차를 이행하면서 청문서 도달기간을 위반한 하자는 상대방이 이의를 제기하지 아니한 채 스스로 청문일에 출석하여 그 의견을 진술하고 변명하는 등 방어의 기회를 충분히 가졌다고 해도 청문서 도달기간을 준수하지 아니한 하자는 치유될 수 없다.
④ 전문적이고 공정한 청문을 위하여 행정청이 청문 주재자를 2명 이상으로 선정할 필요가 있다고 인정하는 처분에는 청문 주재자를 2명 이상으로 선정할 수 있다.

해설

① (○) 「행정절차법」 제25조
② (○) 동법 제27조의2 제2항
③ **빈출** (×) 행정청이 청문서 도달기간을 다소 어겼다 하더라도 영업자가 이에 대하여 이의하지 아니한 채 스스로 청문일에 출석하여 그 의견을 진술하고 변명하는 등 방어의 기회를 충분히 가졌다면 청문서 도달기간을 준수하지 아니한 하자는 치유되었다고 봄이 상당하다(대판 1992.10.23., 92누2844).
④ (○) 동법 제28조 제2항 제3호

정답 | ③

568

행정절차에 대한 내용으로 옳고(○) 그름(×)이 순서대로 연결된 것은? (다툼이 있는 경우 판례에 의함)

ㄱ. 행정청은 직권으로 또는 당사자의 신청에 따라 여러 개의 사안을 병합하거나 분리하여 청문을 할 수 있다.

ㄴ. 신청 내용을 모두 그대로 인정하는 처분인 경우에는 처분의 근거와 이유를 제시하지 않아도 되지만 처분 후 당사자가 요청하는 경우에는 그 근거와 이유를 제시하여야 한다.

ㄷ. 처분 전에 행정청 사무실에 방문하여 피고 소속 공무원에게 '처분을 좀 연기해 달라'는 내용의 서류를 제출한 것은 「여객자동차 운수사업법」과 「행정절차법」이 필요적으로 실시하도록 규정하고 있는 청문을 실시한 것으로 볼 수 있다.

ㄹ. 사전통지를 하지 않아도 되는 예외적 사유에 '법원의 재판 또는 준사법적 절차를 거치는 행정기관의 결정 등에 따라 처분의 전제가 되는 사실이 객관적으로 증명되어 처분에 따른 의견청취가 불필요하다고 인정되는 경우'는 처분의 전제가 되는 '일부' 사실만 증명된 경우이거나 의견청취에 따라 행정청의 처분 여부나 처분 수위가 달라질 수 있는 경우라면 위 예외사유에 해당하지 않는다.

	ㄱ	ㄴ	ㄷ	ㄹ
①	○	×	○	×
②	○	×	×	○
③	×	○	○	×
④	×	○	×	○

해설

ㄱ. (○) 「행정절차법」 제32조

ㄴ. 빈출 (×) 신청 내용을 모두 인정하는 처분은 상대방이 이유제시를 요청하여도 이유제시의 의무가 없다.

> 「행정절차법」 제23조 【처분의 이유제시】 ① 행정청은 처분을 할 때에는 다음 각 호의 어느 하나에 해당하는 경우를 제외하고는 당사자에게 그 근거와 이유를 제시하여야 한다.
> 1. 신청 내용을 모두 그대로 인정하는 처분인 경우
> 2. 단순·반복적인 처분 또는 경미한 처분으로서 당사자가 그 이유를 명백히 알 수 있는 경우
> 3. 긴급히 처분을 할 필요가 있는 경우
> ② 행정청은 제1항 제2호 및 제3호의 경우에 처분 후 당사자가 요청하는 경우에는 그 근거와 이유를 제시하여야 한다.

ㄷ. (×) 처분 전에 피고의 사무실에 방문하여 피고 소속 공무원에게 '처분을 좀 연기해 달라'는 내용의 서류를 제출한 것을 들어, 「여객자동차 운수사업법」과 「행정절차법」이 필요적으로 실시하도록 규정하고 있는 청문을 실시한 것으로 볼 수는 없다(대판 2017.4.7., 2016두63224).

ㄹ. (○) 「행정절차법 시행령」 제13조 제2호에서 정한 '법원의 재판 또는 준사법적 절차를 거치는 행정기관의 결정 등에 따라 처분의 전제가 되는 사실이 객관적으로 증명되어 처분에 따른 의견청취가 불필요하다고 인정되는 경우'는 법원의 재판 등에 따라 처분의 전제가 되는 사실이 객관적으로 증명되면 행정청이 반드시 일정한 처분을 해야 하는 경우 등 의견청취가 행정청의 처분 여부나 그 수위 결정에 영향을 미치지 못하는 경우를 의미한다고 보아야 한다. 처분의 전제가 되는 '일부' 사실만 증명된 경우이거나 의견청취에 따라 행정청의 처분 여부나 처분 수위가 달라질 수 있는 경우라면 위 예외사유에 해당하지 않는다(대판 2020.7.23., 2017두66602).

정답 | ②

569

관련기출 옳은지문
- 행정청이 당사자와 사이에 도시계획사업의 시행과 관련한 협약을 체결하면서 청문의 실시를 배제하는 조항을 둔 경우, 청문의 실시에 관한 규정의 적용이 배제되거나 청문을 실시하지 않아도 되는 예외적인 경우에 해당하지 않는다. 24군무원9급

「행정절차법」상 처분의 사전통지 및 의견청취 등에 대한 설명으로 옳은 것은? (다툼이 있는 경우 판례에 의함)

① 고시의 방법으로 불특정 다수인을 상대로 권익을 제한하는 처분을 할 경우 당사자는 물론 제3자에게도 의견제출의 기회를 주어야 한다.
② 청문은 다른 법령 등에서 규정하고 있는 경우 이외에 행정청이 필요하다고 인정하는 경우에도 실시할 수 있으나, 공청회는 다른 법령 등에서 규정하고 있는 경우에만 개최할 수 있다.
③ 행정청이 당사자에게 의무를 과하거나 권익을 제한하는 처분을 하는 경우에는 처분의 사전통지를 하여야 하는데, 이때의 처분에는 신청에 대한 거부처분도 포함된다.
④ 행정청이 당사자와 사이에 도시계획사업시행 관련 협약을 체결하면서 청문 실시를 배제하는 조항을 두었더라도, 이와 같은 협약의 체결로 청문 실시규정의 적용을 배제할만한 법령상 규정이 없는 한, 이러한 협약이 체결되었다고 하여 청문을 실시하지 않아도 되는 예외적인 경우에 해당한다고 할 수 없다.

해설

① **빈출** (×) 고시 등의 불특정 다수인을 상대로 하는 처분은 의견진술의 기회를 부여하지 않아도 된다.
② **빈출** (×) 「행정절차법」제22조

> 「행정절차법」제22조【의견청취】① 행정청이 처분을 할 때 다음 각 호의 어느 하나에 해당하는 경우에는 청문을 한다.
> 1. 다른 법령 등에서 청문을 하도록 규정하고 있는 경우
> 2. 행정청이 필요하다고 인정하는 경우
> 3. 다음 각 목의 처분을 하는 경우
>   가. 인허가 등의 취소
>   나. 신분·자격의 박탈
>   다. 법인이나 조합 등의 설립허가의 취소
> ② 행정청이 처분을 할 때 다음 각 호의 어느 하나에 해당하는 경우에는 공청회를 개최한다.
> 1. 다른 법령 등에서 공청회를 개최하도록 규정하고 있는 경우
> 2. 해당 처분의 영향이 광범위하여 널리 의견을 수렴할 필요가 있다고 행정청이 인정하는 경우
> 3. 국민생활에 큰 영향을 미치는 처분으로서 대통령령으로 정하는 처분에 대하여 대통령령으로 정하는 수 이상의 당사자 등이 공청회 개최를 요구하는 경우

③ **빈출** (×) 거부처분은 사전통지 대상이 아니다.

> 신청에 따른 처분이 이루어지지 아니한 경우에는 아직 당사자에게 권익이 부과되지 아니하였으므로 특별한 사정이 없는 한 신청에 대한 거부처분이라고 하더라도 직접 당사자의 권익을 제한하는 것은 아니어서 신청에 대한 거부처분을 여기에서 말하는 '당사자의 권익을 제한하는 처분'에 해당한다고 할 수 없는 것이어서 처분의 사전통지 대상이 된다고 할 수 없다(대판 2003.11.28., 2003두674).

④ **빈출** (○) 협약을 체결하면서 법령상의 청문규정을 배제할 수 없다(대판 2004.7.8., 2002두8350).

정답 | ④

570

행정절차에 대한 설명으로 옳은 것은? (다툼이 있는 경우 판례에 의함)

① 퇴직연금의 환수결정은 당사자에게 의무를 과하는 처분이기는 하나 관련 법령에 따라 당연히 환수금액이 정하여지는 것이므로, 퇴직연금의 환수결정에 앞서 당사자에게 의견진술의 기회를 주지 아니하여도 「행정절차법」에 어긋나지 아니한다.
② 수익적 행정행위의 신청에 대한 거부처분은 직접 당사자의 권익을 제한하는 처분에 해당하므로, 그 거부처분은 「행정절차법」상 처분의 사전통지 대상이 된다.
③ 절차상의 하자를 이유로 과세처분을 취소하는 판결이 확정된 후 그 위법사유를 보완하여 이루어진 새로운 부과처분은 확정판결의 기판력에 저촉된다.
④ 행정청이 당사자와 사이에 도시계획사업의 시행과 관련한 협약을 체결하면서 관련 법령상 요구되는 청문절차를 배제하는 조항을 두었다면, 이는 청문을 실시하지 않아도 되는 예외적인 경우에 해당한다.

570	
기출처	2020 국가직 9급
난이도	★★
키워드	행정절차법

관련기출 옳은지문
· 공무원의 퇴직연금의 환수결정은 당사자에게 의무를 과하는 처분이기는 하나, 관련 법령에 따라 당연히 환수금액이 정하여지는 것이므로 당사자에게 의견진술의 기회를 주지 아니하여도 「행정절차법」 제22조 제3항에 어긋나지 아니한다.
23국회직9급

해설

① 빈출 (○) 법이 정한 의무부과의 경우에는 사전통지나 의견진술의 기회를 부여하지 않더라도 위법이 아니다 (대판 2000.11.28., 99두5443).
② 빈출 (×) 신청에 따른 처분이 이루어지지 아니한 경우에는 아직 당사자에게 권익이 부과되지 아니하였으므로 특별한 사정이 없는 한 신청에 대한 거부처분을 여기에서 말하는 '당사자의 권익을 제한하는 처분'에 해당한다고 할 수 없는 것이어서 처분의 사전통지 대상이 된다고 할 수 없다(대판 2003.11.28., 2003두674).
③ 빈출 (×) 과세의 절차 내지 형식에 위법이 있어 과세처분을 취소하는 판결이 확정되었을 때는 그 확정판결의 기판력은 거기에 적시된 절차 내지 형식의 위법사유에 한하여 미치는 것이므로 과세관청은 그 위법사유를 보완하여 다시 새로운 과세처분을 할 수 있고 그 새로운 과세처분은 확정판결에 의하여 취소된 종전의 과세처분과는 별개의 처분이라 할 것이어서 확정판결의 기판력에 저촉되는 것이 아니다(대판 1987.2.10., 86누91).
④ 빈출 (×) 행정청이 당사자와 사이에 도시계획사업의 시행과 관련한 협약을 체결하면서 관계 법령 및 「행정절차법」에 규정된 청문의 실시 등 의견청취절차를 배제하는 조항을 두었다고 하더라도, 위와 같은 협약의 체결로 청문의 실시에 관한 규정의 적용을 배제할수 있다고 볼 만한 법령상의 규정이 없는 한, 이러한 협약이 체결되었다고 하여 청문의 실시에 관한 규정의 적용이 배제된다거나 청문을 실시하지 않아도 되는 예외적인 경우에 해당한다고 할 수 없다(대판 2004.7.8., 2002두8350).

정답 | ①

571

「행정절차법」에 관한 설명으로 옳지 않은 것은? (다툼이 있는 경우 판례에 의함)

① 행정청은 당사자에게 의무를 부과하거나 권익을 제한하는 처분을 하는 경우에는 미리 일정한 사항을 당사자 등에게 사전에 통지하여야 한다.
② 행정청은 처분 후 1년 이내에 당사자 등이 요청하는 경우에는 청문·공청회 또는 의견제출을 위하여 제출받은 서류나 그 밖의 물건을 반환하여야 한다.
③ 구 「도시계획법」 제23조 제5항의 규정에 의한 사업시행자 지정처분을 취소함에 있어서 청문을 실시하지 아니한 경우, 그 절차를 결여한 지정처분의 취소처분은 위법한 처분으로서 취소사유에 해당한다.
④ 공청회가 행정청이 책임질 수 없는 사유로 개최되지 못하거나 개최는 되었으나 정상적으로 진행되지 못하고 무산된 횟수가 2회 이상인 경우에는 행정청은 온라인공청회를 단독으로 개최할 수 있다.

해설

① (○) 행정청은 원칙적으로 의무를 부과하거나 권익을 제한하는 처분시에는 사전통지를 하여야 한다.
② (○) 「행정절차법」 제22조 제6항
③ (○) 대판 2004.7.8., 2002두8350
④ (×) 동법 제38조의2 제2항

> 「행정절차법」 제38조의2 【온라인공청회】 ② 제1항에도 불구하고 다음 각 호의 어느 하나에 해당하는 경우에는 온라인공청회를 단독으로 개최할 수 있다.
> 1. 국민의 생명·신체·재산의 보호 등 국민의 안전 또는 권익보호 등의 이유로 제38조에 따른 공청회를 개최하기 어려운 경우
> 2. 제38조에 따른 공청회가 행정청이 책임질 수 없는 사유로 개최되지 못하거나 개최는 되었으나 정상적으로 진행되지 못하고 무산된 횟수가 3회 이상인 경우

정답 | ④

572

「행정절차법」의 내용에 관한 설명으로 옳은 것은?

① 확약을 한 후에 확약의 내용을 이행할 수 없을 정도로 법령 등이나 사정이 변경된 경우에 행정청은 확약에 기속되지 아니하여 실효되고 이행하지 않아도 되는 사실을 통지할 의무는 없다.
② 행정청은 위반사실의 공표된 내용이 사실과 다른 것으로 밝혀지거나 공표에 포함된 처분이 취소된 경우에는 그 내용을 정정하여, 정정한 내용을 지체 없이 해당 공표와 같은 방법으로 공표된 기간 이상 공표하여야 한다. 다만, 당사자가 원하지 아니하면 공표하지 아니할 수 있다.
③ 행정청은 위반사실 등의 공표를 할 때에는 해당 공표의 성질상 의견청취가 현저히 곤란하거나 명백히 불필요하다고 인정될 만한 타당한 이유가 있는 경우에 미리 당사자에게 그 사실을 통지하고 의견제출의 기회를 주어야 한다.
④ 행정청은 신고인의 신고에 하자가 있는 경우에 보완을 요구할 의무는 없으며 이유를 구체적으로 밝혀 신고서를 되돌려 보내야 한다.

572	
기출처	예상문제
난이도	★★
키워드	행정절차법

관련기출 옳은지문
- 행정청은 위반사실 등의 공표를 할 때에는 특별한 사정이 없는 한 미리 당사자에게 그 사실을 통지하고 의견제출의 기회를 주어야 하며, 의견제출의 기회를 받은 당사자는 공표 전에 관할 행정청에 서면이나 말 또는 정보통신망을 이용하여 의견을 제출할 수 있다. 23국가직7급

해설

① (×) 확약이 실효되는 것은 옳으나 이 경우 지체 없이 당사자에게 그 사실을 통지하여야 한다.

> 「행정절차법」 제40조의2【확약】④ 행정청은 다음 각 호의 어느 하나에 해당하는 경우에는 확약에 기속되지 아니한다.
> 1. 확약을 한 후에 확약의 내용을 이행할 수 없을 정도로 법령 등이나 사정이 변경된 경우
> 2. 확약이 위법한 경우
> ⑤ 행정청은 확약이 제4항 각 호의 어느 하나에 해당하여 확약을 이행할 수 없는 경우에는 지체 없이 당사자에게 그 사실을 통지하여야 한다.

② (○) 동법 제40조의3 제8항

> 「행정절차법」 제40조의3【위반사실 등의 공표】⑧ 행정청은 공표된 내용이 사실과 다른 것으로 밝혀지거나 공표에 포함된 처분이 취소된 경우에는 그 내용을 정정하여, 정정한 내용을 지체 없이 해당 공표와 같은 방법으로 공표된 기간 이상 공표하여야 한다. 다만, 당사자가 원하지 아니하면 공표하지 아니할 수 있다.

③ (×) 해당 공표의 성질상 의견청취가 현저히 곤란하거나 명백히 불필요하다고 인정될 만한 타당한 이유가 있는 경우에는 그러하지 아니하다.

> 「행정절차법」 제40조의3【위반사실 등의 공표】③ 행정청은 위반사실 등의 공표를 할 때에는 미리 당사자에게 그 사실을 통지하고 의견제출의 기회를 주어야 한다. 다만, 다음 각 호의 어느 하나에 해당하는 경우에는 그러하지 아니하다.
> 1. 공공의 안전 또는 복리를 위하여 긴급히 공표를 할 필요가 있는 경우
> 2. 해당 공표의 성질상 의견청취가 현저히 곤란하거나 명백히 불필요하다고 인정될 만한 타당한 이유가 있는 경우
> 3. 당사자가 의견진술의 기회를 포기한다는 뜻을 명백히 밝힌 경우

④ (×) 보완을 요구하여야 하고, 신고인이 기간 내에 보완을 하지 아니하였을 때에는 그 이유를 구체적으로 밝혀 해당 신고서를 되돌려 보내야 한다.

> 「행정절차법」 제40조【신고】③ 행정청은 제2항 각 호의 요건을 갖추지 못한 신고서가 제출된 경우에는 지체 없이 상당한 기간을 정하여 신고인에게 보완을 요구하여야 한다.
> ④ 행정청은 신고인이 제3항에 따른 기간 내에 보완을 하지 아니하였을 때에는 그 이유를 구체적으로 밝혀 해당 신고서를 되돌려 보내야 한다.

정답 | ②

573	
기출처	2021 소방직
난이도	★★
키워드	행정절차법

573

「행정절차법」에 대한 설명으로 옳지 않은 것은?

① 공청회는 다른 법령 등에서 공청회를 개최하도록 규정하고 있는 경우 또는 당해 처분의 영향이 광범위하여 널리 의견을 수렴할 필요가 있다고 행정청이 인정하는 경우에 개최된다.

② 행정응원을 위하여 파견된 직원은 당해 직원의 복무에 관하여 다른 법령 등에 특별한 규정이 없는 한, 응원을 요청한 행정청의 지휘·감독을 받는다.

③ 행정응원에 소요되는 비용은 응원을 요청한 행정청이 부담하며, 그 부담금액 및 부담방법은 응원을 행하는 행정청의 결정에 의한다.

④ 송달이 불가능하여 관보, 공보 등에 공고한 경우에는 다른 법령 등에 특별한 규정이 있는 경우를 제외하고 공고일부터 14일이 지난 때에 그 효력이 발생한다. 다만, 긴급히 시행하여야 할 특별한 사유가 있어 효력발생시기를 달리 정해 공고한 경우에는 그에 따른다.

해설

③ 지엽 (×) 행정응원에 드는 비용은 응원을 요청한 행정청이 부담하며, 그 부담금액 및 부담방법은 응원을 요청한 행정청과 응원을 하는 행정청이 협의하여 결정한다(「행정절차법」 제8조 제6항).

④ (○) 「행정절차법」 제15조 제3항 ❶

정답 | ③

❶ 「행정업무의 운영 및 혁신에 관한 규정」에 의하면 공시송달의 효력 발생 시기는 공시 후 5일이 경과한 때이다. 문제가 어떻게 제시되는지에 따라 답이 달라질 수 있음을 유의해야 한다.

574

「행정절차법」상 의견청취절차에 대한 설명으로 옳은 것만을 모두 고르면? (다툼이 있는 경우 판례에 의함)

> ㄱ. 의견제출제도는 당사자에게 의무를 부과하거나 권익을 제한하는 경우에 적용되고 수익적 행위나 수익적 행위의 신청에 대한 거부에는 적용이 없으며, 일반처분의 경우에도 적용이 없다.
> ㄴ. 처분의 상대방에게 이익이 되며 제3자의 권익을 침해하는 이중효과적 행정행위는 「행정절차법」상 사전통지·의견제출의 대상이 된다.
> ㄷ. 「공무원연금법」상 퇴직연금의 환수결정은 당사자에게 의무를 과하는 처분이므로, 퇴직연금의 환수결정에 앞서 당사자에게 「행정절차법」상의 의견진술의 기회를 주지 아니한 경우 당해 처분은 「행정절차법」 위반이다.
> ㄹ. 행정청과 당사자 사이에 청문의 실시 등 의견청취절차를 배제하는 협약이 있었다 하더라도, 이와 같은 협약의 체결로 청문의 실시에 관한 규정의 적용을 배제할 수 있다고 볼 만한 법령상의 규정이 없는 한, 청문의 실시에 관한 규정의 적용이 배제되지 않으며 청문을 실시하지 않아도 되는 예외적인 경우에 해당하지 아니한다.

① ㄱ, ㄴ
② ㄱ, ㄹ
③ ㄴ, ㄷ
④ ㄷ, ㄹ

574	
기출처	2019 지방직 7급
난이도	★★★
키워드	행정절차법

해설

ㄱ. **빈출** (○) 의견청취제도는 '당사자에게 의무를 부과하거나 권익을 제한하는 처분'을 하는 경우에 당사자 등에게 사전통지를 하여 의견을 청취하는 절차이다. 따라서 당사자에게 수익을 부여하는 처분이나 신청에 대한 거부처분, 불특정다수인을 대상으로 하는 일반처분 등에는 적용되지 않는다.

ㄴ. (×) 당사자에게 의무를 부과하거나 권익을 제한하는 처분이 아니라면 사전통지·의견제출의 대상이 아니다.

> 「행정절차법」 제21조 【처분의 사전통지】 ① 행정청은 당사자에게 의무를 부과하거나 권익을 제한하는 처분을 하는 경우에는 미리 다음 각 호의 사항을 당사자 등에게 통지하여야 한다.
> 제22조 【의견청취】 ③ 행정청이 당사자에게 의무를 부과하거나 권익을 제한하는 처분을 할 때 제1항 또는 제2항의 경우 외에는 당사자 등에게 의견제출의 기회를 주어야 한다.

ㄷ. **빈출** (×) 퇴직연금의 환수결정은 당사자에게 의무를 과하는 처분이기는 하나, 관련 법령에 따라 당연히 환수금액이 정하여지는 것이므로, 퇴직연금의 환수결정에 앞서 당사자에게 의견진술의 기회를 주지 아니하여도 「행정절차법」 제22조 제3항이나 신의칙에 어긋나지 아니한다(대판 2000.11.28., 99두5443).

ㄹ. (○) 행정청이 당사자와의 협약을 통해 법령에 규정된 청문을 배제하기로 하는 규정을 두어 청문을 실시하지 않을 수 있는지에 대하여 이를 허용할 수 없다는 것이 대법원의 입장이다.

> 행정청이 당사자와 사이에 도시계획사업의 시행과 관련한 협약을 체결하면서 관계 법령 및 「행정절차법」에 규정된 청문의 실시 등 의견청취절차를 배제하는 조항을 두었다고 하더라도, 위와 같은 협약의 체결로 청문의 실시에 관한 규정의 적용을 배제할 수 있다고 볼 만한 법령상의 규정이 없는 한, 이러한 협약이 체결되었다고 하여 청문의 실시에 관한 규정의 적용이 배제된다거나 청문을 실시하지 않아도 되는 예외적인 경우에 해당한다고 할 수 없다(대판 2004.7.8., 2002두8350).

정답 | ②

575

행정절차에 관한 내용으로 옳지 않은 것은? (다툼이 있는 경우 판례에 의함)

① 당사자 등은 공청회의 경우에는 처분의 사전통지가 있는 날부터 공청회의 종료시까지, 청문의 경우에는 청문의 통지가 있는 날부터 청문이 끝날 때까지 행정청에 해당 사안의 조사결과에 관한 문서와 그 밖에 해당 처분과 관련되는 문서의 열람 또는 복사를 요청할 수 있다.

② 청문 주재자는 당사자 등의 전부 또는 일부가 정당한 사유로 청문기일에 출석하지 못하거나 의견서를 제출하지 못한 경우에는 10일 이상의 기간을 정하여 이들에게 의견진술 및 증거제출을 요구하여야 하며, 해당 기간이 지났을 때에 청문을 마칠 수 있다.

③ 처분 당시 당사자가 어떠한 근거와 이유로 처분이 이루어진 것인지를 충분히 알 수 있어서 그에 불복하여 행정구제절차로 나아가는 데에 별다른 지장이 없었던 것으로 인정되는 경우에는 처분서에 처분의 근거와 이유가 구체적으로 명시되어 있지 않았다고 하더라도 그로 말미암아 그 처분이 위법한 것으로 된다고 할 수는 없다.

④ 부과관청이 부과처분에 앞서 「택지소유상한에 관한 법률 시행령」에 따라 부담금예정통지서에 필요적 기재사항이 제대로 기재되어 있었다면 부과처분에 대한 불복 여부의 결정 및 불복신청에 전혀 지장을 받지 않았음이 명백하므로, 이로써 납부고지서의 흠결이 보완되거나 하자가 치유될 수 있다.

해설

① **지엽** (×) 공청회는 문서열람규정이 없다.

> 「행정절차법」 제37조 【문서의 열람 및 비밀유지】 ① 당사자 등은 의견제출의 경우에는 처분의 사전통지가 있는 날부터 의견제출기한까지, 청문의 경우에는 청문의 통지가 있는 날부터 청문이 끝날 때까지 행정청에 해당 사안의 조사결과에 관한 문서와 그 밖에 해당 처분과 관련되는 문서의 열람 또는 복사를 요청할 수 있다. 이 경우 행정청은 다른 법령에 따라 공개가 제한되는 경우를 제외하고는 그 요청을 거부할 수 없다.

정답 | ①

576

처분에 관한 행정절차의 내용으로 옳지 않은 것은? (다툼이 있는 경우 판례에 의함)

① 행정청에 처분을 구하는 신청은 문서로 하여야 한다. 다만, 다른 법령 등에 특별한 규정이 있는 경우와 행정청이 미리 다른 방법을 정하여 공시한 경우에는 그러하지 아니하다.

② 처분을 신청할 때 전자문서로 하는 경우에는 행정청의 컴퓨터 등에 입력된 때에 신청한 것으로 본다.

③ 행정청은 상대방의 신청에 구비하여야 할 서류 등을 갖추지 못하여 흠이 있는 경우에는 보완에 필요한 상당한 기간을 정하여 신청인에게 보완을 요구할 수 있다.

④ 처분청이 「행정절차법」에 따른 고지의무를 이행하지 않았다는 이유만으로 행정심판의 대상이 되는 행정처분이 위법하다고 할 수 없고 이러한 법리는 구 「건축법」의 '이의제기 방법 및 이의제기 기관' 고지의무에도 동일하게 적용된다.

관련기출 옳은지문

- 행정청은 신청에 구비서류의 미비 등 흠이 있는 경우에는 보완에 필요한 상당한 기간을 정하여 지체 없이 신청인에게 보완을 요구하여야 한다. 20군무원9급

해설

① (○) 「행정절차법」 제17조 제1항
② (○) 동법 제17조 제2항
③ (×) 구비서류 미비 등의 하자가 있는 신청에 대하여 행정청은 지체 없이 신청인에게 보완을 요구하여야 한다 ('할 수 있다'가 아니다).

> 「**행정절차법**」 **제17조【처분의 신청】** ⑤ 행정청은 신청에 구비서류의 미비 등 흠이 있는 경우에는 보완에 필요한 상당한 기간을 정하여 지체 없이 신청인에게 <u>보완을 요구하여야 한다</u>.

④ (○) 처분청이 「행정절차법」 제26조에 따른 고지의무를 이행하지 않았다는 이유만으로 행정심판의 대상이 되는 행정처분이 위법하지 않으며 이러한 법리가 구 「건축법」 제80조 제3항의 '이의제기 방법 및 이의제기 기관' 고지의무에 관해서도 마찬가지로 적용된다(대판 2018.2.8., 2017두66633).

정답 | ③

577

「행정절차법」상 청문에 대한 설명으로 옳지 않은 것은?

① 청문주재자에게 공정한 청문 진행을 할 수 없는 사정이 있는 경우 당사자 등은 행정청에 기피신청을 할 수 있다.
② 청문주재자가 청문을 시작할 때에는 먼저 예정된 처분의 내용, 그 원인이 되는 사실 및 법적 근거 등을 설명하여야 한다.
③ 청문주재자는 직권으로 또는 당사자의 신청에 따라 필요한 조사를 할 수 있으며, 당사자 등이 주장하지 아니한 사실에 대하여는 조사할 수 없다.
④ 행정청은 청문을 마친 후 처분을 할 때까지 새로운 사정이 발견되어 청문을 재개(再開)할 필요가 있다고 인정할 때에는 청문조서 등을 되돌려 보내고 청문의 재개를 명할 수 있다.

577 | 기출처: 2021 군무원 9급 | 난이도: ★★ | 키워드: 행정절차법

해설

① (○) 「행정절차법」 제29조 제2항
② (○) 동법 제31조 제1항
③ (×) 청문주재자는 당사자가 주장하지 않은 사실도 조사할 수 있다.

> 「**행정절차법**」 **제33조【증거조사】** ① 청문주재자는 직권으로 또는 당사자의 신청에 따라 필요한 조사를 할 수 있으며, 당사자 등이 주장하지 아니한 사실에 대하여도 조사할 수 있다.

④ (○) 동법 제36조

정답 | ③

578

행정절차에 관한 설명으로 옳지 않은 것은? (다툼이 있는 경우 판례에 의함)

① 「국가공무원법」상 직위해제처분은 당해 행정작용의 성질상 행정절차를 거치기 곤란하거나 불필요하다고 인정되는 사항 또는 행정절차에 준하는 절차를 거친 사항에 해당하지 않으므로, 처분의 사전통지 및 의견청취 등에 관한 「행정절차법」의 규정이 적용되어야 한다.

② 군인사법령에 의하여 진급예정자명단에 포함된 자에 대하여 의견제출의 기회를 부여하지 아니한 채 진급선발을 취소하는 처분을 한 것은 절차상 하자가 있어 위법하다고 할 것이다.

③ 행정청이 침해적 행정처분을 하면서 당사자에게 「행정절차법」상의 사전통지를 하거나 의견제출의 기회를 주지 않았다면, 사전통지를 하지 않거나 의견제출의 기회를 주지 않아도 되는 예외적인 경우에 해당하지 않는 한, 그 처분은 위법하여 취소를 면할 수 없다.

④ 행정기관이 소속 공무원이나 하급 행정기관에 대하여 세부적인 업무처리절차나 법령의 해석·적용 기준을 정해 주는 '행정규칙'은 상위법령의 구체적 위임이 있지 않는 한 조직 내부에서만 효력을 가질 뿐 대외적으로 국민이나 법원을 구속하는 효력이 없다.

해설

① **빈출** (×) **「국가공무원법」상 직위해제처분은** 구 「행정절차법」(2012.10.22. 법률 제11498호로 개정되기 전의 것) 제3조 제2항 제9호, 구 「행정절차법 시행령」(2011.12.21. 대통령령 제23383호로 개정되기 전의 것) 제2조 제3호에 의하여 당해 행정작용의 성질상 행정절차를 거치기 곤란하거나 불필요하다고 인정되는 사항 또는 행정절차에 준하는 절차를 거친 사항에 해당하므로, **처분의 사전통지 및 의견청취 등에 관한 「행정절차법」의 규정이 별도로 적용되지 않는다**(대판 2014.5.16., 2012두26180).

> 구 「군인사법」상 보직해임처분은 구 「행정절차법」 제3조 제2항 제9호, 같은 법 시행령 제2조 제3호에 의하여 당해 행정작용의 성질상 행정절차를 거치기 곤란하거나 불필요하다고 인정되는 사항 또는 행정절차에 준하는 절차를 거친 사항에 해당하므로, 처분의 근거와 이유제시 등에 관한 구 「행정절차법」의 규정이 별도로 적용되지 아니한다고 봄이 상당하다(대판 2014.10.15., 2012두5756).

②③ **빈출** (○) 대판 2007.9.21., 2006두20631
④ (○) 대판 2020.5.28., 2017두66541

정답 | ①

579

「행정절차법」상 사전통지와 의견제출에 대한 판례의 입장으로 옳은 것은?

① 공매를 통하여 체육시설을 인수한 자의 체육시설업자 지위승계신고를 수리하는 경우, 종전 체육시설업자에게 사전에 통지하여 의견제출 기회를 주어야 한다.

② 고시의 방법으로 불특정 다수인을 상대로 권익을 제한하는 처분을 하는 경우, 상대방에게 사전에 통지하여 의견제출 기회를 주어야 한다.

③ 용도를 무단변경한 건물의 원상복구를 명하는 시정명령 및 계고처분을 하는 경우, 사전에 통지할 필요가 없다.

④ 항만시설 사용허가신청에 대하여 거부처분을 하는 경우, 사전에 통지하여 의견제출 기회를 주어야 한다.

해설

① 빈출 (○) 지위승계신고의 경우 신고의 수리로서 전 운영자의 허가는 소멸하고 새로운 운영자는 허가의 효력이 발생하게 된다. 따라서 수리를 하기 이전에 전 운영자에게 사전통지 등의 행정절차를 거쳐야 한다.

> 행정청이 구 「관광진흥법」 또는 구 「체육시설의 설치·이용에 관한 법률」의 규정에 의하여 유원시설업자 또는 체육시설업자 지위승계신고를 수리하는 처분을 하는 경우, 종전 유원시설업자 또는 체육시설업자에 대하여 「행정절차법」 제21조 제1항 등에서 정한 처분의 사전통지 등 절차를 거쳐야 한다(대판 2012.12.13., 2011두29144).

② (×) 고시는 이미 공람절차를 사전에 거치고 오는 처분으로서, 사전통지와 의견청취절차를 거치게 되면 중복이 되므로 거치지 않아도 된다는 것이 대법원의 입장이다.
③ (×) 시정명령 등의 처분은 당사자에게 의무를 부과하는 행위로서 사전통지와 의견청취절차를 거쳐야 한다.
④ (×) 신청에 대한 거부처분은 사전통지의 대상이 아니다(대판 2017.11.23., 2014두1628).

정답 | ①

580
행정절차에 대한 설명으로 옳지 않은 것은? (다툼이 있는 경우 판례에 의함)

① 면허관청이 운전면허정지처분을 서식의 통지서에 의하여 면허정지사실을 통지하지 아니하거나 처분집행예정일 7일 전까지 이를 발송하지 아니한 경우에는 특별한 사정이 없는 한 위 관계 법령이 요구하는 절차·형식을 갖추지 아니한 조치로서 그 효력이 없다.
② 공기업·준정부기관이 계약조건 위반을 이유로 입찰참가자격제한처분을 하기 위해서는 입찰공고와 계약서에 미리 계약조건과 그 계약조건을 위반할 경우 입찰참가자격 제한을 받을 수 있다는 사실을 모두 명시하여야 한다.
③ 행정예고는 40일 이상으로 하나 행정목적을 달성하기 위하여 긴급한 필요가 있는 경우에는 행정예고기간을 단축할 수 있다. 이 경우 단축된 행정예고기간은 20일 이상으로 한다.
④ 행정청이 당사자와 사이에 도시계획사업의 시행에 관한 협약을 체결하면서 관계 법령에 규정된 청문의 실시를 배제하는 조항을 두었다고 해도 청문의 실시에 관한 규정의 적용이 배제되거나 청문을 실시하지 않아도 되는 예외적인 경우에 해당하지 않는다.

580	
기출처	예상문제
난이도	★★
키워드	행정절차법

해설

③ (×) 행정예고는 20일 이상이지만 단축하여 10일 이상으로 할 수 있다.

> 「행정절차법」 제46조【행정예고】③ 행정예고기간은 예고 내용의 성격 등을 고려하여 정하되, 20일 이상으로 한다.
> ④ 제3항에도 불구하고 행정목적을 달성하기 위하여 긴급한 필요가 있는 경우에는 행정예고기간을 단축할 수 있다. 이 경우 단축된 행정예고기간은 10일 이상으로 한다.

④ (○) 행정청은 상대방과의 협약을 통해 법령상의 청문을 배제할 수 없다.

> 행정청이 당사자와 사이에 도시계획사업의 시행과 관련한 협약을 체결하면서 관계 법령 및 「행정절차법」에 규정된 청문의 실시 등 의견청취절차를 배제하는 조항을 둔 경우, 청문의 실시에 관한 규정의 적용이 배제되거나 청문을 실시하지 않아도 되는 예외적인 경우에 해당하지 않는다(대판 2004.7.8., 2002두8350).

정답 | ③

581

「행정절차법」상 행정절차에 대한 설명으로 옳은 것은?

① 행정청은 행정입안에 관하여 공청회를 마친 후 입법할 때까지 새로운 사정이 발견되어 공청회를 다시 개최할 필요가 있다고 인정할 때에는 공청회를 다시 개최하여야 한다.
② 구 「국적법」에 따른 귀화허가는 성질상 행정절차를 거치기 곤란하거나 거칠 필요가 없다고 인정되는 사항이 아니므로, 처분의 이유제시를 규정한 「행정절차법」이 적용된다.
③ 국가에 대한 행정처분을 할 때에도 사전통지, 의견청취, 이유제시와 관련한 「행정절차법」이 그대로 적용된다고 보아야 한다.
④ 다수의 당사자 등에 의해 선정된 대표자가 있는 경우에는 당사자 등은 직접 또는 그 대표자를 통하여 행정절차에 관한 행위를 할 수 있다.

해설

① (×) 입법안에 대한 공청회 규정에 재개최 규정은 없다.

> 「행정절차법」 제45조 【공청회】 ① 행정청은 입법안에 관하여 공청회를 개최할 수 있다.
> ② 공청회에 관하여는 제38조, 제38조의2, 제38조의3, 제39조 및 제39조의2를 준용한다.
> *제38조(공청회 개최의 알림)
> *제38조의2(온라인공청회)
> *제38조의3(공청회의 주재자 및 발표자의 선정)
> *제39조(공청회의 진행)
> *제39조의2(공청회 및 온라인공청회 결과의 반영)

② (×) 귀화는 요건이 위와 같이 항목별로 구분되어 구체적으로 규정되어 있다. 그리고 성질상 행정절차를 거치기 곤란하거나 거칠 필요가 없다고 인정되어 처분의 이유제시 등을 규정한 「행정절차법」이 적용되지 않는다(대판 2018.12.13., 2016두31616).
③ (○) 행정기관의 처분에 의하여 불이익을 입게 되는 국가를 일반 국민과 달리 취급할 이유가 없다. 따라서 국가에 대해 행정처분을 할 때에도 사전통지, 의견청취, 이유제시와 관련한 「행정절차법」이 그대로 적용된다고 보아야 한다(대판 2023.9.21., 2023두39724).
④ 지엽 (×) 대표자를 선정한 경우에 다른 당사자 등은 대표자를 통해서만 행정절차에 관한 행위를 할 수 있다(동법 제11조 제5항).

정답 | ③

582

판례의 입장으로 옳지 않은 것은?

① 증액경정처분이 있는 경우 당초처분은 증액경정처분에 흡수되어 소멸하고, 소멸한 당초처분의 절차적 하자는 존속하는 증액경정처분에 승계되지 아니한다.
② 「공무원연금법」상 퇴직연금의 환수결정은 당사자에게 의무를 과하는 처분이므로 퇴직연금의 환수결정에 앞서 당사자에게 의견진술의 기회를 주지 아니하면 「행정절차법」상 의견제출에 관한 규정이나 신의칙에 어긋난다.
③ 거부처분이 있은 후 당사자가 다시 신청을 한 경우에는 그 내용이 새로운 신청을 하는 취지라면 관할 행정청이 이를 다시 거절하는 것은 새로운 거부처분이라고 보아야 한다.
④ 처분청이 「행정절차법」상 고지절차에 관한 규정에 따른 고지의무를 이행하지 아니하였다고 하더라도 경우에 따라 행정심판의 제기기간이 연장될 수 있음에 그칠 뿐, 그 때문에 심판의 대상이 되는 행정처분이 위법하다고 할 수는 없다.

해설

① (○) 대판 2010.6.24., 2007두16493
② 빈출 (×) 퇴직연금의 환수결정은 당사자에게 의무를 과하는 처분이기는 하나, 관련 법령에 따라 당연히 환수금액이 정하여지는 것이므로, 퇴직연금의 환수결정에 앞서 당사자에게 의견진술의 기회를 주지 아니하여도 「행정절차법」 제22조 제3항이나 신의칙에 어긋나지 아니한다(대판 2000.11.28., 99두5443).
③ (○) 수익적 행정처분을 구하는 신청에 대한 거부처분이 있은 후 당사자가 다시 신청을 한 경우에는 신청의 제목 여하에 불구하고 그 내용이 새로운 신청을 하는 취지라면 관할 행정청이 이를 다시 거절하는 것은 새로운 거부처분이라고 보아야 한다(대판 2022.3.17., 2021두53894).
④ (○) 대판 2016.4.29., 2014두3631

정답 | ②

583

583	1 2 3
기출처	2024 국회직 8급
난이도	★★
키워드	행정절차법

「행정절차법」의 내용에 대한 설명으로 옳지 않은 것은?

① 행정절차에 관한 사항이라도 국회 또는 지방의회의 의결을 거치거나 동의 또는 승인을 받아 행하는 사항의 경우에는 「행정절차법」의 적용이 배제된다.
② 「행정절차법」상 '당사자 등'이란 행정청의 처분에 대하여 직접 그 상대가 되는 당사자 및 행정청이 직권으로 또는 신청에 따라 행정절차에 참여하게 한 이해관계인을 의미한다.
③ 「행정절차법」상 '의견제출'이란 행정청이 어떠한 행정작용을 하기 전에 당사자 등이 의견을 제시하는 절차로서 청문이나 공청회에 해당하는 절차를 말한다.
④ 행정청이 처분을 할 때에는 다른 법령 등에 특별한 규정이 있는 경우를 제외하고는 문서로 하여야 하며, 이를 위반한 처분은 하자가 중대·명백하여 원칙적으로 무효이다.
⑤ 국회사무총장·법원행정처장·헌법재판소사무처장 및 중앙선거관리위원회사무총장을 제외한 행정청은 정부시책이나 행정제도 및 그 운영의 개선에 관한 국민의 창의적인 의견이나 고안을 접수·처리하여야 한다.

해설

① (○) 「행정절차법」 제3조 제2항 제1호
② (○), ③ (×) 의견제출은 청문이나 공청회에 해당하지 않는 절차를 말한다.

> 「행정절차법」 제2조 【정의】 이 법에서 사용하는 용어의 뜻은 다음과 같다.
> 4. '당사자 등'이란 다음 각 목의 자를 말한다.
>   가. 행정청의 처분에 대하여 직접 그 상대가 되는 당사자
>   나. 행정청이 직권으로 또는 신청에 따라 행정절차에 참여하게 한 이해관계인
> 7. '의견제출'이란 행정청이 어떠한 행정작용을 하기 전에 당사자 등이 의견을 제시하는 절차로서 청문이나 공청회에 해당하지 아니하는 절차를 말한다.

④ 빈출 (○) 행정절차에 관한 일반법인 「행정절차법」은 제24조 제1항에서 "행정청이 처분을 할 때에는 다른 법령 등에 특별한 규정이 있는 경우를 제외하고는 문서로 하여야 하며, 전자문서로 하는 경우에는 당사자 등의 동의가 있어야 한다. 다만, 신속히 처리할 필요가 있거나 사안이 경미한 경우에는 말 또는 그 밖의 방법으로 할 수 있다."라고 정하고 있다. 이 규정은 처분내용의 명확성을 확보하고 처분의 존부에 관한 다툼을 방지하여 처분상대방의 권익을 보호하기 위한 것이므로, 이를 위반한 처분은 하자가 중대·명백하여 무효이다(대판 2019.7.11., 2017두38874).
⑤ (○) 동법 제52조의2 제1항

정답 | ③

584

「행정절차법」상 청문에 대한 설명으로 옳지 않은 것은? (다툼이 있는 경우 판례에 의함)

① 행정청이 특히 침해적 행정처분을 할 때 그 처분의 근거 법령 등에서 청문을 실시하도록 규정하고 있다면, 「행정절차법」 등 관련 법령상 청문을 실시하지 않아도 되는 예외적인 경우에 해당하지 않는 한 반드시 청문을 실시하여야 한다.
② 행정청은 다수 국민의 이해가 상충되는 처분을 하려는 경우에 청문 주재자를 2명 이상으로 선정하여야 한다.
③ 행정청은 청문이 시작되는 날부터 7일 전까지 청문 주재자에게 청문과 관련한 필요한 자료를 미리 통지하여야 한다.
④ 청문제도의 취지는 행정처분의 사유에 대하여 당사자에게 변명과 유리한 자료를 제출할 기회를 부여함으로써 위법사유의 시정가능성을 고려하고, 처분의 신중과 적정을 기하려는 데 있다.
⑤ 청문 주재자는 독립하여 공정하게 직무를 수행하며, 그 직무수행을 이유로 본인의 의사에 반하여 신분상 어떠한 불이익도 받지 아니한다.

해설

①④ **빈출** (○) 법령상의 청문규정이 있는 경우에 청문을 실시하지 않아도 되는 예외적인 경우가 아닌 한 청문을 실시하지 않고 행한 처분은 위법이며 취소를 면하지 못한다.

> 「행정절차법」 제22조 제1항 제1호는, 행정청이 처분을 할 때에는 다른 법령 등에서 청문을 실시하도록 규정하고 있는 경우 청문을 실시한다고 규정하고 있다. 이러한 청문제도는 행정처분의 사유에 대하여 당사자에게 변명과 유리한 자료를 제출할 기회를 부여함으로써 위법사유의 시정가능성을 고려하고, 처분의 신중과 적정을 기하려는 데 그 취지가 있다. 그러므로 행정청이 특히 침해적 행정처분을 할 때 그 처분의 근거 법령 등에서 청문을 실시하도록 규정하고 있다면, 「행정절차법」 등 관련 법령상 청문을 실시하지 않아도 되는 예외적인 경우에 해당하지 않는 한, 반드시 청문을 실시하여야 하며, 그러한 절차를 결여한 처분은 위법한 처분으로서 취소사유에 해당한다(대판 2017.4.7., 2016두63224).

② (×) 행정청은 다수 국민의 이해가 상충되는 처분이나 다수 국민에게 불편이나 부담을 주는 처분 또는 그 밖에 전문적이고 공정한 청문을 위하여 행정청이 청문 주재자를 2명 이상으로 선정할 필요가 있다고 인정하는 처분의 어느 하나에 해당하는 처분을 하려는 경우에는 청문 주재자를 2명 이상으로 선정할 수 있다. 이 경우 선정된 청문 주재자 중 1명이 청문 주재자를 대표한다(동법 제28조 제2항).
③ (○) 동법 제28조 제3항
⑤ (○) 동법 제28조 제4항

정답 | ②

CHAPTER 07 행정정보공개와 개인정보보호

01 행정정보공개제도

585 필수
정보공개에 대한 판례의 입장으로 옳지 않은 것은?

① 국민의 알 권리의 내용에는 일반 국민 누구나 국가에 대하여 보유·관리하고 있는 정보의 공개를 청구할 수 있는 이른바 일반적인 정보공개청구권이 포함된다.
② 정보공개청구권은 법률상 보호되는 구체적인 권리이므로 청구인이 공공기관에 대하여 정보공개를 청구하였다가 거부처분을 받은 것 자체가 법률상 이익의 침해에 해당한다.
③ 「공공기관의 정보공개에 관한 법률」상 공개청구의 대상이 되는 정보란 공공기관이 직무상 작성 또는 취득하여 현재 보유·관리하고 있는 원본인 문서만을 의미한다.
④ 정보공개가 신청된 정보를 공공기관이 보유·관리하고 있지 아니한 경우에는 특별한 사정이 없는 한 정보공개거부처분의 취소를 구할 법률상의 이익이 없다.

해설

① (○) 헌재 1989.9.4., 88헌마22
② (○) 대판 2003.3.11., 2001두6425
③ 빈출 (×) 「공공기관의 정보공개에 관한 법률」상 공개청구의 대상이 되는 정보란 공공기관이 직무상 작성 또는 취득하여 현재 보유·관리하고 있는 문서에 한정되는 것이기는 하나, 그 문서가 반드시 원본일 필요는 없다(대판 2006.5.25., 2006두3049).
④ (○) 대판 2013.1.24., 2010두18918

정답 | ③

---

585 ① ② ③
- 기출처: 2021 국가직 9급
- 난이도: ★★
- 키워드: 정보공개제도

관련기출 옳은지문

- 정보공개거부처분의 취소를 구하는 행정소송에서 정보공개청구인이 정보공개거부처분을 받은 것 외에 추가로 법률상 이익이 있어야 하는 것도 아니며, 정보공개청구의 대상이 되는 정보가 이미 공개되어 있다는 사정만으로 소의 이익이 없는 것도 아니다. 24국가직7급

- 「공공기관의 정보공개에 관한 법률」상 공개청구의 대상이 되는 정보란 공공기관이 직무상 작성 또는 취득하여 현재 보유·관리하고 있는 문서에 한정되는 것이기는 하나, 그 문서는 반드시 원본일 필요는 없다. 23국회직9급

586 〈필수〉

「공공기관의 정보공개에 관한 법률」상 정보공개에 대한 설명으로 옳지 않은 것은? (다툼이 있는 경우 판례에 의함)

① 정보의 공개 및 우송 등에 드는 비용은 실비의 범위에서 청구인이 부담한다.
② 공공기관은 공개청구된 정보가 공공기관이 보유·관리하지 아니하는 정보인 경우로서 「민원 처리에 관한 법률」에 따른 민원으로 처리할 수 있는 경우에는 민원으로 처리할 수 있다.
③ 청구인이 공공기관에 대하여 정보공개를 청구하였다가 거부처분을 받은 것 자체가 법률상 이익의 침해에 해당한다.
④ 오로지 공공기관의 담당공무원을 괴롭힐 목적으로 정보공개청구를 하는 경우에도 정보공개청구권의 행사는 허용되어야 한다.

해설

① (○) 「공공기관의 정보공개에 관한 법률」 제17조 제1항
② (○) 동법 제11조 제5항 제1호
③ (○) 정보공개청구권은 구체적인 권리로서 정보공개를 청구하였다가 거부된 것만으로 청구인은 소를 청구할 법률상 이익이 있다.
④ **빈출** (×) 정보공개청구에 대해 공무원을 괴롭힐 목적이나 부당하게 경제적 이득을 취하고자 하는 경우에는 정보공개청구권을 인정하지 않는다.

> 국민의 정보공개청구는 정보공개법 제9조에 정한 비공개 대상 정보에 해당하지 아니하는 한 원칙적으로 폭넓게 허용되어야 하지만, 실제로는 해당 정보를 취득 또는 활용할 의사가 전혀 없이 정보공개 제도를 이용하여 사회통념상 용인될 수 없는 부당한 이득을 얻으려 하거나, 오로지 공공기관의 담당공무원을 괴롭힐 목적으로 정보공개청구를 하는 경우처럼 권리의 남용에 해당하는 것이 명백한 경우에는 정보공개청구권의 행사를 허용하지 아니하는 것이 옳다(대판 2014.12.24., 2014두9349).

정답 | ④

586
- 기출처: 2021 지방직 9급
- 난이도: ★
- 키워드: 정보공개제도

관련기출 옳은지문
- 정보의 공개 및 우송 등에 드는 비용은 정보공개청구를 청구한 자가 원칙적으로 부담한다. 19국가직9급

587 〈필수〉

정보공개청구에 대한 설명으로 옳은 것은? (다툼이 있는 경우 판례에 의함)

① 알 권리에서 파생되는 정부의 공개의무는 특별한 사정이 없는 한 국민의 적극적인 정보수집행위, 특히 특정의 정보에 대한 공개청구가 있어야 비로소 존재하는 것은 아니며, 정보공개청구가 없었던 경우 특정인에게 공개할 정부의 의무는 인정된다.

② 헌법 제21조에 규정된 표현의 자유 등의 해석상 국민의 정부에 대한 일반적 정보공개를 구할 권리로서 인정되는 '알 권리'가 있는 것이고 열람·복사 민원의 처리는 법률의 제정이 없더라도 불가능한 것이 아니다.

③ 「방송법」이라는 특별법에 의하여 설립·운영되는 한국방송공사(KBS)는 「공공기관의 정보공개에 관한 법률 시행령」 제2조 제4호의 '특별법에 의하여 설립된 특수법인'이라 볼 수 없고 정보공개의무가 있는 「공공기관의 정보공개에 관한 법률」 제2조 제3호의 '공공기관'에 해당하지 않는다.

④ 공개청구의 대상이 되는 정보가 인터넷 등을 통하여 공개되어 인터넷 검색 등을 통하여 쉽게 알 수 있다면 행정청의 정보비공개결정이 정당화될 수 있다.

587	① ② ③
기출처	예상문제
난이도	★★
키워드	정보공개제도

관련기출 옳은지문
- 한국방송공사는 「공공기관의 정보공개에 관한 법률 시행령」 제2조 제4호에 규정된 '특별법에 따라 설립된 특수법인'에 해당한다.
  17지방직9급

해설

① (×) 정부의 정보공개의무는 특정 정보에 대해 공개청구가 있어야 존재한다.

> 알 권리에서 파생되는 정부의 공개의무는 특별한 사정이 없는 한 국민의 적극적인 정보수집행위, 특히 특정의 정보에 대한 공개청구가 있는 경우에야 비로소 존재하므로, 정보공개청구가 없었던 경우 대한민국과 중화인민공화국이 2000.7.31. 체결한 양국간 마늘교역에 관한 합의서 및 그 부속서 중 '2003.1.1.부터 한국의 민간기업이 자유롭게 마늘을 수입할 수 있다'는 부분을 사전에 마늘재배농가들에게 공개할 정부의 의무는 인정되지 아니한다(헌재 2004.12.16., 2002헌마579).

② (○) 헌법 제21조에 규정된 표현의 자유와 자유민주주의적 기본질서를 천명하고 있는 헌법 전문, 제1조, 제4조의 해석상 국민의 정부에 대한 일반적 정보공개를 구할 권리(청구적 기본권)로서 인정되는 '알 권리'를 침해한 것이고 위 열람·복사 민원의 처리는 법률의 제정이 없더라도 불가능한 것이 아니다(헌재 1989.9.4., 88헌마22).

③ (×) 「방송법」이라는 특별법에 의하여 설립·운영되는 한국방송공사(KBS)는 「공공기관의 정보공개에 관한 법률 시행령」 제2조 제4호의 '특별법에 의하여 설립된 특수법인'으로서 정보공개의무가 있는 「공공기관의 정보공개에 관한 법률」 제2조 제3호의 '공공기관'에 해당한다(대판 2010.12.23., 2008두13101).

④ **빈출** (×) 이미 공개되어 인터넷 검색 등을 통해 알 수 있는 정보라고 해도 비공개결정이 정당화될 수 없다.

정답 | ②

588	
기출처	예상문제
난이도	★★
키워드	정보공개제도

관련기출 옳은지문

· 공공기관은 공개청구된 공개 대상 정보의 전부 또는 일부가 제3자와 관련이 있다고 인정할 때에는 그 사실을 제3자에게 지체 없이 통지하여야 하며, 공개청구된 사실을 통지받은 제3자는 그 통지를 받은 날부터 3일 이내에 해당 공공기관에 대하여 자신과 관련된 정보를 공개하지 아니할 것을 요청할 수 있다.

22국회직8급

588 〈필수〉

「공공기관의 정보공개에 관한 법률」상 정보공개에 대한 설명으로 옳지 않은 것은? (다툼이 있는 경우 판례에 의함)

① 청구인이 정보공개거부처분의 취소를 구하는 소송에서 공공기관이 청구정보를 증거 등으로 법원에 제출하여 법원을 통하여 그 사본을 청구인에게 교부 또는 송달되게 하여 결과적으로 청구인에게 정보를 공개하는 셈이 되었다면 그 정보의 비공개결정의 취소를 구할 소의 이익이 소멸한다.

② 제3자와 관련된 정보공개신청에서 제3자가 자신과 관련된 정보를 공개하지 아니할 것을 요청하였음에도 공공기관이 공개결정을 한 경우, 제3자는 해당 공공기관에 문서로 이의신청을 하거나 행정심판 또는 행정소송을 제기할 수 있다.

③ 정보공개청구가 법에 따라 민원으로 처리되었으나 다시 같은 청구를 하는 경우 공공기관은 종전 청구와의 내용적 유사성·관련성 등을 고려하여 해당 청구를 종결 처리할 수 있다.

④ 당해 정보를 공공기관이 보유·관리하고 있다는 점에 관하여 정보공개를 구하는 자에게 입증책임이 있다 할 것이지만, 그 입증의 정도는 그러한 정보를 공공기관이 보유·관리하고 있을 상당한 개연성이 있다는 점을 증명하면 족하다.

해설

① (×) 청구인이 정보공개거부처분의 취소를 구하는 소송에서 공공기관이 청구정보를 증거 등으로 법원에 제출하여 법원을 통하여 그 사본을 청구인에게 교부 또는 송달되게 하여 결과적으로 청구인에게 정보를 공개하는 셈이 되었다고 하더라도, 이러한 우회적인 방법은 정보공개법이 예정하고 있지 아니한 방법으로서 정보공개법에 의한 공개라고 볼 수는 없으므로, 당해 정보의 비공개결정의 취소를 구할 소의 이익은 소멸되지 않는다(대판 2016.12.15., 2012두11409·11416).

② (○) 「공공기관의 정보공개에 관한 법률」 제21조 제1항·제2항

> 「공공기관의 정보공개에 관한 법률」 제21조【제3자의 비공개 요청 등】 ① 제11조 제3항에 따라 공개청구된 사실을 통지받은 제3자는 그 통지를 받은 날부터 3일 이내에 해당 공공기관에 대하여 자신과 관련된 정보를 공개하지 아니할 것을 요청할 수 있다.
> ② 제1항에 따른 비공개 요청에도 불구하고 공공기관이 공개결정을 할 때에는 공개결정 이유와 공개 실시일을 분명히 밝혀 지체 없이 문서로 통지하여야 하며, 제3자는 해당 공공기관에 문서로 이의신청을 하거나 행정심판 또는 행정소송을 제기할 수 있다. 이 경우 이의신청은 통지를 받은 날부터 7일 이내에 하여야 한다.

③ (○) 동법 제11조의2 제1항

> 「공공기관의 정보공개에 관한 법률」 제11조의2【반복청구 등의 처리】 ① 공공기관은 제11조에도 불구하고 제10조 제1항 및 제2항에 따른 정보공개청구가 다음 각 호의 어느 하나에 해당하는 경우에는 정보공개청구 대상 정보의 성격, 종전 청구와의 내용적 유사성·관련성, 종전 청구와 동일한 답변을 할 수밖에 없는 사정 등을 종합적으로 고려하여 해당 청구를 종결 처리할 수 있다. 이 경우 종결 처리 사실을 청구인에게 알려야 한다.
> 1. 정보공개를 청구하여 정보공개 여부에 대한 결정의 통지를 받은 자가 정당한 사유 없이 해당 정보의 공개를 다시 청구하는 경우
> 2. 정보공개청구가 제11조 제5항에 따라 민원으로 처리되었으나 다시 같은 청구를 하는 경우

④ (○) 당해 정보를 공공기관이 보유·관리하고 있다는 점에 관하여 정보공개를 구하는 자에게 입증책임이 있다 할 것이지만, 그 입증의 정도는 그러한 정보를 공공기관이 보유·관리하고 있을 상당한 개연성이 있다는 점을 증명하면 족하다 할 것이다(대판 2007.6.1., 2006두20587).

정답 | ①

589 〈필수〉

다음 중 정보공개에 대한 설명으로 가장 옳지 않은 것은? (단, 다툼이 있는 경우 판례에 의함)

① 자연인은 물론 법인과 법인격 없는 사단·재단도 공공기관이 보유·관리하는 정보의 공개를 청구할 수 있다.
② 국내에 일정한 주소를 두고 거주하는 외국인은 정보공개청구권을 가진다.
③ 이미 다른 사람에게 공개되어 널리 알려져 있거나 인터넷을 통해 공개되어 인터넷 검색 등을 통하여 쉽게 검색할 수 있는 경우에는 공개청구의 대상이 될 수 없다.
④ 정보란 공공기관이 직무상 작성 또는 취득하여 관리하고 있는 문서(전자문서를 포함한다) 및 전자매체를 비롯한 모든 매체 등에 기록된 사항을 말한다.

589	
기출처	2022 군무원 7급
난이도	★
키워드	정보공개제도

관련기출 옳은지문
• 공개청구된 정보가 이미 인터넷을 통해 공개되어 인터넷검색으로 쉽게 접근할 수 있는 경우에 비공개결정이 정당화될 수 없다.
22국회직8급

해설

① (O) 모든 국민은 정보공개청구권이 있고, 여기에는 자연인, 법인, 법인 아닌 사단이나 재단도 포함된다.
② (O) 「공공기관의 정보공개에 관한 법률 시행령」 제3조 제1호
③ **빈출** (×) 공개청구의 대상이 되는 정보가 이미 다른 사람에게 공개되어 널리 알려져 있다거나 인터넷이나 관보 등을 통하여 공개되어 인터넷 검색이나 도서관에서의 열람 등을 통하여 쉽게 알 수 있다고 하여 소의 이익이 없다거나 비공개결정이 정당화될 수 없다(대판 2008.11.27., 2005두15694).
④ (O) 「공공기관의 정보공개에 관한 법률」 제2조 제1호

정답 | ③

590

신문사 기자 갑(甲)은 A 광역시가 보유·관리하고 있던 시의원 을(乙)과 관련이 있는 정보를 사본 교부의 방법으로 공개하여 줄 것을 청구하였다. 이에 대한 설명으로 옳지 <u>않은</u> 것은? (다툼이 있는 경우 판례에 의함)

① 정보공개청구권자가 선택한 공개방법에 따라 정보를 공개하여야 하므로, 원칙적으로 A 광역시는 사본 교부가 아닌 열람의 방법으로는 공개할 수 없다.
② 을(乙)의 비공개 요청이 있는 경우 A 광역시는 공개를 하여서는 아니 되고, 만일 공개하였다면 을(乙)에 대하여 손해배상책임을 지게 된다.
③ 을(乙)의 의견을 듣고 A 광역시가 공개를 거부하였다면, 갑(甲)과 을(乙) 사이에 아무런 법률상 이해관계가 없다고 할지라도 갑(甲)은 A 광역시의 거부에 대하여 항고소송으로 다툴 수 있다.
④ A 광역시가 「공공기관의 정보공개에 관한 법률」상 비공개 대상 정보임을 이유로 비공개 결정을 한 경우, A 광역시는 당초 처분의 근거로 삼은 사유와 기본적 사실관계가 동일성이 있다고 인정되는 한도 내에서만 항고소송에서 다른 공개거부 사유를 추가하거나 변경할 수 있다.

해설

②(×) 제3자의 비공개 요청은 구속력이 없다. 제3자의 비공개 요청에도 공공기관은 공개를 결정할 수 있고, 제3자는 이에 대하여 이의신청이나 행정심판, 행정소송을 통해 불복할 수 있다.

> 「공공기관의 정보공개에 관한 법률」 제21조 【제3자의 비공개 요청 등】 ① 제11조 제3항에 따라 공개청구된 사실을 통지받은 제3자는 그 통지를 받은 날부터 3일 이내에 해당 공공기관에 대하여 자신과 관련된 정보를 공개하지 아니할 것을 요청할 수 있다.
> ② 제1항에 따른 비공개 요청에도 불구하고 공공기관이 공개결정을 할 때에는 공개결정 이유와 공개 실시일을 분명히 밝혀 지체 없이 문서로 통지하여야 하며, 제3자는 해당 공공기관에 문서로 이의신청을 하거나 행정심판 또는 행정소송을 제기할 수 있다. 이 경우 이의신청은 통지를 받은 날부터 7일 이내에 하여야 한다.

정답 | ②

591 〈필수〉

정보공개에 대한 판례의 내용으로 옳지 <u>않은</u> 것은?

① 한·일 군사정보보호협정 및 한·일 상호군수지원협정과 관련한 회의자료 및 회의록 등의 정보는 국민의 알권리와 투명성을 요하는 외교의 특성에 비추어 「공공기관의 정보공개에 관한 법률」상 공개가 가능한 부분과 공개가 불가능한 부분을 분리하여 공개하여야 할 정보에 해당한다.
② '정보공개에 관하여 다른 법률에 특별한 규정이 있는 경우'에 해당한다고 하여 정보공개법의 적용을 배제하기 위해서는, 특별한 규정이 '법률'이어야 하고, 나아가 내용이 정보공개의 대상 및 범위, 정보공개의 절차, 비공개 대상 정보 등에 관하여 「공공기관의 정보공개에 관한 법률」과 달리 규정하고 있는 것이어야 한다.
③ 외국 기관으로부터 비공개를 전제로 정보를 입수하였다고 하여도 그러한 이유만으로 이를 공개할 경우 업무의 공정한 수행에 현저한 지장을 받을 것이라 단정할 수 없다.
④ 국민의 정보공개청구권은 법률상의 구체적인 권리에 해당되어 공공기관에 대하여 정보의 공개를 청구하였다가 공개거부처분을 받은 청구인은 소송을 통하여 그 공개거부처분의 취소를 구할 법률상의 이익이 있다.

해설

① (×) 한·일 군사정보보호협정 등과 관련된 각종 회의자료 및 회의록 등의 정보는 비공개에 해당되고, 분리할 수 없는 정보로서 비공개에 해당한다는 것이 대법원의 입장이다.

> 甲이 외교부장관에게 한·일 군사정보보호협정 및 한·일 상호군수지원협정과 관련하여 각종 회의자료 및 회의록 등의 정보에 대한 공개를 청구하였으나, 외교부장관이 공개청구 정보 중 일부를 제외한 나머지 정보들에 대하여 비공개결정을 한 사안에서, 위 정보는 구「공공기관의 정보공개에 관한 법률」제9조 제1항 제2호, 제5호에 정한 비공개 대상 정보에 해당하고, 공개가 가능한 부분과 공개가 불가능한 부분을 쉽게 분리하는 것이 불가능하여 같은 법 제14조에 따른 부분공개도 가능하지 않다(대판 2019.1.17., 2015두46512).

정답 | ①

592
다음 중 비공개 대상 정보에 해당하는 것을 모두 고르면? (다툼이 있는 경우 판례에 의함)

ㄱ.「교육공무원 승진규정」을 근거로 한 근무성적평정결과
ㄴ.「보안관찰법」소정의 보안관찰 관련 통계자료
ㄷ. 국가정보원이 직원에게 지급하는 현금급여 및 월초수당에 관한 정보
ㄹ. 한국방송공사의 '수시집행 접대성 경비의 건별 집행서류 일체'
ㅁ. 공무원이 직무와 관련 없이 개인적인 자격으로 간담회·연찬회 등 행사에 참석하고 금품을 수령한 정보

① ㄱ, ㄴ, ㄷ
② ㄴ, ㄹ, ㅁ
③ ㄱ, ㄴ, ㅁ
④ ㄴ, ㄷ, ㅁ

592	1 2 3
기출처	예상문제
난이도	★★
키워드	정보공개제도

해설

ㄱ. (공개 정보)「교육공무원 승진규정」에 근거가 있더라도「공공기관의 정보공개에 관한 법률」에서 말하는 법률의 위임에 의한 명령에 해당되지 않아 비공개하는 것은 위법하다.

>「교육공무원법」제13조, 제14조의 위임에 따라 제정된「교육공무원 승진규정」은 정보공개에 관한 사항에 관하여 구체적인 법률의 위임에 따라 제정된 명령이라고 할 수 없고, 따라서「교육공무원 승진규정」제26조에서 근무성적평정의 결과를 공개하지 아니한다고 규정하고 있다고 하더라도 위 교육공무원승진규정은「공공기관의 정보공개에 관한 법률」제9조 제1항 제1호에서 말하는 법률이 위임한 명령에 해당하지 아니하므로 위 규정을 근거로 정보공개청구를 거부하는 것은 잘못이다(대판 2006.10.26., 2006두11910).

ㄴ. (비공개 정보)「보안관찰법」소정의 보안관찰 관련 통계자료가「공공기관의 정보공개에 관한 법률」제9조 제1항 제3호 소정의 비공개 대상 정보에 해당한다(대판 2004.3.18., 2001두8254).

ㄷ. (비공개 정보) 국가정보원이 직원에게 지급하는 현금급여 및 월초수당에 관한 정보는「공공기관의 정보공개에 관한 법률」제9조 제1항 제1호의 비공개 대상 정보인 '다른 법률에 의하여 비공개 사항으로 규정된 정보'에 해당한다(대판 2010.12.23., 2010두14800).

ㄹ. (공개 정보) 한국방송공사의 '수시집행 접대성 경비의 건별 집행서류 일체'는「공공기관의 정보공개에 관한 법률」제9조 제1항 제7호의 비공개 대상 정보에 해당하지 않는다(대판 2008.10.23., 2007두1798).

ㅁ. (비공개 정보) 공무원이 직무와 관련 없이 개인적인 자격으로 간담회·연찬회 등 행사에 참석하고 금품을 수령한 정보는「공공기관의 정보공개에 관한 법률」제7조 제1항 제6호 단서 다목 소정의 '공개하는 것이 공익을 위하여 필요하다고 인정되는 정보'에 해당하지 않는다(대판 2003.12.12., 2003두8050).

정답 | ④

593	① ② ③
기출처	2024 지방직 9급
난이도	★★
키워드	정보공개제도

🔍 **관련기출 옳은지문**

• 공공기관이 공개청구의 대상이 된 정보를 청구인이 신청한 공개방법 이외의 방법으로 공개하는 결정을 하였다면, 이는 정보공개청구 중 정보공개방법에 관한 부분에 대하여 일부 거부처분을 한 것이므로 청구인은 그에 대하여 항고소송으로 다툴 수 있다. 23국가직7급

593

「공공기관의 정보공개에 관한 법률」상 정보공개청구에 대한 설명으로 옳지 않은 것은?

① 정보의 공개를 청구하는 자는 정보공개청구서에 청구 대상 정보를 기재함에 있어서 사회일반인의 관점에서 청구 대상 정보의 내용과 범위를 확정할 수 있을 정도로 특정함을 요한다.

② 공공기관이 공개청구의 대상이 된 정보를 공개는 하되, 청구인이 신청한 공개방법 이외의 방법으로 공개하기로 하는 결정을 하였다면, 이는 정보공개청구 중 정보공개방법에 관한 부분에 대하여 일부 거부처분을 한 것이고, 청구인은 그에 대하여 항고소송으로 다툴 수 있다.

③ 「유아교육법」에 따른 사립유치원은 공공기관의 정보공개에 관한 법령상 공공기관에 해당하지 않는다.

④ 행정청이 정보를 공개하는 경우에 그 정보의 원본이 더럽혀지거나 파손될 우려가 있거나 그 밖에 상당한 이유가 있다고 인정할 때에는 그 정보의 사본·복제물을 공개할 수 있다.

해설

① (○) 「공공기관의 정보공개에 관한 법률」 제10조 제1항 제2호는 정보의 공개를 청구하는 자는 정보공개청구서에 '공개를 청구하는 정보의 내용' 등을 기재할 것을 규정하고 있는바, 청구 대상 정보를 기재함에 있어서는 사회일반인의 관점에서 청구 대상 정보의 내용과 범위를 확정할 수 있을 정도로 특정함을 요한다(대판 2007.6.1., 2007두2555).

② 빈출 (○) 청구인이 정보공개방법을 특정하여 청구하는 경우에 공공기관은 원칙적으로 이에 대해 다른 방법으로 공개 여부를 결정할 수 없고, 정보공개를 결정하였다고 해도 다른 방법에 따른 공개결정이라면 일부 거부에 해당하여 소송의 대상이 된다.

> 공공기관이 공개청구의 대상이 된 정보를 공개는 하되, 청구인이 신청한 공개방법 이외의 방법으로 공개하기로 하는 결정을 하였다면, 이는 정보공개청구 중 정보공개방법에 관한 부분에 대하여 일부 거부처분을 한 것이고, 청구인은 그에 대하여 항고소송으로 다툴 수 있다(대판 2016.11.10., 2016두44674).

③ (×) 「공공기관의 정보공개에 관한 법률 시행령」에 의하면 각급 학교(사립학교와 유치원 등 포함)로서 정보공개의무가 있는 공공기관에 해당한다.

> 「공공기관의 정보공개에 관한 법률 시행령」 제2조 【공공기관의 범위】 「공공기관의 정보공개에 관한 법률」(이하 '법'이라 한다) 제2조 제3호 마목에서 '대통령령으로 정하는 기관'이란 다음 각 호의 기관 또는 단체를 말한다.
> 1. 「유아교육법」, 「초·중등교육법」, 「고등교육법」에 따른 각급 학교 또는 그 밖의 다른 법률에 따라 설치된 학교

④ (○) 「공공기관의 정보공개에 관한 법률」 제13조 제4항

정답 | ③

594

「공공기관의 정보공개에 관한 법률」상 정보공개에 대한 설명으로 옳지 않은 것은? (다툼이 있는 경우 판례에 의함)

① 정보공개청구는 청구인과 직접적인 이해관계가 없는 공익을 위한 경우에도 할 수 있다.
② 지방자치단체는 「공공기관의 정보공개에 관한 법률」에서 정한 정보공개청구권자인 국민에 해당되지 않는다.
③ 「공공기관의 정보공개에 관한 법률」 제9조 제1항 제1호의 '법률에서 위임한 명령'은 일반적인 법률의 위임규정에 따라 제정된 대통령령, 총리령, 부령 전부를 의미한다.
④ 개인정보는 절대적으로 공개가 거부될 수 있는 것은 아니며 공개의 이익과 형량하여 공개 여부를 결정하여야 한다.
⑤ 정보공개의 대상이 되는 정보가 이미 다른 사람에게 널리 알려져 있다는 사정만으로 비공개결정이 정당화될 수는 없다.

해설

③ 지엽 (×) 총리령과 부령은 「공공기관의 정보공개에 관한 법률」에 규정되어 있지 않다.

> 「공공기관의 정보공개에 관한 법률」 제9조【비공개 대상 정보】 ① 공공기관이 보유·관리하는 정보는 공개 대상이 된다. 다만, 다음 각 호의 어느 하나에 해당하는 정보는 공개하지 아니할 수 있다.
> 1. 다른 법률 또는 법률에서 위임한 명령(국회규칙·대법원규칙·헌법재판소규칙·중앙선거관리위원회규칙·대통령령 및 조례로 한정한다)에 따라 비밀이나 비공개 사항으로 규정된 정보

정답 | ③

594		
기출처	2020 국회직 9급	
난이도	★★	
키워드	정보공개제도	

595 필수

「공공기관의 정보공개에 관한 법률」의 내용으로 옳지 않은 것은? (다툼이 있는 경우 판례에 의함)

① 공공기관은 제10조에 따라 정보공개의 청구를 받으면 그 청구를 받은 날부터 10일 이내에 공개 여부를 결정하여야 하나, 공공기관은 부득이한 사유로 기간 이내에 공개 여부를 결정할 수 없을 때에는 그 기간이 끝나는 날의 다음 날부터 기산(起算)하여 10일의 범위에서 공개 여부 결정기간을 연장할 수 있다.
② 청구인이 이에 따라 청구 대상 정보를 기재할 때에는 사회일반인의 관점에서 청구 대상 정보의 내용과 범위를 확정할 수 있을 정도로 특정하여야 한다.
③ 학교폭력대책자치위원회의 회의록은 「공공기관의 정보공개에 관한 법률」의 '다른 법률 또는 법률이 위임한 명령에 의하여 비밀 또는 비공개사항으로 규정된 정보'에 해당하지 않는다.
④ 정보공개청구권자의 정보공개청구는 공개를 청구하는 정보와 어떤 관련성을 가질 것을 요구하지 아니하므로 정보공개청구권자의 권리구제 가능성 등은 정보의 공개 여부 결정에 아무런 영향을 미치지 못한다.

해설

③ (×) 학교폭력대책자치위원회의 회의록은 비공개 정보에 해당한다.

> 「학교폭력예방 및 대책에 관한 법률」 제21조 제1항·제2항·제3항 및 같은 법 시행령 제17조 규정들의 내용, 「학교폭력예방 및 대책에 관한 법률」의 목적, 입법 취지, 특히 「학교폭력예방 및 대책에 관한 법률」 제21조 제3항이 학교폭력대책자치위원회의 회의를 공개하지 못하도록 규정하고 있는 점 등에 비추어, 학교폭력대책자치위원회의 회의록은 「공공기관의 정보공개에 관한 법률」 제9조 제1항 제1호의 '다른 법률 또는 법률이 위임한 명령에 의하여 비밀 또는 비공개 사항으로 규정된 정보'에 해당한다(대판 2010.6.10., 2010두2913).

정답 | ③

596

정보공개제도에 대한 설명으로 옳은 것은? (다툼이 있는 경우 판례에 의함)

① 「공공기관의 정보공개에 관한 법률」상 정보의 공개에 필요로 하는 비용부담은 원칙적으로 정보공개의무가 있는 공공기관이 부담한다.
② 정보공개를 할 의무가 있는 공공기관은 공적 의무를 부담하는 기관에 한하며, 사립학교는 이에 해당하지 않는다.
③ 「공공기관의 정보공개에 관한 법률」에 의한 정보공개제도는 공공기관이 보유·관리하는 정보를 그 상태대로 공개하는 제도라는 점 등에 비추어 보면, 당해 정보를 공공기관이 보유·관리하고 있다는 점에 관하여 정보공개를 구하는 자에게 입증책임이 있다.
④ 학술·연구를 위해 일시적으로 체류하는 자는 공공기관에 정보공개를 청구하기 위해서 국내에 일정한 주소를 두어야만 한다.

해설

① (×) 정보의 공개 및 우송 등에 드는 비용은 실비(實費)의 범위에서 청구인이 부담한다(「공공기관의 정보공개에 관한 법률」 제17조 제1항).
② (×) 사립학교는 정보공개의무가 있는 공공기관이다.

> 「공공기관의 정보공개에 관한 법률 시행령」 제2조 【공공기관의 범위】 「공공기관의 정보공개에 관한 법률」(이하 '법'이라 한다) 제2조 제3호 마목에서 '대통령령으로 정하는 기관'이란 다음 각 호의 기관 또는 단체를 말한다.
> 1. 「유아교육법」, 「초·중등교육법」, 「고등교육법」에 따른 각급 학교 또는 그 밖의 다른 법률에 따라 설치된 학교

③ 빈출 (○) 구 「공공기관의 정보공개에 관한 법률」에 의한 정보공개제도는 공공기관이 보유·관리하는 정보를 그 상태대로 공개하는 제도라는 점 등에 비추어 보면, 당해 정보를 공공기관이 보유·관리하고 있다는 점에 관하여 정보공개를 구하는 자에게 입증책임이 있다 할 것이지만, 그 입증의 정도는 그러한 정보를 공공기관이 보유·관리하고 있을 상당한 개연성이 있다는 점을 증명하면 족하다 할 것이다(대판 2007.6.1., 2006두20587).
④ (×) 학술·연구를 위해서 일시적으로 체류하는 자는 국내에 주소를 두고 있지 않아도 된다(동법 시행령 제3조 제1호 참고).

정답 | ③

597

행정정보의 공개에 대한 설명으로 옳지 않은 것은? (다툼이 있는 경우 판례에 의함)

① 공개청구의 대상이 되는 정보가 인터넷 등을 통하여 공개되어 인터넷검색 등을 통하여 쉽게 알 수 있는 경우에는 비공개결정이 정당화될 수 있다.
② 정보의 공개에 관하여 법률의 구체적인 위임이 없는 「교육공무원승진규정」상 근무성적평정 결과를 공개하지 않는다는 규정을 근거로 정보공개청구를 거부할 수 없다.
③ 의사결정과정에 제공된 회의 관련 자료나 의사결정과정이 기록된 회의록은 의사가 결정되거나 의사가 집행된 경우에도 비공개 대상 정보에 포함될 수 있다.
④ 공공기관이 정보를 보유·관리하고 있지 아니한 경우에는 특별한 사정이 없는 한 정보공개거부처분의 취소를 구할 법률상의 이익이 없다.

597	
기출처	2021 국가직 7급
난이도	★★
키워드	정보공개제도

해설

① (×) 정보공개청구의 대상인 정보가 인터넷 등을 통해 알 수 있는 정보나 도서관 열람 등을 통해 알 수 있는 정보라고 해도 비공개는 정당화될 수 없다는 것이 대법원의 입장이다.

정답 | ①

598	① ② ③
기출처	2021 국회직 8급
난이도	★★
키워드	정보공개제도

관련기출 옳은지문

• 형사재판확정기록의 공개에 관하여는 「형사소송법」의 규정이 적용되므로 「공공기관의 정보공개에 관한 법률」에 의한 공개청구는 허용되지 아니한다. 19지방직7급

598 필수

「공공기관의 정보공개에 관한 법률」(이하 정보공개법)상 정보공개제도에 대한 설명으로 옳은 것은? (다툼이 있는 경우 판례에 의함)

① 사립대학교는 정보공개 의무기관인 공공기관에 해당하지 않는다.

② 정보공개제도는 공공기관이 보유·관리하는 정보를 그 상태대로 공개하는 제도이므로, 전자적 형태로 보유·관리하는 정보를 검색·편집하여야 하는 경우는 새로운 정보의 생산으로서 정보공개의 대상이 아니다.

③ 예산집행의 내용과 사업평가결과 등 행정감시를 위하여 필요한 정보 등 공개를 목적으로 작성되고 이미 정보통신망 등을 통하여 공개된 정보는 해당 정보의 소재 안내의 방법으로 공개한다.

④ 「형사소송법」이 형사재판확정기록의 공개 여부나 공개 범위, 불복절차 등에 대하여 규정하고 있는 것은 정보공개법 제4조 제1항에서 정한 '정보의 공개에 관하여 다른 법률에 특별한 규정이 있는 경우'에 해당한다고 볼 수 없으므로 형사재판확정기록의 공개에 관하여는 정보공개법에 의한 공개청구가 허용된다.

⑤ 법원 이외의 공공기관이 정보공개법 제9조 제1항 제4호에서 정한 '진행 중인 재판에 관련된 정보'에 해당한다는 사유로 정보공개를 거부하기 위하여는 원칙적으로 그 정보가 진행 중인 재판의 소송기록 자체에 포함된 내용이어야 한다.

해설

① (×) 사립학교도 정보공개의무를 가지는 공공기관에 해당된다.

② (×) 「공공기관의 정보공개에 관한 법률」에 의한 정보공개제도는 공공기관이 보유·관리하는 정보를 그 상태대로 공개하는 제도이지만, 전자적 형태로 보유·관리되는 정보의 경우에는, 그 정보가 청구인이 구하는 대로는 되어 있지 않다고 하더라도, 공개청구를 받은 공공기관이 공개청구 대상 정보의 기초자료를 전자적 형태로 보유·관리하고 있고, 당해 기관에서 통상 사용되는 컴퓨터 하드웨어 및 소프트웨어와 기술적 전문지식을 사용하여 그 기초자료를 검색하여 청구인이 구하는 대로 편집할 수 있으며, 그러한 작업이 당해 기관의 컴퓨터 시스템 운용에 별다른 지장을 초래하지 아니한다면, 그 공공기관이 공개청구 대상 정보를 보유·관리하고 있는 것으로 볼 수 있고, 이러한 경우에 기초자료를 검색·편집하는 것은 새로운 정보의 생산 또는 가공에 해당한다고 할 수 없다(대판 2010.2.11., 2009두6001).

③ (○) 법 제7조 제1항의 규정과 시행령 제14조 제1항의 규정에 따라 해당 정보의 소재에 대한 안내의 방법에 따른다.

> 「공공기관의 정보공개에 관한 법률」 제7조【정보의 사전적 공개 등】① 공공기관은 다음 각 호의 어느 하나에 해당하는 정보에 대해서는 공개의 구체적 범위, 주기, 시기 및 방법 등을 미리 정하여 정보통신망 등을 통하여 알리고, 이에 따라 정기적으로 공개하여야 한다. 다만, 제9조 제1항 각 호의 어느 하나에 해당하는 정보에 대해서는 그러하지 아니하다.
> 3. 예산집행의 내용과 사업평가결과 등 행정감시를 위하여 필요한 정보
>
> 「공공기관의 정보공개에 관한 법률 시행령」 제14조【정보공개 방법】① 정보는 다음 각 호의 구분에 따른 방법으로 공개한다.
> 5. 법 제7조 제1항에 따른 정보 등 공개를 목적으로 작성되고 이미 정보통신망 등을 통하여 공개된 정보: 해당 정보의 소재(所在) 안내

④ (×) 「형사소송법」 제59조의2의 내용·취지 등을 고려하면, 「형사소송법」 제59조의2는 형사재판확정기록의 공개 여부나 공개 범위, 불복절차 등에 대하여 구 「공공기관의 정보공개에 관한 법률」과 달리 규정하고 있는 것으로 정보공개법 제4조 제1항에서 정한 '정보의 공개에 관하여 다른 법률에 특별한 규정이 있는 경우'에 해당한다. 따라서 형사재판확정기록의 공개에 관하여는 정보공개법에 의한 공개청구가 허용되지 아니한다(대판 2016.12.15., 2013두20882).

⑤ 빈출 (×) 법원 이외의 공공기관이 정보공개법 제9조 제1항 제4호에서 정한 '진행 중인 재판에 관련된 정보'에 해당한다는 사유로 정보공개를 거부하기 위하여는 반드시 그 정보가 진행 중인 재판의 소송기록 자체에 포함된 내용일 필요는 없다. 그러나 재판에 관련된 일체의 정보가 그에 해당하는 것은 아니고 진행 중인 재판의 심리 또는 재판결과에 구체적으로 영향을 미칠 위험이 있는 정보에 한정된다고 보는 것이 타당하다(대판 2011.11.24., 2009두19021).

고득점 플러스+ 법 규정과 대법원의 입장

「공공기관의 정보공개에 관한 법률 시행령」	대법원의 판례
제2조 【정의】 「공공기관의 정보공개에 관한 법률」(이하 '법'이라 한다) 제2조 제3호 마목에서 '대통령령으로 정하는 기관'이란 다음 각 호의 기관 또는 단체를 말한다. 1. 「유아교육법」, 「초·중등교육법」, 「고등교육법」에 따른 각급 학교 또는 그 밖의 다른 법률에 따라 설치된 학교	같은 법 시행령 제2조 제1호가 정보공개의무를 지는 공공기관의 하나로 사립대학교를 들고 있는 것이 모법인 구 「공공기관의 정보공개에 관한 법률」의 위임범위를 벗어났다거나 사립대학교가 국비의 지원을 받는 범위 내에서만 공공기관의 성격을 가진다고 볼 수 없다(대판 2006.8.24., 2004두2783).

정답 | ③

599	
기출처	예상문제
난이도	★★
키워드	정보공개제도

599

공공기관에 대한 정보공개청구에 있어서 그 구제제도에 대한 설명으로 옳은 것은? (다툼이 있는 경우 판례에 의함)

① 국가기관 등은 청구인의 이의신청이 있는 경우에는 심의회를 개최하여야 하며, 정보공개를 거부한 경우에도 다시 심의회를 개최하여야 한다.
② 정보공개거부처분의 취소를 구하는 소송에서 공공기관이 청구정보를 증거 등으로 법원에 제출하여 법원을 통하여 그 사본을 청구인에게 교부 또는 송달되게 하여 청구인에게 정보를 공개하게 된 경우, 정보비공개결정의 취소를 구할 소의 이익이 소멸하게 된다.
③ 정보비공개결정 취소소송에서 처분청이 당초의 처분사유인 '대상 정보가 「공공기관의 정보공개에 관한 법률」 제9조 제1항 제7호에 해당한다는 것'에 '같은 항 제1호에 해당한다.'는 사유를 추가할 수 없다.
④ 정보공개 여부를 결정할 때 공공기관이 제3자의 정보공개청구에 대해 제3자의 의견청취 과정에서 제3자가 비공개를 요청한다면 해당 정보는 비공개사유에 해당한다.

해설

① (×) 심의회를 개최하여 정보공개를 거부한 경우에는 이의신청이 있어도 심의회를 개최하지 않는다.

> **「공공기관의 정보공개에 관한 법률」 제18조【이의신청】** ② 국가기관 등은 제1항에 따른 이의신청이 있는 경우에는 심의회를 개최하여야 한다. 다만, 다음 각 호의 어느 하나에 해당하는 경우에는 심의회를 개최하지 아니할 수 있으며 개최하지 아니하는 사유를 청구인에게 문서로 통지하여야 한다.
> 1. 심의회의 심의를 이미 거친 사항
> 2. 단순·반복적인 청구
> 3. 법령에 따라 비밀로 규정된 정보에 대한 청구

② (×) 청구인이 정보공개거부처분의 취소를 구하는 소송에서 공공기관이 청구정보를 증거 등으로 법원에 제출하여 법원을 통하여 그 사본을 청구인에게 교부 또는 송달되게 하여 결과적으로 청구인에게 정보를 공개하는 셈이 되었다고 하더라도, 이러한 우회적인 방법은 정보공개법이 예정하고 있지 아니한 방법으로서 정보공개법에 의한 공개라고 볼 수는 없으므로, 당해 정보의 비공개결정의 취소를 구할 소의 이익은 소멸되지 않는다(대판 2016.12.15., 2012두11409).

③ (○) 같은 항 제7호의 이유로 거부하였다가 같은 항 제1호를 추가하는 것은 기본적인 사실관계가 동일하지 않으므로 처분사유를 추가할 수 없다.

> 피고가 처분사유로 추가한 정보공개법 제9조 제1항 제1호에서 주장하는 사유는 당초의 처분사유인 제7호에서 주장하는 사유와는 기본적 사실관계가 동일하다고 할 수 없다고 할 것이고, 추가로 주장하는 위 제1호에서 규정하고 있는 사유가 이 사건 처분 후에 새로 발생한 사실을 토대로 한 것이 아니라 당초의 처분 당시에 이미 존재한 사실에 기초한 것이라 하여 달리 볼 것은 아니라 할 것이다(대판 2008.10.23., 2007두1798).

④ **빈출** (×) 정보공개 여부를 결정할 때 공공기관이 제3자와의 관계에서 거쳐야 할 절차를 규정한 것에 불과할 뿐, 제3자의 비공개요청이 있다는 사유만으로 정보공개법상 정보의 비공개사유에 해당한다고 볼 수 없다(대판 2008.9.25., 2008두8680).

정답 | ③

600

「공공기관의 정보공개에 관한 법률」의 내용으로 옳지 않은 것은?

① 청구인이 정보공개와 관련한 공공기관의 결정에 대하여 불복이 있거나 정보공개청구 후 20일이 경과하도록 정보공개결정이 없는 때에는 「행정심판법」에서 정하는 바에 따라 행정심판을 청구할 수 있다.
② 교정에 관한 사항으로서 공개될 경우 그 직무수행을 현저히 곤란하게 하는 정보는 비공개 대상 정보에 해당한다.
③ 공개될 경우 부동산 투기, 매점매석 등으로 특정인에게 이익 또는 불이익을 줄 우려가 있다고 인정되는 정보는 비공개 대상인 정보이다.
④ 정보공개를 청구하여 정보공개 여부에 대한 결정의 통지를 받은 자가 정당한 사유 없이 해당 정보의 공개를 다시 청구하는 경우에는 「민원 처리에 관한 법률」에 따른 민원으로 처리할 수 있는 경우 민원으로 처리한다.

600	① ② ③
기출처	예상문제
난이도	★★
키워드	정보공개제도

해설

① (○) 「공공기관의 정보공개에 관한 법률」 제19조 제1항
② (○) 동법 제9조 제1항 제4호
③ (○) 동법 제9조 제1항 제8호
④ (×) 정보공개청구 대상 정보의 성격, 종전 청구와의 내용적 유사성·관련성, 종전 청구와 동일한 답변을 할 수밖에 없는 사정 등을 종합적으로 고려하여 해당 청구를 종결 처리할 수 있다.

> **「공공기관의 정보공개에 관한 법률」 제11조 【정보공개 여부의 결정】** ⑤ 공공기관은 정보공개청구가 다음 각 호의 어느 하나에 해당하는 경우로서 「민원 처리에 관한 법률」에 따른 민원으로 처리할 수 있는 경우에는 민원으로 처리할 수 있다.
> 1. 공개청구된 정보가 공공기관이 보유·관리하지 아니하는 정보인 경우
> 2. 공개청구의 내용이 진정·질의 등으로 이 법에 따른 정보공개청구로 보기 어려운 경우
>
> **제11조의2 【반복청구 등의 처리】** ① 공공기관은 제11조에도 불구하고 제10조 제1항 및 제2항에 따른 정보공개청구가 다음 각 호의 어느 하나에 해당하는 경우에는 정보공개청구 대상 정보의 성격, 종전 청구와의 내용적 유사성·관련성, 종전 청구와 동일한 답변을 할 수밖에 없는 사정 등을 종합적으로 고려하여 해당 청구를 종결 처리할 수 있다. 이 경우 종결 처리 사실을 청구인에게 알려야 한다.
> 1. 정보공개를 청구하여 정보공개 여부에 대한 결정의 통지를 받은 자가 정당한 사유 없이 해당 정보의 공개를 다시 청구하는 경우
> 2. 정보공개청구가 제11조 제5항에 따라 민원으로 처리되었으나 다시 같은 청구를 하는 경우

정답 | ④

601	① ② ③
기출처	2020 국가직 9급
난이도	★★
키워드	정보공개제도

🔍 **관련기출 옳은지문**
- 정보공개청구권자의 권리구제 가능성은 정보의 공개 여부 결정에 아무런 영향을 미치지 못한다.
  22지방직9급

601 〈필수〉

정보공개에 대한 설명으로 옳지 않은 것은? (다툼이 있는 경우 판례에 의함)

① 정보공개거부처분의 취소를 구하는 소송에서 공공기관이 청구정보를 증거 등으로 법원에 제출하여 법원을 통하여 그 사본을 청구인에게 교부 또는 송달되게 하여 청구인에게 정보를 공개하는 셈이 되었다면, 이러한 우회적인 방법에 의한 공개는 「공공기관의 정보공개에 관한 법률」에 의한 공개라고 볼 수 있다.

② 정보공개청구권자에는 자연인은 물론 법인, 권리능력 없는 사단·재단도 포함되고, 법인, 권리능력 없는 사단·재단 등의 경우에는 설립목적을 불문한다.

③ 공개청구의 대상이 되는 정보가 이미 다른 사람에게 공개되어 널리 알려져 있다거나 인터넷 등을 통하여 공개되어 인터넷 검색 등을 통하여 쉽게 알 수 있다는 사정만으로는 비공개결정이 정당화될 수 없다.

④ 「공공기관의 정보공개에 관한 법률」은 정보공개청구권자가 공개를 청구하는 정보와 어떤 관련성을 가질 것을 요구하거나 정보공개청구의 목적에 특별한 제한을 두고 있지 아니하므로 정보공개청구권자의 권리구제 가능성 등은 정보의 공개 여부 결정에 아무런 영향을 미치지 못한다.

해설

① (×) 정보공개청구의 비공개결정에 대한 취소소송에서 법원에 해당 정보에 관한 자료가 제출되어 정보공개청구인에게 우회적인 방법으로 정보가 결국 공개되는 셈이 되었다고 해도 이는 법이 정한 공개방식에 해당하지 않아 여전히 소익이 있다는 것이 대법원의 입장이다.

> 청구인이 정보공개거부처분의 취소를 구하는 소송에서 공공기관이 청구정보를 증거 등으로 법원에 제출하여 법원을 통하여 그 사본을 청구인에게 교부 또는 송달되게 하여 결과적으로 청구인에게 정보를 공개하는 셈이 되었다고 하더라도, 이러한 우회적인 방법은 정보공개법이 예정하고 있지 아니한 방법으로서 정보공개법에 의한 공개라고 볼 수는 없으므로, 당해 정보의 비공개결정의 취소를 구할 소의 이익은 소멸되지 않는다(대판 2016.12.15., 2012두11409).

② (○) 대판 2003.12.12., 2003두8050
③ (○) 대판 2010.12.23., 2008두13101
④ (○) 대판 2017.9.7., 2017두44558

정답 | ①

602

「공공기관의 정보공개에 관한 법률」에 관한 설명 중 (ㄱ)~(ㄹ)에 들어갈 내용으로 옳은 것은?

- 제11조【정보공개 여부의 결정】① 공공기관은 제10조에 따라 정보공개의 청구를 받으면 그 청구를 받은 날부터 (ㄱ) 이내에 공개 여부를 결정하여야 한다.
- 제18조【이의신청】① 청구인이 정보공개와 관련한 공공기관의 비공개결정 또는 부분 공개결정에 대하여 불복이 있거나 정보공개청구 후 (ㄴ)이 경과하도록 정보공개결정이 없는 때에는 공공기관으로부터 정보공개 여부의 결정 통지를 받은 날 또는 정보공개청구 후 (ㄴ)이 경과한 날부터 (ㄷ) 이내에 해당 공공기관에 문서로 이의신청을 할 수 있다.
- 제21조【제3자의 비공개 요청 등】① 공개청구된 사실을 통지받은 제3자는 그 통지를 받은 날부터 (ㄹ) 이내에 해당 공공기관에 대하여 자신과 관련된 정보를 공개하지 아니할 것을 요청할 수 있다.

	ㄱ	ㄴ	ㄷ	ㄹ
①	10일	20일	30일	3일
②	10일	10일	10일	30일
③	20일	10일	20일	30일
④	10일	20일	10일	7일

602 기출처: 예상문제 / 난이도: ★ / 키워드: 정보공개제도

해설

① (O) 10일, 20일, 30일, 3일이 들어가는 것이 올바르다.

> 「공공기관의 정보공개에 관한 법률」제11조【정보공개 여부의 결정】① 공공기관은 제10조에 따라 정보공개의 청구를 받으면 그 청구를 받은 날부터 (ㄱ. 10일) 이내에 공개 여부를 결정하여야 한다.
> 제18조【이의신청】① 청구인이 정보공개와 관련한 공공기관의 비공개결정 또는 부분 공개결정에 대하여 불복이 있거나 정보공개청구 후 (ㄴ. 20일)이 경과하도록 정보공개결정이 없는 때에는 공공기관으로부터 정보공개여부의 결정 통지를 받은 날 또는 정보공개청구 후 (ㄴ. 20일)이 경과한 날부터 (ㄷ. 30일) 이내에 해당 공공기관에 문서로 이의신청을 할 수 있다.
> 제21조【제3자의 비공개 요청 등】① 제11조 제3항에 따라 공개청구된 사실을 통지받은 제3자는 그 통지를 받은 날부터 (ㄹ. 3일) 이내에 해당 공공기관에 대하여 자신과 관련된 정보를 공개하지 아니할 것을 요청할 수 있다.

정답 | ①

603

정보공개에 대한 설명으로 옳지 않은 것은?

① 구 「학교폭력예방 및 대책에 관한 법률」에 따른 학교폭력대책자치위원회의 회의록은 「공공기관의 정보공개에 관한 법률」 소정의 '공개될 경우 업무의 공정한 수행에 현저한 지장을 초래한다고 인정할 만한 상당한 이유가 있는 정보'에 해당한다.

② 정보공개를 청구하는 자가 공공기관에 대해 정보의 사본 또는 출력물의 교부방법으로 공개방법을 선택하여 정보공개청구를 한 경우, 공개청구를 받은 공공기관은 「공공기관의 정보공개에 관한 법률」에서 규정한 정보의 사본 또는 복제물의 교부를 제한할 수 있는 사유에 해당하지 않는 한 그 공개방법을 선택할 재량권이 없다.

③ '2002학년도부터 2005학년도까지의 대학수학능력시험 원데이터'는 연구목적으로 그 정보의 공개를 청구하는 경우 「공공기관의 정보공개에 관한 법률」 소정의 비공개 대상 정보에 해당한다.

④ 「공공기관의 정보공개에 관한 법률」상 '공개하는 것이 공익 또는 개인의 권리구제를 위하여 필요하다고 인정되는 정보'에 해당하는지 여부는 비공개에 의하여 보호되는 개인의 사생활의 비밀 등 이익과 공개에 의하여 보호되는 국정운영의 투명성 확보 등의 공익 또는 개인의 권리구제 등 이익을 비교·교량하여 구체적 사안에 따라 신중히 판단하여야 한다.

해설

① (○) 「학교폭력예방 및 대책에 관한 법률」 제21조 제1항·제2항·제3항 및 같은 법 시행령 제17조 규정들의 내용, 「학교폭력예방 및 대책에 관한 법률」의 목적, 입법 취지, 특히 「학교폭력예방 및 대책에 관한 법률」 제21조 제3항이 학교폭력대책자치위원회의 회의를 공개하지 못하도록 규정하고 있는 점 등에 비추어, 학교폭력대책자치위원회의 회의록은 「공공기관의 정보공개에 관한 법률」 제9조 제1항 제1호의 '다른 법률 또는 법률이 위임한 명령에 의하여 비밀 또는 비공개사항으로 규정된 정보'에 해당한다(대판 2010.6.10., 2010두2913).

② (○) 정보공개를 청구하는 자가 공공기관에 대해 정보의 사본 또는 출력물의 교부의 방법으로 공개방법을 선택하여 정보공개청구를 한 경우에 공개청구를 받은 공공기관으로서는 법 제8조 제2항에서 규정한 정보의 사본 또는 복제물의 교부를 제한할 수 있는 사유에 해당하지 않는 한 정보공개청구자가 선택한 공개방법에 따라 정보를 공개하여야 하므로 그 공개방법을 선택할 재량권이 없다고 해석함이 상당하다(대판 2004.8.20., 2003두8302).

③ (×) '2002년도 및 2003년도 국가 수준 학업성취도평가 자료'는 「공공기관의 정보공개에 관한 법률」 제9조 제1항 제5호에서 정한 비공개 대상 정보에 해당하는 부분이 있으나, '2002학년도부터 2005학년도까지의 대학수학능력시험 원데이터'는 연구목적으로 그 정보의 공개를 청구하는 경우 위 조항의 비공개 대상 정보에 해당하지 않는다(대판 2010.2.25., 2007두9877).

④ (○) 「공공기관의 정보공개에 관한 법률」 제7조 제1항 제6호 단서 (다)목 소정의 '공개하는 것이 공익을 위하여 필요하다고 인정되는 정보'에 해당하는지 여부는 비공개에 의하여 보호되는 개인의 사생활 보호 등의 이익과 공개에 의하여 보호되는 국정운영의 투명성 확보 등의 공익을 비교·교량하여 구체적 사안에 따라 신중히 판단하여야 한다(대판 2003.3.11., 2001두6425).

정답 | ③

604

「공공기관의 정보공개에 관한 법률」상 정보공개에 대한 설명으로 옳지 않은 것은? (다툼이 있는 경우 판례에 의함)

① 금융감독원은 특별법에 따라 설립된 특수법인으로서 정보공개법에서 정한 공공기관에 해당하고, 금융감독원이 직무상 작성 또는 취득하여 관리하고 있는 문서에 대하여는 정보공개법이 적용된다.

② 군검사가 공소제기된 사건과 관련하여 보관하고 있는 서류 또는 물건에 관한 정보공개 여부는 '정보의 공개에 관하여 다른 법률에 특별한 규정이 있는 경우'에 해당하여「공공기관의 정보공개에 관한 법률」에 의한 정보공개청구가 허용되지 않는다.

③ 견책의 징계처분을 받은 甲이 사단장에게 징계위원회에 참여한 징계위원의 성명과 직위에 대한 정보공개청구를 하였고 공개를 거부하였지만, 징계처분 취소사건에서 甲의 청구를 기각하는 판결이 확정되었다면, 甲으로서는 정보공개거부처분의 취소를 구할 법률상 이익이 없다.

④ 청구인이 공공기관의 비공개결정 또는 부분 공개결정에 대한 이의신청을 하여 공공기관으로부터 이의신청에 대한 결과를 통지받은 후 취소소송을 제기하는 경우, 제소기간의 기산점은 이의신청에 대한 결과를 통지받은 날이다.

해설

① (O) 금융감독원은 특별법에 따라 설립된 특수법인으로서 정보공개법에서 정한 공공기관에 해당하고, 금융감독원이 직무상 작성 또는 취득하여 관리하고 있는 문서에 대하여는 정보공개법이 적용된다(대결 2024.4.25., 2023마8009).

② (O) 「군사법원법」의 내용·취지 등을 고려하면, 「군사법원법」 제309조의3은 군검사가 공소제기된 사건과 관련하여 보관하고 있는 서류 또는 물건의 공개 여부나 공개 범위, 불복절차 등에 관하여 … 정보공개법 제4조 제1항에서 정한 '정보의 공개에 관하여 다른 법률에 특별한 규정이 있는 경우'에 해당한다. 따라서 군검사가 공소제기된 사건과 관련하여 보관하고 있는 서류 또는 물건에 관하여는 피고인이나 변호인의 정보공개법에 의한 정보공개청구가 허용되지 아니한다(대판 2024.5.30., 2022두65559).

③ 빈출 (×) 공공기관에 대하여 정보공개를 청구하였다가 공개거부처분을 받은 청구인은 다른 법률상의 이익침해를 추가로 필요로 하지 않고, 공개거부처분의 취소를 구할 법률상 이익이 인정된다(비록 징계처분 취소소송에서 기각이 된 경우라도 정보공개거부는 소익이 있다).

> 견책의 징계처분을 받은 甲이 사단장에게 징계위원회에 참여한 징계위원의 성명과 직위에 대한 정보공개청구를 하였으나 위 정보가 「공공기관의 정보공개에 관한 법률」 제9조 제1항 제1호·제2호·제5호·제6호에 해당한다는 이유로 공개를 거부한 사안에서, 징계처분 취소사건에서 甲의 청구를 기각하는 판결이 확정되었더라도, 甲으로서는 여전히 정보공개거부처분의 취소를 구할 법률상 이익이 있다(대판 2022.5.26., 2022두33439).

④ (O) 대판 2023.7.27., 2022두52980

정답 | ③

605	① ② ③
기출처	2022 국가직 9급
난이도	★★
키워드	정보공개제도

605 필수

다음 사례에 대한 설명으로 옳은 것은? (다툼이 있는 경우 판례에 의함)

> 민간시민단체 A는 관할 행정청 B에게 개발사업의 승인과 관련한 정보공개를 청구하였으나 B는 현재 재판 진행 중인 사안이 포함되어 있다는 이유로 「공공기관의 정보공개에 관한 법률」 제9조 제1항 제4호의 사유를 들어 A의 정보공개청구를 거부하였다.

① A는 공개청구한 정보에 대해 개별·구체적 이익이 없는 경우에도 B의 정보공개거부에 대해 취소소송으로 다툴 수 있다.
② A가 공개청구한 정보에 대해 직접적인 이해관계가 있는 경우에는 B의 정보공개거부에 대해 정보공개의 이행을 구하는 당사자소송을 제기하여 다툴 수 있다.
③ A가 공개청구한 정보의 일부가 「공공기관의 정보공개에 관한 법률」상 비공개사유에 해당하는 때에는 그 나머지 정보만을 공개하는 것이 가능한 경우라 하더라도 법원은 공개 가능한 정보에 관한 부분만의 일부취소를 명할 수는 없다.
④ B의 비공개사유가 정당화되기 위해서는 A가 공개청구한 정보가 진행 중인 재판의 소송기록 자체에 포함된 내용이어야 한다.

관련기출 옳은지문

- 정보공개거부처분 취소소송에서 공개청구의 취지에 어긋나지 아니하는 범위 안에서 공개를 거부한 정보가 비공개 대상 정보에 해당하는 부분과 공개가 가능한 부분으로 분리될 수 있다고 인정되면 법원은 공개가 가능한 부분을 특정하고 판결의 주문에 공개가 가능한 정보에 관한 부분만을 취소한다고 표시해야 한다. 23국가직7급

해설

① **빈출** (O) 「공공기관의 정보공개에 관한 법률」(이하 '법'이라 한다) 제6조 제1항은 "모든 국민은 정보의 공개를 청구할 권리를 가진다."고 규정하고 있는데, 여기에서 말하는 국민에는 자연인은 물론 법인, 권리능력 없는 사단·재단도 포함되고, 법인, 권리능력 없는 사단·재단 등의 경우에는 설립목적을 불문하며, 한편 <u>정보공개청구권은 법률상 보호되는 구체적인 권리이므로 청구인이 공공기관에 대하여 정보공개를 청구하였다가 거부처분을 받은 것 자체가 법률상 이익의 침해에 해당한다</u>(대판 2003.3.11., 2001두6425).
② (×) 정보공개거부는 항고소송 대상인 처분이다.
③ **빈출** (×) 법원이 행정기관의 정보공개거부처분의 위법 여부를 심리한 결과 공개를 거부한 정보에 비공개 대상 정보에 해당하는 부분과 공개가 가능한 부분이 혼합되어 있고, <u>공개청구의 취지에 어긋나지 아니하는 범위 안에서 두 부분을 분리할 수 있음을 인정할 수 있을 때에는 청구취지의 변경이 없더라도 공개가 가능한 정보에 관한 부분만의 일부취소를 명할 수 있다</u> 할 것이다 (대판 2004.12.9., 2003두12707).
④ **빈출** (×) 법원 이외의 공공기관이 정보공개법 제9조 제1항 제4호에서 정한 <u>'진행 중인 재판에 관련된 정보'에 해당한다는 사유로 정보공개를 거부하기 위하여는 반드시 그 정보가 진행 중인 재판의 소송기록 자체에 포함된 내용일 필요는 없다. 그러나 재판에 관련된 일체의 정보가 그에 해당하는 것은 아니고 진행 중인 재판의 심리 또는 재판결과에 구체적으로 영향을 미칠 위험이 있는 정보에 한정된다</u>고 보는 것이 타당하다(대판 2011.11.24., 2009두19021).

정답 | ①

606

「공공기관의 정보공개에 관한 법률」에 대한 설명으로 옳지 <u>않은</u> 것은? (다툼이 있는 경우 판례에 의함)

① 정보의 공개를 청구하는 자는 해당 정보를 보유하거나 관리하고 있는 공공기관에 정보공개청구서를 제출하거나 말, 정보통신망이나 팩스 또는 전화를 통해 정보의 공개를 청구할 수 있다.

② 교도소에 복역 중인 자가 지방검찰청 검사장에게 자신에 대한 불기소사건 수사기록 중 타인의 개인정보를 제외한 부분의 공개를 청구하는 행위는 권리남용으로서 허용되지 않는다.

③ 공공기관은 다른 공공기관이 보유·관리하는 정보의 공개청구를 받았을 때에는 지체 없이 이를 소관 기관으로 이송하여야 하며, 이송한 후에는 지체 없이 소관 기관 및 이송 사유 등을 분명히 밝혀 청구인에게 문서로 통지하여야 한다.

④ 공공기관은 정보공개신청인이 정보 등 공개를 목적으로 작성되어 이미 정보통신망 등을 통하여 공개된 정보를 청구하는 경우에 대하여 해당 정보의 소재(所在)를 안내한 뒤 종결할 수 있다.

해설

① (×) 청구인은 정보공개 청구서를 제출하거나 말로써 정보공개를 청구할 수 있다.
② (○) 정보공개청구는 무제한 허용되는 것이 아니며 사안에 따라 정보공개청구가 권리남용에 해당되는 경우도 있다.

> 교도소에 복역 중인 甲이 지방검찰청 검사장에게 자신에 대한 불기소사건 수사기록 중 타인의 개인정보를 제외한 부분의 공개를 청구하였으나 검사장이 구 「공공기관의 정보공개에 관한 법률」 제9조 제1항 등에 규정된 비공개 대상 정보에 해당한다는 이유로 비공개결정을 한 사안에서, 甲의 정보공개청구는 권리를 남용하는 행위로서 허용되지 않는다(대판 2014.12.24., 2014두9349).

③ (○) 「공공기관의 정보공개에 관한 법률」 제11조 제4항
④ (○) 동법 제11조의2 제2항

정답 | ①

607	① ② ③
기출처	2020 지방직 7급
난이도	★★
키워드	정보공개제도

607 〈필수〉
정보공개제도에 대한 설명으로 옳지 않은 것은? (다툼이 있는 경우 판례에 의함)

① 정보공개를 청구하는 자가 공개를 구하는 정보를 행정기관이 보유·관리하고 있을 상당한 개연성이 있다는 점을 입증하여야 한다.
② 국민의 알 권리, 즉 정보에의 접근·수집·처리의 자유는 자유권적 성질과 청구권적 성질을 공유하는 것으로서, 헌법 제21조에 의하여 직접 보장되는 권리이다.
③ 사립대학교에 정보공개를 청구하였다가 거부될 경우 사립대학교에 대한 국가의 지원이 한정적·국부적·일시적임을 고려한다면 사립대학교 총장을 피고로 하여 취소소송을 제기할 수 없다.
④ 공개를 구하는 정보를 공공기관이 한때 보유·관리하였으나 그 후에 그 정보가 담긴 문서 등이 폐기되어 존재하지 않게 된 것이라면 그 정보를 더 이상 보유·관리하고 있지 아니하다는 점에 대한 증명책임은 공공기관에 있다.

관련기출 옳은지문
- A 대학교가 사립대학교라 하더라도 정보공개를 하여야 할 공공기관에 해당되며, 정보공개의 범위는 정부로부터 보조를 받는 범위로 국한되는 것도 아니다. 19(하)군무원9급

해설

①④ (○) 공개청구자는 그가 공개를 구하는 정보를 공공기관이 보유·관리하고 있을 상당한 개연성이 있다는 점에 대하여 입증할 책임이 있으나, 공개를 구하는 정보를 공공기관이 한때 보유·관리하였으나 후에 그 정보가 담긴 문서들이 폐기되어 존재하지 않게 된 것이라면 그 정보를 더 이상 보유·관리하고 있지 않다는 점에 대한 증명책임은 공공기관에 있다(대판 2013.1.24., 2010두18918).

② (○) 국민의 '알 권리', 즉 정보에의 접근·수집·처리의 자유는 자유권적 성질과 청구권적 성질을 공유하는 것으로서 헌법 제21조에 의하여 직접 보장되는 권리이고, 그 구체적 실현을 위하여 제정된 「공공기관의 정보공개에 관한 법률」도 제3조에서 공공기관이 보유·관리하는 정보를 원칙적으로 공개하도록 하여 정보공개의 원칙을 천명하고 있다(대판 2009.12.10., 2009두12785).

③ 빈출 (×) 사립대학교도 공공기관의 정보공개에 관한 법령상의 공공기관에 해당된다. 따라서 정보공개를 신청하여 거부되는 경우 취소소송을 청구할 수 있다.

> 정보공개의 목적, 교육의 공공성 및 공·사립학교의 동질성, 사립대학교에 대한 국가의 재정지원 및 보조 등 여러 사정을 고려해 보면, 사립대학교에 대한 국비 지원이 한정적·일시적·국부적이라는 점을 고려하더라도, 구 같은 법 시행령 제2조 제1호가 정보공개의무를 지는 공공기관의 하나로 사립대학교를 들고 있는 것이 모법인 구 「공공기관의 정보공개에 관한 법률」의 위임범위를 벗어났다거나 사립대학교가 국비의 지원을 받는 범위 내에서만 공공기관의 성격을 가진다고 볼 수 없다(대판 2006.8.24., 2004두2783).

정답 | ③

608

「공공기관의 정보공개에 관한 법률」상 정보공개에 대한 설명으로 옳은 것만을 모두 고르면?

ㄱ. 모든 국민은 정보의 공개를 청구할 권리를 가진다.
ㄴ. 법무부령인 「검찰보존사무규칙」은 행정기관 내부의 사무처리준칙인 행정규칙이지만, 「검찰보존사무규칙」상의 열람·등사의 제한은 「공공기관의 정보공개에 관한 법률」 제9조 제1항 제1호의 '다른 법률 또는 법률에 의한 명령에 의하여 비공개사항으로 규정된 경우'에 해당한다.
ㄷ. 해당 정보를 취득 또는 활용할 의사가 전혀 없이 정보공개제도를 이용하여 사회통념상 용인될 수 없는 부당한 이득을 얻으려 하거나, 오로지 공공기관의 담당 공무원을 괴롭힐 목적으로 정보공개청구를 하는 경우 권리남용에 해당함이 명백하므로 정보공개청구권의 행사가 허용되지 아니한다.
ㄹ. 청구인이 정보공개와 관련한 공공기관의 결정에 대하여 불복이 있거나 정보공개청구 후 10일이 경과하도록 정보공개결정이 없는 때에는 「행정심판법」에서 정하는 바에 따라 행정심판을 청구할 수 있다.

① ㄱ, ㄴ
② ㄱ, ㄷ
③ ㄴ, ㄹ
④ ㄷ, ㄹ

608	
기출처	2023 지방직 9급
난이도	★★
키워드	정보공개제도

해설

ㄱ. (○) 「공공기관의 정보공개에 관한 법률」 제5조 제1항
ㄴ. (×) 행정규칙에 근거하여 정보공개를 거부할 수 없다.

> 「검찰보존사무규칙」이 「검찰청법」 제11조에 기하여 제정된 법무부령이기는 하지만, 그 사실만으로 같은 규칙 내의 모든 규정이 법규적 효력을 가지는 것은 아니다. 기록의 열람·등사의 제한을 정하고 있는 같은 규칙 제22조는 법률상의 위임근거가 없어 행정기관 내부의 사무처리준칙으로서 행정규칙에 불과하므로, 위 규칙상의 열람·등사의 제한을 「공공기관의 정보공개에 관한 법률」 제9조 제1항 제1호의 '다른 법률 또는 법률에 의한 명령에 의하여 비공개사항으로 규정된 경우'에 해당한다고 볼 수 없다(대판 2006.5.25., 2006두3049).

> 「공공기관의 정보공개에 관한 법률」 제9조【비공개 대상 정보】① 공공기관이 보유·관리하는 정보는 공개 대상이 된다. 다만, 다음 각 호의 어느 하나에 해당하는 정보는 공개하지 아니할 수 있다.
> 1. 다른 법률 또는 법률에서 위임한 명령(국회규칙·대법원규칙·헌법재판소규칙·중앙선거관리위원회규칙·대통령령 및 조례로 한정한다)에 따라 비밀이나 비공개 사항으로 규정된 정보

ㄷ. (○) 실제로는 해당 정보를 취득 또는 활용할 의사가 전혀 없이 정보공개제도를 이용하여 사회통념상 용인될 수 없는 부당한 이득을 얻으려 하거나, 오로지 공공기관의 담당 공무원을 괴롭힐 목적으로 정보공개청구를 하는 경우처럼 권리의 남용에 해당하는 것이 명백한 경우에는 정보공개청구권의 행사를 허용하지 아니하는 것이 옳다(대판 2014.12.24., 2014두9349).
ㄹ. (×) 청구인이 정보공개와 관련한 공공기관의 결정에 대하여 불복이 있거나 정보공개청구 후 20일이 경과하도록 정보공개결정이 없는 때에는 「행정심판법」에서 정하는 바에 따라 행정심판을 청구할 수 있다. 이 경우 국가기관 및 지방자치단체 외의 공공기관의 결정에 대한 감독행정기관은 관계 중앙행정기관의 장 또는 지방자치단체의 장으로 한다(동법 제19조 제1항).

정답 | ②

609

정보공개에 대한 설명으로 옳지 않은 것은? (다툼이 있는 경우 판례에 의함)

① 청구인이 이에 따라 청구 대상 정보를 기재할 때에는 사회일반인의 관점에서 청구 대상 정보의 내용과 범위를 확정할 수 있을 정도로 특정하여야 한다.
② 정보공개청구인에게 특정한 정보공개방법을 지정하여 청구할 수 있는 법령상 신청권이 있고 공공기관이 공개청구의 대상이 된 정보를 청구인이 신청한 공개방법 이외의 방법으로 공개하기로 하는 결정을 한 경우, 정보공개방법에 관한 부분에 대하여 일부 거부처분을 한 것으로 보아야 한다.
③ 공공기관은 수립된 비공개 세부 기준이 비공개 요건에 부합하는지 3년마다 점검하고 필요한 경우 비공개 세부 기준을 개선하여 그 점검 및 개선 결과를 행정안전부장관에게 제출하여야 한다.
④ 「공공기관의 정보공개에 관한 법률」 제9조 제1항 제4호의 '진행 중인 재판에 관련된 정보'에 해당한다는 사유로 정보공개를 거부하기 위해서는 그 정보가 진행 중인 재판의 소송기록 그 자체에 포함된 내용이어야 한다.

해설

② (O) 정보공개청구인은 정보공개를 청구하는 경우에 공개방법을 특정하여 청구할 수 있다. 다른 방법으로 공개를 결정하면 일부 거부에 해당한다.

> 정보공개청구인에게 특정한 정보공개방법을 지정하여 청구할 수 있는 법령상 신청권이 있는지 여부 (적극) / 공공기관이 공개청구의 대상이 된 정보를 청구인이 신청한 공개방법 이외의 방법으로 공개하기로 하는 결정을 한 경우, 정보공개방법에 관한 부분에 대하여 일부 거부처분을 한 것인지 여부(적극) 및 이에 대하여 항고소송으로 다툴 수 있는지 여부(적극)(대판 2016.11.10., 2016두44674)

③ (O) 「공공기관의 정보공개에 관한 법률」 제9조 제4항
④ (×) 「공공기관의 정보공개에 관한 법률」(이하 '정보공개법'이라 한다)의 입법 목적, 정보공개의 원칙, 비공개 대상 정보의 규정 형식과 취지 등을 고려하면, 법원 이외의 공공기관이 정보공개법 제9조 제1항 제4호에서 정한 '진행 중인 재판에 관련된 정보'에 해당한다는 사유로 정보공개를 거부하기 위하여는 반드시 그 정보가 진행 중인 재판의 소송기록 자체에 포함된 내용일 필요는 없다. 그러나 재판에 관련된 일체의 정보가 그에 해당하는 것은 아니고 진행 중인 재판의 심리 또는 재판결과에 구체적으로 영향을 미칠 위험이 있는 정보에 한정된다고 보는 것이 타당하다(대판 2011.11.24., 2009두19021).

정답 | ④

610

정보공개제도에 대한 설명으로 옳지 않은 것은? (다툼이 있는 경우 판례에 의함)

① 법인 등이 거래하는 금융기관의 계좌번호에 관한 정보는 영업상 비밀에 관한 사항으로서 「공공기관의 정보공개에 관한 법률」상 비공개 대상 정보에 해당한다.
② 정보공개 여부 결정기간은 '일' 단위로 계산하고 첫날을 산입하되, 공휴일과 토요일은 산입하지 아니한다.
③ 불기소처분 기록이나 내사기록 중 피의자신문조서 등 조서에 기재된 피의자 등의 인적사항 이외의 진술내용이 개인의 사생활의 비밀 또는 자유를 침해할 우려가 인정되는 경우 「공공기관의 정보공개에 관한 법률」 제9조에서 정한 비공개 대상 정보에 해당한다.
④ 국무총리는 이 법에 따른 정보공개제도의 정책 수립 및 제도 개선 사항 등에 관한 기획·총괄 업무를 관장한다.

해설

① (○) 법인 등이 거래하는 금융기관의 계좌번호에 관한 정보는 법인 등의 영업상 비밀에 관한사항으로서 공개될 경우 법인 등의 정당한 이익을 현저히 해할 우려가 있다고 인정되는 정보에 해당한다(대판 2004.8.20., 2003두8302).

② (○) 정보공개법상의 기간 계산 중 「민법」을 준용하지 않는 것이 있다.

> 「공공기관의 정보공개에 관한 법률」 제29조 【기간의 계산】 ① 이 법에 따른 기간의 계산은 「민법」에 따른다.
> ② 제1항에도 불구하고 다음 각 호의 기간은 '일' 단위로 계산하고 첫날을 산입하되, 공휴일과 토요일은 산입하지 아니한다.
> 1. 제11조 제1항 및 제2항에 따른 정보공개 여부 결정기간
> 2. 제18조 제1항, 제19조 제1항 및 제20조 제1항에 따른 정보공개청구 후 경과한 기간
> 3. 제18조 제3항에 따른 이의신청 결정기간

④ (×) 정보공개위원회는 국무총리 소속이나 제도의 기획·총괄은 행정안전부장관이 관장한다는 점에 주의하여야 한다.

> 「공공기관의 정보공개에 관한 법률」 제24조 【제도 총괄 등】 ① 행정안전부장관은 이 법에 따른 정보공개제도의 정책 수립 및 제도 개선 사항 등에 관한 기획·총괄 업무를 관장한다.

정답 | ④

---

611 필수

「공공기관의 정보공개에 관한 법률」에 관한 설명으로 옳지 않은 것은? (다툼이 있는 경우 판례에 의함)

① 국민의 정보공개청구가 오로지 공공기관의 담당공무원을 괴롭힐 목적으로 정보공개청구를 하는 경우처럼 권리의 남용에 해당하는 것이 명백한 경우에는 정보공개청구권의 행사가 허용되지 아니한다.
② 정보공개청구권자인 국민에는 자연인은 물론 법인, 권리능력 없는 사단·재단도 포함되고, 법인, 권리능력 없는 사단·재단 등의 경우에는 설립목적을 불문한다.
③ 공개청구의 대상이 되는 정보란 공공기관이 직무상 작성 또는 취득하여 현재 보유·관리하고 있는 문서에 한정되며, 그 문서가 반드시 원본일 필요는 없다.
④ '진행 중인 재판에 관련된 정보'에 해당한다는 사유로 정보공개청구를 거부하기 위하여는 그 정보가 진행 중인 재판에 관련된 일체의 정보일 뿐만 아니라, 진행 중인 재판의 소송기록 그 자체에 포함된 내용의 정보에 해당하여야 한다.

611 | 기출처 | 2023 소방직 |
| 난이도 | ★★ |
| 키워드 | 정보공개제도 |

관련기출 옳은지문
· 공개 대상 정보는 공공기관이 직무상 작성 또는 취득하여 현재 보유·관리하고 있는 문서에 한정되며, 그 문서가 반드시 원본일 필요는 없다. 24군무원9급

· 「공공기관의 정보공개에 관한 법률」 제9조 제1항 제4호의 '진행 중인 재판에 관련된 정보'에 해당한다는 사유로 정보공개를 거부하기 위해서는 그 정보가 진행 중인 재판의 소송기록 그 자체에 포함된 내용이어야 하는 것은 아니다. 17국가직7급

해설

④ (×) 정보공개법 제9조 제1항 제4호에서 정한 '진행 중인 재판에 관련된 정보'에 해당한다는 사유로 정보공개를 거부하기 위하여는 반드시 그 정보가 진행 중인 재판의 소송기록 자체에 포함된 내용일 필요는 없다(대판 2011.11.24., 2009두19021).

정답 | ④

612

공익신고자 丙은 甲이 「국민기초생활 보장법」상의 복지급여를 부정수급하고 있다고 관할 乙 행정청에 신고하였다. 이에 대하여 甲은 乙에게 부정수급신고를 한 자와 그 내용에 대해 정보공개청구를 하였다. 이후 甲은 乙의 비공개결정통지를 받았고(2022.8.26.) 이에 대해 국민권익위원회에 고충민원을 제기하였으나(2022.9.16.), 국민권익위원회로부터 乙의 결정은 문제가 없다는 안내를 받았다(2022.10.26.). 그리고 甲은 乙의 비공개결정의 취소를 구하는 행정심판을 제기하게 되었다(2022.12.27.). 이에 대한 설명으로 옳은 것만을 모두 고르면? (다툼이 있는 경우 판례에 의함)

ㄱ. 「개인정보 보호법」상 정보주체에게 열람청구권이 보장되어 있더라도, 甲은 이에 근거하여 乙에게 신고자에 대한 정보공개를 요구하여 그 정보를 받을 수 없다.

ㄴ. 甲의 행정심판청구는 행정심판 제기기간 내에 이루어졌으므로 적법하다.

ㄷ. 甲의 국민권익위원회에 대한 고충민원 제기는 이의신청에 해당하므로, 고충민원에 대한 답변을 받은 날이 행정심판 제기기간의 기산점이 된다.

ㄹ. 학술·연구를 위하여 일시적으로 체류하는 외국인 丙은 「국민기초생활 보장법」상의 복지급여 지급기준에 대해 정보공개를 청구할 권리가 인정된다.

① ㄱ, ㄴ ② ㄱ, ㄹ ③ ㄴ, ㄷ ④ ㄱ, ㄷ, ㄹ

해설

ㄱ. (○) 정보주체는 개인정보처리자가 처리하는 자신의 개인정보에 대한 열람을 해당 개인정보처리자에게 요구할 수 있다(「개인정보 보호법」 제35조 제1항). → 따라서 甲은 「개인정보 보호법」에 의거 신고자에 대한 정보를 받을 수 없다.

「개인정보 보호법」 제35조 【개인정보의 열람】 ④ 개인정보처리자는 다음 각 호의 어느 하나에 해당하는 경우에는 정보주체에게 그 사유를 알리고 열람을 제한하거나 거절할 수 있다.
1. 법률에 따라 열람이 금지되거나 제한되는 경우
2. 다른 사람의 생명·신체를 해할 우려가 있거나 다른 사람의 재산과 그 밖의 이익을 부당하게 침해할 우려가 있는 경우
3. 공공기관이 다음 각 목의 어느 하나에 해당하는 업무를 수행할 때 중대한 지장을 초래하는 경우
 가. 조세의 부과·징수 또는 환급에 관한 업무
 나. 「초·중등교육법」 및 「고등교육법」에 따른 각급 학교, 「평생교육법」에 따른 평생교육시설, 그 밖의 다른 법률에 따라 설치된 고등교육기관에서의 성적 평가 또는 입학자 선발에 관한 업무
 다. 학력·기능 및 채용에 관한 시험, 자격 심사에 관한 업무
 라. 보상금·급부금 산정 등에 대하여 진행 중인 평가 또는 판단에 관한 업무
 마. 다른 법률에 따라 진행 중인 감사 및 조사에 관한 업무

ㄴ. (×) 甲은 비공개결정통지를 2022.8.26.에 받았으므로, 90일이 경과된 2022.12.27.에 행정심판을 제기한 것은 심판청구기간을 경과하여 제기한 것이다.

「행정심판법」 제27조 【심판청구의 기간】 ① 행정심판은 처분이 있음을 알게 된 날부터 90일 이내에 청구하여야 한다.

ㄷ. (×) 국민권익위원회의 고충민원 제기는 이의신청에 해당하지 않는다.

ㄹ. (○) 「공공기관의 정보공개에 관한 법률 시행령」 제3조

「공공기관의 정보공개에 관한 법률 시행령」 제3조 【외국인의 정보공개청구】 법 제5조 제2항에 따라 정보공개를 청구할 수 있는 외국인은 다음 각 호의 어느 하나에 해당하는 자로 한다.
1. 국내에 일정한 주소를 두고 거주하거나 학술·연구를 위하여 일시적으로 체류하는 사람
2. 국내에 사무소를 두고 있는 법인 또는 단체

정답 | ②

613 〈필수〉

공공기관의 정보공개에 관한 설명으로 옳은 것(○)과 옳지 않은 것(×)을 바르게 나열한 것은? (다툼이 있는 경우 판례에 의함)

> ㄱ. 법인도 정보공개청구권의 주체가 될 수 있다.
> ㄴ. 청구인은 이의신청을 거치지 않고 행정심판을 청구할 수 없다.
> ㄷ. 정보의 공개 및 우송 등에 드는 비용은 실비(實費)의 범위에서 청구인이 부담한다.
> ㄹ. 직무를 수행한 공무원의 성명·직위는 비공개 대상 정보이다.

	ㄱ	ㄴ	ㄷ	ㄹ
①	○	○	×	○
②	×	×	○	×
③	○	×	×	○
④	○	×	○	×

613 ① ② ③
- 기출처: 예상문제
- 난이도: ★
- 키워드: 정보공개제도

🔍 관련기출 옳은지문
- 정보공개청구에 대하여 공공기관이 비공개결정을 한 경우, 청구인이 이에 불복한다면 이의신청절차를 거치지 않고 행정심판을 청구할 수 있다. 19소방직

해설

ㄱ. (○) 모든 국민은 정보공개청구권이 있으며 이는 법인도 마찬가지이다.

> 「공공기관의 정보공개에 관한 법률」에 "모든 국민은 정보의 공개를 청구할 권리를 가진다."고 규정하고 있는데, 여기에서 말하는 국민에는 자연인은 물론 법인, 권리능력 없는 사단·재단도 포함되고, 법인, 권리능력 없는 사단·재단 등의 경우에는 설립목적을 불문하며, 한편 정보공개청구권은 법률상 보호되는 구체적인 권리이므로 청구인이 공공기관에 대하여 정보공개를 청구하였다가 거부처분을 받은 것 자체가 법률상 이익의 침해에 해당한다(대판 2003.12.12., 2003두8050).

ㄴ. (×) 이의신청은 임의적 규정이다.

> 「공공기관의 정보공개에 관한 법률」 제19조【행정심판】② 청구인은 제18조에 따른 이의신청절차를 거치지 아니하고 행정심판을 청구할 수 있다.

ㄷ. (○) 「공공기관의 정보공개에 관한 법률」 제17조 제1항
ㄹ. (×) 공개 대상 정보에 해당한다.

> 「공공기관의 정보공개에 관한 법률」 제9조【비공개 대상 정보】 ① 공공기관이 보유·관리하는 정보는 공개 대상이 된다. 다만, 다음 각 호의 어느 하나에 해당하는 정보는 공개하지 아니할 수 있다.
> 6. 해당 정보에 포함되어 있는 성명·주민등록번호 등 「개인정보 보호법」 제2조 제1호에 따른 개인정보로서 공개될 경우 사생활의 비밀 또는 자유를 침해할 우려가 있다고 인정되는 정보. 다만, 다음 각 목에 열거한 사항은 제외한다.
>   가. 법령에서 정하는 바에 따라 열람할 수 있는 정보
>   나. 공공기관이 공표를 목적으로 작성하거나 취득한 정보로서 사생활의 비밀 또는 자유를 부당하게 침해하지 아니하는 정보
>   다. 공공기관이 작성하거나 취득한 정보로서 공개하는 것이 공익이나 개인의 권리 구제를 위하여 필요하다고 인정되는 정보
>   라. <u>직무를 수행한 공무원의 성명·직위</u>
>   마. 공개하는 것이 공익을 위하여 필요한 경우로서 법령에 따라 국가 또는 지방자치단체가 업무의 일부를 위탁 또는 위촉한 개인의 성명·직업

정답 | ④

614

614
기출처: 2025 소방직
난이도: ★★
키워드: 정보공개제도

공공기관의 정보공개에 관한 설명 중 옳은 것은? (다툼이 있는 경우 판례에 의함)

① 정보에의 접근·수집·처리의 자유는 헌법상 직접 보장되는 권리로서 자유권적 성질을 가지나 청구권적 성질까지 공유하는 것은 아니다.
② 국민의 알 권리에서 파생되는 정부의 공개의무는 특별한 사정이 없는 한 국민의 적극적인 정보수집행위나 특정의 정보에 대한 공개청구가 있는 경우에야 비로소 존재하는 것은 아니다.
③ 형사재판확정기록에 관하여는 「공공기관의 정보공개에 관한 법률」에 의한 공개청구가 허용되지 않는다.
④ 공공기관은 전자적 형태로 보유·관리하는 정보에 대하여 청구인이 전자적 형태로 공개하여 줄 것을 요청하는 경우에는 어떠한 경우라도 청구인의 요청에 따라야 한다.

해설

① (×) 국민의 '알 권리', 즉 정보에의 접근·수집·처리의 자유는 자유권적 성질과 청구권적 성질을 겸유하는 것으로서 자기정보통제권과 마찬가지로 헌법 제21조에 의하여 직접 보장되는 권리이다(대판 2009.12.10., 2009두12785).
② (×) 알 권리에서 파생되는 정부의 공개의무는 특별한 사정이 없는 한 국민의 적극적인 정보수집행위, 특히 특정의 정보에 대한 공개청구가 있는 경우에야 비로소 존재하므로, 정보공개청구가 없었던 경우 대한민국과 중화인민공화국이 2000.7.31. 체결한 양국간 마늘교역에 관한 합의서 및 그 부속서 중 '2003.1.1.부터 한국의 민간 기업이 자유롭게 마늘을 수입할 수 있다'는 부분을 사전에 마늘재배농가들에게 공개할 정부의 의무는 인정되지 아니한다(헌재 2004.12.16., 2002헌마579).
③ (○) 형사재판확정기록의 공개에 관하여는 정보공개법에 의한 공개청구가 허용되지 않는다. 따라서 형사재판확정기록에 관해서는 「형사소송법」 제59조의2에 따른 열람·등사신청이 허용되고 그 거부나 제한 등에 대한 불복은 준항고에 의하며, 형사재판확정기록이 아닌 불기소처분으로 종결된 기록에 관해서는 「정보공개법」에 따른 정보공개청구가 허용되고 그 거부나 제한 등에 대한 불복은 항고소송절차에 의한다(대결 2022.2.11., 2021모3175).
④ (×) 공공기관은 전자적 형태로 보유·관리하는 정보에 대하여 청구인이 전자적 형태로 공개하여 줄 것을 요청하는 경우에는 그 정보의 성질상 현저히 곤란한 경우를 제외하고는 청구인의 요청에 따라야 한다(「공공기관의 정보공개에 관한 법률」 제15조 제1항).

정답 | ③

615

615
기출처: 2025 국가직 9급
난이도: ★★
키워드: 정보공개제도

「공공기관의 정보공개에 관한 법률」상 정보공개에 대한 설명으로 옳은 것만을 모두 고르면?

ㄱ. 정보비공개결정에 대하여 이의신청이 있는 경우 국가기관 등은 정보공개심의회를 개최하여야 하는데, 법령에 따라 비밀로 규정된 정보에 대한 청구에 해당하는 경우에는 정보공개심의회를 개최하지 아니할 수 있다.
ㄴ. 공공기관이 보유·관리하고 있는 정보가 제3자와 관련이 있는 경우, 제3자의 비공개 요청이 있다는 사유만으로도 「공공기관의 정보공개에 관한 법률」상 정보의 비공개 사유에 해당한다.
ㄷ. 재소자가 교도관의 가혹행위를 이유로 형사고소 및 민사소송을 제기하면서 그 증명자료 확보를 위해 '징벌위원회 회의록' 등의 정보공개를 요청한 경우, 징벌위원회 회의록 중 징벌절차 진행 부분은 비공개사유에 해당한다.

① ㄱ   ② ㄱ, ㄷ   ③ ㄴ, ㄷ   ④ ㄱ, ㄴ, ㄷ

해설

ㄱ. (○) 심의회의 심의를 이미 거친 사항, 단순·반복적인 청구, 법령에 따라 비밀로 규정된 정보에 대한 청구에 대한 이의신청은 정보공개심의회를 개최하지 않는다(「공공기관의 정보공개에 관한 법률」 제18조 제2항).
ㄴ. (×) 제3자의 비공개요청은 공공기관을 구속하지 못한다. 공공기관은 정보공개결정을 할 수 있고, 제3자는 이의신청 등의 불복이 가능하다.
ㄷ. (×) 재소자가 교도관의 가혹행위를 이유로 형사고소 및 민사소송을 제기하면서 그 증명자료 확보를 위해 '근무보고서'와 '징벌위원회 회의록' 등의 정보공개를 요청하였으나 교도소장이 이를 거부한 사안에서, 근무보고서는 비공개 대상 정보에 해당한다고 볼 수 없고, 징벌위원회 회의록 중 비공개 심사·의결 부분은 비공개사유에 해당하지만 징벌절차 진행 부분은 비공개사유에 해당하지 않는다고 보아 분리 공개가 허용된다(대판 2009.12.10., 2009두12785).

정답 | ①

616

「공공기관의 정보공개에 관한 법률」의 내용에 대한 설명으로 옳지 않은 것은?

① 행정안전부장관은 전년도의 정보공개 운영에 관한 보고서를 매년 정기국회 개회 전까지 국회에 제출하여야 한다.
② 청구인이 정보공개와 관련한 공공기관의 비공개결정 또는 부분 공개결정에 대하여 불복이 있거나 정보공개청구 후 20일이 경과하도록 정보공개결정이 없는 때에는 공공기관으로부터 정보공개 여부의 결정 통지를 받은 날 또는 정보공개청구 후 20일이 경과한 날부터 7일 이내에 해당 공공기관에 문서로 이의신청을 할 수 있다.
③ 공공기관은 국가의 시책으로 시행하는 공사(工事) 등 대규모 예산이 투입되는 사업에 관한 정보에 대해서는 공개의 구체적 범위, 주기, 시기 및 방법 등을 미리 정하여 정보통신망 등을 통하여 알리고, 이에 따라 정기적으로 공개하여야 한다.
④ 공공기관은 공개청구된 정보가 공공기관이 보유·관리하지 아니하는 정보인 경우, 「민원 처리에 관한 법률」에 따른 민원으로 처리할 수 있는 경우에는 민원으로 처리할 수 있다.
⑤ 공공기관은 정보공개를 청구하여 정보공개 여부에 대한 결정의 통지를 받은 자가 정당한 사유 없이 해당 정보의 공개를 다시 청구하는 경우에는 정보공개청구 대상 정보의 성격, 종전 청구와의 내용적 유사성·관련성 등을 종합적으로 고려하여 해당 청구를 종결 처리할 수 있다.

616 | 1 2 3
기출처 | 2024 국회직 8급
난이도 | ★★
키워드 | 정보공개제도

해설

① (○) 「공공기관의 정보공개에 관한 법률」 제26조 제1항
② (×) 동법 제18조 제1항의 규정에 따르면 이의신청은 30일 이내에 할 수 있다.

> **「공공기관의 정보공개에 관한 법률」 제18조 【이의신청】** ① 청구인이 정보공개와 관련한 공공기관의 비공개결정 또는 부분 공개결정에 대하여 불복이 있거나 정보공개청구 후 20일이 경과하도록 정보공개결정이 없는 때에는 공공기관으로부터 정보공개 여부의 결정 통지를 받은 날 또는 정보공개청구 후 20일이 경과한 날부터 30일 이내에 해당 공공기관에 문서로 이의신청을 할 수 있다.

③ (○) 동법 제7조 제1항 제2호
④ (○) 동법 제11조 제5항 제1호
⑤ (○) 동법 제11조의2 제1항 제1호

정답 | ②

617

「공공기관의 정보공개에 관한 법률」상 정보공개에 대한 설명으로 옳은 것은?

① 공공기관은 정보공개의 청구를 받으면 그 청구를 받은 날부터 30일 이내에 공개 여부를 결정하여야 한다.
② 공공기관은 정보를 공개하는 경우에 그 정보의 원본이 더렵혀지거나 파손될 우려가 있거나 그 밖에 상당한 이유가 있다고 인정할 때에는 그 정보를 공개하지 않을 수 있다.
③ 법령 등에 따라 공개를 목적으로 작성된 정보로서 즉시 또는 말로 처리가 가능한 정보라도 정보공개 여부의 결정에 따른 절차를 거쳐 공개하여야 한다.
④ 공개를 청구하는 정보의 사용 목적이 공공복리의 유지·증진을 위하여 필요하다고 인정되는 경우에도 청구인이 부담하는 비용은 감면할 수 없다.
⑤ 정보의 공개를 청구하는 자는 해당 정보를 보유하거나 관리하고 있는 공공기관에 정보공개청구서를 제출하거나 말로써 정보의 공개를 청구할 수 있다.

해설

① (×) 공공기관은 정보공개의 청구를 받으면 그 청구를 받은 날부터 <u>10일 이내</u>에 공개 여부를 결정하여야 한다(「공공기관의 정보공개에 관한 법률」 제11조 제1항).

② (×) 공공기관은 정보를 공개하는 경우에 그 정보의 원본이 더럽혀지거나 파손될 우려가 있거나 그 밖에 상당한 이유가 있다고 인정할 때에는 그 정보의 <u>사본·복제물을 공개할 수 있다</u>(동법 제13조 제4항).

③ (×) 동법 제16조의 규정이다.

> 「공공기관의 정보공개에 관한 법률」 제16조 【즉시 처리가 가능한 정보의 공개】 다음 각 호의 어느 하나에 해당하는 정보로서 즉시 또는 말로 처리가 가능한 정보에 대해서는 제11조에 따른 절차를 거치지 아니하고 공개하여야 한다.
> 1. 법령 등에 따라 공개를 목적으로 작성된 정보
> 2. 일반국민에게 알리기 위하여 작성된 각종 홍보자료
> 3. 공개하기로 결정된 정보로서 공개에 오랜 시간이 걸리지 아니하는 정보
> 4. 그 밖에 공공기관의 장이 정하는 정보

④ (×) 공개를 청구하는 정보의 사용 목적이 공공복리의 유지·증진을 위하여 필요하다고 인정되는 경우에는 정보의 공개 및 우송에 드는 비용을 감면할 수 있다(동법 제17조 제2항).

⑤ (○) 동법 제10조 제1항의 규정이다.

> 「공공기관의 정보공개에 관한 법률」 제10조 【정보공개의 청구방법】 ① 정보의 공개를 청구하는 자(이하 '청구인'이라 한다)는 해당 정보를 보유하거나 관리하고 있는 공공기관에 다음 각 호의 사항을 적은 정보공개청구서를 제출하거나 말로써 정보의 공개를 청구할 수 있다.
> 1. 청구인의 성명·생년월일·주소 및 연락처(전화번호·전자우편주소 등을 말한다. 이하 이 조에서 같다). 다만, 청구인이 법인 또는 단체인 경우에는 그 명칭, 대표자의 성명, 사업자등록번호 또는 이에 준하는 번호, 주된 사무소의 소재지 및 연락처를 말한다.
> 2. 청구인의 주민등록번호(본인임을 확인하고 공개 여부를 결정할 필요가 있는 정보를 청구하는 경우로 한정한다)
> 3. 공개를 청구하는 정보의 내용 및 공개방법

정답 | ⑤

02 개인정보보호제도

618 〈필수〉

「개인정보 보호법」상 개인정보 단체소송에 대한 설명으로 옳지 <u>않은</u> 것은?

① 단체소송의 원고는 변호사를 소송대리인으로 선임하여야 한다.
② 단체소송에 관하여 「개인정보 보호법」에 특별한 규정이 없는 경우에는 「민사소송법」을 적용한다.
③ 법원은 개인정보처리자가 분쟁조정위원회의 조정을 거부하지 않을 경우에만, 결정으로 단체소송을 허가한다.
④ 단체소송의 절차에 관하여 필요한 사항은 대법원규칙으로 정한다.

618	① ② ③
기출처	2021 소방직
난이도	★
키워드	개인정보보호제도

관련기출 옳은지문

• 일정한 단체는 개인정보처리자가 집단분쟁조정을 거부하거나 집단분쟁조정의 결과를 수락하지 아니한 경우에는 법원에 권리침해 행위의 금지·중지를 구하는 단체소송을 제기할 수 있다. 20국회직9급

해설

① (○) 단체소송의 원고는 변호사를 소송대리인으로 선임하여야 한다(「개인정보 보호법」 제53조).
② (○) 단체소송에 관하여 「개인정보 보호법」에 특별한 규정이 없는 경우에는 「민사소송법」을 적용한다(동법 제57조 제1항).
③ 빈출 (×) 단체소송은 개인정보처리자가 <u>집단분쟁조정을 거부하는 경우와 조정결과를 수락하지 않을 경우에 법원의 허가로 이루어진다.</u>

> 「개인정보 보호법」 제55조【소송허가요건 등】① 법원은 다음 각 호의 요건을 모두 갖춘 경우에 한하여 결정으로 단체소송을 허가한다.
> 1. 개인정보처리자가 분쟁조정위원회의 조정을 거부하거나 조정결과를 수락하지 아니하였을 것
> 2. 제54조(소송허가신청)에 따른 소송허가신청서의 기재사항에 흠결이 없을 것

④ (○) 단체소송의 절차에 관하여 필요한 사항은 대법원규칙으로 정한다(동법 제57조 제3항).

정답 | ③

619 필수

「개인정보 보호법」의 내용으로 옳지 않은 것은?

① 개인정보처리자는 통계작성, 과학적 연구, 공익적 기록보존 등을 위하여 정보주체의 동의 없이도 가명(假名)정보를 처리할 수 있다.
② 개인정보보호에 관한 사무를 독립적으로 수행하기 위하여 행정안전부 소속으로 개인정보보호위원회를 둔다.
③ 개인정보처리자는 정보주체 또는 제3자의 급박한 생명, 신체, 재산의 이익을 위하여 명백히 필요하다고 인정되는 경우에 주민등록번호를 처리할 수 있다.
④ 개인정보처리자가 집단분쟁조정을 거부하거나 집단분쟁조정의 결과를 수락하지 아니한 경우에는 법원에 권리침해행위의 금지·중지를 구하는 단체소송을 제기할 수 있다.
⑤ 개인정보보호위원회는 개인정보처리자가 특정 개인을 알아보기 위한 목적으로 가명정보를 처리한 경우 전체 매출액의 100분의 3 이하에 해당하는 금액을 과징금으로 부과할 수 있다.

해설

① (○) 「개인정보 보호법」 제28조의2 제1항
② (×) 국무총리 소속으로 개인정보보호위원회를 둔다.

> 「개인정보 보호법」 제7조 【개인정보보호위원회】 ① 개인정보보호에 관한 사무를 독립적으로 수행하기 위하여 국무총리 소속으로 개인정보보호위원회(이하 '보호위원회'라 한다)를 둔다.

③ (○) 동법 제24조의2 제1항 제2호
④ (○) 동법 제51조
⑤ (○) 동법 제64조의2 제6호

정답 | ②

620

「개인정보 보호법」에 대한 설명으로 옳은 것은? (다툼이 있는 경우 판례에 의함)

① 해당 정보만으로는 특정 개인을 알아볼 수 없더라도 다른 정보와 쉽게 결합하여 알아볼 수 있는 정보는 살아 있는 개인에 관한 정보가 아니라도 개인정보에 해당한다.
② 「개인정보 보호법」상의 허용요건을 충족하여 개인정보를 수집하는 경우에는 그 목적에 필요한 최소한의 개인정보를 수집하여야 하는데, 이 경우 최소한의 개인정보 수집이라는 의무에 대한 입증책임은 이의를 제기하는 정보주체가 부담한다.
③ 개인정보처리자는 개인정보를 익명 또는 가명으로 처리하여도 개인정보 수집목적을 달성할 수 있는 경우 가명처리가 가능한 경우에는 가명에 의하여, 가명처리로 목적을 달성할 수 없는 경우에는 익명에 의하여 처리될 수 있도록 하여야 한다.
④ '개인정보처리자'란 업무를 목적으로 개인정보파일을 운용하기 위하여 스스로 또는 다른 사람을 통하여 개인정보를 처리하는 공공기관, 법인, 단체 및 개인 등을 말한다.

620	
기출처	예상문제
난이도	★★
키워드	개인정보보호제도

해설

① 빈출 (×) 개인정보는 살아 있는 개인에 관한 정보를 말한다.

> 「개인정보 보호법」 제2조 【정의】 이 법에서 사용하는 용어의 뜻은 다음과 같다.
> 1. '개인정보'란 살아 있는 개인에 관한 정보로서 다음 각 목의 어느 하나에 해당하는 정보를 말한다.
>   가. 성명, 주민등록번호 및 영상 등을 통하여 개인을 알아볼 수 있는 정보
>   나. 해당 정보만으로는 특정 개인을 알아볼 수 없더라도 다른 정보와 쉽게 결합하여 알아볼 수 있는 정보. 이 경우 쉽게 결합할 수 있는지 여부는 다른 정보의 입수 가능성 등 개인을 알아보는 데 소요되는 시간, 비용, 기술 등을 합리적으로 고려하여야 한다.

② (×) 개인정보처리자는 개인정보를 수집하는 경우에는 그 목적에 필요한 최소한의 개인정보를 수집하여야 한다. 이 경우 최소한의 개인정보 수집이라는 입증책임은 개인정보처리자가 부담한다(동법 제16조 제1항).
③ (×) 개인정보처리자는 개인정보를 익명 또는 가명으로 처리하여도 개인정보 수집목적을 달성할 수 있는 경우 익명처리가 가능한 경우에는 익명에 의하여, 익명처리로 목적을 달성할 수 없는 경우에는 가명에 의하여 처리될 수 있도록 하여야 한다(동법 제3조 제7항).
④ (○) 동법 제2조 제5호

정답 | ④

621

「개인정보 보호법」상 내용으로 옳은 것은?

① 개인정보처리자는 당초 수집 목적과 합리적으로 관련된 범위에서 정보주체에게 불이익이 발생하는지 여부, 암호화 등 안전성 확보에 필요한 조치를 하였는지 여부 등을 고려하여 대통령령으로 정하는 바에 따라 정보주체의 동의 없이 개인정보를 이용할 수 있다.
② 개인정보처리자의 정당한 이익을 달성하기 위하여 필요한 경우로서 명백하게 정보주체의 권리보다 우선하는 경우라도 정보주체의 동의가 없는 경우에는 개인정보를 수집하여 이용할 수 없다.
③ 개인정보처리자는 정보주체가 필요한 최소한의 정보에 대한 개인정보 수집에 동의하지 아니한다는 이유로 정보주체에게 재화 또는 서비스의 제공을 거부하여서는 아니 된다.
④ 개인정보처리자는 개인정보가 유출되었음을 알게 되었을 때에는 지체 없이 방송통신위원회 위원장에게 신고하여야 한다.

해설

① (○) 「개인정보 보호법」 제15조 제3항
② (×) 개인정보처리자의 정당한 이익을 달성하기 위하여 필요한 경우로서 명백하게 정보주체의 권리보다 우선하는 경우에는 동의가 없어도 수집·이용할 수 있다.

> 「개인정보 보호법」 제15조【개인정보의 수집·이용】 ① 개인정보처리자는 다음 각 호의 어느 하나에 해당하는 경우에는 개인정보를 수집할 수 있으며 그 수집 목적의 범위에서 이용할 수 있다.
> 6. 개인정보처리자의 정당한 이익을 달성하기 위하여 필요한 경우로서 명백하게 정보주체의 권리보다 우선하는 경우. 이 경우 개인정보처리자의 정당한 이익과 상당한 관련이 있고 합리적인 범위를 초과하지 아니하는 경우에 한한다.

③ (×) 동법 제16조 제3항

> 「개인정보 보호법」 제16조【개인정보의 수집 제한】 ③ 개인정보처리자는 정보주체가 필요한 최소한의 정보 외의 개인정보 수집에 동의하지 아니한다는 이유로 정보주체에게 재화 또는 서비스의 제공을 거부하여서는 아니 된다.

④ (×) 동법 제34조 제1항

> 「개인정보 보호법」 제34조【개인정보 유출 등의 통지·신고】 ① 개인정보처리자는 개인정보가 분실·도난·유출되었음을 알게 되었을 때에는 지체 없이 해당 정보주체에게 다음 각 호의 사실을 알려야 한다.

정답 | ①

622 필수

다음 중 「개인정보 보호법」에 대한 설명으로 가장 적절하지 않은 것은?

① 공중위생 등 공공의 안전과 안녕을 위하여 긴급히 필요한 경우는 개인정보처리자는 정보주체의 동의가 없더라도 개인정보를 수집 또는 이용할 수 있다.
② 공공기관은 등록대상이 되는 개인정보파일에 대하여는 개인정보처리방침을 정하여야 한다.
③ 공공기관의 장은 일정한 기준에 해당하는 개인정보파일의 운용으로 인하여 정보주체의 개인정보 침해가 우려되는 경우에는 그 위험요인의 분석과 개선 사항 도출을 위한 평가를 하고 그 결과를 정보주체에게 알려야 한다.
④ 정보주체가 자신의 개인정보에 대한 열람을 공공기관에 요구하고자 할 때에는 공공기관에 직접 열람을 요구할 수도 있고, 아니면 개인정보보호위원회를 통하여 열람을 요구할 수도 있다.

해설

① (○) 「개인정보 보호법」 제15조 제1항 제7호
② (○) 동법 제30조 제1항
③ (×) 위험요인의 분석 등에 대한 결과를 개인정보보호위원회에 제출하여야 한다.

> 「개인정보 보호법」 제33조【개인정보 영향평가】① 공공기관의 장은 대통령령으로 정하는 기준에 해당하는 개인정보파일의 운용으로 인하여 정보주체의 개인정보 침해가 우려되는 경우에는 그 위험요인의 분석과 개선 사항 도출을 위한 평가(이하 '영향평가'라 한다)를 하고 그 결과를 보호위원회에 제출하여야 한다.

④ (○) 동법 제35조 제2항

정답 | ③

관련기출 옳은지문
- 개인정보처리자는 공중위생 등 공공의 안전과 안녕을 위하여 긴급히 필요한 경우에는 개인정보를 수집할 수 있으며 그 수집 목적의 범위에서 이용할 수 있다. 24국가직7급

- 정보주체가 자신의 개인정보에 대한 열람을 공공기관에 요구하고자 할 때에는 공공기관에 직접 열람을 요구하거나 대통령령으로 정하는 바에 따라 개인정보보호위원회를 통하여 열람을 요구할 수 있다. 22소방직

---

623 〈필수〉

다음 중 「개인정보 보호법」에 관한 내용으로 옳지 않은 것은? (다툼이 있는 경우 판례에 의함)

① 개인정보처리자는 개인정보를 익명 또는 가명으로 처리하여도 개인정보 수집 목적을 달성할 수 있는 경우 익명처리가 가능한 경우에는 익명에 의하여, 익명처리로 목적을 달성할 수 없는 경우에는 가명에 의하여 처리될 수 있도록 하여야 한다.
② 개인정보처리자는 정보주체가 필요한 최소한의 정보 외의 개인정보 수집에 동의하지 아니한다는 이유로 정보주체에게 재화 또는 서비스의 제공을 거부할 수 있다.
③ 개인정보처리자는 공공기관이 법령 등에서 정하는 소관 업무의 수행을 위하여 불가피한 경우에는 개인정보를 수집할 수 있으며 그 수집 목적의 범위에서 이용할 수 있다.
④ 개인정보처리자는 보유기간의 경과, 개인정보의 처리 목적 달성, 가명정보의 처리 기간 경과 등 그 개인정보가 불필요하게 되었을 때에는 지체 없이 그 개인정보를 파기하여야 한다. 다만, 다른 법령에 따라 보존하여야 하는 경우에는 그러하지 아니하다.

623	1 2 3
기출처	2023 군무원 9급
난이도	★★
키워드	개인정보보호제도

관련기출 옳은지문
- 개인정보처리자는 정보주체가 필요한 최소한의 정보 외의 개인정보 수집에 동의하지 아니한다는 이유로 정보주체에게 재화 또는 서비스의 제공을 거부하여서는 아니 된다. 24국가직7급

해설

① (○) 「개인정보 보호법」 제3조 제7항
② 빈출 (×) 개인정보처리자는 정보주체가 필요한 최소한의 정보 외의 개인정보 수집에 동의하지 아니한다는 이유로 정보주체에게 재화 또는 서비스의 제공을 거부하여서는 아니 된다(동법 제16조 제3항).
③ (○) 동법 제15조 제1항 제3호

> 「개인정보 보호법」 제15조【개인정보의 수집·이용】① 개인정보처리자는 다음 각 호의 어느 하나에 해당하는 경우에는 개인정보를 수집할 수 있으며 그 수집 목적의 범위에서 이용할 수 있다.
> 1. 정보주체의 동의를 받은 경우
> 2. 법률에 특별한 규정이 있거나 법령상 의무를 준수하기 위하여 불가피한 경우
> 3. 공공기관이 법령 등에서 정하는 소관 업무의 수행을 위하여 불가피한 경우
> 4. 정보주체와 체결한 계약을 이행하거나 계약을 체결하는 과정에서 정보주체의 요청에 따른 조치를 이행하기 위하여 필요한 경우
> 5. 명백히 정보주체 또는 제3자의 급박한 생명, 신체, 재산의 이익을 위하여 필요하다고 인정되는 경우
> 6. 개인정보처리자의 정당한 이익을 달성하기 위하여 필요한 경우로서 명백하게 정보주체의 권리보다 우선하는 경우. 이 경우 개인정보처리자의 정당한 이익과 상당한 관련이 있고 합리적인 범위를 초과하지 아니하는 경우에 한한다.
> 7. 공중위생 등 공공의 안전과 안녕을 위하여 긴급히 필요한 경우

④ (○) 동법 제21조 제1항

정답 | ②

624

「개인정보 보호법」의 내용으로 옳지 않은 것은?

① 개인정보처리자는 개인정보 처리방침 등 개인정보의 처리에 관한 사항을 공개하여야 하며, 열람청구권 등 정보주체의 권리를 보장하여야 한다.
② 정보주체는 자신과 관련된 정보처리에 관하여 완전히 자동화된 개인정보 처리에 따른 결정을 거부할 수는 없으나 그에 대한 설명 등을 요구할 권리를 가진다.
③ 개인정보처리자의 고의 또는 중대한 과실로 인하여 개인정보가 분실·도난·유출·위조·변조 또는 훼손된 경우로서 정보주체에게 손해가 발생한 때에는 법원은 그 손해액의 5배를 넘지 아니하는 범위에서 손해배상액을 정할 수 있다.
④ 개인정보처리자는 열람 등 요구를 하는 자에게 대통령령으로 정하는 바에 따라 수수료와 우송료(사본의 우송을 청구하는 경우에 한한다)를 청구할 수 있다.

해설

① (○) 「개인정보 보호법」 제3조 제5항
② (×) 완전히 자동화된 개인정보 처리에 따른 결정을 거부할 수 있다.

> 「개인정보 보호법」 제4조【정보주체의 권리】 정보주체는 자신의 개인정보 처리와 관련하여 다음 각 호의 권리를 가진다.
> 6. 완전히 자동화된 개인정보 처리에 따른 결정을 거부하거나 그에 대한 설명 등을 요구할 권리

③ (○) 동법 제39조 제3항
④ (○) 동법 제38조 제3항

정답 | ②

625 필수

개인정보보호에 대한 설명으로 옳지 않은 것은? (다툼이 있는 경우 판례에 의함)

① 개인정보를 처리하였던 자가 업무상 알게 된 개인정보를 누설하거나 권한 없이 다른 사람이 이용하도록 제공한 것이라는 것을 알면서도 부정한 목적으로 개인정보를 제공받은 경우에도 개인정보를 처리하였던 자로부터 직접 개인정보를 제공받지 아니하였다면 「개인정보 보호법」의 '개인정보를 제공받은 자'에 해당하지 아니한다.
② 구 「개인정보 보호법」 양벌규정상의 '법인'에는 공공기관이 포함되지 않으며 이 경우 행위자도 양벌규정으로 처벌할 수 없다.
③ 누구든지 불특정 다수가 이용하는 목욕실, 화장실, 발한실(發汗室), 탈의실 등 개인의 사생활을 현저히 침해할 우려가 있는 장소의 내부를 볼 수 있도록 고정형 영상정보처리기기를 설치·운영하여서는 아니 된다.
④ 정보주체는 개인정보처리자에 대하여 자신의 개인정보 처리의 정지를 요구하거나 개인정보 처리에 대한 동의를 철회할 수 있다.

해설

① (×) 개인정보를 처리하거나 처리하였던 자가 업무상 알게 된 개인정보를 누설하거나 권한 없이 다른 사람이 이용하도록 제공한 것이라는 사정을 알면서도 영리 또는 부정한 목적으로 개인정보를 제공받은 자라면, 개인정보를 처리하거나 처리하였던 자로부터 직접 개인정보를 제공받지 아니하더라도 「개인정보 보호법」 제71조 제5호의 '개인정보를 제공받은 자'에 해당한다(대판 2018.1.24., 2015도16508).
② (○) 「개인정보 보호법」 양벌의 '법인'에는 공공기관이 포함되지 않으며 행위자도 양벌규정으로 처벌할 수 없다.

> 구 「개인정보 보호법」은 제2조 제5호·제6호에서 공공기관 중 법인격이 없는 '중앙행정기관 및 그 소속 기관' 등을 개인정보처리자 중 하나로 규정하고 있으면서도, 양벌규정에 의하여 처벌되는 개인정보처리자로는 같은 법 제74조 제2항에서 '법인 또는 개인'만을 규정하고 있을 뿐이고, 법인격 없는 공공기관에 대하여도 위 양벌규정을 적용할 것인지 여부에 대하여는 명문의 규정을 두고 있지 않으므로, 죄형법정주의의 원칙상 '법인격 없는 공공기관'을 위 양벌규정에 의하여 처벌할 수 없고, 그 경우 행위자 역시 위 양벌규정으로 처벌할 수 없다고 봄이 타당하다(대판 2021.10.28., 2020도1942).

③ (○) 동법 제25조 제2항
④ (○) 동법 제37조 제1항

정답 | ①

관련기출 옳은지문

- 불특정 다수가 이용하는 목욕실, 화장실 등 개인의 사생활을 현저히 침해할 우려가 있는 장소의 내부를 볼 수 있는 곳에서라도 소방공무원이 화재 발생시 인명의 구조·구급을 위하여 필요한 경우에는 이동형 영상정보처리기기로 개인정보에 해당하는 사람 또는 그 사람과 관련된 사물의 영상을 촬영할 수 있다.

25소방직

626	① ② ③
기출처	2023 국회직 8급
난이도	★★★
키워드	개인정보보호제도

관련기출 옳은지문

- 개인정보처리자의 「개인정보 보호법」 위반행위로 손해를 입은 정보주체가 개인정보처리자에게 손해배상을 청구한 경우 개인정보처리자는 고의 또는 과실이 없음을 입증하지 아니하면 책임을 면할 수 없다. 20국회직9급

- 「개인정보 보호법」상 개인정보란 살아 있는 개인에 관한 정보로서 사자(死者)나 법인의 정보는 포함되지 않는다. 14국가직9급

- 개인정보자기결정권이란 자신의 관한 정보를 언제 누구에게 어느 범위까지 알리고 또 이용되도록 할 것인지를 정보주체가 스스로 결정할 수 있는 권리이다. 19(하)군무원9급

626 〈필수〉

「개인정보 보호법」상 개인정보보호에 대한 설명으로 옳지 않은 것은?

① 정보주체는 개인정보처리자가 「개인정보 보호법」을 위반한 행위로 손해를 입으면 개인정보처리자에게 손해배상을 청구할 수 있다. 이 경우 그 개인정보처리자는 고의 또는 과실이 없음을 입증하지 아니하면 책임을 면할 수 없다.

② 헌법재판소는 개인정보자기결정권을 사생활의 비밀과 자유, 일반적 인격권, 국민주권원리 등을 이념적 기초로 하는 독자적 기본권으로서 헌법에 명시되지 않은 기본권으로 보고 있다.

③ 「개인정보 보호법」상의 개인정보란 살아 있는 개인에 관한 정보로서 사자(死者)에 관한 정보는 해당되지 않는다.

④ 국가 및 지방자치단체, 개인정보보호단체는 정보주체의 피해 또는 권리침해가 다수의 정보주체에게 같거나 비슷한 유형으로 발생하는 경우로서 대통령령으로 정하는 사건에 대하여는 분쟁조정위원회에 집단분쟁조정을 의뢰 또는 신청할 수 있다.

⑤ 개인정보처리자가 「개인정보 보호법」 제49조에 따른 집단분쟁조정의 결과를 수락하지 아니한 경우, 「소비자기본법」 제29조에 따라 공정거래위원회에 등록한 후 1년이 경과한 소비자단체는 법원에 권리침해행위의 중지를 구하는 단체소송을 제기할 수 있다.

해설

① (○) 정보주체는 개인정보처리자가 이 법을 위반한 행위로 손해를 입으면 개인정보처리자에게 손해배상을 청구할 수 있다. 이 경우 그 개인정보처리자는 고의 또는 과실이 없음을 입증하지 아니하면 책임을 면할 수 없다(「개인정보 보호법」 제39조 제1항).

② (○) 개인정보자기결정권의 헌법상 근거로는 그 헌법적 근거를 굳이 어느 한 두개에 국한시키는 것은 바람직하지 않은 것으로 보이고, 오히려 개인정보자기결정권은 이들을 이념적 기초로 하는 독자적 기본권으로서 헌법에 명시되지 아니한 기본권이라고 보아야 할 것이다(헌재 2005.5.26., 99헌마513·2004헌마190).

③ 빈출 (○) 동법 제2조 제1호

④ (○) 국가 및 지방자치단체, 개인정보보호단체 및 기관, 정보주체, 개인정보처리자는 정보주체의 피해 또는 권리침해가 다수의 정보주체에게 같거나 비슷한 유형으로 발생하는 경우로서 대통령령으로 정하는 사건에 대하여는 분쟁조정위원회에 일괄적인 분쟁조정(이하 '집단분쟁조정'이라 한다)을 의뢰 또는 신청할 수 있다(동법 제49조 제1항).

⑤ 지엽 (×) 1년이 아니라 3년이 경과한 소비자단체이어야 한다.

> 「개인정보 보호법」 제51조【단체소송의 대상 등】 다음 각 호의 어느 하나에 해당하는 단체는 개인정보처리자가 제49조에 따른 집단분쟁조정을 거부하거나 집단분쟁조정의 결과를 수락하지 아니한 경우에는 법원에 권리침해 행위의 금지·중지를 구하는 소송(이하 '단체소송'이라 한다)을 제기할 수 있다.
> 1. 「소비자기본법」 제29조에 따라 공정거래위원회에 등록한 소비자단체로서 다음 각 목의 요건을 모두 갖춘 단체
>   가. 정관에 따라 상시적으로 정보주체의 권익증진을 주된 목적으로 하는 단체일 것
>   나. 단체의 정회원수가 1천명 이상일 것
>   다. 「소비자기본법」 제29조에 따른 등록 후 3년이 경과하였을 것

정답 | ⑤

627

「개인정보 보호법」에 관한 설명으로 옳지 않은 것은? (다툼이 있는 경우 판례에 의함)

① 개인정보자기결정권의 보호대상이 되는 개인정보는 공적 생활에서 형성되었거나 이미 공개된 개인정보까지도 포함한다.
② 개인정보 분쟁조정위원회는 집단분쟁조정의 당사자인 다수의 정보주체 중 일부의 정보주체가 법원에 소를 제기한 경우에는 지체 없이 그 조정절차를 중지하고, 이를 당사자에게 알려야 하며 이로서 조정절차는 종결된다.
③ 개인정보처리자는 영업의 전부 또는 일부의 양도·합병 등으로 개인정보를 다른 사람에게 이전하는 경우에는 이전하려는 사실 등을 대통령령으로 정하는 방법에 따라 해당 정보주체에게 알려야 한다.
④ 정보주체는 개인정보처리자가 처리하는 자신의 개인정보에 대한 열람을 해당 개인정보처리자에게 요구할 수 있다.

627	
기출처	예상문제
난이도	★★
키워드	개인정보보호제도

해설

① **빈출** (○) 대판 2016.3.10., 2012다105482
② (×) 제48조 제2항에도 불구하고 분쟁조정위원회는 집단분쟁조정의 당사자인 다수의 정보주체 중 일부의 정보주체가 법원에 소를 제기한 경우에는 그 절차를 중지하지 아니하고, 소를 제기한 일부의 정보주체를 그 절차에서 제외한다(「개인정보 보호법」 제49조 제6항).
③ (○) 동법 제27조 제1항 제1호

> 「개인정보 보호법」 제27조【영업양도 등에 따른 개인정보의 이전 제한】① 개인정보처리자는 영업의 전부 또는 일부의 양도·합병 등으로 개인정보를 다른 사람에게 이전하는 경우에는 미리 다음 각 호의 사항을 대통령령으로 정하는 방법에 따라 해당 정보주체에게 알려야 한다.
> 1. 개인정보를 이전하려는 사실
> 2. 개인정보를 이전받는 자(이하 '영업양수자 등'이라 한다)의 성명(법인의 경우에는 법인의 명칭을 말한다), 주소, 전화번호 및 그 밖의 연락처
> 3. 정보주체가 개인정보의 이전을 원하지 아니하는 경우 조치할 수 있는 방법 및 절차

④ (○) 동법 제35조 제1항

정답 | ②

628

「개인정보 보호법」에 대한 설명으로 옳지 않은 것은? (다툼이 있는 경우 판례에 의함)

① 시장·군수 또는 구청장이 개인의 지문정보를 수집하고, 경찰청장이 이를 보관·전산화하여 범죄수사목적에 이용하는 것은 모두 개인정보자기결정권을 제한하는 것이다.
② 개인정보자기결정권의 보호대상이 되는 개인정보는 개인의 신체, 신념, 사회적 지위, 신분 등과 같이 개인의 인격주체성을 특징짓는 사항으로서 그 개인의 동일성을 식별할 수 있는 일체의 정보이고, 이미 공개된 개인정보는 포함하지 않는다.
③ 「개인정보 보호법」을 위반한 개인정보처리자의 행위로 손해를 입은 정보주체가 개인정보처리자에게 손해배상을 청구한 경우, 그 개인정보처리자는 고의 또는 과실이 없음을 입증하지 아니하면 책임을 면할 수 없다.
④ 법인의 정보는 「개인정보 보호법」의 보호대상이 아니다.

해설

② **빈출** (×) 공적 생활에서 형성되었거나 이미 공개된 정보라 하더라도 이는 개인정보자기결정권의 보호대상인 개인정보에 해당한다.

> 헌법 제10조의 인간의 존엄과 가치, 행복추구권과 헌법 제17조의 사생활의 비밀과 자유에서 도출되는 개인정보자기결정권은 자신에 관한 정보가 언제 누구에게 어느 범위까지 알려지고 또 이용되도록 할 것인지를 정보주체가 스스로 결정할 수 있는 권리이다. 개인정보자기결정권의 보호대상이 되는 개인정보는 개인의 신체, 신념, 사회적 지위, 신분 등과 같이 인격주체성을 특징짓는 사항으로서 개인의 동일성을 식별할 수 있게 하는 일체의 정보를 의미하며, 반드시 개인의 내밀한 영역에 속하는 정보에 국한되지 않고 공적 생활에서 형성되었거나 이미 공개된 개인정보까지도 포함한다(대판 2016.3.10., 2012다105482).

정답 | ②

629 필수

개인정보의 보호에 대한 판례의 설명으로 옳은 것만을 모두 고르면?

ㄱ. 개인정보자기결정권의 보호대상이 되는 개인정보는 반드시 개인의 내밀한 영역에 속하는 정보에 국한되지 않고 공적 생활에서 형성되었거나 이미 공개된 개인정보까지 포함한다.

ㄴ. 이미 공개된 개인정보를 정보주체의 동의가 있었다고 객관적으로 인정되는 범위 내에서 처리를 할 때는 정보주체의 별도의 동의는 불필요하다고 보아야 하고, 별도의 동의를 받지 아니하였다고 하여 「개인정보 보호법」을 위반한 것으로 볼 수 없다.

ㄷ. 개인정보 처리위탁에 있어 수탁자는 정보제공자의 관리·감독 아래 위탁받은 범위 내에서만 개인정보를 처리하게 되지만, 위탁자로부터 위탁사무 처리에 따른 대가를 지급받는 이상 개인정보 처리에 관하여 독자적인 이익을 가지므로, 그러한 수탁자는 「개인정보 보호법」 제17조에 의해 개인정보처리자가 정보주체의 개인정보를 제공할 수 있는 '제3자'에 해당한다.

ㄹ. 인터넷 포털사이트 등의 개인정보 유출사고로 주민등록번호가 불법 유출되어 그 피해자가 주민등록번호 변경을 신청했으나 구청장이 거부 통지를 한 사안에서, 피해자의 의사와 무관하게 주민등록번호가 유출된 경우에는 조리상 주민등록번호의 변경요구신청권을 인정함이 타당하다.

① ㄱ, ㄷ
② ㄴ, ㄹ
③ ㄱ, ㄴ, ㄷ
④ ㄱ, ㄴ, ㄹ

기출처 2021 국가직 9급
난이도 ★★
키워드 개인정보보호제도

관련기출 옳은지문
- 개인정보자기결정권의 보호대상이 되는 개인정보는 개인의 내밀한 영역에 속하는 영역뿐만 아니라 공적 생활에서 형성되었거나 이미 공개된 개인정보까지 포함한다.
  21군무원9급

해설

ㄱ. 빈출 (○) 대판 2016.3.10., 2012다105482

ㄴ. (○) 대판 2016.8.17., 2014다235080

ㄷ. (×) 「개인정보 보호법」 제17조와 정보통신망법 제24조의2에서 말하는 개인정보의 '제3자 제공'은 본래의 개인정보 수집·이용 목적의 범위를 넘어 정보를 제공받는 자의 업무처리와 이익을 위하여 개인정보가 이전되는 경우인 반면, 「개인정보 보호법」 제26조와 정보통신망법 제25조에서 말하는 개인정보의 '처리위탁'은 본래의 개인정보 수집·이용 목적과 관련된 위탁자 본인의 업무 처리와 이익을 위하여 개인정보가 이전되는 경우를 의미한다. 개인정보 처리위탁에 있어 수탁자는 위탁자로부터 위탁사무 처리에 따른 대가를 지급받는 것 외에는 개인정보 처리에 관하여 독자적인 이익을 가지지 않고, 정보제공자의 관리·감독 아래 위탁받은 범위 내에서만 개인정보를 처리하게 되므로, 「개인정보 보호법」 제17조와 정보통신망법 제24조의2에 정한 '제3자'에 해당하지 않는다(대판 2017.4.7., 2016도13263).

ㄹ. 빈출 (○) 대판 2017.6.15., 2013두2945

정답 | ④

630	
기출처	예상문제
난이도	★★★
키워드	개인정보보호제도

🔍 관련기출 옳은지문
• 주민등록번호의 유출을 이유로 주민등록번호의 변경신청에 대한 구청장의 주민등록번호 변경신청을 거부하는 행위는 항고소송 대상인 처분에 해당한다. 19(하)군무원9급

630 〈필수〉

개인정보보호에 대한 설명으로 옳은 것은? (다툼이 있는 경우 판례에 의함)

① 피해자의 의사와 무관하게 주민등록번호가 유출된 경우라도 「주민등록법」상에 주민등록 변경의 사유로 규정된 경우가 아니라면 주민등록번호의 변경을 요구할 신청권을 인정할 수 없고, 이러한 신청에 대한 구청장의 주민등록번호 변경신청거부행위는 항고소송의 대상이 되는 행정처분에 해당하지 않는다.

② 자신의 개인정보를 열람한 정보주체는 다른 법령에서 그 개인정보가 수집 대상으로 명시되어 있는 경우에도 개인정보처리자에게 그 개인정보의 정정 또는 삭제를 요구할 수 있다.

③ 개인정보를 처리하는 자가 수집한 개인정보가 정보주체의 의사에 반하여 유출된 경우, 그로 인하여 정보주체에게 위자료로 배상할 만한 정신적 손해가 발생하였는지 판단하는 기준이나 불법행위로 입은 정신적 고통에 대한 위자료 액수의 산정은 사실심 법원의 재량사항이다.

④ 개인정보처리자의 고의 또는 중대한 과실로 인하여 개인정보가 분실·도난·유출·위조·변조 또는 훼손된 경우로서 정보주체에게 손해가 발생한 때에는 법원은 300만 원 이하의 범위에서 손해배상액을 정할 수 있다.

해설

① **빈출** (×) 「주민등록법」상에 주민등록번호 변경사유로 규정되어 있지 않아도 조리상 정당한 신청권이 있다.

> 피해자의 의사와 무관하게 주민등록번호가 유출된 경우에는 조리상 주민등록번호의 변경을 요구할 신청권을 인정함이 타당하고, 구청장의 주민등록번호 변경신청 거부행위는 항고소송의 대상이 되는 행정처분에 해당한다(대판 2017.6.15., 2013두2945).

② (×) 다른 법령에서 그 개인정보가 수집 대상으로 명시되어 있는 경우에는 그 삭제를 요구할 수 없다.

> 「개인정보 보호법」 제36조【개인정보의 정정·삭제】① 제35조에 따라 자신의 개인정보를 열람한 정보주체는 개인정보처리자에게 그 개인정보의 정정 또는 삭제를 요구할 수 있다. 다만, 다른 법령에서 그 개인정보가 수집 대상으로 명시되어 있는 경우에는 그 삭제를 요구할 수 없다.

③ (○) 개인정보를 처리하는 자가 수집한 개인정보가 정보주체의 의사에 반하여 유출된 경우, 그로 인하여 정보주체에게 위자료로 배상할 만한 정신적 손해가 발생하였는지는 … 여러 사정을 종합적으로 고려하여 구체적 사건에 따라 개별적으로 판단하여야 한다. 또한 불법행위로 입은 정신적 고통에 대한 위자료 액수에 관하여는 사실심 법원이 제반 사정을 참작하여 그 직권에 속하는 재량에 의하여 확정할 수 있다(대판 2019.9.26., 2018다222303).

④ (×) 300만 원이 아니라 5배를 넘지 않는 범위에서 배상액을 정할 수 있다.

> 「개인정보 보호법」 제39조【손해배상책임】③ 개인정보처리자의 고의 또는 중대한 과실로 인하여 개인정보가 분실·도난·유출·위조·변조 또는 훼손된 경우로서 정보주체에게 손해가 발생한 때에는 법원은 그 손해액의 5배를 넘지 아니하는 범위에서 손해배상액을 정할 수 있다. 다만, 개인정보처리자가 고의 또는 중대한 과실이 없음을 증명한 경우에는 그러하지 아니하다.

정답 | ③

631

「개인정보 보호법」상 단체소송에 관한 설명으로 옳은 것을 모두 고른 것은?

> ㄱ. 「소비자기본법」 제29조에 따라 공정거래위원회에 등록한 소비자단체로서 정관에 따라 상시적으로 정보주체의 권익증진을 주된 목적으로 하는 단체나 또는 단체의 정회원수가 1천명 이상인 경우의 어느 하나에 해당하는 요건을 갖춘 단체는 단체소송을 제기할 수 있다.
> ㄴ. 단체소송의 소는 피고의 주된 사무소 또는 영업소가 있는 곳, 주된 사무소나 영업소가 없는 경우에는 주된 업무담당자의 주소가 있는 곳의 지방법원 본원 합의부의 관할에 전속한다.
> ㄷ. 개인정보처리자가 분쟁조정위원회의 조정을 거부하거나 조정결과를 수락하지 아니하고 소송허가신청서의 기재사항에 흠결이 없는 경우에 한하여 결정으로 단체소송을 허가한다.
> ㄹ. 기각판결이 원고의 고의로 인한 것임이 밝혀진 경우에 원고의 청구를 기각하는 판결이 확정되면 이와 동일한 사안에 관하여는 다른 단체는 단체소송을 제기할 수 없다.

① ㄱ, ㄴ ② ㄴ, ㄷ ③ ㄷ, ㄹ ④ ㄱ, ㄹ

기출처 예상문제
난이도 ★★
키워드 개인정보보호제도

해설

ㄱ. (×) 「개인정보 보호법」 제51조 제1호 각 목의 요건을 모두 갖춘 단체이어야 한다. 단체소송에 관한 문제는 출제빈도가 높으므로 법조문을 꼼꼼하게 숙지하도록 한다.

> 「개인정보 보호법」 제51조【단체소송의 대상 등】다음 각 호의 어느 하나에 해당하는 단체는 개인정보처리자가 제49조에 따른 집단분쟁조정을 거부하거나 집단분쟁조정의 결과를 수락하지 아니한 경우에는 법원에 권리침해행위의 금지·중지를 구하는 소송(이하 '단체소송'이라 한다)을 제기할 수 있다.
> 1. 「소비자기본법」 제29조에 따라 공정거래위원회에 등록한 소비자단체로서 다음 각 목의 요건을 모두 갖춘 단체
>   가. 정관에 따라 상시적으로 정보주체의 권익증진을 주된 목적으로 하는 단체일 것
>   나. 단체의 정회원수가 1천명 이상일 것
>   다. 「소비자기본법」 제29조에 따른 등록 후 3년이 경과하였을 것

ㄴ. (○) 단체소송의 소는 피고의 주된 사무소 또는 영업소가 있는 곳, 주된 사무소나 영업소가 없는 경우에는 주된 업무담당자의 주소가 있는 곳의 지방법원 본원 합의부의 관할에 전속한다(「개인정보 보호법」 제52조 제1항).

ㄷ. (○) 동법 제55조 제1항

> 「개인정보 보호법」 제55조【소송허가요건 등】① 법원은 다음 각 호의 요건을 모두 갖춘 경우에 한하여 결정으로 단체소송을 허가한다.
> 1. 개인정보처리자가 분쟁조정위원회의 조정을 거부하거나 조정결과를 수락하지 아니하였을 것
> 2. 제54조에 따른 소송허가신청서의 기재사항에 흠결이 없을 것

ㄹ. (×) 기각판결이 원고의 고의로 인한 것임이 밝혀진 경우에는 동일한 사안에 관하여 다른 단체는 단체소송을 제기할 수 있다.

> 「개인정보 보호법」 제56조【확정판결의 효력】원고의 청구를 기각하는 판결이 확정된 경우 이와 동일한 사안에 관하여는 제51조에 따른 다른 단체는 단체소송을 제기할 수 없다. 다만, 다음 각 호의 어느 하나에 해당하는 경우에는 그러하지 아니하다.
> 1. 판결이 확정된 후 그 사안과 관련하여 국가·지방자치단체 또는 국가·지방자치단체가 설립한 기관에 의하여 새로운 증거가 나타난 경우
> 2. 기각판결이 원고의 고의로 인한 것임이 밝혀진 경우

정답 | ②

632

「개인정보 보호법」에 대한 설명으로 옳지 않은 것은? (다툼이 있는 경우 판례에 의함)

① 개인정보처리자가 주민등록번호를 처리하기 위해서는 정보주체에게 다른 개인정보의 처리에 대한 동의와 별도로 동의를 받아야 한다.
② 가명처리란 개인정보의 일부를 삭제하거나 일부 또는 전부를 대체하는 등의 방법으로 추가 정보가 없이는 특정 개인을 알아볼 수 없도록 처리하는 것을 말한다.
③ 개인정보처리자는 당초 수집 목적과 합리적으로 관련된 범위에서 정보주체에게 불이익이 발생하는지 여부, 암호화 등 안전성 확보에 필요한 조치를 하였는지 여부 등을 고려하여 대통령령으로 정하는 바에 따라 정보주체의 동의 없이 개인정보를 제공할 수 있다.
④ 개인정보처리자는 개인정보처리자의 정당한 이익을 달성하기 위하여 필요한 경우로서 명백하게 정보주체의 권리보다 우선하는 경우에는 개인정보처리자의 정당한 이익과 상당한 관련이 있고 합리적인 범위를 초과하지 않는다면 정보주체의 동의가 없더라도 개인정보를 수집할 수 있다.
⑤ 살아 있는 개인에 관한 정보로서 해당 정보만으로는 특정 개인을 알아볼 수 없더라도 다른 정보와 쉽게 결합하여 알아볼 수 있는 정보는 개인정보에 해당한다.

해설

① (×) 주민등록번호는 고유식별정보와 달리 개인정보처리와 별도의 동의를 받는다고 해도 법이 규정한 일정한 경우에만 처리할 수 있다.

> 「개인정보 보호법」 제24조 【고유식별정보의 처리 제한】 ① 개인정보처리자는 다음 각 호의 경우를 제외하고는 법령에 따라 개인을 고유하게 구별하기 위하여 부여된 식별정보로서 대통령령으로 정하는 정보(이하 '고유식별정보'라 한다)를 처리할 수 없다.
> 1. 정보주체에게 제15조 제2항 각 호 또는 제17조 제2항 각 호의 사항을 알리고 <u>다른 개인정보의 처리에 대한 동의와 별도로 동의를 받은 경우</u>
> 2. 법령에서 구체적으로 고유식별정보의 처리를 요구하거나 허용하는 경우
>
> 제24조의2 【주민등록번호 처리의 제한】 ① 제24조 제1항에도 불구하고 <u>개인정보처리자는 다음 각 호의 어느 하나에 해당하는 경우를 제외하고는 주민등록번호를 처리할 수 없다.</u>
> 1. 법률·대통령령·국회규칙·대법원규칙·헌법재판소규칙·중앙선거관리위원회규칙 및 감사원규칙에서 구체적으로 주민등록번호의 처리를 요구하거나 허용한 경우
> 2. 정보주체 또는 제3자의 급박한 생명, 신체, 재산의 이익을 위하여 명백히 필요하다고 인정되는 경우
> 3. 제1호 및 제2호에 준하여 주민등록번호 처리가 불가피한 경우로서 보호위원회가 고시로 정하는 경우

② (○) 「개인정보 보호법」 제2조 제1의2호
③ (○) 동법 제17조 제4항
④ (○) 동법 제15조 제1항 제6호
⑤ (○) 동법 제2조 제1호 가목

정답 | ①

633

개인정보보호제도와 관련된 판례의 태도로 옳지 않은 것은?

① 국회의원 甲 등이 '각급학교 교원의 교원단체 및 교원노조 가입현황 실명자료'를 인터넷을 통하여 공개한 행위는 해당 교원들의 개인정보자기결정권 등을 침해하는 것으로 위법하다.
② 이미 공개된 개인정보를 정보주체의 동의가 있었다고 객관적으로 인정되는 범위 내에서 수집·이용·제공 등 처리를 할 때는 정보주체의 별도의 동의는 불필요하고, 별도의 동의를 받지 아니하였다고 하여 「개인정보 보호법」을 위반한 것으로 볼 수 없다.
③ 의료기관에게 환자들의 의료비 내역에 관한 정보를 국세청에 제출하는 의무를 부과하고 있는 「소득세법」 제165조 제1항 등의 규정이 환자들의 개인정보자기결정권을 침해하였다고 볼 수 있다.
④ 아파트 관리사무소에서 경찰 제출자료 열람을 목적으로 CCTV 영상을 제공받아 열람하던 중 휴대전화로 위 영상을 몰래 촬영하였다고 해도 개인정보를 제공받은 목적 외의 용도로 이용하였다고 볼 수 없다.

[해설]

① 지엽 (○) 전교조 현황을 공개하는 것은 전교조 가입 교원의 개인정보자기결정권에 반한다.

> 국회의원인 甲 등이 '각급학교 교원의 교원단체 및 교원노조 가입현황 실명자료'를 인터넷을 통하여 공개한 사안에서, 위 정보는 개인정보자기결정권의 보호대상이 되는 개인정보에 해당하므로 이를 일반 대중에게 공개하는 행위는 해당 교원들의 개인정보자기결정권과 전국교직원노동조합의 존속, 유지, 발전에 관한 권리를 침해하는 것이고, 甲 등이 위 정보를 공개한 표현행위로 인하여 얻을 수 있는 법적 이익이 이를 공개하지 않음으로써 보호받을 수 있는 해당 교원 등의 법적 이익에 비하여 우월하다고 할 수 없으므로, 甲 등의 정보공개행위가 위법하다(대판 2014.7.24., 2012다49933).

② (○) 이미 공개된 개인정보를 정보주체의 동의가 있었다고 객관적으로 인정되는 범위 내에서 수집·이용·제공 등 처리를 할 때는 정보주체의 별도의 동의는 불필요하다고 보아야 하고, 별도의 동의를 받지 아니하였다고 하여 「개인정보 보호법」 제15조나 제17조를 위반한 것으로 볼 수 없다(대판 2016.8.17., 2014다235080).
③ (×) 이 사건 자료제출제도가 개인의 자기정보결정권에 대한 제한이 최소화되도록 제반 장치를 갖추어 개인의 자기정보결정권이 필요최소한 범위 내에서 제한되도록 피해최소성의 원칙을 충족하고 있으며, 이 사건 법령조항에 의하여 얻게 되는 공익이 이로 인하여 제한되는 개인정보자기결정권인 사익보다 커서 법익의 균형성을 갖추었다고 할 것이므로 이 사건 법령조항이 헌법상 과잉금지원칙에 위배하여 청구인들의 개인정보자기결정권을 침해하였다고 볼 수 없다(헌재 2008.10.30., 2006헌마1401·1409).
④ 지엽 (○) 피고인이 아파트 관리사무소에서 경찰 제출자료 열람을 목적으로 CCTV 영상을 제공받아 열람하던 중 휴대전화로 위 영상을 몰래 촬영함으로써 개인정보를 제공받은 목적 외의 용도로 이용하였다고 기소된 사안에서, 피고인이 위 CCTV 영상을 촬영한 행위는 「개인정보 보호법」 제19조가 규정한 '이용'에 해당하지 않는다(대판 2022.1.14., 2018도18095).

정답 | ③

**에듀윌이
너를
지지할게**

ENERGY

인생은 끊임없는 반복.
반복에 지치지 않는 자가 성취한다.

– 윤태호 「미생」 중

PART Ⅲ

행정상 의무이행 확보수단

에듀윌 공무원 행정법총론

CHAPTER 01	행정강제
CHAPTER 02	행정상 즉시강제 및 행정조사
CHAPTER 03	행정벌
CHAPTER 04	새로운 실효성 확보수단

CHAPTER 01 행정강제

행정상 강제집행

634 필수

「행정대집행법」상 대집행에 대한 설명으로 옳은 것은? (다툼이 있는 경우 판례에 의함)

① 관계 법령상 행정대집행의 절차가 인정되어 행정청이 행정대집행의 방법으로 건물의 철거 등 대체적 작위의무의 이행을 실현할 수 있는 경우에도 따로 민사소송의 방법으로 그 의무의 이행을 구할 수 있다.
② 대집행에 요한 비용은 「국세징수법」의 예에 의하여 징수할 수 없다.
③ 대집행 계고처분과 대집행비용납부명령은 각각 별개의 법률효과를 발생시키는 것이어서 선행처분의 하자가 후행처분에 승계되지 아니한다.
④ 대집행에 대한 계고는 행정처분이고, 1차 계고 이후 대집행기한을 연기하기 위한 2차 계고, 3차 계고 또한 독립된 행정처분이다.
⑤ 사인이 행정청에 대하여 물건의 인도 또는 토지·건물의 명도의무가 있는 경우 그 의무는 대체적 작위의무가 아니어서 대집행의 대상이 될 수 없다.

해설

① 빈출 (×) 관계 법령상 행정대집행의 절차가 인정되어 행정청이 행정대집행의 방법으로 건물의 철거 등 대체적 작위의무의 이행을 실현할 수 있는 경우에는 따로 민사소송의 방법으로 그 의무의 이행을 구할 수 없다. 한편 건물의 점유자가 철거의무자일 때에는 건물철거의무에 퇴거의무도 포함되어 있는 것이어서 별도로 퇴거를 명하는 집행권원이 필요하지 않다(대판 2017.4.28., 2016다213916).
② (×) 「행정대집행법」 제6조 제1항에 의해 강제징수가 가능하다.
③ 빈출 (×) 대집행비용납부명령 자체에는 아무런 하자가 없다 하더라도, 후행처분인 대집행비용납부명령의 취소를 청구하는 소송에서 청구원인으로 선행처분인 계고처분이 위법한 것이기 때문에 그 계고처분을 전제로 행하여진 대집행비용납부명령도 위법한 것이라는 주장을 할 수 있다(대판 1993.11.9., 93누14271).
④ 빈출 (×) 「행정대집행법」상의 건물철거의무는 제1차 철거명령 및 계고처분으로서 발생하였고 제2차, 제3차의 계고처분은 새로운 철거의무를 부과한 것이 아니고, 다만 대집행기한의 연기통지에 불과하므로 행정처분이 아니다(대판 1994.10.28., 94누5144).
⑤ 빈출 (○) 대판 2005.8.19., 2004다2809

정답 | ⑤

634
- 기출처: 2020 국회직 9급
- 난이도: ★★
- 키워드: 행정상 강제집행

관련기출 옳은지문
- 대집행에 요한 비용을 「국세징수법」의 예에 의하여 징수하였을 때에는 그 징수금은 사무비의 소속에 따라 국고 또는 지방자치단체의 수입으로 한다. 25국가직9급
- 정당한 사유 없이 공유재산에 시설물을 설치한 경우 행정청은 행정대집행의 방법으로 이 시설물을 철거할 수 있고, 이러한 행정대집행이 인정되는 경우에는 민사소송의 방법으로 시설물의 철거를 구하는 것은 허용되지 아니한다. 24국가직7급

635 필수

행정상 강제집행에 대한 설명으로 옳은 것만을 모두 고르면? (다툼이 있는 경우 판례에 의함)

ㄱ. 행정청은 퇴거를 명하는 집행권원이 없더라도 건물철거 대집행 과정에서 부수적으로 철거의무자인 건물의 점유자들에 대해 퇴거조치를 할 수 있다.
ㄴ. 권원 없이 국유재산에 설치한 시설물에 대하여 관리청이 행정대집행을 통해 철거를 하지 않는 경우 그 국유재산에 대하여 사용청구권을 가진 자는 국가를 대위하여 민사소송으로 그 시설물의 철거를 구할 수 있다.
ㄷ. 공유 일반재산의 대부료 지급은 사법상 법률관계이므로 행정상 강제집행절차가 인정되더라도 따로 민사소송으로 대부료의 지급을 구하는 것이 허용된다.
ㄹ. 관계 법령에 위반하여 장례식장 영업을 하고 있는 자에게 부과된 장례식장 사용중지의무는 공법상 의무로서 행정대집행의 대상이 된다.

① ㄱ, ㄴ
② ㄱ, ㄹ
③ ㄴ, ㄷ
④ ㄷ, ㄹ

기출처: 2022 지방직 9급
난이도: ★★
키워드: 행정상 강제집행

관련기출 옳은지문

- 건물의 점유자가 철거의무자일 때에는 건물철거의무에 퇴거의무도 포함되어 있는 것이어서 별도로 퇴거를 명하는 집행권원이 필요하지 않다. 24국회직9급

- 아무런 권원 없이 국유재산에 설치한 시설물에 대하여 행정청이 행정대집행을 실시하지 않는 경우, 그 국유재산에 대한 사용청구권을 가지고 있는 자는 국가를 대위하여 민사소송으로 그 시설물의 철거를 구할 수 있다. 24국가직7급

해설

ㄱ. 빈출 (○) 관계 법령상 행정대집행의 절차가 인정되어 행정청이 행정대집행의 방법으로 건물의 철거 등 대체적 작위의무의 이행을 실현할 수 있는 경우에는 따로 민사소송의 방법으로 그 의무의 이행을 구할 수 없다. 한편 건물의 점유자가 철거의무자일 때에는 건물철거의무에 퇴거의무도 포함되어 있는 것이어서 별도로 퇴거를 명하는 집행권원이 필요하지 않다(대판 2017.4.28., 2016다213916).
ㄴ. 빈출 (○) 대판 2009.6.11., 2009다1122
ㄷ. (×) 이 공유 일반재산의 대부료의 징수에 관하여도 지방세 체납처분의 예에 따른 간이하고 경제적인 특별한 구제절차가 마련되어 있으므로, 특별한 사정이 없는 한 민사소송으로 공유 일반재산의 대부료의 지급을 구하는 것은 허용되지 아니한다(대판 2017.4.13., 2013다207941).
ㄹ. 빈출 (×) 관계 법령에 위반하여 장례식장 영업을 하고 있는 자의 장례식장 사용중지 의무는 「행정대집행법」 제2조의 규정에 의한 대집행의 대상이 아니다(대판 2005.9.28., 2005두7464).

정답 | ①

636

행정강제에 관한 설명으로 옳지 않은 것은? (다툼이 있는 경우 판례에 의함)

① 토지에 관한 도로구역결정이 고시된 후 구 「토지수용법」을 위반하여 공작물을 축조하고 물건을 부가한 자에 대하여 관리청이 이러한 위반행위에 의하여 생긴 유형적 결과의 시정을 명하는 행정처분을 하여 이에 따르지 않는 경우에 행정대집행의 방법이 가능하다고 해도 민사소송의 방법으로 공작물의 철거, 수거 등을 구할 수 있다.

② 이행강제금이란 의무자가 행정상 의무를 이행하지 아니하는 경우 행정청이 적절한 이행기간을 부여하고, 그 기한까지 행정상 의무를 이행하지 아니하면 금전급부의무를 부과하는 것을 말한다.

③ 행정상 강제집행은 행정상의 의무불이행에 대하여 행정권이 실력을 가하여 그 의무를 이행시키거나 또는 이행된 것과 같은 상태를 실현하는 작용을 말하는 것으로서 사법상의 의무에 대한 강제가 법원의 힘을 빌려야 하는 것과 다르다.

④ 공유 일반재산의 대부료의 징수에 관하여 지방세 체납처분의 예에 따른 간이하고 경제적인 특별한 구제절차가 마련되어 있으므로, 특별한 사정이 없는 한 민사소송으로 공유 일반재산의 대부료의 지급을 구하는 것은 허용되지 아니한다.

해설

① **빈출** (×) 행정강제는 자력강제력으로서 법원의 힘을 빌리지 않고 행정청의 공권력을 행사하는 활동이다. 따라서 행정강제가 가능한 경우에는 민사강제가 허용되지 않는다.

> 토지에 관한 도로구역결정이 고시된 후 구 「토지수용법」 제18조의2 제2항에 위반하여 공작물을 축조하고 물건을 부가한 자에 대하여 관리청은 이러한 위반행위에 의하여 생긴 유형적 결과의 시정을 명하는 행정처분을 하여 이에 따르지 않는 경우에는 행정대집행의 방법으로 그 의무내용을 실현할 수 있는 것이고, 이러한 행정대집행의 절차가 인정되는 경우에는 따로 민사소송의 방법으로 공작물의 철거, 수거 등을 구할 수는 없다(대판 2000.5.12., 99다18909).

② (○) 「행정기본법」 제30조 제1항 제2호
③ (○) 대판 1968.3.19., 63누172
④ (○) 대판 2017.4.13., 2013다207941

정답 | ①

637 〈필수〉

행정대집행에 대한 설명으로 옳은 것은? (다툼이 있는 경우 판례에 의함)

① 토지나 건물의 명도의무를 이행하지 않을 경우에 행정청은 해당 의무의 이행을 직접강제 또는 대집행을 통해 실현할 수 있다.
②「건축법」에 의한 위법건축물 철거명령과「행정대집행법」상 대집행의 계고처분은 각각 별도의 처분으로서 하자가 승계되지 아니하여 각각의 처분시에 의하여야만 한다.
③ 공유재산 대부계약해지에 따라 원상회복을 위하여 실시하는 지상물의 철거는 적법하게 대부계약이 해지되었다고 해도 이는 계약의 연장으로서 대집행의 대상이 아니다.
④ 아무런 권원 없이 국유재산에 설치한 시설물에 대하여 행정청이 행정대집행을 실시하지 않는 경우, 그 국유재산에 대한 사용청구권을 가지고 있는 자가 국가를 대위하여 민사소송으로 그 시설물의 철거를 구할 수 있다.

637	
기출처	예상문제
난이도	★★
키워드	행정상 강제집행

관련기출 옳은지문
• 공유재산 대부계약의 적법한 해지에 따라 원상회복을 위하여 실시하는 지상물 철거의무는 대집행의 대상이다. 16서울시7급

해설

① 빈출 (×) 토지나 건물의 인도·명도의무는 점유자를 퇴거시킴으로써 목적이 달성된다. 따라서 행정대집행은 신체에 대한 의무이행확보수단이 아니므로 적절한 수단이라 할 수 없다.

> 수용대상 토지의 인도의무에 관한 구「토지수용법」제63조, 제64조, 제77조 규정에서의 '인도'에는 명도도 포함되는 것으로 보아야 하고, 이러한 명도의무는 그것을 강제적으로 실현하면서 직접적인 실력행사가 필요한 것이지 대체적 작위의무라고 볼 수 없으므로 특별한 사정이 없는 한「행정대집행법」에 의한 대집행의 대상이 될 수 있는 것이 아니다(대판 2005.8.19., 2004다2809).

② 빈출 (×)「건축법」상의 철거명령과「행정대집행법」상의 계고는 동시에 한 장으로 할 수 있으며, 이 경우 모두를 충족한다는 것이 대법원의 입장이다.

> 계고서라는 명칭의 1장의 문서로서 일정기간 내에 위법건축물의 자진철거를 명함과 동시에 그 소정기한 내에 자진철거를 하지 아니할 때에는 대집행할 뜻을 미리 계고한 경우라도「건축법」에 의한 철거명령과「행정대집행법」에 의한 계고처분은 독립하여 있는 것으로서 각 그 요건이 충족되었다고 볼 것이다(대판 1992.6.12., 91누13564).

③ (×) 공유재산의 점유자가 그 공유재산에 관하여 대부계약 외 달리 정당한 권원이 있다는 자료가 없는 경우 그 대부계약이 적법하게 해지된 이상 그 점유자의 공유재산에 대한 점유는 정당한 이유 없는 점유라 할 것이고, 따라서 지방자치단체의 장은「지방재정법」제85조에 의하여 행정대집행의 방법으로 그 지상물을 철거시킬 수 있다(대판 2001.10.12., 2001두4078).

④ 빈출 (○) 행정청이 국유재산에 설치된 시설물에 대해 행정대집행을 하지 않는다면, 국유재산 사용청구권을 가지고 있는 국가에 대한 채권자인 민간인은 국가를 대위하여 민사소송의 방법으로 시설을 철거할 수 있다.

> 아무런 권원 없이 국유재산에 설치한 시설물에 대하여 행정청이 행정대집행을 실시하지 않는 경우, 그 국유재산에 대한 사용청구권을 가지고 있는 자가 국가를 대위하여 민사소송으로 그 시설물의 철거를 구할 수 있다(대판 2009.6.11., 2009다1122).

정답 | ④

638	① ② ③
기출처	2024 지방직 9급
난이도	★★
키워드	행정상 강제집행

🔍 **관련기출 옳은지문**
· 공공사업에 필요한 토지와 건물을 사업시행자가 협의취득할 때 건물 소유자가 매매대상 건물에 대한 철거의무를 부담하겠다는 취지의 약정을 하였다고 하더라도 이러한 철거의무는 「행정대집행법」에 의한 대집행의 대상이 되는 공법상의 의무가 아니다. 24국가직7급

638 필수

행정대집행에 대한 설명으로 옳지 않은 것은?

① 관계 법령상 행정대집행의 절차가 인정되어 행정청이 행정대집행의 방법으로 건물의 철거 등 대체적 작위의무의 이행을 실현할 수 있는 경우에는 따로 민사소송의 방법으로 그 의무의 이행을 구할 수 없다.

② 「공익사업을 위한 토지 등의 취득 및 보상에 관한 법률」에 따른 토지 등의 협의취득은 사법상 계약에 해당하므로, 협의취득시 부담한 의무는 행정대집행의 대상이 되지 않는다.

③ 「행정대집행법」에 따르면 대집행에 요한 비용을 징수하였을 때에는 그 징수금은 사무비의 소속에 따라 국고 또는 지방자치단체의 수입으로 한다.

④ 자기완결적 신고에 해당하는 대문설치신고가 형식적 하자가 없는 적법한 요건을 갖춘 신고임에도 불구하고 관할 행정청이 수리를 거부한 후 당해 대문의 철거명령을 하였더라도, 후행행위인 대문철거 대집행계고처분이 당연무효가 되는 것은 아니다.

해설

① (○) 대판 2017.4.28., 2016다213916
② 빈출 (○) 행정대집행의 대상이 되는 의무는 공법상의 대체적 작위의무에 한하며 사법상의 의무는 원칙적으로 대집행 대상이 되지 않는다. 먼저 문제를 해결함에 있어 제시된 사안이 사법관계인지 여부를 파악하는 것이 필요하다.

> 「행정대집행법」상 대집행의 대상이 되는 대체적 작위의무는 공법상 의무이어야 할 것인데, 구 「공공용지의 취득 및 손실보상에 관한 특례법」(2002.2.4. 법률 제6656호 「공익사업을 위한 토지 등의 취득 및 보상에 관한 법률」 부칙 제2조로 폐지)에 따른 토지 등의 협의취득은 공공사업에 필요한 토지 등을 그 소유자와의 협의에 의하여 취득하는 것으로서 공공기관이 사경제주체로서 행하는 사법상 매매 내지 사법상 계약의 실질을 가지는 것이므로, 그 협의취득시 건물소유자가 매매대상 건물에 대한 철거의무를 부담하겠다는 취지의 약정을 하였다고 하더라도 이러한 철거의무는 공법상의 의무가 될 수 없고, 이 경우에도 「행정대집행법」을 준용하여 대집행을 허용하는 별도의 규정이 없는 한 위와 같은 철거의무는 「행정대집행법」에 의한 대집행의 대상이 되지 않는다(대판 2006.10.13., 2006두7096).

③ (○) 「행정대집행법」 제6조 제3항
④ (×) 이 사건 대문은 적법한 것임에도 피고가 원고에 대하여 명한 이 사건 대문의 철거명령은 그 하자가 중대하고 명백하여 당연무효라고 할 것이고, 그 후행행위인 이 사건 계고처분 역시 당연무효라고 할 것이다(대판 1999.4.27., 97누6780).

정답 | ④

639	① ② ③
기출처	2021 국회직 9급
난이도	★★
키워드	행정상 강제집행

639 필수

행정대집행에 대한 설명으로 옳지 않은 것은? (다툼이 있는 경우 판례에 의함)

① 의무자가 동의한 경우 해가 뜨기 전이나 해가 진 후에도 대집행을 할 수 있다.

② 법령상의 용도 이외에 사용하는 행위를 금지하는 부작위의무의 위반은 대집행의 대상이 될 수 없다.

③ 대집행에 요한 비용은 「국세징수법」의 예에 의하여 징수할 수 있다.

④ 매점의 명도는 대체적 작위의무에 해당하지 아니하여 대집행의 대상이 아니다.

⑤ 「공유재산 및 물품 관리법」에 따라 지방자치단체장이 행정대집행의 방법으로 공유재산에 설치한 시설물을 철거할 수 있는 경우에도 민사소송의 방법으로 시설물의 철거를 구할 수 있다.

해설

① (○) 「행정대집행법」 제4조 제1항 제1호
② 빈출 (○) 부작위의무는 행정대집행의 대상이 아니다.

> 법치주의의 원리에 비추어 볼 때 위와 같은 부작위의무로부터 그 의무를 위반함으로써 생긴 결과를 시정하기 위한 작위의무를 당연히 끌어낼 수는 없으며, 또 위 금지규정(특히 허가를 유보한 상대적 금지규정)으로부터 작위의무, 즉 위반결과의 시정을 명하는 권한이 당연히 추론되는 것도 아니다 (대판 1996.6.28., 96누4374).

③ (○) 동법 제6조 제1항
④ (○) 대판 1998.10.23., 97누157
⑤ 빈출 (×) 행정대집행으로 시설물을 철거할 수 있는 경우에는 민사강제는 허용되지 않는다.

> 「공유재산 및 물품 관리법」 제83조 제1항 규정에 따라 지방자치단체장은 행정대집행의 방법으로 공유재산에 설치한 시설물을 철거할 수 있고, 이러한 행정대집행의 절차가 인정되는 경우에는 민사소송의 방법으로 시설물의 철거를 구하는 것은 허용되지 아니한다(대판 2017.4.13., 2013다207941).

정답 | ⑤

관련기출 옳은지문
- 구 「공유재산 및 물품 관리법」에 따라 지방자치단체장은 행정대집행의 방법으로 공유재산에 설치한 시설물을 철거할 수 있고, 이러한 행정대집행의 절차가 인정되는 경우에는 민사소송의 방법으로 시설물의 철거를 구하는 것은 허용되지 아니한다. 24군무원9급

---

640 필수

「행정대집행법」상 대집행에 대한 설명으로 옳지 않은 것은? (다툼이 있는 경우 판례에 의함)

① "조합원은 사업시행구역 내에 있는 자기 소유의 건축물 등 지장물을 30일 이내에 철거하여야 한다."는 재개발조합의 정관규정이 있을 경우 민사소송에 의한 건물철거소송은 허용되지 않는다.
② 관계법에 부작위의무 위반행위에 대하여 대체적 작위의무로 전환하는 규정을 두고 있지 아니하더라도 그 부작위의무규정으로부터 그 위반결과의 시정을 명하는 원상복구명령을 할 수 있는 권한이 당연히 도출될 수 있다.
③ 대집행권한을 위탁받아 공무인 대집행을 실시하기 위하여 지출한 비용을 「행정대집행법」 절차에 따라 「국세징수법」의 예에 의하여 징수할 수 있는 경우에는 민사소송절차에 의하여 그 비용의 상환을 청구할 수 없다.
④ 군수가 군 사무위임조례의 규정에 따라 무허가 건축물에 대한 철거대집행 사유를 하부행정기관인 읍·면에 위임하였다면, 읍·면장에게는 관할구역 내의 무허가 건축물에 대하여 그 철거대집행을 위한 계고처분을 할 권한이 있다.

해설

② 빈출 (×) 부작위의무를 규정하고 있는 금지규정으로부터 이를 위반한 유형의 결과에 대한 시정명령권이 당연히 도출되는 것이 아니다. 시정명령에 대한 별도의 규정이 있어야 한다.

> 단순한 부작위의무의 위반, 즉 관계 법령에 정하고 있는 절대적 금지나 허가를 유보한 상대적 금지를 위반한 경우에는 당해 법령에서 그 위반자에 대하여 위반에 의하여 생긴 유형적 결과의 시정을 명하는 행정처분의 권한을 인정하는 규정을 두고 있지 아니한 이상, 법치주의의 원리에 비추어 볼 때 위와 같은 부작위의무로부터 그 의무를 위반함으로써 생긴 결과를 시정하기 위한 작위의무를 당연히 끌어낼 수는 없으며, 또 위 금지규정(특히 허가를 유보한 상대적 금지규정)으로부터 작위의무, 즉 위반결과의 시정을 명하는 권한이 당연히 추론되는 것도 아니다(대판 1996.6.28., 96누4374).

정답 | ②

640
기출처	예상문제	
난이도	★★	
키워드	행정상 강제집행	

관련기출 옳은지문
- 구 대한주택공사가 대집행권한을 위탁받아 공무인 대집행을 실시하기 위하여 지출한 비용을 「행정대집행법」 절차에 따라 「국세징수법」의 예에 의하여 징수할 수 있음에도 민사소송절차에 의하여 그 비용의 상환을 구하는 청구는 소의 이익이 없어 부적법하다. 19지방직9급

641	□ ② ③
기출처	예상문제
난이도	★★★
키워드	행정상 강제집행

641 필수

행정대집행에 대한 설명으로 옳지 않은 것은? (다툼이 있는 경우 판례에 의함)

① 「공익사업을 위한 토지 등의 취득 및 보상에 관한 법률」에 따라 시·도지사나 시장·군수 또는 구청장의 업무에 속하는 대집행권한을 구 대한주택공사(현 한국토지주택공사)에 위탁하도록 되어 있으므로 대한주택공사는 법령에 의하여 대집행권한을 위탁받은 자로서 공무인 대집행을 실시함에 따르는 권리·의무 및 책임이 귀속되는 행정주체의 지위에 있다.

② 구 「공공용지의 취득 및 손실보상에 관한 특례법」에 의한 협의취득시 건물소유자가 협의취득 대상 건물에 대하여 약정한 철거의무는 공법상 의무가 아닐 뿐만 아니라, 위 철거의무에 대한 강제적 이행은 「행정대집행법」상 대집행의 방법으로 실현할 수 없다.

③ 철거명령과 대집행계고서가 1장으로 이루어지는 경우에 철거명령에서 주어진 일정기간이 자진철거에 필요한 상당한 기간이라고 하여도 그 기간 속에는 계고시에 필요한 '상당한 이행기간'이 포함되어 있다고 볼 수 없다.

④ 구 「공유재산 및 물품 관리법」에는 "정당한 사유 없이 공유재산을 점유하거나 이에 시설물을 설치한 때에는 「행정대집행법」 제3조 내지 제6조의 규정을 준용하여 철거 그 밖의 필요한 조치를 할 수 있다."라고 정하고 있는데, 위 규정은 원칙적으로 대집행의 대상이 될 수 없는 다른 종류의 의무에 대하여서까지 강제집행을 허용하는 취지는 아니다.

해설

③ **빈출** (×) 철거명령과 대집행 계고는 동시에 1장으로 가능하며, 철거명령의 자진철거에 필요한 상당기간은 계고의 상당이행기간도 포함된 것으로 본다.

> 철거명령에서 주어진 일정기간이 자진철거에 필요한 상당한 기간이라면 그 기간 속에는 계고시에 필요한 '상당한 이행기간'도 포함되어 있다고 보아야 할 것이다(대판 1992.6.12., 91누13564).

정답 | ③

642

「행정대집행법」상 대집행에 대한 설명으로 옳지 않은 것은? (다툼이 있는 경우 판례에 의함)

① 「공익사업을 위한 토지 등의 취득 및 보상에 관한 법률」상의 협의취득시에 매매대상 건물에 대한 철거의무를 부담하겠다는 취지의 약정을 건물소유자가 하였다고 하더라도, 그 철거의무는 대집행의 대상이 되지 않는다.
② 공유수면에 설치한 건물을 철거하여 공유수면을 원상회복하여야 할 의무는 대체적 작위의무에 해당하므로 행정대집행의 대상이 된다.
③ 행정청이 건물 철거의무를 행정대집행의 방법으로 실현하는 과정에서, 건물을 점유하고 있는 철거의무자들에 대하여 제기한 건물퇴거를 구하는 소송은 적법하다.
④ 철거대상건물의 점유자들이 적법한 행정대집행을 위력을 행사하여 방해하는 경우, 행정청은 필요하다면 「경찰관 직무집행법」에 근거한 위험발생 방지조치 차원에서 경찰의 도움을 받을 수 있다.

642	
기출처	2020 국가직 9급
난이도	★★
키워드	행정상 강제집행

관련기출 옳은지문
- 적법한 행정대집행을 건물의 점유자들이 위력을 행사하여 방해하는 경우에 행정청은 「경찰관 직무집행법」에 근거한 위험발생 방지조치 또는 「형법」상 공무집행방해죄의 범행방지 내지 현행범 체포의 차원에서 경찰의 도움을 받을 수도 있다.

19서울시9급

해설

① (○) 대판 2006.10.13., 2006두7096
② (○) 대판 2017.4.28., 2016다213916
③ 빈출 (×) 행정청은 행정강제가 가능한 경우에 민사소송 등을 통해 의무이행을 강제를 할 수 없다.

> 관계 법령상 행정대집행의 절차가 인정되어 행정청이 행정대집행의 방법으로 건물의 철거 등 대체적 작위의무의 이행을 실현할 수 있는 경우에는 따로 민사소송의 방법으로 그 의무의 이행을 구할 수 없다. 한편 건물의 점유자가 철거의무자일 때에는 건물철거의무에 퇴거의무도 포함되어 있는 것이어서 별도로 퇴거를 명하는 집행권원이 필요하지 않다(대판 2017.4.28., 2016다213916).

④ 빈출 (○) 행정청이 행정대집행의 방법으로 건물철거의무의 이행을 실현할 수 있는 경우에는 건물철거 대집행 과정에서 부수적으로 건물의 점유자들에 대한 퇴거조치를 할 수 있고, 점유자들이 적법한 행정대집행을 위력을 행사하여 방해하는 경우 「형법」상 공무집행방해죄가 성립하므로 필요한 경우에는 「경찰관 직무집행법」에 근거한 위험발생 방지조치 또는 「형법」상 공무집행방해죄의 범행방지 내지 현행범체포의 차원에서 경찰의 도움을 받을 수도 있다(대판 2017.4.28., 2016다213916).

정답 | ③

643

행정대집행에 대한 설명으로 옳지 않은 것은? (다툼이 있는 경우 판례에 의함)

① 「행정대집행법」에 따른 행정대집행에서 건물의 점유자가 철거의무자일 때에는 건물철거의무에 퇴거의무도 포함되어 있는 것이어서 별도로 퇴거를 명하는 집행권원이 필요하지 않다.

② 법률에 의해서뿐만 아니라 법률의 위임을 받은 조례에 의해 직접 부과된 대체적 작위의무도 대집행의 대상이 된다.

③ 부작위의무 위반행위에 대하여 대체적 작위의무로 전환하는 규정이 없는 경우, 부작위의무 위반결과의 시정을 명하는 원상복구명령은 무효이고, 원상복구명령의 실효성 확보를 위한 대집행의 계고처분 역시 무효로 봄이 타당하다.

④ 구 「공공용지의 취득 및 손실보상에 관한 특례법」에 의한 협의취득시 건물소유자가 협의취득대상 건물에 대한 철거의무를 부담하겠다는 취지의 약정을 하였다고 하더라도 이러한 철거의무는 공법상의 의무가 될 수 없고, 대집행을 허용하는 별도의 규정이 없는 한 대집행의 대상이 될 수 없다.

⑤ 건물의 소유자에게 위법건축물을 일정기간까지 철거할 것을 명함과 아울러 불이행하면 대집행한다는 내용의 계고처분을 고지한 후, 이에 불응하자 다시 제2차 계고서로 일정기간까지의 철거를 촉구하고 불이행하면 대집행한다는 뜻을 고지하였다면, 「행정대집행법」상 건물철거의무는 제2차 계고처분으로 인하여 발생한다.

해설

① (○) 대판 2017.4.28., 2016다213916
② (○) 「행정대집행법」 제2조 참고
③ (○) 대판 1996.6.28., 96누4374
④ (○) 대판 2006.10.13., 2006두7096
⑤ (×) 반복된 제2차, 제3차 계고는 새로운 의무를 부과하는 행정처분이 아니라 단순한 계고의 연기에 불과하다.

> 건물의 소유자에게 위법건축물을 일정기간까지 철거할 것을 명함과 아울러 불이행할 때에는 대집행한다는 내용의 철거대집행 계고처분을 고지한 후 이에 불응하자 다시 제2차, 제3차 계고서를 발송하여 일정기간까지의 자진 철거를 촉구하고 불이행하면 대집행을 한다는 뜻을 고지하였다면 「행정대집행법」상의 건물철거의무는 제1차 철거명령 및 계고처분으로서 발생하였고 제2차, 제3차의 계고처분은 새로운 철거의무를 부과한 것이 아니고, 다만 대집행기한의 연기통지에 불과하므로 행정처분이 아니다(대판 1994.10.28., 94누5144).

정답 | ⑤

관련기출 옳은지문

- 대집행의 대상은 원칙적으로 대체적 작위의무에 한하며, 부작위의무 위반의 경우 대체적 작위의무로 전환하는 규정을 두고 있지 아니하는 한 대집행의 대상이 되지 않는다.
  20지방직9급

644 〈필수〉

대집행에 대한 설명으로 옳은 것을 〈보기〉에서 모두 고르면? (다툼이 있는 경우 판례에 의함)

―| 보기 |―

ㄱ. 하천유수인용허가신청이 불허되었음을 이유로 하천유수인용행위를 중단할 것과 이를 불이행할 경우 「행정대집행법」에 의하여 대집행하겠다는 내용의 계고처분은 대집행의 대상이 될 수 없는 부작위의무에 대한 것으로서 그 자체로 위법함이 명백하다.

ㄴ. 건물의 점유자가 철거의무자일 때에는 건물철거의무에 퇴거의무도 포함되어 있다고 볼 수 없는 것이어서 별도로 퇴거를 명하는 집행권원이 필요하다.

ㄷ. 행정청의 의무부과가 매점에 대한 점유자의 점유를 배제하고 그 점유이전을 받는 데 목적이 있다고 한다면 이러한 의무는 그것을 강제적으로 실현함에 있어 직접적인 실력행사가 필요한 것이 아니라 대체적 작위의무에 해당하는 것이어서 「행정대집행법」에 의한 대집행의 대상이 된다.

ㄹ. 도로점용허가를 얻어 그 도로상에 건물을 건축하여 점용하고 있는 건물에 대하여는, 구「국유재산법」제24조 제3항의 규정취지에 비추어 그 점용허가를 취소하지 않고도 동 건물의 철거를 명할 수 있다.

① ㄱ, ㄴ
② ㄱ, ㄹ
③ ㄴ, ㄷ
④ ㄴ, ㄹ

기출처 예상문제
난이도 ★★
키워드 행정상 강제집행

관련기출 옳은지문
- 하천유수인용허가신청이 불허되었음을 이유로 하천유수인용행위를 중단할 것과 이를 불이행할 경우 「행정대집행법」에 의하여 대집행을 하겠다는 내용의 계고처분은 대집행의 대상이 될 수 없는 부작위의무에 대한 것으로서 그 자체로 위법하다. 24군무원9급

해설

ㄱ. (○) 하천유수인용허가신청이 불허되었음을 이유로 하천유수인용행위를 중단할 것과 이를 불이행할 경우 「행정대집행법」에 의하여 대집행하겠다는 내용의 계고처분은 대집행의 대상이 될 수 없는 부작위의무에 대한 것으로서 그 자체로 위법함이 명백한바, 이러한 경우 법원으로서는 마땅히 석명권을 행사하여 원고로 하여금 위 계고처분의 위법사유를 밝히게 하고, 나아가 위와 같은 법리에 따라 그 취소 여부를 가려 보아야 한다(대판 1998.10.2., 96누5445).

ㄴ. 빈출 (×) 건물의 점유자가 철거의무자일 때에는 건물철거의무에 퇴거의무도 포함되어 있는 것이어서 별도로 퇴거를 명하는 집행권원이 필요하지 않다(대판 2017.4.28., 2016다213916).

ㄷ. (×) 도시공원시설인 매점의 관리청이 그 공동점유자 중의 1인에 대하여 소정의 기간 내에 위 매점으로부터 퇴거하고 이에 부수하여 그 판매 시설물 및 상품을 반출하지 아니할 때에는 이를 대집행하겠다는 내용의 계고처분은 그 주된 목적이 매점의 원형을 보존하기 위하여 점유자가 설치한 불법 시설물을 철거하고자 하는 것이 아니라, 매점에 대한 점유자의 점유를 배제하고 그 점유이전을 받는 데 있다고 할 것인데, 이러한 의무는 그것을 강제적으로 실현함에 있어 직접적인 실력행사가 필요한 것이지 대체적 작위의무에 해당하는 것은 아니어서 직접강제의 방법에 의하는 것은 별론으로 하고 「행정대집행법」에 의한 대집행의 대상이 되는 것은 아니다(대판 1998.10.23., 97누157).

ㄹ. (○) 도로점용허가를 얻어 그 도로상에 건물을 건축하여 점용하고 있는 건물에 대하여 그 점용허가를 취소하지 않고 동 건물의 철거를 명함은 부당하다고 하나 구「국유재산법」제24조 제3항은 "제1항·제2항의 규정에 의하여 사용·수익의 허가를 받은 자는 그 허가받은 재산상에 건물 기타의 영구 건축물을 축조하지 못한다."고 규정한 취지에 비추어 논지는 이유 없다(대판 1983.3.8., 81누188).

정답 | ②

645 〔필수〕

기출처 예상문제
난이도 ★★
키워드 행정상 강제집행

「행정대집행법」상 대집행이 가능한 경우로 옳은 것만을 고른 것은? (다툼이 있는 경우 판례에 의함)

> ㄱ. 법외 단체인 전국공무원노동조합지부의 공무원 직장협의회의 운영에 이용되던 군청사 시설인 사무실의 임의 사용에 대한 지방자치단체장의 자진폐쇄 요청을 불이행한 경우
>
> ㄴ. 행정청의 환지예정지 지정과 이에 따른 지장물의 자진철거요구를 불이행한 경우
>
> ㄷ. 구 「주택건설촉진법」상 행정청의 허가 없이 사업계획에 따른 용도 이외의 용도에 사용하는 행위 등을 금지하고, 그 위반행위에 대하여 벌칙규정만을 두고 있는 경우
>
> ㄹ. 무허가로 불법 건축되어 철거할 의무가 있는 건축물을 도시미관, 주거환경, 교통소통에 지장이 없다는 등의 사유만을 들어 그대로 방치한다면 불법 건축물을 단속하는 당국의 권능을 무력화하여 건축행정의 원활한 수행을 위태롭게 하고 건축허가 및 준공검사시에 소방시설, 주차시설 기타 「건축법」 소정의 제한규정을 회피하는 것을 사전 예방한다는 더 큰 공익을 해칠 우려가 있는 경우

① ㄱ, ㄴ
② ㄴ, ㄷ
③ ㄷ, ㄹ
④ ㄱ, ㄹ

관련기출 옳은지문

- 법외 단체인 전국공무원노동조합지부의 공무원 직장협의회의 운영에 이용되던 군청사 시설인 사무실의 임의 사용에 대한 지방자치단체장의 자진폐쇄 요청에 대한 불이행에 대해서 행정대집행이 가능하다
  19(하)군무원9급

- 행정청의 환지예정지 지정과 이에 따른 지장물의 자진철거요구를 불이행한 경우에는 행정대집행이 허용되지 않는다.
  19(하)군무원9급

해설

ㄱ. (○) 법외 단체인 전국공무원노동조합의 지부가 당초 공무원 직장협의회의 운영에 이용되던 군 청사시설인 사무실을 임의로 사용하자 지방자치단체장이 자진폐쇄 요청 후 「행정대집행법」에 따라 행정대집행을 실시할 수 있다(대판 2011.4.28., 2007도7514).

ㄴ. (×) 행정청이 토지구획정리사업의 환지예정지를 지정하고 그 사업에 편입되는 건축물 등 지장물의 소유자 또는 임차인에게 지장물의 자진이전을 요구한 후 이에 응하지 않자 지장물의 이전에 대한 대집행을 계고하고 다시 대집행영장을 통지한 사안에서, 위 계고처분 등은 「행정대집행법」 제2조에 따라 명령된 지장물 이전의무가 없음에도 그러한 의무의 불이행을 사유로 행하여진 것으로 위법하다(대판 2010.6.24., 2010두1231).

ㄷ. (×) 구 「주택건설촉진법」 제38조 제2항은 공동주택 및 부대시설·복리시설의 소유자·입주자·사용자 등은 부대시설 등에 대하여 도지사의 허가를 받지 않고 사업계획에 따른 용도 이외의 용도에 사용하는 행위 등을 금지하고(「정부조직법」 제5조 제1항, 「행정권한의 위임 및 위탁에 관한 규정」 제4조에 따른 인천광역시사무위임규칙에 의하여 위 허가권이 구청장에게 재위임되었다), 그 위반행위에 대하여 위 「주택건설촉진법」 제52조의2 제1호에서 1천만 원 이하의 벌금에 처하도록 하는 벌칙규정만을 두고 있을 뿐, 「건축법」 제69조 등과 같은 부작위의무 위반행위에 대하여 대체적 작위의무로 전환하는 규정을 두고 있지 아니하므로 위 금지규정으로부터 그 위반결과의 시정을 명하는 원상복구명령을 할 수 있는 권한이 도출되는 것은 아니라고 할 것이다(대판 1996.6.28., 96누4374).

ㄹ. (○) 무허가로 불법 건축되어 철거할 의무가 있는 건축물을 도시미관, 주거환경, 교통소통에 지장이 없다는 등의 사유만을 들어 그대로 방치한다면 불법 건축물을 단속하는 당국의 권능을 무력화하여 건축행정의 원활한 수행을 위태롭게 하고 건축허가 및 준공검사시에 소방시설, 주차시설 기타 「건축법」 소정의 제한규정을 회피하는 것을 사전 예방한다는 더 큰 공익을 해칠 우려가 있다(대판 1989.3.28., 87누930).

정답 | ④

646 〈필수〉

행정대집행에 대한 설명으로 옳지 않은 것은? (다툼이 있는 경우 판례에 의함)

① 도시공원시설 점유자의 퇴거 및 명도의무는 「행정대집행법」에 의한 대집행의 대상이 아니다.
② 후행처분인 대집행비용납부명령 취소청구소송에서 선행처분인 계고처분이 위법하다는 이유로 대집행비용납부명령의 취소를 구할 수 없다.
③ 대집행에 요한 비용을 징수하였을 때에는 그 징수금은 사무비의 소속에 따라 국고 또는 지방자치단체의 수입으로 한다.
④ 대집행에 대하여는 행정심판을 제기할 수 있다.

해설

① 빈출 (○) 점유배제를 목적으로 하는 점유자의 퇴거 등은 행정대집행 대상인 대체적 작위의무에 해당하지 않는다.

> 매점으로부터 퇴거하고 이에 부수하여 그 판매 시설물 및 상품을 반출하지 아니할 때에는 이를 대집행하겠다는 내용의 계고처분은 불법 시설물을 철거하고자 하는 것이 아니라, 매점에 대한 점유자의 점유를 배제하고 그 점유 이전을 받는 데 있다고 할 것인데, 이러한 의무는 그것을 강제적으로 실현함에 있어 직접적인 실력행사가 필요한 것이지 대체적 작위의무에 해당하는 것은 아니어서 직접강제의 방법에 의하는 것은 별론으로 하고 「행정대집행법」에 의한 대집행의 대상이 되는 것은 아니다(대판 1998.10.23., 97누157).

② 빈출 (×) 대집행의 절차(계고 – 영장 – 실행 – 비용징수)는 결합하여 하나의 법효과를 완성하는 관계로서 하자승계가 인정된다.

> 후행처분인 대집행비용납부명령의 취소를 청구하는 소송에서 청구원인으로 선행처분인 계고처분이 위법한 것이기 때문에 그 계고처분을 전제로 행하여진 대집행비용납부명령도 위법한 것이라는 주장을 할 수 있다(대판 1993.11.9., 93누14271).

③ (○) 「행정대집행법」 제6조 제3항
④ (○) 동법 제7조

정답 | ②

646

기출처	2021 지방직 9급
난이도	★
키워드	행정상 강제집행

🔍 **관련기출 옳은지문**
· 대집행절차상 계고, 대집행영장통지, 대집행비용납부명령 상호간에는 선행행위의 하자가 후행행위에 승계된다. 16서울시7급

647 〈필수〉

행정상 강제집행에 대한 설명으로 옳지 않은 것은? (다툼이 있는 경우 판례에 의함)

① 대집행은 비금전적인 대체적 작위의무를 의무자가 이행하지 않는 경우 행정청이 스스로 의무자가 행하여야 할 행위를 하거나 제3자로 하여금 행하게 하는 것으로, 그 대집행의 대상은 공법상 의무에만 한정하지 않는다.

② 행정청이 대집행에 대한 계고를 함에 있어서 의무자가 스스로 이행하지 아니하는 경우 대집행할 행위의 내용과 범위가 구체적으로 특정되어야 하지만, 그 내용 및 범위는 대집행계고서에 의해서만 특정되어야 하는 것은 아니고 그 처분 전후에 송달된 문서나 기타 사정을 종합하여 이를 특정할 수 있으면 족하다.

③ 비상시 또는 위험이 절박한 경우에 있어 당해 행위의 급속한 실시를 요하여 대집행영장에 의한 통지절차를 취할 여유가 없을 때에는 이 절차를 거치지 아니하고 대집행할 수 있다.

④ 개발제한구역 내의 건축물에 대하여 허가를 받지 않고 한 용도변경행위에 대한 형사처벌과 「건축법」제83조 제1항에 의한 시정명령 위반에 대한 이행강제금 부과는 이중처벌에 해당하지 아니한다.

해설

① 빈출 (×) 행정대집행의 대상은 법령에 특별한 규정이 없는 한 공법상 의무에 한정된다.

> 구 「공공용지의 취득 및 손실보상에 관한 특례법」(2002.2.4. 법률 제6656호 「공익사업을 위한 토지 등의 취득 및 보상에 관한 법률」부칙 제2조로 폐지)에 의한 협의취득시 건물소유자가 협의취득대상 건물에 대하여 약정한 철거의무는 공법상 의무가 아닐 뿐만 아니라, 「공익사업을 위한 토지 등의 취득 및 보상에 관한 법률」제89조에서 정한 「행정대집행법」의 대상이 되는 '이 법 또는 이 법에 의한 처분으로 인한 의무'에도 해당하지 아니하므로 위 철거의무에 대한 강제적 이행은 「행정대집행법」상 대집행의 방법으로 실현할 수 없다(대판 2006.10.13., 2006두7096).

정답 | ①

관련기출 옳은지문

· 계고처분시 대집행할 행위의 내용 및 범위가 반드시 계고서에 의해서만 특정되어야 하는 것은 아니다.
19(상)군무원9급

648

행정대집행에 대한 설명으로 옳지 않은 것은? (다툼이 있는 경우 판례에 의함)

① 무허가증축부분으로 인하여 건물의 미관이 나아지고 위 증축부분을 철거하는 데 비용이 많이 소요된다고 하더라도 건물철거대집행계고처분을 할 요건에 해당된다.

② 피수용자 등이 기업자에 대하여 부담하는 수용대상 토지의 인도의무에 관한 구 「토지수용법」의 '인도'에는 명도도 포함되는 것이고 이는 대체적 작위의무라고 볼 수 없으므로 특별한 사정이 없는 한 「행정대집행법」에 의한 대집행의 대상이 될 수 없다.

③ 비록 헬기 이·착륙 등의 안전을 위하여 건물외곽과 수평을 이루도록 행한 것이라도 허가 없이 증축한 경우에는 행정대집행의 요건인 비례원칙을 충족하는 것으로 보아야 한다.

④ 제1차로 창고건물의 철거 및 하천부지에 대한 원상복구명령을 하였음에도 이에 불응하여 대집행계고를 하면서 다시 자진철거 및 토사를 반출하여 하천부지를 원상복구할 것을 명한 경우, 대집행계고서에 기재된 자진철거 및 원상복구명령은 취소소송의 대상이 되는 독립한 행정처분이라 할 수 없다.

해설

③ (×) 그 증축부분을 대집행으로 철거할 경우 많은 비용이 들고 건물의 외관을 손상시킬 뿐 아니라 오히려 헬기의 안전 이·착륙에 지장이 있게 된다면, 원고가 허가 없이 증축하여 그 위반결과가 현존하고 그 철거의무를 이행하지 않고 있더라도 위와 같은 증축경위나 사후 정황 등에 비추어 이를 그대로 방치한다고 하여도 심히 공익을 해하는 것이라고는 볼 수 없으므로 관할 관청인 피고의 이 사건 계고처분이 위법하다고 본 원심의 판단은 정당하다(대판 1990.12.7., 90누5405).

정답 | ③

649

「행정대집행법」상 대집행에 대한 설명으로 옳지 않은 것은? (다툼이 있는 경우 판례에 의함)

① 행정청은 해가 지기 전에 대집행을 착수한 경우라도 해가 진 후에는 대집행을 할 수 없다.
② 무허가증축부분으로 인하여 건물의 미관이 나아지고 증축부분을 철거하는 데 비용이 많이 소요된다고 하더라도 건물철거대집행계고처분을 할 요건에 해당된다.
③ 계고처분의 후속절차인 대집행에 위법이 있다고 하더라도, 그와 같은 후속절차에 위법성이 있다는 점을 들어 선행절차인 계고처분이 부적법하다는 사유로 삼을 수는 없다.
④ 「건축법」에 위반하여 증·개축함으로써 철거의무가 있더라도 그 철거의무를 대집행하기 위한 계고처분을 하려면 다른 방법으로는 그 이행의 확보가 어렵고, 그 불이행을 방치함이 심히 공익을 해하는 것으로 인정되는 경우에 한한다.

649
기출처	2020 지방직 7급
난이도	★★
키워드	행정상 강제집행

관련기출 옳은지문
· 행정청은 해가 지기 전에 대집행을 착수한 경우에 해가 진 후에도 대집행을 할 수 있다. 23국회직9급

해설

① (×) 원칙적으로 일출 이전과 일몰 이후에는 대집행이 허용되지 않는다. 하지만 일몰 이전부터 시작되어 종결되지 않은 경우 등에는 대집행을 할 수 있다.

> 「행정대집행법」 제4조【대집행의 실행 등】 ① 행정청(제2조에 따라 대집행을 실행하는 제3자를 포함한다. 이하 이 조에서 같다)은 해가 뜨기 전이나 해가 진 후에는 대집행을 하여서는 아니 된다. 다만, 다음 각 호의 어느 하나에 해당하는 경우에는 그러하지 아니하다.
> 1. 의무자가 동의한 경우
> 2. 해가 지기 전에 대집행을 착수한 경우
> 3. 해가 뜬 후부터 해가 지기 전까지 대집행을 하는 경우에는 대집행의 목적 달성이 불가능한 경우
> 4. 그 밖에 비상시 또는 위험이 절박한 경우

정답 | ①

650
행정대집행에 대한 설명으로 옳은 것은? (다툼이 있는 경우 판례에 의함)

ㄱ. 행정대집행 과정에서 대집행계고시 대집행할 행위의 내용 및 범위는 반드시 대집행계고서에 의해서만 특정되어야 하는 것은 아니며 전후 문서를 통해서 알 수 있을 정도면 족하다.
ㄴ. 행정대집행의 대상인 대체적 작위의무는 구체적인 행정처분에 의한 의무를 말하는 것이지 법률의 위임을 받은 조례에 의해 직접 부과된 경우에는 대집행의 대상이 될 수 없다.
ㄷ. 관계 법령에 위반하여 장례식장 영업을 하고 있는 자에 대한 장례식장 사용중지의무는 행정대집행의 대상이 된다.
ㄹ. 대집행의 계고는 대집행의 의무적 절차의 하나지만 일정한 경우에는 생략할 수 있고, 철거명령과 계고처분을 1장의 문서로 동시에 행할 수도 있다.

① ㄱ, ㄴ
② ㄴ, ㄷ
③ ㄱ, ㄹ
④ ㄷ, ㄹ

해설

ㄱ. (O) 대집행의 내용과 범위는 반드시 계고서에 의해서만 특정될 필요는 없고, 전후 문서를 통해 상대방이 알 수 있으면 족하다(대판 1996.10.11., 96누8086).
ㄴ. (×) 대집행의 대상이 되는 대체적 작위의무는 법규에 의해 부과된 의무나 처분에 의해 부과된 의무가 모두 포함된다. 따라서 조례에 의해 부과된 의무도 대집행의 대상이다.
ㄷ. (×) 행정대집행은 대체적 작위의무불이행에 한하여 가능한 강제집행이다. 장례식장 사용중지의무는 부작위의무로서 행정대집행 대상이 되지 않는다(대판 2005.9.28., 2005두7464).
ㄹ. (빈출) (O) 계고서라는 명칭의 1장의 문서로서 일정기간 내에 위법건축물의 자진철거를 명함과 동시에 그 소정기한 내에 자진철거를 하지 아니할 때에는 대집행할 뜻을 미리 계고한 경우라도 「건축법」에 의한 철거명령과 「행정대집행법」에 의한 계고처분은 독립하여 있는 것으로서 각 그 요건이 충족되었다고 볼 것이다(대판 1992.6.12., 91누13564).

정답 | ③

651 〈필수〉

「행정대집행법」상 행정대집행에 대한 설명으로 옳은 것은? (다툼이 있는 경우 판례에 의함)

① 대집행계고시 대집행할 행위의 내용 및 범위는 반드시 대집행계고서에 의해서만 특정되어야 하는 것은 아니다.
② 관계 법령에 위반하여 장례식장 영업을 하고 있는 자에 대한 장례식장 사용중지의무는 대집행의 대상이 된다.
③ 대체적 작위의무가 법률의 위임을 받은 조례에 의해 직접 부과된 경우에는 대집행의 대상이 되지 아니한다.
④ 대집행의 계고는 대집행의 의무적 절차의 하나이므로 생략할 수 없지만, 철거명령과 계고처분을 1장의 문서로 동시에 행할 수는 있다.

651	1 2 3
기출처	2020 국가직 7급
난이도	★
키워드	행정상 강제집행

관련기출 옳은지문
- 건물의 용도에 위반되어 장례식장으로 사용하는 것을 중지할 것을 명한 경우, 이 중지의무는 대집행의 대상이 아니다. 18서울시9급

해설

① 빈출 (○) 대집행계고시 대집행할 행위의 내용과 범위는 반드시 대집행계고서에 의해서만 특정되어야 하는 것은 아니다.

> 행정청이 「행정대집행법」 제3조 제1항에 의한 대집행계고를 함에 있어서는 의무자가 스스로 이행하지 아니하는 경우에 대집행할 행위의 내용 및 범위가 구체적으로 특정되어야 하나, 그 행위의 내용 및 범위는 반드시 대집행계고서에 의하여서만 특정되어야 하는 것이 아니고, 계고처분 전후에 송달된 문서나 기타 사정을 종합하여 행위의 내용이 특정되거나 실제 건물의 위치, 구조, 평수 등을 계고서의 표시와 대조·검토하여 대집행의무자가 그 이행의무의 범위를 알 수 있을 정도로 하면 족하다(대판 1996.10.11., 96누8086).

② (×) 행정대집행은 대체적 작위의무의 불이행에 한하여 가능한 강제집행이다. 장례식장 사용중지의무는 비대체적 부작위의무이므로 대집행의 대상이 되지 않는다.

> 장례식장으로 사용하는 것이 관계 법령에 위반한 것이라는 이유로 장례식장의 사용을 중지할 것과 이를 불이행할 경우 「행정대집행법」에 의하여 대집행하겠다는 내용의 이 사건 처분은, 이 사건 처분에 따른 '장례식장 사용중지의무'가 원고 이외의 '타인이 대신'할 수도 없고, 타인이 대신하여 '행할 수 있는 행위'라고도 할 수 없는 비대체적 부작위의무에 대한 것이므로, 그 자체로 위법함이 명백하다(대판 2005.9.28., 2005두7464).

③ (×) 대집행의 대상이 되는 대체적 작위의무는 법규하명이나 처분에 의한 하명을 불문한다. 따라서 조례상의 대체적 작위의무도 대집행의 대상이 된다.

④ 빈출 (×) 계고나 영장은 비상시에는 생략할 수 있다. 「건축법」상의 철거명령과 「행정대집행법」상의 계고처분을 1장의 문서로 할 수 있는지에 대해 대법원은 이를 긍정하는 입장이다.

> 계고서라는 명칭의 1장의 문서로서 일정기간 내에 위법건축물의 자진철거를 명함과 동시에 그 소정기한 내에 자진철거를 하지 아니할 때에는 대집행할 뜻을 미리 계고한 경우라도 「건축법」에 의한 철거명령과 「행정대집행법」에 의한 계고처분은 독립하여 있는 것으로서 각 그 요건이 충족되었다고 볼 것이다(대판 1992.6.12., 91누13564).

고득점 플러스+ 대집행의 절차와 관련된 법령

「행정대집행법」 제3조【대집행의 절차】① 전조의 규정에 의한 처분(이하 '대집행'이라 한다)을 하려함에 있어서는 상당한 이행기한을 정하여 그 기한까지 이행되지 아니할 때에는 대집행을 한다는 뜻을 미리 문서로써 계고하여야 한다. 이 경우 행정청은 상당한 이행기한을 정함에 있어 의무의 성질·내용 등을 고려하여 사회통념상 해당 의무를 이행하는 데 필요한 기간이 확보되도록 하여야 한다.
② 의무자가 전항의 계고를 받고 지정기한까지 그 의무를 이행하지 아니할 때에는 당해 행정청은 대집행영장으로써 대집행을 할 시기, 대집행을 시키기 위하여 파견하는 집행책임자의 성명과 대집행에 요하는 비용의 개산에 의한 견적액을 의무자에게 통지하여야 한다.
③ 비상시 또는 위험이 절박한 경우에 있어서 당해 행위의 급속한 실시를 요하여 전2항에 규정한 수속을 취할 여유가 없을 때에는 그 수속을 거치지 아니하고 대집행을 할 수 있다.

정답 | ①

652 필수

「행정대집행법」상 대집행에 대한 설명으로 가장 옳지 않은 것은?

① 계고서라는 명칭의 1장의 문서로서 일정기간 내에 위법건축물의 자진철거를 명함과 동시에 그 소정기한 내에 자진철거를 하지 아니할 때에는 대집행할 뜻을 미리 계고한 경우라도 「건축법」에 의한 철거명령과 「행정대집행법」에 의한 계고처분의 각 요건이 충족되었다고 볼 수 있다.

② 부작위의무 위반행위에 대하여 대체적 작위의무로 전환하는 규정을 두고 있지 아니하더라도 그 금지규정으로부터 그 위반결과의 시정을 명하는 원상복구명령을 할 수 있는 권한이 도출될 수 있다.

③ 명도의무는 대체적 작위의무라고 볼 수 없으므로 특별한 사정이 없는 한 「행정대집행법」에 의한 대집행의 대상이 될 수 없다.

④ 행정청이 대집행계고를 함에 있어서는 의무자가 스스로 이행하지 아니하는 경우에 대집행할 행위의 내용 및 범위가 구체적으로 특정되어야 하지만, 그 행위의 내용 및 범위는 반드시 대집행계고서에 의하여서만 특정되어야 하는 것은 아니다.

해설

② 빈출 (×) 부작위의무를 규정하고 있는 금지규정으로부터 이를 위반한 유형의 결과에 대한 시정명령권은 당연히 도출될 수 없다. 별도의 시정명령에 대한 별도의 규정이 있어야 한다.

> 단순한 부작위의무의 위반, 즉 관계 법령에 정하고 있는 절대적 금지나 허가를 유보한 상대적 금지를 위반한 경우에는 당해 법령에서 그 위반자에 대하여 위반에 의하여 생긴 유형적 결과의 시정을 명하는 행정처분의 권한을 인정하는 규정을 두고 있지 아니한 이상, 법치주의의 원리에 비추어 볼 때 위와 같은 부작위의무로부터 그 의무를 위반함으로써 생긴 결과를 시정하기 위한 작위의무를 당연히 끌어낼 수는 없으며, 또 위 금지규정(특히 허가를 유보한 상대적 금지규정)으로부터 작위의무, 즉 위반결과의 시정을 명하는 권한이 당연히 추론되는 것도 아니다(대판 1996.6.28., 96누4374).

정답 | ②

652
- 기출처: 2019 서울시 7급
- 난이도: ★★
- 키워드: 행정상 강제집행

관련기출 옳은지문

- 계고서라는 명칭의 1장의 문서로서 일정기간 내에 위법건축물의 자진철거를 명함과 동시에 그 소정기한 내에 자진철거를 하지 아니할 때에는 대집행할 뜻을 미리 계고한 경우라도 「건축법」에 의한 철거명령과 「행정대집행법」에 의한 계고처분은 독립하여 있는 것으로서 각 그 요건이 충족되었다고 볼 것이다. 24군무원9급

- 퇴거의무 및 점유인도의무의 불이행은 행정대집행의 대상이 되지 않는다. 18국가직9급

653 필수

행정대집행에 관한 판례의 입장으로 옳지 않은 것은?

① 「행정대집행법」상 대집행의 대상이 되는 대체적 작위의무로서, 이에는 공법상 의무뿐만 아니라 사법(私法)상의 의무가 당연히 포함한다.
② 위법한 건물의 공유자 1인에 대한 계고처분은 다른 공유자에 대하여는 그 효력이 없다.
③ 도심광장인 '서울광장'에서, 「행정대집행법」이 정한 계고 및 대집행영장에 의한 통지절차를 거치지 아니한 채 위 광장에 무단설치된 천막의 철거대집행을 행하는 공무원들에 대항하여 폭행·협박을 가하였더라도, 특수공무집행방해죄는 성립하지 않고 이를 이유로 처벌할 수 없다.
④ 계고처분에 기한 대집행의 실행이 이미 사실행위로서 완료되었다면, 계고처분이나 대집행의 실행행위 자체의 무효확인 또는 취소를 구할 법률상 이익은 없다.

653	1 2 3
기출처	예상문제
난이도	★★
키워드	행정상 강제집행

관련기출 옳은지문
- 대집행의 실행이 완료된 경우에는 행위가 위법한 것이라는 이유로 손해배상이나 원상회복 등을 청구하는 것은 별론으로 하고 처분의 취소를 구할 법률상 이익은 없다.

24군무원9급

해설

① (×) 「행정대집행법」상 대집행의 대상이 되는 대체적 작위의무는 공법상 의무이어야 할 것인데, 구 「공공용지의 취득 및 손실보상에 관한 특례법」(2002.2.4. 법률 제6656호 「공익사업을 위한 토지 등의 취득 및 보상에 관한 법률 부칙」 제2조로 폐지)에 따른 토지 등의 협의취득은 … 이러한 철거의무는 공법상의 의무가 될 수 없고, 이 경우에도 「행정대집행법」을 준용하여 대집행을 허용하는 별도의 규정이 없는 한 위와 같은 철거의무는 「행정대집행법」에 의한 대집행의 대상이 되지 않는다(대판 2006.10.13., 2006두7096).
② (○) 대판 1994.10.28., 94누5144
③ (○) 원칙적으로 계고나 영장 없이 이루어진 철거 실행은 위법이며, 이에 항거한다고 해도 공무집행방해죄가 성립하지 않는다.

> 도심광장으로서 '서울특별시 서울광장의 사용 및 관리에 관한 조례'에 의하여 관리되고 있는 '서울광장'에서, 서울시청 및 중구청 공무원들이 「행정대집행법」이 정한 계고 및 대집행영장에 의한 통지절차를 거치지 아니한 채 … 위 철거대집행은 구체적 직무집행에 관한 법률상 요건과 방식을 갖추지 못한 것으로서 적법성이 결여되었고 따라서 피고인들이 위 공무원들에 대항하여 폭행·협박을 가하였더라도 특수공무집행방해죄는 성립되지 않는다는 이유로, 같은 취지에서 피고인들에 대해 무죄를 선고한 원심판단을 수긍한 사례(대판 2010.11.11., 2009도11523)

④ (○) 계고처분에 기한 대집행의 실행이 이미 사실행위로서 완료되었다면, 계고처분이나 대집행의 실행행위 자체의 무효확인 또는 취소를 구할 법률상 이익은 없다(대판 1995.7.28., 95누2623).

정답 | ①

654	
기출처	2024 국가직 9급
난이도	★★★
키워드	행정상 강제집행

654
다음 사례에 대한 설명으로 옳은 것만을 모두 고르면?

> A시는 관광지개발사업을 시행하기 위하여 「공익사업을 위한 토지 등의 취득 및 보상에 관한 법률」의 절차에 따라 甲 소유 토지 및 건물을 포함하고 있는 지역 일대의 토지 및 건물들을 수용하였다. A시 시장은 甲에게 적법하게 토지의 인도와 건물의 철거 및 퇴거를 명하였으나 甲이 건물을 점유한 채 그 의무를 이행하지 않고 있다.

ㄱ. A시 시장의 토지인도명령에 대해 甲이 이를 불이행하더라도 그 불이행에 대해서 A시 시장은 행정대집행을 할 수 없다.

ㄴ. 甲이 위 건물철거의무를 이행하지 않을 경우, A시 시장은 행정대집행의 방법으로 건물의 철거 등 대체적 작위의무의 이행을 실현할 수 있는 경우에는 따로 민사소송의 방법으로 그 의무의 이행을 구할 수 없다.

ㄷ. 甲이 토지 인도의무를 이행하지 않을 경우, 甲의 토지 인도의무는 공법상 의무에 해당하므로 그 권리에 끼칠 현저한 손해를 피하기 위한 경우라 하더라도 A시 시장이 그 권리를 피보전권리로 하는 민사상 명도단행가처분을 구할 수는 없다.

ㄹ. 甲이 위력을 행사하여 적법한 행정대집행을 방해하는 경우 대집행 행정청은 필요한 경우에는 「경찰관 직무집행법」에 근거한 위험발생 방지조치 또는 「형법」상 공무집행방해죄의 범행방지 내지 현행범체포의 차원에서 경찰의 도움을 받을 수 있다.

① ㄱ, ㄷ ② ㄴ, ㄹ
③ ㄱ, ㄴ, ㄹ ④ ㄴ, ㄷ, ㄹ

해설

ㄱ. **빈출** (○) 피수용자 등이 기업자에 대하여 부담하는 수용대상 토지의 인도의무에 관한 구 「토지수용법」(2002.2.4. 법률 제6656호 「공익사업을 위한 토지 등의 취득 및 보상에 관한 법률」 부칙 제2조로 폐지) 제63조, 제64조, 제77조 규정에서의 '인도'에는 명도도 포함되는 것으로 보아야 하고, 이러한 명도의무는 그것을 강제적으로 실현하면서 직접적인 실력행사가 필요한 것이지 대체적 작위의무라고 볼 수 없으므로 특별한 사정이 없는 한 「행정대집행법」에 의한 대집행의 대상이 될 수 있는 것이 아니다(대판 2005.8.19., 2004다2809).

ㄴ. **빈출** (○) 관계 법령상 행정대집행의 절차가 인정되어 행정청이 행정대집행의 방법으로 건물의 철거 등 대체적 작위의무의 이행을 실현할 수 있는 경우에는 따로 민사소송의 방법으로 그 의무의 이행을 구할 수 없다(대판 2017.4.28., 2016다213916).

ㄷ. (×) 구 토지수용법(2002.2.4. 법률 제6656호 「공익사업을 위한 토지 등의 취득 및 보상에 관한 법률」 부칙 제2조로 폐지) 제63조의 규정에 따라 피수용자 등이 기업자에 대하여 부담하는 수용대상 토지의 인도 또는 그 지장물의 명도의무 등이 비록 공법상의 법률관계라고 하더라도, 그 권리를 피보전권리로 하는 명도단행가처분은 그 권리에 끼칠 현저한 손해를 피하거나 급박한 위험을 방지하기 위하여 또는 그 밖의 필요한 이유가 있을 경우에는 허용될 수 있다(대판 2005.8.19., 2004다2809).

ㄹ. **빈출** (○) 행정청이 행정대집행의 방법으로 건물철거의무의 이행을 실현할 수 있는 경우에는 건물철거 대집행 과정에서 부수적으로 건물의 점유자들에 대한 퇴거조치를 할 수 있고, 점유자들이 적법한 행정대집행을 위력을 행사하여 방해하는 경우 「형법」상 공무집행방해죄가 성립하므로, 필요한 경우에는 「경찰관 직무집행법」에 근거한 위험발생 방지조치 또는 「형법」상 공무집행방해죄의 범행방지 내지 현행범체포의 차원에서 경찰의 도움을 받을 수도 있다(대판 2017.4.28., 2016다213916).

정답 | ③

655 필수

행정대집행에 대한 설명으로 옳지 않은 것은? (다툼이 있는 경우 판례에 의함)

① 행정대집행은 「행정기본법」상 행정상 강제에 해당한다.
② 대집행에 요한 비용은 「국세징수법」의 예에 의하여 징수할 수 있다.
③ 「행정대집행법」상 대집행의 대상이 되는 대체적 작위의무는 공법상 의무이어야 한다.
④ 대집행에 요한 비용에 대하여서는 행정청은 사무비의 소속에 따라 국세와 동일한 순위의 선취득권을 가지며, 대집행에 요한 비용을 징수하였을 때에는 그 징수금은 국고의 수입으로 한다.

655	
기출처	2023 국가직 9급
난이도	★★
키워드	행정상 강제집행

해설

① (O) 행정대집행은 행정상 강제에 해당한다(「행정기본법」 제30조 제1호 참고).
② (O) 「행정대집행법」 제6조 제1항
③ (O) 「행정대집행법」상 대집행의 대상이 되는 대체적 작위의무는 공법상 의무이어야 할 것인데, 구 「공공용지의 취득 및 손실보상에 관한 특례법」(2002.2.4. 법률 제6656호 공익사업을 위한 토지 등의 취득 및 보상에 관한 법률 부칙 제2조로 폐지)에 따른 토지 등의 협의취득은 공공사업에 필요한 토지 등을 그 소유자와의 협의에 의하여 취득하는 것으로서 공공기관이 사경제주체로서 행하는 사법상 매매 내지 사법상 계약의 실질을 가지는 것이므로, 「행정대집행법」에 의한 대집행의 대상이 되지 않는다(대판 2006.10.13., 2006두7096).
④ (×) 대집행에 요한 비용의 징수는 국세와 동일한 순위가 아니고 국세 다음의 순위권을 취득한다.

> 「행정대집행법」 제6조 【비용징수】 ① 대집행에 요한 비용은 「국세징수법」의 예에 의하여 징수할 수 있다.
> ② 대집행에 요한 비용에 대하여서는 행정청은 사무비의 소속에 따라 국세에 다음가는 순위의 선취득권을 가진다.

정답 | ④

관련기출 옳은지문

- 대집행에 요한 비용의 징수에 있어서는 실제에 요한 비용액과 그 납기일을 정하여 의무자에게 문서로써 그 납부를 명하여야 한다.

23국회직9급

656

행정의 실효성 확보수단에 대한 설명으로 옳지 않은 것은? (다툼이 있는 경우 판례에 의함)

① 이행강제금은 행정법상의 부작위의무 또는 비대체적 작위의무를 이행하지 않은 경우에 '일정한 기한까지 의무를 이행하지 않을 때에는 일정한 금전적 부담을 과할 뜻'을 미리 '계고'함으로써 의무자에게 심리적 압박을 주어 장래를 향하여 의무의 이행을 확보하려는 직접적인 행정상 강제집행 수단이다.

② 「건축법」상 이행강제금은 시정명령의 불이행이라는 과거의 위반행위에 대한 제재가 아니다.

③ 구 「공공용지의 취득 및 손실보상에 관한 특례법」에 따른 토지 등의 협의취득에 매매대상 건물에 대한 철거의무를 부담하겠다는 취지의 약정을 하였다고 하더라도 이러한 철거의무는 「행정대집행법」을 준용하여 대집행을 허용하는 별도의 규정이 없는 「행정대집행법」에 의한 대집행의 대상이 되지 않는다.

④ 구 대한주택공사(현 한국토지주택공사)가 법령에 의하여 대집행권한을 위탁받아 공무인 대집행을 실시하기 위하여 지출한 비용을 「행정대집행법」 절차에 따라 「국세징수법」의 예에 의하여 징수할 수 있다.

해설

① (×) 이행강제금은 행정법상의 부작위의무 또는 비대체적 작위의무를 이행하지 않은 경우에 '일정한 기한까지 의무를 이행하지 않을 때에는 일정한 금전적 부담을 과할 뜻'을 미리 '계고'함으로써 의무자에게 심리적 압박을 주어 장래를 향하여 의무의 이행을 확보하려는 간접적인 행정상 강제집행 수단이고, 노동위원회가 「근로기준법」 제33조에 따라 이행강제금을 부과하는 경우 그 30일 전까지 하여야 하는 이행강제금 부과 예고는 이러한 '계고'에 해당한다(대판 2015.6.24., 2011두2170).

② (○) 구 「건축법」상 이행강제금은 시정명령의 불이행이라는 과거의 위반행위에 대한 제재가 아니라, 시정명령을 이행하지 않고 있는 건축주·공사시공자·현장관리인·소유자·관리자 또는 점유자(이하 '건축주 등'이라 한다)에 대하여 다시 상당한 이행기한을 부여하고 기한 안에 시정명령을 이행하지 않으면 이행강제금이 부과된다는 사실을 고지함으로써 의무자에게 심리적 압박을 주어 시정명령에 따른 의무의 이행을 간접적으로 강제하는 행정상의 간접강제 수단에 해당한다(대판 2016.7.14., 2015두46598).

③ (○) 「행정대집행법」상 대집행의 대상이 되는 대체적 작위의무는 공법상 의무이어야 할 것인데, 구 「공공용지의 취득 및 손실보상에 관한 특례법」(2002.2.4. 법률 제6656호 「공익사업을 위한 토지 등의 취득 및 보상에 관한 법률」 부칙 제2조로 폐지)에 따른 토지 등의 협의취득은 공공사업에 필요한 토지 등을 그 소유자와의 협의에 의하여 취득하는 것으로서 공공기관이 사경제주체로서 행하는 사법상 매매 내지 사법상 계약의 실질을 가지는 것이므로, 그 협의취득시 건물소유자가 매매대상 건물에 대한 철거의무를 부담하겠다는 취지의 약정을 하였다고 하더라도 이러한 철거의무는 공법상의 의무가 될 수 없고, 이 경우에도 「행정대집행법」을 준용하여 대집행을 허용하는 별도의 규정이 없는 한 위와 같은 철거의무는 「행정대집행법」에 의한 대집행의 대상이 되지 않는다(대판 2006.10.13., 2006두7096).

④ (○) 대한주택공사(현 한국토지주택공사)가 법령에 의하여 대집행권한을 위탁받아 공무인 대집행을 실시하기 위하여 지출한 비용을 「행정대집행법」 절차에 따라 「국세징수법」의 예에 의하여 징수할 수 있다(대판 2011.9.8., 2010다48240).

정답 | ①

657 필수

이행강제금에 대한 설명으로 옳지 않은 것은? (다툼이 있는 경우 판례에 의함)

① 이행강제금은 대체적 작위의무의 위반에 대하여도 부과될 수 있다.
② 이미 사망한 사람에게 「건축법」상의 이행강제금을 부과하는 내용의 처분이나 결정은 당연무효이다.
③ 「부동산 실권리자명의 등기에 관한 법률」상 장기미등기자가 이행강제금 부과 전에 등기신청의무를 이행하였더라도 동법에 규정된 기간이 지나서 등기신청의무를 이행하였다면 이행강제금을 부과할 수 있다.
④ 「건축법」상 위법건축물에 대한 이행강제수단으로 대집행과 이행강제금이 인정되고 있는데, 행정청은 개별사건에 있어서 위반내용, 위반자의 시정의지 등을 감안하여 대집행과 이행강제금을 선택적으로 활용할 수 있다.

해설

① (○) 이행강제금은 대체적 작위의무에도 가능하다. 대체적 작위의무에 행정대집행과 이행강제금은 선택적으로 활용할 수 있어 이를 두고 중복적 강제라고 할 수 없다(헌재 2004.2.26., 2001헌바80).
② (○) 이행강제금은 일신전속적 성질이라서 사망한 경우에 대한 부과는 무효에 해당한다(대결 2006.12.8., 2006마470).
③ (×) 의무이행기간이 경과된 이후에 의무를 이행한 경우에는 이행강제금을 부과할 수 없다.

> 장기미등기자가 이행강제금 부과 전에 등기신청의무를 이행하였다면 이행강제금의 부과로써 이행을 확보하고자 하는 목적은 이미 실현된 것이므로 부동산실명법 제6조 제2항에 규정된 기간이 지나서 등기신청의무를 이행한 경우라 하더라도 이행강제금을 부과할 수 없다고 보아야 한다(대판 2016.6.23., 2015두36454).

④ 빈출 (○) 헌재 2004.2.26., 2001헌바80

정답 | ③

---

657 기출정보

- 기출처: 2021 지방직 9급
- 난이도: ★★
- 키워드: 행정상 강제집행

관련기출 옳은지문

- 이행강제금은 부작위의무나 비대체적 작위의무에 대한 강제집행수단으로 이해되어 왔으나 이행강제금은 대체적 작위의무의 위반에 대하여도 부과될 수 있다. 23국회직9급

- 이행강제금 납부의무는 상속인 기타의 사람에게 승계될 수 없는 일신전속적인 성질의 것이므로 이미 사망한 사람에게 이행강제금을 부과하는 내용의 처분이나 결정은 당연무효이다. 23국가직7급

- 「부동산 실권리자명의 등기에 관한 법률」상 장기미등기자가 이행강제금 부과 전에 등기신청의무를 이행하였다면 이행강제금의 부과로써 이행을 확보하고자 하는 목적은 이미 실현된 것이므로 이 법상 규정된 기간이 지나서 등기신청의무를 이행한 경우라 하더라도 이행강제금을 부과할 수 없다. 20군무원9급

658 〈필수〉

행정의 실효성 확보수단에 관한 설명으로 옳지 않은 것은? (다툼이 있는 경우 판례에 의함)

① 구 「여객자동차 운수사업법」상 과징금 부과처분은 원칙적으로 위반자의 고의·과실을 요하지 않는다.
② 대집행과 이행강제금 중 어떠한 강제수단을 선택할 것인지에 대하여 행정청의 재량이 인정된다.
③ 허가 없이 신축·증축한 불법건축물의 철거의무를 대집행하기 위한 계고처분 요건의 주장·입증책임은 처분 행정청에 있다.
④ 이행강제금은 형벌과 병과할 수 없다.

해설

① (O) 제재적 처분인 과징금은 원칙적으로 고의나 과실을 요하지 않는다.

> 구 「여객자동차 운수사업법」 제88조 제1항의 과징금 부과처분은 제재적 행정처분으로서 행정목적의 달성을 위하여 행정법규 위반이라는 객관적 사실에 착안하여 가하는 제재 법령상 책임자로 규정된 자에게 부과되고 원칙적으로 위반자의 고의·과실을 요하지 아니하나, 위반자의 의무 해태를 탓할 수 없는 정당한 사유가 있는 등의 특별한 사정이 있는 경우에는 이를 부과할 수 없다(대판 2014.10.15., 2013두5005).

② (O) 「건축법」 위반에 대해 행정대집행과 이행강제금은 선택적 활용의 관계이다.

> 현행법상 위법건축물에 대한 이행강제수단으로 대집행과 이행강제금이 인정되고 있는데, 양 제도는 각각의 장·단점이 있으므로 행정청은 개별사건에 있어서 위반내용, 위반자의 시정의지 등을 감안하여 대집행과 이행강제금을 선택적으로 활용할 수 있으며, 이처럼 그 합리적인 재량에 의해 선택하여 활용하는 이상 중첩적인 제재에 해당한다고 볼 수 없다(헌재 2004.2.26., 2001헌바80).

③ (O) 행정대집행의 요건충족 여부에 대한 주장과 입증책임은 행정청에게 주어져 있다.

> 「건축법」에 위반하여 건축한 것이어서 철거의무가 있는 건물이라 하더라도 그 철거의무를 대집행하기 위한 계고처분을 하려면 다른 방법으로는 이행의 확보가 어렵고 불이행을 방치함이 심히공익을 해하는 것으로 인정될 때에 한하여 허용되고 이러한 요건의 주장·입증책임은 처분 행정청에 있다(대판 1996.10.11., 96누8086).

④ (×) 이행강제금은 행정강제에 해당되고, 형벌은 제재에 해당되어 양자가 추구하는 보호법익이나 목적, 성질에 차이가 있어 병과할 수 있다는 것이 대법원의 입장이다.

> 개발제한구역 내의 건축물에 대하여 허가를 받지 않고 한 용도변경행위에 대한 형사처벌과 「건축법」 제83조 제1항에 의한 시정명령 위반에 대한 이행강제금의 부과는 그 처벌 내지 제재대상이 되는 기본적 사실관계로서의 행위를 달리하며, 또한 그 보호법익과 목적에서도 차이가 있으므로 이중처벌에 해당한다고 할 수 없다(대결 2005.8.19., 2005마30).

정답 | ④

659
이행강제금에 대한 설명으로 옳지 않은 것은? (다툼이 있는 경우 판례에 의함)

① 「행정기본법」은 이행강제금의 일반적 규정으로 기능한다.
② 이행강제금은 행정상 간접적인 강제집행 수단의 하나로서, 과거의 일정한 법률위반행위에 대한 제재인 형벌이 아니라 장래의 의무이행 확보를 위한 강제수단일 뿐 형벌권으로서의 과벌에 해당하지 아니한다.
③ 「건축법」에 의한 형사처벌과 이에 따른 이행강제금이 부과되는 행위는 기초적 사실관계가 동일한 행위로서 이를 병과하는 경우에는 이중처벌금지원칙에 반하게 된다.
④ 이행강제금 부과의 근거가 되는 법률에는 이행강제금에 관한 부과 금액 산정기준과 연간 부과 횟수나 횟수의 상한 등의 사항을 명확하게 규정하여야 한다.

659	
기출처	예상문제
난이도	★★
키워드	행정상 강제집행

관련기출 옳은지문
- 이행강제금은 과거의 일정한 법률위반 행위에 대한 제재로서의 형벌이 아니라 장래의 의무이행의 확보를 위한 강제수단일 뿐이어서 이중처벌금지의 원칙이 적용될 여지가 없다. 23국회직9급

해설

① (O) 「행정기본법」 제30조와 제31조에 이행강제금의 규정을 두고 있고, 이는 이행강제금에 관한 일반적 규정으로 기능한다.
② 빈출 (O) 이행강제금은 행정상 간접적인 강제집행 수단의 하나로서 과거의 일정한 법률위반행위에 대한 제재로서의 형벌이 아니라 장래의 의무이행의 확보를 위한 강제수단일 뿐이어서 범죄에 대하여 국가가 형벌권을 실행한다고 하는 과벌에 해당하지 아니하므로 헌법 제13조 제1항이 금지하는 이중처벌금지의 원칙이 적용될 여지가 없다(헌재 2011.10.25., 2009헌바140).
③ (×) 「건축법」 제108조, 제110조에 의한 형사처벌의 대상이 되는 행위와 이 사건 법률조항에 따라 이행강제금이 부과되는 행위는 기초적 사실관계가 동일한 행위가 아니라 할 것이므로 이런 점에서도 이 사건 법률조항이 헌법 제13조 제1항의 이중처벌금지의 원칙에 위반되지 아니한다(헌재 2011.10.25., 2009헌바140).
④ (O) 「행정기본법」 제31조 제1항

정답 | ③

660 〈필수〉

「행정대집행법」상 대집행과 이행강제금에 대한 甲과 乙의 대화 중 乙의 답변이 옳지 <u>않은</u> 것은? (다툼이 있는 경우 판례에 의함)

① 甲: 행정대집행의 절차가 인정되는 경우에도 행정청이 민사상 강제집행수단을 이용할 수 있나요?
   乙: 행정대집행의 절차가 인정되어 실현할 수 있는 경우에는 따로 민사소송의 방법을 이용할 수 없습니다.

② 甲: 대집행의 적용대상은 무엇인가요?
   乙: 대집행은 공법상 대체적 작위의무의 불이행이 있는 경우에 행할 수 있습니다.

③ 甲: 행정청은 대집행의 대상이 될 수 있는 것에 대하여 이행강제금을 부과할 수도 있나요?
   乙: 행정청은 개별사건에 있어서 위법건축물에 대하여 대집행과 이행강제금을 선택적으로 활용할 수 있습니다.

④ 甲: 만약 이행강제금을 부과받은 사람이 사망하였다면 이행강제금의 납부의무는 상속인에게 승계되나요?
   乙: 이행강제금의 납부의무는 상속의 대상이 되므로, 상속인이 납부의무를 승계합니다.

해설

④ **빈출** (×) 구 「건축법」(2005.11.8. 법률 제7696호로 개정되기 전의 것)상의 이행강제금은 구 「건축법」의 위반행위에 대하여 시정명령을 받은 후 시정기간 내에 당해 시정명령을 이행하지 아니한 건축주 등에 대하여 부과되는 간접강제의 일종으로서 그 <u>이행강제금 납부의무는 상속인 기타의 사람에게 승계될 수 없는 일신전속적인 성질의 것이므로 이미 사망한 사람에게 이행강제금을 부과하는 내용의 처분이나 결정은 당연무효이고, 이행강제금을 부과받은 사람의 이의에 의하여 「비송사건절차법」에 의한 재판절차가 개시된 후에 그 이의한 사람이 사망한 때에는 사건 자체가 목적을 잃고 절차가 종료한다</u>(대결 2006.12.8., 2006마470).

정답 | ④

기출처: 2021 국가직 9급
난이도: ★★
키워드: 행정상 강제집행

관련기출 옳은지문

· 「건축법」상의 이행강제금 납부의무는 상속인 기타의 사람에게 승계될 수 없는 일신전속적인 성질의 것이다.
  23국회직9급

· 이행강제금은 대체적 작위의무의 위반에 대하여도 부과될 수 있으며, 「건축법」상 위법건축물에 대한 이행강제수단으로 행정대집행과 이행강제금을 합리적인 재량에 의해 선택적으로 활용하는 이상 이는 중첩적인 제재에 해당하지 않는다.
  23국가직7급

661

행정의 실효성 확보수단에 대한 설명으로 옳은 것만을 모두 고른 것은? (다툼이 있는 경우 판례에 의함)

> ㄱ. 위반 결과의 시정을 명하는 권한은 금지규정으로부터 당연히 추론되는 것은 아니다.
> ㄴ. 양벌규정에 의해 영업주를 처벌하는 경우, 금지위반행위자인 종업원을 처벌할 수 없는 경우에도 영업주만 따로 처벌할 수 있다.
> ㄷ. 「농지법」상 이행강제금 부과처분은 행정소송의 대상이다.
> ㄹ. 행정상 의무위반행위자에 대하여 과징금을 부과하기 위해서는 원칙적으로 위반자의 고의 또는 과실이 있어야 한다.

① ㄱ
② ㄱ, ㄴ
③ ㄷ, ㄹ
④ ㄱ, ㄴ, ㄷ, ㄹ

기출처: 2021 국가직 7급
난이도: ★★
키워드: 행정상 강제집행

해설

ㄱ. (○) 부작위(금지)규정이 부작위를 위반한 행위의 시정을 명할 수 있는 근거 규정으로 작용할 수 없다. 시정명령을 행하기 위해서는 별도의 법적 근거가 있어야 한다.

> 단순한 부작위의무의 위반, 즉 관계 법령에 정하고 있는 절대적 금지나 허가를 유보한 상대적 금지를 위반한 경우에는 당해 법령에서 그 위반자에 대하여 위반에 의하여 생긴 유형적 결과의 시정을 명하는 행정처분의 권한을 인정하는 규정(예컨대, 「건축법」 제69조, 「도로법」 제74조, 「하천법」 제67조, 「도시공원법」 제20조, 옥외광고물법 제10조 등)을 두고 있지 아니한 이상, 법치주의의 원리에 비추어 볼 때 위와 같은 부작위의무로부터 그 의무를 위반함으로써 생긴 결과를 시정하기 위한 작위의무를 당연히 끌어낼 수는 없으며, 또 위 금지규정(특히 허가를 유보한 상대적 금지규정)으로부터 작위의무, 즉 위반결과의 시정을 명하는 권한이 당연히 추론되는 것도 아니다(대판 1996.6.28., 96누4374).

ㄴ. (○) 종업원의 행위에 대한 영업주의 처벌은 종업원을 대신하는 것이 아니라 종업원의 관리 등의 과실을 물어 처벌하는 자기책임원칙이다. 영업주의 처벌은 종업원의 처벌을 전제로 하지 않으므로 종업원이 처벌을 받지 않아도 가능하다.

> 양벌규정에 의한 영업주의 처벌은 금지위반행위자인 종업원의 처벌에 종속하는 것이 아니라 독립하여 그 자신의 종업원에 대한 선임감독상의 과실로 인하여 처벌되는 것이므로 종업원의 범죄성립이나 처벌이 영업주 처벌의 전제조건이 될 필요는 없다(대판 2006.2.24., 2005도7673).

ㄷ. (×) 「농지법」상 이행강제금은 「비송사건절차법」에 의한 불복절차를 별도로 규정하고 있어 항고소송 대상인 처분이 아니다.

> 「농지법」 제62조 제1항에 따른 이행강제금 부과처분에 불복하는 경우에는 「비송사건절차법」에 따른 재판절차가 적용되어야 하고, 「행정소송법」상 항고소송의 대상은 될 수 없다(대판 2019.4.11., 2018두42955).

ㄹ. (×) 과징금 등의 제재적 처분은 원칙적으로 고의나 과실을 고려하지 않고 객관적 사실을 토대로 이루어진다.

> 과징금 부과처분은 제재적 행정처분으로서 여객자동차 운수사업에 관한 질서를 확립하고 여객의 원활한 운송과 여객자동차 운수사업의 종합적인 발달을 도모하여 공공복리를 증진한다는 행정목적의 달성을 위하여 행정법규 위반이라는 객관적 사실에 착안하여 가하는 제재이므로 반드시 현실적인 행위자가 아니라도 법령상 책임자로 규정된 자에게 부과되고 원칙적으로 위반자의 고의·과실을 요하지 아니하나, 위반자의 의무 해태를 탓할 수 없는 정당한 사유가 있는 등의 특별한 사정이 있는 경우에는 이를 부과할 수 없다(대판 2014.10.15., 2013두5005).

정답 | ②

662 〈필수〉

이행강제금에 대한 설명으로 옳지 않은 것은?

① 「건축법」상 이행강제금은 시정명령의 불이행이라는 과거의 위반행위에 대한 제재이다.
② 행정청은 이행강제금을 부과받은 자가 납부기한까지 이행강제금을 내지 아니하면 국세강제징수의 예 또는 「지방행정제재·부과금의 징수 등에 관한 법률」에 따라 징수한다.
③ 처분의 근거 법령에 의하면 「비송사건절차법」에 따라 이행강제금 부과처분에 불복하도록 규정하고 있었지만, 관할청이 이행강제금 부과처분을 하면서 재결청에 행정심판을 청구하거나 관할 행정법원에 행정소송을 할 수 있다고 잘못 안내한 경우라도 이행강제금 부과처분에 대해 행정법원에 항고소송을 제기할 수 없다.
④ 「건축법」상 이행강제금을 부과받은 사람이 이행강제금사건의 제1심결정 후 항고심결정이 있기 전에 사망한 경우, 항고심결정은 당연무효이고, 이미 사망한 사람의 이름으로 제기된 재항고는 보정할 수 없는 흠결이 있는 것으로서 부적법하다.

해설

① **빈출** (×) 「건축법」상의 이행강제금은 시정명령의 불이행이라는 과거의 위반행위에 대한 제재가 아니라, 의무자에게 시정명령을 받은 의무의 이행을 명하고 그 이행기간 안에 의무를 이행하지 않으면 이행강제금이 부과된다는 사실을 고지함으로써 의무자에게 심리적 압박을 주어 의무의 이행을 간접적으로 강제하는 행정상의 간접강제수단에 해당한다(대판 2018.1.25., 2015두35116).
② (○) 「행정기본법」 제31조 제6항
③ (○) 「농지법」은 농지 처분명령에 대한 이행강제금 부과처분에 불복하는 자가 그 처분을 고지받은 날부터 30일 이내에 부과권자에게 이의를 제기할 수 있고, 이의를 받은 부과권자는 지체 없이 관할 법원에 그 사실을 통보하여야 하며, 그 통보를 받은 관할 법원은 「비송사건절차법」에 따른 과태료 재판에 준하여 재판을 하도록 정하고 있다(제62조 제1항·제6항·제7항). … 설령 관할청이 이행강제금 부과처분을 하면서 재결청에 행정심판을 청구하거나 관할 행정법원에 행정소송을 할 수 있다고 잘못 안내하거나 관할 행정심판위원회가 각하재결이 아닌 기각재결을 하면서 관할 법원에 행정소송을 할 수 있다고 잘못 안내하였다고 하더라도, 그러한 잘못된 안내로 행정법원의 항고소송 재판관할이 생긴다고 볼 수도 없다(대판 2019.4.11., 2018두42955).
④ (○) 대결 2006.12.8., 2006마470

정답 | ①

관련기출 옳은지문

- 「행정기본법」에 따르면, 행정청은 이행강제금을 부과받은 자가 납부기한까지 이행강제금을 내지 아니하면 국세강제징수의 예 또는 「지방행정제재·부과금의 징수 등에 관한 법률」에 따라 징수한다. 24국가직7급

- 「건축법」상 이행강제금은 시정명령의 불이행이라는 과거의 위반행위에 대한 제재가 아니라 의무자에게 심리적 압박을 주어 시정명령에 따른 의무의 이행을 간접적으로 강제하는 행정상의 간접강제수단에 해당한다. 23국회직9급

663 필수

행정상 강제집행에 대한 설명으로 옳지 않은 것은? (다툼이 있는 경우 판례에 의함)

① 이행강제금은 의무자에게 심리적 압박을 주어 시정명령에 따른 시정명령의 불이행이라는 과거의 위반행위에 대한 과벌로서 금전적 제재에 해당한다.
② 행정청은 의무자가 행정상 의무를 이행할 때까지 이행강제금을 반복하여 부과할 수 있으나 의무자가 의무를 이행하면 새로운 이행강제금의 부과를 즉시 중지하되, 이미 부과한 이행강제금은 징수하여야 한다.
③ 한국자산관리공사의 공매통지는 공매의 절차적 요건에 해당되며 공매 사실 자체를 체납자에게 알려주는 것에 불과하여 행정처분에 해당한다고 할 수 없다.
④ 위법건축물에 대한 철거명령을 하고 이후에 계고처분을 한 경우에 반복된 제2차, 제3차의 후행 계고처분은 독립된 행정처분에 해당하지 아니한다.

기출처	예상문제
난이도	★★
키워드	행정상 강제집행

해설

① **빈출** (×) 이행강제금은 강제집행으로서 의무를 장래에 향해 이행시키고자 함이 목적이다. 과거의 의무위반에 대한 제재로서의 처벌이 아니다.

> 「건축법」상의 이행강제금은 시정명령의 불이행이라는 과거의 위반행위에 대한 제재가 아니라, 의무자에게 시정명령을 받은 의무의 이행을 명하고 그 이행기간 안에 의무를 이행하지 않으면 이행강제금이 부과된다는 사실을 고지함으로써 의무자에게 심리적 압박을 주어 의무의 이행을 간접적으로 강제하는 행정상의 간접강제수단에 해당한다(대판 2018.1.25., 2015두35116).

② (○) 이행강제금의 포인트는 반복부과이다. 의무를 이행하면 이행강제금은 중지되며 이미 부과된 이행강제금은 징수한다.

> 「행정기본법」 제31조【이행강제금의 부과】⑤ 행정청은 의무자가 행정상 의무를 이행할 때까지 이행강제금을 반복하여 부과할 수 있다. 다만, 의무자가 의무를 이행하면 새로운 이행강제금의 부과를 즉시 중지하되, 이미 부과한 이행강제금은 징수하여야 한다.

정답 | ①

664	
기출처	예상문제
난이도	★★★
키워드	행정상 강제집행

664 필수

이행강제금에 대한 설명으로 옳지 않은 것은? (다툼이 있는 경우 판례에 의함)

① 공무원들이 위법건축물임을 알지 못하여 공사 도중에 시정명령이 내려지지 않아 위법건축물이 완공되었다 하더라도, 공공복리의 증진이라는 위 목적의 달성을 위해서는 완공 후에라도 위법건축물임을 알게 된 이상 시정명령을 할 수 있고 이행강제금의 부과도 가능하다.

② 행정청은 의무자가 행정상 의무를 이행할 때까지 이행강제금을 반복하여 부과할 수 있고, 의무자가 의무를 이행하면 새로운 이행강제금의 부과를 즉시 중지하되, 이미 부과한 이행강제금은 징수하여야 한다.

③ 구 「건축법」상 이행강제금은 위반행위에 대하여 시정명령을 받은 후 시정기간 내에 당해 시정명령을 이행하지 아니한 건축주 등에 대하여 부과되는 간접강제로서, 이행강제금을 부과받은 자가 이를 납부하지 않고 사망한 경우에 납부의무는 대체가능한 의무로서 상속인 등에게 승계된다.

④ 위반 건축물이 개정 「건축법」 시행 이전에 건축된 것일지라도 행정청이 전부 개정된 「건축법」 시행 이후에 시정명령을 하고, 건축물의 소유자 등이 시정명령에 응하지 않은 경우에는 행정청은 현행 「건축법」에 따라 이행강제금을 부과할 수 있다.

해설

① (O) 위법한 건축물이 완공된 경우에도 시정명령과 이행강제금을 부과할 수 있다.

② (O) 이행강제금은 반복부과가 가능하지만 이행강제금을 부과하기 전에 의무를 이행하면 이행강제금의 부과는 즉시 중단된다. 단, 이 경우에도 이미 부과한 이행강제금은 징수한다.

③ 빈출 (X) 구 「건축법」(2005.11.8. 법률 제7696호로 개정되기 전의 것)상의 이행강제금은 구 「건축법」의 위반행위에 대하여 시정명령을 받은 후 시정기간 내에 당해 시정명령을 이행하지 아니한 건축주 등에 대하여 부과되는 간접강제의 일종으로서 그 이행강제금 납부의무는 상속인 기타의 사람에게 승계될 수 없는 일신전속적인 성질의 것이다(대결 2006.12.8., 2006마470).

④ (O) 위반 건축물이 개정 「건축법」 시행 이전에 건축된 것일지라도 행정청이 2008.3.21. 법률 제8941호로 전부 개정된 「건축법」(이하 '현행 「건축법」'이라 한다) 시행 이후에 시정명령을 하고, 건축물의 소유자 등이 시정명령에 응하지 않은 경우에는 행정청은 현행 「건축법」에 따라 이행강제금을 부과할 수 있다(대판 2012.3.29., 2011두27919).

정답 | ③

665

행정상 강제집행에 대한 설명으로 옳은 것만을 〈보기〉에서 모두 고르면? (다툼이 있는 경우 판례에 의함)

| 보기 |

ㄱ. 행정청은 개별사건에 있어서 위반내용, 위반자의 시정의지 등을 감안하여 대집행과 이행강제금을 선택적으로 활용할 수 있으며, 이처럼 그 합리적인 재량에 의해 선택하여 활용하는 이상 중첩적인 제재에 해당한다고 볼 수 없다.
ㄴ. 「국세징수법」상의 공매통지는 그 상대방인 체납자 등의 법적 지위나 권리·의무에 직접적인 영향을 주는 행정처분이므로 공매통지 자체를 취소소송의 대상으로 삼을 수 있다.
ㄷ. 행정청이 행정대집행을 할 수 있는 경우에도 필요하면 별도로 민사소송의 방법을 통하여 의무이행을 구할 수 있다.
ㄹ. 장기간 시정명령을 이행하지 아니하였더라도, 그 기간 중에는 시정명령의 이행 기회가 제공되지 아니하였다가 뒤늦게 시정명령의 이행 기회가 제공된 경우라면, 시정명령의 이행 기회 제공을 전제로 한 1회분의 이행강제금만을 부과할 수 있고, 시정명령의 이행 기회가 제공되지 아니한 과거의 기간에 대한 이행강제금까지 한꺼번에 부과할 수는 없으며 이를 위반하여 이루어진 이행강제금 부과처분은 무효이다.

① ㄱ, ㄴ
② ㄱ, ㄹ
③ ㄴ, ㄷ
④ ㄴ, ㄹ
⑤ ㄷ, ㄹ

665

기출처	2022 국회직 8급
난이도	★★★
키워드	행정상 강제집행

해설

ㄱ. (○) 헌재 2004.2.26., 2001헌바80
ㄴ. 빈출 (×) 공매통지 자체가 그 상대방인 체납자 등의 법적 지위나 권리·의무에 직접적인 영향을 주는 행정처분에 해당한다고 할 것은 아니므로 다른 특별한 사정이 없는 한 체납자 등은 공매통지의 결여나 위법을 들어 공매처분의 취소 등을 구할 수 있는 것이지 공매통지 자체를 항고소송의 대상으로 삼아 그 취소 등을 구할 수는 없다(대판 2011.3.24., 2010두25527).
ㄷ. 빈출 (×) 관계 법령상 행정대집행의 절차가 인정되어 행정청이 행정대집행의 방법으로 건물의 철거 등 대체적 작위의무의 이행을 실현할 수 있는 경우에는 따로 민사소송의 방법으로 그 의무의 이행을 구할 수 없다(대판 2017.4.28., 2016다213916).
ㄹ. (○) 대판 2016.7.14., 2015두46598

정답 | ②

666 〈필수〉

다음 중 이행강제금에 대한 설명으로 가장 옳지 않은 것은? (단, 다툼이 있는 경우 판례에 의함)

① 구 「건축법」상 이행강제금은 위반행위에 대하여 시정명령을 받은 후 시정기간 내에 당해 시정명령을 이행하지 아니한 건축주 등에 대하여 부과되는 간접강제의 일종으로서 금전제재의 성격을 가지므로 그 이행강제금 납부의무는 상속인 기타의 사람에게 승계될 수 있다.

② 행정청은 의무자가 행정상 의무를 이행할 때까지 이행강제금을 반복하여 부과할 수 있고, 의무자가 의무를 이행하면 새로운 이행강제금의 부과를 즉시 중지하되, 이미 부과한 이행강제금은 징수하여야 한다.

③ 장기 의무위반자가 이행강제금 부과 전에 그 의무를 이행하였다면 이행강제금의 부과로써 이행을 확보하고자 하는 목적은 이미 실현된 것이므로 이행강제금을 부과할 수 없다.

④ 이행강제금은 의무 위반에 대하여 장래의 의무이행을 확보하는 수단이라는 점에서 과거의 의무 위반에 대한 제재인 행정벌과 구별된다.

해설

① **빈출** (×) 구 「건축법」(2005.11.8. 법률 제7696호로 개정되기 전의 것)상의 이행강제금은 구 「건축법」의 위반행위에 대하여 시정명령을 받은 후 시정기간 내에 당해 시정명령을 이행하지 아니한 건축주 등에 대하여 부과되는 간접강제의 일종으로서 그 이행강제금 납부의무는 상속인 기타의 사람에게 승계될 수 없는 일신전속적인 성질의 것이다(대결 2006.12.8., 2006마470).

②③ **빈출** (○) 이행강제금은 반복부과가 가능하지만 이행강제금을 부과하기 전에 의무를 이행하면 이행강제금의 부과는 즉시 중단하나 이미 부과한 이행강제금은 징수한다.

> 「건축법」 제80조 【이행강제금】 ⑤ 허가권자는 최초의 시정명령이 있었던 날을 기준으로 하여 1년에 2회 이내의 범위에서 해당 지방자치단체의 조례로 정하는 횟수만큼 그 시정명령이 이행될 때까지 반복하여 제1항 및 제2항에 따른 이행강제금을 부과·징수할 수 있다.
> ⑥ 허가권자는 제79조 제1항에 따라 시정명령을 받은 자가 이를 이행하면 새로운 이행강제금의 부과를 즉시 중지하되, 이미 부과된 이행강제금은 징수하여야 한다.

④ (○) 과거 의무 위반에 대한 제재로서의 행정벌과 달리 이행강제금은 현재의 의무를 이행시키고자 하는 강제집행이다.

정답 | ①

667 〈필수〉

이행강제금제도에 대한 설명으로 옳지 않은 것은? (다툼이 있는 경우 판례에 의함)

① 이행강제금은 행정강제의 하나로서 행정벌이 아니다.

② 「건축법」이 이와 같이 건축물이 신고하지 않고 건축된 경우에도 이행강제금을 부과할 수 있도록 규정하고 있는 점에 비추어 보면, 「건축법」상의 이행강제금은 허가 대상 건축물뿐만 아니라 신고 대상 건축물에 대해서도 부과할 수 있다.

③ 의무 불이행의 정도 및 상습성을 고려하더라도 이행강제금의 부과 금액을 가중하거나 감경할 수 있는 것은 아니다.

④ 행정청은 이행강제금을 부과하기 전에 미리 의무자에게 적절한 이행기간을 정하여 그 기한까지 행정상 의무를 이행하지 아니하면 이행강제금을 부과한다는 뜻을 문서로 계고(戒告)하여야 한다.

해설

① (○) 이행강제금은 행정강제인 강제집행의 하나이며 현재의 의무이행을 강제하는 점에서 과거의무 위반에 대한 과벌인 행정벌과 구분된다.
② (○) 이행강제금은 의무불이행에 대한 강제로서 해당 건축물이 허가 대상인지 신고 대상인지는 불문한다.

> 「건축법」이 이와 같이 건축물이 신고하지 않고 건축된 경우에도 이행강제금을 부과할 수 있도록 규정하고 있는 점에 비추어 보면, 「건축법」상의 이행강제금은 허가 대상 건축물뿐만 아니라 신고 대상 건축물에 대해서도 부과할 수 있고, 한편 신고를 하지 않고 가설건축물을 축조한 경우에는 「건축법」 제80조 제1항 제1호에 따라 '「지방세법」에 따라 해당 건축물에 적용되는 1m²의 시가표준액의 100분의 50에 해당하는 금액에 위반면적을 곱한 금액 이하'의 이행강제금을 부과하여야 할 것이지 같은 항 제2호에 따라 이행강제금을 부과할 것이 아니다(대판 2013.1.24., 2011두10164).

③ (×) 「행정기본법」에 따르면, 이행강제금은 의무 불이행의 정도나 상습성을 고려하여 가중하거나 감경할 수 있다.

> 「행정기본법」 제31조【이행강제금의 부과】② 행정청은 다음 각 호의 사항을 고려하여 이행강제금의 부과 금액을 가중하거나 감경할 수 있다.
> 1. 의무 불이행의 동기, 목적 및 결과
> 2. 의무 불이행의 정도 및 상습성
> 3. 그 밖에 행정목적을 달성하는 데 필요하다고 인정되는 사유

④ (○) 「행정기본법」 제31조 제3항

정답 | ③

668 필수

이행강제금제도에 대한 설명으로 옳지 않은 것은? (다툼이 있는 경우 판례에 의함)

① 이행강제금은 집행벌이라고도 하며 행정벌과는 구분된다.
② 동일한 의무 위반에 대해 의무를 이행할 때까지 이행강제금을 반복해서 부과하는 것도 가능하다.
③ 대체적 작위의무의 강제방법으로 이행강제금제도를 활용해서는 안 된다.
④ 이행강제금 부과를 위해서는 반드시 법적 근거가 필요하다.
⑤ 이행강제금 금액을 법률에서 규정하고 있는 경우 법원이 그 금액보다 적은 이행강제금을 판결을 통해 부과할 수 없다.

668	
기출처	2021 국회직 9급
난이도	★★
키워드	행정상 강제집행

관련기출 옳은지문
· 이행강제금은 장래의 의무이행을 심리적으로 강제하기 위한 것으로서 의무이행이 있을 때까지 반복하여 부과할 수 있다. 19서울시7급

해설

① (○) 이행강제금은 집행벌이며, 현재의 의무이행을 강제하는 점에서 과거 의무 위반에 대한 과벌인 행정벌과 구분된다.
② (○) 이행강제금은 제재가 아니므로 반복부과가 가능하다.
③ 빈출 (×) 이행강제금은 비대체적 작위의무와 부작위의무에 활용되어 왔던 의무이행 확보수단이었으나 실정법상 「건축법」 등에서 대체적 작위의무에 대한 이행강제금 규정을 두고 있다. 이에 헌법재판소는 「건축법」 등의 대체적 작위의무에 대해 대집행과 이행강제금은 행정청이 선택적으로 활용하는 관계이므로 이중처벌금지원칙에 반하지 않는다는 입장이다.

> 전통적으로 행정대집행은 대체적 작위의무에 대한 강제집행수단으로, 이행강제금은 부작위의무나 비대체적 작위의무에 대한 강제집행수단으로 이해되어 왔으나, 이는 이행강제금제도의 본질에서 오는 제약은 아니며, 이행강제금은 대체적 작위의무의 위반에 대하여도 부과될 수 있다(헌재 2004.2.26., 2001헌바80).

④ (○) 이행강제금은 강제집행의 하나로서 반드시 법적 근거를 필요로 한다.
⑤ (○) 대결 2005.11.30., 2005마1031

정답 | ③

669	
기출처	예상문제
난이도	★★
키워드	행정상 강제집행

관련기출 옳은지문

• 건축주 등이 「건축법」상 시정명령을 장기간 이행하지 아니하였더라도, 그 기간 중에는 시정명령의 이행 기회가 제공되지 아니하였다가 뒤늦게 시정명령의 이행 기회가 제공된 경우라면, 행정청은 시정명령의 이행 기회 제공을 전제로 한 1회분의 이행강제금만을 부과할 수 있고 시정명령의 이행 기회가 제공되지 아니한 과거의 기간에 대한 이행강제금까지 한꺼번에 부과할 수는 없다. 23국가직7급

669 필수

행정의 실효성 확보수단에 대한 설명으로 옳은 것은? (다툼이 있는 경우 판례에 의함)

① 이행강제금의 부과·징수를 위한 계고는 시정명령을 불이행한 경우에 취할 수 있는 절차라 할 것이고, 따라서 이행강제금을 부과·징수할 때마다 그에 앞서 시정명령 절차를 다시 거쳐야 한다.

② 행정대집행의 계고나 대집행 영장의 통지는 행정대집행을 실행하는 필요적 절차로서 법이 정하는 수속을 취할 여유가 없을 경우와 무관하게 이를 준수하지 아니한 처분은 위법하다.

③ 이행강제금은 장래의 의무이행을 심리적으로 강제하기 위한 것으로서 행정벌로서의 제재에 해당되지 않아 행정청은 의무이행이 있을 때까지 반복하여 부과할 수 있다.

④ 건축주 등이 장기간 시정명령을 이행하지 아니하였다면, 그 기간 중에는 시정명령의 이행 기회가 제공되지 아니하였다가 뒤늦게 시정명령의 이행 기회가 제공된 경우라도 시정명령의 이행 기회 제공을 전제로 한 1회분의 이행강제금뿐 아니라 시정명령의 이행 기회가 제공되지 아니한 과거의 기간에 대한 이행강제금까지 한꺼번에 부과할 수 있다.

해설

① (×) 이행강제금을 반복적으로 부과하기 위해서 계고는 필요하나 시정명령을 다시 거칠 필요는 없다.

> 「개발제한구역의 지정 및 관리에 관한 특별조치법」 제30조 제1항, 제30조의2 제1항 및 제2항의 규정에 의하면 시정명령을 받은 후 그 시정명령의 이행을 하지 아니한 자에 대하여 이행강제금을 부과할 수 있고, 이행강제금을 부과하기 전에 상당한 기간을 정하여 그 기한까지 이행되지 아니할 때에 이행강제금을 부과·징수한다는 뜻을 문서로 계고하여야 하므로, 이행강제금의 부과·징수를 위한 계고는 시정명령을 불이행한 경우에 취할 수 있는 절차라 할 것이고, 따라서 이행강제금을 부과·징수할 때마다 그에 앞서 시정명령 절차를 다시 거쳐야 할 필요는 없다(대판 2013.12.12., 2012두20397).

② (×) 「행정대집행법」 제3조 제3항 규정에 의하면 비상시 또는 위험이 절박한 경우에 있어서 당해 행위의 급속한 실시를 요하여 계고절차를 취할 여유가 없을 때에는 계고 없이 대집행을 할 수 있다.

③ (○) 이행강제금은 행정강제로서 장래의 의무이행을 확보하고자 하는 간접적 수단으로 상대방이 의무를 이행할 때까지 반복부과가 가능하다. 이는 제재로서의 처벌이 아니기 때문이다. 단, 무제한으로 부과할 수 있는 것은 아니다.

④ (×) 비록 건축주 등이 장기간 시정명령을 이행하지 아니하였더라도, 그 기간 중에는 시정명령의 이행 기회가 제공되지 아니하였다가 뒤늦게 시정명령의 이행 기회가 제공된 경우라면, 시정명령의 이행 기회 제공을 전제로 한 1회분의 이행강제금만을 부과할 수 있고, 시정명령의 이행 기회가 제공되지 아니한 과거의 기간에 대한 이행강제금까지 한꺼번에 부과할 수는 없다. 그리고 이를 위반하여 이루어진 이행강제금 부과처분은 과거의 위반행위에 대한 제재가 아니라 행정상의 간접강제 수단이라는 이행강제금의 본질에 반하여 구 「건축법」 제80조 제1항·제4항 등 법규의 중요한 부분을 위반한 것으로서, 그러한 하자는 중대할 뿐만 아니라 객관적으로도 명백하다(대판 2016.7.14., 2015두46598).

정답 | ③

670

행정상 강제에 관한 설명으로 옳지 않은 것은? (다툼이 있는 경우 판례에 의함)

① 관계 법령상 행정대집행의 절차가 인정되어 행정청이 행정대집행의 방법으로 건물의 철거 등 대체적 작위의무의 이행을 실현할 수 있는 경우에는 따로 민사소송의 방법으로 그 의무의 이행을 구할 수 없다.
②「행정대집행법」에 따른 행정대집행에서 건물의 점유자가 철거의무자일 때에는 별도로 퇴거를 명하는 집행권원이 필요하다.
③「건축법」에 위반하여 건축한 것이어서 철거의무가 있는 건물이라 하더라도 그 철거의무를 대집행하기 위한 계고처분을 하려면 다른 방법으로는 이행의 확보가 어렵고 불이행을 방치함이 심히 공익을 해하는 것으로 인정될 때에 한하여 허용되고 이러한 요건의 주장·입증책임은 처분 행정청에 있다.
④ 과세관청이 체납처분으로서 행하는 공매는 우월한 공권력의 행사로서 행정소송의 대상이 되는 공법상의 행정처분이며 공매에 의하여 재산을 매수한 자는 그 공매처분이 취소된 경우에 그 취소처분의 위법을 주장하여 행정소송을 제기할 법률상 이익이 있다.

기출처: 2023 군무원 9급
난이도: ★★
키워드: 행정상 강제집행

해설

① (○) 대판 2017.4.28., 2016다213916
② (×) 건물의 점유자가 철거의무자일 때에는 건물철거의무에 퇴거의무도 포함되어 있는 것이어서 별도로 퇴거를 명하는 집행권원이 필요하지 않다(대판 2017.4.28., 2016다213916).
③ (○) 대판 1993.9.14., 92누16690
④ (○) 대판 1984.9.25., 84누201

정답 | ②

671	
기출처	2019 국가직 7급
난이도	★★★
키워드	행정상 강제집행

관련기출 옳은지문
- 한국자산공사의 공매통지는 공매의 요건이 아니라 공매사실 자체를 체납자에게 알려주는 데 불과한 것으로서 행정처분에 해당한다고 할 수 없다. 19국회직8급

671 필수

행정의 실효성 확보수단에 대한 판례의 입장으로 옳지 않은 것은?

① 체납자 등에 대한 공매처분을 하면서 체납자 등에게 공매통지를 하지 않았거나 공매통지를 하였더라도 그것이 적법하지 않은 경우 절차상의 흠이 있어 그 공매처분이 위법하게 되는 것인바, 공매통지는 상대방인 체납자 등의 법적 지위나 권리·의무에 직접적인 영향을 주는 행정처분으로서 항고소송의 대상이 된다.

② 사용자가 이행하여야 할 행정법상 의무의 내용을 초과하는 것을 '불이행 내용'으로 기재한 이행강제금 부과 예고서에 의하여 이행강제금 부과 예고를 한 다음 이를 이행하지 않았다는 이유로 이행강제금을 부과하였다면, 초과한 정도가 근소하다는 등의 특별한 사정이 없는 한 이행강제금 부과 예고는 위법하며, 이에 터잡은 이행강제금 부과처분 역시 위법하다.

③ 대집행계고를 하기 위하여는 법령에 의하여 직접 명령되거나 법령에 근거한 행정청의 명령에 의한 의무자의 대체적 작위의무 위반행위가 있어야 하는데, 단순한 부작위의무 위반의 경우에는 당해 법령에서 그 위반자에게 위반에 의해 생긴 유형적 결과의 시정을 명하는 행정처분 권한을 인정하는 규정을 두고 있지 않은 이상, 이와 같은 부작위의무로부터 그 의무를 위반함으로써 생긴 결과를 시정하기 위한 작위의무를 당연히 끌어낼 수는 없다.

④ 행정청이 행정대집행의 방법으로 건물철거의무의 이행을 실현할 수 있는 경우에는 건물철거 대집행 과정에서 부수적으로 건물의 점유자들에 대한 퇴거조치를 할 수 있고, 점유자들이 적법한 행정대집행을 위력을 행사하여 방해하는 경우 「경찰관 직무집행법」에 근거한 위험발생 방지조치 차원에서 경찰의 도움을 받을 수도 있다.

해설

① 빈출 (×) 공매는 행정처분이다. 그러나 공매결정과 이에 대한 통지는 공매처분의 절차적 요건에 해당되므로 공매결정과 통지에 하자가 있더라도 이에 대하여 쟁송을 제기할 수 없으며 공매처분에 대한 소송에서 절차적 하자를 다툴 수 있을 뿐이다.

> 체납자 등에 대한 공매통지는 국가의 강제력에 의하여 진행되는 공매에서 체납자 등의 권리 내지 재산상의 이익을 보호하기 위하여 법률로 규정한 절차적 요건이라고 보아야 하며, 공매처분을 하면서 체납자 등에게 공매통지를 하지 않았거나 공매통지를 하였더라도 그것이 적법하지 아니한 경우에는 절차상의 흠이 있어 그 공매처분이 위법하게 되는 것이지만, <u>공매통지 자체가 그 상대방인 체납자 등의 법적 지위나 권리·의무에 직접적인 영향을 주는 행정처분에 해당한다고 할 것은 아니므로</u> 다른 특별한 사정이 없는 한 체납자 등은 공매통지의 결여나 위법을 들어 공매처분의 취소 등을 구할 수 있는 것이지 <u>공매통지 자체를 항고소송의 대상으로 삼아 그 취소 등을 구할 수는 없다</u>(대판 2011.3.24., 2010두25527).

② 빈출 (○) 사용자가 이행하여야 할 의무 범위를 넘어서 이를 불이행하였다는 이유의 예고와 이행강제금 부과는 의무범위가 근소한 차이라고 볼 수 없는 한 위법이다.

③ (○) 대집행계고를 하기 위하여는 대체적 작위의무 위반행위가 있어야 하며, 부작위의무로부터 그 의무를 위반함으로써 생긴 결과를 시정하기 위한 작위의무를 당연히 끌어낼 수는 없다.

④ (○) 철거목적의 대집행 과정에서 건물의 점유자가 철거의무자인 경우에 별도의 권원 없이 점유자를 퇴거조치할 수 있으며, 경찰관의 도움을 받을 수 있다는 것이 대법원의 입장이다.

정답 | ①

672

이행강제금에 대한 설명으로 옳지 않은 것은? (다툼이 있는 경우 판례에 의함)

① 이행강제금은 법령으로 정하는 바에 따라 계고나 시정명령 없이 부과할 수 있으며 법령으로 정하는 바에 따라 반복적으로 이행할 때까지 부과할 수 있다.
② 이행강제금의 본질상 시정명령을 받은 의무자가 이행강제금이 부과되기 전에 그 의무를 이행한 경우에는 비록 시정명령에서 정한 기간을 지나서 이행한 경우라도 이행강제금을 부과할 수 없다.
③ 이행강제금이 부과되기 전에 시정조치를 이행하거나 부작위의무를 명하는 시정조치 불이행을 중단한 경우 과거의 시정조치 불이행기간에 대하여 이행강제금을 부과할 수 있다고 봄이 타당하다.
④ 「건축법」상 시정명령 위반에 따른 이행강제금의 부과와 건축행위에 대한 형사처벌은 그 처벌 내지 제재대상이 되는 기본적 사실관계가 다르므로 이중처벌에 해당하지 않는다.

672	
기출처	예상문제
난이도	★★
키워드	행정상 강제집행

관련기출 옳은지문
- 「건축법」상 시정명령을 받은 의무자가 이행강제금이 부과되기 전에 그 의무를 이행하였더라도 그 시정명령에서 정한 기간을 지나서 이행한 경우라면 행정청은 이행강제금을 부과할 수 없다. 23국가직7급

해설

① (×) 의무를 부과하고 이를 이행하지 않을 경우에는 이행강제금을 부과한다는 의사로서 계고를 한 후에 이행강제금을 부과하여야 한다.

> 개발제한구역법 제30조의2에 의하면, 시장·군수·구청장은 제30조 제1항에 따른 시정명령을 받은 후 그 시정기간 내에 그 시정명령의 이행을 하지 아니한 자에 대하여 1억 원의 범위 안에서 이행강제금을 부과하되(제1항), 그 부과 전에 이행강제금을 부과·징수한다는 뜻을 미리 문서로 계고하여야 한다(대판 2019.1.10., 2017두67322).

③ (○) 이미 의무를 이행하였더라도 과거 시정조치 불이행에 대해서는 이행강제금을 부과할 수 있다.

> 공정거래법 제17조의3은 같은 법 제16조에 따른 시정조치를 그 정한 기간 내에 이행하지 아니하는 자에 대하여 이행강제금을 부과할 수 있는 근거 규정이고, 시정조치가 공정거래법 제16조 제1항 제7호에 따른 부작위의무를 명하는 내용이더라도 마찬가지로 보아야 한다. 나아가 이러한 이행강제금이 부과되기 전에 시정조치를 이행하거나 부작위의무를 명하는 시정조치 불이행을 중단한 경우 과거의 시정조치 불이행기간에 대하여 이행강제금을 부과할 수 있다(대판 2019.12.12., 2018두63563).

정답 | ①

673

기출처	예상문제
난이도	★★
키워드	행정상 강제집행

행정의 실효성 확보수단에 대한 설명으로 옳은 것은? (다툼이 있는 경우 판례에 의함)

① 관할청이 「농지법」상 이행강제금 부과처분을 하면서 재결청에 행정심판을 청구하거나 관할 행정법원에 행정소송을 할 수 있다고 잘못 안내하였다면 「농지법」상 이행강제금은 상대방에 대한 신뢰보호원칙에 따라 잘못된 안내로 행정법원의 항고소송 대상인 처분이 된다.
② 행정의 상대방이 부작위의무를 위반하였다면, 별도의 규정이 없더라도 부작위의무의 근거인 금지규정으로부터 위반상태의 시정을 명할 수 있는 권한이 도출된다.
③ 「건축법」상 이행강제금 납부의 최초 독촉은 항고소송의 대상이 되는 행정처분으로 볼 수 없다.
④ 「건축법」상 이행강제금 부과처분은 이에 대한 불복방법에 관하여 별도의 규정을 두지 않고 있으므로 이는 행정소송의 대상이 된다.

해설

① **빈출** (×) 관할청이 이행강제금 부과처분을 하면서 재결청에 행정심판을 청구하거나 관할 행정법원에 행정소송을 할 수 있다고 잘못 안내하거나 관할 행정심판위원회가 각하재결이 아닌 기각재결을 하면서 관할 법원에 행정소송을 할 수 있다고 잘못 안내하였다고 하더라도, 그러한 잘못된 안내로 행정법원의 항고소송 재판관할이 생긴다고 볼 수도 없다(대판 2019.4.11., 2018두42955).
② (×) 부작위의무를 위반한 경우, 그 자체로 작위의무를 당연히 도출할 수는 없다. 부작위의무를 규정한 법령에 작위의무로의 전환에 대한 근거 규범이 있어야만 가능하다.

> 단순한 부작위의 위반, 즉 관계 법령에 정하고 있는 절대적 금지나 허가를 유보한 상대적 금지를 위반한 경우에는 당해 법령에서 그 위반자에 대하여 생긴 유형적 결과의 시정을 명하는 행정처분의 권한을 인정 규정(「건축법」 제69조, 「도로법」 제74조, 「하천법」 제67조, 「도시공원법」 제20조, 「옥외광고물등관리법」 제10조 등)을 두고 있지 아니한 이상, 법치주의의 원리에 비추어 볼 때 위와 같은 부작위의무로부터 그 의무를 위반함으로써 생긴 결과를 시정하기 위한 작위의무를 당연히 끌어낼 수는 없으며, 또 위 금지규정(특허, 허가를 유보한 상대적 금지규정)으로부터 작위의무, 즉 위반결과의 시정을 명하는 권한이 당연히 추론되는 것도 아니다(대판 1996.6.28., 96누4327).

③ (×) 구 「건축법」(2008.3.21. 법률 제8974호로 전부 개정되기 전의 것) 제69조의2 제6항, 「지방세법」 제28조, 제82조, 「국세징수법」 제23조의 각 규정에 의하면, 이행강제금 부과처분을 받은 자가 이행강제금을 기한 내에 납부하지 아니한 때에는 그 납부를 독촉할 수 있으며, 납부독촉에도 불구하고 이행강제금을 납부하지 않으면 체납절차에 의하여 이행강제금을 징수할 수 있고, 이때 이행강제금 납부의 최초 독촉은 징수처분으로서 항고소송의 대상이 되는 행정처분이 될 수 있다(대판 2009.12.24., 2009두14507).
④ **빈출** (○) 「건축법」상 이행강제금에 대한 불복방법이 특별히 규정되어 있지 않다. 「행정소송법」 제8조에 따라 다른 법에 특별히 규정이 없는 경우 「행정소송법」을 적용하여 「건축법」상 이행강제금을 항고소송의 대상인 처분으로 본다.

정답 | ④

674

행정법상 실효성 확보수단에 대한 설명으로 옳지 않은 것은? (다툼이 있는 경우 판례에 의함)

① 대집행계고처분 취소소송의 변론종결 전에 사실행위로서 대집행의 실행이 완료된 경우에는 손해배상이나 원상회복 등을 청구하는 것은 별론으로 하고 대집행계고처분의 취소를 구할 법률상 이익은 없다.

② 과세관청이 체납처분으로서 행하는 공매는 우월한 공권력의 행사로서 행정소송의 대상이 되는 공법상의 행정처분이며 공매에 의하여 재산을 매수한 자는 그 공매처분이 취소된 경우에 그 취소처분의 취소를 구할 법률상 이익이 있다.

③ 행정청이 위법 건축물에 대한 시정명령을 하고 나서 위반자가 이를 이행하지 아니하여 전기·전화의 공급자에게 그 위법 건축물에 대한 전기·전화공급을 하지 말아 줄 것을 요청한 행위는 권고적 성격의 행위에 불과한 것으로서 전기·전화공급자나 특정인의 법률상 지위에 직접적인 변동을 가져오는 것은 아니므로 이를 항고소송의 대상이 되는 행정처분이라고 볼 수 없다.

④ 체납자 등에 대한 공매통지는 국가의 강제력에 의하여 진행되는 공매에서 체납자 등의 권리 내지 재산상의 이익을 보호하기 위하여 법률로 규정한 절차적 요건이라고 보아야 하며, 공매처분을 하면서 체납자 등에게 공매통지를 하지 않았거나 공매통지를 하였더라도 그것이 적법하지 아니한 경우에는 절차상의 흠이 있어 그 공매처분이 위법하게 되는 것이므로 위법한 공매통지에 대해서는 처분성이 인정된다.

⑤ 전통적으로 행정대집행은 대체적 작위의무에 대한 강제집행수단으로, 이행강제금은 부작위의무나 비대체적 작위의무에 대한 강제집행수단으로 이해되어 왔으나, 이는 이행강제금제도의 본질에서 오는 제약은 아니며, 이행강제금은 대체적 작위의무의 위반에 대하여도 부과될 수 있다.

해설

① (○) 대판 1993.6.8., 93누6164
② (○) 대판 1984.9.25., 84누201
③ (○) 대판 1996.3.22., 96누433
④ **빈출** (×) 공매통지는 공매처분의 절차적 성립요건에 해당될 뿐 공매통지 자체가 처분성이 인정되는 것은 아니니다.

> 체납자 등에 대한 공매통지는 국가의 강제력에 의하여 진행되는 공매에서 체납자 등의 권리 내지 재산상의 이익을 보호하기 위하여 법률로 규정한 절차적 요건이라고 보아야 하며, 공매처분을 하면서 체납자 등에게 공매통지를 하지 않았거나 공매통지를 하였더라도 그것이 적법하지 아니한 경우에는 절차상의 흠이 있어 그 공매처분이 위법하게 되는 것이지만, 공매통지 자체가 그 상대방인 체납자 등의 법적 지위나 권리·의무에 직접적인 영향을 주는 행정처분에 해당한다고 할 것은 아니므로 다른 특별한 사정이 없는 한 체납자 등은 공매통지의 결여나 위법을 들어 공매처분의 취소 등을 구할 수 있는 것이지 공매통지 자체를 항고소송의 대상으로 삼아 그 취소 등을 구할 수는 없다(대판 2011.3.24., 2010두25527).

⑤ (○) 헌재 2004.2.26., 2001헌바80

정답 | ④

675

행정의 실효성 확보수단에 대한 설명으로 옳지 않은 것은?

① 구 「국세징수법」상 가산금 또는 중가산금의 고지는 항고소송의 대상이 되는 처분이 아니다.
② 지방자치단체 소속 공무원이 지방자치단체 고유의 자치사무를 수행하던 중 구 「도로법」에 위반하는 행위를 한 경우 지방자치단체는 구 「도로법」상 양벌규정에 따라 처벌대상이 되는 법인에 해당한다.
③ 구 「음반·비디오물 및 게임물에 관한 법률」상 불법게임물에 대한 수거 및 폐기조치는 행정상 즉시강제에 해당한다.
④ 공매처분을 하면서 체납자에게 공매통지를 하지 않았거나 공매통지를 하였지만 그것이 적법하지 아니하다 하더라도 공매처분 자체는 위법하지 않다.

해설

① (O) 「국세징수법」 제21조, 제22조가 규정하는 가산금 또는 중가산금은 국세를 납부기한까지 납부하지 아니하면 과세청의 확정절차 없이도 법률 규정에 의하여 당연히 발생하는 것이므로 가산금 또는 중가산금의 고지가 항고소송의 대상이 되는 처분이라고 볼 수 없다(대판 2005.6.10., 2005다15482).
② **빈출** (O) 지방자치단체가 그 고유의 자치사무를 처리하는 경우에는 지방자치단체는 국가기관의 일부가 아니라 국가기관과는 별도의 독립한 공법인이므로, 지방자치단체 소속 공무원이 지방자치단체 고유의 자치사무를 수행하던 중 「도로법」 제81조 내지 제85조의 규정에 의한 위반행위를 한 경우에는 지방자치단체는 「도로법」 제86조의 양벌규정에 따라 처벌대상이 되는 법인에 해당한다(대판 2005.11.10., 2004도2657).
③ **빈출** (O) 이 사건 법률조항의 입법목적은 등급분류를 받지 아니하거나 등급분류를 받은 게임물과 다른 내용의 게임물(이하 '불법게임물'이라 한다)의 유통을 방지함으로써 게임물의 등급분류제를 정착시키고, 나아가 불법게임물로 인한 사행성의 조장을 억제하여 건전한 사회기풍을 조성하기 위한 것으로서 그 입법목적의 정당성이 인정되고, 이 사건 법률조항에서 불법게임물을 즉시 수거·폐기할 수 있도록 하는 행정상 즉시강제의 근거를 규정한 것은 위와 같은 입법목적을 달성하기 위한 적절한 수단의 하나가 될 수 있다(헌재 2002.10.31., 2000헌가12).
④ **빈출** (×) 공매처분을 하면서 체납자 등에게 공매통지를 하지 않았거나 공매통지를 하였더라도 그것이 적법하지 아니한 경우에는 절차상의 흠이 있어 그 공매처분은 위법하다(대판 2008.11.20., 2007두18154).

정답 | ④

676
이행강제금에 대한 설명으로 옳지 않은 것은? (다툼이 있는 경우 판례에 의함)

① 사용자가 이행하여야 할 행정법상 의무의 내용을 초과하는 것을 '불이행 내용'으로 기재한 이행강제금 부과 예고서에 의하여 이행강제금 부과 예고를 한 다음, 이에 따라 이행강제금을 부과하였다면 이는 위법이라 할 수 없다.

② 「국토의 계획 및 이용에 관한 법률」 및 「국토의 계획 및 이용에 관한 법률 시행령」이 정한 이행강제금의 부과기준은 단지 상한을 정한 것에 불과한 것이 아니라, 위반행위 유형별로 계산된 특정 금액을 규정한 것이므로 행정청에 이와 다른 이행강제금액을 결정할 재량권이 없다고 보아야 한다.

③ 구 「농지법」 제62조 제1항에 따른 이행강제금 부과처분에 불복하는 경우에는 「비송사건절차법」에 따른 재판절차가 적용되어야 하고, 「행정소송법」상 항고소송의 대상은 될 수 없다.

④ 행정청은 이행강제금을 부과받은 자가 납부기한까지 이행강제금을 내지 아니하면 국세강제징수의 예 또는 「지방행정제재·부과금의 징수 등에 관한 법률」에 따라 징수한다.

676
기출처: 예상문제
난이도: ★★
키워드: 행정상 강제집행

해설

① (×) 사용자가 이행하여야 할 행정법상 의무의 내용을 초과하는 것을 '불이행 내용'으로 기재한 이행강제금 부과 예고서에 의하여 이행강제금 부과 예고를 한 다음 이를 이행하지 않았다는 이유로 이행강제금을 부과하였다면, 초과한 정도가 근소하다는 등의 특별한 사정이 없는 한 이행강제금 부과 예고는 이행강제금 제도의 취지에 반하는 것으로서 위법하고, 이에 터 잡은 이행강제금 부과처분 역시 위법하다(대판 2015.6.24., 2011두2170).

③ (○) 「농지법」상 이행강제금은 항고소송 대상인 처분이 아니다. 이에 불복하는 경우에는 「비송사건절차법」에 의한 재판을 통해 구제된다.

> 「농지법」은 농지처분명령에 대한 이행강제금 부과처분에 불복하는 자가 그 처분을 고지받은 날부터 30일 이내에 부과권자에게 이의를 제기할 수 있고, 이의를 받은 부과권자는 지체 없이 관할 법원에 그 사실을 통보하여야 하며, 그 통보를 받은 관할 법원은 「비송사건절차법」에 따른 과태료 재판에 준하여 재판을 하도록 정하고 있다(제62조 제1항·제6항·제7항). 따라서 구 「농지법」 제62조 제1항에 따른 이행강제금 부과처분에 불복하는 경우에는 「비송사건절차법」에 따른 재판절차가 적용되어야 하고, 「행정소송법」상 항고소송의 대상은 될 수 없다(대판 2019.4.11., 2018두42955).

정답 | ①

677	
기출처	예상문제
난이도	★★
키워드	행정상 강제집행

677

행정상 직접강제에 대한 설명으로 옳지 않은 것은? (다툼이 있는 경우 판례에 의함)

① 직접강제란 의무자가 행정상 의무를 이행하지 아니하는 경우 행정청이 의무자의 신체나 재산에 실력을 행사하여 그 행정상 의무의 이행이 있었던 것과 같은 상태를 실현하는 것이다.

② 직접강제는 행정대집행이나 이행강제금 부과 또는 즉시강제의 방법으로는 행정상 의무이행을 확보할 수 없거나 그 실현이 불가능한 경우에 실시하여야 한다.

③ 직접강제를 실시하기 위하여 현장에 파견되는 집행책임자는 그가 집행책임자임을 표시하는 증표를 보여 주어야 한다.

④ 행정청은 직접강제 전에 미리 의무자에게 적절한 이행기간을 정하여 그 기한까지 행정상 의무를 이행하지 아니하면 직접강제를 한다는 뜻을 문서로 계고(戒告)하여야 한다.

해설

① (○) 「행정기본법」 제30조 제1항 제3호
② (×) 직접강제는 행정대집행이나 이행강제금 부과로 의무이행이 확보될 수 없는 경우에 실시하는 것이다. 즉시강제는 포함되지 않는다.

> 「행정기본법」 제32조【직접강제】① 직접강제는 행정대집행이나 이행강제금 부과의 방법으로는 행정상 의무 이행을 확보할 수 없거나 그 실현이 불가능한 경우에 실시하여야 한다.
> ② 직접강제를 실시하기 위하여 현장에 파견되는 집행책임자는 그가 집행책임자임을 표시하는 증표를 보여 주어야 한다.
> ③ 직접강제의 계고 및 통지에 관하여는 제31조 제3항 및 제4항을 준용한다.
> 제33조【즉시강제】① 즉시강제는 다른 수단으로는 행정목적을 달성할 수 없는 경우에만 허용되며, 이 경우에도 최소한으로만 실시하여야 한다.
> ② 즉시강제를 실시하기 위하여 현장에 파견되는 집행책임자는 그가 집행책임자임을 표시하는 증표를 보여 주어야 하며, 즉시강제의 이유와 내용을 고지하여야 한다.
> ③ 제2항에도 불구하고 집행책임자는 즉시강제를 하려는 재산의 소유자 또는 점유자를 알 수 없거나 현장에서 그 소재를 즉시 확인하기 어려운 경우에는 즉시강제를 실시한 후 집행책임자의 이름 및 그 이유와 내용을 고지할 수 있다. 다만, 다음 각 호에 해당하는 경우에는 게시판이나 인터넷 홈페이지에 게시하는 등 적절한 방법에 의한 공고로써 고지를 갈음할 수 있다. 〈신설 2024.1.16.〉
> 1. 즉시강제를 실시한 후에도 재산의 소유자 또는 점유자를 알 수 없는 경우
> 2. 재산의 소유자 또는 점유자가 국외에 거주하거나 행방을 알 수 없는 경우
> 3. 그 밖에 대통령령으로 정하는 불가피한 사유로 고지할 수 없는 경우

③ (○) 동법 제32조 제2항
④ (○) 동법 제32조 제3항

정답 | ②

678

행정상 강제집행에 대한 설명으로 옳은 것은? (다툼이 있는 경우 판례에 의함)

① 군수가 군사무위임조례의 규정에 따라 무허가 건축물에 대한 철거대집행사무를 하부 행정기관인 읍·면에 위임하였다고 해도 행정기관에 해당되는 읍·면장에게는 관할구역 내의 무허가 건축물에 대하여 그 철거대집행을 위한 계고처분을 할 권한이 없다.
② 직접강제는 상대방에 대한 의무부과와 불이행을 전제로 하는 것이 아니라서 보충성의 원칙과 비례원칙을 충족하여야 행할 수 있는 강제집행이다.
③ 「부동산 실권리자명의 등기에 관한 법률」상 장기미등기자가 이행강제금 부과 전에 등기신청의무를 이행하였다면 이행강제금의 부과로써 이행을 확보하고자 하는 목적은 이미 실현된 것이므로 이 법상 규정된 기간이 지나서 등기신청의무를 이행한 경우라 하더라도 이행강제금을 부과할 수 없다.
④ 「학원의 설립·운영에 관한 법률」상 무등록 학원의 설립·운영자에 대하여 관할 행정청은 강제폐쇄를 할 수 있으므로 이를 근거로 무등록 학원에 대해 그 폐쇄를 명할 수 있다.

해설

① (×) 군수가 군사무위임조례의 규정에 따라 무허가 건축물에 대한 철거대집행사무를 하부 행정기관인 읍·면에 위임하였다면, 읍·면장에게는 관할구역 내의 무허가 건축물에 대하여 그 철거대집행을 위한 계고처분을 할 권한이 있다(대판 1997.2.14., 96누15428).
② (×) 직접강제는 의무부과와 불이행을 전제로 한다. 반면 즉시강제는 의무부과와 불이행을 전제로 하지 않는다.
③ (○) 「부동산 실권리자명의 등기에 관한 법률」상 이행강제금은 소유권이전등기신청의무 불이행이라는 과거의 사실에 대한 제재인 과징금과 달리, 장기미등기자에게 등기신청의무를 이행하지 아니하면 이행강제금이 부과된다는 심리적 압박을 주어 의무의 이행을 간접적으로 강제하는 행정상의 간접강제 수단에 해당한다. 따라서 장기미등기자가 이행강제금 부과 전에 등기신청의무를 이행하였다면 이행강제금의 부과로써 이행을 확보하고자 하는 목적은 이미 실현된 것이므로 부동산실명법 제6조 제2항에 규정된 기간이 지나서 등기신청의무를 이행한 경우라 하더라도 이행강제금을 부과할 수 없다(대판 2016.6.23., 2015두36454).
④ (×) 근거법에 폐쇄를 할 수 있다는 규정이 있더라도 (폐쇄는 가능하지만) 상대방에게 폐쇄를 명할 수는 없다.

> 「학원의 설립·운영에 관한 법률」 제2조 제1호와 제6조 및 제19조 등의 관련 규정에 의하면, 같은 법상의 학원을 설립·운영하고자 하는 자는 소정의 시설과 설비를 갖추어 등록을 하여야 하고, 그와 같은 등록절차를 거치지 아니한 경우에는 관할 행정청이 직접 그 무등록 학원의 폐쇄를 위하여 출입 제한 시설물의 설치와 같은 조치를 취할 수 있게 되어 있으나, 달리 무등록 학원의 설립·운영자에 대하여 그 폐쇄를 명할 수 있는 것으로는 규정하고 있지 아니하고, 위와 같은 폐쇄조치에 관한 규정이 그와 같은 폐쇄명령의 근거 규정이 된다고 할 수도 없다(대판 2001.2.23., 99두6002).

정답 | ③

678	
기출처	예상문제
난이도	★★★
키워드	행정상 강제집행

679	① ② ③
기출처	예상문제
난이도	★★
키워드	행정상 강제집행

679

행정상 강제징수에 관한 설명으로 옳지 않은 것은? (다툼이 있는 경우 판례에 의함)

① 납세의무자가 세금을 납부기한까지 납부하지 아니하자 과세청이 그 징수를 위하여 압류처분에 이른 것이라면 비록 독촉절차 없이 압류처분을 하였다 하더라도 이러한 사유만으로는 압류처분을 무효로 하는 중대하고도 명백한 하자가 되지 않는다.

② 독촉은 시효를 중단시키는 효력과 이후에 행해지는 압류의 적법요건이 된다.

③ 「국세징수법」상의 독촉이나 압류에 불복하는 경우, 세무서장에 이의신청을 제기할 수 있으나 심사청구와 심판청구의 결정을 모두 거치지 아니하면 행정소송을 제기할 수 없다.

④ 공매로 재산을 매수한 자는 그 공매처분이 취소된 경우에 그 취소처분의 위법을 주장하여 행정소송을 제기할 법률상 이익이 있다.

해설

③ (×) 국세징수와 관련된 불복은 「국세기본법」에 의해 이의신청(임의적 절차)을 할 수 있고, 심사청구나 심판청구 중 어느 하나를 거쳐 행정소송을 청구할 수 있다. 즉, 모두 거치는 것이 아니라 선택적 청구이다.

> 「국세기본법」 제55조【불복】③ 제1항과 제2항에 따른 처분이 국세청장이 조사·결정 또는 처리하거나 하였어야 할 것인 경우를 제외하고는 그 처분에 대하여 심사청구 또는 심판청구에 앞서 이 장의 규정에 따른 이의신청을 할 수 있다.
> 제56조【다른 법률과의 관계】② 제55조에 규정된 위법한 처분에 대한 행정소송은 「행정소송법」 제18조 제1항 본문, 제2항 및 제3항에도 불구하고 이 법에 따른 심사청구 또는 심판청구와 그에 대한 결정을 거치지 아니하면 제기할 수 없다.

정답 | ③

680

「국세징수법」상 강제징수절차에 대한 판례의 입장으로 옳지 <u>않은</u> 것은?

① 세무공무원이 국세를 징수하기 위해 납세자 재산에 압류를 가하는 경우 압류액이 체납된 국세액을 초과한다면 당해 압류처분은 무효이다.
② 구 「의료보험법」 각 규정에 의하면, 보험자 또는 보험자단체가 부당이득금 또는 가산금의 납부를 독촉한 후 다시 동일한 내용의 독촉을 하는 경우 최초의 독촉만이 징수처분으로서 항고소송의 대상이 되는 행정처분이 되고, 그 후에 한 동일한 내용의 독촉은 항고소송의 대상이 되는 행정처분이라 할 수 없다.
③ 「국세징수법」에서 규정하는 가산금 또는 중가산금은 국세를 납부기한까지 납부하지 아니하면 과세청의 확정절차 없이도 법률 규정에 의하여 당연히 발생하는 것이므로 가산금 또는 중가산금의 고지는 항고소송의 대상이 되는 처분이라고 볼 수 없다.
④ 납세자가 아닌 제3자의 재산을 대상으로 한 압류처분은 그 처분의 내용이 법률상 실현될 수 없는 것이어서 당연무효이다.

680	① ② ③
기출처	예상문제
난이도	★★
키워드	행정상 강제집행

해설

① (×) 세무공무원이 국세징수를 위해 재산을 압류하는 경우 그 재산가액이 국세액을 초과한다 하여 위 압류가 당연무효의 처분이라 할 수 없다(대판 1986.11.11., 86누479).
② (○) 최초 독촉은 처분이 되지만, 이후 반복적으로 이루어지는 동일한 독촉은 처분이 아니다.

> 구 「의료보험법」 각 규정에 의하면, 보험자 또는 보험자단체가 부당이득금 또는 가산금의 납부를 독촉한 후 다시 동일한 내용의 독촉을 하는 경우 최초의 독촉만이 징수처분으로서 항고소송의 대상이 되는 행정처분이 되고 그 후에 한 동일한 내용의 독촉은 체납처분의 전제요건인 징수처분으로서 소멸시효 중단사유가 되는 독촉이 아니라 「민법」상의 단순한 최고에 불과하여 국민의 권리·의무나 법률상의 지위에 직접적으로 영향을 미치는 것이 아니므로 항고소송의 대상이 되는 행정처분이라 할 수 없다(대판 1999.7.13., 97누119).

정답 | ①

CHAPTER 02 행정상 즉시강제 및 행정조사

01 즉시강제

681 (필수)

681		
기출처	2021 국가직 9급	
난이도	★	
키워드	즉시강제	

행정의 실효성 확보수단의 예와 그 법적 성질의 연결이 옳지 않은 것은? (다툼이 있는 경우 판례에 의함)

① 「건축법」에 따른 이행강제금의 부과 – 집행벌
② 「식품위생법」에 따른 영업소 폐쇄 – 직접강제
③ 「공유재산 및 물품 관리법」에 따른 공유재산 원상복구명령의 강제적 이행 – 즉시강제
④ 「부동산등기 특별조치법」에 따른 과태료의 부과 – 행정벌

해설

③ (×) 즉시강제는 의무부과와 불이행 없이 행하는 강제이다. 따라서 명령을 강제이행하는 행위는 즉시강제가 될 수 없다.

정답 | ③

682 (필수)

682		
기출처	2021 국가직 9급	
난이도	★	
키워드	즉시강제	

행정상 즉시강제에 대한 설명으로 옳지 않은 것은? (다툼이 있는 경우 판례에 의함)

① 행정상 즉시강제는 국민의 권리침해를 필연적으로 수반하므로, 이에 대해서는 항상 영장주의가 적용된다.
② 행정상 즉시강제는 직접강제와는 달리 행정상 강제집행에 해당하지 않는다.
③ 구 「음반·비디오물 및 게임물에 관한 법률」상 불법게임물에 대한 수거 및 폐기조치는 행정상 즉시강제에 해당한다.
④ 다른 수단으로는 행정목적을 달성할 수 없는 경우에만 허용되며, 이 경우에도 최소한으로만 실시하여야 한다.

관련기출 옳은지문
• 즉시강제와 같은 행정강제에 대하여 헌법재판소는 그 본질상 급박성을 요건으로 하고 있어 법관의 영장을 기다려서는 그 목적을 달성할 수 없다고 할 것이므로, 원칙적으로 영장주의가 적용되지 않는다고 보았다. 25소방직

해설

① 빈출 (×) 이 사건 법률조항은 앞에서 본 바와 같이 급박한 상황에 대처하기 위한 것으로서 그 불가피성과 정당성이 충분히 인정되는 경우이므로, 이 사건 법률조항이 영장 없는 수거를 인정한다고 하더라도 이를 두고 헌법상 영장주의에 위배되는 것으로는 볼 수 없고, 위 구 「음반·비디오물 및 게임물에 관한 법률」 제24조 제4항에서 관계공무원이 당해 게임물 등을 수거한 때에는 그 소유자 또는 점유자에게 수거증을 교부하도록 하고 있고, 동조 제6항에서 수거 등 처분을 하는 관계공무원이나 협회 또는 단체의 임·직원은 그 권한을 표시하는 증표를 지니고 관계인에게 이를 제시하도록 하는 등의 절차적 요건을 규정하고 있으므로, 이 사건 법률조항이 적법절차의 원칙에 위배되는 것으로 보기도 어렵다(헌재 2002.10.31., 2000헌가12).

정답 | ①

683 필수

행정상 즉시강제에 대한 설명으로 옳은 것은? (다툼이 있는 경우 판례에 의함)

① 국가는 경찰관의 적법한 직무집행으로 손실발생의 원인에 대하여 책임이 있는 자가 자신의 책임에 상응하는 정도를 초과하는 생명·신체 또는 재산상의 손실을 입은 경우에 이에 대하여 정당한 보상을 하여야 한다.
② 구「음반·비디오물 및 게임물에 관한 법률」상 등급분류를 받지 아니한 게임물을 발견한 경우 관계행정청이 관계 공무원으로 하여금 이를 수거함에 그치지 아니하고 나아가 폐기하게 할 수 있도록 한 규정은 헌법상 영장주의를 위배하는 과도한 입법으로 헌법에 위반된다.
③ 「식품위생법」상 영업소폐쇄명령을 받은 후에도 계속하여 영업을 하는 경우 해당 영업소를 폐쇄하는 조치는 행정상 즉시강제의 수단에 해당한다.
④ 「행정기본법」에 의하면 즉시강제는 현재의 급박한 행정상의 장해를 제거하기 위한 경우로서 행정청이 미리 행정상 의무 이행을 명할 시간적 여유가 없는 경우, 그리고 그 성질상 행정상 의무의 이행을 명하는 것만으로는 행정목적 달성이 곤란한 경우를 모두 충족하는 경우에 행정청이 곧바로 국민의 신체 또는 재산에 실력을 행사하여 행정목적을 달성하는 것을 말한다.

683	① ② ③
기출처	예상문제
난이도	★★
키워드	즉시강제

관련기출 옳은지문
• 손실발생의 원인에 대하여 책임이 없는 자가 경찰관의 적법한 보호조치에 자발적으로 협조하여 재산상의 손실을 입은 경우, 국가는 손실을 입은 자에 대하여 정당한 보상을 하여야 한다. 14지방직9급

해설

① 지엽 (O) 「경찰관 직무집행법」에 의하여 정당한 보상을 하여야 한다.

> 「경찰관 직무집행법」 제11조의2 【손실보상】 ① 국가는 경찰관의 적법한 직무집행으로 인하여 다음 각 호의 어느 하나에 해당하는 손실을 입은 자에 대하여 정당한 보상을 하여야 한다.
> 1. 손실발생의 원인에 대하여 책임이 없는 자가 생명·신체 또는 재산상의 손실을 입은 경우(손실발생의 원인에 대하여 책임이 없는 자가 경찰관의 직무집행에 자발적으로 협조하거나 물건을 제공하여 생명·신체 또는 재산상의 손실을 입은 경우를 포함한다)
> 2. 손실발생의 원인에 대하여 책임이 있는 자가 자신의 책임에 상응하는 정도를 초과하는 생명·신체 또는 재산상의 손실을 입은 경우

② 빈출 (×) 관계 행정청이 등급분류를 받지 아니하거나 등급분류를 받은 게임물과 다른 내용의 게임물을 발견한 경우 관계 공무원으로 하여금 이를 수거·폐기하게 할 수 있도록 한 구「음반·비디오물 및 게임물에 관한 법률」제24조 제3항 제4호 중 게임물에 관한 규정 부분이 사건 법률조항은 수거에 그치지 아니하고 폐기까지 가능하도록 규정하고 있으나, 이는 수거한 불법게임물의 사후처리와 관련하여 폐기의 필요성이 인정되는 경우에 대비하여 근거 규정을 둔 것으로서 실제로 폐기에 나아감에 있어서는 비례의 원칙에 의한 엄격한 제한을 받는다고 할 것이므로, 이를 두고 과도한 입법이라고 보기는 어렵다. 따라서 이 사건 법률조항은 피해의 최소성의 요건을 위반한 것으로는 볼 수 없고, 또한 이 사건 법률조항이 불법게임물의 수거·폐기에 관한 행정상 즉시강제를 허용함으로써 게임제공업주 등이 입게 되는 불이익보다는 이를 허용함으로써 보호되는 공익이 더 크다고 볼 수 있으므로, 법익의 균형성의 원칙에 위배되는 것도 아니다(헌재 2002.10.31., 2000헌가12).

③ (×) 「식품위생법」상의 무허가영업소에 대한 강제폐쇄는 직접강제에 해당한다. 즉, 의무부과와 불이행을 전제로 하는 것이어서 즉시강제에 해당하지 않는다.

④ 빈출 (×) 행정청이 미리 행정상 의무 이행을 명할 시간적 여유가 없는 경우 또는 그 성질상 행정상 의무의 이행을 명하는 것만으로는 행정목적 달성이 곤란한 경우의 어느 하나에 해당하면 즉시강제를 할 수 있다.

> 「행정기본법」 제30조 【행정상 강제】 ① 행정청은 행정목적을 달성하기 위하여 필요한 경우에는 법률로 정하는 바에 따라 필요한 최소한의 범위에서 다음 각 호의 어느 하나에 해당하는 조치를 할 수 있다.
> 5. 즉시강제: 현재의 급박한 행정상의 장해를 제거하기 위한 경우로서 다음 각 목의 어느 하나에 해당하는 경우에 행정청이 곧바로 국민의 신체 또는 재산에 실력을 행사하여 행정목적을 달성하는 것
>   가. 행정청이 미리 행정상 의무 이행을 명할 시간적 여유가 없는 경우
>   나. 그 성질상 행정상 의무의 이행을 명하는 것만으로는 행정목적 달성이 곤란한 경우

정답 | ①

684

행정상 즉시강제에 관한 설명으로 옳지 않은 것은? (다툼이 있는 경우 판례에 의함)

① 행정강제는 행정상 강제집행을 원칙으로 하며, 법치국가적 요청인 예측가능성과 법적 안정성에 반하고, 기본권 침해의 소지가 큰 권력작용인 행정상 즉시강제는 어디까지나 예외적인 강제수단이라고 할 것이다.

② 「가축전염병 예방법」상 시장·군수·구청장은 광견병 예방주사를 맞지 아니한 개, 고양이 등이 건물 밖에서 배회하는 것을 발견하였을 때에는 농림축산식품부령으로 정하는 바에 따라 소유자의 부담으로 억류하거나 살처분 또는 그 밖에 필요한 조치를 할 수 있다.

③ 구 「사회안전법」의 동행보호규정은 재범의 위험성이 현저한 자를 상대로 긴급히 보호할 필요가 있는 경우에 한하여 단기간의 동행보호를 허용한 것이라도 그 요건을 엄격히 해석하여야 하여, 이 규정 자체는 영장 없이 허용하고 있는 규정으로서 사전영장주의를 규정한 헌법규정에 반한다.

④ 법적 안정성과 예측가능성이라는 법치국가적 요청에 반하는 전형적 권력작용이므로, 행정상 즉시강제의 발동요건은 보다 엄격한 법적 근거를 필요로 한다.

해설

② (○) 「가축전염병 예방법」 제20조 제3항

③ **지엽** (×) 사전영장주의는 인신보호를 위한 헌법상의 기속원리이기 때문에 인신의 자유를 제한하는 모든 국가작용의 영역에서 존중되어야 하지만, 헌법 제12조 제3항 단서도 사전영장주의의 예외를 인정하고 있는 것처럼 사전영장주의를 고수하다가는 도저히 행정목적을 달성할 수 없는 지극히 예외적인 경우에는 형사절차에서와 같은 예외가 인정되므로, 구 「사회안전법」(1989.6.16. 법률 제4132호에 의해 '보안관찰법'이란 명칭으로 전문 개정되기 전의 것) 제11조 소정의 동행보호규정은 재범의 위험성이 현저한 자를 상대로 긴급히 보호할 필요가 있는 경우에 한하여 단기간의 동행보호를 허용한 것으로서 그 요건을 엄격히 해석하는 한, 동 규정 자체가 사전영장주의를 규정한 헌법규정에 반한다고 볼 수는 없다(대판 1997.6.13., 96다56115).

④ (○) 즉시강제는 의무 부과 없이 이루어지는 행정강제로서 엄격한 법적 근거를 요한다.

고득점 플러스+ 즉시강제의 사전영장에 관한 견해

헌법재판소는 즉시강제의 사전영장에 대해 소극설의 입장을 취하고 있고, 대법원은 절충설적 입장을 취하고 있다.

1. 헌법재판소의 입장
    이 사건 법률조항이 영장 없는 수거를 인정한다고 하더라도 이를 두고 헌법상 영장주의에 위배되는 것으로는 볼 수 없고, 위 구 「음반·비디오물 및 게임물에 관한 법률」 제24조 제4항에서 관계 공무원이 당해 게임물 등을 수거한 때에는 그 소유자 또는 점유자에게 수거증을 교부하도록 하고 있고, 동조 제6항에서 수거 등 처분을 하는 관계 공무원이나 협회 또는 단체의 임·직원은 그 권한을 표시하는 증표를 지니고 관계인에게 이를 제시하도록 하는 등의 절차적 요건을 규정하고 있으므로, 이 사건 법률조항이 적법절차의 원칙에 위배되는 것으로 보기도 어렵다(헌재 2002.10.31., 2000헌가12).

2. 대법원의 입장
    사전영장주의를 고수하다가는 도저히 행정목적을 달성할 수 없는 지극히 예외적인 경우에는 형사절차에서와 같은 예외가 인정되므로, 구 「사회안전법」(1989.6.16. 법률 제4132호에 의해 '보안관찰법'이란 명칭으로 전문 개정되기 전의 것) 제11조 소정의 동행보호규정은 재범의 위험성이 현저한 자를 상대로 긴급히 보호할 필요가 있는 경우에 한하여 단기간의 동행보호를 허용한 것으로서 그 요건을 엄격히 해석하는 한, 동 규정 자체가 사전영장주의를 규정한 헌법규정에 반한다고 볼 수는 없다(대판 1997.6.13., 96다56115).

정답 | ③

관련기출 옳은지문

- 재범의 위험성이 현저한 자를 상대로 긴급히 보호할 필요가 있는 경우에 단기간의 동행보호를 허용한 구 「사회안전법」상 동행보호규정은 사전영장주의를 규정한 헌법규정에 반하지 않는다. 14지방직9급

685

행정강제수단에 대한 설명으로 옳지 않은 것은? (다툼이 있는 경우 판례에 의함)

① 행정기관은 법령 등에서 행정조사를 규정하고 있는 경우에 한하여 행정조사를 실시할 수 있지만 조사대상자의 자발적인 협조를 얻어 실시하는 경우에는 그러하지 아니하다.
② 화재진압작업을 위해서 화재발생현장에 불법주차차량을 제거하는 것은 급박성을 이유로 법적 근거가 없더라도 최후수단으로서 실행이 가능하다.
③ 해가 지기 전에 대집행을 착수한 경우에는 야간에 대집행 실행이 가능하다.
④ 「건축법」상 이행강제금 납부의 최초 독촉은 항고소송의 대상이 되는 행정처분에 해당한다는 것이 판례의 태도이다.

685	① ② ③
기출처	2020 소방직
난이도	★★
키워드	즉시강제

해설

① (○) 행정기관은 법령 등에서 행정조사를 규정하고 있는 경우에 한하여 행정조사를 실시할 수 있다. 다만, 조사대상자의 자발적인 협조를 얻어 실시하는 행정조사의 경우에는 그러하지 아니하다(「행정조사기본법」 제5조).
② (×) 즉시강제는 목전에 급박한 위해를 제거하기 위한 행정작용으로 최후수단(보충성)으로 실행된다. 하지만 즉시강제는 법적 근거가 있어야 한다. 제시된 화재진압을 위한 불법주차차량의 제거는 「소방기본법」 제25조(강제처분 등) 제3항의 규정에 근거한다.
③ (○) 「행정대집행법」 제4조 제1항 제2호
④ (○) 「건축법」 제69조의2 제6항, 「지방세법」 제28조, 제82조, 「국세징수법」 제23조의 각 규정에 의하면, 이행강제금 부과처분을 받은 자가 이행강제금을 기한 내에 납부하지 아니한 때에는 그 납부를 독촉할 수 있으며, 납부독촉에도 불구하고 이행강제금을 납부하지 않으면 체납절차에 의하여 이행강제금을 징수할 수 있고, 이때 이행강제금 납부의 최초 독촉은 징수처분으로서 항고소송의 대상이 되는 행정처분이 될 수 있다(대판 2009.12.24., 2009두14507).

정답 | ②

686

행정상 즉시강제에 대한 설명으로 옳은 것만을 모두 고르면?

> ㄱ. 항고소송의 대상이 되는 처분의 성질을 갖는다.
> ㄴ. 과거의 의무 위반에 대하여 가해지는 제재이다.
> ㄷ. 목전에 급박한 장해를 예방하기 위한 경우에는 예외적으로 법률의 근거가 없이도 발동될 수 있다는 것이 일반적인 견해이다.
> ㄹ. 강제 건강진단과 예방접종은 대인적 강제수단에 해당한다.
> ㅁ. 위법한 즉시강제작용으로 손해를 입은 자는 국가나 지방자치단체를 상대로 「국가배상법」이 정한 바에 따라 손해배상을 청구할 수 있다.

① ㄴ, ㄷ
② ㄱ, ㄴ, ㅁ
③ ㄱ, ㄹ, ㅁ
④ ㄷ, ㄹ, ㅁ

해설

ㄱ. (O) 즉시강제는 권력적 사실행위로서 항고소송 대상인 처분이다. 다만, 단시간에 종료되는 경우에는 소익이 없다.
ㄴ. (×) 즉시강제는 목전에 급박한 위해를 제거하기 위한 강제이지, 과거 의무 위반에 대한 제재가 아니다.
ㄷ. (×) 즉시강제를 포함한 모든 행정강제는 구체적인 법률의 근거를 필요로 한다.
ㄹ. (O) 「감염병의 예방 및 관리에 관한 법률」에 따라 강제 건강진단과 예방접종을 하는 행위는 대인적 즉시강제에 해당한다.
ㅁ. (O) 위법한 즉시강제에 따른 손해는 「국가배상법」에 의해 배상을 받을 수 있다.

정답 | ③

687

행정상 즉시강제에 대한 설명으로 옳은 것을 모두 고른 것은? (다툼이 있는 경우 판례에 의함)

> ㄱ. 즉시강제는 목전에 급박한 위해를 제거하기 위해 의무를 부과할 수 없는 상황에 이루어지는 행정강제로서 경찰행정 분야의 국가긴급방위권 이론이나 영·미의 자력제거법에 의하여 실정법적 근거 없이도 가능하다.
> ㄴ. 즉시강제는 다른 수단으로는 행정목적을 달성할 수 없는 경우에만 허용되며, 이 경우에도 최소한으로만 실시하여야 한다.
> ㄷ. 즉시강제를 실시하기 위하여 현장에 파견되는 집행책임자는 그가 집행책임자임을 표시하는 증표를 보여주어야 하며, 즉시강제의 이유와 내용을 고지하여야 한다.
> ㄹ. 「소방기본법」은 즉시강제에 대한 일반적 규정으로 기능한다고 할 수 있다.

① ㄱ, ㄴ
② ㄴ, ㄷ
③ ㄷ, ㄹ
④ ㄱ, ㄹ

해설

ㄱ. (×) 즉시강제는 목전의 급박한 위해를 제거하기 위한 행위라도 법적 근거를 반드시 요한다. 종래에는 독일의 경찰행정 분야의 국가긴급방위권 이론이나 영·미의 자력제거법에 의하여 실정법적 근거 없이도 가능하다고 보았으나, 오늘날 현대적·실질적 법치국가에서는 자연법적 근거만 가지고는 행정상 즉시강제를 용납할 수 없으므로 반드시 실정법적 근거를 필요로 한다.
ㄴ. (○) 「행정기본법」 제33조 제1항
ㄷ. (○) 동조 제2항
ㄹ. (×) 「소방기본법」은 즉시강제에 대한 일반적 규정이라 할 수 없다. 「행정기본법」 제33조가 즉시강제의 일반적 규정이라 할 수 있다.

정답 | ②

688

행정의 실효성 확보수단에 관한 설명으로 옳지 않은 것은? (다툼이 있는 경우 판례에 의함)

① 「소방기본법」상 소방본부장, 소방서장 또는 소방대장이 소방활동을 위하여 긴급하게 출동할 때에는 소방자동차의 통행과 소방활동에 방해가 되는 주차 또는 정차된 차량 및 물건 등을 제거하거나 이동시킬 수 있는 것은 즉시강제에 해당한다.
② 「건축법」상 시정명령을 받은 자가 이를 이행하면 이미 부과된 이행강제금은 징수하여야 하지만, 새로이 이행강제금을 부과하지는 않는다.
③ 통고처분에 대하여 이의가 있으면 통고내용을 이행하지 않음으로써 고발되어 형사재판절차에서 통고처분의 위법·부당함을 다툴 수 있으므로 행정소송의 대상으로서의 처분성이 인정되지 않는다.
④ 조세 부과의 근거가 되었던 법률규정이 위헌결정되었다 하더라도, 그에 기한 과세처분이 위헌결정 전에 이루어졌다면 위헌결정 이후에 조세채권의 집행을 위한 새로운 체납처분에 착수할 수 있다.

기출처 2023 소방직
난이도 ★★
키워드 즉시강제

해설

① (○) 「소방기본법」상의 즉시강제에 해당한다.
② (○) 이미 부과된 이행강제금은 징수하나, 의무를 이행한 경우에는 다시 이행강제금을 부과하지 않는다.
③ (○) 통고처분은 항고소송 대상인 처분이 아니다.
④ 빈출 (×) 위헌결정 이후에 조세채권의 집행을 위한 새로운 체납처분에 착수하거나 이를 속행하는 것은 더 이상 허용되지 않고, 나아가 이러한 위헌결정의 효력에 위배하여 이루어진 체납처분은 그 사유만으로 하자가 중대하고 객관적으로 명백하여 당연무효라고 보아야 한다(대판 2012.2.16., 2010두10907).

정답 | ④

관련기출 옳은지문

• 「행정기본법」은 "소방본부장, 소방서장 또는 소방대장은 소방활동을 위하여 긴급하게 출동할 때에는 소방자동차의 통행과 소방활동에 방해가 되는 주차 또는 정차된 차량 및 물건 등을 제거하거나 이동시킬 수 있다(「소방기본법」 제25조 제3항)."와 같은 행정강제에 관하여 "다른 수단으로는 행정목적을 달성할 수 없는 경우에만 허용되며 이 경우에도 최소한으로만 실시하여야 한다."는 내용을 명시적으로 규정하고 있다. 25소방직

• 「소방기본법」상 소방활동에 방해가 되는 물건 등에 대한 강제처분은 행정상 즉시강제에 해당한다. 19소방직

02 행정조사

689 〈필수〉

다음 중 「행정조사기본법」상 행정조사에 대하여 괄호 안에 들어갈 단어로 가장 옳지 않은 것은?

> ○ 행정조사는 조사목적을 달성하는 데 필요한 (ㄱ)범위 안에서 실시하여야 하며, (ㄴ) 등을 위하여 조사권을 남용하여서는 아니 된다.
> ○ 행정기관은 (ㄷ)에 적합하도록 조사대상자를 선정하여 행정조사를 실시하여야 한다.
> ○ 행정기관은 유사하거나 동일한 사안에 대하여는 공동조사 등을 실시함으로써 행정조사가 (ㄹ) 아니하도록 하여야 한다.
> ○ 행정조사는 법령 등의 위반에 대한 (ㅁ)보다는 법령 등을 준수하도록 (ㅂ)하는 데 중점을 두어야 한다.
> ○ 다른 (ㅅ)에 따르지 아니하고는 행정조사의 대상자 또는 행정조사의 내용을 공표하거나 직무상 알게 된 비밀을 누설하여서는 아니 된다.
> ○ 행정기관은 행정조사를 통하여 알게 된 정보를 다른 법률에 따라 내부에서 이용하거나 다른 기관에 제공하는 경우를 제외하고는 원래의 (ㅇ) 이외의 용도로 이용하거나 타인에게 제공하여서는 아니 된다.

① ㄱ: 적절한   ㄴ: 다른 목적
② ㄷ: 조사목적   ㄹ: 중복되지
③ ㅁ: 처벌   ㅂ: 유도
④ ㅅ: 법률   ㅇ: 조사목적

기출처: 2022 군무원 7급
난이도: ★★★
키워드: 행정조사

관련기출 옳은지문

- 행정기관의 장은 행정조사의 목적, 법령준수의 실적, 자율적인 준수를 위한 노력, 규모와 업종 등을 고려하여 명백하고 객관적인 기준에 따라 행정조사의 대상을 선정하여야 한다. 〈24군무원7급〉

- 행정조사는 조사목적을 달성하는 데 필요한 최소한의 범위 안에서 실시하여야 하며, 다른 목적 등을 위하여 조사권을 남용하여서는 아니 된다. 〈21군무원9급〉

- 행정기관은 유사하거나 동일한 사안에 대하여는 공동조사 등을 실시함으로써 행정조사가 중복되지 아니하도록 하여야 한다. 〈21군무원9급〉

- 행정기관은 행정조사를 통하여 알게 된 정보를 다른 법률에 따라 내부에서 이용하거나 다른 기관에 제공하는 경우를 제외하고는 원래의 조사목적 이외의 용도로 이용하거나 타인에게 제공하여서는 아니 된다. 〈21군무원9급〉

해설

① (✕) ㄱ에 들어갈 적절한 단어는 '적절한'이 아니라 '최소한의'이다.

> 「행정조사기본법」 제4조 【행정조사의 기본원칙】 ① 행정조사는 조사목적을 달성하는 데 필요한 (최소한의) 범위 안에서 실시하여야 하며, (다른 목적) 등을 위하여 조사권을 남용하여서는 아니 된다.
> ② 행정기관은 (조사목적)에 적합하도록 조사대상자를 선정하여 행정조사를 실시하여야 한다.
> ③ 행정기관은 유사하거나 동일한 사안에 대하여는 공동조사 등을 실시함으로써 행정조사가 (중복되지) 아니하도록 하여야 한다.
> ④ 행정조사는 법령 등의 위반에 대한 (처벌)보다는 법령 등을 준수하도록 (유도)하는 데 중점을 두어야 한다.
> ⑤ 다른 (법률)에 따르지 아니하고는 행정조사의 대상자 또는 행정조사의 내용을 공표하거나 직무상 알게 된 비밀을 누설하여서는 아니 된다.
> ⑥ 행정기관은 행정조사를 통하여 알게 된 정보를 다른 법률에 따라 내부에서 이용하거나 다른 기관에 제공하는 경우를 제외하고는 원래의 (조사목적) 이외의 용도로 이용하거나 타인에게 제공하여서는 아니 된다.

정답 | ①

690 〈필수〉

행정조사에 대한 설명으로 옳지 않은 것은? (다툼이 있는 경우 판례에 의함)

① 세무조사결정은 행정조사의 일종으로 사실행위에 불과하여 취소소송의 대상이 되지 아니한다.
② 위법한 행정조사에 대해 예방적 금지소송이 효과적인 방어수단이나 현재는 인정되고 있지 않다.
③ 중복하여 실시되어 위법하게 된 세무조사에 기초하여 이루어진 부가가치세 부과처분은 위법하다.
④ 행정기관의 장은 조사목적의 달성을 위하여 행하여진 시료채취로 조사대상자에게 손실을 입힌 때에는 그 손실을 보상하여야 한다.
⑤ 개별 법령 등에서 행정조사를 규정하고 있는 경우에도 행정기관이「행정조사기본법」제5조 단서에서 정한 '조사대상자의 자발적인 협조를 얻어 실시하는 행정조사'를 실시할 수 있다.

690		
기출처	2021 국회직 9급	
난이도	★★	
키워드	행정조사	

관련기출 옳은지문
- 세무조사결정은 납세의무자의 권리·의무에 직접 영향을 미치는 공권력의 행사에 따른 행정작용으로서 항고소송의 대상이 된다. 18소방직

해설

① 빈출 (×) 세무조사결정은 항고소송 대상인 처분이다.

> 세무조사결정은 납세의무자의 권리·의무에 직접 영향을 미치는 공권력의 행사에 따른 행정작용으로서 항고소송의 대상이 된다(대판 2011.3.10., 2009두23617·23624).

② (○) 대판 2006.5.25., 2003두11988
③ (○) 대판 2006.6.2., 2004두12070
④ (○)「행정조사기본법」제12조 제2항
⑤ (○) 대판 2016.10.27., 2016두41811

정답 | ①

691	①②③
기출처	예상문제
난이도	★★
키워드	행정조사

691

「행정조사기본법」상 행정조사의 기본원칙에 대한 설명으로 옳지 <u>않은</u> 것을 모두 고르면? (다툼이 있는 경우 판례에 의함)

> ㄱ. 행정조사는 조사의 정확성을 위해 필요한 최대한의 범위 안에서 실시하여야 하나, 다른 목적 등을 위하여 조사권을 남용하여서는 아니 된다.
> ㄴ. 행정기관은 유사하거나 동일한 사안에 대하여는 각각 조사 등을 실시함으로써 행정조사가 정확성을 기하도록 하여야 한다.
> ㄷ. 다른 법률에 따르지 아니하고는 행정조사의 대상자 또는 행정조사의 내용을 공표하거나 직무상 알게 된 비밀을 누설하여서는 아니 된다.
> ㄹ. 행정기관은 행정조사를 통하여 알게 된 정보를 다른 법률에 따라 내부에서 이용하거나 다른 기관에 제공하는 경우를 제외하고는 원래의 조사목적 이외의 용도로 이용하거나 타인에게 제공하여서는 아니 된다.

① ㄱ, ㄴ
② ㄴ, ㄷ
③ ㄷ, ㄹ
④ ㄱ, ㄹ

해설

ㄱㄴ. (×) 「행정조사기본법」 제4조 제1항·제3항

> 「행정조사기본법」 제4조 【행정조사의 기본원칙】 ① 행정조사는 조사목적을 달성하는 데 필요한 최소한의 범위 안에서 실시하여야 하며, 다른 목적 등을 위하여 조사권을 남용하여서는 아니 된다.
> ② 행정기관은 조사목적에 적합하도록 조사대상자를 선정하여 행정조사를 실시하여야 한다.
> ③ 행정기관은 유사하거나 동일한 사안에 대하여는 공동조사 등을 실시함으로써 행정조사가 중복되지 아니하도록 하여야 한다.
> ④ 행정조사는 법령 등의 위반에 대한 처벌보다는 법령 등을 준수하도록 유도하는 데 중점을 두어야 한다.
> ⑤ 다른 법률에 따르지 아니하고는 행정조사의 대상자 또는 행정조사의 내용을 공표하거나 직무상 알게 된 비밀을 누설하여서는 아니 된다.
> ⑥ 행정기관은 행정조사를 통하여 알게 된 정보를 다른 법률에 따라 내부에서 이용하거나 다른 기관에 제공하는 경우를 제외하고는 원래의 조사목적 이외의 용도로 이용하거나 타인에게 제공하여서는 아니 된다.

ㄷㄹ. (○) 동법 제4조 제5항·제6항

정답 | ①

692 필수

「행정조사기본법」의 내용으로 옳지 않은 것은?

① '행정조사'란 행정기관이 정책을 결정하거나 직무를 수행하는 데 필요한 정보나 자료를 수집하기 위하여 현장조사·문서열람·시료채취 등을 하거나 조사대상자에게 보고요구·자료제출요구 및 출석·진술요구를 행하는 활동을 말한다.
② 금융감독기관의 감독·검사·조사 및 감리에 관한 사항에 관한 조사의 경우에 정보통신수단을 통한 행정조사는 「행정조사기본법」을 적용한다.
③ 「행정조사기본법」상의 '조사대상자'란 행정조사의 대상이 되는 법인·단체 또는 그 기관을 말하며, 개인은 포함되지 않는다.
④ 행정기관은 법령 등에서 행정조사를 규정하고 있는 경우에 한하여 행정조사를 실시할 수 있다. 다만, 조사대상자의 자발적인 협조를 얻어 실시하는 행정조사의 경우에는 그러하지 아니하다.

692	
기출처	예상문제
난이도	★
키워드	행정조사

🔍 관련기출 옳은지문
- 행정기관이 행정조사를 행하는 경우 조사대상자의 자발적인 협조가 있다면 법령 등에서 행정조사를 규정하고 있지 않더라도 실시할 수 있다. 25소방직

해설

③ (×) 조사대상자에 개인도 포함된다.

> 「**행정조사기본법**」 제2조 【정의】 이 법에서 사용하는 용어의 정의는 다음과 같다.
> 4. '조사대상자'란 행정조사의 대상이 되는 법인·단체 또는 그 기관이나 개인을 말한다.

정답 | ③

693 〈필수〉

행정조사 및 「행정조사기본법」에 대한 설명으로 옳은 것(○)과 옳지 않은 것(×)을 바르게 연결한 것은? (다툼이 있는 경우 판례에 의함)

> ㄱ. 우편물 통관검사절차에서 이루어지는 우편물의 개봉, 시료채취, 성분분석 등의 검사는 수출입물품에 대한 적정한 통관 등을 목적으로 한 행정조사의 성격을 가지는 것으로서 수사기관의 강제처분이라고 할 수 없다.
> ㄴ. 조사원이 현장조사 중에 자료·서류·물건 등을 영치하는 경우에 조사대상자의 생활이나 영업이 사실상 불가능하게 될 우려가 있는 때에는 조사원은 증거인멸의 우려가 있는 경우가 아니라면 사진촬영 등의 방법으로 영치에 갈음할 수 있다.
> ㄷ. 행정기관의 장이 조사대상자의 자발적인 협조를 얻어 행정조사를 실시하고자 하는 경우 조사대상자는 문서·전화·구두 등의 방법으로 당해 행정조사를 거부할 수 있다.
> ㄹ. 조사대상자가 행정조사의 실시를 거부하거나 방해하는 경우 조사원은 「행정조사기본법」상의 명문규정에 의하여 조사대상자의 신체와 재산에 대해 실력을 행사할 수 있다.

	ㄱ	ㄴ	ㄷ	ㄹ
①	○	○	○	×
②	○	×	○	×
③	×	×	○	○
④	○	○	×	×

해설

ㄱ. (○) 우편물 통관검사절차에서 이루어지는 우편물의 개봉 등은 수사기관의 강제처분이 아니라 행정조사의 성격을 갖고 있어서 영장 없이 가능하다는 것이 대법원의 입장이다.

> 우편물 통관검사절차에서 이루어지는 우편물의 개봉, 시료채취, 성분분석 등의 검사는 수출입물품에 대한 적정한 통관 등을 목적으로 한 행정조사의 성격을 가지는 것으로서 수사기관의 강제처분이라고 할 수 없으므로, 압수·수색영장 없이 우편물의 개봉, 시료채취, 성분분석 등 검사가 진행되었다 하더라도 특별한 사정이 없는 한 위법하다고 볼 수 없다(대판 2013.9.26., 2013도7718).

ㄴ. (○) 「행정조사기본법」 제13조

> 「행정조사기본법」 제13조【자료 등의 영치】 ① 조사원이 현장조사 중에 자료·서류·물건 등(이하 이 조에서 '자료 등'이라 한다)을 영치하는 때에는 조사대상자 또는 그 대리인을 입회시켜야 한다.
> ② 조사원이 제1항에 따라 자료 등을 영치하는 경우에 조사대상자의 생활이나 영업이 사실상 불가능하게 될 우려가 있는 때에는 조사원은 자료 등을 사진으로 촬영하거나 사본을 작성하는 등의 방법으로 영치에 갈음할 수 있다. 다만, 증거인멸의 우려가 있는 자료 등을 영치하는 경우에는 그러하지 아니하다.

ㄷ. (○) 동법 제20조 제1항

> 「행정조사기본법」 제20조【자발적인 협조에 따라 실시하는 행정조사】 ① 행정기관의 장이 제5조 단서에 따라 조사대상자의 자발적인 협조를 얻어 행정조사를 실시하고자 하는 경우 조사대상자는 문서·전화·구두 등의 방법으로 당해 행정조사를 거부할 수 있다.

ㄹ. (×) 「행정조사기본법」은 행정조사의 실시를 거부하거나 방해하는 경우에 대해 규정을 하고 있지 않다. 실력행사 여부에 대하여 학설상의 다툼이 있으나 조사대상자가 행정조사의 실시를 거부하거나 방해하는 경우에는 공무집행방해죄 현행범체포 등이 적절한 방법이 될 것이다.

정답 | ①

694 필수

행정조사에 대한 설명으로 옳지 않은 것은?

① 우편물 통관검사절차에서 이루어지는 우편물의 개봉, 시료채취, 성분분석 등의 검사는 수출입물품에 대한 적정한 통관 등을 목적으로 한 행정조사의 성격을 가지는 것으로서 압수·수색영장 없이도 이러한 검사를 진행할 수 있다.
② 세무조사결정은 납세자의 권리·의무에 직접 영향을 미치는 공권력의 행사에 따른 행정작용으로서 항고소송의 대상이 된다.
③ 「행정조사기본법」에 따르면 조사대상자의 자발적인 협조에 따라 실시하는 행정조사에 대하여 조사대상자가 조사에 응할 것인지에 대한 응답을 하지 아니하는 경우에는 법령 등에 특별한 규정이 없는 한 그 조사를 거부한 것으로 본다.
④ 「행정조사기본법」상 행정조사를 실시하기 전에 관련 사항을 미리 통지하는 경우 증거인멸 등으로 행정조사의 목적을 달성할 수 없다고 판단되는 때에는, 행정기관의 장은 행정조사 종료 후 지체 없이 행정조사의 목적 등을 조사대상자에게 구두로 통지할 수 있다.

694	① ② ③
기출처	2024 지방직 9급
난이도	★★
키워드	행정조사

관련기출 옳은지문
- 구 「국세기본법」에 따른 금지되는 재조사에 기초한 과세처분은 특별한 사정이 없는 한 위법하다.
  21소방직

해설

① 빈출 (O) 우편물 통관검사절차에서 이루어지는 우편물의 개봉, 시료채취, 성분분석 등의 검사는 수출입물품에 대한 적정한 통관 등을 목적으로 한 행정조사의 성격을 가지는 것으로서 수사기관의 강제처분이라고 할 수 없으므로, 압수·수색영장 없이 우편물의 개봉, 시료채취, 성분분석 등 검사가 진행되었다 하더라도 특별한 사정이 없는 한 위법하다고 볼 수 없다(대판 2013.9.26., 2013도7718).
② (O) 대판 2011.3.10., 2009두23617·23624
③ (O) 「행정조사기본법」 제20조 제2항
④ (×) 행정조사에 대한 사전통지를 하지 않는 경우에는 조사개시와 동시에 구두로서 통지할 수 있다.

> 「행정조사기본법」 제17조 【조사의 사전통지】 ① 행정조사를 실시하고자 하는 행정기관의 장은 제9조에 따른 출석요구서, 제10조에 따른 보고요구서·자료제출요구서 및 제11조에 따른 현장출입조사서(이하 '출석요구서등'이라 한다)를 조사개시 7일 전까지 조사대상자에게 서면으로 통지하여야 한다. 다만, 다음 각 호의 어느 하나에 해당하는 경우에는 행정조사의 개시와 동시에 출석요구서등을 조사대상자에게 제시하거나 행정조사의 목적 등을 조사대상자에게 구두로 통지할 수 있다.
> 1. 행정조사를 실시하기 전에 관련 사항을 미리 통지하는 때에는 증거인멸 등으로 행정조사의 목적을 달성할 수 없다고 판단되는 경우
> 2. 「통계법」 제3조 제2호에 따른 지정통계의 작성을 위하여 조사하는 경우
> 3. 제5조 단서에 따라 조사대상자의 자발적인 협조를 얻어 실시하는 행정조사의 경우

정답 | ④

695	
기출처	예상문제
난이도	★★
키워드	행정조사

695
행정조사에 대한 설명으로 옳은 것은? (다툼이 있는 경우 판례에 의함)

① 특정 상대방에 대한 관련 행정청의 세무조사결정은 행정조사의 일종으로 사실행위에 해당하고 국민의 구체적인 권리나 의무에 직접적 변동을 일으키는 행위는 아니어서 취소소송의 대상이 되지 아니한다.
② 위법한 행정조사에 대한 구제나 방어의 방법으로 현행 「행정소송법」상 예방적 금지청구소송을 통한 방법이 효과적이다.
③ 「행정조사기본법」상 조사목적의 달성을 위하여 행하여진 시료채취로 조사대상자에게 손실을 입힌 때에는 국가배상을 통해 구제된다.
④ 「행정조사기본법」 제5조에서 규정한 '조사대상자의 자발적인 협조를 얻어 실시하는 행정조사'는 개별 법령 등에서 행정조사를 규정하고 있는 경우에도 실시할 수 있다.

해설

① 빈출 (×) 세무조사결정은 항고소송의 대상인 처분이다.

> 세무조사결정은 납세의무자의 권리·의무에 직접 영향을 미치는 공권력의 행사에 따른 행정작용으로서 항고소송의 대상이 된다(대판 2011.3.10., 2009두23617·23624).

② (×) 「행정소송법」상 행정청이 일정한 처분을 하지 못하도록 그 부작위를 구하는 청구는 허용되지 않는 부적법한 소송이다(대판 2006.5.25., 2003두11988).
③ (×) 「행정조사기본법」 제12조 제2항의 규정에 의해 손실을 보상한다.
④ 빈출 (○) 「행정조사기본법」 제5조는 행정기관이 정책을 결정하거나 직무를 수행하는 데에 필요한 정보나 자료를 수집하기 위하여 행정조사를 실시할 수 있는 근거에 관하여 정한 것으로서, 이러한 규정의 취지와 아울러 문언에 비추어 보면, 단서에서 정한 '조사대상자의 자발적인 협조를 얻어 실시하는 행정조사'는 개별 법령 등에서 행정조사를 규정하고 있는 경우에도 실시할 수 있다(대판 2016.10.27., 2016두41811).

정답 | ④

696 〈필수〉

행정조사 및 「행정조사기본법」에 대한 설명으로 옳은 것(○)과 옳지 않은 것(×)을 바르게 연결한 것은? (다툼이 있는 경우 판례에 의함)

ㄱ. 우편물 통관검사절차에서 이루어지는 우편물의 개봉, 시료채취, 성분분석 등의 검사는 수출입물품에 대한 적정한 통관 등을 목적으로 한 행정조사의 성격으로 영장 없이 이루어 질 수 없다.
ㄴ. 행정기관의 장은 매년 12월 말까지 다음 연도의 행정조사운영계획을 수립하여 국무조정실장에게 제출하여야 한다. 다만, 행정조사운영계획을 제출해야 하는 행정기관의 구체적인 범위는 대통령령으로 정한다.
ㄷ. 행정조사는 법령 등 또는 행정조사운영계획으로 정하는 바에 따라 수시적으로 실시함을 원칙으로 한다. 다만, 다른 행정기관으로부터 법령 등의 위반에 관한 혐의를 통보 또는 이첩받은 경우에는 정기조사를 할 수 있다.
ㄹ. 출입국관리공무원이 불법체류자 단속을 위하여 제3자의 주거나 사업장 등을 검사하고자 하는 경우 주거권자나 관리자의 사전 동의가 필요하다.

	ㄱ	ㄴ	ㄷ	ㄹ		ㄱ	ㄴ	ㄷ	ㄹ
①	○	○	○	×	②	○	×	○	×
③	×	○	×	○	④	○	○	×	×

기출처: 예상문제
난이도: ★★
키워드: 행정조사

관련기출 옳은지문
• 행정조사는 법령 등 또는 행정조사운영계획으로 정하는 바에 따라 정기적으로 실시함을 원칙으로 하나, 법령 등의 위반에 대한 신고를 받거나 민원이 접수된 경우에는 수시조사를 할 수 있다. 24국회직8급

해설

ㄱ. 빈출 (×) 대법원 판례에 의하면 우편물의 통관검사절차에서 이루어지는 우편물의 개봉 등은 수사기관의 강제처분이 아니라 행정조사의 성격을 갖고 있어서 영장 없이 가능하다는 입장이다.

> 우편물 통관검사절차에서 이루어지는 우편물의 개봉, 시료채취, 성분분석 등의 검사는 수출입물품에 대한 적정한 통관 등을 목적으로 한 행정조사의 성격을 가지는 것으로서 수사기관의 강제처분이라고 할 수 없으므로, 압수·수색영장 없이 우편물의 개봉, 시료채취, 성분분석 등 검사가 진행되었다 하더라도 특별한 사정이 없는 한 위법하다고 볼 수 없다(대판 2013.9.26., 2013도7718).

ㄴ. (○) 「행정조사기본법」 제6조 제1항

> 「행정조사기본법」 제6조 【연도별 행정조사운영계획의 수립 및 제출】 ① 행정기관의 장은 매년 12월 말까지 다음 연도의 행정조사운영계획을 수립하여 국무조정실장에게 제출하여야 한다. 다만, 행정조사운영계획을 제출해야 하는 행정기관의 구체적인 범위는 대통령령으로 정한다.

ㄷ. (×) 동법 제7조 제3호

> 「행정조사기본법」 제7조 【조사의 주기】 행정조사는 법령 등 또는 행정조사운영계획으로 정하는 바에 따라 정기적으로 실시함을 원칙으로 한다. 다만, 다음 각 호 중 어느 하나에 해당하는 경우에는 수시조사를 할 수 있다.
> 1. 법률에서 수시조사를 규정하고 있는 경우
> 2. 법령 등의 위반에 대하여 혐의가 있는 경우
> 3. 다른 행정기관으로부터 법령 등의 위반에 관한 혐의를 통보 또는 이첩받은 경우
> 4. 법령 등의 위반에 대한 신고를 받거나 민원이 접수된 경우
> 5. 그 밖에 행정조사의 필요성이 인정되는 사항으로서 대통령령으로 정하는 경우

ㄹ. 지엽 (○) 영장주의원칙의 예외로서 출입국관리공무원 등에게 외국인 등을 방문하여 외국인동향조사 권한을 부여하고 있는 「출입국관리법」 규정의 입법 취지 및 그 규정 내용 등에 비추어 볼 때, 출입국관리공무원 등이 「출입국관리법」 제81조 제1항에 근거하여 제3자의 주거 또는 일반인의 자유로운 출입이 허용되지 아니한 사업장 등에 들어가 외국인을 상대로 조사하기 위해서는 그 주거권자 또는 관리자의 사전 동의가 있어야 한다(대판 2009.3.12., 2008도7156).

정답 | ③

697

행정지도와 행정조사에 대한 설명으로 옳지 않은 것은? (다툼이 있는 경우 판례에 의함)

① 헌법재판소에 따르면 행정지도가 단순한 행정지도로서의 한계를 넘어 규제적·구속적 성격을 상당히 강하게 갖는 것이면 헌법소원의 대상이 되는 공권력 행사라고 볼 수 있다.
② 행정지도가 그에 따를 의사가 없는 상대방에게 이를 부당하게 강요하는 것으로서 행정지도의 한계를 일탈하였다면 위법하다.
③ 「국세기본법」상 금지되는 재조사에 기하여 과세처분을 하는 것은 과세관청이 그러한 재조사로 얻은 과세자료를 배제하고서도 동일한 과세처분이 가능한 경우라면 적법하다.
④ 우편물 통관검사절차에서 이루어지는 우편물의 개봉, 시료채취, 성분분석 등의 검사는 행정조사의 성격을 가지는 것으로서 압수·수색영장 없이 우편물의 개봉, 시료채취, 성분분석 등 검사가 진행되었다 하더라도 특별한 사정이 없는 한 위법하다고 볼 수 없다.
⑤ 행정기관의 장은 법령 등에 특별한 규정이 있는 경우를 제외하고는 행정조사의 결과를 확정한 날부터 7일 이내에 그 결과를 조사대상자에게 통지하여야 한다.

해설

① (○) 헌재 2003.6.26., 2002헌마337
② (○) 「행정절차법」상 행정지도는 상대방의 의사에 반하여 부당하게 강요할 수 없고 이에 반하는 지도는 위법하다.

> 「행정절차법」 제48조【행정지도의 원칙】 ① 행정지도는 그 목적 달성에 필요한 최소한도에 그쳐야 하며, 행정지도의 상대방의 의사에 반하여 부당하게 강요하여서는 아니 된다.

③ (×) 구 「국세기본법」 제81조의4 제2항에 따라 금지되는 재조사에 기하여 과세처분을 하는 것은 단순히 당초 과세처분의 오류를 경정하는 경우에 불과하다는 등의 특별한 사정이 없는 한 그 자체로 위법하고, 이는 과세관청이 그러한 재조사로 얻은 과세자료를 과세처분의 근거로 삼지 않았다거나 이를 배제하고서도 동일한 과세처분이 가능한 경우라고 하여 달리 볼 것은 아니다(대판 2017.12.13., 2016두55421).
④ (○) 대판 2013.9.26., 2013도7718
⑤ (○) 「행정조사기본법」 제24조

정답 | ③

698 (필수)

「행정조사기본법」에 대한 설명으로 옳지 않은 것은? (다툼이 있는 경우 판례에 의함)

① 행정기관은 조사목적에 적합하도록 조사대상자를 선정하여 행정조사를 실시하는 것을 원칙으로 하나 필요한 경우 제3자에 대하여도 조사할 수 있다.
② 행정기관은 법령 등에서 행정조사를 규정하고 있는 경우가 아니라도 조사대상자의 자발적인 협조를 얻어 행정조사를 실시할 수 있다.
③ 행정기관은 조사대상자의 자발적인 협조를 얻어 실시하는 행정조사인 경우 「행정조사기본법」 제17조 제1항 본문에 따른 사전통지를 하지 않을 수 있다.
④ 당해 행정기관 내의 2 이상의 부서가 동일하거나 유사한 업무분야에 대하여 동일한 조사대상자에게 행정조사를 실시하는 경우에는 공동조사를 할 수 있다.
⑤ 행정기관의 장은 법령 등에 특별한 규정이 있는 경우를 제외하고는 행정조사의 결과를 확정한 날부터 7일 이내에 그 결과를 조사대상자에게 통지하여야 한다.

해설

④ (×) 공동조사를 할 수 있는 임의규정이 아니라, 하여야 하는 강행규정이다.

> 「행정조사기본법」 제14조【공동조사】 ① 행정기관의 장은 다음 각 호의 어느 하나에 해당하는 행정조사를 하는 경우에는 공동조사를 하여야 한다.
> 1. 당해 행정기관 내의 2 이상의 부서가 동일하거나 유사한 업무분야에 대하여 동일한 조사대상자에게 행정조사를 실시하는 경우
> 2. 서로 다른 행정기관이 대통령령으로 정하는 분야에 대하여 동일한 조사대상자에게 행정조사를 실시하는 경우

정답 | ④

699

행정조사에 대한 설명으로 옳지 않은 것은? (다툼이 있는 경우 판례에 의함)

① 조세부과처분을 위한 과세관청의 세무조사결정은 사실행위로서 납세의무자의 권리·의무에 직접 영향을 미치는 것은 아니므로 항고소송의 대상이 되지 아니한다.
② 부가가치세 부과처분이 종전의 부가가치세 경정조사와 같은 세목 및 같은 과세기간에 대하여 중복하여 실시한 위법한 세무조사에 기초하여 이루어진 경우 그 과세처분은 위법하다.
③ 「행정조사기본법」에 의하면 행정기관은 행정조사를 통하여 알게 된 정보를 다른 법률에 따라 내부에서 이용하거나 다른 기관에 제공하는 경우를 제외하고는 원래의 조사목적 이외의 용도로 이용하거나 타인에게 제공하여서는 아니 된다.
④ 「행정조사기본법」에 의하면 조사대상자의 자발적인 협조를 얻어 실시하는 행정조사의 경우에는 법령 등의 근거 없이도 행할 수 있으며, 이러한 행정조사에 대하여 조사대상자가 조사에 응할 것인지에 대한 응답을 하지 아니하는 경우에는 법령 등에 특별한 규정이 없는 한 그 조사를 거부한 것으로 본다.

699	
기출처	2019 지방직 7급
난이도	★★
키워드	행정조사

해설

① 빈출 (×) 관세관청의 세무조사결정은 항고소송의 대상인 처분이다.

> 부과처분을 위한 과세관청의 질문조사권이 행해지는 세무조사결정이 있는 경우 납세의무자는 세무공무원의 과세자료 수집을 위한 질문에 대답하고 검사를 수인하여야 할 법적 의무를 부담하게 되는 점, 세무조사는 기본적으로 적정하고 공평한 과세의 실현을 위하여 필요한 최소한의 범위 안에서 행하여져야 하고, 더욱이 동일한 세목 및 과세기간에 대한 재조사는 납세자의 영업의 자유 등 권익을 심각하게 침해할 뿐만 아니라 과세관청에 의한 자의적인 세무조사의 위험마저 있으므로 조세공평의 원칙에 현저히 반하는 예외적인 경우를 제외하고는 금지될 필요가 있는 점, 납세의무자로 하여금 개개의 과태료처분에 대하여 불복하거나 조사 종료 후의 과세처분에 대하여만 다툴 수 있도록 하는 것보다는 그에 앞서 세무조사결정에 대하여 다툼으로써 분쟁을 조기에 근본적으로 해결할 수 있는 점 등을 종합하면, 세무조사결정은 납세의무자의 권리·의무에 직접 영향을 미치는 공권력의 행사에 따른 행정작용으로서 항고소송의 대상이 된다(대판 2011.3.10., 2009두23617).

정답 | ①

700	
기출처	예상문제
난이도	★★
키워드	행정조사

🔍 관련기출 옳은지문
• 행정기관이 이미 조사를 받은 조사대상자에 대하여 위법행위가 의심되는 새로운 증거를 확보한 경우를 제외하고는 정기조사 또는 수시조사를 실시한 행정기관의 장은 동일한 사안에 대하여 동일한 조사대상자를 재조사하여서는 아니 된다.

24국회직9급

700 〈필수〉

「행정조사기본법」에 대한 설명으로 옳은 것은?

① 정기조사 또는 수시조사를 실시한 행정기관의 장은 동일한 사안에 대하여 동일한 조사대상자를 재조사하여서는 아니 된다. 다만, 당해 행정기관이 이미 조사를 받은 조사대상자에 대하여 위법행위가 의심되는 새로운 증거를 확보한 경우에는 그러하지 아니하다.

② 사무실 또는 사업장 등의 업무시간에 행정조사를 실시하고자 할 때 해당 조사가 현장조사인 경우에는 해가 뜨기 전이나 해가 진 뒤에는 할 수 없다.

③ 조사원이 현장조사 중에 자료·서류·물건 등을 영치하는 때에는 조사대상자 또는 그 대리인의 입회 없이 신속하게 이루어져야 한다.

④ 「통계법」에 따른 지정통계의 작성을 위하여 조사하는 경우에는 조사개시 7일 전까지 조사대상자에게 서면으로 사전통지하여야 한다.

해설

① (O) 「행정조사기본법」 제15조 제1항

> 「행정조사기본법」 제15조 【중복조사의 제한】 ① 제7조에 따라 정기조사 또는 수시조사를 실시한 행정기관의 장은 동일한 사안에 대하여 동일한 조사대상자를 재조사하여서는 아니 된다. 다만, 당해 행정기관이 이미 조사를 받은 조사대상자에 대하여 위법행위가 의심되는 새로운 증거를 확보한 경우에는 그러하지 아니하다.

② (×) 현장조사는 원칙적으로 주간에 이루어져야 하지만, 사무실 등의 업무시간에는 야간에도 가능하다.

> 「행정조사기본법」 제11조 【현장조사】 ② 제1항에 따른 현장조사는 해가 뜨기 전이나 해가 진 뒤에는 할 수 없다. 다만, 다음 각 호의 어느 하나에 해당하는 경우에는 그러하지 아니하다.
> 1. 조사대상자(대리인 및 관리책임이 있는 자를 포함한다)가 동의한 경우
> 2. 사무실 또는 사업장 등의 업무시간에 행정조사를 실시하는 경우
> 3. 해가 뜬 후부터 해가 지기 전까지 행정조사를 실시하는 경우에는 조사목적의 달성이 불가능하거나 증거인멸로 인하여 조사대상자의 법령 등의 위반 여부를 확인할 수 없는 경우

③ (×) 조사대상자 또는 그 대리인을 입회시켜야 한다.

> 「행정조사기본법」 제13조 【자료 등의 영치】 ① 조사원이 현장조사 중에 자료·서류·물건 등(이하 이 조에서 '자료 등'이라 한다)을 영치하는 때에는 조사대상자 또는 그 대리인을 입회시켜야 한다.

④ (×) 「통계법」상의 지정 통계조사는 서면으로 사전통지하지 않을 수 있는 경우에 해당한다.

> 「행정조사기본법」 제17조 【조사의 사전통지】 ① 행정조사를 실시하고자 하는 행정기관의 장은 제9조에 따른 출석요구서, 제10조에 따른 보고요구서·자료제출요구서 및 제11조에 따른 현장출입조사서(이하 '출석요구서 등'이라 한다)를 조사개시 7일 전까지 조사대상자에게 서면으로 통지하여야 한다. 다만, 다음 각 호의 어느 하나에 해당하는 경우에는 행정조사의 개시와 동시에 출석요구서 등을 조사대상자에게 제시하거나 행정조사의 목적 등을 조사대상자에게 구두로 통지할 수 있다.
> 1. 행정조사를 실시하기 전에 관련 사항을 미리 통지하는 때에는 증거인멸 등으로 행정조사의 목적을 달성할 수 없다고 판단되는 경우
> 2. 「통계법」 제3조 제2호에 따른 지정통계의 작성을 위하여 조사하는 경우
> 3. 제5조 단서에 따라 조사대상자의 자발적인 협조를 얻어 실시하는 행정조사의 경우

정답 | ①

701

「행정조사기본법」의 내용으로 옳은 것을 모두 고른 것은?

ㄱ. 행정조사를 실시하고자 하는 행정기관의 장은 조사에 관한 사전통지를 한 이후에 개별조사계획을 수립하여야 한다.
ㄴ. 행정기관의 장은 조사대상자에 대한 조사만으로는 당해 행정조사의 목적을 달성할 수 없거나 조사대상이 되는 행위에 대한 사실 여부 등을 입증하는 데 과도한 비용 등이 소요되는 경우에 제3자의 동의가 있다면 제3자에 대한 조사를 할 수 있으나 제3자에 대한 보충조사 사실을 원래의 조사대상자에게 통지하여서는 아니 된다.
ㄷ. 당해 행정기관이 이미 조사를 받은 조사대상자에 대하여 위법행위가 의심되는 새로운 증거를 확보한 경우에는 정기조사 또는 수시조사를 실시한 후에도 동일한 사안에 대하여 동일한 조사대상자를 재조사할 수 있다.
ㄹ. 행정기관의 장이 조사대상자의 자발적인 협조를 얻어 행정조사를 실시하고자 하는 경우 조사대상자는 문서·전화·구두 등의 방법으로 당해 행정조사를 거부할 수 있으며, 조사대상자가 조사에 응할 것인지에 대한 응답을 하지 아니하는 경우에는 법령 등에 특별한 규정이 없는 한 그 조사를 거부한 것으로 본다.

① ㄱ, ㄴ
② ㄴ, ㄷ
③ ㄷ, ㄹ
④ ㄱ, ㄹ

701	
기출처	예상문제
난이도	★★★
키워드	행정조사

해설

ㄱ. (×) 행정조사를 실시하고자 하는 행정기관의 장은 제17조에 따른 사전통지를 하기 전에 개별조사계획을 수립하여야 한다(「행정조사기본법」 제16조 제1항).
ㄴ. (×) 제3자에 대한 보충조사를 하는 경우 원래의 조사대상자에게 보충조사 사실을 원칙적으로 통지하여야 한다.

> **「행정조사기본법」 제19조【제3자에 대한 보충조사】** ① 행정기관의 장은 조사대상자에 대한 조사만으로는 당해 행정조사의 목적을 달성할 수 없거나 조사대상이 되는 행위에 대한 사실 여부 등을 입증하는 데 과도한 비용 등이 소요되는 경우로서 다음 각 호의 어느 하나에 해당하는 경우에는 제3자에 대하여 보충조사를 할 수 있다.
> 1. 다른 법률에서 제3자에 대한 조사를 허용하고 있는 경우
> 2. 제3자의 동의가 있는 경우
> ③ 행정기관의 장은 제3자에 대한 보충조사를 하기 전에 그 사실을 원래의 조사대상자에게 통지하여야 한다. 다만, 제3자에 대한 보충조사를 사전에 통지하여서는 조사목적을 달성할 수 없거나 조사목적의 달성이 현저히 곤란한 경우에는 제3자에 대한 조사결과를 확정하기 전에 그 사실을 통지하여야 한다.

ㄷ. (○) 이미 조사가 종결된 경우에는 재조사를 할 수 없으나, 위법의 증거 등이 확보되는 경우에는 재조사를 할 수 있다(동법 제15조 제1항).
ㄹ. (○) 동법 제20조 제2항

> **「행정조사기본법」 제20조【자발적인 협조에 따라 실시하는 행정조사】** ① 행정기관의 장이 제5조 단서에 따라 조사대상자의 자발적인 협조를 얻어 행정조사를 실시하고자 하는 경우 조사대상자는 문서·전화·구두 등의 방법으로 당해 행정조사를 거부할 수 있다.
> ② 제1항에 따른 행정조사에 대하여 조사대상자가 조사에 응할 것인지에 대한 응답을 하지 아니하는 경우에는 법령 등에 특별한 규정이 없는 한 그 조사를 거부한 것으로 본다.

정답 | ③

702 〈필수〉

행정조사에 관한 설명으로 옳지 않은 것은? (다툼이 있는 경우 판례에 의함)

① 시료채취로 조사대상자에게 손실을 입힌 경우 그 손실보상에 관한 명문 규정을 두고 있다.
② 「행정기본법」은 행정상 강제와 행정조사에 관한 명문의 규정을 마련하고 있다.
③ 조사대상자는 조사원에게 공정한 행정조사를 기대하기 어려운 사정이 있다고 판단되는 경우에는 행정기관의 장에게 당해 조사원의 교체를 신청할 수 있다.
④ 세무조사가 과세자료의 수집 또는 신고내용의 정확성 검증이라는 본연의 목적이 아니라 부정한 목적을 위하여 행하여진 경우, 세무조사에 의하여 수집된 과세자료를 기초로 한 과세처분은 위법하다.

해설

① (○) 「행정조사기본법」 제12조 제2항
② (×) 「행정기본법」에는 행정상 강제에 대한 규정을 두고 있으나, 행정조사에 대한 규정은 없다. 「행정기본법」에는 행정대집행, 이행강제금, 직접강제, 강제징수, 즉시강제에 대한 규정을 두고 있다.
③ (○) 동법 제22조 제1항
④ **빈출** (○) 행정조사가 위법하면 이에 의한 행정처분도 위법하다.

> 세무조사가 과세자료의 수집 또는 신고내용의 정확성 검증이라는 본연의 목적이 아니라 부정한 목적을 위하여 행하여진 것이라면 이는 세무조사에 중대한 위법사유가 있는 경우에 해당하고 이러한 세무조사에 의하여 수집된 과세자료를 기초로 한 과세처분 역시 위법하다. 세무조사가 국가의 과세권을 실현하기 위한 행정조사의 일종으로서 과세자료의 수집 또는 신고내용의 정확성 검증 등을 위하여 필요불가결하며, 종국적으로는 조세의 탈루를 막고 납세자의 성실한 신고를 담보하는 중요한 기능을 수행하더라도 만약 남용이나 오용을 막지 못한다면 납세자의 영업활동 및 사생활의 평온이나 재산권을 침해하고 나아가 과세권의 중립성과 공공성 및 윤리성을 의심받는 결과가 발생할 것이기 때문이다(대판 2016.12.15., 2016두47659).

정답 | ②

관련기출 옳은지문

• 세무조사가 과세자료의 수집 또는 신고내용의 정확성 검증이라는 본연의 목적이 아니라 부정한 목적을 위하여 행하여진 것이라면 이는 세무조사에 중대한 위법사유가 있는 경우에 해당하고 이러한 세무조사에 의하여 수집된 과세자료를 기초로 한 과세처분 역시 위법하다.
24군무원9급

• 조사원이 조사목적을 달성하기 위하여 시료채취를 하는 경우에는 그 시료의 소유자 및 관리자의 정상적인 경제활동을 방해하지 아니하는 범위 안에서 최소한도로 하여야 한다.
20소방직

703

「행정조사기본법」상 행정조사에 대한 설명으로 옳지 않은 것은?

① 행정기관의 장은 조사원이 조사목적의 달성을 위하여 한 시료채취로 조사대상자에게 손실을 입힌 때에는 그 손실을 보상하여야 한다.
② 개별 법령 등에서 행정조사를 규정하고 있지 않더라도, 행정기관은 조사대상자가 자발적으로 협조하는 경우에는 행정조사를 실시할 수 있다.
③ 행정기관의 장은 조사대상자의 신상이나 사업비밀 등이 유출될 우려가 있으므로 인터넷 등 정보통신망을 통하여 조사대상자로 하여금 자료의 제출 등을 하게 할 수 없다.
④ 행정기관의 장은 당해 행정기관 내의 2 이상의 부서가 동일하거나 유사한 업무분야에 대하여 동일한 조사대상자에게 행정조사를 실시하는 경우에는 공동조사를 하여야 한다.

해설

① (○) 「행정조사기본법」 제12조 제2항
② (○) 동법 제5조
③ (×) 행정기관의 장은 인터넷 등 정보통신망을 통하여 조사대상자로 하여금 자료의 제출 등을 하게 할 수 있다(동법 제28조 제1항).
④ (○) 동법 제14조 제1항 제1호

정답 | ③

704
행정조사에 대한 설명으로 옳지 않은 것은?

① 조사원은 사전에 발송된 사항에 한하여 조사대상자를 조사하되, 사전통지한 사항과 관련된 추가적인 행정조사가 필요할 경우에는 조사대상자에게 추가조사의 필요성과 조사내용 등에 관한 사항을 서면이나 구두로 통보한 후 추가조사를 실시할 수 있다.
② 행정기관의 장은 자발적인 협조에 따라 실시하는 행정조사를 거부하는 경우에 조사거부자의 인적 사항 등에 관한 기초자료는 그 개인을 식별할 수 있는 형태로 통계를 작성하는 경우에 한하여 이를 이용할 수 있다.
③ 조사대상자와 조사원은 조사과정을 방해하지 아니하는 범위 안에서 행정조사의 과정을 녹음하거나 녹화할 수 있다. 이 경우 녹음·녹화의 범위 등은 상호 협의하여 정하여야 한다.
④ 행정기관의 장은 조사대상자가 자율적인 신고제도에 따라 신고한 내용이 거짓의 신고라고 인정할 만한 근거가 있거나 신고내용을 신뢰할 수 없는 경우를 제외하고는 그 신고내용을 행정조사에 갈음할 수 있다.

704	① ② ③
기출처	예상문제
난이도	★★
키워드	행정조사

해설

① (○) 「행정조사기본법」 제23조 제1항
② (×) 동법 제20조 제3항

> 「행정조사기본법」 제20조 【자발적인 협조에 따라 실시하는 행정조사】 ③ 행정기관의 장은 제1항 및 제2항에 따른 조사거부자의 인적 사항 등에 관한 기초자료는 특정 개인을 식별할 수 없는 형태로 통계를 작성하는 경우에 한하여 이를 이용할 수 있다.

③ (○) 동법 제23조 제3항
④ (○) 동법 제25조 제2항

정답 | ②

CHAPTER 03 행정벌

01 행정형벌

705 〈필수〉

행정법규의 양벌규정에 대한 설명으로 옳지 않은 것은? (다툼이 있는 경우 판례에 의함)

① 양벌규정은 행위자에 대한 처벌규정임과 동시에 그 위반행위의 이익 귀속주체인 영업주에 대한 처벌규정이다.
② 종업원의 범죄성립이나 처벌이 영업주 처벌의 전제조건이 되는 것은 아니다.
③ 법인 대표자의 법규위반행위에 대한 법인의 책임은 법인 자신의 법규위반행위로 평가될 수 있는 행위에 대한 법인의 직접책임이다.
④ 양벌규정에 의한 법인의 처벌은 어디까지나 행정적 제재처분일 뿐 형벌과는 성격을 달리한다.

해설

① (○) 구 「건축법」 제57조의 양벌규정은 위반행위의 이익귀속주체인 업무주에 대한 처벌규정임과 동시에 행위자의 처벌규정이다(대판 1999.7.15., 95도2870).
② (○) 양벌규정에 의한 영업주의 처벌에 있어서 종업원의 범죄성립이나 처벌을 요하지 않는다(대판 2006.2.24., 2005도7673).
③ [빈출] (○) 법인은 기관을 통하여 행위하므로 법인이 대표자를 선임한 이상 그의 행위로 인한 법률효과는 법인에게 귀속되어야 하고, 법인 대표자의 범죄행위에 대하여는 법인이 자신의 행위에 대한 책임을 부담하는 것이다. <u>법인 대표자의 법규위반행위에 대한 법인의 책임은 법인 자신의 법규위반행위로 평가될 수 있는 행위에 대한 법인의 직접책임이므로</u>, 대표자의 고의에 의한 위반행위에 대하여는 법인이 고의책임을, 대표자의 과실에 의한 위반행위에 대하여는 법인이 과실책임을 부담한다. 따라서 심판대상조항 중 법인의 대표자 관련 부분은 법인의 직접책임을 근거로 하여 법인을 처벌하므로 책임주의원칙에 위배되지 않는다(헌재 2020.4.23., 2019헌가25).
④ (×) 양벌규정은 형법총칙을 적용하지 않는 행정형벌의 특수한 규정이다. 행정형벌은 형사법과 달리 양벌규정을 두어 행위자가 아닌 책임자 등에게도 행정형벌을 부과한다.

정답 | ④

705
- 기출처: 2022 국가직 9급
- 난이도: ★★
- 키워드: 행정형벌

🔍 관련기출 옳은지문
- 양벌규정에 의한 영업주의 처벌은 금지위반행위자인 종업원의 처벌에 종속하는 것이 아니라 독립하여 그 자신의 종업원에 대한 선임감독상의 과실로 인하여 처벌되는 것이므로 종업원의 범죄성립이나 처벌이 영업주 처벌의 전제조건이 될 필요는 없다. 24국회직9급

706 필수

행정벌에 대한 설명으로 옳지 않은 것은? (다툼이 있는 경우 판례에 의함)

① 지방자치단체 소속 공무원이 지방자치단체 고유의 자치사무를 처리하면서 위반행위를 한 경우 지방자치단체도 양벌규정에 따라 처벌대상이 되는 법인에 해당한다.
② 지방국세청장이 조세범칙행위에 대하여 고발을 한 후에 동일한 조세범칙행위에 대하여 통고처분을 하는 경우, 이러한 통고처분은 법적 권한 소멸 후 이루어진 것으로 특별한 사정이 없는 한 효력이 없고 조세범칙행위자가 이를 이행하였더라도 일사부재리의 원칙이 적용될 수 없다.
③ 경찰서장이 범칙행위에 대하여 통고처분을 하더라도 통고처분에서 정한 납부기간까지는 검사가 공소를 제기할 수 있다.
④ 하나의 행위가 둘 이상의 질서위반행위에 해당하는 경우에는 각 질서위반행위에 대하여 정한 과태료 중 가장 중한 과태료를 부과한다.

해설

③ (×) 「경범죄 처벌법」상 범칙금제도는 범칙행위에 대하여 형사절차에 앞서 경찰서장의 통고처분에 따라 범칙금을 납부할 경우 이를 납부하는 사람에 대하여는 기소를 하지 않는 처벌의 특례를 마련해 둔 것으로 법원의 재판절차와는 제도적 취지와 법적 성질에서 차이가 있다. 또한 범칙자가 통고처분을 불이행하였더라도 기소독점주의의 예외를 인정하여 경찰서장의 즉결심판 청구를 통하여 공판절차를 거치지 않고 사건을 간이하고 신속·적정하게 처리함으로써 소송경제를 도모하되, 즉결심판선고 전까지 범칙금을 납부하면 형사처벌을 면할 수 있도록 함으로써 범칙자에 대하여 형사소추와 형사처벌을 면제받을 기회를 부여하고 있다. 따라서 경찰서장이 범칙행위에 대하여 통고처분을 한 이상, 범칙자의 <u>위와 같은 절차적 지위를 보장하기 위하여 통고처분에서 정한 범칙금 납부기간까지는 원칙적으로 경찰서장은 즉결심판을 청구할 수 없고, 검사도 동일한 범칙행위에 대하여 공소를 제기할 수 없다</u>고 보아야 한다(대판 2020.4.29., 2017도13409).

정답 | ③

706
기출처	2022 소방직
난이도	★★
키워드	행정형벌

관련기출 옳은지문
- 지방자치단체가 고유의 자치사무를 처리하는 경우 당해 지방자치단체는 국가기관과는 별도의 독립한 공법인이므로 양벌규정에 따라 처벌대상이 되는 법인에 해당한다.
  24국가직7급

707

행정벌에 대한 설명으로 옳지 않은 것은? (다툼이 있는 경우 판례에 의함)

① 「부동산등기 특별조치법」 제11조 제1항 본문 중 제2조 제1항에 관한 부분이 정하고 있는 과태료는 행정상의 질서유지를 위한 행정질서벌에 해당할 뿐 형벌이라고 할 수 없어 죄형법정주의의 규율대상에 해당하지 아니한다.
② 「질서위반행위규제법」 제6조의 질서위반행위 법정주의에 의하면 법률에 따르지 아니하고는 어떤 행위도 질서위반행위로 과태료를 부과하지 아니한다.
③ 행정벌과 징계벌은 권력의 기초에 의해 부과되는 제재로서 행정벌의 행위자가 징계벌의 대상이 되는 경우에는 양자는 병과될 수 있다.
④ 「건축법」에 의한 무허가 건축행위에 대한 형사처벌과 「건축법」에 의한 시정명령 위반에 대한 이행강제금의 부과는 그 처벌 내지 제재대상이 되는 기본적 사실관계로서의 행위가 동일하고 처벌의 대상 또한 동일하여 이를 병과하는 규정은 헌법 제13조 제1항이 금지하는 이중처벌에 해당한다.

해설

① **빈출** (○) 과태료에 대해서는 죄형법정주의가 적용되지 않는다.

> 죄형법정주의는 무엇이 범죄이며 그에 대한 형벌이 어떠한 것인가는 국민의 대표로 구성된 입법부가 제정한 법률로써 정하여야 한다는 원칙인데, 「부동산등기 특별조치법」 제11조 제1항 본문 중 제2조 제1항에 관한 부분이 정하고 있는 과태료는 행정상의 질서유지를 위한 행정질서벌에 해당할 뿐 형벌이라고 할 수 없어 죄형법정주의의 규율대상에 해당하지 아니한다(헌재 1998.5.28., 96헌바83).

④ **빈출** (×) 「건축법」 제78조에 의한 무허가 건축행위에 대한 형사처벌과 「건축법」 제83조 제1항에 의한 시정명령 위반에 대한 이행강제금의 부과는 그 처벌 내지 제재대상이 되는 기본적 사실관계로서의 행위를 달리하며, 또한 그 보호법익과 목적에서도 차이가 있으므로 헌법 제13조 제1항이 금지하는 이중처벌에 해당한다고 할 수 없다(헌재 2004.2.26., 2001헌바80).

정답 | ④

708

행정벌에 대한 설명으로 옳지 않은 것은? (다툼이 있는 경우 판례에 의함)

① 구 「부동산 실권리자명의 등기에 관한 법률」에 규정된 과징금은 국가형벌권 행사로서의 처벌에 해당한다고 할 수 없으므로 이 법률에서 형사처벌과 아울러 과징금의 부과처분을 할 수 있도록 규정하고 있다 하더라도 이중처벌금지원칙에 위반된다고 볼 수 없다.
② 행정형벌은 행정법상 의무위반에 대한 제재로 과하는 처벌로 법인이 법인으로서 행정법상 의무자인 경우 그 법인을 처벌하는 것은 당연하고, 행정범에 관한 한 법인의 범죄능력을 인정할 수 있으나 지방자치단체 등의 공법인인 경우는 범죄능력과 책임능력이 인정될 수 없다.
③ 운행정지처분의 사유가 된 사실관계로 자동차 운송사업자가 이미 형사처벌을 받은 바 있다 하여 행정청의 「여객자동차 운수사업법」을 근거로 한 운행정지처분이 일사부재리의 원칙에 위반된다 할 수 없다.
④ 행정법규에 있어서 행정질서의 유지를 위하여 행정벌을 과하는 경우 입법자는 그 입법목적의 달성을 위하여 행정형벌이나 행정질서벌을 선택하여 과할 수 있고, 그 입법목적이나 입법 당시의 실정 등을 종합·고려하여 어느 하나를 결정하는 것이다.

해설

② (×) 지방자치단체가 그 고유의 자치사무를 처리하는 경우에는 지방자치단체는 국가기관의 일부가 아니라 국가기관과는 별도의 독립한 공법인이므로, 지방자치단체 소속 공무원이 지방자치단체 고유의 자치사무를 수행하던 중 「도로법」 제81조 내지 제85조의 규정에 의한 위반행위를 한 경우에는 지방자치단체는 「도로법」 제86조의 양벌규정에 따라 처벌대상이 되는 법인에 해당한다(대판 2005.11.10., 2004도2657).

정답 | ②

709 필수

통고처분에 대한 설명으로 옳지 않은 것은? (다툼이 있는 경우 판례에 의함)

① 통고처분은 조세범, 관세범, 출입국사범, 교통사범 등의 경우 허용된다.
② 행정청이 벌금·과료에 상당하는 금액의 납부를 통고하며 당사자가 법정기간 내에 통고된 내용을 이행한 때에 처벌절차는 종료된다.
③ 통고처분에 따른 범칙금을 납부하지 않은 경우에는 고발 등의 절차를 거쳐 형사소송절차로 이행되는 것이 일반적이다.
④ 위법한 통고처분에 대해서는 제소기간 내에 취소소송을 제기할 수 있다.
⑤ 통고처분은 법관에 의한 재판을 받을 권리를 침해한다든가 적법절차의 원칙에 저촉된다고 볼 수 없다.

709	1 2 3
기출처	2021 국회직 9급
난이도	★★
키워드	행정형벌

🔍 **관련기출 옳은지문**
• 「도로교통법」에 의한 경찰서장의 통고처분에 대한 항고소송은 부적법하고 이에 대하여 이의가 있는 경우에는 통고처분에 따른 범칙금을 이행하지 아니함으로써 경찰서장의 즉결심판청구에 의하여 법원의 심판을 받을 수 있게 된다.

19국회직8급

해설

② (○) 통고처분의 내용을 이행하면 확정판결과 동일한 효력이 인정되며 일사부재리의 효력이 발생된다.
③ (○) 통고처분의 내용을 이행하지 않으면 통고권자의 고발에 의해 형사소송절차로 진행된다.
④ 빈출 (×) 경찰서장의 통고처분은 행정소송의 대상이 되는 행정처분이 아니므로 그 처분의 취소를 구하는 소송은 부적법하고, 「도로교통법」상의 통고처분을 받은 자가 그 처분에 대하여 이의가 있는 경우에는 통고처분에 따른 범칙금의 납부를 이행하지 아니함으로써 경찰서장의 즉결심판청구에 의하여 법원의 심판을 받을 수 있게 될 뿐이다(대판 1995.6.29., 95누4674).
⑤ (○) 헌재 1998.5.28., 96헌바4

정답 | ④

710 〈필수〉

행정상 제재에 대한 설명으로 옳지 않은 것은? (다툼이 있는 경우 판례에 의함)

① 관할 행정청이 이행강제금의 부과·징수를 게을리한 행위는 주민소송의 대상이 되는 공금의 부과·징수를 게을리한 사항에 해당한다.
② 구 「독점규제 및 공정거래에 관한 법률」상의 부당내부거래에 대한 과징금에는 행정상의 제재금으로서의 기본적 성격에 부당이득환수적 요소도 부가되어 있다.
③ 구 「법인세법」 제76조 제9항에 근거하여 부과하는 가산세는 형벌이 아니므로 행위자의 고의 또는 과실·책임능력·책임조건 등을 고려하지 아니하며, 조세의 부과절차에 따라 과징할 수 있다.
④ 양벌규정에 의한 영업주의 처벌은 금지위반행위자인 종업원의 처벌에 종속하는 것이므로 종업원의 범죄성립이나 처벌이 영업주 처벌의 전제조건이 된다.

| 해설 |

④ 빈출 (×) 양벌규정에 의한 영업주의 처벌은 금지위반행위자인 종업원의 처벌에 종속하는 것이 아니라 독립하여 그 자신의 종업원에 대한 선임감독상의 과실로 인하여 처벌되는 것이므로 종업원의 범죄성립이나 처벌이 영업주 처벌의 전제조건이 될 필요는 없다(대판 2006.2.24., 2005도7673).

정답 | ④

711 〈필수〉

행정벌에 대한 설명으로 옳은 것은? (다툼이 있는 경우 판례에 의함)

ㄱ. 과태료는 행정상의 질서유지를 위한 행정질서벌에 해당할 뿐 형벌이라 할 수 없어 죄형법정주의의 규율대상에 해당하지 않는다.
ㄴ. 헌법재판소에 의하면 행정질서벌로서의 과태료는 행정상 의무의 위반에 대하여 국가가 일반통치권에 기하여 과하는 제재로서 형벌과 목적·기능이 중복되는 면이 없지 않으므로, 동일한 행위를 대상으로 하여 형벌을 부과하면서 아울러 행정질서벌로서의 과태료까지 부과한다면 그것은 이중처벌금지의 기본정신에 배치되어 국가 입법권의 남용으로 인정될 여지가 있음을 부정할 수 없다고 한다.
ㄷ. 행정상의 단속을 주안으로 하는 법규라 하더라도 고의가 있어야 처벌할 수 있을 뿐 명문규정이 있거나 해석상 과실범도 벌할 뜻이 명확한 경우에도 형법의 원칙에 따라 고의가 없으면 벌할 수 없다.
ㄹ. 행정청의 허가가 있어야 함에도 불구하고 허가를 받지 아니하여 처벌대상의 행위를 한 경우에 허가를 담당하는 공무원이 허가를 요하지 않는 것으로 잘못 알려 주어 이를 믿어 허가를 받지 아니한 것이라도 처벌할 수 있다.

① ㄱ, ㄹ   ② ㄱ, ㄴ   ③ ㄴ, ㄷ   ④ ㄷ, ㄹ

| 해설 |

ㄱ. (○) 죄형법정주의는 무엇이 범죄이며 그에 대한 형벌이 어떠한 것인가는 국민의 대표로 구성된 입법부가 제정한 법률로써 정하여야 한다는 원칙인데, 「부동산등기 특별조치법」 제11조 제1항 본문 중 제2조 제1항에 관한 부분이 정하고 있는 과태료는 행정상의 질서유지를 위한 행정질서벌에 해당할 뿐 형벌이라고 할 수 없어 죄형법정주의의 규율대상에 해당하지 아니한다(헌재 1998.5.28., 96헌바83).

710
- 기출처: 2020 지방직 7급
- 난이도: ★★
- 키워드: 행정형벌

711
- 기출처: 예상문제
- 난이도: ★★
- 키워드: 행정형벌

🔍 **관련기출 옳은지문**
• 임시운행허가기간을 넘어 운행한 자가 등록된 차량에 관하여 그러한 행위를 한 경우라면 과태료의 제재만을 받게 되겠지만, 무등록차량에 관하여 그러한 행위를 한 경우라면 과태료와 별도로 형사처벌의 대상이 된다. 24국회직9급

ㄴ. (O) 행정질서벌로서의 과태료는 행정상 의무의 위반에 대하여 국가가 일반통치권에 기하여 과하는 제재로서 형벌(특히 행정형벌)과 목적·기능이 중복되는 면이 없지 않으므로, 동일한 행위를 대상으로 하여 형벌을 부과하면서 아울러 행정질서벌로서의 과태료까지 부과한다면 그것은 이중처벌금지의 기본정신에 배치되어 국가 입법권의 남용으로 인정될 여지가 있음을 부정할 수 없다(헌재 1994.6.30., 92헌바38).

ㄷ. (×) 과실의 경우에 법규에 명문규정이 있거나 해석상 처벌의 뜻이 명확하면 처벌대상이 된다.

> 행정상의 단속을 주안으로 하는 법규라 하더라도 명문규정이 있거나 해석상 과실범도 벌할 뜻이 명확한 경우를 제외하고는 「형법」의 원칙에 따라 고의가 있어야 벌할 수 있다(대판 1986.7.22., 85도108).

ㄹ. (×) 행정청의 허가가 있어야 함에도 불구하고 허가를 받지 아니하여 처벌대상의 행위를 한 경우라도, 허가를 담당하는 공무원이 허가를 요하지 않는 것으로 잘못 알려 주어 이를 믿었기 때문에 허가를 받지 아니한 것이라면 허가를 받지 않더라도 죄가 되지 않는 것으로 착오를 일으킨 데 대하여 정당한 이유가 있는 경우에 해당하여 처벌할 수 없다(대판 1992.5.22., 91도2525).

정답 | ②

712 〈필수〉

행정벌에 대한 설명으로 옳은 것은? (다툼이 있는 경우 판례에 의함)

① 행정법규 위반에 대한 처벌내용을 행정형벌이나 행정질서벌로 결정할지 여부는 사법부의 판단에 따른다.
② 일사부재리의 효력은 확정재판이 있을 때에 발생하는 것이고 과태료는 행정법상의 질서벌에 불과하므로 과태료처분을 받고 이를 납부한 일이 있더라도 그 후에 형사처벌을 한다고 해서 일사부재리의 원칙에 어긋난다고 할 수 없다.
③ 「대기환경보전법」의 입법목적이나 관계규정의 취지 등에 의해 자동차운행상의 과실로 동법상의 법정 매연배출허용기준을 초과한다는 점을 인식하지 못한 경우에는 과실에 대해 처벌하는 취지라고 해석할 수 있어도 고의가 없어 이를 처벌할 수 없다.
④ 국가가 본래 그의 사무의 일부를 지방자치단체의 장에게 위임하여 처리하게 하는 기관위임사무의 경우 지방자치단체는 양벌규정에 의한 처벌대상이 되는 법인에 해당한다.

712 | 1 | 2 | 3 |
기출처: 예상문제
난이도: ★★
키워드: 행정형벌

🔍 관련기출 옳은지문

• 명문의 규정이 없더라도 관련 행정형벌법규의 해석에 따라 과실행위도 처벌한다는 뜻이 명확한 경우에는 과실행위를 처벌할 수 있다.
17국가직7급

해설

① (×) 행정법규 위반에 대한 처벌내용의 결정은 입법재량에 해당된다.

> 어떤 행정법규 위반행위에 대하여 이를 단지 간접적으로 행정상의 질서에 장해를 줄 위험성이 있음에 불과한 경우로 보아 행정질서벌인 과태료를 과할 것인가, 아니면 직접적으로 행정목적과 공익을 침해한 행위로 보아 행정형벌을 과할 것인가는, 당해 위반행위가 위의 어느 경우에 해당하는가에 대한 법적 판단을 그르친 것이 아닌 한 그 처벌내용은 기본적으로 입법권자가 그 입법목적이나 입법 당시의 제반사정을 고려하여 결정할 입법재량에 속하는 문제이다(헌재 1997.8.21., 93헌바51, 헌재 1997.4.24., 95헌마90).

② 빈출 (O) 일사부재리의 효력은 확정재판이 있을 때에 발생하는 것이고 과태료는 행정법상의 질서벌에 불과하므로 과태료처분을 받고 이를 납부한 일이 있더라도 그 후에 형사처벌을 한다고 해서 일사부재리의 원칙에 어긋난다고 할 수 없다(대판 1989.6.13., 88도1983).
③ (×) 「대기환경보전법」의 입법목적이나 관계규정의 취지 등을 고려하면, 자동차운행상의 과실로 동법상의 법정 매연배출허용기준을 초과한다는 점을 인식하지 못한 경우에도 처벌하는 취지라고 해석함이 상당하다(대판 1993.9.10., 92도1136).
④ 빈출 (×) 국가가 본래 그의 사무의 일부를 지방자치단체의 장에게 위임하여 처리하게 하는 기관위임사무의 경우 지방자치단체는 국가기관의 일부로 볼 수 있고, 지방자치단체가 그 고유의 자치사무를 처리하는 경우 지방자치단체는 국가기관의 일부가 아니라 국가기관과는 별도의 독립한 공법인으로서 양벌규정에 의한 처벌대상이 되는 법인에 해당한다(대판 2009.6.11., 2008도6530).

정답 | ②

713	
기출처	2024 국가직 9급
난이도	★★
키워드	행정형벌

713

행정벌에 대한 설명으로 옳지 않은 것은?

① 지방자치단체 소속 공무원이 지방자치단체 고유의 자치사무를 수행하던 중 「도로법」 규정에 의한 위반행위를 한 경우 지방자치단체는 「도로법」 소정의 양벌규정에 따라 처벌대상이 되는 법인에 해당하지 않는다.

② 「개인정보 보호법」에 따르면, 죄형법정주의의 원칙상 '법인격 없는 공공기관'을 「개인정보 보호법」 소정의 양벌규정에 의하여 처벌할 수 없고, 그 경우 행위자 역시 위 양벌규정으로 처벌할 수 없다.

③ 과태료의 부과·징수, 재판 및 집행 등의 절차에 관한 다른 법률의 규정 중 「질서위반행위규제법」의 규정에 저촉되는 것은 「질서위반행위규제법」으로 정하는 바에 따른다.

④ 「질서위반행위규제법」에 따르면, 당사자와 검사는 과태료 재판에 대하여 즉시항고를 할 수 있으며, 이 경우 항고는 집행정지의 효력이 있다.

해설

① **빈출** (×) 국가가 본래 그의 사무의 일부를 지방자치단체의 장에게 위임하여 그 사무를 처리하게 하는 기관위임사무의 경우에는 지방자치단체는 국가기관의 일부로 볼 수 있는 것이지만, 지방자치단체가 그 고유의 자치사무를 처리하는 경우에는 지방자치단체는 국가기관의 일부가 아니라 국가기관과는 별도의 독립한 공법인이므로, 지방자치단체 소속 공무원이 지방자치단체 고유의 자치사무를 수행하던 중 「도로법」 제81조 내지 제85조의 규정에 의한 위반행위를 한 경우에는 지방자치단체는 「도로법」 제86조의 양벌규정에 따라 처벌대상이 되는 법인에 해당한다(대판 2005.11.10., 2004도2657).

② (○) 행위자의 법 위반으로 양벌규정이 적용되는 대상은 권리나 의무의 주체인 법인이나 개인이다. 법인격이 없는 '공공기관'은 양벌의 대상이 될 수 없고, 이에 따라 실질적인 행위자에게도 양벌규정을 적용할 수 없다.

> 구 「개인정보 보호법」은 제2조 제5호·제6호에서 공공기관 중 법인격이 없는 '중앙행정기관 및 그 소속 기관' 등을 개인정보처리자 중 하나로 규정하고 있으면서도, 양벌규정에 의하여 처벌되는 개인정보처리자로는 같은 법 제74조 제2항에서 '법인 또는 개인'만을 규정하고 있을 뿐이고, 법인격 없는 공공기관에 대하여도 위 양벌규정을 적용할 것인지 여부에 대하여는 명문의 규정을 두고 있지 않으므로, 죄형법정주의의 원칙상 '법인격 없는 공공기관'을 위 양벌규정에 의하여 처벌할 수 없고, 그 경우 행위자 역시 위 양벌규정으로 처벌할 수 없다고 봄이 타당하다(대판 2021.10.28., 2020도1942).

③ (○) 「질서위반행위규제법」 제5조

> 「질서위반행위규제법」 제5조 【다른 법률과의 관계】 과태료의 부과·징수, 재판 및 집행 등의 절차에 관한 다른 법률의 규정 중 이 법의 규정에 저촉되는 것은 이 법으로 정하는 바에 따른다.

④ (○) 동법 제38조 제1항

> 「질서위반행위규제법」 제38조 【항고】 ① 당사자와 검사는 과태료 재판에 대하여 즉시항고를 할 수 있다. 이 경우 항고는 집행정지의 효력이 있다.

정답 | ①

714 〈필수〉

사업주 甲에게 고용된 종업원 乙이 영업행위 중 행정법규를 위반한 경우 행정벌의 부과에 대한 설명으로 옳은 것은? (다툼이 있는 경우 판례에 의함)

① 위 위반행위에 대해 내려진 시정명령에 따르지 않았다는 이유로 乙이 과태료 부과처분을 받고 이를 납부하였다면, 당초의 위반행위를 이유로 乙을 형사처벌할 수 없다.
② 행위자 외에 사업주를 처벌한다는 명문의 규정이 없더라도 관계 규정의 해석에 의해 과실 있는 사업주도 벌할 뜻이 명확한 경우에는 乙 외에 甲도 처벌할 수 있다.
③ 甲의 처벌을 규정한 양벌규정이 있는 경우에도 乙이 처벌을 받지 않는 경우에는 甲만 처벌할 수 없다.
④ 乙의 위반행위가 과태료 부과대상인 경우에 乙이 자신의 행위가 위법하지 아니한 것으로 오인하였다면 乙에 대해서 과태료를 부과할 수 없다.

714	
기출처	2018 지방직 9급
난이도	★★
키워드	행정형벌

해설

① (×) 과태료와 행정형벌은 병과될 수 있다는 것이 대법원의 입장이다(헌법재판소는 부정적이다).

> 피고인이 행형법에 의한 징벌을 받아 그 집행을 종료하였다고 하더라도 행형법상의 징벌은 수형자의 교도소 내의 준수사항 위반에 대하여 과하는 행정상의 질서벌의 일종으로서 「형법」 법령에 위반한 행위에 대한 형사책임과는 그 목적, 성격을 달리하는 것이므로 징벌을 받은 뒤에 형사처벌을 한다고 하여 일사부재리의 원칙에 반하는 것은 아니다(대판 2000.10.27., 2000도3874).

② 빈출 (○) 행정형벌은 명문의 규정이 없어도 처벌의 해석 가능성이 있으면 처벌이 가능하다.

> 「대기환경보전법」의 입법목적이나 관계규정의 취지 등을 고려하면, 자동차운행상의 과실로 동법상의 법정 자동차 배출가스 매연농도 허용기준을 초과한다는 점을 인식하지 못한 경우에도 처벌하는 취지라고 해석함이 상당하다(대판 1993.9.10., 92도1136).

③ (×) 양벌규정을 두고 사용자를 처벌하는 것은 대위책임이 아닌 자기책임설에 의하여, 종업원의 처벌을 전제로 하지 않는다.
④ (×) 착오에 정당한 이유가 있는 때에 한하여 과태료를 부과하지 않는다(「질서위반행위규제법」 제8조).

정답 | ②

715 〈필수〉

행정형벌에 대한 설명으로 옳지 않은 것은? (다툼이 있는 경우 판례에 의함)

① 행정기관의 장이 조세범칙행위에 대하여 고발을 한 후에 동일한 조세범칙행위에 대하여 통고처분을 하여 조세범칙행위자가 이를 이행하였다면 이후 고발에 따른 형사절차의 이행은 일사부재리의 원칙에 반하여 위법하다.
② 양벌규정에 의한 영업주의 처벌은 금지위반행위자인 종업원의 처벌에 종속되는 것이 아니라 독립하여 그 자신의 종업원에 대한 선임과 감독상의 과실로 인하여 처벌되는 것이다.
③ 구 「폐기물관리법」 제62조의 양벌규정은, 행위자의 처벌규정임과 동시에 그 위반행위의 이익귀속주체인 사업장폐기물배출자에 대한 처벌규정이다.
④ 「관세법」상 통고처분을 할 것인지의 여부는 관세청장의 재량에 맡겨져 있고, 따라서 관세청장이 관세범에 대하여 통고처분을 하지 아니한 채 고발하였다는 것만으로는 그 고발 및 이에 기한 공소의 제기가 부적법하게 되는 것은 아니다.

해설

① **빈출** (×) 행정청이 고발을 한 이후의 통고처분과 이에 따른 납부는 무효에 해당한다. 따라서 납부를 하였더라도 형사법원을 통한 형사처벌이 가능하다.

> 지방국세청장 또는 세무서장이 조세범칙행위에 대하여 고발을 한 후에 동일한 조세범칙행위에 대하여 한 통고처분의 효력(원칙적 무효) 및 조세범칙행위자가 이러한 통고처분을 이행한 경우, 「조세범 처벌절차법」 제15조 제3항에서 정한 일사부재리의 원칙이 적용되는지 여부(소극)(대판 2016.9.28., 2014도10748)

② **빈출** (○) 양벌규정에 따라 영업주를 처벌하는 경우 영업주의 처벌은 자기책임이다(관리책임).

> 양벌규정에 의한 영업주의 처벌은 금지위반행위자인 종업원의 처벌에 종속되는 것이 아니라 독립하여 그 자신의 종업원에 대한 선임과 감독상의 과실로 인하여 처벌되는 것이다(대판 1987.11.20., 87도1213).

③ (○) 위 벌칙규정의 위반행위를 한 경우 위 양벌규정에 의하여 처벌할 수 있도록 한 행위자의 처벌규정임과 동시에 그 위반행위의 이익귀속주체인 사업장폐기물배출자에 대한 처벌규정이다(대판 2007.12.28., 2007도8401).

④ (○) 통고처분을 할 것인지의 여부는 관세청장 또는 세관장의 재량에 맡겨져 있고, 따라서 관세청장 또는 세관장이 관세범에 대하여 통고처분을 하지 아니한 채 고발하였다는 것만으로는 그 고발 및 이에 기한 공소의 제기가 부적법하게 되는 것은 아니다(대판 2007.5.11., 2006도1993).

정답 | ①

기출처: 예상문제
난이도: ★★
키워드: 행정형벌

🔍 관련기출 옳은지문

• 구 「관세법」상 통고처분을 할 것인지의 여부는 관세청장 또는 세관장의 재량에 맡겨져 있다.

24군무원9급

716 필수

행정의 실효성 확보수단에 대한 설명으로 옳지 않은 것은? (다툼이 있는 경우 판례에 의함)

① 「행정기본법」에 의하면, 행정청은 의무자가 행정상 의무를 이행할 때까지 이행강제금을 반복하여 부과할 수 있으나, 의무자가 의무를 이행하면 새로운 이행강제금의 부과를 즉시 중지하여야 하며 이미 부과한 이행강제금은 징수하여야 한다.
② 질서위반행위의 과태료 부과의 근거 법률이 개정되어 행위시 법률에 의하면 과태료 부과대상이었지만, 재판시 법률에 의하면 과태료 부과대상이 아니게 된 때에 개정 법률 부칙에서 종전 법률 시행 당시에 행해진 질서위반행위에 특별한 규정을 두지 않은 이상 행위시 법률을 적용하여야 한다.
③ 경찰서장이 범칙행위에 대하여 통고처분을 한 이상, 범칙자의 위와 같은 절차적 지위를 보장하기 위하여 통고처분에서 정한 범칙금 납부기간까지는 원칙적으로 경찰서장은 즉결심판을 청구할 수 없고, 검사도 동일한 범칙행위에 대하여 공소를 제기할 수 없다.
④ 「가맹사업거래의 공정화에 관한 법률」에 의해, 공정거래위원회는 이 법 위반행위에 대하여 과징금을 부과할 것인지 및 부과할 경우 과징금 액수를 구체적으로 얼마로 정할 것인지를 재량을 행사할 수 있다.

716
기출처	예상문제
난이도	★★
키워드	행정형벌

관련기출 옳은지문

- 질서위반행위에 대하여 과태료를 부과하는 근거 법령이 개정되어 행위시의 법률에 의하면 과태료 부과대상이었지만 재판시의 법률에 의하면 부과대상이 아니게 된 때에는 개정 법률의 부칙 등에서 행위시의 법률을 적용하도록 명시하는 등 특별한 사정이 없는 한 재판시의 법률을 적용하여야 하므로 과태료를 부과할 수 없다. 24국가직7급

- 경찰서장이 범칙행위에 대하여 통고처분을 한 이상, 통고처분에서 정한 범칙금 납부기간까지는 원칙적으로 경찰서장은 즉결심판을 청구할 수 없고, 검사도 동일한 범칙행위에 대하여 공소를 제기할 수 없다. 21지방직9급

해설

① (○) 행정청은 의무자가 행정상 의무를 이행할 때까지 이행강제금을 반복하여 부과할 수 있다. 다만, 의무자가 의무를 이행하면 새로운 이행강제금의 부과를 즉시 중지하되, 이미 부과한 이행강제금은 징수하여야 한다(「행정기본법」 제31조 제5항).

② (×) 행위시에 질서위반행위에 해당했으나, 법이 개정되어 재판시에는 과태료 부과대상이 아니게 된 경우에는 재판시 법률에 따라 과태료를 부과하지 않는다.

> 「질서위반행위규제법」 제3조 【법 적용의 시간적 범위】 ① 질서위반행위의 성립과 과태료처분은 행위시의 법률에 따른다.
> ② 질서위반행위 후 법률이 변경되어 그 행위가 질서위반행위에 해당하지 아니하게 되거나 과태료가 변경되기 전의 법률보다 가볍게 된 때에는 법률에 특별한 규정이 없는 한 변경된 법률을 적용한다.

③ (○) 경찰서장이 범칙행위에 대하여 통고처분을 한 이상, 범칙자의 위와 같은 절차적 지위를 보장하기 위하여 통고처분에서 정한 범칙금 납부기간까지는 원칙적으로 경찰서장은 즉결심판을 청구할 수 없고, 검사도 동일한 범칙행위에 대하여 공소를 제기할 수 없다. 또한 범칙자가 범칙금 납부기간이 지나도록 범칙금을 납부하지 아니하였다면 경찰서장이 즉결심판을 청구하여야 하고, 검사는 동일한 범칙행위에 대하여 공소를 제기할 수 없다. 나아가 특별한 사정이 없는 이상 경찰서장은 범칙행위에 대한 형사소추를 위하여 이미 한 통고처분을 임의로 취소할 수 없다(대판 2021.4.1., 2020도15194).

④ (○) 「가맹사업거래의 공정화에 관한 법률」(이하 '가맹사업법'이라 한다) 제35조 제1항에 따르면, 공정거래위원회는 가맹사업법 위반행위에 대하여 과징금을 부과할 것인지와 만일 과징금을 부과할 경우 가맹사업법과 「가맹사업거래의 공정화에 관한 법률 시행령」이 정하고 있는 일정한 범위 안에서 과징금의 액수를 구체적으로 얼마로 정할 것인지를 재량으로 판단할 수 있으므로, 공정거래위원회의 법 위반행위자에 대한 과징금 부과처분은 재량행위이다(대판 2021.9.30., 2020두48857).

정답 | ②

717

717	① ② ③
기출처	2023 국가직 7급
난이도	★★
키워드	행정형벌

행정벌에 대한 설명으로 옳지 않은 것은?

① 양벌규정에 의한 영업주의 처벌은 그 자신의 종업원에 대한 선임감독상의 과실로 인하여 처벌되는 것이므로 종업원의 범죄성립이나 처벌이 영업주 처벌의 전제조건이 될 필요는 없다.

② 질서위반행위를 한 자가 자신의 책임 없는 사유로 위반행위에 이르렀다고 주장하는 경우 법원은 그 내용을 살펴 행위자에게 고의나 과실이 있는지를 따져보아야 한다.

③ 지방국세청장 또는 세무서장이 「조세범 처벌절차법」에 따라 통고처분을 거치지 아니하고 즉시 고발하였다면 이로써 조세범칙사건에 대한 조사 및 처분절차는 종료되고 형사사건절차로 이행되어 지방국세청장 또는 세무서장으로서는 동일한 조세범칙행위에 대하여 더 이상 통고처분을 할 권한이 없다.

④ 「질서위반행위규제법」상 과태료 사건은 다른 법령에 특별한 규정이 있는 경우를 제외하고는 행정청의 주소지의 지방법원 또는 그 지원의 관할로 한다.

해설

① **빈출** (○) 양벌규정에 의한 영업주의 처벌은 금지위반행위자인 종업원의 처벌에 종속하는 것이 아니라 독립하여 그 자신의 종업원에 대한 선임감독상의 과실로 인하여 처벌되는 것이므로 종업원의 범죄성립이나 처벌이 영업주 처벌의 전제조건이 될 필요는 없다(대판 1987.11.10., 87도1213).

② **빈출** (○) 「질서위반행위규제법」은 과태료의 부과대상인 질서위반행위에 대하여도 책임주의원칙을 채택하여 제7조에서 "고의 또는 과실이 없는 질서위반행위는 과태료를 부과하지 아니한다."고 규정하고 있으므로, 질서위반행위를 한 자가 자신의 책임 없는 사유로 위반행위에 이르렀다고 주장하는 경우 법원으로서는 그 내용을 살펴 행위자에게 고의나 과실이 있는지를 따져보아야 한다(대결 2011.7.14., 2011마364).

③ (○) 지방국세청장 또는 세무서장이 「조세범 처벌절차법」 제17조 제1항에 따라 통고처분을 거치지 아니하고 즉시 고발하였다면 이로써 조세범칙사건에 대한 조사 및 처분절차는 종료되고 형사사건절차로 이행되어 지방국세청장 또는 세무서장으로서는 동일한 조세범칙행위에 대하여 더 이상 통고처분을 할 권한이 없다(대판 2016.9.28., 2014도10748).

④ (×) 과태료 재판의 관할은 당사자 주소지의 지방법원이나 그 지원이다.

> 「질서위반행위규제법」 제25조 【관할 법원】 과태료 사건은 다른 법령에 특별한 규정이 있는 경우를 제외하고는 당사자의 주소지의 지방법원 또는 그 지원의 관할로 한다.

정답 | ④

718

718	① ② ③
기출처	2022 지방직 9급
난이도	★
키워드	행정형벌

행정벌에 대한 설명으로 옳은 것은? (다툼이 있는 경우 판례에 의함)

① 양벌규정에 의한 영업주의 처벌은 금지위반행위자인 종업원의 처벌에 종속되는 것이므로 영업주만 따로 처벌할 수는 없다.

② 통고처분은 법정기간 내에 납부하지 않는 것을 해제조건으로 하는 행정처분이므로 행정소송의 대상이 된다.

③ 행정청의 과태료 부과에 대해 서면으로 이의가 제기된 경우 과태료 부과처분은 그 효력을 상실한다.

④ 법원이 하는 과태료 재판에는 원칙적으로 행정소송에서와 같은 신뢰보호의 원칙이 적용된다.

해설

① 빈출 (×) 양벌규정에 의한 영업주의 처벌은 금지위반행위자인 종업원의 처벌에 종속하는 것이 아니라 독립하여 그 자신의 종업원에 대한 선임감독상의 과실로 인하여 처벌되는 것이므로 종업원의 범죄성립이나 처벌이 영업주 처벌의 전제조건이 될 필요는 없다(대판 1987.11.10., 87도1213).
② (×) 통고처분은 항고소송의 대상인 처분이 아니다.
③ 빈출 (○) 과태료에 대해 상대방이 이의를 제기하면 과태료의 효력은 상실한다.

> 「질서위반행위규제법」 제20조 【이의제기】 ① 행정청의 과태료 부과에 불복하는 당사자는 제17조 제1항에 따른 과태료 부과 통지를 받은 날부터 60일 이내에 해당 행정청에 서면으로 이의제기를 할 수 있다.
> ② 제1항에 따른 이의제기가 있는 경우에는 행정청의 과태료 부과처분은 그 효력을 상실한다.

④ (×) 법원이 「비송사건절차법」에 따라서 하는 과태료 재판은 관할 관청이 부과한 과태료처분에 대한 당부를 심판하는 행정소송절차가 아니라 법원이 직권으로 개시·결정하는 것이므로, 원칙적으로 과태료 재판에서는 행정소송에서와 같은 신뢰보호의 원칙 위반 여부가 문제로 되지 아니한다(대결 2006.4.28., 2003마715).

정답 | ③

719
행정벌에 대한 설명으로 옳지 않은 것은? (다툼이 있는 경우 판례에 의함)

① 「지방자치법」에 따른 사기나 부정한 방법으로 사용료 징수를 면한 자에 대한 과태료의 부과·징수 등의 절차는 「질서위반행위규제법」에 따른다.
② 구 「행형법」에 의한 징벌을 받은 뒤에 동일한 사유로 형사처벌을 하여도 일사부재리에 반하는 것은 아니다.
③ 「도로교통법」상 경찰서장의 통고처분은 임의적 승복에 따른 행정에 해당하여 항고소송의 대상이 되는 행정처분이 아니다.
④ 「질서위반행위규제법」에 의하면 법원의 과태료 재판이 확정된 후에는 법률이 변경되어 그 행위가 질서위반행위에 해당하지 않더라도 과태료의 집행을 면하지 못한다.

719	
기출처	예상문제
난이도	★★
키워드	행정형벌

해설

① (○) 「지방자치법」 제156조 제2항·제3항

> 「지방자치법」 제156조 【사용료의 징수조례 등】 ② 사기나 그 밖의 부정한 방법으로 사용료·수수료 또는 분담금의 징수를 면한 자에게는 그 징수를 면한 금액의 5배 이내의 과태료를, 공공시설을 부정사용한 자에게는 50만 원 이하의 과태료를 부과하는 규정을 조례로 정할 수 있다.
> ③ 제2항에 따른 과태료의 부과·징수, 재판 및 집행 등의 절차에 관한 사항은 「질서위반행위규제법」에 따른다.

② (○) 「행형법」상의 징벌은 수형자의 교도소 내의 준수사항 위반에 대하여 과하는 행정상의 질서벌의 일종으로서 「형법」 법령에 위반한 행위에 대한 형사책임과는 그 목적, 성격을 달리하는 것이므로 징벌을 받은 뒤에 형사처벌을 한다고 하여 일사부재리의 원칙에 반하는 것은 아니다(대판 2000.10.27., 2000도3874).
③ (○) 「도로교통법」 제118조에서 규정하는 경찰서장의 통고처분은 행정소송의 대상이 되는 행정처분이 아니므로 그 처분의 취소를 구하는 소송은 부적법하다(대판 1995.6.29., 95누4674).
④ (×) 원칙적으로 행위시의 법령을 기준으로 과태료가 부과되나, 법이 개정되어 질서위반행위에 해당하지 않게 된 경우에는 부과되거나 확정된 과태료는 징수나 집행을 면제한다.

> 「질서위반행위규제법」 제3조 【법 적용의 시간적 범위】 ③ 행정청의 과태료처분이나 법원의 과태료 재판이 확정된 후 법률이 변경되어 그 행위가 질서위반행위에 해당하지 아니하게 된 때에는 변경된 법률에 특별한 규정이 없는 한 과태료의 징수 또는 집행을 면제한다.

정답 | ④

02 행정질서벌

720 〈필수〉
「질서위반행위규제법」의 내용으로 옳은 것만을 모두 고르면?

ㄱ. 행정청이 질서위반행위에 대하여 과태료를 부과하고자 하는 때에는 미리 당사자에게 대통령령으로 정하는 사항을 통지하고, 10일 이상의 기간을 정하여 의견을 제출할 기회를 주어야 한다.
ㄴ. 행정청에 의해 부과된 과태료는 질서위반행위가 종료된 날(다수인이 질서위반행위에 가담한 경우에는 최종행위가 종료된 날을 말한다)부터 5년간 징수하지 아니하거나 집행하지 아니하면 시효로 인하여 소멸한다.
ㄷ. 과태료 사건은 다른 법령에 특별한 규정이 있는 경우를 제외하고는 과태료 부과관청의 소재지의 지방법원 또는 그 지원의 관할로 한다.
ㄹ. 다른 법률에 특별한 규정이 없는 경우, 14세가 되지 아니한 자의 질서위반행위는 과태료를 부과하지 아니한다.

① ㄱ, ㄹ
② ㄴ, ㄹ
③ ㄱ, ㄴ, ㄷ
④ ㄱ, ㄷ, ㄹ

기출처: 2020 국가직 9급
난이도: ★★
키워드: 행정질서벌

관련기출 옳은지문
- 과태료는 행정청의 과태료 부과처분 이후 5년간 징수하지 아니하면 시효로 인하여 소멸한다. 20국회직8급
- 과태료 사건은 다른 법령에 특별한 규정이 있는 경우를 제외하고는 당사자의 주소지의 지방법원 또는 그 지원의 관할로 한다. 19서울시9급

해설

ㄱ. (O) 「질서위반행위규제법」 제16조 제1항
ㄴ. 빈출 (×) 제척기간과 시효의 구분 문제이다. 제시된 내용은 시효가 아닌 제척기간이다.

「질서위반행위규제법」 제15조【과태료의 시효】① 과태료는 행정청의 과태료 부과처분이나 법원의 과태료 재판이 확정된 후 5년간 징수하지 아니하거나 집행하지 아니하면 시효로 인하여 소멸한다.
제19조【과태료 부과의 제척기간】① 행정청은 질서위반행위가 종료된 날(다수인이 질서위반행위에 가담한 경우에는 최종행위가 종료된 날을 말한다)부터 5년이 경과한 경우에는 해당 질서위반행위에 대하여 과태료를 부과할 수 없다.

ㄷ. (×) 과태료 사건은 당사자 주소지의 지방법원 또는 그 지원의 관할로 한다.

「질서위반행위규제법」 제25조【관할 법원】 과태료 사건은 다른 법령에 특별한 규정이 있는 경우를 제외하고는 당사자의 주소지의 지방법원 또는 그 지원의 관할로 한다.

ㄹ. (O) 동법 제9조

정답 | ①

721 필수

「질서위반행위규제법」상 과태료에 대한 설명으로 옳지 않은 것은?

① 신분에 의하여 성립하는 질서위반행위에 신분이 없는 자가 가담한 때에는 신분이 없는 자에 대하여도 질서위반행위가 성립한다.
② 하나의 행위가 2 이상의 질서위반행위에 해당하는 경우에는 각 질서위반행위에 대하여 정한 과태료 중 가장 중한 과태료를 부과한다.
③ 자신의 행위가 위법하지 아니한 것으로 오인하고 행한 질서위반행위는 그 오인에 정당한 이유가 있는 때에 한하여 과태료를 부과하지 아니한다.
④ 행정청이 위반사실을 적발하면 과태료를 부과받을 자의 주소지를 관할하는 지방법원에 통보하여야 하고, 당해 법원은 「비송사건절차법」에 따라 결정으로써 과태료를 부과한다.

기출처 2023 국가직 9급
난이도 ★★
키워드 행정질서벌

관련기출 옳은지문
- 하나의 행위가 2 이상의 질서위반행위에 해당하는 경우에는 각 질서위반행위에 대하여 정한 과태료 중 가장 중한 과태료를 부과하는 것이 원칙이다. 17서울시9급

해설

① (○) 「질서위반행위규제법」 제12조 제2항
② (○) 동법 제13조 제1항
③ (○) 동법 제8조
④ (×) 행정청이 위반사실을 적발하여 관할 법원에 바로 통보하는 것이 아니라, 사전통지와 의견제출 기회를 부여(동법 제16조)하고 과태료 부과처분(제17조)을 한 뒤, 이에 상대방이 이의제기(제20조)를 하면 행정청은 관할 법원에 통보를 한다(제21조).

정답 | ④

722 필수

「질서위반행위규제법」의 내용으로 옳은 것은?

① 지방자치단체의 조례상의 의무를 위반하여 과태료를 부과하는 행위는 「질서위반행위규제법」에 따른 질서위반행위에 해당되지 않는다.
② 과태료의 부과·징수, 재판 및 집행 등의 절차에 관한 다른 법률의 규정 중 「질서위반행위규제법」의 규정에 저촉되는 것은 「질서위반행위규제법」으로 정하는 바에 따른다.
③ 질서위반행위에 따른 과태료는 고의나 과실을 불문하고 객관적 사실에 따라 부과된다.
④ 자신의 행위가 위법하지 아니한 것으로 오인하고 행한 질서위반행위는 과태료를 부과하지 아니한다.

기출처 예상문제
난이도 ★
키워드 행정질서벌

관련기출 옳은지문
- 자신의 행위가 위법하지 아니한 것으로 오인하고 행한 질서위반행위는 그 오인에 정당한 이유가 있는 때에 한하여 과태료를 부과하지 아니한다. 19(하)서울시7급

해설

① (×) 질서위반행위에는 법률로 정한 경우와 조례에 의한 과태료가 모두 포함된다(「질서위반행위규제법」 제2조 제1호).
② (○) 동법 제15조

> 「질서위반행위규제법」 제5조 【다른 법률과의 관계】 과태료의 부과·징수, 재판 및 집행 등의 절차에 관한 다른 법률의 규정 중 이 법의 규정에 저촉되는 것은 이 법으로 정하는 바에 따른다.

③ 빈출 (×) 고의 또는 과실이 없는 질서위반행위는 과태료를 부과하지 않으므로 틀린 지문이다.

> 「질서위반행위규제법」 제7조 【고의 또는 과실】 고의 또는 과실이 없는 질서위반행위는 과태료를 부과하지 아니한다.

④ 빈출 (×) 자신의 행위가 위법하지 아니한 것으로 오인하고 행한 질서위반행위는 그 오인에 정당한 이유가 있는 때에 한하여 과태료를 부과하지 아니한다(동법 제8조).

정답 | ②

723

「질서위반행위규제법」에 대한 설명으로 옳지 않은 것은?

① 법인의 대표자, 법인 또는 개인의 대리인·사용인 및 그 밖의 종업원이 업무에 관하여 법인 또는 그 개인에게 부과된 법률상의 의무를 위반한 때에는 법인 또는 그 개인에게 과태료를 부과한다.
② 2인 이상이 질서위반행위에 가담한 때에는 그중 대표 1인을 선정하여 1인의 행위로 질서위반행위를 한 것으로 본다.
③ 신분에 의하여 성립하는 질서위반행위에 신분이 없는 자가 가담한 때에는 신분이 없는 자에 대하여도 질서위반행위가 성립하지만, 신분에 의하여 과태료를 감경 또는 가중하거나 과태료를 부과하지 아니하는 때에는 그 신분의 효과는 신분이 없는 자에게는 미치지 아니한다.
④ 과태료는 행정청의 과태료 부과처분이나 법원의 과태료 재판이 확정된 후 5년간 징수하지 아니하거나 집행하지 아니하면 시효로 인하여 소멸한다.

해설

① (○) 「질서위반행위규제법」 제11조 제1항
② (×) 각자가 위반한 것으로 본다.

> 「질서위반행위규제법」 제12조 【다수인의 질서위반행위 가담】 ① 2인 이상이 질서위반행위에 가담한 때에는 각자가 질서위반행위를 한 것으로 본다.

③ (○) 동법 제12조 제2항·제3항
④ (○) 동법 제15조 제1항

정답 | ②

724 〈필수〉

「질서위반행위규제법」상 과태료에 대한 설명으로 옳은 것은?

① 행정청은 당사자가 납부기한까지 과태료를 납부하지 아니한 때에는 납부기한을 경과한 날부터 체납된 과태료에 대하여 100분의 5에 상당하는 가산금을 징수한다.
② 질서위반행위가 종료된 날부터 3년이 경과한 경우에는 해당 질서위반행위에 대하여 과태료를 부과할 수 없다.
③ 신분에 의하여 과태료를 감경 또는 가중하거나 과태료를 부과하지 아니하는 때에는 그 신분의 효과는 신분이 없는 자에게는 미치지 아니한다.
④ 고의 또는 과실이 없는 질서위반행위는 그에 대한 정당한 이유가 있는 때에 한하여 과태료를 부과하지 아니한다.
⑤ 법인의 대표자, 법인 또는 개인의 대리인·사용인 및 그 밖의 종업원이 업무에 관하여 법인 또는 그 개인에게 부과된 법률상의 의무를 위반한 때에 법인 또는 그 개인에게 과태료를 부과하는 것은 위법하다.

해설

① (×) 100분의 3의 가산금을 징수한다(「질서위반행위규제법」 제24조 제1항).
② (×) 제척기간은 5년이다(동법 제19조 제1항).
③ (○) 동법 제12조 제3항
④ 빈출 (×) 고의 또는 과실이 없는 행위는 과태료부과 대상이 아니다. 정당한 이유가 있는 때에 한하는 규정은 '위법성의 착오' 규정이다.

> 「질서위반행위규제법」 제7조【고의 또는 과실】 고의 또는 과실이 없는 질서위반행위는 과태료를 부과하지 아니한다.
> 제8조【위법성의 착오】 자신의 행위가 위법하지 아니한 것으로 오인하고 행한 질서위반행위는 그 오인에 정당한 이유가 있는 때에 한하여 과태료를 부과하지 아니한다.

⑤ (×) 법인이나 개인에게 과태료를 부과한다(동법 제11조 제1항).

정답 | ③

관련기출 옳은지문

- 행정청은 당사자가 납부기한까지 과태료를 납부하지 아니한 때에는 납부기한을 경과한 날부터 체납된 과태료에 대하여 100분의 3에 상당하는 가산금을 징수한다. 20군무원7급

- 행정청은 질서위반행위가 종료된 날(다수인이 질서위반행위에 가담한 경우에는 최종행위가 종료된 날을 말함)부터 5년이 경과한 경우에는 해당 질서위반행위에 대하여 과태료를 부과할 수 없다. 23지방직7급

---

725 필수

「질서위반행위규제법」의 내용으로 옳지 않은 것은?

① 질서위반행위의 성립과 과태료처분은 행위시의 법률에 따른다.
② 과태료 사건은 다른 법령에 특별한 규정이 있는 경우를 제외하고는 당사자의 주소지의 지방법원 또는 그 지원의 관할로 한다.
③ 질서위반행위란 법률(조례를 포함한다)상의 의무를 위반하여 과태료를 부과하는 행위를 말하고, 이에는 대통령령으로 정하는 사법(私法)상·소송법상 의무를 위반하여 과태료를 부과하는 행위가 포함된다.
④ 「질서위반행위규제법」에 의하면, 고의 또는 과실이 없는 질서위반행위는 과태료를 부과하지 아니한다.
⑤ 「질서위반행위규제법」에 의한 과태료는 행정청의 과태료 부과처분이나 법원의 과태료 재판이 확정된 후 5년간 징수하지 아니하거나 집행하지 아니하면 시효로 인하여 소멸한다.

725	
기출처	2021 국회직 9급
난이도	★★
키워드	행정질서벌

해설

① 빈출 (○) 「질서위반행위규제법」 제3조
② (○) 동법 제25조
③ 지엽 (×) 대통령령으로 정하는 사법(私法)상·소송법상 의무를 위반하여 과태료를 부과하는 행위는 「질서위반행위규제법」상의 과태료가 아니다.

> 「질서위반행위규제법」 제2조【정의】 이 법에서 사용하는 용어의 뜻은 다음과 같다.
> 1. '질서위반행위'란 법률(지방자치단체의 조례를 포함한다. 이하 같다)상의 의무를 위반하여 과태료를 부과하는 행위를 말한다. 다만, 다음 각 목의 어느 하나에 해당하는 행위를 제외한다.
>   가. 대통령령으로 정하는 사법(私法)상·소송법상 의무를 위반하여 과태료를 부과하는 행위
>   나. 대통령령으로 정하는 법률에 따른 징계사유에 해당하여 과태료를 부과하는 행위

④ (○) 동법 제7조
⑤ (○) 동법 제15조 제1항

정답 | ③

관련기출 옳은지문

- 질서위반행위 후 법률이 변경되어 그 행위가 질서위반행위에 해당하지 아니하게 되거나 과태료가 변경되기 전의 법률보다 가볍게 된 때에는 법률에 특별한 규정이 없는 한 변경된 법률을 적용하여야 한다. 23지방직9급

- 고의 또는 과실이 없는 질서위반행위는 과태료를 부과하지 아니한다. 19(하)서울시7급

726

행정의 실효성 확보수단에 대한 내용으로 옳지 않은 것은? (다툼이 있는 경우 판례에 의함)

① 행정법상의 질서벌인 과태료의 부과처분과 형사처벌은 그 성질이나 목적을 달리하는 별개의 것이므로 행정법상의 질서벌인 과태료와 형사처벌은 병과할 수 있다.

② 허가를 받지 않은 교량의 설치를 중단하지 않은 채 교량의 상판에 콘크리트 타설을 하는 등으로 공사를 진행하여 이 사건 교량을 완공하였다면 행정대집행을 실행할 수 없다.

③ 구 「농지법」 제62조 제1항에 따른 이행강제금 부과처분에 불복하는 경우에는 「비송사건절차법」에 따른 재판절차가 적용되어야 하고, 설사 공무원이 행정심판을 청구할 수 있다고 잘못된 안내를 하였다고 해도 「행정소송법」상 항고소송의 대상은 될 수 없다.

④ 행정청이 상대의 여러 가지 위반행위 중 일부만 인지하여 과징금 부과처분을 하였는데 그 후 다른 위반행위를 알게 되어 이에 대하여 별도의 과징금 부과처분을 하는 경우, 일괄하여 하나의 과징금 부과처분을 하는 경우와의 형평을 고려하여 추가 과징금 부과처분의 처분양정이 이루어져야 한다.

해설

① (○) 행정법상의 질서벌인 과태료의 부과처분과 형사처벌은 그 성질이나 목적을 달리하는 별개의 것이므로 행정법상의 질서벌인 과태료를 납부한 후에 형사처벌을 한다고 하여 이를 일사부재리의 원칙에 반하는 것이라고 할 수는 없다(대판 1996.4.12., 96도158).

② (×) 원고는 이 사건 교량을 설치하던 도중 완주군청 소속 담당공무원으로부터 이 사건 교량의 설치허가를 받을 수 없음을 통보받았음에도 이 사건 교량 공사를 진행하여 완공하였던 점까지 고려하면, 허가 없이 설치된 이 사건 교량의 원상회복의무 불이행을 방치하는 것은 소하천의 불법 인공구조물을 단속하는 행정관청의 권능이 무력화되어 소하천 정비 등 행정의 원활한 수행을 위태롭게 하고 관련 법령의 제한규정을 회피하려는 것을 사전에 예방하지 못함으로써 공익을 심히 해하는 경우에 해당한다고 보아야 한다(대판 2022.6.30., 2022두35008).

③ (○) 구 「농지법」 제62조 제1항에 따른 이행강제금 부과처분에 불복하는 경우에는 「비송사건절차법」에 따른 재판절차가 적용되어야 하고, 「행정소송법」상 항고소송의 대상은 될 수 없다(대판 2019.4.11., 2018두42955).

④ (○) 관할 행정청이 여객자동차 운송사업자가 범한 여러 가지 위반행위 중 일부만 인지하여 과징금 부과처분을 하였는데 그 후 과징금 부과처분 시점 이전에 이루어진 다른 위반행위를 인지하여 이에 대하여 별도의 과징금 부과처분을 하게 되는 경우에도 종전 과징금 부과처분의 대상이 된 위반행위와 추가 과징금 부과처분의 대상이 된 위반행위에 대하여 일괄하여 하나의 과징금 부과처분을 하는 경우와의 형평을 고려하여 추가 과징금 부과처분의 처분양정이 이루어져야 한다(대판 2021.2.4., 2020두48390).

정답 | ②

727

「질서위반행위규제법」에 대한 설명으로 옳은 것을 모두 고른 것은?

> ㄱ. 과태료는 행정청의 과태료 부과처분이나 법원의 과태료 재판이 확정된 후 5년간 징수하지 아니하거나 집행하지 아니하면 제척기간으로 인하여 소멸한다.
> ㄴ. 행정청의 과태료 부과에 불복하는 당사자는 제17조 제1항에 따른 과태료 부과 통지를 받은 날부터 60일 이내에 해당 행정청에 서면으로 이의제기를 할 수 있고, 이에 따라 행정청의 과태료 부과처분은 그 효력을 상실한다.
> ㄷ. 행정청은 당사자가 의견제출 기한 이내에 과태료를 자진하여 납부하고자 하는 경우에는 대통령령으로 정하는 바에 따라 과태료를 감경하여야 한다.
> ㄹ. 행정청이 질서위반행위에 대하여 과태료를 부과하고자 하는 때에는 미리 당사자에게 대통령령으로 정하는 사항을 통지하고, 10일 이상의 기간을 정하여 의견을 제출할 기회를 주어야 한다.

① ㄱ, ㄷ
② ㄴ, ㄹ
③ ㄷ, ㄹ
④ ㄱ, ㄴ

기출처 예상문제
난이도 ★★
키워드 행정질서벌

해설

ㄱ. (×) 제척기간은 과태료의 부과권을 말하고, 징수나 집행기간은 시효에 해당한다.

> 「질서위반행위규제법」 제15조【과태료의 시효】① 과태료는 행정청의 과태료 부과처분이나 법원의 과태료 재판이 확정된 후 5년간 징수하지 아니하거나 집행하지 아니하면 시효로 인하여 소멸한다.
> 제19조【과태료 부과의 제척기간】① 행정청은 질서위반행위가 종료된 날(다수인이 질서위반행위에 가담한 경우에는 최종행위가 종료된 날을 말한다)부터 5년이 경과한 경우에는 해당 질서위반행위에 대하여 과태료를 부과할 수 없다.

ㄴ. (○) 「질서위반행위규제법」 제20조 제1항·제2항
ㄷ. (×) 의견제출기간 내에 자진납부하고자 하는 경우에 감경 여부는 재량이다.

> 「질서위반행위규제법」 제18조【자진납부자에 대한 과태료 감경】① 행정청은 당사자가 제16조에 따른 의견제출 기한 이내에 과태료를 자진하여 납부하고자 하는 경우에는 대통령령으로 정하는 바에 따라 과태료를 감경할 수 있다.

ㄹ. (○) 동법 제16조 제1항

정답 | ②

728 〈필수〉

다음 설명 중 옳지 않은 것은? (다툼이 있는 경우 판례에 의함)

① 「질서위반행위규제법」상의 질서위반행위는 고의 또는 과실이 있는 경우에 과태료를 부과할 수 있다.
② 질서위반행위의 성립은 행위시의 법률을 따르고 과태료처분은 판결시의 법률에 따른다.
③ 행정청은 질서위반행위가 발생하였다는 합리적 의심이 있어 그에 대한 조사가 필요하다고 인정하는 경우에 법정조사권을 행사할 수 있다.
④ 행정질서벌인 과태료는 형벌이 아니므로 행정질서벌에는 형법총칙이 적용되지 않는다.

해설

② 빈출 (×) 질서위반행위의 성립은 행위시의 법률을 따르고, 과태료처분도 행위시의 법률에 따른다.

「질서위반행위규제법」 제3조【법 적용의 시간적 범위】① 질서위반행위의 성립과 과태료처분은 행위시의 법률에 따른다.
② 질서위반행위 후 법률이 변경되어 그 행위가 질서위반행위에 해당하지 아니하게 되거나 과태료가 변경되기 전의 법률보다 가볍게 된 때에는 법률에 특별한 규정이 없는 한 변경된 법률을 적용한다.

정답 | ②

729

「질서위반행위규제법」에 대한 설명으로 옳지 않은 것은?

① 과태료부과에 대하여 이의제기를 받은 행정청은 이의제기를 받은 날부터 14일 이내에 이에 대한 의견 및 증빙서류를 첨부하여 관할 법원에 통보하여야 한다.
② 고의 또는 중과실의 경우에는 과태료를 부과하나, 경과실에 그치는 경우에는 질서위반행위라고 하더라도 과태료를 부과할 수 없다.
③ 행정청은 질서위반행위가 발생하였다는 합리적 의심이 있어 그에 대한 조사가 필요하다고 인정할 때에는 대통령령으로 정하는 바에 따라 당사자 또는 참고인의 출석 요구 및 진술의 청취의 조치를 할 수 있다.
④ 행정청은 과태료의 부과·징수를 위하여 필요한 때에는 관계 행정기관, 지방자치단체, 그 밖에 대통령령으로 정하는 공공기관의 장에게 그 필요성을 소명하여 자료 또는 정보의 제공을 요청할 수 있으며, 그 요청을 받은 공공기관 등의 장은 특별한 사정이 없는 한 이에 응하여야 한다.

해설

① (○) 「질서위반행위규제법」 제21조 제1항
② (×) 고의 또는 과실이 없는 질서위반행위는 과태료를 부과하지 아니한다(동법 제7조).
③ (○) 동법 제22조 제1항
④ (○) 동법 제23조

정답 | ②

730

행정질서벌과 「질서위반행위규제법」에 대한 설명으로 옳은 것은? (다툼이 있는 경우 판례에 의함)

① 신분에 의하여 과태료를 감경 또는 가중하거나 과태료를 부과하지 아니하는 때에는 그 신분의 효과는 신분이 없는 자에게는 미치지 않는다.
② 「질서위반행위규제법」 원칙상 고의 또는 과실이 없는 질서위반행위에 대해서도 과태료를 부과할 수 있다.
③ 행정청의 과태료 부과에 불복하는 이의제기가 있더라도 과태료 부과처분은 그 효력을 상실하지 않는다.
④ 행정질서벌인 과태료는 죄형법정주의의 규율 대상이다.

730	
기출처	2021 국가직 7급
난이도	★★
키워드	행정질서벌

해설

① 빈출 (O) 「질서위반행위규제법」 제12조 제3항

> 「질서위반행위규제법」 제12조 【다수인의 질서위반행위 가담】 ③ 신분에 의하여 과태료를 감경 또는 가중하거나 과태료를 부과하지 아니하는 때에는 그 신분의 효과는 신분이 없는 자에게는 미치지 아니한다.

② 빈출 (×) 동법 제7조

> 「질서위반행위규제법」 제7조 【고의 또는 과실】 고의 또는 과실이 없는 질서위반행위는 과태료를 부과하지 아니한다.

③ (×) 동법 제20조 제1항

> 「질서위반행위규제법」 제20조 【이의제기】 ① 행정청의 과태료 부과에 불복하는 당사자는 제17조 제1항에 따른 과태료 부과 통지를 받은 날부터 60일 이내에 해당 행정청에 서면으로 이의제기를 할 수 있다.
> ② 제1항에 따른 이의제기가 있는 경우에는 행정청의 과태료 부과처분은 그 효력을 상실한다.

④ (×) 과태료는 형벌이 아닌 질서벌로서 죄형법정주의가 적용되지 않는다.

> 죄형법정주의는 무엇이 범죄이며 그에 대한 형벌이 어떠한 것인가는 국민의 대표로 구성된 입법부가 제정한 법률로써 정하여야 한다는 원칙인데, 「부동산등기 특별조치법」 제11조 제1항 본문 중 제2조 제1항에 관한 부분이 정하고 있는 과태료는 행정상의 질서유지를 위한 행정질서벌에 해당할 뿐 형벌이라고 할 수 없어 죄형법정주의의 규율 대상에 해당하지 아니한다(헌재 1998.5.28., 96헌바83).

정답 | ①

731 〈필수〉

「질서위반행위규제법」에 대한 설명으로 옳은 것은?

① 당사자와 검사는 과태료 재판에 대하여 즉시항고를 할 수 있고 이 경우 항고는 집행정지의 효력이 있다.
② 법원은 검사의 청구에 따라 결정으로 50일의 범위 이내에서 과태료의 납부가 있을 때까지 체납자를 감치(監置)에 처할 수 있다.
③ 행정청은 자동차와 관련한 과태료와 다른 그 밖의 과태료를 체납하고 있는 자가 해당 자동차를 직접적인 생계유지 목적으로 사용하고 있어 자동차 등록번호판을 영치할 경우 생계유지가 곤란하다고 인정되는 경우 자동차 등록번호판을 내주고 영치를 일시 해제할 수 있다.
④ 행정청의 과태료 부과에 불복하는 당사자는 과태료 부과 통지를 받은 날부터 60일 이내에 행정소송을 청구할 수 있다.

해설

① (○) 과태료 재판에 대한 즉시항고는 집행정지의 효력이 발생한다.

> 「질서위반행위규제법」 제38조【항고】 ① 당사자와 검사는 과태료 재판에 대하여 즉시항고를 할 수 있다. 이 경우 항고는 집행정지의 효력이 있다.

② (×) 감치는 30일 범위 내에서 이루어진다.
③ (×) 다른 과태료를 체납하고 있는 경우에는 자동차 등록번호판의 영치를 해제하지 않는다.
④ (×) 과태료 부과에 불복하는 경우 행정소송을 청구하는 것이 아니라, 과태료를 부과한 행정청에 과태료 부과 통지를 받은 날부터 60일 이내에 이의제기를 할 수 있다.

정답 | ①

---

732 〈필수〉

다음 중 「질서위반행위규제법」에 대한 설명으로 가장 적절하지 않은 것은?

① 고의 또는 과실이 없는 질서위반행위는 과태료를 부과하지 아니한다.
② 하나의 행위가 2 이상의 질서위반행위에 해당하는 경우에는 각 질서위반행위에 대하여 정한 과태료를 각각 부과한다.
③ 과태료는 행정청의 과태료 부과처분이나 법원의 과태료 재판이 확정된 후 5년간 징수하지 아니하거나 집행하지 아니하면 시효로 인하여 소멸한다.
④ 과태료 부과에 불복하는 당사자는 과태료 부과통지를 받은 날부터 60일 이내에 해당 행정청에 서면으로 이의제기를 할 수 있고, 이의제기가 있는 경우에는 행정청의 과태료 부과처분은 그 효력을 상실한다.

해설

① (○) 「질서위반행위규제법」 제7조
② (×) 하나의 행위가 2 이상의 질서를 위반하는 경우에는 그중 중한 과태료를 부과한다.

> 「질서위반행위규제법」 제13조【수개의 질서위반행위의 처리】 ① 하나의 행위가 2 이상의 질서위반행위에 해당하는 경우에는 각 질서위반행위에 대하여 정한 과태료 중 가장 중한 과태료를 부과한다.

③ (○) 동법 제15조 제1항
④ (○) 동법 제20조 제1항·제2항

정답 | ②

CHAPTER 04 새로운 실효성 확보수단

새로운 실효성 확보수단

733 〈필수〉
행정상 의무이행 확보수단에 대한 설명으로 옳은 것은?

① 병무청장이 구 「병역법」에 따라 병역의무 기피자의 인적사항 등을 인터넷 홈페이지에 게시하는 등의 방법으로 공개한 경우 병무청장의 공개결정은 항고소송의 대상이 되는 행정처분이 아니다.
② 「부동산 실권리자명의 등기에 관한 법률」 제5조에 의하여 부과된 과징금 채무는 대체적 급부가 가능한 의무이므로 과징금을 부과받은 자가 사망한 경우 그 상속인에게 포괄승계된다.
③ 가산세는 세법에서 규정하는 의무의 성실한 이행을 확보하기 위하여 세법에 따라 산출한 본세액에 가산하여 징수하는 조세로서, 본세에 감면사유가 인정된다면 가산세도 감면대상에 포함된다.
④ 가산세는 납세자가 정당한 이유 없이 법에 규정된 신고, 납세 등 각종 의무를 위반한 경우에 개별세법이 정하는 바에 따라 부과되는 행정상의 제재로서 납세자의 고의·과실 또한 중요한 고려요소가 된다.

733 | 기출처 2023 국가직 7급 | 난이도 ★★ | 키워드 새로운 실효성 확보수단

해설

① (×) 병무청장이 「병역법」 제81조의2 제1항에 따라 병역의무 기피자의 인적사항 등을 인터넷 홈페이지에 게시하는 등의 방법으로 공개한 경우 병무청장의 공개결정을 항고소송의 대상이 되는 행정처분으로 보아야 한다(대판 2019.6.27., 2018두49130).
② (○) 「부동산 실권리자 명의등기에 관한 법률」 제5조에 의하여 부과된 과징금 채무는 대체적 급부가 가능한 의무이므로 위 과징금을 부과받은 자가 사망한 경우 그 상속인에게 포괄승계된다(대판 1999.5.14., 99두35).
③ (×) 가산세는 독립된 조세이다. 본세가 감면요건을 갖추고 있다고 해도 가산세는 감면대상에 포함되지 않는다.

> 가산세는 세법에서 규정하는 의무의 성실한 이행을 확보하기 위하여 세법에 따라 산출한 본세액에 가산하여 징수하는 독립된 조세로서, 본세에 감면사유가 인정된다고 하여 가산세도 감면대상에 포함되는 것이 아니고, 반면에 그 의무를 이행하지 아니한 데 대한 정당한 사유가 있는 경우에는 본세 납세의무가 있더라도 가산세는 부과하지 않는다(대판 2019.2.14., 2015두52616).

④ (×) 세법상 가산세는 과세권의 행사 및 조세채권의 실현을 용이하게 하기 위하여 납세자가 정당한 이유 없이 법에 규정된 신고, 납세 등 각종 의무를 위반한 경우에 개별세법이 정하는 바에 따라 부과되는 행정상의 제재로서 납세자의 고의·과실은 고려되지 않는 반면, 이와 같은 제재는 납세의무자가 그 의무를 알지 못한 것이 무리가 아니었다고 할 수 있어서 그를 정당시할 수 있는 사정이 있거나 그 의무의 이행을 당사자에게 기대하는 것이 무리라고 하는 사정이 있을 때 등 그 의무해태를 탓할 수 없는 정당한 사유가 있는 경우에는 이를 과할 수 없다(대판 1993.11.23., 93누15939).

정답 | ②

관련기출 옳은지문

- 병무청장이 「병역법」에 따라 병역의무 기피자의 인적사항 등을 인터넷 홈페이지에 게시하는 등의 방법으로 공개한 경우, 병무청장의 공개결정은 항고소송의 대상이 되는 행정처분에 해당한다. 25소방직

- 세법상 가산세는 과세권 행사 및 조세채권 실현을 용이하게 하기 위하여 납세자가 정당한 이유 없이 법에 규정된 신고, 납세 등의 의무를 위반한 경우에 개별세법에 따라 부과하는 행정상 제재로서, 납세자의 고의·과실은 고려되지 아니하고 법령의 부지·착오 등은 그 의무 위반을 탓할 수 없는 정당한 사유에 해당하지 아니한다. 19국가직9급

- 세법상 가산세를 부과할 때 납세자에게 조세납부를 거부 또는 지연하는데 고의 또는 과실이 있었는지는 원칙적으로 고려하지 않지만, 납세의무자의 의무해태를 탓할 수 없는 정당한 사유가 있는 경우에는 가산세를 부과할 수 없다. 18국가직9급

734

기출처	예상문제
난이도	★★
키워드	새로운 실효성 확보수단

🔍 **관련기출 옳은지문**
- 「독점규제 및 공정거래에 관한 법률」 제22조에 의한 과징금은 법 위반행위에 따르는 불법적인 경제적 이익을 박탈하기 위한 부당이득환수의 성격과 함께 위법행위에 대한 제재로서의 성격을 가지는 것이다.

  23국회직9급

734 〔필수〕

과징금에 대한 설명으로 옳은 것은? (다툼이 있는 경우 판례에 의함)

① 과징금은 부당내부거래 억지라는 행정목적을 실현하기 위하여 그 위반행위에 대하여 제재를 가하는 행정상의 제재금으로서의 기본적 성격에 부당이득환수적 요소도 부가되어 있는 것이라 할 것이고, 이는 국가형벌권 행사로서의 '처벌'에 해당한다.

② 과징금 부과처분의 기준을 규정하고 있는 구 「청소년 보호법 시행령」은 법규의 성질을 갖고 이 기준액은 확정액에 해당한다.

③ 부과관청이 추후에 부과금 산정기준이 되는 새로운 자료가 나올 경우 과징금액이 변경될 수도 있다고 유보하며 과징금을 부과했다면, 새로운 자료가 나온 것을 이유로 새로이 부과처분을 할 수 있다.

④ 행정청은 법령 등에 따른 의무를 위반한 자에 대하여 법률로 정하는 바에 따라 그 위반행위에 대한 제재로서 과징금을 부과할 수 있고 이에 과징금은 한꺼번에 내는 것을 원칙으로 한다.

해설

① 빈출 (×) 과징금은 형벌권 행사인 처벌이 아니라 항고소송 대상인 행정처분이다.

> 구 「독점규제 및 공정거래에 관한 법률」 제24조의2에 의한 부당내부거래에 대한 과징금은 그 취지와 기능, 부과의 주체와 절차 등을 종합할 때 부당내부거래 억지라는 행정목적을 실현하기 위하여 그 위반행위에 대하여 제재를 가하는 행정상의 제재금으로서의 기본적 성격에 부당이득환수적 요소도 부가되어 있는 것이라 할 것이고, 이를 두고 헌법 제13조 제1항에서 금지하는 국가형벌권 행사로서의 '처벌'에 해당한다고는 할 수 없으므로, 공정거래법에서 형사처벌과 아울러 과징금의 병과를 예정하고 있더라도 이중처벌금지원칙에 위반된다고 볼 수 없으며, 이 과징금 부과처분에 대하여 공정력과 집행력을 인정한다고 하여 이를 확정판결 전의 형벌집행과 같은 것으로 보아 무죄추정의 원칙에 위반된다고도 할 수 없다(헌재 2003.7.24., 2001헌가25).

② (×) 구 「청소년 보호법」 제49조 제1항·제2항에 따른 같은 법 시행령 제40조 [별표 6]의 위반행위의 종별에 따른 과징금처분기준은 법규명령이기는 하나 … 여러 요소를 종합적으로 고려하여 사안에 따라 적정한 과징금의 액수를 정하여야 할 것이므로 그 수액은 정액이 아니라 최고한도액이다(대판 2001.3.9., 99두5207).

③ (×) 과징금은 원칙적으로 행정법상의 의무를 위반한 자에 대하여 당해 위반행위로 얻게 된 경제적 이익을 박탈하기 위한 목적으로 부과하는 금전적인 제재이므로, 법이 규정한 범위 내에서 그 부과처분 당시까지 부과관청이 확인한 사실을 기초로 일의적으로 확정되어야 할 것이지, 추후에 부과금 산정기준이 되는 새로운 자료가 나왔다고 하여 새로운 부과처분을 할 수 있는 것은 아니다(대판 2002.5.28., 2000두6121).

> 「행정기본법」 제28조 【과징금의 기준】 ① 행정청은 법령 등에 따른 의무를 위반한 자에 대하여 법률로 정하는 바에 따라 그 위반행위에 대한 제재로서 과징금을 부과할 수 있다.
> ② 과징금의 근거가 되는 법률에는 과징금에 관한 다음 각 호의 사항을 명확하게 규정하여야 한다.
>   1. 부과·징수 주체
>   2. 부과 사유
>   3. 상한액
>   4. 가산금을 징수하려는 경우 그 사항
>   5. 과징금 또는 가산금 체납시 강제징수를 하려는 경우 그 사항
> ③ 제2항 제4호에 따라 체납된 과징금에 대한 가산금을 부과하는 규정을 정할 때에는 가산금의 부과율 및 부과기간이 금융기관 등이 연체대출금에 대하여 적용하는 이자율 등을 고려하여 대통령령으로 정하는 부과율 및 부과기간을 넘지 아니하도록 규정하여야 한다. 〈2026.3.19. 시행〉
>
> 제29조 【과징금의 납부기한 연기 및 분할 납부】 과징금은 한꺼번에 납부하는 것을 원칙으로 한다. 다만, 행정청은 과징금을 부과받은 자가 다음 각 호의 어느 하나에 해당하는 사유로 과징금 전액을 한꺼번에 내기 어렵다고 인정될 때에는 그 납부기한을 연기하거나 분할 납부하게 할 수 있으며, 이 경우 필요하다고 인정하면 담보를 제공하게 할 수 있다.
>   1. 재해 등으로 재산에 현저한 손실을 입은 경우
>   2. 사업 여건의 악화로 사업이 중대한 위기에 처한 경우

3. 과징금을 한꺼번에 내면 자금 사정에 현저한 어려움이 예상되는 경우
4. 그 밖에 제1호부터 제3호까지에 준하는 경우로서 대통령령으로 정하는 사유가 있는 경우

④ (○) 과징금은 한꺼번에 내는 것이 원칙이다(「행정기본법」 제29조).

정답 | ④

735 필수

여객자동차운송사업을 하는 甲은 관련 법규 위반을 이유로 사업정지처분에 갈음하는 과징금 부과처분을 받았다. 이에 대한 설명으로 옳지 않은 것은? (다툼이 있는 경우 판례에 의함)

① 甲이 현실적인 위반행위자가 아닌 법령상 책임자인 경우에도 甲에게 과징금을 부과할 수 있다.
② 甲에게 고의·과실이 없는 경우에는 과징금을 부과할 수 없다.
③ 과징금 부과처분에 대해 甲은 취소소송을 제기하여 다툴 수 있다.
④ 甲에게 부과된 과징금이 법이 정한 한도액을 초과하여 위법한 경우, 법원은 그 초과부분에 대하여 일부 취소할 수 없고 그 전부를 취소하여야 한다.

735
- 기출처: 2022 지방직 9급
- 난이도: ★★
- 키워드: 새로운 실효성 확보수단

해설

② 빈출 (×) 과징금은 행정법규 위반에 대한 객관적 사실에 착안하여 가하는 제재이므로 고의나 과실을 요하지 아니한다.

구「여객자동차 운수사업법」(2012.2.1. 법률 제11295호로 개정되기 전의 것) 제88조 제1항의 과징금 부과처분은 제재적 행정처분으로서 여객자동차 운수사업에 관한 질서를 확립하고 여객의 원활한 운송과 여객자동차 운수사업의 종합적인 발달을 도모하여 공공복리를 증진한다는 행정목적의 달성을 위하여 행정법규 위반이라는 객관적 사실에 착안하여 가하는 제재이므로 반드시 현실적인 행위자가 아니라도 법령상 책임자로 규정된 자에게 부과되고 원칙적으로 위반자의 고의·과실을 요하지 아니하나, 위반자의 의무 해태를 탓할 수 없는 정당한 사유가 있는 등의 특별한 사정이 있는 경우에는 이를 부과할 수 없다(대판 2014.10.15., 2013두5005).

관련기출 옳은지문

- 과징금 부과처분은 행정목적의 달성을 위하여 행정법규 위반이라는 객관적 사실에 착안하여 가하는 제재이므로 반드시 현실적인 행위자가 아니라도 법령상 책임자로 규정된 자에게 부과되고 원칙적으로 위반자의 고의·과실을 요하지 아니한다. 23국회직9급

- 과징금 부과처분이 법이 정한 한도액을 초과하여 위법할 경우 법원으로서는 그 한도액을 초과한 부분이나 법원이 적정하다고 인정되는 부분을 초과한 부분만을 취소할 수 없다. 24국가직9급

정답 | ②

736

구 '과징금부과 세부기준 등에 관한 고시'의 위반행위에 대한 시정조치 횟수를 근거로 공정거래위원회가 부과한 과징금 부과처분에 대한 취소소송의 계속 중 위반행위 자체가 존재하지 않는다는 이유로 시정조치의 취소판결이 확정되었다. 이에 대한 설명으로 옳지 <u>않은</u> 것은? (다툼이 있는 경우 판례에 의함)

① 과징금 부과처분 취소소송의 수소법원은 행정처분의 위법 여부를 행정처분이 있을 때의 법령과 사실상태를 기준으로 판단하여야 하므로 처분 후 법령의 개폐나 사실상태의 변동에 영향을 받지 않는다.

② 위반행위에 대한 시정조치를 취소하는 확정판결은 과징금 부과처분 후 사실상태의 변동에 해당하므로 과징금 부과처분 취소소송의 수소법원의 위법 여부 판단에 영향을 주지 않는다.

③ 법원은 행정처분 당시 행정청이 알고 있었던 자료뿐만 아니라 사실심 변론종결 당시까지 제출된 모든 자료를 종합하여 처분 당시 존재하였던 객관적 사실을 확정하고 그 사실에 기초하여 처분의 위법 여부를 판단할 수 있다.

④ 위반행위에 대한 시정조치의 취소판결이 확정되었다면 그 행정처분은 처분시에 소급하여 효력을 잃은 것으로 본다.

⑤ 시정조치에 대한 취소판결의 확정으로 해당 위반행위가 위반 횟수 가중을 위한 횟수 산정에서 제외되더라도 그 사유가 과징금 부과처분에 영향을 미치지 아니하여 처분의 정당성이 인정되는 경우에는 그 처분을 위법하다고 할 수 없다.

해설

①③ (O) 항고소송에 있어서 행정처분의 위법 여부를 판단하는 기준시점에 대하여 판결시가 아니라 처분시라고 하는 의미는 행정처분이 있을 때의 법령과 사실상태를 기준으로 하여 위법 여부를 판단할 것이며 처분 후 법령의 개폐나 사실상태의 변동에 영향을 받지 않는다는 뜻이고 처분 당시 존재하였던 자료나 행정청에 제출되었던 자료만으로 위법 여부를 판단한다는 의미는 아니므로, 처분 당시의 사실상태 등에 대한 입증은 사실심 변론종결 당시까지 할 수 있고, 법원은 행정처분 당시 행정청이 알고 있었던 자료뿐만 아니라 사실심 변론종결 당시까지 제출된 모든 자료를 종합하여 처분 당시 존재하였던 객관적 사실을 확정하고 그 사실에 기초하여 처분의 위법 여부를 판단할 수 있다(대판 1993.5.27., 92누19033).

② (X) 위반행위에 대한 시정조치를 전제로 한 과징금 부과처분에 대한 취소소송은 과징금 부과처분의 전제가 된 사실이 존재하지 않음이 확정되었으므로, 이에 따라 과징금 부과처분의 위법 여부를 판단하여야 한다.

④ (O) 취소판결이 확정되면 판결에 의해 처분은 소급하여 효력이 상실된다.

⑤ (O) 대판 2019.7.25., 2017두55077

정답 | ②

737

과징금에 대한 설명으로 옳지 않은 것은? (다툼이 있는 경우 판례에 의함)

① 부당지원행위에 대한 과징금 제도는 부당지원행위 억지라는 행정목적을 실현하기 위한 행정상 제재금으로서의 기본적 성격에 부당이득환수적 요소도 부가되어 있는 것으로서, 형사처벌과 아울러 부과한다고 해도 이중처벌금지원칙에 위반된다거나 무죄추정의 원칙에 위반된다고 할 수 없다.
② 과징금 부과처분이 법이 정한 한도액을 초과하여 위법할 경우 법원은 그 초과된 부분의 일부취소를 할 수 있다.
③ 공정거래위원회가 부당한 공동행위에 대한 과징금을 산정함에 있어 위반행위기간이 아닌 기간을 포함시키고 관련 상품이 아닌 상품이 포함된 매출액을 기준으로 삼은 경우, 과징금 부과 재량행사의 기초가 되는 사실인정에 오류가 있어 위법하다.
④ 과징금채무는 대체적 급부가 가능한 의무이므로 과징금을 부과받은 자가 사망한 경우 그 상속인에게 포괄승계된다.

737	
기출처	예상문제
난이도	★★
키워드	새로운 실효성 확보수단

해설

① (O) 과징금 제도에 대한 위헌성 여부에 대해 헌법재판소와 대법원은 합헌이라는 입장이다.

> 부당지원행위에 대한 과징금은 부당지원행위 억지라는 행정목적을 실현하기 위한 행정상 제재금으로서의 기본적 성격에 부당이득환수적 요소도 부가되어 있는 것으로서, 이중처벌금지원칙에 위반된다거나 무죄추정의 원칙에 위반된다고 할 수 없고, 구 「독점규제 및 공정거래에 관한 법률」(1999.12.28. 법률 제6043호로 개정되기 전의 것) 제24조의2가 지원주체에 대하여 과징금을 부과하도록 정한 것은 입법자의 정책판단에 기한 것이다(대판 2004.3.12., 2001두7220).

② **빈출** (×) 과징금 부과처분이 법이 정한 한도액을 초과하여 위법할 경우 법원으로서는 그 전부를 취소할 수밖에 없고, 그 한도액을 초과한 부분이나 법원이 적정하다고 인정되는 부분을 초과한 부분만을 취소할 수 없다(대판 1998.4.10., 98두2270).

정답 | ②

738	
기출처	예상문제
난이도	★★
키워드	새로운 실효성 확보수단

738

과징금 제도에 대한 설명으로 옳지 않은 것은?

① 공정거래위원회가 부당한 공동행위에 대한 과징금을 부과하면서 여러 개의 위반행위에 대하여 하나의 과징금 납부명령을 하였으나 그중 일부의 위반행위에 대한 과징금 부과만이 위법한 경우, 법원으로서는 과징금 납부명령 전부를 취소하여야 한다.
② 회사분할의 경우, 분할 전 위반행위를 이유로 신설회사에 대하여 과징금을 부과하는 것이 허용되지 않는다.
③ 운전기사의 합승행위를 이유로 소속 운수회사에 대하여 과징금 부과처분이 있는 경우 당해 운전기사에게 그 과징금 부과처분의 취소를 구할 이익이 없다.
④ 「부동산 실권리자명의 등기에 관한 법률」 및 동 시행령상 명의신탁자에 대한 과징금 부과처분의 법적 성질은 기속행위이다.

해설

① (×) 공정거래위원회가 부당한 공동행위에 대한 과징금을 부과함에 있어 여러 개의 위반행위에 대하여 하나의 과징금 납부명령을 하였으나 여러 개의 위반행위 중 일부의 위반행위에 대한 과징금 부과만이 위법하고 소송상 그 일부의 위반행위를 기초로 한 과징금액을 산정할 수 있는 자료가 있는 경우에는, 하나의 과징금 납부명령일지라도 그 일부의 위반행위에 대한 과징금액에 해당하는 부분만을 취소하여야 한다(대판 2009.10.29., 2009두11218).
② (○) 회사가 합병하는 경우와 달리 회사가 분할되는 경우 신설법인에 과징금이 부과되지 않는다.

> 분할하는 회사의 분할 전 법 위반행위를 이유로 과징금이 부과되기 전까지는 단순한 사실행위만 존재할 뿐 그 과징금과 관련하여 분할하는 회사에게 승계의 대상이 되는 어떠한 의무가 있다고 할 수 없고, 특별한 규정이 없는 한 신설회사에 대하여 분할하는 회사의 분할 전 법 위반행위를 이유로 과징금을 부과하는 것은 허용되지 않는다(대판 2007.11.29., 2006두18928).

정답 | ①

739

과징금 부과처분에 대한 설명으로 옳지 않은 것은? (다툼이 있는 경우 판례에 의함)

① 「독점규제 및 공정거래에 관한 법률」상의 과징금은 법이 규정한 범위 내에서 그 부과처분 당시까지 부과관청이 확인한 사실을 기초로 일의적으로 확정되어야 할 것이지, 추후에 부과금 산정기준이 되는 새로운 자료가 나왔다고 하여 새로운 부과처분을 할 수 있는 것은 아니다.
② 영업정지에 갈음하여 부과되는 이른바 변형된 과징금의 부과 여부는 통상 행정청의 재량행위이다.
③ 과징금은 행정상 제재금이고 범죄에 대한 국가 형벌권의 실행이 아니므로 행정법규 위반에 대해 벌금 이외에 과징금을 부과하는 것은 이중처벌금지의 원칙에 위반되지 않는다.
④ 「부동산 실권리자명의 등기에 관한 법률」상 명의신탁자에 대한 과징금의 부과 여부는 행정청의 재량행위이다.

739	
기출처	2022 국가직 9급
난이도	★★
키워드	새로운 실효성 확보수단

해설

① (○) 대판 2002.5.28., 2000두6121
② (○) 행정청에는 운영정지처분이 영유아 및 보호자에게 초래할 불편의 정도 또는 그 밖에 공익을 해칠 우려가 있는지 등을 고려하여 어린이집 운영정지처분을 할 것인지 또는 이에 갈음하여 과징금을 부과할 것인지를 선택할 수 있는 재량이 인정된다(대판 2015.6.24., 2015두39378).
③ (○) 헌재 2003.7.24., 2001헌가25
④ (×) 「부동산 실권리자명의 등기에 관한 법률」 및 시행령상 명의신탁자에 대한 과징금 부과처분의 법적 성질은 기속행위이다.

> 「부동산 실권리자명의 등기에 관한 법률」 제3조 제1항, 제5조 제1항, 같은 법 시행령 제3조 제1항의 규정을 종합하면, 명의신탁자에 대하여 과징금을 부과할 것인지 여부는 기속행위에 해당하므로, 명의신탁이 조세를 포탈하거나 법령에 의한 제한을 회피할 목적이 아닌 경우에 한하여 그 과징금을 일정한 범위 내에서 감경할 수 있을 뿐이지 그에 대하여 과징금 부과처분을 하지 않거나 과징금을 전액 감면할 수 있는 것은 아니다(대판 2007.7.12., 2005두17287).

정답 | ④

740 〈필수〉

과징금에 대한 설명으로 옳지 않은 것은?

① 구「독점규제 및 공정거래에 관한 법률」 소정의 부당지원행위에 대한 과징금은 부당지원행위의 억지라는 행정목적을 실현하기 위한 행정상 제재금으로서의 성격에 부당이득환수적 요소도 부가되어 있으므로 국가형벌권 행사로서의 처벌에 해당하지 아니한다.

② 행정기본법령에 따르면, 과징금 납부의무자가 과징금을 분할 납부하려는 경우에는 납부기한 7일 전까지 과징금의 분할 납부를 신청하는 문서에 해당 사유를 증명하는 서류를 첨부하여 행정청에 신청해야 한다.

③ 관할 행정청이 여객자동차운송사업자의 여러 가지 위반행위를 인지하였다면 전부에 대하여 일괄하여 최고한도 내에서 하나의 과징금 부과처분을 하는 것이 원칙이고, 인지한 위반행위 중 일부에 대해서만 우선 과징금 부과처분을 하고 나머지에 대해서는 차후에 별도의 과징금 부과처분을 하는 것은 다른 특별한 사정이 없는 한 허용되지 않는다.

④ 과징금의 근거가 되는 법률에는 과징금에 관한 부과·징수 주체, 부과 사유, 상한액, 가산금을 징수하려는 경우 그 사항, 과징금 또는 가산금 체납 시 강제징수를 하려는 경우 그 사항을 명확하게 규정하여야 한다.

해설

① (O) 구「독점규제 및 공정거래에 관한 법률」 소정의 부당지원행위를 한 지원주체에 대한 과징금은 … 그 위반행위에 대하여 제재를 가하는 행정상의 제재금으로서의 기본적 성격에 부당이득환수적 요소도 부가되어 있는 것이라고 할 것이어서 그것이 헌법 제13조 제1항에서 금지하는 국가형벌권 행사로서의 처벌에 해당한다고 할 수 없으므로 구「독점규제 및 공정거래에 관한 법률」에서 형사처벌과 아울러 과징금의 부과처분을 할 수 있도록 규정하고 있다 하더라도 이중처벌금지원칙이나 무죄추정원칙에 위반된다거나 사법권이나 재판청구권을 침해한다고 볼 수 없고, 또한 같은 법 제55조의3 제1항에 정한 각 사유를 참작하여 부당지원행위의 불법의 정도에 비례하여 상당한 금액의 범위 내에서만 과징금을 부과할 수 있도록 하고 있음에 비추어 비례원칙에 반한다고 할 수도 없다(대판 2004.4.9., 2001두6197).

② (×) 「행정기본법 시행령」에 의하면 과징금을 분할 납부하고자 하는 경우에는 납부기한 10일 전까지 신청을 하여야 한다.

> 「행정기본법 시행령」 제7조 【과징금의 납부기한 연기 및 분할 납부】 ① 과징금 납부의무자는 법 제29조 각 호 외의 부분 단서에 따라 과징금 납부기한을 연기하거나 과징금을 분할 납부하려는 경우에는 납부기한 10일 전까지 과징금 납부기한의 연기나 과징금의 분할 납부를 신청하는 문서에 같은 조 각 호의 사유를 증명하는 서류를 첨부하여 행정청에 신청해야 한다.

③ (O) 관할 행정청이 여객자동차운송사업자의 여러 가지 위반행위를 인지하였다면 전부에 대하여 일괄하여 5,000만 원의 최고한도 내에서 하나의 과징금 부과처분을 하는 것이 원칙이고, 인지한 여러 가지 위반행위 중 일부에 대해서만 우선 과징금 부과처분을 하고 나머지에 대해서는 차후에 별도의 과징금 부과처분을 하는 것은 다른 특별한 사정이 없는 한 허용되지 않는다(대판 2021.2.4., 2020두48390).

④ (O) 「행정기본법」 제28조 제2항

> 「행정기본법」 제28조 【과징금의 기준】 ① 행정청은 법령 등에 따른 의무를 위반한 자에 대하여 법률로 정하는 바에 따라 그 위반행위에 대한 제재로서 과징금을 부과할 수 있다.
> ② 과징금의 근거가 되는 법률에는 과징금에 관한 다음 각 호의 사항을 명확하게 규정하여야 한다.
> 1. 부과·징수 주체
> 2. 부과 사유
> 3. 상한액
> 4. 가산금을 징수하려는 경우 그 사항
> 5. 과징금 또는 가산금 체납 시 강제징수를 하려는 경우 그 사항

기출처: 2024 국가직 9급
난이도: ★★
키워드: 새로운 실효성 확보수단

관련기출 옳은지문

• 구「독점규제 및 공정거래에 관한 법률」 제24조의2에 의한 부당내부거래행위에 대한 과징금은 부당내부거래 억지라는 행정목적을 실현하기 위하여 그 위반행위에 대한 행정상의 제재금으로서의 기본적 성격에 부당이득환수적 요소도 부가되어 있는 것으로, 이는 헌법 제13조 제1항에서 금지하는 국가형벌권의 행사로서의 '처벌'에 해당하지 아니한다. 17지방직7급

• 과징금은 한꺼번에 납부하는 것을 원칙으로 하지만 과징금을 부과받은 자가 사업 여건의 악화로 사업이 중대한 위기에 처한 경우로 과징금 전액을 한꺼번에 내기 어렵다고 인정될 때에는 그 납부기한을 연기하거나 분할 납부하게 할 수 있다. 23국회직9급

③ 제2항 제4호에 따라 체납된 과징금에 대한 가산금을 부과하는 규정을 정할 때에는 가산금의 부과율 및 부과기간이 금융기관 등이 연체대출금에 대하여 적용하는 이자율 등을 고려하여 대통령령으로 정하는 부과율 및 부과기간을 넘지 아니하도록 규정하여야 한다. 〈2026.3.19. 시행〉

정답 | ②

741 〈필수〉
새로운 의무이행 확보수단에 대한 설명으로 옳은 것을 모두 고르면? (다툼이 있는 경우 판례에 의함)

ㄱ. 구 「국세징수법」 제21조, 제22조가 규정하는 가산금 또는 중가산금은 국세를 납부기한까지 납부하지 아니하면 부과되는 것이므로 가산금 또는 중가산금의 고지는 항고소송의 대상이 되는 처분이다.
ㄴ. 본세의 산출세액이 없는 경우에는 가산세도 부과·징수하지 아니한다는 등의 특별한 규정이 없는 한, 본세의 산출세액이 없다 하더라도 가산세만 독립하여 부과·징수할 수 있다.
ㄷ. 세법상 가산세는 납세자가 정당한 사유 없이 법에 규정된 신고·납세 등 각종 의무를 위반한 경우 법이 정하는 바에 의하여 부과하는 행정상의 제재로서 납세자의 고의·과실은 고려되지 아니하고, 법령의 부지·착오 등은 그 의무의 위반을 탓할 수 없는 정당한 사유에 해당하지 않는다.
ㄹ. 공급거부로서의 단수나 단전 및 단전화는 권력적 사실행위로서 항고소송 대상인 처분이다.

① ㄱ, ㄴ   ② ㄴ, ㄷ   ③ ㄷ, ㄹ   ④ ㄱ, ㄹ

741 ① ② ③
기출처 : 예상문제
난이도 : ★★
키워드 : 새로운 실효성 확보수단

관련기출 옳은지문
- 구 「국세징수법」상 가산금은 국세를 납부기한까지 납부하지 아니하면 과세청의 확정절차 없이도 법률에 의하여 당연히 발생하는 것이므로 가산금의 고지는 항고소송의 대상이 되는 처분이라고 볼 수 없다.
  19국가직9급

- 공급거부란 행정법상의 의무를 위반하거나 불이행한 자에 대하여 행정상의 서비스 또는 재화의 공급을 거부하는 권력적 사실행위로서 판례는 지방자치단체장에 의한 단수조치의 처분성을 인정하였다.
  25소방직

해설

ㄱ. 빈출 (×) 가산금이나 중가산금의 고지는 항고소송의 대상인 처분이 아니다.

구 「국세징수법」 제21조, 제22조가 규정하는 가산금 또는 중가산금은 국세를 납부기한까지 납부하지 아니하면 과세청의 확정절차 없이도 법률 규정에 의하여 당연히 발생하는 것이므로 가산금 또는 중가산금의 고지가 항고소송의 대상이 되는 처분이라고 볼 수 없다(대판 2005.6.10., 2005다15482).

ㄴ. 지엽 (○) 본세의 산출세액이 없는 경우에는 가산세도 부과·징수하지 아니한다는 등의 특별한 규정이 없는 한, 본세의 산출세액이 없다 하더라도 가산세만 독립하여 부과·징수할 수 있다(대판 2007.3.15., 2005두12725).

ㄷ. (○) 세법상 가산세는 과세권의 행사 및 조세채권의 실현을 용이하게 하기 위하여 납세자가 정당한 사유 없이 법에 규정된 신고·납세 등 각종 의무를 위반한 경우 법이 정하는 바에 의하여 부과하는 행정상의 제재로서 납세자의 고의·과실은 고려되지 아니하고, 법령의 부지·착오 등은 그 의무의 위반을 탓할 수 없는 정당한 사유에 해당하지 아니한다(대판 2011.5.13., 2008두12986).

ㄹ. (×) 단수는 처분이지만 단전이나 단전화는 사법(私法)관계에 해당한다.

「건축법」 제69조 제2항·제3항의 규정에 비추어 보면, 행정청이 위법건축물에 대한 시정명령을 하고 나서 위반자가 이를 이행하지 아니하여 전기·전화의 공급자에게 그 위법건축물에 대한 전화·전기공급을 하지 말아 줄 것을 요청한 행위는 권고적 성격의 행위에 불과한 것으로 전기·전화공급자나 특정인의 법률상 지위에 직접적인 변동을 가져오는 것은 아니므로 이를 항고소송의 대상이 되는 행정처분이라고 볼 수 없다(대판 1996.3.22., 96누433).

정답 | ②

PART

IV

행정구제

에듀윌 공무원 행정법총론

CHAPTER 01	손해배상
CHAPTER 02	손실보상
CHAPTER 03	행정심판
CHAPTER 04	행정소송

CHAPTER 01 손해배상

손해배상

에듀윌 기본서 | 730p

742 〈필수〉

「국가배상법」상 공무원의 위법한 직무행위로 인한 손해배상에 대한 설명으로 옳은 것은? (다툼이 있는 경우 판례에 의함)

① 일반적으로 공무원이 필요한 지식을 갖추지 못하고 법규의 해석을 그르쳐 행정처분을 하였다면 그가 법률전문가가 아닌 행정직 공무원이라고 하여 과실이 없다고는 할 수 없다.
② 국가배상의 요건인 '공무원의 직무'에는 국가나 지방자치단체의 비권력적 작용과 사경제 주체로서 하는 작용이 포함된다.
③ 손해배상책임을 묻기 위해서는 가해 공무원을 특정하여야 한다.
④ 국가가 가해 공무원에 대하여 구상권을 행사하는 경우 국가가 배상한 배상액 전액에 대하여 구상권을 행사하여야 한다.

해설

① 빈출 (○) 대판 2010.4.29., 2009다97925
② 빈출 (×) 공무원의 직무에는 권력작용과 비권력적 작용이 포함되고 사경제 주체로서의 작용은 포함되지 않는다.
③ (×) 가해 공무원을 특정하지 않아도 된다(조직과실). '과실의 객관화론'에 의해 위법의 공무원을 특정하지 않아도 공무수행의 평균공무원을 기준으로 과실 여부를 판단할 수 있다.
④ 지엽 (×) 공무원의 과실 등의 비율에 따라 구상액 정도가 달라지게 된다.

정답 | ①

742
- 기출처: 2021 국가직 9급
- 난이도: ★
- 키워드: 손해배상

관련기출 옳은지문
- 「국가배상법」이 정한 손해배상청구의 요건인 '공무원의 직무'에는 국가나 지방자치단체의 권력적 작용뿐만 아니라 비권력적 작용도 포함되지만 단순한 사경제의 주체로서 하는 작용은 포함되지 않는다.
  19(하)서울시7급

743 〈필수〉

국가배상에 대한 설명으로 옳은 것은? (다툼이 있는 경우 판례에 의함)

① 행정처분의 담당공무원이 주관적 주의의무를 결하여 그 행정처분이 주관적 정당성을 상실하였다고 인정될 정도에 이른 경우에 「국가배상법」 제2조의 요건을 충족하였다고 봄이 상당하다.
② 「국가배상법」 제6조 제1항에 의하면 지방자치단체장이 설치하여 관할 지방경찰청장에게 관리권한이 위임된 교통신호기의 고장으로 인하여 교통사고가 발생한 경우, 지방자치단체가 손해배상책임을 지고 국가는 피해자에 대하여 배상책임을 지지 않는다.
③ 국민이 법령에 정하여진 수질기준에 미달한 상수원수로 생산된 수돗물을 마심으로써 건강상의 위해 발생에 대한 염려 등에 따른 정신적 고통을 받았다고 하더라도, 이러한 사정만으로는 국가 또는 지방자치단체가 국민에게 손해배상책임을 부담하지 아니한다.
④ 「국가배상법」 제5조 제1항 소정의 '공공의 영조물'이라 함은 국가 또는 지방자치단체에 의하여 특정 공공의 목적에 공여된 유체물 내지 물적 설비를 말하며, 국가 또는 지방자치단체가 소유권, 임차권 그 밖의 권한에 기하여 관리하고 있는 경우로 한정되고, 사실상의 관리를 하고 있는 경우는 포함되지 않는다.

743
- 기출처: 2020 지방직 7급
- 난이도: ★★
- 키워드: 손해배상

관련기출 옳은지문
- '공공의 영조물'이라 함은 국가 또는 지방자치단체에 의하여 특정 공공의 목적에 공여된 유체물 내지 물적 설비를 말하며, 국가 또는 지방자치단체가 소유권, 임차권 그 밖의 권한에 기하여 관리하고 있는 경우뿐만 아니라 사실상의 관리를 하고 있는 경우도 포함된다.
  25국가직9급

해설

① (×) 행정처분의 담당공무원이 보통 일반의 공무원을 표준으로 객관적 주의의무를 결하여 그 행정처분이 객관적 정당성을 상실하였다고 인정될 정도에 이른 경우에 비로소 국가배상책임이 인정된다.

> 어떠한 행정처분이 후에 항고소송에서 취소되었다고 할지라도 그 기판력에 의하여 당해 행정처분이 곧바로 공무원의 고의 또는 과실로 인한 것으로서 불법행위를 구성한다고 단정할 수는 없는 것이고, 그 행정처분의 담당공무원이 보통 일반의 공무원을 표준으로 하여 볼 때 객관적 주의의무를 결하여 그 행정처분이 객관적 정당성을 상실하였다고 인정될 정도에 이른 경우에 비로소 「국가배상법」 제2조 소정의 국가배상책임의 요건을 충족하였다고 봄이 상당할 것이다(대판 2003.11.27., 2001다33789).

② 빈출 (×) 영조물의 설치관리자와 비용부담자가 상이한 경우 피해자는 선택적 청구가 가능하다.

> 「국가배상법」 제6조 제1항은 같은 법 제2조, 제3조 및 제5조의 규정에 의하여 국가 또는 지방자치단체가 손해를 배상할 책임이 있는 경우에 공무원의 선임·감독 또는 영조물의 설치·관리를 맡은 자와 공무원의 봉급·급여 기타의 비용 또는 영조물의 설치·관리의 비용을 부담하는 자가 동일하지 아니한 경우에는 그 비용을 부담하는 자도 손해를 배상하여야 한다고 규정하고 있으므로 교통신호기를 관리하는 지방경찰청장 산하 경찰관들에 대한 봉급을 부담하는 국가도 「국가배상법」 제6조 제1항에 의한 배상책임을 부담한다(대판 1999.6.25., 99다11120).

③ (O) 국민에게 양질의 수돗물이 공급되게 할 의무는 국민 일반의 건강을 보호하여 공공 일반의 전체적인 이익을 도모하기 위한 것이지, 국민 개개인의 안전과 이익을 직접적으로 보호하기 위한 것이 아니므로 법률상 이익의 침해에 해당하지 않아 손해배상의 대상이 될 수 없다는 것이 대법원의 입장이다.

> 국가 등에게 일정한 기준에 따라 상수원수의 수질을 유지하여야 할 의무를 부과하고 있는 법령의 규정은 국민에게 양질의 수돗물이 공급되게 함으로써 국민 일반의 건강을 보호하여 공공 일반의 전체적인 이익을 도모하기 위한 것이지, 국민 개개인의 안전과 이익을 직접적으로 보호하기 위한 규정이 아니므로, 국민에게 공급된 수돗물의 상수원의 수질이 수질기준에 미달한 경우가 있고, 이로 말미암아 국민이 법령에 정하여진 수질기준에 미달한 상수원수로 생산된 수돗물을 마심으로써 건강상의 위해 발생에 대한 염려 등에 따른 정신적 고통을 받았다고 하더라도, 이러한 사정만으로는 국가 또는 지방자치단체가 국민에게 손해배상책임을 부담하지 아니한다(대판 2001.10.23., 99다36280).

④ 빈출 (×) 「국가배상법」 제5조 제1항의 공공의 영조물에는 국가 등이 사실상 관리하고 있는 경우도 포함된다.

> 「국가배상법」 제5조 제1항 소정의 '공공의 영조물'이라 함은 국가 또는 지방자치단체에 의하여 특정 공공의 목적에 공여된 유체물 내지 물적 설비를 말하며, 국가 또는 지방자치단체가 소유권, 임차권 그 밖의 권한에 기하여 관리하고 있는 경우뿐만 아니라 사실상의 관리를 하고 있는 경우도 포함된다(대판 1998.10.23., 98다17381).

정답 | ③

744	1 2 3
기출처	예상문제
난이도	★★
키워드	손해배상

관련기출 옳은지문
- 판례는 「자동차손해배상 보장법」은 배상책임의 성립요건에 관하여는 「국가배상법」에 우선하여 적용된다고 판시하였다. 　21소방직

744 〈필수〉

「국가배상법」에 대한 설명으로 옳지 않은 것은? (다툼이 있는 경우 판례에 의함)

① 「자동차손해배상 보장법」은 배상책임의 성립요건에 관하여는 「국가배상법」에 우선하여 적용된다.
② 「우편법」은 「민법」상의 채무불이행이나 불법행위로 인한 손해배상 및 「국가배상법」상의 손해배상청구규정에 대한 특별규정이므로 우편업무취급에 수반하여 발생한 손해는 「민법」 또는 「국가배상법」에 의한 배상청구는 허용되지 않는다.
③ 헌법 제29조 제1항과 제2항은 국가배상의 원인으로 공무원의 직무상 불법행위에 의한 경우와 영조물의 설치나 관리상의 하자에 의한 배상책임을 규정하고 있다.
④ 헌법은 손해배상의 책임자를 국가 또는 공공단체로 규정하고 있으나 「국가배상법」에는 손해배상책임에 관해 국가나 지방자치단체로 규정하고 있다.

해설

① (○) 「자동차손해배상 보장법」의 입법취지에 비추어 볼 때, 같은 법 제3조는 자동차의 운행이 사적인 용무를 위한 것이건 국가 등의 공무를 위한 것이건 구별하지 아니하고 「민법」이나 「국가배상법」에 우선하여 적용된다고 보아야 한다. 공무원이 직무상 자동차를 운전하다가 사고를 일으켜 다른 사람에게 손해를 입힌 경우에는 그 사고가 자동차를 운전한 공무원의 경과실에 의한 것인지 중과실 또는 고의에 의한 것인지를 가리지 않고, 그 공무원이 「자동차손해배상 보장법」 제3조 소정의 '자기를 위하여 자동차를 운행하는 자'에 해당하는 한 「자동차손해배상 보장법」상의 손해배상책임을 부담한다(대판 1996.3.8., 94다23876).
② **지엽** (○) 「우편법」 제38조는 「민법」상의 채무불이행이나 불법행위로 인한 손해배상 및 「국가배상법」상의 손해배상청구규정에 대한 특별규정이라 할 것이므로 우편물취급에 수반하여 발생한 손해는 「우편법」의 규정에 의하여 배상청구할 수 있을 뿐, 「민법」 또는 「국가배상법」에 의한 배상청구는 허용되지 않는다(대판 1977.2.8., 75다1059).
③ (×) 불법행위에 대한 배상책임을 규정하고 있을 뿐 영조물의 설치나 관리상의 하자에 대한 배상책임은 규정하고 있지 않다.

> **대한민국 헌법 제29조** ① 공무원의 직무상 불법행위로 손해를 받은 국민은 법률이 정하는 바에 의하여 국가 또는 공공단체에 정당한 배상을 청구할 수 있다. 이 경우 공무원 자신의 책임은 면제되지 아니한다.
> ② 군인·군무원·경찰공무원 기타 법률이 정하는 자가 전투·훈련 등 직무집행과 관련하여 받은 손해에 대하여는 법률이 정하는 보상 외에 국가 또는 공공단체에 공무원의 직무상 불법행위로 인한 배상은 청구할 수 없다.

④ (○) 헌법은 배상책임을 국가와 공공단체로 규정하고 있으나 「국가배상법」은 국가나 지방자치단체로 규정하고 있다. 지방자치단체 외의 공공단체로부터 피해를 입은 경우에는 「민법」에 따른 배상이 이루어진다.

고득점 플러스+ 헌법과 「국가배상법」의 비교

구분	헌법 제29조 제1항	「국가배상법」
배상원인	공무원의 직무상 불법행위	공무원의 직무상의 불법행위(제2조)와 영조물의 설치·관리상의 하자(제5조)
배상주체	국가, 공공단체	국가, 지방자치단체
공무원책임	"공무원 자신의 책임은 면제되지 아니한다."	고의, 중대한 과실의 경우에 공무원에게 구상권 행사

정답 | ③

745 필수

국가배상책임에 대한 설명으로 가장 옳지 않은 것은? (다툼이 있는 경우 판례에 의함)

① 국가배상책임에서의 법령 위반에는 널리 그 행위가 객관적인 정당성을 결여하고 있는 경우도 포함된다.
② 공무원이 고의 또는 중과실로 불법행위를 하여 손해를 입힌 경우 피해자는 공무원 개인에 대하여 손해배상을 청구할 수 있다.
③ 소방공무원은 「국가배상법」 제2조 제1항 단서의 이중배상금지규정에 의하여 「국가배상법」상 손해배상청구가 제한되는 공무원에 해당한다.
④ 공무원의 가해행위에 대해 형사상 무죄판결이 있었더라도 그 가해행위를 이유로 국가배상책임이 인정될 수 있다.

745	
기출처	예상문제
난이도	★★
키워드	손해배상

관련기출 옳은지문
- 국가배상책임의 요건으로서 법령 위반은 엄격한 의미의 법령 위반뿐 아니라 인권존중, 권력남용금지, 신의성실과 같이 공무원으로서 마땅히 지켜야 할 준칙이나 규범을 지키지 않고 위반한 경우를 포함한다.
  24국회직8급

해설

① (○) 국가배상책임에 있어서 공무원의 가해행위는 '법령에 위반한' 것이어야 하고, 법령 위반이라 함은 엄격한 의미의 법령 위반뿐만 아니라 인권존중, 권력남용금지, 신의성실, 공서양속 등의 위반도 포함하여 널리 그 행위가 객관적인 정당성을 결여하고 있음을 의미한다(대판 2002.5.17., 2000다22607).

② (○) 공무원이 직무수행 중 불법행위로 타인에게 손해를 입힌 경우에 국가 등이 국가배상책임을 부담하는 외에 공무원 개인도 고의 또는 중과실이 있는 경우에는 불법행위로 인한 손해배상책임을 진다(대판 1996.2.15., 95다38677).

③ (×) 소방공무원은 이중배상금지에 해당되지 않는다.

> 「국가배상법」 제2조 【배상책임】 ① 국가나 지방자치단체는 공무원 또는 공무를 위탁받은 사인(이하 '공무원'이라 한다)이 직무를 집행하면서 고의 또는 과실로 법령을 위반하여 타인에게 손해를 입히거나, 「자동차손해배상 보장법」에 따라 손해배상의 책임이 있을 때에는 이 법에 따라 그 손해를 배상하여야 한다. 다만, 군인·군무원·경찰공무원 또는 예비군대원이 전투·훈련 등 직무 집행과 관련하여 전사(戰死)·순직(殉職)하거나 공상(公傷)을 입은 경우에 본인이나 그 유족이 다른 법령에 따라 재해보상금·유족연금·상이연금 등의 보상을 지급받을 수 있을 때에는 이 법 및 「민법」에 따른 손해배상을 청구할 수 없다.

④ (○) 경찰관이 범인을 제압하는 과정에서 총기를 사용하여 범인을 사망에 이르게 한 사안에서, 경찰관이 총기 사용에 이르게 된 동기나 목적, 경위 등을 고려하여 형사사건에서 무죄판결이 확정되었더라도 당해 경찰관의 과실의 내용과 그로 인하여 발생한 결과의 중대함에 비추어 민사상 불법행위책임을 인정한다(대판 2008.2.1., 2006다6713).

정답 | ③

기출처	2021 소방직
난이도	★★
키워드	손해배상

746

국가배상책임에 관한 설명으로 옳지 않은 것은? (다툼이 있는 경우 판례에 의함)

① 「국가배상법」에서는 공무원 개인의 피해자에 대한 배상책임을 인정하는 명시적인 규정을 두고 있지 않다.
② 공무원증 발급업무를 담당하는 공무원이 대출을 받을 목적으로 다른 공무원의 공무원증을 위조하는 행위는 「국가배상법」 제2조 제1항의 직무집행관련성이 인정되지 않는다.
③ 군교도소 수용자들이 탈주하여 일반 국민에게 손해를 입혔다면 국가는 그로 인하여 피해자들이 입은 손해를 배상할 책임이 있다.
④ 「국가배상법」 제2조 제1항 단서에 의해 군인 등의 국가배상청구권이 제한되는 경우, 공동불법행위자인 민간인은 피해를 입은 군인 등에게 그 손해 전부에 대하여 배상하여야 하는 것은 아니며 자신의 부담 부분에 한하여 손해배상의무를 부담한다.

해설

② (×) 직무관련성의 판단은 실질적인 직무행위 여부나 직무를 집행할 의사 여부 등에 의하지 않고 객관적인 외관으로 직무집행 여부를 판단한다.

> 인사업무담당 공무원이 다른 공무원의 공무원증 등을 위조한 행위에 대하여 실질적으로는 직무행위에 속하지 아니한다 할지라도 외관상으로 「국가배상법」 제2조 제1항의 직무집행관련성을 인정한다(대판 2005.1.14., 2004다26805).

정답 | ②

747 필수

「국가배상법」상 이중배상금지에 대한 판례의 입장으로 옳지 않은 것은?

① 「국가배상법」 제2조 제1항 단서에서 정한 '다른 법령의 규정'에 따른 보상금청구권이 모두 시효로 소멸된 경우라고 하더라도 「국가배상법」 제2조 제1항 단서 규정이 적용된다.

② 경찰공무원인 피해자가 「공무원연금법」에 따라 공무상 요양비를 지급받는 것은 「국가배상법」 제2조 제1항 단서에서 정한 '다른 법령의 규정'에 따라 보상을 지급받는 것에 해당하지 않는다.

③ 훈련으로 공상을 입은 군인이 「국가배상법」에 따라 손해배상금을 지급받은 다음 「보훈보상대상자 지원에 관한 법률」이 정한 보훈급여금의 지급을 청구하는 경우, 국가는 「국가배상법」 제2조 제1항 단서에 따라 그 지급을 거부할 수 있다.

④ 군인이 교육훈련으로 공상을 입은 경우라도 「군인연금법」 또는 「국가유공자예우 등에 관한 법률」에 의하여 재해보상금·유족연금·상이연금 등 별도의 보상을 받을 수 없는 경우에는 「국가배상법」 제2조 제1항 단서의 적용 대상에서 제외하여야 한다.

747	
기출처	2023 국가직 9급
난이도	★★★
키워드	손해배상

관련기출 옳은지문
- 직무집행과 관련하여 공상을 입은 군인이 먼저 「국가배상법」상 손해배상을 받은 다음 구 「국가유공자 등 예우 및 지원에 관한 법률」상 보훈급여금을 지급청구하는 경우, 국가배상을 받았다는 이유로 그 지급을 거부할 수 없다. 19 국가직 9급

해설

① (O) 「국가배상법」 제2조 제1항 단서 규정은 다른 법령에 보상제도가 규정되어 있고, 그 법령에 규정된 상이등급 또는 장애등급 등의 요건에 해당되어 그 권리가 발생한 이상, 실제로 그 권리를 행사하였는지 또는 그 권리를 행사하고 있는지 여부에 관계없이 적용된다고 보아야 하고, 그 각 법률에 의한 보상금청구권이 시효로 소멸되었다 하여 적용되지 않는다고 할 수는 없다(대판 2002.5.10., 2000다39735).

② (O) 경찰공무원인 피해자가 구 「공무원연금법」의 규정에 따라 공무상 요양비를 지급받는 것은 「국가배상법」 제2조 제1항 단서에서 정한 '다른 법령의 규정'에 따라 보상을 지급받는 것에 해당하지 않는다(대판 2019.5.30., 2017다16174).

③ 빈출 (×) 「국가배상법」 제2조 제1항 단서가 보훈보상자법 등에 의한 보상을 받을 수 있는 경우 「국가배상법」에 따른 손해배상청구를 하지 못한다는 것을 넘어 「국가배상법」상 손해배상금을 받은 경우 보훈보상자법상 보상금 등 보훈급여금의 지급을 금지하는 것으로 해석하기는 어려운 점 등에 비추어, 국가보훈처장은 「국가배상법」에 따라 손해배상을 받았다는 사정을 들어 보상금 등 보훈급여금의 지급을 거부할 수 없다(대판 2017.2.3., 2015두60075).

> 다른 법령에 따라 지급받은 급여와의 조정에 관한 조항을 두고 있지 아니한 「보훈보상대상자 지원에 관한 법률」과 달리, 「군인연금법」 제41조 제1항은 "다른 법령에 따라 국가나 지방자치단체의 부담으로 이 법에 따른 급여와 같은 종류의 급여를 받은 사람에게는 그 급여금에 상당하는 금액에 대하여는 이 법에 따른 급여를 지급하지 아니한다."라고 명시적으로 규정하고 있다. 나아가 「군인연금법」이 정하고 있는 급여 중 사망보상금(「군인연금법」 제31조는 일실손해의 보전을 위한 것으로 불법행위로 인한 소극적 손해배상과 같은 종류의 급여라고 봄이 타당하다. 따라서 피고에게 「군인연금법」 제41조 제1항에 따라 원고가 받은 손해배상금 상당 금액에 대하여는 사망보상금을 지급할 의무가 존재하지 아니한다(대판 2018.7.20., 2018두36691).
> → 군 복무 중 사망한 군인 등의 유족이 「국가배상법」에 따른 손해배상금을 지급받은 경우 그 손해배상금 상당 금액에 대해서는 「군인연금법」에서 정한 사망보상금을 지급받을 수 없다.

④ (O) 군인·군무원 등 「국가배상법」 제2조 제1항에 열거된 자가 전투, 훈련 기타 직무집행과 관련하는 등으로 공상을 입은 경우라고 하더라도 「군인연금법」 또는 「국가유공자예우 등에 관한 법률」에 의하여 재해보상금·유족연금·상이연금 등 별도의 보상을 받을 수 없는 경우에는 「국가배상법」 제2조 제1항 단서의 적용 대상에서 제외하여야 한다(대판 1997.2.14., 96다28066).

정답 | ③

748

국가배상에 관한 설명으로 가장 옳지 않은 것은?

① 소방공무원들이 다중이용업소인 주점의 비상구와 피난시설 등에 대한 점검을 소홀히 함으로써 주점의 피난통로 등에 중대한 피난 장애요인이 있음을 발견하지 못하여 업주들에 대한 적절한 지도·감독을 하지 아니한 경우 직무상 의무 위반과 주점 손님들의 사망 사이에 상당인과관계가 인정된다.

② 일본「국가배상법」이 국가배상청구권의 발생요건 및 상호보증에 관하여 우리나라「국가배상법」과 동일한 내용을 규정하고 있는 점 등에 비추어 우리나라와 일본 사이에 우리나라「국가배상법」제7조가 정하는 상호보증이 있다.

③ 국가배상청구권의 소멸시효 기간이 지났으나 국가가 소멸시효 완성을 주장하는 것이 신의성실의 원칙에 반하는 권리남용으로 허용될 수 없어 배상책임을 이행한 경우에는, 그 소멸시효 완성 주장이 권리남용에 해당하게 된 원인행위와 관련하여 해당 공무원이 그 원인이 되는 행위를 적극적으로 주도하였다는 등의 특별한 사정이 없는 한, 국가가 해당 공무원에게 구상권을 행사하는 것은 신의칙상 허용되지 않는다.

④ 전투·훈련 등 직무집행과 관련하여 공상을 입은 군인 등이 먼저「국가배상법」에 따라 손해배상금을 지급받은 다음「보훈보상대상자 지원에 관한 법률」이 정한 보상금 등 보훈급여금의 지급을 청구하는 경우, 보훈지청장은「국가배상법」에 따라 손해배상을 받았다는 사정을 들어 지급을 거부할 수 있다.

해설

① (○) 대판 2008.4.10., 2005다48994
② **빈출** (○) 대판 2015.6.11., 2013다208388
③ **빈출** (○) 대판 2016.6.9., 2015다200258
④ (×)「국가배상법」제2조 제1항 단서가 명시적으로 "다른 법령에 따라 보상을 지급받을 수 있을 때에는「국가배상법」등에 따른 손해배상을 청구할 수 없다."고 규정하고 있는 것과 달리 보훈보상자법은「국가배상법」에 따른 손해배상금을 지급받은 자를 보상금 등 보훈급여금의 지급대상에서 제외하는 규정을 두고있지 않은 점 등에 비추어, <u>국가보훈처장은「국가배상법」에 따라 손해배상을 받았다는 사정을 들어 보상금 등 보훈급여금의 지급을 거부할 수 없다</u>(대판 2017.2.3., 2015두60075).

정답 | ④

749 필수

「국가배상법」에 대한 설명으로 옳지 않은 것은? (다툼이 있는 경우 판례에 의함)

① 국가배상에서의 상호보증은 외국의 법령, 판례 및 관례 등에 의하여 발생요건을 비교하여 인정되면 충분하고 반드시 당사국과의 조약이 체결되어 있을 필요는 없으며, 당해 외국에서 구체적으로 우리나라 국민에게 국가배상청구를 인정한 사례가 없더라도 실제로 인정될 것이라고 기대할 수 있는 상태이면 충분하다.
② 「국가배상법」 규정에 의하면 공무원에게 고의 또는 중대한 과실이 있으면 국가나 지방자치단체는 그 공무원에게 구상(求償)할 수 있다.
③ 「국가배상법」상의 '공무원'이란 「국가공무원법」이나 「지방공무원법」에 의하여 공무원으로서 신분을 가진 자에 국한하지 않고, 널리 공무를 위탁받아 실질적으로 공무에 종사하고 있는 일체의 자를 가리킨다.
④ 국가배상청구의 요건인 '공무원의 직무'에는 국가의 사경제주체로서의 활동뿐 아니라 권력적 작용과 비권력적 작용도 포함된다.

해설

① 빈출 (O) 국가배상에서 상호보증은 과거 배상 전력(前歷)이 있는 경우뿐만 아니라 배상이 기대되는 경우도 포함된다는 것이 대법원의 입장이다.

> 우리나라와 외국 사이에 국가배상청구권의 발생요건이 현저히 균형을 상실하지 아니하고 외국에서 정한 요건이 우리나라에서 정한 그것보다 전체로서 과중하지 아니하여 중요한 점에서 실질적으로 거의 차이가 없는 정도라면 「국가배상법」 제7조가 정하는 상호보증의 요건을 구비하였다고 봄이 타당하다. 그리고 상호보증은 외국의 법령, 판례 및 관례 등에 의하여 발생요건을 비교하여 인정되면 충분하고 반드시 당사국과의 조약이 체결되어 있을 필요는 없으며, 당해 외국에서 구체적으로 우리나라 국민에게 국가배상청구를 인정한 사례가 없더라도 실제로 인정될 것이라고 기대할 수 있는 상태이면 충분하다(대판 2015.6.11., 2013다208388).

④ (×) 「국가배상법」상의 직무에는 국가의 사경제활동인 국고작용은 포함되지 않는다.

> 국가배상청구의 요건인 '공무원의 직무'에는 권력적 작용만이 아니라 비권력적 작용도 포함되며 단지 행정주체가 사경제주체로서 하는 활동만 제외된다(대판 2001.1.5., 98다39060).

정답 | ④

749　① ② ③
기출처	예상문제
난이도	★★
키워드	손해배상

관련기출 옳은지문
- 직무를 집행하는 공무원에게 고의 또는 중대한 과실이 있으면 국가나 지방자치단체는 그 공무원에게 구상(求償)할 수 있다. 　21군무원9급

750

「국가배상법」에 대한 설명으로 옳은 것을 모두 고른 것은? (다툼이 있는 경우 판례에 의함)

ㄱ. 법령에 의해 대집행권한을 위탁받은 구 한국토지공사(현 한국토지주택공사)는 「국가공무원법」 제2조에서 말하는 공무원에 해당하지 않는다.

ㄴ. 甲이 경주보훈지청에 국가유공자에 대한 주택구입대부제도에 관하여 전화로 문의하고 대부신청서까지 제출하였으나, 담당 공무원이 지급보증서제도에 관한 안내를 하지 아니하여 대부제도 이용을 포기하고 시중은행에서 대출을 받아 주택을 구입함으로써 결과적으로 더 많은 이자를 부담하게 되었다면 이에 대해 국가 등은 정신적 손해를 배상할 책임이 있다.

ㄷ. 공무원의 직무와 피해 사이에 상당인과관계가 인정되기 위하여는 공무원에게 부과된 직무상 의무의 내용이 단순히 공공 일반의 이익을 위한 것이거나 행정기관 내부의 질서를 규율하기 위한 것이 아니고, 전적으로 또는 부수적으로 사회구성원 개인의 안전과 이익을 보호하기 위하여 설정된 것이어야 한다.

ㄹ. 유람선의 화재사고와 피해인의 손해 사이에 선박안전증을 발급한 소속 공무원들의 직무상 의무위반행위와의 사이에는 상당인과관계가 있다고 볼 수 없고, 국가 등은 그로 인한 손해배상책임을 부담할 의무가 없다.

① ㄱ, ㄴ
② ㄱ, ㄷ
③ ㄴ, ㄷ
④ ㄴ, ㄹ

해설

ㄱ. (O) 구 「한국토지공사법」 제22조 제6호 및 같은 법 시행령 제40조의3 제1항의 규정에 의하여 본래 시·도지사나 시장·군수 또는 구청장의 업무에 속하는 대집행권한을 한국토지공사에게 위탁하도록 되어 있는바, 구 한국토지공사(현 한국토지주택공사)는 이러한 법령의 위탁에 의하여 대집행을 수권받은 자로서 공무인 대집행을 실시함에 따르는 권리·의무 및 책임이 귀속되는 행정주체의 지위에 있다고 볼 것이지 지방자치단체 등의 기관으로서 「국가배상법」 제2조 소정의 공무원에 해당한다고 볼 것은 아니다(대판 2010.1.28., 2007다82950).

ㄴ. (×) 공무원이 적정한 안내를 하지 않은 것은 위법이라 할 수 없다.

> 甲이 경주보훈지청에 국가유공자에 대한 주택구입대부제도에 관하여 전화로 문의하고 대부신청서까지 제출하였으나, 담당 공무원에게서 지급보증서제도에 관한 안내를 받지 못하여 대부제도 이용을 포기하고 시중은행에서 대출을 받아 주택을 구입함으로써 결과적으로 더 많은 이자를 부담하게 되었다고 주장하며 국가를 상대로 정신적 손해의 배상을 구한 사안에서, 담당 공무원에게 지급보증서제도를 안내하거나 설명할 의무가 있음을 전제로 그 위반에 대한 국가배상책임을 인정한 원심판결에 법리오해의 위법이 있다(대판 2012.7.26., 2010다95666).

ㄷ. (O) 상당인과관계가 인정되기 위하여는 공무원에게 부과된 직무상 의무의 내용이 단순히 공공 일반의 이익을 위한 것이거나 행정기관 내부의 질서를 규율하기 위한 것이 아니고, 전적으로 또는 부수적으로 사회구성원 개인의 안전과 이익을 보호하기 위하여 설정된 것이어야 한다(대판 2010.9.9., 2008다77795).

ㄹ. **지엽** (×) 「선박안전법」이나 「유선 및 도선업법」의 각 규정은 공공의 안전 외에 일반인의 인명과 재화의 안전 보장도 그 목적으로 하는 것이라고 할 것이므로, 피고 대한민국의 선박검사관이나 피고 충무시 소속 공무원들이 위와 같은 직무상 의무를 위반하여 시설이 불량한 이 사건 ○○호에 대하여 선박중간검사에 합격하였다 하여 선박검사증서를 발급하고, 해당 법규에 규정된 조치를 취함이 없이 계속 운항하게 함으로써 이 사건 화재사고가 발생한 것이라고 볼 수 있는 것이라면, 위 ○○호 화재사고와 피고들 소속 공무원들의 직무상 의무위반행위와의 사이에는 상당인과관계가 있고, 따라서 피고들은 그로 인한 손해배상책임을 부담하여야 한다고 할 것이다(대판 1993.12.12., 91다43466).

정답 | ②

751 〈필수〉

국가배상책임에 관한 설명으로 옳지 않은 것은? (다툼이 있는 경우 판례에 의함)

① 경찰관의 주취운전자에 대한 권한 행사가 관계 법률의 규정 형식상 경찰관의 재량에 맡겨져 있다고 하더라도, 그러한 권한을 행사하지 아니한 것이 구체적인 상황하에서 현저하게 합리성을 잃어 사회적 타당성이 없는 경우에는 경찰관의 직무상 의무를 위배한 것으로서 위법하게 된다.

② 국가의 철도운행사업은 국가가 공권력의 행사로서 하는 것이 아니고 사경제적 작용이라 할 것이지만, 이로 인한 사고에 공무원이 간여하였다고 하면 「국가배상법」을 적용할 것이지 「민법」을 적용할 것은 아니다.

③ 국회의원은 입법에 관하여 원칙적으로 국민 전체에 대한 관계에서 정치적 책임을 질 뿐 국민 개개인의 권리에 대응하여 법적 의무를 지는 것은 아니므로, 국회의원의 입법행위는 그 입법 내용이 헌법의 문언에 명백히 위배됨에도 불구하고 국회가 굳이 당해 입법을 한 것과 같은 특수한 경우가 아닌 한 「국가배상법」 제2조 제1항 소정의 위법행위에 해당한다고 볼 수 없다.

④ 형사재판 과정에서 범죄사실의 존재를 증명함에 충분한 증거가 없다는 이유로 무죄판결이 확정되었다고 하더라도 그러한 사정만으로 바로 검사의 구속 및 공소제기가 위법하다고 할 수 없고, 그 구속 및 공소제기에 관한 검사의 판단이 그 당시의 자료에 비추어 경험칙이나 논리칙상 도저히 합리성을 긍정할 수 없는 정도에 이른 경우에만 그 위법성을 인정할 수 있다.

해설

① (○) 대판 1998.5.8., 97다54482

② (×) 국가의 철도운행사업은 국가가 공권력의 행사로서 하는 것이 아니고 사경제적 작용이라 할 것이므로, 이로 인한 사고에 공무원이 간여하였다고 하더라도 「국가배상법」을 적용할 것이 아니고 일반 「민법」의 규정에 따라야 하므로, 「국가배상법」상의 배상전치절차를 거칠 필요가 없으나, 공공의 영조물인 철도시설물의 설치 또는 관리의 하자로 인한 불법행위를 원인으로 하여 국가에 대하여 손해배상청구를 하는 경우에는 「국가배상법」이 적용되므로 배상전치절차를 거쳐야 한다(대판 1999.6.22., 99다7008).

③ (○) 국회의원의 입법(또는 입법부작위)은 원칙적으로 국민에 대한 정치적 책임을 질 뿐이지, 개인에 대한 법적 책임이 없다. 다만, 헌법 문언상 명백한 위반 등의 경우에는 불법행위가 성립할 여지가 있다.

> 국회의원은 입법에 관하여 원칙적으로 국민 전체에 대한 관계에서 정치적 책임을 질 뿐 국민 개개인의 권리에 대응하여 법적 의무를 지는 것은 아니므로, 국회의원의 입법행위는 그 입법 내용이 헌법의 문언에 명백히 위배됨에도 불구하고 국회가 굳이 당해 입법을 한 것과 같은 특수한 경우가 아닌 한 「국가배상법」 제2조 제1항 소정의 위법행위에 해당한다고 볼 수 없고, 같은 맥락에서 국가가 일정한 사항에 관하여 헌법에 의하여 부과되는 구체적인 입법의무를 부담하고 있음에도 불구하고 그 입법에 필요한 상당한 기간이 경과하도록 고의 또는 과실로 이러한 입법의무를 이행하지 아니하는 등 극히 예외적인 사정이 인정되는 사안에 한정하여 「국가배상법」 소정의 배상책임이 인정될 수 있으며, 위와 같은 구체적인 입법의무 자체가 인정되지 않는 경우에는 애당초 부작위로 인한 불법행위가 성립할 여지가 없다(대판 2008.5.29., 2004다33469).

④ (○) 대판 2002.2.22., 2001다23447

정답 | ②

관련기출 옳은지문

- 「경찰관 직무집행법」상 경찰관에게 재량에 의한 직무수행권한을 부여한 것처럼 되어 있으나, 경찰관에게 권한을 부여한 취지와 목적에 비추어 볼 때 구체적인 사정에 따라 경찰관이 그 권한을 행사하여 필요한 조치를 취하지 않는 것이 현저하게 불합리하다고 인정되는 경우에 권한의 불행사는 직무상 의무를 위반한 것으로 위법하다. 17(하)국가직7급

- 국회의원이 제정한 법률규정이 헌법의 문언에 명백히 위반됨에도 불구하고 국회가 굳이 당해 입법을 한 것과 같은 특수한 경우가 아닌 한 「국가배상법」상의 위법행위에 해당하지 않는다. 22국회직8급

- 국회의원은 입법행위에 관하여 원칙적으로 국민 전체에 대한 관계에서 정치적 책임을 질 뿐 국민 개개인의 권리에 대응하여 법적 의무를 지는 것은 아니다. 21국회직9급

752	1 2 3
기출처	2022 지방직 9급
난이도	★★
키워드	손해배상

관련기출 옳은지문

· 공무원이 법령에 따라 직무 수행에 관한 의무를 부여받았어도 그것이 직접 국민 개개인의 이익을 위한 것이 아니라 전체적으로 공공 일반의 이익을 도모하기 위한 것이라면 그 의무를 위반하여 국민에게 손해를 가하여도 국가 또는 지방자치단체는 배상책임을 부담하지 아니한다.

24국회직8급

752 〈필수〉

국가배상제도에 대한 설명으로 옳은 것은? (다툼이 있는 경우 판례에 의함)

① 공무원에게 부과된 직무상 의무가 단순히 공공일반의 이익만을 위한 경우라면 그러한 직무상 의무 위반에 대해서는 국가배상책임이 인정되지 않는다.
② 국가의 비권력적 작용은 국가배상청구의 요건인 직무에 포함되지 않는다.
③ 경과실로 불법행위를 한 공무원이 피해자에게 손해를 배상하였다면 이는 타인의 채무를 변제한 경우에 해당하므로 피해자는 공무원에게 이를 반환할 의무가 있다.
④ 지방자치단체가 권원 없이 사실상 관리하고 있는 도로는 국가배상책임의 대상이 되는 영조물에 해당하지 않는다.

해설

① **빈출** (○) 대판 2011.9.8., 2011다34521
② **빈출** (×) 사경제작용인 국고작용만 「국가배상법」상의 직무에 해당되지 않을 뿐, 비권력적 작용은 「국가배상법」상의 직무에 해당된다.
③ (×) 경과실이 있는 공무원이 피해자에 대하여 손해배상책임을 부담하지 아니함에도 피해자에게 손해를 배상하였다면 그것은 채무자 아닌 사람이 타인의 채무를 변제한 경우에 해당하고, 이는 「민법」 제469조의 '제3자의 변제' 또는 「민법」 제744조의 '도의관념에 적합한 비채변제'에 해당하여 피해자는 공무원에 대하여 이를 반환할 의무가 없다(대판 2014.8.20., 2012다54478).
④ **빈출** (×) 「국가배상법」 제5조 제1항 소정의 '공공의 영조물'이라 함은 국가 또는 지방자치단체에 의하여 특정 공공의 목적에 공여된 유체물 내지 물적 설비를 말하며, 국가 또는 지방자치단체가 소유권, 임차권 그 밖의 권한에 기하여 관리하고 있는 경우뿐만 아니라 사실상의 관리를 하고 있는 경우도 포함된다(대판 1998.10.23., 98다17381).

정답 | ①

753 필수

국가배상에 대한 설명으로 옳은 것은?

① 「국가배상법」에 따른 손해배상의 소송은 배상심의회에 배상신청을 하지 아니하면 제기할 수 없다.
② 국가배상소송을 제기하는 경우 민사소송이 아니라 공법상 당사자소송으로 제기하여야 한다.
③ 군 복무 중 사망한 사람의 유족이 국가배상을 받은 경우, 관할 행정청 등은 「군인연금법」상 사망보상금에서 소극적 손해배상금 상당액을 공제할 수 있을 뿐, 이를 넘어 정신적 손해배상금까지 공제할 수는 없다.
④ 공공시설물의 하자로 손해를 입은 외국인에게는 해당 국가와 상호보증이 없더라도 「국가배상법」이 적용된다.

기출처 | 2024 지방직 9급
난이도 | ★★
키워드 | 손해배상

관련기출 옳은지문
- 「국가배상법」은 외국인이 피해자인 경우에는 해당 국가와 상호보증이 있을 때에만 적용한다. 25소방직

해설

① (×) 「국가배상법」 제9조에 의하면 배상심의회의 배상신청은 임의적 전치절차이다.

> 「국가배상법」 제9조 【소송과 배상신청의 관계】 이 법에 따른 손해배상의 소송은 배상심의회(이하 '심의회'라 한다)에 배상신청을 하지 아니하고도 제기할 수 있다.

② (×) 공무원의 직무상 불법행위로 손해를 받은 국민은 공무원 자신에 대하여도 직접 그의 불법행위를 이유로 민사상의 손해배상을 청구할 수 있다(대판 1972.10.10., 69다701).

③ 빈출 (○) 구 「군인연금법」(2019.12.10. 법률 제16760호로 전부 개정되기 전의 것. 이하 같다)이 정하고 있는 급여 중 사망보상금은 일실손해의 보전을 위한 것으로 불법행위로 인한 소극적 손해배상과 같은 종류의 급여이므로(대판 2018.7.20., 2018두36691 등 참조), 군 복무 중 사망한 망인의 유족이 국가배상을 받은 경우 피고는 사망보상금에서 소극적 손해배상금 상당액을 공제할 수 있을 뿐, 이를 넘어 정신적 손해배상금 상당액까지 공제할 수는 없다(대판 2022.3.31., 2019두36711).

④ 빈출 (×) 질문이 많은 선지이다. 외국인에 대한 국가배상은 상호보증이 필요하다. 다만, 그 상호보증의 요건이 당사자국과의 조약체결을 필요로 하는 것은 아님을 유의하여야 한다.

> 「국가배상법」 제7조는 우리나라만이 입을 수 있는 불이익을 방지하고 국제관계에서 형평을 도모하기 위하여 외국인의 국가배상청구권의 발생요건으로 '외국인이 피해자인 경우에는 해당 국가와 상호보증이 있을 것'을 요구하고 있는데, … 그리고 상호보증은 외국의 법령, 판례 및 관례 등에 의하여 발생요건을 비교하여 인정되면 충분하고 반드시 당사국과의 조약이 체결되어 있을 필요는 없으며, 당해 외국에서 구체적으로 우리나라 국민에게 국가배상청구를 인정한 사례가 없더라도 실제로 인정될 것이라고 기대할 수 있는 상태이면 충분하다(대판 2015.6.11., 2013다208388).

정답 | ③

754

국가배상책임에 관한 설명으로 옳은 것(○)과 옳지 않은 것(×)이 순서대로 바르게 된 것은? (다툼이 있는 경우 판례에 의함)

> ㄱ. 구청 세무과 소속 공무원이 타인에게 무허가건물 세입자들에 대한 시영아파트 입주권 매매행위를 한 경우 외형상 직무범위 내의 행위라고 볼 수 있다.
>
> ㄴ. 국가배상의 요건인 공무원이 그 '직무를 집행함에 당하여'라고 함은 직무의 범위 내에 속한 행위이거나 직무수행의 수단으로써 또는 직무수행에 부수하여 행하여지는 행위로서 직무와 밀접한 관련이 있는 것도 포함된다.
>
> ㄷ. 공무원이 그 직무를 집행함에 당하여 고의 또는 과실로 법령에 위반하여 타인에게 손해를 가한 경우에 국가나 지방자치단체가 그 손해를 배상하는 것은 「민법」상의 사용자로서 그 배상책임을 부담하는 것이므로 「민법」상 사용자의 면책사유인 피용자의 선임감독에 과실이 없었다면 손해배상책임을 면할 수 있다.
>
> ㄹ. 「국가배상법」 제2조 제1항 단서의 면책조항은 구 「국가배상법」 제2조 제1항 단서의 면책조항과 마찬가지로 전투·훈련 또는 이에 준하는 직무집행뿐만 아니라 '일반 직무집행'에 관하여도 국가나 지방자치단체의 배상책임을 제한하는 것이라고 해석하여야 한다.

	ㄱ	ㄴ	ㄷ	ㄹ
①	○	○	×	○
②	×	○	○	×
③	○	×	×	○
④	×	○	×	○

해설

ㄱ. (×) 구청 공무원 甲이 주택정비계장으로 부임하기 이전에 그의 처 등과 공모하여 乙에게 무허가건물철거 세입자들에 대한 시영아파트 입주권 매매행위를 한 경우 이는 甲이 개인적으로 저지른 행위에 불과하고 당시 근무하던 세무과에서 수행하던 지방세 부과, 징수 등 본래의 직무와는 관련이 없는 행위로서 외형상으로도 직무범위 내에 속하는 행위라고 볼 수 없다(대판 1993.1.15., 92다8514).

ㄴ. (○) 공무원이 그 '직무를 집행함에 당하여'라고 함은 직무의 범위 내에 속한 행위이거나 직무수행의 수단으로써 또는 직무수행에 부수하여 행하여지는 행위로서 직무와 밀접한 관련이 있는 것도 포함된다고 해석하여야 할 것이다(대판 1994.5.27., 94다6741).

ㄷ. (×) 국가의 공무원에 대한 배상책임은 민사상의 사용자 책임과 달리 국가의 공무원에 대한 관리·감독 소홀에 대한 책임이 아니다.

> 공무원이 그 직무를 행함에 당하여 고의 또는 과실로 법령에 위반하여 타인에게 손해를 가한 경우에 국가나 지방자치단체가 그 손해를 배상하는 것은 「민법」상의 사용자로서 배상책임을 부담하는 것이 아니므로 「민법」상 사용자의 면책사유인 피용자의 선임감독에 과실이 없었다는 것으로서는 본법상의 손해배상책임을 면할 수 없다(대판 1970.6.30., 70다727).

ㄹ. (○) 경찰공무원 등이 '전투·훈련 등 직무집행과 관련하여' 순직 등을 한 경우 같은 법 및 「민법」에 의한 손해배상책임을 청구할 수 없다고 정한 「국가배상법」 제2조 제1항 단서의 면책조항은 구 「국가배상법」 제2조 제1항 단서의 면책조항과 마찬가지로 전투·훈련 또는 이에 준하는 직무집행뿐만 아니라 '일반 직무집행'에 관하여도 국가나 지방자치단체의 배상책임을 제한하는 것이라고 해석하여, 위 면책 주장을 받아들인 원심판단은 정당하다(대판 2011.3.10., 2010다85942).

정답 | ④

755 〈필수〉

행정상 손해배상에 대한 설명으로 옳은 것은? (다툼이 있는 경우 판례에 의함)

① 어떠한 행정처분이 후에 항고소송에서 취소되었다면 그 기판력에 의하여 당해 행정처분이 곧바로 공무원의 고의 또는 과실로 인한 것으로서 불법행위를 구성한다고 단정할 수 있다.

② 어린이가 '미니컵 젤리'를 먹다가 질식하여 사망한 경우, 식품의약품안전처장 등이 그 사고 발생 시까지 구 「식품위생법」상의 규제 권한을 행사하여 미니컵 젤리의 수입·유통 등을 금지하는 등의 조치를 취하지 않은 것은 현저하게 합리성을 잃어 그 권한 불행사에 과실이 있다.

③ 영업허가취소처분이 나중에 행정심판에 의하여 위법한 처분임이 판명되어 취소되었다고 하더라도 그 처분이 당시 시행되던 「공중위생법 시행규칙」에 정하여진 행정처분의 기준에 따른 것이라면 처분을 한 행정청 공무원에게 어떤 직무집행상의 과실이 있다고 할 수는 없다.

④ 경찰관이 범인을 제압하는 과정에서 총기를 사용하여 범인을 사망하게 한 경우 경찰관이 총기사용에 이르게 된 동기나 목적, 경위 등을 고려하여 형사사건에서 무죄판결이 확정되었다면 당해 경찰관의 과실의 내용과 그로 인하여 발생한 결과의 중대함에 비추어도 민사상 불법행위책임을 인정할 수 없다.

755	1 2 3
기출처	예상문제
난이도	★★
키워드	손해배상

관련기출 옳은지문

• 국가나 지방자치단체는 공무원이 직무를 집행하면서 고의 또는 과실로 위법하게 타인에게 손해를 가한 때에 「국가배상법」상 배상책임을 지고, 공무원의 선임 및 감독에 상당한 주의를 한 경우에도 그 배상책임을 면할 수 없다. 18국가직9급

해설

① **빈출** (×) 처분이 항고소송에서 취소되면 기판력에 의해 처분의 위법이 확정되지만, 그 위법에 의해 고의나 과실까지 인정되는 것은 아니다.

> 어떠한 행정처분이 후에 항고소송에서 취소되었다고 할지라도 그 기판력에 의하여 당해 행정처분이 곧바로 공무원의 고의 또는 과실로 인한 것으로서 불법행위를 구성한다고 단정할 수는 없는 것이고, 그 행정처분의 담당공무원이 보통 일반의 공무원을 표준으로 하여 볼 때 객관적 주의의무를 결하여 그 행정처분이 객관적 정당성을 상실하였다고 인정될 정도에 이른 경우에 비로소 「국가배상법」 제2조 소정의 국가배상책임의 요건을 충족하였다고 봄이 상당할 것이며, 이 때에 객관적 정당성을 상실하였는지 여부는 피침해이익의 종류 및 성질, 침해행위가 되는 행정처분의 태양 및 그 원인, 행정처분의 발동에 대한 피해자 측의 관여의 유무, 정도 및 손해의 정도 등 제반 사정을 종합하여 손해의 전보책임을 국가 또는 지방자치단체에게 부담시켜야 할 실질적인 이유가 있는지 여부에 의하여 판단하여야 한다(대판 2003.11.27., 2001다33789).

② (×) 어린이가 '미니컵 젤리'를 먹다가 질식하여 사망한 사안에서, 식품의약품안전처장 등이 그 사고 발생시까지 구 「식품위생법」상의 규제 권한을 행사하여 미니컵 젤리의 수입·유통 등을 금지하거나 그 기준과 규격, 표시 등을 강화하고 그에 필요한 검사 등을 실시하는 조치를 취하지 않은 것이 현저하게 합리성을 잃어 사회적 타당성이 없다거나 객관적 정당성을 상실하여 위법하다고 할 수 있을 정도까지에 이르렀다고 보기 어렵고, 그 권한 불행사에 과실이 있다고 할 수도 없다(대판 2010.9.9., 2008다77795).

③ (○) 영업허가취소처분이 나중에 행정심판에 의하여 재량권을 일탈한 위법한 처분임이 판명되어 취소되었다고 하더라도 그 처분이 당시 시행되던 「공중위생법 시행규칙」에 정하여진 행정처분의 기준에 따른 것인 이상 그 영업허가취소처분을 한 행정청 공무원에게 그와 같은 위법한 처분을 한 데 있어 어떤 직무집행상의 과실이 있다고 할 수는 없다(대판 1994.11.8., 94다26141).

④ (×) 경찰관이 범인을 제압하는 과정에서 총기를 사용하여 범인을 사망에 이르게 한 사안에서, 경찰관이 총기사용에 이르게 된 동기나 목적, 경위 등을 고려하여 형사사건에서 무죄판결이 확정되었더라도 당해 경찰관의 과실의 내용과 그로 인하여 발생한 결과의 중대함에 비추어 민사상 불법행위책임을 인정한다(대판 2008.2.1., 2006다6713).

정답 | ③

756 필수

「국가배상법」에 대한 설명으로 옳은 것만을 〈보기〉에서 모두 고르면? (다툼이 있는 경우 판례에 의함)

| 보기 |

ㄱ. 경과실이 있는 공무원이 피해자에 대하여 손해배상책임을 부담하지 아니함에도 피해자에게 손해를 배상하였다면 이는 법률상 원인이 없는 것으로 피해자는 공무원에 대하여 이를 반환할 의무가 있다.

ㄴ. 공무원이 직무수행 중 불법행위로 타인에게 손해를 입힌 경우에 국가 등이 국가배상책임을 부담하는 것 외에 공무원 개인도 고의 또는 중과실이 있는 경우에는 불법행위로 인한 손해배상책임을 진다.

ㄷ. 본래 시·도지사나 시장·군수 또는 구청장의 업무에 속하는 대집행권한이 LH공사에게 위탁된 경우에 LH공사는 지방자치단체 등의 기관으로서 「국가배상법」 제2조 소정의 공무원에 해당한다.

ㄹ. 입법자가 법률로써 특정한 사항을 시행령으로 정하도록 위임했음에도 불구하고 행정부가 정당한 이유 없이 이를 이행하지 않는다면 권력분립의 원칙과 법치국가 내지 법치행정의 원칙에 위배되는 것으로서 위헌성이 인정되나 이는 헌법소원을 통한 구제의 대상이 될 뿐이고 국가배상의 대상이 되는 것은 아니다.

① ㄱ
② ㄴ
③ ㄱ, ㄷ
④ ㄴ, ㄹ
⑤ ㄴ, ㄷ, ㄹ

해설

ㄱ. (×) 경과실의 공무원이 피해자에 대해 직접 배상을 한 경우, 피해자는 공무원에게 배상금을 반환할 필요가 없고 공무원은 국가 등에게 구상권을 행사한다는 것이 대법원의 입장이다.

> 경과실이 있는 공무원이 피해자에 대하여 손해배상책임을 부담하지 아니함에도 피해자에게 손해를 배상하였다면 그것은 채무자 아닌 사람이 타인의 채무를 변제한 경우에 해당하고, 이는 「민법」 제469조의 '제3자의 변제' 또는 「민법」 제744조의 '도의관념에 적합한 비채변제'에 해당하여 피해자는 공무원에 대하여 이를 반환할 의무가 없고, 그에 따라 피해자의 국가에 대한 손해배상청구권이 소멸하여 국가는 자신의 출연 없이 채무를 면하게 되므로, 피해자에게 손해를 직접 배상한 경과실이 있는 공무원은 특별한 사정이 없는 한 국가에 대하여 국가의 피해자에 대한 손해배상책임의 범위 내에서 공무원이 변제한 금액에 관하여 구상권을 취득한다고 봄이 타당하다(대판 2014.8.20., 2012다54478).

ㄴ. 빈출 (○) 공무원이 단순한 경과실의 위법을 행한 경우에는 공무원은 직접적 배상책임이 없으나, 공무원의 위법이 고의나 중과실에 의한 경우에는 공무원 개인도 배상책임이 있다. 피해자는 국가 등이나 공무원에게 선택적 청구를 할 수 있다(국가 등이 배상한 경우에는 공무원에게 구상권을 행사할 수 있다).

> 공무원이 직무수행 중 불법행위로 타인에게 손해를 입힌 경우에 국가 등이 국가배상책임을 부담하는 외에 공무원 개인도 고의 또는 중과실이 있는 경우에는 불법행위로 인한 손해배상책임을 지고, 공무원에게 경과실이 있을 뿐인 경우에는 공무원 개인은 손해배상책임을 부담하지 아니한다(대판 2014.8.20., 2012다54478).

ㄷ. (×) 「국가배상법」에서의 배상주체는 국가나 지방자치단체에 해당한다. 따라서 한국토지공사(현 LH공사)는 「국가배상법」상의 공무원이라 할 수 없다.

> 한국토지공사는 이러한 법령의 위탁에 의하여 대집행을 수권받은 자로서 공무인 대집행을 실시함에 따르는 권리·의무 및 책임이 귀속되는 행정주체의 지위에 있다고 볼 것이지 지방자치단체 등의 기관으로서 「국가배상법」 제2조 소정의 공무원에 해당한다고 볼 것은 아니다(대판 2010.1.28., 2007다82950).

ㄹ. 빈출 (×) 행정입법부작위는 헌법소원의 대상이 된다. 대법원은 이에 대해 국가배상도 인정하였다(의회입법부작위는 국가배상이 인정된 예가 없다).

> 입법부가 법률로써 행정부에게 특정한 사항을 위임했음에도 불구하고 행정부가 정당한 이유 없이 이를 이행하지 않는다면 권력분립의 원칙과 법치국가 내지 법치행정의 원칙에 위배되는 것으로서 위법함과 동시에 위헌적인 것이 되는바 … 위 법률의 규정은 군법무관의 보수의 내용을 법률로써 일차적으로 형성한 것이고, 위 법률들에 의해 상당한 수준의 보수청구권이 인정되는 것이므로, 위 보수청구권은 단순한 기대이익을 넘어서는 것으로서 법률의 규정에 의해 인정된 재산권의 한 내용이 되는 것으로 봄이 상당하고, 따라서 행정부가 정당한 이유 없이 시행령을 제정하지 않은 것은 위 보수청구권을 침해하는 불법행위에 해당한다(대판 2007.11.29., 2006다3561).

정답 | ②

757 필수

「국가배상법」 제2조의 국가배상책임 요건에 대한 설명으로 옳지 않은 것은? (다툼이 있는 경우 판례에 의함)

① 준공검사업무를 담당하는 공무원이 준공검사를 현저히 지연시켰고, 그러한 지연이 직무에 충실한 보통 일반의 공무원을 표준으로 할 때 객관적 정당성을 상실하였다고 인정될 정도에 이른 경우에는 위법하다.
② 군종장교가 가지는 종교의 자유의 내용 및 군종장교가 종교활동을 수행하면서 소속 종단(宗團)의 종교를 선전하거나 다른 종교를 비판한 것만으로 종교적 중립 준수의무를 위반한 직무상의 위법이 있다고 할 수 없다.
③ 공무원에 대한 전보인사가 법령이 정한 기준과 원칙에 위배되거나 인사권을 다소 부적절하게 행사한 것으로 볼 여지가 있다 하더라도 그러한 사유만으로 그 전보인사가 당연히 불법행위를 구성한다고 볼 수는 없다.
④ 도로가설 등 공사로 인한 무허가건물의 강제철거와 관련하여 이루어지는 시나 구 등 지방자치단체의 철거건물 소유자에 대한 시영아파트 분양권 부여 및 세입자에 대한 지원대책 등의 업무는 「국가배상법」이 배제되는 사경제주체로서 하는 활동에 해당된다.

757 　　　　　　 ① ② ③
기출처　예상문제
난이도　★★★
키워드　손해배상

해설

④ (×) 도로가설 등 공사로 인한 무허가건물의 강제철거와 관련하여 이루어지는 시나 구 등 지방자치단체의 철거건물 소유자에 대한 시영아파트 분양권 부여 및 세입자에 대한 지원대책 등의 업무는 지방자치단체의 공권력 행사 기타 공행정 작용과 관련된 활동으로 볼 것이지 사경제주체로서 하는 활동이라고는 볼 수 없다(대판 1994.9.30., 94다11767).

정답 | ④

758 〈필수〉

위법한 직무집행행위로 인한 손해배상책임에 대한 설명으로 옳지 않은 것은?

① 「국가배상법」상 '공무원'이라 함은 널리 공무를 위탁받아 실질적으로 공무에 종사하고 있는 일체의 자를 가리키는 것으로서, 단지 공무의 위탁이 일시적인 사항에 관한 활동을 위한 것은 포함되지 않는다.
② 「국가배상법」이 정한 배상청구의 요건인 '공무원의 직무'에는 권력적 작용만이 아니라 행정지도와 같은 비권력적 공행정작용도 포함된다.
③ 어떠한 행정처분이 후에 항고소송에서 위법한 것으로서 취소되었다고 하더라도 그로써 곧 당해 행정처분이 공무원의 고의 또는 과실에 의한 불법행위를 구성한다고 단정할 수는 없다.
④ 헌법상 과잉금지의 원칙 내지 비례의 원칙을 위반하여 국민의 기본권을 침해한 국가작용은 국가배상책임에 있어 법령을 위반한 가해행위가 된다.

해설

① **빈출** (×) 「국가배상법」 제2조 소정의 '공무원'이라 함은 「국가공무원법」이나 「지방공무원법」에 의하여 공무원으로서의 신분을 가진 자에 국한하지 않고, 널리 공무를 위탁받아 실질적으로 공무에 종사하고 있는 일체의 자를 가리키는 것으로서, 공무의 위탁이 일시적이고 한정적인 사항에 관한 활동을 위한 것이어도 달리 볼 것은 아니다(대판 2001.1.5., 98다39060).

② **빈출** (○) 「국가배상법」상 직무에는 권력작용·비권력적 작용, 법적 행위·사실행위, 작위·부작위, 입법작용·사법(司法)작용이 모두 포함된다. 비권력적 사실행위인 행정지도도 「국가배상법」상의 직무에 해당한다. 다만, 직무에 해당하여도 다른 국가배상의 요건충족 여부에 따라 배상 여부는 달라진다.

> 국가배상청구의 요건인 '공무원의 직무'에는 권력적 작용만이 아니라 비권력적 작용도 포함되며 단지 행정주체가 사경제주체로서 하는 활동만 제외된다(대판 2001.1.5., 98다39060).

③ **빈출** (○) 어떠한 행정처분이 후에 항고소송에서 위법한 것으로서 취소되었다고 하더라도 그로써 곧 당해 행정처분이 공무원의 고의 또는 과실에 의한 불법행위를 구성한다고 단정할 수는 없지만, 그 행정처분의 담당공무원이 보통 일반의 공무원을 표준으로 하여 볼 때 객관적 주의의무를 결하여 그 행정처분이 객관적 정당성을 상실하였다고 인정될 정도에 이른 경우에는 「국가배상법」 제2조 소정의 국가배상책임의 요건을 충족하였다고 보아야 한다(대판 2011.1.27., 2008다30703).

④ (○) 헌법상 과잉금지의 원칙 내지 비례의 원칙을 위반하여 국민의 기본권을 침해한 국가작용은 국가배상책임에 있어 법령을 위반한 가해행위가 될 수 있다(대판 2018.10.25., 2013다44720).

정답 | ①

관련기출 옳은지문

- 어떠한 행정처분이 후에 항고소송에서 취소되었다면 그 기판력에 의하여 당해 행정처분은 곧바로 공무원의 고의 또는 과실로 인한 것으로서 불법행위를 구성한다고 할 수 없다. 〈25소방직〉

- 「국가배상법」 제2조에 따른 공무원은 「국가공무원법」 등에 의해 공무원의 신분을 가진 자에 국한하지 않고, 널리 공무를 위탁받아 실질적으로 공무에 종사하고 있는 일체의 자를 가리킨다. 〈19국가직7급〉

- 국가나 지방자치단체는 공무를 위탁받은 사인이 직무를 집행하면서 고의 또는 과실로 법령을 위반하여 타인에게 손해를 입힌 때에는 「국가배상법」에 따라 그 손해를 배상하여야 한다. 〈21군무원9급〉

- 성폭력범죄의 수사를 담당하거나 수사에 관여하는 경찰관이 피해자의 인적사항 등을 공개 또는 누설함으로써 피해자가 손해를 입은 경우, 국가의 배상책임이 인정된다는 것이 판례의 태도이다. 〈20소방직〉

759 필수

행정상 손해배상에 대한 설명으로 옳은 것은? (다툼이 있는 경우 판례에 의함)

① 국회의원은 원칙적으로 정치적 책임을 질 뿐이므로 헌법에 따른 구체적 입법의무를 부담하고 있음에도 그 입법에 필요한 상당한 기간이 경과하도록 고의 또는 과실로 그 입법의무를 이행하지 아니하는 경우 그 배상책임이 인정되기 어렵다.

② 주무 부처인 중앙행정기관이 입법 예고를 통해 법령안의 내용을 국민에게 예고한 적이 있다면, 그것이 법령으로 확정되지 아니하였다고 하더라도 국가는 위 법령안에 관련된 사항에 대해 이해관계자들에게 어떠한 신뢰를 부여한 것으로 볼 수 있다.

③ 공무원에게 부과된 직무상 의무의 내용이 전적으로 또는 부수적으로 사회구성원 개인의 안전과 이익을 보호하기 위하여 설정된 것이라면, 공무원이 그와 같은 직무상 의무를 위반함으로써 피해자가 입은 손해에 대해서는 상당인과관계가 인정되는 범위에서 국가가 배상책임을 진다.

④ 「금융위원회의 설치 등에 관한 법률」의 입법 취지에 비추어 볼 때, 금융감독원에 금융기관에 대한 검사·감독의무를 부과한 법령의 목적이 금융상품에 투자한 투자자 개인의 이익을 직접 보호하기 위한 것이라고 할 수 있으므로, 피고 금융감독원 및 그 직원들의 위법한 직무집행과 해당 저축은행의 후순위사채에 투자한 원고들이 입은 손해 사이에 상당인과관계가 인정된다.

---

759 | 기출처: 2022 소방직 | 난이도: ★★★ | 키워드: 손해배상

해설

① (×) 국회의원의 입법행위는 그 입법 내용이 헌법의 문언에 명백히 위배됨에도 불구하고 국회가 굳이 당해 입법을 한 것과 같은 특수한 경우가 아닌 한 「국가배상법」제2조 제1항 소정의 위법행위에 해당한다고 볼 수 없고, 같은 맥락에서 국가가 일정한 사항에 관하여 헌법에 의하여 부과되는 구체적인 입법의무를 부담하고 있음에도 불구하고 그 입법에 필요한 상당한 기간이 경과하도록 고의 또는 과실로 이러한 입법의무를 이행하지 아니하는 등 극히 예외적인 사정이 인정되는 사안에 한정하여 「국가배상법」 소정의 배상책임이 인정될 수 있으며, 위와 같은 구체적인 입법의무 자체가 인정되지 않는 경우에는 애당초 부작위로 인한 불법행위가 성립할 여지가 없다(대판 2008.5.29., 2004다33469).

② (×) 정책의 주무 부처인 중앙행정기관이 그 소관 사항에 대하여 입안한 법령안은 법제처 심사 등의 절차를 거쳐 공포함으로써 확정되므로, 법령이 확정되기 이전에는 법적 효과가 발생할 수 없다. 따라서 입법 예고를 통해 법령안의 내용을 국민에게 예고한 적이 있다고 하더라도 그것이 법령으로 확정되지 아니한 이상 국가가 이해관계자들에게 위 법령안에 관련된 사항을 약속하였다고 볼 수 없으며, 이러한 사정만으로 어떠한 신뢰를 부여하였다고 볼 수도 없다(대판 2018.6.15., 2017다249769).

③ 빈출 (○) 공무원에게 부과된 직무상 의무의 내용이 단순히 공공 일반의 추상적 이익을 위한 것이거나 행정기관 내부의 질서를 규율하기 위한 것이 아니고 전적으로 또는 부수적으로 사회구성원 개인의 구체적 안전과 이익을 보호하기 위하여 설정된 것이라면, 공무원이 그와 같은 직무상 의무를 위반함으로써 개인이 입게 된 손해는 상당인과관계가 인정되는 범위 안에서 국가가 그에 대한 배상책임을 부담하여야 한다(대판 2008.6.12., 2007다64365).

④ (×) 「금융위원회의 설치 등에 관한 법률」의 입법 취지 등에 비추어 볼 때, 피고 금융감독원에 금융기관에 대한 검사·감독의무를 부과한 법령의 목적이 금융상품에 투자한 투자자 개인의 이익을 직접 보호하기 위한 것이라고 할 수 없으므로, 피고 금융감독원 및 그 직원들의 위법한 직무집행과 부산2저축은행의 후순위사채에 투자한 원고들이 입은 손해 사이에 상당인과관계가 있다고 보기 어렵다(대판 2015.12.23., 2015다210194).

정답 | ③

760

「국가배상법」 제2조에 따른 배상책임에 대한 설명으로 옳지 <u>않은</u> 것은? (다툼이 있는 경우 판례에 의함)

① 甲 등이 특정 사건의 진상규명 등을 촉구하는 기자회견을 한 후 청와대에 서명지박스를 전달하기 위한 행진을 시도하였으나 관할 경찰서장인 乙 등이 해산명령과 통행차단 조치를 한 행위는 乙 등에게 중과실이 있다고 단정하기 어려워 乙 등의 손해배상책임을 인정할 수 없다.

② 헌법재판소 재판관이 청구기간 내에 제기된 헌법소원심판청구 사건에서 청구기간을 오인하여 각하결정을 한 경우, 이에 대한 불복절차 내지 시정절차가 없는 때에는 국가배상책임(위법성)을 인정할 수 있다.

③ 행정처분의 선택의 기준을 정한 훈령에 따라 한 4개월의 업무정지처분이 그 취소소송에서 재량권 남용을 이유로 취소되었고 또한 재량권을 일탈한 경우라고 판단되었다면 관계 공무원에게 직무집행상 과실이 있는 경우라고 볼 수 있다.

④ 성폭력범죄의 담당 경찰관이 범인식별실을 사용하지 않고 형사과 사무실에서 피의자들을 한꺼번에 세워 놓고 어린 학생인 피해자에게 범인을 지목하도록 한 행위는 「국가배상법」 상의 '법령 위반' 행위에 해당한다.

해설

③ (×) 처분기준을 정한 훈령(행정규칙)에 따라 행한 처분은 후에 소송에서 위법이라 판단되어도 공무원에게는 과실이 없다.

> 행정처분의 선택의 기준을 정한 훈령에 따라 한 4개월의 업무정지처분이 그 취소소송에서 재량권 남용을 이유로 취소되었고 또한 그 정상을 고려할 때 재량권을 일탈한 경우라고 판단된다 하더라도 그와 같은 사실만으로는 관계 공무원에게 직무집행상 과실이 있는 경우라고 볼 수는 없다(대판 1984.7.24., 84다카597).

정답 | ③

761 필수

국가배상에 대한 판례의 태도로 옳지 않은 것은?

① 「국가배상법」 제2조 제1항 단서 소정의 '경찰공무원'이 「경찰공무원법」상 경찰공무원'에 한정된다고 단정할 수 없고 오히려 경찰업무의 위험성을 고려하여 '경찰조직의 구성원을 이루는 공무원'을 특별취급하려는 것으로 보아야 하므로 전투경찰순경은 「국가배상법」 제2조 제1항 단서 소정의 '경찰공무원'에 해당한다고 보아야 한다.

② 경찰공무원이 낙석사고 현장 주변 교통정리를 위하여 사고현장 부근으로 순찰차를 운전하고 가다가 산에서 떨어진 대형 낙석이 순찰차를 덮쳐 사망한 사안은, 지방자치단체의 도로에 관한 설치·관리상 하자로 인하여 발생하였으므로 「국가배상법」에 따라 국가배상이 제한되지 않는다.

③ 군인 등 「국가배상법」 제2조 제1항 단서에 열거된 자가 전투·훈련 등 직무집행과 관련하는 등으로 공상을 입은 경우에도 「군인연금법」 또는 「국가유공자 등 예우 및 지원에 관한 법률」에 의하여 재해보상금 등 별도의 보상을 받을 수 없는 경우에는 「국가배상법」 제2조 제1항 단서의 적용 대상에서 제외되어 국가배상의 청구가 가능하다.

④ 군수 또는 그 보조 공무원이 구 농수산부장관(현 농림축산식품부장관)으로부터 도지사를 거쳐 군수에게 재위임된 국가사무(기관위임사무)인 개간허가 및 그 취소사무를 처리함에 있어 고의 또는 과실로 타인에게 손해를 가한 경우, 「국가배상법」 제6조에 의하여 지방자치단체인 군이 비용을 부담한다고 볼 수 있는 경우에 한하여 국가와 함께 손해배상책임을 부담한다.

---

761 | 1 | 2 | 3 |
기출처	예상문제
난이도	★★
키워드	손해배상

🔍 관련기출 옳은지문

- 경찰공무원이 낙석사고 현장 부근으로 이동하던 중 대형 낙석이 순찰차를 덮쳐 사망한 사안에서 「국가배상법」의 이중배상금지규정에 따른 면책조항은 전투·훈련 또는 이에 준하는 직무집행뿐만 아니라 일반 직무집행에 관하여도 국가나 지방자치단체의 배상책임을 제한하는 것으로 해석하여야 한다.

19국회직8급

해설

② (×) 경찰공무원이 낙석사고 현장 주변 교통정리를 위하여 사고현장 부근으로 이동하던 중 대형 낙석이 순찰차를 덮쳐 사망하자, 도로를 관리하는 지방자치단체가 「국가배상법」 제2조 제1항 단서에 따른 면책을 주장한 사안에서, 경찰공무원 등이 '전투·훈련 등 직무집행과 관련하여' 순직 등을 한 경우 같은 법 및 「민법」에 의한 손해배상책임을 청구할 수 없다고 정한 「국가배상법」 제2조 제1항 단서의 면책조항은 구 「국가배상법」(2005.7.13. 법률 제7584호로 개정되기 전의 것) 제2조 제1항 단서의 면책조항과 마찬가지로 전투·훈련 또는 이에 준하는 직무집행뿐만 아니라 '일반 직무집행'에 관하여도 국가나 지방자치단체의 배상책임을 제한하는 것이다(대판 2011.3.10., 2010다85942).

③ (○) 이중배상금지제도는 다른 법령에 따라 보상을 받으면 「국가배상법」 및 「민법」에 따른 손해배상을 받을 수 없는 제도이다. 다른 법령에 따라 보상을 받을 수 없으면 국가배상이 가능하다.

> 군인, 군무원 등 「국가배상법」 제2조 제1항 단서에 열거된 자가 전투·훈련 기타 직무집행과 관련하는 등으로 공상을 입은 경우라고 하더라도 「군인연금법」 또는 구 「국가유공자예우 등에 관한 법률」에 의하여 재해보상금, 유족연금, 상이연금 등 별도의 보상을 받을 수 없는 경우에는 「국가배상법」 제2조 제1항 단서의 적용 대상에서 제외되어 국가배상의 청구가 가능하다(대판 1996.12.20., 96다42178).

정답 | ②

762

762
기출처: 2021 국가직 7급
난이도: ★★
키워드: 손해배상

「국가배상법」에 대한 설명으로 옳지 않은 것은? (다툼이 있는 경우 판례에 의함)

① 공무원들의 공무원증 발급 업무를 하는 공무원이 다른 공무원의 공무원증을 위조하는 행위는 「국가배상법」상의 직무집행에 해당하지 않는다.
② 국가의 철도운행사업과 관련하여 발생한 사고로 인한 손해배상청구의 경우 그 사고에 공무원이 간여하였다고 하더라도 「국가배상법」이 아니라 「민법」이 적용되어야 하지만, 철도시설물의 설치 또는 관리의 하자로 인한 손해배상청구의 경우에는 「국가배상법」이 적용된다.
③ 재판작용에 대한 국가배상의 경우, 재판에 대하여 불복절차 내지 시정절차 자체가 없는 경우에는 부당한 재판으로 인하여 불이익 내지 손해를 입은 사람은 국가배상책임의 요건이 충족된다면 국가배상을 청구할 수 있다.
④ 영업허가취소처분이 나중에 행정심판에 의하여 재량권을 일탈한 위법한 처분이 되었더라도 그 처분이 당시 시행되던 「공중위생법 시행규칙」에 정하여진 행정처분의 기준에 따른 것이라면 그 영업허가취소처분을 한 공무원에게 그와 같은 위법한 처분을 한 데 있어 어떤 직무집행상의 과실이 있다고 할 수 없다.

해설

① **빈출** (×) 「국가배상법」상의 직무를 판단하는 기준은 실질적인 직무나 공무원의 주관적 직무집행의사 등에 의하지 않고 객관적 외형주의에 따라 판단된다. 따라서 인사담당공무원의 공무원증의 위조는 직무에 포함된다는 것이 대법원의 입장이다.

> 인사업무담당 공무원이 다른 공무원의 공무원증 등을 위조한 행위에 대하여 실질적으로는 직무행위에 속하지 아니한다 할지라도 외관상으로 「국가배상법」 제2조 제1항의 직무집행관련성이 인정된다(대판 2005.1.14., 2004다26805).

정답 | ①

🔍 관련기출 옳은지문

- 국가의 철도운행사업은 국가가 공권력의 행사로서 하는 것이 아니고 사경제적 작용이라 할 것이므로 이로 인한 사고에 공무원이 간여하였다고 하더라도 「국가배상법」을 적용할 것이 아니고 일반 「민법」의 규정에 따라야 한다. 24군무원9급

763

763
기출처: 2023 소방직
난이도: ★★
키워드: 손해배상

국가배상책임의 요건에 관한 설명으로 옳지 않은 것은? (다툼이 있는 경우 판례에 의함)

① 「국가배상법」이 정한 손해배상청구의 요건인 '공무원의 직무'에는 국가나 지방자치단체의 권력적 작용뿐만 아니라 비권력적 작용도 포함되지만 단순한 사경제의 주체로서 하는 작용은 포함되지 않는다.
② 공무원에게 부과된 직무상 의무의 내용이 전적으로 또는 부수적으로 사회구성원 개인의 안전과 이익을 보호하기 위하여 설정된 것이라면, 그와 같은 의무를 위반함으로 인하여 피해자가 입은 손해에 대하여는 상당인과관계가 인정되는 범위 내에서 배상책임이 성립한다.
③ 항고소송에서 위법한 것으로서 취소된 행정처분이 객관적 정당성을 상실하였다고 인정될 정도에 이른 것이 아닌 경우, 당해 행정처분은 공무원의 고의 또는 과실에 의한 불법행위를 구성하게 된다.
④ 공무원 개인이 지는 손해배상책임에서 중과실이란 공무원에게 통상 요구되는 정도의 상당한 주의를 하지 않더라도 약간의 주의를 한다면 손쉽게 위법·유해한 결과를 예견할 수 있는 경우임에도 만연히 이를 간과한 경우와 같이, 거의 고의에 가까운 현저한 주의를 결여한 상태를 의미한다.

해설

① (○) 대판 2001.1.5., 98다39060
② (○) 대판 2010.9.9., 2008다77795
③ 빈출 (×) 어떠한 행정처분이 후에 항고소송에서 취소되었다고 할지라도 그 기판력에 의하여 당해 행정처분이 곧바로 공무원의 고의 또는 과실로 인한 것으로서 불법행위를 구성한다고 단정할 수는 없다(대판 2000.5.12., 99다70600).
④ (○) 대판 2011.9.8., 2011다34521

정답 | ③

764 필수

국가배상책임에 대한 내용으로 옳지 않은 것은? (다툼이 있는 경우 판례에 의함)

① 민간인과 직무집행 중인 군인 등의 공동불법행위로 인하여 직무집행 중인 다른 군인 등이 피해를 입은 경우, 민간인의 피해 군인 등에 대한 손해배상의 범위 및 민간인이 피해 군인 등에게 자신의 귀책부분을 넘어서 배상한 경우 국가 등에게 구상권을 행사할 수 없다.
② 음주운전으로 적발된 주취운전자가 도로 밖으로 차량을 이동하겠다며 단속 경찰관으로부터 보관 중이던 차량열쇠를 반환받아 몰래 차량을 운전하여 가던 중 사고를 일으킨 경우에는 상대방의 귀책사유에 의해 국가배상책임이 인정되지 않는다.
③ 유흥주점에 감금된 채 윤락을 강요받으며 생활하던 여종업원들이 유흥주점에 화재로 사망한 사안은 지방자치단체의 담당 공무원이 시정명령 등 「식품위생법」상 취하여야 할 조치를 게을리 한 직무상 의무위반행위와 위 종업원들의 사망 사이에 상당인과관계가 존재하지 않는다.
④ 군수가 도지사로부터 기관위임을 받은 사무를 처리하는 담당 공무원이 군 소속인 경우에 원칙적으로 군에게는 국가배상책임이 없지만 군이 이들 담당 공무원에 대한 봉급을 부담한다면 군도 「국가배상법」 제6조에 의한 비용부담자로서 국가배상책임이 있다.

764	① ② ③
기출처	예상문제
난이도	★★
키워드	손해배상

🔍 **관련기출 옳은지문**
- 민간인과 직무집행 중인 군인의 공동불법행위로 인하여 직무집행 중인 다른 군인이 피해를 입은 경우 민간인이 피해 군인에게 자신의 과실비율에 따라 내부적으로 부담할 부분을 초과하여 피해금액 전부를 배상한 경우에 대법원 판례에 따르면 민간인은 국가에 대해 가해 군인의 과실비율에 대한 구상권을 행사할 수 없다. 18국가직9급

해설

① (○) 공동불법행위자 등이 부진정연대채무자로서 각자 피해자의 손해 전부를 배상할 의무를 부담하는 공동불법행위의 일반적인 경우와 달리 예외적으로 민간인은 피해 군인 등에 대하여 그 손해 중 국가 등이 민간인에 대한 구상의무를 부담한다면 그 내부적인 관계에서 부담하여야 할 부분을 제외한 나머지 자신의 부담부분에 한하여 손해배상의무를 부담하고, 한편 국가 등에 대하여는 그 귀책부분의 구상을 청구할 수 없다고 해석함이 상당하다 할 것이고, 이러한 해석이 손해의 공평·타당한 부담을 그 지도원리로 하는 손해배상제도의 이상에도 맞는다 할 것이다(대판 2001.2.15., 96다42420 전합).
② (×) 음주운전으로 적발된 주취운전자가 도로 밖으로 차량을 이동하겠다며 단속 경찰관으로부터 보관 중이던 차량 열쇠를 반환받아 몰래 차량을 운전하여 가던 중 사고를 일으킨 경우, 국가배상책임이 인정된다(대판 1998.5.8., 97다54482).
③ (○) 윤락녀 화재사건은 소방공무원과 달리 식품위생과 공무원과는 인과관계가 없다는 것이 대법원의 입장이다.

> 유흥주점에 감금된 채 윤락을 강요받으며 생활하던 여종업원들이 유흥주점에 화재가 났을 때 미처 피신하지 못하고 유독가스에 질식해 사망한 사안에서, 지방자치단체의 담당 공무원이 위 유흥주점의 용도변경, 무허가 영업 및 시설기준에 위배된 개축에 대하여 시정명령 등 「식품위생법」상 취하여야 할 조치를 게을리 한 직무상 의무위반행위와 위 종업원들의 사망 사이에 상당인과관계가 존재하지 않는다(대판 2008.4.10., 2005다48994).

④ (○) 대판 1994.1.11., 92다29528

정답 | ②

765

국가배상에 대한 설명으로 옳은 것만을 모두 고른 것은? (다툼이 있는 경우 판례에 의함)

> ㄱ. 「국가배상법」이 정한 배상청구의 요건인 '공무원의 직무'에는 권력적 작용만이 아니라 행정지도와 같은 비권력적 작용도 포함되며 단지 행정주체가 사경제주체로서 하는 활동만 제외된다.
>
> ㄴ. 서울특별시가 점유·관리하는 도로에 대하여 행정권한 위임조례에 따라 보도 관리 등을 위임받은 관할 자치구청장 甲으로부터 도급받은 A 주식회사가 공사를 진행하면서 남은 자갈더미를 그대로 방치하여 오토바이를 타고 이곳을 지나가던 乙이 넘어져 상해를 입은 경우 서울특별시는 「국가배상법」 제5조 제1항에서 정한 설치·관리상의 하자로 인한 국가배상책임을 부담하지 아니한다.
>
> ㄷ. 육군중사가 자신의 개인소유 오토바이 뒷좌석에 같은 부대 소속 군인을 태우고, 다음 달부터 실시 예정인 훈련에 대비하여 사전 정찰차 훈련지역 일대를 살피고 귀대하던 중 교통사고가 일어난 경우, 비록 개인소유의 오토바이를 운전한 경우라 하더라도 직무와 밀접한 관련이 있다.
>
> ㄹ. 유흥주점의 화재사건과 관련하여 소방공무원의 권한 행사가 관계 법률의 규정에 의하여 소방공무원의 재량에 맡겨져 있는 경우에 소방공무원이 권한을 행사하지 아니한 것이 현저하게 합리성을 잃어 사회적 타당성이 없어도 직무상 의무를 위반하여 위법하다 할 수 없다.

① ㄴ, ㄷ
② ㄱ, ㄷ
③ ㄱ, ㄹ
④ ㄴ, ㄹ

해설

ㄱ. (○) 대판 1998.7.10., 96다38971

ㄴ. (×) 하위 지방자치단체장을 보조하는 그 지방자치단체 소속 공무원이 위임사무를 처리하면서 고의 또는 과실로 타인에게 손해를 가하거나 위임사무로 설치·관리하는 영조물의 하자로 타인에게 손해를 발생하게 한 경우에는 권한을 위임한 상위 지방자치단체가 그 손해배상책임을 진다. 이 사건 도로에 사고 전날부터 사고 당시까지 자갈더미가 적치되어 있었고 그것이 사고 발생의 한 원인이 되었으므로 이 사건 도로는 그 용도에 따라 통상 갖추어야 할 안전성을 갖추지 못한 상태에 있었다고 보아야 한다. 해당 도로의 구조, 장소적 환경과 이용상황, 자갈더미가 적치되어 있던 시간 등에 비추어 보면 이 사건 도로의 안전상의 결함이 이 사건 도로를 점유·관리하고 있는 피고 서울특별시의 관리행위가 미칠 수 없는 상황 아래 있었다고 보기도 어렵다. 따라서 영조물인 이 사건 도로의 설치나 관리에 하자가 있었다고 보아야 한다(대판 2017.9.21., 2017다223538).

ㄷ. (○) 개인소유의 오토바이에 의한 사고라도 훈련지역의 정찰활동은 직무라고 본다.

> 육군중사가 자신의 개인소유 오토바이 뒷좌석에 같은 부대 소속 군인을 태우고, 다음 달부터 실시 예정인 훈련에 대비하여 사전 정찰차 훈련지역 일대를 살피고 귀대하던 중 교통사고가 일어났다면, 비록 개인소유의 오토바이를 운전한 경우라 하더라도 실질적·객관적으로 위 운전행위는 그에게 부여된 훈련지역의 사전 정찰임무를 수행하기 위한 직무와 밀접한 관련이 있다고 보아야 한다(대판 1994.5.27., 94다6741).

ㄹ. (×) 유흥주점에 감금된 채 윤락을 강요받으며 생활하던 여종업원들이 유흥주점에 화재가 났을 때 미처 피신하지 못하고 유독가스에 질식해 사망한 사안에서, 소방공무원이 위 유흥주점에 대하여 화재 발생 전 실시한 소방점검 등에서 구 「소방법」상 방염 규정 위반에 대한 시정조치 및 화재 발생시 대피에 장애가 되는 잠금장치의 제거 등 시정조치를 명하지 않은 직무상 의무 위반은 현저히 불합리한 경우에 해당하여 위법하고, 이러한 직무상 의무 위반과 위 사망의 결과 사이에 상당인과관계가 존재한다(대판 2008.4.10., 2005다48994).

정답 | ②

766 필수

국가배상에 대한 설명으로 옳지 않은 것은?

① 시·도경찰청장 또는 경찰서장이 지방자치단체의 장으로부터 권한을 위탁받아 설치·관리하는 신호기의 하자로 인해 손해가 발생한 경우 「국가배상법」 제5조 소정의 배상책임의 귀속 주체는 국가뿐이다.
② 헌법재판소 재판관이 청구기간 내에 제기된 헌법소원심판청구 사건에서 청구기간을 오인하여 각하결정을 한 경우, 이에 대한 불복절차 내지 시정절차가 없는 때에는 배상책임의 요건이 충족되는 한 국가배상책임을 인정할 수 있다.
③ 영조물의 설치·관리자와 비용부담자가 다른 경우 피해자에게 손해를 배상한 자는 내부관계에서 그 손해를 배상할 책임이 있는 자에게 구상할 수 있다.
④ 군 복무 중 사망한 군인 등의 유족이 「국가배상법」에 따른 손해배상금을 지급받은 경우 그 손해배상금 상당 금액에 대해서는 「군인연금법」에서 정한 사망보상금을 지급받을 수 없다.

기출처: 2023 지방직 9급
난이도: ★★
키워드: 손해배상

관련기출 옳은지문

- 지방자치단체장이 설치하여 관할 지방경찰청장에게 관리권한이 위임된 교통신호기의 고장으로 인하여 교통사고가 발생한 경우, 지방자치단체뿐만 아니라 국가도 손해배상책임을 부담한다는 것이 판례의 태도이다. 20소방직

- 청구기간 내에 헌법소원이 적법하게 제기되었음에도 헌법재판소 재판관이 청구기간을 오인하여 각하결정을 한 경우, 이에 대한 불복절차 내지 시정절차가 없는 때에는 국가배상책임을 인정할 수 있다. 24국가직9급

해설

① 빈출 (×) 지방자치단체장이 교통신호기를 설치하여 그 관리권한이 「도로교통법」 제71조의2 제1항의 규정에 의하여 관할 지방경찰청장에게 위임되어 지방자치단체 소속 공무원과 지방경찰청 소속 공무원이 합동근무하는 교통종합관제센터에서 그 관리업무를 담당하던 중 위 신호기가 고장난 채 방치되어 교통사고가 발생한 경우 교통신호기를 관리하는 지방경찰청장 산하 경찰관들에 대한 봉급을 부담하는 국가도 「국가배상법」 제6조 제1항에 의한 배상책임을 부담한다(대판 1999.6.25., 99다11120).

② 빈출 (○) 헌법재판소 재판관이 청구기간 내에 제기된 헌법소원심판청구 사건에서 청구기간을 오인하여 각하결정을 한 경우, 이에 대한 불복절차 내지 시정절차가 없는 때에는 국가배상책임(위법성)을 인정할 수 있다(대판 2003.7.11., 99다24218).

③ (○) 「국가배상법」 제6조 제1항·제2항

④ 빈출 (○) 다른 법령에 따라 지급받은 급여와의 조정에 관한 조항을 두고 있지 아니한 「보훈보상대상자 지원에 관한 법률」과 달리, 「군인연금법」 제41조 제1항은 "다른 법령에 따라 국가나 지방자치단체의 부담으로 이 법에 따른 급여와 같은 종류의 급여를 받은 사람에게는 그 급여금에 상당하는 금액에 대하여는 이 법에 따른 급여를 지급하지 아니한다."라고 명시적으로 규정하고 있다. 나아가 「군인연금법」이 정하고 있는 급여 중 사망보상금(「군인연금법」 제31조)은 일실손해의 보전을 위한 것으로 불법행위로 인한 소극적 손해배상과 같은 종류의 급여라고 봄이 타당하다. 따라서 피고에게 「군인연금법」 제41조 제1항에 따라 원고가 받은 손해배상금 상당 금액에 대하여는 사망보상금을 지급할 의무가 존재하지 아니한다(대판 2018.7.20., 2018두36691).

> 「보훈보상대상자 지원에 관한 법률」(이하 '보훈보상자법'이라 한다)이 정한 보상금 등 보훈급여금의 지급을 청구하는 경우 … 「국가배상법」 제2조 제1항 단서가 보훈보상자법 등에 의한 보상을 받을 수 있는 경우 「국가배상법」에 따른 손해배상청구를 하지 못한다는 것을 넘어 「국가배상법」상 손해배상금을 받은 경우 보훈보상자법상 보상금 등 보훈급여금의 지급을 금지하는 것으로 해석하기는 어려운 점 등에 비추어, 국가보훈처장은 「국가배상법」에 따라 손해배상을 받았다는 사정을 들어 보상금 등 보훈급여금의 지급을 거부할 수 없다(대판 2017.2.3., 2015두60075).

정답 | ①

767

행정상 손해배상에 대한 설명으로 옳지 않은 것은? (다툼이 있는 경우 판례에 의함)

① 국가배상청구권의 소멸시효 기간은 지났으나 국가가 소멸시효 완성을 주장하는 것이 신의성실의 원칙에 반하는 권리남용으로 허용될 수 없어 배상책임을 이행한 경우, 국가는 원칙적으로 해당 공무원에 대해 구상권을 행사할 수 있다.

② 공무원이 관계 법령의 해석이 확립되기 전에 어느 한 설을 취하여 업무를 처리한 것이 결과적으로 위법하더라도 처분 당시 그 이상의 업무처리를 성실한 평균적 공무원에게 기대하기 어려웠던 경우라면 원칙적으로 공무원의 과실을 인정할 수 없다.

③ 공무원이 직무를 수행하면서 그 근거가 되는 법령의 규정에 따라 구체적으로 의무를 부여받았어도 그것이 국민의 이익과 관계없이 순전히 행정기관 내부의 질서를 유지하기 위한 것이라면 그 의무에 위반하여 국민에게 손해를 가하여도 국가 등은 배상책임을 부담하지 않는다.

④ 행정처분이 후에 항고소송에서 취소되었다고 할지라도 그 기판력에 의하여 당해 행정처분이 곧바로 공무원의 고의 또는 과실로 인한 것으로서 불법행위를 구성한다고 단정할 수는 없다.

해설

① **빈출** (×) 공무원의 불법행위로 손해를 입은 피해자의 국가배상청구권의 소멸시효 기간이 지났으나 국가가 소멸시효 완성을 주장하는 것이 신의성실의 원칙에 반하는 권리남용으로 허용될 수 없어 배상책임을 이행한 경우에는, 소멸시효 완성 주장이 권리남용에 해당하게 된 원인행위와 관련하여 공무원이 원인이 되는 행위를 적극적으로 주도하였다는 등의 특별한 사정이 없는 한, 국가가 공무원에게 구상권을 행사하는 것은 신의칙상 허용되지 않는다(대판 2016.6.10., 2015다217843).

② (○) 대판 1997.7.11., 97다7608

③ (○) 공무원이 직무를 수행하면서 그 근거되는 법령의 규정에 따라 구체적으로 의무를 부여받았어도 그것이 국민의 이익과는 관계없이 순전히 행정기관 내부의 질서를 유지하기 위한 것이거나, 또는 국민의 이익과 관련된 것이라도 직접 국민 개개인의 이익을 위한 것이 아니라 전체적으로 공공 일반의 이익을 도모하기 위한 것이라면 그 의무에 위반하여 국민에게 손해를 가하여도 국가 또는 지방자치단체는 배상책임을 부담하지 아니한다(대판 2002.3.12., 2000다55225).

④ **빈출** (○) 대판 2000.5.12., 99다70600

정답 | ①

관련기출 옳은지문

- 일반적으로 공무원이 필요한 지식을 갖추지 못하고 법규의 해석을 그르쳐 행정처분을 하였다면 그가 법률 전문가가 아닌 행정직 공무원이라고 하여 과실이 없다고는 할 수 없다. 22국회직8급

768

「국가배상법」상 공무원의 위법한 직무행위로 인한 손해배상에 대한 설명으로 옳지 않은 것은? (다툼이 있는 경우 판례에 의함)

① 국가배상에서의 소멸시효는 「민법」 제766조 제1항 소정의 단기 소멸시효제도가 적용되는데 여기서 가해자를 안다는 것은 피해자 등이 가해 공무원이 국가 등과 공법상 근무관계가 있다는 사실을 알고, 또한 공무원의 불법행위가 국가 등의 직무를 집행함에 있어서 행해진 것이라고 판단하기에 족한 사실까지 인식하는 것을 의미한다.
② 헌법재판소 재판관이 잘못된 각하결정을 하여 청구인으로 하여금 본안판단을 받을 기회를 상실하게 하였더라도, 본안판단에서 어차피 청구가 기각되었을 것이라는 사정이 있다면 국가배상책임이 인정되지 않는다.
③ 공무원의 불법행위로 손해를 입은 피해자의 국가배상청구권의 소멸시효 기간이 지났으나 국가가 소멸시효 완성을 주장하는 것이 신의성실의 원칙에 반하는 권리남용으로 허용될 수 없어 배상책임을 이행한 경우에는, 소멸시효 완성 주장이 권리남용에 해당하게 된 원인행위와 관련하여 공무원이 원인이 되는 행위를 적극적으로 주도하였다는 등의 특별한 사정이 없는 한, 국가가 공무원에게 구상권을 행사하는 것은 신의칙상 허용되지 않는다.
④ 공무원의 위법이 경과실에 해당될 뿐임에도 공무원이 직접 피해자에게 손해를 배상하였다면 특별한 사정이 없는 한 국가에 대하여 국가의 피해자에 대한 손해배상책임의 범위 내에서 공무원이 변제한 금액에 관하여 구상권을 취득한다고 봄이 타당하다.

해설

② 빈출 (×) 헌법재판소 재판관의 기산오류에 의한 국가배상사건은, 수리되어 인용될지 여부와 상관없이 본안판단을 받을 기회를 박탈당한 기본권 침해에 따른 배상인 것이다. 따라서 청구가 기각되었을 것이라는 사정은 배상 여부와 상관 없다.

> 헌법재판소 재판관의 위법한 직무집행의 결과 잘못된 각하결정을 함으로써 청구인으로 하여금 본안판단을 받을 기회를 상실하게 한 이상, 설령 본안판단을 하였더라도 어차피 청구가 기각되었을 것이라는 사정이 있다고 하더라도 잘못된 판단으로 인하여 헌법소원심판 청구인의 위와 같은 합리적인 기대를 침해한 것이고 이러한 기대는 인격적 이익으로서 보호할 가치가 있다고 할 것이므로 그 침해로 인한 정신상 고통에 대하여는 위자료를 지급할 의무가 있다(대판 2003.7.11., 99다24218).

정답 | ②

769 필수

「국가배상법」상 국가배상제도에 대한 설명으로 옳은 것은?

① 영업허가취소처분이 나중에 행정심판에 의하여 재량권을 일탈한 위법한 처분임이 판명되어 취소되었다면, 그 처분이 당시 시행되던 「공중위생법 시행규칙」에 정하여진 행정처분의 기준에 따른 것이라고 하더라도 그 영업허가취소처분을 한 행정청의 공무원에게는 직무집행상의 과실이 인정된다.

② 공무원이 직무를 수행함에 있어서 경과실로 타인에게 손해를 입힌 경우, 국가 등은 물론 공무원 개인도 그로 인한 손해에 대하여 국가배상을 할 책임을 부담한다.

③ 「국가배상법」은 외국인이 피해자인 경우에는 해당 국가와 상호보증이 있을 때에만 적용하고, 이때 상호보증은 반드시 당사국과의 조약이 체결되어 있을 필요는 없다.

④ 지방자치단체가 손해를 배상할 책임이 있는 경우에 영조물의 설치·관리를 맡은 자와 영조물의 설치·관리 비용을 부담하는 자가 동일하지 아니하면 그 비용을 부담하는 자는 손해배상책임이 없다.

⑤ 공무원이 자기 소유의 자동차로 공무수행 중 사고를 일으킨 경우에는 그 공무원은 「자동차손해배상 보장법」에 의한 '자기를 위하여 자동차를 운행하는 자'에 해당하지 않아 손해배상책임을 부담하지 않는다.

해설

① **빈출** (×) 영업허가취소처분이 나중에 행정심판에 의하여 재량권을 일탈한 위법한 처분임이 판명되어 취소되었다고 하더라도 그 처분이 당시 시행되던 「공중위생법 시행규칙」에 정하여진 행정처분의 기준에 따른 것인 이상 그 영업허가취소처분을 한 행정청 공무원에게 그와 같은 위법한 처분을 한 데 있어 어떤 직무집행상의 과실이 있다고 할 수는 없다(대판 1994.11.8., 94다26141).

② (×) 공무원이 직무수행 중 불법행위로 타인에게 손해를 입힌 경우에 국가 등이 국가배상책임을 부담하는 외에 공무원 개인도 고의 또는 중과실이 있는 경우에는 불법행위로 인한 손해배상책임을 진다고 할 것이지만, 공무원에게 경과실뿐인 경우에는 공무원 개인은 손해배상책임을 부담하지 아니한다고 해석하는 것이 헌법 제29조 제1항 본문과 단서 및 「국가배상법」제2조의 입법취지에 조화되는 올바른 해석이다(대판 1996.2.15., 95다38677 전합).

③ **빈출** (○) 상호보증은 외국의 법령, 판례 및 관례 등에 의하여 발생요건을 비교하여 인정되면 충분하고 반드시 당사국과의 조약이 체결되어 있을 필요는 없으며, 당해 외국에서 구체적으로 우리나라 국민에게 국가배상청구를 인정한 사례가 없더라도 실제로 인정될 것이라고 기대할 수 있는 상태이면 충분하다(대판 2015.6.11., 2013다208388).

④ (×) 「국가배상법」제6조 제1항은 같은 법 제2조, 제3조 및 제5조의 규정에 의하여 국가 또는 지방자치단체가 손해를 배상할 책임이 있는 경우에 공무원의 선임·감독 또는 영조물의 설치·관리를 맡은 자와 공무원의 봉급·급여 기타의 비용 또는 영조물의 설치·관리의 비용을 부담하는 자가 동일하지 아니한 경우에는 그 비용을 부담하는 자도 손해를 배상하여야 한다고 규정하고 있으므로 교통신호기를 관리하는 지방경찰청장 산하 경찰관들에 대한 봉급을 부담하는 국가도 「국가배상법」제6조 제1항에 의한 배상책임을 부담한다(대판 1999.6.25., 99다11120).

⑤ (×) 공무원이 직무상 자동차를 운전하다가 사고를 일으켜 다른 사람에게 손해를 입힌 경우에는 그 사고가 자동차를 운전한 공무원의 경과실에 의한 것인지 중과실 또는 고의에 의한 것인지를 가리지 않고, 그 공무원이 「자동차손해배상 보장법」제3조 소정의 '자기를 위하여 자동차를 운행하는 자'에 해당하는 한 「자동차손해배상 보장법」상의 손해배상책임을 부담한다(대판 1996.3.8., 94다23876).

정답 | ③

769
- 기출처: 2023 국회직 8급
- 난이도: ★★
- 키워드: 손해배상

관련기출 옳은지문

- 영업허가취소처분이 행정심판에 의하여 재량권의 일탈을 이유로 취소되었다고 하더라도 그 처분이 당시 시행되던 「공중위생법 시행규칙」에 정해진 행정처분의 기준에 따른 것인 이상 그 영업허가취소처분을 한 행정청 공무원에게 그와 같은 위법한 처분을 한 데 있어 직무집행상의 과실이 있다고 할 수는 없다.

  16지방직9급

- 공무원이 자기를 위하여 자동차를 운행하지 않고 직무를 집행하기 위하여 국가 소유의 관용차를 운행하다가 다른 사람을 사망하게 하거나 부상하게 한 때에는 해당 공무원은 「자동차손해배상 보장법」상 손해배상책임의 주체가 될 수 없다.

  25소방직

770

「국가배상법」상 국가배상에 대한 설명으로 옳은 것(○)과 옳지 않은 것(×)을 바르게 연결한 것은? (다툼이 있는 경우 판례에 의함)

ㄱ. 배상금을 지급하는 결정을 함에 있어 피해자 측의 과실이 있을 때에는 법이 정한 기준에 따라 산정한 금액에 대하여 그 과실의 정도에 따른 과실상계를 하여야 한다.
ㄴ. 국가가 일정한 사항에 관하여 헌법에 의하여 부과되는 구체적인 입법의무를 부담하고 있음에도 불구하고 그 입법에 필요한 상당한 기간이 경과하도록 고의·과실로 입법의무를 이행하지 아니하는 경우, 국가배상책임이 인정될 수 있다.
ㄷ. 직무집행과 관련하여 공상을 입은 군인이 먼저 「국가배상법」상 손해배상을 받은 다음 구 「국가유공자 등 예우 및 지원에 관한 법률」상 보훈급여금을 지급청구하는 경우, 국가배상을 받았다는 이유로 그 지급을 거부할 수 없다.
ㄹ. 주민등록사무를 담당하는 공무원이 개명으로 인한 주민등록상 성명정정을 본적지 관할 관청에 통보하지 아니한 행위와 甲과 같은 이름으로 개명허가를 받은 듯이 호적등본을 위조하여 주민등록상 성명을 위법하게 정정한 乙이 甲의 부동산에 관하여 불법적으로 근저당권설정등기를 한 행위는 인과관계가 있다고 할 수 없다.

	ㄱ	ㄴ	ㄷ	ㄹ		ㄱ	ㄴ	ㄷ	ㄹ
①	○	○	×	○	②	×	○	○	×
③	○	×	×	×	④	○	○	○	×

해설

ㄱ. (○) 「국가배상법 시행령」 제21조 제1항

> 「국가배상법 시행령」 제21조 【결정 및 통지】 ① 배상결정은 믿을 수 있는 증거자료에 의하여 이루어져야 하며, 배상금을 지급하는 결정을 함에 있어 피해자 측의 과실이 있을 때에는 법과 이 영에 정한 기준에 따라 산정한 금액에 대하여 그 과실의 정도에 따른 과실상계를 하여야 한다.

ㄴ. 빈출 (○) 입법부가 법률로써 행정부에게 특정한 사항을 위임했음에도 불구하고 행정부가 정당한 이유 없이 이를 이행하지 않는다면 권력분립의 원칙과 법치국가 내지 법치행정의 원칙에 위배되는 것으로서 위법함과 동시에 위헌적인 것이 되는바, 구 「군법무관임용법」(1967.3.3. 법률 제1904호로 개정되어 2000.12.26. 법률 제6291호로 전문 개정되기 전의 것) 제5조 제3항과 「군법무관임용 등에 관한 법률」(2000.12.26. 법률 제6291호로 개정된 것) 제6조가 군법무관의 보수를 법관 및 검사의 예에 준하도록 규정하면서 그 구체적 내용을 시행령에 위임하고 있는 이상, 위 법률의 규정들은 군법무관의 보수의 내용을 법률로써 일차적으로 형성한 것이고, 위 법률들에 의해 상당한 수준의 보수청구권이 인정되는 것이므로, 위 보수청구권은 단순한 기대이익을 넘어서는 것으로서 법률의 규정에 의해 인정된 재산권의 한 내용이 되는 것으로 봄이 상당하고, 따라서 행정부가 정당한 이유 없이 시행령을 제정하지 않은 것은 위 보수청구권을 침해하는 불법행위에 해당한다(대판 2007.11.29., 2006다3561).

ㄷ. (○) 군인 등이 공상 등의 피해를 입은 경우 먼저 배상을 받았다는 이유로 보훈급여 등의 지급을 거부할 수 없다는 것이 대법원의 입장이다.

> 군인 등이 직무집행과 관련하여 공상을 입는 등의 이유로 구 「국가유공자 등 예우 및 지원에 관한 법률」이 정한 국가유공자 요건에 해당하여 보상금 등 보훈급여금을 지급받을 수 있는 경우, 국가를 상대로 국가배상을 청구할 수 없으나, 직무집행과 관련하여 공상을 입은 군인이 먼저 「국가배상법」에 따라 손해배상금을 지급받은 다음 구 「국가유공자 등 예우 및 지원에 관한 법률」이 정한 보상금 등 보훈급여금의 지급을 청구하는 경우, 「국가배상법」에 따라 손해배상을 받았다는 이유로 그 지급을 거부할 수 없다(대판 2017.2.3., 2014두40012).

ㄹ. (×) 주민등록사무를 담당하는 공무원이 개명으로 인한 주민등록상 성명정정을 본적지 관할 관청에 통보하지 아니한 직무상 의무위배행위와 甲과 같은 이름으로 개명허가를 받은 듯이 호적등본을 위조하여 주민등록상 성명을 위법하게 정정한 乙이 甲의 부동산에 관하여 불법적으로 근저당권설정등기를 경료함으로써 甲이 입은 손해 사이에는 상당인과관계가 있다(대판 2003.4.25., 2001다59842).

정답 | ④

771	① ② ③
기출처	2021 지방직 9급
난이도	★★
키워드	손해배상

🔍 **관련기출 옳은지문**

• 국가나 지방자치단체가 손해를 배상할 책임이 있는 경우에 영조물의 설치·관리를 맡은 자와 영조물의 설치관리비용을 부담하는 자가 동일하지 아니하면 그 비용을 부담하는 자도 손해를 배상하여야 한다.

20 국가직 7급

771 〈필수〉

국가배상에 대한 설명으로 옳지 않은 것은? (다툼이 있는 경우 판례에 의함)

① 국가나 지방자치단체가 손해를 배상할 책임이 있는 경우에 공무원의 선임·감독 또는 영조물의 설치·관리를 맡은 자와 공무원의 봉급·급여 그 밖의 비용 또는 영조물의 설치·관리 비용을 부담하는 자가 동일하지 아니하면 그 비용을 부담하는 자도 손해를 배상하여야 한다.

② 국가배상책임에 있어서 국가는 직무상의 의무 위반과 피해자가 입은 손해 사이에 상당인과관계가 인정되는 범위 내에서만 배상책임을 지는 것이고, 이 경우 상당인과관계가 인정되기 위해서는 공무원에게 부과된 직무상 의무의 내용이 전적으로 또는 부수적으로 사회구성원 개인의 안전과 이익을 보호하기 위하여 설정된 것이어야 한다.

③ 「국가배상법」상 '공공의 영조물'은 지방자치단체가 소유권, 임차권 그 밖의 권한에 기하여 관리하고 있는 경우는 포함하지만, 사실상의 관리를 하고 있는 경우는 포함하지 않는다.

④ 공무원 개인이 고의 또는 중과실이 있는 경우에는 불법행위로 인한 손해배상책임을 진다고 할 것이지만, 공무원의 위법행위가 경과실에 기한 경우에는 공무원은 손해배상책임을 부담하지 않는다.

해설

① (○) 「국가배상법」 제6조 제1항

② (○) 공무원의 직무가 단지 공공의 일반이익을 위한 목적이나 행정 내부의 질서유지를 위한 목적인 경우에는 배상이 인정될 수 없고, 공무원의 직무가 전적이든 부수적이든 개인의 이익과 안전을 보호할 목적의 직무이어야 한다(대판 2010.9.9., 2008다77795).

③ 빈출 (×) 「국가배상법」 제5조에서의 영조물은 학문상 공물의 개념으로 국가나 지방자치단체의 소유물에 한정하지 않고 임차물 등 사실상 관리하고 있는 물건 등을 포함한다.

> 「국가배상법」 제5조 제1항 소정의 '공공의 영조물'이라 함은 국가 또는 지방자치단체에 의하여 특정 공공의 목적에 공여된 유체물 내지 물적 설비를 말하며, 국가 또는 지방자치단체가 소유권, 임차권 그 밖의 권한에 기하여 관리하고 있는 경우뿐만 아니라 사실상의 관리를 하고 있는 경우도 포함된다(대판 1998.10.23., 98다17381).

④ (○) 공무원의 위법이 경과실인 경우에는 공무원의 직접적 배상책임은 발생하지 않는다. 피해자는 국가 등을 상대로 배상을 청구하여야 한다(대판 1996.2.15., 95다38677 전합).

정답 | ③

772 필수

국가배상에 대한 설명으로 옳지 않은 것은? (다툼이 있는 경우 판례에 의함)

① 국가배상책임에서의 법령 위반은, 인권존중·권력남용금지·신의성실·공서양속 등의 위반도 포함해 널리 그 행위가 객관적인 정당성을 결여하고 있음을 의미한다.
② 공무원에게 부과된 직무상 의무는 전적으로 또는 부수적으로 사회구성원 개인의 안전과 이익을 보호하기 위해 설정된 것이어야 국가배상책임이 인정된다.
③ 배상심의회의 결정은 대외적인 법적 구속력을 가지므로 배상신청인과 상대방은 그 결정에 항상 구속된다.
④ 판례는 구 「국가배상법」(1967.3.3. 법률 제1899호) 제3조의 배상액 기준은 배상심의회 배상액 결정의 기준이 될 뿐 배상 범위를 법적으로 제한하는 규정이 아니므로 법원을 기속하지 않는다고 보았다.

해설

① (○) 대판 2012.7.26., 2010다95666
② (○) 대판 2011.9.8., 2011다34521
③ (×) 배상심의회의 결정은 구속력이 없다. 따라서 결정에 동의하지 않는 경우 민사법원을 통해 손해배상청구소송이 가능하다.
④ (○) 대판 1970.1.29., 69다1203 전합

정답 | ③

772

기출처	2020 지방직 9급
난이도	★★
키워드	손해배상

관련기출 옳은지문

• 「국가배상법」 제2조 제1항의 '법령을 위반하여'라고 함은 엄격하게 형식적 의미의 법령에 명시적으로 공무원의 행위의무가 정하여져 있음에도 이를 위반하는 경우만을 의미하는 것은 아니고, 인권존중·권력남용금지·신의성실과 같이 공무원으로서 마땅히 지켜야 할 준칙이나 규범을 지키지 아니하고 위반한 경우를 비롯하여 널리 그 행위가 객관적인 정당성을 결여하고 있는 경우도 포함한다. 20군무원9급

773

행정상 손해배상에 대한 설명으로 옳지 <u>않은</u> 것은? (다툼이 있는 경우 판례에 의함)

① 군소속 차량의 운전수가 일과시간 후에 개인적인 용무를 위하여 상사의 허락 없이 무단으로 차를 운행하다가 사고가 일어났다면 군은 「자동차손해배상 보장법」 제3조 소정의 자기를 위하여 자동차를 운행하는 자도 아니고 해당 사고가 운전수의 직무집행 중의 과실에 기인된 것도 아니므로 「국가배상법」상의 책임에 해당되지 않는다.

② 「국가배상법」 제5조는 무과실책임이고 나아가 「민법」 제758조 소정의 공작물의 점유자의 책임과는 달리 면책사유도 규정되어 있지 않지만, 국가 또는 지방자치단체는 영조물의 설치·관리상의 하자로 인하여 타인에게 손해를 가한 경우에 그 손해의 방지에 필요한 주의를 해태하지 아니하였다면 국가 등은 면책을 주장할 수 있다.

③ 「국가배상법」 제5조 제1항 소정의 '공공의 영조물'이라 함은 국가 또는 지방자치단체에 의하여 특정 공공의 목적에 공여된 유체물 내지 물적 설비를 지칭하며, 국가 또는 지방자치단체가 소유권, 임차권 그밖의 권한에 기하여 관리하고 있는 경우뿐만 아니라 사실상의 관리를 하고 있는 경우도 포함한다.

④ 사실상 군민의 통행에 제공되고 있던 도로 옆의 암벽으로부터 떨어진 낙석에 맞아 주민이 사망하는 사고가 발생하였다고 하여도 사고지점 도로가 군(郡)에 의하여 노선인정 기타 공용개시가 없었으면 이를 영조물이라 할 수 없다.

해설

② (×) 「국가배상법」 제5조 소정의 영조물의 설치·관리상의 하자로 인한 책임은 무과실책임이고 나아가 「민법」 제758조 소정의 공작물의 점유자의 책임과는 달리 면책사유도 규정되어 있지 않으므로, 국가 또는 지방자치단체는 영조물의 설치·관리상의 하자로 인하여 타인에게 손해를 가한 경우에 그 손해의 방지에 필요한 주의를 해태하지 아니하였다 하여 면책을 주장할 수 없다(대판 1994.11.22., 94다32924).

④ **빈출** (○) 영조물은 국가 등이 사실상 관리하고 있는 경우가 포함되지만 국가 등이 공용지정하지 않고 주민들이 사실상 이용하고 있는 경우에는 포함되지 않는다(사실상 관리: 국가 등/ 사실상 이용: 주민 등).

> 사실상 군민의 통행에 제공되고 있던 도로 옆의 암벽으로부터 떨어진 낙석에 맞아 소외인이 사망하는 사고가 발생하였다고 하여도 동 사고지점 도로가 피고 군에 의하여 노선인정 기타 공용개시가 없었으면 이를 영조물이라 할 수 없을 뿐만 아니라 그 영조물의 관리라 함은 국가 기타 행정주체가 영조물을 사실상 직접 지배하는 상태에 있음을 의미하므로, 군이나 기타 지방자치단체가 주민들이 왕래하는 사실상의 도로에다 하수도나 포장공사를 위하여 세멘트나 기타 공사비의 일부를 보조한 사실만으로 당해 지방자치단체가 그 도로를 점유 관리하고 있다고 할 수 없다(대판 1981.7.7., 80다2478).

정답 | ②

774

국가배상책임에 대한 설명으로 옳지 않은 것은? (다툼이 있는 경우 판례에 의함)

① 김포공항에서 발생하는 소음 등으로 인근 주민들이 입은 피해가 사회통념상 수인한도를 넘는 것이라면 공항이 공항으로서의 통상적 안전성을 갖추고 있다고 해도 이는 공항의 설치·관리에 하자가 있다.

② 강설의 특성, 기상적 요인과 지리적 요인, 이에 따른 도로의 상대적 안전성을 고려하면 겨울철 산간지역에 위치한 도로에 강설로 생긴 빙판을 그대로 방치하고 도로상황에 대한 경고나 위험표지판을 설치하지 않았다는 사정만으로 도로관리상의 하자가 있다고 볼 수 없다.

③ 교차로의 진행방향 신호기의 정지신호가 단선으로 소등되어 있는 상태에서 그대로 진행하다가 다른 방향의 진행신호에 따라 교차로에 진입한 차량과 충돌한 경우, 신호기의 적색신호가 소등된 기능상 결함이 있었고 이것이 사고의 원인이었다면 이는 신호기의 설치 또는 관리상의 하자를 인정할 수 있다.

④ 교육공무원 성과상여금 지급 지침에서 기간제 교원을 성과상여금 지급대상에서 제외하여도 이에 대해 국가배상책임이 있다고 할 수 없다.

해설

① (○) 영조물 자체에는 하자가 없어도 주변인들에게 수인의 한도를 넘는 피해가 있다면 이는 영조물의 설치나 관리상의 하자라고 보아야 한다.

> 김포공항에서 발생하는 소음 등으로 인근 주민들이 입은 피해는 사회통념상 수인한도를 넘는 것으로서 김포공항의 설치·관리에 하자가 있다(대판 2005.1.27., 2003다49566).

② (○) 대판 2000.4.25., 99다54998

③ (×) 피고가 관할하는 서울특별시 전역에는 약 13만여 개의 신호등 전구가 설치되어 있고 그중 약 300여 개가 하루에 소등되고, 신호등 전구의 수명은 전력변동률이 높아 예측하기 곤란하며, 신호등 전구가 단선되더라도 현장에 나가보지 않고는 이를 파악할 수 없어 평소 교통근무자 또는 도로이용자의 신고에 의하여 단선된 신호기를 교체하여 왔으나, 이 사건 신호기의 신호등 고장신고가 이 사건 사고발생 전까지 접수되지 아니한 사실 등을 인정할 수 있는바, 이러한 점에 비추어 <u>피고가 신호등이 점등되지 아니하는 것을 즉시 발견할 것을 기대하기 어렵고, 달리 피고가 위 신호등이 점등되지 아니하고 있다는 신고를 받고도 교통정리원 등을 배치하여 교통정리를 하지 아니하면서 장시간 동안 이를 교체하지 아니한 채 방치하는 등과 같은 특별한 사정을 인정할 증거가 없으므로 피고에게 이로 인한 책임을 물을 수 없다</u>(대판 2000.2.25., 99다54004).

④ (○) <u>교육부장관이 甲 등을 비롯한 국·공립학교 기간제교원을 구 공무원수당 등에 관한 규정에 따른 성과상여금 지급대상에서 제외하는 내용의 '교육공무원 성과상여금 지급 지침'을 발표한 사안에서, 국가가 甲 등에 대하여 불법행위로 인한 손해배상책임을 진다고 볼 수 없다</u>(대판 2017.2.9., 2013다205778).

정답 | ③

775 〈필수〉

「국가배상법」상 영조물의 설치·관리상의 하자로 인한 손해배상책임에 대한 설명으로 옳지 않은 것은? (다툼이 있는 경우 판례에 의함)

① 영조물의 설치·관리상의 하자란 영조물이 그 용도에 따라 통상 갖추어야 할 안정성을 갖추지 못한 상태에 있음을 말한다.

② 편도 2차선 도로의 1차선 상에 교통사고의 원인이 될 수 있는 크기의 돌멩이가 방치되어 있었고 도로의 점유·관리자가 그것에 대한 관리 가능성이 없다는 입증을 하지 못하고 있다면 이는 도로 관리·보존상의 하자에 해당한다.

③ 영조물이 공공의 목적에 이용됨에 있어 그 이용상태 및 정도가 일정한 한도를 초과하여 제3자에게 사회통념상 참을 수 없는 피해를 입히는 경우까지 영조물의 설치·관리상의 하자에 포함되는 것은 아니다.

④ 다른 자연적 사실과 경합하여 손해가 발생하더라도 영조물의 설치·관리상의 하자가 공동원인의 하나가 되는 이상 그 손해는 영조물의 설치·관리상의 하자에 의하여 발생한 것이라고 해석할 수 있다.

⑤ 영조물의 설치·관리상의 하자로 인한 국가배상책임이 인정되는 경우에도 손해의 원인에 대하여 책임을 질 자가 따로 있을 때에는 국가 또는 지방자치단체는 그 자에 대하여 구상할 수 있다.

해설

① (○) 대판 2004.3.12., 2002다14242

② (○) 대판 1998.2.10., 97다32536

③ **빈출** (×) 「국가배상법」 제5조 제1항에 정하여진 '영조물의 설치 또는 관리의 하자'라 함은 공공의 목적에 공여된 영조물이 그 용도에 따라 갖추어야 할 안전성을 갖추지 못한 상태에 있음을 말하고, … 영조물이 공공의 목적에 이용됨에 있어 그 이용상태 및 정도가 일정한 한도를 초과하여 제3자에게 사회통념상 참을 수 없는 피해를 입히는 경우까지 포함된다고 보아야 할 것이고, 사회통념상 참을 수 있는 피해인지의 여부는 그 영조물의 공공성, 피해의 내용과 정도, 이를 방지하기 위하여 노력한 정도 등을 종합적으로 고려하여 판단하여야 한다(대판 2004.3.12., 2002다14242).

④ (○) 대판 1994.11.22., 94다32924

⑤ (○) 「국가배상법」 제5조 제2항

정답 | ③

관련기출 옳은지문

• 도로의 설치·관리상의 하자가 있는지 여부는 위 도로가 그 용도에 따라 통상 갖추어야 할 안전성을 갖추었는지 여부에 따라 결정된다.
  20국가직9급

기출처 2020 국회직 9급
난이도 ★★
키워드 손해배상

776 〈필수〉

공공의 영조물에 관한 설명으로 옳지 않은 것은? (다툼이 있는 경우 판례에 의함)

① 자연영조물로서의 하천의 관리상의 특질과 특수성 및 계획홍수위를 넘고 있는 하천의 제방이 그 후 새로운 하천시설을 설치할 때 기준으로 삼기 위하여 제정한 '하천시설기준'이 정한 여유고를 확보하지 못한 경우, 원칙적으로 안전성이 결여된 하자가 있다.
② 행정주체에 의해 노선인정 등이 없었던 도로는 사실상 군민의 통행에 제공되고 있다고 해도 도로 옆의 암벽으로부터 떨어진 낙석에 맞아 사망하는 사고가 발생하였다고 하여 이를 영조물이라 할 수 없다.
③ 지방자치단체가 관리하는 도로 지하의 상수도관에서 새어 나온 물로 노면이 결빙되었다면 도로로서의 설치·관리상의 하자가 있다.
④ 「국가배상법」 제5조 소정의 영조물의 설치·관리상의 하자로 인한 책임은 무과실책임이고 국가 또는 지방자치단체는 영조물의 설치·관리상의 하자로 인하여 타인에게 손해를 가한 경우에 그 손해의 방지에 필요한 주의를 해태하지 아니하였다 하여 면책을 주장할 수 없다.

776	① ② ③
기출처	예상문제
난이도	★★★
키워드	손해배상

🔍 **관련기출 옳은지문**
- 영조물의 설치·관리상의 하자로 인한 배상책임은 무과실책임이고, 국가는 영조물의 설치·관리상의 하자로 인하여 타인에게 손해를 가한 경우에 그 손해방지에 필요한 주의를 해태하지 아니하였다 하여 면책을 주장할 수 없다. 18국회직8급

해설

① (×) 하천의 제방이 계획홍수위를 넘고 있다면 그 하천은 용도에 따라 통상 갖추어야 할 안전성을 갖추고 있다고 보아야 하고, 그와 같은 하천이 그 후 새로운 하천시설을 설치할 때 기준으로 삼기 위하여 제정한 '하천시설기준'이 정한 여유고를 확보하지 못하고 있다는 사정만으로 바로 안전성이 결여된 하자가 있다고 볼 수는 없다(대판 2003.10.23., 2001다48057).
② (○) 「국가배상법」 제5조 소정의 공공의 영조물이란 공유나 사유임을 불문하고 행정주체에 의하여 특정공공의 목적에 공여된 유체물 또는 물적 설비를 의미하므로 사실상 군민의 통행에 제공되고 있던 도로 옆의 암벽으로부터 떨어진 낙석에 맞아 소외인이 사망하는 사고가 발생하였다고 하여도 동 사고지점 도로가 피고 군에 의하여 노선인정 기타 공용개시가 없었으면 이를 영조물이라 할 수 없다(대판 1981.7.7., 80다2478).
③ (○) 지방자치단체가 관리하는 도로 지하에 매설되어 있는 상수도관에 균열이 생겨 그 틈으로 새어 나온 물이 도로 위까지 유출되어 노면이 결빙되었다면 도로로서의 안전성에 결함이 있는 상태로서 설치·관리상의 하자가 있다(대판 1994.11.22., 94다32924).
④ (○) 「국가배상법」 제5조 소정의 영조물의 설치·관리상의 하자로 인한 책임은 무과실책임이고 나아가 「민법」 제758조 소정의 공작물의 점유자의 책임과는 달리 면책사유도 규정되어 있지 않으므로, 국가 또는 지방자치단체는 영조물의 설치·관리상의 하자로 인하여 타인에게 손해를 가한 경우에 그 손해의 방지에 필요한 주의를 해태하지 아니하였다 하여 면책을 주장할 수 없다(대판 1994.11.22., 94다32924).

정답 | ①

777 〈필수〉

다음 설명 중 옳지 않은 것은? (다툼이 있는 경우 판례에 의함)

기출처: 2021 소방직
난이도: ★★
키워드: 손해배상

① 지방자치단체가 옹벽시설공사를 업체에게 주어 공사를 시행하다가 사고가 일어난 경우, 옹벽이 공사 중이고 아직 완성되지 아니하여 일반 공중의 이용에 제공되지 않았다면 「국가배상법」 제5조 소정의 영조물에 해당한다고 할 수 없다.

② 김포공항을 설치·관리함에 있어 항공법령에 따른 항공기 소음기준 및 소음대책을 준수하려는 노력을 하였더라도, 공항이 항공기 운항이라는 공공의 목적에 이용됨에 있어 그와 관련하여 배출하는 소음 등의 침해가 인근 주민들에게 통상의 수인한도를 넘는 피해를 발생하게 하였다면 공항의 설치·관리상에 하자가 있다고 보아야 한다.

③ 가변차로에 설치된 두 개의 신호기에서 서로 모순되는 신호가 들어오는 고장으로 인하여 사고가 발생한 경우, 그 고장이 현재의 기술수준상 부득이한 것으로 예방할 방법이 없는 것이라면 손해발생의 예견가능성이나 회피가능성이 없어 영조물의 하자를 인정할 수 없다.

④ 영조물 설치자의 재정사정이나 영조물의 사용목적에 의한 사정은, 안전성을 요구하는 데 대한 참작사유는 될지언정 안전성을 결정지을 절대적 요건은 아니다.

해설

③ (×) 가변차로에 설치된 두 개의 신호등에서 서로 모순되는 신호가 들어오는 오작동이 발생하였고 그 고장이 현재의 기술수준상 부득이한 것이라고 가정하더라도 그와 같은 사정만으로 손해발생의 예견가능성이나 회피가능성이 없어 영조물의 하자를 인정할 수 없는 경우라고 단정할 수 없다(대판 2001.7.27., 2000다56822).

정답 | ③

관련기출 옳은지문

- 가변차로에 설치된 두 개의 신호등에서 서로 모순되는 신호가 들어오는 오작동이 발생하였고 그 고장이 현재의 기술수준상 부득이한 것이라고 가정하더라도 그와 같은 사정만으로 손해발생의 예견가능성이나 회피가능성이 없어 영조물의 하자를 인정할 수 없는 경우라고 단정할 수 없다. 19(상)군무원9급

- 예산부족 등 설치·관리자의 재정사정은 배상책임 판단에 있어 참작사유는 될 수 있으나 안전성을 결정지을 절대적 요건은 아니다. 16군무원9급

778 필수

영조물의 설치·관리의 하자로 인한 손해배상에 대한 설명으로 옳지 않은 것은? (다툼이 있는 경우 판례에 의함)

① 소음 등을 포함한 공해 등의 위험지역으로 이주하여 들어가 거주하는 경우와 같이 위험의 존재를 과실로 인식하지 못하고 이주한 경우, 이를 손해배상액의 산정에 있어 형평의 원칙상 과실상계에 준하여 감경 또는 면제사유로 고려하여야 한다.
② 국가의 철도운행사업은 사경제적 작용이라 할지라도 공공의 영조물인 철도시설물의 설치 또는 관리의 하자로 인한 불법행위를 원인으로 하여 국가에 대하여 손해배상청구를 하는 경우에는「국가배상법」이 적용된다.
③ 차량이 통행하는 도로에서 유입되는 소음 때문에 인근 주택의 거주자에게 사회통념상 일반적으로 수인할 정도를 넘어서는 침해가 있는지 여부는「주택법」등에서 제시하는 주택건설기준보다는「환경정책기본법」등에서 설정하고 있는 환경기준을 우선적으로 고려하여 판단하여야 한다.
④ 영조물의 설치·관리를 맡은 자와 영조물의 설치·관리 비용을 부담하는 자가 동일하지 아니한 경우에 피해자는 영조물의 설치·관리자 또는 설치·관리의 비용부담자에게 선택적으로 손해배상을 청구할 수 있다.
⑤ 하자의 의미에 관한 학설 중 객관설에 의할 때, 영조물에 결함이 있지만 그 결함이 객관적으로 보아 영조물의 설치·관리자의 관리행위가 미칠 수 없는 상황 아래에 있는 경우에는 영조물의 설치·관리상의 하자를 인정할 수 없다.

778	
기출처	2021 국회직 8급
난이도	★★★
키워드	손해배상

관련기출 옳은지문
- 소음 등 공해의 위험지역으로 이주하였을 때 위험의 존재를 인식하고 피해를 용인하면서 접근한 것으로 볼 수 있는 경우, 가해자의 면책을 인정할 수 있다. 19(상)군무원9급

해설

① (○) 대판 2010.11.11., 2008다57975
② (○) 철도운행사업은 사경제활동이라서 공무원이 간여한 경우에도 민사상 손해배상청구에 해당되지만, 철도시설물에 의해 발생한 피해는「국가배상법」이 적용된다.
③ (○) 대판 2008.8.21., 2008다9358·9365
④ (○) 설치관리자와 비용부담자가 동일하지 않은 경우에 피해자는 선택적 청구를 할 수 있다.
⑤ (×) 영조물의 설치·관리상의 하자에 따른 배상책임에 대하여 주관설, 객관설, 절충설이 있는데, 주관설과 달리 객관설에 의하면 영조물의 객관적인 안전성 여부만을 문제삼아 관리자의 관리상의 주의의무 등을 요하지 않는다. 따라서 관리자의 관리행위가 미칠 수 없는 상황 아래에 있다고 해도 영조물의 객관적 하자가 있다면 배상책임이 있다.

정답 | ⑤

CHAPTER 02 손실보상

손실보상

779 필수

「공익사업을 위한 토지 등의 취득 및 보상에 관한 법률」상 토지수용절차로서 사업인정에 대한 설명으로 옳은 것만을 모두 고른 것은? (다툼이 있는 경우 판례에 의함)

> ㄱ. 사업시행자가 해당 공익사업을 수행할 의사와 능력이 있어야 한다는 것은 사업인정의 요건에 해당한다.
> ㄴ. 사업인정의 고시로 수용의 목적물은 확정되고 관계인의 범위가 제한된다.
> ㄷ. 사업인정은 고시한 날부터 효력이 발생한다.
> ㄹ. 사업시행자가 사업인정고시가 된 날부터 1년 이내에 재결신청을 하지 아니한 경우에는 사업인정고시가 된 날부터 1년이 되는 날의 다음 날에 사업인정은 그 효력을 상실한다.

① ㄱ
② ㄴ, ㄷ
③ ㄱ, ㄴ, ㄹ
④ ㄱ, ㄴ, ㄷ, ㄹ

기출처: 2021 국가직 7급
난이도: ★★
키워드: 손실보상

관련기출 옳은지문
- 사업인정은 공익사업의 시행자에게 일정한 절차를 거칠 것을 조건으로 일정한 내용의 수용권을 설정하여 주는 형성행위이며, 사업시행자에게 해당 공익사업을 수행할 의사와 능력이 있어야 한다는 것도 사업인정의 한 요건이 된다. 23국가직7급

해설

ㄱ. (○) 공익사업을 수행하는 사업시행자가 사업을 수행할 의사와 능력이 없다면 공익사업을 인정할 수 없다.

> 해당 공익사업을 수행하여 공익을 실현할 의사나 능력이 없는 자에게 타인의 재산권을 공권력적·강제적으로 박탈할 수 있는 수용권을 설정하여 줄 수는 없으므로, 사업시행자에게 해당 공익사업을 수행할 의사와 능력이 있어야 한다는 것도 사업인정의 한 요건이라고 보아야 한다(대판 2011.1.27., 2009두1051).

ㄴ,ㄷ. (○) 「공익사업을 위한 토지 등의 취득 및 보상에 관한 법률」 제20조 제1항, 제22조 제3항은 사업시행자가 토지 등을 수용하거나 사용하려면 국토교통부장관의 사업인정을 받아야 하고, 사업인정은 고시한 날부터 효력이 발생한다고 규정하고 있다. 이러한 사업인정은 수용권을 설정해 주는 행정처분으로서, 이에 따라 수용할 목적물의 범위가 확정되고, 수용권자가 목적물에 대한 현재 및 장래의 권리자에게 대항할 수 있는 공법상 권한이 생긴다(대판 2019.12.12., 2019두47629).

ㄹ. (○) 「공익사업을 위한 토지 등의 취득 및 보상에 관한 법률」 제23조 제1항

> 「공익사업을 위한 토지 등의 취득 및 보상에 관한 법률」 제23조 【사업인정의 실효】 ① 사업시행자가 제22조 제1항에 따른 사업인정의 고시(이하 '사업인정고시'라 한다)가 된 날부터 1년 이내에 제28조 제1항에 따른 재결신청을 하지 아니한 경우에는 사업인정고시가 된 날부터 1년이 되는 날의 다음 날에 사업인정은 그 효력을 상실한다.

정답 | ④

780 필수

재산권 보장과 손실보상에 대한 설명으로 옳은 것은? (다툼이 있는 경우 판례에 의함)

① 공용수용은 공공필요에 부합하여야 하므로, 수용 등의 주체를 국가 등의 공적 기관에 한정하여야 한다.
② 공익사업시행으로 인한 개발이익은 완전보상의 범위에 포함되는 피수용토지의 객관적 가치 내지 피수용자의 손실에 해당한다.
③ 구 「공유수면매립법」상 간척사업의 시행으로 인하여 관행어업권이 상실된 경우, 실질적이고 현실적인 피해가 발생한 경우에만 「공유수면매립법」에서 정하는 손실보상청구권이 발생한다.
④ 「공익사업을 위한 토지 등의 취득 및 보상에 관한 법률」에 따른 보상은 토지소유자나 관계인 개인별로 하는 것이 아니라 수용 또는 사용의 대상이 되는 물건별로 행해지는 것이다.

780	
기출처	2021 국가직 7급
난이도	★★
키워드	손실보상

관련기출 옳은지문
• 헌법은 재산권 수용의 주체를 국가 등 공적 기관으로 한정한 바 없으므로 민간기업도 수용의 주체가 될 수 있다. 25소방직

해설

① 빈출 (×) 공익사업은 국가 등의 공적 기관에 한정되지 않고 민간 사업자에 의해서도 가능하다. 따라서 공용수용의 주체는 국가 등에 국한되지 않는다.

> 민간기업을 수용의 주체로 규정한 「산업입지 및 개발에 관한 법률」(2001.1.29. 법률 제6406호로 개정된 것, 이하 '산업입지법'이라 한다) 제22조 제1항의 '사업시행자' 부분 중 '제16조 제1항 제3호'에 관한 부분(이하 '이 사건 수용조항'이라 한다)이 헌법 제23조 제3항에 위반되지 않는다(헌재 2009.9.24., 2007헌바114).

② (×) 개발이익은 공공사업의 시행에 의하여 비로소 발생하는 것이므로, 그것이 피수용 토지가 수용 당시 갖는 객관적 가치에 포함된다고 볼 수도 없다. 따라서 개발이익은 그 성질상 완전보상의 범위에 포함되는 피수용자의 손실이라고 볼 수 없으므로, 이러한 개발이익을 배제하고 손실보상액을 산정한다 하여 헌법이 규정한 정당한 보상의 원칙에 위반되지 않는다(헌재 2009.12.29., 2009헌바142).

③ 빈출 (○) 사업인정의 고시가 있었다고 해도 이로써 바로 사업이 시행되는 것은 아니고 여러 사정에 따라 실질적으로 사업이 진행되지 않을 수 있다. 따라서 손실보상청구권의 발생은 사업인정의 고시시점이 아니며 실질적이고 현실적인 피해가 발생하여야 비로소 이루어진다는 것이 대법원의 입장이다.

> 간척사업의 시행으로 종래의 관행어업권자에게 구 「공유수면매립법」에서 정하는 손실보상청구권이 인정되기 위해서는 매립면허고시 후 매립공사가 실행되어 관행어업권자에게 실질적이고 현실적인 피해가 발생해야 한다(대판 2010.12.9., 2007두6571).

④ (×) 「공익사업을 위한 토지 등의 취득 및 보상에 관한 법률」 제64조

> 「공익사업을 위한 토지 등의 취득 및 보상에 관한 법률」 제64조 【개인별 보상】 손실보상은 토지소유자나 관계인에게 개인별로 하여야 한다. 다만, 개인별로 보상액을 산정할 수 없을 때에는 그러하지 아니하다.

정답 | ③

781	① ② ③
기출처	예상문제
난이도	★★
키워드	손실보상

관련기출 옳은지문
- 손실보상규정이 없으나 수인한도를 넘는 침해가 이루어진 경우 헌법소원으로 이를 다툴 수 있다.
  18국회직8급

781 〈필수〉

손실보상의 근거 규정 없이 법령상 침해규정에 의하여 재산권 행사에 제약을 받은 경우에 관한 설명으로 옳은 것은? (다툼이 있는 경우 판례에 의함)

① 헌법 제23조 제3항의 규정을 재산권을 침해당한 국민에게 손실보상청구권을 직접 부여한 것으로 보는 견해에 의하면 헌법 제23조 제3항의 규정은 불가분조항으로 해석된다.

② 헌법재판소는 분리이론에 입각하여 손실보상규정이 없어 손실보상을 할 수 없으나 수인한도를 넘는 침해가 있는 경우에는 침해를 야기한 행위에 대해 항고소송을 제기할 수 있다고 한다.

③ 입법자에 대한 직접효력설에 의하면 법률이 재산권 침해의 규정을 두면서 보상에 관한 규정을 하지 않으면 그 법률은 위헌·무효인 법률에 근거한 침해가 되어 손해배상을 청구할 수 있다.

④ 독일의 연방법원에 의해 주장된 경계이론에 의하면 수인의 한도를 넘는 침해가 이루어진 경우에 헌법소원을 통해 이를 다툴 수 있다.

해설

① (×) 직접효력설에 대한 내용으로, 헌법 제23조 제3항을 국민에 대한 직접효력이 있는 규정으로 본다. 이 견해에 의하면 침해를 받은 자는 헌법을 근거로 직접 손실보상을 청구할 수 있다. 헌법의 조항을 불가분조항으로 해석하는 입장은 위헌무효설이다.

② (×) 헌법재판소는 분리이론을 취하고 있다. 주의하여야 할 점은 분리이론 중 침해에 대한 취소소송을 통해 해결을 추구하는 입장이 아니라 입법자의 개선입법을 통한 해결을 추구한다는 점이다.

> 도시계획법 제21조에 규정된 개발제한구역제도 그 자체는 원칙적으로 합헌적인 규정인데, 다만 개발제한구역의 지정으로 말미암아 일부 토지소유자에게 사회적 제약의 범위를 넘는 가혹한 부담이 발생하는 예외적인 경우에 대하여 보상규정을 두지 않은 것에 위헌성이 있는 것이고, 보상의 구체적 기준과 방법은 헌법재판소가 결정할 성질의 것이 아니라 광범위한 입법형성권을 가진 입법자가 입법정책적으로 정할 사항이므로, 입법자가 보상입법을 마련함으로써 위헌적인 상태를 제거할 때까지 위 조항을 형식적으로 존속케 하기 위하여 헌법불합치결정을 하는 것인바, 입법자는 되도록 빠른 시일 내에 보상입법을 하여 위헌적 상태를 제거할 의무가 있고, 행정청은 보상입법이 마련되기 전에는 새로 개발제한구역을 지정하여서는 아니 되며, 토지소유자는 보상입법을 기다려 그에 따른 권리행사를 할 수 있을 뿐 개발제한구역의 지정이나 그에 따른 토지재산권의 제한 그 자체의 효력을 다투거나 위 조항에 위반하여 행한 자신들의 행위의 정당성을 주장할 수는 없다(헌재 1998.12.24., 89헌마214).

③ (○) 위헌무효설(= 입법자에 대한 직접효력설)에 의하면 보상규정이 결여된 침해규정은 위헌이고, 이에 침해를 받은 자는 위법한 침해에 대해 손해배상을 청구할 수 있다는 입장이다.

④ (×) 경계이론은 침해하고 보상(또는 배상)을 통해 구제하려는 입장이다. 독일의 연방법원과 우리 법원의 입장이다.

정답 | ③

782 필수

손실보상에 대한 설명으로 가장 옳지 않은 것은? (다툼이 있는 경우 판례에 의함)

① 구 「공익사업을 위한 토지 등의 취득 및 보상에 관한 법률」에 따른 사업폐지 등에 대한 보상청구권은 손실보상의 일종으로 공법상 권리임이 분명하므로 그에 관한 쟁송은 민사소송이 아닌 행정소송절차에 의하여야 한다.
② 헌법규정에 따라 국민의 재산권을 침해하는 행위 그 자체는 형식적 법률에 반드시 근거를 두어야 하고, 보상의 기준·방법 등에 관하여도 법률로써 규정하여야 한다.
③ 「하천법」에 의하면 제외지는 하천구역에 속하는 토지로서 소유권이 국가에 귀속된다고 할 것인데 제외지에 대하여 그 손실을 보상한다는 보상규정을 두고 있지 않지만 동법의 손실보상요건에 관한 규정은 보상사유를 예시적으로 열거하고 있으므로 제외지의 소유자에 대하여는 위 법규에 유추적용하여 관리청은 그 손실을 보상하여야 한다.
④ 헌법재판소는 국가 등의 공적 기관이 직접 수용의 주체가 되는 경우와 그러한 공적 기관의 최종적인 허부판단과 승인결정하에 민간기업이 수용의 주체가 되는 경우는 공공필요에 대한 판단과 수용의 범위에 있어서 본질적인 차이가 있어 민간기업이 사업시행에 필요한 토지를 수용할 수 있도록 한 규정을 위헌이라 보았다.

782	① ② ③
기출처	예상문제
난이도	★★
키워드	손실보상

관련기출 옳은지문
- 토지수용위원회의 재결에서 피보상자별로 여러 가지의 토지, 물건, 권리 또는 영업의 손실에 관하여 심리·판단이 이루어졌을 때, 피보상자 또는 사업시행자는 반드시 재결 전부에 관하여 불복하여야 하는 것은 아니다. 24국회직9급

해설

② (O) 침해규정과 보상규정은 법률에 근거하여야 함을 헌법에서 규정하고 있다.

> 헌법 제23조 제3항은 공공필요에 의한 재산권의 수용·사용 또는 제한 및 그에 대한 보상은 법률로써 하되, 정당한 보상을 지급하여야 한다고 하여 침해와 보상기준 등이 법률에 근거하여야 함을 규정하고 있다.

④ (×) 기업으로 하여금 산업단지를 직접 개발하도록 한다면, 기업들의 참여를 유도할 수 있는 측면도 있을 것이다. 그렇다면 민간기업을 수용의 주체로 규정한 자체를 두고 위헌이라고 할 수 없으며, 나아가 이 사건 수용조항을 통해 민간기업에게 사업시행에 필요한 토지를 수용할 수 있도록 규정할 필요가 있다는 입법자의 인식에도 합리적인 이유가 있다 할 것이다(헌재 2009.9.24., 2007헌바114).

정답 | ④

783 〈필수〉

783	1 2 3
기출처	2022 국가직 9급
난이도	★★
키워드	손실보상

다음 사례에 대한 설명으로 옳은 것은? (다툼이 있는 경우 판례에 의함)

> 건설회사 A는 택지개발사업을 위해 관련 법령에 따른 절차를 거쳐 甲 소유의 토지 등을 취득하고자 甲과 보상에 관한 협의를 하였으나 협의가 성립되지 않았다. 이에 관할 지방토지수용위원회에 재결을 신청하여 토지의 수용 및 보상금에 대한 수용재결을 받았다.

① 甲이 수용재결에 대하여 이의신청을 제기하면 사업의 진행 및 토지의 수용 또는 사용을 정지시키는 효력이 있다.
② 甲이 수용 자체를 다투는 경우 관할 지방토지수용위원회를 상대로 수용재결에 대하여 취소소송을 제기할 수 있다.
③ 甲은 보상금 증액을 위해 A를 상대로 손실보상을 구하는 민사소송을 제기할 수 있다.
④ 甲이 계속 거주하고 있는 건물과 토지의 인도를 거부할 경우 행정대집행의 대상이 될 수 있다.

해설

① **빈출** (×) 이의신청이나 행정소송을 청구하여도 처분의 효력은 정지되지 않는다.

> 「공익사업을 위한 토지 등의 취득 및 보상에 관한 법률」 제88조【처분효력의 부정지】 제83조에 따른 이의의 신청이나 제85조에 따른 행정소송의 제기는 사업의 진행 및 토지의 수용 또는 사용을 정지시키지 아니한다.

② **빈출** (○) 수용재결의 수용 자체에 불복하는 경우에는 보상금증감과 달리 수용재결에 대해 항고소송을 청구할 수 있다.

> 「공익사업을 위한 토지 등의 취득 및 보상에 관한 법률」 제85조【행정소송의 제기】① 사업시행자, 토지소유자 또는 관계인은 제34조에 따른 재결에 불복할 때에는 재결서를 받은 날부터 90일 이내에, 이의신청을 거쳤을 때에는 이의신청에 대한 재결서를 받은 날부터 60일 이내에 각각 행정소송을 제기할 수 있다. 이 경우 사업시행자는 행정소송을 제기하기 전에 제84조에 따라 늘어난 보상금을 공탁하여야 하며, 보상금을 받을 자는 공탁된 보상금을 소송이 종결될 때까지 수령할 수 없다.
> ② 제1항에 따라 제기하려는 행정소송이 보상금의 증감(增減)에 관한 소송인 경우 그 소송을 제기하는 자가 토지소유자 또는 관계인일 때에는 사업시행자를, 사업시행자일 때에는 토지소유자 또는 관계인을 각각 피고로 한다.

③ (×) 민사소송이 아니라 형식적 당사자소송에 의한다(「공익사업을 위한 토지 등의 취득 및 보상에 관한 법률」 제85조 제2항 참조).
④ **빈출** (×) 피수용자 등이 기업자에 대하여 부담하는 수용대상 토지의 인도의무에 관한 구 토지수용법 제63조, 제64조, 제77조 규정에서의 '인도'에는 명도도 포함되는 것으로 보아야 하고, 이러한 명도의무는 그것을 강제적으로 실현하면서 직접적인 실력행사가 필요한 것이지 대체적 작위의무라고 볼 수 없으므로 특별한 사정이 없는 한 「행정대집행법」에 의한 대집행의 대상이 될 수 있는 것이 아니다(대판 2005.8.19., 2004다2809).

정답 | ②

784 〈필수〉

「공익사업을 위한 토지 등의 취득 및 보상에 관한 법률」(이하 '토지보상법')에 대한 설명으로 옳은 것은? (다툼이 있는 경우 판례에 의함)

① 사업시행자, 토지소유자 또는 관계인은 수용재결에 불복할 때에는 재결서를 받은 날부터 60일 이내에, 이의신청을 거쳤을 때에는 이의신청에 대한 재결서를 받은 날부터 90일 이내에 각각 행정소송을 제기할 수 있다.
② 수용재결에 불복하여 이의신청을 거친 경우의 행정소송의 대상은 원칙적으로 이의재결이다.
③ 토지보상법령상 손실보상 대상에 해당하는데도 관할 토지수용위원회가 사실을 오인하거나 법리를 오해함으로써 손실보상 대상에 해당하지 않는다고 잘못된 내용의 재결을 한 경우에는, 사업시행자를 상대로 토지보상법에 따른 보상금증감의 소를 제기할 수 있을 뿐이다.
④ 공익사업의 사업시행자가 보상액을 지급하지 않고 토지소유자의 승낙도 받지 않은 채 공사에 착수하였다 하더라도 공익사업의 특성상 불법행위로 인한 손해배상책임이 발생하는 것은 아니다.

해설

① 빈출 (×) 사업시행자, 토지소유자 또는 관계인은 제34조에 따른 재결에 불복할 때에는 재결서를 받은 날부터 90일 이내에, 이의신청을 거쳤을 때에는 이의신청에 대한 재결서를 받은 날부터 60일 이내에 각각 행정소송을 제기할 수 있다. 이 경우 사업시행자는 행정소송을 제기하기 전에 제84조에 따라 늘어난 보상금을 공탁하여야 하며, 보상금을 받을 자는 공탁된 보상금을 소송이 종결될 때까지 수령할 수 없다(「공익사업을 위한 토지 등의 취득 및 보상에 관한 법률」제85조 제1항).
② (×) 사업시행자가 수용재결에 불복하여 취소소송을 제기하는 때에는 이의신청을 거친 경우에도 수용재결을 한 중앙토지수용위원회 또는 지방토지수용위원회를 피고로 하여 수용재결의 취소를 구하여야 하는 것으로, 그 불복의 대상은 원칙적으로 수용재결이다(대판 2010.1.28., 2008두1504 등 참조).
③ 빈출 (○) 토지보상법령상 손실보상 대상에 해당하는데도 관할 토지수용위원회가 사실을 오인하거나 법리를 오해함으로써 손실보상 대상에 해당하지 않는다고 잘못된 내용의 재결을 한 경우에는, 사업시행자를 상대로 토지보상법 제85조 제2항에 따른 보상금증감의 소를 제기할 수 있을 뿐이다(대판 2021.11.11., 2020다217083).
④ (×) 공익사업의 시행자는 해당 공익사업을 위한 공사에 착수하기 이전에 토지소유자와 관계인에게 보상액 전액을 지급하여야 한다(토지보상법 제62조 본문). 공익사업의 시행자가 토지소유자와 관계인에게 보상액을 지급하지 않고 승낙도 받지 않은 채 공사에 착수함으로써 토지소유자와 관계인이 손해를 입은 경우, 토지소유자와 관계인에 대하여 불법행위가 성립할 수 있고, 사업시행자는 그로 인한 손해를 배상할 책임을 진다(대판 2021.11.11., 2018다204022).

정답 | ③

관련기출 옳은지문

- 공익사업의 시행자가 사전보상을 하지 않은 채 공사에 착수함으로써 토지소유자와 관계인이 손해를 입은 경우, 토지소유자와 관계인이 입은 손해는 손실보상청구권이 침해된 데에 따른 손해이므로 사업시행자가 배상해야 할 손해액은 원칙적으로 손실보상금이다. 24국회직9급

785 〈필수〉

「공익사업을 위한 토지 등의 취득 및 보상에 관한 법률」(이하 '토지보상법'이라 함)에 대한 설명으로 옳지 않은 것은? (다툼이 있는 경우 판례에 의함)

① 보상액의 산정은 협의에 의한 경우에는 협의 성립 당시의 가격을, 재결에 의한 경우에는 수용 또는 사용의 재결 당시의 가격을 기준으로 한다.
② 사업인정고시가 된 후 사업시행자가 토지를 사용하는 기간이 3년 이상인 경우 토지소유자는 토지수용위원회에 토지의 수용을 청구할 수 있고, 토지수용위원회가 이를 받아들이지 않는 재결을 한 경우에는 사업시행자를 피고로 하여 토지보상법상 보상금의 증감에 관한 소송을 제기할 수 있다.
③ 사업시행자는 동일한 사업지역에 보상시기를 달리하는 동일인 소유의 토지 등이 여러 개 있는 경우 토지소유자나 관계인이 요구할 때에는 한꺼번에 보상금을 지급하도록 하여야 한다.
④ 사업시행자는 동일한 소유자에게 속하는 일단의 토지의 일부를 취득하는 경우 해당 공익사업의 시행으로 인하여 잔여지의 가격이 증가한 경우에 그 이익을 그 취득으로 인한 손실과 상계한다.
⑤ 영업을 폐업하거나 휴업함에 따른 영업손실에 대하여는 영업이익과 시설의 이전비용 등을 고려하여 보상하여야 한다.

해설

① (○) 「공익사업을 위한 토지 등의 취득 및 보상에 관한 법률」 제67조 제1항
② (○) 동법 제72조 제1호 참고
③ (○) 동법 제65조
④ (×) 「공익사업을 위한 토지 등의 취득 및 보상에 관한 법률」 제66조 규정에 따르면 사업으로 인하여 발생한 이익과 손실을 상계할 수 없다.

> 「공익사업을 위한 토지 등의 취득 및 보상에 관한 법률」 제66조【사업시행 이익과의 상계금지】 사업시행자는 동일한 소유자에게 속하는 일단(一團)의 토지의 일부를 취득하거나 사용하는 경우 해당 공익사업의 시행으로 인하여 잔여지의 가격이 증가하거나 그 밖의 이익이 발생한 경우에도 그 이익을 그 취득 또는 사용으로 인한 손실과 상계할 수 없다.

⑤ (○) 동법 제77조 제1항

정답 | ④

기출처: 2022 국회직 8급
난이도: ★★
키워드: 손실보상

관련기출 옳은지문
• 동일한 사업지역에 보상시기를 달리하는 동일인 소유의 토지 등이 여러 개 있는 경우 토지소유자나 관계인이 요구할 때에는 한꺼번에 보상금을 지급하도록 하여야 한다.
17서울시9급

786 필수

「공익사업을 위한 토지 등의 취득 및 보상에 관한 법률」상 손실보상에 대한 설명으로 옳지 않은 것은?

① 영업을 하기 위해 투자한 비용이나 그 영업을 통해 얻을 것으로 기대되는 이익에 대한 손실은 영업손실보상의 대상이 된다고 할 수 없다.
② 토지소유자가 손실보상금의 액수를 다투고자 하는 경우 토지수용위원회가 아니라 사업시행자를 상대로 보상금의 증액을 구하는 소송을 제기해야 한다.
③ 토지수용위원회의 재결에 대한 토지소유자의 행정소송 제기는 사업의 진행 및 토지의 수용 또는 사용을 정지시키지 아니한다.
④ 어떤 보상항목이 손실보상대상에 해당함에도 관할 토지수용위원회가 사실을 오인하거나 법리를 오해함으로써 손실보상대상에 해당하지 않는다고 잘못된 내용의 재결을 한 경우에는, 피보상자는 관할 토지수용위원회를 상대로 재결취소소송을 제기하여야 한다.

786	
기출처	2024 국가직 9급
난이도	★★
키워드	손실보상

관련기출 옳은지문

- 토지소유자가 제기하는 행정소송이 보상금의 증감에 관한 소송인 경우 사업시행자를 피고로 한다. 　24국가직7급

- 형식적 당사자소송인 보상금의 증감에 관한 소송을 제기하는 경우 그 소송을 제기하는 자가 토지소유자 또는 관계인일 때에는 사업시행자를, 사업시행자일 때에는 토지소유자 또는 관계인을 각각 피고로 한다. 　17지방직7급 변형

해설

① (○) 구 토지수용법이나 구 「공공용지의 취득 및 손실보상에 관한 특례법」, 그 시행령 및 시행규칙 등 관계 법령에도 영업을 하기 위하여 투자한 비용이나 그 영업을 통하여 얻을 것으로 기대되는 이익에 대한 손실보상의 근거 규정이나 그 보상의 기준과 방법 등에 관한 규정이 없으므로, 이러한 손실은 그 보상의 대상이 된다고 할 수 없다(대판 2006.1.27., 2003두13106).

② 빈출 (○) 보상금에 대한 소송은 형식적 당사자소송으로서 피고는 토지수용위원회가 아니라 사업시행자가 된다(사업시행자가 소송을 청구하는 경우에 피고는 토지소유자이다).

> 「공익사업을 위한 토지 등의 취득 및 보상에 관한 법률」 제85조 【행정소송의 제기】 ② 제1항에 따라 제기하려는 행정소송이 보상금의 증감(增減)에 관한 소송인 경우 그 소송을 제기하는 자가 토지소유자 또는 관계인일 때에는 사업시행자를, 사업시행자일 때에는 토지소유자 또는 관계인을 각각 피고로 한다.

③ 빈출 (○) 「공익사업을 위한 토지 등의 취득 및 보상에 관한 법률」 제88조

> 「공익사업을 위한 토지 등의 취득 및 보상에 관한 법률」 제88조 【처분효력의 부정지】 제83조에 따른 이의의 신청이나 제85조에 따른 행정소송의 제기는 사업의 진행 및 토지의 수용 또는 사용을 정지시키지 아니한다.

④ 빈출 (×) 어떤 보상항목이 토지보상법령상 손실보상대상에 해당하는데도 관할 토지수용위원회가 사실을 오인하거나 법리를 오해함으로써 손실보상대상에 해당하지 않는다고 잘못된 내용의 재결을 한 경우에는, 피보상자는 관할 토지수용위원회를 상대로 그 재결에 대한 취소소송을 제기할 것이 아니라 사업시행자를 상대로 토지보상법 제85조 제2항에 따른 보상금증감의 소를 제기하여야 한다(대판 2020.4.9., 2017두275).

정답 | ④

787

기출처	예상문제
난이도	★★
키워드	손실보상

관련기출 옳은지문
- 잔여지 수용청구의 의사표시는 관할 토지수용위원회에 하여야 하므로, 원칙적으로 사업시행자에게 한 잔여지 매수청구의 의사표시를 관할 토지수용위원회에 한 잔여지 수용청구의 의사표시로 볼 수 없다.

16지방직7급

787

「공익사업을 위한 토지 등의 취득 및 보상에 관한 법률」상 토지 등의 취득·사용과 손실보상에 대한 설명으로 옳지 않은 것은? (다툼이 있는 경우 판례에 의함)

① 국토교통부장관은 사업인정을 하였을 때에는 지체 없이 그 뜻을 사업시행자, 토지소유자 및 관계인, 관계 시·도지사에게 통지하고 사업시행자의 성명이나 명칭, 사업의 종류, 사업지역 및 수용하거나 사용할 토지의 세목을 관보에 고시하여야 한다.

② 사업시행자가 수용재결에 의한 수용의 효력이 발생하기 전에 공사에 착수하고 진입도로를 차단하는 등 사업을 시행함으로 인하여 영업상의 피해를 입은 사실이 있다면 그에 대한 손실보상을 구할 수는 있다.

③ 협의가 성립되지 아니하거나 협의를 할 수 없을 때에는 사업시행자는 사업인정고시가 된 날부터 1년 이내에 대통령령으로 정하는 바에 따라 관할 토지수용위원회에 재결을 신청할 수 있다.

④ 잔여지 수용청구의 의사표시는 관할 토지수용위원회에 하여야 하는 것으로 원칙적으로 사업시행자에게 한 잔여지 매수청구의 의사표시는 관할 토지수용위원회에 한 잔여지 수용청구의 의사표시로 볼 수 없다.

해설

① (O) 「공익사업을 위한 토지 등의 취득 및 보상에 관한 법률」 제22조 제1항

② (×) 위법한 사업시행으로 인한 피해로서 손해배상이나 부당이득반환을 구하는 것이 옳다.

> 사업시행자가 수용재결에 의한 수용의 효력이 발생하기 전에 공사에 착수하고 진입도로를 차단하는 등 사업을 시행함으로 인하여 영업상의 피해를 입은 사실이 있다고 하더라도, 이를 이유로 하여 사업시행자에 대하여 민사상의 손해배상이나 부당이득의 반환을 구함은 별론으로 하고 그에 대한 손실보상을 구할 수는 없다(대판 2005.7.29., 2003두2311).

③ (O) 주의할 점은 재결을 신청할 수 있는 자는 토지소유자가 아닌 사업시행자라는 점이다.

> 「공익사업을 위한 토지 등의 취득 및 보상에 관한 법률」 제28조【재결의 신청】① 제26조에 따른 협의가 성립되지 아니하거나 협의를 할 수 없을 때(제26조 제2항 단서에 따른 협의 요구가 없을 때를 포함한다)에는 사업시행자는 사업인정고시가 된 날부터 1년 이내에 대통령령으로 정하는 바에 따라 관할 토지수용위원회에 재결을 신청할 수 있다.
> ② 제1항에 따라 재결을 신청하는 자는 국토교통부령으로 정하는 바에 따라 수수료를 내야 한다.

④ (O) 위 조항의 문언 내용 등에 비추어 볼 때, 잔여지 수용청구의 의사표시는 관할 토지수용위원회에 하여야 하는 것으로서, 관할 토지수용위원회가 사업시행자에게 잔여지 수용청구의 의사표시를 수령할 권한을 부여하였다고 인정할 만한 사정이 없는 한, 사업시행자에게 한 잔여지 매수청구의 의사표시를 관할 토지수용위원회에 한 잔여지 수용청구의 의사표시로 볼 수는 없다(대판 2010.8.19., 2008두822).

정답 | ②

788 필수

손실보상에 대한 설명으로 옳지 않은 것을 모두 고른 것은? (다툼이 있는 경우 판례에 의함)

> ㄱ. 토지소유자의 토지수용청구를 받아들이지 아니한 토지수용위원회의 재결에 대하여 토지소유자가 불복하여 제기하는 소송은 「공익사업을 위한 토지 등의 취득 및 보상에 관한 법률」 제85조 제2항에 규정되어 있는 '보상금의 증감에 관한 소송'에 해당한다.
> ㄴ. 구 「공익사업을 위한 토지 등의 취득 및 보상에 관한 법률」 제77조 제2항에서 정한 농업손실보상청구권에 관한 쟁송은 민사소송절차에 따라야 한다.
> ㄷ. 도로의 공용개시행위로 인하여 공물로 성립한 사인 소유의 도로부지 등에 대하여 「도로법」 제5조에 따라 사권의 행사가 제한됨으로써 그 소유자가 손실을 받은 경우, 도로부지 등의 소유자는 「도로법」에 의한 손실보상청구를 할 수 있다.
> ㄹ. 헌법재판소에 의하면 종래의 지목과 토지현황에 의한 이용방법에 따른 토지의 사용도 할 수 없거나 실질적으로 사용·수익을 전혀 할 수 없는 예외적인 경우에도 아무런 보상 없이 이를 감수하도록 하고 있는 한, 토지소유자의 재산권을 과도하게 침해하는 것으로서 헌법에 위반된다.

① ㄱ, ㄴ
② ㄴ, ㄷ
③ ㄷ, ㄹ
④ ㄱ, ㄹ

788	① ② ③
기출처	예상문제
난이도	★★★
키워드	손실보상

해설

ㄱ. 빈출 ▶ (○) 토지소유자의 토지수용청구를 받아들이지 아니한 토지수용위원회의 재결에 대하여 토지소유자가 불복하여 제기하는 소송은 토지보상법 제85조 제2항에 규정되어 있는 '보상금의 증감에 관한 소송'에 해당하고, 피고는 토지수용위원회가 아니라 사업시행자로 하여야 한다(대판 2015.4.9., 2014두46669).

ㄴ. (×) 농업손실보상에 대한 청구권은 판례에 의하면 공권이고 행정소송에 의하여야 한다.

> 구 「공익사업을 위한 토지 등의 취득 및 보상에 관한 법률 시행규칙」(2007.4.12. 건설교통부령 제556호로 개정되기 전의 것)은 농업의 손실에 대한 보상(제48조), 축산업의 손실에 대한 평가(제49조), 잠업의 손실에 대한 평가(제50조)에 관하여 규정하고 있다. 위 규정들에 따른 농업손실보상청구권은 공익사업의 시행 등 적법한 공권력의 행사에 의한 재산상의 특별한 희생에 대하여 전체적인 공평부담의 견지에서 공익사업의 주체가 그 손해를 보상하여 주는 손실보상의 일종으로 공법상의 권리임이 분명하므로 그에 관한 쟁송은 민사소송이 아닌 행정소송절차에 의하여야 할 것이다(대판 2011.10.13., 2009다43461).

ㄷ. (×) 도로의 공용개시행위로 인하여 공물로 성립한 사인 소유의 도로부지 등에 대하여 「도로법」 제5조에 따라 사권의 행사가 제한됨으로써 그 소유자가 손실을 받았다고 하더라도 이와 같은 사권의 제한은 건설교통부장관 또는 기타의 행정청이 행한 것이 아니라 「도로법」이 도로의 공물로서의 특성을 유지하기 위하여 필요한 범위 내에서 제한을 가하는 것이므로, 이러한 경우 도로부지 등의 소유자는 국가나 지방자치단체를 상대로 하여 부당이득반환청구나 손해배상청구를 할 수 있음은 별론으로 하고 「도로법」 제79조에 의한 손실보상청구를 할 수는 없다(대판 2006.9.28., 2004두13639).

ㄹ. (○) 헌재 1998.12.24., 97헌바78

정답 | ②

789

다음 중 행정상 손실보상에 대한 설명으로 가장 옳지 않은 것은? (단, 다툼이 있는 경우 판례에 의함)

① 「공익사업을 위한 토지 등의 취득 및 보상에 관한 법률 시행령」에서 이주대책의 대상자에서 세입자를 제외하고 있는 것이 세입자의 재산권을 침해하는 것이라 볼 수 없다.
② 공익사업으로 인하여 영업을 폐지하거나 휴업하는 자가 구 「공익사업을 위한 토지 등의 취득 및 보상에 관한 법률」에 규정된 재결절차를 거치지 않은 채 곧바로 사업시행자를 상대로 영업손실보상을 청구할 수 없다.
③ 사업시행자 스스로 공익사업의 원활한 시행을 위하여 생활대책을 수립·실시할 수 있도록 하는 내부규정을 두고 이에 따라 생활대책대상자 선정기준을 마련하여 생활대책을 수립·실시하는 경우, 생활대책대상자 선정기준에 해당하는 자기 자신을 생활대책대상자에서 제외하거나 선정을 거부한 사업시행자를 상대로 항고소송을 제기할 수 있다.
④ 보상청구권이 성립하기 위해서는 재산권에 대한 법적인 행위로서 공행정작용에 의한 침해를 말하고 사실행위는 포함되지 않는다.

해설

④ (×) 손실보상의 성립요건으로서의 공권적 침해는 사실행위에 따라 이루어진 경우도 포함된다.

정답 | ④

790 필수

행정상 손실보상에 대한 설명으로 옳은 것은? (다툼이 있는 경우 판례에 의함)

① 헌법 제23조 제3항의 정당한 보상이란 원칙적으로 피수용재산의 객관적인 재산가치를 완전하게 보상하는 완전보상을 의미하며, 객관적인 가치에는 소유자가 갖는 주관적인 가치, 객관적 가치의 증가에 기여하지 못한 투자비용이나 그 토지 등을 특별한 용도에 사용할 것을 전제로 한 가격 등을 고려하여야 하지만 개발이익은 그 성질상 완전보상의 범위에 포함되지 아니한다.

② 공공용물에 관하여 적법한 개발행위 등이 이루어짐으로 말미암아 이에 대한 일정범위의 사람들의 일반사용이 종전에 비하여 제한받게 되었다 하더라도 특별한 사정이 없는 한 그로 인한 불이익은 손실보상의 대상이 되는 특별한 손실에 해당한다고 할 수 없다.

③ 수용 대상 토지의 보상가격을 정함에 있어 표준지 공시지가를 기준으로 비교한 금액이 수용 대상 토지의 수용 사업인정 전의 개별공시지가보다 적은 경우에는 구「지가공시 및 토지 등의 평가에 관한 법률」제9조, 구「토지수용법」제46조가 정당한 보상 원리를 규정한 헌법 제23조 제3항에 위배되어 위헌이라고 할 수 있다.

④ 건물이 토지수용법상 손실보상의 대상이 되기 위한 요건은 관계 법령을 종합하여 보면, 지장물인 건물은 사업인정의 고시 이전에 건축된 건물이라도 그 건물이 적법한 건축허가를 받아 건축되지 않았다면 손실보상의 대상이 될 수 없다.

해설

① (×) 완전보상에는 토지소유자의 주관적 가치나 호가, 투자비용 등은 포함되지 않는다.

> 헌법 제23조 제3항이 규정하는 정당한 보상이란 원칙적으로 피수용재산의 객관적인 재산가치를 완전하게 보상하는 완전보상을 의미하며, 토지의 경우에는 그 특성상 인근 유사토지의 거래가격을 기준으로 하여 토지의 가격형성에 미치는 제 요소를 종합적으로 고려한 합리적 조정을 거쳐서 객관적인 가치를 평가할 수밖에 없는데 이 때, 소유자가 갖는 주관적인 가치, 투기적 성격을 띠고 우연히 결정된 거래가격 또는 흔히 불리우는 호가, 객관적 가치의 증가에 기여하지 못한 투자비용이나 그 토지 등을 특별한 용도에 사용할 것을 전제로 한 가격 등에 좌우되어서는 안 되며, 개발이익은 그 성질상 완전보상의 범위에 포함되지 아니한다(헌재 2001.4.26., 2000헌바31).

② 빈출 (○) 공공용물(행정재산)의 일반사용은 반사적 이익에 해당하여, 적법한 개발행위로 인해 일부 제한이 있더라도 이는 수인범위에 있는 사회적 제약에 해당하여 보상을 필요로 하는 특별한 희생이라 보기 어렵다.

> 일반 공중의 이용에 제공되는 공공용물에 대하여 특허 또는 허가를 받지 않고 하는 일반사용은 다른 개인의 자유이용과 국가 또는 지방자치단체 등의 공공목적을 위한 개발 또는 관리·보존행위를 방해하지 않는 범위 내에서만 허용된다 할 것이므로, 공공용물에 관하여 적법한 개발행위 등이 이루어짐으로 말미암아 이에 대한 일정범위의 사람들의 일반사용이 종전에 비하여 제한받게 되었다 하더라도 특별한 사정이 없는 한 그로 인한 불이익은 손실보상의 대상이 되는 특별한 손실에 해당한다고 할 수 없다(대판 2002.2.26., 99다35300).

③ (×) 수용 대상 토지의 보상가격을 정함에 있어 표준지 공시지가를 기준으로 비교한 금액이 수용 대상 토지의 수용 사업인정 전의 개별공시지가보다 적은 경우가 있다고 하더라도, 이것만으로「지가공시 및 토지 등의 평가에 관한 법률」제9조, 토지수용법 제46조가 정당한 보상 원리를 규정한 헌법 제23조 제3항에 위배되어 위헌이라고 할 수는 없다(대판 2001.3.27., 99두7968).

④ (×) 건물이 토지수용법상 손실보상의 대상이 되기 위한 요건은 관계 법령을 종합하여 보면, 지장물인 건물은 그 건물이 적법한 건축허가를 받아 건축된 것인지 여부에 관계없이 토지수용법상의 사업인정의 고시 이전에 건축된 건물이기만 하면 손실보상의 대상이 됨이 명백하다(대판 2000.3.10., 99두10896).

정답 | ②

관련기출 옳은지문

• 헌법 제23조 제3항이 규정하는 '정당한 보상'이란 원칙적으로 피수용재산의 객관적인 재산가치를 완전하게 보상하는 것이어야 한다는 완전보상을 뜻하는 것으로서 보상금액뿐만 아니라 보상의 시기나 방법 등에 있어서도 어떠한 제한을 두어서는 아니 된다는 것을 의미한다. 25소방직

• 헌법 제23조 제3항에서 규정한 '정당한 보상'이란 완전보상을 뜻한다. 20국회직9급

• 토지에 대한 보상액은 일시적인 이용상황과 토지소유자나 관계인이 갖는 주관적 가치 및 특별한 용도에 사용할 것을 전제로 한 경우 등은 고려하지 아니한다. 23국회직9급

• 공공용물에 관하여 적법한 개발행위 등이 이루어져 일정범위의 사람들의 일반사용이 종전에 비하여 제한받게 되었다 하더라도 특별한 사정이 없는 한 이는 특별한 손실에 해당한다고 할 수 없다. 18서울시9급

791
손실보상에 대한 설명으로 옳은 것만을 모두 고르면?

ㄱ. 공공필요에 의한 재산권의 수용·사용 또는 제한 및 그에 대한 보상은 법률로써 하되, 정당한 보상을 지급하여야 한다.

ㄴ. 「하천법」 부칙과 이에 따른 특별조치법이 하천구역으로 편입된 토지에 대하여 손실보상청구권을 규정하였다고 하더라도 당해 법률규정이 아니라 관리청의 보상금지급결정에 의하여 비로소 손실보상청구권이 발생한다.

ㄷ. 「공익사업을 위한 토지 등의 취득 및 보상에 관한 법률」상 보상금의 증감에 관한 소송인 경우 그 소송을 제기하는 자가 토지소유자 또는 관계인일 때에는 지방토지수용위원회 또는 중앙토지수용위원회를 피고로 한다.

ㄹ. 수용재결에 불복하여 취소소송을 제기하는 때에는 이의신청을 거친 경우에도 수용재결을 한 중앙토지수용위원회 또는 지방토지수용위원회를 피고로 하여 수용재결의 취소를 구하여야 하지만, 이의신청에 대한 재결 자체에 고유한 위법이 있는 경우에는 그 이의재결을 한 중앙토지수용위원회를 피고로 하여 이의재결의 취소를 구할 수 있다.

① ㄱ, ㄴ
② ㄱ, ㄹ
③ ㄴ, ㄷ
④ ㄴ, ㄷ, ㄹ

해설

ㄱ. (○) 헌법 제23조 제3항

ㄴ. **빈출** (×) 이 선지는 「하천법」상의 손실보상청구권은 당사자소송에 의한다는 것을 알고서 접근하여야 한다. 법률 규정에 의해 바로 보상지급의 청구권이 발생하는 경우에는 당사자소송에 의하여야 하기 때문이다.

> 「하천법」 부칙(1984.12.31.) 제2조와 '법률 제3782호 「하천법」 중 개정법률 부칙 제2조의 규정에 의한 보상청구권의 소멸시효가 만료된 「하천구역 편입토지 보상에 관한 특별조치법」 제2조, 제6조의 각 규정들을 종합하면, 위 규정들에 의한 손실보상청구권은 1984.12.31. 전에 토지가 하천구역으로 된 경우에는 당연히 발생되는 것이지, 관리청의 보상금지급결정에 의하여 비로소 발생하는 것은 아니므로, 위 규정들에 의한 손실보상금의 지급을 구하거나 손실보상청구권의 확인을 구하는 소송은 「행정소송법」 제3조 제2호 소정의 당사자소송에 의하여야 한다(대판 2006.5.18., 2004다6207).

ㄷ. (×) 「공익사업을 위한 토지 등의 취득 및 보상에 관한 법률」상 보상금증감청구소송에서 토지소유자 등이 원고인 경우에 피고는 토지수용위원회가 아니라 사업시행자가 된다.

> **「공익사업을 위한 토지 등의 취득 및 보상에 관한 법률」 제85조 【행정소송의 제기】** ② 제1항에 따라 제기하려는 행정소송이 보상금의 증감(增減)에 관한 소송인 경우 그 소송을 제기하는 자가 토지소유자 또는 관계인일 때에는 사업시행자를, 사업시행자일 때에는 토지소유자 또는 관계인을 각각 피고로 한다.

ㄹ. (○) 항고소송의 대상은 원칙적으로 원처분주의이고 심판의 재결은 재결에 고유한 위법이 있는 경우에 한하여 청구할 수 있다. 토지수용에 있어 수용재결(공법상 대리)은 원처분에 해당하여 원칙적으로 이의재결에 고유한 위법이 없는 한 수용재결이 취소소송의 대상이 된다.

정답 | ②

792 필수

행정상 손실보상에 대한 설명으로 옳지 않은 것은? (다툼이 있는 경우 판례에 의함)

① 공익사업의 시행으로 인하여 1개 마을의 주거용 건축물이 대부분 공익사업시행지구에 편입됨으로써 잔여 주거용 건축물 거주자의 생활환경이 현저히 불편하게 되어 이주가 부득이한 경우에는 당해 건축물 소유자의 청구에 의하여 그 소유자의 토지등을 공익사업시행지구에 편입되는 것으로 보아 보상하여야 한다.

② 헌법재판소에 의하면 이주대책은 헌법 제23조 제3항에 규정된 정당한 보상에 포함되는 것으로 이주자들에게 종전의 생활상태를 회복시키기 위한 생활보상의 일환이라 본다.

③ 사업시행자의 이주대책 수립·실시의무를 정하고 있는 구 「공익사업을 위한 토지 등의 취득 및 보상에 관한 법률」과 이주대책의 내용을 정하고 있는 내용은 강행법규로서 당사자의 합의 또는 사업시행자의 재량에 의하여 적용을 배제할 수 없는 강행법규이다.

④ 구 「공유수면매립법」상 간척사업의 시행으로 인하여 관행어업권이 상실되었음을 이유로 한 손실보상청구권에 「민법」에서 정하는 소멸시효규정이 유추적용될 수 있으며 이에 소멸시효기간은 10년이고 소멸시효의 기산일은 실질적이고 현실적인 손실이 발생한 때가 된다.

792	1 2 3
기출처	예상문제
난이도	★★
키워드	손실보상

🔍 관련기출 옳은지문

· 사업시행자의 이주대책 수립·실시의무를 정하고 있는 「공익사업을 위한 토지 등의 취득 및 보상에 관한 법률」상 규정은 당사자의 합의에 의하여 적용을 배제할 수 없는 강행법규이다. 19소방직

해설

① (○) 「공익사업을 위한 토지 등의 취득 및 보상에 관한 법률 시행규칙」 제61조(소수잔존자에 대한 보상)

② (×) 헌법재판소는 이주대책을 생활보상의 일환으로 보았으나, 이는 정당한 보상에 해당하지 않는 정책적 배려로 보았다.

> 이주대책은 헌법 제23조 제3항에 규정된 정당한 보상에 포함되는 것이라기보다는 이에 부가하여 이주자들에게 종전의 생활상태를 회복시키기 위한 생활보상의 일환으로서 국가의 정책적 배려에 의하여 마련된 제도라고 볼 것이다. 따라서 이주대책의 실시 여부는 입법자의 입법정책적 재량의 영역에 속하므로 「공익사업을 위한 토지 등의 취득 및 보상에 관한 법률 시행령」 제40조 제3항 제3호가 이주대책의 대상자에서 세입자를 제외하고 있는 것이 세입자의 재산권을 침해하는 것이라 볼 수 없다(헌재 2006.2.23., 2004헌마19).

③ (○) 이주대책 등에 대한 입법은 입법자의 정책적 배려에 해당하지만 사업시행자는 이를 배제할 수 없는 강행규정이다.

> 이주대책은 공익사업의 시행에 필요한 토지 등을 제공함으로 인하여 생활의 근거를 상실하게 되는 이주대책대상자들에게 종전 생활상태를 원상으로 회복시키면서 동시에 인간다운 생활을 보장하여 주기 위하여 마련된 제도이므로, 사업시행자의 이주대책 수립·실시의무를 정하고 있는 구 공익사업법 제78조 제1항은 물론 이주대책의 내용에 관하여 규정하고 있는 같은 조 제4항 본문 역시 당사자의 합의 또는 사업시행자의 재량에 의하여 적용을 배제할 수 없는 강행법규이다(대판 2011.6.23., 2007다63089 전합).

정답 | ②

793 〈필수〉

「공익사업을 위한 토지 등의 취득 및 보상에 관한 법률」상 손실보상에 대한 설명으로 옳지 않은 것은? (다툼이 있는 경우 판례에 의함)

① 잔여지 수용청구권은 그 요건을 구비한 때에는 잔여지를 수용하는 토지수용위원회의 재결이 없더라도 그 청구에 의하여 수용의 효과가 발생하는 형성권적 성질을 가진다.
② 공익사업에 영업시설 일부가 편입됨으로 인하여 잔여 영업시설에 손실을 입은 자는 재결절차를 거치지 않은 채 곧바로 사업시행자를 상대로 잔여 영업시설의 손실에 대한 보상을 청구할 수 있다.
③ 국가 등의 공적 기관이 직접 수용의 주체가 되는 것이든 그러한 공적 기관의 최종적인 허부판단과 승인결정하에 민간기업이 수용의 주체가 되는 것이든, 양자 사이에 공공필요에 대한 판단과 수용의 범위에 있어서 본질적인 차이가 있는 것은 아니다.
④ 손실보상금 산정을 위한 감정평가 중 어느 한 가지 점이라도 위법사유가 있으면 그것으로써 감정평가결과는 위법하게 되나, 법원은 그 감정내용 중 위법하지 않은 부분을 추출하여 판결에서 참작할 수 있다.

기출처: 2020 국가직 7급
난이도: ★★★
키워드: 손실보상

관련기출 옳은지문
- 우리 「헌법」상 수용의 주체를 국가로 한정하고 있지 않으므로 민간기업도 수용의 주체가 될 수 있다. 19서울시9급

해설

② 빈출 (×) 잔여 영업시설의 손실보상은 「공익사업을 위한 토지 등의 취득 및 보상에 관한 법률」상 재결절차를 거친 후 청구하여야 하며 재결절차 없이 곧바로 사업시행자를 상대로 보상을 청구할 수는 없다.

> 구 「공익사업을 위한 토지 등의 취득 및 보상에 관한 법률」(이하 '토지보상법'이라 한다) 제26조, 제28조, 제30조, 제34조, 제50조, 제61조, 제83조 내지 제85조의 규정 내용과 입법 취지 등을 종합하면, 공익사업에 영업시설 일부가 편입됨으로 인하여 잔여 영업시설에 손실을 입은 자가 사업시행자로부터 구 「공익사업을 위한 토지 등의 취득 및 보상에 관한 법률 시행규칙」 제47조 제3항에 따라 잔여 영업시설의 손실에 대한 보상을 받기 위해서는, 토지보상법 제34조, 제50조 등에 규정된 재결절차를 거친 다음 그 재결에 대하여 불복이 있는 때에 비로소 토지보상법 제83조 내지 제85조에 따라 권리구제를 받을 수 있을 뿐이다. 이러한 재결절차를 거치지 않은 채 곧바로 사업시행자를 상대로 손실보상을 청구하는 것은 허용되지 않는다(대판 2018.7.20., 2015두4044).

정답 | ②

794

「공익사업을 위한 토지 등의 취득 및 보상에 관한 법률」과 관련된 내용으로 옳지 않은 것은? (다툼이 있는 경우에는 판례에 의함)

① 재결신청의 청구에도 사업시행자가 재결신청을 하지 않는 경우에 토지소유자의 적정한 구제방법은 보상금증감청구소송이다.
② 「국토의 계획 및 이용에 관한 법률」 제130조 제3항에서 정한 토지소유자 등이 사업시행자의 일시 사용에 대하여 정당한 사유 없이 동의를 거부하는 경우, 사업시행자가 토지소유자 등을 상대로 동의의 의사표시를 구하는 당사자소송이 허용되고 '임시의 지위를 정하기 위한 가처분'을 신청할 수 있다.
③ 구 「하천법」에 의한 하천수 사용권은 「공익사업을 위한 토지 등의 취득 및 보상에 관한 법률」이 손실보상의 대상으로 규정하고 있는 '물의 사용에 관한 권리'에 해당한다.
④ 구 「공익사업을 위한 토지 등의 취득 및 보상에 관한 법률」 제74조 제1항의 잔여지 수용청구권 행사기간의 법적 성질은 제척기간이고, 잔여지 수용청구 의사표시의 상대방은 관할 토지수용위원회가 된다.

794	
기출처	예상문제
난이도	★★
키워드	손실보상

관련기출 옳은지문

• 「하천법」 제50조에 따른 하천수 사용권은 「공익사업을 위한 토지 등의 취득 및 보상에 관한 법률」이 손실보상의 대상으로 규정하고 있는 '물의 사용에 관한 권리'에 해당한다.

21 국가직 7급

해설

① (×) 토지소유자나 관계인의 재결신청 청구에도 사업시행자가 재결신청을 하지 않을 때 토지소유자나 관계인은 사업시행자를 상대로 거부처분 취소소송 또는 부작위 위법확인소송의 방법으로 다투어야 한다. 구체적인 사안에서 토지소유자나 관계인의 재결신청 청구가 적법하여 사업시행자가 재결신청을 할 의무가 있는지는 본안에서 사업시행자의 거부처분이나 부작위가 적법한가를 판단하는 단계에서 고려할 요소이지, 소송요건 심사 단계에서 고려할 요소가 아니다(대판 2019.8.29., 2018두57865).
② (○) 「국토의 계획 및 이용에 관한 법률」 제130조 제3항에서 정한 토지소유자 등이 사업시행자의 일시 사용에 대하여 정당한 사유 없이 동의를 거부하는 경우, 사업시행자가 토지소유자 등을 상대로 동의의 의사표시를 구하는 당사자소송이 허용되고 현저한 손해를 피하기 위해 필요한 경우, 사업시행자가 「행정소송법」 제8조 제2항, 「민사집행법」 제300조 제2항에 따라 '임시의 지위를 정하기 위한 가처분'을 신청할 수 있다(대판 2019.9.9., 2016다262550).
③ (○) 물을 사용하여 사업을 영위하는 지위가 독립하여 재산권, 즉 처분권을 내포하는 재산적 가치 있는 구체적인 권리로 평가될 수 있는 경우에는 댐건설법 제11조 제1항·제3항 및 토지보상법 제76조 제1항에 따라 손실보상의 대상이 되는 '물의 사용에 관한 권리'에 해당한다고 볼 수 있다(대판 2018.12.27., 2014두11601).
④ (○) 잔여지 수용청구는 사업시행자와 사이에 매수에 관한 협의가 성립되지 아니한 경우 일단의 토지의 일부에 대한 관할 토지수용위원회의 수용재결이 있기 전까지 관할 토지수용위원회에 하여야 하고, 잔여지 수용청구권의 행사기간은 제척기간으로서, 토지소유자가 그 행사기간 내에 잔여지 수용청구권을 행사하지 아니하면 그 권리가 소멸한다. 또한 위 조항의 문언 내용 등에 비추어 볼 때, 잔여지 수용청구의 의사표시는 관할 토지수용위원회에 하여야 하는 것이다(대판 2010.8.19., 2008두822).

정답 | ①

795 〈필수〉

「공익사업을 위한 토지 등의 취득 및 보상에 관한 법률」(이하 '토지보상법'이라 함)에 대한 설명으로 옳지 <u>않은</u> 것은? (다툼이 있는 경우 판례에 의함)

① 토지소유자와 사업시행자 간에 손실보상금에 관한 합의가 성립하면, 그 합의내용은 구속력이 있어 토지보상법에서 정하는 손실보상 기준에 맞지 않는다고 하더라도 합의가 적법하게 취소되는 등의 특별한 사정이 없는 한 추가로 토지보상법상 기준에 따른 손실보상금 청구를 할 수 없다.

② 사업시행자가 사업인정을 받은 후 그 사업이 공용수용을 할 만한 공익성을 상실하거나 또는 사업시행자가 해당 공익사업을 수행할 의사나 능력을 상실한 경우에도 사업시행자는 사업인정이 당연무효가 아닌 한 그에 터 잡아 수용권을 행사할 수 있다.

③ 「공익사업을 위한 토지 등의 취득 및 보상에 관한 법률」상 토지수용위원회의 수용재결이 있은 후에도 토지소유자 등과 사업시행자가 다시 협의하여 토지 등의 취득이나 사용 및 그에 대한 보상에 관하여 임의로 계약을 체결할 수 있다.

④ 「국토의 계획 및 이용에 관한 법률」상 도시·군계획시설사업의 사업시행자가 사업구역에 인접한 특정 토지를 재료적치장 또는 임시통로 용도로 한시적으로 이용할 필요가 있어 토지소유자 등에게 해당 토지의 '일시 사용'에 관한 동의를 구하는 경우, 토지소유자 등이 이를 수인하고 동의할 의무가 있다.

해설

② (×) 공용수용은 헌법상의 재산권 보장의 요청상 불가피한 최소한에 그쳐야 한다는 헌법 제23조의 근본취지에 비추어 볼 때, 사업시행자가 사업인정을 받은 후 그 사업이 공용수용을 할 만한 공익성을 상실하거나 사업인정에 관련된 자들의 이익이 현저히 비례의 원칙에 어긋나게 된 경우 또는 <u>사업시행자가 해당 공익사업을 수행할 의사나 능력을 상실하였음에도 여전히 그 사업인정에 기하여 수용권을 행사하는 것은 수용권의 공익 목적에 반하는 수용권의 남용에 해당하여 허용되지 않는다</u>(대판 2011.1.27., 2009두1051).

④ (○) 사업시행자의 토지 일시 사용요구에 대해 토지소유자가 동의하지 않는 경우(동의를 하여야 할 의무가 있음)에 사업시행자는 토지소유자를 상대로 당사자소송을 청구할 수 있다.

> 국토계획법 제130조의 체계와 내용, 입법 목적과 함께 공익사업의 성격을 종합하면, 도시·군계획시설사업의 <u>사업시행자가 사업구역에 인접한 특정 토지를 재료적치장 또는 임시통로 용도로 한시적으로 이용할 필요가 있는 경우, 사업시행자는 위 규정에 따라 해당 토지소유자 등의 동의를 받아야 하고, 토지소유자 등은 이를 거부할 정당한 사유가 없는 한 사업시행자의 '일시 사용'을 수인하고 동의할 의무가 있다.</u> 한편 국토계획법 제96조에 따라 「공익사업을 위한 토지 등의 취득 및 보상에 관한 법률」 제62조가 준용되는 수용·사용의 경우와 달리, 국토계획법 제130조에 따른 일시 사용의 경우에는 사전보상원칙이 적용되지 않는다고 보아야 하므로, 그 손실보상금에 관한 다툼이 있다는 사정은 토지소유자 등이 일시 사용에 대한 동의를 거부할 정당한 사유가 될 수 없다(대판 2019.9.9., 2016다262550).

정답 | ②

관련기출 옳은지문

- 손실보상금에 관한 당사자 간의 합의가 성립하면, 그 합의내용이 토지보상법에서 정하는 손실보상 기준에 맞지 않는다고 하더라도 합의가 적법하게 취소되는 등의 특별한 사정이 없는 한 추가로 토지보상법상 기준에 따른 손실보상금 청구를 할 수 없다. 18국가직7급

- 토지수용위원회의 수용재결이 있은 후에도 토지소유자 등과 사업시행자는 다시 협의하여 토지 등의 취득이나 사용 및 그에 대한 보상에 관하여 임의로 계약을 체결할 수 있다. 23국가직7급

796 〈필수〉

손실보상에 대한 설명으로 옳은 것은? (다툼이 있는 경우 판례에 의함)

① 「공익사업을 위한 토지 등의 취득 및 보상에 관한 법률」상 사업시행자와 토지소유자 사이의 협의취득에 대한 분쟁은 민사소송으로 다투어야 한다.
② 「공익사업을 위한 토지 등의 취득 및 보상에 관한 법률」에 따라 사업인정고시가 된 후 토지의 사용으로 인하여 토지의 형질이 변경되는 경우에 토지소유자는 중앙토지수용위원회에 그 토지의 매수청구권을 행사할 수 있다.
③ 헌법재판소는 「개발제한구역의 지정 및 관리에 관한 특별조치법」 제11조 제1항 등에 대한 위헌소원사건에서 토지의 효용이 감소한 토지소유자에게 토지매수청구권을 인정하는 등 보상규정을 두었지만 적절한 손실보상에 해당하지 않는다고 위헌결정을 하였다.
④ 사업시행자는 동일한 사업지역에 보상시기를 달리하는 동일인 소유의 토지 등이 여러 개가 있는 경우 토지 등의 소유자가 일괄보상을 요구하더라도 「공익사업을 위한 토지 등의 취득 및 보상에 관한 법률」에 따라 단계적으로 보상금을 지급하여야 한다.

796
- 기출처: 2023 국가직 9급
- 난이도: ★★
- 키워드: 손실보상

관련기출 옳은지문
- 「공익사업을 위한 토지 등의 취득 및 보상에 관한 법률」에 의한 보상합의는 공공기관이 사경제주체로서 행하는 사법상 계약의 실질을 가진다.
  24 국회직9급

해설

① (○) 「공익사업을 위한 토지 등의 취득 및 보상에 관한 법률」에 의한 협의취득은 사법상 매매계약에 해당한다.
② (×) 「공익사업을 위한 토지 등의 취득 및 보상에 관한 법률」 제72조

> 「공익사업을 위한 토지 등의 취득 및 보상에 관한 법률」 제72조 【사용하는 토지의 매수청구 등】 사업인정고시가 된 후 다음 각 호의 어느 하나에 해당할 때에는 해당 토지소유자는 사업시행자에게 해당 토지의 매수를 청구하거나 관할 토지수용위원회에 그 토지의 수용을 청구할 수 있다. 이 경우 관계인은 사업시행자나 관할 토지수용위원회에 그 권리의 존속(存續)을 청구할 수 있다.
> 1. 토지를 사용하는 기간이 3년 이상인 경우
> 2. 토지의 사용으로 인하여 토지의 형질이 변경되는 경우
> 3. 사용하려는 토지에 그 토지소유자의 건축물이 있는 경우

③ (×) 개발제한구역의 지정으로 그 효용이 현저히 감소한 토지 또는 당해 토지의 사용 및 수익이 사실상 불가능한 토지의 소유자에게 토지매수청구권을 인정하고 있는 점 등을 종합할 때, 이 사건 법률조항은 비례의 원칙에 위반하여 당해 토지소유자의 재산권을 침해하지 않는다. 또한 개발제한구역의 지정, 개발제한구역 내에서의 재산권의 제한 및 주민지원사업, 토지매수청구제도 등 특별조치법의 입법 목적에 따른 개발제한구역의 지정·관리제도의 내용, 부담금제도의 현실적 필요성과 실질적 효과 및 부담금의 산정과 감면내용 등에 비추어 볼 때, 심판대상조항은 재산권, 거주이전의 자유 등 청구인의 기본권을 침해한다고 할 수 없다(헌재 2007.8.30., 2006헌바9).
④ (×) 토지소유자나 관계인이 요구할 때에는 한꺼번에 보상금을 지급하도록 하여야 한다(「공익사업을 위한 토지 등의 취득 및 보상에 관한 법률」 제65조).

정답 | ①

797

손실보상에 대한 설명으로 옳은 것은? (다툼이 있는 경우 판례에 의함)

> ㄱ. 「건축법」상 건축허가를 받았다면 허가받은 건축행위에 착수하지 않고 있는 사이에 구 「공익사업을 위한 토지 등의 취득 및 보상에 관한 법률」상 사업인정고시가 된 경우에 고시된 토지에 건축물을 건축하려는 경우 구 「공익사업을 위한 토지 등의 취득 및 보상에 관한 법률」에 정한 허가를 따로 받을 필요는 없다.
> ㄴ. 공익사업으로 인하여 농업의 손실을 입게 된 자가 사업시행자로부터 농업손실에 대한 보상을 받기 위해서는 재결절차를 거친 다음 그 재결에 대하여 불복이 있는 때에 비로소 구 「공익사업을 위한 토지 등의 취득 및 보상에 관한 법률」에 따라 권리구제를 받을 수 있다.
> ㄷ. 구 「하천법」의 시행으로 국유로 된 제외지 안의 토지에 대하여는 관리청이 그 손실을 보상하도록 규정하고 있는 동법 부칙에 의한 손실보상청구권은 공법상 권리이다.
> ㄹ. 사업시행자는 동일한 소유자에게 속하는 일단(一團)의 토지의 일부를 취득하거나 사용하는 경우 해당 공익사업의 시행으로 인하여 잔여지(殘餘地)의 가격이 증가하거나 그 밖의 이익이 발생한 경우에 그 이익을 그 취득 또는 사용으로 인한 손실과 상계(相計)할 수 있다.

① ㄱ, ㄴ
② ㄴ, ㄷ
③ ㄷ, ㄹ
④ ㄱ, ㄹ

해설

ㄱ. (×) 건축허가를 받았으나 건축을 하지 않은 상태에서 사업인정고시가 있게 되면 토지보상법상의 허가를 다시 받아야 한다.

> 「건축법」상 건축허가를 받았더라도 허가받은 건축행위에 착수하지 아니하고 있는 사이에 토지보상법상 사업인정고시가 된 경우 고시된 토지에 건축물을 건축하려는 자는 토지보상법 제25조에 정한 허가를 따로 받아야 하고, 그 허가 없이 건축된 건축물에 관하여는 토지보상법상 손실보상을 청구할 수 없다고 할 것이다(대판 2014.11.13., 2013두19738).

ㄴ. (○) 공익사업으로 인하여 농업의 손실을 입게 된 자가 사업시행자로부터 구 공익사업법 제77조 제2항에 따라 농업손실에 대한 보상을 받기 위해서는 구 공익사업법 제34조, 제50조 등에 규정된 재결절차를 거친 다음 그 재결에 대하여 불복이 있는 때에 비로소 구 공익사업법 제83조 내지 제85조에 따라 권리구제를 받을 수 있다(대판 2011.10.13., 2009다43461).

ㄷ. **빈출** (○) 「하천법」부칙의 규정에 의한 보상청구권의 소멸시효가 만료된 「하천구역 편입토지 보상에 관한 특별조치법」제2조, 제6조의 각 규정들을 종합하면, 위 규정들에 의한 손실보상금의 지급을 구하거나 손실보상청구권의 확인을 구하는 소송은 「행정소송법」제3조 제2호 소정의 당사자소송에 의하여야 한다(대판 2006.5.18., 2004다6207).

ㄹ. (×) 그 이익을 취득 또는 사용으로 인한 손실과 상계할 수 없다(「공익사업을 위한 토지 등의 취득 및 보상에 관한 법률」제66조).

정답 | ②

798 필수

손실보상에 관한 판례의 입장으로 옳은 것은?

① 주거환경개선지구 내 주거용 건축물의 소유자로서 주거환경개선사업으로 건설되는 주택에 관한 분양계약을 체결한 자들은 구 「공익사업을 위한 토지 등의 취득 및 보상에 관한 법률」 제78조 제1항에서 정한 '이주대책대상자'에 해당한다.
② 이주대책의 실시 여부는 입법자의 입법정책적 재량의 영역에 속한다고 해도 구 「공익사업을 위한 토지 등의 취득 및 보상에 관한 법률 시행령」 제40조 제3항 제3호가 이주대책의 대상자에서 세입자를 제외하고 있는 것은 세입자의 재산권을 침해하는 것이다.
③ 공공사업의 시행으로 손해를 입었다고 주장하는 자가 보상받을 권리를 가졌는지 판단하는 기준 시점은 공공사업 시행 당시를 기준으로 한다.
④ 사업으로 인하여 영향을 받는 사업이 사업지구에 포함되지 않는 사업시행지구 밖에 위치한 영업이라면 일정한 조건하에서 이를 보상하도록 규정하고 있는 특별한 사정이 없는 한 공공사업의 시행으로 인하여 그러한 손실이 발생하리라는 것을 쉽게 예견할 수 있고 그 손실의 범위도 구체적으로 이를 특정할 수 있는 경우에도 보상책임이 발생하지 않는다.

해설

① (×) 주거개선사업으로 주택을 분양받은 자는 이주대책대상자가 될 수 없다.

> 여러 사정을 비롯한 관계 법령의 내용, 형식 및 취지 등을 종합하여 보면, 주거환경개선지구 내 주거용 건축물의 소유자로서 위 사업으로 인하여 건설되는 주택에 관한 분양계약을 체결한 자들은 구 공익사업법 제78조 제1항에 규정된 이주대책대상자, 즉 공익사업의 시행으로 인하여 주거용 건축물을 제공함에 따라 생활의 근거를 상실하게 되는 자에 해당하지 않는다고 봄이 타당하다(대판 2011.11.24., 2010다80749).

② (×) 이주대책의 실시 여부는 입법자의 입법정책적 재량의 영역에 속하므로 구 「공익사업을 위한 토지 등의 취득 및 보상에 관한 법률 시행령」 제40조 제3항 제3호가 이주대책의 대상자에서 세입자를 제외하고 있는 것이 세입자의 재산권을 침해하는 것이라 볼 수 없다(헌재 2006.2.23., 2004헌마19).
③ (○) 공공사업의 시행으로 손해를 입었다고 주장하는 자가 보상받을 권리를 가졌는지 판단하는 기준 시점은 공공사업 시행 당시를 기준으로 한다(대판 2013.6.14., 2010다9658).
④ (×) 공공사업시행지구 밖에 위치한 영업과 공작물 등에 대한 간접손실에 대하여도 일정한 조건하에서 이를 보상하도록 규정하고 있는 점에 비추어, 공공사업의 시행으로 인하여 그러한 손실이 발생하리라는 것을 쉽게 예견할 수 있고 그 손실의 범위도 구체적으로 이를 특정할 수 있는 경우라면 그 손실의 보상에 관하여 「공공용지의 취득 및 손실보상에 관한 특례법 시행규칙」의 관련 규정 등을 유추적용할 수 있다고 해석함이 상당하다(대판 1999.10.8., 99다27231).

정답 | ③

798
- 기출처: 예상문제
- 난이도: ★★★
- 키워드: 손실보상

관련기출 옳은지문
- 공공사업시행지구 밖에서 발생한 간접손실에 관하여 그 피해자와 사업시행자 사이에 협의가 이루어지지 아니하고, 그 보상에 관한 명문의 근거 법령이 없는 경우라고 하더라도 공공사업의 시행으로 인하여 그러한 손실이 발생하리라는 것을 쉽게 예견할 수 있고, 그 손실의 범위도 구체적으로 특정할 수 있다면 그 손실보상에 관하여 관련 규정 등을 유추적용할 수 있다.

22소방직

799

「공익사업을 위한 토지 등의 취득 및 보상에 관한 법률」상 이주대책에 대한 설명으로 옳지 않은 것은? (다툼이 있는 경우 판례에 의함)

① 이주대책은 생활보상의 일환으로 국가의 적극적이고 정책적인 배려에 의하여 마련된 제도이다.
② 이주대책의 수립의무자는 사업시행자이며, 법령에서 정한 일정한 경우 이주대책을 수립할 의무가 있다.
③ 사업시행자는 이주대책을 수립하려면 미리 관할 지방자치단체의 장과 협의하여야 한다.
④ 도시개발사업의 사업시행자가 이주대책기준을 정하여 이주대책대상자 가운데 이주대책을 수립·실시하여야 할 자를 선정하여 그들에게 공급할 택지 등을 정할 때는 재량권을 갖는다.
⑤ 주거용 건물의 거주자에 대하여는 주거 이전에 필요한 비용 외에 가재도구 등 동산의 운반에 필요한 비용은 보상하지 않아도 된다.

해설

⑤ (×) 가재도구 등 동산의 운반에 필요한 비용을 산정하여 보상하여야 한다.

> 「공익사업을 위한 토지 등의 취득 및 보상에 관한 법률」 제78조 【이주대책의 수립 등】 ⑥ 주거용 건물의 거주자에 대하여는 주거 이전에 필요한 비용과 가재도구 등 동산의 운반에 필요한 비용을 산정하여 보상하여야 한다.

정답 | ⑤

800

「공익사업을 위한 토지 등의 취득 및 보상에 관한 법률」에 대한 설명으로 옳지 않은 것은?

① 구 「하천법」에 의한 하천수 사용권은 「공익사업을 위한 토지 등의 취득 및 보상에 관한 법률」이 손실보상의 대상으로 규정하고 있는 '물의 사용에 관한 권리'에 해당한다.
② 토지수용위원회의 재결에 대한 토지소유자의 행정소송 제기는 사업의 진행 및 토지의 수용 또는 사용을 정지시키지 아니한다.
③ 사업인정은 공익사업의 시행자에게 그 후 일정한 절차를 거칠 것을 조건으로 일정한 내용의 수용권을 설정하여 주는 형성행위이다.
④ 어떤 보상항목이 공익사업을 위한 토지 등의 취득 및 보상에 관한 법령상 손실보상대상에 해당함에도 관할 토지수용위원회가 사실을 오인하거나 법리를 오해함으로써 손실보상대상에 해당하지 않는다고 잘못된 내용의 재결을 한 경우에는, 피보상자는 관할 토지수용위원회를 상대로 재결취소소송을 제기하여야 한다.

800	
기출처	2023 지방직 9급
난이도	★★
키워드	손실보상

해설

① (○) 물을 사용하여 사업을 영위하는 지위가 독립하여 재산권, 즉 처분권을 내포하는 재산적 가치 있는 구체적인 권리로 평가될 수 있는 경우에는 「댐건설법」 제11조 제1항·제3항 및 토지보상법 제76조 제1항에 따라 손실보상의 대상이 되는 '물의 사용에 관한 권리'에 해당한다고 볼 수 있다(대판 2018.12.27., 2014두11601).
② (○) 「공익사업을 위한 토지 등의 취득 및 보상에 관한 법률」 제88조
③ (○) 사업인정이란 공익사업을 토지 등을 수용 또는 사용할 사업으로 결정하는 것으로서 공익사업의 시행자에게 그 후 일정한 절차를 거칠 것을 조건으로 일정한 내용의 수용권을 설정하여 주는 형성행위이므로, 사업시행자에게 해당 공익사업을 수행할 의사와 능력이 있어야 한다는 것도 사업인정의 한 요건이라고 보아야 한다(대판 2011.1.27., 2009두1051).
④ 빈출 (×) 어떤 보상항목이 공익사업을 위한 토지 등의 취득 및 보상에 관한 법령상 손실보상대상에 해당함에도 관할 토지수용위원회가 사실을 오인하거나 법리를 오해함으로써 손실보상대상에 해당하지 않는다고 잘못된 내용의 재결을 한 경우에는, 피보상자는 관할 토지수용위원회를 상대로 그 재결에 대한 취소소송을 제기할 것이 아니라, 사업시행자를 상대로 구 「공익사업을 위한 토지 등의 취득 및 보상에 관한 법률」에 따른 보상금증감소송을 제기하여야 한다(대판 2018.7.20., 2015두4044).

정답 | ④

801

행정상 손실보상에 대한 내용으로 옳지 않은 것은? (다툼이 있는 경우 판례에 의함)

① 사업인정처분이 당연무효이면 그것이 유효함을 전제로 이루어진 수용재결도 무효라고 보아야 한다.
②「공익사업을 위한 토지 등의 취득 및 보상에 관한 법률」상 피보상자가 수용 대상 물건 중 일부에 대하여만 불복의 사유를 주장하여 행정소송을 제기할 수 있고 행정소송의 대상이 된 물건 중 일부 항목에 관한 보상액이 과소하고 다른 항목의 보상액은 과다한 경우, 그 항목 상호간의 유용을 허용하여 과다부분과 과소부분을 합산하여 결정한다.
③ 수용재결에 불복하여 취소소송을 제기하는 때에는 이의신청을 거친 경우에는 이의재결을 한 중앙토지수용위원회 또는 지방토지수용위원회를 피고로 하여 이의재결의 취소를 구하여야 한다.
④ 토지수용위원회는 사업인정이 취소되지 아니한 사업의 시행을 불가능하게 하는 내용의 재결을 행할 수 없다.

해설

③ (×)「공익사업을 위한 토지 등의 취득 및 보상에 관한 법률」제85조 제1항 전문의 문언 내용과 같은 법 제83조, 제85조가 중앙토지수용위원회에 대한 이의신청을 임의적 절차로 규정하고 있는 점,「행정소송법」제19조 단서가 행정심판에 대한 재결은 재결 자체에 고유한 위법이 있음을 이유로 하는 경우에 한하여 취소소송의 대상으로 삼을 수 있도록 규정하고 있는 점 등을 종합하여 보면, <u>수용재결에 불복하여 취소소송을 제기하는 때에는 이의신청을 거친 경우에도 수용재결을 한 중앙토지수용위원회 또는 지방토지수용위원회를 피고로 하여 수용재결의 취소를 구하여야 하고, 다만 이의신청에 대한 재결 자체에 고유한 위법이 있음을 이유로 하는 경우에는 그 이의재결을 한 중앙토지수용위원회를 피고로 하여 이의재결의 취소를 구할 수 있다고 보아야 한다</u>(대판 2010.1.28., 2008두1504).

④ (○) 사업인정은 행정행위로서 공정력(구성요건적 효력)을 가진다. 토지수용위원회는 사업인정에 하자가 있어도 이의 효력을 부정할 수 없어 인정된 사업을 불가능하게 하는 재결을 할 수 없다.

> 구 토지수용법(2002.2.4. 법률 제6656호「공익사업을 위한 토지 등의 취득 및 보상에 관한 법률 부칙」제2조로 폐지)은 수용·사용의 일차 단계인 사업인정에 속하는 부분은 사업의 공익성 판단으로 사업인정기관에 일임하고 그 이후의 구체적인 수용·사용의 결정은 토지수용위원회에 맡기고 있는바, 이와 같은 토지수용절차의 2분화 및 사업인정의 성격과 토지수용위원회의 재결사항을 열거하고 있는 같은 법 제29조 제2항의 규정 내용에 비추어 볼 때, <u>토지수용위원회는 행정쟁송에 의하여 사업인정이 취소되지 않는 한 그 기능상 사업인정 자체를 무의미하게 하는, 즉 사업의 시행이 불가능하게 되는 것과 같은 재결을 행할 수는 없다</u>(대판 2007.1.11., 2004두8538).

정답 | ③

802
행정상 손실보상제도에 대한 설명으로 옳지 않은 것은?

① 「공익사업을 위한 토지 등의 취득 및 보상에 관한 법률」상 토지소유자가 행정소송으로 손실보상금의 증액을 구하는 경우에는 관할 토지수용위원회를 피고로 하여 보상금증액청구의 소를 제기하여야 한다.
② 손실보상은 공공필요에 의한 행정작용에 의하여 사인에게 발생한 특별한 희생에 대한 전보라는 점에서 그 사인에게 특별한 희생이 발생하여야 하는 것은 당연히 요구되는 것이고, 공유수면매립면허의 고시가 있다고 하여 반드시 간척사업이 시행되고 그로 인하여 손실이 발생한다고 할 수 없다.
③ 「산업입지 및 개발에 관한 법률」상 민간기업에게 산업단지개발사업에 필요한 토지 등을 수용할 수 있도록 규정한 조항은 헌법 제23조 제3항의 '공공필요'에 위반되지 않는다.
④ 「공익사업을 위한 토지 등의 취득 및 보상에 관한 법률」상 적법하게 시행된 공익사업으로 인하여 이주하게 된 주거용 건축물 세입자의 주거이전비 보상청구권은 공법상의 권리이고, 주거이전비 보상청구소송은 공법상의 법률관계를 대상으로 하는 행정소송에 의하여야 한다.

802		1 2 3
기출처	2025년 지방직 9급	
난이도	★★	
키워드	손실보상	

해설

① (×) 보상금증액을 위한 소송에서 피고는 토지수용위원회가 아니라 사업시행자가 된다.

> 「공익사업을 위한 토지 등의 취득 및 보상에 관한 법률」 제85조 【행정소송의 제기】 ② 제1항에 따라 제기하려는 행정소송이 보상금의 증감(增減)에 관한 소송인 경우 그 소송을 제기하는 자가 토지소유자 또는 관계인일 때에는 사업시행자를, 사업시행자일 때에는 토지소유자 또는 관계인을 각각 피고로 한다.

② (○) 손실보상은 공공필요에 의한 행정작용에 의하여 사인에게 발생한 특별한 희생에 대한 전보라는 점에서 그 사인에게 특별한 희생이 발생하여야 하는 것은 당연히 요구되는 것이고, 공유수면매립면허의 고시가 있다고 하여 반드시 그 사업이 시행되고 그로 인하여 손실이 발생한다고 할 수 없으므로, 매립면허 고시 이후 매립공사가 실행되어 관행어업권자에게 실질적이고 현실적인 피해가 발생한 경우에만 「공유수면매립법」에서 정하는 손실보상청구권이 발생하였다고 할 것이다(대판 2010.12.9., 2007두6571).

③ (○) 헌재 2009.9.24., 2007헌바114
④ (○) 대판 2008.5.29., 2007다8129

정답 | ①

803

행정상 손실보상제도에 관한 설명으로 옳지 않은 것은? (다툼이 있는 경우 판례에 의함)

① 구 「소하천정비법」에 따라 소하천구역으로 편입된 토지의 소유자가 사용·수익에 대한 권리행사에 제한을 받아 손해를 입고 있는 경우, 손실보상을 청구할 수 있을 뿐만 아니라, 관리청의 제방부지에 대한 점유를 권원 없는 점유와 같이 보아 관리청을 상대로 손해배상이나 부당이득의 반환을 청구할 수 있다.

② 구 「전염병예방법」에 의한 피해보상제도가 수익적 행정처분의 형식을 취하고는 있지만, 구 「전염병예방법」의 취지와 입법 경위 등을 고려하면 그 실질은 피해자의 특별한 희생에 대한 보상에 가까우므로 그 인정 여부는 객관적으로 합리적인 재량권의 범위 내에서 타당하게 결정하여야 한다.

③ 제방부지 및 제외지가 유수지와 더불어 하천구역이 되어 국유로 되는 이상 그로 인하여 소유자가 입은 손실은 특별한 희생에 해당하고, 보상방법을 유수지에 대한 것과 달리할 아무런 합리적인 이유가 없으므로 소유자에게 손실을 보상하여야 한다.

④ 「국토의 계획 및 이용에 관한 법률」에서 규정하는 도시계획시설사업은 도로·철도·항만·공항·주차장 등 교통시설, 수도·전기·가스공급설비 등 공급시설과 같은 도시계획시설을 설치·정비 또는 개량하여 공공복리를 증진시키고 국민의 삶의 질을 향상시키는 것을 목적으로 하고 있으므로, 그 자체로 공공필요성의 요건이 충족된다.

해설

① (×) 토지가 구 「소하천정비법」(2016.1.27. 법률 제13919호로 개정되기 전의 것, 이하 같다)에 의하여 소하천구역으로 적법하게 편입된 경우 그로 인하여 그 토지의 소유자가 사용·수익에 관한 권리행사에 제한을 받아 손해를 입고 있다고 하더라도 구 「소하천정비법」 제24조에서 정한 절차에 따라 손실보상을 청구할 수 있음은 별론으로 하고, 관리청의 제방 부지에 대한 점유를 권원 없는 점유와 같이 보아 손해배상이나 부당이득의 반환을 청구할 수 없다(대판 2021.12.30., 2018다284608).

② (○) 대판 2014.5.16., 2014두274

③ (○) 대판 1995.11.24., 94다34630

④ (○) 대판 2014.7.24., 2013헌바294

정답 | ①

804
행정상 손실보상에 대한 설명으로 옳지 않은 것은? (다툼이 있는 경우 판례에 의함)

① 잔여지 수용청구를 받아들이지 않은 토지수용위원회의 재결에 대하여 토지소유자가 불복하여 제기하는 소송은 보상금의 증액에 관한 소송에 해당하여 사업시행자를 피고로 하여야 한다.
② 수용재결에 불복하여 취소소송을 제기하는 때에는 이의신청을 거친 경우에도 수용재결을 한 중앙토지수용위원회 또는 지방토지수용위원회를 피고로 하여 수용재결의 취소를 구하여야 한다.
③ 「공익사업을 위한 토지 등의 취득 및 보상에 관한 법률」에 의한 보상금증감에 관한 소송은 수용재결서를 받은 날부터 90일 이내에, 이의신청을 거쳤을 때에는 이의신청에 대한 재결서를 받은 날부터 60일 이내에 각각 행정소송을 제기할 수 있다.
④ 「공익사업을 위한 토지 등의 취득 및 보상에 관한 법률」에 의한 사업인정의 고시절차를 누락한 것을 이유로 수용재결처분의 취소를 구할 수 있다.

804
기출처	2023 군무원 9급
난이도	★★
키워드	손실보상

관련기출 옳은지문
- 사업시행자, 토지소유자 또는 관계인은 「공익사업을 위한 토지 등의 취득 및 보상에 관한 법률」 제34조에 따른 재결에 불복할 때에는 재결서를 받은 날부터 90일 이내에, 이의신청을 거쳤을 때에는 이의신청에 대한 재결서를 받은 날부터 60일 이내에 각각 행정소송을 제기할 수 있다. 23국회직9급

해설

① **빈출** (○) 잔여지 수용청구권은 손실보상의 일환으로 토지소유자에게 부여되는 권리로서 그 요건을 구비한 때에는 잔여지를 수용하는 토지수용위원회의 재결이 없더라도 그 청구에 의하여 수용의 효과가 발생하는 형성권적 성질을 가지므로, 잔여지 수용청구를 받아들이지 않은 토지수용위원회의 재결에 대하여 토지소유자가 불복하여 제기하는 소송은 위 법 제85조 제2항에 규정되어 있는 '보상금의 증감에 관한 소송'에 해당하여 사업시행자를 피고로 하여야 한다(대판 2010.8.19., 2008두822).
② (○) 수용재결에 불복하여 취소소송을 제기하는 때에는 이의신청을 거친 경우에도 수용재결을 한 중앙토지수용위원회 또는 지방토지수용위원회를 피고로 하여 수용재결의 취소를 구하여야 하고, 다만 이의신청에 대한 재결 자체에 고유한 위법이 있음을 이유로 하는 경우에는 그 이의재결을 한 중앙토지수용위원회를 피고로 하여 이의재결의 취소를 구할 수 있다고 보아야 한다(대판 2010.1.28., 2008두1504).
③ **빈출** (○) 사업시행자, 토지소유자 또는 관계인은 제34조에 따른 재결에 불복할 때에는 재결서를 받은 날부터 90일 이내에, 이의신청을 거쳤을 때에는 이의신청에 대한 재결서를 받은 날부터 60일 이내에 각각 행정소송을 제기할 수 있다(「공익사업을 위한 토지 등의 취득 및 보상에 관한 법률」 제85조 제1항 전문).
④ (×) 하자승계에 관한 것으로 대법원은 승계를 인정하지 않았다.

> 토지수용법상 사업인정의 고시절차를 누락한 것을 이유로 수용재결처분의 취소를 구하거나 무효확인을 구할 수 없다(대판 2000.10.13., 2000두5142).

정답 | ④

CHAPTER 03 행정심판

행정심판

805	① ② ③
기출처	2021 국가직 9급
난이도	★★
키워드	행정심판

805
다음 사례에 관한 설명으로 옳지 않은 것은? (다툼이 있는 경우 판례에 의함)

> A도(道) B군(郡)에서 식품접객업을 하는 甲은 청소년에게 술을 팔다가 적발되었다. 「식품위생법」은 위법하게 청소년에게 주류를 제공한 영업자에게 "6개월 이내의 기간을 정하여 그 영업의 전부 또는 일부를 정지할 수 있다."라고 규정하고, 「식품위생법 시행규칙」 [별표 23]은 청소년 주류제공(1차 위반)시 행정처분기준을 '영업정지 2개월'로 정하고 있다. B군수는 甲에게 2개월의 영업정지처분을 하였다.

① 甲은 영업정지처분에 불복하여 A도 행정심판위원회에 행정심판을 청구할 수 있다.
② 甲은 행정심판을 청구하지 않고 영업정지처분에 대한 취소소송을 제기할 수 있다.
③ 「식품위생법 시행규칙」의 행정처분기준은 행정규칙의 형식이나, 「식품위생법」의 내용을 보충하면서 「식품위생법」의 규정과 결합하여 위임의 범위 내에서 대외적인 구속력을 가진다.
④ 甲이 취소소송을 제기하는 경우 법원은 재량권의 일탈·남용이 인정되면 영업정지처분을 취소할 수 있다.

해설

① **빈출** (O) 甲은 불이익처분의 직접 상대방으로서 B군수의 영업정지처분을 다툴 법률상 이익이 있으므로, A도 행정심판위원회에 행정심판을 청구할 수 있다.

> 「행정심판법」 제6조 【행정심판위원회의 설치】 ③ 다음 각 호의 행정청의 처분 또는 부작위에 대한 심판청구에 대하여는 시·도지사 소속으로 두는 행정심판위원회에서 심리·재결한다.
> 1. 시·도 소속 행정청
> 2. 시·도의 관할구역에 있는 시·군·자치구의 장, 소속 행정청 또는 시·군·자치구의 의회(의장, 위원회의 위원장, 사무국장, 사무과장 등 의회 소속 모든 행정청을 포함한다)
> 3. 시·도의 관할구역에 있는 둘 이상의 지방자치단체(시·군·자치구를 말한다)·공공법인 등이 공동으로 설립한 행정청

② (O) 행정소송은 원칙적으로 임의적 행정심판전치주의이다.

> 「행정소송법」 제18조 【행정심판과의 관계】 ① 취소소송은 법령의 규정에 의하여 당해 처분에 대한 행정심판을 제기할 수 있는 경우에도 이를 거치지 아니하고 제기할 수 있다. 다만, 다른 법률에 당해 처분에 대한 행정심판의 재결을 거치지 아니하면 취소소송을 제기할 수 없다는 규정이 있는 때에는 그러하지 아니하다.

③ (×) 「식품위생법 시행규칙」 제53조에서 [별표 15]로 「식품위생법」 제58조에 따른 행정처분의 기준을 정하였다고 하더라도, 이는 형식은 부령으로 되어 있으나 그 성질은 행정기관 내부의 사무처리준칙을 정한 것에 불과한 것으로서, 보건사회부장관이 관계행정기관 및 직원에 대하여 그 직무권한행사의 지침을 정하여 주기 위하여 발한 행정명령의 성질을 가지는 것이지 「식품위생법」 제58조 제1항의 규정에 의하여 보장된 재량권을 기속하는 것이라고 할 수는 없고, 대외적으로 국민이나 법원을 기속하는 힘이 있는 것은 아니다(대판 1991.5.14., 90누9780).

④ 빈출 (○) 재량도 일탈·남용의 경우에는 소송의 대상이 된다.

> 「행정소송법」제27조【재량처분의 취소】 행정청의 재량에 속하는 처분이라도 재량권의 한계를 넘거나 그 남용이 있는 때에는 법원은 이를 취소할 수 있다.

정답 | ③

806 필수

「행정심판법」상 간접강제에 대한 설명으로 옳지 않은 것은?

① 행정심판위원회는 피청구인이 재결에 따른 재처분의무를 이행하지 않으면 청구인의 신청에 의하여 결정으로 상당한 기간을 정하고 피청구인이 그 기간 내에 이행하지 아니하는 경우에는 그 지연기간에 따라 일정한 배상을 하도록 명하거나 즉시 배상을 할 것을 명할 수 있다.
② 행정심판위원회는 사정의 변경이 있는 경우에는 당사자의 신청에 의하여 간접강제결정의 내용을 변경할 수 있으며, 변경결정을 하기 전에 신청 상대방의 의견을 들어야 한다.
③ 행정심판위원회의 간접강제결정의 효력은 피청구인인 행정청이 소속된 국가·지방자치단체 또는 공공단체에까지 미친다.
④ 청구인은 행정심판위원회의 간접강제결정에 불복하는 경우 그 결정에 대하여 행정소송을 제기할 수 있다.
⑤ 간접강제의 결정서 정본은 「민사집행법」에 따른 강제집행에 관하여는 집행권원과 같은 효력을 가진다. 다만, 청구인이 해당 결정에 불복하는 소송을 제기한 경우에는 이러한 효력이 인정될 수 없다.

806		1 2 3
기출처	2022 국회직 8급	
난이도	★★★	
키워드	행정심판	

🔍 관련기출 옳은지문

- 행정심판위원회는 피청구인이 의무이행재결 중 처분명령재결의 취지에 따른 처분을 하지 아니하는 경우에, 청구인의 신청에 의하여 결정으로 상당한 기간을 정하고 피청구인이 그 기간 내에 이행하지 아니하는 경우에는 그 지연기간에 따라 일정한 배상을 하도록 명하거나 즉시 배상을 할 것을 명할 수 있다. 23지방직7급

- 간접강제결정에 불복할 경우에는 청구인은 그 결정에 대하여 행정심판위원회를 상대로 행정소송을 제기할 수 있다. 24군무원9급

해설

①②③④ 빈출 (○) 「행정심판법」 제50조의2

> 「행정심판법」제50조의2【위원회의 간접강제】 ① 위원회는 피청구인이 제49조 제2항(제49조 제4항에서 준용하는 경우를 포함한다) 또는 제3항에 따른 처분을 하지 아니하면 청구인의 신청에 의하여 결정으로 상당한 기간을 정하고 피청구인이 그 기간 내에 이행하지 아니하는 경우에는 그 지연기간에 따라 일정한 배상을 하도록 명하거나 즉시 배상을 할 것을 명할 수 있다.
> ② 위원회는 사정의 변경이 있는 경우에는 당사자의 신청에 의하여 제1항에 따른 결정의 내용을 변경할 수 있다.
> ③ 위원회는 제1항 또는 제2항에 따른 결정을 하기 전에 신청 상대방의 의견을 들어야 한다.
> ④ 청구인은 제1항 또는 제2항에 따른 결정에 불복하는 경우 그 결정에 대하여 행정소송을 제기할 수 있다.
> ⑤ 제1항 또는 제2항에 따른 결정의 효력은 피청구인인 행정청이 소속된 국가·지방자치단체 또는 공공단체에 미치며, 결정서 정본은 제4항에 따른 소송제기와 관계없이 「민사집행법」에 따른 강제집행에 관하여는 집행권원과 같은 효력을 가진다. 이 경우 집행문은 위원장의 명에 따라 위원회가 소속된 행정청 소속 공무원이 부여한다.
> ⑥ 간접강제결정에 기초한 강제집행에 관하여 이 법에 특별한 규정이 없는 사항에 대하여는 「민사집행법」의 규정을 준용한다. 다만, 「민사집행법」 제33조(집행문부여의 소), 제34조(집행문부여 등에 관한 이의신청), 제44조(청구에 관한 이의의 소) 및 제45조(집행문부여에 대한 이의의 소)에서 관할 법원은 피청구인의 소재지를 관할하는 행정법원으로 한다.

⑤ (×) 소송제기와 상관없이 「민사집행법」에 따른 강제집행에 관하여 집행권원과 같은 효력을 가진다(「행정심판법」 제50조의2 제5항 참고).

정답 | ⑤

807 〈필수〉

행정쟁송에 대한 설명으로 옳지 않은 것은? (다툼이 있는 경우 판례에 의함)

① 「행정기본법」에 의하면 「행정심판법」 제3조에 따라 행정심판의 대상이 되는 처분에 이의가 있는 당사자는 처분을 받은 날부터 30일 이내에 해당 행정청에 이의신청을 할 수 있다.
② 이의신청을 한 경우에는 「행정심판법」에 따른 행정심판은 청구할 수 없고 「행정소송법」에 따른 행정소송을 제기할 수 있을 뿐이다.
③ 심판청구에 대한 재결이 있으면 그 재결 및 같은 처분 또는 부작위에 대하여 다시 행정심판을 청구할 수 없다.
④ 사안(事案)의 전문성과 특수성을 살리기 위하여 특히 필요한 경우 외에는 「행정심판법」에 따른 행정심판을 갈음하는 특별한 행정불복절차나 행정심판절차에 대한 특례를 다른 법률로 정할 수 없다.

해설

① (○) 「행정심판법」상의 행정심판 대상이 되는 처분은 이의신청(종래와 달리 개괄주의)을 할 수 있다.

> 「행정기본법」 제36조 【처분에 대한 이의신청】 ① 행정청의 처분(「행정심판법」 제3조에 따라 같은 법에 따른 행정심판의 대상이 되는 처분을 말한다. 이하 이 조에서 같다)에 이의가 있는 당사자는 처분을 받은 날부터 30일 이내에 해당 행정청에 이의신청을 할 수 있다.

② (×) 이의신청과 상관없이 행정심판이나 행정소송을 청구할 수 있다.

> 「행정기본법」 제36조 【처분에 대한 이의신청】 ③ 제1항에 따라 이의신청을 한 경우에도 그 이의신청과 관계없이 「행정심판법」에 따른 행정심판 또는 「행정소송법」에 따른 행정소송을 제기할 수 있다.

③ (○) 행정심판의 재결에 대해서는 다시 행정심판을 청구할 수 없다.
④ (○) 「행정심판법」 제4조 제1항

정답 | ②

808 필수

「행정기본법」상의 이의신청에 대한 규정으로 옳지 않은 것은?

① 이의신청을 받은 행정청은 그 신청을 받은 날부터 14일 이내에 그 이의신청에 대한 결과를 신청인에게 통지하여야 하나, 부득이한 사유로 14일 이내에 통지할 수 없는 경우에는 그 기간을 만료일 다음 날부터 기산하여 10일의 범위에서 한 차례 연장할 수 있으며, 연장 사유를 신청인에게 통지하여야 한다.
② 이의신청에 대한 결과를 통지받은 후 행정심판 또는 행정소송을 제기하려는 자는 그 결과를 통지받은 날부터 90일 이내에 행정심판 또는 행정소송을 제기할 수 있다.
③ 「행정심판법」이 적용되지 않는 처분이라도 다른 특별법에 따라 행정심판 대상이 되는 처분이라면 「행정기본법」상의 이의신청에 대한 규정이 적용된다.
④ 외국인의 출입국·난민인정·귀화·국적회복에 관한 사항은 「행정기본법」상의 이의신청규정이 적용되지 않는다.

808	
기출처	예상문제
난이도	★★
키워드	행정심판

해설

① (○) 「행정기본법」 제36조 제2항
② (○) 동법 제36조 제4항
③ (×) 「행정기본법」상의 이의신청의 규정은 「행정심판법」이 적용되는 처분에 대해 적용된다.

> 「행정기본법」 제36조 【처분에 대한 이의신청】 ① 행정청의 처분(「행정심판법」 제3조에 따라 같은 법에 따른 행정심판의 대상이 되는 처분을 말한다. 이하 이 조에서 같다)에 이의가 있는 당사자는 처분을 받은 날부터 30일 이내에 해당 행정청에 이의신청을 할 수 있다.

④ (○) 동법 제36조 제7항

정답 | ③

809

다음 중 「행정심판법」에 따른 행정심판을 제기할 수 없는 경우만을 모두 고르면? (다툼이 있는 경우 판례에 의함)

> ㄱ. 「공공기관의 정보공개에 관한 법률」상 정보공개와 관련한 공공기관의 비공개결정에 대하여 이의신청을 한 경우
> ㄴ. 「공익사업을 위한 토지 등의 취득 및 보상에 관한 법률」상 토지수용위원회의 수용재결에 이의가 있어 중앙토지수용위원회에 이의를 신청한 경우
> ㄷ. 「난민법」상 난민불인정결정에 대해 법무부장관에게 이의신청을 한 경우
> ㄹ. 「민원 처리에 관한 법률」상 법정민원에 대한 행정기관의 장의 거부처분에 대해 그 행정기관의 장에게 이의신청을 한 경우

① ㄱ, ㄴ
② ㄱ, ㄹ
③ ㄴ, ㄷ
④ ㄷ, ㄹ

해설

ㄱ. (행정심판 가능)

> 「공공기관의 정보공개에 관한 법률」 제18조【이의신청】① 청구인이 정보공개와 관련한 공공기관의 비공개결정 또는 부분 공개결정에 대하여 불복이 있거나 정보공개청구 후 20일이 경과하도록 정보공개결정이 없는 때에는 공공기관으로부터 정보공개 여부의 결정 통지를 받은 날 또는 정보공개청구 후 20일이 경과한 날부터 30일 이내에 해당 공공기관에 문서로 이의신청을 할 수 있다.
> 제19조【행정심판】① 청구인이 정보공개와 관련한 공공기관의 결정에 대하여 불복이 있거나 정보공개청구 후 20일이 경과하도록 정보공개결정이 없는 때에는 「행정심판법」에서 정하는 바에 따라 행정심판을 청구할 수 있다.
> ② 청구인은 제18조에 따른 이의신청절차를 거치지 아니하고 행정심판을 청구할 수 있다.

ㄴ. (행정심판 불가)

> 「공익사업을 위한 토지 등의 취득 및 보상에 관한 법률」 제85조【행정소송의 제기】① 사업시행자, 토지소유자 또는 관계인은 제34조에 따른 재결에 불복할 때에는 재결서를 받은 날부터 90일 이내에, 이의신청을 거쳤을 때에는 이의신청에 대한 재결서를 받은 날부터 60일 이내에 각각 행정소송을 제기할 수 있다. 이 경우 사업시행자는 행정소송을 제기하기 전에 제84조에 따라 늘어난 보상금을 공탁하여야 하며, 보상금을 받을 자는 공탁된 보상금을 소송이 종결될 때까지 수령할 수 없다.

ㄷ. 지엽 (행정심판 불가)

> 「난민법」 제21조【이의신청】① 제18조 제2항 또는 제19조에 따라 난민불인정결정을 받은 사람 또는 제22조에 따라 난민인정이 취소 또는 철회된 사람은 그 통지를 받은 날부터 30일 이내에 법무부장관에게 이의신청을 할 수 있다. 이 경우 이의신청서에 이의의 사유를 소명하는 자료를 첨부하여 지방출입국·외국인관서의 장에게 제출하여야 한다.
> ② 제1항에 따른 이의신청을 한 경우에는 「행정심판법」에 따른 행정심판을 청구할 수 없다.

ㄹ. (행정심판 가능)

> 「행정소송법」 제18조 내지 제20조, 「행정심판법」 제3조 제1항, 제4조 제1항, 「민원사무처리에 관한 법률」(이하 '민원사무처리법'이라 한다) 제18조, 같은 법 시행령 제29조 등의 규정들과 그 취지를 종합하여 보면, 민원사무처리법에서 정한 민원 이의신청의 대상인 거부처분에 대하여는 민원 이의신청과 상관없이 행정심판 또는 행정소송을 제기할 수 있다(대판 2012.11.15., 2010두8676).

정답 | ③

810 〈필수〉

행정심판에 대한 설명으로 옳은 것은? (다툼이 있는 경우 판례에 의함)

ㄱ. 경기도 소속의 행정청의 처분은 경기도행정심판위원회에서 심리·재결을 담당한다.
ㄴ. 법인이 아닌 사단 또는 재단으로서 대표자나 관리인이 정하여져 있는 경우에는 대표자나 관리인의 이름으로 심판청구를 할 수 있다.
ㄷ. 청구인이 사망한 경우에 상속인이나 그 밖에 법령에 따라 심판청구의 대상에 관계되는 권리나 이익을 승계한 자는 위원회의 허가를 받아 청구인의 지위를 승계한다.
ㄹ. 청구인이 피청구인을 잘못 지정한 경우에는 위원회는 직권으로 또는 당사자의 신청에 의하여 결정으로써 피청구인을 경정(更正)할 수 있다.

① ㄱ, ㄴ
② ㄴ, ㄷ
③ ㄷ, ㄹ
④ ㄱ, ㄹ

810	
기출처	예상문제
난이도	★★
키워드	행정심판

관련기출 옳은지문

- 법인이 아닌 사단 또는 재단으로서 대표자나 관리인이 정하여져 있는 경우에는 그 사단이나 재단의 이름으로 심판청구를 할 수 있다.
  25소방직

- 행정심판의 대상과 관련되는 권리나 이익을 양수한 특정승계인은 행정심판위원회의 허가를 받아 청구인의 지위를 승계할 수 있다.
  18국가직9급

해설

ㄱ. (O) 시·도 소속의 행정청의 처분에 대해서는 시·도 소속의 행정심판위원회가 심리·재결을 한다.

> 「행정심판법」 제6조【행정심판위원회의 설치】③ 다음 각 호의 행정청의 처분 또는 부작위에 대한 심판청구에 대하여는 시·도지사 소속으로 두는 행정심판위원회에서 심리·재결한다.
> 1. 시·도 소속 행정청
> 2. 시·도의 관할구역에 있는 시·군·자치구의 장, 소속 행정청 또는 시·군·자치구의 의회(의장, 위원회의 위원장, 사무국장, 사무과장 등 의회 소속 모든 행정청을 포함한다)
> 3. 시·도의 관할구역에 있는 둘 이상의 지방자치단체(시·군·자치구를 말한다)·공공법인 등이 공동으로 설립한 행정청

ㄴ. (×) 법인 아닌 사단이나 재단은 대표자나 관리인의 이름으로 심판을 청구하지 않고 사단이나 재단의 이름으로 심판을 청구한다.

> 「행정심판법」 제14조【법인이 아닌 사단 또는 재단의 청구인 능력】법인이 아닌 사단 또는 재단으로서 대표자나 관리인이 정하여져 있는 경우에는 그 사단이나 재단의 이름으로 심판청구를 할 수 있다.

ㄷ. (×) 사망이나 법인의 합병의 경우에는 위원회의 허가를 받지 않는다.

> 「행정심판법」 제16조【청구인의 지위 승계】① 청구인이 사망한 경우에는 상속인이나 그 밖에 법령에 따라 심판청구의 대상에 관계되는 권리나 이익을 승계한 자가 청구인의 지위를 승계한다.
> ② 법인인 청구인이 합병(合倂)에 따라 소멸하였을 때에는 합병 후 존속하는 법인이나 합병에 따라 설립된 법인이 청구인의 지위를 승계한다.
> ③ 제1항과 제2항에 따라 청구인의 지위를 승계한 자는 위원회에 서면으로 그 사유를 신고하여야 한다.

ㄹ. (O) 피청구인을 잘못 지정한 경우에는 소송과 달리 신청이나 위원회의 직권에 의해 피청구인을 경정할 수 있다.

> 「행정심판법」 제17조【피청구인의 적격 및 경정】② 청구인이 피청구인을 잘못 지정한 경우에는 위원회는 직권으로 또는 당사자의 신청에 의하여 결정으로써 피청구인을 경정(更正)할 수 있다.

정답 | ④

811

811	1 2 3
기출처	2021 국가직 9급
난이도	★
키워드	행정심판

🔍 **관련기출 옳은지문**
- 취소심판의 인용재결로서 취소재결, 변경재결, 변경명령재결을 할 수 있다. 21국가직7급

811
「행정심판법」상 행정심판위원회가 취소심판의 청구가 이유가 있다고 인정하는 경우에 행할 수 있는 재결에 해당하지 않는 것은?

① 처분을 취소하는 재결
② 처분을 할 것을 명하는 재결
③ 처분을 다른 처분으로 변경하는 재결
④ 처분을 다른 처분으로 변경할 것을 명하는 재결

해설

② (×) 취소심판에서 이유 있다고 인용될 수 있는 경우에는 취소재결, 변경재결, 변경명령재결이 있다. 처분명령재결은 의무이행심판에 인정되는 재결이다.

정답 | ②

812	1 2 3
기출처	예상문제
난이도	★★★
키워드	행정심판

812
「행정심판법」에 따른 행정심판기관이 아닌 특별행정심판기관에 의하여 처리되는 특별행정심판에 해당하는 것만을 모두 고르면? (다툼이 있는 경우 판례에 의함)

> ㄱ. 「국세기본법」상 과세처분에 대한 조세심판
> ㄴ. 「도로교통법」상 운전면허처분과 관련된 행정심판
> ㄷ. 「국가공무원법」상 공무원의 징계처분에 대한 소청심사
> ㄹ. 「공익사업을 위한 토지 등의 취득 및 보상에 관한 법률」상 토지수용재결에 대한 이의신청

① ㄱ, ㄴ
② ㄱ, ㄷ, ㄹ
③ ㄴ, ㄷ, ㄹ
④ ㄱ, ㄴ, ㄷ, ㄹ

해설

ㄱ. (○) 「국세기본법」에 조세심판원에 대해 규정하고 있다.

> 「국세기본법」 제67조 【조세심판원】 ① 심판청구에 대한 결정을 하기 위하여 국무총리 소속으로 조세심판원을 둔다.

ㄴ. (×) 「도로교통법」에는 행정심판에 대한 특별한 규정을 두고 있지 않다.
ㄷ. (○) 「국가공무원법」에 소청심사위원회의 설치규정을 두고 있다.

> 「국가공무원법」 제9조 【소청심사위원회의 설치】 ① 행정기관 소속 공무원의 징계처분, 그 밖에 그 의사에 반하는 불리한 처분이나 부작위에 대한 소청을 심사·결정하게 하기 위하여 인사혁신처에 소청심사위원회를 둔다.
> ② 국회, 법원, 헌법재판소 및 선거관리위원회 소속 공무원의 소청에 관한 사항을 심사·결정하게 하기 위하여 국회사무처, 법원행정처, 헌법재판소사무처 및 중앙선거관리위원회사무처에 각각 해당 소청심사위원회를 둔다.

ㄹ. (○) 「공익사업을 위한 토지 등의 취득 및 보상에 관한 법률」에 이의신청규정이 있다.

> 「공익사업을 위한 토지 등의 취득 및 보상에 관한 법률」 제83조 【이의의 신청】 ① 중앙토지수용위원회의 제34조에 따른 재결에 이의가 있는 자는 중앙토지수용위원회에 이의를 신청할 수 있다.
> ② 지방토지수용위원회의 제34조에 따른 재결에 이의가 있는 자는 해당 지방토지수용위원회를 거쳐 중앙토지수용위원회에 이의를 신청할 수 있다.

정답 | ②

813 (필수)

재결의 기속력에 대한 설명으로 옳은 것만을 모두 고르면? (다툼이 있는 경우 판례에 의함)

> ㄱ. 재결에 의하여 취소되거나 무효 또는 부존재로 확인되는 처분이 당사자의 신청을 거부하는 것을 내용으로 하는 경우에는 그 처분을 한 행정청은 재결의 취지에 따라 다시 이전의 신청에 대한 처분을 하여야 한다.
> ㄴ. 재결의 기속력은 인용재결의 경우에만 인정되고, 기각재결에서는 인정되지 않는다.
> ㄷ. 기속력은 재결의 주문에만 미치고, 처분 등의 구체적 위법사유에 관한 판단에는 미치지 않는다.
> ㄹ. 행정심판 인용재결에 따른 행정청의 재처분 의무에도 불구하고 행정청이 인용재결에 따른 처분을 하지 아니하는 경우에, 행정심판위원회는 청구인의 신청이 없어도 결정으로 일정한 배상을 하도록 명할 수 있다.

① ㄱ, ㄴ
② ㄱ, ㄴ, ㄹ
③ ㄱ, ㄷ, ㄹ
④ ㄴ, ㄷ, ㄹ

813
기출처: 2021 지방직 9급
난이도: ★★
키워드: 행정심판

🔍 **관련기출 옳은지문**
- 재결에 의하여 취소되거나 무효 또는 부존재로 확인되는 처분이 당사자의 신청을 거부하는 것을 내용으로 하는 경우에는 그 처분을 한 행정청은 재결의 취지에 따라 다시 이전의 신청에 대한 처분을 하여야 한다. 19국가직7급
- 간접강제는 행정심판위원회가 청구인의 신청이 있는 때에만 명할 수 있고, 직권으로는 할 수 없다. 24군무원9급

해설

ㄱ. (○) 「행정심판법」 제49조 제2항
ㄴ. (○) 동법 제49조 제1항
ㄷ. (빈출) (×) 재결의 기속력은 재결의 주문 및 그 전제가 된 요건사실의 인정과 판단, 즉 처분 등의 구체적 위법사유에 관한 판단에만 미친다(대판 2005.12.9., 2003두7705).
ㄹ. (×) 간접강제인 배상은 신청이 있는 경우에 이루어진다.

> 「행정심판법」 제50조의2 【위원회의 간접강제】 ① 위원회는 피청구인이 제49조 제2항(제49조 제4항에서 준용하는 경우를 포함한다) 또는 제3항에 따른 처분을 하지 아니하면 청구인의 신청에 의하여 결정으로 상당한 기간을 정하고 피청구인이 그 기간 내에 이행하지 아니하는 경우에는 그 지연기간에 따라 일정한 배상을 하도록 명하거나 즉시 배상을 할 것을 명할 수 있다.

정답 | ①

814	① ② ③
기출처	예상문제
난이도	★★
키워드	행정심판

🔍 관련기출 옳은지문

- 대통령의 처분 또는 부작위에 대하여는 다른 법률에서 행정심판을 청구할 수 있도록 정한 경우 외에는 행정심판을 청구할 수 없다.
  24군무원7급

- 관계 행정기관의 장이 특별행정심판 또는 「행정심판법」에 따른 행정심판 절차에 대한 특례를 신설하거나 변경하는 법령을 제정·개정 할 때에는 미리 중앙행정심판위원회와 협의하여야 한다.
  24국회직8급

814 〈필수〉

행정심판에 대한 설명으로 옳은 것은?

① 「행정심판법」상의 행정심판은 행정소송의 실질적인 전심절차로서 「행정소송법」상의 행정소송과 대응되는 관계로 되어 있어 「행정심판법」상의 당사자심판은 「행정소송법」상의 당사자소송과 연동되어 있다.

② 청구인은 행정청의 처분이나 부작위가 위법 또는 부당이 상당히 의심스러운 경우에는 위원회에 국선대리인의 선임을 신청할 수 있다.

③ 원칙적으로 대통령의 처분과 부작위에 대해서는 다른 법률에 특별한 규정이 없는 한 소속 장관을 피청구인으로 하여 중앙행정심판위원회에 심판을 청구하여야 한다.

④ 관계 행정기관의 장이 특별행정심판 또는 「행정심판법」에 따른 행정심판절차에 대한 특례를 신설 등을 하고자 법령을 제정·개정할 때에는 미리 중앙행정심판위원회와 협의하여야 한다.

해설

① (×) 「행정심판법」에는 당사자심판에 대한 규정은 없다.

> 「행정심판법」 제5조 【행정심판의 종류】 행정심판의 종류는 다음 각 호와 같다.
> 1. 취소심판: 행정청의 위법 또는 부당한 처분을 취소하거나 변경하는 행정심판
> 2. 무효등확인심판: 행정청의 처분의 효력 유무 또는 존재 여부를 확인하는 행정심판
> 3. 의무이행심판: 당사자의 신청에 대한 행정청의 위법 또는 부당한 거부처분이나 부작위에 대하여 일정한 처분을 하도록 하는 행정심판

② (×) 처분과 부작위가 위법 또는 부당이 상당히 의심스러운 경우는 국선대리인 선임의 요건이 아니다.

> 「행정심판법」 제18조의2 【국선대리인】 ① 청구인이 경제적 능력으로 인해 대리인을 선임할 수 없는 경우에는 위원회에 국선대리인을 선임하여 줄 것을 신청할 수 있다.

③ (×) 대통령의 처분과 부작위는 다른 법률에 특별한 규정이 없는 한 행정심판 대상이 아니다.

> 「행정심판법」 제3조 【행정심판의 대상】 ① 행정청의 처분 또는 부작위에 대하여는 다른 법률에 특별한 규정이 있는 경우 외에는 이 법에 따라 행정심판을 청구할 수 있다.
> ② 대통령의 처분 또는 부작위에 대하여는 다른 법률에서 행정심판을 청구할 수 있도록 정한 경우 외에는 행정심판을 청구할 수 없다.

④ (○) 「행정심판법」 제4조

> 「행정심판법」 제4조 【특별행정심판 등】 ③ 관계 행정기관의 장이 특별행정심판 또는 이 법에 따른 행정심판절차에 대한 특례를 신설하거나 변경하는 법령을 제정·개정할 때에는 미리 중앙행정심판위원회와 협의하여야 한다.

정답 | ④

815 〈필수〉

「행정심판법」상 행정심판에 대한 설명으로 옳지 않은 것은? (다툼이 있는 경우 판례에 의함)

① 심판청구기간의 기산점인 '처분이 있음을 안 날'이라 함은 당사자가 통지·공고 기타의 방법에 의하여 당해 처분이 있었다는 사실을 현실적으로 안 날을 의미한다.
② 행정청의 부작위에 대한 의무이행심판은 심판청구기간 규정의 적용을 받지 않고, 사정재결이 인정되지 아니한다.
③ 심판청구에 대한 재결이 있으면 그 재결 및 같은 처분 또는 부작위에 대하여 다시 행정심판을 청구할 수 없다.
④ 재결이 확정된 경우에도 처분의 기초가 된 사실관계나 법률적 판단이 확정되고 당사자들이나 법원이 이에 기속되어 모순되는 주장이나 판단을 할 수 없게 되는 것은 아니다.

815	
기출처	2021 지방직 9급
난이도	★★
키워드	행정심판

관련기출 옳은지문
· 심판청구기간은 취소심판청구와 거부처분에 대한 의무이행심판청구에만 적용되고, 무효등확인심판청구나 부작위에 대한 의무이행심판청구에는 적용되지 아니한다.
24국회직9급

해설

② 빈출 (×) 거부처분이나 부작위를 대상으로 하는 의무이행심판은 사정재결의 대상이 된다.

> 「행정심판법」제44조【사정재결】① 위원회는 심판청구가 이유가 있다고 인정하는 경우에도 이를 인용(認容)하는 것이 공공복리에 크게 위배된다고 인정하면 그 심판청구를 기각하는 재결을 할 수 있다. 이 경우 위원회는 재결의 주문(主文)에서 그 처분 또는 부작위가 위법하거나 부당하다는 것을 구체적으로 밝혀야 한다.
> ② 위원회는 제1항에 따른 재결을 할 때에는 청구인에 대하여 상당한 구제방법을 취하거나 상당한 구제방법을 취할 것을 피청구인에게 명할 수 있다.
> ③ 제1항과 제2항은 무효등확인심판에는 적용하지 아니한다.

정답 | ②

816

행정심판의 재결에 대한 설명으로 옳지 않은 것은? (다툼이 있는 경우 판례에 의함)

① 재결이 행정심판위원회에서 확정된 경우에는 재결의 주문에 따라 처분의 기초가 된 사실관계나 법률적 판단이 확정되고 이후 당사자들이나 법원은 재결에 기속되어 더 이상 모순되는 주장이나 판단을 할 수 없다.
② 위원회는 심판청구가 이유가 있다고 인정하는 경우에도 이를 인용(認容)하는 것이 공공복리에 크게 위배된다고 인정하면 그 심판청구를 기각하는 재결을 할 수 있다.
③ 재결에 의하여 취소되거나 무효 또는 부존재로 확인되는 처분이 당사자의 신청을 거부하는 것을 내용으로 하는 경우에는 그 처분을 한 행정청은 재결의 취지에 따라 다시 이전의 신청에 대한 처분을 하여야 한다.
④ 청구인은 재결의 간접강제에 따른 배상결정에 불복하는 경우 그 결정에 대하여 행정소송을 제기할 수 있다.

해설

① (×) 주어진 지문은 기판력에 관련된 내용이다. 하지만 재결은 기판력이 발생하지 않는다. 따라서 재결이 확정되었다고 해도, 법원은 이에 구속되지 않으며 재결과 다른 판단이 가능하고, 당사자는 재결과 다른 주장을 할 수 있다.

> 행정심판의 재결은 피청구인인 행정청을 기속하는 효력을 가지므로 재결청이 취소심판의 청구가 이유 있다고 인정하여 처분청에 처분을 취소할 것을 명하면 처분청으로서는 재결의 취지에 따라 처분을 취소하여야 하지만, 나아가 재결에 판결에서와 같은 기판력이 인정되는 것은 아니어서 재결이 확정된 경우에도 처분의 기초가 된 사실관계나 법률적 판단이 확정되고 당사자들이나 법원이 이에 기속되어 모순되는 주장이나 판단을 할 수 없게 되는 것은 아니다(대판 2015.11.27., 2013다6759).

② (○) 「행정심판법」 제44조 제1항
③ (○) 재결의 기속력에 대한 대표적인 규정이며, 출제빈도가 높다.

> 「행정심판법」 제49조【재결의 기속력 등】 ① 심판청구를 인용하는 재결은 피청구인과 그 밖의 관계 행정청을 기속(羈束)한다.
> ② 재결에 의하여 취소되거나 무효 또는 부존재로 확인되는 처분이 당사자의 신청을 거부하는 것을 내용으로 하는 경우에는 그 처분을 한 행정청은 재결의 취지에 따라 다시 이전의 신청에 대한 처분을 하여야 한다.

④ (○) 동법 제50조의2 제4항

정답 | ①

817

행정심판에 대한 설명으로 옳은 것은? (다툼이 있는 경우 판례에 의함)

① 당사자의 신청을 거부하거나 부작위로 방치한 처분의 이행을 명하는 재결이 있었음에도 행정청이 재결의 취지에 따른 아무런 처분을 하지 않는 경우, 위원회는 당사자의 신청이 없더라도 시정을 명하고 이에 처분을 이행하지 아니하면 직접 처분을 할 수 있다.
② 행정청이 그 재결의 취지에 따른 처분을 하지 아니하고 그 처분과는 양립할 수 없는 다른 처분을 하는 것은 위법한 것이며, 이 경우 그 재결의 신청인은 위법한 다른 처분의 취소를 소구할 이익이 있다.
③ 위원회의 임시처분은 집행정지로 목적을 달성할 수 없는 경우에는 허용되지 아니한다.
④ 심판청구의 대상과 관계되는 권한이 다른 행정청에 승계된 경우에는 권한을 승계해준 원 행정청을 피청구인으로 하여야 한다.

817	
기출처	예상문제
난이도	★★
키워드	행정심판

해설

① (×) 의무이행심판에서 직접 처분의 요건으로서 당사자의 신청이 있어야 한다.

> 「행정심판법」 제50조【위원회의 직접 처분】① 위원회는 피청구인이 제49조 제3항에도 불구하고 처분을 하지 아니하는 경우에는 당사자가 신청하면 기간을 정하여 서면으로 시정을 명하고 그 기간에 이행하지 아니하면 직접 처분을 할 수 있다.

② (○) 행정청이 그 재결의 취지에 따른 처분을 하지 아니하고 그 처분과는 양립할 수 없는 다른 처분을 하는 것은 위법한 것이라 할 것이고, 이 경우 그 재결의 신청인은 위법한 다른 처분의 취소를 소구할 이익이 있다(대판 1988.12.13., 88누7880).
③ 빈출 (×) 임시처분은 제30조 제2항에 따른 집행정지로 목적을 달성할 수 있는 경우에는 허용되지 아니한다(동법 제31조 제3항).
④ (×) 행정심판은 처분을 한 행정청(의무이행심판의 경우에는 청구인의 신청을 받은 행정청)을 피청구인으로 하여 청구하여야 한다. 다만, 심판청구의 대상과 관계되는 권한이 다른 행정청에 승계된 경우에는 권한을 승계한 행정청을 피청구인으로 하여야 한다(동법 제17조 제1항).

정답 | ②

818 [필수]

「행정심판법」상 임시처분에 대한 설명으로 옳지 않은 것은? (다툼이 있는 경우 판례에 의함)

① 임시처분이란 행정청의 처분이나 부작위 때문에 발생할 수 있는 당사자의 중대한 불이익이나 급박한 위험을 막기 위해 당사자에게 임시지위를 부여하는 행정심판위원회의 결정을 말한다.
② 당사자의 임시지위를 정하여야 할 필요성이 인정된다면, 집행정지로 목적을 달성할 수 있는 경우에도 임시처분은 선택적으로 사용될 수 있다.
③ 행정심판위원회는 적극적 가구제 수단인 임시처분을 직권으로 결정할 수 있다.
④ 행정심판위원회가 임시처분결정을 하기 위해서 행정심판청구의 계속이 요구된다.
⑤ 임시처분결정절차에는 집행정지결정의 절차에 관한 규정이 준용된다.

해설

② 빈출 (×) 임시처분은 집행정지로 목적 달성이 이루어지는 경우에는 인정되지 못하는 보충성의 관계이다.

> 「행정심판법」 제31조 【임시처분】 ① 위원회는 처분 또는 부작위가 위법·부당하다고 상당히 의심되는 경우로서 처분 또는 부작위 때문에 당사자가 받을 우려가 있는 중대한 불이익이나 당사자에게 생길 급박한 위험을 막기 위하여 임시지위를 정하여야 할 필요가 있는 경우에는 직권으로 또는 당사자의 신청에 의하여 임시처분을 결정할 수 있다.
> ② 제1항에 따른 임시처분에 관하여는 제30조 제3항부터 제7항까지를 준용한다. 이 경우 같은 조 제6항 전단 중 '중대한 손해가 생길 우려'는 '중대한 불이익이나 급박한 위험이 생길 우려'로 본다.
> ③ 제1항에 따른 임시처분은 제30조 제2항에 따른 집행정지로 목적을 달성할 수 있는 경우에는 허용되지 아니한다.

정답 | ②

관련기출 옳은지문

• 행정심판위원회는 심판청구된 행정청의 부작위가 위법·부당하다고 상당히 의심되는 경우로서 당사자가 받을 우려가 있는 중대한 불이익이나 당사자에게 생길 급박한 위험을 막기 위하여 임시지위를 정할 필요가 있는 경우 직권 또는 당사자의 신청에 의하여 임시처분을 결정할 수 있다. 18국가직7급

819

A 행정청이 甲에게 한 처분에 대하여 甲은 B 행정심판위원회에 행정심판을 청구하였다. 이에 대한 설명으로 옳은 것은? (다툼이 있는 경우 판례에 의함)

① B 행정심판위원회의 기각재결이 있은 후에는 A 행정청은 원처분을 직권으로 취소할 수 없다.
② 甲이 취소심판을 제기한 경우, B 행정심판위원회는 심판청구가 이유가 있다고 인정하면 처분변경명령재결을 할 수 있다.
③ 甲이 무효확인심판을 제기한 경우, B 행정심판위원회는 심판청구가 이유 있다고 인정하면서도 이를 인용하는 것이 공공복리에 크게 위배된다고 인정하면 甲의 심판청구를 기각할 수 있다.
④ B 행정심판위원회의 재결에 고유한 위법이 있는 경우에는 甲은 다시 행정심판을 청구할 수 있다.

819	
기출처	2022 지방직 9급
난이도	★★
키워드	행정심판

해설

① **빈출** (×) 재결의 기속력은 인용재결에만 미치는 것으로 처분청은 기각재결의 경우 심판대상인 처분을 직권 취소할 수 있다.
② (○) 취소심판에서 위원회는 처분의 변경을 명령하는 재결을 할 수 있다.

> 「행정심판법」 제43조【재결의 구분】③ 위원회는 취소심판의 청구가 이유가 있다고 인정하면 처분을 취소 또는 다른 처분으로 변경하거나 처분을 다른 처분으로 변경할 것을 피청구인에게 명한다.

③ (×) 사정재결은 취소심판과 의무이행심판에만 적용되고 무효등확인심판에는 적용되지 않는다.
④ **빈출** (×) 심판의 재결에 불복하여 다시 행정심판을 청구할 수 없다.

> 「행정심판법」 제51조【행정심판 재청구의 금지】심판청구에 대한 재결이 있으면 그 재결 및 같은 처분 또는 부작위에 대하여 다시 행정심판을 청구할 수 없다.

정답 | ②

820	
기출처	예상문제
난이도	★★
키워드	행정심판

🔍 관련기출 옳은지문
- 인용재결의 기속력에 의하여 지방자치단체인 피청구인은 불복하여 행정소송을 청구할 수 없도록 한 규정은 평등원칙 등 헌법에 위반되지 않는다. 19(하)군무원9급

820 〈필수〉

행정심판에 관한 설명으로 옳은 것은? (다툼이 있는 경우 판례에 의함)

① 「행정심판법」 소정의 심판청구기간 기산점인 '처분이 있음을 안 날'이라 함은 당사자가 통지·공고 기타의 방법에 의하여 추상적으로 당해 처분을 알수 있었던 날을 의미하고 현실적으로 있었다는 사실을 안 날을 의미하는 것이 아니다.
② 인용재결의 기속력에 의하여 지방자치단체인 피청구인은 불복할 수 없도록 한 규정은 평등원칙 등 헌법에 위반된다.
③ 청구인적격이 없는 자의 명의로 제기된 행정심판청구에 대하여 행정청이나 위원회에게 행정심판청구인을 청구인적격이 있는 자로 변경할 것을 요구하는 보정을 명할 의무가 없다.
④ 행정심판의 청구는 서면으로 피청구인인 행정청에 하여야 한다.

해설

① (×) 처분이 있음을 안 날은 공식적 방법을 통해 처분이 이루어지고 이를 현실적으로 안 날을 말한다.

> 「행정심판법」 제18조 제1항 소정의 심판청구기간 기산점인 '처분이 있음을 안 날'이라 함은 당사자가 통지·공고 기타의 방법에 의하여 당해 처분이 있었다는 사실을 현실적으로 안 날을 의미하고, 추상적으로 알 수 있었던 날을 의미하는 것은 아니라 할 것이며, 다만 처분을 기재한 서류가 당사자의 주소에 송달되는 등으로 사회통념상 처분이 있음을 당사자가 알 수 있는 상태에 놓여진 때에는 반증이 없는 한 그 처분이 있음을 알았다고 추정할 수는 있다(대판 1995.11.24., 95누11535).

② (×) 인용재결이 이루어지게 되면 피청구인은 이에 기속되어 불복할 수 없다. 이 규정은 합헌이라는 것이 헌법재판소의 입장이다.

> 행정심판청구를 인용하는 재결이 행정청을 기속하도록 규정한 「행정심판법」(2010.1.25. 법률 제9968호로 전부개정된 것) 제49조 제1항(이하 '이 사건 법률조항'이라 한다)이 헌법 제101조 제1항, 제107조 제2항 및 제3항에 위배되는지 여부(소극)
> 헌법 제101조 제1항과 제107조 제2항은 입법권 및 행정권으로부터 독립된 사법권의 권한과 심사범위를 규정한 것일 뿐이다. 헌법 제107조 제3항은 행정심판의 심리절차에서도 관계인의 충분한 의견진술 및 자료제출과 당사자의 자유로운 변론 보장 등과 같은 대심구조적 사법절차가 준용되어야 한다는 취지일 뿐, 사법절차의 심급제에 따른 불복할 권리까지 준용되어야 한다는 취지는 아니다. 그러므로 이 사건 법률조항은 헌법 제101조 제1항, 제107조 제2항 및 제3항에 위배되지 아니한다(헌재 2014.6.26., 2013헌바122).

③ (○) 청구인적격이 없는 자의 명의로 제기된 행정심판청구에 대하여 행정청이나 재결청에게 행정심판청구인을 청구인적격이 있는 자로 변경할 것을 요구하는 보정을 명할 의무가 없고, 행정심판절차에서 임의적인 청구인의 변경은 원칙적으로 허용되지 아니한다(대판 1999.10.8., 98두10073).

④ (×) 종래와 달리 행정심판의 청구는 피청구인인 행정청뿐만 아니라 행정심판위원회에도 청구할 수 있다.

> 「행정심판법」 제23조【심판청구서의 제출】① 행정심판을 청구하려는 자는 제28조에 따라 심판청구서를 작성하여 피청구인이나 위원회에 제출하여야 한다. 이 경우 피청구인의 수만큼 심판청구서 부본을 함께 제출하여야 한다.

정답 | ③

821

「행정심판법」상 행정심판에 대한 설명으로 옳지 않은 것은?

① 심판청구가 그 내용이 특정되지 아니하는 등 명백히 부적법하다고 판단되는 경우에 피청구인은 답변서를 위원회에 보내지 아니할 수 있다. 이 경우 심판청구서를 접수하거나 송부받은 날부터 10일 이내에 그 사유를 위원회에 문서로 통보하여야 한다.
② 행정청이 심판청구기간을 알리지 아니한 경우에 처분의 상대방이 처분을 안 날로부터 90일 이내에 청구하여야 하지만, 정당한 사유가 있으면 국내 14일 범위에서 연장할 수 있다.
③ 행정심판위원회는 심판청구가 적법하지 아니하나 보정(補正)할 수 있다고 인정하면 기간을 정하여 청구인에게 보정할 것을 요구할 수 있다. 다만, 경미한 사항은 직권으로 보정할 수 있다.
④ 행정심판위원회는 사정재결을 할 때에는 청구인에 대하여 상당한 구제방법을 취하거나 상당한 구제방법을 취할 것을 피청구인에게 명할 수 있다.

821	
기출처	예상문제
난이도	★★
키워드	행정심판

해설

① (○) 제1항에도 불구하고 심판청구가 그 내용이 특정되지 아니하는 등 명백히 부적법하다고 판단되는 경우에 피청구인은 답변서를 위원회에 보내지 아니할 수 있다. 이 경우 심판청구서를 접수하거나 송부받은 날부터 10일 이내에 그 사유를 위원회에 문서로 통보하여야 한다(「행정심판법」 제24조 제2항).
② (×) 행정청이 심판청구기간을 알리지 아니한 경우에는 행정심판은 처분이 있었던 날부터 180일 이내에 청구하여야 한다. 다만, 정당한 사유가 있는 경우에는 그러하지 아니하다(동법 제27조 제3항·제6항 참고).
③ (○) 동법 제32조 제1항
④ (○) 동법 제44조 제2항

정답 | ②

822 〈필수〉

행정심판재결의 효력에 대한 설명으로 옳지 않은 것은?

① 행정심판재결의 내용이 처분청의 처분을 스스로 취소하는 것일 때에는 그 재결의 형성력이 발생하여 당해 행정처분은 별도의 행정처분을 기다릴 것 없이 당연히 취소되어 소멸된다.
② 행정처분이나 행정심판재결이 불복기간의 경과로 확정될 경우 그 확정력은 처분으로 법률상 이익을 침해받은 자가 당해 처분이나 재결의 효력을 더 이상 다툴 수 없다는 의미일 뿐 판결과 같은 기판력이 인정되는 것은 아니다.
③ 당사자의 신청을 받아들이지 않은 거부처분이 재결에서 취소된 경우에 행정청은 종전 거부처분 또는 재결 후에 발생한 새로운 사유를 내세워 다시 거부처분을 할 수 없다.
④ 교원소청심사위원회의 결정은 처분청에 대하여 기속력을 가지고 이는 그 결정의 주문에 포함된 사항뿐 아니라 처분 등의 구체적 위법사유에 관한 판단에까지 미친다.

해설

① 빈출 (O) 행정심판에 있어서 재결청의 재결내용이 처분청에 취소를 명하는 것이 아니라 처분청의 처분을 스스로 취소하는 것일 때에는 그 재결에 형성력이 발생하여 당해 행정처분은 별도의 행정처분을 기다릴 것 없이 당연히 취소되어 소멸되는 것이다(대판 1994.4.12., 93누1879).

② 빈출 (O) 일반적으로 행정처분이나 행정심판재결이 불복기간의 경과로 인하여 확정될 경우, 그 확정력은 그 처분으로 인하여 법률상 이익을 침해받은 자가 당해 처분이나 재결의 효력을 더이상 다툴 수 없다는 의미일 뿐, 더 나아가 판결에 있어서와 같은 기판력이 인정되는 것은 아니어서 그 처분의 기초가 된 사실관계나 법률적 판단이 확정되고 당사자들이나 법원이 이에 기속되어 모순되는 주장이나 판단을 할 수 없게 되는 것은 아니다(대판 1994.11.8., 93누21927).

③ 빈출 (×) 당사자의 신청을 받아들이지 않은 거부처분이 재결에서 취소된 경우에 행정청은 종전 거부처분 또는 재결 후에 발생한 새로운 사유를 내세워 다시 거부처분을 할 수 있다(대판 2017.10.31., 2015두45045).

④ (O) 교원소청심사위원회(이하 '위원회'라 한다)의 결정은 처분청에 대하여 기속력을 가지고 이는 그 결정의 주문에 포함된 사항뿐 아니라 그 전제가 된 요건사실의 인정과 판단, 즉 처분 등의 구체적 위법사유에 관한 판단에까지 미친다(대판 2013.7.25., 2012두12297).

정답 | ③

관련기출 옳은지문

- 당사자의 신청을 받아들이지 않은 거부처분이 재결에서 취소된 경우, 그 재결의 취지에 따라 이전의 신청에 대하여 다시 어떠한 처분을 하여야 할지는 처분을 할 때의 법령과 사실을 기준으로 판단하여야 하므로, 행정청은 종전 거부처분 또는 재결 후에 발생한 새로운 사유를 내세워 다시 거부처분을 할 수 있다. 19국가직7급

823 필수

「행정심판법」상 권리구제에 대한 설명으로 옳은 것은? (다툼이 있는 경우 판례에 의함)

① 행정심판위원회는 조정을 할 수 없다.
② 행정심판위원회는 피청구인이 처분명령재결의 취지에 따라 이전의 신청에 대한 처분을 하지 않는 경우 직접 처분을 할 수 있지만 간접강제를 할 수는 없다.
③ 처분청이 심판청구기간을 알리지 아니한 경우에는 청구인이 처분이 있음을 알았는지 여부를 묻지 않고 청구기간의 제한이 없게 된다.
④ 임시처분은 집행정지로 목적을 달성할 수 있는 경우에는 허용되지 아니한다.
⑤ 행정심판의 재결이 확정된 경우 처분의 기초가 된 사실관계나 법률적 판단이 확정되고 당사자들이나 법원은 이에 기속되어 모순되는 주장이나 판단을 할 수 없다.

823	1 2 3
기출처	2020 국회직 9급
난이도	★★
키워드	행정심판

🔍 관련기출 옳은지문

• 행정심판의 재결이 확정된 경우에도 처분의 기초가 된 사실관계나 법률적 판단이 확정되고 당사자들이나 법원이 이에 기속되어 모순되는 주장이나 판단을 할 수 없게 되는 것은 아니다. 22군무원9급

해설

① (×) 「행정심판법」 제43조의2

> 「행정심판법」 제43조의2【조정】① 위원회는 당사자의 권리 및 권한의 범위에서 당사자의 동의를 받아 심판청구의 신속하고 공정한 해결을 위하여 조정을 할 수 있다. 다만, 그 조정이 공공복리에 적합하지 아니하거나 해당 처분의 성질에 반하는 경우에는 그러하지 아니하다.

② (×) 직접 처분뿐만 아니라 간접강제도 가능하다(동법 제50조 제1항, 제50조의2 제1항).
③ (×) 심판청구기간에 대한 불고지는 처분이 있는 날로부터 180일이다.

> 「행정심판법」 제27조【심판청구의 기간】③ 행정심판은 처분이 있었던 날부터 180일이 지나면 청구하지 못한다. 다만, 정당한 사유가 있는 경우에는 그러하지 아니하다.
> ⑥ 행정청이 심판청구기간을 알리지 아니한 경우에는 제3항에 규정된 기간(→ 처분이 있었던 날부터 180일)에 심판청구를 할 수 있다.

④ 빈출 (○) 임시처분은 집행정지와 보충성의 관계이다.

> 「행정심판법」 제31조【임시처분】③ 제1항에 따른 임시처분은 제30조 제2항에 따른 집행정지로 목적을 달성할 수 있는 경우에는 허용되지 아니한다.

⑤ 빈출 (×) 재결은 확정판결과 같은 기판력의 효력이 없다.

> 행정심판의 재결은 피청구인인 행정청을 기속하는 효력을 가지므로 재결청이 취소심판의 청구가 이유 있다고 인정하여 처분청에 처분을 취소할 것을 명하면 처분청으로서는 재결의 취지에 따라 처분을 취소하여야 하지만, 나아가 재결에 판결에서와 같은 기판력이 인정되는 것은 아니어서 재결이 확정된 경우에도 처분의 기초가 된 사실관계나 법률적 판단이 확정되고 당사자들이나 법원이 이에 기속되어 모순되는 주장이나 판단을 할 수 없게 되는 것은 아니다(대판 2015.11.27., 2013다6759).

정답 | ④

824 〈필수〉

행정심판에 대한 설명으로 옳은 것(○)과 옳지 않은 것(×)을 순서대로 나열한 것은? (다툼이 있는 경우 판례에 의함)

> ㄱ. 「행정심판법」에 따르면, 심판청구에 대한 재결이 있는 경우에는 그 재결 및 같은 처분 또는 부작위에 대하여 다시 심판청구를 제기할 수 없다.
> ㄴ. 재결의 기속력은 재결의 주문 및 그 전제가 된 요건사실의 인정과 판단, 즉 처분 등의 구체적 위법사유에 관한 판단에만 미친다고 할 것이고, 종전 처분이 재결에 의하여 취소되었다 하더라도 종전 처분시와는 다른 사유를 들어서 처분을 하는 것은 기속력에 저촉되지 않는다.
> ㄷ. 조정은 위원회의 개입 없이 당사자가 합의한 사항을 조정서에 기재한 후 당사자가 서명 또는 날인함으로써 성립한다.
> ㄹ. 위원회는 심판청구가 된 처분이 무효인 경우에도 이를 확인하여 인용(認容)하는 것이 공공복리에 크게 위배된다고 인정하면 그 심판청구를 기각하는 재결을 할 수 있다.

	ㄱ	ㄴ	ㄷ	ㄹ
①	○	×	○	×
②	×	×	×	○
③	○	×	×	○
④	○	○	×	×

해설

ㄱ. **빈출** (○) 「행정심판법」 제51조

> 「행정심판법」 제51조【행정심판 재청구의 금지】 심판청구에 대한 재결이 있으면 그 재결 및 같은 처분 또는 부작위에 대하여 다시 행정심판을 청구할 수 없다.

ㄴ. **빈출** (○) 재결의 기속력은 재결의 주문과 전제가 된 요건사실의 판단과 인정에만 미친다. 즉, 설시된 개개의 위법사유에만 미치는 것으로 설시된 위법사유가 아닌 것은 기속력의 객관적 범위에 해당되지 않는다.

> 재결의 기속력은 재결의 주문 및 그 전제가 된 요건사실의 인정과 판단, 즉 처분 등의 구체적 위법사유에 관한 판단에만 미친다고 할 것이고, 종전 처분이 재결에 의하여 취소되었다 하더라도 종전 처분시와는 다른 사유를 들어서 처분을 하는 것은 기속력에 저촉되지 않는다고 할 것이며, 여기에서 동일 사유인지 다른 사유인지는 종전 처분에 관하여 위법한 것으로 재결에서 판단된 사유와 기본적 사실관계에 있어 동일성이 인정되는 사유인지 여부에 따라 판단되어야 한다(대판 2005.12.9., 2003두7705).

ㄷ. (×) 당사자 간의 서명 또는 날인 후 위원회가 확인함으로써 성립한다.

> 「행정심판법」 제43조의2【조정】 ③ 조정은 당사자가 합의한 사항을 조정서에 기재한 후 당사자가 서명 또는 날인하고 위원회가 이를 확인함으로써 성립한다.

ㄹ. (×) 무효인 경우에는 사정재결을 할 수 없다.

> 「행정심판법」 제44조【사정재결】 ① 위원회는 심판청구가 이유가 있다고 인정하는 경우에도 이를 인용(認容)하는 것이 공공복리에 크게 위배된다고 인정하면 그 심판청구를 기각하는 재결을 할 수 있다. 이 경우 위원회는 재결의 주문(主文)에서 그 처분 또는 부작위가 위법하거나 부당하다는 것을 구체적으로 밝혀야 한다.
> ② 위원회는 제1항에 따른 재결을 할 때에는 청구인에 대하여 상당한 구제방법을 취하거나 상당한 구제방법을 취할 것을 피청구인에게 명할 수 있다.
> ③ 제1항과 제2항은 무효등확인심판에는 적용하지 아니한다.

정답 | ④

825

행정심판에 대한 설명으로 옳은 것은? (다툼이 있는 경우 판례에 의함)

① 택지초과소유부담금 부과처분을 취소하는 재결이 있는 경우 그 재결에 적시된 위법사유를 시정·보완하여 정당한 부담금을 새로이 부과할 수 없는 것이고, 이러한 새로운 부과처분은 재결의 기속력에 저촉되어 위법하다.
② 행정소송의 전치요건인 행정심판청구는 엄격한 형식을 요하지 아니하는 서면행위로 해석되므로, 그 처분의 취소나 변경을 구하는 서면이 제출되었을 때에는 그 표제와 제출기관의 여하를 불문하고, 이를 「행정소송법」 제18조 소정의 행정심판청구로 보고 불비된 사항이 보정 가능한 때에는 보정을 명하고 보정이 불가능하거나 보정명령에 따르지 아니한 때에 비로소 부적법 각하를 하여야 할 것이다.
③ 행정심판위원회의 취소재결 이후 행정청이 해당 처분을 취소하는 경우 행정청의 취소는 항고소송 대상인 처분에 해당된다.
④ 재결은 「행정심판법」 제23조에 따라 피청구인 또는 위원회가 심판청구서를 받은 날부터 60일 이내에 하여야 하지만, 부득이한 사정이 있는 경우에는 위원장은 직권으로 재결기간의 범위 내에서 연장할 수 있다.

825	
기출처	예상문제
난이도	★★
키워드	행정심판

관련기출 옳은지문
- 행정심판의 재결은 피청구인 또는 행정심판위원회가 심판청구서를 받은 날부터 60일 이내에 하여야 하나 부득이한 사정이 있는 경우에는 위원장이 직권으로 30일을 연장할 수 있다. 25소방직

해설

① (×) 택지초과소유부담금 부과처분을 취소하는 재결이 있는 경우 당해 처분청은 재결의 취지에 반하지 아니하는 한, 즉 당초 처분과 동일한 사정 아래에서 동일한 내용의 처분을 반복하는 것이 아닌 이상, 그 재결에 적시된 위법사유를 시정·보완하여 정당한 부담금을 산출한 다음 새로이 부담금을 부과할 수 있는 것이고, 이러한 새로운 부과처분은 재결의 기속력에 저촉되지 아니한다(대판 1997.2.25., 96누14784).
② (○) 행정소송의 전치요건인 행정심판청구는 엄격한 형식을 요하지 아니하는 서면행위로 해석되므로, 위법·부당한 행정처분으로 인하여 권리나 이익을 침해당한 자로부터 그 처분의 취소나 변경을 구하는 서면이 제출되었을 때에는 그 표제와 제출기관의 여하를 불문하고, 이를 「행정소송법」 제18조 소정의 행정심판청구로 보고, 불비된 사항이 보정 가능한 때에는 보정을 명하고 보정이 불가능하거나 보정명령에 따르지 아니한 때에 비로소 부적법 각하를 하여야 할 것이며, 더욱 심판청구인은 일반적으로 전문적 법률지식을 갖고 있지 못하여 제출된 서면의 취지가 불명확한 경우도 적지 않으나, 이러한 경우에도 행정청으로서는 그 서면을 가능한 한 제출자의 이익이 되도록 해석하고 처리하여야 하는 것이다(대판 1995.9.5., 94누16250).
③ (×) 행정심판위원회의 형성적 취소재결이 있게 되면 행정청의 별도의 행위 없이 처분은 취소되고, 이에 행정청이 처분을 취소하였다고 해도 이는 취소되었음을 확인하는 의미일뿐 항고소송 대상인 처분이라 할 수 없다.

> 행정심판재결의 내용이 처분청에게 처분의 취소를 명하는 것이 아니라, 재결청이 스스로 처분을 취소하는 것일 때에는 그 재결의 형성력에 의하여 당해 처분은 별도의 행정처분을 기다릴 것 없이 취소되어 소멸되는 것이므로, 당해 처분을 취소한 이 사건 처분은 이 사건 취소재결의 당사자가 아니어서 그 재결이 있었음을 모르고 있는 원고에게 당해 처분이 취소·소멸되었음을 알려주는 의미의 사실 또는 관념의 통지에 불과할 뿐, 당해 처분을 취소·소멸시키는 새로운 형성적 행위가 아니어서 항고소송의 대상이 되는 처분이라고 할 수 없다(대판 1998.4.24., 97누17131).

④ (×) 부득이한 사정이 있는 경우 30일을 연장할 수 있다.

> 「행정심판법」 제45조 【재결기간】 ① 재결은 제23조에 따라 피청구인 또는 위원회가 심판청구서를 받은 날부터 60일 이내에 하여야 한다. 다만, 부득이한 사정이 있는 경우에는 위원장이 직권으로 30일을 연장할 수 있다.

정답 | ②

826

행정심판에 대한 설명으로 옳지 않은 것은? (다툼이 있는 경우 판례에 의함)

① 거부처분에 대하여는 취소심판 또는 의무이행심판을 제기할 수 있다.
② 부작위에 대한 의무이행심판의 경우 심판청구기간의 제한이 없다.
③ 심판청구를 인용하는 재결은 피청구인뿐만 아니라 그 밖의 관계행정청도 기속하는 효력이 있다.
④ 행정심판위원회는 취소심판의 청구가 이유가 있다고 인정하면 처분을 취소하거나 다른 처분으로 변경하거나, 처분을 다른 처분으로 변경할 것을 피청구인에게 명할 수 있다.
⑤ 처분을 다른 처분으로 변경할 것을 명령하는 재결에 대해 행정청이 이를 따르지 않는 경우 간접강제제도에 의한 강제가 가능하다.

해설

① (O) 거부처분은 취소심판, 무효등확인심판, 의무이행심판이 가능하다.
② (O) 「행정심판법」 제27조 제7항
③ (O) 동법 제49조 제1항
④ (O) 동법 제43조 제3항
⑤ (×) 처분변경명령에 대한 간접강제규정은 「행정심판법」에는 규정되어 있지 않다. 간접강제가 가능한 경우로는 거부처분에 대한 취소재결이나 무효등확인재결, 처분의 이행명령재결, 신청에 대한 처분이 절차 위반으로 취소된 경우이다.

> 「행정심판법」 제49조 【재결의 기속력 등】 ② 재결에 의하여 취소되거나 무효 또는 부존재로 확인되는 처분이 당사자의 신청을 거부하는 것을 내용으로 하는 경우에는 그 처분을 한 행정청은 재결의 취지에 따라 다시 이전의 신청에 대한 처분을 하여야 한다.
> ③ 당사자의 신청을 거부하거나 부작위로 방치한 처분의 이행을 명하는 재결이 있으면 행정청은 지체 없이 이전의 신청에 대하여 재결의 취지에 따라 처분을 하여야 한다.
> ④ 신청에 따른 처분이 절차의 위법 또는 부당을 이유로 재결로써 취소된 경우에는 제2항을 준용한다.
> 제50조의2 【위원회의 간접강제】 ① 위원회는 피청구인이 제49조 제2항(제49조 제4항에서 준용하는 경우를 포함한다) 또는 제3항에 따른 처분을 하지 아니하면 청구인의 신청에 의하여 결정으로 상당한 기간을 정하고 피청구인이 그 기간 내에 이행하지 아니하는 경우에는 그 지연기간에 따라 일정한 배상을 하도록 명하거나 즉시 배상을 할 것을 명할 수 있다.

정답 | ⑤

827

다음 중 행정심판에 대한 설명으로 가장 옳지 않은 것은?

① 처분청이 처분을 통지할 때 행정심판을 제기할 수 있다는 사실과 기타 청구절차 및 청구기간 등에 대한 고지를 하지 않았다고 하여 처분에 하자가 있다고 할 수 없다.
② 행정심판청구서가 피청구인에게 접수된 경우, 피청구인은 심판청구가 이유 있다고 인정하면 직권으로 처분을 취소할 수 있다.
③ 수익적 처분의 거부처분이나 부작위에 대해 임시적 지위를 인정할 필요가 있어서 인정한 제도는 임시처분이다.
④ 의무이행심판에서 이행을 명하는 재결이 있음에도 불구하고 처분청이 이를 이행하지 아니할 때 위원회가 직접 처분을 할 수 있는데, 행정심판의 재결은 처분청을 기속하므로 지방자치단체는 직접 처분에 대해 행정심판위원회가 속한 국가기관을 상대로 권한쟁의심판을 청구할 수 없다.

> **해설**

④ 지엽 (×) 피청구인의 제1·2차 재결에 이 사건 진입도로 부분이 포함된 여부에 상관없이 재결청인 피청구인이 「행정심판법」 제37조 제2항에 의하여 이 사건 진입도로를 개설한 직접 처분은 도시계획법 및 「지방자치법」의 조항에 의한 청구인의 권한을 침해하고 있음이 분명하므로 당연무효인 피청구인의 위법한 직접 처분에 대한 권한쟁의심판으로 이의 시정을 구할 수 있는 것이다(헌재 1999.7.22., 98헌라4).

정답 | ④

828 필수

「행정심판법」상 심판절차에 대한 설명으로 옳지 않은 것은? (다툼이 있는 경우 판례에 의함)

① 행정청이 처분을 할 때에는 처분의 상대방에게 해당 처분에 대하여 행정심판을 청구할 수 있는지 등의 사항을 알려야 한다.

② 「행정심판법」의 규정에 따라 재결청이 직접 처분을 하기 위하여는 처분의 이행을 명하는 재결이 있었음에도 당해 행정청이 아무런 처분을 하지 아니하였어야 하므로, 당해 행정청이 어떠한 처분을 하였다면 그 처분이 재결의 내용에 따르지 아니하였다고 하더라도 재결청이 직접 처분을 할 수는 없다.

③ 중앙행정심판위원회는 심판청구를 심리·재결할 때에 처분의 근거가 되는 명령 등이 법령에 근거가 없거나 상위법령에 위배되는 등 크게 불합리하면 관계 행정기관에 그 명령 등의 개정·폐지 등 적절한 시정조치를 요청할 수 있고, 이를 지체 없이 관계기관의 장에게 통지하여야 한다.

④ 제3자효를 수반하는 행정행위에 대한 행정심판청구에 있어서 그 청구를 인용하는 내용의 재결로 인하여 비로소 권리이익을 침해받게 되는 자가 그 인용재결에 대하여 취소를 구하는 경우, 그 인용재결은 항고소송의 대상이 된다.

828	① ② ③
기출처	예상문제
난이도	★★★
키워드	행정심판

🔍 관련기출 옳은지문

• 고지절차에 관한 규정은 행정처분의 상대방이 그 처분에 대한 행정심판의 절차를 밟는 데 있어 편의를 제공하려는 데 있으며 처분청이 위 규정에 따른 고지의무를 이행하지 아니하였다고 하더라도 경우에 따라서는 행정심판의 제기기간이 연장될 수 있는 것에 그치고 이로 인하여 심판의 대상이 되는 행정처분에 어떤 하자가 수반된다고 할 수 없다. 25소방직

> **해설**

③ (×) 중앙행정심판위원회는 심판청구를 심리·재결할 때에 처분 또는 부작위의 근거가 되는 명령 등(대통령령·총리령·부령·훈령·예규·고시·조례·규칙 등을 말한다. 이하 같다)이 법령에 근거가 없거나 상위법령에 위배되거나 국민에게 과도한 부담을 주는 등 크게 불합리하면 관계 행정기관에 그 명령 등의 개정·폐지 등 적절한 시정조치를 요청할 수 있다. 이 경우 중앙행정심판위원회는 시정조치를 요청한 사실을 법제처장에게 통보하여야 한다(「행정심판법」 제59조 제1항).

정답 | ③

829

「행정심판법」상 심판절차에 대한 설명으로 옳지 않은 것은?

① 청구인은 사건 심리에 필요하면 관계 행정기관이 보관 중인 관련 문서, 장부 그 밖에 필요한 자료를 제출할 것을 요구할 수 있다.
② 행정심판의 심리는 구술심리나 서면심리로 한다. 다만, 당사자가 구술심리를 신청한 경우에는 서면심리만으로 결정할 수 있다고 인정되는 경우 외에는 구술심리를 하여야 한다.
③ 위원회는 처분 또는 부작위가 위법·부당하다고 상당히 의심되는 경우로서 처분 또는 부작위 때문에 당사자가 받을 우려가 있는 중대한 불이익이나 당사자에게 생길 급박한 위험을 막기 위하여 임시지위를 정하여야 할 필요가 있는 경우에는 직권으로 또는 당사자의 신청에 의하여 임시처분을 결정할 수 있다.
④ 행정심판위원회의 심판청구에 대한 보정요구가 있어 보정을 한 경우에 처음부터 적법하게 행정심판이 청구된 것으로 보며, 이에 따른 보정기간은 재결기간에 산입하지 아니한다.

해설

① (×) 청구인은 자료제출요구권이 없고, 위원회는 자료제출요구권이 있다.

> 「행정심판법」 제35조 【자료의 제출 요구 등】 ① 위원회는 사건 심리에 필요하면 관계 행정기관이 보관 중인 관련 문서, 장부 그 밖에 필요한 자료를 제출할 것을 요구할 수 있다.

② (○) 해당 조항은 구술심리와 서면심리의 관계를 잘 구분하여 숙지하여야 한다.

> 「행정심판법」 제40조 【심리의 방식】 ① 행정심판의 심리는 구술심리나 서면심리로 한다. 다만, 당사자가 구술심리를 신청한 경우에는 서면심리만으로 결정할 수 있다고 인정되는 경우 외에는 구술심리를 하여야 한다.
> ② 위원회는 제1항 단서에 따라 구술심리 신청을 받으면 그 허가 여부를 결정하여 신청인에게 알려야 한다.

③ (○) 동법 제31조 제1항
④ (○) 동법 제32조 제4항·제5항

정답 | ①

830

다음 사례에 대한 설명으로 옳은 것은?

> 식품접객업을 하는 甲은 청소년의 연령을 확인하지 않고 주류를 판매한 사실이 적발되어 관할 행정청 乙로부터 「식품위생법」 위반을 이유로 영업정지 2개월을 부과받자 관할 행정심판위원회 丙에 행정심판을 청구하였다.

① 丙은 영업정지 2개월에 갈음하여 「식품위생법」 소정의 과징금으로 변경할 수 없다.
② 甲이 丙의 기각재결을 받은 후 재결 자체에 고유한 하자가 있음을 주장하며 그 기각재결에 대하여 취소소송을 제기한 경우, 수소법원은 심리 결과 재결 자체에 고유한 위법이 없다면 각하판결을 하여야 한다.
③ 丙이 영업정지처분을 취소하는 재결을 할 경우, 乙은 이 인용재결의 취소를 구하는 행정소송을 제기할 수 없다.
④ 丙은 행정심판의 심리과정에서 甲의 「식품위생법」상의 또 다른 위반 사실을 인지한 경우, 乙의 2개월 영업정지와는 별도로 1개월 영업정지를 추가하여 부과하는 재결을 할 수 있다.

830	
기출처	2023 지방직 9급
난이도	★★
키워드	행정심판

해설

① (×) 행정심판위원회는 처분의 취소뿐만 아니라 변경도 가능하다. 위원회는 영업정지를 변경하는 과징금 부과 재결을 할 수 있다.
② **빈출** (×) 「행정소송법」 제19조는 취소소송은 행정청의 원처분을 대상으로 하되(원처분주의), 다만 '재결 자체에 고유한 위법이 있음을 이유로 하는 경우'에 한하여 행정심판의 재결도 취소소송의 대상으로 삼을 수 있도록 규정하고 있으므로 재결취소소송의 경우 재결 자체에 고유한 위법이 있는지 여부를 심리할 것이고, 재결 자체에 고유한 위법이 없는 경우에는 원처분의 당부와는 상관없이 당해 재결취소소송은 이를 기각하여야 한다(대판 1994.1.25., 93누16901).
③ (○) 재결의 기속력에 의해 행정청은 인용재결에 불복할 수 없다. 인용재결에 대하여 행정소송을 제기할 수 없도록 한 규정에 대하여 헌법재판소는 합헌결정을 하였다.

> 행정심판청구를 인용하는 재결이 행정청을 기속하도록 규정한 「행정심판법」(2010.1.25. 법률 제9968호로 전부개정된 것) 제49조 제1항(이하 '이 사건 법률조항'이라 한다)이 헌법 제101조 제1항, 제107조 제2항 및 제3항에 위배되지 않는다(헌재 2014.6.26., 2013헌바122).

④ (×) 불이익변경금지원칙에 의해 행정심판위원회는 원처분보다 불이익한 재결을 할 수 없다.

> 「**행정심판법**」 **제47조 [재결의 범위]** ① 위원회는 심판청구의 대상이 되는 처분 또는 부작위 외의 사항에 대하여는 재결하지 못한다.
> ② 위원회는 심판청구의 대상이 되는 처분보다 청구인에게 불리한 재결을 하지 못한다.

정답 | ③

831	① ② ③
기출처	2021 국회직 8급
난이도	★★★
키워드	행정심판

관련기출 옳은지문
• 당사자의 신청을 거부하거나 부작위로 방치한 처분에 대한 다툼과 관련하여 「행정심판법」은 행정심판위원회에 의한 직접 처분을 허용하면서도, 「행정소송법」과 마찬가지로 간접강제제도를 도입하여 재결의 실효성을 담보하고 있다. 24군무원7급

831 〈필수〉

행정심판과 행정소송에 대한 설명으로 옳지 않은 것은? (다툼이 있는 경우 판례에 의함)

① 「행정심판법」에서는 당사자심판에 관한 규정은 두지 않고 있으며, 개별법에서 행정상 법률관계의 형성 또는 존부에 관하여 다툼이 있는 경우에 대해서 재정 등 분쟁해결절차를 두는 경우가 있다.

② 「행정심판법」에서는 의무이행심판제도를 두고 있지만, 「행정소송법」에서는 의무이행소송제도를 두고 있지 않다.

③ 「행정소송법」에서는 행정소송 제기기간을 법령보다 긴 기간으로 잘못 알린 경우에 대해 이를 구제할 수 있는 규정을 두고 있지 않으나, 「행정심판법」의 준용을 통해 구제가 가능하다.

④ 「행정심판법」에서는 거부처분에 대한 이행명령재결에 따르지 않을 경우 직접 처분에 관한 규정을 두고 있으나, 「행정소송법」에서는 이에 관한 규정을 두지 않고 있다.

⑤ 「행정심판법」에서는 거부처분에 대한 취소심판에서 인용재결이 내려진 경우 재결의 취지에 따라 다시 이전의 신청에 대한 처분을 해야 할 재처분의무에 관한 규정을 두고 있다.

해설

③ (×) 「행정소송법」은 제소기간에 대한 불고지·오고지규정을 두고 있지 않고, 이에 대한 준용규정도 없다.

> 「행정심판법」 제27조 【심판청구의 기간】 ① 행정심판은 처분이 있음을 알게 된 날부터 90일 이내에 청구하여야 한다.
> ② 청구인이 천재지변, 전쟁, 사변(事變) 그 밖의 불가항력으로 인하여 제1항에서 정한 기간에 심판청구를 할 수 없었을 때에는 그 사유가 소멸한 날부터 14일 이내에 행정심판을 청구할 수 있다. 다만, 국외에서 행정심판을 청구하는 경우에는 그 기간을 30일로 한다.
> ③ 행정심판은 처분이 있었던 날부터 180일이 지나면 청구하지 못한다. 다만, 정당한 사유가 있는 경우에는 그러하지 아니하다.
> ④ 제1항과 제2항의 기간은 불변기간(不變期間)으로 한다.
> ⑤ 행정청이 심판청구기간을 제1항에 규정된 기간보다 긴 기간으로 잘못 알린 경우 그 잘못 알린 기간에 심판청구가 있으면 그 행정심판은 제1항에 규정된 기간에 청구된 것으로 본다.
> ⑥ 행정청이 심판청구기간을 알리지 아니한 경우에는 제3항에 규정된 기간에 심판청구를 할 수 있다.
> ⑦ 제1항부터 제6항까지의 규정은 무효등확인심판청구와 부작위에 대한 의무이행심판청구에는 적용하지 아니한다.
> 「행정소송법」 제20조 【제소기간】 ① 취소소송은 처분 등이 있음을 안 날부터 90일 이내에 제기하여야 한다. 다만, 제18조 제1항 단서에 규정한 경우와 그 밖에 행정심판청구를 할 수 있는 경우 또는 행정청이 행정심판청구를 할 수 있다고 잘못 알린 경우에 행정심판청구가 있은 때의 기간은 재결서의 정본을 송달받은 날부터 기산한다.
> ② 취소소송은 처분 등이 있은 날부터 1년(제1항 단서의 경우는 재결이 있은 날부터 1년)을 경과하면 이를 제기하지 못한다. 다만, 정당한 사유가 있는 때에는 그러하지 아니하다.
> ③ 제1항의 규정에 의한 기간은 불변기간으로 한다.

정답 | ③

832

행정심판에 대한 설명으로 옳지 않은 것은? (다툼이 있는 경우 판례에 의함)

① 취소심판의 인용재결로서 취소재결, 변경재결, 변경명령재결을 할 수 있다.
② 당사자의 신청을 받아들이지 않은 거부처분이 재결에서 취소된 경우에 행정청은 재결 후에 발생한 새로운 사유를 내세워 다시 거부처분을 할 수 있다.
③ 정보공개명령재결은 행정심판위원회에 의한 직접 처분의 대상이 된다.
④ 인용재결의 기속력은 피청구인과 그 밖의 관계 행정청에 미치고, 행정심판위원회의 간접강제결정의 효력은 피청구인인 행정청이 소속된 국가·지방자치단체 또는 공공단체에 미친다.

832	
기출처	2021 국가직 7급
난이도	★★
키워드	행정심판

해설

① 빈출 (○) 「행정심판법」상 취소심판의 인용재결은 취소재결, 변경재결, 변경명령재결이 있다. 취소명령재결은 할 수 없음을 유의하여야 한다.
② (○) 거부처분이 재결로서 취소된 경우에 피청구인은 원칙적으로 재결의 취지에 따라 이전 신청에 대해 인용하는 처분을 하여야 한다. 하지만 재결의 취지에 반하지 않는다면 다른 사유를 이유로 새로운 거부를 할 수 있다.
③ (×) 정보공개명령재결에 대해 피청구인이 적극적으로 이행하지 않을 경우, 성질상 청구대상인 정보를 행정심판위원회가 보유하고 있지 않아 직접 처분의 대상이 될 수 없다. 간접강제 대상이 될 수 있을 것이다.
④ (○) 인용재결의 기속력은 행정청과 관계행정청에 미친다. 간접강제는 배상제도로서 간접강제결정은 피청구인이 소속된 국가나 지방자치단체에 미친다.

정답 | ③

833

자신이 소유한 모텔에서 성인 乙과 청소년 丙을 투숙시켜 이성 혼숙하도록 한 사실이 적발되어 A도 관할 B군 군수 丁으로부터 「공중위생관리법」에 따라 영업정지 3개월의 처분을 받은 甲이 처분의 취소를 구하는 행정심판을 청구하려는 경우, 이에 관한 설명으로 옳지 않은 것은?

① 본 사안은 이른바 행정심판전치주의가 적용되지 않으므로, 甲은 행정심판을 거치지 아니하고도 곧바로 취소소송을 제기할 수 있다.
② 본 사안에서 丁의 영업정지처분에 대한 불복은 A도 행정심판위원회가 심리·재결한다.
③ 행정심판위원회가 甲의 청구를 기각하는 재결을 한 경우, 甲은 재결서의 정본을 송달받은 날부터 90일 이내에 행정소송을 제기할 수 있다.
④ 행정심판위원회가 甲의 청구를 인용하는 재결을 한 경우, 丁이 인용재결의 취소를 구하는 행정소송을 제기할 수 있다.

833	
기출처	2023 소방직
난이도	★★
키워드	행정심판

해설

① (○) 「공중위생관리법」상의 처분에 대해 별도의 행정심판전치를 필요적 절차로 규정하고 있지 않아 심판 없이 소송을 청구할 수 있다.
② (○) A도 관할 B군수의 처분이므로 A도 행정심판위원회에서 관할한다.
③ (○) 항고소송은 행정심판을 전치한 경우에 재결서 정본을 송달받은 날로부터 제소기간이 기산된다.
④ (×) 재결의 기속력에 의해 행정청은 인용재결이 있는 경우 불복하여 소송을 청구할 수 없다.

정답 | ④

CHAPTER 04 행정소송

01 행정소송 개괄

834	①②③
기출처	예상문제
난이도	★
키워드	행정소송 개괄

834
「행정소송법」상 행정소송에 해당하는 것은? (다툼이 있는 경우 판례에 의함)

① 국회의원의 자격심사에 따라 이루어진 국회의 국회의원에 대한 징계를 다투는 소송
② 국가기관과 지방자치단체간 및 지방자치단체 상호간의 분쟁에 관한 소송
③ 국가나 지방자치단체에 근무하는 청원경찰의 징계처분에 대한 소송
④ 「개발이익 환수에 관한 법률」상 개발부담금 부과처분이 취소된 경우 그 과오납금의 반환을 청구하는 소송

해설

① (×) 국회의원의 자격심사에 따른 징계는 헌법에 의해 행정소송 대상이 되지 않는다.
② (×) 「헌법재판소법」에 따라 헌법재판의 대상이다.
③ (○) 청원경찰의 징계는 항고소송의 대상인 처분이고, 행정소송 대상이 된다.

> 국가나 지방자치단체에 근무하는 청원경찰은 「국가공무원법」이나 「지방공무원법」상의 공무원은 아니지만, 다른 청원경찰과는 달리 그 임용권자가 행정기관의 장이고, 국가나 지방자치단체로부터 보수를 받으며, 「산업재해보상보험법」이나 「근로기준법」이 아닌 「공무원연금법」에 따른 재해보상과 퇴직급여를 지급받고, 직무상의 불법행위에 대하여도 「민법」이 아닌 「국가배상법」이 적용되는 등의 특질이 있으며 그 외 임용자격, 직무, 복무의무 내용 등을 종합하여 볼 때, 그 근무관계를 사법상의 고용계약관계로 보기는 어려우므로 그에 대한 징계처분의 시정을 구하는 소는 행정소송의 대상이지 민사소송의 대상이 아니다(대판 1993.7.13., 92다47564).

④ (×) 과오납반환에 대한 청구는 부당이득반환청구의 소에 해당되고 대법원에 의하면 민사소송에 의한다.

> 개발부담금 부과처분이 취소된 이상 그 후의 부당이득으로서의 과오납금 반환에 관한 법률관계는 단순한 민사관계에 불과한 것이고, 행정소송절차에 따라야 하는 관계로 볼 수 없다(대판 1995.12.22., 94다51253).

정답 | ③

835 〈필수〉

행정소송에 대한 설명으로 옳은 것은? (다툼이 있는 경우 판례에 의함)

① 당사자소송이란 행정청의 처분 등을 원인으로 하는 법률관계에 관한 소송이나 그 밖에 공법상의 법률관계에 관한 소송으로서 행정청을 피고로 하는 소송을 말한다.
② 검사에게 압수물 환부를 이행하라는 청구는 행정청의 부작위에 대하여 일정한 처분을 하도록 하는 처분에 대한 이행소송으로 현행 「행정소송법」상의 항고소송이다.
③ 국가보훈처장 등이 발행한 책자 등에서 독립운동가 등의 활동상을 잘못 기술하였다는 등의 이유로 그 사실관계의 확인을 구하거나, 국가보훈처장의 서훈추천서의 행사·불행사의 당연무효 또는 위법의 확인을 구하는 청구는 항고소송의 대상이 된다.
④ 「행정소송법」상 행정청이 일정한 처분을 하지 못하도록 그 부작위를 구하는 청구는 허용되지 않는 부적법한 소송이라 할 것이므로, 국민건강보험공단에게 고시를 적용하여 요양급여비용을 결정하여서는 아니 된다는 내용의 청구는 부적법하다.

835	
기출처	예상문제
난이도	★★
키워드	행정소송 개괄

관련기출 옳은지문

- 당사자소송이란 행정청의 처분 등을 원인으로 하는 법률관계에 관한 소송 그 밖에 공법상의 법률관계에 관한 소송으로서 그 법률관계의 한쪽 당사자를 피고로 하는 소송을 말한다. 12지방직9급

- 국가보훈처장 등이 발행한 책자 등에서 독립운동가 등의 활동상을 잘못 기술하였다는 등의 이유로 그 사실관계의 확인을 구하거나, 국가보훈처장의 서훈추천서의 행사·불행사가 당연무효 또는 위법임의 확인을 구하는 것은 항고소송의 대상이 될 수 없다. 24국회직8급

해설

① (×) 당사자소송의 피고는 행정청이 아니라, 법률관계의 한쪽 당사자를 피고로 한다(국가 등의 행정주체나 권리주체 등).

> 「행정소송법」 제3조【행정소송의 종류】 행정소송은 다음의 네 가지로 구분한다.
> 2. 당사자소송: 행정청의 처분 등을 원인으로 하는 법률관계에 관한 소송 그 밖에 공법상의 법률관계에 관한 소송으로서 그 법률관계의 한쪽 당사자를 피고로 하는 소송

② (×) 검사에게 압수물 환부를 이행하라는 청구는 행정청의 부작위에 대하여 일정한 처분을 하도록 하는 의무이행소송으로 현행 「행정소송법」상 허용되지 아니한다(대판 1995.3.10., 94누14018).

③ (×) 피고 국가보훈처장이 발행·보급한 독립운동사, 피고 문교부장관이 저작하여 보급한 국사교과서 등의 각종 책자와 피고 문화부장관이 관리하고 있는 독립기념관에서의 각종 해설문·전시물의 배치 및 전시 등에 있어서, 일제치하에서의 국내외의 각종 독립운동에 참가한 단체와 독립운동가의 활동상을 잘못 기술하거나, 전시·배치함으로써 그 역사적 의의가 그릇 평가되게 하였다는 이유로 그 사실관계의 확인을 구하고, 또 피고 국가보훈처장은 이들 독립운동가들의 활동상황을 잘못 알고 국가보훈상의 서훈추천권을 행사함으로써 서훈추천권의 행사가 적정하지 아니하였다는 이유로 이러한 서훈추천권의 행사·불행사가 당연무효임의 확인 또는 그 불작위가 위법함의 확인을 구하는 청구는 과거의 역사적 사실관계의 존부나 공법상의 구체적인 법률관계가 아닌 사실관계에 관한 것들을 확인의 대상으로 하는 것이거나 행정청의 단순한 부작위를 대상으로 하는 것으로서 항고소송의 대상이 되지 아니하는 것이다(대판 1990.11.23., 90누3553).

④ (○) 예방적 부작위청구소송(금지청구소송)은 법에 정해진 항고소송의 종류가 아니다. 대법원은 법정 항고소송 외의 항고소송은 인정하지 않는다.

> 「행정소송법」상 행정청이 일정한 처분을 하지 못하도록 그 부작위를 구하는 청구는 허용되지 않는 부적법한 소송이라 할 것이므로, 피고 국민건강보험공단은 이 사건 고시를 적용하여 요양급여비용을 결정하여서는 아니 된다는 내용의 원고들의 위 피고에 대한 이 사건 청구는 부적법하다 할 것이다(대판 2006.5.25., 2003두11988).

정답 | ④

836

〈보기〉의 행정행위의 하자와 행정소송 상호간의 관계에 관한 설명으로 옳은 것을 모두 고른 것은?

| 보기 |
ㄱ. 취소사유 있는 영업정지처분에 대한 취소소송의 제소기간이 도과한 경우 처분의 상대방은 국가배상청구소송을 제기하여 재산상 손해의 배상을 구할 수 있다.
ㄴ. 취소사유 있는 과세처분에 의하여 세금을 납부한 자는 과세처분취소소송을 제기하지 않은 채 곧바로 부당이득반환청구소송을 제기하더라도 납부한 금액을 반환받을 수 있다.
ㄷ. 파면처분을 당한 공무원은 그 처분에 취소사유인 하자가 존재하는 경우 파면처분취소소송을 제기하여야 하고 곧바로 공무원지위확인소송을 제기할 수 없다.
ㄹ. 무효인 과세처분에 의하여 세금을 납부한 자는 납부한 세금을 반환받기 위하여 부당이득반환청구소송을 제기하지 않고 곧바로 과세처분무효확인소송을 제기할 수 있다.

① ㄱ, ㄴ
② ㄷ, ㄹ
③ ㄱ, ㄷ, ㄹ
④ ㄴ, ㄷ, ㄹ

해설

ㄱ. (O) 처분이 취소되지 아니하였다 하더라도 국가는 이로 인한 손해를 배상할 책임이 있다. 따라서 취소사유가 있는 영업정지처분에 대한 취소소송의 제소기간이 도과한 경우에도(불가쟁력과 손해배상은 무관하다) 처분의 상대방은 국가배상청구소송을 제기하여 재산상 손해의 배상을 구할 수 있다.

ㄴ. (X) 과세처분이 당연무효라고 볼 수 없는 한 과세처분에 취소할 수 있는 위법사유가 있다 하더라도 그 과세처분은 행정행위의 공정력 또는 집행력에 의하여 그것이 적법하게 취소되기 전까지는 유효하다 할 것이므로, 민사소송절차에서 그 과세처분의 효력을 부인할 수 없다(대판 1999.8.20., 99다20179).

ㄷ. (O) 파면처분에 취소사유인 하자가 존재하는 경우 파면처분은 유효한 것으로 인정되어 파면처분취소소송을 제기하여야 하고, 공무원신분을 전제로 한 당사자소송으로 공무원지위확인소송을 제기할 수는 없다.

ㄹ. **빈출** (O) 무효인 과세처분은 공정력이 없어 민사소송으로 부당이득반환청구소송을 통해 구제가 가능하며, 과세처분에 대한 무효등확인소송도 제기할 수 있다.

> 행정처분의 근거 법률에 의하여 보호되는 직접적이고 구체적인 이익이 있는 경우에는 「행정소송법」 제35조에 규정된 '무효확인을 구할 법률상 이익'이 있다고 보아야 하고, 이와 별도로 무효확인소송의 보충성이 요구되는 것은 아니므로 행정처분의 무효를 전제로 한 이행소송 등과 같은 직접적인 구제수단이 있는지 여부를 따질 필요가 없다고 해석함이 상당하다(대판 2008.3.20., 2007두6342 전합).

정답 | ③

837 필수

「행정소송법」의 내용으로 옳지 <u>않은</u> 것은?

① 민중소송이란 국가 또는 공공단체의 기관이 법률에 위반되는 행위를 한 때에 자기의 법률상 이익을 침해받은 자가 그 시정을 구하기 위하여 제기하는 소송을 말한다.
② 행정소송에 대한 대법원판결에 의하여 명령·규칙이 헌법 또는 법률에 위반된다는 것이 확정된 경우에는 대법원은 지체 없이 그 사유를 행정안전부장관에게 통보하여야 한다.
③ 행정소송에 관하여 이 법에 특별한 규정이 없는 사항에 대하여는 「법원조직법」과 「민사소송법」 및 「민사집행법」의 규정을 준용한다.
④ 항고소송은 다른 소송과 달리 소송의 종류가 법에 규정되어 있다.

837	① ② ③
기출처	예상문제
난이도	★★
키워드	행정소송 개괄

해설

① (×) 민중소송은 객관적 소송으로 자기의 법률상 이익과 상관없이 행정의 적법성을 확보하고자 하는 소송이다.

> 「행정소송법」 제3조 【행정소송의 종류】 행정소송은 다음의 네가지로 구분한다.
> 3. 민중소송: 국가 또는 공공단체의 기관이 법률에 위반되는 행위를 한 때에 직접 자기의 법률상 이익과 관계없이 그 시정을 구하기 위하여 제기하는 소송

② (○) 동법 제6조 제1항
③ (○) 동법 제8조 제2항
④ (○) 항고소송은 법정 항고소송이다. 소송의 종류가 「행정소송법」에 규정되어 있어, 해당 소송 외의 항고소송은 인정하고 있지 않다.

> 「행정소송법」 제4조 【항고소송】 항고소송은 다음과 같이 구분한다.
> 1. 취소소송: 행정청의 위법한 처분 등을 취소 또는 변경하는 소송
> 2. 무효등확인소송: 행정청의 처분 등의 효력 유무 또는 존재 여부를 확인하는 소송
> 3. 부작위법확인소송: 행정청의 부작위가 위법하다는 것을 확인하는 소송

정답 | ①

838 〈필수〉

「행정소송법」에 대한 설명으로 옳은 것은? (다툼이 있는 경우 판례에 의함)

① 민중소송 및 기관소송은 법률이 정한 자에 한하여 제기할 수 있다.
② 판례는 「행정소송법」상 행정청의 부작위에 대하여 부작위위법확인소송과 작위의무이행소송을 인정하고 있다.
③ 「행정소송법」상 항고소송은 취소소송·무효등확인소송·부작위위법확인소송·당사자소송으로 구분한다.
④ 국가 또는 공공단체의 기관이 법률에 위반되는 행위를 한 때에 직접 자기의 법률상 이익과 관계없이 그 시정을 구하기 위하여 제기하는 소송을 기관소송이라 한다.

기출처: 2021 소방직
난이도: ★★
키워드: 행정소송 개괄

🔍 관련기출 옳은지문
• 기관소송이란 국가 또는 공공단체의 기관 상호간에 있어서의 권한의 존부 또는 그 행사에 관한 다툼이 있을 때에 이에 대하여 제기하는 소송을 말한다. _12지방직9급_

해설

① (○) 민중소송 및 기관소송은 법률이 정한 경우에 법률에 정한 자에 한하여 제기할 수 있다(「행정소송법」 제45조).
② (×) 현행 「행정소송법」상 '작위의무이행소송'은 인정하고 있지 않다(대법원도 부정하고 있다).

> 「행정심판법」 제4조 제3호가 의무이행심판청구를 인정하고 있고 항고소송의 제1심 관할 법원이 행정청의 소재지를 관할하는 고등법원으로 되어 있다고 하더라도, 「행정소송법」상 행정청의 부작위에 대하여는 부작위위법확인소송만 인정되고 작위의무의 이행이나 확인을 구하는 행정소송은 허용될 수 없다(대판 1992.11.10., 92누1629).

③ (×) 항고소송에는 취소소송·무효등확인소송·부작위위법확인소송 3가지만 규정되어 있다.

> 「행정소송법」 제4조【항고소송】 항고소송은 다음과 같이 구분한다.
> 1. 취소소송: 행정청의 위법한 처분 등을 취소 또는 변경하는 소송
> 2. 무효등확인소송: 행정청의 처분 등의 효력 유무 또는 존재 여부를 확인하는 소송
> 3. 부작위위법확인소송: 행정청의 부작위가 위법하다는 것을 확인하는 소송

④ 지엽 (×) 민중소송에 대한 내용이다. 기관소송은 국가 또는 공공단체의 기관 상호간에 있어서의 권한의 존부 또는 그 행사에 관한 다툼이 있을 때에 이에 대하여 제기하는 소송을 말한다.

> 「행정소송법」 제3조【행정소송의 종류】 행정소송은 다음의 네 가지로 구분한다.
> 3. 민중소송: 국가 또는 공공단체의 기관이 법률에 위반되는 행위를 한 때에 직접 자기의 법률상 이익과 관계없이 그 시정을 구하기 위하여 제기하는 소송
> 4. 기관소송: 국가 또는 공공단체의 기관 상호간에 있어서의 권한의 존부 또는 그 행사에 관한 다툼이 있을 때에 이에 대하여 제기하는 소송. 다만, 「헌법재판소법」 제2조의 규정에 의하여 헌법재판소의 관장사항으로 되는 소송은 제외한다.

정답 | ①

839

〈보기〉의 행정상 법률관계 중 행정소송의 대상이 되는 경우만을 모두 고른 것은?

| 보기 |
| ㄱ. 「지방재정법」에 따라 지방자치단체가 당사자가 되어 체결하는 계약에 있어 계약보증금의 귀속조치
| ㄴ. 국유재산의 무단점유자에 대한 변상금의 부과
| ㄷ. 시립무용단원의 해촉
| ㄹ. 행정재산의 사용·수익허가신청의 거부

① ㄱ, ㄷ
② ㄴ, ㄹ
③ ㄱ, ㄷ, ㄹ
④ ㄴ, ㄷ, ㄹ

기출처: 2019 서울시 9급
난이도: ★
키워드: 행정소송 개괄

해설

ㄱ. (사법관계 – 민사소송) 입찰보증금의 국고귀속조치는 국가가 사법상의 재산권의 주체로서 행위하는 것이지 공권력을 행사하는 것이거나 공권력작용과 일체성을 가진 것이 아니라 할 것이므로 이에 관한 분쟁은 행정소송이 아닌 민사소송의 대상이 될 수밖에 없다고 할 것이다(대판 1983.12.27., 81누366).

ㄴ. (공법관계 – 항고소송) 국유재산의 관리청이 그 무단점유자에 대하여 하는 변상금 부과처분은 순전히 사경제 주체로서 행하는 사법상의 법률행위라 할 수 없고 이는 관리청이 공권력을 가진 우월적 지위에서 행한 것으로서 행정소송의 대상이 되는 행정처분이라고 보아야 한다(대판 1988.2.23., 87누1046).

ㄷ. (공법관계 – 당사자소송) 서울특별시립무용단 단원의 위촉은 공법상의 계약이라고 할 것이고, 따라서 그 단원의 해촉에 대하여는 공법상의 당사자소송으로 그 무효확인을 청구할 수 있다(대판 1995.12.22., 95누4636).

ㄹ. (공법관계 – 항고소송) 행정재산의 사용·수익허가의 성질은 행정처분으로서 강학상 특허에 해당하고, 이러한 허가신청을 거부한 행위도 행정처분에 해당한다(대판 1998.2.27., 97누1105).

정답 | ④

840

「행정소송법」상 행정소송으로 청구할 수 있는 것을 모두 고른 것은? (다툼이 있는 경우 판례에 의함)

ㄱ. 검사의 불기소결정
ㄴ. 「공익사업을 위한 토지 등의 취득 및 보상에 관한 법률」상 환매권의 존부에 관한 확인
ㄷ. 토지소유자의 토지수용청구를 받아들이지 아니한 토지수용위원회의 재결에 대하여 토지소유자가 불복하여 제기하는 경우
ㄹ. 「지방자치법」상의 주민소송

① ㄱ, ㄴ   ② ㄴ, ㄷ   ③ ㄷ, ㄹ   ④ ㄱ, ㄹ

해설

ㄱ. (×) 검사의 불기소처분에 대하여는 「검찰청법」에 의한 항고와 재항고 및 「형사소송법」에 의한 준기소절차에 의해서만 불복할 수 있는 것이므로 검사의 불기소처분이나 그에 대한 항고 또는 재항고결정에 대하여는 행정소송을 제기할 수 없다(대판 1989.10.10., 89누2271).

ㄴ. (×) 구 「공익사업을 위한 토지 등의 취득 및 보상에 관한 법률」(2010.4.5. 법률 제10239호로 일부 개정되기 전의 것. 이하 '구 공익사업법'이라 한다) 제91조에 규정된 환매권은 상대방에 대한 의사표시를 요하는 형성권의 일종으로서 재판상이든 재판 외이든 위 규정에 따른 기간 내에 행사하면 매매의 효력이 생기는 바(대판 2008.6.26., 2007다24893 참고), 이러한 환매권의 존부에 관한 확인을 구하는 소송 및 구 공익사업법 제91조 제4항에 따라 환매금액의 증감을 구하는 소송 역시 민사소송에 해당한다(대판 2013.2.28., 2010두22368).

ㄷ. (○) 잔여지 수용청구를 받아들이지 아니한 토지수용위원회의 재결에 불복하는 경우에는 보상금증감청구소송(당사자소송)에 의한다.

> 「공익사업을 위한 토지 등의 취득 및 보상에 관한 법률」(이하 '토지보상법'이라고 한다) 제72조의 문언, 연혁 및 취지 등에 비추어 보면, 위 규정이 정한 수용청구권은 토지보상법 제74조 제1항이 정한 잔여지 수용청구권과 같이 손실보상의 일환으로 토지소유자에게 부여되는 권리로서 그 청구에 의하여 수용효과가 생기는 형성권의 성질을 지니므로, 토지소유자의 토지수용청구를 받아들이지 아니한 토지수용위원회의 재결에 대하여 토지소유자가 불복하여 제기하는 소송은 토지보상법 제85조 제2항에 규정되어 있는 '보상금의 증감에 관한 소송'에 해당하고, 피고는 토지수용위원회가 아니라 사업시행자로 하여야 한다(대판 2015.4.9., 2014두46669).

ㄹ. (○) 「지방자치법」상의 주민소송은 「행정소송법」상의 민중소송에 해당한다.

정답 | ③

841 〈필수〉

행정소송에 대한 설명으로 옳지 않은 것은? (다툼이 있는 경우 판례에 의함)

① 「행정소송법」은 당사자소송에 대한 임시구제제도를 규정하고 있지 않으나 대법원은 「민사집행법」상의 임시구제제도인 가처분제도를 준용하여 적용할 수 있다는 입장이다.
② 「행정소송법」은 재량이 위법한 처분인 경우 법원의 취소 여부에 대해 별도로 규정을 두고 있지 않으나 대법원은 재량인 처분이 그의 한계를 넘거나 남용이 있다면 법원의 심사를 통해 취소할 수 있다는 입장이다.
③ 현행 「행정소송법」상 의무이행소송이나 의무확인소송은 인정되지 않으며, 「행정심판법」이 의무이행심판청구를 할 수 있도록 규정하고 있다고 하여 행정소송에서 의무이행청구를 할 수 있는 근거가 되지 못한다.
④ 「행정소송법」을 적용함에 있어서 행정청에는 법령에 의하여 행정권한의 위임 또는 위탁을 받은 행정기관, 공공단체 및 그 기관 또는 사인이 포함된다.

해설

② (×) 재량에 대한 사법심사규정을 「행정소송법」에 두고 있다.

> 「**행정소송법**」 제27조 【**재량처분의 취소**】 행정청의 재량에 속하는 처분이라도 재량권의 한계를 넘거나 그 남용이 있는 때에는 법원은 이를 취소할 수 있다.

정답 | ②

관련기출 옳은지문

- 「민사집행법」상 가처분은 당사자소송에서 허용된다. 17사회복지직

- 「행정소송법」상 행정청으로 하여금 일정한 행정처분을 하도록 명하는 이행판결을 구하는 소송이나 법원으로 하여금 행정청이 일정한 행정처분을 행한 것과 같은 효과가 있는 행정처분을 직접 행하도록 하는 형성판결을 구하는 소송은 허용되지 아니한다. 25소방직

842
항고소송에서 수소법원이 하여야 하는 판결에 대한 설명으로 옳지 않은 것은? (다툼이 있는 경우 판례에 의함)

① 무효확인소송의 제1심 판결시까지 원고적격을 구비하였는데 제2심 단계에서 원고적격을 흠결하게 된 경우, 제2심 수소법원은 각하판결을 하여야 한다.

② 행정처분이 있음을 안 날부터 90일을 넘겨 행정심판을 청구하였다가 각하재결을 받은 후 그 재결서를 송달받은 날부터 90일 내에 원래의 처분에 대하여 취소소송을 제기한 경우, 수소법원은 각하판결을 하여야 한다.

③ 허가처분 신청에 대한 부작위를 다투는 부작위위법확인소송을 제기하여 제1심에서 승소판결을 받았는데 제2심 단계에서 피고 행정청이 허가처분을 한 경우, 제2심 수소법원은 각하판결을 하여야 한다.

④ 행정심판을 청구하여 기각재결을 받은 후 재결 자체에 고유한 위법이 있음을 주장하며 그 기각재결에 대하여 취소소송을 제기한 경우, 수소법원은 심리 결과 재결 자체에 고유한 위법이 없다면 각하판결을 하여야 한다.

842	
기출처	2019 국가직 9급
난이도	★★
키워드	행정소송 개괄

해설

④ 빈출 (×) 재결에 고유한 위법을 이유로 주장한 소송에서 심리 결과 재결에 고유한 위법이 없는 경우에는 기각판결을 하여야 한다.

> 재결취소소송의 경우 재결 자체에 고유한 위법이 있는지 여부를 심리할 것이고, 재결 자체에 고유한 위법이 없는 경우에는 원처분의 당부와는 상관없이 당해 재결취소소송은 이를 기각하여야 한다(대판 1994.1.25., 93누16901).

정답 | ④

843 〈필수〉

판례가 행정소송의 대상이 아니라 민사소송의 대상이라고 판단한 것만을 〈보기〉에서 모두 고른 것은?

| 보기 |

ㄱ. 개발부담금 부과처분 취소로 인한 그 과오납금의 반환을 청구하는 소송
ㄴ. 공립유치원 전임강사에 대한 해임처분의 시정 및 수령 지체된 보수의 지급을 구하는 소송
ㄷ. 「도시 및 주거환경정비법」상 관리처분계획안에 대한 조합 총회결의의 효력을 다투는 소송
ㄹ. 공무원의 직무상 불법행위로 손해를 받은 국민이 국가 또는 공공단체에 배상을 청구하는 소송
ㅁ. 「하천구역 편입토지 보상에 관한 특별조치법」 제2조 제1항의 규정에 의한 손실보상금의 지급을 구하거나 손실보상청구권의 확인을 구하는 소송

① ㄱ, ㄷ
② ㄱ, ㄹ
③ ㄴ, ㅁ
④ ㄱ, ㄹ, ㅁ

관련기출 옳은지문

- 「개발이익환수에 관한 법률」상 개발부담금 부과처분이 취소된 경우 그 과오납금의 반환을 청구하는 소송은 행정소송이 아니다. 18지방직9급

- 「도시 및 주거환경정비법」상 주택재건축정비사업조합을 상대로 관리처분계획안에 대한 조합 총회결의의 효력 등을 다투는 소송은 「행정소송법」상 당사자소송에 해당한다. 19국가직9급

해설

ㄱㄹ. **빈출** (민사소송) 부당이득반환청구소송과 국가배상청구소송, 손실보상청구소송, 원상회복청구소송은 대법원에 의하면 원칙적으로 민사소송으로 보고 있다.

ㄴ. (행정소송) 공립유치원 전임강사에 대한 근무관계는 공법관계이다.

> 교육부장관(당시 문교부장관)의 권한을 재위임받은 공립교육기관의 장에 의하여 공립유치원의 임용기간을 정한 전임강사로 임용되어 지방자치단체로부터 보수를 지급받으면서 공무원복무규정을 적용받고 사실상 유치원 교사의 업무를 담당하여 온 유치원 교사의 자격이 있는 자는 교육공무원에 준하여 신분보장을 받는 정원 외의 임시직 공무원으로 봄이 상당하므로 그에 대한 해임처분의 시정 및 수령지체된 보수의 지급을 구하는 소송은 행정소송의 대상이지 민사소송의 대상이 아니다(대판 1991.5.10., 90다10766).

ㄷ. **빈출** (행정소송 – 당사자소송) 「도시 및 주거환경정비법」상 관리처분계획안에 대한 조합 총회결의의 효력을 다투는 소송은 당사자소송이다.

> 「도시 및 주거환경정비법」상 행정주체인 주택재건축정비사업조합을 상대로 관리처분계획안에 대한 조합 총회결의의 효력 등을 다투는 소송은 행정처분에 이르는 절차적 요건의 존부나 효력 유무에 관한 소송으로서 그 소송결과에 따라 행정처분의 위법 여부에 직접 영향을 미치는 공법상 법률관계에 관한 것이므로, 이는 「행정소송법」상의 당사자소송에 해당한다(대판 2009.9.17., 2007다2428).

ㅁ. **빈출** (행정소송 – 당사자소송) 「하천구역 편입토지 보상에 관한 특별조치법」 제2조 제1항의 규정에 의한 손실보상금의 지급을 구하거나 손실보상청구권의 확인을 구하는 소송은 당사자소송이다.

> 「하천법」 부칙(1984.12.31.) 제2조와 '법률 제3782호 「하천법」 중 개정법률 부칙 제2조의 규정에 의한 보상청구권의 소멸시효가 만료된 「하천구역 편입토지 보상에 관한 특별조치법」' 제2조, 제6조의 각 규정들을 종합하면, 위 규정들에 의한 손실보상청구권은 1984.12.31. 전에 토지가 하천구역으로 된 경우에는 당연히 발생되는 것이지, 관리청의 보상금지급결정에 의하여 비로소 발생하는 것은 아니므로, 위 규정들에 의한 손실보상금의 지급을 구하거나 손실보상청구권의 확인을 구하는 소송은 「행정소송법」 제3조 제2호 소정의 당사자소송에 의하여야 한다(대판 2006.5.18., 2004다6207).

정답 | ②

02 취소소송의 대상

844 필수

항고소송의 대상인 재결에 대한 설명으로 옳지 않은 것은? (다툼이 있는 경우 판례에 의함)

① 행정심판청구가 부적법하지 않음에도 각하한 재결은 심판청구인의 실체심리를 받을 권리를 박탈한 것으로서 원처분에 없는 고유한 하자가 있는 경우에 해당하고, 따라서 위 재결은 취소소송의 대상이 된다.

② 제3자효를 수반하는 행정행위에 대한 행정심판청구에 있어서 그 청구를 인용하는 내용의 재결로 인하여 비로소 권리이익을 침해받게 되는 자는 그 인용재결에 대하여 다툴 필요가 있고, 그 인용재결은 원처분과 내용을 달리하는 것이므로 그 인용재결의 취소를 구하는 것은 원처분에는 없는 재결에 고유한 하자를 주장하는 셈이어서 당연히 항고소송의 대상이 된다.

③ 토지수용에 관한 행정소송에 있어서 토지소유자는 중앙토지수용위원회의 이의재결에 대하여 불복이 있을 때 제기할 수 있고 수용재결은 행정소송의 대상이 될 수 없다.

④ 제3자효 행정행위에 대하여 재결청이 직접 당해 사업계획승인처분을 취소하는 형성적 재결을 한 경우에는 그 재결 외에 그에 따른 행정청의 별도의 처분이 있지 않기 때문에 재결 자체를 쟁송의 대상으로 할 수 있다.

해설

③ 빈출 (×) 행정소송의 대상은 원칙적으로 원처분주의에 해당되어 (토지)수용재결이 소송 대상이 된다.

> 「공익사업을 위한 토지 등의 취득 및 보상에 관한 법률」 제85조【행정소송의 제기】 ① 사업시행자, 토지소유자 또는 관계인은 제34조에 따른 재결에 불복할 때에는 재결서를 받은 날부터 90일 이내에, 이의신청을 거쳤을 때에는 이의신청에 대한 재결서를 받은 날부터 60일 이내에 각각 행정소송을 제기할 수 있다. 이 경우 사업시행자는 행정소송을 제기하기 전에 제84조에 따라 늘어난 보상금을 공탁하여야 하며, 보상금을 받을 자는 공탁된 보상금을 소송이 종결될 때까지 수령할 수 없다.

정답 | ③

---

844 | 1 2 3
기출처 | 2021 국가직 7급
난이도 | ★★
키워드 | 취소소송의 대상

관련기출 옳은지문
- 중앙토지수용위원회의 이의재결에 불복하여 취소소송을 제기하는 경우에는 원처분인 수용재결을 대상으로 하여야 한다. 19국회직8급

845	1 2 3
기출처	2021 지방직 9급
난이도	★★
키워드	취소소송의 대상

🔍 관련기출 옳은지문

- 지목변경신청 반려행위는 항고소송의 대상이 되는 행정처분이다.

  16서울시9급

- 산업단지개발계획상 산업단지 안의 토지소유자로서 산업단지개발계획에 적합한 시설을 설치하여 입주하려는 자는 산업단지지정권자 또는 그로부터 권한을 위임받은 기관에 대하여 산업단지개발계획의 변경을 요청할 수 있는 법규상 또는 조리상 신청권이 있고, 이러한 신청에 대한 거부행위는 항고소송의 대상이 되는 행정처분에 해당한다.

  24국가직7급

845 〈필수〉

판례의 입장으로 옳지 않은 것은?

① 개인의 고유성·동일성을 나타내는 지문은 그 정보주체를 타인으로부터 식별 가능하게 하는 개인정보이다.

② 거부처분의 처분성을 인정하기 위한 전제 요건이 되는 신청권은 신청인이 그 신청에 따른 단순한 응답을 받을 권리를 넘어서 신청의 인용이라는 만족적 결과를 얻을 권리를 의미한다.

③ 지적공부 소관청의 지목변경신청 반려행위는 국민의 권리관계에 영향을 미치는 것으로서 항고소송의 대상이 되는 행정처분에 해당한다.

④ 산업단지개발계획상 산업단지 안의 토지소유자로서 산업단지개발계획에 적합한 시설을 설치하여 입주하려는 자는 산업단지지정권자 또는 그로부터 권한을 위임받은 기관에 대하여 산업단지개발계획의 변경을 요청할 수 있는 법규상 또는 조리상 신청권이 있다.

해설

① (○) 헌재 2005.5.26., 99헌마513

② 빈출 (×) 거부처분이 항고소송 대상인 처분이 되기 위한 조건으로 정당한 신청권을 요하는데, 여기에서 정당한 신청권은 신청의 인용의 결과를 얻을 수 있는 것을 말하는 것은 아니다.

> 거부처분의 처분성을 인정하기 위한 전제 요건이 되는 신청권의 존부는 구체적 사건에서 신청인이 누구인가를 고려하지 않고 관계 법규의 해석에 의하여 일반 국민에게 그러한 신청권을 인정하고 있는가를 살펴 추상적으로 결정되는 것이고, 신청인이 그 신청에 따른 단순한 응답을 받을 권리를 넘어서 신청의 인용이라는 만족적 결과를 얻을 권리를 의미하는 것은 아니다. 따라서 국민이 어떤 신청을 한 경우에 그 신청의 근거가 된 조항의 해석상 행정발동에 대한 개인의 신청권을 인정하고 있다고 보여지면 그 거부행위는 항고소송의 대상이 되는 처분으로 보아야 할 것이고, 구체적으로 그 신청이 인용될 수 있는가 하는 점은 본안에서 판단하여야 할 사항인 것이다(대판 1996.6.11., 95누12460).

③ (○) 대판 2004.4.22., 2003두9015

④ (○) 대판 2017.8.29., 2016두44186

정답 | ②

846 필수

행정소송의 대상에 대한 설명으로 옳지 않은 것은? (다툼이 있는 경우 판례에 의함)

① 어떤 행정청의 행위가 행정소송의 대상이 되는 행정처분에 해당하는가는 그 행위의 성질, 효과 외에 행정소송제도의 목적 또는 사법권에 의한 국민의 권리보호의 기능도 충분히 고려하여 합목적적으로 판단되어야 할 것이다.
② 구「남녀차별금지 및 구제에 관한 법률」상 국가인권위원회의 성희롱결정 및 시정조치권고는 행정소송의 대상이 되는 행정처분에 해당한다.
③ 구「표시·광고의 공정화에 관한 법률」위반을 이유로 한 공정거래위원회의 경고의결은 항고소송 대상인 행정처분에 해당하지 않는다.
④ 어떠한 처분의 근거가 행정규칙에 규정되어 있다고 하더라도, 그 처분이 상대방에게 권리의 설정 또는 의무의 부담을 명하거나 기타 법적인 효과를 발생하게 하는 등으로 그 상대방의 권리·의무에 직접 영향을 미치는 행위라면, 항고소송의 대상이 되는 행정처분에 해당한다.

846	1 2 3
기출처	예상문제
난이도	★★
키워드	취소소송의 대상

🔍 **관련기출 옳은지문**
• 국가인권위원회의 성희롱결정 및 시정조치권고는 항고소송 대상인 처분이다. 19서울시7급

해설

① (O) 대판 1984.2.14., 82누370
② (O) 일반적으로 '권장', '권고'는 항고소송 대상인 처분이 아니고 행정지도에 해당하지만, 국가인권위원회의 성희롱결정과 시정조치권고는 처분이라는 것이 대법원의 입장이다.

> 구「남녀차별금지 및 구제에 관한 법률」(2003.5.29. 법률 제6915호로 개정되기 전의 것) 제28조에 의하면, 국가인권위원회의 성희롱결정과 이에 따른 시정조치의 권고는 불가분의 일체로 행하여지는 것인데 국가인권위원회의 이러한 결정과 시정조치의 권고는 성희롱 행위자로 결정된 자의 인격권에 영향을 미침과 동시에 공공기관의 장 또는 사용자에게 일정한 법률상의 의무를 부담시키는 것이므로 국가인권위원회의 성희롱결정 및 시정조치권고는 행정소송의 대상이 되는 행정처분에 해당한다고 보지 않을 수 없다(대판 2005.7.8., 2005두487).

③ (×) 위반을 이유로 한 공정거래위원회의 경고의결은 당해 표시·광고의 위법을 확인하되 구체적인 조치까지는 명하지 않는 것으로 사업자가 장래 다시「표시·광고의 공정화에 관한 법률」위반행위를 할 경우 과징금 부과 여부나 그 정도에 영향을 주는 고려사항이 되어 사업자의 자유와 권리를 제한하는 행정처분에 해당한다(대판 2013.12.26., 2011두4930).
④ (O) 대판 2004.11.26., 2003두10251

정답 | ③

847	
기출처	예상문제
난이도	★★
키워드	취소소송의 대상

847

취소소송에 대한 설명으로 옳지 않은 것은? (다툼이 있는 경우 판례에 의함)

① 행정처분의 당연무효를 선언하는 의미에서 그 취소를 청구하는 행정소송을 제기하는 경우에도 소원의 전치와 제소기간의 준수 등 취소소송의 제소요건을 갖추어야 한다.

② 행정처분의 무효확인을 구하는 소에는 원고가 그 처분의 취소를 구하지 아니한다고 밝히지 아니한 이상 그 처분이 당연무효가 아니라면 그 취소를 구하는 취지도 포함되어 있는 것으로 보아야 한다.

③ 과세처분취소소송의 소송물은 그 취소원인이 되는 위법성 일반이다.

④ 행정처분에 대한 무효확인과 취소청구는 선택적 청구로서의 병합이나 단순병합의 방법으로 청구할 수 있다.

해설

① **빈출** (O) 무효를 선언하는 취소소송은 취소소송의 요건을 갖추어야 한다. 비록 무효에 해당된다고 해도 취소소송의 요건을 갖추지 못한 경우에는 각하가 된다.

> 행정처분의 당연무효를 선언하는 의미에서 그 취소를 청구하는 행정소송을 제기하는 경우에도 소원의 전치와 제소기간의 준수 등 취소소송의 제소요건을 갖추어야 하는 것이므로 원심이 확정한 바와 같이 원고 주장의 과세처분의 취소를 청구하는 이 사건 소송이 제소기간을 도과하여 제소요건을 갖추지 못한 부적법한 것이라면 소론과 같이 원고의 청구 가운데 위 과세처분의 당연무효를 선언하는 의미에서의 취소를 구하는 취지까지 포함되어 있다 하더라도 이는 결국 제소기간 경과 후에 제소한 부적법한 소송으로서 각하를 면할 수 없다 할 것이다(대판 1984.5.29., 84누175).

④ (×) 행정처분에 대한 무효확인과 취소청구는 서로 양립할 수 없는 청구로서 주위적·예비적 청구로서만 병합이 가능하고 선택적 청구로서의 병합이나 단순병합은 허용되지 아니한다(대판 1999.8.20., 97누6889).

정답 | ④

848 필수

항고소송의 대상에 대한 설명으로 옳지 않은 것은? (다툼이 있는 경우 판례에 의함)

① 어떠한 처분에 법령상 근거가 있는지, 「행정절차법」에서 정한 처분절차를 준수하였는지는 소송요건 심사단계에서 고려하여야 한다.
② 병무청장이 「병역법」에 따라 병역의무 기피자의 인적사항 등을 인터넷 홈페이지에 게시하는 등의 방법으로 공개한 경우 병무청장의 공개결정은 항고소송의 대상이 되는 행정처분이다.
③ 국민건강보험공단이 행한 '직장가입자 자격상실 및 자격변동 안내' 통보는 가입자 자격의 변동 여부 및 시기를 확인하는 의미에서 한 사실상 통지행위에 불과할 뿐, 항고소송의 대상이 되는 행정처분에 해당하지 않는다.
④ 행정청의 행위가 '처분'에 해당하는지가 불분명한 경우에는 그에 대한 불복방법 선택에 중대한 이해관계를 가지는 상대방의 인식가능성과 예측가능성을 중요하게 고려하여 규범적으로 판단하여야 한다.

848
- 기출처: 2023 국가직 9급
- 난이도: ★★
- 키워드: 취소소송의 대상

해설

① 빈출 (×) 어떠한 처분에 법령상 근거가 있는지, 「행정절차법」에서 정한 처분절차를 준수하였는지는 본안에서 해당 처분이 적법한가를 판단하는 단계에서 고려할 요소이지, 소송요건 심사단계에서 고려할 요소가 아니다(대판 2021.12.30., 2018다241458).
② 빈출 (○) 병무청장이 「병역법」 제81조의2 제1항에 따라 병역의무 기피자의 인적사항 등을 인터넷 홈페이지에 게시하는 등의 방법으로 공개한 경우 병무청장의 공개결정을 항고소송의 대상이 되는 행정처분으로 보아야 한다(대판 2019.6.27., 2018두49130).
③ (○) 국민건강보험공단이 甲 등에 대하여 가입자 자격이 변동되었다는 취지의 '직장가입자 자격상실 및 자격변동 안내' 통보를 하였거나, 그로 인하여 사업장이 「국민건강보험법」상의 적용대상사업장에서 제외되었다는 취지의 '사업장 직권탈퇴에 따른 가입자 자격상실 안내' 통보를 하였더라도, 이는 甲 등의 가입자 자격의 변동 여부 및 시기를 확인하는 의미에서 한 사실상 통지행위에 불과할 뿐 각 통보의 처분성이 인정되지 않는다(대판 2019.2.14., 2016두41729).
④ (○) 행정청의 행위가 '처분'에 해당하는지 불분명한 경우에는 그에 대한 불복방법 선택에 중대한 이해관계를 가지는 상대방의 인식가능성과 예측가능성을 중요하게 고려하여 규범적으로 판단하여야 한다(대판 2021.1.14., 2020두50324).

정답 | ①

관련기출 옳은지문

- 병무청장이 병역의무 기피자의 인적사항 등을 인터넷 홈페이지에 게시하는 등의 방법으로 공개한 경우 병무청장의 공개결정은 항고소송의 대상이 되는 행정처분에 해당한다. 24국가직7급

- 처분의 제기요건은 법원의 직권조사사항이지만, 행정소송에 있어서 처분권한의 유무는 직권조사사항이 아니다. 17서울시7급 변형

849 필수

항고소송의 처분 등에 대한 설명으로 옳지 않은 것은? (다툼이 있는 경우 판례에 의함)

① 어떠한 처분에 법령상 근거가 있는지, 「행정절차법」에서 정한 처분절차를 준수하였는지는 본안에서 당해 처분이 적법한가를 판단하는 단계에서 고려할 요소이지, 소송요건 심사단계에서 고려할 요소가 아니다.

② 방위사업법령 및 「국방전력발전업무훈령」에 따른 연구개발확인서발급은 사업관리기관이 개발업체에게 해당 품목의 양산과 관련하여 수의계약의 방식으로 국방조달계약을 체결할 수 있는 지위가 있음을 인정해 주는 확인적 행정행위로서 처분에 해당한다.

③ 근로복지공단이 사업주에 대하여 하는 개별 사업장의 사업종류변경결정은 사업종류결정의 주체, 내용과 결정기준을 고려할 때 확인적 행정행위로서 처분에 해당한다.

④ 甲 시장이 감사원으로부터 「감사원법」에 따라 乙에 대하여 징계의 종류를 정직으로 정한 징계 요구를 받게 되자 감사원에 징계 요구에 대한 재심의를 청구하였는데 감사원이 재심의청구를 기각한 사안에서, 감사원의 징계 요구와 재심의청구 기각결정은 항고소송의 대상이 되는 행정처분이다.

⑤ 「교육공무원법」상 승진후보자 명부에 의한 승진심사 방식으로 행해지는 승진임용에서 승진후보자 명부에 포함되어 있던 후보자를 승진임용인사발령에서 제외하는 행위는 불이익처분으로서 항고소송의 대상인 처분에 해당한다.

해설

④ (×) 甲 시장이 감사원으로부터 「감사원법」 제32조에 따라 乙에 대하여 징계의 종류를 정직으로 정한 징계 요구를 받게 되자 감사원에 징계 요구에 대한 재심의를 청구하였고, 감사원이 재심의청구를 기각하자 乙이 감사원의 징계 요구와 그에 대한 재심의결정의 취소를 구하고 甲 시장이 감사원의 재심의결정 취소를 구하는 소를 제기한 사안에서, 감사원의 징계 요구와 재심의결정이 항고소송의 대상이 되는 행정처분이라고 할 수 없고, 甲 시장이 제기한 소송이 기관소송으로서 「감사원법」 제40조 제2항에 따라 허용된다고 볼 수 없다(대판 2016.12.27., 2014두5637).

정답 | ④

관련기출 옳은지문

• 시장이 감사원으로부터 「감사원법」에 따라 징계의 종류를 정직으로 정한 징계 요구를 받게 되자 감사원에 징계 요구에 대한 재심의를 청구하였고, 감사원이 재심의청구를 기각한 경우, 감사원의 징계 요구와 재심의결정은 항고소송의 대상이 되는 행정처분이라고 할 수 없다.
22소방직

• 「국방전력발전업무훈령」에 따른 연구개발확인서 발급은 개발업체가 전력지원체계 연구개발사업을 성공적으로 수행하여 군사용 적합판정을 받고 경우에 따라 사업관리기관이 개발업체에게 수의계약의 방식으로 국방조달계약을 체결할 수 있는 지위가 있음을 인정해 주는 확인적 행정행위로서 처분에 해당한다.
22소방직

---

849 1 2 3
기출처 2021 국회직 8급
난이도 ★★★
키워드 취소소송의 대상

850 필수

취소소송의 대상에 대한 설명으로 옳은 것은? (다툼이 있는 경우 판례에 의함)

① 검찰총장이 검사에 대하여 하는 '경고조치'는 검찰조직 내부에서의 행위로서 항고소송의 대상이 되는 처분이라 할 수 없다.
② 정부 간 항공노선의 개설에 관한 잠정협정 및 비밀양해각서와 구 건설교통부(현 국토교통부) 내부지침에 의한 항공노선에 대한 운수권배분처분이 항고소송의 대상이 되는 행정처분에 해당한다.
③ 감사원의 변상판정에 대하여 불복하는 경우에는 감사원의 재심의 판정이 있었다고 해도 원처분인 변상판정을 소송 대상으로 하여야 하고, 재심의 판정은 고유한 위법이 있는 경우에 한하여 행정소송을 제기할 수 있다.
④ 재결청으로부터 "처분청의 공장설립변경신고 수리처분을 취소한다."는 내용의 형성적 재결을 송부받은 처분청이 당해 처분의 상대방에게 재결결과를 통보하면서 공장설립변경신고 수리시 발급한 확인서를 반납하도록 요구하였다면 이는 항고소송 대상인 처분에 해당한다.

850	① ② ③
기출처	예상문제
난이도	★★★
키워드	취소소송의 대상

관련기출 옳은지문

- 감사원의 변상판정처분에 대하여는 행정소송을 제기할 수 없고, 재결에 해당하는 재심의 판정에 대하여만 감사원을 피고로 하여 행정소송을 제기할 수 있다. 24국회직9급

해설

① (×) 검찰총장의 검사에 대한 경고조치 관련 규정을 위 법리에 비추어 살펴보면, 경고를 받은 사실이 인사자료로 활용되어 복무평정, 직무성과금 지급, 승진·전보인사에서도 불이익을 받게 될 가능성이 높아지며, 향후 다른 징계사유로 징계처분을 받게 될 경우에 징계양정에서 불이익을 받게 될 가능성이 높아지므로, 검사의 권리의무에 영향을 미치는 행위로서 항고소송의 대상이 되는 처분이라고 보아야 한다(대판 2021.2.10., 2020두47564).
② (○) 이 사건 각 노선에 대한 운수권배분처분은 이 사건 잠정협정 등과 행정규칙인 이 사건 지침에 근거하는 것으로서 상대방에게 권리의 설정 또는 의무의 부담을 명하거나 기타 법적 효과를 발생하게 하는 등으로 원고의 권리·의무에 직접 영향을 미치는 행위로서 항고소송의 대상이 되는 행정처분에 해당한다고 할 것이다(대판 2004.11.26., 2003두10251).
③ (×) 감사원의 변상판정은 재결주의에 따라 재심의 판정이 소송 대상이다.

> 감사원의 변상판정에 대하여서는 행정소송을 제기할 수 없고, 재결에 해당하는 재심의 판정에 대하여서만 감사원을 피고로 하여 행정소송을 제기할 수 있다(대판 1984.4.10., 84누91).

④ (×) 재결청으로부터 "처분청의 공장설립변경신고 수리처분을 취소한다."는 내용의 형성적 재결을 송부받은 처분청이 당해 처분의 상대방에게 재결결과를 통보하면서 공장설립변경신고 수리시 발급한 확인서를 반납하도록 요구한 것은 사실의 통지에 불과하고 항고소송 대상인 처분이 아니다(대판 1997.5.30., 96누14678).

정답 | ②

851 〈필수〉

항고소송에 대한 판례의 입장으로 옳은 것만을 모두 고르면?

ㄱ. 건축물대장 소관청의 용도변경신청 거부행위는 국민의 권리관계에 영향을 미치는 것으로서 항고소송의 대상이 되는 행정처분에 해당한다.

ㄴ. 자동차운전면허대장에 일정한 사항을 등재하는 행위와 운전경력증명서상의 기재행위는 행정소송의 대상이 되는 독립한 행정처분으로 볼 수 없다.

ㄷ. 「병역법」에 따라 관할 지방병무청장이 1차로 병역의무기피자 인적사항 공개 대상자 결정을 하고 그에 따라 병무청장이 같은 내용으로 최종적 공개결정을 하였더라도, 해당 공개 대상자는 관할 지방병무청장의 공개 대상자 결정을 다툴 수 있다.

ㄹ. 한국마사회가 조교사 또는 기수의 면허를 취소하는 것은 국가 기타 행정기관으로부터 위탁받은 행정권한의 행사가 아니라 일반 사법상의 법률관계에서 이루어지는 단체 내부에서의 징계 내지 제재처분이다.

① ㄱ, ㄴ, ㄷ
② ㄱ, ㄴ, ㄹ
③ ㄱ, ㄷ, ㄹ
④ ㄴ, ㄷ, ㄹ

해설

ㄱ. (○) 건축물대장 소관청의 용도변경신청 거부행위는 국민의 권리관계에 영향을 미치는 것으로서 항고소송의 대상이 되는 행정처분에 해당한다(대판 2009.1.30., 2007두7277).

ㄴ. (○) 자동차운전면허대장상 일정한 사항의 등재행위는 운전면허행정사무집행의 편의와 사실증명의 자료로 삼기 위한 것일 뿐 그 등재행위로 인하여 당해 운전면허 취득자에게 새로이 어떠한 권리가 부여되거나 변동 또는 상실되는 효력이 발생하는 것은 아니므로 이는 행정소송의 대상이 되는 독립한 행정처분으로 볼 수 없고, 운전경력증명서상의 기재행위 역시 당해 운전면허 취득자에 대한 자동차운전면허대장상의 기재사항을 옮겨 적는 것에 불과할 뿐이므로 운전경력증명서에 한 등재의 말소를 구하는 소는 부적법하다 할 것이다(대판 1991.9.24., 91누1400).

ㄷ. (×) 관할 지방병무청장이 1차로 공개 대상자 결정을 하고, 그에 따라 병무청장이 같은 내용으로 최종적 공개결정을 하였다면, 공개 대상자는 병무청장의 최종적 공개결정만을 다투는 것으로 충분하고, 관할 지방병무청장의 공개 대상자 결정을 별도로 다툴 소의 이익은 없어진다(대판 2019.6.27., 2018두49130).

ㄹ. (○) 한국마사회가 조교사 또는 기수의 면허를 부여하거나 취소하는 것은 … 이는 국가 기타 행정기관으로부터 위탁받은 행정권한의 행사가 아니라 일반 사법상의 법률관계에서 이루어지는 단체 내부에서의 징계 내지 제재처분이다(대판 2008.1.31., 2005두8269).

정답 | ②

관련기출 옳은지문

• 한국마사회의 기수에 대한 징계처분은 항고소송 대상인 처분이 아니다.
  10 지방직9급

852

항고소송의 대상에 대한 설명으로 옳은 것은? (다툼이 있는 경우 판례에 의함)

① 한국수력원자력주식회사의 입찰참가자격제한조치는 항고소송 대상인 처분이라 할 수 없다.
② 과징금 부과처분 후 그 부과처분의 하자를 이유로 감액처분을 한 경우 감액처분은 그 자체로서 항고소송의 대상이다.
③ 국립대학교 교원의 징계처분에 대한 교원소청심사위원회의 결정은 그 결정에 고유한 위법이 있을 때에만 소송의 대상이 될 수 있다.
④ 구 국토해양부(현 국토교통부) 등의 '4대강 살리기 마스터플랜'은 항고소송 대상인 행정처분이다.

852	
기출처	예상문제
난이도	★★
키워드	취소소송의 대상

해설

① (×) 한국수력원자력 주식회사가 자신의 '공급자관리지침'에 근거하여 등록된 공급업체에 대하여 하는 '등록취소 및 그에 따른 일정 기간의 거래제한조치'는 행정청이 행하는 구체적 사실에 관한 법집행으로서의 공권력의 행사인 '처분'에 해당한다(대판 2020.5.28., 2017두66541).

② (×) 과징금에 대한 감액처분으로도 남아 있는 부분에 불복하는 경우 소송 대상은 잔여원처분이 된다.

> 감액처분으로도 아직 취소되지 않고 남아 있는 부분이 위법하다고 하여 다투는 경우 항고소송의 대상은 처음의 부과처분 중 감액처분에 의하여 취소되지 않고 남은 부분이고 감액처분이 항고소송의 대상이 되는 것은 아니다(대판 2008.2.15., 2006두3957).

③ (○) 교원에 대한 징계에 대한 불복은 교원소청심사위원회의 결정을 받고 그에 불복하여 소송을 청구하는 경우에 원처분주의에 의해 징계 자체가 소송 대상이 되나, 위원회의 결정에 고유한 위법이 있는 경우에는 결정이 소송 대상이 될 수 있다.

> 국·공립학교 교원에 대한 징계처분의 경우에는 원 징계처분 자체가 행정처분이므로 그에 대하여 위원회에 소청심사를 청구하고 위원회의 결정이 있은 후 그에 불복하는 행정소송이 제기되더라도 그 심판대상은 교육감 등에 의한 원 징계처분이 되는 것이 원칙이다. 다만, 위원회의 심사절차에 위법사유가 있다는 등 고유의 위법이 있는 경우에 한하여 위원회의 결정이 소송에서의 심판대상이 된다(대판 2013.7.25., 2012두12297).

④ (×) 이 사건 정부기본계획 등은 4대강 정비사업과 그 주변 지역의 관련 사업을 체계적으로 추진하기 위하여 수립한 종합계획이자 '4대강 살리기 사업'(그중 한강 부분을 '이 사건 사업'이라고 한다)의 기본방향을 제시하는 계획으로서, 이는 행정기관 내부에서 사업의 기본방향을 제시하는 것일 뿐, 국민의 권리·의무에 직접 영향을 미치는 것은 아니라고 할 것이어서 행정처분에 해당하지 아니한다(대판 2015.12.10., 2011두32515).

정답 | ③

853 〈필수〉

판례상 항고소송의 대상으로 인정되는 것만을 모두 고르면?

> ㄱ. 교도소장이 특정 수형자를 '접견내용 녹음·녹화 및 접견 시 교도관 참여대상자'로 지정한 행위
> ㄴ. 행정청이 토지대장상의 소유자명의변경신청을 거부한 행위
> ㄷ. 지방경찰청장의 횡단보도 설치행위
> ㄹ. 상표권자인 법인에 대한 청산종결등기가 되었음을 이유로 특허청장이 행한 상표권 말소등록행위

① ㄱ, ㄴ
② ㄱ, ㄷ
③ ㄴ, ㄹ
④ ㄷ, ㄹ

해설

ㄱ. (긍정) 교도소장이 수형자 甲을 '접견내용 녹음·녹화 및 접견 시 교도관 참여대상자'로 지정한 사안에서, 위 지정행위는 수형자의 구체적 권리의무에 직접적 변동을 가져오는 행정청의 공법상 행위로서 항고소송의 대상이 되는 '처분'에 해당한다(대판 2014.2.13., 2013두20899).

ㄴ. [빈출] (부정) 토지대장에 기재된 일정한 사항을 변경하는 행위는, 그것이 지목의 변경이나 정정 등과 같이 토지소유권 행사의 전제요건으로서 토지소유자의 실체적 권리관계에 영향을 미치는 사항에 관한 것이 아닌 한 행정사무집행의 편의와 사실증명의 자료로 삼기 위한 것일 뿐이어서, 그 소유자 명의가 변경된다고 하여도 이로 인하여 당해 토지에 대한 실체상의 권리관계에 변동을 가져올 수 없고 토지소유권이 지적공부의 기재만에 의하여 증명되는 것도 아니다(대판 1984.4.24., 82누308, 대판 2002.4.26., 2000두7612 등 참조). 따라서 소관청이 토지대장상의 소유자명의변경신청을 거부한 행위는 이를 항고소송의 대상이 되는 행정처분이라고 할 수 없다(대판 2012.1.12., 2010두12354).

ㄷ. [빈출] (긍정) 지방경찰청장이 횡단보도를 설치하여 보행자의 통행방법 등을 규제하는 것은, 행정청이 특정 사항에 대하여 의무의 부담을 명하는 행위이고, 이는 국민의 권리의무에 직접 관계가 있는 행위로서 행정처분이라고 보아야 할 것이다(대판 2000.10.27., 98두8964).

ㄹ. (부정) 상표권자인 법인에 대한 청산종결등기가 되었음을 이유로 한 상표권의 말소등록행위가 항고소송의 대상이 될 수 없다(대판 2015.10.29., 2014두2362).

정답 | ②

854 필수

항고소송의 대상이 되는 행정처분에 해당하는 것은? (다툼이 있는 경우 판례에 의함)

① 소관청이 토지대장상의 소유자명의변경신청을 거부한 행위
② 서울특별시지하철공사 임직원을 징계하는 행위
③ 무허가건물을 무허가건물관리대장에서 삭제하는 행위
④ 각 군 참모총장이 군인 명예전역수당 지급대상자 결정절차에서 국방부장관에게 수당지급대상자를 추천하는 행위
⑤ 「교육공무원법」상 승진후보자 명부에 의한 승진심사 방식으로 행하여지는 승진임용에서 승진후보자 명부에 포함되어 있던 후보자를 승진임용인사발령에서 제외하는 행위

해설

⑤ 빈출 (○) 임용권자 등이 자의적인 이유로 승진후보자 명부에 포함된 후보자를 승진임용에서 제외하는 처분을 한 경우에, 이러한 승진임용제외처분을 항고소송의 대상이 되는 처분으로 보지 않는다면, 달리 이에 대하여는 불복하여 침해된 권리 또는 법률상 이익을 구제받을 방법이 없다. 따라서 「교육공무원법」상 승진후보자 명부에 의한 승진심사 방식으로 행해지는 승진임용에서 승진후보자 명부에 포함되어 있던 후보자를 승진임용인사발령에서 제외하는 행위는 불이익처분으로서 항고소송의 대상인 처분에 해당한다고 보아야 한다(대판 2018.3.27., 2015두47492).

정답 | ⑤

854
기출처: 2019 국회직 8급
난이도: ★
키워드: 취소소송의 대상

관련기출 옳은지문
- 「교육공무원법」상 승진후보자 명부에 의한 승진심사 방식으로 행해지는 승진임용에서 승진후보자 명부에 포함되어 있던 후보자를 승진임용인사발령에서 제외하는 행위는 항고소송의 대상이 되는 처분에 해당한다. 23국회9급

---

855 필수

항고소송의 대상에 대한 설명으로 옳지 않은 것은? (다툼이 있는 경우 판례에 의함)

① 각 군 참모총장이 '군인 명예전역수당 지급대상자 결정절차'에서 국방부장관에게 수당지급대상자를 추천하거나 신청자 중 일부를 추천하지 않는 행위는 항고소송의 대상이 되는 처분에 해당한다.
② 행정규칙에 의한 '불문경고조치'가 비록 법률상의 징계처분은 아니지만 위 처분을 받지 아니하였다면 차후 다른 징계처분이나 경고를 받게 될 경우 징계감경사유로 사용될 수 있었던 표창공적의 사용가능성을 소멸시키는 효과 등으로 항고소송의 대상이 되는 행정처분에 해당한다.
③ 지방자치단체장의 건축협의 취소는 상대방이 다른 지방자치단체 등 행정주체라 하더라도 '행정청이 행하는 구체적 사실에 관한 법집행으로서의 공권력 행사로서 처분에 해당한다.
④ 공정거래위원회의 '표준약관 사용권장행위'는 사업자 등의 권리·의무에 직접 영향을 미치는 행정처분으로서 항고소송의 대상이 된다.

해설

① (×) 「군인사법」 제53조의2 제6항의 위임을 받은 「군인 명예전역수당지급 규정」 제6조 제1항·제3항의 각 규정에 의하면, 이 규정에 따라 각 군 참모총장이 수당지급대상자 결정절차에 대하여 수당지급대상자를 추천하거나 신청자 중 일부를 추천하지 아니하는 행위는 행정기관 상호간의 내부적인 의사결정과정의 하나일 뿐 그 자체만으로는 직접적으로 국민의 권리·의무가 설정·변경·박탈되거나 그 범위가 확정되는 등 기존의 권리상태에 어떤 변동을 가져오는 것이 아니므로 이를 항고소송의 대상이 되는 처분이라고 할 수는 없다(대판 2009.12.10., 2009두14231).

정답 | ①

855
기출처: 예상문제
난이도: ★★
키워드: 취소소송의 대상

관련기출 옳은지문
- 공무원에 대한 불문경고조치는 항고소송의 대상이 되는 행정처분에 해당한다. 12국가9급

- 지방자치단체 등이 건축물을 건축하기 위해 건축물 소재지 관할 허가권자인 지방자치단체의 장과 건축협의를 하였는데 허가권자인 지방자치단체의 장이 그 협의를 취소한 경우, 건축협의 취소는 항고소송의 대상인 행정처분에 해당한다. 17지방9급

856
판례가 그 처분성을 인정하지 않은 것은 〈보기〉에서 모두 몇 개인가?

― 보기 ―

ㄱ. 코로나바이러스감염증-19의 예방을 위해 음식점 및 PC방 운영자 등에게 영업시간을 제한하거나 이용자 간 거리를 둘 의무를 부여하는 서울특별시고시

ㄴ. 금융감독원장이 종합금융주식회사의 전 대표이사에게 재직 중 위법·부당행위 사례를 첨부하여 금융 관련 법규를 위반하고 신용질서를 심히 문란하게 한 사실이 있다는 내용으로 '문책경고장(상당)'을 보낸 행위

ㄷ. 무단 용도변경을 이유로 단전조치된 건물의 소유자로부터 새로이 전기공급신청을 받은 한국전력공사가 관할 구청장에게 전기공급의 적법 여부를 조회한 데 대하여, 관할 구청장이 한국전력공사에 대하여 「건축법」 규정에 의하여 해당 건물에 대한 전기공급이 불가하다는 내용의 회신

ㄹ. 공법상 재단법인인 총포·화약안전기술협회가 자신의 공행정활동에 필요한 재원을 마련하기 위하여 회비납부의무자에 대하여 한 회비납부통지

ㅁ. 「자본시장과 금융투자업에 관한 법률」 제172조 제3항에 따라 관할 관청이 주권상장법인에 한 단기매매차익 발생사실 통보

① 1개   ② 2개
③ 3개   ④ 4개
⑤ 5개

해설

ㄱ. (처분성 긍정) 구 감염병예방법 제49조 제1항은 감염병을 예방하기 위하여 질병관리청장, 시·도지사 또는 시장·군수·구청장에게 각 호에 규정하는 '조치'를 하도록 규정하였는바, 피청구인은 위 조항에 근거한 조치로서 관내 음식점 및 PC방의 관리자·운영자들에 대하여 영업시간을 제한하거나 이용자 간 거리를 두도록 의무를 부여하는 내용의 심판대상고시를 발령하였다. … 대법원도 심판대상고시와 동일한 규정 형식을 가진 피청구인의 대면예배 제한고시(서울특별시고시 제2021-414호)가 항고소송의 대상인 행정처분에 해당함을 전제로 판단한 바 있다(대판 2022.10.27., 2022두48646). 그러므로 심판대상고시는 항고소송의 대상인 행정처분에 해당한다(헌재 2023.5.25., 2021헌마21).

ㄴ. (처분성 부정) 금융감독원장이 종합금융주식회사의 전 대표이사에게 재직 중 위법·부당행위 사례를 첨부하여 금융 관련 법규를 위반하고 신용질서를 심히 문란하게 한 사실이 있다는 내용으로 '문책경고장(상당)'을 보낸 행위가 항고소송의 대상이 되는 행정처분에 해당하지 아니한다(대판 2005.2.17., 2003두10312).

ㄷ. (처분성 부정) 무단 용도변경을 이유로 단전조치된 건물의 소유자로부터 새로이 전기공급신청을 받은 한국전력공사가 관할 구청장에게 전기공급의 적법 여부를 조회한 데 대하여, 관할 구청장이 한국전력공사에 대하여 「건축법」 제69조 제2항·제3항의 규정에 의하여 위 건물에 대한 전기공급이 불가하다는 내용의 회신을 하였다면, 그 회신은 권고적 성격의 행위에 불과한 것으로서 한국전력공사나 특정인의 법률상 지위에 직접적인 변동을 가져오는 것은 아니므로 항고소송의 대상이 되는 행정처분이라고 볼 수 없다(대판 1995.11.21., 95누9099).

ㄹ. (처분성 긍정) 「총포·도검·화약류 등의 안전관리에 관한 법률 시행령」 제78조 제1항 제3호, 제79조 및 총포·화약안전기술협회(이하 '협회'라 한다) 정관의 관련 규정의 내용을 위 법리에 비추어 살펴보면, 공법인인 협회가 자신의 공행정활동에 필요한 재원을 마련하기 위하여 회비납부의무자에 대하여 한 '회비납부통지'는 납부의무자의 구체적인 부담금액을 산정·고지하는 '부담금 부과처분'으로서 항고소송의 대상이 된다고 보아야 한다(대판 2021.12.30., 2018다241458).

ㅁ. 지엽 (처분성 긍정) 관할 관청이 주권상장법인에 한 단기매매차익 발생사실 통보는 주권상장법인 등이 단기매매차익을 취득한 자를 상대로 반환청구권을 행사할 수 있도록 자료를 제공하는 것일 뿐, 단기매매차익 반환청구권을 발생시키거나 확정짓는 효력은 없다. 그러나 다음과 같은 측면에서 단기매매차익 발생사실 통보는 항고소송의 대상이 되는 처분에 해당한다고 봄이 타당하다.

1) 단기매매차익 발생사실 통보를 받은 주권상장법인은 통보받은 내용을 일정한 방법에 따라 공시하여야 한다. 단기매매차익 발생사실 통보는 주권상장법인의 공시의무를 발생시키는 효력을 가져 상대방의 법적 지위에 직접적인 영향을 준다. 행정청이 주권상장법인의 공시의무 이행을 강제할 직접적인 수단이 없다고 하더라도, 실체법상 법적 지위의 변동이 생긴다는 점을 부인할 수 없다.
2) 단기매매차익 발생사실 통보를 항고소송의 대상으로 인정할 필요가 있다. 주권상장법인의 공시의무는 단기매매차익 발생이라는 객관적 사실에 의존하는 것이 아니라, 단기매매차익 발생사실을 인식한 행정청의 통보에 의하여 비로소 발생한다. 단기매매차익 발생사실 통보가 위법하다고 주장하면서 그로 인하여 발생한 공시의무를 다투고자 하는 주권상장법인 등은 단기매매차익 발생사실 통보의 효력을 다투는 방법 외에는 다른 사법적 구제수단이 없다(대판 2022.8.19., 2020두44930).

정답 | ②

857
행정소송에 대한 설명으로 옳지 않은 것은? (다툼이 있는 경우 판례에 의함)

① 항고소송의 대상인 처분의 개념을 충족하는 행정작용이 다른 법에 따른 불복의 절차가 규정되어 있는 경우에는 항고소송 대상인 처분이 되지 못한다.
② 당사자의 신청을 받아들이지 않은 거부처분이 재결에서 취소된 경우, 재결에 의해 비로소 권익을 침해받는 자는 재결에 취소를 구할 법률상 이익이 있다.
③ 과징금 부과처분(선행처분)을 한 뒤, 자진신고 등을 이유로 다시 과징금 감면처분(후행처분)을 하였다면, 그 후행처분은 종국적 처분이고, 선행처분은 이러한 종국적 처분을 예정한 일종의 잠정적 처분으로서 후행처분에 흡수되어 소멸하여 이와 같은 경우에는 선행처분의 취소를 구하는 소는 부적법하다.
④ 상대방이 있는 행정처분에 대하여 행정심판을 거치지 아니하고 바로 취소소송을 제기하는 경우 처분이 있음을 안 날이란 통지, 공고 기타의 방법에 의해 당해 행정처분이 있었다는 사실을 현실적으로 안 날을 의미한다.

857	1 2 3
기출처	예상문제
난이도	★★
키워드	취소소송의 대상

해설

① (○) 「행정소송법」상 항고소송의 대상인 처분의 개념을 충족한다고 해도 다른 법령에 구제에 관한 규정을 별도로 두었다면 항고소송의 대상인 처분이 아니다.
② (×) 거부처분을 취소하는 재결이 있더라도 그에 따른 후속처분이 있기까지는 제3자의 권리나 이익에 변동이 있다고 볼 수 없고 후속처분시에 비로소 제3자의 권리나 이익에 변동이 발생하며, 재결에 대한 항고소송을 제기하여 재결을 취소하는 판결이 확정되더라도 그와 별도로 후속처분이 취소되지 않는 이상 후속처분으로 인한 제3자의 권리나 이익에 대한 침해 상태는 여전히 유지된다. 이러한 점들을 종합하면, 거부처분이 재결에서 취소된 경우 재결에 따른 후속처분이 아니라 그 재결의 취소를 구하는 것은 실효적이고 직접적인 권리구제수단이 될 수 없어 분쟁해결의 유효적절한 수단이라고 할 수 없으므로 법률상 이익이 없다(대판 2017.10.31., 2015두45045).
③ (○) 대판 2015.2.12., 2013두987
④ (○) 특정인을 상대로 하는 처분에서 공시송달을 한 경우, 처분이 있음을 안 날은 특정인이 현실적으로 처분을 안 날을 말한다.

> 「행정소송법」 제20조 제1항 소정의 제소기간 기산점인 '처분이 있음을 안 날'이라 함은 당사자가 통지·공고 기타의 방법에 의하여 당해 처분이 있었다는 사실을 현실적으로 안 날을 의미하는바, 특정인에 대한 행정처분을 주소불명 등의 이유로 송달할 수 없어 관보·공보·게시판·일간신문 등에 공고한 경우에는 공고가 효력을 발생하는 날에 상대방이 그 행정처분이 있음을 알았다고 볼 수는 없고, 상대방이 당해 처분이 있었다는 사실을 현실적으로 안 날에 그 처분이 있음을 알았다고 보아야 한다(대판 2006.4.28., 2005두14851).

정답 | ②

858

항고소송의 대상에 관한 설명으로 옳지 않은 것은? (다툼이 있는 경우 판례에 의함)

① 행정행위의 부관은 부담의 경우를 제외하고는 독립하여 항고소송의 대상이 아니다.
② 교도소장이 수형자를 '접견 내용 녹음·녹화 및 접견시 교도관 참여대상자'로 지정한 행위는 항고소송의 대상이 된다.
③ 「병역법」상 신체등위판정은 항고소송의 대상이 된다.
④ 건축물대장 소관청의 건축물대장 작성신청 반려행위는 항고소송의 대상이 된다.

해설

① (○) 행정행위의 부관은 행정행위의 일반적인 효력이나 효과를 제한하기 위하여 의사표시의 주된 내용에 부가되는 종된 의사표시이지 그 자체로서 직접 법적 효과를 발생하는 독립된 처분이 아니므로 현행 행정쟁송제도 아래서는 부관 그 자체만을 독립된 쟁송의 대상으로 할 수 없는 것이 원칙이나 행정행위의 부관 중에서도 행정행위에 부수하여 그 행정행위의 상대방에게 일정한 의무를 부과하는 행정청의 의사표시인 부담의 경우에는 다른 부관과는 달리 행정행위의 불가분적인 요소가 아니고 그 존속이 본체인 행정행위의 존재를 전제로 하는 것일 뿐이므로 부담 그 자체로서 행정쟁송의 대상이 될 수 있다(대판 1992.1.21., 91누1264).

② (○) 교도소장이 수형자 甲을 '접견 내용 녹음·녹화 및 접견시 교도관 참여대상자'로 지정한 사안에서, 위 지정행위는 수형자의 구체적 권리의무에 직접적 변동을 가져오는 행정청의 공법상 행위로서 항고소송의 대상이 되는 '처분'에 해당한다(대판 2014.2.13., 2013두20899).

③ **빈출** (×) 「병역법」상 신체등위판정은 행정청이라고 볼 수 없는 군의관이 하도록 되어 있으며, 그 자체만으로 바로 「병역법」상의 권리의무가 정하여지는 것이 아니라 그에 따라 지방병무청장이 병역처분을 함으로써 비로소 병역의무의 종류가 정하여지는 것이므로 항고소송의 대상이 되는 행정처분이라 보기 어렵다(대판 1993.8.27., 93누3356).

④ **빈출** (○) 건축물대장의 작성은 건축물의 소유권을 제대로 행사하기 위한 전제요건으로서 건축물 소유자의 실체적 권리관계에 밀접하게 관련되어 있으므로 건축물대장 소관청의 작성신청 반려행위는 국민의 권리관계에 영향을 미치는 것으로서 항고소송의 대상이 되는 행정처분에 해당한다(대판 2009.2.12., 2007두17359).

정답 | ③

기출처: 2019 소방직
난이도: ★
키워드: 취소소송의 대상

859 필수

항고소송의 대상이 되는 행정처분에 대한 판례의 입장으로 옳지 않은 것은?

① 법원은 재결취소소송의 경우 재결 자체에 고유한 위법이 있는지 여부를 심리할 것이고, 재결 자체에 고유한 위법이 없는 경우에는 원처분의 당부와는 상관없이 당해 재결취소소송은 이를 기각하여야 한다.
② 인터넷 포털사이트의 개인정보 유출사고로 주민등록번호가 불법 유출되었음을 이유로 주민등록번호 변경신청을 하였으나 관할 구청장이 이를 거부하였다면 이는 「주민등록법」에 규정된 정당한 변경신청권에 의한 신청이라 할 수 없어 그 거부행위는 처분에 해당하지 않는다.
③ 개별법에 처분에 대한 재결을 소송 대상으로 삼고 있다면 논리적으로 해당 처분에 대해서는 필요적 행정심판전치주의가 적용된다.
④ 산업단지개발계획상 산업단지 안의 토지소유자의 산업단지개발계획의 신청에 대한 거부행위는 항고소송인 처분에 해당한다.

859	① ② ③
기출처	예상문제
난이도	★★
키워드	취소소송의 대상

관련기출 옳은지문
• 행정심판의 재결에 이유모순의 위법이 있다는 사유는 재결처분 자체에 고유한 하자로서 재결처분의 취소를 구하는 소송에서는 그 위법사유로서 주장할 수 있으나, 원처분의 취소를 구하는 소송에서는 그 취소를 구할 위법사유로서 주장할 수 없다. 24국가직7급

해설

① 빈출 (○) 재결에 고유한 위법이 없는 경우 법원은 각하하여서는 아니 되고 기각하여야 한다(재결의 고유 위법 여부는 본안의 문제이다).

> 「행정소송법」 제19조는 취소소송은 행정청의 원처분을 대상으로 하되(원처분주의), 다만 '재결 자체에 고유한 위법이 있음을 이유로 하는 경우'에 한하여 행정심판의 재결도 취소소송의 대상으로 삼을 수 있도록 규정하고 있으므로 재결취소소송의 경우 재결 자체에 고유한 위법이 있는지 여부를 심리할 것이고, 재결 자체에 고유한 위법이 없는 경우에는 원처분의 당부와는 상관없이 당해 재결취소소송은 이를 기각하여야 한다(대판 1994.1.25., 93누16901).

② 빈출 (×) 甲 등이 인터넷 포털사이트 등의 개인정보 유출사고로 자신들의 주민등록번호 등 개인정보가 불법 유출되자 이를 이유로 관할 구청장에게 주민등록번호를 변경해 줄 것을 신청하였으나 구청장이 "주민등록번호가 불법 유출된 경우 「주민등록법」상 변경이 허용되지 않는다."는 이유로 주민등록번호 변경을 거부하는 취지의 통지를 한 사안에서, 피해자의 의사와 무관하게 주민등록번호가 유출된 경우에는 조리상 주민등록번호의 변경을 요구할 신청권을 인정함이 타당하고, 구청장의 주민등록번호 변경신청 거부행위는 항고소송의 대상이 되는 행정처분에 해당한다(대판 2017.6.15., 2013두2945).

정답 | ②

860

취소소송에 대한 설명으로 옳은 것은?

① 취소소송은 처분 등을 대상으로 하나, 재결취소소송은 처분 및 재결 자체에 고유한 위법이 있음을 이유로 하는 경우에 한한다.
② 「행정소송법」 제23조 제2항 소정의 행정처분 등의 효력이나 집행을 정지하기 위한 요건으로서의 '회복하기 어려운 손해'라 함은 특별한 사정이 없는 한 금전적 보상을 과도하게 요하는 경우, 금전보상이 불가능한 경우, 그 밖에 금전보상으로는 사회관념상 행정처분을 받은 당사자가 참고 견딜 수 없거나 또는 참고 견디기가 현저히 곤란한 경우의 유형·무형의 손해를 일컫는다.
③ 취소소송은 처분 등이 있음을 안 날부터 90일 이내에, 처분 등이 있은 날부터 1년 이내에 제기할 수 있고, 다만 처분 등이 있은 날부터 1년이 경과하여도 정당한 사유가 있다면 취소소송을 제기할 수 있다.
④ 집행정지의 결정을 신청함에 있어서는 그 이유에 대한 소명을 반드시 필요로 하는 것은 아니므로 정당한 사유 등 특별한 사정이 있다면 재판부는 그 소명 없이 직권으로 집행정지에 대한 결정을 하여야 한다.

해설

① (×) 취소소송은 처분 등을 대상으로 한다. 다만, 재결취소소송의 경우에는 재결 자체에 고유한 위법이 있음을 이유로 하는 경우에 한한다(「행정소송법」 제19조).
② (×) 금전적 보상을 과도하게 요하는 경우는 해당하지 않는다.

> 회복하기 어려운 손해란 사회통념상 그 원상회복이나 금전배상이 불가능하다고 인정되는 손해를 의미한다. 이는 특별한 사정이 없는 한 금전으로 보상할 수 없는 손해로서 금전보상이 불가능한 경우뿐만 아니라 금전보상으로는 사회관념상 행정처분을 받은 당사자가 참고 견딜 수 없거나 또는 참고 견디기가 현저히 곤란한 경우의 유형·무형의 손해를 일컫는다(대결 1992.4.29., 92두7).

③ (O) 취소소송은 처분 등이 있은 날부터 1년(제1항 단서의 경우는 재결이 있은 날부터 1년)을 경과하면 이를 제기하지 못한다. 다만, 정당한 사유가 있는 때에는 그러하지 아니하다(동법 제20조 제2항).
④ (×) 제2항의 집행정지 규정에 의한 집행정지의 결정을 신청함에 있어서는 그 이유에 대한 소명이 있어야 한다(동법 제23조 제4항).

정답 | ③

861 필수

판례의 입장으로 옳은 것은?

① 변상금 부과처분이 당연무효인 경우, 당해 변상금 부과처분에 의하여 납부한 오납금에 대한 납부자의 부당이득반환청구권의 소멸시효는 변상금 부과처분의 부과시부터 진행한다.
② 행정소송에서 쟁송의 대상이 되는 행정처분의 존부에 관한 사항이 상고심에서 비로소 주장된 경우에 행정처분의 존부에 관한 사항은 상고심의 심판범위에 해당한다.
③ 어떠한 처분의 근거나 법적인 효과가 행정규칙에 규정되어 있다면, 그 처분이 행정규칙의 내부적 구속력에 의하여 상대방의 권리의무에 직접 영향을 미치는 행위라도 항고소송의 대상이 되는 행정처분이라 볼 수 없다.
④ 어떠한 허가처분에 대하여 타법상의 인·허가가 의제된 경우, 의제된 인·허가는 통상적인 인·허가와 동일한 효력을 갖는 것은 아니므로 '부분 인·허가의제'가 허용되는 경우에도 의제된 인·허가에 대한 쟁송취소는 허용되지 않는다.

861	
기출처	2020 국가직 9급
난이도	★★
키워드	취소소송의 대상

관련기출 옳은지문

• 어떠한 처분의 근거나 법적인 효과가 행정규칙에 규정되어 있다고 하더라도, 그 처분이 행정규칙의 내부적 구속력에 의하여 상대방에게 권리의 설정 또는 의무의 부담을 명하거나 기타 법적인 효과를 발생하게 하는 등으로 그 상대방의 권리·의무에 직접 영향을 미치는 행위라면, 이 경우에도 항고소송의 대상이 되는 행정처분에 해당한다.

24국가직7급

해설

① (×) 무효인 변상금에 대한 부과만으로는 부당이득이 발생하지 않아 시효가 시작될 수 없다. 납부나 징수가 이루어짐으로서 부당이득이 발생하여, 시효가 시작된다.

> 「지방재정법」 제87조 제1항에 의한 변상금 부과처분이 당연무효인 경우에 이 변상금 부과처분에 의하여 납부자가 납부하거나 징수당한 오납금은 지방자치단체가 법률상 원인 없이 취득한 부당이득에 해당하고, 이러한 오납금에 대한 납부자의 부당이득반환청구권은 처음부터 법률상 원인이 없이 납부 또는 징수된 것이므로 납부 또는 징수시에 발생하여 확정되며, 그때부터 소멸시효가 진행한다(대판 2005.1.27., 2004다50143).

② 빈출 (○) 처분의 존부는 소송의 대상적격 문제로서 소송의 요건문제이고 법원의 직권조사사항이다. 따라서 처분의 존부에 대해 상고심에서 주장된다고 해도 이는 상고심의 심판범위가 된다.

> 행정소송에서 쟁송의 대상이 되는 행정처분의 존부는 소송요건으로서 직권조사사항이고, 자백의 대상이 될 수 없는 것이므로, 설사 그 존재를 당사자들이 다투지 아니한다 하더라도 그 존부에 관하여 의심이 있는 경우에는 이를 직권으로 밝혀 보아야 할 것이고, 사실심 변론종결시까지 당사자가 주장하지 않던 직권조사사항에 해당하는 사항을 상고심에서 비로소 주장하는 경우 그 직권조사사항에 해당하는 사항은 상고심의 심판범위에 해당한다(대판 2004.12.24., 2003두15195).

③ 빈출 (×) 어떠한 처분의 근거나 법적인 효과가 행정규칙에 규정되어 있다고 하더라도, 그 처분이 행정규칙의 내부적 구속력에 의하여 상대방에게 권리의 설정 또는 의무의 부담을 명하거나 기타 법적인 효과를 발생하게 하는 등으로 상대방의 권리의무에 직접 영향을 미치는 행위라면, 이 경우에도 항고소송의 대상이 되는 행정처분에 해당한다(대판 2002.7.26., 2001두3532).

④ 빈출 (×) 의제된 인·허가는 통상적인 인·허가와 동일한 효력을 가지므로, 적어도 '부분 인·허가의제'가 허용되는 경우에는 그 효력을 제거하기 위한 법적 수단으로 의제된 인·허가의 취소나 철회가 허용될 수 있고, 이러한 직권 취소·철회가 가능한 이상 그 의제된 인·허가에 대한 쟁송취소 역시 허용된다. 주택건설사업계획 승인처분에 따라 의제된 인·허가가 위법함을 다투고자 하는 이해관계인은, 주택건설사업계획 승인처분의 취소를 구할 것이 아니라 의제된 인·허가의 취소를 구하여야 하며, 의제된 인·허가는 주택건설사업계획 승인처분과 별도로 항고소송의 대상이 되는 처분에 해당한다(대판 2018.11.29., 2016두38792).

정답 | ②

862 필수

행정소송에 대한 설명으로 옳지 않은 것은? (다툼이 있는 경우 판례에 의함)

① 법원은 처분의 취소를 구하고 있음이 명백한 경우에 더 나아가 그 무효확인을 구하는 여부를 석명할 의무는 없다고 할 것이며 과세처분의 취소를 구하는 내용에 그 무효확인을 구하는 취지가 포함되어 있다고 볼 수도 없다.

② 법령이 특정한 행정기관 등으로 하여금 다른 행정기관을 상대로 제재적 조치를 취할 수 있도록 하면서, 그에 따르지 않으면 그 행정기관에 대하여 과태료를 부과하거나 형사처벌을 할 수 있도록 정하는 경우, 제재적 조치는 항고소송 대상인 처분이 될 수 있다.

③ 보건복지부 고시인 약제급여·비급여목록 및 급여상한금액표는 행정규칙인 고시의 형식을 취하고 있어 내용이 비록 구체적 규율의 경우에도 항고소송의 대상인 처분이 될 수 없다.

④ 관할청이 「농지법」상 이행강제금 부과처분을 하면서 재결청에 행정심판을 청구하거나 관할 행정법원에 행정소송을 할 수 있다고 잘못 안내한 경우에도 해당 이행강제금은 항고소송 대상인 처분이 될 수 없다.

해설

③ (×) 보건복지부 고시인 약제급여·비급여목록 및 급여상한금액표(보건복지부 고시 제2002-46호로 개정된 것)는 다른 집행행위의 매개 없이 그 자체로서 국민건강보험가입자, 국민건강보험공단, 요양기관 등의 법률관계를 직접 규율하는 성격을 가지므로 항고소송의 대상이 되는 행정처분에 해당한다(대판 2006.9.22., 2005두2506).

정답 | ③

기출처: 예상문제
난이도: ★★
키워드: 취소소송의 대상

관련기출 옳은지문
- '약제급여·비급여목록 및 급여상한금액표'와 같이 어떤 고시가 다른 집행행위의 매개 없이 그 자체로 직접 국민의 권리의무나 권리관계를 규율하는 성격을 가지는 경우에는 행정처분에 해당한다. 10국회직9급

---

863 필수

항고소송에 관한 설명으로 옳지 않은 것은? (다툼이 있는 경우 판례에 의함)

① 법무사의 사무원 채용승인신청에 대하여 소속 지방법무사회가 '채용승인을 거부'하는 조치 또는 일단 채용승인을 하였으나 「법무사규칙」 제37조 제6항을 근거로 '채용승인을 취소'하는 조치는 항고소송의 대상인 '처분'이라 할 수 없다.

② 「행정소송법」상 항고소송으로 제기하여야 할 사건을 민사소송으로 잘못 제기한 경우에 수소법원이 항고소송에 대한 관할도 동시에 가지고 있다면, 원고로 하여금 항고소송으로 소 변경을 하도록 석명권을 행사하여 「행정소송법」이 정하는 절차에 따라 심리·판단하여야 한다.

③ 도시계획시설결정에 이해관계가 있는 주민으로서는 도시시설계획의 입안권자 내지 결정권자에게 도시시설계획의 입안 내지 변경을 요구할 수 있는 법규상 또는 조리상의 신청권이 있고, 이러한 신청에 대한 거부행위는 항고소송의 대상이 되는 행정처분에 해당한다.

④ 문화재구역(현 문화유산구역) 내 토지소유자 甲이 문화재청장(현 국가유산청장)에게 구 「공익사업을 위한 토지 등의 취득 및 보상에 관한 법률」 제30조 제1항에 의한 재결신청 청구를 하였으나, 문화재청장이 재결신청 의무를 부담하지 않는다는 이유로 거부 회신을 한 경우에 위 회신은 항고소송의 대상이 되는 거부처분에 해당하지 않는다.

해설

① (×) 법무사의 사무원 채용승인신청에 대하여 소속 지방법무사회가 '채용승인을 거부'하는 조치 또는 일단 채용승인을 하였으나 「법무사규칙」 제37조 제6항을 근거로 '채용승인을 취소'하는 조치는 공법인인 지방법무사회가 행하는 구체적 사실에 관한 법집행으로서 공권력의 행사 또는 그 거부에 해당하므로 항고소송의 대상인 '처분'이라고 보아야 한다(대판 2020.4.9., 2015다34444).

기출처: 예상문제
난이도: ★★
키워드: 취소소송의 대상

관련기출 옳은지문
- 구 「도시계획법」 제12조에 의하여 고시된 도시계획결정은 항고소송의 대상이 되는 행정처분에 해당한다. 25소방직

② (○) 「행정소송법」상 항고소송으로 제기하여야 할 사건을 민사소송으로 잘못 제기한 경우에 수소법원이 항고소송에 대한 관할도 동시에 가지고 있다면, 전심절차를 거치지 않았거나 제소기간을 도과하는 등 항고소송으로서의 소송요건을 갖추지 못했음이 명백하여 항고소송으로 제기되었더라도 어차피 부적법하게 되는 경우가 아닌 이상, 원고로 하여금 항고소송으로 소 변경을 하도록 석명권을 행사하여 「행정소송법」이 정하는 절차에 따라 심리·판단하여야 한다(대판 2020.4.9., 2015다34444).

③ (○) 일반적으로 국민에게는 계획에 대한 신청권이 없다. 하지만 대법원은 일정한 계획에 관해 이해관계가 있는 주민에게 신청권을 인정하고 있다.

> 도시계획구역 내 토지 등을 소유하고 있는 사람과 같이 당해 도시계획시설결정에 이해관계가 있는 주민으로서는 도시시설계획의 입안권자 내지 결정권자에게 도시시설계획의 입안 내지 변경을 요구할 수 있는 법규상 또는 조리상의 신청권이 있고, 이러한 신청에 대한 거부행위는 항고소송의 대상이 되는 행정처분에 해당한다(대판 2015.3.26., 2014두42742).

④ (○) 문화재구역(현 문화유산구역) 내 토지소유자 甲이 문화재청장(현 국가유산청장)에게 구 공익사업을 위한 토지 등의 취득 및 보상에 관한 법률 제30조 제1항에 의한 재결신청 청구를 하였으나, 문화재청장은 위 법 제30조 제2항에 따른 관할 토지수용위원회에 대한 재결신청 의무를 부담하지 않는다는 이유로 거부 회신을 받은 사안에서, 위 회신은 항고소송의 대상이 되는 거부처분에 해당하지 않는다(대판 2014.7.10., 2012두22966).

정답 | ①

864

항고소송의 대상이 되는 처분에 관한 설명으로 옳지 않은 것은? (다툼이 있는 경우 판례에 의함)

① 과태료의 부과 여부 및 그 당부는 최종적으로 「질서위반행위규제법」의 절차에 의하여 판단되어야 한다고 할 것이므로, 그 과태료 부과처분은 행정청을 피고로 하는 항고소송의 대상이 되는 처분이라고 볼 수 없다.

② 행정청의 행위가 항고소송의 대상이 되는 처분에 해당하는지가 불분명한 경우에는 그에 대한 불복방법 선택에 중대한 이해관계를 가지는 상대방의 인식가능성과 예측가능성을 중요하게 고려해서 규범적으로 판단해야 한다.

③ 어떠한 처분의 근거나 법적인 효과가 행정규칙에 규정되어 있다고 하더라도, 그 처분이 행정규칙의 내부적 구속력에 의하여 상대방에게 권리의 설정 또는 의무의 부담을 명하거나 기타 법적인 효과를 발생하게 하는 등으로 그 상대방의 권리의무에 직접 영향을 미치는 행위라면, 이 경우에도 항고소송의 대상이 되는 처분에 해당한다고 보아야 한다.

④ 「총포·도검·화약류 등의 안전관리에 관한 법률」에 따른 총포·화약안전기술협회가 회비납부의무자에 대하여 한 회비납부통지는 항고소송의 대상이 되는 처분에 해당하지 않는다.

864	1 2 3
기출처	2023 소방직
난이도	★★
키워드	취소소송의 대상

해설

① (○) 과태료는 항고소송 대상인 처분이 아니다. 불복하는 경우 이의제기를 함으로써 과태료의 효력을 상실시키고, 과태료 재판을 통한 구제가 가능하다.
② (○) 대판 2021.12.30., 2018다241458
③ (○) 대판 2002.7.26., 2001두3532
④ (×) 「총포·도검·화약류 등의 안전관리에 관한 법률 시행령」 제78조 제1항 제3호, 제79조 및 총포·화약안전기술협회(이하 '협회'라 한다) 정관의 관련 규정의 내용을 위 법리에 비추어 살펴보면, 공법인인 협회가 자신의 공행정활동에 필요한 재원을 마련하기 위하여 회비납부의무자에 대하여 한 '회비납부통지'는 납부의무자의 구체적인 부담금액을 산정·고지하는 '부담금 부과처분'으로서 항고소송의 대상이 된다고 보아야 한다(대판 2021.12.30., 2018다241458).

정답 | ④

865

기출처	2019 지방직 9급
난이도	★★
키워드	취소소송의 대상

행정소송에 대한 설명으로 옳지 않은 것은? (다툼이 있는 경우 판례에 의함)

① 검사의 불기소결정은 「행정소송법」상 처분에 해당되어 항고소송을 제기할 수 있다.
② 납세의무부존재확인의 소는 공법상의 법률관계 그 자체를 다투는 소송으로서 당사자소송이다.
③ 행정청의 부작위에 대하여 행정심판을 거치지 않고 부작위위법확인소송을 제기하는 경우에는 제소기간의 제한을 받지 않는다.
④ 거부처분에 대하여 무효확인판결이 확정된 경우, 행정청에 대해 판결의 취지에 따른 재처분의무가 인정될 뿐 그에 대하여 간접강제까지 허용되는 것은 아니다.

해설

① (×) 검사의 기소결정이나 불기소결정은 모두 행정상의 문제가 아니라 형사소송상의 문제이다. 따라서 항고소송의 대상인 처분이 아니다.

> 검사의 불기소결정에 대해서는 「검찰청법」에 의한 항고와 재항고, 「형사소송법」에 의한 재정신청에 의해서만 불복할 수 있는 것이므로, 이에 대해서는 「행정소송법」상 항고소송을 제기할 수 없다(대판 2018.9.28., 2017두47465).

② (○) 대판 2000.9.8., 99두2765
③ (○) 대판 2009.7.23., 2008두10560
④ (○) 대결 1998.12.24., 98무37

정답 | ①

866
다음 중 소송의 유형이 바르게 연결되지 <u>않은</u> 것은? (다툼이 있는 경우 판례에 의함)

> ㄱ. 행정입법부작위 – 부작위위법확인소송
> ㄴ. 부가가치세 환급세액 지급청구 – 당사자소송
> ㄷ. 「민주화운동 관련자 명예회복 및 보상 등에 관한 법률」에 따른 보상금 등의 지급을 구하는 소송 – 항고소송
> ㄹ. 수신료 징수권한 여부를 다투는 소송 – 민사소송

① ㄱ, ㄴ ② ㄴ, ㄷ ③ ㄷ, ㄹ ④ ㄱ, ㄹ

866	
기출처	예상문제
난이도	★
키워드	취소소송의 대상

해설

ㄱ. **빈출** (×) 행정입법부작위는 부작위위법확인소송의 대상이 아니다.

> 행정소송은 구체적 사건에 대한 법률상 분쟁을 법에 의하여 해결함으로써 법적 안정을 기하자는 것이므로 부작위위법확인소송의 대상이 될 수 있는 것은 구체적 권리·의무에 관한 분쟁이어야 하고 추상적인 법령에 관하여 제정의 여부 등은 그 자체로서 국민의 구체적인 권리·의무에 직접적 변동을 초래하는 것이 아니어서 그 소송의 대상이 될 수 없다(대판 1992.5.8., 91누11261).

ㄴ. (○) 납세의무자에 대한 국가의 부가가치세 환급세액 지급의무에 대응하는 국가에 대한 납세의무자의 부가가치세 환급세액 지급청구는 민사소송이 아니라 「행정소송법」 제3조 제2호에 규정된 당사자소송의 절차에 따라야 한다(대판 2013.3.21., 2011다95564).

ㄷ. (○) 「민주화운동 관련자 명예회복 및 보상 등에 관한 법률」에 따른 보상금 등의 지급을 구하는 소송은 항고소송이다. 주의할 것은 광주민주화운동과 관련된 경우에는 당사자소송이라는 점이다.

광주민주화운동 관련자 보상심의 위원회의 보상금지급신청에 대한 결정이 취소소송의 대상이 되는 행정처분인지 여부(소극)(= 당사자소송)	민주화운동 관련자 명예회복 및 보상심의위원회의 보상금 등의 지급대상자에 관한 결정이 행정처분인지 여부(적극) 및 「민주화운동 관련자 명예회복 및 보상 등에 관한 법률」에 따른 보상금 등의 지급을 구하는 소송의 형태(= 취소소송)
구 「광주민주화운동 관련자 보상 등에 관한 법률」 제15조 본문의 규정에서 말하는 광주민주화운동 관련자 보상심의위원회의 결정을 거치는 것은 보상금 지급에 관한 소송을 제기하기 위한 전치요건에 불과하다고 할 것이므로 위 보상심의위원회의 결정은 취소소송의 대상이 되는 행정처분이라고 할 수 없다. 같은 법에 의거하여 관련자 및 유족들이 갖게 되는 보상 등에 관한 권리는 헌법 제23조 제3항에 따른 재산권 침해에 대한 손실보상청구나 「국가배상법」에 따른 손해배상청구와는 그 성질을 달리하는 것으로서 법률이 특별히 인정하고 있는 공법상의 권리라고 하여야 할 것이므로 그에 관한 소송은 「행정소송법」 제3조 제2호 소정의 당사자소송에 의하여야 할 것이며 보상금 등의 지급에 관한 법률관계의 주체는 대한민국이다(대판 1992.12.24., 92누3335).	「민주화운동 관련자 명예회복 및 보상 등에 관한 법률」 제2조 제1호, 제2호 본문, 제4조, 제10조, 제11조, 제13조 규정들의 취지와 내용에 비추어 보면, 같은 법 제2조 제2호 각 목은 민주화운동과 관련한 피해 유형을 추상적으로 규정한 것에 불과하여 제2조 제1호에서 정의하고 있는 민주화운동의 내용을 함께 고려하더라도 그 규정들만으로는 바로 법상의 보상금 등의 지급 대상자가 확정된다고 볼 수 없고, '민주화운동 관련자 명예회복 및 보상 심의위원회'에서 심의·결정을 받아야만 비로소 보상금 등의 지급 대상자로 확정될 수 있다. 따라서 그와 같은 심의위원회의 결정은 국민의 권리·의무에 직접 영향을 미치는 행정처분에 해당하므로, 관련자 등으로서 보상금 등을 지급받고자 하는 신청에 대하여 심의위원회가 관련자 해당 요건의 전부 또는 일부를 인정하지 아니하여 보상금 등의 지급을 기각하는 결정을 한 경우에는 신청인은 심의위원회를 상대로 그 결정의 취소를 구하는 소송을 제기하여 보상금 등의 지급대상자가 될 수 있다(대판 2008.4.17., 2005두16185).

ㄹ. (×) 수신료의 법적 성격, 피고 보조참가인의 수신료 강제징수권의 내용[구 「방송법」(2008.2.29. 법률 제8867호로 개정되기 전의 것) 제66조 제3항] 등에 비추어 보면 수신료 부과행위는 공권력의 행사에 해당하므로, 피고가 피고 보조참가인으로부터 수신료의 징수업무를 위탁받아 자신의 고유업무와 관련된 고지행위와 결합하여 수신료를 징수할 권한이 있는지 여부를 다투는 이 사건 쟁송은 민사소송이 아니라 공법상의 법률관계를 대상으로 하는 것으로서 「행정소송법」 제3조 제2호에 규정된 당사자소송에 의하여야 한다고 봄이 상당하다(대판 2008.7.24., 2007다25261).

정답 | ④

867

기출처	예상문제
난이도	★★
키워드	취소소송의 대상

행정소송에 대한 설명으로 옳지 않은 것은? (다툼이 있는 경우 판례에 의함)

① 국립의료원 부설주차장에 관한 위탁관리용역운영계약의 실질은 행정재산에 대한 「국유재산법」 제24조 제1항의 사용·수익 허가임을 이유로, 위와 관련된 가산금지급채무부존재의 소송은 행정소송이다.

② 구 「도시재개발법」에 의한 재개발조합에 대하여 조합원 자격확인을 구하는 소송은 민사소송이다.

③ 지방의회를 대표하고 의사를 정리하며 회의장 내의 질서를 유지하고 의회의 사무를 감독하며 위원회에 출석하여 발언할 수 있는 등의 직무권한을 가지는 지방의회 의장에 대한 불신임의결은 의장으로서의 권한을 박탈하는 행정처분의 일종으로서 항고소송의 대상이 된다.

④ 의료기관의 명칭표시판에 진료과목을 함께 표시하는 경우 글자 크기를 제한하고 있는 구 「의료법 시행규칙」은 항고소송 대상인 처분으로 볼 수 없다.

해설

② (×) 구 「도시재개발법」(1995.12.29. 법률 제5116호로 전문 개정되기 전의 것)에 의한 재개발조합은 조합원에 대한 법률관계에서 적어도 특수한 존립목적을 부여받은 특수한 행정주체로서 국가의 감독하에 그 존립 목적인 특정한 공공사무를 행하고 있다고 볼 수 있는 범위 내에서는 공법상의 권리·의무 관계에 서 있다. 따라서 조합을 상대로 한 쟁송에 있어서 강제가입제를 특색으로 한 조합원의 자격 인정 여부에 관하여 다툼이 있는 경우에는 그 단계에서는 아직 조합의 어떠한 처분 등이 개입될 여지는 없으므로 공법상의 당사자소송에 의하여 그 조합원 자격의 확인을 구할 수 있다(대판 1996.2.15., 94다31235 전합).

정답 | ②

868

기출처	2019 지방직 9급
난이도	★★
키워드	취소소송의 대상

행정소송의 대상인 행정처분에 대한 설명으로 옳지 않은 것은? (다툼이 있는 경우 판례에 의함)

① 구 「민원사무 처리에 관한 법률」에서 정한 사전심사결과 통보는 항고소송의 대상이 되는 행정처분에 해당하지 않는다.

② 「교육공무원법」상 승진후보자 명부에 의한 승진심사 방식으로 행해지는 승진임용에서 승진후보자 명부에 포함되어 있던 후보자를 승진임용인사발령에서 제외하는 행위는 항고소송의 대상인 처분에 해당하지 않는다.

③ 건축주가 토지소유자로부터 토지사용승낙서를 받아 그 토지 위에 건축물을 건축하는 건축허가를 받았다가 착공에 앞서 건축주의 귀책사유로 해당 토지를 사용할 권리를 상실한 경우, 토지소유자의 건축허가 철회신청을 거부한 행위는 항고소송의 대상이 된다.

④ 사업시행자인 한국도로공사가 구 「지적법」에 따라 고속도로 건설공사에 편입되는 토지소유자들을 대위하여 토지면적등록정정신청을 하였으나 관할 행정청이 이를 반려하였다면, 이러한 반려행위는 항고소송 대상이 되는 행정처분에 해당한다.

해설

① (○) 대판 2014.4.24., 2013두7834
② 빈출 (×) 「교육공무원법」상 승진후보자 명부에 의한 승진심사 방식으로 행해지는 승진임용에서 승진후보자 명부에 포함되어 있던 후보자를 승진임용인사발령에서 제외하는 행위는 불이익처분으로서 항고소송의 대상인 처분에 해당한다고 보아야 한다(대판 2018.3.27., 2015두47492).
③ (○) 대판 2017.3.15., 2014두41190
④ (○) 대판 2011.8.25., 2011두3371

정답 | ②

869

행정소송에 대한 설명으로 가장 옳지 않은 것은?

① 검사의 불기소결정에 대해서는 항고소송을 제기할 수 없다.
② 망인(亡人)에게 수여된 서훈을 취소하는 경우, 그 유족은 서훈취소처분의 상대방이 되지 않는다.
③ 주택건설사업계획 승인처분에 따라 의제된 지구단위계획결정에 하자가 있음을 다투고자 하는 경우, 의제된 지구단위계획결정이 아니라 주택건설사업계획 승인처분을 항고소송의 대상으로 삼아야 한다.
④ 공장설립승인처분이 위법하다는 이유로 쟁송취소되었다고 하더라도 그 승인처분에 기초한 공장건축허가처분이 잔존하는 이상, 인근 주민들은 여전히 공장건축허가처분의 취소를 구할 법률상 이익이 있다.

869 / 기출처: 2019 서울시 7급 추가 / 난이도: ★★ / 키워드: 취소소송의 대상

해설

③ 빈출 (×) 인허가의제에 있어 주된 처분으로 인허가가 의제되어지면 의제된 인허가는 독립된 처분으로서, 의제된 인허가에 하자가 있는 경우에는 의제된 처분이 소송 대상이 된다.

> 주택건설사업계획 승인처분에 따라 의제된 인허가가 위법함을 다투고자 하는 이해관계인은, 주택건설사업계획 승인처분의 취소를 구할 것이 아니라 의제된 인허가의 취소를 구하여야 하며, 의제된 인허가는 주택건설사업계획 승인처분과 별도로 항고소송의 대상이 되는 처분에 해당한다(대판 2018.11.29., 2016두38792).

고득점 플러스+

> 인허가의제제도에서 의제되어지는 인허가를 이유로 주된 인허가를 거부하는 경우에는 주된 인허가의 거부만이 독립된 소송 대상인 처분이다. 이 경우에 주된 인허가의 거부를 소송 대상으로 삼아 소를 청구하여 의제되어지는 처분의 불허가를 다툴 수 있다. 하지만 주된 처분이 있어 인허가가 의제되면 의제되어지는 처분도 독립된 소송 대상인 처분이고, 행정청의 직권취소대상이 된다.

정답 | ③

870	
기출처	예상문제
난이도	★★
키워드	취소소송의 대상

관련기출 옳은지문

- 항정신병 치료제의 요양급여 인정기준에 관한 보건복지부 고시가 다른 집행행위의 매개 없이 그 자체로서 제약회사, 요양기관, 환자 및 국민건강보험공단 사이의 법률관계를 직접 규율한다는 이유로 항고소송의 대상이 되는 행정처분에 해당한다. 20군무원9급

870 〈필수〉

항고소송에 대한 설명으로 옳지 않은 것은? (다툼이 있는 경우 판례에 의함)

① 항정신병 치료제의 요양급여 인정기준에 관한 보건복지부 고시는 항고소송 대상인 처분에 해당된다.
② 금융감독위원회의 부실금융기관에 대한 파산신청은 「행정소송법」상 취소소송의 대상이 되는 행정처분에 해당하지 않는다.
③ 무효선언을 구하는 취지의 취소소송이 취소소송의 제기요건을 갖추지 못한 경우에는 비록 무효에 해당되는 처분이라도 기각대상이 된다.
④ 건축사업무정지처분을 받은 후 새로운 업무정지처분을 받음이 없이 1년이 경과하여 실제로 가중된 제재처분을 받을 우려가 없게 된 경우, 업무정지처분에서 정한 정지기간이 경과한 후에 업무정지처분의 취소를 구할 법률상 이익이 없다.

해설

③ 빈출 (×) 무효선언을 구하는 취소소송은 취소소송에 해당되어 취소소송의 요건을 구비하지 못한 경우에는 각하대상이 된다.

> 제소기간을 도과하여 제소요건을 갖추지 못한 부적법한 것이라면 소론과 같이 원고의 청구 가운데 위 과세처분의 당연무효를 선언하는 의미에서의 취소를 구하는 취지까지 포함되어 있다 하더라도 이는 결국 제소기간 경과 후에 제소한 부적법한 소송으로서 각하를 면할 수 없다 할 것이다(대판 1984.5.29., 84누175).

④ (○) 가중처벌규정이 있다고 해도 가중처벌을 할 수 있는 기간이 경과되어 가중처벌이 실제로 이루어지지 않는다면 소익이 없다.

> 건축사업무정지처분을 받은 후 새로운 업무정지처분을 받음이 없이 1년이 경과하여 실제로 가중된 제재처분을 받을 우려가 없게 된 경우, 업무정지처분에서 정한 정지기간이 경과한 후에 업무정지처분의 취소를 구할 법률상 이익이 없다(대판 2000.4.21., 98두10080).

정답 | ③

871

「행정소송법」상 취소소송에 대한 설명으로 옳지 않은 것은?

① 부당해고 구제신청에 관한 중앙노동위원회의 결정에 대하여 취소소송을 제기하는 경우, 법원은 중앙노동위원회의 결정 후에 생긴 사유를 들어 그 결정의 적법 여부를 판단할 수 있다.
② 취소소송에서 쟁송의 대상이 되는 행정처분의 존부는 소송요건으로서 법원의 직권조사사항이고 자백의 대상이 될 수 없다.
③ 이미 직위해제처분을 받아 직위해제된 공무원에 대하여 행정청이 새로운 사유에 기하여 직위해제처분을 하였다면, 이전 직위해제처분의 취소를 구하는 소송을 제기하는 것은 부적법하다.
④ 취소소송 계속 중에 처분청이 계쟁처분을 직권으로 취소하더라도, 동일한 소송 당사자 사이에서 그 처분과 동일한 사유로 위법한 처분이 반복될 위험성이 있어 그 처분에 대한 위법성의 확인이 필요한 경우에는 그 처분의 취소를 구할 소의 이익이 있다.

해설

① (×) 부당해고 구제신청에 관한 중앙노동위원회의 명령 또는 결정의 취소를 구하는 소송에서 그 명령 또는 결정이 적법한지는 그 명령 또는 결정이 이루어진 시점을 기준으로 판단하여야 하고, 그 명령 또는 결정 후에 생긴 사유를 들어 적법 여부를 판단할 수는 없으나, 그 명령 또는 결정의 기초가 된 사실이 동일하다면 노동위원회에서 주장하지 아니한 사유도 행정소송에서 주장할 수 있다(대판 2021.7.29., 2016두64876).
② (○) 행정소송에서 쟁송의 대상이 되는 행정처분의 존부는 소송요건으로서 직권조사사항이고, 자백의 대상이 될 수 없는 것이므로, 설사 그 존재를 당사자들이 다투지 아니한다 하더라도 그 존부에 관하여 의심이 있는 경우에는 이를 직권으로 밝혀 보아야 한다(대판 2001.11.9., 98두892).
③ (○) 직위해제처분은 이를 묵시적으로 철회하였다고 봄이 상당하므로, 그 이전 처분의 취소를 구하는 부분은 존재하지 않는 행정처분을 대상으로 한 것으로서 그 소의 이익이 없어 부적법하다(대판 2003.10.10., 2003두5945).
④ (○) 원칙적으로 소송의 진행 중에 소송 대상인 처분이 직권으로 취소가 되면 소익이 없으나, 취소로서 회복될 권익이 있거나 위법한 처분이 반복될 우려가 있는 경우에는 소익이 인정된다. 여기에서 반복될 우려가 있는 위법한 처분이란 동일한 당사자 사이에서의 반복만을 의미하는 것은 아니다.

> 행정처분의 무효확인 또는 취소를 구하는 소가 제소 당시에는 소의 이익이 있어 적법하였는데, 소송계속 중 해당 행정처분이 기간의 경과 등으로 그 효과가 소멸한 때에 처분이 취소되어도 원상회복이 불가능하다고 보이는 경우라도, 무효확인 또는 취소로써 회복할 수 있는 다른 권리나 이익이 남아 있거나 또는 그 행정처분과 동일한 사유로 위법한 처분이 반복될 위험성이 있어 행정처분의 위법성 확인 내지 불분명한 법률문제에 대한 해명이 필요한 경우에는 행정의 적법성 확보와 그에 대한 사법통제, 국민의 권리구제 확대 등의 측면에서 예외적으로 그 처분의 취소를 구할 소의 이익을 인정할 수 있다. 여기에서 '그 행정처분과 동일한 사유로 위법한 처분이 반복될 위험성이 있는 경우'란 불분명한 법률문제에 대한 해명이 필요한 상황에 대한 대표적인 예시일 뿐이며, 반드시 '해당 사건의 동일한 소송 당사자 사이에서' 반복될 위험이 있는 경우만을 의미하는 것은 아니다(대판 2020.12.24., 2020두30450).

정답 | ①

872

기출처 2021 국회직 9급
난이도 ★★
키워드 취소소송의 대상

관련기출 옳은지문
- 공무원에 대한 당연퇴직통지는 항고소송의 대상인 처분이 아니다.
  17서울시9급

872
다음 중 처분에 대한 판례의 입장으로 옳은 것은?

① 공무원의 당연퇴직 인사발령은 준법률행위적 행정행위 중 하나인 통지로서 처분에 해당한다.
② 사인간의 법률관계의 존부를 공적으로 증명하는 법무법인의 공증행위는 항고소송의 대상이 되는 처분이다.
③ 거부처분의 처분성을 인정하기 위한 전제요건이 되는 신청권의 존부는 구체적 사건에서 신청인이 누구인지를 고려하여 관계 법규의 해석에 의하여 그러한 신청권을 인정하고 있는가를 살펴 구체적으로 결정한다.
④ 기반시설부담금의 납부를 지체하여 발생한 지체가산금이 환급대상에서 제외된다는 취지의 환급거부결정은 원고의 환급신청 중 일부를 거부하는 처분으로서 항고소송의 대상이 된다.
⑤ 자동차운전면허대장상 일정한 사항의 등재행위는 행정소송의 대상이 되는 독립한 행정처분으로 볼 수 있다.

해설

① **빈출** (×) 「국가공무원법」상 당연퇴직은 결격사유가 있을 때 법률상 당연히 퇴직하는 것이지 공무원관계를 소멸시키기 위한 별도의 행정처분을 요하는 것이 아니며, 당연퇴직의 인사발령은 법률상 당연히 발생하는 퇴직사유를 공적으로 확인하여 알려주는 이른바 관념의 통지에 불과하고 공무원의 신분을 상실시키는 새로운 형성적 행위가 아니므로 행정소송의 대상이 되는 독립한 행정처분이라고 할 수 없다(대판 1995.11.14., 95누2036).

② (×) 행정청이 한 행위가 단지 사인간 법률관계의 존부를 공적으로 증명하는 공증행위에 불과하여 그 효력을 둘러싼 분쟁의 해결이 사법원리에 맡겨져 있거나 행위의 근거 법률에서 행정소송 이외의 다른 절차에 의하여 불복할 것을 예정하고 있는 경우에는 항고소송의 대상이 될 수 없다고 보는 것이 타당하다(대판 2012.6.14., 2010두19720).

③ (×) 거부처분의 처분성을 인정하기 위한 전제요건이 되는 신청권의 존부는 구체적 사건에서 신청인이 누구인가를 고려하지 않고 관계 법규의 해석에 의하여 일반 국민에게 그러한 신청권을 인정하고 있는가를 살펴 추상적으로 결정되는 것이고, 신청인이 그 신청에 따른 단순한 응답을 받을 권리를 넘어서 신청의 인용이라는 만족적 결과를 얻을 권리를 의미하는 것은 아니므로, 국민이 어떤 신청을 한 경우에 그 신청의 근거가 된 조항의 해석상 행정발동에 대한 개인의 신청권을 인정하고 있다고 보이면 그 거부행위는 항고소송의 대상이 되는 처분으로 보아야 하고, 구체적으로 그 신청이 인용될 수 있는가 하는 점은 본안에서 판단하여야 할 사항이다(대판 2009.9.10., 2007두20638).

④ (○) 대판 2018.6.28., 2016두50990

⑤ (×) 자동차운전면허대장상 일정한 사항의 등재행위는 운전면허행정사무집행의 편의와 사실증명의 자료로 삼기 위한 것일 뿐 그 등재행위로 인하여 당해 운전면허 취득자에게 새로이 어떠한 권리가 부여되거나 변동 또는 상실되는 효력이 발생하는 것은 아니다(대판 1991.9.24., 91누1400).

정답 | ④

873 필수

항고소송의 대상인 처분에 대한 설명으로 옳은 것은? (다툼이 있는 경우 판례에 의함)

① 국가인권위원회가 진정에 대하여 각하 및 기각결정을 할 경우 피해자인 진정인은 인권침해 등에 대한 구제조치를 받을 권리를 박탈당하게 되므로, 국가인권위원회의 진정에 대한 각하 및 기각결정은 처분에 해당한다.
② 검사의 불기소결정은 공권력의 행사에 포함되므로, 검사의 자의적인 수사에 의하여 불기소결정이 이루어진 경우 그 불기소결정은 처분에 해당한다.
③ 인터넷 포털사이트의 개인정보 유출사고로 주민등록번호가 불법 유출되었음을 이유로 주민등록번호 변경신청을 하였으나 관할 구청장이 이를 거부한 경우, 그 거부행위는 처분에 해당하지 않는다.
④ 국립대학교 총장의 임용권한은 대통령에게 있으므로, 교육부장관이 대통령에게 임용제청을 하면서 대학에서 추천한 복수의 총장 후보자들 중 일부를 임용제청에서 제외한 행위는 처분에 해당하지 않는다.

873

기출처	2019 국가직 9급
난이도	★★
키워드	취소소송의 대상

관련기출 옳은지문
- 인터넷 포털사이트의 개인정보 유출사고로 자신의 주민등록번호가 불법 유출되었음을 이유로 이를 변경해줄 것을 신청하였으나 행정청이 거부하는 취지의 통지를 한 경우, 행정청의 변경신청거부행위는 항고소송의 대상인 행정처분에 해당한다. 23국회직9급

해설

① (○) 처분성이 인정되었다.
② (×) 검사의 불기소결정에 대해서는 「검찰청법」에 의한 항고와 재항고, 「형사소송법」에 의한 재정신청에 의해서만 불복할 수 있는 것이므로, 이에 대해서는 「행정소송법」상 항고소송을 제기할 수 없다(대판 2018.9.28., 2017두47465).
③ 빈출 (×) 피해자의 의사와 무관하게 주민등록번호가 유출된 경우에는 조리상 주민등록번호의 변경을 요구할 신청권을 인정함이 타당하고, 구청장의 주민등록번호 변경신청 거부행위는 항고소송의 대상이 되는 행정처분에 해당한다(대판 2017.6.15., 2013두2945).
④ (×) 교육부장관이 대학에서 추천한 복수의 총장 후보자들 전부 또는 일부를 임용제청에서 제외하는 행위가 항고소송의 대상이 되는 처분에 해당한다(대판 2018.6.15., 2016두57564).

정답 | ①

874

다음 중 취소소송의 대상이 되는 처분에 해당하는 것으로 옳은 것은 모두 몇 개인가?

> ㄱ. 한국마사회의 조교사나 기수에 대한 면허취소·정지
> ㄴ. 법규성 있는 고시가 집행행위 매개 없이 그 자체로서 이해당사자의 법률관계를 직접 규율하는 경우
> ㄷ. 행정계획 변경신청의 거부가 장차 일정한 처분에 대한 신청을 구할 법률상 이익이 있는 자의 처분 자체를 실질적으로 거부하는 경우
> ㄹ. 「국가공무원법」상 당연퇴직의 인사발령

① 0개 ② 1개
③ 2개 ④ 3개

해설

ㄱ. **빈출** (처분 부정) 한국마사회가 조교사 또는 기수의 면허를 부여하거나 취소하는 것은 경마를 독점적으로 개최할 수 있는 지위에서 우수한 능력을 갖추었다고 인정되는 사람에게 경마에서의 일정한 기능과 역할을 수행할 수 있는 자격을 부여하거나 이를 박탈하는 것에 지나지 아니하므로, 이는 국가 기타 행정기관으로부터 위탁받은 행정권의 행사가 아니라 일반 사법상의 법률관계에서 이루어지는 단체 내부에서의 징계 내지 제재처분이다(대판 2008.1.31., 2005두8269).

ㄴ. (처분 긍정) 어떠한 고시가 일반적·추상적 성격을 가질 때에는 법규명령 또는 행정규칙에 해당할 것이지만, 다른 집행행위의 매개 없이 그 자체로서 직접 국민의 구체적인 권리의무나 법률관계를 규율하는 성격을 가질 때에는 항고소송의 대상이 되는 행정처분에 해당한다(대결 2003.10.9., 2003무23).

ㄷ. (처분 긍정) 장래 일정한 기간 내에 관계 법령이 규정하는 시설 등을 갖추어 일정한 행정처분을 구하는 신청을 할 수 있는 법률상 지위에 있는 자의 국토이용계획변경신청을 거부하는 것이 실질적으로 당해 행정처분 자체를 거부하는 결과가 되는 경우에는 예외적으로 그 신청인에게 국토이용계획변경을 신청할 권리가 인정된다고 봄이 상당하므로, 이러한 신청에 대한 거부행위는 항고소송의 대상이 되는 행정처분에 해당한다(대판 2003.9.23., 2001두10936).

ㄹ. **빈출** (처분 부정) 「국가공무원법」상 당연퇴직은 결격사유가 있을 때 법률상 당연히 퇴직하는 것이지 공무원관계를 소멸시키기 위한 별도의 행정처분을 요하는 것이 아니며, 당연퇴직의 인사발령은 법률상 당연히 발생하는 퇴직사유를 공적으로 확인하여 알려주는 이른바 관념의 통지에 불과하고 공무원의 신분을 상실시키는 새로운 형성적 행위가 아니므로 행정소송의 대상이 되는 독립한 행정처분이라고 할 수 없다(대판 1995.11.14., 95누2036).

정답 | ③

875

판례의 입장으로 옳지 않은 것은?

① 건축허가관청은 특단의 사정이 없는 한 건축허가내용대로 완공된 건축물의 준공을 거부할 수 없다.
② 지적공부 소관청이 토지대장을 직권으로 말소하는 행위는 항고소송의 대상이 되는 행정처분에 해당한다.
③ 무허가건물을 무허가건물관리대장에서 삭제하는 행위는 다른 특별한 사정이 없는 한 항고소송의 대상이 되는 행정처분에 해당한다.
④ 지목은 토지소유권을 제대로 행사하기 위한 전제요건이므로 지적공부 소관청의 지목변경신청 반려행위는 항고소송의 대상이 되는 행정처분에 해당한다.

해설

① (○) 특단의 사정이 없는 한 건축허가를 받은 대로 건축물 완공이 이루어진 경우 행정청은 이에 대한 준공을 거부할 수 없다.
② (○) 지적공부 소관청의 토지대장 직권말소행위는 항고소송의 대상인 처분에 해당한다.
③ (×) 무허가건물관리대장은, 행정관청이 지방자치단체의 조례 등에 근거하여 무허가건물 정비에 관한 행정상 사무처리의 편의와 사실증명의 자료로 삼기 위하여 작성·비치하는 대장으로서 무허가건물을 무허가건물관리대장에 등재하거나 등재된 내용을 변경 또는 삭제하는 행위로 인하여 당해 무허가건물에 대한 실체상의 권리관계에 변동을 가져오는 것이 아니고, 무허가건물의 건축시기, 용도, 면적 등이 무허가건물관리대장의 기재에 의해서만 증명되는 것도 아니므로, <u>관할 관청이 무허가건물의 무허가건물관리대장 등재 요건에 관한 오류를 바로잡으면서 당해 무허가건물을 무허가건물관리대장에서 삭제하는 행위는 다른 특별한 사정이 없는 한 항고소송의 대상이 되는 행정처분이 아니다</u>(대판 2009.3.12., 2008두11525).
④ (○) 지적공부 소관청의 지목변경신청 반려행위는 항고소송의 대상인 처분이다. 이에 대해 종래 대법원은 처분성을 부정하였으나, 헌법재판소의 결정에 따라 대법원이 판례를 변경하여 처분성을 인정하게 되었다.

정답 | ③

03 소송의 당사자(원고, 피고)와 관계인 B

에듀윌 기본서 | 947p

876 필수
판례상 항고소송의 원고적격이 인정되는 경우만을 모두 고르면?

> ㄱ. 중국 국적자인 외국인이 사증발급 거부처분의 취소를 구하는 경우
> ㄴ. 소방청장이 처분성이 인정되는 국민권익위원회의 조치요구에 불복하여 조치요구의 취소를 구하는 경우
> ㄷ. 지방법무사회가 법무사의 사무원 채용승인 신청을 거부하여 사무원이 될 수 없게 된 자가 지방법무사회를 상대로 거부처분의 취소를 구하는 경우
> ㄹ. 개발제한구역 중 일부 취락을 개발제한구역에서 해제하는 내용의 도시관리계획변경결정에 대하여 개발제한구역 해제대상에서 누락된 토지의 소유자가 위 결정의 취소를 구하는 경우

① ㄱ, ㄴ
② ㄴ, ㄷ
③ ㄷ, ㄹ
④ ㄱ, ㄷ, ㄹ

876	① ② ③
기출처	2021 국가직 9급
난이도	★★
키워드	소송의 당사자(원고, 피고)와 관계인

관련기출 옳은지문
• 사증발급의 법적 성질과 출입국관리법의 입법 목적을 고려할 때 외국인은 사증발급 거부처분의 취소를 구할 법률상 이익이 없다.
20군무원7급

• 처분성이 인정되는 국민권익위원회의 조치요구에 대해 소방청장은 취소소송을 제기할 당사자능력과 원고적격을 갖는다.
20군무원7급

해설

ㄱ. (원고적격 부정) 사증발급의 법적 성질, 「출입국관리법」의 입법 목적, 사증발급 신청인의 대한민국과의 실질적 관련성, 상호주의원칙 등을 고려하면, 우리 「출입국관리법」의 해석상 외국인에게는 사증발급 거부처분의 취소를 구할 법률상 이익이 인정되지 않는다(대판 2018.5.15., 2014두42506).
ㄴ. (원고적격 인정) 대판 2018.8.1., 2014두35379
ㄷ. (원고적격 인정) 대판 2020.4.9., 2015다34444
ㄹ. (원고적격 부정) 개발제한구역 중 일부 취락을 개발제한구역에서 해제하는 내용의 도시관리계획변경결정에 대하여, 개발제한구역 해제대상에서 누락된 토지의 소유자는 위 결정의 취소를 구할 법률상 이익이 없다(대판 2008.7.10., 2007두10242).

정답 | ②

877 〈필수〉

행정소송상 협의의 소익에 대한 설명으로 옳은 것만을 모두 고르면? (다툼이 있는 경우 판례에 의함)

ㄱ. 월정수당을 받는 지방의회 의원에 대한 제명의결 취소소송 계속 중 의원의 임기가 만료된 경우 지방의회 의원은 그 제명의결의 취소를 구할 법률상 이익이 있다.

ㄴ. 파면처분 취소소송의 사실심 변론종결 전에 금고 이상의 형을 선고받아 당연퇴직된 경우에도 해당 공무원은 파면처분의 취소를 구할 이익이 있다.

ㄷ. 공익근무요원 소집해제신청을 거부한 후에 원고가 계속하여 공익근무요원으로 복무함에 따라 복무기간 만료를 이유로 소집해제처분을 한 경우, 원고는 거부처분의 취소를 구할 소의 이익이 있다.

① ㄱ
② ㄴ
③ ㄱ, ㄴ
④ ㄴ, ㄷ

기출처: 2021 지방직 9급
난이도: ★
키워드: 소송의 당사자(원고, 피고)와 관계인

관련기출 옳은지문

• 지방의회 의원이 제명의결 취소소송 계속 중 임기가 만료되어 제명의결의 취소로 의원 지위를 회복할 수 없다고 할지라도 제명의결시부터 임기만료일까지의 기간에 대한 월정수당의 지급을 구할 수 있으므로 그 제명의결의 취소를 구할 법률상 이익이 인정된다. 16국가직9급

해설

ㄱ. (○) 지방의회 의원에 대한 제명의결 취소소송 계속 중 의원의 임기가 만료된 사안에서, 제명의결의 취소로 의원의 지위를 회복할 수는 없다 하더라도 제명의결시부터 임기만료일까지의 기간에 대한 월정수당의 지급을 구할 수 있는 등 여전히 그 제명의결의 취소를 구할 법률상 이익이 있다(대판 2009.1.30., 2007두13487).

ㄴ. (○) 파면처분 취소소송의 사실심 변론종결 전에 동 원고가 허위공문서등작성죄로 징역 8월에 2년간 집행유예의 형을 선고받아 확정되었다면 원고는 「지방공무원법」의 규정에 따라 위 판결이 확정된 날 당연퇴직되어 그 공무원의 신분을 상실하고, 최소한도 이 사건 파면처분이 있은 때부터 위 법규정에 의한 당연퇴직일자까지의 기간에 있어서는 파면처분의 취소를 구하여 그로 인해 박탈당한 이익의 회복을 구할 소의 이익이 있다 할 것이다(대판 1985.6.25., 85누39).

ㄷ. (×) 공익근무요원 소집해제신청을 거부한 후에 원고가 계속하여 공익근무요원으로 복무함에 따라 복무기간 만료를 이유로 소집해제처분을 한 경우, 원고가 입게 되는 권리와 이익의 침해는 소집해제처분으로 해소되었으므로 위 거부처분의 취소를 구할 소의 이익이 없다(대판 2005.5.13., 2004두4369).

정답 | ③

878 필수

항고소송의 원고적격에 대한 판례의 입장으로 옳지 않은 것은?

① 처분청은 재결에 기속되어 재결의 취지에 따른 처분의무를 부담하게 되므로 이에 불복하여 항고소송을 제기할 수 없다.
② 항고소송을 청구할 수 있는 법률상 보호되는 이익이라 함은 당해 처분의 근거 법규 및 관련 법규에 의하여 보호되는 개별적·직접적·구체적 이익이 있는 경우를 말하고, 공익보호의 결과로 국민 일반이 공통적으로 가지는 일반적·간접적·추상적 이익이 생기는 경우에는 법률상 보호되는 이익이 있다고 할 수 없다.
③ 국가가 국토이용계획과 관련한 지방자치단체의 장의 기관위임사무의 처리에 관하여 지방자치단체의 장을 상대로 취소소송을 제기하는 것은 허용될 수 없다.
④ 재단법인인 수녀원은 소속된 수녀 등이 쾌적한 환경에서 생활할 수 있는 환경상 이익을 침해받는다면 매립목적을 택지조성에서 조선시설용지로 변경하는 내용의 공유수면매립목적 변경 승인처분의 무효확인을 구할 원고적격이 있다.

해설

① (○) 대판 1998.5.8., 97누15432
② (○) 행정처분의 직접 상대방이 아닌 제3자라 하더라도 당해 행정처분으로 인하여 법률상 보호되는 이익을 침해당한 경우에는 그 처분의 무효확인을 구하는 행정소송을 제기하여 그 당부의 판단을 받을 자격이 있다 할 것이며, 여기에서 말하는 법률상 보호되는 이익이라 함은 당해 처분의 근거 법규 및 관련 법규에 의하여 보호되는 개별적·직접적·구체적 이익이 있는 경우를 말하고, 공익보호의 결과로 국민 일반이 공통적으로 가지는 일반적·간접적·추상적 이익이 생기는 경우에는 법률상 보호되는 이익이 있다고 할 수 없다(대판 2006.3.16., 2006두330).
③ (○) 국가는 기관위임사무에 관하여 지방자치단체에 대한 위임기관으로서 항고소송을 청구할 법률상 이익이 없다.

> 건설교통부장관은 지방자치단체의 장이 기관위임사무인 국토이용계획 사무를 처리함에 있어 … 지도·감독을 통하여 직접 지방자치단체의 장의 사무처리에 대하여 시정명령을 발하고 그 사무처리를 취소 또는 정지할 수 있으며, 지방자치단체의 장에게 기간을 정하여 직무이행명령을 하고 지방자치단체의 장이 이를 이행하지 아니할 때에는 직접 필요한 조치를 할 수도 있으므로, 국가가 국토이용계획과 관련한 지방자치단체의 장의 기관위임사무의 처리에 관하여 지방자치단체의 장을 상대로 취소소송을 제기하는 것은 허용되지 않는다(대판 2007.9.20., 2005두6935).

④ 빈출 (×) 재단법인 甲 수녀원이, 매립목적을 택지조성에서 조선시설용지로 변경하는 내용의 공유수면매립목적 변경 승인처분으로 인하여 법률상 보호되는 환경상 이익을 침해받았다면서 행정청을 상대로 처분의 무효확인을 구하는 소송을 제기한 사안에서, 甲 수녀원에는 처분의 무효확인을 구할 원고적격이 없다(대판 2012.6.28., 2010두2005).

정답 | ④

878

기출처	예상문제
난이도	★★
키워드	소송의 당사자(원고, 피고)와 관계인

관련기출 옳은지문

- 국가가 국토이용계획과 관련한 지방자치단체의 장의 기관위임사무의 처리에 관하여 지방자치단체의 장을 상대로 취소소송을 제기하는 것은 허용되지 않는다. 24지방직9급

- 재단법인인 수녀원 D는 소속된 수녀 등이 쾌적한 환경에서 생활할 수 있는 환경상 이익을 침해받는다면 매립목적을 택지조성에서 조선시설용지로 변경하는 내용의 공유수면매립목적 변경 승인처분의 무효확인을 구할 원고적격이 없다. 16지방직9급

879	① ② ③
기출처	예상문제
난이도	★★
키워드	소송의 당사자(원고, 피고)와 관계인

관련기출 옳은지문

· 예탁금회원제 골프장에 가입되어 있는 기존 회원 C는 그 골프장 운영자가 당초 승인을 받을 때 정한 예정인원을 초과하여 회원을 모집하는 내용의 회원모집계획서에 대한 시·도지사의 검토결과통보의 취소를 구할 법률상 이익이 있다.
16지방직9급

· 원천징수의무자에 대한 소득금액변동통지는 원천납세의무의 존부나 범위와 같은 원천납세의무자의 권리나 법률상 지위에 어떠한 영향을 준다고 할 수 없으므로 소득처분에 따른 소득의 귀속자는 법인에 대한 소득금액변동통지의 취소를 구할 법률상 이익이 없다. 17(하)국가직7급

879 〈필수〉

다음 중 원고에게 법률상 이익이 인정되는 사안으로만 묶은 것은? (다툼이 있는 경우 판례에 의함)

> ㄱ. 소득세 원천징수의무자에 대한 소득금액변동통지에 대한 소득 귀속자의 취소소송
> ㄴ. 교육부장관이 사학분쟁조정위원회의 심의를 거쳐 학교법인의 이사와 임시이사를 선임에 대한 그 대학교의 교수협의회와 총학생회의 취소소송
> ㄷ. 예탁금회원제 골프장의 체육시설업자의 회원모집계획서 제출을 시·도지사 등이 검토한 결과를 통보한 경우에 기존 회원들의 취소소송
> ㄹ. 대한민국과 실질적인 관련이 없는 외국인의 사증발급 거부에 대한 외국인의 취소소송

① ㄱ, ㄹ
② ㄴ, ㄷ
③ ㄷ, ㄹ
④ ㄱ, ㄴ

해설

ㄱ. (부정) 소득세 원천징수의무자에 대한 소득금액변동통지에 대해 소득 귀속자는 법률상 이익이 없다. 주의하여야 할 점은 소득 귀속자와 원천징수의무자를 구분하는 것이다.

> 원천징수의무자에 대한 소득금액변동통지는 원천납세의무의 존부나 범위와 같은 원천납세의무자의 권리나 법률상 지위에 어떠한 영향을 준다고 할 수 없으므로 소득처분에 따른 소득의 귀속자는 법인에 대한 소득금액변동통지의 취소를 구할 법률상 이익이 없다(대판 2015.3.26., 2013두9267).

ㄴ. (인정) 해당 학교의 교수협의회와 총학생회는 법률상 이익이 있다. 하지만 전국대학노동조합 해당 학교지부는 법률상 이익이 없다는 것이 대법원의 입장이다.

> 교육부장관이 사학분쟁조정위원회의 심의를 거쳐 甲 대학교를 설치·운영하는 乙 학교법인의 이사 8인과 임시이사 1인을 선임한 데 대하여 甲 대학교 교수협의회와 총학생회 등이 이사선임처분의 취소를 구하는 소송을 제기한 사안에서, 乙 법인 정관 규정은 헌법 제31조 제4항에 정한 교육의 자주성과 대학의 자율성에 근거한 甲 대학교 교수협의회와 총학생회의 학교운영참여권을 구체화하여 이를 보호하고 있다고 해석되므로, 甲 대학교 교수협의회와 총학생회는 이사선임처분을 다툴 법률상 이익을 가지지만, … 개방이사에 관한 구 「사립학교법」과 구 「사립학교법 시행령」 및 乙 법인 정관 규정이 학교직원들로 구성된 전국대학노동조합 乙 대학교지부의 법률상 이익까지 보호하고 있는 것으로 해석할 수는 없다(대판 2015.7.23., 2012두19496).

ㄷ. (인정) 이른바 예탁금회원제 골프장에 있어서, 체육시설업자 또는 그 사업계획의 승인을 얻은 자가 회원모집계획서를 제출하면서 허위의 사업시설 설치공정확인서를 첨부하거나 사업계획의 승인을 받을 때 정한 예정인원을 초과하여 회원을 모집하는 내용의 회원모집계획서를 제출하여 그에 대한 시·도지사 등의 검토결과 통보를 받는다면 이는 기존 회원의 골프장에 대한 법률상의 지위에 영향을 미치게 되므로, 이러한 경우 기존 회원은 위와 같은 회원모집계획서에 대한 시·도지사의 검토결과 통보의 취소를 구할 법률상의 이익이 있다고 보아야 한다(대판 2009.2.26., 2006두16243).

ㄹ. (부정) 사증발급의 법적 성질, 「출입국관리법」의 입법 목적, 사증발급 신청인의 대한민국과의 실질적 관련성, 상호주의원칙 등을 고려하면, 우리 「출입국관리법」의 해석상 외국인에게는 사증발급 거부처분의 취소를 구할 법률상 이익이 인정되지 않는다(대판 2018.5.15., 2014두42506).

정답 | ②

880 필수

행정소송의 원고적격에 대한 설명으로 옳지 않은 것은? (다툼이 있는 경우 판례에 의함)

① 면허나 인·허가 등의 수익적 행정처분의 근거가 되는 법률이 해당 업자들 사이의 과당경쟁으로 인한 경영의 불합리를 방지하는 것도 그 목적으로 하고 있는 경우, 다른 업자에 대한 면허나 인·허가 등의 수익적 행정처분에 대하여 미리 같은 종류의 면허나 인·허가 등의 처분을 받아 영업을 하고 있는 기존의 업자는 당해 행정처분의 취소를 구할 원고적격이 인정될 수 있다.

② 광업권설정허가처분과 그에 따른 광산 개발로 인하여 재산상·환경상 이익의 침해를 받거나 받을 우려가 있는 토지나 건축물의 소유자와 점유자 또는 이해관계인 및 주민들은 그 처분 전과 비교하여 수인한도를 넘는 재산상·환경상 이익의 침해를 받거나 받을 우려가 있다는 것을 증명하더라도 원고적격을 인정받을 수 없다.

③ 행정처분의 직접 상대방이 아닌 제3자라 하더라도 당해 행정처분으로 인하여 법률상 보호되는 이익을 침해당한 경우에는 취소소송을 제기하여 그 당부의 판단을 받을 자격이 있다.

④ 법인의 주주가 그 처분으로 인하여 궁극적으로 주식이 소각되거나 주주의 법인에 대한 권리가 소멸하는 등 주주의 지위에 중대한 영향을 초래하게 되는데도 그 처분의 성질상 당해 법인이 이를 다툴 것을 기대할 수 없고 달리 주주의 지위를 보전할 구제방법이 없는 경우에는 주주도 그 처분에 관하여 직접적이고 구체적인 법률상 이해관계를 가진다고 보이므로 그 취소를 구할 원고적격이 있다.

해설

② (×) 처분 전과 비교하여 수인의 한도를 초과하는 피해나 우려를 입증함으로써 원고적격을 인정받을 수 있다.

> 광업권설정허가처분과 그에 따른 광산 개발로 인하여 재산상·환경상 이익의 침해를 받거나 받을 우려가 있는 토지나 건축물의 소유자와 점유자 또는 이해관계인 및 주민들은 그 처분 전과 비교하여 수인한도를 넘는 재산상·환경상 이익의 침해를 받거나 받을 우려가 있다는 것을 증명함으로써 그 처분의 취소를 구할 원고적격을 인정받을 수 있다(대판 2008.9.11., 2006두7577).

정답 | ②

880

기출처	2021 군무원 9급
난이도	★★
키워드	소송의 당사자(원고, 피고)와 관계인

관련기출 옳은지문

- 관련 법령상 인가·허가 등 수익적 행정처분을 신청한 여러 사람이 서로 경원관계에 있어서 한 사람에 대한 허가 등 처분이 다른 사람에 대한 불허가 등으로 귀결될 수밖에 없는 경우에, 허가 등 처분을 받지 못한 자기 자신에 대한 거부에 대하여 제기하는 취소소송은 허용된다.

22군무원7급

881

「행정소송법」상 항고소송에서의 법률상 이익에 대한 설명으로 옳지 <u>않은</u> 것은? (다툼이 있는 경우 판례에 의함)

① 행정처분의 법률이 동종업자들 사이의 과당경쟁으로 인한 경영의 불합리를 방지하는 것도 목적으로 하는 경우 다른 업자에 대한 면허나 인허가 등의 수익적 행정처분에 대하여 미리 같은 종류의 면허나 인허가 등의 수익적 행정처분을 받아 영업을 하고 있는 기존의 업자는 경업자에 대하여 이루어진 면허나 인허가 등 행정처분의 상대방이 아니라고 하더라도 당해 행정처분의 무효확인 또는 취소를 구할 이익이 있다.

② 기존의 한정면허를 받은 시외버스운송사업자는 일반면허 시외버스운송사업자에 대한 사업계획변경인가처분의 취소를 구할 법률상의 이익이 있다.

③ 경업자에 대한 행정처분이 경업자에게 불리한 내용이라도 그와 경쟁관계에 있는 기존의 업자에게는 그 행정처분의 무효확인 또는 취소를 구할 법률상 이익이 있다.

④ 상수원보호구역 설정의 근거가 되는 「수도법」의 취지에 비추어 상수원보호구역의 인근 지역주민들에게는 상수원보호구역변경처분의 취소를 구할 법률상 이익이 없다.

해설

① (○) 일반적으로 면허나 인허가 등의 수익적 행정처분의 근거가 되는 법률이 해당 업자들 사이의 과당경쟁으로 인한 경영의 불합리를 방지하는 것도 목적으로 하고 있는 경우, 다른 업자에 대한 면허나 인허가 등의 수익적 행정처분에 대하여 미리 같은 종류의 면허나 인허가 등의 수익적 행정처분을 받아 영업을 하고 있는 기존의 업자는 경업자에 대하여 이루어진 면허나 인허가 등 행정처분의 상대방이 아니라고 하더라도 당해 행정처분의 무효확인 또는 취소를 구할 이익이 있다(대판 2020.4.9., 2019두49953).

② (○) 한정면허를 받은 시외버스운송사업자라고 하더라도 다같이 운행계통을 정하고 여객을 운송하는 노선여객자동차 운송사업을 한다는 점에서 일반면허를 받은 시외버스운송사업자와 본질적인 차이가 없으므로, 따라서 기존의 한정면허를 받은 시외버스운송사업자는 일반면허 시외버스운송사업자에 대한 사업계획변경인가처분의 취소를 구할 법률상의 이익이 있다(대판 2018.4.26., 2015두53824).

③ (×) 경업자에 대한 행정처분이 경업자에게 불리한 내용이라면 그와 경쟁관계에 있는 기존의 업자에게는 특별한 사정이 없는 한 유리할 것이므로 기존의 업자가 그 행정처분의 무효확인 또는 취소를 구할 이익은 없다고 보아야 한다(대판 2020.4.9., 2019두49953).

④ (○) 상수원보호구역 설정의 근거가 되는 「수도법」 제5조 제1항 및 동 시행령 제7조 제1항이 보호하고자 하는 것은 상수원의 확보와 수질보전일 뿐이고, 그 상수원에서 급수를 받고 있는 지역주민들이 가지는 상수원의 오염을 막아 양질의 급수를 받을 이익은 직접적이고 구체적으로는 보호하고 있지 않음이 명백하여 위 지역주민들이 가지는 이익은 상수원의 확보와 수질보호라는 공공의 이익이 달성됨에 따라 반사적으로 얻게 되는 이익에 불과하므로 지역주민들에 불과한 원고들에게는 위 상수원보호구역변경처분의 취소를 구할 법률상의 이익이 없다(대판 1995.9.26., 94누14544).

정답 | ③

882 〈필수〉

행정소송에 대한 설명으로 옳지 않은 것은? (다툼이 있는 경우 판례에 의함)

① 건축물의 하자를 다투는 입주예정자들은 건물의 사용검사처분에 대해 제3자효 행정행위의 차원에서 행정소송을 통해 다툴 수 있다.
② 당사자소송으로 서울행정법원에 제기할 것을 민사소송으로 지방법원에 제기하여 판결이 내려진 경우, 그 판결은 관할 위반에 해당한다.
③ 민사소송인 소가 서울행정법원에 제기되었는데도 피고가 제1심 법원에서 관할 위반이라고 항변하지 않고 본안에서 변론을 한 경우에는 제1심 법원에 변론관할이 생긴다.
④ 환경부장관이 생태·자연도 1등급으로 지정되었던 지역을 2등급으로 변경하는 내용의 생태·자연도 수정·보완을 고시하는 경우, 1등급지역에 거주하던 인근 주민은 생태·자연도 등급변경처분의 무효확인을 구할 원고적격이 없다.

882	
기출처	2023 국가직 9급
난이도	★★
키워드	소송의 당사자(원고, 피고)와 관계인

🔍 관련기출 옳은지문
• 건축물에 대한 사용검사처분에 대해 구 주택법 상 입주자나 입주예정자가 사용검사처분의 무효확인 또는 취소를 구할 법률상 이익이 없다.
18 지방직 9급

해설

① 빈출 (×) 구 「주택법」에서 사용검사처분 신청의 경우와는 달리, 사업주체 또는 입주예정자 등의 신청에 따라 이루어진 사용검사처분에 대하여 입주자나 입주예정자 등에게 취소를 구할 수 있는 규정을 별도로 두고 있지 않은 것도 이와 같은 취지에서라고 보인다. 따라서 이러한 사정들을 종합해 보면, 구 「주택법」상 입주자나 입주예정자는 사용검사처분의 취소를 구할 법률상 이익이 없다(대판 2014.7.24., 2011두30465).

> 건축공사가 완료되면 인접 대지의 소유자는 취소를 구할 법률상 이익이 없다.
> 건축허가가 「건축법」 소정의 최소대지면적 제한규정을 어긴 것으로서 위법하다 하더라도, 그 건축허가에 기하여 건축공사가 완료되었다면 인접대지의 소유자가 위 건축허가처분의 취소를 받아 위 최소대지면적 제한규정에 맞게 시정할 단계는 지났으며, 위 건축물의 철거를 구하는 데 있어서도 위 건축허가처분의 취소가 필요한 것이 아니므로 인접대지 소유자로서는 위 건축허가처분의 취소를 구할 법률상 이익이 없다(대판 1994.1.14., 93누20481).

② (○) 원고가 고의 또는 중대한 과실 없이 행정소송으로 제기하여야 할 사건을 민사소송으로 잘못 제기한 경우 수소법원으로서는 만약 그 행정소송에 대한 관할도 동시에 가지고 있는 경우라면, 행정소송으로서의 전심절차 및 제소기간을 도과하였거나 행정소송의 대상이 되는 처분 등이 존재하지도 아니한 상태에 있는 등 행정소송으로서의 소송요건을 결하고 있음이 명백하여 행정소송으로 제기되었더라도 어차피 부적법하게 되는 경우가 아닌 이상, 원고로 하여금 항고소송으로 소 변경을 하도록 하여 그 1심법원으로 심리·판단하여야 한다(대판 1999.11.26., 97다42250).

③ (○) 「행정소송법」에 특별한 규정이 없으면 「민사소송법」을 준용한다. 「민사소송법」 제30조는 변론관할에 대하여 규정하고 있다.

> **「민사소송법」 제30조【변론관할】** 피고가 제1심 법원에서 관할 위반이라고 항변하지 아니하고 본안에 대하여 변론하거나 변론준비기일에서 진술하면 그 법원은 관할권을 가진다.

④ (○) 1등급 권역의 인근 주민들이 가지는 이익은 환경보호라는 공공의 이익이 달성됨에 따라 반사적으로 얻게 되는 이익에 불과하므로, 인근 주민에 불과한 甲은 생태·자연도 등급권역을 1등급에서 일부는 2등급으로, 일부는 3등급으로 변경한 결정의 무효확인을 구할 원고적격이 없다(대판 2014.2.21., 2011두29052).

정답 | ①

883

행정소송에서의 법률상 이익에 대한 설명으로 옳지 않은 것은? (다툼이 있는 경우 판례에 의함)

① 사단법인 대한의사협회가 보건복지부 고시인 '건강보험요양급여행위 및 그 상대가치점수 개정'의 취소를 구할 원고적격이 없다.
② 교원소청심사위원회 결정에 대하여 사립대학교의 총장은 행정소송을 제기할 수 있는 법률상 이익이 없다.
③ 지방법무사회가 법무사의 사무원 채용승인 신청을 거부하거나 채용승인을 얻어 채용 중인 사람에 대한 채용승인을 취소한 경우, 그 때문에 사무원이 될 수 없게 된 사람에게 항고소송을 제기할 원고적격이 인정된다.
④ 일반적으로 법인의 주주는 당해 법인에 대한 행정처분에 관하여 사실상이나 간접적인 이해관계를 가질 뿐이어서 스스로 그 처분의 취소를 구할 원고적격이 없는 것이 원칙이다.

해설

② (×) 학교의 장은 학교법인의 위임 등을 받아 교원에 대한 징계처분, 인사발령 등 각종 업무를 수행하는 등 독자적 기능을 수행하고 있어 이러한 경우 하나의 활동단위로 특정될 수 있는 점까지 아울러 고려하여 보면, 교원소청심사위원회의 결정에 대하여 행정소송을 제기할 수 있는 자에는 「교원지위 향상을 위한 특별법」 제10조 제3항에서 명시하고 있는 교원, 「사립학교법」 제2조에 의한 학교법인, 사립학교 경영자뿐 아니라 소청심사의 피청구인이 된 학교의 장도 포함된다고 보는 것이 타당하다(대판 2011.6.24., 2008두9317).

④ (○) 일반적으로 주주는 법인에 대한 처분에 대해 소송을 청구할 수 없다. 하지만 처분으로 주식이 소각되는 등의 중대한 영향이 있다면 법률상 이익이 인정된다.

> 일반적으로 법인의 주주는 당해 법인에 대한 행정처분에 관하여 사실상이나 간접적인 이해관계를 가질 뿐이어서 스스로 그 처분의 취소를 구할 원고적격이 없는 것이 원칙이라고 할 것이지만, 그 처분으로 인하여 궁극적으로 주식이 소각되거나 주주의 법인에 대한 권리가 소멸하는 등 주주의 지위에 중대한 영향을 초래하게 되는데도 그 처분의 성질상 당해 법인이 이를 다툴 것을 기대할 수 없고 달리 주주의 지위를 보전할 구제방법이 없는 경우에는 주주도 그 처분에 관하여 직접적이고 구체적인 법률상 이해관계를 가진다고 보이므로 그 취소를 구할 원고적격이 있다(대판 2004.12.23., 2000두2648).

정답 | ②

884
다음 사례에 대한 설명으로 옳은 것은? (다툼이 있는 경우 판례에 의함)

> A구 의회 의원인 甲은 공무원을 폭행하는 등 의원으로서 품위를 손상시키는 행위를 하였다. 이러한 사유를 들어 A구 의회는 甲을 의원직에서 제명하는 의결을 하였다. 이에 甲은 위 제명의결을 행정소송의 방법으로 다투고자 한다.

① 甲이 제명의결을 행정소송으로 다투는 경우 소송의 유형은 무효확인소송으로 하여야 하며 취소소송으로는 할 수 없다.
② A구 의회는 입법기관으로서 행정청의 지위를 가지지 못하므로 甲에 대한 제명의결을 다투는 행정소송에서는 A구 의회 사무총장이 피고가 되어야 한다.
③ 「행정소송법」 제12조의 '법률상 이익' 개념에 관하여 법률상 이익구제설에 따르는 판례에 의하면 甲은 제명의결을 다툴 원고적격을 갖지 못한다.
④ 법원이 甲이 제기한 행정소송을 받아들여 소송의 계속 중에 甲의 임기가 만료되었더라도 수소법원은 소의 이익을 인정할 수 있다.

884 | 기출처: 2023 국가직 9급 | 난이도: ★★ | 키워드: 소송의 당사자(원고, 피고)와 관계인

해설

① (×) 「지방자치법」 제78조 내지 제81조의 규정에 의거한 지방의회의 의원징계의결은 그로 인해 의원의 권리에 직접 법률효과를 미치는 행정처분의 일종으로서 행정소송의 대상이다(대판 1993.11.26., 93누7341). → 따라서 취소소송이나 무효등확인소송의 대상이 된다.
② (×) 지방의회의 의결에 따라 이루어지는 지방의원의 제명의결은 처분이고 이에 대한 소송에서의 피고는 지방의회가 된다.
③ (×) 의원직에서 제명된 지방의회의 의원은 취소 등을 구할 법률상 이익이 인정된다.
④ **빈출** (○) 지방의회 의원에 대한 제명의결 취소소송 계속 중 의원의 임기가 만료된 사안에서, 제명의결의 취소로 의원의 지위를 회복할 수는 없다 하더라도 제명의결시부터 임기만료일까지의 기간에 대한 월정수당의 지급을 구할 수 있는 등 여전히 그 제명의결의 취소를 구할 법률상 이익이 있다(대판 2009.1.30., 2007두13487).

정답 | ④

885	1 2 3
기출처	예상문제
난이도	★★
키워드	소송의 당사자(원고, 피고)와 관계인

🔍 관련기출 옳은지문

• 자연물인 도롱뇽 또는 그를 포함한 자연 그 자체로서는 소송을 수행할 당사자능력을 인정할 수 없다는 것이 판례의 태도이다. 12경찰

• 환경상 이익에 대한 침해 또는 침해 우려가 있는 것으로 사실상 추정되어 원고적격이 인정되는 자는 환경상 침해를 받으리라고 예상되는 영향권 내의 주민들을 비롯하여 그 영향권 내에서 농작물을 경작하는 등 현실적으로 환경상 이익을 향유하는 자도 포함된다고 할 것이나, 단지 그 영향권 내의 건물·토지를 소유하거나 환경상 이익을 일시적으로 향유하는 데 그치는 자는 포함되지 않는다고 할 것이다. 12경찰

885 〈필수〉

행정소송의 당사자능력과 원고적격에 관한 다음 설명 중 옳은 것은? (다툼이 있는 경우 판례에 의함)

① 천성산 도롱뇽은 자연물로서 법률관계의 한쪽 당사자가 될 수 없어 행정소송의 당사자능력을 인정할 수 없다.

② 환경영향평가 대상지역 밖에 거주하는 주민은 처분 전과 비교하여 수인의 한도를 초과하는 피해나 피해우려가 없다고 해도 헌법상의 환경권 또는 「환경정책기본법」에 근거하여 공유수면매립면허처분과 농지개량사업시행 인가처분의 무효확인을 구할 원고적격이 인정된다.

③ 관할청의 구 「사립학교법」 제25조의3에 따라 하는 정식이사 선임처분에 관하여 '상당한 재산을 출연한 자'와 '학교 발전에 기여한 자'는 법률상 보호되는 이익을 가진다고 볼 수 없다.

④ 환경상 이익에 대한 침해 또는 침해 우려가 있는 것으로 사실상 추정되어 원고적격이 인정되는 자는 환경상 침해를 받으리라고 예상되는 영향권 내의 주민들을 비롯하여 그 영향권 내에서 농작물을 경작하는 자와 그 영향권 내의 건물·토지를 소유하거나 환경상 이익을 일시적으로 향유하는 자도 포함된다.

해설

① **지엽** (O) 도롱뇽은 천성산 일원에 서식하고 있는 도롱뇽목 도롱뇽과에 속하는 양서류로서 자연물인 도롱뇽 또는 그를 포함한 자연 그 자체로서는 소송을 수행할 당사자능력을 인정할 수 없다(대결 2006.6.2., 2004마1148).

② (×) 환경영향평가 대상지역 안의 주민은 특단의 사정이 없는 한 환경상의 이익에 대한 침해 또는 침해우려가 있는 것으로 사실상 추정되어 공유수면매립면허처분 등의 무효확인을 구할 원고적격이 인정된다. 한편, 환경영향평가 대상지역 밖의 주민이라 할지라도 공유수면매립면허처분 등으로 인하여 그 처분 전과 비교하여 수인한도를 넘는 환경피해를 받거나 받을 우려가 있는 경우에는, 공유수면매립면허처분 등으로 인하여 환경상 이익에 대한 침해 또는 침해우려가 있다는 것을 입증함으로써 그 처분 등의 무효확인을 구할 원고적격을 인정받을 수 있다(대판 2006.3.16., 2006두330 전합).

③ (×) 구 「사립학교법」(2007.7.27. 법률 제8545호로 개정되기 전의 것) 제25조의3은 정식이사 선임에 관하여 상당한 재산을 출연한 자 및 학교 발전에 기여한 자(이하 '상당한 재산출연자 등'이라 한다)의 개별적·구체적인 이익을 보호하려는 취지가 포함되어 있는 것으로 보이고, 상당한 재산출연자 등은 관할청이 정식이사를 선임하는 처분에 관하여 법률상 보호되는 이익을 가진다고 보는 것이 타당하다(대판 2013.9.12., 2011두33044).

④ (×) 환경상 침해를 받아 환경상의 이익을 주장할 수 있는 자에 농사를 경작하는 자는 포함되지만, 단순히 건물을 가지고 있는 자와 일시적 환경상의 이익을 향유하는 자는 포함되지 않는다.

> 환경상 이익에 대한 침해 또는 침해 우려가 있는 것으로 사실상 추정되어 원고적격이 인정되는 사람에는 환경상 침해를 받으리라고 예상되는 영향권 내의 주민들을 비롯하여 그 영향권 내에서 농작물을 경작하는 등 현실적으로 환경상 이익을 향유하는 사람도 포함된다. 그러나 단지 그 영향권 내의 건물·토지를 소유하거나 환경상 이익을 일시적으로 향유하는 데 그치는 사람은 포함되지 않는다(대판 2009.9.24., 2009두2825).

정답 | ①

886 〈필수〉

다음 중 취소소송에 대한 설명으로 가장 옳지 않은 것은? (단, 다툼이 있는 경우 판례에 의함)

① 제재적 행정처분의 효력이 제재기간 경과로 소멸하였더라도 관련 법규에서 제재적 행정처분을 받은 사실을 가중사유나 전제요건으로 삼아 장래의 제재적 행정처분을 하도록 정하고 있다면, 선행처분의 취소를 구할 법률상 이익이 있다.

② 행정처분의 취소소송 계속 중 처분청이 다툼의 대상이 되는 행정처분을 직권으로 취소하면 그 처분은 효력을 상실하여 더 이상 존재하지 않는 것이므로 존재하지 않는 처분을 대상으로 한 항고소송은 원칙적으로 소의 이익이 소멸하여 부적법하다.

③ 고등학교 졸업이 대학 입학 자격이나 학력인정으로서의 의미밖에 없다고 할 수 없으므로 고등학교졸업학력검정고시에 합격하였다 하여 고등학교 학생으로서의 신분과 명예가 회복될 수 없는 것이니 퇴학처분을 받은 자로서는 퇴학처분의 위법을 주장하여 그 취소를 구할 소송상의 이익이 있다.

④ 소송계속 중 해당 처분이 기간의 경과로 그 효과가 소멸하더라도 예외적으로 그 처분의 취소를 구할 소의 이익을 인정할 수 있는 '행정처분과 동일한 사유로 위법한 처분이 반복될 위험성이 있는 경우'란 해당 사건의 동일한 소송 당사자 사이에서 반복될 위험이 있는 경우만을 의미한다.

해설

④ [빈출] (×) 행정처분의 무효확인 또는 취소를 구하는 소가 제소 당시에는 소의 이익이 있어 적법하였는데, 소송 계속 중 해당 행정처분이 기간의 경과 등으로 그 효과가 소멸한 때에 그 처분이 취소되어도 원상회복이 불가능하다고 보이는 경우라 하더라도, 무효확인 또는 취소로써 회복할 수 있는 다른 권리나 이익이 남아 있거나 또는 그 행정처분과 동일한 사유로 위법한 처분이 반복될 위험성이 있어 행정처분의 위법성 확인 내지 불분명한 법률문제에 대한 해명이 필요한 경우에는 행정의 적법성 확보와 그에 대한 사법통제, 국민의 권리구제의 확대 등의 측면에서 예외적으로 그 처분의 취소를 구할 소의 이익을 인정할 수 있다(대판 2007.7.19., 2006두19297 전합, 대판 2016.6.10., 2013두1638 등 참조). 여기에서 '그 행정처분과 동일한 사유로 위법한 처분이 반복될 위험성이 있는 경우'란 불분명한 법률문제에 대한 해명이 필요한 상황에 대한 대표적인 예시일 뿐이며, 반드시 '해당 사건의 동일한 소송 당사자 사이에서' 반복될 위험이 있는 경우만을 의미하는 것은 아니다(대판 2020.12.24., 2020두30450).

정답 | ④

886

기출처	2022 군무원 9급
난이도	★★
키워드	소송의 당사자(원고, 피고)와 관계인

🔍 관련기출 옳은지문

- 고등학교졸업학력검정고시에 합격하였다 하더라도, 고등학교에서 퇴학처분을 받은 자는 퇴학처분의 취소를 구할 협의의 소익이 있다.
  15국가직9급

- 행정처분의 취소를 구하는 소가 제소 당시에는 소의 이익이 있어 적법하였는데, 소송계속 중 해당 행정처분이 기간의 경과 등으로 그 효과가 소멸한 때에 처분이 취소되어도 원상회복이 불가능하다고 보이는 경우라도, 그 행정처분과 동일한 사유로 위법한 처분이 반복될 위험성이 있어 행정처분의 위법성 확인 내지 불분명한 법률문제에 대한 해명이 필요한 경우에는 예외적으로 그 처분의 취소를 구할 소의 이익을 인정할 수 있다.
  25소방직

887	① ② ③
기출처	예상문제
난이도	★★
키워드	소송의 당사자(원고, 피고)와 관계인

관련기출 옳은지문

• 행정처분의 취소를 구하는 소가 제소 당시에는 소의 이익이 있어 적법하였는데, 소송계속 중 해당 행정처분이 기간의 경과 등으로 그 효과가 소멸한 때에 처분이 취소되어도 원상회복이 불가능하다고 보이는 경우라도, 그 행정처분과 동일한 사유로 위법한 처분이 반복될 위험성이 있어 행정처분의 위법성 확인 내지 불분명한 법률문제에 대한 해명이 필요한 경우에는 예외적으로 그 처분의 취소를 구할 소의 이익을 인정할 수 있다. 　25소방직

• 고등학교졸업학력검정고시에 합격하였다 하더라도, 고등학교에서 퇴학처분을 받은 자는 퇴학처분의 취소를 구할 협의의 소익이 있다. 　15국가직9급

887

행정소송을 청구할 수 있는 법률상 이익이 인정된 경우에 대하여 바르게 설명한 것은? (다툼이 있는 경우 판례에 의함)

① 경원관계에 있어 경원자에 대한 수익적 처분의 취소를 구하지 아니하고 자신에 대한 거부처분의 취소만을 구하는 소에 협의의 소의 이익이 인정될 수 없다.

② 건축허가를 받아 건축공사를 완료한 경우 그 허가처분의 취소를 구할 이익이 없으나, 소제기 후 사실심 변론종결일 전에 건축공사를 완료한 경우는 취소를 구할 법률상 이익이 인정된다.

③ 기존의 시외버스운송사업자인 乙 회사에 다른 시외버스운송사업자 甲 회사에 대한 시외버스운송사업계획변경인가처분의 취소를 구할 법률상 이익이 있다.

④ 구 「문화재보호법」상의 도지정문화재 지정처분으로 인하여 침해될 수 있는 특정 개인의 명예 내지 명예감정이 존재하면 그 지정처분의 취소를 구할 법률상의 이익은 존재한다.

해설

① 빈출 (×) 경원자 관계에서 신청에 탈락된 자는 수익적 처분에 대해 소송을 청구할 수 있을 뿐 아니라 자신의 거부처분에 대해서도 독립된 소송을 청구할 수 있다.

> 인가·허가 등 수익적 행정처분을 신청한 여러 사람이 서로 경원관계에 있어서 한 사람에 대한 허가 등 처분이 다른 사람에 대한 불허가 등으로 귀결될 수밖에 없을 때 허가 등 처분을 받지 못한 사람은 신청에 대한 거부처분의 직접 상대방으로서 원칙적으로 자신에 대한 거부처분의 취소를 구할 원고적격이 있고, … 재심사 결과 경원자에 대한 수익적 처분이 직권취소되고 취소판결의 원고에게 수익적 처분이 이루어질 가능성을 완전히 배제할 수는 없으므로, 특별한 사정이 없는 한 경원관계에서 허가 등 처분을 받지 못한 사람은 자신에 대한 거부처분의 취소를 구할 소의 이익이 있다(대판 2015.10.29., 2013두27517).

② (×) 건축공사가 완료된 경우에는 해당 건축허가에 대한 취소를 구할 법률상 이익은 없다.

> 건축허가를 받아 건축공사를 완료한 경우 그 허가처분의 취소를 구할 이익이 없으며, 소제기 후 사실심 변론종결일 전에 건축공사를 완료한 경우도 마찬가지이다(대판 2007.4.26., 2006두18409).

③ (○) 甲 회사의 시외버스운송사업과 乙 회사의 시외버스운송사업이 다 같이 운행계통을 정하여 여객을 운송하는 노선여객자동차 운송사업에 속하고, 甲 회사에 대한 시외버스운송사업계획변경인가처분으로 기존의 시외버스운송사업자인 乙 회사의 노선 및 운행계통과 甲 회사의 노선 및 운행계통이 일부 같고, 기점 혹은 종점이 같거나 인근에 위치한 乙 회사의 수익감소가 예상되므로, 기존의 시외버스운송사업자인 乙 회사에 위 처분의 취소를 구할 법률상의 이익이 있다(대판 2010.6.10., 2009두10512).

④ (×) 구 「문화재보호법」상의 도지정문화재 지정처분으로 인하여 침해될 수 있는 특정 개인의 명예 내지 명예감정이 그 지정처분의 취소를 구할 법률상의 이익에 해당하지 않는다(대판 2001.9.28., 99두8565).

정답 | ③

888 〈필수〉

취소소송에서 협의의 소의 이익에 대한 설명으로 옳지 않은 것은? (다툼이 있는 경우 판례에 의함)

① 지방의회 의원에 대한 제명의결 취소소송 계속 중 의원의 임기가 만료된 경우에도 여전히 제명의결의 취소를 구할 법률상 이익이 인정된다.
② 공장등록이 취소된 후 그 공장시설물이 철거되었고 다시 복구를 통하여 공장을 운영할 수 없는 상태라 하더라도 대도시 안의 공장을 지방으로 이전할 경우 조세감면 및 우선입주 등의 혜택이 관계 법률에 보장되어 있다면, 공장등록취소처분의 취소를 구할 법률상 이익이 인정된다.
③ 가중요건이 법령에 규정되어 있는 경우, 업무정지처분을 받은 후 새로운 제재처분을 받음이 없이 법률이 정한 기간이 경과하여 실제로 가중된 제재처분을 받을 우려가 없어졌다면 특별한 사정이 없는 한 업무정지처분의 취소를 구할 법률상 이익이 인정되지 않는다.
④ 현역입영대상자가 현역병입영통지처분에 따라 현실적으로 입영을 한 후에는 처분의 집행이 종료되었고 입영으로 처분의 목적이 달성되어 실효되었으므로 입영통지처분을 다툴 법률상 이익이 인정되지 않는다.

888	
기출처	2019 국가직 9급
난이도	★★
키워드	소송의 당사자(원고, 피고)와 관계인

🔍 관련기출 옳은지문

• 학교법인 임원취임승인의 취소처분 후 그 임원의 임기가 만료되고 구 「사립학교법」 소정의 임원결격사유 기간마저 경과한 경우에 취임승인이 취소된 임원은 취임승인취소처분의 취소를 구할 소의 이익이 있다. 　　　　　18지방직9급

• 현역입영대상자로서 현실적으로 입영을 한 자가 입영 이후의 법률관계에 영향을 미치고 있는 현역병입영통지처분 등을 한 관할 지방병무청장을 상대로 위법을 주장하여 그 취소를 구하는 경우에 소익이 인정된다. 　　　　　17서울시9급

• 건축사 업무정지처분을 받은 후 새로운 업무정지처분을 받음이 없이 1년이 경과하여 실제로 가중된 제재처분을 받을 우려가 없게 된 경우, 그 처분에서 정한 정지기간이 경과한 이상 특별한 사정이 없는 한 업무정지처분의 취소를 구할 법률상 이익이 없다. 　　　　　17지방직9급

해설

① **빈출** (O) 지방의회 의원에 대한 제명의결 취소소송 계속 중 의원의 임기가 만료된 사안에서, 제명의결의 취소로 의원의 지위를 회복할 수는 없다 하더라도 제명의결시부터 임기만료일까지의 기간에 대한 월정수당의 지급을 구할 수 있는 등 여전히 그 제명의결의 취소를 구할 법률상 이익이 있다(대판 2009.1.30., 2007두13487).
② (O) 공장등록이 취소된 후 공장시설물이 철거되고 다시 공장을 운영할 수 없는 상태라도 대도시 안의 공장을 지방으로 이전할 경우 「조세특례제한법」상의 세액공제 및 소득세 등의 감면혜택 등의 이익이 있는 경우 소익이 있다(대판 2002.1.11., 2000두3306).
③ (O) 건축사 업무정지처분을 받은 후 새로운 업무정지처분을 받음이 없이 1년이 경과하여 실제로 가중된 제재처분을 받을 우려가 없게 된 경우, 업무정지처분에서 정한 정지기간이 경과한 후에 업무정지처분의 취소를 구할 법률상 이익이 없다(대판 2000.4.21., 98두10080).
④ (×) 현역병입영대상자가 입영명령에 의해 입영이 이루어진 이후에도 처분을 다툴 법률상 이익은 있다.

> 현역입영대상자가 입영한 후에 현역병입영통지처분의 취소를 구할 소송상의 이익이 있다(대판 2003.12.26., 2003두1875).

정답 | ④

889

행정소송의 원고적격이 인정되는 것을 모두 고른 것은? (다툼이 있는 경우 판례에 의함)

> ㄱ. 상수원보호구역변경처분의 취소를 구할 인근 주민
> ㄴ. 도로의 용도폐지처분에 관하여 이러한 직접적인 이해관계를 가지는 사람이 그와 같은 이익을 현실적으로 침해당한 경우의 취소소송
> ㄷ. 환경정책기본법령상 사전환경성검토협의 대상지역 내에 포함될 개연성이 충분하다고 보이는 주민의 창업사업계획승인처분과 공장설립승인처분의 취소소송
> ㄹ. 개발제한구역 중 일부 취락을 개발제한구역에서 해제하는 내용의 도시관리계획변경결정에 대한 개발제한구역 해제대상에서 누락된 토지의 소유자의 취소소송

① ㄱ, ㄴ
② ㄴ, ㄷ
③ ㄷ, ㄹ
④ ㄱ, ㄹ

해설

ㄱ. (원고적격 부정) 제3자에게 상수원보호구역변경처분의 취소를 구할 법률상 이익이 없다(대판 1995.9.26., 94누14544).

ㄴ. (원고적격 인정) 공공용물의 폐지 등으로 인한 침해는 반사적 이익에 해당되지만, 이 사안은 예외적으로 현실적 침해를 이유로 원고적격이 인정된 사안이다.

> 도로의 용도폐지처분에 관하여 이러한 직접적인 이해관계를 가지는 사람이 그와 같은 이익을 현실적으로 침해당한 경우에는 그 취소를 구할 법률상의 이익이 있다(대판 1992.9.22., 91누13212).

ㄷ. (원고적격 인정) 환경정책기본법령상 사전환경성검토협의 대상지역 내에 포함될 개연성이 충분하다고 보이는 주민들에게 그 협의대상에 해당하는 창업사업계획승인처분과 공장설립승인처분의 취소를 구할 원고적격이 인정된다(대판 2006.12.22., 2006두14001).

ㄹ. **빈출** (원고적격 부정) 개발제한구역 중 일부 취락을 개발제한구역에서 해제하는 내용의 도시관리계획변경결정에 대하여, 개발제한구역 해제대상에서 누락된 토지의 소유자는 위 결정의 취소를 구할 법률상 이익이 없다(대판 2008.7.10., 2007두10242).

정답 | ②

890 〈필수〉

항고소송의 원고적격이 인정되는 것만을 〈보기〉에서 모두 고르면? (다툼이 있는 경우 판례에 의함)

| 보기 |

ㄱ. 경기도 선거관리위원회 소속 공무원인 甲이 「부패방지 및 국민권익위원회의 설치와 운영에 관한 법률」에 따라 국민권익위원회에 신고를 하면서 신분보장조치를 요구하였고, 이에 국민권익위원회가 경기도 선거관리위원회 위원장에게 甲에 대한 중징계 요구를 취소하고 향후 신고로 인한 신분상 불이익 등을 주지 말 것을 요구하는 조치요구를 한 사안에서 이에 불복하는 경기도 선거관리위원회 위원장

ㄴ. 시외버스운송사업계획변경인가처분으로 시외버스 운행노선 중 일부가 기존의 시내버스 운행노선과 중복하게 되어 수익감소가 예상되는 기존 시내버스운송사업자

ㄷ. 인근 공유수면의 매립목적을 택지조성에서 조선시설용지로 변경하는 공유수면매립목적 변경 승인처분으로 인하여 환경상의 이익을 침해받았다고 주장하는 수녀원

ㄹ. 교육부장관이 사학분쟁조정위원회의 심의를 거쳐 대학의 학교법인의 임시이사를 선임한 데 대하여 그 선임처분의 취소를 구하는 그 대학의 노동조합

ㅁ. 대학에 대한 국가연구개발사업의 협약 해지 통보에 불복하여 협약 해지 통보의 효력을 다투는 그 연구개발사업의 연구팀장인 교수

① ㄱ, ㄴ
② ㄹ, ㅁ
③ ㄱ, ㄴ, ㅁ
④ ㄱ, ㄷ, ㄹ
⑤ ㄴ, ㄷ, ㄹ

정답 | ③

891 〈필수〉

행정소송에서 소송의 당사자인 원고에 대한 설명으로 옳지 않은 것은? (다툼이 있는 경우 판례에 의함)

① 납세자 아닌 제3자의 재산을 대상으로 한 체납압류처분의 효력은 무효이고 이에 체납자는 그 압류처분의 취소나 무효확인을 구할 원고적격이 있다.
② 건축사업무정지명령의 정지기간이 지났으나, 그 명령이 전제가 되어 건축사사무소 등록이 취소된 경우 그 업무정지명령의 취소를 구할 소의 이익이 인정된다.
③ 부실금융기관에 대한 파산결정이 확정되고 이미 파산절차가 상당부분 진행되고 있는 경우에 금융감독위원회의 부실금융기관에 대한 영업인가의 취소처분에 대한 취소를 구할 소의 이익이 있다.
④ 도시개발사업의 공사 등이 완료되고 원상회복이 사회통념상 불가능하게 된 경우에는 도시개발사업의 시행에 따른 도시계획변경결정처분과 도시개발구역지정처분 및 도시개발사업 실시계획인가처분의 취소를 구할 법률상 이익은 더 이상 인정되지 않는다.

해설

② (O) 처분의 효력이 경과되어 소멸되었다고 해도 해당 처분을 전제로 장래에 불이익 처분이 이루어지는 경우에는 소익이 인정된다.

> 행정처분의 효력기간이 경과하였다고 하더라도 그 처분을 받은 전력이 장래에 불이익하게 취급되는 것으로 법정의 가중요건으로 되어 있고, 이후 그 법정가중요건에 따라 새로운 제재적인 행정처분이 가해지고 있다면 선행행정처분의 잔존으로 인하여 법률상의 이익이 침해되고 있다고 볼만한 특별한 사정이 있는 경우에 해당한다고 볼 것인바, 연 2회 이상 건축사의 업무정지명령을 받은 경우 그 정지기간이 통산하여 12월 이상이 된 때를 건축사사무소의 등록을 취소할 경우의 하나로 규정하고 있는 「건축사법」제28조 제1항 제5호의 규정은 제재적인 행정처분의 법정가중요건을 규정해 놓은 것으로 보아야 하고, 원고가 변론재개신청과 함께 이 사건 건축사업무정지명령이 전제가 되어 원고의 건축사사무소 등록이 취소되었음을 알 수 있는 소명자료까지 제출하고 있다면, 이 사건 건축사업무정지명령에서 정한 정지기간이 도과하였다고 하더라도 그 처분으로 인하여 원고에게는 건축사사무소등록 취소라는 법률상의 이익이 침해되고 있다는 사정을 나타내 보인 것이라고 할 것이다(대판 1990.10.23., 90누3119).

④ (×) 도시개발사업의 시행에 따른 도시계획변경결정처분과 도시개발구역지정처분 및 도시개발사업 실시계획인가처분은 도시개발사업의 시행자에게 단순히 도시개발에 관련된 공사의 시공권한을 부여하는 데 그치지 않고 당해 도시개발사업을 시행할 수 있는 권한을 설정하여 주는 처분으로서 위 각 처분 자체로 그 처분의 목적이 종료되는 것이 아니고 위 각 처분이 유효하게 존재하는 것을 전제로 하여 당해 도시개발사업에 따른 일련의 절차 및 처분이 행해지기 때문에 위 각 처분이 취소된다면 그것이 유효하게 존재하는 것을 전제로 하여 이루어진 토지수용이나 환지 등에 따른 각종의 처분이나 공공시설의 귀속 등에 관한 법적 효력은 영향을 받게 되므로, 도시개발사업의 공사 등이 완료되고 원상회복이 사회통념상 불가능하게 되었더라도 위 각 처분의 취소를 구할 법률상 이익은 소멸한다고 할 수 없다(대판 2005.9.9., 2003두5402).

정답 | ④

기출처: 예상문제
난이도: ★★
키워드: 소송의 당사자(원고, 피고)와 관계인

🔍 관련기출 옳은지문

- 도시개발사업의 공사 등이 완료되고 원상회복이 사회통념상 불가능하게 된 경우 도시개발사업의 시행에 따른 도시계획변경결정처분과 도시개발구역지정처분 및 도시개발사업 실시계획인가처분의 취소를 구하는 경우에 소익이 인정된다.

17서울시9급

892 필수

항고소송의 원고적격에 대한 판례의 입장으로 옳지 않은 것은?

① 법령이 특정한 행정기관으로 하여금 다른 행정기관에 제재적 조치를 취할 수 있도록 하면서, 그에 따르지 않으면 그 행정기관에 과태료 등을 과할 수 있도록 정하는 경우, 권리구제나 권리보호의 필요성이 인정된다면 예외적으로 그 제재적 조치의 상대방인 행정기관에게 항고소송의 원고적격을 인정할 수 있다.

② 「출입국관리법」상의 체류자격 및 사증발급의 기준과 절차에 관한 규정들은 대한민국의 출입국 질서와 국경관리라는 공익을 보호하려는 취지로 해석될 뿐이므로, 동법상 체류자격변경 불허가처분, 강제퇴거명령 등을 다투는 외국인에게는 해당 처분의 취소를 구할 법률상 이익이 인정되지 않는다.

③ 처분의 근거 법규 또는 관련 법규에 그 처분으로써 이루어지는 행위 등 사업으로 인하여 환경상 침해를 받으리라고 예상되는 영향권의 범위가 구체적으로 규정되어 있는 경우, 그 영향권 내의 주민들에 대하여는 특단의 사정이 없는 한 환경상 이익에 대한 침해 또는 침해 우려가 있는 것으로 사실상 추정된다.

④ 일반면허를 받은 시외버스운송사업자에 대한 사업계획변경 인가처분으로 인하여 노선 및 운행계통의 일부 중복으로 기존에 한정면허를 받은 시외버스운송사업자의 수익감소가 예상된다면, 기존의 한정면허를 받은 시외버스운송사업자는 일반면허 시외버스운송사업자에 대한 사업계획변경 인가처분의 취소를 구할 법률상의 이익이 있다.

892

기출처	2019 국가직 7급
난이도	★★
키워드	소송의 당사자(원고, 피고)와 관계인

관련기출 옳은지문
- 기존의 고속형 시외버스운송사업자 A는 경업관계에 있는 직행형 시외버스운송사업자에 대한 사업계획변경인가처분의 취소를 구할 법률상 이익이 있다. 16지방직9급

해설

② (×) 대한민국에 체류하고 있는 외국인은 「출입국관리법」상 체류자격변경 불허가처분이나 강제퇴거명령 등에 대해 다툴 법률상 이익이 있다.

> 사증발급 거부처분을 다투는 외국인은, 아직 대한민국에 입국하지 않은 상태에서 대한민국에 입국하게 해달라고 주장하는 것으로, 대한민국과의 실질적 관련성 내지 대한민국에서 법적으로 보호가치 있는 이해관계를 형성한 경우는 아니어서, 해당 처분의 취소를 구할 법률상 이익을 인정하여야 할 법정책적 필요성도 크지 않다. 반면, 「국적법」상 귀화불허가처분이나 「출입국관리법」상 체류자격변경 불허가처분, 강제퇴거명령 등을 다투는 외국인은 대한민국에 적법하게 입국하여 상당한 기간을 체류한 사람이므로, 이미 대한민국과의 실질적 관련성 내지 대한민국에서 법적으로 보호가치 있는 이해관계를 형성한 경우이어서, 해당 처분의 취소를 구할 <u>법률상 이익이 인정된다</u>고 보아야 한다(대판 2018.5.15., 2014두42506).

고득점 플러스+ ▶ 사증발급 거부처분과 관련된 판례

> 병무청장이 법무부장관에게 '가수 甲이 공연을 위하여 국외여행허가를 받고 출국한 후 미국 시민권을 취득함으로써 사실상 병역의무를 면탈하였다'는 이유로 입국 금지를 요청함에 따라 법무부장관이 甲의 입국금지결정을 하였는데, 甲이 재외공관의 장에게 재외동포(F-4) 체류자격의 사증발급을 신청하자 재외공관장이 처분이유를 기재한 사증발급 거부처분서를 작성해 주지 않은 채 甲의 아버지에게 전화로 사증발급이 불허되었다고 통보한 사안에서, 甲의 재외동포(F-4) 체류자격 사증발급 신청에 대하여 재외공관장이 6일 만에 한 사증발급 거부처분이 문서에 의한 처분 방식의 예외로 「행정절차법」 제24조 제1항 단서에서 정한 '신속히 처리할 필요가 있거나 사안이 경미한 경우'에 해당한다고 볼 수도 없으므로 사증발급 거부처분에는 「행정절차법」 제24조 제1항을 위반한 하자가 있음에도, 외국인의 사증발급 신청에 대한 거부처분이 성질상 행정절차를 거치기 곤란하거나 불필요하다고 인정되는 처분에 해당하여 「행정절차법」의 적용이 배제된다고 판단하고, 재외공관장이 자신에게 주어진 재량권을 전혀 행사하지 않고 오로지 13년 7개월 전에 입국금지결정이 있었다는 이유만으로 그에 구속되어 사증발급 거부처분을 한 것이 비례의 원칙에 반하는 것인지 판단했어야 함에도, 입국금지결정에 따라 사증발급 거부처분을 한 것이 적법하다고 본 원심판단에 법리를 오해한 잘못이 있다(대판 2019.7.11., 2017두38874).

정답 | ②

893 〈필수〉

협의의 소익에 대한 판례의 입장으로 옳은 것은?

① 공무원 파면처분이 있은 후에 금고 이상의 형을 선고받아 당연퇴직된 경우에는 파면처분의 취소를 구할 이익은 인정되지 않는다.

② 소음·진동배출시설에 대한 설치허가가 취소된 후 그 배출시설이 어떠한 경위로든 철거되어 다시 복구 등을 통하여 배출시설을 가동할 수 없는 상태가 되었다고 해도 외형상 설치허가취소행위가 잔존하고 있다면 특단의 사정이 없는 한 배출시설의 소유자는 당해 처분의 취소를 구할 법률상 이익이 있다.

③ 미얀마 국적의 甲이 위명인 '乙' 명의의 여권으로 대한민국에 입국하여 난민불인정 처분을 받은 경우에 甲은 처분의 취소를 구할 법률상 이익이 인정되지 않는다.

④ 재단법인 한국연구재단이 甲 대학교 총장에게 연구개발비의 부당집행을 이유로 '해양생물유래 고부가식품·향장·한약 기초소재 개발 인력양성사업에 대한 2단계 두뇌한국(BK)21사업' 협약을 해지하고 연구팀장 乙에 대한 국가연구개발사업의 3년간 참여제한 등을 명하는 통보에 대해 乙은 위 협약 해지 통보의 효력을 다툴 법률상 이익이 있다.

해설

① 빈출 (×) 파면처분취소소송의 사실심 변론종결 전에 동원고가 허위공문서등작성죄로 징역 8월에 2년간 집행유예의 형을 선고받아 확정되었다면 원고는 「지방공무원법」 제61조의 규정에 따라 위 판결이 확정된 날 당연퇴직되어 그 공무원의 신분을 상실하고, 당연퇴직이나 파면이 퇴직급여에 관한 불이익의 점에 있어 동일하다 하더라도 최소한도 이 사건 파면처분이 있은 때부터 위 법규정에 의한 당연퇴직일자까지의 기간에 있어서는 파면처분의 취소를 구하여 그로 인해 박탈당한 이익의 회복을 구할 소의 이익이 있다 할 것이다(대판 1985.6.25., 85누39).

② (×) 소음·진동배출시설에 대한 설치허가가 취소된 후 그 배출시설이 어떠한 경위로든 철거되어 다시 복구 등을 통하여 배출시설을 가동할 수 없는 상태라면 이는 배출시설 설치허가의 대상이 되지 아니하므로 외형상 설치허가취소행위가 잔존하고 있다고 하여도 특단의 사정이 없는 한 이제 와서 굳이 위 처분의 취소를 구할 법률상의 이익이 없다(대판 2002.1.11., 2000두2457).

③ (×) 미얀마 국적의 甲이 위명인 '乙' 명의의 여권으로 대한민국에 입국한 뒤 乙 명의로 난민 신청을 하였으나 법무부장관이 乙 명의를 사용한 甲을 직접 면담하여 조사한 후 甲에 대하여 난민불인정 처분을 한 사안에서, 甲이 처분의 취소를 구할 법률상 이익이 있다(대판 2017.3.9., 2013두16852).

④ (○) 재단법인 한국연구재단이 甲 대학교 총장에게 연구개발비의 부당집행을 이유로 '해양생물유래 고부가식품·향장·한약 기초소재 개발 인력양성사업에 대한 2단계 두뇌한국(BK)21사업' 협약을 해지하고 연구팀장 乙에 대한 국가연구개발사업의 3년간 참여제한 등을 명하는 통보를 하자 乙이 통보의 취소를 청구한 사안에서, 학술진흥 및 학자금대출 신용보증 등에 관한 법률 등의 입법 취지 및 규정 내용 등과 아울러 위 법 등 해석상 국가가 두뇌한국(BK)21사업의 주관연구기관인 대학에 연구개발비를 출연하는 것은 '연구 중심 대학'의 육성은 물론 그와 별도로 대학에 소속된 연구인력의 역량 강화에도 목적이 있다고 보이는 점, 기본적으로 국가연구개발사업에 대한 연구개발비의 지원은 대학에 소속된 일정한 연구단위별로 신청한 연구개발과제에 대한 것이지, 그 소속 대학을 기준으로 한 것은 아닌 점 등 제반 사정에 비추어 보면, 乙은 위 사업에 관한 협약의 해지 통보의 효력을 다툴 법률상 이익이 있다(대판 2014.12.11., 2012두28704).

정답 | ④

894
취소소송의 원고적격 및 협의의 소익에 대한 설명으로 옳지 <u>않은</u> 것은? (다툼이 있는 경우 판례에 의함)

① 개발제한구역 안에서의 공장설립을 승인한 처분이 위법하다는 이유로 쟁송취소되었다면 그 승인처분에 기초한 공장건축허가처분이 잔존하는 경우에도 인근 주민들에게 공장건축허가처분의 취소를 구할 법률상 이익이 없다.
② 행정처분에 있어서 불이익처분의 상대방은 직접 개인적 이익의 침해를 받은 자로서 원고적격이 인정되지만 수익처분의 상대방은 그의 권리나 법률상 보호되는 이익이 침해되었다고 볼 수 없으므로 달리 특별한 사정이 없는 한 취소를 구할 이익이 없다.
③ 「도시 및 주거환경정비법」상 조합설립추진위원회의 구성에 동의하지 아니한 정비구역 내의 토지 등 소유자가 조합설립추진위원회 설립승인처분의 취소를 구할 원고적격이 인정된다.
④ 수형자의 영치품에 대한 사용신청불허처분 후 수형자가 다른 교도소로 이송된 경우, 영치품 사용신청 불허처분의 취소를 구할 이익이 있다.

해설

① (×) 개발제한구역 안에서의 공장설립을 승인한 처분이 위법하다는 이유로 <u>쟁송취소되었다고 하더라도 그 승인처분에 기초한 공장건축허가처분이 잔존하는 이상</u>, 공장설립승인처분이 취소되었다는 사정만으로 인근 주민들의 환경상 이익이 침해되는 상태나 침해될 위험이 종료되었다거나 이를 시정할 수 있는 단계가 지나버렸다고 단정할 수는 없고, <u>인근 주민들은 여전히 공장건축허가처분의 취소를 구할 법률상 이익이 있다고 보아야 한다</u>(대판 2018.7.12., 2015두3485).
② (○) 우리의 소송은 원칙적으로 자신의 권익구제를 목적으로 하는 주관소송제도를 취하고 있어 수익적 처분의 상대방은 특별한 사정(예 부관부 행정행위 등)이 없는 한 원고적격이 인정되지 않는다.

> 행정처분에 있어서 불이익처분의 상대방은 직접 개인적 이익의 침해를 받은 자로서 원고적격이 인정되지만 수익처분의 상대방은 그의 권리나 법률상 보호되는 이익이 침해되었다고 볼 수 없으므로 달리 특별한 사정이 없는 한 취소를 구할 이익이 없다(대판 1995.8.22., 94누8129).

정답 | ①

관련기출 옳은지문
- 수형자의 영치품에 대한 사용신청 불허처분 후 수형자가 다른 교도소로 이송된 경우 그 불허처분의 취소를 구할 소의 이익이 있다.
  17지방직9급

895

행정소송에 대한 설명으로 옳지 않은 것은?

① 해당 처분을 다툴 법률상 이익이 있는지 여부는 직권조사사항으로 이에 관한 당사자의 주장은 직권발동을 촉구하는 의미밖에 없으므로, 원심법원이 이에 관하여 판단하지 않았다고 하여 판단유탈의 상고이유로 삼을 수 없다.

② 행정청은 「민사소송법」상의 보조참가를 할 수 있을 뿐만 아니라 「행정소송법」에 의한 소송참가를 할 수 있고 공법상 당사자소송의 원고가 된다.

③ 부작위위법확인의 소에 있어 당사자가 행정청에 대하여 어떠한 행정행위를 하여 줄 것을 요구할 수 있는 법규상 또는 조리상 권리를 갖고 있지 아니한 경우에는 원고적격이 없거나 항고소송의 대상인 위법한 부작위가 있다고 볼 수 없어 그 부작위위법확인의 소는 부적법하다.

④ 국가가 국토이용계획과 관련한 지방자치단체의 장의 기관위임사무의 처리에 관하여 지방자치단체의 장을 상대로 취소소송을 제기하는 것은 허용되지 않는다.

해설

① (○) 법률상 이익은 소송의 청구요건에 해당하여 이는 법원에 의해 직권으로 심리되어야 하고 변론의 대상이 아니다. 따라서 당사자가 이를 주장하는 것은 법원의 직권발동을 촉구하는 의미에 해당할 뿐이라서 상고의 이유로 삼을 수 없다.

> 1. 해당 처분을 다툴 법률상 이익이 있는지 여부는 직권조사사항으로 이에 관한 당사자의 주장은 직권발동을 촉구하는 의미밖에 없으므로, 원심법원이 이에 관하여 판단하지 않았다고 하여 판단유탈의 상고이유로 삼을 수 없다(대판 2017.3.9., 2013두16852).
> 2. 당사자적격의 존부는 직권조사사항이어서 당사자의 주장이 없더라도 법원은 이를 직권으로 조사하여 판단하여야 한다. 피고가 원고 당사자적격의 부존재에 대하여 사실심 변론종결시까지 주장하지 아니하였다 하더라도 상고심에서 새로이 이를 주장·증명할 수도 있다(대판 2020.6.25., 2019다218684).

② (×) 민사소송에서 보조참가를 하기 위해서는 당사자능력을 갖추어야 하므로, 행정주체가 아닌 행정기관인 행정청은 보조참가를 할 수 없다.

> 타인 사이의 항고소송에서 소송의 결과에 관하여 이해관계가 있다고 주장하면서 「민사소송법」(2002.1.26. 법률 제6626호로 전문 개정된 것) 제71조에 의한 보조참가를 할 수 있는 제3자는 「민사소송법」상의 당사자능력 및 소송능력을 갖춘 자이어야 하므로 그러한 당사자능력 및 소송능력이 없는 행정청으로서는 「민사소송법」상의 보조참가를 할 수는 없고, 다만 「행정소송법」 제17조 제1항에 의한 소송참가를 할 수 있을 뿐이다(행정청에 불과한 서울특별시장의 보조참가신청을 부적법하다고 한 사례)(대판 2002.9.24., 99두1519).

또한 당사자소송은 법률관계에 대한 소송이다. 따라서 법률관계의 당사자는 권리주체이므로, 권리주체가 아닌 행정청은 당사자소송의 원고가 될 수 없다.

> 「행정소송법」 제3조 【행정소송의 종류】 행정소송은 다음의 네 가지로 구분한다.
> 2. 당사자소송: 행정청의 처분 등을 원인으로 하는 법률관계에 관한 소송 그 밖에 공법상의 법률관계에 관한 소송으로서 그 법률관계의 한쪽 당사자를 피고로 하는 소송

③ (○) 대판 1999.12.7., 97누17568

④ (○) 건설교통부장관(현 국토교통부장관)은 지방자치단체의 장이 기관위임사무인 국토이용계획 사무를 처리함에 있어 자신과 의견이 다를 경우 행정협의조정위원회에 협의·조정 신청을 하여 그 협의·조정 결정에 따라 의견불일치를 해소할 수 있고, 법원에 의한 판결을 받지 않고서도 행정권한의 위임 및 위탁에 관한 규정이나 구 지방자치법에서 정하고 있는 지도·감독을 통하여 직접 지방자치단체의 장의 사무처리에 대하여 시정명령을 발하고 그 사무처리를 취소 또는 정지할 수 있으며, 지방자치단체의 장에게 기간을 정하여 직무이행명령을 하고 지방자치단체의 장이 이를 이행하지 아니할 때에는 직접 필요한 조치를 할 수도 있으므로, 국가가 국토이용계획과 관련한 지방자치단체의 장의 기관위임사무의 처리에 관하여 지방자치단체의 장을 상대로 취소소송을 제기하는 것은 허용되지 않는다(대판 2007.9.20., 2005두6935).

정답 | ②

896

행정소송에 대한 설명으로 옳지 않은 것은? (다툼이 있는 경우 판례에 의함)

① 무효확인소송에서 '무효확인을 구할 법률상 이익'이 있는지를 판단할 때, 행정처분의 무효를 전제로 한 이행소송 등과 같은 직접적인 구제수단이 있는지를 먼저 따질 필요는 없다.
② 「국토의 계획 및 이용에 관한 법률」상 토지소유자 등이 도시·군계획시설 사업시행자의 토지의 일시 사용에 대하여 정당한 사유 없이 동의를 거부한 경우, 사업시행자가 토지소유자를 상대로 동의의 의사표시를 구하는 소송은 당사자소송으로 보아야 한다.
③ 합의제행정청의 처분에 대하여는 합의제행정청이 피고가 되므로 부당노동행위에 대한 구제명령 등 중앙노동위원회의 처분에 대한 소송에서는 중앙노동위원회가 피고가 된다.
④ 권한의 내부위임이 있는 경우 내부수임기관이 착오 등으로 원처분청의 명의가 아닌 자기 명의로 처분을 하였다면, 내부수임기관이 그 처분에 대한 항고소송의 피고가 된다.

896	
기출처	2020 국가직 7급
난이도	★★
키워드	소송의 당사자(원고, 피고)와 관계인

해설

③ (×) 중앙노동위원회의 처분에 대한 소송에서는 중앙노동위원회 위원장이 피고가 된다.

> 「노동위원회법」 제27조 【중앙노동위원회의 처분에 대한 소송】 ① 중앙노동위원회의 처분에 대한 소송은 중앙노동위원회 위원장을 피고로 하여 처분의 송달을 받은 날부터 15일 이내에 제기하여야 한다.

> 「노동위원회법」 제19조의2 제1항의 규정은 행정처분의 성질을 가지는 지방노동위원회의 처분에 대하여 중앙노동위원장을 상대로 행정소송을 제기할 경우의 전치요건에 관한 규정이라 할 것이므로 당사자가 지방노동위원회의 처분에 대하여 불복하기 위하여는 처분 송달일로부터 10일 이내에 중앙노동위원회에 재심을 신청하고 중앙노동위원회의 재심판정서 송달일로부터 15일 이내에 중앙노동위원장을 피고로 하여 재심판정취소의 소를 제기하여야 할 것이다(대판 1995.9.15., 95누6724).

정답 | ③

897

897
기출처: 2025년 지방직 9급
난이도: ★★
키워드: 행정소송에서 협의의 소익

소의 이익에 대한 설명으로 옳지 않은 것은?

① 지방의회 의원에 대한 제명의결 취소소송 계속 중 의원의 임기가 만료된 경우라도 그 제명의결의 취소를 구할 법률상 이익이 인정된다.
② 특별한 사정이 없는 한 경원관계에서 허가 등 수익적 처분을 받지 못한 사람은 자신에 대한 거부처분의 취소를 구할 소의 이익이 있다.
③ 항고소송의 일종인 무효확인소송에서는 행정처분의 근거 법률에 의해 보호되는 직접적이고 구체적인 이익이 있는 경우에 '무효확인을 구할 법률상 이익'이 있고, 별도로 무효확인소송의 보충성이 요구되지 않는다.
④ 고등학교에서 퇴학처분을 당한 후 고등학교졸업학력검정고시에 합격하였다면 퇴학처분을 받은 자는 퇴학처분의 위법을 주장하여 그 취소를 구할 소송상의 이익이 없다.

해설

① (O) 대판 2009.1.30., 2007두13487
② (O) 대판 2015.10.29., 2013두27517
③ (O) 대판 2008.3.20., 2007두6342
④ **빈출** (×) 고등학교졸업이 대학입학자격이나 학력인정으로서의 의미밖에 없다고 할 수 없으므로 고등학교졸업학력검정고시에 합격하였다 하여 고등학교 학생으로서의 신분과 명예가 회복될 수 없는 것이니 퇴학처분을 받은 자로서는 퇴학처분의 위법을 주장하여 그 취소를 구할 소송상의 이익이 있다(대판 1992.7.14., 91누4737).

정답 | ④

898 필수

898
기출처: 예상문제
난이도: ★★
키워드: 행정소송에서 협의의 소익

관련기출 옳은지문
· 권한의 위임이나 위탁을 받아 수임행정청이 자신의 명의로 한 처분에 관한 취소소송은 원칙적으로 수임행정청을 피고로 하여 제기하여야 한다.
24국가직7급

취소소송에서 협의의 소의 이익에 대한 판례의 입장으로 옳지 않은 것은?

① 지방의회 의원이 제명의결 취소소송 계속 중 임기가 만료되어 제명의결의 취소로 의원 지위를 회복할 수 없다고 할지라도 제명의결시부터 임기만료일까지의 기간에 대한 월정수당의 지급을 구할 수 있으므로 그 제명의결의 취소를 구할 법률상 이익이 인정된다.
② 어업면허취소처분에 대한 면허권자의 행정심판청구를 인용한 재결에 대하여 제3자가 재결취소를 구할 소의 이익이 없다.
③ 위법한 행정처분의 취소를 구하는 소는 위법한 처분에 의하여 발생한 위법상태를 배제하여 원상으로 회복시키고 그 처분으로 침해되거나 방해받은 권리와 이익을 보호·구제하고자 하는 소송이므로 비록 그 위법한 처분을 취소한다고 하더라도 원상회복이 불가능한 경우에는 그 취소를 구할 이익이 없다.
④ 장래의 제재적 가중처분 기준을 대통령령이 아닌 부령의 형식으로 정한 경우에는 이미 제재기간이 경과한 제재적 처분의 취소를 구할 법률상 이익이 인정되지 않는다.

해설

① (O) 대판 2009.1.30., 2007두13487
② (O) 수산청장의 그 인용재결은 도지사의 어업면허취소로 인하여 상실된 면허권자의 어업면허권을 회복하여 주는 것에 불과할 뿐 인용재결로 인하여 제3자의 권리이익이 새로이 침해받는 것은 없고, 가사 그 인용재결로 인하여 그 면허권자의 어업면허가 회복됨으로써 그 제3자에 대하여 사실상 당초의 어업면허에 따른 효과와 같은 결과를 초래한다고 하더라도 이는 간접적이거나 사실적·경제적 이해관계에 불과하므로, 그 제3자는 인용재결의 취소를 구할 소의 이익이 없다(대판 1995.6.13., 94누15592).

③ (○) 대판 2007.1.11., 2004두3585
④ 빈출 (×) 제재적 행정처분이 그 처분에서 정한 제재기간의 경과로 인하여 그 효과가 소멸되었으나, 부령인 시행규칙 또는 지방자치단체의 규칙의 형식으로 정한 처분기준에서 제재적 행정처분을 받은 것을 가중사유나 전제요건으로 삼아 장래의 제재적 행정처분을 하도록 정하고 있는 경우, 선행처분인 제재적 행정처분을 받은 상대방이 그 처분에서 정한 제재기간이 경과하였다 하더라도 그 처분의 취소를 구할 법률상 이익이 있다(대판 2006.6.22., 2003두1684).

정답 | ④

899
취소소송의 당사자에 대한 설명으로 옳은 것은? (다툼이 있는 경우 판례에 의함)
① 처분청이나 재결을 한 행정청이 없게 된 때에는 그 처분 등에 관한 사무를 감독하는 상급 감독청이 피고가 된다.
② 종국처분인 농지처분명령의 취소를 구하는 소를 제기하여 원고 패소의 판결이 확정된 이상, 그 전 단계인 농지처분의무통지의 취소를 구하는 부분의 소는 더 이상 이를 유지할 이익이 없다.
③ 행정처분을 행할 적법한 권한 있는 기관이 있는 상급청으로부터 내부위임을 받은 데 불과한 하급 행정청이 권한 없이 행정처분을 자신의 명의로 한 경우에 권한 없는 행정기관은 피고가 될 수 없다.
④ 관할청이 학교법인의 임원취임승인신청에 대하여 이를 거부하는 경우 임원으로 선임된 사람은 임원으로 취임할 수 없게 되는 불이익을 입게 되었다고 해도 학교법인이 아닌 한 관할청의 임원취임승인신청 반려처분을 다툴 수 있는 원고적격이 없다.

899	① ② ③
기출처	예상문제
난이도	★★
키워드	소송의 당사자(원고, 피고)와 관계인

🔍 관련기출 옳은지문
• 학교법인에 의하여 임원으로 선임된 B는 자신에 대한 관할청의 임원취임승인신청 반려처분 취소소송의 원고적격이 있다. 16지방직9급

해설
① (×) 처분청이나 재결을 한 행정청이 없게 된 때에는 그 처분 등에 관한 사무가 귀속되는 국가 또는 공공단체가 피고가 된다(「행정소송법」 제13조 제2항).
② (○) 이 사건 통지와 농지처분명령은 동일한 행정목적을 달성하기 위하여 단계적인 일련의 절차로 연속하여 행하여지는 것으로서 서로 결합하여 원고에게 농지처분의무를 부과하는 법률효과를 발생시키는데, 원고가 종국처분인 위 농지처분명령의 취소를 구하는 소를 제기하여 이 사건 통지의 전제가 되는 위 제7호 소정의 사유가 있다는 판단을 받고 원고 패소의 판결이 확정된 이상, 이 사건 통지의 취소를 구하는 부분의 소는 더 이상 이를 유지할 이익이 없다고 보아야 할 것이다(대판 2003.11.14., 2001두8742).
③ 빈출 (×) 권한의 위임의 경우 피고는 원칙적으로 수임기관이나, 내부위임의 경우에는 위임기관이 피고이다. 다만, 수임기관이 자신의 명의로 처분을 한 경우에는 무권한청인 수임기관이 피고가 된다.

> 행정처분의 취소 또는 무효확인을 구하는 행정소송은 다른 법률에 특별한 규정이 없는 한 그 처분을 행한 행정청을 피고로 하여야 하며, 행정처분을 행할 적법한 권한 있는 상급 행정청으로부터 내부위임을 받은 데 불과한 하급 행정청이 권한 없이 행정처분을 한 경우에도 실제로 그 처분을 행한 하급 행정청을 피고로 하여야 할 것이지 그 처분을 행할 적법한 권한 있는 상급 행정청을 피고로 할 것은 아니다(대판 1994.8.12., 94누2763, 대판 1991.2.22., 90누5641, 대판 1989.11.14., 89누4765).

④ (×) 관할청이 학교법인의 임원취임승인신청에 대하여 이를 반려하거나 거부하는 경우 학교법인에 의하여 임원으로 선임된 사람은 학교법인의 임원으로 취임할 수 없게 되는 불이익을 입게 되어 관할청의 임원취임승인신청 반려처분을 다툴 수 있는 원고적격이 있다(대판 2007.12.27., 2005두9651).

정답 | ②

900 (필수)

「행정소송법」상 '법률상 이익'에 해당하지 않는 것은? (다툼이 있는 경우 판례에 의함)

① 「수도법」상 상수원보호구역 설정으로 상수원의 오염을 막아 양질의 급수를 받고 있는 지역주민들이 가지는 이익
② 「공유수면 관리 및 매립에 관한 법률」상 공유수면매립면허처분과 관련한 환경영향평가대상지역 안의 주민의 이익
③ 연탄공장 건축허가에 대한 구 「도시계획법」상 주거지역에 거주하는 인근주민의 생활환경상 이익
④ 구 「장사 등에 관한 법률」상 납골당 설치 신고수리처분에 대한 납골당 설치장소에서 500m 내에 20호 이상의 인가가 밀접한 지역에 거주하는 주민의 이익
⑤ 「여객자동차 운수사업법」상 시외버스운송사업계획변경 인가처분으로 시외버스 운행노선 중 일부가 기존의 시내버스 운행노선과 중복하게 된 경우 기존 시내버스운송사업자의 영업상 이익

해설

① (×) 상수원보호구역 설정의 근거가 되는 「수도법」 제5조 제1항 및 동 시행령 제7조 제1항이 보호하고자 하는 것은 상수원의 확보와 수질보전일 뿐이고, … 공공의 이익이 달성됨에 따라 반사적으로 얻게 되는 이익에 불과하므로 지역주민들에 불과한 원고들에게는 위 상수원보호구역변경처분의 취소를 구할 법률상의 이익이 없다(대판 1995.9.26., 94누14544).

정답 | ①

관련기출 옳은지문
- 주거지역 내에 법령상 제한면적을 초과한 연탄공장 건축허가처분에 대한 주거지역에 거주하는 거주자의 취소소송은 인정된다. 22군무원7급

기출처: 2020 국회직 9급
난이도: ★★
키워드: 소송의 당사자(원고, 피고)와 관계인

901 〈필수〉

처분과 이에 대한 피고의 연결이 옳은 것을 모두 고른 것은? (다툼이 있는 경우 판례에 의함)

> ㄱ. 에스에이치공사가 택지개발사업 시행자인 서울특별시장으로부터 이주대책 수립권한을 포함한 택지개발사업에 따른 권한을 위탁받아 처분한 경우 – 위탁기관인 서울특별시장
> ㄴ. 교육에 관한 조례가 처분조례인 경우의 무효확인소송 – 시·도 교육감
> ㄷ. 수임관청이 내부위임에 따라 위임관청의 이름으로 행한 처분의 취소나 무효확인을 구하는 소송 – 수임관청
> ㄹ. 대통령의 공무원에 대한 징계·면직 그 밖에 본인의 의사에 반하는 불이익 처분 – 소속 장관

① ㄱ, ㄷ
② ㄱ, ㄴ
③ ㄴ, ㄹ
④ ㄷ, ㄹ

[해설]

ㄱ. (×) 서울특별시가 사업시행자가 된 이 사건 택지개발사업과 관련하여 이주대책대상자라고 주장하는 자들이 피고 공사 명의로 이루어진 이주대책에 관한 처분에 대한 취소소송을 제기함에 있어 정당한 피고는 피고 공사가 된다고 할 것이다(대판 2007.8.23., 2005두3776).

ㄴ. (○) 처분조례의 경우 피고는 지방의회가 아니라 지방자치단체의 장이 된다. 다만, 조례가 교육이나 학예와 관련된 경우에 피고는 시·도 교육감이다.

> 구 「지방교육자치에 관한 법률」(1995.7.26. 법률 제4951호로 개정되기 전의 것) 제14조 제5항, 제25조에 의하면 시·도의 교육·학예에 관한 사무의 집행기관은 시·도 교육감이고 시·도 교육감에게 지방교육에 관한 조례안의 공포권이 있다고 규정되어 있으므로, 교육에 관한 조례의 무효확인소송을 제기함에 있어서는 그 집행기관인 시·도 교육감을 피고로 하여야 한다(대판 1996.9.2., 95누8003).

ㄷ. **빈출** (×) 행정관청이 특정한 권한을 법률에 따라 다른 행정관청에 이관한 경우와 달리 내부적인 사무처리의 편의를 도모하기 위하여 그의 보조기관 또는 하급 행정관청으로 하여금 그의 권한을 사실상 행하도록 하는 내부위임의 경우에는 수임관청이 그 위임된 바에 따라 위임관청의 이름으로 권한을 행사하였다면 그 처분청은 위임관청이므로 그 처분의 취소나 무효확인을 구하는 소송의 피고는 위임관청으로 삼아야 한다(대판 1991.10.8., 91누500).

ㄹ. (○) 공무원에 대한 징계·면직 그 밖에 본인의 의사에 반하는 불이익 처분에 있어서 처분청이 대통령인 때에는 소속 장관이 피고가 된다(「국가공무원법」 제16조 제2항).

정답 | ③

901

기출처	예상문제
난이도	★
키워드	소송의 당사자(원고, 피고)와 관계인

관련기출 옳은지문

- 조례에 대한 무효확인소송에서 피고적격이 있는 행정청은 지방자치단체의 장이다. *25국가직9급*

- 권한의 위임이나 위탁을 받아 수임행정청이 자신의 명의로 한 처분에 관한 취소소송은 원칙적으로 수임행정청을 피고로 하여 제기하여야 한다. *24국가직7급*

- 「국가공무원법」에 의한 처분, 기타 본인의 의사에 반한 불리한 처분이나 부작위에 관한 행정소송을 제기할 때에 대통령의 처분 또는 부작위의 경우에는 소속 장관을 피고로 한다. *18서울시9급*

902

항고소송에 대한 설명으로 옳은 것만을 〈보기〉에서 모두 고르면? (다툼이 있는 경우 판례에 의함)

| 보기 |

ㄱ. 한정면허를 받은 시외버스운송사업자는 일반면허를 받은 시외버스운송사업자에 대한 사업계획변경 인가처분으로 수익감소가 예상되는 경우라 하더라도, 일반면허 시외버스운송사업자에 대한 사업계획변경 인가처분의 취소를 구할 법률상의 이익이 인정되지 않는다.

ㄴ. 지방법무사회가 법무사의 사무원 채용승인신청을 거부하거나 채용승인을 얻어 채용 중인 사람에 대한 채용승인을 취소하는 것은 처분에 해당하고, 이러한 처분에 대해서는 처분 상대방인 법무사뿐 아니라 그 때문에 사무원이 될 수 없게 된 사람도 이를 다툴 원고적격이 인정된다.

ㄷ. 조달청이 계약상대자에 대하여 나라장터 종합쇼핑몰에서의 거래를 일정기간 정지하는 조치는, 비록 물품구매계약의 추가특수조건이라는 사법상 계약에 근거한 것이라고 하더라도 행정청인 조달청이 행하는 구체적 사실에 관한 법집행으로서의 공권력의 행사로서 그 상대방 회사의 권리·의무에 직접 영향을 미치므로 항고소송의 대상이 되는 행정처분에 해당한다.

ㄹ. 납세고지서에 공동상속인들이 납부할 총세액 등과 공동상속인들 각자가 납부할 상속세액 등을 기재한 연대납세의무자별 고지세액 명세서를 첨부하여 공동상속인들 각자에게 고지하였다면, 연대납부의무의 징수처분을 받은 공동상속인들 중 1인은 다른 공동상속인들에 대한 과세처분 자체에 취소사유가 있다는 이유만으로는 그 징수처분의 취소를 구할 수 없다.

ㅁ. 외국인이라고 하더라도 대한민국과의 실질적 관련성 내지 법적으로 보호가치가 있는 이해관계를 형성한 경우에는 사증발급 거부처분의 취소를 구할 원고적격이 인정된다.

① ㄱ, ㄴ
② ㄷ, ㄹ
③ ㄱ, ㄹ, ㅁ
④ ㄴ, ㄷ, ㅁ
⑤ ㄴ, ㄷ, ㄹ, ㅁ

해설

ㄱ. (×) 시외버스의 관계는 강학상 특허에 해당되어 권리침해가 된다. 따라서 소권이 인정된다.

> 한정면허를 받은 시외버스운송사업자가 일반면허를 받은 시외버스운송사업자에 대한 사업계획변경 인가처분으로 수익감소가 예상되는 경우, 일반면허 시외버스운송사업자에 대한 사업계획변경 인가처분의 취소를 구할 법률상의 이익이 있다(대판 2018.4.26., 2015두53824).

ㄴ. (○) 대판 2020.4.9., 2015다34444

ㄷ. (○) 조달청이 계약이행내역 점검 결과 일부 제품이 계약 규격과 다르다는 이유로 물품구매계약 추가특수조건 규정에 따라 甲 회사에 대하여 6개월의 나라장터 종합쇼핑몰 거래정지조치를 한 사안에서, 위 거래정지조치는 항고소송의 대상이 되는 행정처분에 해당한다(대판 2018.11.29., 2015두52395).

ㄹ. (○) 대판 2001.11.27., 98두9530

ㅁ. (○) 원고는 대한민국에서 출생하여 오랜 기간 대한민국 국적을 보유하면서 거주한 사람이므로 이미 대한민국과 실질적 관련성이 있거나 대한민국에서 법적으로 보호가치 있는 이해관계를 형성하였다고 볼 수 있다. 또한 재외동포의 대한민국 출입국과 대한민국 안에서의 법적 지위를 보장함을 목적으로 「재외동포의 출입국과 법적 지위에 관한 법률」(이하 '재외동포법'이라 한다)이 특별히 제정되어 시행 중이다. 따라서 원고는 이 사건 사증발급 거부처분의 취소를 구할 법률상 이익이 인정된다(대판 2019.7.11., 2017두38874).

정답 | ⑤

903 〈필수〉

취소소송의 당사자와 관계인에 대한 설명으로 옳은 것은? (다툼이 있는 경우 판례에 의함)

① 중앙토지수용위원회와 중앙노동위원회의 처분에 대한 취소소송에서 피고는 합의제 행정청 자체로서 중앙토지수용위원회와 중앙노동위원회가 된다.
② 조세소송에서 피고 지정이 잘못된 경우에 법원은 직권으로 피고경정을 할 의무가 없어 법원이 석명권을 행사하여 피고를 경정하게 하지 않고 바로 소를 각하한 것을 위법하다고 할 수 없다.
③ 「행정소송법」상 소의 종류의 변경에 따른 당사자(피고)의 변경은 교환적 변경에 한한다고 볼 수 없고 예비적 청구만이 있는 피고의 추가경정신청을 법원은 허용하여야 한다.
④ 특정 소송사건에서 당사자 일방을 보조하기 위하여 보조참가를 하려면 당해 소송의 결과에 대하여 이해관계가 있어야 할 것이고, 여기서 말하는 이해관계라 함은 사실상·경제상 또는 감정상의 이해관계가 아니라 법률상의 이해관계를 말하는 것이다.

903	① ② ③
기출처	예상문제
난이도	★★
키워드	소송의 당사자(원고, 피고)와 관계인

🔍 관련기출 옳은지문
- 중앙노동위원회의 처분에 대한 소송은 중앙노동위원회 위원장을 피고로 한다. 24국가직7급

해설

① 빈출 (×) 합의제 행정청의 처분에 대한 취소소송의 피고는 합의제 행정청 자체이다. 다만, 중앙노동위원회의 처분에 대한 소송은 중앙노동위원회 위원장이다.

> 「노동위원회법」 제27조 【중앙노동위원회의 처분에 대한 소송】 ① 중앙노동위원회의 처분에 대한 소송은 중앙노동위원회 위원장을 피고(被告)로 하여 처분의 송달을 받은 날부터 15일 이내에 제기하여야 한다.
> ② 이 법에 따른 소송의 제기로 처분의 효력은 정지하지 아니한다.

② (×) 원고가 피고를 잘못 지정하였다면 법원으로서는 당연히 석명권을 행사하여 원고로 하여금 피고를 경정하게 하여 소송을 진행케 하였어야 할 것임에도 불구하고 이러한 조치를 취하지 아니한 채 피고의 지정이 잘못되었다는 이유로 소를 각하한 것이 위법하다(대판 2004.7.8., 2002두7852).
③ (×) 소위 주관적·예비적 병합은 「행정소송법」 제28조 제3항과 같은 예외적 규정이 있는 경우를 제외하고는 원칙적으로 허용되지 않는 것이고, 또 「행정소송법」상 소의 종류의 변경에 따른 당사자(피고)의 변경은 교환적 변경에 한한다고 봄이 상당하므로 예비적 청구만이 있는 피고의 추가경정신청은 허용되지 않는다(대결 1989.10.27., 89두1).
④ (○) 특정 소송사건에서 당사자 일방을 보조하기 위하여 보조참가를 하려면 당해 소송의 결과에 대하여 이해관계가 있어야 할 것이고, 여기서 말하는 이해관계라 함은 사실상·경제상 또는 감정상의 이해관계가 아니라 법률상의 이해관계를 말하는 것으로, 이는 당해 소송의 판결의 기판력이나 집행력을 당연히 받는 경우 또는 당해 소송의 판결의 효력이 직접 미치지는 아니한다고 하더라도 적어도 그 판결을 전제로 하여 보조참가를 하려는 자의 법률상의 지위가 결정되는 관계에 있는 경우를 의미하는 것이다(대판 2007.4.26., 2005다19156).

정답 | ④

904 〈필수〉

행정소송의 피고에 대한 설명으로 옳지 않은 것은?

① 취소소송은 다른 법률에 특별한 규정이 없는 한 그 처분 등을 행한 행정청을 피고로 하지만, 처분 등이 있은 뒤에 그 처분 등에 관계되는 권한이 다른 행정청에 승계된 때에는 이를 승계한 행정청을 피고로 한다.
② 조례가 집행행위의 개입 없이도 그 자체로서 직접 국민의 구체적인 권리·의무나 법적 이익에 영향을 미치는 등의 법률상 효과를 발생하는 경우 무효확인소송의 피고는 당해 조례를 통과시킨 지방의회가 된다.
③ 「행정소송법」상 원고가 피고를 잘못 지정한 때에는 법원은 원고의 신청에 의하여 결정으로써 피고의 경정을 허가할 수 있다.
④ 행정처분을 행할 적법한 권한 있는 상급 행정청으로부터 내부위임을 받은 데 불과한 하급 행정청이 권한 없이 행정처분을 한 경우 실제로 그 처분을 행한 하급 행정청을 피고로 하여야 할 것이지 그 처분을 행할 적법한 권한 있는 상급 행정청을 피고로 할 것은 아니다.

해설

① **빈출** (○) 「행정소송법」 제13조 제1항은 "취소소송은 다른 법률에 특별한 규정이 없는 한 그 처분 등을 행한 행정청을 피고로 한다. 다만, 처분 등이 있은 뒤에 그 처분 등에 관계되는 권한이 다른 행정청에 승계된 때에는 이를 승계한 행정청을 피고로 한다."고 규정하고 있다.

② **빈출** (×) 조례가 집행행위의 개입 없이도 그 자체로서 직접 국민의 구체적인 권리의무나 법적 이익에 영향을 미치는 등의 법률상 효과를 발생하는 경우 그 조례는 항고소송의 대상이 되는 행정처분에 해당하고, 이러한 조례에 대한 무효확인소송을 제기함에 있어서 「행정소송법」 제38조 제1항, 제13조에 의하여 피고적격이 있는 처분 등을 행한 행정청은, 행정주체인 지방자치단체 또는 지방자치단체의 내부적 의결기관으로서 지방자치단체의 의사를 외부에 표시한 권한이 없는 지방의회가 아니라, 구 「지방자치법」(1994.3.16. 법률 제4741호로 개정되기 전의 것) 제19조 제2항, 제92조에 의하여 지방자치단체의 집행기관으로서 조례로서의 효력을 발생시키는 공포권이 있는 지방자치단체의 장이다(대판 1996.9.20., 95누8003).

③ (○) 「행정소송법」 제14조 제1항

> 「행정소송법」 제14조 【피고경정】 ① 원고가 피고를 잘못 지정한 때에는 법원은 원고의 신청에 의하여 결정으로써 피고의 경정을 허가할 수 있다.

④ **빈출** (○) 내부위임은 위임과 달리 수임기관은 위임기관의 명의로 처분을 하여야 하며, 만약 수임기관이 자신의 명의로 처분을 하였다면 이는 권한 없는 처분으로서 무효에 해당하고 피고는 명의기관이 수임기관인 하급 행정기관이 된다.

> 행정처분을 행할 적법한 권한 있는 상급 행정청으로부터 내부위임을 받은 데 불과한 하급 행정청이 권한 없이 행정처분을 한 경우에도 실제로 그 처분을 행한 하급 행정청을 피고로 하여야 할 것이지 그 처분을 행할 적법한 권한 있는 상급 행정청을 피고로 할 것은 아니다(대판 1994.8.12., 94누2763).

정답 | ②

905

다음 설명 중 옳은 내용만을 모두 고른 것은? (다툼이 있는 경우 판례에 의함)

ㄱ. 국가기관인 소방청장은 국민권익위원회를 상대로 조치요구의 취소를 구할 당사자능력이 없기 때문에 항고소송의 원고적격이 인정되지 않는다.
ㄴ. 기속행위나 기속적 재량행위인 건축허가에 붙인 부관은 무효이다.
ㄷ. 행정심판을 거친 경우에 취소소송의 제소기간은 재결서의 정본을 송달받은 날부터 90일 이내이다.
ㄹ. 과태료는 행정벌의 일종으로 형벌과 마찬가지로 「형법」 총칙이 적용된다.

① ㄱ, ㄴ
② ㄱ, ㄹ
③ ㄴ, ㄷ
④ ㄷ, ㄹ

905	
기출처	2020 소방직
난이도	★★
키워드	소송의 당사자(원고, 피고)와 관계인

관련기출 옳은지문
• 국민권익위원회가 소방청장에게 인사와 관련하여 부당한 지시를 한 사실이 인정된다며 이를 취소할 것을 요구하기로 의결하고 내용을 통지하자 그 국민권익위원회 조치요구의 취소를 구하는 사안에서의 소방청장은 행정소송의 원고적격이 인정된다. 19국회직8급

해설

ㄱ. (×) 국가기관인 소방청장도 다른 국가기관으로부터 일정한 의무를 부과하는 내용의 조치요구를 받은 것에 불복하고자 하는 경우 항고소송을 청구할 수 있는 원고적격이 인정된다.

> 행정기관인 국민권익위원회가 행정기관의 장에게 일정한 의무를 부과하는 내용의 조치요구를 한 것에 대하여 그 조치요구의 상대방인 행정기관의 장이 다투고자 할 경우에 법률에서 행정기관 사이의 기관소송을 허용하는 규정을 두고 있지 않으므로 이러한 조치요구를 이행할 의무를 부담하는 행정기관의 장으로서는 기관소송으로 조치요구를 다툴 수 없고, 위 조치요구에 관하여 정부 조직 내에서 그 처분의 당부에 대한 심사·조정을 할 수 있는 다른 방도도 없으며, 국민권익위원회는 헌법 제111조 제1항 제4호에서 정한 '헌법에 의하여 설치된 국가기관'이라고 할 수 없으므로 그에 관한 권한쟁의심판도 할 수 없고, 별도의 법인격이 인정되는 국가기관이 아닌 소방청장은 「질서위반행위규제법」에 따른 구제를 받을 수도 없는 점, 「부패방지 및 국민권익위원회의 설치와 운영에 관한 법률」은 소방청장에게 국민권익위원회의 조치요구에 따라야 할 의무를 부담시키는 외에 별도로 그 의무를 이행하지 않을 경우 과태료나 형사처벌까지 정하고 있으므로 위와 같은 조치요구에 불복하고자 하는 '소속 기관 등의 장'에게는 조치요구를 다툴 수 있는 소송상의 지위를 인정할 필요가 있는 점에 비추어, 처분성이 인정되는 국민권익위원회의 조치요구에 불복하고자 하는 소방청장으로서는 조치요구의 취소를 구하는 항고소송을 제기하는 것이 유효·적절한 수단으로 볼 수 있으므로 소방청장은 예외적으로 당사자능력과 원고적격을 가진다(대판 2018.8.1., 2014두35379).

ㄴ. (○) 건축허가를 하면서 일정 토지를 기부채납하도록 하는 내용의 허가조건은 부관을 붙일 수 없는 기속행위 내지 기속적 재량행위인 건축허가에 붙인 부담이거나 또는 법령상 아무런 근거가 없는 부관이어서 무효이다(대판 1995.6.13., 94다56883).

ㄷ. (○) 취소소송은 처분 등이 있음을 안 날부터 90일 이내에 제기하여야 한다. 다만, 제18조 제1항 단서에 규정한 경우와 그 밖에 행정심판청구를 할 수 있는 경우 또는 행정청이 행정심판청구를 할 수 있다고 잘못 알린 경우에 행정심판청구가 있은 때의 기간은 재결서의 정본을 송달받은 날부터 기산한다(「행정소송법」 제20조 제1항).

ㄹ. (×) 과태료는 행정형벌이 아니다. 이는 행정질서벌로서 「질서위반행위규제법」이 적용된다.

정답 | ③

906

행정소송의 청구와 관련된 내용으로 옳지 않은 것은? (다툼이 있는 경우 판례에 의함)

① 행정소송 사건에서 참가인이 한 보조참가가 「행정소송법」 제16조가 규정한 제3자의 소송참가에 해당하지 않는 경우에도, 판결의 효력이 참가인에게까지 미치는 점 등 행정소송의 성질에 비추어 보면 그 참가는 「민사소송법」 제78조에 규정된 공동소송적 보조참가이다.

② 이른바 복효적 행정행위, 특히 제3자효를 수반하는 행정행위에 대한 행정심판청구에 있어서 그 청구를 인용하는 내용의 재결로 인하여 비로소 권리이익을 침해받게 되는 자는 그 인용재결에 대하여 다툴 필요가 있다.

③ 국민권익위원회가 소방청장에게 조치요구를 하였다고 하여도 소방청장은 국가기관인 행정청에 해당되어 취소소송의 당사자능력이나 원고적격을 가진다고 볼 수 없다.

④ 한국환경산업기술원장이 환경기술개발사업 협약을 체결한 甲 주식회사 등에게 연차평가 실시 결과 절대평가 60점 미만으로 평가되었다는 이유로 행한 연구개발 중단조치 및 연구비집행 중지조치는 처분이다.

해설

③ **빈출** (×) 처분성이 인정되는 국민권익위원회의 조치요구에 불복하고자 하는 소방청장으로서는 조치요구의 취소를 구하는 항고소송을 제기하는 것이 유효·적절한 수단으로 볼 수 있으므로 소방청장은 예외적으로 당사자능력과 원고적격을 가진다(대판 2018.8.1., 2014두35379).

정답 | ③

907

행정소송의 참가에 관한 설명으로 옳지 않은 것은? (다툼이 있는 경우 판례에 의함)

① 법원은 다른 행정청을 소송에 참가시킬 필요가 있다고 인정할 때에는 당사자 또는 당해 행정청의 신청 또는 직권에 의하여 결정으로써 그 행정청을 소송에 참가시킬 수 있다.

② 처분 등을 취소하는 판결에 의하여 권리 또는 이익의 침해를 받은 제3자가 소송에 참가하였으나 판결의 결과에 영향을 미칠 공격 또는 방어방법을 제출하지 못한 때에는 이를 이유로 확정된 종국판결에 대하여 재심의 청구를 할 수 있다.

③ 당사자소송은 판결이 제3자에게 효력을 갖지 못한다고 해도 「행정소송법」에는 제3자 참가제도에 관하여 인정하고 있다.

④ 행정소송 사건에서 참가인이 한 보조참가가 「민사소송법」 제78조에 규정된 공동소송적 보조참가에 해당되고 이때 참가인이 상소를 할 경우 피참가인은 상소취하나 상소포기를 할 수 없다.

해설

② (×) 제3자의 재심청구는 소송에 참가하지 못한 경우에 가능하다. 비록 판결에 영향을 미칠 공격이나 방어방법을 제출하지 못하였다고 해도 재심청구를 할 수 없다.

> 「행정소송법」제31조【제3자에 의한 재심청구】① 처분 등을 취소하는 판결에 의하여 권리 또는 이익의 침해를 받은 제3자는 자기에게 책임 없는 사유로 소송에 참가하지 못함으로써 판결의 결과에 영향을 미칠 공격 또는 방어방법을 제출하지 못한 때에는 이를 이유로 확정된 종국판결에 대하여 재심의 청구를 할 수 있다.

③ (○) 당사자소송은 판결의 대세효(제3자효)가 아니며, 제3자 재심청구도 인정되지 않는다. 하지만 「행정소송법」에는 제3자 참가제도를 인정하고 있다.

> 「행정소송법」제31조【제3자에 의한 재심청구】① 처분 등을 취소하는 판결에 의하여 권리 또는 이익의 침해를 받은 제3자는 자기에게 책임 없는 사유로 소송에 참가하지 못함으로써 판결의 결과에 영향을 미칠 공격 또는 방어방법을 제출하지 못한 때에는 이를 이유로 확정된 종국판결에 대하여 재심의 청구를 할 수 있다.
> 제44조【준용규정】① 제14조 내지 제17조, 제22조, 제25조, 제26조, 제30조 제1항, 제32조 및 제33조의 규정은 당사자소송의 경우에 준용한다.

정답 | ②

908

「행정소송법」상 취소소송에 대한 설명으로 옳지 않은 것은? (다툼이 있는 경우 판례에 의함)

① 대한민국에서 출생하여 오랜 기간 대한민국 국적을 보유하면서 거주한 재외동포는 사증발급 거부처분의 취소를 구할 법률상 이익이 있다.
② 국민권익위원회가 소방청장에게 일정한 의무를 부과하는 내용의 조치요구를 한 경우 소방청장은 조치요구의 취소를 구할 당사자능력 및 원고적격이 인정되지 않는다.
③ 임용지원자가 특별채용 대상자로서 자격을 갖추고 있고 유사한 지위에 있는 자에 대하여 정규교사로 특별채용한 전례가 있다 하더라도, 교사로의 특별채용을 요구할 법규상 또는 조리상의 권리가 있다고 할 수 없다.
④ 피해자의 의사와 무관하게 주민등록번호가 유출된 경우, 조리상 주민등록번호의 변경을 요구할 신청권을 인정함이 타당하다.

908	
기출처	2022 국가직 9급
난이도	★★
키워드	소송의 당사자(원고, 피고)와 관계인

해설

① (○) 대판 2019.7.11., 2017두38874
② 빈출 (×) 국민권익위원회가 소방청장에게 인사와 관련하여 부당한 지시를 한 사실이 인정된다며 이를 취소할 것을 요구하기로 의결하고 그 내용을 통지하자 소방청장이 국민권익위원회 조치요구의 취소를 구하는 소송을 제기한 사안에서, 처분성이 인정되는 국민권익위원회의 조치요구에 불복하고자 하는 소방청장으로서는 조치요구의 취소를 구하는 항고소송을 제기하는 것이 유효·적절한 수단으로 볼 수 있으므로 소방청장이 예외적으로 당사자능력과 원고적격을 가진다(대판 2018.8.1., 2014두35379).
③ (○) 대판 2005.4.15., 2004두11626
④ (○) 대판 2017.6.15., 2013두2945

정답 | ②

909

「행정소송법」상 피고 및 피고의 경정에 대한 설명으로 옳은 것은? (다툼이 있는 경우 판례에 의함)

① 취소소송에서 원고가 처분청 아닌 행정관청을 피고로 잘못 지정한 경우, 법원은 석명권의 행사 없이 소송요건의 불비를 이유로 소를 각하할 수 있다.
② 소의 종류의 변경에 따른 피고의 변경은 교환적 변경에 한한다고 봄이 상당하므로 예비적 청구만이 있는 피고의 추가경정신청은 예외적 규정이 있는 경우를 제외하고는 원칙적으로 허용되지 않는다.
③ 상급 행정청의 지시에 의해 하급 행정청이 자신의 명의로 처분을 하였다면, 당해 처분에 대한 취소소송에서는 지시를 내린 상급 행정청이 피고가 된다.
④ 취소소송에서 피고가 될 수 있는 행정청에는 대외적으로 의사를 표시할 수 있는 기관이 아니더라도 국가나 공공단체의 의사를 실질적으로 결정하는 기관이 포함된다.

해설

① (×) 피고를 잘못 지정한 경우 법원은 석명권을 행사하여 피고경정을 할 수 있도록 하여야 한다.

> 원고가 피고를 잘못 지정하였다면 법원으로서는 당연히 석명권을 행사하여 원고로 하여금 피고를 경정하게 하여 소송을 진행케 하였어야 할 것임에도 불구하고 이러한 조치를 취하지 아니한 채 피고의 지정이 잘못되었다는 이유로 소를 각하한 것이 위법하다(대판 2004.7.8., 2002두7852).

② (○) 주관적·예비적 소병합에 대한 문제이다(주위적·예비적과 구분). 우리의 경우 주관적·예비적 소병합은 예비적 피고의 지위를 불안하게 한다는 이유로 허용하고 있지 않다.

> 소위 주관적·예비적 병합은 「행정소송법」 제28조 제3항과 같은 예외적 규정이 있는 경우를 제외하고는 원칙적으로 허용되지 않는 것이고, 또 「행정소송법」상 소의 종류의 변경에 따른 당사자(피고)의 변경은 교환적 변경에 한한다고 봄이 상당하므로 예비적 청구만이 있는 피고의 추가경정신청은 허용되지 않는다(대결 1989.10.27., 89두1).

③ (×) 명의자인 하급 행정청이 피고가 된다.
④ (×) 대외적으로 의사표시를 할 수 없는 기관은 피고가 될 수 없다.

> 취소소송은 다른 법률에 특별한 규정이 없는 한 그 처분 등을 행한 행정청을 피고로 한다(「행정소송법」 제13조 제1항). 여기서 '행정청'이라 함은 국가 또는 공공단체의 기관으로서 국가나 공공단체의 의견을 결정하여 외부에 표시할 수 있는 권한, 즉 처분권한을 가진 기관을 말하고, 대외적으로 의사를 표시할 수 있는 기관이 아닌 내부기관은 실질적인 의사가 그 기관에 의하여 결정되더라도 피고적격을 갖지 못한다(대판 2014.5.16., 2014두274).

정답 | ②

관련기출 옳은지문

• 당사자소송의 원고가 피고를 잘못 지정하여 피고경정신청을 한 경우 법원은 결정으로써 피고의 경정을 허가할 수 있다. 21군무원9급

910 필수

항고소송의 피고에 대한 설명으로 옳지 않은 것은? (다툼이 있는 경우 판례에 의함)

① 취소소송은 다른 법률에 특별한 규정이 없는 한 처분 등을 행한 행정청을 피고로 한다.
② 중앙노동위원회의 처분에 대한 행정소송은 중앙노동위원회 위원장을 피고로 한다.
③ 관할청인 농림축산식품부장관으로부터 농지보전부담금 수납업무의 대행을 위탁받은 한국농어촌공사가 농지보전부담금 납부통지서에 관할청의 대행자임을 기재하고 납부통지서를 보낸 경우, 농지보전부담금 부과처분에 대한 취소소송의 피고는 관할청이 된다.
④ 대리관계를 명시적으로 밝히지는 아니하였다 하더라도 처분명의자가 피대리행정청 산하의 행정기관으로서 실제로 피대리행정청으로부터 대리권한을 수여받아 피대리행정청을 대리한다는 의사로 행정처분을 하였고 처분명의자는 물론 그 상대방도 그 행정처분이 피대리행정청을 대리하여 한 것임을 알고서 이를 받아들인 예외적인 경우에는 피대리행정청이 피고가 된다.
⑤ 조례에 대한 무효확인소송의 경우 의결기관인 지방의회가 피고가 된다.

기출처 2022 국회직 8급
난이도 ★★
키워드 소송의 당사자(원고, 피고)와 관계인

🔍 **관련기출 옳은지문**
• 대리기관이 대리관계를 표시하고 피대리행정청을 대리하여 행정처분을 한 때에는 피대리행정청이 피고가 된다. 25국가직9급

해설

⑤ 빈출 (×) (처분)조례가 항고소송의 대상이 되는 경우에 피고는 조례의 공포권자인 지방자치단체의 장이나 교육감이 된다.

> 조례에 대한 무효확인소송을 제기함에 있어서 「행정소송법」 제38조 제1항, 제13조에 의하여 피고적격이 있는 처분 등을 행한 행정청은, 행정주체인 지방자치단체 또는 지방자치단체의 내부적 의결기관으로서 지방자치단체의 의사를 외부에 표시한 권한이 없는 지방의회가 아니라, 구 「지방자치법」(1994.3.16. 법률 제4741호로 개정되기 전의 것) 제19조 제2항, 제92조에 의하여 지방자치단체의 집행기관으로서 조례로서의 효력을 발생시키는 공포권이 있는 지방자치단체의 장이다(대판 1996.9.20., 95누8003).

정답 | ⑤

911

행정소송의 소송요건 등에 대한 설명으로 옳지 않은 것은? (다툼이 있는 경우 판례에 의함)

① 고시 또는 공고에 의하여 행정처분을 하는 경우 그 행정처분에 이해관계를 갖는 사람이 고시 또는 공고가 있었다는 사실을 현실적으로 알았는지 여부에 관계없이 고시 또는 공고가 효력을 발생한 날에 행정처분이 있음을 알았다고 보아야 한다.

② 「행정소송법」상 제3자 소송참가의 경우 참가인이 상소를 하였더라도, 소송당사자 본인인 피참가인은 참가인의 의사에 반하여 상소취하나 상소포기를 할 수 있다.

③ 무효인 과세처분에 근거하여 세금을 납부한 경우 부당이득반환청구의 소로써 직접 위법상태의 제거를 구할 수 있는지 여부와 관계없이 「행정소송법」 제35조에 규정된 '무효확인을 구할 법률상 이익'을 가진다.

④ 공법상 당사자소송으로서 납세의무부존재확인의 소는 과세처분을 한 과세관청이 아니라 「행정소송법」 제3조 제2호, 제39조에 의하여 그 법률관계의 한쪽 당사자인 국가·공공단체 그 밖의 권리주체가 피고적격을 가진다.

해설

② **빈출** (×) 행정소송 사건에서 참가인이 한 보조참가가 「행정소송법」 제16조가 규정한 제3자의 소송참가에 해당하지 않는 경우에도, 판결의 효력이 참가인에게까지 미치는 점 등 행정소송의 성질에 비추어 보면 그 참가는 「민사소송법」 제78조에 규정된 공동소송적 보조참가라고 볼 수 있다. 「민사소송법」 제78조의 공동소송적 보조참가에는 필수적 공동소송에 관한 「민사소송법」 제67조 제1항이 준용되므로, … 피참가인의 소송행위는 모두의 이익을 위하여서만 효력을 가지고, 공동소송적 보조참가인에게 불이익이 되는 것은 효력이 없으므로, 참가인이 상소를 할 경우에 피참가인이 상소취하나 상소포기를 할 수는 없다(대판 2017.10.12., 2015두36836).

고득점 플러스+ 비교판례

1. 보조참가인의 소송행위가 피참가인의 소송행위와 저촉되는 경우에는 그 효력이 없다고 규정한 「민사소송법」 제70조 제2항이 평등권 및 재판을 받을 권리를 침해하지 않는다(헌재 2001.11.29., 2001헌바46).
2. 행정소송 사건에서 참가인이 한 보조참가가 「행정소송법」 제16조가 규정한 제3자의 소송참가에 해당하지 않는 경우에도, 판결의 효력이 참가인에게까지 미치는 점 등 행정소송의 성질에 비추어 보면 그 참가는 「민사소송법」 제78조에 규정된 공동소송적 보조참가이다(대판 2013.3.28., 2011두13729).

정답 | ②

04 행정소송의 재판관할 등

912
「행정소송법」의 규정 내용으로 가장 옳지 않은 것은?

① 법원은 소송의 결과에 따라 권리 또는 이익의 침해를 받을 제3자가 있는 경우에는 당사자 또는 제3자의 신청 또는 직권에 의하여 결정으로써 그 제3자를 소송에 참가시킬 수 있다.
② 법원은 다른 행정청을 소송에 참가시킬 필요가 있다고 인정할 때에는 당사자 또는 당해 행정청의 신청 또는 직권에 의하여 결정으로써 그 행정청을 소송에 참가시킬 수 있다.
③ 법원이 제3자의 소송참가와 행정청의 소송참가에 관한 결정을 하는 경우에는 각각 당사자 및 제3자의 의견, 당사자와 및 당해 행정청의 의견을 들어야 한다.
④ 법원은 취소소송을 당해 처분 등에 관계되는 사무가 귀속하는 국가 또는 공공단체에 대한 당사자소송 또는 취소소송 외의 항고소송으로 변경하는 것이 상당하다고 인정할 때에는 청구의 기초에 변경이 없는 한 사실심의 변론종결시까지 원고의 신청 또는 직권에 의하여 결정으로써 소의 변경을 허가할 수 있다.

912	
기출처	2022 군무원 9급
난이도	★★
키워드	행정소송의 재판관할 등

해설

① (O) 「행정소송법」 제16조 제1항

> 「행정소송법」 제16조 【제3자의 소송참가】 ① 법원은 소송의 결과에 따라 권리 또는 이익의 침해를 받을 제3자가 있는 경우에는 당사자 또는 제3자의 신청 또는 직권에 의하여 결정으로써 그 제3자를 소송에 참가시킬 수 있다.

② (O) 동법 제17조 제1항

> 「행정소송법」 제17조 【행정청의 소송참가】 ① 법원은 다른 행정청을 소송에 참가시킬 필요가 있다고 인정할 때에는 당사자 또는 당해 행정청의 신청 또는 직권에 의하여 결정으로써 그 행정청을 소송에 참가시킬 수 있다.

③ (O) 「행정소송법」 제16조 제2항과 제17조 제2항 규정에 의해 각각 당사자 및 제3자의 의견, 당사자와 및 당해 행정청의 의견을 들어야 한다.

④ 빈출 (×) 법원의 직권에 의한 소변경에 관한 규정은 없다.

> 「행정소송법」 제21조 【소의 변경】 ① 법원은 취소소송을 당해 처분 등에 관계되는 사무가 귀속하는 국가 또는 공공단체에 대한 당사자소송 또는 취소소송 외의 항고소송으로 변경하는 것이 상당하다고 인정할 때에는 청구의 기초에 변경이 없는 한 사실심의 변론종결시까지 원고의 신청에 의하여 결정으로써 소의 변경을 허가할 수 있다.

정답 | ④

913

913	① ② ③
기출처	2020 국회직 9급
난이도	★★
키워드	행정소송의 재판관할 등

「행정소송법」상 소의 변경에 대한 내용으로 옳지 <u>않은</u> 것은?

① 소의 종류의 변경은 청구의 기초에 변경이 없는 한 인정된다.
② 법원은 필요가 있다고 판단될 때 사실심의 변론종결시까지 직권으로 소를 변경할 수 있다.
③ 법원이 소의 종류의 변경을 허가함으로써 피고를 달리하게 될 때에는 새로이 피고가 될 자의 의견을 들어야 한다.
④ 소의 변경은 당사자소송을 항고소송으로 변경하는 경우에도 인정된다.
⑤ 처분의 변경에 따르는 소의 변경의 경우에는 「행정소송법」 제18조 제1항 단서(예외적 행정심판전치주의)가 적용되는 경우에도 행정심판을 거칠 필요가 없다.

해설

① (O) 「행정소송법」 제21조 제1항
② 빈출 (×) 법원은 직권으로 소를 변경할 수 없다.

> 「행정소송법」 제21조 【소의 변경】 ① 법원은 취소소송을 당해 처분 등에 관계되는 사무가 귀속하는 국가 또는 공공단체에 대한 당사자소송 또는 취소소송 외의 항고소송으로 변경하는 것이 상당하다고 인정할 때에는 **청구의 기초에 변경이 없는 한 사실심의 변론종결시까지 원고의 신청에 의하여 결정으로써 소의 변경을 허가할 수 있다.**

③ (O) 동법 제21조 제2항
④ (O) 동법 제42조, 제21조
⑤ (O) 처분의 변경에 따른 소의 변경은 행정심판을 전치한 것으로 인정한다.

정답 | ②

914 〈필수〉

914	① ② ③
기출처	예상문제
난이도	★★
키워드	행정소송의 재판관할 등

행정소송의 재판관할에 대한 설명으로 옳지 <u>않은</u> 것은? (다툼이 있는 경우 판례에 의함)

① 토지의 수용 기타 부동산 또는 특정의 장소에 관계되는 처분 등에 대한 취소소송은 그 부동산 또는 장소의 소재지를 관할하는 행정법원에 이를 제기할 수 있다.
② 원고가 고의 또는 중대한 과실 없이 행정소송으로 제기하여야 할 사건을 민사소송으로 잘못 제기하였으나 행정소송으로서의 소송요건을 결하고 있음이 명백한 경우에 수소법원은 해당 소송을 행정법원으로 이송하여야 한다.
③ 행정법원이 설치되지 않은 지역은 지방법원 본원에서 담당함을 원칙으로 한다.
④ 행정안전부장관이 피고인 취소소송은 서울행정법원에서 관할할 수 있다.

🔍 관련기출 옳은지문

- 경기도 토지수용위원회가 수원시 소재 부동산을 수용하는 재결처분을 한 경우 이에 대한 취소소송은 수원지방법원 본원에 제기할 수 있다.

16지방직7급

해설

① (O) 토지 등에 관한 처분에 취소소송의 관할 법원은 전속관할이 아니라 임의관할이다. 토지 등의 소재지 행정법원에 제기할 수 있다.

> 「행정소송법」 제9조 【재판관할】 ③ 토지의 수용 기타 부동산 또는 특정의 장소에 관계되는 처분 등에 대한 취소소송은 그 부동산 또는 장소의 소재지를 관할하는 행정법원에 이를 제기할 수 있다.

② (×) 원고가 고의 또는 중대한 과실 없이 행정소송으로 제기하여야 할 사건을 민사소송으로 잘못 제기한 경우, 수소법원으로서는 만약 그 행정소송에 대한 관할도 동시에 가지고 있다면 이를 행정소송으로 심리·판단하여야 하고, 그 행정소송에 대한 관할을 가지고 있지 아니하다면 관할 법원에 이송하여야 한다. 다만, 해당 소송이 이미 행정소송으로서의 전심절차 및 제소기간을 도과하였거나 행정소송의 대상이 되는 처분 등이 존재하지도 아니한 상태에 있는 등 행정소송으로서의 소송요건을 결하고 있음이 명백하여 행정소송으로 제기되었더라도 어차피 부적법하게 되는 경우에는 이송할 것이 아니라 각하하여야 한다(대판 2020.10.15., 2020다222382).
③ (○) 행정법원이 설치되지 않은 지역은 행정법원이 설치될 때까지 지방법원 본원에서 담당함을 원칙으로 하나, 단 춘천지방법원에는 강릉지원에 행정부가 설치되어 있어 강릉지원에서 관할한다.
④ (○) 중앙행정기관, 중앙행정기관의 부속기관과 합의제행정기관 또는 그 장이 피고인 경우에는 대법원 소재지를 관할하는 행정법원에 제기할 수 있다(「행정소송법」 제9조 제2항).

정답 | ②

915

행정소송상 재판관할에 대한 설명으로 옳지 않은 것은?

① 토지의 수용 기타 부동산에 관계되는 처분 등에 대한 취소소송은 그 부동산의 소재지를 관할하는 행정법원에 이를 제기할 수 있다.
② 수소법원의 재판관할권 유무는 법원의 직권조사사항이며, 소송당사자에게도 관할위반을 이유로 하는 이송신청권이 인정된다.
③ 원고가 고의 또는 중대한 과실 없이 행정소송으로 제기하여야 할 사건을 민사소송으로 잘못 제기한 경우, 수소법원으로서는 만약 그 행정소송에 대한 관할도 동시에 가지고 있다면 이를 행정소송으로 심리·판단하여야 한다.
④ 처분과 관련되는 손해배상청구소송이 계속된 법원에 당해 처분에 대한 취소소송을 병합할 수는 없다.

915	1 2 3
기출처	2025년 지방직 9급
난이도	★★
키워드	행정소송의 재판관할 등

해설

① (○) 「행정소송법」 제9조 제3항
② (×) 당사자가 관할위반을 이유로 한 이송신청을 한 경우에도 이는 단지 법원의 직권발동을 촉구하는 의미밖에 없는 것이고, 따라서 법원은 이 이송신청에 대하여는 재판을 할 필요가 없고, 설사 법원이 이 이송신청을 거부하는 재판을 하였다고 하여도 항고가 허용될 수 없으므로 항고심에서는 이를 각하하여야 한다(대결 1993.12.6., 93마524).
③ (○) 원고가 고의 또는 중대한 과실 없이 행정소송으로 제기하여야 할 사건을 민사소송으로 잘못 제기한 경우, 수소법원으로서는 만약 그 행정소송에 대한 관할을 동시에 가지고 있다면 이를 행정소송으로 심리·판단하여야 하고, 그 행정소송에 대한 관할을 가지고 있지 아니하다면 당해 소송이 이미 행정소송으로서의 전심절차와 제소기간을 도과하였거나 행정소송의 대상이 되는 처분 등이 존재하지도 아니한 상태에 있는 등 행정소송으로서 소송요건을 결하고 있음이 명백하여 행정소송으로 제기되었더라도 어차피 부적법하게 되는 경우가 아닌 이상 이를 부적법한 소라고 하여 각하할 것이 아니라 관할법원에 이송하여야 한다(대판 2018.7.26., 2015다221569).
④ (○) 취소소송이 계속되고 있는 법원에 병합하여야 한다.

> 「행정소송법」 제10조 【관련청구소송의 이송 및 병합】 ① 취소소송과 다음 각 호의 1에 해당하는 소송(이하 '관련청구소송'이라 한다)이 각각 다른 법원에 계속되고 있는 경우에 관련청구소송이 계속된 법원이 상당하다고 인정하는 때에는 당사자의 신청 또는 직권에 의하여 이를 취소소송이 계속된 법원으로 이송할 수 있다.
> 1. 당해 처분 등과 관련되는 손해배상·부당이득반환·원상회복 등 청구소송
> 2. 당해 처분 등과 관련되는 취소소송

정답 | ②

916 〈필수〉

행정소송의 재판관할에 관한 설명으로 옳은 것을 모두 고른 것은? (다툼이 있는 경우 판례에 의함)

> ㄱ. 공정거래위원회가 피고인 취소소송은 대법원 소재지 행정법원에서 관할한다.
> ㄴ. 국가 또는 공공단체가 당사자소송의 피고인 경우에는 관계행정청의 소재지를 피고의 소재지로 본다.
> ㄷ. 원고가 고의 또는 중대한 과실 없이 행정소송으로 제기하여야 할 사건을 민사소송으로 잘못 제기한 경우, 수소법원으로서는 만약 그 행정소송에 대한 관할도 동시에 가지고 있다면 이를 행정소송으로 심리·판단하여야 하고, 그 행정소송에 대한 관할을 가지고 있지 아니하다면 원칙적으로 관할 법원에 이송하여야 한다.
> ㄹ. 국가의 사무를 위탁받은 공공단체가 피고인 경우에는 권한의 위탁으로 권한이 이전되어 재판관할은 위탁받은 공공단체의 소재지를 관할하는 행정법원으로 한다.

① ㄱ, ㄴ
② ㄱ, ㄹ
③ ㄷ, ㄹ
④ ㄴ, ㄷ

해설

ㄱ. (×) 합의제행정기관이 피고인 취소소송은 대법원 소재지 행정법원에서 할 수 있다.

> 「행정소송법」 제9조【재판관할】② 제1항에도 불구하고 다음 각 호의 어느 하나에 해당하는 피고에 대하여 취소소송을 제기하는 경우에는 대법원소재지를 관할하는 행정법원에 제기할 수 있다.
> 1. 중앙행정기관, 중앙행정기관의 부속기관과 합의제행정기관 또는 그 장
> 2. 국가의 사무를 위임 또는 위탁받은 공공단체 또는 그 장

ㄴ. (○) 당사자소송은 취소소송의 재판관할을 원칙적으로 준용한다. 다만, 피고가 국가 등인 경우에는 관계행정청의 소재지를 피고의 소재지로 본다.

> 「행정소송법」 제40조【재판관할】 제9조의 규정은 당사자소송의 경우에 준용한다. 다만, 국가 또는 공공단체가 피고인 경우에는 관계행정청의 소재지를 피고의 소재지로 본다.

ㄷ. (○) 원고가 고의 또는 중대한 과실 없이 행정소송으로 제기하여야 할 사건을 민사소송으로 잘못 제기한 경우, 수소법원으로서는 만약 그 행정소송에 대한 관할도 동시에 가지고 있다면 이를 행정소송으로 심리·판단하여야 하고, 그 행정소송에 대한 관할을 가지고 있지 아니하다면 당해 소송이 이미 행정소송으로서의 전심절차 및 제소기간을 도과하였거나 행정소송의 대상이 되는 처분 등이 존재하지도 아니한 상태에 있는 등 행정소송으로서의 소송요건을 결하고 있음이 명백하여 행정소송으로 제기되었더라도 어차피 부적법하게 되는 경우가 아닌 이상 이를 부적법한 소라고 하여 각하할 것이 아니라 관할 법원에 이송하여야 한다(대판 1997.5.30., 95다28960).

ㄹ. (×) 권한을 위임 또는 위탁받은 공공단체나 공공단체의 장이 피고인 경우에 재판관할은 대법원 소재지 행정법원에 있다(「행정소송법」 제9조 제2항).

정답 | ④

관련기출 옳은지문

- 국가 또는 공공단체가 당사자소송의 피고인 경우에는 관계행정청의 소재지를 피고의 소재지로 본다. 10국가직7급

- 원고의 고의 또는 중대한 과실 없이 행정소송이 심급을 달리하는 법원에 잘못 제기된 경우에 수소법원은 관할법원에 이송한다. 10국가직7급

917 필수

「행정소송법」상 소의 종류의 변경에 대한 설명으로 옳은 것을 〈보기〉에서 모두 고른 것은?

─| 보기 |─
ㄱ. 소의 종류의 변경은 직권으로도 가능하다.
ㄴ. 항소심에서도 소의 종류의 변경은 가능하다.
ㄷ. 당사자소송을 항고소송으로 변경하는 것은 허용되지 않는다.
ㄹ. 소의 종류의 변경의 요건을 갖춘 경우 면직처분취소소송을 공무원보수지급청구소송으로 변경하는 것은 가능하다.

① ㄱ, ㄴ
② ㄱ, ㄹ
③ ㄴ, ㄷ
④ ㄴ, ㄹ

917	
기출처	2018 서울시 9급
난이도	★
키워드	행정소송의 재판관할 등

관련기출 옳은지문
- 취소소송과 취소소송 외의 항고소송 간의 소의 변경은 물론, 취소소송과 당사자소송 간의 변경도 가능하다.
  14서울시9급

해설

ㄱ. (×) 소의 종류의 변경은 법원의 직권으로 할 수 없다.
ㄴ. (○) 사실심 변론종결 이전이면 항소심에서도 소 변경은 가능하다.

> 「행정소송법」 제21조 【소의 변경】 ① 법원은 취소소송을 당해 처분 등에 관계되는 사무가 귀속하는 국가 또는 공공단체에 대한 당사자소송 또는 취소소송 외의 항고소송으로 변경하는 것이 상당하다고 인정할 때에는 청구의 기초에 변경이 없는 한 사실심의 변론종결시까지 원고의 신청에 의하여 결정으로써 소의 변경을 허가할 수 있다.

ㄷ. (×) 당사자소송을 항고소송으로 변경할 수 있다.
ㄹ. (○) 항고소송과 당사자소송 간에도 소 변경이 가능하다.

> 「행정소송법」 제42조 【소의 변경】 제21조의 규정은 당사자소송을 항고소송으로 변경하는 경우에 준용한다.

정답 | ④

918

행정소송에서 소병합에 관한 설명으로 옳지 않은 것은? (다툼이 있는 경우 판례에 의함)

① 취소소송과 관련청구소송이 각각 따른 법원에 계속되고 있는 경우에는 당사자의 신청 또는 직권에 의하여 당해 사건을 취소소송이 계속된 법원으로 이송할 수 있다.
② 「행정소송법」에는 취소소송에 병합될 수 있는 소송으로 당해 처분 등과 관련되는 손해배상·부당이득반환·손실보상청구소송과 당해 처분 등과 관련되는 취소소송으로 규정하고 있다.
③ 본래의 당사자소송이 부적법하여 각하되는 경우, 「행정소송법」 제44조, 제10조에 따라 병합된 관련청구소송도 소송요건 흠결로 부적합하여 각하된다.
④ 행정처분의 취소를 구하는 취소소송에 당해 처분의 취소를 선결문제로 하는 부당이득반환청구가 병합된 경우, 그 청구가 인용되려면 소송절차에서 당해 처분의 취소가 확정되어야 하는 것은 아니다.

해설

① (○) 소병합은 신청에 의한 경우뿐만 아니라 법원에 직권에 의해서도 가능하다(「행정소송법」 제10조 제1항).
② (×) 손실보상청구소송은 규정이 없을 뿐만 아니라, 논리적으로 손실보상은 적법을 전제로 하는 제도로서 병합되기 곤란하다.

> 「행정소송법」 제10조 【관련청구소송의 이송 및 병합】 ① 취소소송과 다음 각호의 1에 해당하는 소송(이하 '관련청구소송'이라 한다)이 각각 다른 법원에 계속되고 있는 경우에 관련청구소송이 계속된 법원이 상당하다고 인정하는 때에는 당사자의 신청 또는 직권에 의하여 이를 취소소송이 계속된 법원으로 이송할 수 있다.
> 1. 당해 처분 등과 관련되는 손해배상·부당이득반환·원상회복등 청구소송
> 2. 당해 처분 등과 관련되는 취소소송

정답 | ②

919 〈필수〉

행정소송에 관한 설명으로 옳지 않은 것은? (다툼이 있는 경우 판례에 의함)

① 산업단지관리공단이 한 구 「산업집적활성화 및 공장설립에 관한 법률」 제38조 제2항에 따른 변경계약의 취소는 항고소송 대상인 행정처분이다.
② 도시계획시설사업의 시행자가 실시계획에서 정한 사업시행기간 내에 토지에 대한 수용재결신청을 하였으나 그 신청을 기각하는 내용의 이의재결이 이루어져 그 취소를 구하던 중 사업시행기간이 경과한 경우 이의재결의 취소를 구할 소의 이익이 있다.
③ 저작권심의조정위원회가 저작권 등록업무의 처분청으로서 그 등록에 대한 행정처분을 하였다면 그에 대한 무효확인소송의 피고는 저작권심의조정위원회가 된다.
④ 행정처분에 대한 무효확인과 취소청구는 서로 양립할 수 있는 청구로서 주위적·예비적 청구로서 병합뿐만 아니라 선택적 청구로서의 병합이나 단순병합이 가능하다.

해설

① (○) '변경계약'의 취소라는 부분 때문에 계약상의 문제로 오인하여 처분이 아닌 것으로 볼 우려가 있다. 대법원은 공단이 우월적 지위에서 업체들의 법률상 효과를 발생하게 하였다는 점에서 처분성을 긍정하였다.

> 산업단지관리공단의 지위, 입주계약 및 변경계약의 효과, 입주계약 및 변경계약 체결의무와 그 의무를 불이행한 경우의 형사적 내지 행정적 제재, 입주계약해지의 절차, 해지통보에 수반되는 법적 의무 및 그 의무를 불이행한

경우의 형사적 내지 행정적 제재 등을 종합적으로 고려하면, 입주변경계약 취소는 행정청인 관리권자로부터 관리업무를 위탁받은 산업단지관리공단이 우월적 지위에서 입주기업체들에게 일정한 법률상 효과를 발생하게 하는 것으로서 항고소송의 대상이 되는 행정처분에 해당한다(대판 2017.6.15., 2014두46843).

④ 빈출 (×) 행정처분에 대한 무효확인과 취소청구는 서로 양립할 수 없는 청구로서 주위적·예비적 청구로서만 병합이 가능하고 선택적 청구로서의 병합이나 단순병합은 허용되지 아니한다(대판 1999.8.20., 97누6889).

정답 | ④

920

행정소송에 관한 설명으로 옳은 것(○)과 옳지 않은 것(×)을 순서대로 나열한 것은? (다툼이 있는 경우 판례에 의함)

> ㄱ. 구 군인연금법령상 급여를 받으려고 하는 사람이 관계 법령에 따라 국방부장관 등에게 급여지급을 청구하였으나 국방부장관 등이 이를 거부한 경우, 그 결정을 대상으로 항고소송을 제기하는 등으로 구체적 권리를 인정받지 않은 상태에서 곧바로 국가를 상대로 한 당사자소송으로 급여의 지급을 소구할 수 없다.
> ㄴ. 징계처분으로서 감봉처분이 있은 후 공무원의 신분이 상실된 경우에도 위법한 감봉처분의 취소가 필요한 경우에는 위 감봉처분의 취소를 구할 소의 이익이 있다.
> ㄷ. 국가의 사무를 위임 또는 위탁받은 공공단체 또는 그 장이 피고인 경우에 취소소송은 대법원 소재지를 관할하는 행정법원에 제기하여야 한다.
> ㄹ. 공정거래위원회의 '표준약관 사용권장행위'는 행정청의 권고나 권장의 형식으로 권력성이 없는 비권력적 작용이고 항고소송 대상인 처분이라 할 수 없다.

	ㄱ	ㄴ	ㄷ	ㄹ		ㄱ	ㄴ	ㄷ	ㄹ
①	○	○	×	×	②	○	×	○	×
③	×	○	×	○	④	○	○	○	×

920
기출처: 예상문제
난이도: ★★
키워드: 행정소송의 재판관할 등

해설

ㄱ. (○) 구 군인연금법령상 급여를 받으려고 하는 사람은 우선 관계 법령에 따라 국방부장관 등에게 급여지급을 청구하여 국방부장관 등이 이를 거부하거나 일부 금액만 인정하는 급여지급결정을 하는 경우 그 결정을 대상으로 항고소송을 제기하는 등으로 구체적 권리를 인정받은 다음 비로소 당사자소송으로 그 급여의 지급을 구해야 한다. 이러한 구체적인 권리가 발생하지 않은 상태에서 곧바로 국가를 상대로 한 당사자소송으로 급여의 지급을 소구하는 것은 허용되지 않는다(대판 2021.12.16., 2019두45944).

ㄴ. (○) 대판 1977.7.12., 74누147

ㄷ. (×) 국가의 사무를 위임 또는 위탁받은 공공단체 또는 그 장이 피고인 경우에 취소소송은 임의관할로서 대법원 소재지 행정법원에 제기할 수 있다.

> 「행정소송법」 제9조【재판관할】 ① 취소소송의 제1심 관할 법원은 피고의 소재지를 관할하는 행정법원으로 한다.
> ② 제1항에도 불구하고 다음 각 호의 어느 하나에 해당하는 피고에 대하여 취소소송을 제기하는 경우에는 대법원 소재지를 관할하는 행정법원에 제기할 수 있다.
>   1. 중앙행정기관, 중앙행정기관의 부속기관과 합의제행정기관 또는 그 장
>   2. 국가의 사무를 위임 또는 위탁받은 공공단체 또는 그 장

ㄹ. (×) 공정거래위원회의 '표준약관 사용권장행위'는 그 통지를 받은 해당 사업자 등에게 표준약관과 다른 약관을 사용할 경우 표준약관과 다르게 정한 주요내용을 고객이 알기 쉽게 표시하여야 할 의무를 부과하고, 그 불이행에 대해서는 과태료에 처하도록 되어 있으므로, 이는 사업자 등의 권리·의무에 직접 영향을 미치는 행정처분으로서 항고소송의 대상이 된다(대판 2010.10.14., 2008두23184).

정답 | ①

05 취소소송과 행정심판과의 관계

921 〈필수〉

「행정소송법」 제18조 제3항에서 규정하고 있는 '행정심판을 거칠 필요가 없는 경우'가 **아닌** 것은?

① 동종사건에 관하여 이미 행정심판의 기각재결이 있은 때
② 서로 내용상 관련되는 처분 또는 같은 목적을 위하여 단계적으로 진행되는 처분 중 어느 하나가 이미 행정심판의 재결을 거친 때
③ 행정청이 사실심의 변론종결 후 소송의 대상인 처분을 변경하여 당해 변경된 처분에 관하여 소를 제기하는 때
④ 법령의 규정에 의한 행정심판기관이 의결 또는 재결을 하지 못할 사유가 있는 때

해설

④ (×) 「행정소송법」상 심판은 청구하되 재결을 거치지 않아도 되는 경우에 해당한다.

> 「행정소송법」 제18조【행정심판과의 관계】① 취소소송은 법령의 규정에 의하여 당해 처분에 대한 행정심판을 제기할 수 있는 경우에도 이를 거치지 아니하고 제기할 수 있다. 다만, 다른 법률에 당해 처분에 대한 행정심판의 재결을 거치지 아니하면 취소소송을 제기할 수 없다는 규정이 있는 때에는 그러하지 아니하다.
> ② 제1항 단서의 경우에도 다음 각 호의 1에 해당하는 사유가 있는 때에는 행정심판의 재결을 거치지 아니하고 취소소송을 제기할 수 있다.
>   1. 행정심판청구가 있은 날로부터 60일이 지나도 재결이 없는 때
>   2. 처분의 집행 또는 절차의 속행으로 생길 중대한 손해를 예방하여야 할 긴급한 필요가 있는 때
>   3. 법령의 규정에 의한 행정심판기관이 의결 또는 재결을 하지 못할 사유가 있는 때
>   4. 그 밖의 정당한 사유가 있는 때
> ③ 제1항 단서의 경우에 다음 각 호의 1에 해당하는 사유가 있는 때에는 행정심판을 제기함이 없이 취소소송을 제기할 수 있다.
>   1. (O) 동종사건에 관하여 이미 행정심판의 기각재결이 있은 때
>   2. 서로 내용상 관련되는 처분 또는 같은 목적을 위하여 단계적으로 진행되는 처분 중 어느 하나가 이미 행정심판의 재결을 거친 때
>   3. 행정청이 사실심의 변론종결 후 소송의 대상인 처분을 변경하여 당해 변경된 처분에 관하여 소를 제기하는 때
>   4. 처분을 행한 행정청이 행정심판을 거칠 필요가 없다고 잘못 알린 때

정답 | ④

921
- 기출처: 2016 서울시 9급
- 난이도: ★★
- 키워드: 취소소송과 행정심판과의 관계

관련기출 옳은지문
- 법령의 규정에 의한 행정심판기관이 의결 또는 재결을 하지 못할 사유가 있는 때에는 행정심판의 재결을 거치지 않고 소송을 청구할 수 있다. 10국회직9급
- 동종사건에 관하여 이미 행정심판의 기각재결이 있은 때에 필요적 행정심판전치가 요구됨에도 불구하고 행정심판을 제기함이 없이 직접 취소소송을 제기할 수 있다. 10국회직9급

922

「행정소송법」상 행정심판과의 관계에 대한 설명으로 옳지 <u>않은</u> 것은? (다툼이 있는 경우 판례에 의함)

① 원칙적으로 행정심판을 전치하지 않아도 행정소송을 청구할 수 있다.
② 필요적으로 행정심판을 전치하여야 하는 경우에 행정심판의 청구인과 행정소송의 원고는 반드시 동일인일 것을 요하지 않는다.
③ 행정심판전치가 필요적으로 요구되는 경우 이를 거쳤는지 여부는 소송요건이므로 법원의 직권조사사항이다.
④ 필요적으로 행정심판의 재결을 필요로 하는 경우에는 취소소송을 청구하기 전에 이미 재결서 정본을 송달받아 소송청구시에 이에 대한 입증이 필요하다.

해설

① (O) 원칙적으로 임의적 행정심판전치주의이다. 심판을 전치하지 않아도 행정소송을 청구할 수 있다.

> 「행정소송법」 제18조【행정심판과의 관계】① 취소소송은 법령의 규정에 의하여 당해 처분에 대한 행정심판을 제기할 수 있는 경우에도 이를 거치지 아니하고 제기할 수 있다. 다만, 다른 법률에 당해 처분에 대한 행정심판의 재결을 거치지 아니하면 취소소송을 제기할 수 없다는 규정이 있는 때에는 그러하지 아니하다.

② (O) 「행정소송법」은 동종사건에 관하여 이미 행정심판의 기각재결이 있는 때에는 행정심판을 제기할 필요가 없음을 명시하고 있다(제18조 제3항 제1호). 심판의 청구인과 소송의 원고가 동일인이 아니어도 무관하다.
③ (O) 필요적 행정심판전치가 적용되는 소송에서 심판의 전치 여부는 소송의 요건문제이다. 원칙적으로 법원이 직권으로 판단한다.
④ (×) 행정심판전치의 경우 소송의 요건문제로서 충족 여부를 판단하는 시점은 사실심 변론종결시가 된다. 소송을 청구하는 시점에 재결이 먼저 있어야 하는 것은 아니다.

정답 | ④

923 〈필수〉

「행정소송법」상 필요적 전치주의가 적용되는 사안에서, 행정심판을 청구하여야 하나 당해 처분에 대한 행정심판의 재결을 거치지 아니하고 취소소송을 제기할 수 있는 경우에 해당하는 것은?

① 동종사건에 관하여 이미 행정심판의 기각재결이 있는 경우
② 서로 내용상 관련되는 처분 또는 같은 목적을 위하여 단계적으로 진행되는 처분 중 어느 하나가 이미 행정심판의 재결을 거친 경우
③ 처분의 집행 또는 절차의 속행으로 생길 중대한 손해를 예방하여야 할 긴급한 필요가 있는 경우
④ 처분을 행한 행정청이 행정심판을 거칠 필요가 없다고 잘못 알린 경우

해설

③ (O) 「행정소송법」 제18조 제2항 제2호

정답 | ③

924

취소소송과 행정심판의 관계에 대한 설명으로 옳은 것은? (다툼이 있는 경우 판례에 의함)

① 헌법재판소에 의하면 교원에 대한 징계처분에 관하여 재심청구를 거치지 아니하고서는 행정소송을 제기할 수 없도록 한 구 「국가공무원법」 제16조 제2항 중 교원에 대한 부분은 헌법 제107조 제3항에 위반되지 않는다고 한다.

② 필요적 행정심판의 재결을 요구하는 소송에서 행정처분의 취소를 구하는 항고소송의 전심절차인 행정심판청구가 기간도과로 인하여 부적법한 경우에도 행정소송의 전치의 요건을 충족하지 못하였다고 볼 수 없어 이를 각하할 수 없다.

③ 필요적으로 행정심판을 전치하여야 하는 경우에 항고소송에 있어 전심절차에서 주장하지 아니한 공격방어방법을 소송절차에서 주장할 수 없다.

④ 전심절차를 밟지 아니한 채 증여세부과처분취소소송을 제기하였다면 제소 당시 전치요건을 구비하지 못한 위법이 있다 할 것이고, 소송계속 중 심사청구 및 심판청구를 하여 각 기각결정을 받았다고 하여 전치요건흠결의 하자가 치유되었다고 볼 수 없다.

해설

① (O) 재심청구는 불복절차로 행정소송을 제기할 수 있으므로 재판의 전심절차로서의 한계를 준수하고 있고, 판단기관인 재심위원회의 구성과 운영에 있어서 심사·결정의 독립성과 공정성을 객관적으로 신뢰할 수 있으며, 「교원지위법」과 「교원징계처분 등의 재심에 관한 규정」이 규정하고 있는 재심청구의 절차와 보완적으로 적용되는 「행정심판법」의 심리절차를 고려하여 보면 심리절차에 사법절차를 준용하고 있으므로, 헌법 제107조 제3항에 위반된다고 할 수 없다(헌재 2007.1.17., 2005헌바86).

② (×) 필요적 행정심판전치가 적용되는 경우 행정심판이 부적법 각하된 경우에 심판의 전치를 적법하게 거친 것으로 볼 수 없어 행정소송은 각하된다.

> 행정처분의 취소를 구하는 항고소송의 전심절차인 행정심판청구가 기간도과로 인하여 부적법한 경우에는 행정소송 역시 전치의 요건을 충족치 못한 것이 되어 부적법 각하를 면치 못하는 것이고, 이 점은 행정청이 행정심판의 제기기간을 도과한 부적법한 심판에 대하여 그 부적법을 간과한 채 실질적 재결을 하였다 하더라도 달라지는 것이 아니다(대판 1991.6.25., 90누8091).

③ (×) 항고소송에 있어서 원고는 전심절차에서 주장하지 아니한 공격방어방법을 소송절차에서 주장할 수 있고 법원은 이를 심리하여 행정처분의 적법 여부를 판단할 수 있는 것이므로, 원고가 전심절차에서 주장하지 아니한 처분의 위법사유를 소송절차에서 새롭게 주장하였다고 하여 다시 그 처분에 대하여 별도의 전심절차를 거쳐야 하는 것은 아니다(대판 1996.6.14., 96누754).

④ (×) 전심절차를 밟지 아니한 채 증여세부과처분취소소송을 제기하였다면 제소 당시로 보면 전치요건을 구비하지 못한 위법이 있다 할 것이지만, 소송계속 중 심사청구 및 심판청구를 하여 각 기각결정을 받았다면 원심 변론종결일 당시에는 위와 같은 전치요건흠결의 하자는 치유되었다고 볼 것이다(대판 1987.4.28., 86누29).

정답 | ①

925

「행정소송법」상 필요적 전치주의가 적용되는 사안에서, 행정심판을 청구하여야 하나 당해 처분에 대한 행정심판의 재결을 거치지 아니하고 취소소송을 제기할 수 있는 경우에 해당하는 것을 모두 고른 것은?

> ㄱ. 처분의 집행 또는 절차의 속행으로 생길 중대한 손해를 예방하여야 할 긴급한 필요가 있는 경우
> ㄴ. 법령의 규정에 의한 행정심판기관이 의결 또는 재결을 하지 못할 사유가 있는 때
> ㄷ. 행정심판청구가 있은 날로부터 60일이 지나도 재결이 없는 때
> ㄹ. 처분을 행한 행정청이 행정심판을 거칠 필요가 없다고 잘못 알린 때

① ㄱ, ㄴ, ㄹ
② ㄴ, ㄷ, ㄹ
③ ㄱ, ㄴ, ㄷ
④ ㄱ, ㄷ, ㄹ

해설

ㄹ. (×) 행정심판을 제기함이 없이 소송을 청구할 수 있는 경우에 해당한다.

> **「행정소송법」 제18조 【행정심판과의 관계】** ① 취소소송은 법령의 규정에 의하여 당해 처분에 대한 행정심판을 제기할 수 있는 경우에도 이를 거치지 아니하고 제기할 수 있다. 다만, 다른 법률에 당해 처분에 대한 행정심판의 재결을 거치지 아니하면 취소소송을 제기할 수 없다는 규정이 있는 때에는 그러하지 아니하다.
> ② 제1항 단서의 경우에도 다음 각 호의 1에 해당하는 사유가 있는 때에는 행정심판의 재결을 거치지 아니하고 취소소송을 제기할 수 있다.
>   1. 행정심판청구가 있은 날로부터 60일이 지나도 재결이 없는 때
>   2. 처분의 집행 또는 절차의 속행으로 생길 중대한 손해를 예방하여야 할 긴급한 필요가 있는 때
>   3. 법령의 규정에 의한 행정심판기관이 의결 또는 재결을 하지 못할 사유가 있는 때
>   4. 그 밖의 정당한 사유가 있는 때
> ③ 제1항 단서의 경우에 다음 각 호의 1에 해당하는 사유가 있는 때에는 행정심판을 제기함이 없이 취소소송을 제기할 수 있다.
>   1. (○) 동종사건에 관하여 이미 행정심판의 기각재결이 있은 때
>   2. 서로 내용상 관련되는 처분 또는 같은 목적을 위하여 단계적으로 진행되는 처분 중 어느 하나가 이미 행정심판의 재결을 거친 때
>   3. 행정청이 사실심의 변론종결 후 소송의 대상인 처분을 변경하여 당해 변경된 처분에 관하여 소를 제기하는 때
>   4. 처분을 행한 행정청이 행정심판을 거칠 필요가 없다고 잘못 알린 때

정답 | ③

06 제소기간

926 〔필수〕
취소소송의 제소기간에 대한 설명으로 옳지 않은 것은? (다툼이 있는 경우 판례에 의함)

① 취소소송의 제소기간을 판단함에 있어서 '처분이 있음을 안 날'이라 함은 통지 등의 방법에 의하여 고지받아 당사자가 처분이 있었다는 사실을 현실적으로 안 날을 의미한다.
② 제소기간의 준수 여부는 당사자가 주장하지 않아도 법원이 직권으로 조사해야 한다.
③ 통상 고시에 의하여 행정처분을 하는 경우에는 그 처분의 효력이 불특정 다수인에게 일률적으로 적용되는 것이므로 그 행정처분에 이해관계를 갖는 자가 고시가 있었다는 사실을 현실적으로 알았는지 여부와 관계없이 고시가 효력을 발생하는 날 행정처분이 있음을 알았다고 보아야 한다.
④ 법령에서 규정한 행정심판청구기간을 도과한 후에 행정심판을 청구하여 재결받은 후 재결서정본을 송달받은 날부터 90일 내에 제기한 취소소송은 제소기간을 준수한 것으로 본다.
⑤ 무효의 하자가 있는 처분에 대해 취소소송을 제기하는 경우에도 취소소송의 제소기간을 준수하여야 한다.

기출처 2021 국회직 9급
난이도 ★★
키워드 제소기간

🔍 관련기출 옳은지문
- 통상 고시 또는 공고에 의하여 처분을 하는 경우 당사자가 고시 또는 공고 등이 있음을 현실로 알았는지 여부를 불문하고 그 고시 또는 공고의 효력이 발생하는 날이 제소기간의 기산일이 된다.
  10국회직9급
- 무효인 처분에 대해 무효선언을 구하는 취소소송을 제기하는 경우에는 제소기간의 제한이 있다.
  22지방직9급

해설
① 〔빈출〕 (○) 처분이 있음을 안 날이란 행정청이 공식적 방법으로 외부에 표시하여 처분의 상대방이 이를 현실적으로 안 날을 말한다.
② (○) 제소기간의 준수 여부는 제척기간으로 소송청구의 적법성 문제이다. 따라서 법원은 직권으로 이를 판단하여야 한다.
③ (○) 대판 2007.6.14., 2004두619
④ (×) 불가쟁력이 발생한 처분에 대해 행정심판을 전치하여도 행정소송은 청구할 수 없다.

> 처분이 있음을 안 날부터 90일을 넘겨 청구한 부적법한 행정심판청구에 대한 재결이 있은 후 재결서를 송달받은 날부터 90일 이내에 원래의 처분에 대하여 취소소송을 제기하였다고 하여 취소소송이 다시 제소기간을 준수한 것으로 되는 것은 아니다(대판 2011.11.24., 2011두18786).

⑤ 〔빈출〕 (○) 행정처분의 당연무효를 선언하는 의미에서 그 취소를 청구하는 행정소송을 제기하는 경우에도 소원의 전치와 제소기간의 준수 등 취소소송의 제소요건을 갖추어야 한다(대판 1984.5.29., 84누175).

정답 | ④

927
판례에 따를 경우 甲이 제기하는 소송이 적법하게 되기 위한 설명으로 옳은 것은?

> A시장은 2016.12.23. 「식품위생법」 위반을 이유로 甲에 대하여 3월의 영업정지처분을 하였고, 甲은 2016.12.26. 처분서를 송달받았다. 甲은 이에 대해 행정심판을 청구하였고, 행정심판위원회는 2017.3.6. "A시장은 甲에 대하여 한 3월의 영업정지처분을 2월의 영업정지에 갈음하는 과징금 부과처분으로 변경하라."라는 일부인용의 재결을 하였으며, 그 재결서 정본은 2017.3.10. 甲에게 송달되었다. A시장은 재결취지에 따라 2017.3.13. 甲에 대하여 과징금 부과처분을 하였다. 甲은 여전히 자신이 「식품위생법」 위반을 이유로 한 제재를 받을 이유가 없다고 생각하여 취소소송을 제기하려고 한다.

① 행정심판위원회를 피고로 하여 2016.12.23.자 영업정지처분을 대상으로 취소소송을 제기하여야 한다.
② 행정심판위원회를 피고로 하여 2017.3.13.자 과징금 부과처분을 대상으로 취소소송을 제기하여야 한다.
③ 과징금 부과처분으로 변경된 2016.12.23.자 원처분을 대상으로 2017.3.10.부터 90일 이내에 제기하여야 한다.
④ 2017.3.13.자 과징금 부과처분을 대상으로 2017.3.6.부터 90일 이내에 제기하여야 한다.

기출처: 2018 국가직 9급
난이도: ★★
키워드: 제소기간

해설

③ (○) 행정심판을 통해 일부인용되어 청구인에게 유리하게 변경된 경우에도 불복시에는 유리하게 변경된 당초 원처분을 대상으로 행정소송을 청구하여야 한다. 다만, 소송청구기간은 행정심판재결서를 송달받은 날을 기준으로 한다. 따라서 소송 대상은 과징금으로 변경된 원처분이고 2017.3.10.부터 기산된다.

정답 | ③

928 〈필수〉

「행정소송법」상 제소기간에 대한 내용으로 옳은 것은? (다툼이 있는 경우 판례에 의함)

① 청구취지를 변경하여 구 소가 취하되고 새로운 소가 제기된 것으로 변경되었을 때에 새로운 소에 대한 제소기간의 준수 등은 원칙적으로 소의 변경이 있는 때를 기준으로 하여야 한다.

② 행정심판을 청구한 후에 취소소송을 청구하는 경우에는 재결서 정본을 송달받은 날로부터 90일 이내에 청구하여야 하나 이의신청 후에 취소소송을 제기하는 경우에는 이의신청의 결과를 통지받은 날부터 30일 이내에 소를 제기하여야 한다.

③ 특정인에 대한 행정처분을 주소불명 등의 이유로 송달할 수 없어 관보·공보·게시판·일간신문 등에 공고한 경우에는, 공고가 효력을 발생하는 날에 상대방이 그 행정처분이 있음을 알았다고 보아 공고의 효력이 발생하는 날을 기준으로 제소기간이 기산된다.

④ 처분서의 송달 전에 정보공개청구를 통하여 처분서를 확인한 경우 그 행정처분에 대해 현실적으로 상대방은 안 날에 해당되어 이 날을 기준으로 취소소송의 제소기간이 진행된다.

해설

① **빈출** (O) 취소소송은 처분 등이 있음을 안 날부터 90일 이내에 제기하여야 하고, 처분 등이 있은 날부터 1년을 경과하면 제기하지 못하며(「행정소송법」 제20조 제1항·제2항), 청구취지를 변경하여 구 소가 취하되고 새로운 소가 제기된 것으로 변경되었을 때에 새로운 소에 대한 제소기간의 준수 등은 원칙적으로 소의 변경이 있는 때를 기준으로 하여야 한다(대판 2004.11.25., 2004두7023).

② (×) 행정심판이나 이의신청의 경우 90일이 기준이 된다.

> 「행정소송법」 제20조【제소기간】 ① 취소소송은 처분 등이 있음을 안 날부터 90일 이내에 제기하여야 한다. 다만, 제18조 제1항 단서에 규정한 경우와 그 밖에 행정심판청구를 할 수 있는 경우 또는 행정청이 행정심판청구를 할 수 있다고 잘못 알린 경우에 행정심판청구가 있은 때의 기간은 재결서의 정본을 송달받은 날부터 기산한다.
> ② 취소소송은 처분 등이 있은 날부터 1년(제1항 단서의 경우는 재결이 있은 날부터 1년)을 경과하면 이를 제기하지 못한다. 다만, 정당한 사유가 있는 때에는 그러하지 아니하다.
> ③ 제1항의 규정에 의한 기간은 불변기간으로 한다.
> 「행정기본법」 제36조【처분에 대한 이의신청】 ④ 이의신청에 대한 결과를 통지받은 후 행정심판 또는 행정소송을 제기하려는 자는 그 결과를 통지받은 날(제2항에 따른 통지기간 내에 결과를 통지받지 못한 경우에는 같은 항에 따른 통지기간이 만료되는 날의 다음 날을 말한다)부터 90일 이내에 행정심판 또는 행정소송을 제기할 수 있다.

③ (×) 특정인에 대한 행정처분을 주소불명 등의 이유로 송달할 수 없어 관보·공보·게시판·일간신문 등에 공고한 경우에는, 공고가 효력을 발생하는 날에 상대방이 그 행정처분이 있음을 알았다고 볼 수는 없고, 상대방이 당해 처분이 있었다는 사실을 현실적으로 안 날에 그 처분이 있음을 알았다고 보아야 한다(대판 2006.4.28., 2005두1485).

④ **빈출** (×) 「행정소송법」에 규정된 처분을 안 날이란 현실적으로 안 날을 의미하지만 처분이 공식적 방법으로 외부에 표시되지 않은 상태에서 미리 다른 방법으로 처분의 내용을 확인하였다면 이는 현실적으로 안 날이라고 볼 수 없다.

> 지방보훈청장이 허혈성심장질환이 있는 甲에게 재심 서면판정 신체검사를 실시한 다음 종전과 동일하게 전(공)상군경 7급 국가유공자로 판정하는 '고엽제후유증전환 재심신체검사 무변동처분' 통보서를 송달하자 甲이 위 처분의 취소를 구한 사안에서, 위 처분이 甲에게 고지되어 처분이 있다는 사실을 현실적으로 알았을 때 「행정소송법」 제20조 제1항에서 정한 제소기간이 진행한다고 보아야 함에도, 甲이 통보서를 송달받기 전에 자신의 의무기록에 관한 정보공개를 청구하여 위 처분을 하는 내용의 통보서를 비롯한 일체의 서류를 교부받은 날부터 제소기간을 기산하여 위 소는 90일이 지난 후 제기한 것으로서 부적법하다고 본 원심판결에 법리를 오해한 위법이 있다(대판 2014.9.25., 2014두8254).

정답 | ①

관련기출 옳은지문

- 청구취지를 변경하여 종전의 소가 취하되고 새로운 소가 제기된 것으로 변경되었다면 새로운 소에 대한 제소기간 준수 여부는 원칙적으로 소의 변경이 있는 때를 기준으로 한다. 17지방직9급

기출처: 예상문제
난이도: ★★
키워드: 제소기간

929 필수

취소소송의 제기요건에 대한 설명으로 옳지 않은 것은? (다툼이 있는 경우 판례에 의함)

① 행정청이 식품위생법령에 따라 영업자에게 행정제재처분을 한 후 당초 처분을 영업자에게 유리하게 변경하는 처분을 한 경우, 취소소송의 대상 및 제소기간 판단기준이 되는 처분은 당초 처분이다.
②「국가를 당사자로 하는 계약에 관한 법률」에 따른 계약에 있어 입찰보증금의 국고귀속조치는 항고소송의 대상이 되는 처분에 해당하지 않는다.
③ 청구취지를 변경하여 구 소가 취하되고 새로운 소가 제기된 것으로 변경되었을 때에 원칙적으로 처음부터 변경된 소를 청구한 것으로 인정하여 새로운 소에 대한 제소기간의 준수 등은 처음에 소를 청구한 시점을 기준으로 판단한다.
④ 행정청이 행정심판청구를 할 수 있다고 잘못 알려 행정심판의 청구를 한 경우에는 그 제소기간은 행정심판 재결서의 정본을 송달받은 날부터 기산하여야 한다.

해설

③ 빈출 (×) 청구취지를 변경하여 구 소가 취하되고 새로운 소가 제기된 것으로 변경되었을 때에 새로운 소에 대한 제소기간의 준수 등은 원칙적으로 소의 변경이 있은 때를 기준으로 하여야 한다(대판 2004.11.25., 2004두7023).

정답 | ③

929	
기출처	예상문제
난이도	★★
키워드	제소기간

🔍 관련기출 옳은지문
- 행정청이 행정심판청구를 할 수 있다고 잘못 알려 행정심판청구를 한 경우 취소소송의 제소기간은 행정심판재결서 정본을 송달받은 날부터 기산한다. 13지방직9급

930

다음은 「행정소송법」상 제소기간에 대한 설명이다. ㉠~㉤에 들어갈 내용은?

취소소송은 처분 등이 (㉠)부터 (㉡) 이내에 제기하여야 한다. 다만, 행정심판청구를 할 수 있는 경우 또는 행정청이 행정심판청구를 할 수 있다고 잘못 알린 경우에 행정심판청구가 있은 때의 기간은 (㉢)을 (㉣)부터 기산한다. 한편 취소소송은 처분 등이 있은 날부터 (㉤)을 경과하면 이를 제기하지 못한다. 다만, 정당한 사유가 있는 때에는 그러하지 아니하다.

	㉠	㉡	㉢	㉣	㉤
①	있은 날	30일	결정서의 정본	통지받은 날	180일
②	있음을 안 날	90일	재결서의 정본	송달받은 날	1년
③	있은 날	1년	결정서의 부본	통지받은 날	2년
④	있음을 안 날	1년	재결서의 부본	송달받은 날	3년

해설

② (○) ㉠ 있음을 안 날, ㉡ 90일, ㉢ 재결서의 정본, ㉣ 송달받은 날, ㉤ 1년

「행정소송법」제20조【제소기간】① 취소소송은 처분 등이 있음을 안 날부터 90일 이내에 제기하여야 한다. 다만, 제18조 제1항 단서에 규정한 경우와 그 밖에 행정심판청구를 할 수 있는 경우 또는 행정청이 행정심판청구를 할 수 있다고 잘못 알린 경우에 행정심판청구가 있은 때의 기간은 재결서의 정본을 송달받은 날부터 기산한다.
② 취소소송은 처분 등이 있은 날부터 1년(제1항 단서의 경우는 재결이 있은 날부터 1년)을 경과하면 이를 제기하지 못한다. 다만, 정당한 사유가 있는 때에는 그러하지 아니하다.
③ 제1항의 규정에 의한 기간은 불변기간으로 한다.

정답 | ②

930	
기출처	2020 지방직 9급
난이도	★
키워드	제소기간

931

취소소송의 제소기간에 대한 설명으로 옳은 것(○)과 옳지 않은 것(×)을 바르게 연결한 것은? (다툼이 있는 경우 판례에 의함)

> ㄱ. 행정청이 행정심판청구를 할 수 있다고 잘못 알려 행정심판을 청구한 경우에는 재결서 정본을 송달받은 날이 아닌 처분이 있음을 안 날로부터 제소기간이 기산된다.
> ㄴ. 행정심판을 청구하였으나 심판청구기간을 도과하여 각하된 후 제기하는 취소소송은 재결서를 송달받은 날부터 90일 이내에 제기하면 된다.
> ㄷ. '처분이 있음을 안 날'은 처분이 있었다는 사실을 현실적으로 안 날을 의미하므로, 처분서를 송달받기 전 정보공개청구를 통하여 처분을 하는 내용의 일체의 서류를 교부받았다면 그 서류를 교부받은 날부터 제소기간이 기산된다.
> ㄹ. 동일한 처분에 대하여 무효확인의 소를 제기하였다가 그 처분의 취소를 구하는 소를 추가적으로 병합한 경우, 주된 청구인 무효확인의 소가 적법한 제소기간 내에 제기되었다면 추가로 병합된 취소청구의 소도 적법하게 제기된 것으로 볼 수 있다.

	ㄱ	ㄴ	ㄷ	ㄹ
①	×	×	○	×
②	○	○	×	○
③	○	×	○	×
④	×	×	×	○

해설

ㄱ. (×) 「행정소송법」 제20조 제1항에 의하면 취소소송은 원칙적으로 처분 등이 있음을 안 날부터 90일 이내에 제기하여야 하나, 행정청이 행정심판청구를 할 수 있다고 잘못 알려 행정심판의 청구를 한 경우에는 그 제소기간은 행정심판 재결서의 정본을 송달받은 날부터 기산하여야 한다(대판 2006.9.8., 2004두947).

ㄴ. (×) 행정처분이 있음을 안 날부터 90일을 넘겨 행정심판을 청구하였다가 부적법하다는 이유로 각하재결을 받은 후 재결서를 송달받은 날부터 90일 내에 원래의 처분에 대하여 취소소송을 제기한 경우, 취소소송의 제소기간을 준수한 것으로 볼 수 없다(대판 2011.11.24., 2011두18786).

ㄷ. (×) 지방보훈청장이 허혈성심장질환이 있는 甲에게 재심 서면판정 신체검사를 실시한 다음 종전과 동일하게 전(공)상군경 7급 국가유공자로 판정하는 '고엽제후유증전환 재심신체검사 무변동처분' 통보서를 송달하자 甲이 위 처분의 취소를 구한 사안에서, 위 처분이 甲에게 고지되어 처분이 있다는 사실을 현실적으로 알았을 때 「행정소송법」 제20조 제1항에서 정한 제소기간이 진행한다고 보아야 함에도, 甲이 통보서를 송달받기 전에 자신의 의무기록에 관한 정보공개를 청구하여 위 처분을 하는 내용의 통보서를 비롯한 일체의 서류를 교부받은 날부터 제소기간을 기산하여 위 소는 90일이 지난 후 제기한 것으로서 부적법하다고 본 원심판결에 법리를 오해한 위법이 있다(대판 2014.9.25., 2014두8254).

ㄹ. (○) 대판 2012.11.29., 2012두3743

정답 | ④

932 〈필수〉

취소소송의 제소기간에 대한 설명으로 옳지 않은 것은? (다툼이 있는 경우 판례에 의함)

① 취소소송의 제소기간을 판단함에 있어서 '처분이 있음을 안 날'이라 함은 통지 등의 방법에 의하여 고지받아 당사자가 처분이 있었다는 사실을 현실적으로 안 날을 의미한다.
② 처분 당시에는 취소소송의 제기가 법제상 허용되지 않아 소송을 제기할 수 없다가 위헌결정으로 인하여 비로소 취소소송을 제기할 수 있게 된 경우 제소기간의 기산점은 객관적으로는 '위헌결정이 있은 날', 주관적으로는 '위헌결정이 있음을 안 날' 비로소 취소소송을 제기할 수 있게 되어 이때를 제소기간의 기산점으로 삼아야 한다.
③ 제소기간의 준수 여부는 소송의 요건문제로서 당사자가 주장하지 않아도 법원이 직권으로 조사해야 한다.
④ 일반적으로 고시에 의하여 행정처분을 하는 경우에는 그 처분의 효력이 불특정 다수인에게 일률적으로 적용되는 것이지만 그 행정처분에 이해관계를 갖는 자가 있다면 제소기간은 고시가 있었다는 사실을 현실적으로 안 날을 기준으로 하여야 한다.

932	1 2 3
기출처	예상문제
난이도	★★
키워드	제소기간

관련기출 옳은지문

- 처분 등이 있은 날이란 당해 처분이 그 효력을 발생한 날을 말하며 상대방이 있는 처분의 경우에는 상대방에게 도달되어야 한다.

10국회직9급

해설

① (O) 안 날은 처분의 상대방 등이 처분이 있었다는 사실을 현실적으로 안 날을 의미한다.
② (O) 근거법이 위헌결정을 받게 된 처분의 제소기간은 처분시가 기산점이나, 법제상 처분으로 인정되지 않았던 행정작용이 근거법의 위헌결정으로 인하여 처분성이 인정되면 위헌결정이 있은 날이 제소기간의 기산점이 된다.

> 「행정소송법」 제20조가 제소기간을 규정하면서 '처분 등이 있은 날' 또는 '처분 등이 있음을 안 날'을 각 제소기간의 기산점으로 삼은 것은 그때 비로소 적법한 취소소송을 제기할 객관적 또는 주관적 여지가 발생하기 때문이므로, 처분 당시에는 취소소송의 제기가 법제상 허용되지 않아 소송을 제기할 수 없다가 위헌결정으로 인하여 비로소 취소소송을 제기할 수 있게 된 경우, 객관적으로는 '위헌결정이 있은 날', 주관적으로는 '위헌결정이 있음을 안 날' 비로소 취소소송을 제기할 수 있게 되어 이때를 제소기간의 기산점으로 삼아야 한다(대판 2008.2.1., 2007두20997).

③ (O) 제소기간의 준수 여부는 제척기간으로서 소송청구의 적법성 문제이다. 따라서 법원은 직권으로 판단하여야 한다.
④ 빈출 (×) 통상 고시 또는 공고에 의하여 행정처분을 하는 경우에는 그 처분의 상대방이 불특정 다수인이고 그 처분의 효력이 불특정 다수인에게 일률적으로 적용되는 것이므로, 그 행정처분에 이해관계를 갖는 자가 고시 또는 공고가 있었다는 사실을 현실적으로 알았는지 여부에 관계없이 고시가 효력을 발생하는 날 행정처분이 있음을 알았다고 보아야 한다(대판 2007.6.14., 2004두619).

정답 | ④

933

취소소송의 제소기간에 관한 기술 중 옳지 않은 것은? (다툼이 있는 경우 판례에 의함)

① 필요적 행정심판전치에 해당하지 않은 취소소송은 행정심판을 거치지 아니하고 바로 취소소송을 제기하는 경우의 제소기간은 처분 등이 있음을 안 날로부터 90일 이내이다.
② 제소기간 내에 적법하게 제기된 선행처분에 대한 취소소송 계속 중에 행정청이 선행처분서 문언의 일부 오기를 정정할 수 있음에도 선행처분을 직권취소하고 실질적으로 동일한 내용의 후행처분의 경우, 후행처분의 취소를 구하는 소변경의 제소기간 준수 여부는 따로 따지지 않아도 된다.
③ 행정처분이 있음을 안 날부터 90일을 넘겨 행정심판을 청구하였다가 부적법하다는 이유로 각하재결을 받은 후 재결서를 송달받은 날부터 90일 내에 원래의 처분에 대하여 취소소송을 제기하였다면 취소소송의 제소기간을 준수한 것으로 볼 수 있다.
④ 「행정소송법」상 항고소송으로 제기해야 할 사건을 민사소송으로 잘못 제기하여 수소법원이 관할법원에 이송하는 결정을 하여 원고가 항고소송으로 소변경을 한 경우, 그 항고소송에 대한 제소기간 준수 여부를 판단하는 기준시기는 처음 소를 제기한 때이다.

해설

① (○) 「행정소송법」 제20조 제1항

> 「행정소송법」 제20조 【제소기간】 ① 취소소송은 처분 등이 있음을 안 날부터 90일 이내에 제기하여야 한다. 다만, 제18조 제1항 단서에 규정한 경우와 그 밖에 행정심판청구를 할 수 있는 경우 또는 행정청이 행정심판청구를 할 수 있다고 잘못 알린 경우에 행정심판청구가 있은 때의 기간은 재결서의 정본을 송달받은 날부터 기산한다.

② (○) 제소기간 내에 적법하게 제기된 선행처분에 대한 취소소송 계속 중에 행정청이 선행처분서 문언의 일부 오기를 정정할 수 있음에도 선행처분을 직권취소하고 실질적으로 동일한 내용의 후행처분을 함으로써 두 처분 사이에 밀접한 관련성이 있고 선행처분에 존재한다고 주장되는 위법사유가 후행처분에도 존재할 수 있는 관계인 경우, 후행처분의 취소를 구하는 소변경의 제소기간 준수 여부를 따로 따지지 않아도 된다(대판 2019.7.4., 2018두58431).
③ (×) 처분이 있음을 안 날부터 90일 이내에 행정심판을 청구하지도 않고 취소소송을 제기하지도 않은 경우에는 그 후 제기된 취소소송은 제소기간을 경과한 것으로서 부적법하고, 처분이 있음을 안 날부터 90일을 넘겨 청구한 부적법한 행정심판청구에 대한 재결이 있은 후 재결서를 송달받은 날부터 90일 이내에 원래의 처분에 대하여 취소소송을 제기하였다고 하여 취소소송이 다시 제소기간을 준수한 것으로 되는 것은 아니다(대판 2011.11.24., 2011두18786).
④ (○) 원고가 「행정소송법」상 항고소송으로 제기해야 할 사건을 민사소송으로 잘못 제기하여 수소법원이 관할법원에 이송하는 결정을 하고 이송결정이 확정된 후 원고가 항고소송으로 소변경을 한 경우, 그 항고소송에 대한 제소기간 준수 여부를 판단하는 기준시기는 처음 소를 제기한 때이다(대판 2022.11.17., 2021두44425).

정답 | ③

934 〈필수〉

행정쟁송의 제소기간에 대한 설명으로 옳지 않은 것은? (다툼이 있는 경우 판례에 의함)

① 제소기간의 요건은 처분의 상대방이 소송을 제기하는 경우는 물론이고 법률상 이익이 침해된 제3자가 소송을 제기하는 경우에도 적용된다.
② 부작위위법확인의 소는 부작위상태가 계속되는 한 그 위법의 확인을 구할 이익이 있다고 보아야 하므로 제소기간의 제한이 없음이 원칙이나 행정심판 등 전심절차를 거친 경우에는 제소기간의 제한이 있다.
③ 당사자가 적법한 제소기간 내에 부작위위법확인의 소를 제기한 후 동일한 신청에 대하여 소극적 처분이 있다고 보아 처분취소소송으로 소를 교환적으로 변경한 후 부작위위법확인의 소를 추가적으로 병합한 경우 제소기간을 준수한 것으로 볼 수 있다.
④ 소극적 처분과 부작위에 대한 의무이행심판은 처분이 있음을 알게 된 날부터 90일 이내에 청구하여야 한다.
⑤ 행정처분의 당연무효를 선언하는 의미에서 그 취소를 구하는 행정소송을 제기하는 경우에는 취소소송의 제소기간을 준수하여야 한다.

해설

① (○) 제소기간의 규정은 행정의 상대방은 물론이고, 수익적 처분으로 침해를 받는 제3자의 경우에도 원칙적으로 동일하게 적용된다.
② 빈출 (○) 부작위에 대한 부작위위법확인소송은 처분이 존재하지 않아, 행정심판을 전치한 경우가 아닌 한 제소기간이 적용되지 않는다.
③ (○) 대판 2009.7.23., 2008두10560
④ (×) 소극적 처분(거부처분)은 행정처분으로서 처분이 있음을 안 날로부터 90일 이내에 의무이행심판을 청구하지만, 신청에 대한 부작위는 처분이 존재하지 않아 '처분이 있음을 안 날'이 없다. 따라서 심판청구기간에 제한이 없다(「행정심판법」 제27조 제1항·제7항).
⑤ 빈출 (○) 대판 1987.6.9., 87누219

정답 | ④

---

934 기출처: 2019 국회직 8급 / 난이도: ★★ / 키워드: 제소기간

관련기출 옳은지문
- 부작위위법확인소송은 행정심판 등 전심절차를 거친 경우에 제소기간의 제한을 받는다는 것이 판례의 입장이다. 13지방직9급

935 〈필수〉

행정소송의 제소기간에 대한 설명으로 옳은 것(○)과 옳지 않은 것(×)을 바르게 연결한 것은? (다툼이 있는 경우 판례에 의함)

> ㄱ. 부작위위법확인소송의 경우에 의무이행심판을 전치한 경우에 취소소송의 제소기간이 준용된다.
> ㄴ. 특정인에 대한 행정처분을 주소불명 등의 이유로 송달할 수 없어 관보·공보·게시판·일간신문 등에 공고한 경우에는, 공고가 효력을 발생하는 날에 상대방이 그 행정처분이 있음을 알았다고 볼 수 있다.
> ㄷ. 행정처분이 있음을 안 날부터 90일을 넘겨 행정심판을 청구하였다가 부적법하다는 이유로 각하재결을 받은 후 재결서를 송달받은 날부터 90일 내에 원래의 처분에 대하여 취소소송을 제기한 경우, 취소소송의 제소기간을 준수한 것으로 볼 수 있다.
> ㄹ. 동일한 처분에 대하여 무효확인의 소를 제기하였다가 그 처분의 취소를 구하는 소를 추가적으로 병합한 경우, 주된 청구인 무효확인의 소가 적법한 제소기간 내에 제기되었다면 추가로 병합된 취소청구의 소도 적법하게 제기된 것으로 볼 수 있다.

	ㄱ	ㄴ	ㄷ	ㄹ		ㄱ	ㄴ	ㄷ	ㄹ
①	×	×	○	×	②	○	○	×	○
③	○	×	○	×	④	○	×	×	○

해설

ㄱ. (○) 부작위위법확인소송이 의무이행심판을 전치하지 않았다면 제소기간의 제한이 없으나 심판을 전치한 경우에는 제소기간의 제한이 있다.

> 「행정소송법」 제20조【제소기간】 ① 취소소송은 처분 등이 있음을 안 날부터 90일 이내에 제기하여야 한다. 다만, 제18조 제1항 단서에 규정된 경우와 그 밖에 행정심판청구를 할 수 있는 경우 또는 행정청이 행정심판청구를 할 수 있다고 잘못 알린 경우에 행정심판청구가 있은 때의 기간은 재결서의 정본을 송달받은 날부터 기산한다.
> ② 취소소송은 처분 등이 있은 날부터 1년(제1항 단서의 경우는 재결이 있은 날부터 1년)을 경과하면 이를 제기하지 못한다. 다만, 정당한 사유가 있는 때에는 그러하지 아니하다.
> ③ 제1항의 규정에 의한 기간은 불변기간으로 한다.
> 제38조【준용규정】 ② 제9조, 제10조, 제13조 내지 제19조, 제20조, 제25조 내지 제27조, 제29조 내지 제31조, 제33조 및 제34조의 규정은 부작위위법확인소송의 경우에 준용한다.

ㄴ. (×) 소정의 제소기간 기산점인 '처분이 있음을 안 날'이라 함은 당사자가 통지, 공고 기타의 방법에 의하여 당해 처분이 있었다는 사실을 현실적으로 안 날을 의미하는바, 특정인에 대한 행정처분을 주소불명 등의 이유로 송달할 수 없어 관보·공보·게시판·일간신문 등에 공고한 경우에는, 공고가 효력을 발생하는 날에 상대방이 그 행정처분이 있음을 알았다고 볼 수는 없고, 상대방이 당해 처분이 있었다는 사실을 현실적으로 안 날에 그 처분이 있음을 알았다고 보아야 한다(대판 2006.4.28., 2005두1485).

ㄷ. (×) 「행정소송법」 제18조 제1항, 제20조 제1항, 구 「행정심판법」(2010.1.25. 법률 제9968호로 전부 개정되기 전의 것) 제18조 제1항을 종합해 보면, 행정처분이 있음을 알고 처분에 대하여 곧바로 취소소송을 제기하는 방법을 선택한 때에는 처분이 있음을 안 날부터 90일 이내에 취소소송을 제기하여야 하고, 행정심판을 청구하는 방법을 선택한 때에는 처분이 있음을 안 날부터 90일 이내에 행정심판을 청구하고 행정심판의 재결서를 송달받은 날부터 90일 이내에 취소소송을 제기하여야 한다. 따라서 처분이 있음을 안 날부터 90일 이내에 행정심판을 청구하지도 않고 취소소송을 제기하지도 않은 경우에는 그 후 제기된 취소소송은 제소기간을 경과한 것으로서 부적법하고, 처분이 있음을 안 날부터 90일을 넘겨 청구한 부적법한 행정심판청구에 대한 재결이 있은 후 재결서를 송달받은 날부터 90일 이내에 원래의 처분에 대하여 취소소송을 제기하였다고 하여 취소소송이 다시 제소기간을 준수한 것으로 되는 것은 아니다(대판 2011.11.24., 2011두18786).

ㄹ. (○) 동일한 행정처분에 대하여 무효확인소송을 제기하였다가 그 후 그 처분의 취소를 구하는 소송을 추가적으로 병합한 경우, 주된 청구인 무효확인소송이 적법한 제소기간 내에 제기되었다면 추가로 병합된 취소소송도 적법하게 제기된 것으로 볼 수 있다(대판 2012.11.29., 2012두3743).

정답 | ④

관련기출 옳은지문

• 甲이 압류처분에 대해 무효확인소송을 제기하였다가 압류처분에 대한 취소소송을 추가로 병합하는 경우, 무효확인의 소가 취소소송 제소기간 내에 제기됐더라도 취소청구의 소의 추가병합이 제소기간을 도과했다면 병합된 취소청구의 소는 부적법하다고 할 수 없다.

19국가직7급

936

다음은 「행정소송법」과 「행정심판법」의 내용이다. ( ) 안에 들어갈 내용으로 옳은 것은?

- 행정소송에 관하여 「행정소송법」에 특별한 규정이 없는 사항에 대하여는 「법원조직법」과 「민사소송법」 및 (가)의 규정을 준용한다.
- 취소소송은 처분 등이 있은 날부터 (나)을 경과하면 이를 제기하지 못한다. 다만, 정당한 사유가 있는 때에는 그러하지 아니하다.
- 행정심판은 처분이 있었던 날부터 (다)이 지나면 청구하지 못한다. 다만, 정당한 사유가 있는 경우에는 그러하지 아니하다.

	(가)	(나)	(다)
①	「형사소송법」	1년	90일
②	「민사집행법」	1년	180일
③	「형사소송법」	180일	90일
④	「민사집행법」	180일	180일

기출처: 2019 소방직
난이도: ★★
키워드: 제소기간

해설

(가) 행정소송에 관하여 이 법에 특별한 규정이 없는 사항에 대하여는 「법원조직법」과 「민사소송법」 및 민사집행법」의 규정을 준용한다(「행정소송법」 제8조 제2항).

(나) 취소소송은 처분 등이 있은 날부터 1년(제1항 단서의 경우는 재결이 있은 날부터 1년)을 경과하면 이를 제기하지 못한다. 다만, 정당한 사유가 있는 때에는 그러하지 아니하다(동법 제20조 제2항).

(다) 행정심판은 처분이 있었던 날부터 180일이 지나면 청구하지 못한다. 다만, 정당한 사유가 있는 경우에는 그러하지 아니하다(「행정심판법」 제27조 제3항).

정답 | ②

937

행정소송의 제소기간에 대한 내용으로 옳지 않은 것은? (다툼이 있는 경우 판례에 의함)

① 당사자가 적법한 제소기간 내에 부작위위법확인의 소를 제기한 후, 동일한 신청에 대하여 소극적 처분이 있다고 보아 처분취소소송으로 소를 교환적으로 변경한 후 부작위위법확인의 소를 추가적으로 병합하였다면 제소기간을 적법하게 준수한 것으로 볼 수 없다.

② 소장의 청구취지 기재만으로는 당사자가 주장하는 소송물이 포함되어 있는지가 분명하지 아니하지만 청구원인으로 보아 그 청구가 당초부터 소송물로 주장되고 있음이 분명하다면 소장의 청구취지에 그 소송물이 포함되어 있다고 보아야 하고 그 소송물에 관한 제소기간의 준수 여부는 청구취지 변경시가 아닌 소장 제출시를 기준으로 판단하여야 한다.

③ 당초의 조세부과처분 취소소송 계속 중 당초의 부과처분을 증액 변경하는 증액경정결정이 있는 경우에 경정결정에 대한 전심절차를 거칠 필요 없이 청구취지변경으로 취소를 구할 수 있는 경우 및 이때 당초의 소송이 제소기간 내에 제기된 경우 청구취지변경의 제소기간 준수를 따질 필요가 없다.

④ 행정청으로부터 행정처분시나 그 이후 행정심판 제기기간에 관하여 법정 심판청구기간보다 긴 기간으로 잘못 통지받아 「행정소송법」상 법정 제소기간을 도과한 경우, 그것이 당사자가 책임질 수 없는 사유에 해당하지 않는다.

해설

① (×) 당사자가 동일한 신청에 대하여 부작위위법확인의 소를 제기하였으나 그 후 소극적 처분이 있다고 보아 처분취소소송으로 소를 교환적으로 변경한 후 여기에 부작위위법확인의 소를 추가적으로 병합한 경우, <u>최초의 부작위위법확인의 소가 적법한 제소기간 내에 제기된 이상 그 후 처분취소소송으로의 교환적 변경과 처분취소소송에의 추가적 변경 등의 과정을 거쳤다고 하더라도 여전히 제소기간을 준수한 것으로 봄이 상당하다</u> (대판 2009.7.23., 2008두10560).

정답 | ①

938

행정쟁송에 대한 설명으로 옳은 것은? (다툼이 있는 경우 판례에 의함)

① 행정심판의 재결에도 판결에서와 같은 기판력이 인정되는 것이어서 재결이 확정되면 처분의 기초가 된 사실관계나 법률적 판단이 확정되는 것이므로 당사자는 이와 모순되는 주장을 할 수 없게 된다.
② 무효인 처분에 대해 무효선언을 구하는 취소소송을 제기하는 경우에는 제소기간의 제한이 없다.
③ 거부행위가 항고소송의 대상인 처분이 되기 위해서는 그 거부행위가 신청인의 실체상의 권리관계에 직접적인 변동을 일으키는 것이어야 하며, 신청인이 실체상의 권리자로서 권리를 행사함에 중대한 지장을 초래하는 것만으로는 부족하다.
④ 처분시에 행정청으로부터 행정심판 제기기간에 관하여 법정 심판청구기간보다 긴 기간으로 잘못 통지받은 경우에 보호할 신뢰이익은 그 통지받은 기간 내에 행정소송을 제기한 경우에까지 확대되지 않는다.

938	
기출처	2022 지방직 9급
난이도	★★
키워드	제소기간

관련기출 옳은지문
- 처분시에 행정청으로부터 행정심판 제기기간에 관하여 법정 심판청구기간보다 긴 기간으로 잘못 통지받은 경우에 보호할 신뢰이익은 그 통지받은 기간 내에 행정소송을 제기한 경우에까지 확대되지 않는다.
  22지방직9급

해설

① (×) 행정심판의 재결은 소송과 같은 기판력의 효력이 없다.

> 행정심판의 재결은 … 재결에 판결에서와 같은 기판력이 인정되는 것은 아니어서 재결이 확정된 경우에도 처분의 기초가 된 사실관계나 법률적 판단이 확정되고 당사자들이나 법원이 이에 기속되어 모순되는 주장이나 판단을 할 수 없게 되는 것은 아니다(대판 2015.11.27., 2013다6759).

② 빈출 (×) 무효를 선언하는 취소소송은 비록 처분이 무효에 해당된다고 해도 취소소송의 형식으로 청구하였으므로 취소소송의 제기요건을 충족하여야 한다.

> 행정처분의 당연무효를 선언하는 의미에서 취소를 구하는 행정소송을 제기한 경우에도 제소기간의 준수 등 취소소송의 제소요건을 갖추어야 한다(대판 1993.3.12., 92누11039).

③ (×) 국민의 적극적 행위신청에 대하여 행정청이 그 신청에 따른 행위를 하지 않겠다고 거부한 행위가 항고소송의 대상이 되는 행정처분에 해당하는 것이라고 하려면, 그 신청한 행위가 공권력의 행사 또는 이에 준하는 행정작용이어야 하고, 그 거부행위가 신청인의 법률관계에 어떤 변동을 일으키는 것이어야 하며, 그 국민에게 그 행위발동을 요구할 법규상 또는 조리상의 신청권이 있어야 하는바, 여기에서 '신청인의 법률관계에 어떤 변동을 일으키는 것'이라는 의미는 신청인의 실체상의 권리관계에 직접적인 변동을 일으키는 것은 물론, 그렇지 않다 하더라도 신청인이 실체상의 권리자로서 권리를 행사함에 중대한 지장을 초래하는 것도 포함한다(대판 2007.10.11., 2007두1316).

④ 빈출 (○) 「행정심판법」상의 오고지 규정은 행정소송에는 적용될 수 없다(대판 2001.5.8., 2000두6916).

정답 | ④

939	
기출처	2019 국가직 7급
난이도	★★
키워드	제소기간

939

甲에 대한 과세처분 이후 조세부과의 근거가 되었던 법률에 대해 헌법재판소의 위헌결정이 있었고, 위헌결정 이후에 그 조세채권의 집행을 위해 甲의 재산에 대해 압류처분이 있었다. 이에 대한 설명으로 옳은 것은? (다툼이 있는 경우 판례에 의함)

① 甲이 압류처분에 대해 무효확인소송을 제기하였다가 취소소송으로 소의 종류를 변경하는 경우, 제소기간의 준수 여부는 취소소송으로 변경되는 때를 기준으로 한다.
② 甲이 압류처분에 대해 무효확인소송을 제기하였다가 압류처분에 대한 취소소송을 추가로 병합하는 경우, 무효확인의 소가 취소소송 제소기간 내에 제기됐더라도 취소청구의 소의 추가병합이 제소기간을 도과했다면 병합된 취소청구의 소는 부적법하다.
③ 위헌결정 당시 이미 과세처분에 불가쟁력이 발생하여 조세채권이 확정된 경우에도 甲의 재산에 대한 압류처분은 무효이다.
④ 甲은 압류처분에 대해 무효확인소송을 제기하려면 무효확인심판을 거쳐야 한다.

해설

① (×) 소 종류의 변경시 제소기간은 「행정소송법」 제21조 제4항의 규정과 제14조 제4항의 규정에 따라 처음에 소를 제기한 날이 기준이 된다.

> 「행정소송법」 제21조 【소의 변경】 ① 법원은 취소소송을 당해 처분 등에 관계되는 사무가 귀속하는 국가 또는 공공단체에 대한 당사자소송 또는 취소소송 외의 항고소송으로 변경하는 것이 상당하다고 인정할 때에는 청구의 기초에 변경이 없는 한 사실심의 변론종결 시까지 원고의 신청에 의하여 결정으로써 소의 변경을 허가할 수 있다.
> ② 제1항의 규정에 의한 허가를 하는 경우 피고를 달리하게 될 때에는 법원은 새로이 피고로 될 자의 의견을 들어야 한다.
> ③ 제1항의 규정에 의한 허가결정에 대하여는 즉시항고할 수 있다.
> ④ 제1항의 규정에 의한 허가결정에 대하여는 제14조 제2항·제4항 및 제5항의 규정을 준용한다.
> 제14조 【피고경정】 ① 원고가 피고를 잘못 지정한 때에는 법원은 원고의 신청에 의하여 결정으로써 피고의 경정을 허가할 수 있다.
> ② 법원은 제1항의 규정에 의한 결정의 정본을 새로운 피고에게 송달하여야 한다.
> ③ 제1항의 규정에 의한 신청을 각하하는 결정에 대하여는 즉시항고할 수 있다.
> ④ 제1항의 규정에 의한 결정이 있은 때에는 새로운 피고에 대한 소송은 처음에 소를 제기한 때에 제기된 것으로 본다.
> ⑤ 제1항의 규정에 의한 결정이 있은 때에는 종전의 피고에 대한 소송은 취하된 것으로 본다.
> ⑥ 취소소송이 제기된 후에 제13조 제1항 단서 또는 제13조 제2항에 해당하는 사유가 생긴 때에는 법원은 당사자의 신청 또는 직권에 의하여 피고를 경정한다. 이 경우에는 제4항 및 제5항의 규정을 준용한다.

② **빈출** (×) 동일한 행정처분에 대하여 무효확인의 소를 제기하였다가 그 후 그 처분의 취소를 구하는 소를 추가적으로 병합한 경우, 주된 청구인 무효확인의 소가 적법한 제소기간 내에 제기되었다면 추가로 병합된 취소청구의 소도 적법하게 제기된 것으로 봄이 상당하다(대판 2005.12.23., 2005두3554).

③ (○) 과세처분의 근거 법이 위헌결정을 받게 되면, 위헌결정의 기속력에 따라 위헌결정의 취지에 반하는 행위는 무효가 된다. 따라서 위헌결정 이전에 이미 과세처분에 불가쟁력이 발생하였다고 해도, 조세채권을 확보하기 위한 압류는 헌법재판소 위헌결정에 반하여 무효에 해당한다.

> 조세부과의 근거가 되었던 법률규정이 위헌으로 선언된 경우, 비록 그에 기한 과세처분이 위헌결정 전에 이루어졌고, 과세처분에 대한 제소기간이 이미 경과하여 조세채권이 확정되었으며, 조세채권의 집행을 위한 체납처분의 근거 규정 자체에 대하여는 따로 위헌결정이 내려진 바 없다고 하더라도, 위와 같은 <u>위헌결정 이후에 조세채권의 집행을 위한 새로운 체납처분에 착수하거나 이를 속행하는 것은 더 이상 허용되지 않고, 나아가 이러한 위헌 결정의 효력에 위배하여 이루어진 체납처분은 그 사유만으로 하자가 중대하고 객관적으로 명백하여 당연무효라고 보아야 한다</u>(대판 2012.2.16., 2010두10907).

④ (×) 필요적 행정심판전치주의에 해당되는 처분이라도 무효의 경우에는 이를 적용하지 않는다. 따라서 무효등확인심판을 전치하지 않아도 무효등확인소송 제기가 가능하다.

> **고득점 플러스+** 청구취지를 변경하여 소변경이 이루어진 경우의 제소기간과 관련된 판례
>
> 취소소송은 처분 등이 있음을 안 날부터 90일 이내에 제기하여야 하고, 처분 등이 있은 날부터 1년을 경과하면 제기하지 못하며(「행정소송법」 제20조 제1항·제2항), 청구취지를 변경하여 구 소가 취하되고 새로운 소가 제기된 것으로 변경되었을 때에 새로운 소에 대한 제소기간의 준수 등은 원칙적으로 소의 변경이 있은 때를 기준으로 하여야 한다(대판 2004.11.25, 2004두7023).

정답 | ③

940 필수
행정소송의 제소기간에 대한 내용으로 옳지 않은 것은? (다툼이 있는 경우 판례에 의함)

① 「행정심판법」 제27조 제6항에 의하면 행정청이 심판청구기간을 알리지 아니한 때에는 같은 조 제3항의 기간, 즉 처분이 있은 날로부터 180일 이내에 심판청구를 할 수 있다고 규정되어 있지만, 이러한 규정은 행정심판 제기에 관하여 적용되는 규정이지, 행정소송의 제기에도 당연히 유추적용되는 규정이라고 할 수는 없다.

② 재결청의 재조사결정에 따른 심사청구기간이나 심판청구기간 또는 행정소송의 제소기간의 기산점은 재결청의 재조사결정 시점이 된다.

③ 행정처분이 있음을 안 날부터 90일을 넘겨 행정심판을 청구하였다가 부적법하다는 이유로 각하재결을 받은 후 재결서를 송달받은 날부터 90일 내에 원래의 처분에 대하여 취소소송을 제기한 경우에 취소소송의 제소기간을 준수한 것으로 볼 수 없다.

④ 통상 고시 또는 공고에 의하여 행정처분을 하는 경우에는 그 처분의 상대방이 불특정 다수인이고 그 처분의 효력이 불특정 다수인에게 일률적으로 적용되는 것이므로, 고시가 효력을 발생하는 날 행정처분이 있음을 알았다고 보아야 한다.

940	1 2 3
기출처	예상문제
난이도	★★
키워드	제소기간

해설

② 빈출 (×) 재조사결정은 처분청의 후속 처분에 의하여 그 내용이 보완됨으로써 이의신청 등에 대한 결정으로서의 효력이 발생한다고 할 것이므로, 재조사결정에 따른 심사청구기간이나 심판청구기간 또는 행정소송의 제소기간은 이의신청인 등이 후속처분의 통지를 받은 날부터 기산된다고 봄이 타당하다(대판 2010.6.25., 2007두12514 전합).

④ (○) 통상의 고시에 의한 처분은 일반처분에 해당하여 불특정 다수인이 처분의 당사자이다. 특정인을 상대로 한 고시와 비교가 필요하다.

> 통상 고시 또는 공고에 의하여 행정처분을 하는 경우에는 그 처분의 상대방이 불특정 다수인이고 그 처분의 효력이 불특정 다수인에게 일률적으로 적용되는 것이므로, 그 행정처분에 이해관계를 갖는 자가 고시 또는 공고가 있었다는 사실을 현실적으로 알았는지 여부에 관계없이 고시가 효력을 발생하는 날 행정처분이 있음을 알았다고 보아야 한다(대판 2007.6.14., 2004두619).

정답 | ②

07 행정소송에서의 가구제

941
행정쟁송에 있어서 가구제에 대한 설명으로 옳지 않은 것은?

① 「행정소송법」상 집행정지의 결정 또는 기각의 결정에 대하여는 즉시항고할 수 있다.
② 행정처분의 효력이나 집행 혹은 절차속행 등의 정지를 구하는 신청은 「행정소송법」상 집행정지신청의 방법으로서만 가능할 뿐 「민사소송법」상 가처분의 방법으로는 허용될 수 없다.
③ 「행정심판법」상 임시처분은 집행정지로 목적을 달성할 수 없는 경우 관할 행정심판위원회가 직권으로 또는 당사자의 신청에 의하여 결정할 수 있다.
④ 집행정지결정 후 본안소송이 취하되어 소송이 계속되지 아니하더라도 집행정지결정의 효력이 당연히 소멸되는 것은 아니고 별도의 취소조치를 필요로 한다.

해설

① (O) 「행정심판법」 제23조 제2항의 규정에 의한 집행정지의 결정 또는 기각의 결정에 대하여는 즉시항고할 수 있다. 이 경우 집행정지의 결정에 대한 즉시항고에는 결정의 집행을 정지하는 효력이 없다(「행정소송법」 제23조 제5항).
② (O) 항고소송의 대상이 되는 행정처분의 효력이나 집행 혹은 절차속행 등의 정지를 구하는 신청은 「행정소송법」상 집행정지신청의 방법으로서만 가능할 뿐 「민사소송법」상 가처분의 방법으로는 허용될 수 없다(대결 2009.11.2., 2009마596).
③ (O) 「행정심판법」 제31조 제3항
④ (×) 집행정지결정을 하려면 이에 대한 본안소송이 법원에 제기되어 계속 중임을 요건으로 하는 것이므로 집행정지결정을 한 후에라도 본안소송이 취하되어 소송이 계속하지 아니한 것으로 되면 집행정지결정은 당연히 그 효력이 소멸되는 것이고 별도의 취소조치를 필요로 하는 것이 아니다(대판 1975.11.11., 75누97).

정답 | ④

---

942 〈필수〉
다음 중 「행정소송법」상 집행정지결정에 대한 설명으로 가장 옳지 않은 것은? (단, 다툼이 있는 경우 판례에 의함)

① 법원은 당사자의 신청 또는 직권에 의하여 처분 등의 효력이나 그 집행 또는 절차의 속행의 전부 또는 일부의 정지를 결정하거나 또는 집행정지의 취소를 결정할 수 있다.
② 집행정지결정은 속행정지, 집행정지, 효력정지로 구분되고 이 중 속행정지는 처분의 집행이나 효력을 정지함으로써 목적을 달성할 수 있는 경우에는 허용되지 아니한다.
③ 과징금납부명령의 처분이 사업자의 자금사정이나 경영전반에 미치는 파급효과가 매우 중대하다는 이유로 인한 손해는 효력정지 내지 집행정지의 적극적 요건인 '회복하기 어려운 손해'에 해당한다.
④ 효력기간이 정해져 있는 제재적 행정처분에 대한 취소소송에서 법원이 본안소송의 판결 선고시까지 집행정지결정을 하면, 처분에서 정해 둔 효력기간은 판결선고시까지 진행하지 않다가 판결이 선고되면 그때 집행정지결정의 효력이 소멸함과 동시에 처분의 효력이 당연히 부활하여 처분에서 정한 효력기간이 다시 진행한다.

관련기출 옳은지문
· 집행정지의 결정이 확정된 후 집행정지가 공공복리에 중대한 영향을 미치거나 그 정지사유가 없어진 때에는 당사자의 신청 또는 직권에 의하여 결정으로써 집행정지의 결정을 취소할 수 있다. 24국회직9급

해설

② 빈출 (×) 처분의 효력정지는 처분의 집행이나 절차의 정지로서 목적이 달성될 수 있는 경우에는 인정하지 않는다.

> 「행정소송법」 제23조 【집행정지】 ① 취소소송의 제기는 처분 등의 효력이나 그 집행 또는 절차의 속행에 영향을 주지 아니한다.
> ② 취소소송이 제기된 경우에 처분 등이나 그 집행 또는 절차의 속행으로 인하여 생길 회복하기 어려운 손해를 예방하기 위하여 긴급한 필요가 있다고 인정할 때에는 본안이 계속되고 있는 법원은 당사자의 신청 또는 직권에 의하여 처분 등의 효력이나 그 집행 또는 절차의 속행의 전부 또는 일부의 정지(이하 '집행정지'라 한다)를 결정할 수 있다. 다만, 처분의 효력정지는 처분 등의 집행 또는 절차의 속행을 정지함으로써 목적을 달성할 수 있는 경우에는 허용되지 아니한다.

정답 | ②

943

「행정소송법」상 집행정지에 대한 설명으로 옳지 않은 것은? (다툼이 있는 경우 판례에 의함)

① 집행정지제도는 적극처분에 대한 취소소송이나 무효등확인소송의 소 진행 중에 일정한 요건을 갖춘 경우 법원의 직권 또는 신청에 의해 처분의 효력 등을 정지시키는 임시구제제도이다.

② 집행정지결정을 하려면 이에 대한 본안소송이 법원에 제기되어 계속 중임을 요건으로 하는 것이므로 집행정지결정을 한 후에라도 본안소송이 취하되어 소송이 계속하지 아니한 것으로 되면 집행정지결정은 당연히 그 효력이 소멸된다.

③ 집행정지사건 자체에 의하여도 신청인의 본안청구가 적법한 것이어야 한다는 것을 집행정지의 요건에 포함시키는 것은 옳지 않다.

④ 행정처분의 효력정지나 집행정지를 구하는 신청사건에서는 행정처분 자체의 적법 여부는 원칙적으로 판단의 대상이 아니고, 그 행정처분의 효력이나 집행을 정지할 것인가에 관한 「행정소송법」 제23조 제2항에서 정한 요건의 존부만이 판단의 대상이 된다.

943	
기출처	예상문제
난이도	★★
키워드	행정소송에서의 가구제

해설

① (○) 집행정지에 대한 옳은 설명이다. 주의할 점은 무효등확인소송에서도 인정이 된다는 점이고 신청뿐만 아니라 법원의 직권에 의해서도 이루어진다는 점이다.

② (○) 집행정지는 소송의 진행을 전제로 한다. 따라서 소송이 취하되어 진행되지 않으면 집행정지결정은 실효된다.

> 행정처분의 집행정지는 행정처분집행 부정지의 원칙에 대한 예외로서 인정되는 일시적인 응급처분이라 할 것이므로 집행정지결정을 하려면 이에 대한 본안소송이 법원에 제기되어 계속 중임을 요건으로 하는 것이므로 집행정지결정을 한 후에라도 본안소송이 취하되어 소송이 계속하지 아니한 것으로 되면 집행정지결정은 당연히 그 효력이 소멸되는 것이고 별도의 취소조치를 필요로 하는 것이 아니다(대판 1975.11.11., 75누97).

③ (×) 행정처분의 효력정지나 집행정지를 구하는 신청사건에서는 행정처분 자체의 적법 여부는 원칙적으로 판단의 대상이 아니고, 그 행정처분의 효력이나 집행을 정지할 것인가에 관한 「행정소송법」 제23조 제2항에서 정한 요건의 존부만이 판단의 대상이 되는 것이다. 다만, 집행정지는 행정처분의 집행부정지원칙의 예외로서 인정되는 것이고, 또 본안에서 원고가 승소할 수 있는 가능성을 전제로 한 권리보호수단이라는 점에 비추어 보면, 집행정지사건 자체에 의하여도 신청인의 본안청구가 적법한 것이어야 한다는 것을 집행정지의 요건에 포함시키는 것이 옳다(대결 2010.11.26., 2010무137).

④ (○) 대결 2010.11.26., 2010무137

정답 | ③

944 〈필수〉

판례의 입장으로 옳지 않은 것은?

① 「도로교통법」상의 통고처분은 처분을 받은 당사자의 임의의 승복을 발효요건으로 하고 있으며, 행정공무원에 의하여 발하여지는 것이지만, 통고처분에 따르지 않고자 하는 당사자에게는 정식재판의 절차가 보장되어 있다.

② 행정처분의 집행정지를 구하는 신청사건에서는 행정처분 자체의 적법 여부는 원칙적으로 판단의 대상이 아니나, 집행정지사건 자체에 의하여도 신청인의 본안청구가 이유 없음이 명백할 때에는 행정처분의 집행정지를 명할 수 없다.

③ 「국가배상법」상의 '공공의 영조물'은 일반공중의 자유로운 사용에 직접적으로 제공되는 공공용물에 한하고, 행정주체 자신의 사용에 제공되는 공용물은 포함하지 않는다.

④ 행정처분에 그 효력기간이 정하여져 있는 경우, 그 처분의 효력 또는 집행이 정지된 바 없다면 위 기간의 경과로 그 행정처분의 효력은 상실되므로 그 기간 경과 후에는 그 처분이 외형상 잔존함으로 인하여 어떠한 법률상 이익이 침해되고 있다고 볼 만한 별다른 사정이 없는 한 그 처분의 취소를 구할 법률상 이익이 없다.

해설

① (○) 「도로교통법」상의 통고처분은 처분을 받은 당사자의 임의의 승복을 발효요건으로 하고 있으며, 행정공무원에 의하여 발하여지는 것이지만, 통고처분에 따르지 않고자 하는 당사자에게는 정식재판의 절차가 보장되어 있다(헌재 2003.10.30., 2002헌마275).

② (○) 행정처분의 적법 여부는 본안문제로서 집행정지결정을 위한 판단의 대상이 아니다. 집행정지의 결정 여부는 「행정소송법」상의 집행정지요건 여부만이 판단대상이 될 뿐이다. 다만, 대법원은 이유 없음이 명백하다면 집행정지의 대상이 될 수 없으므로 본안청구의 이유 없음 여부는 집행정지의 요건이라 한다.

> 1. 행정처분의 효력정지나 집행정지를 구하는 신청사건에 있어서는 행정처분 자체의 적법 여부를 판단할 것이 아니고 그 행정처분의 효력이나 집행 등을 정지시킬 필요가 있는지의 여부, 즉 「행정소송법」 제23조 제2항 소정 요건의 존부만이 판단대상이 되는 것이므로 이러한 요건을 결여하였다는 이유로 효력정지신청을 기각한 결정에 대하여 행정처분 자체의 적법 여부를 가지고 불복사유로 할 수 없다(대결 1991.5.2., 91두15).
> 2. 본안소송에서 처분의 취소가능성이 없음에도 처분의 효력이나 집행의 정지를 인정한다는 것은 제도의 취지에 반하므로 효력정지나 집행정지사건 자체에 의하여도 신청인의 본안청구가 이유 없음이 명백하지 않아야 한다는 것도 효력정지나 집행정지의 요건에 포함시켜야 한다(대결 1997.4.28., 96두75).

③ (×) 「국가배상법」 제5조 제1항 소정의 '공공의 영조물'이라 함은 국가 또는 지방자치단체에 의하여 특정 공공의 목적에 공여된 유체물 내지 물적 설비를 지칭하며, '특정 공공의 목적에 공여된 물'이라 함은 일반공중의 자유로운 사용에 직접적으로 제공되는 공공용물에 한하지 아니하고, 행정주체 자신의 사용에 제공되는 공용물도 포함하며 국가 또는 지방자치단체가 소유권, 임차권 그 밖의 권한에 기하여 관리하고 있는 경우뿐만 아니라 사실상의 관리를 하고 있는 경우도 포함한다(대판 1995.1.24., 94다45302).

④ (○) 행정처분에 그 효력기간이 정하여져 있는 경우에 그 처분의 효력 또는 집행이 정지된 바 없다면 위 기간의 경과로 그 행정처분의 효력은 상실되는 것이므로, 그 기간 경과 후에는 그 처분이 외형상 잔존함으로 인하여 어떠한 법률상 이득이 침해되고 있다고 볼만한 별다른 사정이 없는 한 그 처분의 취소를 구할 법률상의 이득이 없다고 할 것이다(대판 1989.11.14., 89누4833).

정답 | ③

945 필수

행정소송상 가구제제도에 대한 설명으로 옳지 않은 것은? (다툼이 있는 경우 판례에 의함)

① 무효등확인소송의 제기는 처분의 효력이나 그 집행 또는 절차의 속행에 영향을 주지 아니한다.
② 취소소송을 제기한 경우 법원은 당사자의 신청이나 직권으로 「민사집행법」상 가처분을 내릴 수 있다.
③ 신청에 대한 거부처분의 효력을 정지하더라도 거부처분이 있기 전의 신청시 상태로 되돌아가는 데에 불과하므로, 신청인에게는 거부처분에 대한 효력정지를 구할 이익이 없다.
④ 처분의 효력정지는 처분 등의 집행 또는 절차의 속행을 정지함으로써 목적을 달성할 수 있는 경우에는 허용되지 아니한다.

해설

② (×) 우리 대법원에 의하면 당사자소송에서는 「민사집행법」상 가처분이 가능하나 항고소송에서는 허용되지 않는다.

> 이러한 항고소송의 대상이 되는 행정처분의 효력이나 집행 혹은 절차속행 등의 정지를 구하는 신청은 「행정소송법」상 집행정지신청의 방법으로서만 가능할 뿐 「민사소송법」상 가처분의 방법으로는 허용될 수 없다(대결 2009.11.2., 2009마596).

정답 | ②

---

945 1 2 3

기출처	2016 지방직 9급
난이도	★★
키워드	행정소송에서의 가구제

관련기출 옳은지문

- 신청에 대한 거부처분의 효력을 정지하더라도 거부처분이 없었던 것과 같은 상태로 되돌아가는 데에 불과한 경우 그 신청에 대한 거부처분의 효력정지를 구할 이익이 없다. 24국회직9급

- 본안소송이 무효확인소송인 경우에도 집행정지가 가능하다. 18서울시7급

946	① ② ③
기출처	예상문제
난이도	★★
키워드	행정소송에서의 가구제

관련기출 옳은지문
- 처분의 효력정지는 처분 등의 집행 또는 절차의 속행을 정지함으로써 목적을 달성할 수 있는 경우에는 허용되지 아니한다. 14국가직9급

946
「행정소송법」상 집행정지에 대한 설명으로 옳은 것은?

① 집행정지결정을 한 후에라도 본안소송이 취하되어 소송이 계속하지 아니한 것으로 되면 집행정지결정은 당연히 그 효력이 소멸되는 것이고 별도의 취소조치를 필요로 하는 것이 아니다.
② 처분, 처분의 집행 또는 절차의 속행 때문에 중대한 손해가 생기는 것을 예방할 필요성이 긴급하다고 인정할 때에는 직권으로 또는 당사자의 신청에 의하여 처분의 효력, 처분의 집행 또는 절차의 속행의 전부 또는 일부의 정지를 결정할 수 있다.
③ 집행정지의 결정에 대한 즉시항고에는 집행정지 인용이나 기각결정의 집행을 정지하는 효력이 있다.
④ 처분의 절차정지는 처분 등의 집행 또는 효력의 속행을 정지함으로써 목적을 달성할 수 있는 경우에는 허용되지 아니한다.

해설

① (○) 행정처분의 집행정지는 행정처분집행 부정지의 원칙에 대한 예외로서 인정되는 일시적인 응급처분이라 할 것이므로 집행정지결정을 하려면 이에 대한 본안소송이 법원에 제기되어 계속 중임을 요건으로 하는 것이므로 집행정지결정을 한 후에라도 본안소송이 취하되어 소송이 계속하지 아니한 것으로 되면 집행정지결정은 당연히 그 효력이 소멸되는 것이고 별도의 취소조치를 필요로 하는 것이 아니다(대판 1975.11.11., 75누97).
② (×) 심판과 달리 소송의 집행정지요건에 '중대한 손해가 생기는 것을 예방'하는 것이 포함되지 않는다. '회복하기 어려운 손해를 예방'하기 위해서이다.

> 「행정소송법」 제23조 【집행정지】 ② 취소소송이 제기된 경우에 처분 등이나 그 집행 또는 절차의 속행으로 인하여 생길 회복하기 어려운 손해를 예방하기 위하여 긴급한 필요가 있다고 인정할 때에는 본안이 계속되고 있는 법원은 당사자의 신청 또는 직권에 의하여 처분 등의 효력이나 그 집행 또는 절차의 속행의 전부 또는 일부의 정지(이하 '집행정지'라 한다)를 결정할 수 있다.

③ (×) 「행정소송법」 제23조 제5항

> 「행정소송법」 제23조 【집행정지】 ⑤ 제2항의 규정에 의한 집행정지의 결정 또는 기각의 결정에 대하여는 즉시항고할 수 있다. 이 경우 집행정지의 결정에 대한 즉시항고에는 결정의 집행을 정지하는 효력이 없다.

④ 빈출 (×) 처분의 효력정지는 처분 등의 집행 또는 절차의 속행을 정지함으로써 목적을 달성할 수 있는 경우에는 허용되지 아니한다(동법 제23조 제2항).

정답 | ①

947 필수

「행정소송법」에 따른 집행정지에 대한 설명으로 옳지 않은 것은? (다툼이 있는 경우 판례에 의함)

① 처분의 효력정지결정을 하려면 그 효력정지를 구하는 당해 행정처분에 대한 본안소송이 법원에 제기되어 계속 중임을 요건으로 한다.
② 거부처분의 효력정지는 그 거부처분으로 인하여 신청인에게 생길 손해를 방지하는 데 필요하므로 신청인에게는 그 효력정지를 구할 이익이 있다.
③ 처분의 효력정지는 처분의 집행 또는 절차의 속행을 정지함으로써 목적을 달성할 수 있는 경우에는 허용되지 아니한다.
④ 신청인의 본안청구의 이유 없음이 명백할 때는 집행정지가 인정되지 않는다.

해설

① (○) 집행정지(효력정지)의 적극적 요건으로 법원에 소송이 계속 중임을 요한다(대결 1988.6.14., 88두6).
② 빈출 (×) 거부처분이나 부작위는 집행정지(효력정지, 절차정지)의 대상이 아니다.

> 신청에 대한 거부처분의 효력을 정지하더라도 거부처분이 없었던 것과 같은 상태, 즉 거부처분이 있기 전의 신청 시의 상태로 되돌아가는 데에 불과하고 행정청에게 신청에 따른 처분을 하여야 할 의무가 생기는 것이 아니므로, 거부처분의 효력정지는 그 거부처분으로 인하여 신청인에게 생길 손해를 방지하는 데에 아무런 소용이 없어 그 효력정지를 구할 이익이 없다(대결 1992.2.13., 91두47).

③ (○) 「행정소송법」 제23조 제2항
④ (○) 대법원에 의하면 이유 없음이 명백하지 않아야만 집행정지를 인정할 수 있다는 입장이다(대결 1992.6.8., 92두14).

정답 | ②

관련기출 옳은지문

- 집행정지는 적법한 본안소송이 계속 중일 것을 요한다. 16국가직9급

- 처분의 취소가능성이 없음에도 처분의 효력이나 집행의 정지를 인정한다는 것은 집행정지제도의 취지에 반하므로 집행정지 사건 자체에 의하여도 신청인이 본안청구가 이유 없음이 명백하지 않아야 한다는 것도 집행정지의 요건이다. 12국가직9급

948

기출처	2018 국가직 7급
난이도	★★★
키워드	행정소송에서의 가구제

관련기출 옳은지문
- 취소소송의 본안이 계속되고 있는 법원의 집행정지의 결정에 대한 즉시항고에는 결정의 집행을 정지하는 효력이 없다. 24국회직9급

948 〈필수〉

「행정소송법」상 집행정지에 대한 설명으로 옳은 것만을 모두 고르면? (다툼이 있는 경우 판례에 의함)

ㄱ. 보조금 교부결정 취소처분에 대하여 법원이 효력정지결정을 하면서 주문에서 그 법원에 계속 중인 본안소송의 판결선고시까지 처분의 효력을 정지한다고 선언하였을 경우, 본안소송의 판결선고에 의하여 정지결정의 효력은 소멸하고 이와 동시에 당초의 보조금 교부결정 취소처분의 효력이 당연히 되살아난다.

ㄴ. 집행정지의 결정이 확정된 후 집행정지가 공공복리에 중대한 영향을 미치거나 그 정지사유가 없어진 때에는 당사자의 신청 또는 직권에 의하여 결정으로써 집행정지의 결정을 취소할 수 있다.

ㄷ. 집행정지결정에 의하여 효력이 정지되는 처분이 당사자의 신청을 거부하는 것을 내용으로 하는 경우에는 그 처분을 행한 행정청은 집행정지결정의 취지에 따라 다시 이전의 신청에 대한 처분을 하여야 한다.

ㄹ. 집행정지의 결정에 대하여는 즉시항고할 수 있으며, 이 경우 집행정지의 결정에 대한 즉시항고에는 결정의 집행을 정지하는 효력이 없다.

① ㄱ, ㄷ
② ㄴ, ㄹ
③ ㄱ, ㄴ, ㄹ
④ ㄴ, ㄷ, ㄹ

해설

ㄱ. (○) 「행정소송법」 제23조에 의한 효력정지결정의 효력은 결정주문에서 정한 시기까지 존속하고 그 시기의 도래와 동시에 효력이 당연히 소멸하므로, 보조금 교부결정의 일부를 취소한 행정청의 처분에 대하여 법원이 효력정지결정을 하면서 주문에서 그 법원에 계속 중인 본안소송의 판결선고시까지 처분의 효력을 정지한다고 선언하였을 경우, 본안소송의 판결선고에 의하여 정지결정의 효력은 소멸하고 이와 동시에 당초의 보조금 교부결정 취소처분의 효력이 당연히 되살아난다. 따라서 효력정지결정의 효력이 소멸하여 보조금 교부결정 취소처분의 효력이 되살아난 경우, 특별한 사정이 없는 한 행정청으로서는 「보조금법」 제31조 제1항에 따라 취소처분에 의하여 취소된 부분의 보조사업에 대하여 효력정지기간 동안 교부된 보조금의 반환을 명하여야 한다(대판 2017.7.11., 2013두25498).

ㄴ. (○) 「행정소송법」 제24조 제1항

ㄷ. 빈출 (×) 거부처분은 집행정지의 대상이 되지 못한다(거부처분과 부작위는 집행정지 대상이 아님). 따라서 문장 자체가 성립될 수 없다. 다만, 집행정지결정도 법원의 사법작용으로서 기속력은 있다.

고득점 플러스+ 집행정지와 관련된 법령

「행정소송법」 제23조【집행정지】① 취소소송의 제기는 처분 등의 효력이나 그 집행 또는 절차의 속행에 영향을 주지 아니한다.
② 취소소송이 제기된 경우에 처분 등이나 그 집행 또는 절차의 속행으로 인하여 생길 회복하기 어려운 손해를 예방하기 위하여 긴급한 필요가 있다고 인정할 때에는 본안이 계속되고 있는 법원은 당사자의 신청 또는 직권에 의하여 처분 등의 효력이나 그 집행 또는 절차의 속행의 전부 또는 일부의 정지(이하 '집행정지'라 한다)를 결정할 수 있다. 다만, 처분의 효력정지는 처분 등의 집행 또는 절차의 속행을 정지함으로써 목적을 달성할 수 있는 경우에는 허용되지 아니한다.
③ 집행정지는 공공복리에 중대한 영향을 미칠 우려가 있을 때에는 허용되지 아니한다.
④ 제2항의 규정에 의한 집행정지의 결정을 신청함에 있어서는 그 이유에 대한 소명이 있어야 한다.
⑤ 제2항의 규정에 의한 집행정지의 결정 또는 기각의 결정에 대하여는 즉시항고할 수 있다. 이 경우 집행정지의 결정에 대한 즉시항고에는 결정의 집행을 정지하는 효력이 없다.
⑥ 제30조 제1항의 규정은 제2항의 규정에 의한 집행정지의 결정에 이를 준용한다.

제24조 【집행정지의 취소】 ① 집행정지의 결정이 확정된 후 집행정지가 공공복리에 중대한 영향을 미치거나 그 정지사유가 없어진 때에는 당사자의 신청 또는 직권에 의하여 결정으로써 집행정지의 결정을 취소할 수 있다.
② 제1항의 규정에 의한 집행정지결정의 취소결정과 이에 대한 불복의 경우에는 제23조 제4항 및 제5항의 규정을 준용한다.

ㄹ. (○) 동법 제23조 제5항

정답 | ③

949

「행정소송법」상 집행정지에 대한 설명으로 옳은 것만을 모두 고르면? (다툼이 있는 경우 판례에 의함)

ㄱ. 행정처분에 대한 효력정지신청을 구함에 있어서도 이를 구할 법률상 이익이 있어야 하는바, 이 경우 법률상 이익이라 함은 당해 처분의 근거 법률에 의하여 보호되는 직접적이고 구체적인 이익을 말하는 것이지 단지 간접적이거나 사실적·경제적 이해관계는 여기에 포함되지 않는다.
ㄴ. 타항공사와의 전략적 제휴의 기회를 얻지 못하는 손해는 효력정지를 구할 법률상 이익이 아니다.
ㄷ. 현역병입영처분의 효력이 정지되지 아니한 채 본안소송이 진행되어 병역의무를 중복하여 이행하는 불이익을 입게 되어도 다른 대체수단을 통한 구제방법이 있어 이를 '회복하기 어려운 손해'에 해당된다고 볼 수 없다.
ㄹ. 집행정지의 결정에 대하여는 즉시항고할 수 있으며, 이 경우 집행정지의 결정에 대한 즉시항고에는 결정의 집행을 정지하는 효력이 없다.

① ㄱ, ㄷ
② ㄴ, ㄹ
③ ㄱ, ㄴ, ㄹ
④ ㄴ, ㄷ, ㄹ

949　　① ② ③
기출처	예상문제
난이도	★★
키워드	행정소송에서의 가구제

해설

ㄱ. (○) 행정처분에 대한 효력정지신청을 구함에 있어서도 이를 구할 법률상 이익이 있어야 하는바, 이 경우 법률상 이익이라 함은 그 행정처분으로 인하여 발생하거나 확대되는 손해가 당해 처분의 근거 법률에 의하여 보호되는 직접적이고 구체적인 이익과 관련된 것을 말하는 것이고 단지 간접적이거나 사실적·경제적 이해관계를 가지는 데 불과한 경우는 여기에 포함되지 않는다(대결 2000.10.10., 2000무17).
ㄴ. (○) 경쟁 항공회사에 대한 국제항공노선면허처분으로 인하여 노선의 점유율이 감소됨으로써 경쟁력과 대내외적 신뢰도가 상대적으로 감소되고 연계노선망개발이나 타항공사와의 전략적 제휴의 기회를 얻지 못하게 되는 손해가 위 면허처분의 효력정지를 구할 법률상 이익이 될 수 없다(대결 2000.10.10., 2000무17).
ㄷ. (×) 「행정소송법」 제23조 제2항 소정의 '회복하기 어려운 손해'의 의미나, 현역병입영처분의 효력이 정지되지 아니한 채 본안소송이 진행된다면 특례보충역으로 방위산업체에 종사하던 신청인은 입영하여 다시 현역병으로 복무하지 않을 수 없는 결과 병역의무를 중복하여 이행하는 셈이 되어 불이익을 입게 되고 상당한 정신적 고통을 받게 될 것이므로 이는 사회관념상 위 '가'항의 '회복하기 어려운 손해'에 해당된다(대결 1992.4.29., 92두7).
ㄹ. (○) 「행정소송법」 제23조 제5항

「행정소송법」 제23조 【집행정지】 ⑤ 제2항의 규정에 의한 집행정지의 결정 또는 기각의 결정에 대하여는 즉시항고할 수 있다. 이 경우 집행정지의 결정에 대한 즉시항고에는 결정의 집행을 정지하는 효력이 없다.

정답 | ③

950	① ② ③
기출처	예상문제
난이도	★★
키워드	행정소송에서의 가구제

🔍 **관련기출 옳은지문**
- 집행정지의 소극적 요건에 대한 주장·소명책임은 행정청에 있다.

16서울시9급

950

행정소송의 청구효과에 대한 설명으로 옳지 않은 것은? (다툼이 있는 경우 판례에 의함)

① 처분에 인정되는 공정력에 의해 행정소송을 제기하여도 처분의 효력이나 집행이나 절차에 영향을 주지 않고 처분의 효력 등이 정지되지 아니하나 무효인 처분에 대해 무효등확인소송을 청구하는 경우에는 처분의 집행정지가 이루어진다.

② 「행정소송법」 제23조 제2항 소정의 집행정지의 적극적 요건인 '회복하기 어려운 손해'의 주장·소명책임의 소재는 신청인에게 있지만 집행정지의 소극적 요건인 '공공복리에 중대한 영향을 미칠 우려'의 주장·소명책임의 소재는 행정청에게 주어져 있다.

③ 본안소송에서 처분의 취소가능성이 없음에도 처분의 효력이나 집행의 정지를 인정한다는 것은 제도의 취지에 반하므로 효력정지나 집행정지사건 자체에 의하여도 신청인의 본안청구가 이유 없음이 명백하지 않아야 한다는 것도 효력정지나 집행정지의 요건에 포함시켜야 한다.

④ 행정소송에 있어서 본안판결에 대한 상소 후 본안의 소송기록이 원심법원에 있는 경우, 「행정소송법」 제23조 제2항에 의한 집행정지사건의 관할법원은 원심법원이다.

해설

① (×) 집행부정지는 공정력에 의한다는 학설도 있으나 일반적으로 입법정책상의 문제로 보고 있다. 따라서 무효인 경우에도 집행부정지가 원칙이다.

> 「행정소송법」 제23조【집행정지】 ① 취소소송의 제기는 처분 등의 효력이나 그 집행 또는 절차의 속행에 영향을 주지 아니한다.
> 제38조【준용규정】 ① 제9조, 제10조, 제13조 내지 제17조, 제19조, 제22조 내지 제26조, 제29조 내지 제31조 및 제33조의 규정은 <u>무효등확인소송의 경우에 준용한다</u>.

③ (○) 집행정지제도의 소극적 요건으로 판례는 '이유 없음이 명백하지 않아야 함'을 제시하고 있다. 주의할 점은 '이유 있음이 명백하여야 함'이 아니라는 점이다.

> 행정처분의 효력정지나 집행정지제도는 신청인이 본안 소송에서 승소판결을 받을 때까지 그 지위를 보호함과 동시에 후에 받을 승소판결을 무의미하게 하는 것을 방지하려는 것이어서 본안소송에서 처분의 취소가능성이 없음에도 처분의 효력이나 집행의 정지를 인정한다는 것은 제도의 취지에 반하므로 효력정지나 집행정지사건 자체에 의하여도 신청인의 본안청구가 이유 없음이 명백하지 않아야 한다는 것도 효력정지나 집행정지의 요건에 포함시켜야 한다(대결 2007.7.13., 2005무85).

정답 | ①

951

「행정소송법」상 가구제에 대한 설명으로 옳지 않은 것은? (다툼이 있는 경우 판례에 의함)

① 「민사소송법」상의 보전처분은 민사판결절차에 의하여 보호받을 수 있는 권리에 관한 것이므로, 「민사소송법」상의 가처분으로써 행정청의 어떠한 행정행위의 금지를 구하는 것은 허용될 수 없다.
② 관할 구청장의 인가 등에 의해 확정된 재건축사업시행계획에 관한 총회결의의 효력정지를 구하는 방법은 「민사집행법」상 가처분이다.
③ 「행정소송법」 제23조 제2항에서 정한 요건을 결여하였다는 이유로 효력정지신청을 기각한 결정에 대하여, 행정처분 자체의 적법 여부를 가지고 불복사유로 삼을 수 없다.
④ 유흥접객영업허가의 취소처분으로 5,000여만 원의 시설비를 회수하지 못하게 된다면 생계까지 위협받게 되는 결과가 초래될 수 있다는 등의 사정이 행정처분의 효력이나 집행을 정지하기 위한 요건인 '회복하기 어려운 손해'가 생길 우려가 있는 경우에 해당한다고 볼 수 없다.

해설

② (×) 인가를 받은 사업시행계획은 행정처분이다. 이에 대한 임시구제는 집행정지가 된다.

> 「도시 및 주거환경정비법」에 따른 주택재건축정비사업조합은 … 수립한 이 사건 사업시행계획은 인가·고시를 통해 확정되면 이해관계인에 대한 구속적 행정계획으로서 독립된 행정처분에 해당하고, 이와 같은 사업시행계획안에 대한 조합 총회결의는 그 행정처분에 이르는 절차적 요건 중 하나에 불과한 것으로서, 그 계획이 확정된 후에는 항고소송의 방법으로 계획의 취소 또는 무효확인을 구할 수 있을 뿐, 절차적 요건에 불과한 총회결의 부분만을 대상으로 그 효력 유무를 다투는 확인의 소를 제기하는 것은 허용되지 아니하고, 한편 이러한 항고소송의 대상이 되는 행정처분의 효력이나 집행 혹은 절차속행 등의 정지를 구하는 신청은 「행정소송법」상 집행정지신청의 방법으로서만 가능할 뿐 「민사소송법」상 가처분의 방법으로는 허용될 수 없다(대결 2009.11.2., 2009마596).

정답 | ②

08 행정소송의 심리와 판결

952
행정소송의 심리에 대한 설명으로 옳지 않은 것은?

① 「행정소송법」에 따르면 법원은 필요하다고 인정할 때에는 직권으로 증거조사를 할 수 있으나, 당사자가 주장하지 아니한 사실에 대하여는 판단할 수 없다.

② 법원은 행정처분 당시 행정청이 알고 있었던 자료뿐만 아니라 사실심 변론종결 당시까지 제출된 모든 자료를 종합하여 처분 당시 존재하였던 객관적 사실을 확정하고 그 사실에 기초하여 처분의 위법 여부를 판단할 수 있다.

③ 「행정소송법」에 따르면 법원은 당사자의 신청이 있는 때에는 결정으로써 재결을 행한 행정청에 대하여 행정심판에 관한 기록의 제출을 명할 수 있고, 제출명령을 받은 행정청은 지체 없이 당해 행정심판에 관한 기록을 법원에 제출하여야 한다.

④ 결혼이민[F-6 (다)목] 체류자격을 신청한 외국인에 대하여 행정청이 그 요건을 충족하지 못하였다는 이유로 거부처분을 하는 경우 '그 요건을 갖추지 못하였다는 판단', 즉 '혼인파탄의 주된 귀책사유가 국민인 배우자에게 있지 않다는 판단' 자체가 처분사유가 되는바, 결혼이민[F-6 (다)목] 체류자격 거부처분 취소소송에서 그 처분사유에 관한 증명책임은 피고 행정청에 있다.

해설

① **빈출** (×) 법원은 필요하다고 인정할 때에는 직권으로 증거조사를 할 수 있고, 당사자가 주장하지 아니한 사실에 대하여도 판단할 수 있다(「행정소송법」 제26조).

② **빈출** (○) 항고소송에 있어서 행정처분의 위법 여부를 판단하는 기준시점에 대하여 판결시가 아니라 처분시라고 하는 의미는 행정처분이 있을 때의 법령과 사실상태를 기준으로 하여 위법 여부를 판단할 것이며 처분 후 법령의 개폐나 사실상태의 변동에 영향을 받지 않는다는 뜻이고 처분 당시 존재하였던 자료나 행정청에 제출되었던 자료만으로 위법 여부를 판단한다는 의미는 아니므로, 처분 당시의 사실상태 등에 대한 입증은 사실심 변론종결 당시까지 할 수 있고, 법원은 행정처분 당시 행정청이 알고 있었던 자료뿐만 아니라 사실심 변론종결 당시까지 제출된 모든 자료를 종합하여 처분 당시 존재하였던 객관적 사실을 확정하고 그 사실에 기초하여 처분의 위법 여부를 판단할 수 있다(대판 1993.5.27., 92누19033).

③ (○) 「행정소송법」 제25조

④ (○) 결혼이민[F-6 (다)목] 체류자격을 신청한 외국인에 대하여 행정청이 그 요건을 충족하지 못하였다는 이유로 거부처분을 하는 경우에는 '그 요건을 갖추지 못하였다는 판단', 다시 말해 '혼인파탄의 주된 귀책사유가 국민인 배우자에게 있지 않다는 판단' 자체가 처분사유가 된다. 이러한 의미에서 결혼이민[F-6 (다)목] 체류자격 거부처분 취소소송에서도 그 처분사유에 관한 증명책임은 피고 행정청에 있다(대판 2019.7.4., 2018두66869).

정답 | ①

953 〈필수〉

사정판결에 대한 설명으로 옳은 것은? (다툼이 있는 경우 판례에 의함)

① 행정청의 재량에 속하는 처분이라도 재량권의 한계를 넘거나 그 남용이 있는 때에는 법원은 이를 취소할 수 있고, 재량권 일탈·남용에 관하여는 피고인 행정청이 증명책임을 부담한다.
② 법원은 사정판결을 하기 전에 원고가 그로 인하여 입게 될 손해의 정도와 배상방법 그 밖의 사정을 조사하여야 한다.
③ 사정판결을 하는 경우 법원은 처분의 위법함을 판결의 주문에 표기할 수 없으므로 판결의 내용에서 그 처분 등이 위법함을 명시함으로써 원고에 대한 실질적 구제가 이루어지도록 하여야 한다.
④ 원고는 취소소송이 계속된 법원에 당해 행정청에 대한 손해배상청구 등을 병합하여 제기할 수 없으므로, 손해배상청구를 담당하는 민사법원의 판결이 먼저 내려진 경우라 할지라도 이 판결의 내용은 취소소송에 영향을 미치지 아니한다.

953	
기출처	2020 소방직
난이도	★★
키워드	행정소송의 심리와 판결

관련기출 옳은지문
· 법원이 사정판결을 함에 있어서는 미리 원고가 그로 인하여 입게 될 손해의 정도와 배상방법 그 밖의 사정을 조사하여야 한다. 21지방직9급

해설

① 빈출 (×) 행정소송에서의 입증이나 주장책임은 원고나 피고 각자가 자신에게 유리한 것을 부담하게 된다. 따라서 재량의 일탈이나 남용에 대한 주장이나 입증책임은 원고가 부담한다. ❶

> 법원은 해당 심사기준의 해석에 관한 독자적인 결론을 도출하지 않은 채로 그 기준에 대한 행정청의 해석이 객관적인 합리성을 결여하여 재량권을 일탈·남용하였는지 여부만을 심사하여야 하고, 행정청의 심사기준에 대한 법원의 독자적인 해석을 근거로 그에 관한 행정청의 판단이 위법하다고 쉽사리 단정하여서는 아니 된다. 한편 이러한 재량권 일탈·남용에 관하여는 그 행정행위의 효력을 다투는 사람이 주장·증명책임을 부담한다(대판 2019. 1. 10., 2017두43319).

② 빈출 (○) 법원이 제1항의 규정에 의한 판결을 함에 있어서는 미리 원고가 그로 인하여 입게 될 손해의 정도와 배상방법 그 밖의 사정을 조사하여야 한다(「행정소송법」 제28조 제2항).
③ (×) 원고의 청구가 이유 있다고 인정하는 경우에도 처분 등을 취소하는 것이 현저히 공공복리에 적합하지 아니하다고 인정하는 때에는 법원은 원고의 청구를 기각할 수 있다. 이 경우 법원은 그 판결의 주문에서 그 처분 등이 위법함을 명시하여야 한다(동법 제28조 제1항).
④ (×) 원고는 피고인 행정청이 속하는 국가 또는 공공단체를 상대로 손해배상, 제해시설의 설치 그 밖에 적당한 구제방법의 청구를 당해 취소소송 등이 계속된 법원에 병합하여 제기할 수 있다(동법 제28조 제3항).

정답 | ②

❶ 문제는 사정판결에 대한 설명을 묻고 있는데, ① 선지는 문제와 무관한 재량의 일탈·남용에 대한 선지에 해당한다.

954

행정소송의 심리에 관한 설명으로 옳은 것은? (다툼이 있는 경우 판례에 의함)

① 소청심사위원회가 절차상 하자가 있다는 이유로 의원면직처분을 취소하는 결정을 한 후 징계권자가 징계절차에 따라 당해 공무원에 대하여 징계처분을 하는 경우, 「국가공무원법」 제14조 제8항에 정한 불이익변경금지의 원칙이 적용되지 않는다.
② 원고가 청구하지도 아니한 1990년 개별지가결정처분에 대하여 법원이 직권으로 판단하여 판결한 것은 「민사소송법」 제203조 소정의 처분권주의에 반한다고 할 수 없다.
③ 행정소송에 있어서 특별한 사정이 있는 경우를 제외하면 당해 행정처분의 적법성에 관하여는 행정청이 이를 주장·입증하여야 할 것이고 그 취소를 구하는 자가 위법사유에 해당하는 구체적 사실을 먼저 주장하여야 하는 것은 아니다.
④ 「행정소송법」 제26조가 "법원은 필요하다고 인정할 때에는 직권으로 증거조사를 할 수 있고, 당사자가 주장하지 아니한 사실에 대하여도 판단할 수 있다."라고 규정하고 있고, 이는 행정소송의 특수성에 연유하는 당사자주의, 변론주의에 대한 일부 예외규정으로서 법원은 제한 없이 당사자가 주장하지 아니한 사실을 판단할 수 있다.

해설

① (O) 구 「국가공무원법」 제14조 제6항은 소청심사결정에서 당초의 원처분청의 징계처분보다 청구인에게 불리한 결정을 할 수 없다는 의미인데, 의원면직처분에 대하여 소청심사청구를 한 결과 소청심사위원회가 의원면직처분의 전제가 된 사의표시에 절차상 하자가 있다는 이유로 의원면직처분을 취소하는 결정을 하였다고 하더라도, 그 효력은 의원면직처분을 취소하여 당해 공무원으로 하여금 공무원으로서의 신분을 유지하게 하는 것에 그치고, 이때 당해 공무원이 「국가공무원법」 제78조 제1항 각 호에 정한 징계사유에 해당하는 이상 같은 항에 따라 징계권자로서는 반드시 징계절차를 열어 징계처분을 하여야 하므로, 이러한 징계절차는 소청심사위원회의 의원면직처분취소 결정과는 별개의 절차로서 여기에 「국가공무원법」 제14조 제6항에 정한 불이익변경금지의 원칙이 적용될 여지는 없다(대판 2008.10.9., 2008두11853).
② (×) 기록을 살펴보아도 피고는 1991.6.29. 이 사건 토지에 대하여 1990년 개별토지가격결정을 한 사실이 없을 뿐만 아니라 원고가 1990년 개별지가결정처분의 취소를 구하고 있지도 아니하다 그런데도 원심이 원고가 청구하지도 아니한 1990년 개별지가결정처분에 대하여 판결한 것은 구 「민사소송법」 제188조 소정의 처분권주의에 반하여 위법하다 할 것이므로 그 취소(파기)를 면할 수 없다 하겠다(대판 1993.6.8., 93누4526).
③ (×) 행정소송에 있어서 특별한 사정이 있는 경우를 제외하면 당해 행정처분의 적법성에 관하여는 행정청이 이를 주장·입증하여야 할 것이나 그 취소를 구하는 자가 위법사유에 해당하는 구체적 사실을 먼저 주장하여야 한다고 한다(대판 2001.1.16., 99두8107).
④ (×) 「행정소송법」에 직권심리를 규정하고 있다고 해도 소장의 기록범위 내에서 가능할 뿐이지 제한 없이 주장하지 않은 사실을 판단할 수 있는 것은 아니다.

> 「행정소송법」 제26조가 "법원은 필요하다고 인정할 때에는 직권으로 증거조사를 할 수 있고, 당사자가 주장하지 아니한 사실에 대하여도 판단할 수 있다."라고 규정하고 있지만, 이는 행정소송의 특수성에 연유하는 당사자주의, 변론주의에 대한 일부 예외규정일 뿐 법원이 아무런 제한 없이 당사자가 주장하지 아니한 사실을 판단할 수 있는 것은 아니고, 일건 기록에 현출되어 있는 사항에 관하여서만 직권으로 증거조사를 하고 이를 기초로 하여 판단할 수 있을 따름이다(대판 1991.11.8., 91누2854).

정답 | ①

955 〈필수〉

다음 중 「행정소송법」상 사정판결에 대한 내용으로 가장 옳지 않은 것은?

> **제28조【사정판결】** ① 원고의 청구가 (ㄱ)고 인정하는 경우에도 처분 등을 취소하는 것이 현저히 (ㄴ)에 적합하지 아니하다고 인정하는 때에는 법원은 원고의 청구를 (ㄷ)할 수 있다. 이 경우 법원은 그 판결의 (ㄹ)에서 그 처분 등이 (ㅁ)을 명시하여야 한다.
> ② 법원이 제1항의 규정에 의한 판결을 함에 있어서는 미리 원고가 그로 인하여 입게 될 (ㅂ)의 정도와 배상방법 그 밖의 사정을 조사하여야 한다.
> ③ 원고는 피고인 행정청이 속하는 국가 또는 공공단체를 상대로 (ㅅ), (ㅇ) 그 밖에 적당한 구제방법의 청구를 당해 취소소송 등이 계속된 법원에 병합하여 제기할 수 있다.

① ㄱ: 이유 있다   ㅇ: 제해시설의 설치
② ㄴ: 공공복리   ㅅ: 손해배상
③ ㄷ: 기각   ㅂ: 손해
④ ㄹ: 이유   ㅁ: 위법함

해설

④ (×) 판결의 이유가 아니라 판결의 주문에 위법함을 명시하여야 한다.

> 「행정소송법」 제28조【사정판결】 ① 원고의 청구가 (이유 있다)고 인정하는 경우에도 처분 등을 취소하는 것이 현저히 (공공복리)에 적합하지 아니하다고 인정하는 때에는 법원은 원고의 청구를 (기각)할 수 있다. 이 경우 법원은 그 판결의 (주문)에서 그 처분 등이 (위법함)을 명시하여야 한다.
> ② 법원이 제1항의 규정에 의한 판결을 함에 있어서는 미리 원고가 그로 인하여 입게 될 (손해)의 정도와 배상방법 그 밖의 사정을 조사하여야 한다.
> ③ 원고는 피고인 행정청이 속하는 국가 또는 공공단체를 상대로 (손해배상), (제해시설의 설치) 그 밖에 적당한 구제방법의 청구를 당해 취소소송 등이 계속된 법원에 병합하여 제기할 수 있다.

정답 | ④

955

기출처	2022 군무원 7급
난이도	★★
키워드	행정소송의 심리와 판결

🔍 관련기출 옳은지문

- 사정판결은 본안심리 결과 원고의 청구가 이유 있다고 인정됨에도 불구하고 처분을 취소하는 것이 현저히 공공복리에 적합하지 아니하다고 인정하는 때 원고의 청구를 기각하는 판결을 말한다. 21지방직9급

- 원고는 피고인 행정청이 속하는 국가 또는 공공단체를 상대로 손해배상, 제해시설의 설치 그 밖에 적당한 구제방법의 청구를 당해 취소소송 등이 계속된 법원에 병합하여 제기할 수 있다. 21지방직9급

956

행정소송에서의 심리와 관련된 내용으로 옳은 것은? (다툼이 있는 경우 판례에 의함)

> ㄱ. 행정처분의 당연무효를 구하는 소송에 있어서 그 무효를 구하는 사람에게 그 행정처분에 존재하는 하자가 중대하고 명백하다는 것을 주장·입증할 책임이 있다.
> ㄴ. 법원은 당사자의 신청이 있는 때 또는 필요하다고 판단되는 경우에는 직권으로 재결을 행한 행정청에 대하여 행정심판에 관한 기록의 제출을 명할 수 있다.
> ㄷ. 행정청의 재량에 속하는 처분이라도 재량권의 한계를 넘거나 그 남용이 있는 때에는 법원은 이를 취소할 수 있다.
> ㄹ. 항고소송에 있어서 처분사유의 추가·변경이 허용되는 범위의 한계인 기본적 사실관계의 동일성 유무의 판단에서 추가 또는 변경된 사유가 당초의 처분시 이미 존재하고 있었고 당사자도 그 사실을 알고 있었다면 처분사유와 동일성이 있는 것으로 보아야 한다.

① ㄱ, ㄴ
② ㄱ, ㄷ
③ ㄴ, ㄹ
④ ㄷ, ㄹ

해설

ㄱ. **빈출** (○) 무효등확인소송에서 입증책임에 대해 다수설은 피고에게 부담된다고 하나, 대법원은 원고에게 주어진다고 한다.

> 행정처분의 당연무효를 구하는 소송에 있어서 그 무효를 구하는 사람에게 그 행정처분에 존재하는 하자가 중대하고 명백하다는 것을 주장·입증할 책임이 있다(대판 1984.2.28., 82누154).

> 「행정소송법」 제25조【행정심판기록의 제출명령】① 법원은 당사자의 신청이 있는 때에는 결정으로써 재결을 행한 행정청에 대하여 행정심판에 관한 기록의 제출을 명할 수 있다.

ㄴ. (×) 법원의 직권에 의한 심판기록 제출명령은 규정이 없다.
ㄷ. (○) 「행정소송법」 제27조
ㄹ. (×) 행정처분의 취소를 구하는 항고소송에 있어서, 처분청은 당초 처분의 근거로 삼은 사유와 기본적 사실관계가 동일성이 있다고 인정되는 한도 내에서만 다른 사유를 추가하거나 변경할 수 있고, 여기서 기본적 사실관계의 동일성 유무는 처분사유를 법률적으로 평가하기 이전의 구체적인 사실에 착안하여 그 기초인 사회적 사실관계가 기본적인 점에서 동일한지 여부에 따라 결정되며, 추가 또는 변경된 사유가 당초의 처분시 그 사유를 명기하지 않았을 뿐 처분시에 이미 존재하고 있었고 당사자도 그 사실을 알고 있었다 하여 당초의 처분사유와 동일성이 있는 것이라 할 수 없다(대판 2003.12.11., 2003두8395).

정답 | ②

957
행정소송에 관한 설명으로 옳지 않은 것은? (다툼이 있는 경우 판례에 의함)

① 일반적으로 행정처분이나 행정심판 재결이 불복기간의 경과로 인하여 확정될 경우 그 확정력은, 그 처분으로 인하여 법률상 이익을 침해받은 자가 당해 처분이나 재결의 효력을 더 이상 다툴 수 없다는 의미일 뿐이지 더 나아가 판결에 있어서와 같은 기판력이 인정되는 것은 아니다.

② 상호저축은행의 관리인이 해당 은행의 업무를 집행하고 재산을 관리·처분하는 권한을 가진 자라면 각종 송달이나 행정처분 등을 통지받을 권한이 있으므로, 상호저축은행은 그 관리인에게 영업인가취소처분이 통지된 때에 처분이 있음을 알았다고 보아야 하며 제소기간이 기산된다.

③ 대리관계를 명시적으로 밝히지 아니하였지만 처분의 명의자가 대리권한을 수여받아 피대리관청을 대리한다는 의사로 행정처분을 하였고 상대방도 대리인 것임을 알고서 이를 받아들이는 경우에는 피고는 피대리관청이 된다.

④ 건축허가신청에 대해 행정청이 「건축법」상 도로에 해당하는 전제하에 건축불허가처분을 한 후 소송 중에 해당 도로가 인근 주민들의 통행로로 이용되어 공익에 반한다는 주장을 추가한 경우 당초 처분사유와 기본적인 사실관계가 동일하다고 볼 수 없다.

해설

③ **빈출** (O) 대리청이 자신의 명의로 처분하였다고 해도 실제로 피대리청의 대리의사를 밝혔다면 예외적으로 피고는 피대리청이 된다.

> 비록 대리관계를 명시적으로 밝히지는 아니하였다 하더라도 처분명의자가 피대리 행정청 산하의 행정기관으로서 실제로 피대리 행정청으로부터 대리권한을 수여받아 피대리 행정청을 대리한다는 의사로 행정처분을 하였고 처분명의자는 물론 그 상대방도 그 행정처분이 피대리 행정청을 대리하여 한 것임을 알고서 이를 받아들인 예외적인 경우에는 피대리 행정청이 피고가 되어야 한다(대판 2006.2.23., 2005부4).

④ (×) 甲이 '사실상의 도로'로서 인근 주민들의 통행로로 이용되고 있는 토지 및 지상의 건물을 매수한 다음 기존 건물을 철거하고 새 건물을 신축하겠다는 내용으로 건축허가를 신청하였으나, 구청장이 위 사실상 도로가 「건축법」상 도로에 해당함을 전제로 '甲의 건축계획이 「건축법」 제46조(건축선 지정)를 위반하였다.'는 사유로 건축불허가처분을 하자 甲이 처분의 취소를 구하는 소송을 제기하였는데, 제1심법원이 위 사실상 도로가 「건축법」상 도로에 해당하지 않는다는 이유로 甲의 청구를 인용하는 판결을 선고하자 구청장이 항소하여 '위 사실상 도로가 인근 주민들의 통행로로 이용되어 왔는데, 건물을 신축하는 경우 인근 토지들이 맹지가 되므로 건축을 허용하는 것은 공익상 요구에 반한다.'는 주장을 추가한 사안에서, 구청장이 원심에서 추가한 처분사유는 당초 처분사유와 기본적 사실관계가 동일하고, 정당하여 결과적으로 위 처분이 적법한 것으로 볼 여지가 있다(대판 2019.10.31., 2018두45954).

정답 | ④

958	
기출처	2022 지방직 9급
난이도	★★
키워드	행정소송의 심리와 판결

관련기출 옳은지문

· 행정처분을 취소한다는 확정판결이 있으면 그 취소판결이 형성력에 의하여 당해 행정처분의 취소나 취소통지 등의 별도의 절차를 요하지 아니하고 당연히 취소의 효과가 발생한다. 24군무원9급

958 필수

취소소송의 판결에 대한 설명으로 옳은 것은? (다툼이 있는 경우 판례에 의함)

① 원고의 청구가 이유 있다고 인정하는 경우에도 이를 인용하는 것이 현저히 공공복리에 적합하지 않다고 판단되면 법원은 피고 행정청의 주장이나 신청이 없더라도 사정판결을 할 수 있다.

② 영업정지처분에 대한 취소소송에서 취소판결이 확정되면 처분청은 영업정지처분의 효력을 소멸시키기 위하여 영업정지처분을 취소하는 처분을 하여야 할 의무를 진다.

③ 공사중지명령의 상대방이 제기한 공사중지명령취소소송에서 기각판결이 확정된 경우 특별한 사정변경이 없더라도 그 후 상대방이 제기한 공사중지명령해제신청 거부처분취소소송에서는 그 공사중지명령의 적법성을 다시 다툴 수 있다.

④ 행정청은 취소판결에서 위법하다고 판단된 처분사유와 기본적 사실관계의 동일성이 없는 사유이더라도 처분시에 존재한 사유를 들어 종전의 처분과 같은 처분을 다시 할 수 없다.

해설

① (○) 사정판결에 대해 「행정소송법」은 신청으로 한정하는 규정을 두고 있지 않다.

「행정소송법」 규정	대법원의 입장
제28조【사정판결】① 원고의 청구가 이유 있다고 인정하는 경우에도 처분 등을 취소하는 것이 현저히 공공복리에 적합하지 아니하다고 인정하는 때에는 법원은 원고의 청구를 기각할 수 있다. 이 경우 법원은 그 판결의 주문에서 그 처분 등이 위법함을 명시하여야 한다.	사정판결은 당사자의 명백한 주장이 없는 경우에도 기록에 나타난 여러 사정을 기초로 직권으로 할 수 있는 것이나, 그 요건인 현저히 공공복리에 적합하지 아니한지 여부는 위법한 행정처분을 취소·변경하여야 할 필요와 그 취소·변경으로 인하여 발생할 수 있는 공공복리에 반하는 사태 등을 비교·교량하여 판단하여야 한다(대판 2006.9.22., 2005두2506).

② (×) 처분이 판결로서 취소되면 행정청의 별도 취소 없이 형성력에 의해 처분의 효력은 소멸한다. 처분청의 별도의 취소행위는 의무가 아니다.

> 행정처분을 취소한다는 확정판결이 있으면 그 취소판결의 형성력에 의하여 당해 행정처분의 취소나 취소통지 등의 별도의 절차를 요하지 아니하고 당연히 취소의 효과가 발생한다(대판 1991.10.11., 90누5443).

③ (×) 행정청이 관련 법령에 근거하여 행한 공사중지명령의 상대방이 명령의 취소를 구한 소송에서 패소함으로써 그 명령이 적법한 것으로 이미 확정되었다면, 이후 이러한 공사중지명령의 상대방은 그 명령의 해제신청을 거부한 처분의 취소를 구하는 소송에서 그 명령의 적법성을 다툴 수 없다. 그와 같은 공사중지명령에 대하여 그 명령의 상대방이 해제를 구하기 위해서는 명령의 내용 자체로 또는 성질상으로 명령 이후에 원인사유가 해소되었음이 인정되어야 한다(대판 2014.11.27., 2014두37665).

④ 빈출 (×) 어떤 처분에 대한 취소소송에서 처분청이 당초 처분사유와 기본적 사실관계의 동일성이 인정되어 추가·변경할 수 있는 다른 사유를 사실심 변론종결시까지 적극적으로 주장·증명하지 못하고 그 처분을 취소하는 판결이 확정된 경우, 처분청이 그 다른 사유를 근거로 다시 종전과 같은 내용의 처분을 할 수 없지만 어떤 처분의 당초 사유와 기본적 사실관계의 동일성이 인정되지 않는 다른 사유가 있는 경우, 처분청이 그 처분에 대한 취소판결 확정 후 그 다른 사유를 근거로 별도의 처분을 할 수 있다(대판 2020.12.24., 2019두55675).

정답 | ①

959 필수

판결의 기속력에 대한 설명으로 옳지 않은 것은? (다툼이 있는 경우 판례에 의함)

① 거부처분이 있은 후 법령이 개정되어 시행된 경우에는 개정된 법령과 그에 따른 기준을 새로운 사유로 들어 다시 거부처분을 하더라도 기속력에 반하는 것은 아니다.
② 기속력의 주관적 범위는 그 사건에 관하여 당사자인 행정청과 그 밖의 관계행정청에 미친다.
③ 거부처분취소소송에서 재처분의무의 실효성을 확보하기 위한 간접강제제도는 부작위위법확인소송에도 준용된다.
④ 기속력의 객관적 범위는 판결의 주문과 판결이유 중에 설시된 개개의 위법사유 및 간접사실이다.
⑤ 기속력을 위반한 행정청의 행위는 당연무효이다.

해설

① **빈출** (○) 행정처분의 적법 여부는 그 행정처분이 행하여 진 때의 법령과 사실을 기준으로 하여 판단하는 것이므로 거부처분 후에 법령이 개정·시행된 경우에는 개정된 법령 및 허가기준을 새로운 사유로 들어 다시 이전의 신청에 대한 거부처분을 할 수 있으며 그러한 처분도 「행정소송법」 제30조 제2항에 규정된 재처분에 해당된다(대결 1998.1.7., 97두22).

② (○) 기속력은 인용판결시 행정청과 관계행정청에 대한 효력이다.

③ **빈출** (○) 행정소송에서 간접강제제도는 거부처분취소소송과 부작위법확인소송에서 인정된다(「행정소송법」 제34조 제1항, 제38조 제2항).

④ **빈출** (×) 판결의 기속력은 판결의 주문과 판결이유에 설시된 개개의 위법사유에 미치는 간접적인 사실들에는 미치지 않는다.

> 「행정소송법」 제30조 제1항에 의하여 인정되는 취소소송에서 처분 등을 취소하는 확정판결의 기속력은 주로 판결의 실효성 확보를 위하여 인정되는 효력으로서 판결의 주문뿐만 아니라 그 전제가 되는 처분 등의 구체적 위법사유에 관한 이유 중의 판단에 대하여도 인정된다(대판 2001.3.23., 99두5238).

⑤ (○) 확정판결의 당사자인 처분행정청이 그 행정소송의 사실심 변론종결 이전의 사유를 내세워 다시 확정판결과 저촉되는 행정처분을 하는 것은 허용되지 않는 것으로서 이러한 행정처분은 그 하자가 중대하고도 명백한 것이어서 당연무효라 할 것이다(대판 1990.12.11., 90누3560).

정답 | ④

959
- 기출처: 2020 국회직 8급
- 난이도: ★★
- 키워드: 행정소송의 심리와 판결

관련기출 옳은지문

• 거부처분의 취소판결이 확정되었더라도 그 거부처분 후에 법령이 개정·시행되었다면 처분청은 그 개정된 법령 및 허가기준을 새로운 사유로 들어 다시 이전 신청에 대하여 거부처분을 할 수 있다.
  18국회직8급

• 취소 확정판결의 기속력은 판결의 주문 및 전제가 되는 처분 등의 구체적 위법사유에 관한 판단에도 미치나, 종전 처분이 판결에 의하여 취소되었더라도 종전 처분과 다른 사유를 들어서 새로이 처분을 하는 것은 기속력에 저촉되지 않는다.
  24국회직9급

• 취소소송에 대한 판결이 확정된 후 그 확정판결의 기속력에 반하는 행정청의 행위는 위법하며 무효원인에 해당한다는 것이 판례의 입장이다.
  16군무원9급

960

「행정소송법」상 행정소송의 심리에 대한 설명으로 옳지 않은 것은? (다툼이 있는 경우 판례에 의함)

① 행정소송에도 당사자가 청구하지 않은 사항은 판결할 수 없어 처분권주의가 적용된다.
②「행정소송법」의 직권심리주의 규정에 의해 법원은 원고의 청구범위를 넘어 청구인용의 판결을 할 수 있다.
③ 사실심에서 변론종결시까지 당사자가 주장하지 않던 직권조사사항에 해당하는 사항을 상고심에서 비로소 주장하는 경우 그 직권조사사항에 해당하는 사항은 상고심의 심판범위에 해당한다.
④ 법원은 당사자의 신청이 있는 때에는 결정으로써 재결을 행한 행정청에 대하여 행정심판에 관한 기록의 제출을 명할 수 있다.

해설

① (○) 「행정소송법」 제8조의 규정에 따라 「행정소송법」에 규정이 없는 것은 「민사소송법」 등을 적용한다. 「행정소송법」에는 처분권주의에 대한 규정을 두고 있지 아니하나 「민사소송법」에 처분권주의가 규정되어 있어 행정소송의 심리에도 처분권주의가 적용된다.

「행정소송법」	「민사소송법」
제8조【법적용례】② 행정소송에 관하여 이 법에 특별한 규정이 없는 사항에 대하여는 「법원조직법」과 「민사소송법」 및 「민사집행법」의 규정을 준용한다.	제203조【처분권주의】 법원은 당사자가 신청하지 아니한 사항에 대하여는 판결하지 못한다.

② (×) 「행정소송법」에 직권심리를 규정하고 있으나 소송청구 범위 내(=일건 기록 현출 범위)에서 당사자가 주장하지 않은 사항에 대해 법원은 직권으로 심리할 수 있을 뿐이지 청구범위를 넘어 심리할 수 없다.

> 「행정소송법」 제26조는 법원이 필요하다고 인정할 때에는 직권으로 증거조사를 할 수 있고 당사자가 주장하지 아니한 사실에 대하여 판단할 수 있다고 규정하고 있으나, 이는 행정소송에 있어서 원고의 청구범위를 초월하여 그 이상의 청구를 인용할 수 있다는 뜻이 아니라 원고의 청구범위를 유지하면서 그 범위 내에서 필요에 따라 주장 외의 사실에 관하여 판단할 수 있다는 뜻이라고 할 것이다(대판 1992.3.10., 91누6030).

③ (○) 사실심에서 변론종결시까지 당사자가 주장하지 않던 직권조사사항에 해당하는 사항을 상고심에서 비로소 주장하는 경우 그 직권조사사항에 해당하는 사항은 상고심의 심판범위에 해당한다(대판 2004.12.24., 2003두15195).

④ (○) 「행정소송법」 제25조 제1항

> 「행정소송법」 제25조【행정심판기록의 제출명령】① 법원은 당사자의 신청이 있는 때에는 결정으로써 재결을 행한 행정청에 대하여 행정심판에 관한 기록의 제출을 명할 수 있다.
> ② 제1항의 규정에 의한 제출명령을 받은 행정청은 지체 없이 당해 행정심판에 관한 기록을 법원에 제출하여야 한다.

정답 | ②

961 필수

행정소송의 심리와 판결에 관한 설명으로 옳은 것(○)과 옳지 않은 것(×)이 바르게 된 것은? (다툼이 있는 경우 판례에 의함)

ㄱ. 여러 개의 상이에 대한 국가유공자요건 비해당처분에 대한 취소소송에서 그중 일부 상이가 국가유공자요건이 인정되는 상이에 해당하고 나머지 상이는 해당하지 않는 경우, 비해당처분 전부를 취소하여야 한다.
ㄴ. 행정처분을 취소한다는 확정판결이 있으면 그 취소판결의 형성력에 의하여 당해 행정처분의 취소나 취소통지 등의 별도의 절차를 요하지 아니하고 당연히 취소의 효과가 발생한다.
ㄷ. 행정처분의 취소를 구하는 소가 패소확정되었음에도 다시 해당 처분의 무효확인을 구하는 소를 제기할 수 있다.
ㄹ. 처분사유의 추가·변경은 사실심 변론종결시까지만 허용된다.

	ㄱ	ㄴ	ㄷ	ㄹ
①	○	○	×	×
②	○	×	○	×
③	×	○	×	○
④	×	×	○	○

해설

ㄱ. (×) 외형상 하나의 행정처분이라 하더라도 가분성이 있거나 그 처분대상의 일부가 특정될 수 있다면 그 일부만의 취소도 가능하고 그 일부의 취소는 당해 취소부분에 관하여 효력이 생긴다고 할 것인 점 등을 종합하면, 여러 개의 상이에 대한 국가유공자요건 비해당처분에 대한 취소소송에서 그중 일부 상이가 국가유공자요건이 인정되는 상이에 해당하더라도 나머지 상이에 대하여 위 요건이 인정되지 아니하는 경우에는 국가유공자요건 비해당처분 중 위 요건이 인정되는 상이에 대한 부분만을 취소하여야 할 것이고, 그 비해당처분 전부를 취소할 수는 없다고 할 것이다(대판 2012.3.29., 2011두9263).
ㄴ. (○) 대판 1991.10.11., 90누5443
ㄷ. (×) 처분이 취소소송에서 기각된 경우 기판력에 의해 당해 처분의 무효등확인소송을 청구할 수 없다.

> 행정처분 취소청구를 기각하는 판결이 확정되면 그 처분이 적법하다는 점에 관하여 기판력이 생기고 그 소의 원고뿐만 아니라 관계 행정기관도 이에 기속된다 할 것이므로 면직처분이 위법하지 아니하다는 점이 판결에서 확정된 이상 원고가 다시 이를 무효라 하여 그 무효확인을 소구할 수는 없다(대판 1992.12.8., 92누6891).

ㄹ. (○) 처분사유의 추가·변경은 사실심 변론종결시까지 인정된다.

정답 | ③

962 〈필수〉

취소판결의 기속력에 대한 설명으로 옳은 것(○)과 옳지 않은 것(×)을 바르게 연결한 것은? (다툼이 있는 경우 판례에 의함)

ㄱ. 취소 확정판결의 기속력은 판결의 주문(主文)에 대해서만 발생하며, 처분의 구체적 위법사유에 대해서는 발생하지 않는다.

ㄴ. 처분청이 재처분을 하였는데 종전 거부처분에 대한 취소 확정판결의 기속력에 반하는 경우에는 간접강제의 대상이 될 수 있다.

ㄷ. 취소 확정판결의 기속력에 대한 규정은 무효확인판결에도 준용되므로, 무효확인판결의 취지에 따른 처분을 하지 아니할 때에는 1심 수소법원은 간접강제결정을 할 수 있다.

ㄹ. 특별한 사정이 없는 한 간접강제결정에서 정한 의무이행기한이 경과한 후에라도 확정판결의 취지에 따른 재처분의 이행이 있으면 더 이상 배상금의 추심은 허용되지 않는다.

	ㄱ	ㄴ	ㄷ	ㄹ
①	○	×	○	○
②	×	○	×	○
③	×	○	×	×
④	×	×	○	○

해설

ㄱ. (×) 확정판결의 기속력의 효력은 판결의 주문과 이유에 인정된다. 즉, 판결의 주문과 주문의 전제가 된 요건사실의 인정 및 판단에 행정청은 기속된다.

> 「행정소송법」 제30조 제1항에 의하여 인정되는 취소소송에서 처분 등을 취소하는 확정판결의 기속력은 주로 판결의 실효성 확보를 위하여 인정되는 효력으로서 판결의 주문뿐만 아니라 그 전제가 되는 처분 등의 구체적 위법사유에 관한 이유 중의 판단에 대하여도 인정된다(대판 2001.3.23., 99두5238).

ㄴ. (○) 거부처분의 취소판결 이후에 행정청이 재처분을 하였다고 해도 판결의 기속력에 반하는 행위는 무효이고 간접강제대상이 된다.

> 거부처분에 대한 취소의 확정판결이 있음에도 행정청이 아무런 재처분을 하지 아니하거나, 재처분을 하였다 하더라도 그것이 종전 거부처분에 대한 취소의 확정판결의 기속력에 반하는 등으로 당연무효라면 이는 아무런 재처분을 하지 아니한 때와 마찬가지라 할 것이므로 이러한 경우에는 「행정소송법」 제30조 제2항, 제34조 제1항 등에 의한 간접강제신청에 필요한 요건을 갖춘 것으로 보아야 한다(대결 2002.12.11., 2002무22).

ㄷ. (×) 「행정소송법」은 무효등확인소송에 (거부처분)취소소송의 간접강제에 관한 준용규정을 두고 있지 않으며 대법원도 이를 부정하고 있다.

> 「행정소송법」 제38조 제1항이 무효확인판결에 관하여 취소판결에 관한 규정을 준용함에 있어서 같은 법 제30조 제2항을 준용한다고 규정하면서도 같은 법 제34조는 이를 준용한다는 규정을 두지 않고 있으므로, 행정처분에 대하여 무효확인판결이 내려진 경우에는 그 행정처분이 거부처분인 경우에도 행정청에 판결의 취지에 따른 재처분의무가 인정될 뿐 그에 대하여 간접강제까지 허용되는 것은 아니라고 할 것이다(대결 1998.12.24., 98무37).

ㄹ. (○) 간접강제제도의 취지는 실질적인 배상이 아니라 행정청의 처분을 이행하도록 함에 있어, 기간을 지난 이후에 처분을 하였다면 배상금은 추심할 수 없다.

> 「행정소송법」 제34조 소정의 간접강제결정에 기한 배상금의 성질 및 확정판결의 취지에 따른 재처분이 간접강제결정에서 정한 의무이행기한이 경과한 후에 이루어진 경우, 간접강제결정에 기한 배상금의 추심이 허용되지 않는다(대판 2004.1.15., 2002두2444).

정답 | ②

963 필수

다음 중 판결의 효력에 대한 설명으로 가장 옳지 않은 것은?

① 취소판결 자체의 효력으로써 그 행정처분을 기초로 하여 새로 형성된 제3자의 권리까지 당연히 그 행정처분 전의 상태로 환원되는 것이라고는 할 수 없다.
② 처분의 취소를 구하는 청구에 대한 기각판결은 기판력이 발생하지 않는다.
③ 취소판결이 확정된 경우 행정청은 종전 처분과 다른 사유로 다시 처분할 수 있고, 이 경우 그 다른 사유가 종전 처분 당시 이미 존재하고 있었고 당사자가 이를 알고 있었다 하더라도 확정판결의 기속력에 저촉되지 않는다.
④ 거부처분에 대한 취소판결이 확정된 후 법령이 개정된 경우 개정된 법령에 따라 다시 거부처분을 하여도 기속력에 반하지 아니하다.

해설

② (×) 기판력은 확정판결의 효력으로서 인용판결이나 기각판결에 모두 발생하는 효력이다.

정답 | ②

기출처: 2022 군무원 9급
난이도: ★★
키워드: 행정소송의 심리와 판결

관련기출 옳은지문

- 거부처분 후에 법령이 개정·시행된 경우, 거부처분취소의 확정판결을 받은 행정청이 개정된 법령을 새로운 사유로 들어 다시 거부처분을 한 경우도 재처분에 해당한다. 19서울시9급

- 거부처분의 취소판결이 확정된 경우 그 판결의 당사자인 처분청은 그 소송의 사실심변론종결 이후 발생한 사유를 들어 다시 이전의 신청에 대하여 거부처분을 할 수 있다. 18국회직8급

964

「행정소송법」상 취소판결의 기속력에 대한 설명으로 옳은 것은?

① 취소소송에서 청구를 기각하는 판결이 확정된 경우에도 기속력이 인정된다.
② 취소판결의 기속력은 판결의 주문에 대해서만 인정된다.
③ 행정청의 거부처분을 취소하는 판결이 확정된 경우, 취소사유가 행정처분의 절차의 위법으로 인한 것이라면 그 처분 행정청은 확정판결의 취지에 따라 그 위법사유를 보완하여 다시 종전의 신청에 대한 거부처분을 할 수 있다.
④ 취소판결의 기속력에 반하는 처분은 그 하자가 중대하지만 명백하다고 볼 수는 없다.

해설

① (×) 「행정소송법」 제30조 제1항은 "처분 등을 취소하는 확정판결은 그 사건에 관하여 당사자인 행정청과 그 밖의 관계행정청을 기속한다."라고 규정하고 있다. 이러한 취소 확정판결의 '기속력'은 취소 청구가 인용된 판결에서 인정되는 것으로서 당사자인 행정청과 그 밖의 관계행정청에게 확정판결의 취지에 따라 행동하여야 할 의무를 지우는 작용을 한다(대판 2016.3.24., 2015두48235).
② 빈출 (×) 취소소송에서 처분 등을 취소하는 확정판결의 기속력은 주로 판결의 실효성 확보를 위하여 인정되는 효력으로서 판결의 주문뿐만 아니라 그 전제가 되는 처분 등의 구체적 위법사유에 관한 이유 중의 판단에 대하여도 인정된다(대판 2001.3.23., 99두5238).
③ 빈출 (○) 「행정소송법」 제30조 제2항의 규정에 의하면 행정청의 거부처분을 취소하는 판결이 확정된 경우에는 그 처분을 행한 행정청이 판결의 취지에 따라 이전의 신청에 대하여 재처분할 의무가 있다고 할 것이나, 그 취소사유가 행정처분의 절차, 방법의 위법으로 인한 것이라면 그 처분 행정청은 그 확정판결의 취지에 따라 그 위법사유를 보완하여 다시 종전의 신청에 대한 거부처분을 할 수 있고, 그러한 처분도 위 조항에 규정된 재처분에 해당한다(대판 2005.1.14., 2003두13045).
④ 빈출 (×) 처분사유는 취소판결의 기속력이 미치는 객관적 범위를 결정한다. 처분청이 확정된 취소판결에서 위법한 것으로 판단된 처분사유와 기본적 사실관계에 동일성이 인정되는 사유를 내세워 다시 동일한 내용의 처분을 하는 것은 취소판결의 기속력에 반하는 것으로 그 하자가 중대·명백하여 당연무효라고 보아야 한다(대판 2020.12.24., 2019두55).

정답 | ③

기출처: 2025년 지방직 9급
난이도: ★★
키워드: 행정소송의 심리와 판결

965	① ② ③
기출처	2025년 지방직 9급
난이도	★★
키워드	행정소송의 심리와 판결

965

취소소송 확정판결의 기판력에 대한 설명으로 옳지 않은 것은?

① 「행정소송법」은 기판력에 관한 명문의 규정을 두지 않아, 「행정소송법」 제8조 제2항에 따라 「민사소송법」상 기판력 규정이 준용된다.
② 취소판결의 기판력은 소송물로 된 행정처분의 위법성 존부에 관한 판단에 미치는 것이므로 전소와 후소가 그 소송물을 달리하는 경우에는 전소 확정판결의 기판력이 후소에 미치지 아니한다.
③ 과세처분의 취소소송에서 청구가 기각된 확정판결의 기판력은 그 과세처분의 무효확인을 구하는 소송에는 미치지 않는다.
④ 과세처분 취소소송의 피고는 처분청이지만 행정청을 피고로 하는 취소소송에 있어서의 기판력은 당해 처분이 귀속하는 국가 또는 공공단체에 미친다.

해설

① (O) 「행정소송법」 제8조 제2항에 의하여 행정소송에 준용되는 「민사소송법」 제216조, 제218조가 규정하고 있는 '기판력'이란 기판력 있는 전소 판결의 소송물과 동일한 후소를 허용하지 않음과 동시에, 후소의 소송물이 전소의 소송물과 동일하지는 않더라도 전소의 소송물에 관한 판단이 후소의 선결문제가 되거나 모순관계에 있을 때에는 후소에서 전소 판결의 판단과 다른 주장을 하는 것을 허용하지 않는 작용을 한다(대판 2016.3.24., 2015두48235).
② (O) 대판 1996.4.26., 95누5820
③ (×) 과세처분 취소청구를 기각하는 판결이 확정되면 그 처분이 적법하다는 점에 관하여 기판력이 생기고 그 후 원고가 이를 무효라 하여 무효확인을 소구할 수 없는 것이어서 과세처분의 취소소송에서 청구가 기각된 확정판결의 기판력은 그 과세처분의 무효확인을 구하는 소송에도 미친다(대판 1998.7.24., 98다10854).
④ (O) 대판 1998.7.24., 98다10854

정답 | ③

966	① ② ③
기출처	예상문제
난이도	★★★
키워드	행정소송의 심리와 판결

966 (필수)

행정소송의 판결에 대한 설명으로 옳지 않은 것은? (다툼이 있는 경우 판례에 의함)

① 처분 등을 취소하는 확정판결은 제3자에 대하여도 효력이 있고 무효등확인소송에도 동일하게 준용된다.
② 취소 확정판결의 기속력에 의해 종전 처분이 판결에 의하여 취소되었다면 종전 처분의 처분사유와 기본적 사실관계에서 동일하지 않은 다른 사유를 들어서 다시 동일한 내용을 처분하는 것은 확정판결의 기속력에 저촉되어 무효에 해당한다.
③ 법원은 필요하다고 인정할 때에는 직권으로 증거조사를 할 수 있고, 당사자가 주장하지 아니한 사실에 대하여도 판단할 수 있다.
④ 행정처분의 사전통지 등의 절차에 위법이 있어 해당 처분을 취소하는 판결이 확정되었을 경우 행정청은 그 위법사유를 보완하여 다시 처분절차를 준수하여 처분을 할 수 있고, 그 새로운 처분은 확정판결에 의하여 취소된 종전의 처분과는 별개의 처분이다.

해설

① (○) 항고소송의 판결효력은 대세효(제3자효)이다(「행정소송법」 제29조, 제38조 제1항 참고).
② (×) 취소 확정판결의 기속력은 판결의 주문 및 전제가 되는 처분 등의 구체적 위법사유에 관한 판단에도 미치나, 종전 처분이 판결에 의하여 취소되었더라도 종전 처분과 다른 사유를 들어서 새로이 처분을 하는 것은 기속력에 저촉되지 않는다(대판 2016.3.24., 2015두48235).

> **고득점 플러스+** 심판에서의 재결의 기속력 문제
>
> 재결의 기속력은 재결의 주문 및 그 전제가 된 요건사실의 인정과 판단, 즉 처분 등의 구체적 위법사유에 관한 판단에 대하여만 미치고, 종전 처분이 재결에 의하여 취소되었더라도 종전 처분시와는 다른 사유를 들어 처분을 하는 것은 기속력에 저촉되지 아니한다(대판 2015.11.27., 2013다6759).

③ (○) 법원은 필요하다고 인정할 때에는 직권으로 증거조사를 할 수 있고, 당사자가 주장하지 아니한 사실에 대하여도 판단할 수 있다(동법 제26조).
④ (○) 확정판결의 취소사유가 행정처분의 절차나 형식상의 하자에 있었던 경우에는 그 확정판결이 행정청을 기속하는 효력은 취소사유로 된 절차 내지 형식의 위법에 한하여 미친다 할 것이므로 행정청은 적법한 절차나 형식을 갖추어 동일 내용의 처분을 할 수 있다 할 것이다(대판 1985.5.28., 84누408).

정답 | ②

> **관련기출 옳은지문**
>
> • 어떠한 행정처분을 취소하는 판결이 선고되어 확정된 경우에 처분행정청이 그 행정소송의 사실심 변론 종결 이전의 사유를 내세워 다시 확정판결에 저촉되는 행정처분을 하는 것은 확정판결의 기판력에 저촉된다. 14지방직9급
>
> • 절차상 하자로 인하여 무효인 행정처분이 있은 후 행정청이 관계법령에서 정한 절차를 갖추어 다시 동일한 행정처분을 하였다면 당해 행정처분은 종전의 무효인 행정처분과 관계없이 새로운 행정처분이라고 보아야 한다. 19국회직8급

967

행정소송의 심리와 판결에 관한 설명으로 옳지 않은 것은? (다툼이 있는 경우 판례에 의함)

① 행정처분에 대하여 무효확인판결이 내려지면 그 행정처분이 거부처분인 경우에 행정청에 판결의 취지에 따른 재처분의무가 인정되고 이를 이행하지 않으면 간접강제가 허용된다.
② 과세처분취소소송에서 기각판결이 확정된 경우 해당 처분의 무효를 전제로 한 부당이득반환청구소는 허용될 수 없다.
③ 취소판결에 인정되는 형성력은 당해 소송의 당사자뿐만 아니라 소송에 관여하지 않은 제3자에게도 미친다.
④ 법원은 사정판결을 당사자의 명백한 주장이 없는 경우에도 직권으로 할 수 있는 것이나, 그 요건인 현저히 공공복리에 적합하지 아니한지 여부는 위법한 행정처분을 취소·변경하여야 할 필요와 그 취소·변경으로 인하여 발생할 수 있는 공공복리에 반하는 사태 등을 비교·교량하여 판단하여야 한다.

967	
기출처	예상문제
난이도	★★
키워드	행정소송의 심리와 판결

해설

① **빈출** (×) 「행정소송법」 제38조 제1항이 무효확인판결에 관하여 취소판결에 관한 규정을 준용함에 있어서 같은 법 제30조 제2항을 준용한다고 규정하면서도 같은 법 제34조는 이를 준용한다는 규정을 두지 않고 있으므로, 행정처분에 대하여 무효확인판결이 내려진 경우에는 그 행정처분이 거부처분인 경우에도 행정청에 판결의 취지에 따른 재처분의무가 인정될 뿐 그에 대하여 간접강제까지 허용되는 것은 아니라고 할 것이다(대결 1998.12.24., 98무37).
② (○) 대판 2001.6.12., 99다4605
③ (○) 「행정소송법」 제29조 제1항
④ (○) 사정판결은 법원이 직권으로 할 수 있다.

> 사정판결은 당사자의 명백한 주장이 없는 경우에도 기록에 나타난 여러 사정을 기초로 직권으로 할 수 있는 것이나, 그 요건인 현저히 공공복리에 적합하지 아니한지 여부는 위법한 행정처분을 취소·변경하여야 할 필요와 그 취소·변경으로 인하여 발생할 수 있는 공공복리에 반하는 사태 등을 비교·교량하여 판단하여야 한다(대판 2006.9.22., 2005두2506).

정답 | ①

968

항고소송의 판결에 대한 설명으로 옳은 것은? (다툼이 있는 경우 판례에 의함)

① 취소소송에서 법원은 사실심 변론종결 당시에 존재하는 사실 및 법률상태를 기준으로 처분의 위법 여부를 판단하여야 한다.
② 「행정소송법」 제4조 제1호에서 취소소송을 행정청의 위법한 처분 등을 취소 또는 변경하는 소송으로 정의하고 있는데, 여기에서 '변경'은 소극적 변경뿐만 아니라 적극적 변경까지 포함하는 의미로 본다.
③ 처분의 취소소송에서 청구를 기각하는 확정판결의 기판력은 다시 그 처분에 대해 무효확인을 구하는 소송에 대해서는 미치지 않는다.
④ 소청심사결정의 취소를 구하는 소송에서 소청심사단계에서 이미 주장된 사유만을 행정소송에서 판단대상으로 삼을 것은 아니고 소청심사결정 후에 생긴 사유가 아닌 이상 소청심사단계에서 주장하지 않은 사유도 행정소송에서 주장하는 것이 가능하다.
⑤ 거부처분의 무효확인판결에 따른 재처분의무를 이행하지 않는 경우에는 법원은 간접강제결정을 할 수 있다.

해설

① (×) 처분의 위법 여부를 판단하는 시점은 처분시이다(부작위위법확인소송은 변론종결시). 다만, 이 말이 처분시에 제출된 자료나 증거만으로 처분의 위법 여부를 판단한다는 것은 아니다.

> 항고소송에 있어서 행정처분의 위법 여부를 판단하는 기준시점에 대하여 판결시가 아니라 처분시라고 하는 의미는 행정처분이 있을 때의 법령과 사실상태를 기준으로 하여 위법 여부를 판단할 것이며 처분 후 법령의 개폐나 사실상태의 변동에 영향을 받지 않는다는 뜻이고 처분 당시 존재하였던 자료나 행정청에 제출되었던 자료만으로 위법 여부를 판단한다는 의미는 아니므로, 처분 당시의 사실상태 등에 대한 입증은 사실심 변론종결 당시까지 할 수 있고, 법원은 행정처분 당시 행정청이 알고 있었던 자료뿐만 아니라 사실심 변론종결 당시까지 제출된 모든 자료를 종합하여 처분 당시 존재하였던 객관적 사실을 확정하고 그 사실에 기초하여 처분의 위법 여부를 판단할 수 있다(대판 1993.5.27., 92누19033).

② (×) 소극적 변경은 기존의 처분을 취소하는 것을 말하며, 적극적 변경은 새로운 처분으로 변경을 말한다. 행정심판은 행정심판위원회라는 행정청이 담당하는 작용이라서 적극적 변경을 통해 새로운 처분으로 변경이 가능하다(권력분립에 반하지 않는다). 하지만 행정소송은 기존의 처분을 취소하는 소극적 변경은 가능하나 새로운 처분으로의 변경은 권력분립원칙상 허용될 수 없다. 즉, 행정소송에서의 '변경'은 적극적 변경을 의미하는 것이 아니라 일부취소를 의미한다.

③ **빈출** (×) 처분의 취소소송에서의 기각이 확정된 판결은 처분이 취소사유가 될 수 없음이 확정된 것으로, 이러한 기판력은 무효등확인소송에 영향을 미친다.

> 과세처분의 취소소송은 과세처분의 실체적·절차적 위법을 그 취소원인으로 하는 것으로서 그 심리의 대상은 과세관청의 과세처분에 의하여 인정된 조세채무인 과세표준 및 세액의 객관적 존부, 즉 당해 과세처분의 적부가 심리의 대상이 되는 것이며, 과세처분 취소청구를 기각하는 판결이 확정되면 그 처분이 적법하다는 점에 관하여 기판력이 생기고 그 후 원고가 이를 무효라 하여 무효확인을 소구할 수 없는 것이어서 과세처분의 취소소송에서 청구가 기각된 확정판결의 기판력은 그 과세처분의 무효확인을 구하는 소송에도 미친다(대판 1998.7.24., 98다10854).

④ (○) 전심절차(행정심판)에서 주장하지 않은 사유도 행정소송에서 주장할 수 있다는 것이 일반적이다.

> 행정소송이 전심절차를 거쳤는지 여부를 판단함에 있어서 전심절차에서의 주장과 행정소송에서의 주장이 전혀 별개의 것이 아닌 한 그 주장이 반드시 일치하여야 하는 것은 아니고, 당사자는 전심절차에서 미처 주장하지 아니한 사유를 공격방어방법으로 제출할 수 있다(대판 1999.11.26., 99두9407).

⑤ (×) 행정소송의 간접강제제도는 거부처분에 대한 취소소송과 부작위위법확인소송에 인정되는 제도이고, 무효등확인소송에는 인정되지 않는다.

고득점 플러스+ 간접강제제도와 관련된 판례와 법령

대법원의 결정	「행정소송법」 규정
「행정소송법」 제38조 제1항이 무효확인판결에 관하여 취소판결에 관한 규정을 준용함에 있어서 같은 법 제30조 제2항을 준용한다고 규정하면서도 같은 법 제34조는 이를 준용한다는 규정을 두지 않고 있으므로, 행정처분에 대하여 무효확인판결이 내려진 경우에는 그 행정처분이 거부처분인 경우에도 행정청에 판결의 취지에 따른 재처분의무가 인정될 뿐 그에 대하여 간접강제까지 허용되는 것은 아니라고 할 것이다(대결 1998.12.24., 98무37).	**제34조【거부처분취소판결의 간접강제】** ① 행정청이 제30조 제2항의 규정에 의한 처분을 하지 아니하는 때에는 제1심수소법원은 당사자의 신청에 의하여 결정으로써 상당한 기간을 정하고 행정청이 그 기간 내에 이행하지 아니하는 때에는 그 지연기간에 따라 일정한 배상을 할 것을 명하거나 즉시 손해배상을 할 것을 명할 수 있다. **제38조【준용규정】** ① 제9조, 제10조, 제13조 내지 제17조, 제19조, 제22조 내지 제26조, 제29조 내지 제31조 및 제33조의 규정은 무효등 확인소송의 경우에 준용한다.

정답 | ④

969

다음 각 사례에 대한 설명으로 옳은 것은? (다툼이 있는 경우 판례에 의함)

○ A시장으로부터 3월의 영업정지처분을 받은 숙박업자 甲은 이에 불복하여 행정쟁송을 제기하고자 한다.
○ B시장으로부터 건축허가거부처분을 받은 乙은 이에 불복하여 행정쟁송을 제기하고자 한다.

① 甲이 취소소송을 제기하면서 집행정지신청을 한 경우 법원이 집행정지결정을 하는 데 있어 甲의 본안청구의 적법 여부는 집행정지의 요건에 포함되지 않는다.
② 甲이 2022.1.5. 영업정지처분을 통지받았고, 행정심판을 제기하여 2022.3.29. 1월의 영업정지처분으로 변경하는 재결이 있었고 그 재결서 정본을 2022.4.2. 송달받은 경우 취소소송의 기산점은 2022.1.5.이다.
③ 乙이 의무이행심판을 제기하여 처분명령재결이 있었음에도 B시장이 허가를 하지 않는 경우 행정심판위원회는 직권으로 시정을 명하고 이를 이행하지 아니하면 직접 건축허가처분을 할 수 있다.
④ 乙이 건축허가거부처분에 대해 제기한 취소소송에서 인용판결이 확정되었으나 B시장이 기속력에 위반하여 다시 거부처분을 한 경우 乙은 간접강제신청을 할 수 있다.

해설

① (×) 본안에서 원고가 승소할 수 있는 가능성을 전제로 한 권리보호수단이라는 점에 비추어 보면 집행정지사건 자체에 의하여도 신청인의 본안청구가 적법한 것이어야 한다는 것을 집행정지의 요건에 포함시켜야 할 것이다(대결 1995.2.28., 94두36).

② (×) 행정심판을 청구한 경우에 제소기간은 행정심판의 재결서 정본을 송달받은 날이 기산점이다.

> 「행정소송법」제20조【제소기간】① 취소소송은 처분 등이 있음을 안 날부터 90일 이내에 제기하여야 한다. 다만, 제18조 제1항 단서에 규정한 경우와 그 밖에 행정심판청구를 할 수 있는 경우 또는 행정청이 행정심판청구를 할 수 있다고 잘못 알린 경우에 행정심판청구가 있은 때의 기간은 재결서의 정본을 송달받은 날부터 기산한다.

③ (×) 위원회가 직권으로 시정을 명하는 것이 아니라 신청에 의한다.

> 「행정심판법」제50조【위원회의 직접 처분】① 위원회는 피청구인이 제49조 제3항에도 불구하고 처분을 하지 아니하는 경우에는 당사자가 신청하면 기간을 정하여 서면으로 시정을 명하고 그 기간에 이행하지 아니하면 직접 처분을 할 수 있다. 다만, 그 처분의 성질이나 그 밖의 불가피한 사유로 위원회가 직접 처분을 할 수 없는 경우에는 그러하지 아니하다.

④ (○) 판결의 기속력 위반은 무효이며 간접강제의 대상이 된다.

> 거부처분에 대한 취소의 확정판결이 있음에도 행정청이 아무런 재처분을 하지 아니하거나, 재처분을 하였다 하더라도 그것이 종전 거부처분에 대한 취소의 확정판결의 기속력에 반하는 등으로 당연무효라면 이는 아무런 재처분을 하지 아니한 때와 마찬가지라 할 것이므로 이러한 경우에는 「행정소송법」제30조 제2항, 제34조 제1항 등에 의한 간접강제신청에 필요한 요건을 갖춘 것으로 보아야 한다(대결 2002.12.11., 2002무22).

정답 | ④

970

행정소송에서의 심리와 이에 따른 판결에 관한 내용으로 옳지 않은 것은?

① 행정소송의 원고적격은 소송요건의 하나이므로 사실심 변론종결시는 물론 상고심에서도 존속하여야 하고 이를 흠결하면 부적법한 소가 된다.
② 행정처분의 위법 여부를 판단하는 기준시점에 관하여 판결시가 아니라 처분시로서 처분 당시 존재하였던 자료나 행정청에 제출되었던 자료만으로 위법 여부를 판단한다는 의미이다.
③ 거부처분에 대한 취소의 확정판결이 있음에도 행정청이 아무런 재처분을 하지 아니하거나, 재처분을 하였다 하더라도 확정판결의 기속력에 반하는 등이라면 간접강제신청에 필요한 요건을 갖춘 것으로 보아야 한다.
④ 특별한 사정이 없는 한 간접강제결정에서 정한 의무이행기한이 경과한 후에라도 확정판결의 취지에 따른 재처분의 이행이 있으면 배상금을 추심함으로써 심리적 강제를 꾀할 목적이 상실되어 처분상대방이 더 이상 배상금을 추심하는 것은 허용되지 않는다.

해설

① (○) 소송의 요건문제인 원고적격에 대한 충족은 사실심 변론종결시 뿐만 아니라 상고심 중에도 충족되어야 한다. 따라서 상고심 진행 중에 원고적격이 상실되면 소는 각하된다.

> 행정처분의 직접 상대방이 아닌 제3자라 하더라도 당해 행정처분으로 인하여 법률상 보호되는 이익을 침해당한 경우에는 그 처분의 취소나 무효확인을 구하는 행정소송을 제기하여 그 당부의 판단을 받을 자격, 즉 원고적격이 있고, 여기에서 말하는 법률상 보호되는 이익은 당해 처분의 근거 법규 및 관련 법규에 의하여 보호되는 개별적·직접적·구체적 이익을 말하며, 원고적격은 소송요건의 하나이므로 사실심 변론종결시는 물론 상고심에서도 존속하여야 하고 이를 흠결하면 부적법한 소가 된다(대판 2007.4.12., 2004두7924).

② (×) 행정처분의 위법 여부를 판단하는 기준시점에 관하여 판결시가 아니라 처분시라고 하는 의미는 행정처분이 있을 때의 법령과 사실상태를 기준으로 하여 위법 여부를 판단하며 처분 후 법령의 개폐나 사실상태의 변동에 영향을 받지 않는다는 뜻이지 처분 당시 존재하였던 자료나 행정청에 제출되었던 자료만으로 위법 여부를 판단한다는 의미는 아니다. 그러므로 처분 당시의 사실상태 등에 관한 증명은 사실심 변론종결 당시까지 할 수 있고, 법원은 행정처분 당시 행정청이 알고 있었던 자료뿐만 아니라 사실심 변론종결 당시까지 제출된 모든 자료를 종합하여 처분 당시 존재하였던 객관적 사실을 확정하고 그 사실에 기초하여 처분의 위법 여부를 판단할 수 있다(대판 2017.4.7., 2014두37122).

정답 | ②

971

기출처	2021 국가직 9급
난이도	★★
키워드	행정소송의 심리와 판결

甲 회사는 '토석채취허가지 진입도로와 관련 우회도로 개설 등은 인근 주민들과의 충분한 협의를 통해 민원발생에 따른 분쟁이 생기지 않도록 조치 후 사업을 추진할 것'이란 조건으로 토석채취허가를 받았다. 그러나 甲은 위 조건이 법령에 근거가 없다는 이유로 이행하지 아니하였고, 인근 주민이 민원을 제기하자 관할 행정청은 甲에게 공사중지명령을 하였다. 甲은 공사중지명령의 해제를 신청하였으나 거부되자 거부처분 취소소송을 제기하였다. 이에 대한 설명으로 옳지 않은 것은? (다툼이 있는 경우 판례에 의함)

① 일반적으로 기속행위의 경우 법령의 근거 없이 위와 같은 조건을 부가하는 것은 위법하다.
② 공사중지명령의 원인사유가 해소되었다면 甲은 공사중지명령의 해제를 신청할 수 있고, 이에 대한 거부는 처분성이 인정된다.
③ 甲에게는 공사중지명령 해제신청 거부처분에 대한 집행정지를 구할 이익이 인정되지 아니한다.
④ 甲이 앞서 공사중지명령 취소소송에서 패소하여 그 판결이 확정되었더라도, 甲은 그 후 공사중지명령의 해제를 신청한 후 해제신청 거부처분 취소소송에서 다시 그 공사중지명령의 적법성을 다툴 수 있다.

해설

① (○) 기속에는 특별한 규정이 없는 한 부관을 붙일 수 없다. 기속에 부관이 붙으면 무효에 해당한다.
② (○) 대판 1997.12.26., 96누17745
③ (○) 거부처분에는 집행정지가 인정되지 않는다.
④ (×) 행정청이 관련 법령에 근거하여 행한 공사중지명령의 상대방이 명령의 취소를 구한 소송에서 패소함으로써 그 명령이 적법한 것으로 이미 확정되었다면, 이후 이러한 공사중지명령의 상대방은 그 명령의 해제신청을 거부한 처분의 취소를 구하는 소송에서 그 명령의 적법성을 다툴 수 없다. 그와 같은 공사중지명령에 대하여 그 명령의 상대방이 해제를 구하기 위해서는 명령의 내용 자체로 또는 성질상으로 명령 이후에 원인사유가 해소되었음이 인정되어야 한다(대판 2014.11.27., 2014두37665).

정답 | ④

972

기출처	예상문제
난이도	★★
키워드	행정소송의 심리와 판결

항고소송의 판결의 효력에 관한 내용으로 옳지 않은 것은? (다툼이 있는 경우 판례에 의함)

① 취소하는 판결이 확정된 경우에는 당해 거부처분을 한 행정청은 원칙적으로 신청을 인용하는 처분을 하여야 하고, 사실심 변론종결 이전의 사유를 내세워 다시 거부처분을 하는 것은 확정판결의 기속력에 저촉되어 허용되지 아니한다.
② 부작위위법확인소송에서 판결로서 부작위가 위법으로 확인된 경우에는 '부작위'가 위법임이 확인 되었을 뿐이므로 거부처분도 가능하다.
③ 전소와 후소의 소송물이 동일하지 아니하다면 전소의 주문에 포함된 법률관계가 후소의 법률관계가 되는 경우에도 전소의 판결의 기판력이 후소에 미치지 아니하여 후소의 법원은 전에 한 판단과 모순되는 판단을 할 수 있다.
④ 기판력은 인용판결이든 기각판결이든 인정되는 효력으로서 판결이 형식적으로 확정되어야 발생한다.

해설

③ (×) 기판력이라 함은 기판력 있는 전소판결의 소송물과 동일한 후소를 허용하지 않는 것임은 물론, 후소의 소송물이 전소의 소송물과 동일하지 않다고 하더라도 전소의 소송물에 관한 판단이 후소의 선결문제가 되거나 모순관계에 있을 때에는 후소에서 전소판결의 판단과 다른 주장을 하는 것을 허용하지 않는 작용을 하는 것이다(대판 2001.1.16., 2000다41349).

정답 | ③

973

다음 사례에 대한 설명으로 옳은 것은? (다툼이 있는 경우 판례에 의함)

기출처: 2022 국가직 9급
난이도: ★★
키워드: 행정소송의 심리와 판결

> 민간시민단체 A는 관할 행정청 B에게 개발사업의 승인과 관련한 정보공개를 청구하였으나 B는 현재 재판 진행 중인 사안이 포함되어 있다는 이유로 「공공기관의 정보공개에 관한 법률」 제9조 제1항 제4호의 사유를 들어 A의 정보공개청구를 거부하였다.

① A는 공개청구한 정보에 대해 개별·구체적 이익이 없는 경우에도 B의 정보공개거부에 대해 취소소송으로 다툴 수 있다.
② A가 공개청구한 정보에 대해 직접적인 이해관계가 있는 경우에는 B의 정보공개거부에 대해 정보공개의 이행을 구하는 당사자소송을 제기하여 다툴 수 있다.
③ A가 공개청구한 정보의 일부가 「공공기관의 정보공개에 관한 법률」상 비공개사유에 해당하는 때에는 그 나머지 정보만을 공개하는 것이 가능한 경우라 하더라도 법원은 공개가능한 정보에 관한 부분만의 일부취소를 명할 수는 없다.
④ B의 비공개사유가 정당화되기 위해서는 A가 공개청구한 정보가 진행 중인 재판의 소송기록 자체에 포함된 내용이어야 한다.

해설

① (○) 「공공기관의 정보공개에 관한 법률」(이하 '법'이라 한다) 제6조 제1항은 "모든 국민은 정보의 공개를 청구할 권리를 가진다."고 규정하고 있는데, 여기에서 말하는 국민에는 자연인은 물론 법인, 권리능력 없는 사단·재단도 포함되고, 법인, 권리능력 없는 사단·재단 등의 경우에는 설립목적을 불문하며, 한편 정보공개청구권은 법률상 보호되는 구체적인 권리이므로 청구인이 공공기관에 대하여 정보공개를 청구하였다가 거부처분을 받은 것 자체가 법률상 이익의 침해에 해당한다(대판 2003.3.11., 2001두6425).
② (×) 정보공개거부는 항고소송의 대상인 처분이다.
③ (×) 법원이 행정기관의 정보공개거부처분의 위법 여부를 심리한 결과 공개를 거부한 정보에 비공개 대상 정보에 해당하는 부분과 공개가 가능한 부분이 혼합되어 있고, 공개청구의 취지에 어긋나지 아니하는 범위 안에서 두 부분을 분리할 수 있음을 인정할 수 있을 때에는 청구취지의 변경이 없더라도 공개가 가능한 정보에 관한 부분만의 일부취소를 명할 수 있다 할 것이다(대판 2004.12.9., 2003두12707).
④ 빈출 (×) 법원 이외의 공공기관이 정보공개법 제9조 제1항 제4호에서 정한 '진행 중인 재판에 관련된 정보'에 해당한다는 사유로 정보공개를 거부하기 위하여는 반드시 그 정보가 진행 중인 재판의 소송기록 자체에 포함된 내용일 필요는 없다. 그러나 재판에 관련된 일체의 정보가 그에 해당하는 것은 아니고 진행 중인 재판의 심리 또는 재판결과에 구체적으로 영향을 미칠 위험이 있는 정보에 한정된다고 보는 것이 타당하다(대판 2011.11.24., 2009두19021).

정답 | ①

974

행정소송의 심리와 판결에 관한 설명으로 옳은 것을 모두 고른 것은? (다툼이 있는 경우 판례에 의함)

> ㄱ. 부가가치세 증액경정처분의 취소를 구하는 항고소송에서 납세의무자는 과세관청의 증액경정사유만 다툴 수 있을 뿐이지 당초신고에 관한 과다신고사유는 함께 주장하여 다툴 수 없다.
> ㄴ. 과세처분시 납세고지서에 절차 내지 형식의 위법을 이유로 과세처분을 취소하는 판결이 확정된 경우에, 과세처분권자가 그 확정판결에 적시된 위법사유를 보완하여 행한 새로운 과세처분은 확정판결의 기판력에 저촉되지 아니한다.
> ㄷ. 사실심 변론종결 이후에 새로 발생한 사실을 주장하여 이전 판결내용과 반대되는 청구를 하는 것은 기판력에 저촉되어 허용될 수 없다.
> ㄹ. 취소청구가 사정판결에 의하여 기각되거나 행정청이 처분 등을 취소 또는 변경함으로 인하여 청구가 각하 또는 기각된 경우에는 소송비용은 피고의 부담으로 한다.

① ㄱ, ㄷ
② ㄴ, ㄹ
③ ㄱ, ㄴ
④ ㄷ, ㄹ

해설

ㄱ. (×) 과세표준과 세액을 증액하는 증액경정처분은 당초 납세의무자가 신고하거나 과세관청이 결정한 과세표준과 세액을 그대로 둔 채 탈루된 부분만을 추가로 확정하는 처분이 아니라 당초신고나 결정에서 확정된 과세표준과 세액을 포함하여 전체로서 하나의 과세표준과 세액을 다시 결정하는 것이므로, … 납세의무자는 증액경정처분의 취소를 구하는 항고소송에서 과세관청의 증액경정사유뿐만 아니라 당초신고에 관한 과다신고사유도 함께 주장하여 다툴 수 있다고 할 것이다(대판 2013.4.18., 2010두11733).

ㄴ. (○) 과세처분시 납세고지서에 과세표준, 세율, 세액의 산출근거 등이 누락되어 있어 이러한 절차 내지 형식의 위법을 이유로 과세처분을 취소하는 판결이 확정된 경우에 그 확정판결의 기판력은 확정판결에 적시된 절차 내지 형식의 위법사유에 한하여 미친다고 할 것이므로 과세처분권자가 그 확정판결에 적시된 위법사유를 보완하여 행한 새로운 과세처분은 확정판결에 의하여 취소된 종전의 과세처분과는 별개의 처분으로서 확정판결의 기판력에 저촉되는 것은 아니다(대판 1986.11.11., 85누231).

ㄷ. (×) 확정된 종국판결이 있으면 그 판결의 사실심 변론종결 이전에 발생하고 제출할 수 있었던 사유에 기인한 주장이나 항변은 확정판결의 기판력에 의하여 차단되므로 당사자가 그와 같은 사유를 원인으로 확정판결의 내용에 반하는 주장을 새로이 하는 것은 허용되지 아니하나 사실심 변론종결 이후에 새로 발생한 사실을 주장하여 전 판결내용과 반대되는 청구를 하는 것은 기판력에 저촉되지 아니하므로 허용된다(대판 1988.9.27., 88다3116).

고득점 플러스+ 비교판례

> 어떠한 행정처분에 위법한 하자가 있다는 이유로 그 취소를 소구한 행정소송에서 그 행정처분을 취소하는 판결이 선고되어 확정된 경우에 처분행정청이 그 행정소송의 사실심 변론종결 이전의 사유를 내세워 다시 확정판결에 저촉되는 행정처분을 하는 것은 확정판결의 기판력에 저촉되어 허용될 수 없고 이와 같은 행정처분은 그 하자가 명백하고 중대한 경우에 해당되어 당연무효이다(대판 1989.9.12., 89누985).

ㄹ. (○) 「행정소송법」 제32조

정답 | ②

975

「행정소송법」상 취소소송에서 확정된 청구인용판결의 효력에 대한 설명으로 옳지 않은 것은? (다툼이 있는 경우 판례에 의함)

① 취소판결의 효력은 원칙적으로 소급적이므로, 취소판결에 의해 취소된 영업허가취소처분 이후의 영업행위는 무허가영업에 해당하지 않는다.
② 취소된 행정처분을 기초로 하여 새로 형성된 제3자의 권리가 취소판결 자체의 효력에 의해 당연히 그 행정처분 전의 상태로 환원되는 것은 아니다.
③ 취소판결의 기속력은 주로 판결의 실효성 확보를 위하여 인정되는 효력으로서 판결의 주문뿐만 아니라 그 전제가 되는 처분 등의 구체적 위법사유에 관한 이유 중의 판단에 대하여도 인정된다.
④ 행정처분이 판결에 의해 취소된 경우, 취소된 처분의 사유와 기본적 사실관계에서 동일성이 인정되지 않는 다른 사유를 들어 새로이 처분을 하는 것은 기속력에 반한다.

975	
기출처	2020 국가직 9급
난이도	★★
키워드	행정소송의 심리와 판결

해설

① 빈출 (○) 영업의 금지를 명한 영업허가취소처분 자체가 나중에 행정쟁송절차에 의하여 취소되었다면 그 영업허가취소처분은 그 처분시에 소급하여 효력을 잃게 되며, 그 영업허가취소처분에 복종할 의무가 원래부터 없었음이 확정되었다고 봄이 타당하고, 영업허가취소처분이 장래에 향하여서만 효력을 잃게 된다고 볼 것은 아니므로 그 영업허가취소처분 이후의 영업행위를 무허가영업이라고 볼 수는 없다(대판 1993.6.25., 93도277).
② (○) 대판 1986.8.19., 83다카2022
③ (○) 대판 2001.3.23., 99두5238
④ 빈출 (×) 기속력은 동일한 상대방에게 동일한 이유로 동일한 처분을 할 수 없고, 행정청은 판결의 취지에 반하는 행위를 할 수 없다는 내용이다. 따라서 기본적 사실관계가 동일성이 인정되지 않는다면 새로운 처분은 기속력에 반하지 않는다.

정답 | ④

976

기출처	2023 국가직 7급
난이도	★★★
키워드	행정소송의 심리와 판결

관련기출 옳은지문

• 취소판결의 기판력은 소송물로 된 행정처분의 위법성 존부에 관한 판단 그 자체에만 미치는 것이므로 전소와 후소가 그 소송물을 달리하는 경우에는 전소 확정판결의 기판력이 후소에 미치지 아니한다.
24국회직9급

976 〈필수〉

「행정소송법」상 취소소송의 판결의 효력에 대한 설명으로 옳지 않은 것은?

① 전소의 판결이 확정된 경우 후소의 소송물이 전소의 소송물과 동일하지 않더라도 전소의 소송물에 관한 판단이 후소의 선결문제가 되는 경우에 후소에서 전소 판결의 판단과 다른 주장을 하는 것은 기판력에 반한다.

② 행정처분을 취소하는 확정판결이 있으면 그 취소판결 자체의 효력에 의해 그 행정처분을 기초로 하여 새로 형성된 제3자의 권리는 당연히 그 행정처분 전의 상태로 환원된다.

③ 처분의 취소판결이 확정된 후 새로운 처분을 하는 경우, 새로운 처분의 사유가 취소된 처분의 사유와 기본적 사실관계에서 동일하지 않다면 취소된 처분과 같은 내용의 처분을 하는 것은 기속력에 반하지 않는다.

④ 법원이 간접강제결정에서 정한 의무이행기한이 경과한 후에라도 확정판결의 취지에 따른 재처분이 행하여지면, 처분상대방이 더 이상 배상금을 추심하는 것은 허용되지 않는다.

해설

① **빈출** (○) 후소의 소송물이 전소의 소송물과 동일하지 않더라도 전소의 소송물에 관한 판단이 후소의 선결문제가 되거나 모순관계에 있을 때에는 후소에서 전소 확정판결의 판단과 다른 주장을 하는 것도 허용되지 않는다(대판 1995.3.24., 94다46114).

② (×) 행정처분을 취소하는 확정판결이 제3자에 대하여도 효력이 있다고 하더라도 일반적으로 판결의 효력은 주문에 포함한 것에 한하여 미치는 것이니 그 취소판결 자체의 효력으로써 그 행정처분을 기초로 하여 새로 형성된 제3자의 권리까지 당연히 그 행정처분 전의 상태로 환원되는 것이라고는 할 수 없고, 단지 취소판결의 존재와 취소판결에 의하여 형성되는 법률관계를 소송당사자가 아니었던 제3자라 할지라도 이를 용인하지 않으면 아니 된다는 것을 의미하는 것에 불과하다 할 것이며, 따라서 취소판결의 확정으로 인하여 당해 행정처분을 기초로 새로 형성된 제3자의 권리관계에 변동을 초래하는 경우가 있다 하더라도 이는 취소판결 자체의 형성력에 기한 것이 아니라 취소판결의 위와 같은 의미에서의 제3자에 대한 효력의 반사적 효과로서 그 취소판결이 제3자의 권리관계에 대하여 그 변동을 초래할 수 있는 새로운 법률요건이 되는 까닭이라 할 것이다(대판 1986.8.19., 83다카2022).

③ **빈출** (○) 취소 확정판결의 기속력은 판결의 주문 및 전제가 되는 처분 등의 구체적 위법사유에 관한 판단에도 미치나, 종전 처분이 판결에 의하여 취소되었더라도 종전 처분과 다른 사유를 들어서 새로이 처분을 하는 것은 기속력에 저촉되지 않는다(대판 2016.3.24., 2015두48235).

④ (○) 「행정소송법」 제34조 소정의 간접강제결정에 기한 배상금은 거부처분 취소판결이 확정된 경우 그 처분을 행한 행정청으로 하여금 확정판결의 취지에 따른 재처분의무의 이행을 확실히 담보하기 위한 것으로서 … 이는 확정판결의 취지에 따른 재처분의 지연에 대한 제재나 손해배상이 아니고 재처분의 이행에 관한 심리적 강제수단에 불과한 것으로 보아야 하므로, 특별한 사정이 없는 한 간접강제결정에서 정한 의무이행기한이 경과한 후에라도 확정판결의 취지에 따른 재처분의 이행이 있으면 배상금을 추심함으로써 심리적 강제를 꾀할 목적이 상실되어 처분상대방이 더 이상 배상금을 추심하는 것은 허용되지 않는다(대판 2004.1.15., 2002두2444).

정답 | ②

977

행정소송에 관한 내용으로 옳지 않은 것은? (다툼이 있는 경우 판례에 의함)

① 법원은 취소소송을 당해 처분 등에 관계되는 사무가 귀속하는 국가 또는 공공단체에 대한 당사자소송 또는 취소소송 외의 항고소송으로 변경하는 것이 상당하다고 인정할 때에는 청구의 기초에 변경이 없는 한 사실심의 변론종결시까지 원고의 신청에 의하여 결정으로써 소의 변경을 허가할 수 있다.

② 법원은 행정청이 소송의 대상인 처분을 소가 제기된 후 변경한 때에는 원고의 신청에 의하여 결정으로써 청구의 취지 또는 원인의 변경을 허가할 수 있고, 이 경우에 다른 법률에 당해 처분에 대한 행정심판의 재결을 거치지 아니하면 취소소송을 제기할 수 없다는 규정이 있는 때에도 요건을 갖춘 것으로 본다.

③ 판결에 의하여 취소되는 처분이 당사자의 신청을 거부하는 것을 내용으로 하는 경우에는 그 처분을 행한 행정청은 판결의 취지에 따라 다시 이전의 신청에 대한 처분을 하여야 한다.

④ 판결의 취지에 따른 재처분을 하지 않고 다시 거부한 경우에 해당 거부처분은 위법하고 취소사유에 해당된다.

977	① ② ③
기출처	예상문제
난이도	★★
키워드	행정소송의 심리와 판결

해설

① (○) 「행정소송법」 제21조 제1항

② (○) 소 진행 중에 행정청이 처분을 변경하여 소를 변경하는 경우 필요적 행정심판전치요건을 갖춘 것으로 본다.

> 「행정소송법」 제22조 【처분변경으로 인한 소의 변경】 ① 법원은 행정청이 소송의 대상인 처분을 소가 제기된 후 변경한 때에는 원고의 신청에 의하여 결정으로써 청구의 취지 또는 원인의 변경을 허가할 수 있다.
> ② 제1항의 규정에 의한 신청은 처분의 변경이 있음을 안 날로부터 60일 이내에 하여야 한다.
> ③ 제1항의 규정에 의하여 변경되는 청구는 제18조 제1항 단서의 규정에 의한 요건을 갖춘 것으로 본다.

③ (○) 동법 제30조 제2항

④ (×) 기속력을 위반한 처분은 무효에 해당된다.

> 주택건설사업 승인신청 거부처분의 취소를 명하는 판결이 확정되었음에도 행정청이 그에 따른 재처분을 하지 않은 채 위 취소소송 계속 중에 도시계획법령이 개정되었다는 이유를 들어 다시 거부처분을 한 사안에서, 새로운 거부처분이 확정된 종전 거부처분 취소판결의 기속력에 저촉되어 당연무효다(대결 2002.12.11., 2002무22).

정답 | ④

978

다음 사례에 대한 설명으로 옳지 않은 것은?

> 甲은 토지 위에 컨테이너를 설치하여 사무실로 사용하였다. 관할 행정청인 乙은 甲에게 이 컨테이너는 「건축법」상 건축허가를 받아야 하는 건축물인데 건축허가를 받지 않고 건축하였다는 이유로 甲에게 원상복구명령을 하면서, 만약 기한 내에 원상복구를 하지 않을 경우에는 행정대집행을 통하여 컨테이너를 철거할 것임을 계고하였다. 이후 甲은 乙에게 이 컨테이너에 대하여 가설건축물 축조신고를 하였으나 乙은 이 컨테이너는 건축허가 대상이라는 이유로 가설건축물 축조신고를 반려하였다.

① 「건축법」에 특별한 규정이 없더라도 「행정절차법」상 예외에 해당하지 않는 한 乙은 원상복구명령을 하면서 甲에게 원상복구명령을 사전통지하고 의견제출의 기회를 주어야 한다.

② 乙이 행한 원상복구명령과 대집행 계고가 계고서라는 1장의 문서로 이루어진 경우라도 원상복구명령과 계고처분은 독립하여 있는 것으로서 각 그 요건이 충족된 것으로 볼 수 있다.

③ 乙이 대집행영장을 통지한 경우, 원상복구명령이 당연무효라면 대집행영장통지도 당연무효이다.

④ 甲이 제기한 원상복구명령 및 계고처분에 대한 취소소송에서, 乙은 처분시에 제시한 '甲의 건축물은 건축허가를 받지 않은 건축물'이라는 처분사유에 '甲의 건축물은 신고를 하지 않은 가설건축물'이라는 처분사유를 추가할 수 있다.

해설

① (○) 원상복구명령은 행정청의 상대방에 대한 의무부과처분으로서 「행정절차법」상의 사전통지와 의견청취의 대상이다.

② (○) 계고서라는 명칭의 1장의 문서로서 일정기간 내에 위법건축물의 자진철거를 명함과 동시에 그 소정기한 내에 자진철거를 하지 아니할 때에는 대집행할 뜻을 미리 계고한 경우라도 「건축법」에 의한 철거명령과 「행정대집행법」에 의한 계고처분은 독립하여 있는 것으로서 각 그 요건이 충족되었다고 볼 것이다(대판 1992.6.12., 91누13564).

③ (○) 원칙적으로 의무부과(철거명령)와 행정대집행은 각각 별개의 효과로서 하자승계가 되지 않으나, 하자승계와 상관없이 행정대집행의 전제가 되는 의무부과가 무효인 경우에 이에 기한 행정대집행의 계고 등도 무효가 된다.

> 적법한 건축물에 대한 철거명령은 그 하자가 중대하고 명백하여 당연무효라고 할 것이고, 그 후행행위인 건축물 철거 대집행계고처분 역시 당연무효라고 할 것이다(대판 1999.4.27., 97누6780).

④ **지엽** (×) 컨테이너를 설치하여 사무실 등으로 사용하는 甲 등에게 관할 시장이 「건축법」 제2조 제1항 제2호의 건축물에 해당함에도 같은 법 제11조의 따른 건축허가를 받지 않고 건축하였다는 이유로 원상복구명령 및 계고처분을 하였다가 이에 대한 취소소송에서 같은 법 제20조 제3항 위반을 처분사유로 추가한 사안에서, 당초 처분사유인 「건축법」 제11조 위반'과 추가한 추가사유인 「건축법」 제20조 제3항 위반'은 <u>위반행위의 내용이 다르고 위법상태를 해소하기 위하여 거쳐야 하는 절차, 건축기준 및 허용가능성이 달라지므로 그 기초인 사회적 사실관계가 동일하다고 볼 수 없어</u> 처분사유의 추가·변경이 허용되지 않는다(대판 2021.7.29., 2021두34756).

정답 | ④

979

확정된 행정소송의 판결에 관한 설명으로 옳지 않은 것은? (다툼이 있는 경우 판례에 의함)

① 확정판결의 존부는 당사자 주장이 없더라도 법원이 직권으로 조사하여 판단하지 않으면 안 되고, 당사자가 확정된 취소판결의 존재를 사실심 변론종결시까지 주장하지 아니하였다고 하더라도 상고심에서 새로이 이를 주장·입증할 수 있다.
② 개발부담금 부과처분 취소소송에 있어 당사자가 제출한 자료에 의하여 적법하게 부과될 정당한 부과금액을 산출할 수 없을 경우에 법원은 직권으로 적정액을 산출하여 그 정당한 금액을 초과하는 부분만 취소하여야 한다.
③ 취소 확정판결의 기속력은 그 판결의 주문 및 전제가 되는 처분 등의 구체적 위법사유에 관한 판단에도 미친다.
④ 「행정소송법」 제34조 소정의 간접강제결정에 기한 배상금은 확정판결의 취지에 따른 재처분의 지연에 대한 제재나 손해배상이 아니고 재처분의 이행에 관한 심리적 강제수단에 불과한 것으로 보아야 한다.

해설

① (O) 이미 처분이 취소판결로 확정되면 기판력에 의하여 동일한 처분에 확정된 판결에 모순되는 청구를 할 수 없다. 이는 소송의 요건문제이고 공방의 문제가 아닌 법원의 직권심리사항이다. 따라서 사실심 변론종결시까지 주장하지 않았던 직권심리사항은 상고심에서 주장될 수 있다.

> 전소 확정판결의 존부는 당사자 주장이 없더라도 법원이 직권으로 조사하여 판단하지 않으면 안 되고, 더 나아가 당사자가 확정판결의 존재를 사실심 변론종결시까지 주장하지 아니하였더라도 상고심에서 새로이 주장·증명할 수 있다(대판 2011.5.13., 2009다94384).

② (×) 개발부담금 부과처분 취소소송에 있어 당사자가 제출한 자료에 의하여 적법하게 부과될 정당한 부과금액이 산출할 수 없을 경우에는 부과처분 전부를 취소할 수밖에 없으나, 그렇지 않은 경우에는 그 정당한 금액을 초과하는 부분만 취소하여야 한다(대판 2004.7.22., 2002두868).

정답 | ②

980	① ② ③
기출처	2017 국가직 7급
난이도	★★
키워드	행정소송의 심리와 판결

980 필수

행정소송에 있어서 처분사유의 추가·변경에 대한 설명으로 옳지 않은 것은? (다툼이 있는 경우 판례에 의함)

① 위법판단의 기준시점을 처분시로 볼 경우, 처분 이후에 발생한 새로운 사실적·법적 사유를 추가·변경하고자 하는 것은 허용될 수 없고 이러한 경우에는 계쟁처분을 직권취소하고 이를 대체하는 새로운 처분을 할 수 있다.
② 행정처분의 취소를 구하는 항고소송에서 처분청은 당초 처분의 근거로 삼은 사유와 기본적 사실관계가 동일성이 있다고 인정되는 한도 내에서만 다른 사유를 추가하거나 변경할 수 있다.
③ 처분청이 처분 당시에 적시한 구체적 사실을 변경하지 아니하는 범위 내에서 단지 처분의 근거 법령만을 추가·변경하는 것은 새로운 처분사유의 추가라고 볼 수 없다.
④ 처분사유의 변경으로 소송물이 변경되는 경우, 반드시 청구가 변경되는 것은 아니므로 처분사유의 추가·변경은 허용될 수 있다.

관련기출 옳은지문

• 처분사유의 추가·변경이 인정되기 위한 요건으로서의 기본적 사실관계의 동일성 유무는, 처분사유를 법률적으로 평가하기 이전의 구체적인 사실에 착안하여 그 기초적인 사회적 사실관계가 기본적인 점에서 동일한지 여부에 따라 결정된다.
17국가직9급

해설

④ (×) 처분사유의 추가나 변경은 소송의 소송물 범위 내에서만 허용된다. 즉, 사실관계의 동일성이 인정되는 범위 내에서만 허용이 되는 것으로, 처분사유의 변경으로 소송물이 변경되는 경우에는 처분사유의 추가나 변경은 인정될 수 없다.

정답 | ④

09 취소소송 외의 행정소송 B

에듀윌 기본서 | 1027, 1030, 1034p

981	① ② ③
기출처	2022 군무원 9급
난이도	★★
키워드	취소소송 외의 행정소송

981 필수

다음 중 취소소송과 무효확인소송의 관계에 대한 설명으로 가장 옳지 않은 것은?

① 행정처분에 대한 취소소송과 무효확인소송은 단순병합이나 선택적 병합의 방식으로 제기할 수 있다.
② 무효선언을 구하는 취소소송이라도 형식이 취소소송이므로 제소요건을 갖추어야 한다.
③ 무효확인을 구하는 소에는 당사자가 명시적으로 취소를 구하지 않는다고 밝히지 않는 한 취소를 구하는 취지가 포함되었다고 보아서 취소소송의 요건을 갖추었다면 취소판결을 할 수 있다.
④ 취소소송의 기각판결의 기판력은 무효확인소송에 미친다.

관련기출 옳은지문

• 행정처분에 대한 무효확인과 취소청구는 서로 양립할 수 없는 청구로서 주위적·예비적 청구로서만 병합이 가능하고 선택적 청구로서의 병합은 허용되지 않는다.
15국가직9급

해설

① 빈출 (×) 취소소송과 무효등확인소송은 단순병합이나 선택적 병합은 허용되지 않는다. 주위적·예비적 병합이 가능하다.

> 행정처분에 대한 무효확인과 취소청구는 서로 양립할 수 없는 청구로서 주위적·예비적 청구로서만 병합이 가능하고 선택적 청구로서의 병합이나 단순병합은 허용되지 아니한다(대판 1999.8.20., 97누6889).

정답 | ①

982 〈필수〉

甲은 중대명백한 하자가 있어 무효인 A 처분에 대해 소송을 제기하려고 한다. 이에 대한 설명으로 옳은 것은? (다툼이 있는 경우 판례에 의함)

① 甲은 A 처분에 대한 무효확인소송과 취소소송을 선택적 청구로서 병합하여 제기할 수 있다.
② 甲이 A 처분에 대해 취소소송을 제기하는 경우 제소기간의 제한을 받지 않는다.
③ 甲이 취소소송을 제기하였더라도 A 처분에 중대명백한 하자가 있다면 법원은 무효확인판결을 하여야 한다.
④ 甲이 A 처분에 대해 무효확인소송을 제기하려면 확인소송의 일반적 요건인 즉시확정의 이익이 있어야 한다.
⑤ 甲이 A 처분에 대해 무효확인소송을 제기하였다가 그 후 그 처분에 대한 취소소송을 추가적으로 병합한 경우, 주된 청구인 무효확인소송이 적법한 제소기간 내에 제기되었다면 추가로 병합된 취소소송도 제소기간을 준수한 것으로 보아야 한다.

982	
기출처	2021 국회직 8급
난이도	★★
키워드	취소소송 외의 행정소송

관련기출 옳은지문
• 동일한 행정처분에 대하여 무효확인소송을 제기하였다가 그 후 그 처분에 대한 취소소송을 추가적으로 병합한 경우, 무효확인소송이 취소소송의 제소기간 내에 제기되었다면 제소기간 도과 후 병합된 취소소송도 적법하게 제기된 것으로 볼 수 있다. 17지방직7급

해설

① (×) 동일한 처분에 대한 취소소송이나 무효등확인소송의 단순병합이나 선택적 병합은 허용되지 않는다. 주위적·예비적 병합은 가능하다.

② 빈출 (×) 무효이더라도 취소소송을 청구하였다면 취소소송의 제소기간을 준수하여야 한다. 대법원은 무효선언적 취소소송은 취소소송이라서 제소기간의 제한을 받는 입장이다.

> 행정처분의 당연무효를 선언하는 의미에서 그 취소를 구하는 행정소송을 제기하는 경우에는 전치절차와 그 제소기간의 준수 등 취소소송의 제소요건을 갖추어야 한다(대판 1987.6.9., 87누219).

③ (×) 무효인 처분에 대해 취소소송을 청구하였다면, 법원은 본안에서 원고가 무효확인을 주장하지 않는 한 무효확인판결을 하여야 하는 것은 아니다.

④ 빈출 (×) 항고소송에서 무효등확인소송의 '즉시확정의 이익(무효등확인소송의 보충성)'은 폐지되었다. 즉시확정의 이익이 없어도, 다른 방법을 통한 직접적인 구제방법이 있어도 무효등확인소송은 청구할 수 있다.

> 행정처분의 근거 법률에 의하여 보호되는 직접적이고 구체적인 이익이 있는 경우에는 「행정소송법」 제35조에 규정된 '무효확인을 구할 법률상 이익'이 있다고 보아야 하고, 이와 별도로 무효확인소송의 보충성이 요구되는 것은 아니므로 행정처분의 무효를 전제로 한 이행소송 등과 같은 직접적인 구제수단이 있는지 여부를 따질 필요가 없다고 해석함이 상당하다(대판 2008.3.20., 2007두6342).

⑤ 빈출 (○) 무효등확인소송의 청구가 취소소송의 청구기간 내에 적법하게 청구된 경우에는 추가로 병합된 취소소송도 제소기간을 준수한 것으로 인정한다.

> 행정처분의 무효확인을 구하는 소에는 특단의 사정이 없는 한 그 취소를 구하는 취지도 포함되어 있다고 보아야 하는 점 등에 비추어 볼 때, 동일한 행정처분에 대하여 무효확인의 소를 제기하였다가 그 후 그 처분의 취소를 구하는 소를 추가적으로 병합한 경우, 주된 청구인 무효확인의 소가 적법한 제소기간 내에 제기되었다면 추가로 병합된 취소청구의 소도 적법하게 제기된 것으로 봄이 상당하다(대판 2005.12.23., 2005두3554).

정답 | ⑤

983

무효등확인소송에 대한 설명으로 옳지 않은 것은? (다툼이 있는 경우 판례에 의함)

① 행정처분의 당연무효를 주장하여 그 무효확인을 구하는 행정소송에 있어서는 행정청이 입증책임을 진다.

② 행정처분의 근거 법률에 의하여 보호되는 직접적이고 구체적인 이익이 있는 경우에는 「행정소송법」 제35조에 규정된 '무효확인을 구할 법률상 이익'이 있다고 보아야 하고, 이와 별도로 무효확인소송의 보충성이 요구되는 것은 아니므로 행정처분의 무효를 전제로 한 이행소송 등과 같은 직접적인 구제수단이 있는지 여부를 따질 필요가 없다.

③ 일반적으로 행정처분의 무효확인을 구하는 소에는 원고가 그 처분의 취소는 구하지 아니한다고 밝히고 있지 아니하는 이상 취소를 구하는 취지도 포함되어 있는 것으로 볼 것이나 행정심판절차를 거치지 아니한 까닭에 행정처분 취소의 소를 무효확인의 소로 변경한 경우에는 무효확인을 구하는 취지 속에 취소를 구하는 취지까지 포함된 것으로 볼 여지가 전혀 없다.

④ 행정처분에 대한 무효확인과 취소청구는 서로 양립할 수 없는 청구로서 주위적·예비적 청구로서만 병합이 가능하고 선택적 청구로서의 병합이나 단순병합은 허용되지 아니한다.

해설

① (×) 행정처분의 당연무효를 주장하여 그 무효확인을 구하는 행정소송에 있어서는 <u>원고에게 그 행정처분이 무효인 사유를 주장·입증할 책임이 있다</u>(대판 2000.3.23., 99두11851).

② **빈출** (○) 무효등확인소송의 보충성은 폐기되어 직접적인 이행청구를 통한 구제방법 여부를 먼저 따질 필요는 없다.

> 행정처분의 근거 법률에 의하여 보호되는 직접적이고 구체적인 이익이 있는 경우에는 「행정소송법」 제35조에 규정된 '무효확인을 구할 법률상 이익'이 있다고 보아야 하고, 이와 별도로 무효확인소송의 보충성이 요구되는 것은 아니므로 행정처분의 무효를 전제로 한 이행소송 등과 같은 직접적인 구제수단이 있는지 여부를 따질 필요가 없다고 해석함이 상당하다(대판 2008.3.20., 2007두6342).

정답 | ①

관련기출 옳은지문

· 행정처분의 근거 법률에 의하여 보호되는 직접적이고 구체적인 이익이 있는 경우에는 「행정소송법」 제35조에 규정된 '무효확인을 구할 법률상 이익'이 있다고 보아야 하고, 이와 별도로 무효확인소송의 보충성이 요구되는 것은 아니라는 것이 판례의 입장이다. 10국가직7급

기출처: 예상문제
난이도: ★★
키워드: 취소소송 외의 행정소송

984

甲은 단순위법인 취소사유가 있는 A 처분에 대하여 「행정소송법」상 무효확인소송을 제기하였다. 이에 대한 설명으로 옳은 것은? (다툼이 있는 경우 판례에 의함)

① 무효확인소송에 A 처분의 취소를 구하는 취지도 포함되어 있고 무효확인소송이 「행정소송법」상 취소소송의 적법요건을 갖추었다 하더라도, 법원은 A 처분에 대한 취소판결을 할 수 없다.

② 무효확인소송이 「행정소송법」상 취소소송의 적법한 제소기간 안에 제기되었더라도, 적법한 제소기간 이후에는 A 처분의 취소를 구하는 소를 추가적·예비적으로 병합하여 제기할 수 없다.

③ 甲이 무효확인소송의 제기 전에 이미 A 처분의 위법을 이유로 국가배상청구소송을 제기하였다면, 무효확인소송의 수소법원은 甲의 무효확인소송을 국가배상청구소송이 계속된 법원으로 이송·병합할 수 있다.

④ 甲이 무효확인소송의 제기 당시에 원고적격을 갖추었더라도 상고심 중에 원고적격을 상실하면 그 소는 부적법한 것이 된다.

984	
기출처	2019 지방직 7급
난이도	★★
키워드	취소소송 외의 행정소송

해설

① (×) 처분의 무효확인을 구하는 소에는 특별히 취소를 구하는 취지를 밝히지 않더라도 취소청구의 취지가 포함된 것으로 본다.

> 일반적으로 행정처분의 무효확인을 구하는 소에는 원고가 그 처분의 취소를 구하지 아니한다고 밝히지 아니한 이상 그 처분이 만약 당연무효가 아니라면 그 취소를 구하는 취지도 포함되어 있는 것으로 보아야 한다(대판 1994.12.23., 94누477).

② 빈출 (×) 무효등확인소송의 진행 중에 취소소송을 추가병합한 경우, 무효확인소송이 적법한 제소기간 내에 제기되었다면 취소청구의 소도 적법하게 제기된 것으로 본다.

> 하자 있는 행정처분을 놓고 이를 무효로 볼 것인지 아니면 단순히 취소할 수 있는 처분으로 볼 것인지는 동일한 사실관계를 토대로 한 법률적 평가의 문제에 불과하고, 행정처분의 무효확인을 구하는 소에는 특단의 사정이 없는 한 그 취소를 구하는 취지도 포함되어 있다고 보아야 하는 점 등에 비추어 볼 때, 동일한 행정처분에 대하여 무효확인의 소를 제기하였다가 그 후 그 처분의 취소를 구하는 소를 추가적으로 병합한 경우, 주된 청구인 무효확인의 소가 적법한 제소기간 내에 제기되었다면 추가로 병합된 취소청구의 소도 적법하게 제기된 것으로 봄이 상당하다(대판 2005.12.23., 2005두3554).

③ (×) 항고소송과 소송절차를 달리 하는 소송이 병합되는 경우에는 항고소송이 진행 중인 법원으로 소송이 이송되어 병합되므로(「행정소송법」 제10조 제1항, 제38조), 국가배상청구소송을 무효확인소송이 계속된 법원으로 이송·병합하여야 한다.

④ 빈출 (○) 소송요건의 하나인 원고적격은 사실심 변론종결 시에만 충족되면 족한 것이 아니라, 상고심 진행 중에도 요하는 것으로서 이를 흠결하면 부적법한 소로 각하된다.

> 행정처분의 직접 상대방이 아닌 제3자라 하더라도 당해 행정처분으로 인하여 법률상 보호되는 이익을 침해당한 경우에는 그 처분의 취소나 무효확인을 구하는 행정소송을 제기하여 그 당부의 판단을 받을 자격, 즉 원고적격이 있고, 여기에서 말하는 법률상 보호되는 이익은 당해 처분의 근거 법규 및 관련 법규에 의하여 보호되는 개별적·직접적·구체적 이익을 말하며, 원고적격은 소송요건의 하나이므로 사실심 변론종결시는 물론 상고심에서도 존속하여야 하고 이를 흠결하면 부적법한 소가 된다(대판 2007.4.12., 2004두7924).

정답 | ④

985 〈필수〉

「행정소송법」상 행정소송에 대한 설명으로 옳은 것만을 모두 고른 것은? (다툼이 있는 경우 판례에 의함)

> ㄱ. 계쟁 중인 행정처분이 무효인 경우에는 존치시킬 효력이 있는 행정행위가 없기 때문에 구「행정소송법」 소정의 사정판결을 할 수 없다.
> ㄴ. 무효확인소송에서 무효 여부를 판단하는 시점은 취소소송과 동일하여 처분시를 기준으로 한다.
> ㄷ. 행정청이 당사자의 신청에 대하여 거부처분을 한 경우에는 항고소송의 대상인 위법한 부작위가 있다고 볼 수 없어 그 부작위위법확인의 소는 부적법하다.
> ㄹ. 원고의 청구가 이유 있다고 인정하는 경우에도 처분의 무효를 확인하는 것이 현저히 공공복리에 적합하지 아니하다고 인정하는 때에는 법원은 청구를 기각할 수 있다.
> ㅁ. 무효확인소송이「행정소송법」상 취소소송의 적법한 제소기간 안에 제기되었더라도, 제소기간 이후에는 처분의 취소를 구하는 소를 추가적·예비적으로 병합하여 제기할 수 없다.

① ㄱ, ㄴ, ㄷ
② ㄱ, ㄹ, ㅁ
③ ㄴ, ㄷ, ㄹ
④ ㄴ, ㄹ, ㅁ

해설

ㄱ. (○) 계쟁 중인 행정처분이 무효인 경우에는 존치시킬 효력이 있는 행정행위가 없기 때문에 구「행정소송법」(1951.8.24. 법률 제213호) 제12조 소정의 사정판결을 할 수 없다(대판 1987.3.10., 84누158).
ㄴ. (○) 취소소송에 있어서와 같이 처분시를 기준으로 처분의 무효 등을 판단해야 할 것이다. ❶
ㄷ. (○) 행정청이 당사자의 신청에 대하여 거부처분을 한 경우에는 항고소송의 대상인 위법한 부작위가 있다고 볼 수 없어 그 부작위위법확인의 소는 부적법하다(대판 1998.1.23., 96누12641).
ㄹ. (×) 사정판결은 취소소송에서만 인정되는 판결이고 무효등확인소송에서는 인정되지 않는다.
ㅁ. (×) 동일한 행정처분에 대하여 무효확인의 소를 제기하였다가 그 후 그 처분의 취소를 구하는 소를 추가적으로 병합한 경우, 주된 청구인 무효확인의 소가 적법한 제소기간 내에 제기되었다면 추가로 병합된 취소청구의 소도 적법하게 제기된 것으로 봄이 상당하다(대판 2005.12.23., 2005두3554).

정답 | ①

986

항고소송과 관련된 판례의 내용으로 옳지 않은 것은?

① 집합건물 공용부분의 대수선과 관련한 행정청의 허가, 사용승인 등 일련의 처분에 관하여 처분의 직접 상대방 외에 해당 집합건물의 구분소유자에게도 취소를 구할 원고적격이 인정된다.

② 항고소송에서 행정처분의 위법 여부는 행정처분이 있을 때의 법령과 사실상태를 기준으로 판단하여야 하고, 법원은 행정처분 당시 행정청이 알고 있었던 자료뿐만 아니라 사실심 변론종결 당시까지 제출된 모든 자료를 종합하여 처분 당시 존재하였던 객관적 사실을 확정하고 그 사실에 기초하여 처분의 위법 여부를 판단할 수 있다.

③ 행정처분의 무효확인을 구하는 행정소송에서 행정처분의 무효사유에 대한 증명책임의 소재는 원고에게 있으나, 무효확인을 구하는 뜻에서 행정처분의 취소를 구하는 소송에 있어서는 피고에게 무효부재의 증명책임이 주어진다.

④ 행정청 내부에서의 행위나 알선, 권유, 사실상의 통지 등과 같이 상대방 또는 기타 관계자들의 법률상 지위에 직접적인 법률적 변동을 일으키지 아니하는 행위는 항고소송의 대상이 아니다.

기출처: 예상문제
난이도: ★★
키워드: 취소소송 외의 행정소송

해설

① (○) 집합건물 공용부분의 대수선과 관련한 행정청의 허가, 사용승인 등 일련의 처분에 관하여는 처분의 직접 상대방 외에 해당 집합건물의 구분소유자에게도 취소를 구할 원고적격이 인정된다고 보는 것이 타당하다(대판 2024.3.12., 2021두58998).

② (○) 대판 2023.12.28., 2020두49553

③ (×) 행정처분의 당연무효를 주장하여 무효확인을 구하는 행정소송에서는 원고에게 행정처분이 무효인 사유를 주장·증명할 책임이 있고, 이는 무효확인을 구하는 뜻에서 행정처분의 취소를 구하는 소송에 있어서도 마찬가지이다(대판 2023.6.29., 2020두46073).

④ (○) 대판 2023.7.13., 2016두34257

정답 | ③

987 〔필수〕

무효등확인소송에 대한 설명으로 옳은 것은?

① 무효확인판결에는 취소판결의 기속력에 관한 규정이 준용되지 않는다.
② 무효등확인소송의 제기 당시에 원고적격을 갖추었다면 상고심 계속 중에 원고적격을 상실하더라도 그 소는 적법하다.
③ 행정처분의 무효란 행정처분이 처음부터 아무런 효력도 발생하지 아니한다는 의미이므로 무효등확인소송에 대해서는 집행정지가 인정되지 아니한다.
④ 행정처분의 당연무효를 주장하여 그 무효확인을 구하는 행정소송에 있어서는 원고에게 그 행정처분이 무효인 사유를 주장·입증할 책임이 있다.

해설

① (×) 취소판결의 기속력 규정은 무효등확인소송에 준용된다.

> 「행정소송법」 제30조 【취소판결 등의 기속력】 ① 처분 등을 취소하는 확정판결은 그 사건에 관하여 당사자인 행정청과 그 밖의 관계행정청을 기속한다.
> 제38조 【준용규정】 ① 제9조, 제10조, 제13조 내지 제17조, 제19조, 제22조 내지 제26조, 제29조 내지 제31조 및 제33조의 규정은 무효등확인소송의 경우에 준용한다.

② 〔빈출〕 (×) 행정처분의 직접 상대방이 아닌 제3자라 하더라도 당해 행정처분으로 인하여 법률상 보호되는 이익을 침해당한 경우에는 그 처분의 취소나 무효확인을 구하는 행정소송을 제기하여 그 당부의 판단을 받을 자격, 즉 원고적격이 있고, 여기에서 말하는 법률상 보호되는 이익은 당해 처분의 근거 법규 및 관련 법규에 의하여 보호되는 개별적·직접적·구체적 이익을 말하며, 원고적격은 소송요건의 하나이므로 사실심 변론종결시는 물론 상고심에서도 존속하여야 하고 이를 흠결하면 부적법한 소가 된다(대판 2007.4.12., 2004두7924).

③ (×) 무효등확인소송에는 취소소송의 집행정지 규정이 준용된다.

> 「행정소송법」 제23조 【집행정지】 ① 취소소송의 제기는 처분 등의 효력이나 그 집행 또는 절차의 속행에 영향을 주지 아니한다.
> 제38조 【준용규정】 ① 제9조, 제10조, 제13조 내지 제17조, 제19조, 제22조 내지 제26조, 제29조 내지 제31조 및 제33조의 규정은 무효등확인소송의 경우에 준용한다.

④ 〔빈출〕 (○) 행정처분의 당연무효를 주장하여 그 무효확인을 구하는 소송과 그 무효확인을 구하는 뜻에서 그 처분의 취소를 구하는 소송에 있어서는 그 무효를 구하는 사람(원고)에게 행정처분에 존재하는 하자(위법성)가 중대하고 명백하다는 것을 주장·입증할 책임이 있다(대판 1976.1.13., 75누175).

정답 | ④

관련기출 옳은지문

- 취소소송에서 인정되는 집행정지에 관한 「행정소송법」 규정은 무효등확인소송에 대하여도 준용된다.
  10국가직7급

기출처: 2024 지방직 9급
난이도: ★★
키워드: 취소소송 외의 행정소송

988 필수

부작위위법확인소송에 대한 설명으로 옳지 않은 것은? (다툼이 있는 경우 판례에 의함)

① 당사자가 동일한 신청에 대하여 부작위위법확인의 소를 제기하였으나 그 후 소극적 처분이 있다고 보아 처분취소소송으로 소를 교환적으로 변경한 후 부작위위법확인의 소를 추가적으로 병합한 경우, 최초의 부작위위법확인의 소가 적법한 제소기간 내에 제기된 이상 제소기간을 준수하였다고 볼 수 있다.

② 압수가 해제된 것으로 간주된 압수물에 대하여 검사가 피압수자의 압수물 환부신청에 대하여 아무런 결정이나 통지도 하지 아니하고 있다고 하더라도 그와 같은 부작위는 현행 「행정소송법」상의 부작위위법확인소송의 대상이 되지 아니한다.

③ 부작위위법확인소송의 경우 사실심의 구두변론종결시점의 법적·사실적 상황을 근거로 행정청의 부작위의 위법성을 판단하여야 한다.

④ 부작위위법확인의 소는 부작위상태가 계속되는 한 그 위법의 확인을 구할 이익이 있다고 보아야 하므로 행정심판 등 전심절차를 거친 경우라 하더라도 「행정소송법」 제20조가 정한 제소기간 내에 제기해야 하는 것은 아니다.

988	
기출처	예상문제
난이도	★★
키워드	취소소송 외의 행정소송

관련기출 옳은지문

- 부작위위법확인소송은 원칙적으로 제소기간의 제한을 받지 않지만, 행정심판을 거친 경우에는 「행정소송법」 제20조가 정한 제소기간 내에 부작위위법확인의 소를 제기하여야 한다. 17지방직7급

- 압수가 해제된 것으로 간주된 물건에 대한 피압수자의 환부신청에 대하여 검사가 아무런 결정이나 통지를 하지 않았다고 하더라도 그와 같은 부작위는 부작위위법확인소송의 대상이 되지 않는다. 10국회직9급

해설

① (○) 당사자가 동일한 신청에 대하여 부작위위법확인의 소를 제기하였으나 그 후 소극적 처분이 있다고 보아 처분취소소송으로 소를 교환적으로 변경한 후 여기에 부작위위법확인의 소를 추가적으로 병합한 경우, 최초의 부작위위법확인의 소가 적법한 제소기간 내에 제기된 이상 그 후 처분취소소송으로의 교환적 변경과 처분취소소송에의 추가적 변경 등의 과정을 거쳤다고 하더라도 여전히 제소기간을 준수한 것으로 봄이 상당하다(대판 2009.7.23., 2008두10560).

② (○) 압수가 해제된 것으로 간주된 압수물에 대하여 피압수자나 기타 권리자가 민사소송으로 그 반환을 구함은 별론으로 하고 검사가 피압수자의 압수물 환부신청에 대하여 아무런 결정이나 통지도 하지 아니하고 있다고 하더라도 그와 같은 부작위는 현행 「행정소송법」상의 부작위위법확인소송의 대상이 되지 아니한다(대판 1995.3.10., 94누14018).

③ (○) 부작위위법확인소송은 처분이 존재하지 않아 취소소송과 달리 위법의 판단시점은 처분시점이 될 수 없어 변론종결시점을 기준으로 판단된다.

④ 빈출 (×) 부작위위법확인의 소는 부작위상태가 계속되는 한 그 위법의 확인을 구할 이익이 있다고 보아야 하므로 원칙적으로 제소기간의 제한을 받지 않는다. 그러나 「행정소송법」 제38조 제2항이 제소기간을 규정한 같은 법 제20조를 부작위위법확인소송에 준용하고 있는 점에 비추어 보면, 행정심판 등 전심절차를 거친 경우에는 「행정소송법」 제20조가 정한 제소기간 내에 부작위위법확인의 소를 제기하여야 한다(대판 2009.7.23., 2008두10560).

정답 | ④

989	
기출처	2020 국회직 9급
난이도	★★
키워드	취소소송 외의 행정소송

🔍 **관련기출 옳은지문**

• 소 제기 후 판결시까지 행정청이 그 신청에 대하여 적극 또는 소극의 처분을 함으로서 부작위상태가 해소되면 소의 이익은 상실하게 되어 각하된다. 19(상)군무원9급

• 부작위법확인의 소는 부작위상태가 계속되는 한 그 위법의 확인을 구할 이익이 있다고 보아야 하므로 원칙적으로 제소기간의 제한을 받지 않는다. 20군무원7급

989 〈필수〉

부작위위법확인소송에 대한 설명으로 옳은 것은? (다툼이 있는 경우 판례에 의함)

① 부작위위법확인소송의 대상인 부작위의 성립요건으로는 거부처분의 경우와는 달리 당사자에게 처분을 구할 수 있는 법규상 또는 조리상의 신청권이 있어야 하는 것은 아니다.

② 소 제기 이후에 행정청이 상대방의 신청에 대하여 적극 또는 소극의 처분을 함으로써 부작위상태가 해소된 때에는 소의 이익을 상실하게 된다.

③ 부작위위법확인소송의 원고가 될 수 있는 자는 처분에 대한 신청을 한 자로서 부작위의 위법을 구할 사실상 이익이 있는 자이다.

④ 부작위위법확인의 소는 부작위상태가 계속되는 한 제소기간의 제한을 받지 않으며, 이는 「행정소송법」 제18조 제1항 단서(예외적 행정심판전치주의)에 따라 행정심판의 재결을 거친 경우에도 마찬가지이다.

⑤ 부작위위법확인소송 인용판결의 기속력으로서 재처분의무의 대상이 되는 처분은 당초 신청된 특정한 처분을 뜻한다.

해설

① (×) 부작위위법확인의 소에 있어 당사자가 행정청에 대하여 어떠한 행정행위를 하여 줄 것을 요구할 수 있는 법규상 또는 조리상 권리를 갖고 있지 아니한 경우에는 원고적격이 없거나 항고소송의 대상인 위법한 부작위가 있다고 볼 수 없어 그 부작위위법확인의 소는 부적법하다(대판 1999.12.7., 97누17568).

② (○) 대판 1990.9.25., 89누4758

③ (×) 사실상 이익이 아니라 법률상 이익이 있는 자가 제기할 수 있다(「행정소송법」 제36조).

④ (×) 부작위위법확인소송은 부작위상태가 지속되고 있는 경우에 행정소송의 제소기간이 적용되지 않지만, 의무이행심판을 전치한 경우에는 재결서를 송달받은 날을 기준으로 제소기간이 적용된다.

⑤ (×) 부작위위법확인소송에서 인용판결이 확정되면 행정청은 이전의 신청에 대한 처분의무가 있다. 여기에서 이전 신청의 처분은 당초에 신청한 특정의 처분을 의미한다.

정답 | ②

990 〈필수〉

행정소송의 사례와 해당 소송의 종류가 옳지 않은 것을 모두 고른 것은? (다툼이 있는 경우 판례에 의함)

> ㄱ. 사업주가 당연가입자에 해당하는 고용보험 및 산재보험에서 보험료 납부의무 부존재확인의 소송 – 당사자소송
> ㄴ. 재단법인 한국연구재단의 과학기술기본법령에 따라 체결한 연구개발비 지원사업 협약의 해지 통보에 대한 소송 – 당사자소송
> ㄷ. 중소기업청장의 중소기업 정보화지원사업을 위한 협약의 해지에 관한 불복의 소송 – 항고소송
> ㄹ. 지방자치단체가 보조금 지급결정을 하면서 일정 기한 내에 보조금을 반환하도록 하는 교부조건을 부가한 경우, 보조사업자에 대한 지방자치단체의 보조금반환청구의 소송 – 당사자소송

① ㄱ, ㄴ
② ㄱ, ㄹ
③ ㄴ, ㄷ
④ ㄷ, ㄹ

해설

ㄱ. (○) 「고용보험 및 산업재해보상보험의 보험료징수 등에 관한 법률」 제4조, 제16조의2, 제17조, 제19조, 제23조의 각 규정에 의하면, 사업주가 당연가입자가 되는 고용보험 및 산재보험에서 보험료 납부의무 부존재확인의 소는 공법상의 법률관계 자체를 다투는 소송으로서 공법상 당사자소송이다(대판 2016.10.13., 2016다221658).

ㄴ. (×) 과학기술기본법령상 사업 협약의 해지 통보는 단순히 대등 당사자의 지위에서 형성된 공법상 계약을 계약당사자의 지위에서 종료시키는 의사표시에 불과한 것이 아니라 행정청이 우월적 지위에서 연구개발비의 회수 및 관련자에 대한 국가연구개발사업 참여제한 등의 법률상 효과를 발생시키는 행정처분에 해당한다(대판 2014.12.11., 2012두28704).

ㄷ. (×) 중소기업 정보화지원사업을 위한 협약에서 해지에 관한 사항을 정하고 있고 이에 따라 협약 해지를 통보한 경우, 그 효과는 전적으로 협약이 정한 바에 따라 정해질 뿐, 달리 협약 해지의 효과 또는 이에 수반되는 행정상 제재 등에 관하여 관련 법령에 아무런 규정을 두고 있지 아니한 점 등을 종합하면, 이 사건 협약의 해지 및 그에 따른 이 사건 환수통보는 공법상 계약에 따라 행정청이 대등한 당사자의 지위에서 하는 의사표시로 봄이 타당하고, 이를 행정청이 우월한 지위에서 행하는 공권력의 행사로서 행정처분에 해당한다고 볼 수는 없다(대판 2015.8.27., 2015두41449).

ㄹ. (○) 지방자치단체가 보조금 지급결정을 하면서 일정 기한 내에 보조금을 반환하도록 하는 교부조건을 부가한 사안에서, 보조사업자의 지방자치단체에 대한 보조금 반환의무는 행정처분인 위 보조금 지급결정에 부가된 부관상 의무이고, 이러한 부관상 의무는 보조사업자가 지방자치단체에 부담하는 공법상 의무이므로, 보조사업자에 대한 지방자치단체의 보조금반환청구는 공법상 권리관계의 일방 당사자를 상대로 하여 공법상 의무이행을 구하는 청구로서 「행정소송법」 제3조 제2호에 규정한 당사자소송의 대상이다(대판 2011.6.9., 2011다2951).

정답 | ③

990
- 기출처: 예상문제
- 난이도: ★★
- 키워드: 취소소송 외의 행정소송

관련기출 옳은지문

- 「고용보험 및 산업재해보상보험의 보험료징수 등에 관한 법률」 제4조 등의 규정에 의하면, 사업주가 당연가입자가 되는 고용보험 및 산재보험에서 보험료 납부의무 부존재확인의 소는 공법상의 법률관계 자체를 다투는 소송으로서 공법상 당사자소송이다. 19(상)군무원9급

- 지방자치단체가 보조금 지급결정을 하면서 일정 기한 내에 보조금을 반환하도록 하는 교부조건을 부가한 경우 보조사업자에 대한 지방자치단체의 보조금반환청구는 「행정소송법」상 당사자소송의 대상이다. 19(상)군무원9급

991

기출처: 2018 국가직 9급
난이도: ★★★
키워드: 취소소송 외의 행정소송

991
제시문을 전제로 한 설명으로 옳지 않은 것은? (다툼이 있는 경우 판례에 의함)

> 甲이 A시에 공장을 설립하였는데 그 공장이 들어선 이후로 공장 인근에 거주하는 주민들에게 중한 피부질환과 호흡기질환이 발생하였다. 환경운동실천시민단체와 주민들은 역학조사를 실시하였고 그 결과에 따라 甲의 공장에서 배출되는 매연물질과 오염물질이 주민들에게 발생한 질환의 원인이라고 판단하고 있다. 주민들은 규제권한이 있는 A시장에게 甲의 공장에 대해 개선조치를 해줄 것을 요청하였으나, A시장은 상당한 기간이 지나도록 아무런 조치를 취하지 않고 있다.

① 관계 법령에서 A시장에게 일정한 조치를 취하여야 할 작위의무를 규정하고 있지 않더라도 甲의 공장에서 나온 매연물질과 오염물질로 인해 질환을 앓게 된 주민들이 많고 그 정도가 심각하여 주민들의 생명·신체에 가해지는 위험이 절박하고 중대하다고 인정된다면 A시장에게 그러한 위험을 배제하는 조치를 하여야 할 작위의무를 인정할 수 있다.

② 개선조치를 요청한 주민이 A시장을 상대로 개선조치를 해달라는 행정쟁송을 하고자 할 때 가능한 쟁송 유형으로 의무이행심판은 가능하나 의무이행소송은 허용되지 않는다.

③ 甲의 공장에서 배출된 물질 때문에 피해를 입은 주민이 A시장의 부작위를 원인으로 하여 국가배상을 청구한 경우에 국가배상책임이 인정되기 위해서는 A시장의 작위의무 위반이 인정되면 충분하고, A시장이 그와 같은 결과를 예견하여 그 결과를 회피하기 위한 조치를 취할 수 있는 가능성까지 인정되어야 하는 것은 아니다.

④ 부작위위법확인소송에서 A시장의 부작위가 위법하다고 확인한 인용판결이 확정되어도 A시장의 부작위를 원인으로 한 국가배상소송에서 A시장의 부작위가 고의 또는 과실에 의한 불법행위를 구성한다는 점이 곧바로 인정되는 것은 아니다.

해설

① (○) 행정청의 재량도 주민들의 생명·신체에 가해지는 위험이 절박하고 중대하다고 인정된다면 0으로 수축하게 되어 기속이 된다. 즉, 적절한 처분을 하여야 할 의무가 발생한다.
② (○) 의무이행심판은 가능하나, 현행법 체계상 의무이행소송은 없다.
③ (×) 공무원의 부작위로 인하여 침해된 국민의 법익 또는 국민에게 발생한 손해가 어느 정도 심각하고 절박한 것인지, 관련 공무원이 그와 같은 결과를 예견하여 그 결과를 회피하기 위한 조치를 취할 수 있는 가능성이 있는지 등을 종합적으로 고려하여 판단하여야 한다(대판 2001.4.24., 2000다57856).
④ (○) 항고소송에서 어떠한 행정이 인용판결이 있었다고 그러한 행정의 고의·과실이 당연히 인정되는 것은 아니다.

정답 | ③

992 필수

행정소송에 관한 설명으로 옳은 것은? (다툼이 있는 경우 판례에 의함)

① 택지개발사업지구 내에서 화훼소매업을 하던 甲과 乙이 재결절차를 거치지 않고 사업시행자를 상대로 주된 청구인 영업손실보상금 청구에 생활대책대상자 선정 관련청구소송을 병합하여 제기한 경우, 영업손실보상금청구의 소가 부적법하여 각하되는 이상 생활대책대상자 선정 관련청구소송 역시 부적법하여 각하된다.
② 「국토의 계획 및 이용에 관한 법률」에서 정한 토지의 소유자·점유자 또는 관리인이 사업시행자의 일시 사용에 대하여 정당한 사유 없이 동의를 거부하는 경우, 사업시행자는 해당 토지의 소유자 등을 상대로 민사소송를 제기할 수 있다.
③ 부가가치세 환급세액 지급청구는 부당이득반환청구의 소로 민사소송에 의한다.
④ 법관이 이미 수령한 명예퇴직수당액이 구 「법관 및 법원공무원 명예퇴직수당 등 지급규칙」 제4조 [별표 1]에서 정한 정당한 수당액에 미치지 못한다고 주장하며 차액의 지급을 신청한 것에 대하여 법원행정처장이 거부하는 의사를 표시한 경우에 이는 항고소송 대상인 처분에 해당된다.

992	1 2 3
기출처	예상문제
난이도	★★
키워드	취소소송 외의 행정소송

🔍 관련기출 옳은지문
· 국가에 대한 납세의무자의 부가가치세 환급세액청구는 민사소송이 아니라 당사자소송으로 다투어야 한다. 　18서울시7급

해설

① (○) 택지개발사업지구 내에서 화훼소매업을 하던 甲과 乙이 재결절차를 거치지 않고 사업시행자를 상대로 주된 청구인 영업손실보상금 청구에 생활대책대상자 선정 관련청구소송을 병합하여 제기한 사안에서, 영업손실보상금청구의 소가 부적법하여 각하되는 이상 생활대책대상자 선정 관련청구소송 역시 부적법하여 각하되어야 한다(대판 2011.9.29., 2009두10963).
② (×) 행정주체는 국민을 상대로 당사자소송을 청구할 수 있다.

> [1] 「국토의 계획 및 이용에 관한 법률」 제130조 제3항에서 정한 토지의 소유자·점유자 또는 관리인(이하 '소유자 등'이라 한다)이 사업시행자의 일시 사용에 대하여 정당한 사유 없이 동의를 거부하는 경우, 사업시행자는 해당 토지의 소유자 등을 상대로 동의의 의사표시를 구하는 소를 제기할 수 있다. 이와 같은 토지의 일시 사용에 대한 동의의 의사표시를 할 의무는 「국토의 계획 및 이용에 관한 법률」에서 특별히 인정한 공법상의 의무이므로, 그 의무의 존부를 다투는 소송은 '공법상의 법률관계에 관한 소송으로서 그 법률관계의 한쪽 당사자를 피고로 하는 소송', 즉 「행정소송법」 제3조 제2호에서 규정한 당사자소송이라고 보아야 한다.
> [2] 「행정소송법」 제39조는, "당사자소송은 국가·공공단체 그 밖의 권리주체를 피고로 한다."라고 규정하고 있다. 이것은 당사자소송의 경우 항고소송과 달리 '행정청'이 아닌 '권리주체'에게 피고적격이 있음을 규정하는 것일 뿐, 피고적격이 인정되는 권리주체를 행정주체로 한정한다는 취지가 아니므로, 이 규정을 들어 사인을 피고로 하는 당사자소송을 제기할 수 없다고 볼 것은 아니다. 그리고 당사자소송에 대하여는 「행정소송법」 제8조 제2항에 따라 「민사집행법」상 가처분에 관한 규정이 준용되므로, 사업시행자는 「민사집행법」 제300조 제2항에 따라 현저한 손해를 피하기 위해 필요한 경우 '임시의 지위를 정하기 위한 가처분'을 통하여 공익사업을 신속하고 원활하게 수행할 수 있다(대판 2019.9.9., 2016다262550).

③ 빈출 (×) 납세의무자에 대한 국가의 부가가치세 환급세액 지급의무에 대응하는 국가에 대한 납세의무자의 부가가치세 환급세액 지급청구는 민사소송이 아니라 「행정소송법」 제3조 제2호에 규정된 당사자소송의 절차에 따라야 한다(대판 2013.3.21., 2011다95564).
④ 빈출 (×) 법관이 이미 수령한 명예퇴직수당액이 구 「법관 및 법원공무원 명예퇴직수당 등 지급규칙」 제4조 [별표 1]에서 정한 정당한 수당액에 미치지 못한다고 주장하며 차액의 지급을 신청한 것에 대하여 법원행정처장이 거부하는 의사를 표시한 경우, 위 의사표시를 행정처분으로 볼 수 없고 명예퇴직한 법관이 미지급 명예퇴직수당액의 지급을 구하는 경우, 소송 형태는 「행정소송법」의 당사자소송이다(대판 2016.5.24., 2013두14863).

정답 | ①

993

「행정소송법」상 부작위위법확인소송에 대한 설명으로 옳지 않은 것은? (다툼이 있는 경우 판례에 의함)

① 어떠한 처분에 대하여 그 근거 법률에서 행정소송 이외의 다른 절차에 의하여 불복할 것을 예정하고 있는 경우, 그 처분이 「행정소송법」상 처분의 개념에 해당한다고 하더라도 그 처분의 부작위는 부작위위법확인소송의 대상이 될 수 없다.

② 어떠한 행정처분에 대한 법규상 또는 조리상의 신청권이 인정되지 않는 경우, 그 처분의 신청에 대한 행정청의 무응답이 위법하다고 하여 제기된 부작위위법확인소송은 적법하지 않다.

③ 취소소송의 제소기간에 관한 규정은 부작위위법확인소송에 준용되지 않으므로 행정심판 등 전심절차를 거친 경우에도 부작위위법확인소송에 있어서는 제소기간의 제한을 받지 않는다.

④ 처분의 신청 후에 원고에게 생긴 사정의 변화로 인하여, 그 처분에 대한 부작위가 위법하다는 확인을 받아도 종국적으로 침해되거나 방해받은 원고의 권리·이익을 보호·구제받는 것이 불가능하게 되었다면, 법원은 각하판결을 내려야 한다.

해설

① (O) 「행정소송법」 제2조 소정의 행정처분이라고 하더라도 그 처분의 근거 법률에서 행정소송 이외의 다른 절차에 의하여 불복할 것을 예정하고 있는 처분은 항고소송의 대상이 될 수 없다.

② (O) '부작위'가 항고소송의 대상이 되기 위해서는 법규상·조리상 정당한 신청권에 근거한 신청이어야 한다. 따라서 정당한 신청권에 기한 신청이 아닌 경우에는 행정청의 무응답은 소송 대상이 될 수 없다.

③ **빈출** (X) 부작위위법확인소송은 행정심판을 전치하지 않은 경우에는 제소기간이 없으나, 행정심판을 전치한 경우에는 행정심판재결을 기준으로 제소기간이 적용된다(취소소송을 준용하도록 「행정소송법」에 규정되어 있다).

④ (O) 부작위위법확인의 소는 그 부작위의 위법을 확인함으로써 행정청의 응답을 신속하게 하여 부작위 내지 무응답이라고 하는 소극적인 위법상태를 제거하는 것을 목적으로 하는 것이고, 종국적으로 침해되거나 방해받은 권리와 이익을 보호·구제받는 것이 불가능하게 되었다면 그 부작위가 위법하다는 확인을 구할 이익은 없다(대판 2002.6.28., 2000두4750).

정답 | ③

관련기출 옳은지문

· 부작위위법확인의 소에 있어 당사자가 행정청에 대하여 어떠한 행정행위를 하여 줄 것을 요구할 수 있는 법규상 또는 조리상 권리를 갖고 있지 아니한 경우에는 원고적격이 없거나 항고소송의 대상인 위법한 부작위가 있다고 볼 수 없어 그 부작위법확인의 소는 부적법하다.

24지방직9급

기출처: 2020 국가직 9급
난이도: ★★
키워드: 취소소송 외의 행정소송

994 필수

당사자소송에 관한 설명으로 옳은 것을 모두 고르면? (다툼이 있는 경우 판례에 의함)

> ㄱ. 「행정소송법」에 당사자소송의 제소기간은 특정되어 있지 않지만, 당사자소송에 관하여 다른 법령에 제소기간이 정하여져 있는 때에는 그 기간은 불변기간으로 한다.
> ㄴ. 당사자소송의 피고는 당해 처분을 행한 처분청을 원칙으로 한다.
> ㄷ. 「민주화운동 관련자 명예회복 및 보상 등에 관한 법률」에 따른 보상금 등의 지급을 구하는 소송의 형태는 당사자소송이다.
> ㄹ. 구 군인연금법령상 급여를 받으려고 하는 사람이 관계 법령에 따라 국방부장관 등에게 급여지급을 청구하였으나 국방부장관 등이 이를 거부하거나 일부 금액만 인정하는 급여지급결정을 하는 경우, 그 결정을 대상으로 항고소송을 제기하는 등으로 구체적 권리를 인정받지 않은 상태에서 곧바로 국가를 상대로 한 당사자소송으로 급여의 지급을 소구할 수 없다.

① ㄱ, ㄴ ② ㄴ, ㄷ
③ ㄷ, ㄹ ④ ㄱ, ㄹ

994 | 1 | 2 | 3 |
기출처: 예상문제
난이도: ★★
키워드: 취소소송 외의 행정소송

🔍 **관련기출 옳은지문**
• 「민주화운동 관련자 명예회복 및 보상 등에 관한 법률」에 따른 보상금 등의 지급을 구하는 소송은 공법상 당사자소송이라 할 수 없다.
24군무원9급

해설

ㄱ. (○) 「행정소송법」 제41조

> 「행정소송법」 제41조【제소기간】 당사자소송에 관하여 법령에 제소기간이 정하여져 있는 때에는 그 기간은 불변기간으로 한다.

ㄴ. (×) 항고소송과 달리 당사자소송의 피고는 행정주체 등의 권리주체가 된다.

> 「행정소송법」 제39조【피고적격】 당사자소송은 국가·공공단체 그 밖의 권리주체를 피고로 한다.

ㄷ. (×) 「민주화운동 관련자 명예회복 및 보상 등에 관한 법률」 제2조 제1호, 제2호 본문, 제4조, 제10조, 제11조, 제13조 규정들의 취지와 내용에 비추어 보면, … 관련자 등으로서 보상금 등을 지급받고자 하는 신청에 대하여 심의위원회가 관련자 해당 요건의 전부 또는 일부를 인정하지 아니하여 보상금 등의 지급을 기각하는 결정을 한 경우에는 신청인은 심의위원회를 상대로 그 결정의 취소를 구하는 소송을 제기하여 보상금 등의 지급대상자가 될 수 있다(대판 2008.4.17., 2005두16185).

고득점 플러스+ 비교판례

> 「광주민주화운동 관련자 보상 등에 관한 법률」 제15조 본문의 규정에서 말하는 광주민주화운동 관련자 보상심의위원회의 결정을 거치는 것은 보상금 지급에 관한 소송을 제기하기 위한 전치요건에 불과하다고 할 것이므로 위 보상심의위원회의 결정은 취소소송의 대상이 되는 행정처분이라고 할 수 없다(대판 1992.12.24., 92누3335).

ㄹ. 빈출 (○) 국방부장관 등이 하는 급여지급결정은 단순히 급여수급 대상자를 확인·결정하는 것에 그치는 것이 아니라 구체적인 급여수급액을 확인·결정하는 것까지 포함한다. 구 군인연금법령상 급여를 받으려고 하는 사람은 우선 관계 법령에 따라 국방부장관 등에게 급여지급을 청구하여 국방부장관 등이 이를 거부하거나 일부 금액만 인정하는 급여지급결정을 하는 경우 그 결정을 대상으로 항고소송을 제기하는 등으로 구체적 권리를 인정받은 다음 비로소 당사자소송으로 그 급여의 지급을 구해야 한다. 이러한 구체적인 권리가 발생하지 않은 상태에서 곧바로 국가를 상대로 한 당사자소송으로 급여의 지급을 소구하는 것은 허용되지 않는다(대판 2021.12.16., 2019두45944).

정답 | ④

995	①②③
기출처	2016 지방직 9급
난이도	★★
키워드	취소소송 외의 행정소송

995

「도로법」 제61조에서 "공작물·물건, 그 밖의 시설을 신설·개축·변경 또는 제거하거나 그 밖의 사유로 도로를 점용하려는 자는 도로관리청의 허가를 받아야 한다."고 규정하고 있다. 甲은 도로관리청 乙에게 도로점용허가를 신청하였으나, 상당한 기간이 지났음에도 아무런 응답이 없어 행정쟁송을 제기하여 권리구제를 강구하려고 한다. 다음 설명으로 옳은 것은? (다툼이 있는 경우 판례에 의함)

① 甲이 의무이행심판을 제기한 경우, 도로점용허가는 기속행위이므로 의무이행심판의 인용재결이 있으면 乙은 甲에 대하여 도로점용허가를 발급해 주어야 한다.
② 甲이 부작위위법확인소송을 제기한 경우, 법원은 乙이 도로점용허가를 발급해 주어야 하는지의 여부를 심리할 수 있다.
③ 甲이 제기한 부작위위법확인소송에서 법원의 인용판결이 있는 경우, 乙은 甲에 대하여 도로점용허가신청을 거부하는 처분을 할 수 있다.
④ 甲은 의무이행소송을 제기하여 권리구제가 가능하다.

해설

① (×) 도로점용허가는 강학상 특허로서 재량에 해당한다.
② (×) 부작위위법확인소송은 부작위의 위법 여부를 확인하는 것일뿐 실체적 특정 처분의 부작위를 심리하는 소송은 아니다.
③ (○) 부작위위법확인소송은 부작위의 위법만 확인된 것으로, 인용 확정판결이 있는 경우에 행정청은 부작위를 해소하여 적극 처분이나 거부처분을 하여야 한다.
④ (×) 「행정소송법」상 의무이행소송의 규정은 없다.

정답 | ③

996

「행정소송법」상 항고소송에 대한 설명으로 옳은 것은?

① 부작위위법확인소송에서 부작위상태가 계속되는 한 그 위법의 확인을 구할 이익이 있다고 보아야 하므로 행정심판 등 전심절차를 거친 경우에도 제소기간에 관한 규정은 적용되지 않는다.
② 외국 국적의 甲이 위명(僞名)인 乙 명의의 여권으로 대한민국에 입국한 뒤 乙 명의로 난민신청을 하였고 법무부장관이 乙 명의를 사용한 甲을 직접 면담하여 조사한 후에 甲에 대하여 난민불인정 처분을 한 경우, 甲은 난민불인정 처분의 취소를 구할 법률상 이익이 없다.
③ 주민 등의 도시관리계획의 입안 제안을 거부하는 처분에 대하여 이익형량의 하자를 이유로 취소판결이 확정된 후에 행정청이 다시 이익형량을 하여 주민 등이 제안한 것과는 다른 내용의 계획을 수립한다면 이는 재처분의무를 이행한 것으로 볼 수 없다.
④ 무효확인소송에서 '무효확인을 구할 법률상 이익'을 판단함에 있어 행정처분의 무효를 전제로 한 이행소송 등과 같은 직접적인 구제수단이 있는지 여부를 따질 필요가 없다.

해설

① **빈출** (×) 부작위위법확인의 소는 부작위상태가 계속되는 한 그 위법의 확인을 구할 이익이 있다고 보아야 하므로 원칙적으로 제소기간의 제한을 받지 않는다. 그러나 「행정소송법」 제38조 제2항이 제소기간을 규정한 같은 법 제20조를 부작위위법확인소송에 준용하고 있는 점에 비추어 보면, 행정심판 등 전심절차를 거친 경우에는 「행정소송법」 제20조가 정한 제소기간 내에 부작위위법확인의 소를 제기하여야 한다(대판 2009.7.23., 2008두10560).

② (×) 미얀마 국적의 甲이 위명인 '乙' 명의의 여권으로 대한민국에 입국한 뒤 乙 명의로 난민신청을 하였으나 법무부장관이 乙 명의를 사용한 甲을 직접 면담하여 조사한 후 甲에 대하여 난민불인정 처분을 한 사안에서, 甲이 처분의 취소를 구할 법률상 이익이 있다(대판 2017.3.9., 2013두16852).

③ (×) 주민 등의 도시관리계획입안 제안을 거부한 처분을 이익형량에 하자가 있어 위법하다고 판단하여 취소하는 판결이 확정되었더라도 행정청에 그 입안 제안을 그대로 수용하는 내용의 도시관리계획을 수립할 의무가 있다고는 볼 수 없고, 행정청이 다시 새로운 이익형량을 하여 적극적으로 도시관리계획을 수립하였다면 취소판결의 기속력에 따른 재처분의무를 이행한 것이라고 보아야 한다(대판 2020.6.25., 2019두57404).

④ **빈출** (○) 행정에 대한 사법통제, 권익구제의 확대와 같은 행정소송의 기능 등을 종합하여 보면, 행정처분의 근거 법률에 의하여 보호되는 직접적이고 구체적인 이익이 있는 경우에는 「행정소송법」 제35조에 규정된 '무효확인을 구할 법률상 이익'이 있다고 보아야 하고, 이와 별도로 무효확인소송의 보충성이 요구되는 것은 아니므로 행정처분의 무효를 전제로 한 이행소송 등과 같은 직접적인 구제수단이 있는지 여부를 따질 필요가 없다고 해석함이 상당하다(대판 2008.3.20., 2007두6342).

정답 | ④

997

다음 사례에 대한 설명으로 옳은 것은? (다툼이 있는 경우 판례에 의함)

> A시 시장은 식품접객업주 甲에게 청소년고용금지업소에 청소년을 고용하였다는 사유로 식품위생법령에 근거하여 영업정지 2개월 처분에 갈음하는 과징금 부과처분을 하였고, 甲은 부과된 과징금을 납부하였다. 그러나 甲은 이후 과징금 부과처분에 하자가 있음을 알게 되었다.

① 甲은 납부한 과징금을 돌려받기 위해 관할 행정법원에 과징금반환을 구하는 당사자소송을 제기할 수 있다.

② A시 시장이 과징금 부과처분을 함에 있어 과징금부과통지서의 일부 기재가 누락되어 이를 이유로 甲이 관할 행정법원에 과징금 부과처분의 취소를 구하는 소를 제기한 경우, A시 시장은 취소소송 절차가 종결되기 전까지 보정된 과징금 부과처분 통지서를 송달하면 일부 기재 누락의 하자는 치유된다.

③ 「식품위생법」이 청소년을 고용한 행위에 대하여 영업허가를 취소하거나 6개월 이내의 기간을 정하여 그 영업의 전부 또는 일부를 정지하거나 영업소 폐쇄를 명할 수 있다고 하면서 행정처분의 세부기준은 총리령으로 위임한다고 정하고 있는 경우에, 총리령에서 정하고 있는 행정처분의 기준은 재판규범이 되지 못한다.

④ 甲이 자신은 청소년을 고용한 적이 없다고 주장하면서 제기한 과징금 부과처분의 취소소송 계속 중에 A시 시장은 甲이 유통기한이 경과한 식품을 판매한 사실을 처분사유로 추가·변경할 수 있다.

해설

① (×) 과징금의 반환청구는 부당이득반환청구에 해당되어 대법원에 의하면 민사소송에 해당된다.

② (×) 대법원에 의하면 이유제시의 하자치유는 적어도 쟁송제기 이전에 하여야 한다. 취소소송이 제기된 상태에서는 치유를 인정할 수 없다.

③ (○) 구 「식품위생법 시행규칙」(2014.3.6. 총리령 제1068호로 개정되기 전의 것, 이하 '시행규칙'이라 한다) 제36조 [별표 14](이하 '시행규칙 조항'이라 한다)에 규정된 업종별 시설기준의 위반은 … 다만, 시행규칙 제89조가 법 제74조에 따른 행정처분의 기준으로 마련한 [별표 23] 제3호 8. 라. 1)에서 위반사항을 '유흥주점 외의 영업장에 무도장을 설치한 경우'로 한 행정처분 기준을 규정하고 있을 뿐이다. 그러나 이러한 행정처분 기준은 행정청 내부의 재량준칙에 불과하므로, 재량준칙에서 위반사항의 하나로 '유흥주점 외의 영업장에 무도장을 설치한 경우'를 들고 있다고 하여 이를 위반의 대상이 된 금지의무의 근거 규정이라고 해석할 수는 없다(대판 2015.7.9., 2014두47853).

④ (×) 처분사유의 추가·변경은 사실관계의 동일성 범위 내에서 인정된다. 청소년의 고용과 유통기한이 경과한 식품의 판매는 사실관계의 동일성이 인정된다고 볼 수 없어 처분사유의 추가·변경을 인정할 수 없다.

정답 | ③

998 〈필수〉

「행정소송법」상 당사자소송에 대한 설명으로 옳지 않은 것은? (다툼이 있는 경우 판례에 의함)

① 당사자소송은 국가·공공단체 그 밖의 권리주체를 피고로 한다.

② 당사자소송에 관하여 법령에 제소기간이 정하여져 있는 때에는 그 기간은 불변기간으로 한다.

③ 당사자소송의 판결은 기속력을 가진다.

④ 당사자소송에는 취소소송에 관한 직권심리 규정이 준용된다.

⑤ 당사자소송에 대하여는 「민사집행법」상 가처분에 관한 규정을 적용할 수 없다.

> **해설**

⑤ 빈출 (×) 당사자소송에 대하여는 「행정소송법」 제23조 제2항의 집행정지에 관한 규정이 준용되지 아니하므로, 이를 본안으로 하는 가처분에 대하여는 「행정소송법」 제8조 제2항에 따라 「민사집행법」상의 가처분에 관한 규정이 준용되어야 한다(대결 2015.8.21., 2015무26).

정답 | ⑤

관련기출 옳은지문

- 공법상 당사자소송이란 행정청의 처분 등을 원인으로 하는 법률관계에 관한 소송 그 밖에 공법상의 법률관계에 관한 소송으로서 그 법률관계의 한쪽 당사자를 피고로 하는 소송을 말한다. 21군무원9급

- 당사자소송에 대하여는 「행정소송법」에 따라 「민사집행법」상 가처분에 관한 규정이 준용된다. 24군무원7급

999 〈필수〉

「행정소송법」상 당사자소송에 대한 설명으로 옳지 않은 것은?

① 당사자소송이란 행정청의 처분 등을 원인으로 하는 법률관계에 관한 소송 그 밖에 공법상의 법률관계에 관한 소송으로서 그 법률관계의 한쪽 당사자를 피고로 하는 소송을 의미한다.
② 공법상 계약의 한쪽 당사자가 다른 당사자를 상대로 효력을 다투거나 이행을 청구하는 소송은 공법상의 법률관계에 관한 분쟁이므로 분쟁의 실질이 공법상 권리·의무의 존부·범위에 관한 다툼이 아니라 손해배상액의 구체적인 산정방법·금액에 국한되는 등의 특별한 사정이 없는 한 당사자소송으로 제기하여야 한다.
③ 명예퇴직한 법관이 미지급 명예퇴직수당액에 대하여 가지는 권리는 명예퇴직수당 지급대상자 결정절차를 거쳐 명예퇴직수당규칙에 의하여 확정된 공법상 법률관계에 관한 권리로서, 그 지급을 구하는 소송은 당사자소송에 해당하며, 그 법률관계의 당사자인 국가를 상대로 제기하여야 한다.
④ 당사자소송은 공법상 법률관계에 관한 소송이므로 이를 본안으로 하는 가처분에 대하여는 「민사집행법」상 가처분에 관한 규정이 준용되지 않는다.

999	① ② ③
기출처	2023 지방직 9급
난이도	★★
키워드	취소소송 외의 행정소송

관련기출 옳은지문

- 명예퇴직한 법관이 미지급 명예퇴직수당액에 대하여 가지는 권리는 명예퇴직수당 지급대상자 결정절차를 거쳐 「법관 및 법원공무원 명예퇴직수당 등 지급규칙」에 의하여 확정된 공법상 법률관계에 관한 권리로서, 그 지급을 구하는 소송은 「행정소송법」의 당사자소송에 해당한다. 24국가직7급

> **해설**

① (○) 「행정소송법」 제3조 제2호
② (○) 공법상 계약의 한쪽 당사자가 다른 당사자를 상대로 효력을 다투거나 이행을 청구하는 소송은 공법상의 법률관계에 관한 분쟁이므로 분쟁의 실질이 공법상 권리·의무의 존부·범위에 관한 다툼이 아니라 손해배상액의 구체적인 산정방법·금액에 국한되는 등의 특별한 사정이 없는 한 공법상 당사자소송으로 제기하여야 한다(대판 2021.2.4., 2019다277133).
③ 빈출 (○) 명예퇴직한 법관이 미지급 명예퇴직수당액에 대하여 가지는 권리는 명예퇴직수당 지급대상자 결정절차를 거쳐 명예퇴직수당규칙에 의하여 확정된 공법상 법률관계에 관한 권리로서, 그 지급을 구하는 소송은 「행정소송법」의 당사자소송에 해당하며, 그 법률관계의 당사자인 국가를 상대로 제기하여야 한다(대판 2016.5.24., 2013두14863).
④ 빈출 (×) 「행정소송법」에 당사자소송은 임시구제제도가 규정되어 있지 않아 「민사집행법」상의 '가처분'에 관한 규정이 준용된다.

> 당사자소송에 대하여는 「행정소송법」 제23조 제2항의 집행정지에 관한 규정이 준용되지 아니하므로(「행정소송법」 제44조 제1항 참조), 이를 본안으로 하는 가처분에 대하여는 「행정소송법」 제8조 제2항에 따라 「민사집행법」상 가처분에 관한 규정이 준용되어야 한다(대결 2015.8.21., 2015무26).

정답 | ④

1000 〈필수〉

행정상의 법률관계와 소송형태 등에 관한 설명으로 옳지 않은 것은? (다툼이 있는 경우 판례에 의함)

① 「도시 및 주거환경정비법」상의 주택재건축정비사업조합을 상대로 관리처분계획안에 대한 조합 총회결의의 무효확인을 구하는 소는 공법관계이므로 당사자소송을 제기하여야 한다.

② 「국가를 당사자로 하는 계약에 관한 법률」에 따라 국가가 당사자로 되는 입찰방식에 의한 사인과 체결하는 이른바 공공계약은 국가가 사경제의 주체로서 상대방과 대등한 위치에서 체결하는 사법상의 계약이다.

③ 「국유재산법」에 따른 국유재산의 무단점유자에 대한 변상금 부과·징수권은 민사상 부당이득반환청구권과 법적 성질을 달리하므로, 국가는 무단점유자를 상대로 변상금 부과·징수권의 행사와 별개로 국유재산의 소유자로서 민사상 부당이득반환청구의 소를 제기할 수 있다.

④ 2020년 4월 1일부터 시행되는 전부개정 「소방공무원법」 이전의 경우, 지방소방공무원의 보수에 관한 법률관계는 사법상의 법률관계이므로 지방소방공무원이 소속 지방자치단체를 상대로 초과근무수당의 지급을 구하는 소송은 행정소송상 당사자소송이 아닌 민사소송절차에 따라야 했다.

해설

④ (×) 지방자치단체와 그 소속 경력직 공무원인 지방소방공무원 사이의 관계, 즉 지방소방공무원의 근무관계는 사법상의 근로계약관계가 아닌 공법상의 근무관계에 해당하고, 그 근무관계의 주요한 내용 중 하나인 지방소방공무원의 보수에 관한 법률관계는 공법상의 법률관계라고 보아야 한다. 지방소방공무원의 초과근무수당 지급청구권은 법령의 규정에 의하여 직접 그 존부나 범위가 정하여지고 법령에 규정된 수당의 지급요건에 해당하는 경우에는 곧바로 발생한다고 할 것이므로, 지방소방공무원이 자신이 소속된 지방자치단체를 상대로 초과근무수당의 지급을 구하는 청구에 관한 소송은 「행정소송법」 제3조 제2호에 규정된 당사자소송의 절차에 따라야 한다(대판 2013.3.28., 2012다102629).

정답 | ④

1000 2021 소방직
난이도 ★★
키워드 취소소송 외의 행정소송

관련기출 옳은지문
• 「도시 및 주거환경정비법」상 행정주체인 주택재건축정비사업조합을 상대로 관리처분계획안에 대한 조합 총회결의의 효력을 다투는 소송에 대하여는 「행정소송법」상 집행정지에 관한 규정이 준용되지 아니하므로, 이를 본안으로 하는 가처분에 대하여는 「민사집행법」상 가처분에 관한 규정이 준용되어야 한다.
24국가직7급

삶의 순간순간이
아름다운 마무리이며
새로운 시작이어야 한다.

– 법정 스님

여러분의 작은 소리
에듀윌은 크게 듣겠습니다.

본 교재에 대한 여러분의 목소리를 들려주세요.
공부하시면서 어려웠던 점, 궁금한 점,
칭찬하고 싶은 점, 개선할 점, 어떤 것이라도 좋습니다.

에듀윌은 여러분께서 나누어 주신 의견을
통해 끊임없이 발전하고 있습니다.

에듀윌 도서몰 book.eduwill.net
- 부가학습자료 및 정오표: 에듀윌 도서몰 → 도서자료실
- 교재 문의: 에듀윌 도서몰 → 문의하기 → 교재(내용, 출간) / 주문 및 배송

2026 에듀윌 7·9급공무원 단원별 기출&예상 문제집 행정법총론

발 행 일	2025년 8월 12일 초판
편 저 자	김용철
펴 낸 이	양형남
펴 낸 곳	(주)에듀윌
I S B N	979-11-360-3851-7
등록번호	제25100-2002-000052호
주 소	08378 서울특별시 구로구 디지털로34길 55 코오롱싸이언스밸리 2차 3층

* 이 책의 무단 인용 · 전재 · 복제를 금합니다.

www.eduwill.net
대표전화 1600-6700

에듀윌에서 꿈을 이룬 합격생들의 진짜 합격스토리

에듀윌 강의·교재·학습시스템의 우수성을 합격으로 입증하였습니다!

에듀윌의 체계적인 학습 관리 시스템 덕분에 합격!

김O범 지방직 9급 일반행정직 최종 합격

에듀윌은 시스템도 체계적이고 학원도 좋았습니다. 저에게는 학원에서 진행하는 아케르 시스템이 큰 도움이 되었습니다. 아케르 시스템은 학원에 계시는 매니저님이 직접 1:1로 상담도 해주시고 학습 관리를 해주시는 시스템입니다. 제 담당 매니저님은 늘 진심으로 저와 함께 고민해주시고 제 건강이나 학습 상태도 상담해주시고, 전에 합격하신 선배님들이 어떤 식으로 학습을 진행했는지 조언해주셔서 많은 도움이 되었습니다. 수험생활에서 가장 힘든 것은 외로움과의 싸움이라고 생각하는데, 에듀윌 덕분에 주변에 제 편이 참 많다는 것을 느꼈고 공부하는 기간이 덜 힘들었던 것 같습니다.

에듀윌만의 합리적인 가격과 시스템, 꼼꼼한 관리에 만족

이O민 지방교육청 교육행정직 9급 최종 합격

에듀윌을 선택한 가장 큰 이유는 금액적인 부분입니다. 타사 패스보다 훨씬 저렴한 금액이라 금전적인 부분이 큰 부담인 수험생 입장에서는 가장 크게 다가오는 장점 중 하나라고 생각합니다. 또한 공통 교재를 사용한다는 점이 저에게는 큰 장점이었습니다. 각 커리큘럼별로 여러 교수님 수업을 들으며 공부할 수 있어서 저에게는 큰 장점이었습니다. 그리고 에듀윌 학원은 매니저님들께서 진심으로 수험생 한 명 한 명에게 관심을 가지고 꼼꼼히 관리해주신다는 점이 마음에 들어 등록하게 되었습니다. 실제로 제가 힘들거나 방향을 잃을 때마다 학원 학습 매니저님들과의 상담을 통해 잘 극복할 수 있었습니다.

에듀윌은 공무원 합격으로 향하는 최고의 내비게이션

전O준 국가직 9급 관세직 최종 합격

학교 특강 중에 현직 관세사 분께서 말씀해주신 관세직에 대한 간략한 정보만 가지고 에듀윌 학원을 방문하였습니다. 거기서 상담실장님과의 상담을 통해 관세직 공무원에 대해 자세히 알게 되었고 여기서 하면 합격할 것 같다는 확신이 들어 에듀윌과 함께 관세직만을 바라보고 관세직을 준비하였습니다. 흔들릴 때마다 에듀윌에 올라온 선배 합격자들의 합격수기를 읽으며 제가 합격수기를 쓰는 날을 상상을 했고, 학원의 매니저님과의 상담도 큰 도움이 되었습니다.

더 많은 합격스토리

다음 합격의 주인공은 당신입니다!

합격자 수 2,100% 수직 상승! 매년 놀라운 성장

에듀윌 공무원은 '합격자 수'라는 확실한 결과로 증명하며 지금도 기록을 만들어 가고 있습니다.

합격자 수를 폭발적으로 증가시킨 합격패스

| 합격 시 수강료 100% 환급 | + | 합격할 때까지 평생 수강 |

※ 환급내용은 상품페이지 참고. 상품은 변경될 수 있음.

상품 페이지

* 2017/2022 에듀윌 공무원 과정 최종 환급자 수 기준

에듀윌 **직영학원**에서 합격을 수강하세요

에듀윌 직영학원 대표전화

공인중개사 학원	02)815-0600	공무원 학원	02)6328-0600	편입 학원	02)6419-0600
주택관리사 학원	02)815-3388	소방 학원	02)6337-0600	부동산아카데미	02)6736-0600
전기기사 학원	02)6268-1400				

공무원학원 바로가기

꿈을 현실로 만드는
에듀윌

DREAM

공무원 교육
- 선호도 1위, 신뢰도 1위! 브랜드만족도 1위!
- 합격자 수 2,100% 폭등시킨 독한 커리큘럼

자격증 교육
- 9년간 아무도 깨지 못한 기록 합격자 수 1위
- 가장 많은 합격자를 배출한 최고의 합격 시스템

직영학원
- 검증된 합격 프로그램과 강의
- 1:1 밀착 관리 및 컨설팅
- 호텔 수준의 학습 환경

종합출판
- 온라인서점 베스트셀러 1위!
- 출제위원급 전문 교수진이 직접 집필한 합격 교재

어학 교육
- 토익 베스트셀러 1위
- 토익 동영상 강의 무료 제공

콘텐츠 제휴 · B2B 교육
- 고객 맞춤형 위탁 교육 서비스 제공
- 기업, 기관, 대학 등 각 단체에 최적화된 고객 맞춤형 교육 및 제휴 서비스

부동산 아카데미
- 부동산 실무 교육 1위!
- 상위 1% 고소득 창업/취업 비법
- 부동산 실전 재테크 성공 비법

학점은행제
- 99%의 과목이수율
- 17년 연속 교육부 평가 인정 기관 선정

대학 편입
- 편입 교육 1위!
- 최대 200% 환급 상품 서비스

국비무료 교육
- '5년우수훈련기관' 선정
- K-디지털, 산대특 등 특화 훈련과정
- 원격국비교육원 오픈

에듀윌 교육서비스 **공무원 교육** 9급공무원/소방공무원/계리직공무원 **자격증 교육** 공인중개사/주택관리사/손해평가사/감정평가사/노무사/전기기사/경비지도사/검정고시/소방설비기사/소방시설관리사/사회복지사1급/대기환경기사/수질환경기사/건축기사/토목기사/직업상담사/전기기능사/산업안전기사/건설안전기사/위험물산업기사/위험물기능사/유통관리사/물류관리사/행정사/한국사능력검정/한경TESAT/매경TEST/KBS한국어능력시험/실용글쓰기/IT자격증/국제무역사/무역영어 **어학 교육** 토익 교재/토익 동영상 강의 **세무/회계** 전산세무회계/ERP정보관리사/재경관리사 **대학 편입** 편입 영어/수학/연고대/의약대/경찰대/논술/면접 **직영학원** 공무원학원/소방학원/공인중개사 학원/주택관리사 학원/전기기사 학원/편입학원 **종합출판** 공무원·자격증 수험교재 및 단행본 **학점은행제** 교육부 평가인정기관 원격평생교육원(사회복지사2급/경영학/CPA) **콘텐츠 제휴·B2B 교육** 교육 콘텐츠 제휴/기업 맞춤 자격증 교육/대학취업역량 강화 교육 **부동산 아카데미** 부동산 창업CEO/부동산 경매 마스터/부동산 컨설팅 **주택취업센터** 실무 특강/실무 아카데미 **국비무료 교육(국비교육원)** 전기기능사/전기(산업)기사/소방설비(산업)기사/IT(빅데이터/자바프로그램/파이썬)/게임그래픽/3D프린터/실내건축디자인/웹퍼블리셔/그래픽디자인/영상편집(유튜브) 디자인/온라인 쇼핑몰광고 및 제작(쿠팡, 스마트스토어)/전산세무회계/컴퓨터활용능력/ITQ/GTQ/직업상담사

교육문의 1600-6700 www.eduwill.net

- 2022 소비자가 선택한 최고의 브랜드 공무원·자격증 교육 1위 (조선일보) • 2023 대한민국 브랜드만족도 공무원·자격증·취업·학원·편입·부동산 실무 교육 1위 (한경비즈니스)
- 2017/2022 에듀윌 공무원 과정 최종 환급자 수 기준 • 2023년 성인 자격증, 공무원 직영학원 기준 • YES24 공인중개사 부문, 2025 에듀윌 공인중개사 1차 기출응용 예상문제집 민법 및 민사특별법 (2025년 6월 월별 베스트) • 교보문고 취업/수험서 부문, 2020 에듀윌 농협은행 6급 NCS 직무능력평가+실전모의고사 4회 (2020년 1월 27일~2월 5일, 인터넷 주간 베스트) 그 외 다수
- YES24 컴퓨터활용능력 부문, 2024 컴퓨터활용능력 1급 필기 초단기끝장(2023년 10월 3~4주 주별 베스트) 그 외 다수 • YES24 신규 자격증 부문, 2024 에듀윌 데이터분석 준전문가 ADsP 2주끝장 (2024년 4월 2주, 9월 5주 주별 베스트) • 인터파크 자격서/수험서 부문, 에듀윌 한국사능력검정시험 2주끝장 심화 (1, 2, 3급) (2020년 6~8월 월간 베스트) 그 외 다수 • YES24 국어 외국어사전 영어 토익/TOEIC 기출문제/모의고사 분야 베스트셀러 1위 (에듀윌 토익 READING RC 4주끝장 리딩 종합서, 2022년 9월 4주 주별 베스트) • 에듀윌 토익 교재 입문~실전 인강 무료 제공 (2022년 최신강좌 기준/109강) • 2024년 종강반 중 모든 평가항목 정상 참여자 기준, 99% (평생교육원 기준) • 2008년~2024년까지 234만 누적수강학점으로 과목 운영 (평생교육원 기준) • 에듀윌 국비교육원 구로센터 고용노동부 지정 "5년우수훈련기관" 선정 (2023~2027) • KRI 한국기록원 2016, 2017, 2019년 공인중개사 최다 합격자 배출 공식 인증 (2025년 현재까지 업계 최고 기록)